2012

中国发展报告

CHINA DEVELOPMENT REPORT

中华人民共和国国家统计局 编

中国统计出版社
China Statistics Press

（京）新登字 041 号

图书在版编目（CIP）数据

2012 中国发展报告 / 中华人民共和国国家统计局编
-- 北京 ：中国统计出版社，2012.5
ISBN 978-7-5037-6532-2/F·3125

Ⅰ．①2… Ⅱ．①中… Ⅲ．①中国经济－经济发展－调查报告－2012 ②社会发展－调查报告－中国－2012
Ⅳ．①F124

中国版本图书馆 CIP 数据核字（2012）第 092638 号

2012 中国发展报告

作　　者 / 中华人民共和国国家统计局 编
责任编辑 / 胡文华
装帧设计 / 杨　超　张　冰　黄　晨　李雪燕
编辑部电话 / （010）63376925、63376872、63376918（传真）
编辑部信箱 / cbsyb@gj.stats.cn
出版发行 / 中国统计出版社
通信地址 / 北京市西城区三里河月坛南街 57 号　邮政编码 /100826
办公地址 / 北京市丰台区西三环南路甲 6 号
电　　话 / 邮购 (010)63376907　书店 (010)68783172
印　　刷 / 北京画中画印刷有限公司
经　　销 / 新华书店
开　　本 / 880×1230mm 1/16
字　　数 / 1660 千字
印　　张 / 35.25
版　　别 / 2012 年 6 月第 1 版
版　　次 / 2012 年 6 月第 1 次印刷
书　　号 / ISBN 978-7-5037-6532-2/F·3125
定　　价 / 460.00 元

序　言（代）

科学调控稳物价　稳中求进谋发展

国家统计局局长 马建堂

2011年是国内外经济环境复杂多变、极具挑战性的一年，也是巩固和扩大应对国际金融危机成果取得新进展的一年。一年来，面对诸多挑战和风险，党中央、国务院坚持以科学发展为主题，以转变经济发展方式为主线，促进国民经济由政策刺激向自主增长有序转变，实现了“十二五”良好开局。展望2012年，尽管国际形势更趋复杂严峻，国内仍存在不少困难和挑战，但是只要我们坚定信心，沉着应对，稳中求进，认真贯彻落实中央经济工作会议的决策部署，就一定能够实现国民经济平稳较快发展。

一、克服困难，科学调控，国民经济继续朝着宏观调控预期方向发展

一是国民经济保持平稳较快增长。2011年，我国国内生产总值同比增长9.2%。在欧洲主权债务危机不断发酵、世界经济复苏步履艰难、主要经济体经济持续萎靡不振的大背景下，我国经济保持9%左右的增速来之不易。

二是物价上涨势头得到了有效控制。2011年，党中央、国务院把稳定物价总水平摆到宏观调控首要位置，采取了一系列稳定物价的政策举措。随着政策效应的逐步显现，居民消费价格同比涨幅自2011年8月份开始持续回落，12月份居民消费价格同比上涨4.1%，涨幅比7月份回落2.4个百分点。全年居民消费价格同比上涨5.4%。特别值得指出的是，物价趋于稳定是在经济保持平稳较快增长的情况下取得的，尤为难得。这与一些经济发展速度较快的新兴国家形成了鲜明对比。2011年，巴西、俄罗斯、印度经济同比增速分别在2.7%、4.3%和7.3%左右，但居民消费价格涨幅却分别高达6.6%、8.5%和8.9%左右。

三是粮食生产实现“八连增”。2011年，党中央、国务院进一步加大粮食生产扶持力度，加之农业气候条件总体偏好，我国粮食生产再获丰收。初步统计，2011年全国粮食总产量达到57121万吨，比2010年增产2473万吨，增长4.5%，创造了新的历史纪录。粮食再获丰收为国民经济平稳运行和稳定物价奠定了坚实的基础。

四是经济效益较好。2011年，党中央、国务院高度重视转变经济发展方式和结构调整，使得在经济保持较快增长的同时，财政收入和企业利润均实现较快增长。2011年，全国财政收入同比增长24.8%，规模以上工业企业实现利润同比增长25.4%。

五是人民生活继续改善。2011 年，各地区、各部门按照“两个同步”要求，全面加强改善民生工作，广大人民群众收入、就业和社会保障水平再上新台阶。2011 年，农村居民人均纯收入实际增长 11.4%，城镇居民人均可支配收入实际增长 8.4%，农村居民收入实际增速比城镇居民高 3.0 个百分点。2011 年，全国城镇新增就业 994 万人，完成全年 900 万人目标的 110%。

总之，2011 年我国经济社会发展的总体形势是好的。在国际形势复杂严峻、国内经济运行面临的困难和挑战增多的情况下，这样的成绩确实来之不易。这充分证明，宏观经济政策取向是正确的，宏观调控是科学的、有力的、有效的。

二、坚定信心，稳中求进，巩固经济社会发展的良好势头

展望 2012 年，一方面，国内外形势将更加复杂严峻，欧债危机仍在深化蔓延，主要发达经济体复苏缓慢，新兴经济体经济增长放缓，国内经济下行压力加大。另一方面，2012 年又是我国政治经济生活十分重要的一年，党的十八大将在这一年召开，因此，必须坚定信心，按照中央经济工作会议的部署和要求，把握好稳中求进的工作总基调，巩固经济社会发展的良好势头。

（一）我国经济发展的基本面没有发生根本变化，保持经济平稳较快发展仍有较多有利条件

一是从中长期看，我国经济发展仍处于重要战略机遇期。首先，我国经济仍处于工业化和城市化加速发展的阶段。目前，我国工业化和城市化水平与发达国家的差距依然较大，发展空间巨大。工业化和城市化的快速推进，将激发投资和消费需求增长，对经济产生持续的拉动作用。其次，中西部承接东部产业转移效应日益显现。中西部地区依托自身产业基础和劳动力、资源等优势，承接东部产业转移的步伐不断加快，产业升级换代效应逐渐显现。大量产业园区和配套基础设施建设将为增长提供源源不断的动力。再次，以装备制造业和高技术产业为代表的战略性新兴产业将进一步加快发展，并为经济增长创造新动力。2011 年，装备制造业和高技术产业分别增长 15.5%、16.5%，分别快于规模以上工业 1.6、2.6 个百分点。此外，近年来大规模的基础设施建设有效缓解了经济增长的瓶颈制约，也为经济平稳较快发展创造了有利条件。

二是从短期看，我国内需增长仍然稳健。2011 年，我国消费和投资形势总体良好，对经济增长的拉动作用进一步增强。2011 年，内需对经济增长的贡献率为 105.8%，比上年同期提高 11.5 个百分点。其中，最终消费对经济增长的贡献率为 51.6%，提高 10.1 个百分点。从 2012 年情况看，随着个税改革的不断推进、针对中低收入者的补贴力度不断加大、居民收入水平的不断提高和社会保障体系的不断完善，居民消费将呈现稳定增长的态势。投资增长自主性不断增强，民间投资增长较快。2011 年，民间投资同比增长 34.3%，增速高于全部投资 10.5 个百分点，所占比重上升至 58.2%。加上地方政府投资积极性仍会较高，固定资产投资有望继续保持较快增长。

三是从调控手段看，财政政策和货币政策仍有一定空间。近年，我国财政赤字占 GDP 的比重都在 3% 以内，国债余额占 GDP 的比重都在 20% 以内，远低于国际警戒线。财政收入保持较快增长，2011 年，财政收入同比增长 24.8%。财政收入的快速增长为政府调控经济提供了有力资

金保障。货币政策方面，随着物价调控成效日益显现，稳健货币政策操作的空间也有所增加。

（二）增强忧患意识，高度关注保持经济平稳较快发展面临的诸多挑战

首先，从短期看，近期经济运行中出现了一些新情况和新变化。一是工业增速回落较多。2011 年，规模以上工业增加值增速比上年同期回落 1.8 个百分点，其中 10 月略高 0.1 个百分点，11、12 月分别回落 0.9 和 0.7 个百分点。二是出口增速连续回落。2011 年，出口同比增速比上年同期回落 11.0 个百分点，其中 10、11、12 月分别比上年同月回落 7.1、21.1 和 4.5 个百分点。三是企业利润增速回落明显。2011 年，规模以上工业企业利润同比增长 25.4%，增速比上年同期回落 28.2 个百分点。四是制造业采购经理指数 11 月份回落至临界点以下。2011 年 11 月份，制造业采购经理指数为 49.0%，比上月下降 1.4 个百分点，是 2009 年 3 月以来首次降至临界点以下；12 月份虽然又回到临界点以上，但景气水平仍较低。此外，近几个月物价涨幅大幅回落也在一定程度上反映了市场需求趋于收缩。

其次，从中长期看，制约我国经济稳定快速增长的矛盾和问题还很突出。一方面，物价上涨的中长期压力仍然不容忽视。随着工业化和城市化的持续推进，当前我国已经进入了长期性价格上涨压力凸显的发展阶段，劳动力、土地、资源、环境等要素成本上升压力将是长期的、刚性的。同时，国际市场流动性过剩依然突出，经济复苏缓慢使发达国家可能长期维持量化宽松货币政策，输入性通胀压力依然较大。另一方面，我国经济发展中不平衡、不协调、不可持续的问题依然突出。主要是经济增长的资源环境约束日益增强，投资与消费关系不够协调，收入分配差距较大，科技创新能力还不强，制约科学发展的体制机制障碍仍然较多等。

（三）稳中求进，推动经济社会平稳较快发展

面对复杂多变的国际政治经济环境和国内经济运行的新情况新变化，只有坚定信心，切实按照中央经济工作会议的要求，把握好稳中求进的工作总基调，才能更好地应对国际金融危机等带来的困难和挑战，破解面临的复杂问题，巩固经济社会发展的良好势头。

首先，要保持宏观经济政策的连续性和稳定性，继续实施积极的财政政策和稳健的货币政策，进一步巩固宏观调控的成果。同时，针对经济运行中出现的新情况、新问题，要更加注重增强针对性、灵活性和前瞻性。财政政策要更积极。要加大结构性减税力度，加大收入分配调整力度，增加对农民及城镇低收入者的补贴，大力发展社会事业，进一步改善民生。货币政策要更灵活。在保持货币信贷总量合理增长的基础上，优化融资结构，要切实体现有保有压、区别对待的原则，实施差别化的信贷政策，加大对中小企业、“三农”、出口优势企业、新兴产业和技术创新企业的支持力度。

其次，要切实把握好宏观调控的“度”，在预调微调中做到松紧有度。一是微调的“度”要有利于巩固前期物价调控来之不易的成果。尽管当前物价调控取得积极成效，但要看到物价上涨的中长期压力依然存在，国内要素成本上升局面短期内难以改变，输入性通胀压力仍然较大，实

现物价稳定的基础并不牢固，物价走势还存在反弹的可能，宏观经济政策对物价上涨仍需要保持足够的警惕。二是微调的“度”要有利于“十二五”时期加快结构调整，进一步转变经济发展方式。

2012年经济工作的大政方针已定，关键在于落实。新的一年，只要我们认真贯彻落实中央经济工作会议精神，坚定信心，稳中求进，继续抓住和用好战略机遇期，在转变经济发展方式上取得新进展，在深化改革创新上取得新突破，在保障和改善民生上取得新成效，国民经济一定可以实现平稳较快增长，物价水平一定可以保持基本稳定，社会环境一定可以实现总体安稳，一定能够以经济社会发展的优异成绩迎接党的十八大胜利召开。

《2012 中国发展报告》编委会与编辑部

目录

主题报告篇

地区报告篇

重要文献篇

宏观政策篇

统计图表篇

国民经济主要指标月（季）度数据

国民经济主要指标年度数据

专栏文章

Important Documents

一、主题报告篇

二、地区发展篇

三、重要文献篇

四、宏观政策篇

五、统计图表篇

2011 年国民经济运行情况报告

2011 年，在党中央、国务院的正确领导下，各地区各部门以科学发展为主题，以转变经济发展方式为主线，坚持实施积极的财政政策和稳健的货币政策，不断加强和改善宏观调控，促进国民经济由政策刺激向自主增长有序转变，实现了“十二五”良好开局。

一、2011 年国民经济运行基本情况

初步测算，全年国内生产总值 471564 亿元，比上年增长 9.2%，增速比上年回落 1.2 个百分点。分产业看，第一产业增加值 47712 亿元，增长 4.5%，加快 0.2 个百分点；第二产业增加值 220592 亿元，增长 10.6%，回落 1.7 个百分点；第三产业增加值 203260 亿元，增长 8.9%，回落 0.9 个百分点。

（一）农业生产稳定增长，粮食连续八年增产

初步统计，全国粮食产量 11424 亿斤，比上年增产 495 亿斤，增长 4.5%。其中，夏粮产量 2525 亿斤，增产 62 亿斤，增长 2.5%；早稻产量 655 亿斤，增产 28 亿斤，增长 4.5%；秋粮产量 8244 亿斤，增产 405 亿斤，增长 5.1%。初步统计，油料产量 3279 万吨，增长 1.5%；棉花产量 660 万吨，增长 10.7%；糖料产量 12520 万吨，增长 4.3%。

初步统计，全年猪牛羊禽肉产量达到 7803 万吨，比上年增长 0.3%，其中，猪肉产量 5053 万吨，减少 0.4%。生猪存栏 4.68 亿头，增长 0.7%。禽蛋产量 2811 万吨，增长 1.8%。牛奶产量 3656 万吨，增长 2.2%。

（二）工业生产平稳增长，企业利润继续增加

全年规模以上工业增加值同比增长 13.9%，比上年回落 1.8 个百分点。其中，一季度增长 14.4%，二季度增长 14.0%，三季度增长 13.8%，四季度增长 12.8%。

分经济类型看，全年国有及国有控股企业同比增长 9.9%，比上年回落 3.8 个百分点；集体企业增长 9.3%，回落 0.1 个百分点；股份制企业增长 15.8%，回落 1.0 个百分点；私营企业增长 19.5%，回落 0.5 个百分点；外商及港澳台投资企业增长 10.4%，回落 4.1 个百分点。分轻重工业看，重工业同比增长 14.3%，回落 2.2 个百分点；轻工业增长 13.0%，回落 0.6 个百分点。

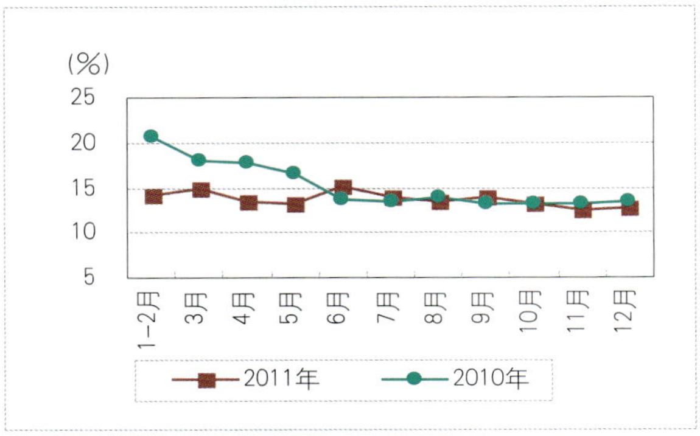

图 1 规模以上工业增加值当月增长速度

分行业看，39 个大类行业中，28 个行业同比增速比上年回落，10 个行业加快，1 个行业由下降转为增长。其中，交通运输设备制造业增长 12.0%，回落 10.4 个百分点；通用设备制造业增长 17.4%，回落 4.3 个百分点；电气机械及器材制造业增长 14.5%，回落 4.2 个百分点；金属制品业增长 17.8%，回落 1.2 个百分点；通信设备、计算机及其他电子设备制造业增长 15.9%，回落 1.0 个百分点；农副食品加工业增长 14.1%，回落 0.9 个百分点；专用设备制造业增长 19.8%，回落 0.8 个百分点；纺织服装、鞋、帽制造业增长 15.6%，加快 0.6 个百分点；食品制造业增长 17.1%，加快 1.9 个百分点；医药制造业增长 17.9%，加快 2.7 个百分点；石油和天然气开采

业增长5.1%，上年为下降0.2%。

高耗能行业增速有所回落。全年六大高耗能行业同比增长12.3%，比上年回落1.2个百分点。其中，石油加工、炼焦及核燃料加工业增长7.6%，回落2.0个百分点；非金属矿物制品业增长18.4%，回落1.9个百分点；黑色金属冶炼及压延加工业增长9.7%，回落1.9个百分点；电力、热力的生产和供应业增长10.1%，回落0.9个百分点；化学原料及化学制品制造业增长14.7%，回落0.8个百分点；有色金属冶炼及压延加工业增长13.6%，加快0.4个百分点。

分地区看，全年东部地区规模以上工业增加值同比增长11.7%，比上年回落3.2个百分点；中部地区增长18.2%，回落0.2个百分点；西部地区增长16.8%，加快1.3个百分点。

全年规模以上工业企业出口交货值同比名义增长16.6%，比上年回落8.8个百分点。其中，一季度增长20.9%，二季度增长17.1%，三季度增长15.9%，四季度增长12.0%。分行业看，黑色金属冶炼及压延加工业同比增长25.8%，比上年回落48.8个百分点；电气机械及器材制造业增长16.1%，回落17.6个百分点；仪器仪表及文化、办公用机械制造业增长14.0%，回落14.5个百分点；金属制品业增长23.3%，回落10.2个百分点；通信设备、计算机及其他电子设备制造业增长14.0%，回落11.2个百分点；化学纤维制造业增长25.4%，回落4.3个百分点；交通运输设备制造业增长21.2%，回落3.5个百分点；通用设备制造业增长21.5%，回落1.4个百分点。

全年规模以上工业企业实现利润54544亿元，同比名义增长25.4%。39个大类行业中，37个行业利润同比增长，2个行业同比下降。其中，黑色金属矿采选业增长53%，有色金属冶炼及压延加工业增长51.3%，石油和天然气开采业增长44.8%，化学原料及化学制品制造业增长32.1%，交通运输设备制造业增长17.3%，黑色金属冶炼及压延加工业增长15.4%，通信设备、计算机及其他电子设备制造业增长8.7%，化学纤维制造业增长1.5%，电力、热力的生产和供应业下降11.0%，石油加工、炼焦及核燃料加工业下降92.8%。

（三）投资保持较快增长，房地产投资增速放缓

全年固定资产投资（不含农户）[①]301933亿元，同比名义增长23.8%（扣除物价因素后的实际增速为16.1%，本节投资增速除标明的外，均为名义增速），比前三季度回落1.1个百分点，比上年回落0.4个百分点。新开工项目计划总投资同比增长22.5%，比前三季度回落0.9个百分点。

图2　固定资产投资（不含农户）累计增长速度

分隶属关系看，中央项目投资同比下降9.7%，降幅比前三季度扩大2.2个百分点；地方项目投资增长27.2%，回落0.5个百分点。

分经济类型看，国有及国有控股投资107486亿元，同比增长11.1%，比前三季度回落1.6个百分点；集体企业投资10296亿元，增长18.4%，回落3.8个百分点；有限责任公司投资85379亿元，增长31.3%，回落1.6个百分点；私营企业投资71839亿元，增长32.9%，加快0.6个百分点；外商投资企业投资9437亿元，增长

注：①经国务院批准，从2011年开始，固定资产投资统计的起点标准从计划总投资额50万元提高到500万元。与此同时，国家统计局进一步完善月度投资统计制度，将统计范围从城镇扩大到城镇和农村企事业组织，并将这一统计范围固定义为“固定资产投资（不含农户）”。经测算，依据新起点标准和新范围统计的固定资产投资，与原起点标准和原范围统计的城镇固定资产投资相比，数据及其变化趋势基本一致。

12.0%，回落 3.7 个百分点；港澳台商投资企业投资 9362 亿元，增长 19.9%，回落 2.4 个百分点。

分产业看，第一产业投资 6792 亿元，同比增长 25.0%，比前三季度回落 0.5 个百分点。第二产业投资 132263 亿元，增长 27.3%，加快 0.4 个百分点。其中制造业投资增长 31.8%，加快 0.3 个百分点。第三产业投资 162877 亿元，增长 21.1%，回落 2.3 个百分点。

分地区看，东部地区投资同比增长 21.3%，比前三季度回落 1.0 个百分点；中部地区增长 28.8%，回落 1.1 个百分点；西部地区增长 29.2%，回落 0.3 个百分点。其中，青海增长 45.0%，贵州增长 40.0%，新疆增长 37.6%，甘肃增长 36.5%，辽宁增长 30.2%，安徽增长 27.6%，河南增长 26.9%，河北增长 24.1%，四川增长 22.3%，山东增长 21.8%，江苏增长 21.5%，浙江增长 19.2%，广东增长 16.4%。

分资金来源看，全年投资到位资金 334219 亿元，同比增长 20.3%，比前三季度回落 2.9 个百分点。其中，国家预算内资金增长 10.8%，回落 2.0 个百分点；国内贷款增长 3.5%，回落 4.3 个百分点；利用外资增长 8.2%，回落 5.6 个百分点；自筹资金增长 28.6%，回落 0.7 个百分点。

全年房地产开发投资 61740 亿元，同比增长 27.9%，比上年回落 5.3 个百分点。

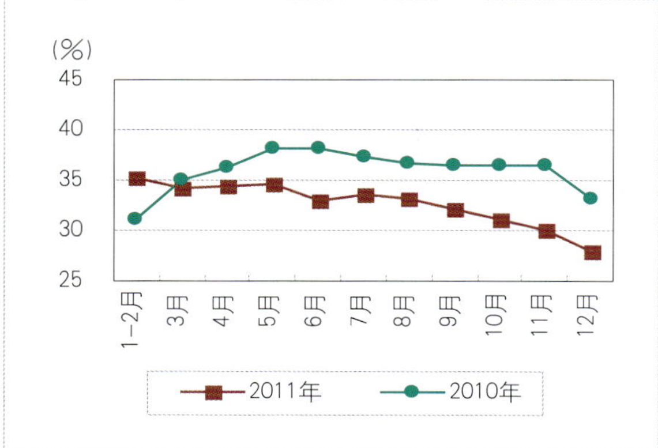

图 3　房地产开发投资累计增长速度

分地区看，增速最快的 5 个地区分别是：贵州增长 57.8%，新疆增长 49.0%，内蒙古增长 47.3%，黑龙江增长 44.6%，海南增长 41.7%。

全年房地产开发企业到位资金 83246 亿元，同比增长 14.1%，比上年回落 12.1 个百分点。其中国内贷款 12564 亿元，与上年持平，上年为增长 10.6%；利用外资 814 亿元，增长 2.9%，比上年回落 62.0 个百分点；自筹资金 34093 亿元，增长 28.0%，回落 20.4 个百分点；定金及预收款 21610 亿元，增长 12.1%，回落 6.8 个百分点；个人按揭贷款 8360 亿元，下降 12.2%，上年为增长 11.2%。

全年商品房销售面积 109946 万平方米，同比增长 4.9%，比上年回落 5.7 个百分点。其中，商品住宅销售面积 97030 万平方米，增长 3.9%，回落 4.4 个百分点。全年商品房销售额 59119 亿元，增长 12.1%，回落 6.8 个百分点。其中，商品住宅销售额 48619 亿元，增长 10.2%，回落 4.6 个百分点。

全年房地产开发企业购置土地面积 40973 万平方米，同比增长 2.6%，比上年回落 22.6 个百分点。

（四）市场销售平稳增长，汽车、房地产相关商品销售增速回落

全年社会消费品零售总额 181226 亿元，比上年名义增长 17.1%（扣除物价因素，实际增长 11.6%，本节销售数据增速除标明的外，均为名义增长），增速比上年回落 1.3 个百分点。其中一季度增长 16.3%，二季度增长 17.2%，三季度增长 17.3%，四季度增长 17.5%。

按经营地分，城镇消费品零售额 156908 亿元，比上年增长 17.2%，增速比上年回落 1.6 个百分点；乡村消费品零售额 24318 亿元，增长 16.7%，加快 0.6 个百分点。按消费形态分，餐饮收入额 20543 亿元，增长 16.9%，回落 1.1 个百分点；商品零售额 160683 亿元，增长 17.2%，回落 1.3 个百分点。

在 16 类限额以上企业商品零售额中，10 类商品同比增速比上年回落，6 类商品增速加快。其中，汽车类比上年增长 14.6%，增速比上年回落 20.2 个百分点；体育、娱乐用品类增长 13.0%，回落 7.1 个百分点；家用电器和音像

器材类增长21.6%，回落6.1个百分点；家具类增长32.8%，回落4.4个百分点；金银珠宝类增长42.1%，回落3.9个百分点；建筑及装潢材料类增长30.1%，回落2.2个百分点；中西药品类增长21.5%，回落2.0个百分点；日用品类增长24.1%，回落1.0个百分点；服装鞋帽、针、纺织品类增长24.2%，回落0.6个百分点；粮油、食品、饮料、烟酒类增长25.3%，加快0.8个百分点；化妆品类增长18.7%，加快2.1个百分点；书报杂志类增长15.4%，加快2.5个百分点；石油及制品类增长37.4%，加快3.1个百分点；文化办公用品类增长27.6%，加快4.1个百分点；通讯器材类增长27.5%，加快5.7个百分点。

图4 社会消费品零售总额当月增长速度

（五）进出口增速高位回落，外贸顺差继续减少

全年进出口总额36421亿美元，比上年增长22.5%，增速比上年回落12.2个百分点。其中，一季度增长29.5%，二季度增长22.6%，三季度增长22.7%，四季度增长17.1%。出口18986亿美元，比上年增长20.3%，比上年回落11.0个百分点。其中，一季度增长26.5%，二季度增长22.0%，三季度增长20.6%，四季度增长14.2%。按贸易方式分，一般贸易出口9171亿美元，增长27.3%，比上年回落8.7个百分点；加工贸易出口8354亿美元，增长12.9%，回落13.3个百分点。进口17435亿美元，比上年增长24.9%，比上年回落13.8个百分点。其中，一季度增长32.6%，二季度增长23.2%，三季度增长25.1%，四季度增长20.4%。顺差1551亿美元，比上年减少263.7亿美元。其中，一般贸易逆差903亿美元，增加431亿美元；加工贸易顺差3656亿美元，增加427亿美元。

图5 出口额当月增长速度

从出口产品看，全年自动数据处理设备及其部件出口额比上年增长7.5%，增速比上年回落26.5个百分点；钢材增长39.2%，回落26.1个百分点；家具及其零件增长15.0%，回落15.3个百分点；成品油增长22.0%，回落13.9个百分点；鞋类增长17.1%，回落10.0个百分点；纺织纱线、织物及制品增长22.9%，回落5.5个百分点；服装及衣着附件增长18.3%，回落2.6个百分点；手持无线电话机及其零件增长32.4%，加快9.2个百分点。

从进口产品看，全年汽车和汽车底盘进口额比上年增长40.8%，增速比上年回落58.3个百分点；未锻造的铜及铜材增长12.0%，回落32.4个百分点；铁矿砂及其精矿增长40.9%，回落17.5个百分点；初级形状的塑料增长8.3%，回落16.9个百分点；大豆增长18.9%，回落14.6个百分点；原油增长45.3%，回落6.1个百分点；钢材增长7.3%，加快4.0个百分点；成品油增长45.5%，加快14.2个百分点。

分国别或地区看，全年对巴西出口比上年增长30.2%，增速比上年回落43.1个百分点；对欧盟出口增长14.4%，回落17.4个百分点；对印度出口增长23.5%，回落14.5个百分点；对美国出口增长14.5%，回落13.8个百分点；对香港出口增长 22.8%，回落 8.5 个百分点；对东盟出口增长 23.1%，回落 7.0 个百分点；对日本出口增长 22.5%，回落 1.2 个百分点。

（六）市场物价全年涨幅较高，7 月份后同比涨幅连续回落

1. 居民消费价格平均上涨 5.4%。全年居民消费价格同比平均上涨 5.4%，比上年扩大 2.1 个百分点，其中，一季度上涨 5.0%，二季度上涨 5.7%，三季度上涨 6.3%，四季度上涨 4.6%。在 5.4% 的涨幅中，新涨价因素影响居民消费价格上涨 2.9 个百分点，占居民消费价格涨幅的 53.7%；翘尾因素为 2.5 个百分点，占 46.3%。

图 6　居民消费价格总水平当月变化率

2. 分类别看，食品价格涨幅较大。全年食品价格同比上涨 11.8%，涨幅比上年扩大 4.6 个百分点，拉动价格总水平上涨 3.55 个百分点，占居民消费价格同比涨幅的 65.7%。食品价格中，肉禽及其制品上涨 22.6%，涨幅比上年扩大 19.7 个百分点；蛋上涨 14.2%，扩大 5.9 个百分点；水产品上涨 12.1%，扩大 4.0 个百分点；鲜果上涨 16.4%，扩大 0.8 个百分点；粮食上涨 12.2%，扩大 0.4 个百分点；鲜菜上涨 0.5%，回落 18.2 个百分点。在非食品价格中，衣着上涨 2.1%，上年为下降 1.0%；家庭设备用品及维修服务上涨 2.4%，上年为同比持平；交通和通信上涨 0.5%，上年为下降 0.4%；烟酒及用品上涨 2.8%，涨幅扩大 1.2 个百分点；居住上涨 5.3%，扩大 0.8 个百分点；医疗保健和个人用品上涨 3.4%，扩大 0.2 个百分点；娱乐教育文化用品及服务上涨 0.4%，回落 0.2 个百分点。

3. 工业生产者出厂价格平均上涨 6.0%。全年工业生产者出厂价格同比平均上涨 6.0%，比上年扩大 0.5 个百分点。其中，一季度上涨 7.1%，二季度上涨 6.9%，三季度上涨 7.1%，四季度上涨 3.1%。分行业看，全年农副食品加工业上涨 10.6%，涨幅比上年扩大 5.1 个百分点；非金属矿物制品业上涨 7.0%，扩大 4.9 个百分点；燃气生产和供应业上涨 9.4%，扩大 4.0 个百分点；纺织业上涨 11.1%，扩大 2.6 个百分点；石油加工、炼焦及核燃料加工业上涨 14.9%，回落 2.9 个百分点；有色金属冶炼及压延加工业上涨 13.0%，回落 4.3 个百分点；黑色金属矿采选业上涨 12.7%，回落 4.8 个百分点；石油和天然气开采业上涨 24.5%，回落 13.3 个百分点。

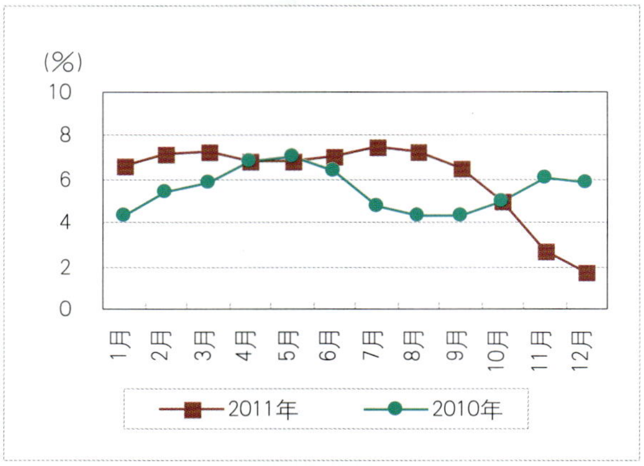

图 7　工业生产者出厂价格总水平当月变化率

4. 工业生产者购进价格平均上涨 9.1%。全年工业生产者购进价格同比平均上涨 9.1%，比上年回落 0.5 个百分点，其中，一季度上涨 10.2%，二季度上涨 10.4%，三季度上涨 10.5%，四季度上涨 5.5%。分类别看，全年有色金属材料及电线类同比上涨 12.1%，涨幅比上年回落 10.1 个百分点；燃料动力类上涨 10.8%，回落 5.5 个百分点；黑色金属材料类上涨 9.4%，扩大 2.8 个百分点；化工原料类上涨 10.4%，扩大 3.4 个百分点；建筑材料及非金属类上涨 8.4%，扩大 4.6 个百分点；农副食品类上涨 15.6%，扩大 5.2 个百分点；纺织原料类上涨 12.7%，扩大 6.0 个百

分点。

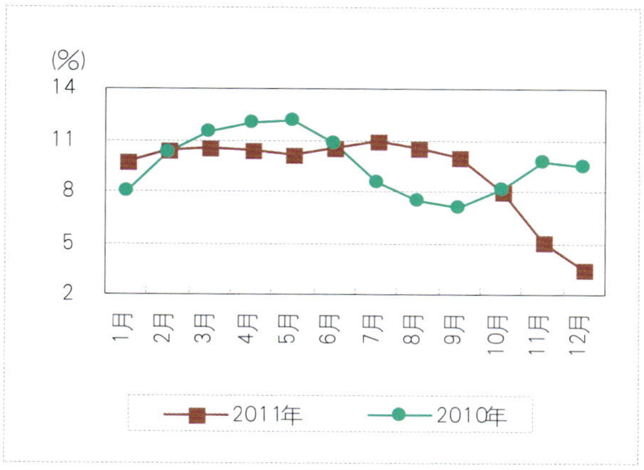

图 8　工业生产者购进价格总水平当月变化率

（七）城乡居民收入稳定增长，农村居民收入增速快于城镇

全年农村居民家庭人均纯收入 6977 元，同比增长 17.9%，扣除价格因素，实际增长 11.4%，是 1985 年以来增速最高的一年，比上年加快 0.5 个百分点。其中，工资性收入 2963 元，名义增长 21.9%，加快 4.0 个百分点；家庭经营纯收入 3222 元，增长 13.7%，加快 1.6 个百分点；财产性收入 229 元，增长 13.0%，回落 7.9 个百分点；转移性收入 563 元，增长 24.4%，加快 10.6 个百分点。

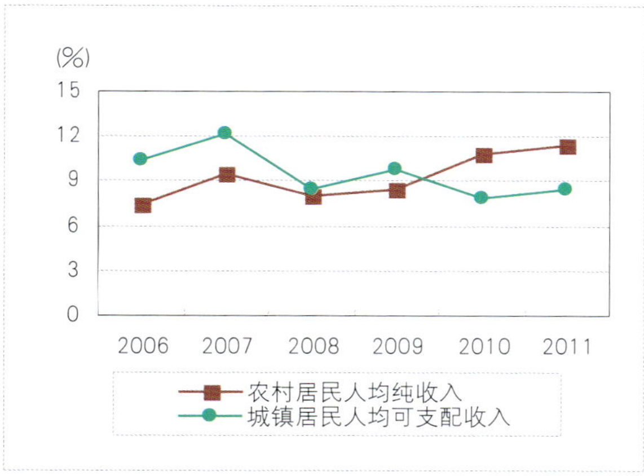

图 9　城乡居民人均收入实际增长速度

全年城镇居民家庭人均可支配收入 21810 元，同比增长 14.1%，扣除价格因素，实际增长 8.4%，比上年加快 0.6 个百分点。在城镇居民家庭人均总收入中，工资性收入 15412 元，名义增长 12.4%，加快 1.7 个百分点；经营净收入 2210 元，增长 29.0%，加快 16.9 个百分点；财产性收入 649 元，增长 24.7%，加快 4.2 个百分点；转移性收入 5709 元，增长 12.1%，回落 0.7 个百分点。

（八）财政收入快速增长，民生支出大幅增加

1-11 月份，全国财政收入 97309 亿元，同比增长 26.8%，比上年同期加快 5.7 个百分点。其中，一季度增长 33.1%，二季度增长 29.6%，三季度增长 25.9%，10 月份增长 16.9%，11 月份增长 10.6%。分税种看，企业所得税增长 33.4%，进口货物增值税、消费税增长 32.0%，关税增长 28.6%，个人所得税增长 27.9%，营业税增长 22.6%，国内消费税增长 16.3%，国内增值税增长 16.1%。

图 10　财政收入当月增长速度

1-11 月份，全国财政支出 88956 亿元，增长 24.3%，比上年同期回落 3.0 个百分点。其中，一季度增长 26.0%，二季度增长 35.4%，三季度增长 21.0%，10 月份增长 24.5%，11 月份增长 7.5%。在财政支出中，住房保障支出增长 73.7%，交通运输支出增长 42.4%，医疗卫生支出增长 41.5%，城乡社区事务支出增长 35.9%，农林水事务支出增长 28.7%，社会保障和就业支出增长 26.0%，教育支出增长 25.8%，一般公共服务支出增长 20.4%。财政收支相抵，收大于支 8353 亿元，同比增加 3206 亿元。

（九）货币供应量平稳回落，新增贷款有所减少

12月末，广义货币（M_2）85.2万亿元，比上年末增长13.6%，增速比上年末回落6.1个百分点；狭义货币（M_1）29.0万亿元，增长7.9%，回落13.3个百分点；流通中现金（M_0）5.1万亿元，增长13.8%，回落2.9个百分点。

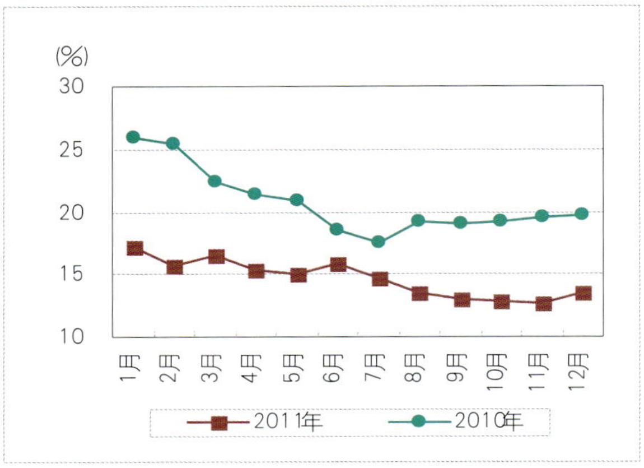

图11 广义货币（M_2）增长速度

全年金融机构新增人民币各项贷款（含票据融资）74714亿元，比上年少增3902亿元。在各项贷款中，短期贷款增加37342亿元，多增12680亿元；中长期贷款增加35640亿元，少增26027亿元；票据融资增加112亿元，上年为减少9052亿元。各项存款增加96341亿元，比上年少增22923亿元。其中，单位存款增加43840亿元，少增25702亿元；财政性存款减少300亿元，上年为增加3072亿元；居民储蓄存款增加41657亿元，少增157亿元。

从12月份当月来看，经济运行总体平稳，规模以上工业增加值同比增长12.8%，比上月加快0.4个百分点；社会消费品零售总额增长18.1%，加快0.8个百分点；居民消费价格上涨4.1%，回落0.1个百分点。但经济运行中也出现了一些值得关注的新情况新变化。12月份，居民消费价格环比由上月的下降0.2%转为上涨0.3%；出口增长13.4%，回落0.4个百分点；进口增长11.8%，回落10.3个百分点。对这些苗头性的问题需要给予密切跟踪，保持高度警惕。

二、国民经济继续朝着宏观调控预期方向发展

2011年，面对国际环境新变化和国内经济运行新情况，党中央、国务院不断加强和改善宏观调控，正确处理保持经济平稳较快发展、调整经济结构、管理通胀预期的关系，加大解决突出问题工作力度，巩固和扩大应对国际金融危机冲击成果，促进经济增长由政策刺激向自主增长有序转变，国民经济呈现增长较快、物价趋稳、就业增加、结构优化、效益提高、民生改善的良好态势。

（一）经济平稳较快增长

从增长水平看，经济增速仍处较快增长区间。2011年，国内生产总值同比增长9.2%，比去年低1.2个百分点。综合考虑生产要素支撑能力的变化以及“十二五”规划确定的经济发展目标，尤其是在欧洲主权债务危机不断发酵、世界经济复苏步履艰难、主要经济体经济持续萎靡不振的大背景下，我国9%以上的经济增速显得尤为突出。从增长态势看，国民经济运行平稳，主要指标季度之间回落波动幅度较小。一、二、三、四季度，国内生产总值同比分别增长9.7%、9.5%、9.1%和8.9%，季度之间波动不大；规模以上工业增加值分别增长14.4%、14.0%、13.8%和12.8%，稳定在13%左右；固定资产投资（不含农户投资）累计同比分别增长25.0%、25.6%、24.9%和23.8%，稳定在25%左右；社会消费品零售总额同比分别增长16.3%、17.2%、17.3%和17.5%，稳定在17%左右。

（二）物价过快上涨势头得到扭转

2011年，党中央、国务院把稳定物价总水平摆到宏观调控首要位置，采取了控制货币流通量、发展生产、保障供应、搞活流通、加强监管等综合措施，价格上涨水平得到有效控制。居民消费价格同比涨幅自2011年8月份开始连续5个月回落，12月份居民消费价格同比上涨4.1%，涨幅比7月份回落2.4个百分点。12月份，工

业生产者出厂价格和购进价格分别上涨 1.7% 和 3.5%，分别比 7 月份回落 5.8 和 7.5 个百分点。住宅销售价格涨幅总体也呈现回落趋势。特别值得指出的是，物价趋于稳定是在经济保持平稳较快增长的情况下取得的，尤为难得。这与一些经济发展速度较快的新兴国家形成了鲜明对比。2011 年前三个季度巴西、俄罗斯、印度经济同比增速分别在 3%、4% 和 7% 左右，但居民消费价格涨幅却分别高达 7%、8% 和 9% 左右。

（三）就业形势总体较好

2011 年，各地区、各部门继续实施积极的就业政策，就业形势继续得到改善，城镇新增就业人数前三季度就已超额完成全年目标。截至 12 月末，城镇就业人员 35914 万人，同比增加 1227 万人；农村外出务工劳动力 15863 万人，同比增长 3.4%，其中，住户中外出劳动力增长 2.6%，举家外出劳动力增长 6.8%。

（四）主要农产品全面增产

2011 年，党中央和国务院进一步加大农业生产扶持力度，各级政府积极开展稳定增产行动，科技支撑力度明显加大，加之农业气候条件总体偏好，主要农产品实现全面增产。粮食生产实现“八连增”。2011 年全国粮食总产量达到 11424 亿斤，比上年增产 4.5%，创造了新的历史纪录。单产再创历史新高。全年粮食单产达到 689 斤 / 亩，比上年提高 3.9%，因单产提高对增产的贡献率达到 85.8%。夏粮、早稻、秋粮季季增产。三季粮食产量分别达到 2525 亿斤、655 亿斤和 8244 亿斤，分别比上年增长 2.5%、4.5% 和 5.1%。三大粮食作物稻谷、小麦、玉米全部增产，总产量超过 1 万亿斤，产量分别比去年增长 2.6%、2.4% 和 8.2%。棉、油、糖全面增产，也为近 10 年来首次。农产品全面丰收为国民经济平稳运行和稳定物价奠定了坚实的基础。

（五）结构调整取得积极进展

内需增长动力增强。2011 年，我国消费和投资形势良好，内需在一定程度上弥补了外需的不足，对经济增长的拉动作用进一步增强。2011 年，内需对经济增长的贡献率为 105.8%，比上年提高 11.5 个百分点。其中，最终消费对经济增长的贡献率为 51.6%，提高 10.1 个百分点；资本形成总额对经济增长的贡献率为 54.2%，提高 1.4 个百分点。同时，我国积极扩大进口，不断完善进口促进政策，全年进口增速高于出口增速 4.6 个百分点，贸易顺差同比减少 263.7 亿美元，贸易不平衡状况持续得到改善。高技术制造业占比上升。2011 年，高技术制造业同比增长 16.5%，高于规上工业增速 2.6 个百分点，占规上工业增加值的比重为 9.1%，比上年提高 0.2 个百分点。区域发展协调性有所增强。2011 年，中、西部工业和投资增速均明显快于东部。中、西部地区规模以上工业增加值增速分别快于东部 6.5 和 5.2 个百分点；固定资产投资（不含农户）增速分别快于东部 7.5 和 7.9 个百分点。

（六）经济效益稳步提高

2011 年，党中央、国务院高度重视转变经济发展方式和结构调整，使得在经济保持较快增长的同时，财政收入和企业利润均实现较快增长。2011 年 1-11 月，全国财政收入同比增长 26.8%，比上年同期加快 5.7 个百分点；规模以上工业企业实现利润同比增长 24.4%，在上年基数较高的情况下继续保持较快增长。

（七）人民生活继续改善

2011 年，各地区、各部门全面加强改善民生工作，新出台多项加强社会保障的政策措施，广大人民群众的生活水平有了新的提高。2011 年，农村居民人均纯收入实际增长 11.4%，增速同比提高 0.5 个百分点；城镇居民人均可支配收入实际增长 8.4%，提高 0.6 个百分点。农村居民收入实际增速比城镇居民高 3.0 个百分点，城乡居民收入差距有所缩小。社会保障工作显著加强，国家财政对社保和就业、医疗卫生、住房保障等民生领域的投入显著高于财政支出增幅。1000 万套保障性住房全部开工，提前完成预定目标。

总之，2011 年我国经济社会发展的总体形势是好的。在国际形势复杂严峻、国内经济运行面临的困难和挑战增多的情况下，这样的成绩确实来之不易。这充分证明，宏观经济政策取向是正确的，宏观调控是科学的、有力的、有效的。

2012 年是实施“十二五”规划承上启下的重要一年，也是我国发展进程中具有重要意义的一年，我们党将召开十八大，保持经济社会平稳较快发展具有十分重要的意义。展望 2012 年，我国经济发展面临的国内外环境仍然复杂严峻，保持经济平稳较快发展面临较多挑战，我们要增强忧患意识，充分做好应对准备。但还要看到，我国经济发展的基本面没有发生根本变化，国民经济仍处在发展的重要战略机遇期，2012 年仍然具备促进经济保持平稳较快发展的有利条件。我们要认真贯彻落实中央经济工作会议精神，既要有忧患意识，更要坚定信心，稳中求进，努力实现国民经济平稳较快增长，努力保持物价总水平基本稳定，努力促进社会和谐稳定，以优异成绩迎接党的十八大召开。

（执笔：刘爱华 付凌晖 王冠华 周平
国家统计局综合司）

菏泽交通新貌（菏泽市统计局提供）

2011 年农业生产发展报告

2011 年我国经济增长中的不确定性和不稳定性因素增多，经济下行压力和通胀压力并存，农业发展面临着更为复杂多变的宏观经济环境，同时各种传统和非传统挑战的叠加影响日益凸显。在粮食连续七年增产的情况下，保持农业发展良好势头、促进农业生产再上新台阶的难度加大。在国家一系列强农惠农富农政策的带动下，2011 年农业投入稳步增加，农业获得全面丰收，确保了基本供给，进一步稳固了农业基础地位，为保增长、调结构、控通胀、促改革和惠民生作出了重要贡献，实现了“十二五”时期良好开局。

一、农业获得全面丰收

（一）农业产值稳定增长

2011 年第一产业增加值为 47486 亿元，比上年实际增长 4.5%，增幅比上年高 0.2 个百分点。分类别看，4 大行业呈现种植业增幅加快、养殖业增幅下降的特点。种植业增加值 27043 亿元，比上年增长 5.2 %，增幅比上年高 1.4 个百分点；林业增加值 2089 亿元，比上年增长 7.2%，增幅比上年高 0.7 个百分点；畜牧业增加值 12431 亿元，比上年增长 1.1%，增幅比上年低 2.8 个百分点；渔业增加值 4590 亿元，比上年增长 4.5%，增幅比上年低 1.3 个百分点。

（二）粮食产量再创新高，实现连续八年增产

2011 年全国粮食总产量突破 11000 亿斤大关，达到 11424 亿斤（见表 1），比 2010 年增产 495 亿斤，增长 4.5%。粮食总产量实现了历史罕见的“八连增”，连续 5 年超万亿斤，标志着我国粮食综合生产能力稳定跃上新台阶。分季节看，夏粮总产量 2528 亿斤，比上年增产 65 亿斤，增长 2.6%；早稻总产量 655 亿斤，比上年增产 28 亿斤，增长 4.5%；秋粮总产量 8241 亿斤，比上年增加 402 亿斤，增长 5.1%。分类别看，谷物产量 10388 亿斤，比上年增产 460 亿斤，增长 4.6%；豆类 382 亿斤，比上年增加 2 亿斤，增长 0.6%，其中，大豆 290 亿斤，比上年减产 12 亿斤，下降 4%；薯类 655 亿斤，比上年增加 32 亿斤，增长 5.1%。在谷物中，稻谷产量 4020 亿斤，突破 4000 亿斤大关，比上年增产 105 亿斤，增长 2.7%；小麦产量 2348 亿斤，比上年增产 44 亿斤，增长 1.9%；玉米产量 3856 亿斤，比上年增加 311 亿斤，增长 8.8%。

表 1　2000 年以来粮食总产量变化情况

单位：亿斤、%

年份	粮食总产量	比上年增加	比上年增长
2000	9244	−924	−9.1
2001	9053	−191	−2.1
2002	9141	88	1.0
2003	8614	−527	−5.8
2004	9389	775	9.0
2005	9680	291	3.1
2006	9961	280	2.9
2007	10032	71	0.7
2008	10574	542	5.4
2009	10616	42	0.4
2010	10930	313	3.0
2011	11424	495	4.5

（三）棉花、油料和糖料等主要经济作物实现同时增产

棉花扭转了连续 3 年减产局面，但尚未达到 2008 年水平，属于恢复性增产。2011 年棉花总产量为 659 万吨，比上年增产 10.5%；单产 87 公斤 / 亩，比上年增长 6.4%。油料连续 4 年增长，但增长幅度为近 4 年来最低。2011 年油料产量 3307 万吨，增产 2.4%；单产 159 公斤 / 亩，比上年增长 2.6%。糖料扭转了连续 2 年减产局

面，但尚未恢复到2008年水平。2011年糖料产量12517万吨，增产4.2%；单产4284公斤/亩，比上年增长1.9%（见表2）。2011年烟叶产量313万吨，增产4.3%。

表2　2000年以来棉花、油料和糖料产量变化情况

单位：万吨、%

年份	棉花		油料		糖料	
	总产量	比上年增加	总产量	比上年增加	总产量	比上年增加
2000	442	59	2955	354	7635	
2001	532	91	2865	-90	8655	1020
2002	492	-41	2897	32	10293	1638
2003	486	-6	2811	-86	9642	-651
2004	632	146	3066	255	9571	-71
2005	571	-61	3077	11	9452	-119
2006	753	182	2640	-437	10460	1008
2007	762	9	2569	-72	12188	1728
2008	749	-13	2953	384	13420	1231
2009	638	-112	3154	202	12277	-1143
2010	596	-42	3230	76	12009	-268
2011	659	63	3307	77	12517	508

（四）集体林权制度改革取得阶段性成果，生态建设力度加大

2011年，集体林权制度改革取得阶段性的成果，明晰产权工作基本完成。据国家林业局统计，已有26个省区市基本完成明晰产权、承包到户的任务。全国已确权集体林地26亿亩，占集体林地总面积的95%。其中，发证面积22.65亿亩，占已确权集体林地总面积的87%，8379万农户拿到了林权证，4亿农民直接受益。

林业生产建设力度进一步加大。国家林业局的初步统计结果显示，2011年全国共完成造林面积9207万亩，比2010年增长3.9%，其中，人工造林6211万亩，飞播造林295万亩，新封山育林2701万亩。在全部造林面积中，林业重点工程完成造林4665万亩，占全部造林面积的比重为50.7%。2011年，天然林资源保护二期工程（2011-2020年）正式启动实施，退耕还林工程稳步推进，京津风沙源治理工程工程质量提高、效果增强，石漠化综合治理工程治理力度加大，工程区石漠化综合治理重点县由原来的100个县增加到200个县。

（五）主要畜产品产量下降，水产品产量增加

2011年全年生猪出栏6.62亿头，同比下降0.8%；猪肉产量5053万吨，同比下降0.4%。分季度看，上半年全国生猪出栏3.21亿头，同比下降1.9%，猪肉产量2443万吨，同比下降0.5%；前3季度全国生猪出栏4.69亿头，同比下降1.4%，猪肉产量3568万吨，同比下降0.6%。下半年生猪出栏降幅逐渐收窄，市场供应情况逐步改善。

2011年全国牛出栏4671万头，比上年减少46万头，下降1.0%；牛肉产量647万吨，比上年减少6万吨，下降0.9%。羊出栏2.67亿只，比上年减少559万只，下降2.1%；羊肉产量393万吨，同比减少6万吨，下降1.4%。家禽出栏113.3亿只，比上年增加3.2亿只，增长2.9%；禽肉产量1709万吨，比上年增加53万吨，增长3.2%；禽蛋产量2811万吨，比上年增加49万吨，增长1.8%。禽肉产量增长抵消了猪、牛和羊肉产量下降的影响，使得肉类总产量略增。2011年全国肉产量为7958万吨，比上年增长0.4%。牛奶产量3658万吨，比上年增加82万吨，增长2.3%。

2011年水产品产量5603万吨，比上年增长4.2%。其中，养殖水产品产量4023万吨，增长5.1%；捕捞水产品产量1580万吨，增长2.3%。

二、农产品价格快速上涨

虽然主要农产品获得丰收，确保了基本供给，但由于主要农产品供求关系总体上处于紧平衡状态，同时受到农资价格上涨、人工成本快速增加、政策因素和宏观因素的影响，2011年农产品价格呈现出快速上涨的运行态势。据对全国26000个农业生产经营单位和农户的调查，2011年全国农产品生产者价格①持续高位运行，价格

注：①农产品生产者价格是指农业生产者首次直接出售其生产的农产品时实际获得的价格。

总水平比上年上涨 16.5%，1-4 季度同比分别上涨 15.6%、18%、20.5% 和 11.9%，前 3 季度涨幅逐渐扩大，第四季度涨幅快速缩小。

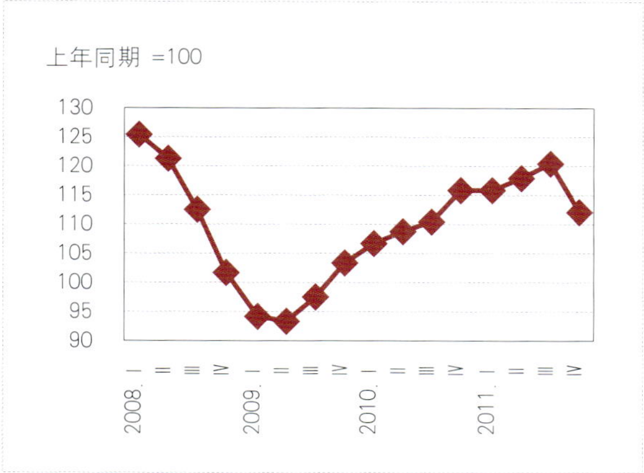

图 1　2008-2011 年全国农产品生产价格总指数

农、林、牧、渔 4 大类农产品生产者价格普遍高于上年，除种植业外，其他 3 大类产品生产者价格涨幅在 10% 以上。具体来看，种植业产品上涨 7.8%，1-4 季度分别上涨 16.5%、8.6%、9% 和 1.9%；林业产品上涨 14.9%，1-4 季度分别上涨 13.2%、18.4%、14% 和 12.9%；畜牧业产品上涨 26.2%，1-4 季度分别上涨 16%、29%、35.3% 和 21.9%；渔业产品上涨 10%，1-4 季度分别上涨 9.8%、9.8%、11.9% 和 8.7%。

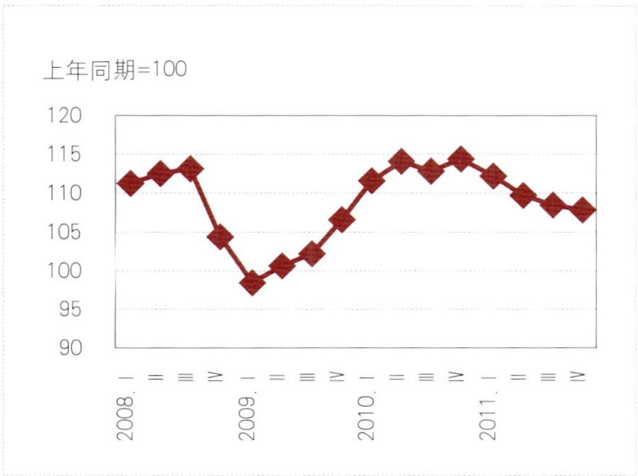

图 2　2008-2011 年粮食生产价格指数

粮食生产者价格上涨 9%，1~4 季度分别上涨 12.1%、9.6%、8.4% 和 7.7%，涨幅逐季减小。分品种看，谷物上涨 9.7%，其中，小麦、稻谷和玉米分别上涨 5.2%、13.3% 和 9.9%。豆类上涨 5%，其中，大豆上涨 6.3%。薯类上涨 4.5%。分区域看，粮食主产区②和主销区生产者价格均上涨 9.8%，其他地区上涨 8.8%。

棉花价格先扬后抑，波动剧烈。全年棉花（籽棉）生产者价格下跌 20.5%，第一、第二季度生产者价格分别上涨 55.1%、41%，第四季度下跌 22.6%，新棉上市价格跌幅非常突出。在棉花主产省中，新疆下跌 19.9%，安徽和湖北分别下跌 26.3% 和 25.2%。

油料价格涨幅呈倒“U”形态。全年油料生产者价格上涨 12.1%，1-4 季度分别上涨 11.2%、14.3%、16% 和 6.9%。分品种看，花生上涨 14.4%，油菜籽上涨 8.3%，葵花籽上涨 15.1%，芝麻下跌 0.6%。

糖料价格涨幅基本逐季回落。全年糖料生产者价格上涨 25.5%，1-4 季度分别上涨 32.9%、26.7%、19.3% 和 19.8%。分品种看，甘蔗上涨 27.5%，甜菜上涨 22.4%。

蔬菜价格波动剧烈。全年蔬菜生产者价格上涨 3.4%，第一季度上涨 5.9%、第二季度下跌 0.5%、第三季度上涨 8.9%、第四季度下跌 2.2%。分种类看，叶菜类上涨 3.7%，白菜类下跌 2.2%，其中大白菜下跌 10.5%，瓜菜类上涨 5.3%，块根、块茎类上涨 4.6%，葱蒜类蔬菜下跌 1.7%，其中大蒜下跌 3.6%，食用菌上涨 7.5%。

水果生产者价格上涨 6.2%，1-4 季度分别上涨 29%、4.8%、5% 和 4.4%。分品种看，苹果上涨 13.6%，梨上涨 5.6%，柑桔上涨 4%。

生猪生产者价格上涨 37%，1-4 季度分别上涨 18.6%、41.5%、50.7% 和 29.9%，前 3 季度涨幅逐季快速增长，第四季度涨幅有所回落。分区域来看，生猪主产省③上涨 37.4%，其他省份

注：②粮食主产区包括河北、内蒙古、辽宁、吉林、黑龙江、江苏、安徽、江西、山东、河南、湖北、湖南、四川等 13 个省份；粮食主销区包括北京、天津、上海、浙江、福建、广东、海南等 7 个省份；其他地区指除上述主产区、主销区以外的省份。
③生猪主产省包括河北、辽宁、江苏、浙江、安徽、江西、山东、河南、湖北、湖南、广东、广西、重庆、四川、云南等 15 个省份，其他省份为非生猪主产省。

上涨 36.2%。活牛和活羊生产者价格分别上涨 8.1% 和 15.7%。活家禽生产者价格上涨 12%，其中，活鸡、活鸭和活鹅分别上涨 12.6%、12.1% 和 10.2%。禽蛋生产者价格上涨 12.6%，其中，鸡蛋和鸭蛋分别上涨 13.2% 和 11.4%。奶产品生产者价格上涨 8.1%。毛绒产品生产者价格上涨 17.1%。

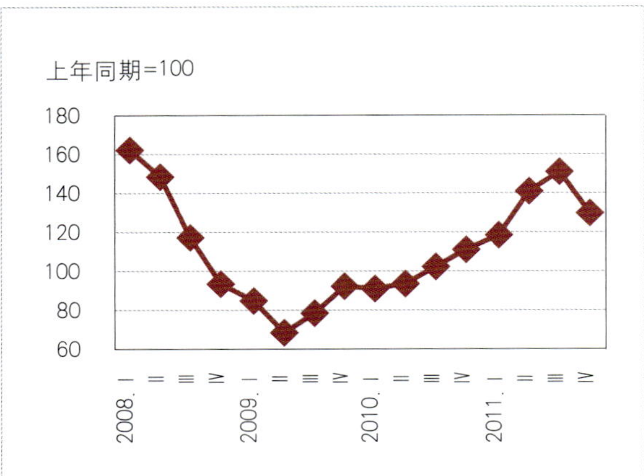

图 3 2008-2011 年生猪生产价格指数

三、粮食连续 8 年增产的主要原因

（一）强农惠农富农政策力度加大

2011 年国家进一步加大了强农惠农富农政策力度，进一步增加农业投入，加强农业基础设施尤其是农田水利设施建设，一方面改善了农业生产条件，另一方面提高了农民务农种粮积极性，为实现粮食丰收奠定了坚实的基础。

第一，中央财政继续加大对“三农”的投入力度。2011 年，中央财政“三农”支出超过 1 万亿元，比上年增加 1839 亿元；用于“三农”的财政支出占中央财政总支出的比重为 9.18%，比上年增加了 0.1 个百分点。

第二，实施生产大县奖励制度，初步建立起产区利益补偿机制。为确保主要农产品基本供给，调动主产区的生产积极性，国家制定并实施了生产大县奖励制度，对粮油、生猪等生产大县实行财政奖励补助，建立了产区利益补偿机制。2011 年财政奖励力度进一步加大，中央财政安排对生产大县的奖励资金达到 255 亿元。

第三，补贴规模扩大，标准提高。2011 年，国家继续实施粮食直补、农资综合补贴、良种补贴和农机具购置补贴政策。2011 年中央财政共安排粮食直补资金 151 亿元，农资综合补贴 860 亿元，两项补贴合计 1011 亿元，比上年增加了 144 亿元。良种补贴方面，2011 年补贴规模进一步扩大，部分品种标准进一步提高。中央财政安排良种补贴 220 亿元，比上年增加 16 亿元。农机具购置补贴方面，2011 年补贴规模增加到 175 亿元，比上年增加 20 亿元。补贴范围继续覆盖全国所有农牧业县（场），机具种类涵盖 12 大类 46 个小类 180 个品目。

第四，粮食最低收购价水平继续提高。为进一步增加农民种粮收入，稳定和提高农民种粮积极性，2011 年国家继续加大对粮食生产的支持力度，提高主产区生产的小麦、稻谷最低收购价水平。根据最低收购价政策执行预案，2011 年每 50 公斤白小麦（三等，下同）、红小麦、混合麦最低收购价分别为 95 元、93 元、93 元，比 2010 年提高分别 5 元、7 元和 7 元；每 50 公斤早籼稻（三等，下同）、中晚籼稻、粳稻最低收购价格分别提高到 102 元、107 元、128 元，比 2010 年分别提高 9 元、10 元、23 元。提高小麦、稻谷最低收购价，有利于补偿粮食生产成本增加，促进农民种粮收益稳步增长，确保粮食生产稳定发展。

第五，固定资产投资稳步增长。2011 年全社会固定资产投资 311022 亿元，比上年增长 23.6%，扣除价格因素，实际增长 15.9%。其中，固定资产投资（不含农户）301933 亿元，增长 23.8%；农户投资 9089 亿元，增长 15.3%。在固定资产投资（不含农户）中，农、林、牧、渔业投资 6792 亿元，比上年增长 25.0%。

第六，农村金融服务改善。据中国人民银行统计，2011 年末，主要金融机构及农村合作金融机构、城市信用社、村镇银行、财务公司向农村发放的贷款余额为 12.15 万亿元，比上年增长 24.7%；全年累计增加 2.24 万亿元，比上年多增 790 亿元。2011 年末，农户贷款余额 3.10 万亿元，比上年增长 19.1%；全年累计增加 5017 亿元，比上年少增 867 亿元。2011 年末，农业贷款余额

2.44 万亿元，比上年增长 11.2%；全年累计增加 2452 亿元，同比少增 1640 亿元。全年农村金融合作机构（农村信用社、农村合作银行、农村商业银行）人民币贷款余额 66778 亿元，比年初增加 10012 亿元。

（二）生产条件改善

第一，农田水利基础设施建设加快推进。2011 年中央 1 号文件聚焦水利建设，突出加强农田水利等薄弱环节建设，全面加快水利基础设施建设。2011 年全年新增有效灌溉面积 181 万公顷，新增节水灌溉面积 221 万公顷。全年农作物受灾面积大幅下降，农作物受灾面积为 3247 万公顷，比上年下降 13.2%，其中绝收 289 万公顷，下降 40.5%。全年水资源总量 24022 亿立方米。

第二，耕地质量有所提高。国家正在实施的加强耕地质量建设的政策项目主要包括测土配方施肥补贴和土壤有机质提升试点补贴。2011 年，国家继续实施测土配方施肥补贴项目，免费为 1.7 亿农户提供测土配方施肥技术服务，推广测土配方施肥技术面积 12 亿亩以上。土壤有机质提升试点补贴项目方面，到 2010 年，项目已涵盖全国 30 个省（区、市，含中央农垦系统）的 619 个县（市、区、场），补贴资金规模从 1700 万元扩大到 5.5 亿元，实施面积从 85 万亩增加到 2750 万亩以上。

（三）粮食种植结构变化引致的增产效应

玉米、稻谷等高产作物品种播种面积增加较多，占粮食播种面积的比重增加，豆类等低产作物播种面积下降，有利于粮食单产提高和总产增加。2011 年高产作物玉米播种面积突破 5 亿亩，达到 5.03 亿亩，比上年增加 1562 万亩，增长 3.2%；稻谷播种面积达到 4.5 亿亩，比上年增加 276 万亩，增长 0.6%。结构调整，高产作物玉米和稻谷播种面积共增加 1800 万亩，增产效果在 140 亿斤以上。

（四）农业气候条件总体有利

2011 年大部分地区农业生产的气候条件较好，主产区关键农时的气候条件总体上有利于产量形成，局部地区出现的不利气候条件具有较强的阶段性，农业气候条件总体好于常年，并明显好于上年，农作物受灾程度明显降低。

（五）防灾减灾效果明显

面对冬麦区冬春连旱、长江中下游地区旱涝急转、西南地区严重干旱，国家对受灾较重地区及时下拨救灾资金，充分调动地方政府和农民抗灾救灾的积极性，有效地减轻了各种灾害对农业生产的影响。据国家减灾委统计，2011 年农作物成灾面积比上年减少了 30% 以上，农作物绝收面积比上年减少了 40% 以上。

（六）粮食劳动生产率提高

2011 年，农业关键技术推广应用力度加大，测土配方施肥、节水灌溉、病虫害专业化统防统治、玉米地膜覆盖等新栽培技术应用范围扩大，农业科技应用水平进一步提高。另外，农业机械化水平继续提高，良种、化肥、农药等现代要素大量地投入使用，显著提高了粮食劳动生产率。2011 年从事第一产业的每个劳动力平均粮食产

表 3　2000 年以来粮食劳动生产率

年　份	粮食总产量（亿斤）	第一产业就业人员数（万人）	每个劳动力平均粮食产量（公斤/人）
2000	9244	36042.5	1282.4
2001	9053	36398.5	1243.6
2002	9141	36640.0	1247.4
2003	8614	36204.4	1189.7
2004	9389	34829.8	1347.9
2005	9680	33441.9	1447.3
2006	9961	31940.6	1559.3
2007	10032	30731.0	1632.3
2008	10574	29923.3	1766.9
2009	10616	28890.5	1837.3
2010	10930	27930.5	1956.7
2011	11424	26594	2147.8

说明：因缺乏从事粮食生产的劳动力数量指标，这里使用第一产业就业人员来代替，实际的每个从事粮食生产的劳动力平均粮食产量应大于表中的近似数。

量大约为 2147.8 公斤（见表 3），比上年增加了 191.1 公斤，增长 9.8%。劳动生产率持续提高，是粮食能够连续 8 年增产的关键。

四、农业发展中存在的主要问题

（一）生产能力仍不稳固，推动农业发展再上新台阶的难度加大

尽管农业全面丰收，依靠国内生产确保基本供给的能力增强，但要清醒地认识到我国农业生产能力总体上仍不稳固，稍有松懈，农业生产出现大幅滑坡的可能性依然存在。一方面，各项传统挑战依然存在，且有增强趋势。一是耕地和淡水资源短缺的矛盾在工业化和城镇化快速推进过程中更加尖锐。二是农业社会化服务体系不健全，千家万户的小农生产方式与大市场尚未实现有效对接。三是农业基础设施薄弱、靠天吃饭的局面仍未根本扭转。四是农业劳动力科学文化素质相对较低。另一方面，随经济社会发展，非传统挑战增多，影响不断增强。一是化肥和农药等现代投入品大量使用，生态环境恶化、水资源污染和耕地有机质下降的问题较为严重，不利于可持续发展。二是各种生产调节剂滥用、农药过量或不安全使用以及转基因品种的推广应用，农产品质量安全问题日益凸显。三是农村劳动力大量转移就业，农忙季节劳动力短缺、农业从业人员老龄化和农业生产兼业化副业化现象越来越普遍。四是石油价格波动、游资炒作等对农业生产和供求关系的影响增强。五是农业对外开放扩大，大豆等产品的国际依存度提高，国际农产品供求变动、汇率波动的影响加大。六是随全球气候变暖，极端天气和自然灾害呈多发频发重发趋势，农业生产的自然风险加大。在工业化、城镇化和农业现代化稳步推进过程中，这些传统和非传统挑战交织在一起，对农业生产的叠加影响增强，推动农业发展再上新台阶的难度加大。

（二）主要产品供求紧平衡，保障供给的压力依然较大

就粮食而言，虽然取得了历史罕见的连续八年增产的巨大成就，但并没有改变供求关系紧平衡的基本格局，而且粮食供求品种结构和区域结构不平衡的矛盾依然存在。从品种结构来看，优质粮食品种短缺，部分品种如大豆国内生产严重不能满足需求，需要依靠进口调节品种结构矛盾。从区域结构来看，粮食主销区的自给水平下降，同时主销区的粮食加工能力较强，需要大量从主产区调入粮食，区域之间粮食生产、库存和消费不平衡的状况有加剧趋势。从需求方面来看，随人口总量增长、城乡居民消费结构升级和工业用途拓展，粮食需求刚性增长。近年来，粮食增产和价格上涨同步发生的现象已经成为常态，究其原因，国家最低收购价持续提高虽发挥了重要作用，但起决定作用的因素仍是供求紧平衡，这是价格上涨的基础。就其他大宗产品而言，近年来棉花、油料、糖料、蔬菜和生猪等产品价格多次出现剧烈波动，不仅影响了农业的持续发展和千家万户的生活，也在一定程度上干扰了宏观经济的平稳运行，表明我国主要大宗产品的供求关系总体上处于紧平衡状态，保障供给的压力依然较大。

（三）生产成本增加，粮食比较利益依然低下

当前我国正处于由传统农业加速向现代农业转型阶段，农业生产方式正在发生重大而深刻的变化，机械化、规模化、集约化、标准化程度大大提高，各种现代投入品大量使用，农资、农机、土地和用工等成本费用呈上升趋势，农业生产进入高成本阶段。2011 年农业生产成本快速增长。从农资价格来看，2011 年全国农业生产资料价格比上年上涨了 11.3%，涨幅比上年高 8.4 个百分点。其中，化肥价格上涨 13.3%；农用机油价

注：④粮食本文包括稻谷、小麦、玉米和大豆 4 个品种。平均每亩粮食收益利用近 4 年稻谷、小麦、玉米和大豆播种面积作为权重对相应品种收益加权平均得到。

格上涨10.8%；农业生产服务价格上涨8.3%。从人工成本来看，2011年农民工外出务工月均工资为2049元，比上年增长21.2%；农业工大量外出就业，部分地区农忙季节农业劳动力短缺，零工日工资达到百元以上。生产成本增加，农业生产收益会相应减少。和从事其他产业相比，农业的比较利益依然比较低下。据对全国20000个农业生产经营单位（规模户、生产大户）和农户的调查，2011年平均每亩粮食④收益（未扣除人工成本、土地成本和折旧）仅有658.37元，其中，小麦为456.22元，稻谷为826.45元，玉米为719.96元，大豆为418.9元。

五、几点建议

（一）提高现代农业装备水平，转变农业发展方式

提高现代农业的装备水平，推动农业发展方式转变是新形势下突破资源环境和市场的约束、提高农产品质量安全水平和确保基本供给的必然选择，是推动现代农业发展、走中国特色农业现代化道路的必由之路。一是要切实加强以农田水利为重点的农业基础设施建设，提高农业应对自然灾害的能力，彻底改变“靠天吃饭”的被动局面。二是要加大农业科技创新和应用力度，以优良品种培育为重点，加快农业生物育种创新和推广应用体系建设，提高农业科技贡献率。三是要大力建设高标准农田，着力改善耕地质量，改造中低产田，加快建设高产稳产基本农田。四是要推动蔬菜、畜禽和水产养殖等菜篮子产品标准化生产，加强产品质量安全标准的制定和实施，切实提高农产品质量安全水平。

（二）充分利用国内外两种资源和两个市场，调节供求关系

随农业对外开放度提高，国际因素对国内生产和供求的影响加深，在带来竞争压力的同时，也为利用国内外两种资源和两个市场调节供求关系提供了基础和条件。我国的资源禀赋条件决定了粮食、棉花、油料和糖料等土地密集型的产品不具有比较优势，而蔬菜、水果、花卉等园艺和畜禽、水产等养殖等劳动密集型产品具有比较优势。进口粮食等土地密集型产品，相当于进口我国短缺的土地和淡水资源。经过多年的高速增长，我国的综合国力已大大增强，外汇储备连续多年稳居世界第一，在坚持立足国内生产确保基本供给原则的基础上，完全有能力和条件增加部分供给不足的土地密集型产品的进口，满足人们的多样性需求。对于劳动密集型产品，则应加大开拓国际市场的力度，综合运用出口信贷、保险、补贴、退税等手段扩大出口，以提高农业的国际竞争力，充分挖掘农业内部增收潜力，促进农民增收。

（三）加大扶持补贴力度，稳步提高种粮效益

种粮比较利益低下，不利于提高农民种粮积极性和稳定粮食播种面积。要多措并举，切实调高种粮效益。一是要提高土地产出率和劳动生产率，稳步提高单产水平；二是要坚持和完善良种补贴政策，提高良种覆盖率；三是坚持和完善粮食直补政策，扩大补贴范围，提高补贴标准；三是要坚持和完善最低收购价政策，稳步提高粮食最低收购价水平，稳定农民预期；四是要坚持和完善农资综合补贴和农机具购置补贴政策，合理弥补因农资价格上涨而导致的生产成本增加。

（执笔：侯锐　汪传敬　国家统计局农村司）

2011 年工业经济发展报告

2011 年，工业经济总体运行呈现稳中回落的基本态势。工业生产、出口、效益增速均较上年有不同程度回落，并呈前高后低、逐季放缓的走势。但总体来看，2011 年工业经济仍处在平稳较快增长的运行区间，工业结构变化也基本符合宏观调控的方向。

一、工业生产增速稳中回落

（一）工业生产增速前高后低、逐季回落，四季度回落幅度有所扩大

2011 年，全国规模以上工业①增加值同比实际增长 13.9%（以下增加值增速均为扣除价格因素的实际增长率），较上年回落 1.8 个百分点。分季度看，一季度增长 14.4%；二季度增长 14%；三季度增长 13.8%；四季度增长 12.8%。

（二）重工业回落幅度明显大于轻工业

2011 年，重工业增长 14.3%，较上年回落 2.2 个百分点；轻工业增长 13%，回落 0.6 个百分点。分季度看，一至四季度重工业分别增长 14.9%、14.4%、14.1% 和 13%；轻工业分别增长 13.1%、13%、13% 和 12.4%。

（三）主要经济类型企业增速有所回落

2011 年，外商及港澳台商投资企业增长 10.4%，较上年回落 4.1 个百分点；国有及国有控股企业增长 9.9%，回落 3.8 个百分点；股份制企业增长 15.8%，回落 1 个百分点；集体企业增长 9.3%，回落 0.1 个百分点；股份合作企业增长 14.7%，加快 0.7 个百分点。

（四）七成多的工业行业增速回落

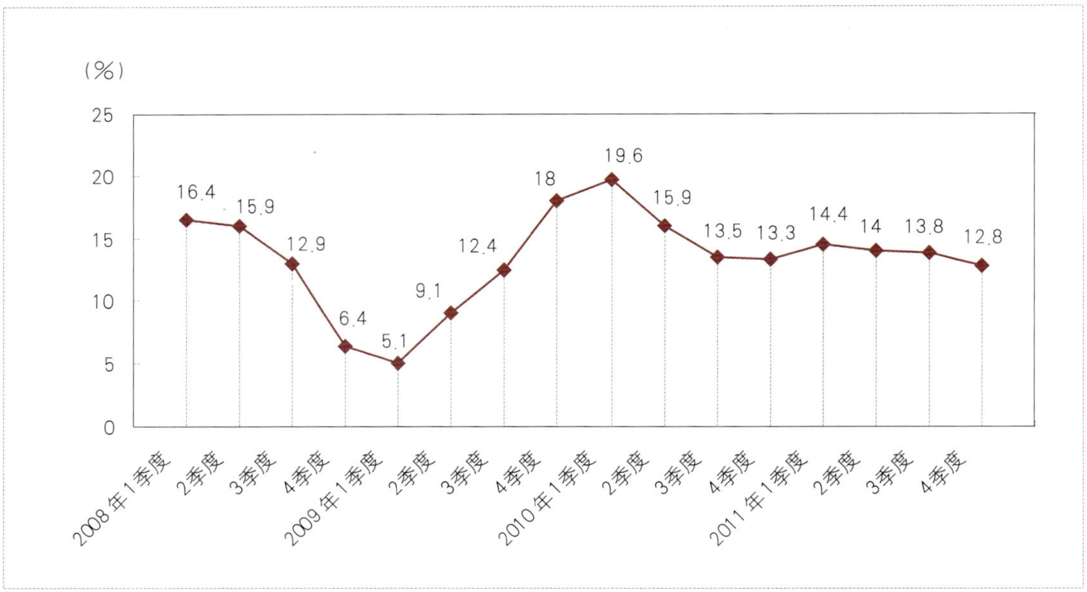

图 1　2008—2011 年各季度工业增加值增速

注：①从 2011 年起，规模以上工业的统计范围为年主营业务收入 2000 万元以上的工业企业。

2011年，39个大类行业中，28个行业生产增速较上年回落，占71.8%；11个行业增速加快，占28.2%。

装备制造业增速明显回落。2011年装备制造业增长15.5%，较上年回落4.5个百分点。分季度看，一季度增长17.6%，二季度增长14.8%，三季度增长14.9%，四季度增长13.3%。

高耗能行业[②]增速有所减慢。2011年高耗能行业增长12.3%，较上年回落1.2个百分点。分季度看，一季度增长12.2%，二季度增长12.7%，三季度增长12.7%，四季度增长11.6%。

主要轻纺行业[③]增速略有回落。2011年主要轻纺行业增长13.6%，较上年回落0.4个百分点。分季度看，一季度增长12.7%，二季度增长13.3%，三季度增长13.2%，四季度增长14.1%。

资源类行业[④]增速有所加快。2011年资源类行业增长13.3%，较上年加快1.3个百分点。分季度看，一季度增长13.2%，二季度增长15.1%，三季度增长13.3%，四季度增长12.5%。

（五）近六成的工业产品增速回落

在两年均统计的451种工业产品中，2011年产量增速较上年回落的有267种，占59.2%；加快的183种，占40.6%；持平的1种。

产量增速较上年回落的主要产品有：原油加工量增长4.9%，较上年回落8.5个百分点；粗钢增长8.9%，回落0.4个百分点；钢材增长12.3%，回落2.4个百分点；十种有色金属增长10.6%，回落6.7个百分点；乙烯增长7.4%，回落24.3个百分点；汽车增长3%，回落28.9个百分点；轿车增长5.9%，回落23.3个百分点；发电量增长12%，回落1.3个百分点。

增速较上年加快的主要产品有：水泥增长16.1%，较上年加快0.6个百分点；平板玻璃增长15.8%，加快4.9个百分点；农用化肥增长12.1%，加快9.6个百分点；微型计算机设备增长35.9%，加快10.3个百分点。

（六）东部地区增速明显回落，中部地区基本平稳，西部地区有所加快

2011年，东部地区规模以上工业生产增长11.7%，较上年回落3.2个百分点；中部地区增长18.2%，回落0.2个百分点；西部地区增长16.8%，加快1.3个百分点。

二、工业产品出口增速明显回落

2011年，全国规模以上工业实现出口交货值101946亿元，较上年增长16.6%，增幅较上年回落8.8个百分点。分季度看，一季度增长20.9%，二季度增长17.1%，三季度增长15.9%，四季度增长12%，呈大幅回落态势。出口拉动规模以上工业生产增长0.5个百分点，较上年回落1个百分点。

10大出口行业[⑤]中，9个行业出口增速较上年回落。电气机械及器材制造业、通信设备计算机及其他电子设备制造业、金属制品业、化学原料及化学制品制造业、皮革毛皮羽毛（绒）及其制品业、纺织业、交通运输设备制造业、农副食品加工业以及通用设备制造业较上年回落1.4-17.6个百分点。纺织服装、鞋、帽制造业增长16.6%，较上年加快4.3个百分点。

6大工业品出口地区[⑥]出口增速均较上年回落。上海增长3.1%，回落19个百分点；浙江增长12.3%，回落15.3个百分点；广东增长11.3%，回落13.3个百分点；江苏增长18.7%，回落7个百分点；山东增长17.6%，回落3.7个百分点；福建增长20.9%，回落2.2个百分点。

注：②高耗能行业包括石油加工、炼焦及核燃料加工业、化学原料及化学制品制造业、非金属矿物制品业、黑色金属冶炼及压延加工业、有色金属冶炼及压延加工业和电力热力的生产和供应业。
③主要轻纺行业包括农副食品加工业、食品制造业、饮料制造业、纺织业、纺织服装、鞋、帽制造业和化学纤维制造业。
④资源类行业包括煤炭开采和洗选业、石油和天然气开采业、黑色金属矿采选业、有色金属矿采选业、非金属矿采选业和其他采矿业。
⑤10个行业出口交货值占全国规模以上工业的比重超过70%。
⑥6个地区出口交货值占全国规模以上工业的比重超过80%。

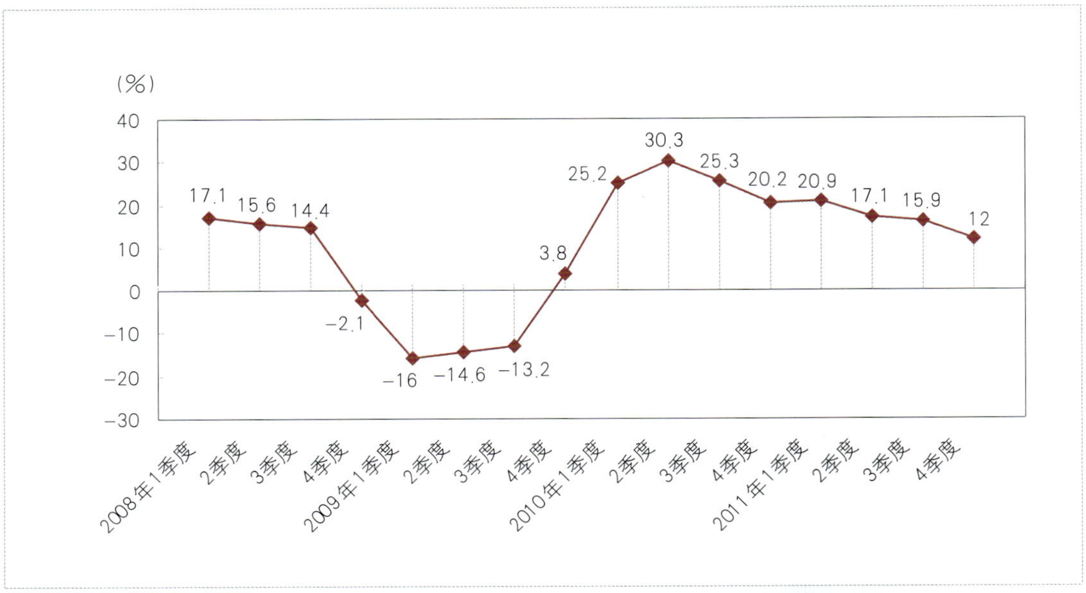

图2 2008—2011年各季度工业产品出口增速

三、工业利润增速有所回落

（一）工业利润增速呈逐季回落趋势

2011年，全国规模以上工业企业实现利润54544.4亿元，比上年增长25.4%，增幅比上年1-11月[7]下降24个百分点。分季度看，一季度增长32%，二季度增长26.1%，三季度增长23.9%，四季度增长22.1%，呈逐季回落态势。

（二）国有及国有控股企业和外商及港澳台商投资企业利润增幅较上年大幅回落

2011年，在规模以上工业企业中，国有及国有控股企业实现利润14989.3亿元，比上年增长15%，增速比上年1-11月回落44.1个百分点；外商及港澳台商投资企业实现利润14038.3亿元，比上年增长10.6%，增幅回落35.7个百分点；集体企业实现利润881.8亿元，比上年增长34%，增幅回落0.6个百分点；私营企业实现利润16619.8亿元，比上年增长46%，增幅回落3.4个百分点。

（三）近八成行业利润增幅较上年回落

与上年1-11月利润增幅相比，39个大类行业中，8个行业增幅加快，29个行业增幅回落，石油加工、炼焦及核燃料加工业降幅扩大，电力、热力的生产和供应业由增转降。利润增幅回落的行业中，交通运输设备制造业实现利润5098.5亿元，比上年增长17.3%，增幅比上年1-11月回落42.1个百分点；煤炭开采和洗选业实现利润4341.7亿元，增长33.4%，增幅回落27.7个百分点；石油和天然气开采业实现利润4044.3亿元，增长44.8%，增幅回落20.9个百分点；化学原料及化学制品制造业实现利润3978.2亿元，增长32.1%，增幅回落27.1个百分点；非金属矿物制品业实现利润3255.7亿元，增长42.2%，增幅回落7个百分点。

（四）新增利润前五大行业占比上升

受上游行业产品价格较快增长和行业利润增幅普遍回落影响，新增利润比上年更加集中。2011年，新增利润最多的5个行业分别为：石油和天然气开采业利润比上年增加1251.1亿元，煤炭开采和洗选业利润增加1086.8亿元，化学原料及化学制品制造业增加966.3亿元，非金属矿物制品业增加965.7亿元，交通运输设备制造

注：⑦ 2010年《工业企业财务状况》报表为季报，调查期为1-2月、1-5月、1-8月和1-11月，无全年数据。

业增加751.8亿元。这5个行业新增利润占全部规模以上工业新增利润的45.5%，比重比上年1-11月上升4个百分点。

（五）利润增幅逐步回落的主要原因

一是主营业务收入增幅回落。2011年，规模以上工业企业实现主营业务收入843315.4亿元，比上年增长27.2%，增幅比上年1-11月回落4.6个百分点。

二是产品制造成本增加。由于原材料价格上涨快于产成品出厂价格，2011年，每百元主营业务收入中的成本为84.7元，较上年增加0.15元。

四、小微企业经营状况趋紧

据国家统计局调查队系统2011年12月对3.9万家规模以下小微工业企业[⑧]（以下称小微企业）的调查，2011年小微企业总体经营状况趋紧，四季度产品销售和出口、企业用工和盈利等经营状况指标增速都有所下滑，关停企业面有所上升。

（一）产品销售增速回落

2011年，小微企业主营业务收入同比增长26.5%，全年增速比前三季度回落1.5个百分点，企业经营状况呈回落态势。

（二）产品出口增速减缓，微型企业出口低速增长

2011年，小微企业出口产品销售收入同比增长21.7%，全年增速比前三季度增速回落0.5个百分点。其中，小型企业增长24.9%，微型企业仅增长3%。小微企业出口率[⑨]为7%，同比回落0.3个百分点，远低于规模以上工业12.2%的出口率。

（三）企业用工增速降低

2011年底，小微企业期末从业人员同比增长5.5%，比三季度末回落1个百分点。其中，小型企业回落2个百分点。分行业看，同比增幅回落较大的行业有：黑色金属矿采选、黑色金属冶炼及压延加工、石油和天然气开采、有色金属矿采选、有色金属冶炼及压延加工、废弃资源和废旧材料回收加工，增幅回落均超过6个百分点。

（四）企业利润率偏低

2011年，小微企业主营业务收入利润率为5.4%，比同期规模以上工业低1.1个百分点。利润率低于3%的行业有：石油加工及炼焦、水的生产和供应、通信设备计算机及其他电子设备、电气机械及器材。

（五）2011年当年关停的小微企业占4.1%

2008年至2011年底，跟踪调查的小微企业中，累计关闭企业占调查时小微企业总数的11.5%，其中2011年当年关闭的占3%，比2010年上升1.9个百分点；累计停产企业占调查时小微企业总数的17.5%，其中2011年当年停产的占1.1%，比2010年上升0.9个百分点。

五、工业结构出现一些积极变化

2011年，在国家宏观调控政策的作用下，工业经济结构出现了一些积极变化，主要表现在：一是高技术制造业、装备制造业的生产增长较快，比重有所上升。2011年全年高技术制造业增长16.5%，装备制造业增长15.5%，增速分别高于全部规模以上工业2.6和1.6个百分点；2011年一至四季度高技术制造业现价增加值比重依次为8.7%、8.8%、9.1%和9.5%；装备制造业为28.3%、28.8%、28.3%和29.3%。二是高耗能行业的生产增速继续回落，比重逐季有所下降。2011年全年高耗能行业增长12.3%，增速低于全部规模以上工业1.6个百分点；2011年一至四

注：⑧规模以下小微工业企业是指年主营业务收入2000万元以下的工业企业。
⑨出口率是指出口产品销售收入占主营业务收入的比重。

季度高耗能行业现价增加值比重依次为 31.9%、31.3%、31% 和 29.5%。

2011 年以来，一些应对国际金融危机冲击的积极政策主动退出和减弱，全年工业生产仍保持了平稳较快增长，表明我国的工业经济增长由政策刺激向自主增长有所转变。2012 年，面对复杂多变的国际形势和国内经济运行出现的新情况新问题，工业经济实现“十二五”规划中的加快转变经济发展方式、又好又快发展的目标仍任重道远。

（执笔：陈颖婷　国家统计局工业司）

石化产业（沧州市人民政府提供）

2011年能源供需和节能降耗情况报告

2011年，能源生产稳步增长，供应能力进一步增强，较好地支撑了国民经济平稳较快发展对能源的需求。各地区、各部门深入贯彻落实科学发展观，采取有力措施，积极推动节能减排，全国单位GDP能耗继续下降。

一、能源供需情况

（一）供应能力进一步增强

能源生产：2011年全国能源生产总量31.8亿吨标准煤，比上年增长7.0%，增幅比上年降低1.1个百分点，其中：原煤生产35.2亿吨，增长8.7%；原油生产2.04亿吨，增长0.3%；天然气生产1030.6亿立方米，增长8.7%；发电量47000.7亿千瓦小时，增长11.7%，其中一次电力产量（核电、水电、风电等）8747.5亿千瓦小时，比上年下降0.1%。一次能源生产总量构成：原煤占77.7%，比上年提高1.2个百分点；原油占9.2%，比上年下降0.6个百分点；天然气4.3%，与上年基本持平；一次电力占8.8%，比上年下降0.6个百分点。

能源进口：进出口相抵，全年净进口能源约5亿吨标准煤，比上年增长10.7%，增幅比上年降低10个百分点。其中：原煤进口增长15.3%，增幅比上年下降 13.9 个百分点；原油进口增长6.3%，增幅比上年下降 11.9个百分点；天然气进口增长37.4%，增幅比上年下降70.6个百分点。

能源供应总量：2011年能源供应总量（生产总量+净进口）36.8亿吨标准煤，比上年增长7.5%，增幅比上年下降2.2个百分点。各种能源进口占能源供应总量比重为13.6%，比上年降低0.1个百分点，其中原油进口量占原油供应总量的比重为55%，比上年提高1.4个百分点。

（二）能源消费增长较快

2011年能源消费总量为34.8亿吨标准煤，比上年增长7.0%，增幅比上年提高1个百分点。其中：煤炭消费34.3亿吨，比上年增长9.7%，增幅比上年加快4.2个百分点；石油消费约4.5亿吨，比上年增长4.4%，增幅比上年降低8.3个百分点；天然气消费1202亿立方米，比上年增长12%，增幅比上年降低8.2个百分点；电力消费4.7万亿千瓦时，比上年增长11.7%，增幅比上年降低1.5个百分点。一次能源消费总量构成：煤炭占68.8%、比上年提高0.8个百分点；石油18.6%，比上年下降0.4个百分点；天然气占4.6%，比上年提高0.2个百分点；一次电力8.0%，比上年下降0.6个百分点。

（三）能源供需基本平衡

2011年末，主要能源社会库存（包括煤炭生产企业库存、流通企业库存、消费企业库存）普遍比年初增长，其中煤炭库存增长12.0%，焦炭库存增长12.1%，原油库存增长11.4%，成品油库存增长5.5%。这种增长主要是由生产、消费规模扩大引起的正常增长。按照可比口径计算，2011年能源供应大于需求5.7%，能源供应比较充裕，供需总体平衡。

二、节能降耗工作取得积极进展

2011年，全国单位GDP能耗下降2.01%，其中：一季度降低0.6%，上半年降低0.8%，前三季度降低1.6%。全国规模以上工业单位增加值能耗比上年降低3.49%，其中，煤炭行业单位增加值能耗下降 3.31%，纺织行业下降6.16%，石油石化行业下降1.14%，化工行业下降3.12%，建材行业下降5.43%，钢铁行业下降2.31%，有色行业下降2.93%，电力行业上升0.72%。在全国30个省（区、市，不包括西藏）中，26个地区单位 GDP 能耗下降，2 个地区降低 5% 以上，3 个地区降低 4-5%，19 个地区降低 3-4%，2 个地区降低 2-3%，4 个地区上升；23 个地区完成自定的年度目标任务，18 个地区完成“十二五”年均进度目标任务；从地域看，东部地区下降 3.57%，中部地区下降 3.62%，西部地区下降 1.91%。单位 GDP 能耗下降的主要原因：

（一）高耗能行业过快增长的势头有所抑制

2011 年，六大高耗能行业增加值比上年增长 12.3%，增幅低于规模以上工业 1.6 个百分点。其中：石油加工炼焦及核燃料加工业增长 7.6%，比上年回落 0.2 个百分点；化学原料及化学制品制造业增长 14.7%，回落 0.8 个百分点；非金属矿物制品业增长 18.4%，回落 1.9 个百分点；黑色金属冶炼及压延加工业增长 9.7%，回落 1.9 个百分点；电力、热力的生产和供应业增长 10.1%，回落 0.9 个百分点。

主要高耗能产品生产增幅回落。2011 年，钢材产量增长 9.9%，增幅比上年回落 5.8 个百分点；水泥产量增长 10.8%，回落 3.7 个百分点；十种有色金属产量增长 10.0%，回落 7.8 个百分点；氧化铝产量增长 18.1%，回落 3.5 个百分点；乙烯产量增长 7.5%，回落 25.0 个百分点；烧碱产量增长 10.7%，回落 10.9 个百分点。

（二）淘汰落后产能、改进工艺技术等工作取得成效

淘汰落后产能工作持续推进。2011 年，全国淘汰火电落后产能 346 万千瓦，淘汰炼铁落后产能 3122 万吨，淘汰炼焦落后产能 1925 万吨，淘汰水泥落后产能 1.5 亿吨。

多数产品的单位产品能耗继续下降。在统计的重点用能工业企业的 25 个重点耗能产品、107 项单位综合能耗指标中，近 80% 呈下降趋势。其中：原煤生产单位能耗下降 7.6%，炼焦工序单位能耗下降 2.9%，原油加工单位能耗下降 0.6%，烧碱单位能耗下降 4.0%，纯碱单位能耗下降 1.4%，乙烯单位能耗下降 3.3%，合成氨单位能耗下降 0.4%，水泥单位能耗下降 4.0%，平板玻璃单位能耗下降 3.3%；吨钢综合能耗下降 0.9%；铝、铅、锌冶炼单位能耗分别下降 0.2%、2.1%、1.6%，火力发电煤耗下降 1.3%。

能源加工转换效率进一步提高。2011 年，能源加工转换总效率比上年提高 0.9 个百分点，10 种加工转换方式中的 8 种均有提高。其中，火力发电提高 0.6 个百分点，供热提高 1.2 个百分点，原煤洗选提高 0.5 个百分点，炼焦提高 0.2 个百分点，炼油及煤制油提高 0.9 个百分点，炼焦与制气提高 2.9 个百分点，天然气液化则略有下降。

（三）能源回收利用率有所提高。

2011 年，规模以上工业企业回收利用能源 11987 万吨标准煤，比上年增加 1605 万吨标准煤，回收利用率为 2.28%，比上年提高 0.1 个百分点。

三、节能降耗面临较大压力

“十二五”时期，单位 GDP 能耗计划降低 16%，年均降低 3.43%。从实际情况看，这是一个很艰巨的任务。2011 年全国单位 GDP 能耗下降 2.01%，比年度计划目标 3.5% 小 1.49 个百分点，使今后 4 年的节能降耗压力进一步增大。从 2011 年形势分析，压力主要来自以下几个方面：

一是高耗能产业投资增长快。2011 年，六大高耗能行业投资比上年增长 18.3%，增幅比上年加快 2.9 个百分点。其中：非金属矿制品业投资增长 31.8%，有色金属冶炼及压延加工业投资增长 36.4%。高耗能行业投资增长快，必然对今后几年节能降耗工作形成压力。

二是经济增长对能源的依赖程度较高。2011 年，高耗能行业生产快速增长的势头虽有所抑制，但增长仍然比较快：化学原料及化学制品制造业、非金属矿物制品业、有色金属冶炼及压延加工业、电力热力的生产和供应业的增长均在 10% 以上；在主要耗能产品中，钢材增长 9.9%，氧化铝增长 18.1%，纯碱 13.4%、水泥增长 10.8%，铁合金增长 22.7%，电石增长 22.3%，焦炭增长 11.8%，火

电增长 14.8%，铝材增长 26.8%，虽然多数产品增速比上年回落，但增幅仍然比较高。高耗能行业生产增长比较快的主要原因是我国经济增长对能源的依赖程度较高，区域发展的差异程度较大。2011 年，我国能源消费弹性系数 0.76；31 个地区，有 21 个地区能耗增幅超过全国平均增幅，有 13 个地区能耗增长持续加快。特别是西部地区，随着承接东部地区产业转移步伐的加快，能源消费高速增长，增速比上年加快 2.1 个百分点，超过全国能源消费平均增幅 3.3 个百分点。

三是社会用电需求增大。2011 年全社会用电量增长 11.7%，仅此一项即拉动能源消费总量增长 5 个百分点以上。工业依然是拉动全社会用电增长的主要因素，全年工业用电量比上年增长 12.0%，占全社会用电比重为 73.8%，比上年提高 0.1 个百分点，拉动全社会用电增长近 9 个百分点。此外，居民生活用电增长也比较高。"十一五"以来，我国城乡居民生活用电年均增长在 14% 以上。随着经济发展和居民生活水平的提高，中西部地区用电快速增长。2011 年，中部地区社会用电增长 11.9%，西部地区社会用电增长 17.2%，分别超过全国社会用电增长幅度 0.2 和 5.5 个百分点。

四是技术节能难度加大。2011 年，在统计的重点耗能产品单位综合能耗中，尽管多数产品的单位能耗继续下降，但下降的幅度均比常年减少 0.62-1.71 个百分点，这部分产品所形成的直接节能仅为 2840 万吨标准煤，占该部分产品能耗的比重仅为 1.49%，比上年减少 1.3 个百分点，是近几年最低的。

（执笔：朱虹　国家统计局能源司）

综合港区（沧州市人民政府提供）

2011 年建筑业发展报告

2011 年，全国建筑业企业生产保持较快增长，劳动生产率有所提高，经济效益平稳增长，实现了建筑行业"十二五"时期的良好开局。但受复杂多变的国内外经济形势影响，建筑业主要生产指标增速呈逐季回落态势，全年在建工程施工进度较往年明显放缓，企业后续施工项目储备不足，资金压力也较上年更大。

一、2011 年建筑业企业生产经营基本情况

（一）生产保持较快增长

2011 年，全国建筑业企业完成建筑业总产值 117734 亿元，比上年增加 21703 亿元，增长 22.6%，增速虽较 2010 年下降 2.4 个百分点，但综合过去十年情况来看，总体仍在合理较快的区间运行（见图 1）。

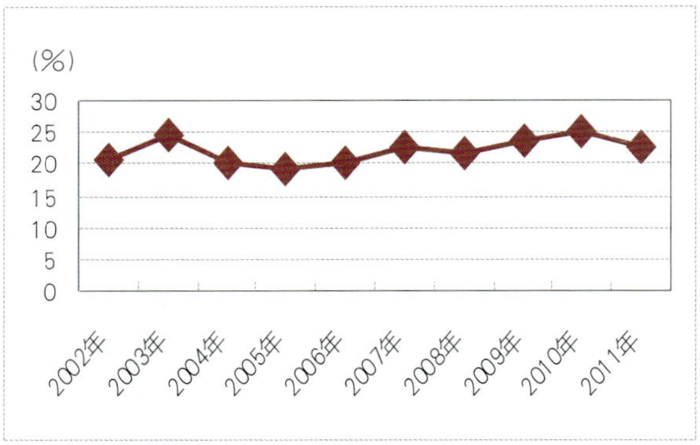

图 1　2002-2011 年建筑业总产值增长率

（二）房屋建筑施工规模延续了 2010 年以来的较快扩张势头

2011 年，全国建筑业企业完成房屋施工面积 84.6 亿平方米，比上年增加 13.8 亿平方米，增长 19.5%，增速比上年微降 0.8 个百分点，较 2007、2008 和 2009 年分别提高了 2.0、9.4 和 8.6 个百分点。其中，新开工面积为 42.7 亿平方米，比上年增加 4.6 亿平方米，增长 11.9%。

（三）建筑业企业签订合同额平稳增长

2011 年，全国建筑业企业签订合同额 208532 亿元，比上年增加 35928 亿元，增长 20.8%。其中，国有及国有控股企业为 85647 亿元，比上年增加 11330 亿元，增长 15.2%。

（四）劳动生产率进一步提高

2011 年，建筑业企业按建筑业总产值计算的劳动生产率为 229220 元 / 人，同比增长 12.4%。其中，国有及国有控股企业为 311937 元 / 人，同比增长 9.6%。

（五）企业经济效益平稳较快增长

2011 年，全国建筑业企业实现利润总额 4241 亿元，同比增长 24.4%；上缴税金总额 4215 亿元，同比增长 25.8%。其中，国有及国有控股建筑业企业实现利润总额 1172 亿元，同比增长 36%；上缴税金总额 1368 亿元，同比增长 23.6%。

（六）分地区看，西部地区产值和利润增速均快于东部和中部地区，占全国比重也有所上升

2011 年，西部地区完成建筑业总产值 21388 亿元，同比增长 28.1%，增速分别比东部和中部地区高 6.8 和 6.3 个百分点；占建筑业总产值的比重由上年的 17.4% 上升到 18.2%。实现利润总额同比增长 27.3%，增速分别比东部和中部地区高 1.7 和 8.3 个百分点，占建筑业企业利润的比重由上年的 16% 上升到 16.4%。

二、存在的主要问题

（一）主要生产指标增速呈逐季回落势头

分季度看，2011 年一季度、上半年、前三季度和全年的建筑业总产值增速分别为 26.7%、26.1%、25.8% 和 22.6%；企业签订合同额增速分别为 36.6%、29.7%、25.4% 和 20.8%；房屋建筑施工面积增速分别为 28.1%、25.5%、23.9% 和 19.5%，主要生产指标增速全年呈较明显的逐季回落势头（见图 2），表明建筑业生产规模扩张乏力，持续快速发展的动力较为疲软，短期内延续回落走势的可能性较大，建筑业企业或将面临更为严峻的发展压力。

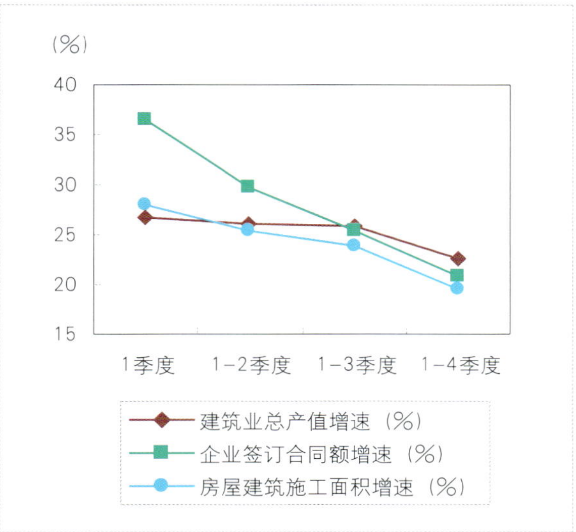

图 2　2011 年各季度建筑业主要生产指标增速

（二）房屋竣工面积的增速和占施工面积比重为近五年最低

2011 年，建筑业企业完成房屋竣工面积 29.2 亿平方米，同比增长 5.3%，增速比上年下降 7.8 个百分点，较 2007、2008 和 2009 年分别下降 8.2、4.3 和 4.5 个百分点；房屋竣工面积占施工面积的比重为 34.5%，比上年下降 4.7 个百分点，较 2007、2008 和 2009 年分别下降 7.8、7.6 和 7.2 个百分点（见图 3）。房屋竣工面积占比呈逐年下降趋势，表明建筑业企业在建工程的施工进度较往年明显放缓。

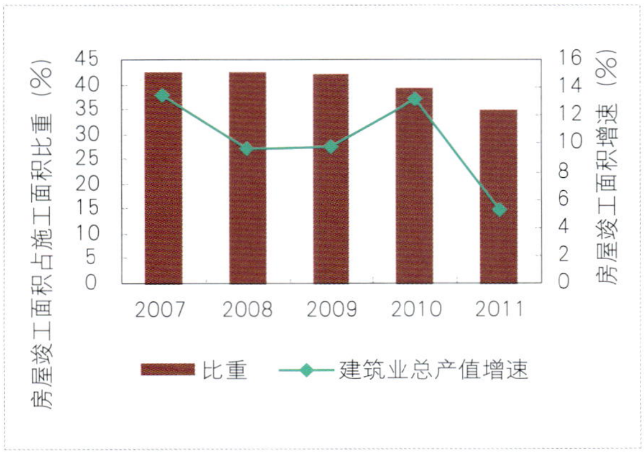

图 3　2007-2011 年房屋建筑竣工面积增速及比重

（三）建筑业企业本年新签合同额增速放缓，其中国有及国有控股企业新签合同额增速远低于行业平均水平

2011 年，全国建筑业企业新签合同额 126922 亿元，比上年增长 15.0%，增幅回落 17.6 个百分点；新签合同额占全年签订合同额的比重为 60.9%，比上年下降 3 个百分点。其中，国有及国有控股企业本年新签合同额 44336 亿元，同比增长 3.6%，增速较上年回落 12.1 个百分点，占全年合同额比重为 51.8%，比上年下降 5.8 个百分点。这表明建筑业企业尤其是国有及国有控股建筑业企业的后续施工项目储备不足，不利于建筑业企业进一步扩大施工规模、保持企业生产发展的稳定性和持续性。

（四）建筑行业收入增速下滑，应收工程款占收入比重升高使得企业面临的资金压力加大

2011 年，建筑业企业实现工程结算收入 110325 亿元，同比增长 19.7%，增速较上年下降 4.2 个百分点；应收工程款达 16911 亿元，同比增长 21.7%，占工程结算收入的比重为 15.3%，比上年提高了 0.2 个百分点。其中，应收竣工工程款同比增长 23.7%，增速比上年提高了 3.4 个百分点。建筑业企业在主营业务收入增长乏力的同时，应收工程款拖欠情况并未好转，造成部分企业尤其是中小建筑业企业的资金周转紧张，给企业组织正常的生产经营活动带来了较大压力。

（五）2011 年，未开工建筑业企业数量同比大幅上升

受全球经济低迷以及国家宏观调控政策等因

素的影响，部分建筑业企业生产经营状况不容乐观，建筑业企业开工率较上年同期下降。全年全国有工作量建筑业企业共计70414家，企业开工率为92%，较上年同期下降1.8个百分点。未开工建筑业企业数达6136家，同比增长28.7%，增幅较上年高17个百分点。这表明，因企业资金链断裂不得不破产关闭，或因承揽工程困难无法组织施工、实际处于停歇业状态的建筑业企业数量大幅增加。

三、促进建筑业持续健康发展的建议

1. 建筑业企业应牢固树立风险意识，防范经营、财务风险。由于行业竞争日趋激烈，加之经济上的长期通胀压力抬高了企业的生产经营成本，建筑业企业产值利润率近几年一直保持在较低水平，而应收工程款占企业工程结算收入的比例却较往年有所上升，企业无疑面临着较大的经营和财务风险。面对各种不利因素，建筑业企业应增强风险防范意识，加强对招投标工程项目组织实施可行性和资金来源可靠性的评估，科学管理工程项目进度，规范企业财务管理和资金流动，控制企业应收帐款总量，确保企业正常生产经营活动所需的资金周转。

2. 2011年受国家宏观调控、经济结构调整和固定资产投资增速回落等因素的影响，建筑业企业市场开发进度和施工项目储备增长缓慢。面对严峻的发展压力，建筑业企业应着力培育自身的工程设计、项目策划融资和管理能力；顺应建筑行业产业结构调整的趋势，加强行业资源整合，实现企业间的优势互补、强强联合；在巩固原有建筑市场的基础上，不断开拓环保工程、节能建筑、核电风力、水利电力建设等新兴建设领域，还要抓住国家大规模推进保障房建设的契机，加大施工项目储备，同时鼓励有实力的企业积极拓展海外市场，以不断增强企业的抗风险能力和可持续发展能力。

此外，建筑业企业也要不断优化人员结构，在加大管理及技术人才的培养、引进力度的同时，加强对一线施工人员的技能培训和素质培训，提升建筑施工水平，培育企业的核心竞争力。

3. 建议有关部门着力解决建筑行业尤其是中小型建筑业企业的融资难问题，通过政策扶持提高建筑行业的整体投、融资能力，以资金引导来优化建筑行业的资源配置，不断增强建筑行业活力和企业竞争力。同时，进一步健全建筑市场法规体系，规范建筑市场秩序和工程招投标活动管理，推进建筑业企业的诚信体系建设，完善落实清理应收工程款拖欠问题的长效机制，加大对工程款恶意拖欠等行为的执法力度，推动建筑业快速健康发展。

（执笔：张刚　国家统计局投资司）

（长乐市统计局提供）

2011年交通运输业发展报告

2011年是“十二五”规划的开局之年，交通运输业作为支撑经济良性发展、促进社会全面进步的基础性、先导性产业和服务性行业，进一步加大了基础设施建设投资力度，提高了交通运输生产能力，全年运输总量稳步增长，服务水平不断提升，取得了较好成绩，实现了良好开局，为全面实现“十二五”既定规划目标奠定了坚实的基础。

一、交通基础设施投资平稳增长，综合运输能力显著提高

2011年，交通基础设施网络规模不断扩大，一批重大项目相继建成投产，交通运输结构进一步得到优化。京沪高铁、广珠城际等先后建成通车，一批高速公路、国省干线公路改造工程相继投产，长江、西江、京杭运河治理与建设工程继续推进，昆明新机场以及南昌、成都、西安、长沙等机场改扩建工程竣工，天津、深圳、南京、重庆等城市地铁新线开通。交通基础设施不断完善，质量进一步提高，为交通运输生产运行提供了有力保障，运输能力明显提高。

（一）铁路建设投资有所放缓

2011年，铁路建设全年完成固定资产投资5906.1亿元，其中基本建设投资4610.8亿元，占78.1%。全年完成新线铺轨3387.2公里，复线铺轨2616.2公里，分别比上年下降54.9%和61.5%；投产新线2166.8公里，其中客运专线1421公里，分别比上年下降55.9%和8.6%；投产复线1889公里、投产电气化铁路3398.4公里，分别比上年下降50.2%和43.6%。截止2011年底，全国铁路营业里程达9.3万公里，比上年增加0.2万公里，增长2.2%；路网密度为97.1公里/万平方公里，比上年增加2.1公里/万平方公里，增长2.2%。

2011年，一系列铁路重点建设项目完工并投入使用。6月30日，举世瞩目的京沪高速铁路正式通车运营，京沪高速铁路全长1318公里，是世界上一次建成线路最长、标准最高的高速铁路。太中银铁路、广珠城际铁路、广深港高铁广深段三条铁路开通运营。太中（银）铁路线全长944公里，它的建成彻底结束了山西西南部、宁夏中北部没有铁路及太原、银川两地间没有直达火车的历史；广珠城际铁路和广深港高铁广深段使珠江三角洲城市之间的连接更加便捷、高效，为加速珠三角的经济发展提供了重要的保障，注入了新的动力。截止2011年底，全国铁路复线里程3.9万公里，比上年增加0.2万公里，增长5.4%；复线率为41.9%，比上年提高1.2个百分点。全国铁路电气化里程4.6万公里，比上年增加0.4万公里，增长8.2%；电气化率49.5%，比上年提高2.8个百分点。

随着铁路里程的增加，机车车辆装备现代化水平也得到显著提升。截止到2011年底，全国铁路机车拥有量达2.07万台，比上年增长6.7%；其中和谐型大功率电力机车4291台，比上年增加1364台，增长46.6%。全国铁路主要干线全部实现内燃、电力机车牵引。其中：内燃机车有1.11万台，占53.6%；电力机车有0.96万台，占46.4%。到2011年底，全国铁路拥有客车5.47万辆，比上年增加0.24万辆，增长4.6%；其中空调车4.04万辆，占73.9%，比上年提高3.9个百分点。全国铁路拥有货车65.6万辆，比上年增加3.4万辆，增长5.4%。动车组到2011年底共投用652列，比上年增加205列，增长45.9%。

（二）公路基础设施建设明显加快

2011年，全国完成公路建设投资12596.36亿元，比上年增长9.7%。其中，高速公路建设

完成投资7424.14亿元，比上年增长8.2%；农村公路建设完成投资2010.13亿元，比上年增长4.5%。农村公路建设持续推进。截止到2011年底，全国农村公路（含县道、乡道、村道）里程达356.40万公里，比上年末增加5.74万公里，同比增长1.6%。2011年，交通运输部开展全国干线公路养护检查，启动为期三年的农村公路管理养护年活动。采用代建制等办法，加大援藏和援疆力度，西藏、新疆等民族地区公路建设明显加快；玉树、舟曲等灾区公路恢复重建稳步推进；云南怒江等地区"索改桥"工程有序推进。

公路里程持续增长，技术等级进一步提高。截止到2011年底，全国公路总里程达410.64万公里，比上年末增加9.82万公里，增长2.4%。其中高速公路8.49万公里，比上年末增加1.08公里，增长14.6%。全国等级公路里程345.36万公里，比上年末增加14.89万公里，占公路总里程的比重为84.1%，比上年末提高1.7个百分点；其中二级及以上高等级公路里程47.36万公里，比上年末增加2.63万公里，占公路总里程的比重为11.5%，比上年末提高0.4个百分点。

公路密度继续增加，通达水平进一步提高。截止到2011年底，全国公路密度为42.77公里/百平方公里，比上年末提高1.02公里/百平方公里，增长2.4%。全国通公路的乡（镇）占全国乡（镇）总数的99.97%，通公路的建制村占全国建制村总数的99.38%；其中，通硬化路面的乡（镇）占全国乡（镇）总数的97.18%，通硬化路面的建制村占全国建制村总数的84.04%，分别比上年末提高0.54和2.34个百分点。

公路运输车辆增长较快。截止到2011年底，全国公路营运汽车达1263.75万辆，比上年末增加130.43万辆，增长11.5%。其中载客汽车84.34万辆、2086.66万客位，分别比上年末增长1.5%和3.4%，平均客位24.74客位/辆，比上年末提高0.48客位/辆；载货汽车1179.41万辆、7261.20万吨位，分别比上年末增长12.3%和21.0%，平均吨位6.16吨/辆，比上年末提高0.45吨/辆。

（三）水运建设快速增长

水路运输建设投资增速显著加快。2011年，全国内河及沿海建设完成投资1404.88亿元，比上年增长19.9%。其中，内河建设完成投资397.89亿元，增长18.9%。内河港口新建及改（扩）建码头泊位209个，新增吞吐能力8418万吨，其中万吨级及以上泊位新增吞吐能力3986万吨。全年新增及改善内河航道里程843公里。沿海建设完成投资1006.99亿元，增长20.3%。沿海港口新建及改（扩）建码头泊位440个，新增吞吐能力24585万吨，其中万吨级及以上泊位新增吞吐能力22714万吨。2011年，长江口深水航道治理三期等工程竣工验收，长江干线南京以下12.5米深水航道和中游荆江河段航道治理、京杭运河航道改造升级和西江老口航电枢纽建设等有序推进；重庆寸滩和果园等一批规模化专业化内河港区迅速崛起，重庆、武汉航运中心和内陆无水港加快建设。

内河航道通航里程小幅增长。截止到2011年底，全国内河航道通航里程12.46万公里，比上年末增加370公里；其中等级航道6.26万公里，占总里程的50.3%，比上年末提高0.2个百分点。

港口码头泊位继续增加。2011年底，全国港口拥有生产用码头泊位31968个，比上年末增加334个。其中，沿海港口生产用码头泊位5532个，比上年末增加79个；内河港口生产用码头泊位26436个，比上年末增加255个。

水上运力结构进一步优化，船舶向大型化、专业化方向发展。2011年底，全国拥有水上运输船舶17.92万艘，比上年末增长0.5%；净载重量21264.32万吨，增长17.9%；平均净载重量1186.35吨/艘，增长17.3%；载客量100.84万客位，增长0.5%；集装箱箱位147.52万TEU，增长11.4%；船舶功率5949.66万千瓦，增长11.6%。

（四）民航基础设施建设成效显著

2011年，民航全行业完成固定资产投资687.7亿元，投资力度有所放缓，比上年减少22.3%。民航基础建设取得新进展。甘肃张掖和金昌、内蒙古阿尔山和巴彦淖尔、西藏日喀则、新疆库车、广东揭阳潮汕等一批支线机场竣工投入使用，使民航服务区域经济发展的能力进一步提升。截止到2011年底，全国民航国内定期航班通航机场178个（不含港澳台地区，下同），比上年末增加3个；定期航班通航城市175个，比上年末增加3个。民用飞机2888架，比上年末增加483架，增长20.1%；运输飞机1764架，比上年末增加167架，增长10.5%，其中大中型运输飞机1601架，比上年末增加148架，增长10.2%。

截止2011年底，我国民用航空航线里程（按重复距离计算）达到512.8万公里，其中国内航线318万公里，国际航线194.8万公里。民用航空航线条数达到2290条，比上年末增加410条，增长21.8%。其中国内航线1847条（含港澳台航线91条），比上年末增加269条，增长17.0%；国际航线443条，比上年末增加141条，增长46.7%。新开和恢复航线666条，其中国内航线511条，国际航线155条。

（五）管道总里程稳步增长

2011年，管道总里程达8.37万公里，比上年增加0.52万公里，增长6.7%，其中输油管4.09万公里、输气管4.28万公里，分别比上年增长6.3%和7.1%。2011年，兰成原油管道等十余条油气管道建设项目相继开工，日仪线原油管道、湛北线原油管道、北百成品油管道、西气东输二线干线、秦沈天然气管道、大沈天然气管道、山东天然气管网等管道投产使用，极大地提高了管道运输能力。

二、交通运输业各种方式运输量稳定增长

2011年，交通运输业持续保持稳定增长态势。旅客运输平稳增长，下半年增速有所放缓；货物运输继续保持较快增长，增速呈前低后高之势；沿海规模以上港口货物吞吐量增速平稳，但同比增幅低于上年。

2011年，全国各种运输方式累计完成客运量352.63亿人、旅客周转量30984.03亿人公里，分别比上年增长7.9%和11.1%；完成货运量369.70亿吨、货物周转量159323.72亿吨公里，分别比上年增长14.0%和12.3%。

表1　2011年各种运输方式完成旅客运输量及其增长速度

指　　标	单　　位	绝对数	比上年增长(%)
旅客运输总量	亿　　人	352.63	7.9
铁　路	亿　　人	18.62	11.1
公　路	亿　　人	328.62	7.6
水　运	亿　　人	2.46	9.7
民　航	亿　　人	2.93	9.5
旅客运输周转量	亿人公里	30984.03	11.1
铁　路	亿人公里	9612.29	9.7
公　路	亿人公里	16760.25	11.6
水　运	亿人公里	74.53	3.1
民　航	亿人公里	4536.96	12.3

表2　2011年各种运输方式完成货物运输量及其增长速度

指　　标	单　　位	绝对数	比上年增长(%)
货物运输总量	亿　　吨	369.70	14.0
铁　路	亿　　吨	39.33	8.0
公　路	亿　　吨	282.01	15.2
水　运	亿　　吨	42.60	12.4
民　航	万　　吨	557.48	−1.0
管　道	亿　　吨	5.71	14.2
货物运输周转量	亿吨公里	159323.72	12.3
铁　路	亿吨公里	29465.79	6.6
公　路	亿吨公里	51374.74	18.4
水　运	亿吨公里	75423.84	10.2
民　航	亿吨公里	173.91	−2.8
管　道	亿吨公里	2885.44	31.3

（一）铁路旅客、货物运输实现平稳增长

2011年，铁道部抓住部分新建高铁投入运营的有利时机，统筹安排新线和既有线列车开行方案，优化调整高速、快速、普速列车开行结构；创新客运营销方式，扩大网上售票、电话订票范

围，增加客票代售点覆盖面，完善电子支付系统，方便旅客购票；加强春运、暑运、节假日客运组织，培育客运新的增长点，提升铁路客运市场竞争力。2011 年，旅客运输继续增长，全年整体增速低于上年。全年累计完成客运量 18.62 亿人、旅客周转量 9612.29 亿人公里，分别比上年增长 11.1% 和 9.7%。

货运方面，充分利用新增货运能力，合理安排货物列车开行方案，更好地适应物流市场发展需要，更多地吸引货源；加强东北、华北、西南和西北等重点区域的运输组织，充分挖掘煤运通道能力，为重点物资运输提供可靠运力保证。在增加大宗货物运量的同时，开发快捷运输、集装箱运输、多式联运，开拓高端货运市场，推动铁路货运产品结构升级。2011 年，货物运输平稳增长，增速比上年有所回落。全年累计完成货运量 39.33 亿吨、货物周转量 29465.79 亿吨公里，分别比上年增长 8.0% 和 6.6%。全国铁路煤炭运量达 227026 万吨，比上年增加 26983 万吨，增长 13.5%；粮食运量 9946 万吨，比上年减少 163 万吨，下降 1.6%。

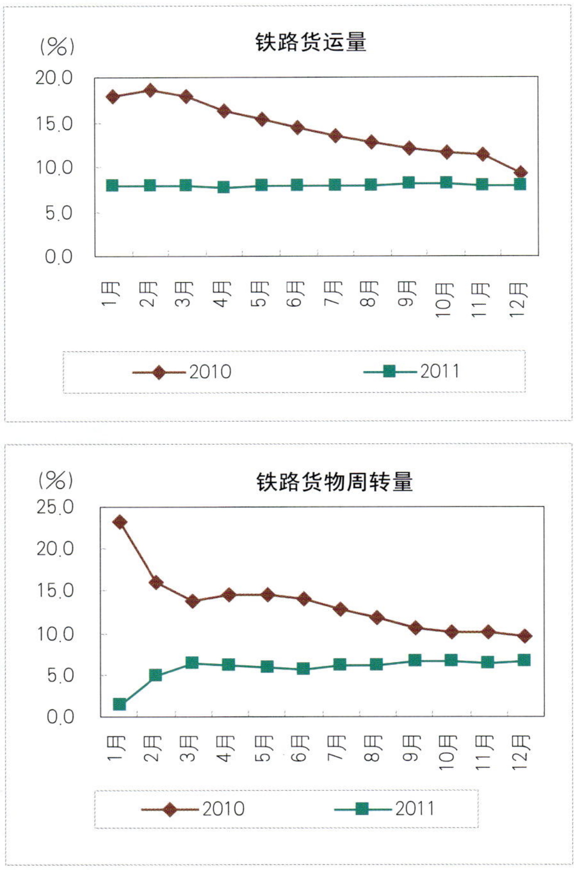

图 1 2010-2011 年铁路货物运输累计同比增速

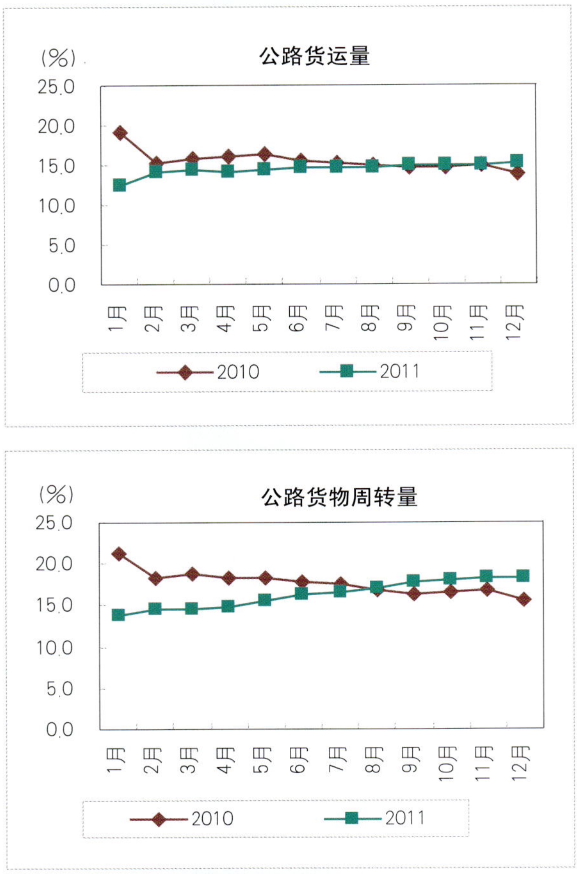

图 2 2010-2011 年公路货物运输累计同比增速

（二）公路客货运输继续保持增长

2011 年，交通运输部做好运输组织保障，不断提高公路运输能力，加强了重点时段、重要物资运输保障，确保煤、粮、油、矿等重点物资运输；配合制定《国家煤炭应急储备管理暂行办法》，组织协调 8 个港口完成第一批储运任务；加大鲜活农产品运输绿色通道政策实施力度，加快发展农村物流和城市配送，降低运输成本；加强应急运输保障和抢险救灾物资运输，顺利完成春节、“十一”黄金周等节假日、深圳大运会等重大活动的运输保障任务，完成抢通水毁公路和通航设施等急难险重任务。

2011 年，公路旅客运输形势良好，运量平稳增长。全年公路累计完成客运量 328.62 亿人、旅客周转量 16760.25 亿人公里，分别比上年增长 7.6% 和 11.6%。

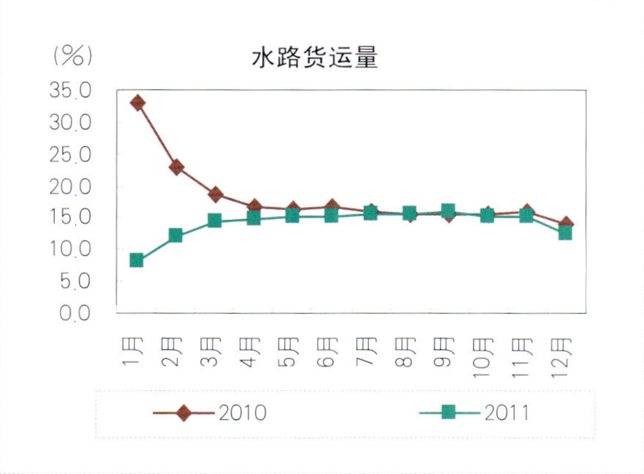

图 3 2010-2011 年水路货物运输累计同比增速

货物运输保持平稳较快增长，与上年相比，呈现前低后高之势。2011 年，公路累计完成货运量 282.01 亿吨、货物周转量 51374.74 亿吨公里，分别比上年增长 15.2% 和 18.4%。

（三）水路运输保持平稳增长

旅客运输保持平稳增长。2011 年，全国水路完成客运量 2.46 亿人、旅客周转量 74.53 亿人公里，分别比上年增长 9.7% 和 3.1%。

货物运输继续增长。2011 年，全国水路完成货运量 42.60 亿吨、货物周转量 75423.84 亿吨公里，分别比上年增长 12.4% 和 10.2%，增速有所放缓。其中远洋运输完成货运量 6.35 亿吨、货物周转量 49355.40 亿吨公里，分别比上年增长 9.5% 和 7.3%。

（四）港口货物吞吐量保持增长，集装箱吞吐量平稳增长

2011 年，中国港口表现强劲，在全球前十大港口中占据七席。2011 年，全国规模以上港口完成货物吞吐量 91.18 亿吨，比上年增长 12.5%。其中，外贸货物吞吐量 27.63 亿吨，比上年增长 11.4%；完成煤炭及制品吞吐量 19.43 亿吨，石油、天然气及制品吞吐量 7.48 亿吨，金属矿石吞吐量 13.85 亿吨，分别比上年增长 18.1%、5.0%、10.0%。全国港口完成集装箱吞吐量 1.64 亿 TEU，比上年增长 12.0%。其中，沿海港口完成 1.46 亿 TEU，内河港口完成 1736 万 TEU，分别比上年增长 11.3% 和 18.3%。

表 3　2011 年规模以上港口各货类吞吐量及增长速度

货类名称	吞吐量（亿吨）	比上年增长（%）	外贸吞吐量（亿吨）	比上年增长（%）
总计	91.18	12.5	27.63	11.4
煤炭及制品	19.43	18.1	2.13	12.6
石油、天然气及制品	7.48	5.0	3.16	6.9
金属矿石	13.85	10.0	8.19	10.8
钢铁	4.19	7.0	0.67	16.9
矿建材料	13.57	12.3	0.28	−2.2
水泥	2.21	18.5	0.09	−31.5
木材	0.63	23.5	0.47	40.7
非金属矿石	2.14	15.1	0.52	22.0
化学肥料及农药	0.38	7.2	0.19	11.1
盐	0.13	−3.3	0.04	37.2
粮食	1.66	−1.3	0.58	−8.8
机械、设备、电器	1.71	1.1	1.09	7.9
化工原料及制品	1.74	9.5	0.72	5.7
有色金属	0.09	−3.1	0.08	6.7
轻工、医药产品	0.91	−3.1	0.48	−6.1
农林牧渔业产品	0.33	−19.0	0.16	8.6
其他	20.73	16.9	8.79	16.3

（五）民航客运保持平稳增长，货物运输由增转降

旅客运输保持增长，增速有所回落。2011 年，民航累计完成客运量 2.93 亿人、旅客周转

量4536.96亿人公里，分别比上年增长9.5%和12.3%。

民航货物运输从下半年开始增速由增转降，远低于上年同期水平。受国内外政治经济形势以及日本等重要航空市场出现地震等大型自然灾害事件的影响，国际货运业持续低迷。2011年三大运输指标完成情况均远远低于年初预计值。全年完成货运量557.48万吨、货物周转量173.91亿吨公里，分别比上年下降1.0%和2.8%。22年来首次出现货运量和货物周转量全年增速下降的情况。

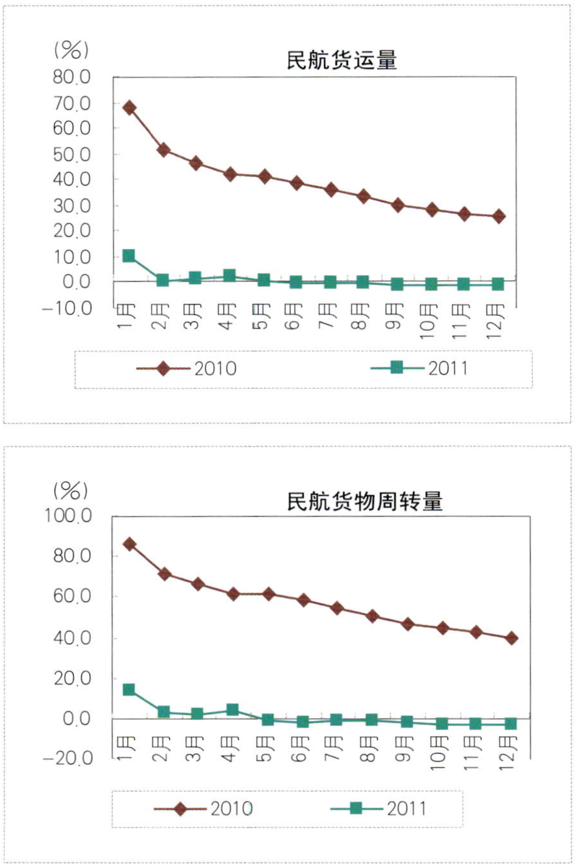

图4 2010-2011年民航货物运输累计同比增长速度

（六）管道输送能力显著提升

2011年，全年管道实际完成输油（气）量5.71亿吨，比上年增加0.71亿吨，增长14.2%；完成输油（气）周转量2885.44亿吨公里，比上年增加688.25亿吨公里，增长31.3%。

2012年是“十二五”时期承前启后的重要一年，党中央、国务院加快推进经济发展方式转变和经济结构调整，努力实现经济平稳较快发展。在总体经济实现稳定增长的前景下，交通运输业发展将呈现以下特点：一是交通运输生产运行继续保持平稳增长态势；二是科学、有序推进交通运输基础设施建设，交通综合运输能力进一步提升；三是加强交通运输体系的合理规划，与区域经济发展、城镇化格局、人口密集度、资源分布和产业布局相适应，实现通道畅通、枢纽高效，促进交通运输实现可持续发展。

（执笔：侯守国 国家统计局服务业司）

专栏：铁水联运

铁水联运是指铁路、水路运输企业之间根据铁道部、交通运输部共同颁布的《铁路水路货物联运规则》开展的联合运输方式。作为综合运输体系的一部分，铁水联运是水路和铁路两种运输方式在现代经济条件下组成的布局合理、优势互补、分工明确、衔接顺畅的运输服务系统。

铁路和水路运输是我国国民经济体系中两种极其重要的运输方式，在促进我国经济社会发展方面发挥了重要作用，截止到 2011 年底，铁路和水路完成的货物周转量占全国货物周转量总计的 65.8%。长期以来，交通运输部与铁道部在铁水联运方面开展了很好的合作，取得了明显成效。近年来，每年近 6 亿吨的煤炭通过铁水联运实现了 “西煤东送”、“北煤南运”，有力地保障了南方的煤炭供应。在进口铁矿石、粮食等其他货物运输中，铁水联运也发挥了重要作用。集装箱铁水联运正在稳步推进，已形成一定规模的联运网络。

2011 年 5 月 10 日，交通运输部部长李盛霖、铁道部部长盛光祖在北京签署《关于共同推进铁水联运发展合作协议》。两部将建立紧密务实的长效合作机制，加强铁水联运规划、建设、组织管理、相关政策和标准制定等方面的合作，共同推进铁水联运发展。

2011 年 10 月 12 日，交通运输部、铁道部联合召开集装箱铁水联运现场推进会，发布《关于推进铁水联运发展的指导意见》，部署集装箱铁水联运示范项目建设，首批六个集装箱铁水联运通道示范项目正式启动。这些举措，是交通运输部和铁道部大力推进铁水集装箱联运发展的具体措施，同时也标志着我国铁水联运又迈出了新的步伐。

我国地域广阔，以东部和南部临海，西部和北部陆地相连、东西纵深长为特征。铁路和水路运输在集装箱以及大宗散货和长距离货物运输中有其独特的优势，对于沟通连接我国中西部以及陆地边境国家与海外经济联系将发挥着极其重要的作用。推进铁水联运发展，充分发挥两种运输方式的整体优势，可以进一步有效优化运输通道布局、减少运输环节、提高运输组合效率和服务水平，促进节能减排，促进国家经济结构调整和区域经济协调发展。

（执笔：陶然　国家统计局服务业司）

专栏：西藏首条高速公路建成通车

2011 年，我国高速公路建设在面临新形势、新变化、新要求的情况下，稳打稳扎，实现 “十二五” 的开局之年稳步发展，日益完善的高速公路网为经济社会发展提供了最有力的交通支撑。数据显示，2011 年，全国新增高速公路 1.1 万公里，首次突破 1 万公里。其中最令人瞩目的是，2011 年 7 月 17 日，西藏第一条高速公路——拉萨至贡嘎机场高速公路正式竣工通车，国家副主席习近平率中央代表团出席典礼，并为公路通车剪彩。

拉萨至贡嘎机场高速公路始于拉萨火车站、柳梧客运站以西 1.7 公里处，工程沿拉萨河南岸布线，止于 “两桥一隧” 工程嘎啦山隧道北洞口与拉萨河特大桥南桥头之间。路线全长 37.837 公里，设计行车时速 80 公里。拉萨至贡嘎机场高速公路的开通，结束了西藏没有高等级公路的历史，极大地改善了拉萨至山南地区和日喀则地区南北交通不便、跨越雅鲁藏布江桥梁缺少之状况，对完善拉萨交通枢纽综合体系，减轻城市交通压力，改善机场对外交通条件和 “一江两河” 地区投资环境，促进沿线经济发展，提高综合交通服务水平也发挥着重要的作用。

西藏高速公路零的突破，开启了西藏现代化公路建设的新起点。也为全国高速公路的发展历程添上浓墨重彩的一笔，至此，全国 31 个省、自治区、直辖市都实现了高速公路的建成通车。

（执笔：陶然　国家统计局服务业司）

2011 年邮政电信业发展报告

2011 年是全面实施“十二五”规划实现良好开局的一年，在宏观经济稳定发展的基础上，我国邮政电信业作为国家重要的社会公共事业和现代服务业，随着国家工业化、信息化、城市化的持续推进，整体呈现较快的发展态势。全年实现邮电业务总量 13379.2 亿元，同比增长 16.5%，明显高于同期 GDP 的增速。

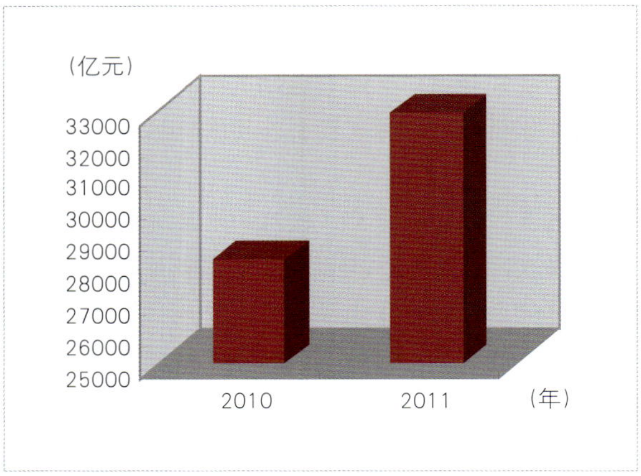

图 1　2010-2011 年邮电业务总量

一、邮政业蓬勃发展

随着我国经济规模总量的不断增大，对邮政业的需求持续快速增长，带动邮政业各项业务快速发展。2011 年，邮政业业务总量完成 1607.7 亿元，同比增长 25.0%，比去年同期提高 3.4 个百分点；全行业业务收入累计完成 1561.5 亿元，同比增长 22.3%，比去年同期提高 5.7 个百分点。

（一）政策支持力度的加大，促使普遍服务能力不断增强

从邮政普遍服务领域看，国家实施邮政普遍服务网点改造和局所补建工程，对普遍服务、特殊服务给予补贴，实行税收优惠政策，减轻邮政企业运营负担，增强了邮政普遍服务的能力。截止 2011 年底，全国邮路总长度达到 514.03 万公里，比上年增加 50.47 万公里；全国营业网点达到 78667 处，平均每一营业网点服务面积 122.0 平方公里，服务人口 1.7 万人，比上年分别减少 3.89% 和 5.6%。

2011 年，邮政普遍服务业务量累计完成 269.6 亿件，同比上升 3.8%。其中，函件业务累计完成 73.8 亿件，同比下降 0.3%；包裹业务累计完成约 6880.6 万件，同比增长 4.3%；订销报纸业务累计完成 181.7 亿份，同比增长 5.8%；订销杂志业务累计完成 10.8 亿份，同比增长 2.7%；汇兑业务累计完成 2.6 亿笔，同比下降 5.6%。

在服务“三农”方面，以国家 2009 年出台的《关于推动农村邮政物流发展的意见》为指导，邮政企业履行普遍服务义务同时，依托网络优势，建设农村邮政物流服务体系。为服务“三农”，促进社会主义新农村建设发挥积极作用。截止 2011 年底，中国邮政集团公司在全国共建设“三农”服务网点 10.9 万处，县域配送中心 277 个，乡镇仓储配送中心 2421 个。邮政“三农”服务网络覆盖全国 31 个省（区、市）的 2.4 万个乡镇、8.6 万个行政村，吸纳农村就业人口 16 万余人；2011 年配送商品总量 120 余万吨、配送商品总金额 120 多亿元。

（二）生产和消费方式的转变，推动快递业务量激增

随着国内电子商务的迅猛发展，人们消费方式发生巨大变化，使得消费者对快递需求急剧增加。在国家政策的扶持下，快递业呈现加速增长的态势。

2011 年，全国规模以上快递服务企业业务量累计完成 36.7 亿件，同比增长 57.0%；实现快递业务收入 758 亿元，同比增长 31.9%。快递业务收入占全行业收入的比重达到了 48.5%，比 2010 年提高了 3.5 个百分点。快递企业的数量

也从2007年的2400多家发展到目前的7500余家，为2007年的3倍多。

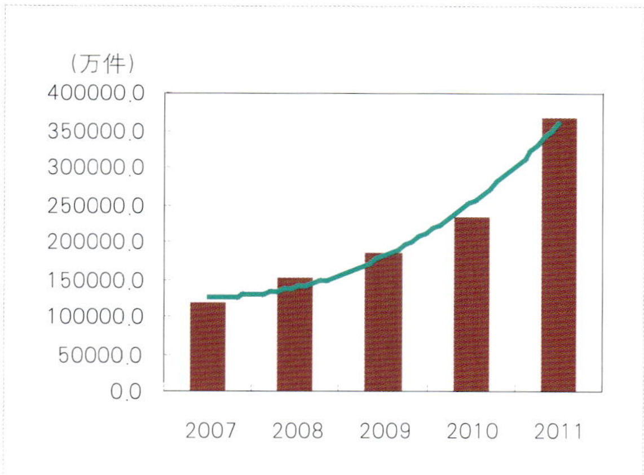

图2　近五年来快递业务量发展情况

分地区看，经济越发达，快递服务的需求越旺盛，竞争越充分，服务水平相对较高。2011年，东部快递业务量累计完成29.4亿件，同比增长58.3%，占到全国的79.9%；中部地区业务量累计完成4.1亿件，同比增长52.1%，占到全国11.2%；西部快递业务量累计完成3.3亿件，同比增长52.6%，占到全国8.9%。

二、电信业平稳较快增长

2011年，电信业在刚性需求和持续投资的双重因素驱动下，实现了平稳较快的增长。电信业业务总量全年完成11771.5亿元，同比增长15.5%；实现电信业务收入9880亿元，同比增长10.0%。

（一）电话用户规模持续增长

2011年，全国电话用户净增11802万户，总数达到12.71亿户。其中移动电话用户净增12725万户，创历年净增用户新高，达到9.86亿户。在移动电话中，3G用户净增8137万户，达到12842万户。移动电话普及率达到73.6部/百人，比上年底提高9.2部/百人。固定电话用户减少923万户，为2.85亿户。从近十年来看，电话用户总数增长速度趋于平稳，移动电话比例持续升高。

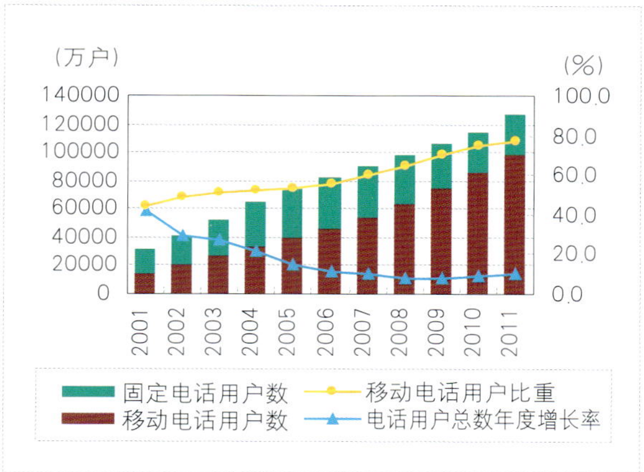

图3　2001-2011年电话用户发展情况

（二）互联网接入业务高速发展，网民规模不断扩大

互联网接入用户增长迅速，宽带上网居主导地位。2011年基础电信企业的互联网接入用户净增2980.0万户，达到1.6亿户，同比增长22.5%，继续保持快速增长的态势。其中，宽带接入用户净增3019.5万户，增量创历史最高水平，达到15648.7万户，同比增长23.9%，在互联网接入用户中所占的比重达到96.6%；拨号用户降至550.7万户，同比下降6.7%。

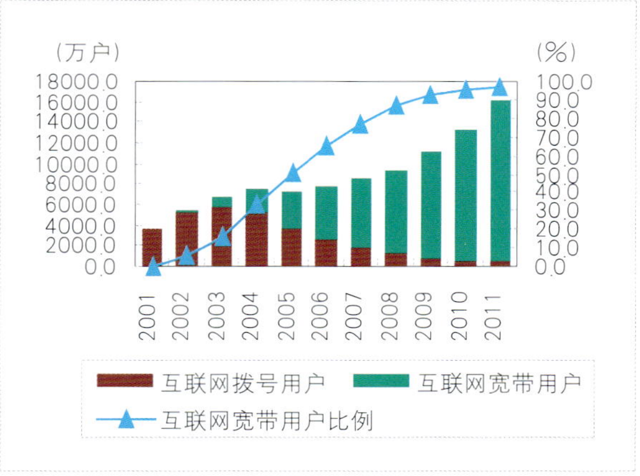

图4　2001-2011年互联网用户发展情况

互联网网民规模不断扩大，互联网普及率稳步提升。2011年我国网民数净增0.56亿人，达到5.13亿人。其中家庭宽带网民数净增1000万人，达到3.92亿人，占网民总数的76.4%；手机网民数净增0.53亿人，达到3.56亿人，占网民总数的69.4%；农村网民数净增0.11亿人，达到

1.36 亿人，占网民总数的 26.5%。互联网普及率达到 38.3%，比上年底提高 4.0 个百分点。

图 5　2002-2011 年互联网网民数及普及率发展情况

（三）网络基础设施建设取得显著进展

全国光缆线路长度净增 210 万公里，达到 1205 万公里，移动电话交换机容量净增 20174 万户，达到 170691 万户。固定长途电话交换机容量减少 28 万路端，为 1616 万路端；局用交换机容量（含接入网设备容量）减少 3092 万门，为 43467 万门。基础电信企业互联网宽带接入端口净增 4384 万个，达到 23166 万个。全国互联网国际出口带宽达到 1389529Mbps，同比增长 26.4%。

（四）新兴业务发展提速

3G 业务进入规模化快速发展轨道。随着 3G 网络覆盖范围不断延伸、网络质量持续优化，以及 3G 终端价格下调、业务应用日趋丰富和运营商终端补贴政策的广泛实施，3G 发展进一步提速。全年新增移动电话 3G 用户达到 8137 万户，比上年增长 72.9%。在移动用户中的渗透率从 2010 年的 5.5% 提高到 13.0%。

移动无线上网业务发展迅猛。随着无线上网业务资费的下降以及智能终端的普及，特别是 3G 用户的快速增长，引发移动数据流量逐月加速增长，全年总流量超过 5 亿 G，同比增长 36.0%。拉动无线上网业务收入超过 800 亿元，同比增长 54.0%。带动无线上网业务收入在移动通信业务收入的比重提高至约 12.0%，在全部电信业务收入中的比重上升到 8.5%；对移动通信和行业整体新增收入的贡献分别为 34.6% 和 34.2%，成为行业收入增长的重要推动力。

互联网业务应用加速渗透。物联网、云计算等互联网业务应用成为新的行业热点，运营商 M2M 用户达到 1700 万，成为全球最大市场；IPTV（即交互式网络电视）和手机电视用户快速增长，全年新增用户分别达到 527 万户和 3726 万户，成为增长最快的业务领域之一；移动支付业务、手机阅读、手机游戏付费使用、移动应用程序商城等取得长足进展，社交网络、搜索引擎、即时通讯、电子商务、网络游戏、手机视频等互联网应用渗透率进一步加大。

2012 年，随着我国工业化、信息化、城镇化、市场化和国际化的深入发展，邮政电信业将迎来加速发展的战略机遇期。邮政业作为传统的服务业肩负着邮政普遍服务的社会责任，随着快递服务系列国家标准的颁布实施，必将推动快递市场的良性健康发展。经济转型升级给电信业发展提出新需求，社会结构和消费观念的变革也给电信业发展带来新空间。移动用户和宽带用户将继续快速扩张，互联网业务在各行业中将获得越来越广泛的应用。

（执笔人：毕新华　国家统计局服务业司）

专栏：物联网被纳入国家新兴战略性产业

物联网（Internet of Things）是一个基于互联网、传统电信网等信息承载体，让所有能够被独立寻址的普通物理对象实现互联互通的网络。它具有普通对象设备化、自治终端互联化和普适服务智能化三个重要特征。

顾名思义，物联网就是物物相连的互联网，是新一代信息技术的重要组成部分。互联网是物联网的核心和基础，物联网是互联网的应用和拓展。物联网用途广泛，遍及智能交通、环境保护、政府工作、公共安全、平安家居、智能消防、工业监测、环境监测、老人护理、个人健康、花卉栽培、水系监测、食品溯源、敌情侦查和情报搜集等诸多领域。

我国在物联网产业发展方面具有以下优势：首先，我国较早启动物联网核心传感网技术研究，研发水平处于世界前列；第二，在世界传感网领域，我国是标准主导国之一，专利拥有量高；第三，我国是目前能够实现物联网完整产业链的国家之一；第四，我国无线通信网络和宽带覆盖率高，为物联网产业的发展提供了坚实的基础设施支持；第五，我国已经成为世界第二大经济体，有较为雄厚的经济实力支持物联网产业的发展。

2011 年，物联网被正式纳入我国五大新兴战略性产业之中，呈现出“积极规划，全局部署”的发展特点。中央政府对物联网产业的财政、应用示范进行规划部署，各地政府也积极建设园区、成立产业联盟，物联网已应用到交通、农业、物流、家居、医疗等行业。

（执笔：黄长征　工业和信息化部）

专栏：移动互联网产业高速发展

最近几年，移动通信和互联网成为发展速度最快、市场潜力最大的两大电信业务。移动互联网是移动通信和互联网融合的产物，继承了移动通信随时、随地、随身和互联网分享、开放、互动的优势。

2011 年，诺基亚与微软的战略合作、谷歌对摩托罗拉的收购、甚至乔布斯的离世，都引发了人们对移动互联网产业前所未有的关注。随着产业各方的不断分化组合，产业基本格局逐渐显现，谷歌、苹果、微软－诺基亚三大移动互联网阵营隐然成形。

2011 年，我国移动互联网业务高速增长，全年累计净增移动互联网用户 1.19 亿户，达到 6.34 亿户，同比增长 23%；移动互联网接入流量达到 5.51 亿 G，同比增长 37.4%；基础电信企业实现移动数据和互联网业务收入 859.3 亿元，同比增长 55.5%，成为行业收入增长的重要来源。根据有关研究报告，2011 年全国移动智能终端出货量超过 1.1 亿部，同比增长 175%，超过此前历年移动智能终端出货量的总和。

应当看到，目前移动互联网产业尚处于初期发展阶段，产业巨头之间的融合竞争才刚刚开始，移动互联网带来的网络与信息安全问题也日益引发业界的高度关注。

（执笔：黄长征　工业和信息化部）

2011 年消费品市场发展报告

2011 年，在宏观经济继续保持平稳较快发展的大环境下，国内消费需求呈稳定增长态势。虽然受汽车和住房两大消费热点降温以及通胀预期、楼市调控等因素的影响，消费品市场增速有所回落，但总体上仍保持了平稳较快发展。

一、消费品市场运行的主要特点

2011 年，社会消费品零售总额实现 183919 亿元，比上年增长 17.1%，增速比上年回落 1.2 个百分点，扣除价格因素，实际增长 11.6%。从总体上看，社会消费品零售总额增速虽有所回落，但仍高于过去 10 年的平均增长速度 2.2 个百分点。

（一）社会消费品零售总额增速逐季加快

从运行动态看，消费品市场呈现前低后高、增速逐季回升的向好走势。全年四个季度社会消费品零售总额同比增速分别为 16.3%、17.2%、17.3% 和 17.5%，分别比上年同期回落 1.6、1.3、1.1 和 1.3 个百分点。

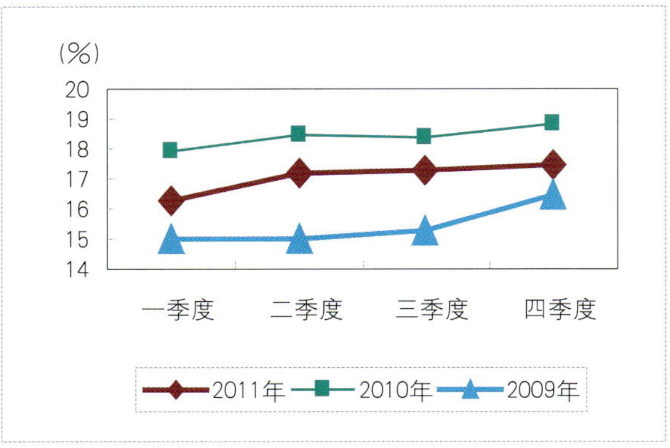

图 1　近 3 年社会消费品零售总额分季增速

（二）城乡市场增速差距进一步缩小

从经营单位所在地看，2011 年城镇市场实现消费品零售额 159552 亿元，比上年增长 17.2%，乡村市场实现零售额 24367 万亿元，增长 16.7%，城乡消费品市场增速差距进一步缩小。从城乡市场消费品零售额占社会消费品零售总额的比重看，城镇市场占 86.6%，乡村市场占 13.4%，城镇市场仍是消费品零售的主体。从消费形态看，商品零售额 163284 亿元，比上年增长 17.2%，餐饮收入额 20635 亿元，增长 16.9%，餐饮收入增速进一步接近商品零售。

（三）中、西部地区零售额增速高于东部地区

从区域市场看，东、中、西部消费品市场均保持较快发展，其中，中、西部地区零售额增速高于东部地区。2011 年，东、中、西部地区零售额分别比上年增长 16.5%、17.9% 和 18.2%，中、西部地区比东部地区增速分别高 1.4 和 1.7 个百分点。

（四）限额以上企业（单位）支撑作用不断增强

随着新型零售业态的快速成长，各种综合性购物中心和大型超市、各类连锁经营店竞相发展，不断成长和涌现出一批限额以上贸易企业，其以资金实力强大、管理模式先进等优势，在市场竞争中不断发展壮大，对消费品市场发展的影响作用明显增强。2011 年，限额以上企业（单位）消费品零售额比上年增长 22.9%，比社会消费品零售总额增速高出 5.8 个百分点，占社会消费品零售总额的比重达到 46.7%，对社会消费品零售总额增长的贡献率接近 60%。

（五）金银珠宝类等商品销售增速继续领先

从限额以上企业（单位）商品零售分类看，

吃、穿、用、住、行商品零售额分别比上年增长 25.3%、24.2%、24.5%、24.5% 和 23%。其中，石油及制品类增长 37.4%，粮油类增长 29.1%，肉禽蛋类增长 27.6%，服装类增长 25.1%，化妆品类增长 18.7%，日用品类增长 24.1%，体育、娱乐用品类增长 13%，中西药品类增长 21.5%，文化办公用品类增长 27.6%，通讯器材类增长 27.5%。

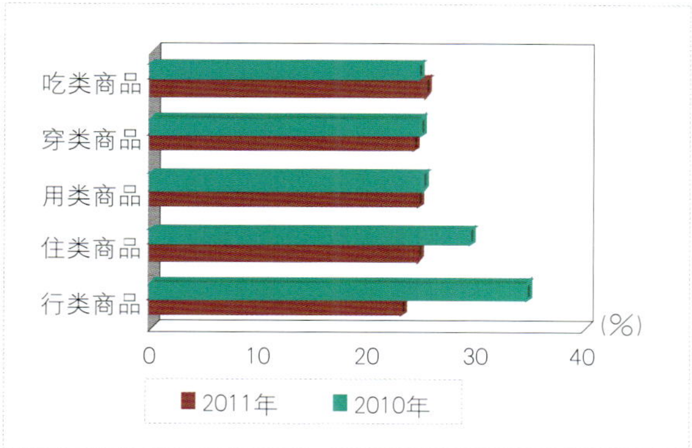

图 2　不同类别消费品零售额比上年增长

金银珠宝类商品销售继续保持高速增长。由于物价水平较高，抗通胀商品备受消费者亲睐。2011 年，限额以上企业（单位）零售的商品中，金银珠宝类商品零售额比上年增长 42.1%，近两年均保持了 40% 以上的增速，在 16 类商品中增速最高。

（六）汽车、居住类商品对零售额增长的贡献率下降

2009 年下半年以来，为应对金融危机，促进消费增长，中央政府出台了一系列力度较大的刺激消费政策，对扩大城乡居民消费发挥了积极作用。2011 年，随着经济增速的放缓和消费的理性回归，一些刺激消费的政策效应有所弱化或取消，尤其是家电、汽车下乡和以旧换新、小排量汽车购置税优惠等政策逐渐取消，直接影响了 2011 年汽车、家电等商品的销售增长。

受小排量汽车购置税优惠政策取消、部分城市限购、提高停车费、汽油价格上涨和城市拥堵等因素的综合影响，2011 年汽车销售增速明显放缓，限额以上企业（单位）汽车类零售额比上年增长 14.6%，同比回落 20.2 个百分点，对限额以上企业（单位）商品零售的贡献率由上年的 32.3% 降低至 17.5%，拉动限额以上企业（单位）商品零售额由上年的 9.9 个百分点下降为 4.2 个百分点。

自 2010 年 4 月开始，国家采取了一系列政策遏制房价过快上涨，抑制投机性购房，从市场运行来看，政策组合拳的调控效果已有所显现，房价过快上涨势头得到一定的遏制，市场交易量下降。住房交易量的减少在一定程度上影响了家具、建材、家电等相关商品的消费需求。2011 年，限额以上企业（单位）商品零售中，与居住类消费相关的装修、建材、家电等商品销售明显放缓，全年家用电器及音像器材类、家具类和建筑及装潢材料类零售额增幅分别为 21.6%、32.8% 和 30.1%，分别比上年回落 6.1、4.4 和 2.2 个百分点。

（七）名优品牌的市场集中度进一步提高

据对 80 余种主要消费品销售情况调查结果看，2011 年销量前十位品牌的市场占有率平均为 67.3%，比上年提高 0.9 个百分点。分类别看，品牌优势最为明显的家电类，十强品牌的市场占有率平均达 83.8% ；在日化、日用品类消费品市场，销量十强品牌的市场占有率平均为 76.3%；在市场集中度不太高的服装鞋帽类，销售十强品牌市场份额平均为 46.7%，高于上年 1.9 个百分点。食品类消费品的市场集中度有所下降，十强品牌的市场占有率比上年下降 4.1 个百分点。

二、几大因素支撑社会消费品零售总额平稳增长

（一）居民收入持续增加为消费持续较快增长奠定了基础

消费支出是收入的函数，收入的不断增长，城乡居民消费水平也在不断提高。2011 年，城乡居民收入稳定增长，农村居民收入增速快于城镇居民，为城乡居民收入增加奠定了坚实的基础。2011 年，城镇居民人均可支配收入 21810 元，比上年增长 14.1%，扣除物价因素，实际增长 8.4%，

增速比上年提高 0.6 个百分点；农村居民人均纯收入 6977 元，比上年增长 17.9%，扣除物价因素，实际增长 11.4%，增速比上年提高 0.5 个百分点。收入的不断增加成为消费品市场平稳较快增长的重要基础，在很大程度上带动了消费的持续增长。

（二）促消费、惠民生等政策措施提高了居民消费能力

近年来，国家财政政策逐步向社会保障等公共服务领域倾斜，向完善民生方向倾斜，陆续出台了一系列“保增长，扩内需、调结构、惠民生”的政策措施，如家电下乡、家电以旧换新等政策，取得了一定成效，对保持消费持续增长起到了重要作用。与此同时，国家还加大力度提高城乡居民保障水平，各项增收减负、惠民利民政策措施不断推出，如各地提高最低工资标准，调高退休人员补助，提高个税起征点，扩大新农保试点覆盖面，积极推进教育、医疗体系改革等等。这些政策措施的实施不仅在一定程度上消除了居民的后顾之忧，提高了居民消费能力，更重要的是提振了居民消费信心，从而带动了消费的增长。

（三）农村市场增速加快对整个消费品市场的平稳发展起到了积极促进作用

2011 年，乡村市场消费品零售额比上年增长 16.7%，同比加快 0.6 个百分点；城镇市场消费品零售额增长 17.2%，同比回落 2.6 个百分点。乡村与城镇零售额增速差距为 0.5 个百分点，比上年缩小 2.2 个百分点。农村市场对社会消费品零售总额增长的贡献率由上年的 12% 提高到 13%，提高了 1 个百分点，表明农民收入的稳步加快增长和消费结构升级的逐步加快，使农村消费潜能有所释放，对整体消费品市场的平稳发展起到了积极促进作用。

（四）网络消费等新模式快速发展和新产品的不断涌现促进了消费的增长

国家关于第三方支付平台的新规定以及银联推出的无卡支付平台等政策为网络消费等新型消费模式提供了便利和良好环境，新型消费方式发展迅猛，尤其是旅游消费、网络购物、电视购物以及手机购物等新型消费方式日益兴起。其中，以淘宝网为代表的网上商店门户网站、当当、卓越、京东商城等 B2C 网站发展迅速。结算方式也越来越从传统的现金交易向刷卡结算转变。据统计，2011 年，限额以上单位邮购及电子销售业零售额比上年增长近一倍。同时，新技术产品的不断涌现也促进了相关商品的消费。2011 年，限额以上单位通讯器材类商品零售额比上年增长 27.5%，同比加快 5.7 个百分点，是 16 类商品中增长最快的。

三、平稳运行仍是 2012 年消费品市场运行的主趋势

2012 年，在国际经济环境复杂严峻，国内经济运行放缓的大环境下，消费品市场保持平稳增长将受到一定影响，会遇到一些困难和问题，如汽车等商品销售降温、通胀压力、负财富效应等制约，但从总体上看，支撑消费快速增长的主要因素和基本面并没有发生根本性变化，推动消费品市场持续发展的诸多有利因素仍将延续。从中长期发展趋势看，我国最终消费仍将具有很大的发展空间，消费对经济的拉动力将会进一步增强。

一是国家将继续保持消费政策的连续性，进一步加大促进消费的政策力度。如收入分配政策的完善和保障改善民生工程的实施，都将会进一步提高居民购买力。二是经济结构转型要求消费需求发挥更大的作用。世界经济的不确定走势，决定了加快经济增长需要更多依靠消费的拉动，新的经济政策将会更多地转到着力扩大消费上来。三是消费的强大惯性与新增需求将同步发力，我国居民消费占 GDP 比重远低于发达国家，仍有提升的空间。如城市中的耐用消费品在今后几年的增长点，主要偏重于正常更新、购房带动、新婚添置、升级换代等因素，而农村市场对耐用消费品的普及速度会明显加快。

综上所述， 2012 年消费品市场继续保持活跃的压力将有所加大，但由于我国消费需求空间

与潜能巨大，内生动力强劲，其独特因素决定了推动消费增长的驱动力并未明显减弱，将继续保持稳定增长势头，平稳运行仍是2012年消费品市场运行的主趋势。

在扩大内需、促进经济增长过程中，要通过增加居民收入、完善收入分配改革、提高社会保障水平、加大民生工程投资力度以及提升居民即期消费能力和长久消费信心，完善社会公共服务体系等综合政策措施，充分挖掘我国居民消费潜力，培育消费新热点，着力营造安全诚信的城乡消费环境，进一步增强消费对经济增长的拉动力。

（执笔：严先溥　国家统计局贸经司）

（闫涵摄）

2011 年固定资产投资状况报告

2011 年，受国内外经济环境和各种宏观调控政策的影响，固定资产投资增速先升后降，下半年开始逐月回落，全年固定资产投资（不含农户）同比增长 23.8%。其中，房地产开发投资、民间投资、制造业投资、地方项目投资增速较高，国有及国有控股投资、基础设施投资和中央项目投资增速较低并持续回落；资金来源增速全年各月均低于同期投资增速，国内贷款个位数增长，表明投资资金供给偏紧。

一、固定资产投资运行情况

（一）固定资产投资保持较快增长，但增速回落

1. 全年投资增速保持先升后降态势。2011 年，固定资产投资（不含农户）301933 亿元，同比增长 23.8%（扣除价格因素，实际增长 16.1%），比上半年回落 1.8 个百分点，比 2010 年回落 0.4 个百分点。从各月的增速变化看，2011 年各月增速保持先升后降的态势。

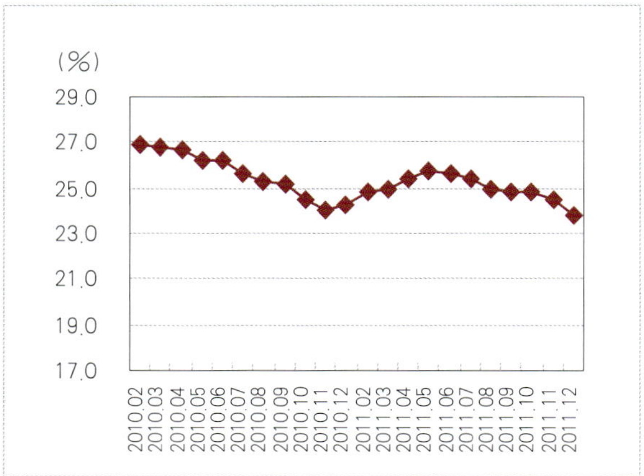

图 1 2010 年以来各月累计投资增长速度

2. 2011 年各季度投资增速处于近 5 年最低水平。从 2007 年以来的各季度投资增长情况看，2011 各季度投资名义增速处于五年来的最低水平，而实际增速则为仅高于 2008 年的次低水平。

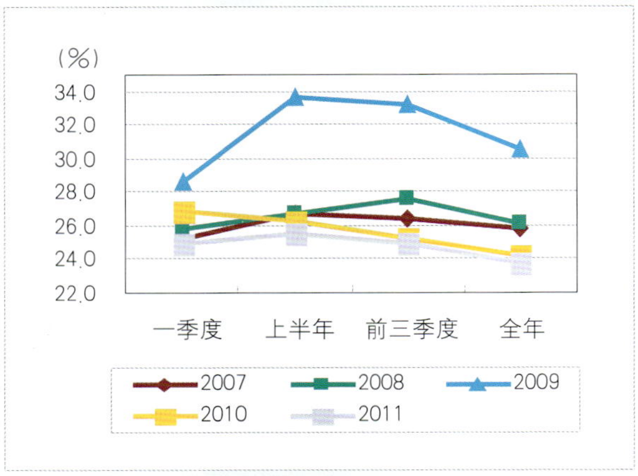

图 2 各年分季度投资名义增长速度

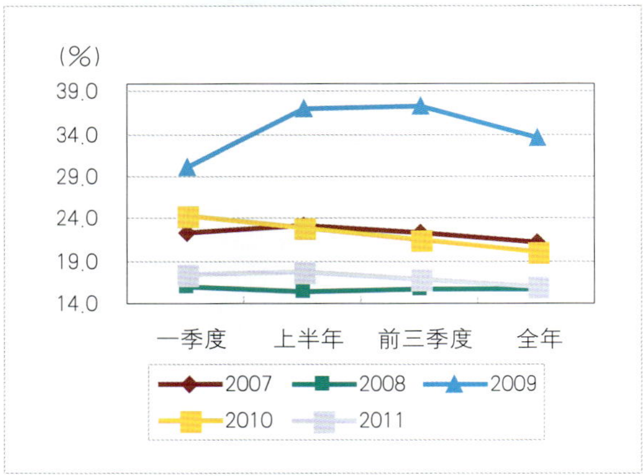

图 3 各年分季度投资实际增长速度

3. 2011 年投资增速处于本轮投资周期后半段。1981 年以来，我国全社会固定资产投资增长经历了三个比较明显的发展周期，分别是 1981-1989 年，1990-1999 年和 2000 年至今，每个周期投资增速均经历了先升后降的过程。前两个周期投资增长的波动性较大，第三个周期投资增速平稳得多，2011 年投资增长正处于第三个周期的后半段，处于缓慢回落阶段。（图 4 中 2011 年增速为固定资产投资（不含农户）口径，其他年份为全社会投资口径。）

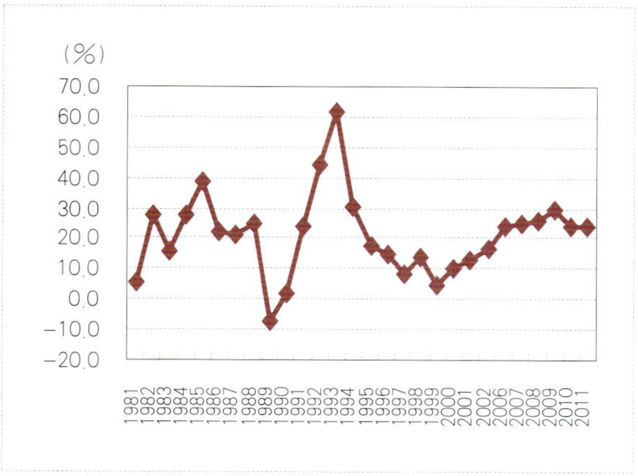

图 4　1981 年以来历年全社会投资增长速度

（二）中西部地区投资增速高于东部地区，投资地区结构继续优化

2011 年，东部地区完成投资 144536 亿元，占全国投资的 47.9%，增长 21.3%，比 2010 年增幅回落 1.8 个百分点；中部地区完成投资 82524 亿元，占 27.3%，增长 28.8%，比 2010 年提高 1.8 个百分点；西部地区完成投资 69489 亿元，占 23%，增长 29.2%，比 2010 年提高 2.5 个百分点。中、西部地区投资增速分别比东部地区高 7.5 和 7.9 个百分点。

从 2004 年开始，中西部地区投资增速就开始超过东部地区，并一直保持至今，这有利于缩小中西部地区与东部地区经济发展的差距。

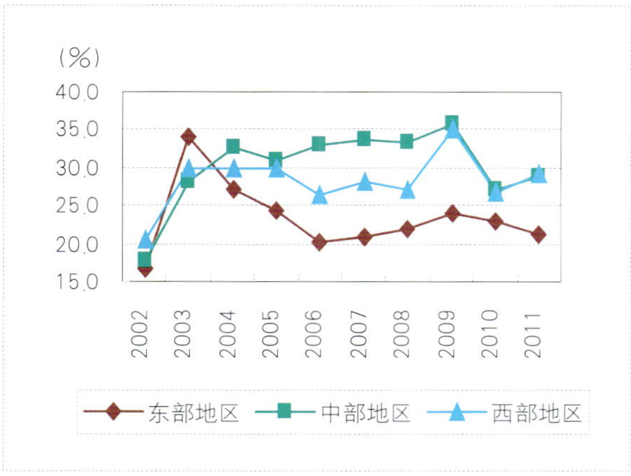

图 5　2002 年以来东、中、西部投资增长

从 2011 年投资增长最快的地区分布看，增速前 10 位的除投资较小的海南省为东部地区外，其他省份都是中西部地区，而且前四位都是西部地区，其中增长最快的青海省增速达到 45%。但从投资总量上看，东部地区占 47.9%，接近一半，仍然占有优势，而且投资总量最大的五个地区中除河南为中部地区外，都是东部地区，排在第一位的江苏省投资 26299 亿元，占全国的 8.7%。

表 1　2011 年投资增长最快的地区排名

增速前十位	2011 年投资（亿元）	增长（%）
青　海	1366	45.0
贵　州	3734	40.0
新　疆	4445	37.6
甘　肃	3866	36.5
海　南	1611	36.2
黑龙江	7206	33.7
宁　夏	1583	32.3
重　庆	7366	31.5
湖　北	12224	30.6
吉　林	7222	30.3

表 2　2011 年投资总量最大的地区排名

投资总量前十位	2011 年投资（亿元）	增长（%）
江　苏	26299	21.5
山　东	25928	21.8
辽　宁	17431	30.2
河　南	16932	26.9
广　东	16688	16.4
河　北	15795	24.1
四　川	13705	22.3
浙　江	13651	19.2
湖　北	12224	30.6
安　徽	11986	27.6

（三）地方项目投资稳定快速增长，中央项目投资负增长

2011 年，中央项目投资 20209 亿元，下降 9.7%，比 2010 年回落 18 个百分点，占全部投资的 6.7%；地方项目投资 281724 亿元，增长 27.2%，比 2010 年提高 1.3 个百分点，比重为 93.3%。从 2004 年起中央项目年度投资增速呈先升后降的趋势，2008 年达到 29.6% 的高点后不

断回落，2011 年为负增长，与地方项目投资的快速稳定增长形成明显的反差。

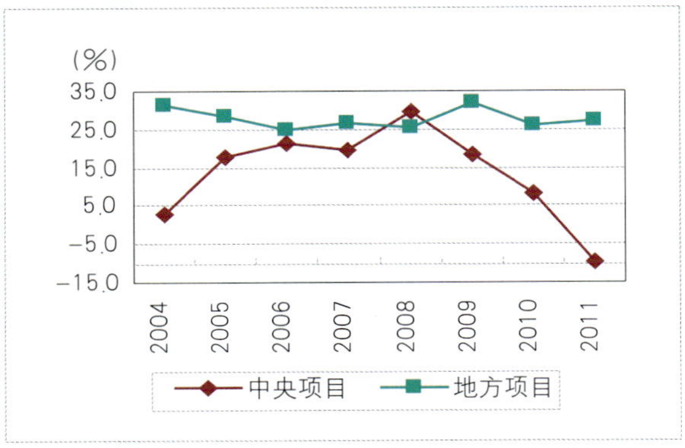

图 6　2004 年以来中央和地方项目投资增长

（四）第二产业投资稳定增长，第三产业投资增速回落

2011 年，第一产业投资 6792 亿元，占全部投资的 2.2%，增长 25%，比 2010 年提高 5.1 个百分点；第二产业投资 132263 亿元，占 43.8%，增长 27.3%，比 2010 年提高 5.3 个百分点；第三产业投资 162877 亿元，占 53.9%，增长 21.1%，比 2010 年回落 5.2 个百分点。

从 2004 年以来的情况看，第一产业投资增速的波动幅度较大，最高的 2008 年增速达到 54.1%，第二产业投资增速 2004 年和 2005 年相对较高，之后开始回落，在 2010 年达到低点后开始稳步回升，第三产业投资增速在 2009 年达到高点后连续两年回落。

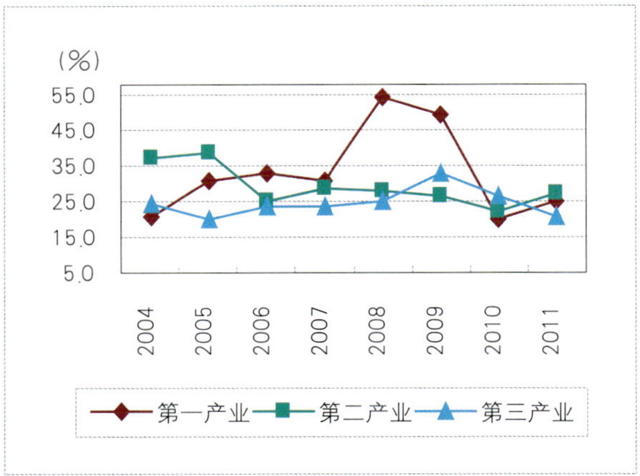

图 7　2004 年以来三次产业投资增长

1. 工业投资增速较高，制造业投资快速增长。2011 年，工业投资 129011 亿元，增长 26.9%，比 2010 年提高 5.3 个百分点，比同期固定资产投资（不含农户）增速高 3.1 个百分点。

2011 年，工业的三大行业中，采矿业投资 11810 亿元，增长 21.4%；制造业投资 102594 亿元，占工业投资的 79.5%，增长 31.8%；电力燃气及水的生产和供应业投资 14607 亿元，增长 3.8%。制造业对工业投资增长的贡献率达到 90.4%，而采矿业和电力燃气及水的生产供应业的贡献率仅为 7.6% 和 2%，工业投资增长主要靠制造业拉动。

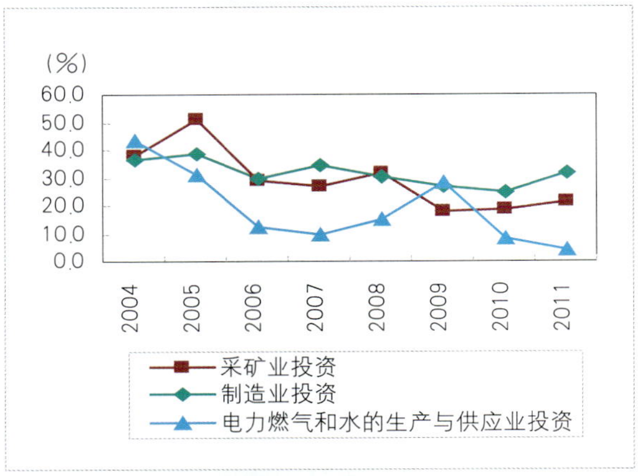

图 8　2004 年以来工业内部三大行业投资增长

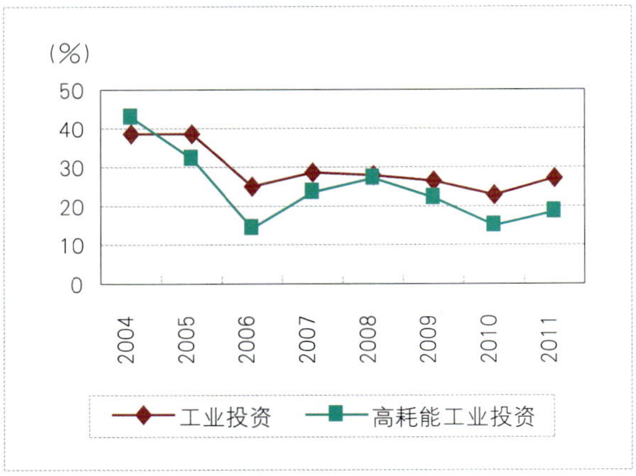

图 9　2004 年以来工业和高耗能工业投资增长

在工业投资中，高耗能工业投资 40860 亿元，增长 18.3%，比 2010 年提高 2.9 个百分点，比工业投资增速低 8.6 个百分点，从 2005 年以来高耗能工业投资增速一直低于工业投资，虽然 2011 年增速有所回升，但仍然不高。高耗能工

表 3 高耗能各行业投资及增长情况

行 业	2011 年投资(亿元)	增长(%)	2010 年增长(%)	增速变化(百分点)
高耗能工业	40860	18.3	15.4	2.9
石油加工、炼焦及核燃料加工业	2234	10.1	12.6	-2.5
化学原料及化学制品制造业	8899	26.4	14.7	11.7
非金属矿物制品业	10448	31.8	25.5	6.3
黑色金属冶炼及压延加工业	3860	14.6	8.8	5.8
有色金属冶炼及压延加工业	3861	36.4	33.8	2.6
电力、热力的生产和供应业	11557	1.8	8.2	-6.4

业的六个行业中，四个行业投资增速比 2010 年加快，两个行业投资增速比 2010 年回落，非金属矿物制品业和有色金属冶炼及压延加工业投资分别增长 31.8% 和 36.4%，而电力和热力的生产与供应业投资仅增长 1.8%，其中电力投资仅增长 1%，增速反差比较明显。

2. *基础设施投资增速大幅度回落*。2011 年，基础设施（不包括电力、燃气及水的生产与供应业）投资 51060 亿元，增长 5.9%，增速比 2010 年回落 14.3 个百分点，与同期固定资产投资（不含农户）增速的差距扩大到 17.9 个百分点。从 2004 年以来的数据看，除 2009 年外，其他年份基础设施投资增速均低于全部投资，2011 年增速差距有扩大之势。

分行业看，水利管理业投资增长 16.3%，公共设施管理业投资增长 14.8%，交通运输业投资下降 0.5%。在交通运输业中，铁路运输业投资下降 22.5%，道路运输业投资增长 9.8%，城市公共交通业投资增长 11.2%，水上运输业投资下降 0.8%，航空运输业投资增长 0.3%。

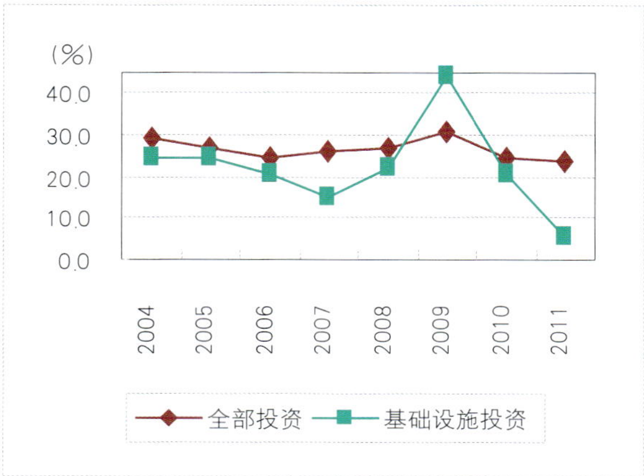

图 10 2004 年以来全部投资和基础设施投资增长

3. *房地产开发投资增速高位回落*。2011 年，全国房地产开发投资高位开局，1-2 月房地产开发投资同比增长 35.2%，为全年最高，随后增速逐渐回落。全年完成投资 61740 亿元，增长 27.9%，增速比上半年回落 5 个百分点，比 2010 年回落 5.3 个百分点，但仍然比同期固定资产投资（不含农户）增速快 4.1 个百分点。

（五）民间投资高速增长，国有及国有控股投资增速回落

2011 年，国有及国有控股投资 107486 亿元，占全部投资的 35.6%，增长 11.1%；民间投资 175649 亿元，占 58.2%，增长 34.3%，增速比国有及国有控股投资高 23.2 个百分点，比固定资产投资（不含农户）投资增速高 10.5 个百分点，其中私营企业投资 71839 亿元，增长 32.9%。从 2006 年以来的数据看，民间投资增速都保持在 30% 以上，比较稳定。而国有及国有控股投资增速除 2009 年高于民间投资外，其他年份均低于民间投资增速，而且 2011 年差距有扩大之势。

（六）投资资金来源增速各月均低于投资增速

2011 年，投资到位资金 334219 亿元，增长 20.3%，比 2010 年回落 4.1 个百分点，比同期投资增速低 3.5 个百分点，全年各月均低于同期投资增速，表明资金趋于紧张。

其中，投资项目资金增长 22.5%，比项目投资增速低 0.3 个百分点；房地产开发资金增长 14.1%，比房地产开发投资增速低 13.8 个百分点。资金来源增速低于投资增速主要是受房地产开发资金增长较慢的影响。

分渠道看，国家预算内资金 14413 亿元，占全部资金来源的 4.3%，增长 10.8%，比 2010 年回落 5.2 个百分点；国内贷款 45282 亿元，占 13.5%，增长 3.5%，比 2010 年回落 16.4 个百分点；利用外资 5087 亿元，占 1.5%，增长 8.2%，比 2010 年回落 0.4 个百分点；自筹资金 220376 亿元，占 65.9%，增长 28.6%，比 2010 年回落 0.7 个百分点。由于自筹资金增速较高，回落幅度较小，所以各类资金中，只有自筹资金在全部资金所占比重比 2010 年上升，其他各渠道资金比重全部下降。

国内贷款增速从 7 月份开始连续六个月回落，从 8 月份开始连续五个月为个位数，而自筹资金则保持稳定快速增长的态势，对全部资金增长的贡献率达到 86.9%，成为支撑投资增长的主要资金力量。

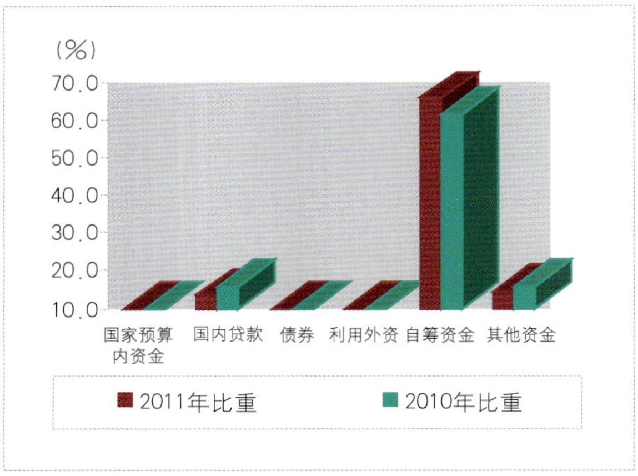

图 11 各渠道资金在总资金中所占比重变化

（七）新开工项目计划总投资增速稳步回升

2011 年，新开工项目计划总投资 240344 亿元，增长 22.5%，比 2010 年回落 3.6 个百分点，但从年初以来呈回升之势。新开工项目 332931 个，比去年同期增加 431 个。其中，亿元以上新开工项目个数 32402 个，比 2010 年增加 8288 个，增长 34.4%，完成投资 54207 亿元，增长 36.6%，计划总投资 141929 亿元，增长 29.7%，均明显高于全部施工项目的增速。

二、2011 年投资增长中存在的问题

2011 年，全国固定资产虽然下半年开始增速逐步回落，但从整体上看仍然保持平稳增长，投资的地区结构继续改善，制造业投资增长较快，民间投资高速增长，投资的自主性明显增强，但是仍有些问题值得关注。

（一）投资资金较为紧张

2011 年各月，投资资金来源增速一直低于投资增速，全年低 3.5 个百分点，其中房地产资金来源增速比同期投资增速低 13.8 个百分点；资金中国内贷款全年仅增长 3.5%，其中房地产开发国内贷款零增长；全部各项应付款增长 29.6%，其中房地产开发应付款增长 43.4%，远高于资金增速。这些数据表明，投资资金供应有所紧张，尤其是房地产开发的资金更为紧张。而且 2011 年国家对地方政府融资平台的清理和房地产调控政策的实施使得地方地府的土地出让收入减少和投资融资能力下降，这也影响了投资资金的供给。

（二）第三产业投资增速回落过快，民生投资不足

第三产业投资增速已经连续两年回落，2011 年增长 21.1%，比 2010 年回落 5.2 个百分点，比 2009 年回落 12 个百分点，比固定资产投资（不含农户）增速低 2.7 个百分点，占全部投资的 53.9%，比 2010 年比重下降 1.3 个百分点。而且如果扣除房地产业的投资，其他第三产业投资仅增长 14.6%，比全部投资增速低 9.2 个百分点，其中基础设施（不含电力）投资仅增长 5.9%，在基础设施中，铁路投资下降 22.5%，水利投资增长 16.3%，公共设施管理业投资增长 14.8%。相关民生行业投资增速也不高，如教育投资增长 13.7%，卫生投资增长 23%。第三产业投资增速不断回落，特别是基础设施投资增速大幅回落和

民生行业投资增速不高，不利于经济结构的调整和经济增长方式的转变，也不利于改善民生。

（三）高耗能工业内部行业增长不平衡

虽然2011年高耗能工业投资仅增长18.3%，低于工业投资增速，但内部行业结构不平衡。高耗能工业的六个行业可以分为两类：电力工业（电力供应方）和其他高耗能行业（电力需求方），2006年以来，除2009年外的其他年份电力行业投资增速均低于其他高耗能行业投资增速，而且差距在拉大。2011年其他高耗能行业投资增长26.3%，其中非金属矿物制品业和有色金属冶炼及压延加工业投资分别增长31.8%和36.4%；与此对应，电力投资仅增长1%，比其他高耗能行业投资增速低25.3个百分点，其中火电投资下降20%。高耗能工业中其他高耗能行业（电力需求方）和电力工业（电力供应方）投资增速的巨大反差，不仅表明节能减排形势仍然比较严峻，而且随着项目的投产，未来可能出现电力供应紧张局面。

三、保持投资平稳健康运行的政策建议

（一）正确处理投资与消费的关系。近十年来，由于固定资产投资增速远高于同期GDP的增速，2003年投资率（资本形成率）达到40.9%，之后稳定在40%以上，2010年达到48.6%，比消费率（最终消费率）高1.2个百分点。投资长期快速增长不仅要使用大量资源，可能造成生产能力过剩，带来巨大的浪费，而且会影响到收入分配，对消费的增长形成挤压，使得经济增长方式的转变始终无法取得实质进展。因此，为保持中国经济长期稳定增长，提高经济增长质量，使人民真正能够分享到经济发展的成果，就需要降低投资在经济发展中的作用，提高消费的作用，使投资、消费结构不断趋向合理。因此，在保持适度的投资规模的前提下，要进一步促进消费快速增长。

（二）保持货币政策的稳定性，使固定资产投资贷款合理增长。2011年用于固定资产投资的国内贷款增速逐月回落，全年仅增长3.5%，其中房地产开发国内贷款零增长，这也是导致固定资产投资资金增速低于投资增速的主要原因。由于国内贷款对于资金的流向具有很强的引导作用，因此，为保持固定资产投资的适度增长，也应保证国内贷款合理增长，特别是对国家重点支持的产业投资，应实行差别化的信贷政策。

（三）大力鼓励民间投资，保持民间投资的快速增长态势。要尽快出台 “新非公36条”的实施细则，扩大民间投资的进入领域，特别是要有区别、有针对性地加强对中小企业的政策支持力度。

（四）保持第三产业投资稳定增长，政府投资向民生领域倾斜。第三产业在经济中比重不断上升是加快服务业发展、促进产业结构升级的要求，因此要保持第三产业投资的稳定增长，就需要扭转基础设施投资增长不断下滑的趋势，使其保持合理的增长速度，政府资金应向教育、卫生、社会保障等领域倾斜，切实改善人民生活，推动经济发展方式转变。

（五）在限制高耗能投资增长的同时，要关注内部结构的变化，特别是要解决好高耗能工业内部高耗电行业和供电行业投资增长不平衡的问题，以免造成未来电力供需的紧张，影响经济稳定运行。

（六）健全政府融资机制，解决地方政府债务问题，提高政府的融资能力，防范债务风险。保障已开工大项目的资金需求，确保有社会效益和经济效益的基础设施项目的后续资金供应，以免造成巨大浪费。

注：2009年及以前年份数据如无特别说明，均为城镇口径数据。

（执笔：王宝滨　国家统计局投资司）

2011 年房地产市场发展报告

2011 年是“十二五”时期的开局之年，也是深入贯彻落实房地产宏观调控政策、确保房地产市场平稳发展的关键一年。年初以来，国家先后出台了限购、限贷、限价等一系列强有力的调控措施，综合运用土地、金融、税收等多种手段，不断加强房地产市场调控，对抑制房价过快上涨和住房投机投资性需求起到了明显效果。

一、全国房地产开发情况

（一）全国房地产开发投资增速回落

图 1　1994 年以来全国房地产开发投资情况

2011 年，全国房地产开发投资 61740 亿元，比 2010 年增加 13480 亿元，增长 27.9%，增速比 2010 年回落 5.3 个百分点。

分月看，1-2 月增长 35.2%，是 2011 年全国房地产开发投资增速最高的月份，之后增速小幅波动，但整体回落，8 月份开始，全国房地产开发投资增速逐月回落至全年的 27.9%。

分季度看，一季度、上半年、前三季度和全年分别增长 34.1%、32.9%、32% 和 27.9%，也呈逐季回落的态势。

（二）东、中、西部地区投资增速均回落

2011 年，东部地区房地产开发企业完成投资 35607 亿元，比 2010 年增长 27.2%，增速比 2010 年回落 5.5 个百分点；中部地区完成投资 13197 亿元，增长 25.5%，增速回落 6.9 个百分点；西部地区完成投资 12936 亿元，增长 32.8%，增速回落 2.6 个百分点。

31 个省、自治区、直辖市中，18 个地区房地产开发投资增速比 2010 年回落，其中五个地区回落幅度超过 20 个百分点，分别为：福建增长 32.1%，增速比 2010 年回落 28 个百分点；宁

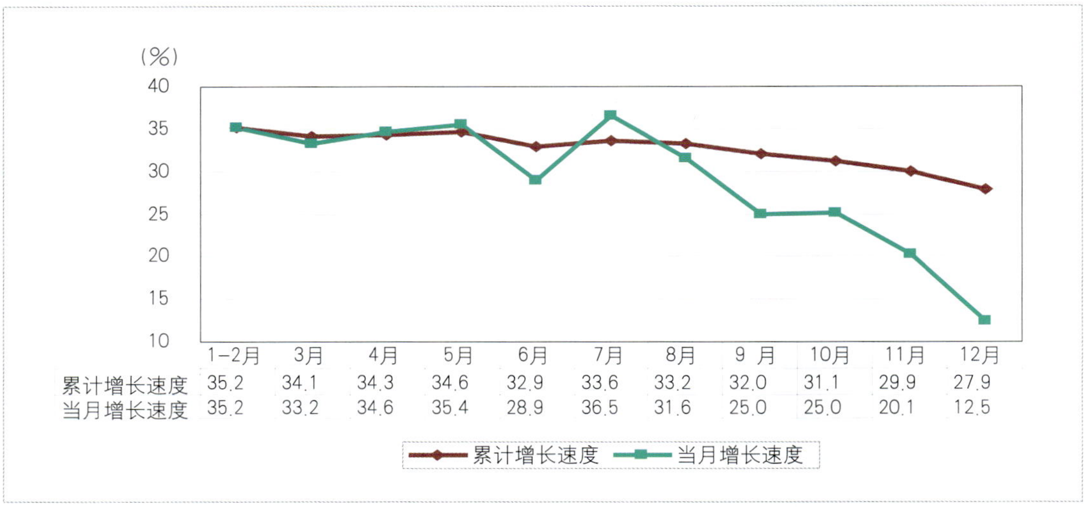

图 2　2011 年各地区房地产开发投资及增长速度

夏增长 29.9%，增速回落 26.4 个百分点；上海增长 9.6%，增速回落 25.9 个百分点；广西增长 24.4%，增速回落 23.8 个百分点；海南增长 41.7%，增速回落 20.8 个百分点。

2011 年，房地产开发企业住宅投资 44308 亿元，比 2010 年增长 30.2%，增速比 2010 年回落 2.6 个百分点。非住宅类房屋投资 17431 亿元，增长 22.5%，增速回落 11.4 个百分点。其中，办公楼

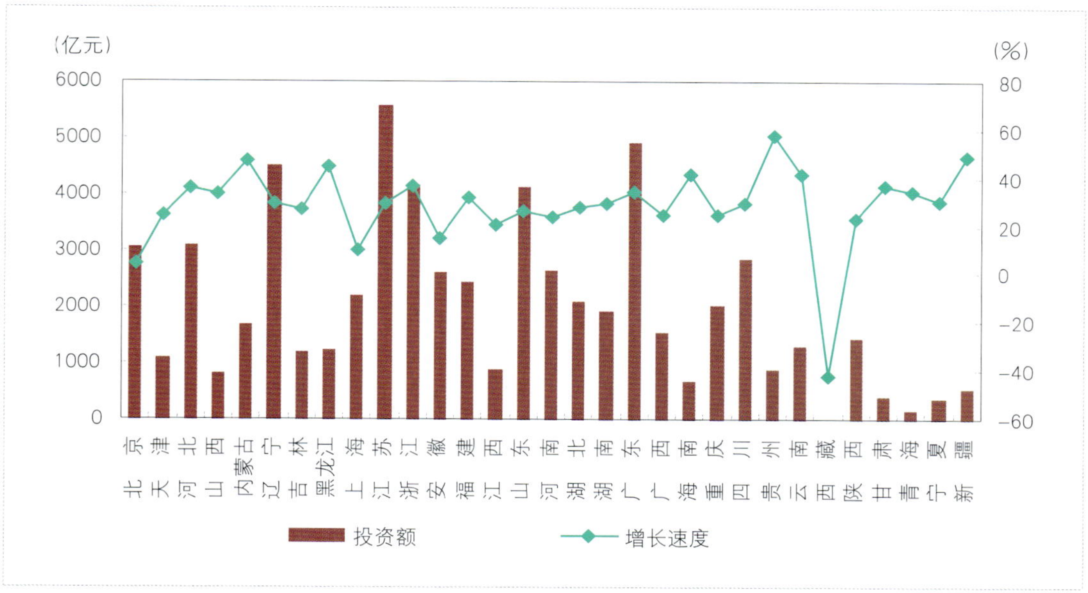

图 3　2011 年各地区房地产开发投资及增长速度

从投资规模占全国的比重看，东、中部地区投资规模占比下降，西部地区占比提高。2011 年，东部地区占全国的比重为 57.7%，比 2010 年下降 0.3 个百分点，连续三年下降；中部地区占全国的比重为 21.4%，比 2010 年下降 0.4 个百分点；西部地区占全国的比重为 21%，比 2010 年提高 0.8 个百分点。

（三）除办公楼外，其他各物业类型房屋投资增速均回落

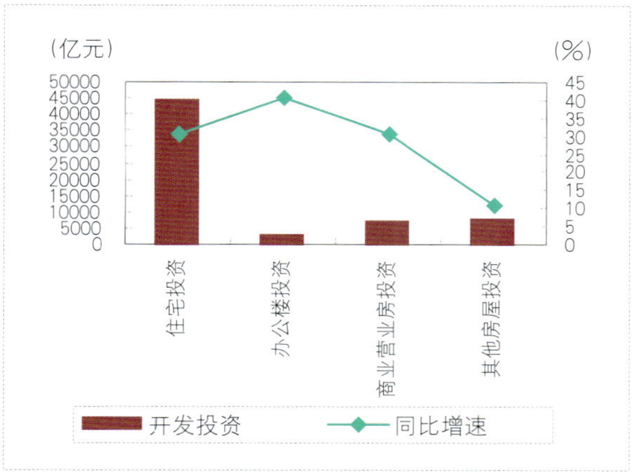

图 4　2011 年不同用途房屋开发投资

投资 2544 亿元，增长 40.7%，增速比 2010 年提高 9.5 个百分点；商业营业用房投资 7370 亿元，增长 30.5%，增速比 2010 年回落 4.6 个百分点；其他房屋投资 7518 亿元，增长 10.9%，增速回落 22.8 个百分点。

在住宅投资中，90 平方米及以下住宅投资 13637 亿元，增长 28.0%；90-140 平方米住宅投资 21609 亿元，增长 29.7%；140 平方米以上住宅投资 9062 亿元，增长 35.0%。别墅、高档公寓投资 3408 亿元，增长 20.4%。

（四）房屋新开工面积、施工面积增速回落

2011 年，全国房地产开发企业房屋新开工面积 19.01 亿平方米，比 2010 年增长 16.2%，增速比 2010 年回落 24.4 个百分点。其中，住宅新开工 14.60 亿平方米，增长 12.9%；办公楼新开工 0.54 亿平方米，增长 46.2%；商业营业用房新开工 2.07 亿平方米，增长 18.3%。

分月看，1-2 月房地产开发企业新开工面积

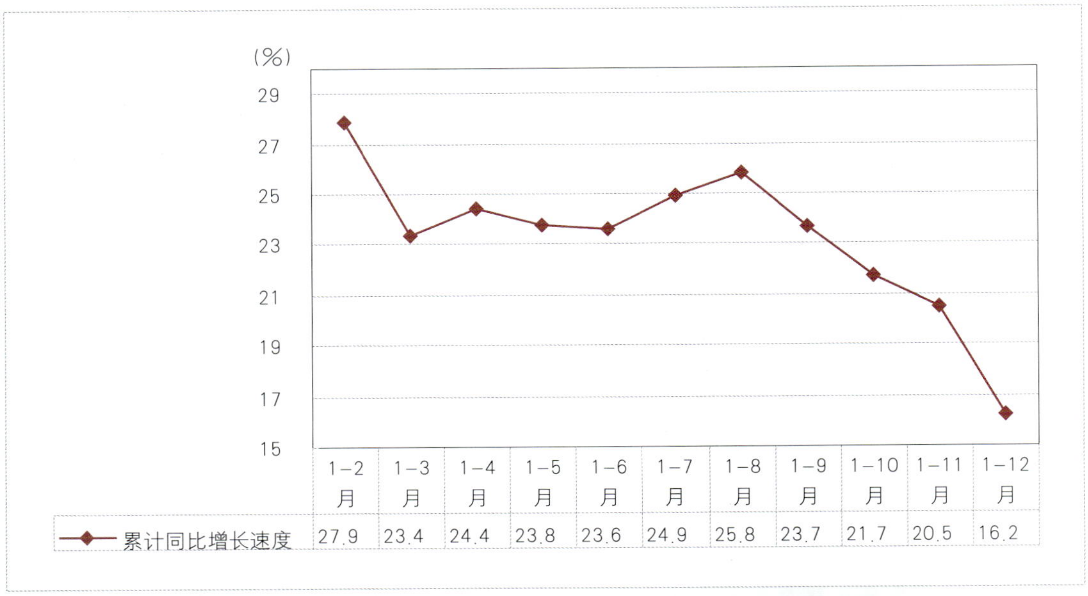

图 5　2011 年房地产开发企业各月累计新开工面积同比增长速度

增速最高，为 27.9%，8 月份之前增速有所波动，但波动幅度不大。1-9 月开始，房屋新开工面积增速以平均每个月 2.4 个百分点的幅度逐月回落，全年回落至 16.2%。

2011 年，全国房地产开发企业房屋施工面积 50.80 亿平方米，比 2010 年增长 25.3%，增速比 2010 年回落 1.2 个百分点。其中，住宅施工面积 38.84 亿平方米，增长 23.4%；办公楼施工 1.59 亿平方米，增长 31.3%；商业营业用房施工 5.63 亿平方米，增长 26.1%。

2011 年，全国房地产开发企业房屋竣工面积 8.92 亿平方米，比 2010 年增长 13.3%，增速比 2010 年提高 5 个百分点。其中，住宅竣工面积 7.17 亿平方米，增长 13.0%；办公楼竣工 0.22 亿平方米，增长 20.0%；商业营业用房竣工 0.90 亿平方米，增长 9.2%。

二、房地产市场土地购置及开发情况

（一）土地购置面积增速快速回落，全年小幅增长

2011 年，随着中央和地方各项房地产调控政策陆续出台，房地产开发企业购地热情锐减。1-2 月，全国房地产开发企业本年土地购置面积增速高达 57.1%，之后一路快速回落至 1-7 月的 15.4%，1-8 月开始个位数增长，全年房地产开发企业土地购置面积 4.1 亿平方米，仅比 2010 年增长 2.6%，增速比 2010 年回落 22.6 个百分点。

分季度看，房地产开发企业土地购置面积增长速度也逐季回落。一季度、上半年、前三季度和全年分别增长 32.7%、18.4%、7.2% 和 2.6%。

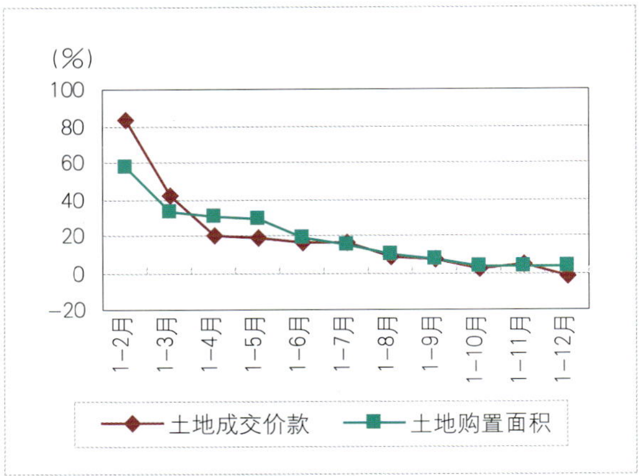

图 6　2011 年房地产开发企业土地购置面积和土地成价款增长速度

（二）土地成交价款增速快速回落，全年负增长

2011 年房地产开发企业土地成交价款与土地购置面积走势基本一致。1-2 月，全国房地产

开发企业本年土地成交价款增速为82.7%，之后一路快速回落至1-7月的15.6%，1-8月开始个位数增长，全年房地产开发企业土地成交价款8049亿元，比2010年下降1.9%，而2010年为增长59.3%。

分季度看，房地产开发企业土地成交价款增长速度也逐季回落。一季度、上半年和前三季度分别增长42.2%、16.2%和6.8%，全年下降1.9%。

（三）待开发土地面积增加

2011年，房地产企业待开发土地面积35659万平方米，比2010年增加4201万平方米，增长13.4%。而2009、2010连续两年待开发土地面积比上年减少，分别减少15345万平方米和1359万平方米，下降31.9%和4.1%。

从全年看，2011年11月份以前，房地产企业待开发土地面积增长速度均超过20%，其中1-6月份增长29.4%，是全年最高增速。

图7 房地产企业待开发土地面积增长速度

三、房地产市场销售情况

（一）新建商品房销售由平稳增长转为逐月回落

2011年前三季度，房地产销售延续了2010年下半年平稳增长态势，除4、5月份以外，其他月份新建商品房销售面积增长速度均在10%至15%之间；销售额增长速度均在23%以上。9月份以后，新建商品房销售面积和销售额增长速度逐月回落。2011年全年，全国商品房销售面积109946万平方米，比2010年增长4.9%，增速比2010年回落5.7个百分点；商品房销售额59119亿元，增长12.1%，增速回落6.8个百分点。

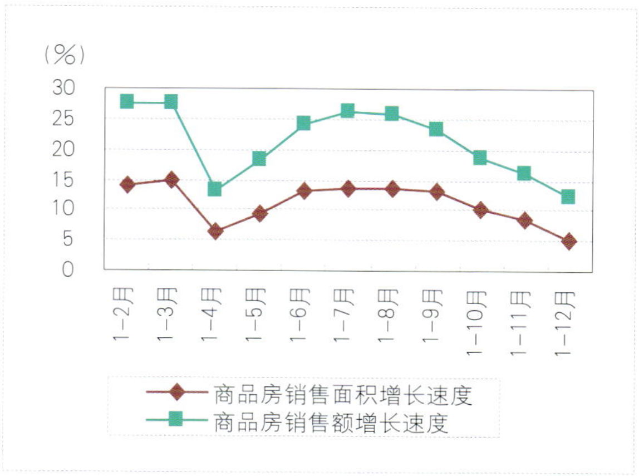

图8 2011年商品房销售面积和销售额增长情况

分季度看，2011年新建商品房销售逐季回落。一季度、上半年、前三季度和全年商品房销售面积分别增长14.9%、12.9%、12.9%和4.9%；商品房销售额分别增长27.3%、24.1%、23.2%和12.1%。

分东、中、西部地区看，2011年东部地区商品房销售面积5.11亿平方米，比2010年增长0.1%，增速比2010年回落4.4个百分点；销售额34628亿元，增长3.8%，增速回落6.8个百分点。中部地区商品房销售面积2.93亿平方米，增长11.3%，增速回落9.1个百分点；销售额11895亿元，增长29.4%，增速回落11.2个百分点。西部地区商品房销售面积2.96亿平方米，增长8.0%，增速回落5.9个百分点；销售额12596亿元，增长23.9%，增速回落8.7个百分点。

除深圳外，一线城市商品房销售均比2010年下降。2011年，北京销售面积1440万平方米，比2010年下降12.2%；销售额2426亿元，下降16.8%。上海销售面积1771万平方米，下降14.1%；销售额2569亿元，下降13.8%。广州销售面积1251万平方米，下降10.9%；销售额1583亿元，下降5.5%。深圳销售面积512万平方米，增长10.0%；销售额1085亿元，增长21.6%。

分物业类型看，2011年商品住宅销售面积

97030 万平方米，比 2010 年增长 3.9%，增速比 2010 年回落 4.4 个百分点；销售额 48619 亿元，增长 10.2%，增速回落 4.6 个百分点。办公楼销售面积 2008 万平方米，增长 6.2%，增速回落 16.2 个百分点；销售额 2502 亿元，增长 16.1%，增速回落 15.5 个百分点。商业营业用房销售面积 7878 万平方米，增长 12.6%，增速回落 18.7 个百分点；销售额 6702 亿元，增长 23.7%，增速回落 24.3 个百分点。

分住宅户型看，2011 年 90 平方米及以下住宅销售面积 2.86 亿平方米，比 2010 年增长 1.7%，销售额 14235 亿元，增长 10.1%；90-140 平方米的住宅销售面积 5.13 亿平方米，增长 8.3%，销售额 22322 亿元，增长 18.0%；140 平方米以上住宅销售面积 1.72 亿平方米，下降 4.3%，销售额 12063 亿元，下降 1.7%。别墅、高档公寓销售面积 3752 万平方米，下降 11.1%，销售额 4088 亿元，下降 11.4%。

分现房和期房看，2011 年全国现房销售面积 2.67 亿平方米，比 2010 年增加 76 万平方米，增长 0.3%；期房销售面积 8.32 亿平方米，比 2010 年增加 5105 万平方米，增长 6.5%。期房销售面积占全部销售面积的比重达 75.7%，比 2010 年提高 1.2 个百分点。

（二）二手房成交继续萎缩

据住房和城乡建设部 40 个重点城市房地产市场信息系统数据显示，2011 年，二手房成交面积 12370 万平方米，比 2010 年下降 28.5%。其中，二手住房成交 9338 万平方米、111.0 万套，分别下降 33.0%、31.8%。值得注意的是，2011 年 40 个重点城市二手房成交量的萎缩，是在 2010 年快速下降前提下的继续萎缩。

全年看，40 个重点城市二手住房月累计成交量均比 2010 年减少，一季度下降幅度逐月缩小，1-4 月以后下降幅度整体呈逐步扩大态势。一季度、上半年、前三季度和全年分别下降 10.5%、22.3%、25.2% 和 33.0%。

在重点监测的 40 个城市中，东部 20 个城市二手房成交面积 7883 万平方米，比 2010 年下降 30.1%；中部 8 个城市二手房成交面积 2009 万平方米，下降 20.0%；西部 12 个城市二手房成交面积 2478 万平方米，下降 29.3%。

四、房地产开发企业资金来源情况

2011 年，全国房地产开发企业到位资金 83246 亿元，比 2010 年增长 14.1%，增速比 2010 年回落 12.1 个百分点。

（一）全年到位资金增速低于投资增速

2011 年，房地产开发企业到位资金增速一直低于同期房地产开发投资增速。分季来看，一季度到位资金增速低于房地产开发投资增速 15.5 个百分点，上半年低 11.3 个百分点，前三季度低 9.3 个百分点，全年低 13.8 个百分点。

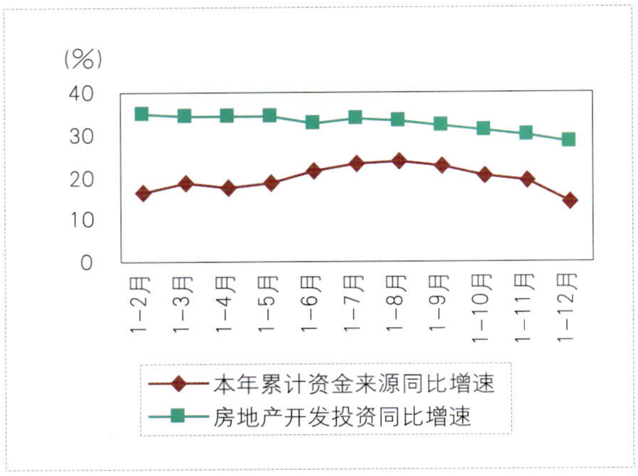

图 9　2011 年房地产开发投资和本年到位资金累计同比增长速度

（二）房地产开发贷款零增长，个人按揭贷款大幅下降

2011 年，房地产开发贷款 12564 亿元，与 2010 年持平，增速比 2010 年回落 10.6 个百分点；占全部企业到位资金的比重为 15.1%，比 2010 年下降 2.1 个百分点。个人按揭贷款 8360 亿元，比 2010 年下降 12.2%，而 2010 年为增长 11.2%；占全部企业到位资金的比重为 10%，比 2010 年下降 3.1 个百分点。

2011年，房地产开发贷款中银行贷款与非银行金融机构贷款呈不同发展趋势。全年银行贷款11019亿元，比2010年下降2.8%，而2010年为增长9.3%。而非银行金融机构贷款则快速增长，全年非银行金融机构贷款1545亿元，比2010年增长25.4%，增速比2010年提高1.4个百分点；非银行金融机构贷款占国内贷款比重为12.3%，比2010年提高2.5个百分点；非银行金融机构贷款占全部企业到位资金的比重为1.9%，比2010年提高0.2个百分点。

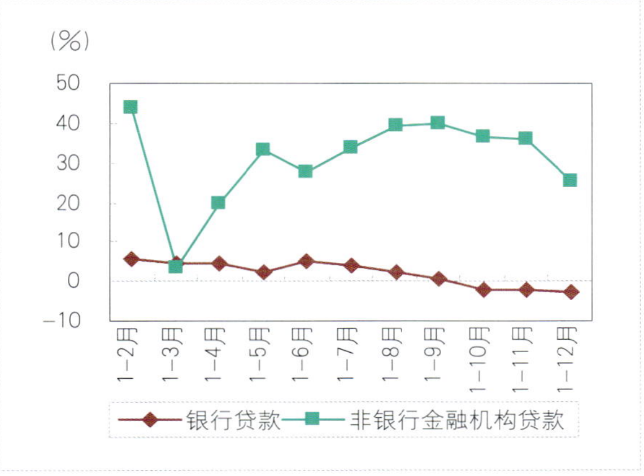

图10　2011年房地产开发银行贷款及非银行金融机构贷款累计同比增长速度

（三）利用外资高开低走

2011年，房地产开发企业利用外资高位开局，1-2月同比增长61.5%，上半年达最高点，增长75.5%，从9月份开始逐月大幅回落。全年房地产开发企业利用外资814亿元，增长2.9%，增速比2010年回落62个百分点；占全部企业到位资金的比重为1%，比2010年下降0.1个百分点。

（四）定金及预收款增速明显回落

2011年，房地产开发企业定金及预收款21610亿元，比2010年增长12.1%，增速比2010年回落6.8个百分点；占全部企业到位资金的比重为26.0%，比2010年下降0.4个百分点。

（五）自筹资金占比提高

2011年，房地产开发企业自筹资金34093亿元，比2010年增长28%，增速比2010年回落20.4个百分点；占全部企业到位资金的比重为41.0%，比2010年提高4.5个百分点。

（六）重点城市到位资金增速低于全国平均水平

2011年，40个重点城市房地产开发企业到位资金47737亿元，比2010年增长8.9%，增速比2010年回落10.8个百分点，比全国房地产开发企业到位资金增速低5.2个百分点。

四个一线城市中，北京房地产开发企业到位资金5358亿元，比2010年下降7.5%，降幅比2010年扩大2个百分点；上海到位资金3207亿元，下降0.7%，而2010年为增长10.4%；广州到位资金1682亿元，增长11.9%，增速比2010年提高5.9个百分点；深圳到位资金891亿元，增长15.2%，而2010年为下降12.3%。

五、房地产开发景气状况

2011年，随着一系列调控措施的陆续出台，商品房销售价格不断回归合理区间，待售面积增加，房地产开发企业土地购置热情消减，全国房地产开发景气指数整体下行。

由于房地产开发投资增速较高，房地产开发资金来源也保持了一定速度的增长，10月份以前，全国房地产开发景气指数均处于景气区间。其中5月份之前，全国房地产开发景气指数逐月

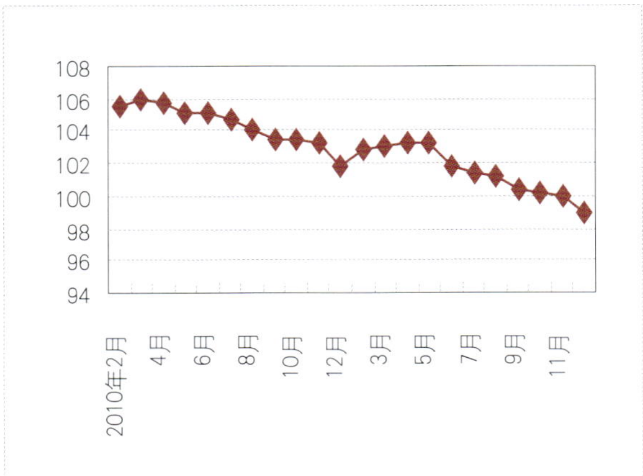

图11　2010-2011年全国房地产开发景气指数趋势图

微微上扬，从 2 月份的 102.87 上升到 5 月份的 103.20；6 月份以后，全国房地产开发景气指数逐月回落，从 6 月份的 101.75 回落到 10 月份的 100.27。11、12 两个月，房地产开发景气指数跌至景气线以下，分别为 99.87 和 98.89，是 2009 年 8 月份以来首次跌破 100 点。

2011 年 12 月，房地产开发投资分类指数为 103.13，同比回落 0.74 点；资金来源分类指数为 97.22，同比回落 5.44 点；土地购置面积分类指数为 88.16，同比回落 7.87 点，自 2008 年以来一直处于景气线以下；房屋施工面积分类指数为 104.76，同比回落 0.05 点；商品房销售价格分类指数为 98.51 点，同比回落 6.03 点；商品房待售面积分类指数为 94.12，同比回落 9.54 点，是所有分类指数回落幅度最大的。

（撰稿人：李皎　国家统计局投资司）

正在建设中总投资 18 亿元的沃尔玛综合商务区建设项目（中共孝义市委提供）

2011 年对外经贸发展报告

2011 年，面对复杂多变的国际形势和国内经济运行中出现的新情况新问题，在“稳增长、调结构、促平衡”的政策驱动下，我国对外贸易保持较快增长，吸收外资的质量和水平进一步提高，对外经济合作稳定增长。

一、对外经贸运行特点

（一）对外贸易

2011 年，我国货物进出口总值 36420.6 亿美元，比上年增长 22.5%。其中，出口 18986.0 亿美元，增长 20.3%；进口 17434.6 亿美元，增长 24.9%。贸易顺差 1551.4 亿美元，比上年减少 263.7 亿美元，收窄 14.5%。

2011 年，我国对外贸易基本运行特点：

1. 进出口增速明显低于上年，但总体上仍保持较快增长。受基数较高等因素的影响，2011 年各月进出口增速均比上年同月明显回落。尽管进出口从走势上呈现高开低走，但总体上仍保持较快增长，全年进出口总值超过 3.6 万亿美元，再创历史新高。分季度看，四个季度进出口总值分别增长 29.6%、22.5%、22.6% 和 17.1%，增速持续下滑，特别是第四季度进出口增速降至 20% 以下，拉动全年进出口增速比前三季度下降 2.1 个百分点。

2. 进口、出口协调发展，进出口贸易顺差进一步收窄。2011 年，在“扩进口”的政策引导下，我国进口保持快速增长，各月增速基本在 20－30% 之间起伏。出口方面，月度增速呈放缓趋势，尤其是下半年以来，出口增速由 8 月份的 24.4% 逐月回落到 12 月的 13.4%。进口保持快速增长和出口增速放缓使得贸易顺差在 2010 年同比下降 7.2% 的基础上继续收窄 14.5%，贸易顺差与进出口总值的比值为 4.3%，比上年降低 1.8 个百分点。

3. 一般贸易保持较快增长，加工贸易比重继续下降。一般贸易进出口 19245.9 亿美元，增长 29.2%；占进出口总值的比重为 52.8%，比上年提高 2.7 个百分点。加工贸易进出口 13052.1

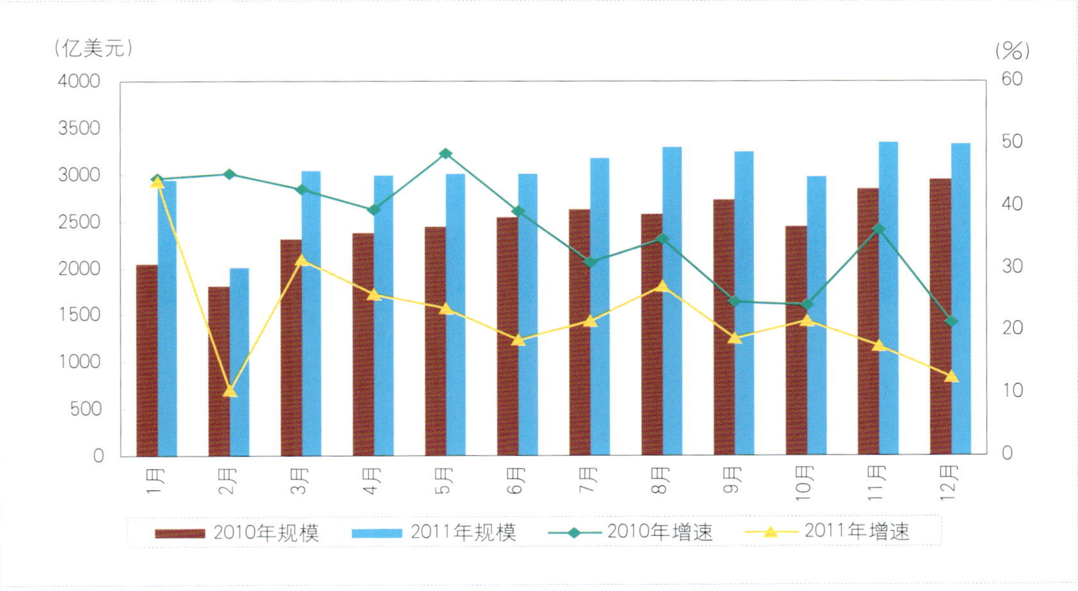

图 1　2010 年、2011 年分月进出口规模及增速

表 1 2011 年我国分贸易方式进出口情况

单位：亿美元，（%）

贸易方式	2010 年				2011 年			
	出口		进口		出口		进口	
	金额	增速	金额	增速	金额	增速	金额	增速
一般贸易	7206.1	36.0	7692.8	43.9	9171.2	27.3	10074.6	31.0
来料加工装配贸易	1123.0	20.2	993.7	30.8	1076.5	−4.1	936.3	−5.8
进料加工贸易	6279.8	27.3	3181.1	29.1	7277.6	15.9	3761.6	18.3

亿美元，增长 12.7%；占进出口总值的比重为 35.8%，比上年下降 3.1 个百分点。一般贸易出口的增速明显快于加工贸易。尤其是来料加工贸易进出口由正增长转为负增长。这说明中国转变外贸增长方式，提高自主营销比重的政策正持续影响着中国外贸发展方式的转变。

4. 对欧美日传统市场增长平稳，对新兴市场增长强劲。2011 年，我国与欧盟、美国、日本双边贸易增速分别为 18.3%、15.9% 和 15.1%，均低于同期进出口总体增速；三国贸易总值占我国进出口总值的比重为 37.3%，比上年下降 1.8 个百点。我国与东盟、巴西、俄罗斯和南非等新兴国家（地区）双边贸易增速分别为 23.9%、34.5%、42.7% 和 76.7%，均高于同期进出口总体增速。

5. 外商投资企业仍占据主导地位，民营企业增长较快。2011 年，外商投资企业进出口 18601.6 亿美元，增长 16.2%；占同期我国进出口总值的比重为 51.1%，比上年下降 2.8 个百分点。民营企业（包括集体、私营企业及其他企业）进出口 10212.8 亿美元，增长 36.0%，高出同期我国进出口总体增速 13.5 个百分点；占我国进出口总值的比重为 28%，比上年提高 2.8 个百分点；对进出口总值增长的贡献率达 40.4%，高出外商投资企业 1.6 个百分点。

6. 机电产品、高新技术产品出口放缓，传统劳动密集型商品出口稳定增长。2011 年，我国机电产品出口 10855.9 亿美元，增长 16.3%，低于同期我国出口总体增速 4 个百分点；占我国出口总值的比重为 57.2%，比上年下降 2 个百分点。高新技术产品出口 5487.9 亿美元，增长 11.5%，低于同期我国出口总体增速 8.8 个百分点。传统大宗商品出口稳定增长，其中服装出口 1532.2 亿美元，增长 18.3%；纺织品出口 946.7 亿美元，增长 22.9%；鞋类出口 417.2 亿美元，增长 17.1%。

7. 进口商品结构进一步优化，主要资源类商品进口价格普遍上涨。2011 年，我国进口初级产品 6043.8 亿美元，增长 39.3%。其中进口铁矿砂 6.9 亿吨，增长 10.9%，进口均价为 163.8 美元 / 吨，上涨 27.1%；进口原油 2.5 亿吨，增长 6.0%，进口均价为 565.3 美元 / 吨，上涨 37.1%；进口成品油 0.4 亿吨，增长 10.1%，进口均价为 609.4 美元 / 吨，上涨 32.2%。这三类产品进口额合计比上年增加 1041 亿美元，其中因价格上涨直接导致进口增加 790 亿美元。

（二）吸收外商直接投资

2011 年，我国实际利用外商直接投资保持稳定增长，全年非金融领域新批设立外商投资企业 27712 家，比上年增长 1.1%；实际使用外商直接投资 1160.1 亿美元，增长 9.7%，再创历史新高。

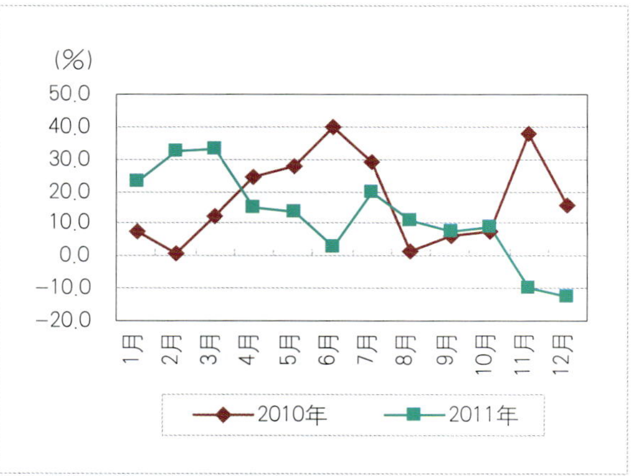

图 2 2010 年、2011 年分月外商直接投资增速

1. 我国实际利用外商直接投资规模继续增

长，但增速比上年有所回落。2011年我国吸收外商直接投资金额同比增长9.7%，增速比上年回落7.7个百分点。分月看，除1-3月单月增速在20%以上之外，其余月份均在20%以下，尤其是11月份和12月份出现负增长，11月当月同比下降9.8%，为2010年3月以来首次出现同比下滑，12月当月同比下降12.7%,较11月份继续回落2.9个百分点。

2. 亚洲地区对华投资持续增长，欧美投资有所下降。香港、澳门、台湾、日本、菲律宾、泰国、马来西亚、新加坡、印尼、韩国等亚洲十个国家（地区）实际对华投资1005.2亿美元，同比增长14.0%。美国、欧盟实际对华分别投资30.0亿美元和63.5亿美元，同比分别下降26.1%和3.7%。

3. 第三产业实际利用外资增速高于我国利用外资总体水平。第三产业吸收外商直接投资582.5亿美元，同比增长16.6%，高出全国总体水平6.9个百分点。其中，房地产业实际使用外资268.8亿美元，增长12.1%，占全部外资比重为23.2%，比上年提高0.5个百分点；批发与零售业和租赁与商务服务业实际使用外资分别增长27.7%和17.6%，占全部外资的比重分别达到7.3%和7.2%。第二、第一产业分别吸收外商直接投资557.5亿美元和20.1亿美元，同比分别增长3.5%和5.1%。

4. 中西部地区实际利用外资增长迅速。中部、西部地区实际利用外资分别为78.4亿美元和115.7亿美元，同比分别增长14.3%和28.2%；东部地区实际利用外资966.0亿美元，同比增长7.5%。

表2 东、中、西部地区外商直接投资情况

地 区	项目数（个）		实际使用外资金额（亿美元）	
	绝对数	同比增长%	绝对数	同比增长%
东部地区	23602	2.7	966.0	7.5
中部地区	2727	-10.8	78.4	14.3
西部地区	1383	1.8	115.7	28.2

（三）对外投资与经济合作

2011年，我国境内投资者共对全球132个国家和地区的3391家境外企业进行了非金融类对外直接投资，累计实现直接投资600.7亿美元，比上年增长1.8%。其中股本投资和其他投资456.7亿美元，占全部投资的比重为76%；利润再投资144亿美元，占全部投资的比重为24%。我国对欧洲和非洲直接投资快速增长，分别对欧洲、非洲投资46.1亿美元和17亿美元，分别增长57.3%和58.9%。从投资方式看，以并购方式实现的直接投资222亿美元，占我国同期对外投资总额的37%，主要涉及采矿业、制造业、电力生产和供应业、交通运输业、批发零售业等领域。分地区看，中部、西部地区对外投资发展较快，同比分别增长64.1%和42.9%。

2011年，我国对外承包工程完成营业额1034.2亿美元，同比增长12.2%；新签合同额1423.3亿美元，同比增长5.9%。其中，电力工业新签合同额为310.7亿美元， 占新签合同总额的21.8%，首次超过房屋建筑和交通运输业，成为我国对外承包工程签约领域中比重最大的领域。

2011年，我国对外劳务合作派出各类劳务人员45.2万人，比上年增加4.1万人，其中，承包工程派出劳务人员24.3万人，劳务合作派出20.9万人。年末在外各类劳务人员81.2万人，同比减少3.5万人。其行业分布主要集中在建筑业、制造业和农林牧渔业。

二、影响我国外经贸走势的因素

当前我国外经贸形势依然严峻，面临的国内外环境复杂多变，不确定、不稳定性因素增加，对外经贸发展还将面临一些困难和挑战。

1. 世界经济复苏步伐放缓，国际市场需求不振。当前，世界经济仍处于金融危机后的恢复期，延续了自2010年年中以来增长乏力的态势。欧盟迫于主权债务危机，成员国不得不紧缩财政，既制约经济复苏又影响社保、养老等福利支出，削弱消费者支出意愿；美国经济增长乏力，失业率居高不下，消费者支出意愿不强；新兴经济体受制于通货膨胀高企的压力，普遍采取紧缩的宏观调控政策，经济增速也有所回落。此外，受世界经济复苏缓慢的影响，企业投资决策更加谨慎，全球跨国直接投资规模也有所下降，对我国吸收外商直接投资和对外经济合作都产生了一定的影响。

2. 贸易摩擦增大，国际竞争更加激烈。发达国家经济发展放缓、新兴市场国家经济增长下调与通胀压力加大，使得贸易保护主义重新抬头，国际间贸易摩擦进一步加剧和扩大，反倾销、反补贴等贸易救济措施屡遭滥用，政策性和体制性摩擦更加突出。2011年国际市场针对我国发起贸易反倾销、反补贴、保障措施、特保调查共67起，既有针对传统产品的，也有针对新兴产品的调查；既有发达国家发起的，也有新兴经济体国家发起的。如近期美国对我国光伏产业的调查，巴西对我国汽车产业的调查等。

3. 企业生产成本上升压力加大。目前我国企业原材料价格、劳动工资和融资成本等要素成本进入集中上升期，在一定程度上影响企业生产经营和国际竞争力。出口退税下调、原材料价格上扬、劳动力价格提升，使得我国制造业以低价所获得的红利正在逐步减少。部分附加值比较低、竞争力不强的产品订单向越南、印度等发展中国家转移，且这种趋势在增强。

4. 人民币汇率仍将以升值为主，双向波动将加大。尽管贸易顺差收窄、资本流入减缓、国内企业对外投资、物价涨幅逐步回落等因素会减轻人民币升值压力，但这并不影响人民币兑美元汇率的长期走势。2012年，在美联储持续量化宽松货币政策的影响下，美元疲软的态势仍将持续，人民币兑美元汇率仍将保持稳步小幅上涨的态势，但双向波动幅度将加大。汇率上升将会影响我国外贸企业的产品竞争力，影响企业的经营收益，从而对我国对外贸易的稳定增长产生不利影响。

三、2012年外经贸展望

2012年我国对外经贸形势较为严峻，这对加快推进我国外经贸结构调整和发展方式的转变提出了更为迫切的要求，挑战与机遇并存。

外贸方面：我国将保持外贸政策的稳定性和连续性，研究完善相关政策。在财税政策上，保持出口退税政策基本稳定，加大退税力度，加快退税进度。在货币政策上，保持人民币汇率基本稳定，引导企业采取积极措施应对汇率波动，积极开展跨境贸易人民币结算工作，扩大出口货币贸易试点企业名单。在金融政策上，完善贸易融资业务差异化监管政策，支持商业银行增加对小微企业贷款，提高出口信用保险覆盖面。在贸易政策上，加快加工贸易转型升级，推动加工贸易向产业链高端延伸和向中西部转移。采取针对性措施，巩固美欧日等传统市场，深度开拓新兴市场。巩固传统商品竞争优势，扩大高技术含量、高附加值商品出口，加快战略性新兴产业国际化。促进东部地区进出口平稳发展和结构优化，支持中西部地区根据要素禀赋发展特色对外贸易。

利用外资方面：我国将实施新修订的《外商投资产业指导目录》，研究制订战略性新兴产业引资政策，鼓励外商投资节能环保、新一代信息技术、生物、高端装备制造、新能源、新材料、新能源汽车等战略性新兴产业，提升我国承接国际产业转移的层次和水平，培育国际合作和竞争新优势。此外，修订并实施《中西部地区外商投资优势产业目录》，提高中西部承接产业转移能力，支持符合节能环保要求的外资企业向中西部转移。

对外经济合作方面：积极稳妥实施“走出去”战略，创新境外经贸合作区发展模式，完善支持政策和管理架构，引导更多企业集群式“走出去”。完善《对外承包工程条例》配套措施，加快与重要经贸伙伴的投资保护协定谈判，消除市场准入障碍，强化投资权益保护，同时加强对企业的风险提示，完善境外突发事件应急处理机制。此外，改善政府公共服务，培育社会化服务机构，提高“走出去”便利化水平，加强信息咨询等服务。鼓励有实力的企业在全球范围内投资并购、整合资源，开展研发、生产和营销活动，培育国际知名品牌，推动民营企业“走出去”。

综合各方面因素分析，2012 年，我国对外贸易形势不容乐观，进出口贸易增速可能回落，且进口增长有望继续快于出口，贸易平衡状况将进一步改善。利用外商直接投资和对外直接投资都将保持稳步增长，利用外资质量和水平进一步提高，民营企业对外投资占我国对外投资的比重将逐步上升。

（执笔：王智 刘旭玲 国家统计局贸经司）

综合港区（沧州市人民政府提供）

2011 年居民消费价格监测报告

2011 年，全国居民消费价格总水平比上年上涨 5.4%。

一、居民消费价格变动的基本情况

（一）从月度价格环比变动情况看，有 2 个月下降，10 个月上涨

1 至 12 月价格环比变动幅度分别为：1.0%、1.2%、-0.2%、0.1%、0.1%、0.3%、0.5%、0.3%、0.5%、0.1%、-0.2% 和 0.3%。1、2 月份受元旦和春节等节日因素影响价格上涨较多，3 月份出现下降。从 4 月份起，环比价格呈持续上涨态势，11 月份小幅下降后，12 月份有所回升。

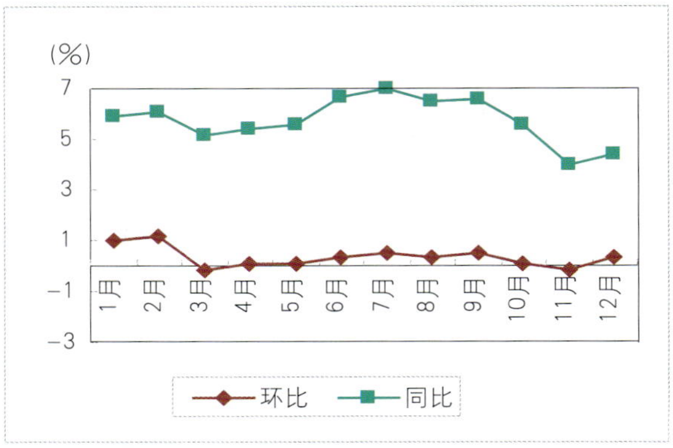

图 1　2011 年居民消费价格涨跌情况

（二）从价格同比变动幅度看，下半年逐月缩小

上半年，同比涨幅总体呈现逐月扩大趋势，7 月达到年内最高涨幅，之后逐月缩小。1 至 12 月各月涨幅分别为：4.9%、4.9%、5.4%、5.3%、5.5%、6.4%、6.5%、6.2%、6.1%、5.5%、4.2% 和 4.1%。

（三）从各类别价格变动情况看，八大类商品和服务价格比上年均有不同程度的上涨

食品价格上涨 11.8%，烟酒及用品价格上涨 2.8%，衣着价格上涨 2.1%，家庭设备用品及维修服务价格上涨 2.4%，医疗保健和个人用品价格上涨 3.4%，交通和通信价格上涨 0.5%，娱乐教育文化用品及服务价格上涨 0.4%，居住价格上涨 5.3%。

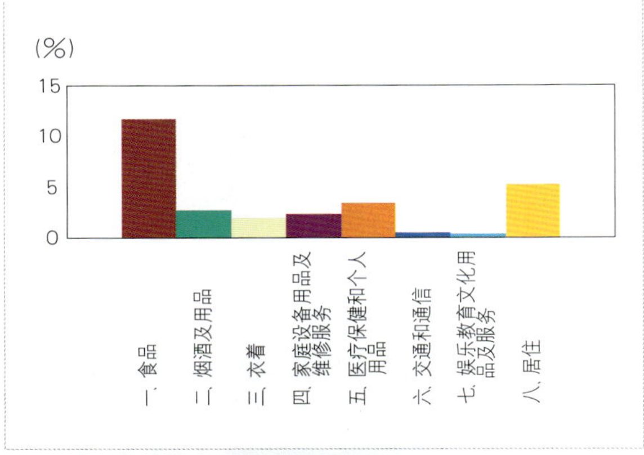

图 2　2011 年 CPI 中各类别商品和服务项目价格涨跌情况

据测算，在居民消费价格中，消费品价格上涨 6.2%，服务价格上涨 3.5%。

二、居民消费价格运行的主要特征

全年食品价格比上年上涨 11.8%，影响价格总水平上涨约 3.5 个百分点，约占价格总水平上涨幅度的 65%。其中，粮食价格上涨 12.2%、肉禽及其制品价格上涨 22.6%、水产品价格上涨 12.1%、鲜果价格上涨 16.4%，这四类食品价格共同影响价格总水平上涨约 2.3 个百分点，约占价格总水平上涨幅度的 43%。

全年居住价格比上年上涨 5.3%，影响价格总水平上涨约 1.0 个百分点。居住月环比价格除 6 月份下降 0.1%、11 月份持平、12 月下降 0.2% 外，其他月份均有所上涨。一季度，受住房租金上涨

的影响，居住价格上涨较为明显，1、2、3 月价格环比分别上涨 0.4%、0.3% 和 0.5%。居住价格 1 月份价格同比涨幅最高，为 6.8%；12 月份涨幅最低，为 2.1%。

据测算，在全年 CPI 上涨的 5.4 个百分点中，翘尾因素影响约为 2.5 个百分点，新涨价因素影响约为 2.9 个百分点，翘尾因素的影响程度约占 46%。

三、居民消费价格上涨的直接原因

1. 大米、面粉等粮食价格持续上涨，带动以粮食为原料的糕点饼干、方便面、白酒等商品价格上涨。粮食价格环比从 2009 年 1 月上涨 0.2% 开始，至 2011 年底连续上涨 36 个月。

2. 全年肉禽及其制品价格比上年上涨 22.6%，其中，7 月份肉禽及其制品同比涨幅高达 33.6%。此外，水产品和鲜果价格全年涨幅分别达到 12.1% 和 16.4%。

3. 全年衣着材料价格比上年上涨 9.2%，其中，棉布和化纤布价格分别上涨 17.7% 和 8.0%。

4. 建筑材料、房租和燃料等价格的上涨，共同推动了居住价格的上涨。全年建房及装修材料价格和住房租金价格比上年分别上涨 4.7% 和 5.3%，液化石油气和管道燃气价格比上年分别上涨 11.4% 和 4.2%。

5. 全年服务价格比上年上涨 3.5%。其中，家庭服务（保姆、家政服务）价格上涨 16.8%，个人服务（理烫发）价格上涨 4.9%，旅游价格上涨 3.8%，学前教育价格上涨 4.8%。

四、影响物价上涨的深层和外部原因

1. 输入性通胀压力较大。2011 年，原油价格在国际战争等多种因素影响下，年底达到 100 美元 / 桶左右。能源、资源类商品价格的上涨直接或间接推动了生产和消费领域价格的上涨。

2. 农业生产资料价格的上涨直接推动了农产品价格的上涨。全年农资价格上涨 11.3%。其中，饲料、幼禽家畜、化学肥料、农用机油和农用种子价格分别上涨 7.6%、37.3%、13.3%、10.8% 和 10.4%。

3. 劳动力成本持续上升，增加了企业生产经营的成本。2011 年各地普遍提高了最低工资标准，成本推动物价上涨因素增加。全年衣着加工服务费、家庭服务及加工维修服务价格分别比上年上涨 7.3%、11.4%。此外，农村的劳动力成本也逐渐提高，全年农业生产服务价格比上年上涨 8.3%，而 2010 年农业生产服务价格涨幅为 4.3%。

4. 流动性仍然较高，增加了物价上涨的压力，推动商品及服务价格的上涨。2010 年末、2011 年末，我国广义货币（M_2）供应量达 72.6 万亿元、85.2 万亿元，分别增长 19.7% 和 13.6%。

（执笔：余秋梅 阙小清 沈赟 国家统计局城市司）

2011 年工业生产者价格监测报告

2011 年，国民经济总体保持良好运行态势。但受国际局势动荡加剧、欧洲债务危机恶化等诸多因素影响，工业生产者价格波动较大，全年工业生产者价格呈现出前期涨幅较大，后期快速回落态势，全年工业生产者出厂价格同比上涨 6.0%，工业生产者购进价格同比上涨 9.1%。

一、工业生产者出厂价格总体变动情况

2011 年，全国工业生产者出厂价格总体呈现前高后低的运行态势。

从月度同比价格变动情况看，工业生产者出厂价格前三季度各月涨幅较大，四季度涨幅逐月回落，至年底回落加速，由 7 月份 7.5% 的全年最高涨幅，回落至 12 月份 1.7% 的涨幅。

从月度环比价格变动情况看，工业生产者出厂价格环比前 5 个月均保持上涨态势，但涨幅逐月缩小，6-9 月基本平稳，10 月份以后连续下降（如图 1）。

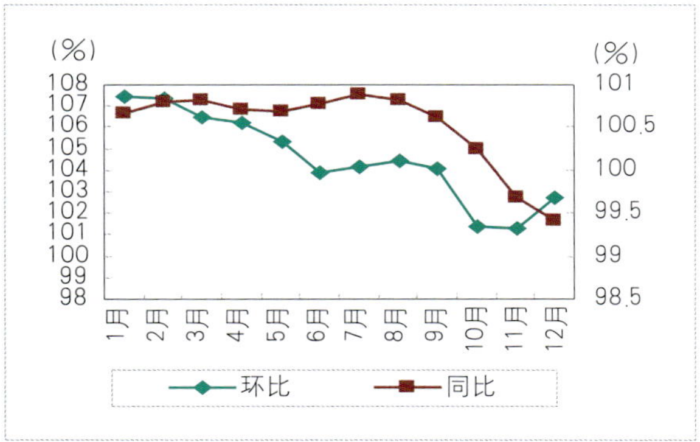

图 1　2011 年工业生产者出厂价格总指数走势

分类别看，2011 年生产资料出厂价格比上年上涨 6.6%，拉动工业生产者出厂价格上涨约 5.0 个百分点，是影响工业生产者出厂价格上涨的主要因素。其中，采掘工业价格上涨 15.4%，原料工业价格上涨 9.2%，加工工业价格上涨 4.6%。生活资料出厂价格比上年上涨 4.2%，拉动工业生产者出厂价格上涨约 1.0 个百分点。其中，食品价格上涨 7.4%，衣着价格上涨 4.2%，一般日用品价格上涨 4.0%，耐用消费品价格下降 0.6%（如图 2）。

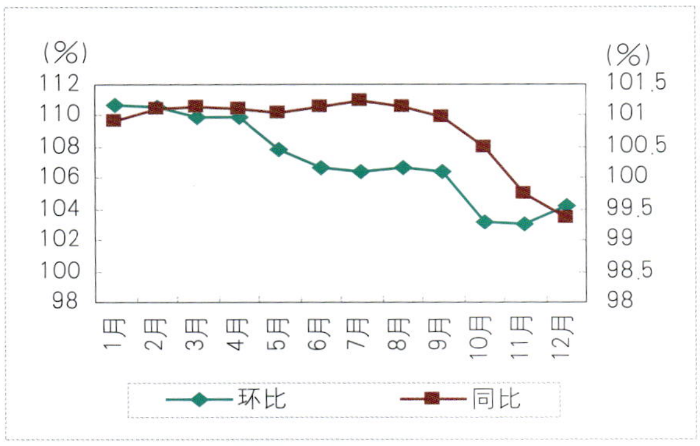

图 2　2011 年工业生产者购进价格总指数走势

分行业看，绝大多数工业行业产品出厂价格上涨。在所调查的 39 个工业大类行业中，有 37 个工业行业价格呈上涨态势，占 94.9%。其中，石油和天然气开采业出厂价格涨幅最高，比上年上涨 24.5%；有色金属矿采选业、石油加工业、有色金属冶炼及压延加工业、黑色金属矿采选业、化学纤维制造业和纺织业出厂价格涨幅也较大，分别上涨 15.0%、14.9%、13.0%、12.7%、12.1% 和 11.1%。

二、重要生产资料出厂价格变动情况

（一）原油价格高位回落，成品油价格上涨较大

2011 年，受地缘政治、欧美经济等因素影响，国际原油价格先扬后抑，整体高位运行。一季度，受美国量化宽松货币政策和北非、中东地区政局动荡影响，原油价格大幅攀升，屡创金融危机以来的新高。5 月份以后，由于美元走强和欧债危

机不断恶化等因素影响，国际油价结束了上涨趋势，跌至100美元/桶以下。但受上年基数不断走低影响，国内原油价格涨幅前10个月始终处于高位，11、12月份受经济总体回调影响，涨幅回落。2011年全年，原油出厂价格上涨29.3%，比上年涨幅回落9.4个百分点，影响工业生产者出厂价格总水平上涨约0.3个百分点。

成品油价格受国际油价波动影响，2011年进行了“二升一降”的调价，总体涨幅较大。与上年相比，汽油出厂价格上涨16.4%，柴油出厂价格上涨16.7%，煤油出厂价格上涨27.1%。

（二）煤炭价格涨幅回落

2011年，在成本加大、需求旺盛的双重影响下，前10个月煤炭价格高位运行，1月份为年内最高涨幅，煤炭开采和洗选业出厂价格比上年同月上涨12.3%，10月份以后受主要耗煤行业低迷，需求下降影响，煤炭价格涨幅回落，12月份上涨7.5%。2011年全年，煤炭开采和洗选业出厂价格比上年上涨10.2%。其中，原煤出厂价格上涨10.6%。

（三）钢材价格先扬后抑，总体涨幅较大

2011年初，在国际铁矿石价格创新高，国内市场需求旺盛影响下，钢材市场价格呈现不断上涨态势。进入9月份，受欧洲债务危机影响，国际大宗商品价格纷纷跳水；国内货币紧缩和房地产调控政策效果逐步显现，以房地产和铁路为代表的基建投资开始降温，钢铁需求大幅萎缩，带动国内钢材市场价格快速下跌，至年底由升转降。12月份，黑色金属冶炼及压延加工业出厂价格比上年同月下降1.6%，但2011年全年钢材价格总体涨幅较大。与上年相比，黑色金属冶炼及压延加工业出厂价格上涨9.8%。其中，大型型钢价格上涨11.6%，中小型型钢价格上涨11.7%，线材价格上涨12.0%，厚钢板价格上涨11.3%。

（四）有色金属价格冲高回落

前三季度，受国际有色金属价格上涨以及翘尾因素影响，有色金属价格高位震荡，其中，7月份为年内最高涨幅，有色金属冶炼及压延加工业出厂价格比上年同月上涨21.6%。四季度，受欧美债务危机以及国内市场对有色金属需求持续疲软的影响，有色金属价格快速下行，至年底由升转降，12月份，有色金属冶炼及压延加工业出厂价格比上年同月下降0.3%。但全年有色金属价格总体仍处高位，2011年有色金属冶炼及压延加工业出厂价格比上年上涨13.0%。其中，铜冶炼价格比上年上涨14.3%，铅冶炼价格上涨8.5%，铝冶炼价格上涨6.1%，锌冶炼价格上涨1.1%。

三、工业生产者购进价格变动情况

2011年，工业生产者购进价格总体呈现前三季度高位徘徊，四季度快速回落之势。其中，农副产品类、纺织原料类、有色金属材料类、燃料动力类和化工原料类购进价格涨幅较大，比上年分别上涨15.6%、12.7%、12.1%、10.8%和10.4%。

从月度环比价格变化情况看，工业生产者购进价格前三季度各月保持上涨，四季度连续下降（如图3）。

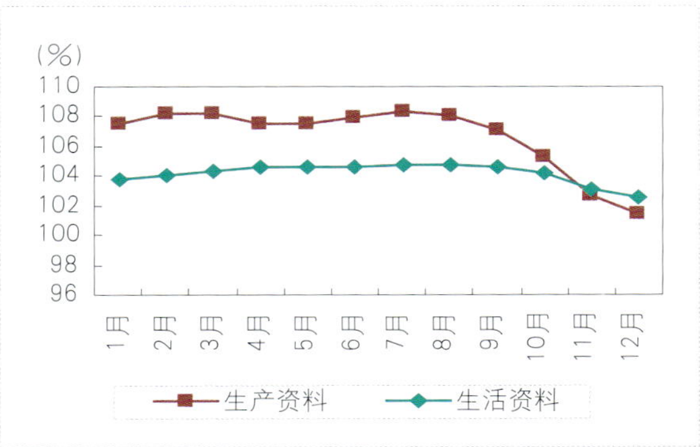

图3　2011年生产、生活资料出厂价格同比指数走势

四、影响工业生产者价格变动的主要原因

（一）国际大宗商品价格大幅波动影响

2011年上半年，受美国量化宽松货币政策和北非、中东地区政局动荡影响，国际大宗商品

价格普遍走强，国际粮价、原油、有色金属以及黄金价格等出现轮番上涨，致使国际市场大宗商品价格持续高位徘徊。下半年，欧债危机加剧，全球经济增速明显放缓，部分国际大宗商品价格大幅回落，尤其是原油和有色金属价格下降明显，带动国内相关行业产品价格下行。

（二）国家宏观调控政策影响明显

2011 年，中央继续实施扩大内需和改善民生的政策，国民经济保持稳定增长，对基础产品需求量的增加，促进了相关行业产品价格的上涨。同时，随着国内产业结构调整力度的加大以及控制“高耗高污”和产能过剩领域的盲目重复建设，使得化工、水泥和钢铁等行业产量下降，价格上涨。下半年，随着信贷紧缩和针对房地产严厉的宏观调控政策效果的逐步显现，抑制了部分基础产品的市场需求，钢材、有色和建材等产品价格随之下降。

（三）生产成本上升推动工业生产者价格上涨

2011 年，工业生产者购进价格上涨较大，多数地区上调最低工资标准，企业人工费、运费上涨，使得企业生产成本增加，工业产成品涨价压力大，不得不通过提价来转移和释放成本压力，从而推动工业生产者出厂价格的上扬。

（四）翘尾因素影响前高后低

2010 年四季度工业生产者价格快速上涨，致使 2011 年上半年的翘尾因素明显，随着时间的推移，翘尾因素逐渐减弱，四季度工业生产者价格指数已摆脱翘尾因素的影响，以新涨价因素为主，同比涨幅回落加快。

（执笔：王青青　国家统计局城市司）

广汇新能源一期 120 万吨甲醇 85 万吨二甲醚项目（哈密地区统计局提供）

2011 年财政运行报告

2011 年，面对复杂严峻的国内外经济形势，在党中央、国务院的正确和坚强领导下，各级财政部门认真贯彻党中央、国务院的决策部署，紧紧围绕科学发展主题和加快转变经济发展方式主线，顽强拼搏，努力工作，积极发挥财政职能作用，促进了经济平稳较快发展，为实现“十二五”良好开局做出了积极贡献。全年预算任务超额完成，同时，切实加强财政管理，深入推进财税改革，进一步提高财政管理绩效。

一、预算执行情况总体良好

财政收入增长较上年有所加快，并呈现前高后低的走势。2011 年，全国财政收入为 103740 亿元，同比增长 24.8%，增幅同比提高 3.7 个百分点，完成预算的 115.6%。其中，中央本级收入 51306 亿元，增长 20.8%，完成预算的 120.8%；地方本级收入 52434 亿元，增长 29.1%，完成预算的 119.5%。分收入项目看，国内增值税 24267 亿元，增长 15.0%，完成预算的 103.6%；国内消费税 6936 亿元，增长 14.2%，完成预算的 106.7%；进口货物增值税、消费税 13560 亿元，增长 29.3%，完成预算的 120.9%；出口货物退增值税、消费税 9205 亿元，增长 25.6%，完成预算的 115.0%；营业税 13679 亿元，增长 22.6%，完成预算的 114.1%；企业所得税 16760 亿元，增长 30.5%，完成预算的 121.4%；个人所得税 6054 亿元，增长 25.2%，完成预算的 116.4%；印花税 1042 亿元，增长 0.2%，完成预算的 94.7%；关税 2559 亿元，增长 26.2%，完成预算的 117.9%。全国财政收入增长较快的主要原因：一是经济较快增长为财政收入增长奠定了税源基础，特别是与税收关联度较高的经济指标增长较快。二是价格水平上涨，带动以现价计算的相关税收增长。三是企业效益较好带动企业所得税增长。四是政策性增收因素。主要是非税收入中相当部分原在预算外专户管理，2011 年按有关规定纳入预算管理，属于转移性收入。据地方上报有关数据估算，全年纳入公共预算管理的原预算外资金约 2500 亿元。另外，自 2010 年 12 月 1 日起对外资企业征收城市维护建设税和教育费附加等，也带动相关收入增加。从全年走势看，随着经济增长逐步放缓，企业利润下滑，物价高位回落，特别是四季度后提高个人所得税起征点减收较多，汽车和房地产成交量下降相关税收减少，全国财政收入增长前高后低。一季度受经济增长较快、进口大幅增长以及部分 2010 年末收入在年初集中入库等因素带动，全国财政收入增长 33.1%；二季度受经济增长较快、汇算清缴 2010 年企业所得税入库较多等因素带动，全国财政收入增长 29.6%；三季度受经济增速趋缓、但物价处于年内高位等因素影响，全国财政收入增长 25.9%；四季度受经济增长放缓、个人所得税改革、物价高位回落以及汽车和房地产成交量下降等因素影响，全国财政收入增长 10%。

财政支出增长较快，各项重点支出得到较好保障，财政支出结构进一步优化。2011 年，全国财政支出 108930 亿元，增长 21.2%，完成预算的 108.7%。其中，中央本级支出 16514 亿元，增长 3.3%，完成预算的 96.9%；地方本级支出 92416 亿元，增长 25.1%，完成预算的 111.1%。分支出项目看，一般公共服务支出 11109 亿元，增长 19.8%，完成预算的 107.0%；农林水事务支出 9890 亿元，增长 21.7%，完成预算的 106.0%；教育支出 16116 亿元，增长 28.4%，完成预算的 113.0%；医疗卫生支出 6367 亿元，增长 32.5%，完成预算的 118.8%；社会保障和就业支出 11144 亿元，增长 22.0%，完成预算的 107.4%；科学技术支出 3806 亿元，增长 17.1%，完成预算的 103.2%；节能环保支出 2618 亿元，增长 7.2%，完成预算的93.1%；城乡社区事务支出7653亿元，增长27.8%，完成预算的116.0%。

从预算执行情况看，2011年从中央预算稳定基金调入1500亿元，补充中央预算稳定基金2892亿元，地方财政结转下年支出1918亿元，全国财政收支相抵，赤字8500亿元，占当年GDP的1.8%，比上年下降0.7个百分点。2011年末中央财政国债余额72045亿元，同比增长6.7%，控制在年度预算限额77708亿元以内。

二、坚持稳物价扩内需，促进经济平稳较快发展

保持物价基本稳定。大力支持粮食、油料和蔬菜生产能力建设，稳定成品油、化肥等供应，加大对生猪生产的扶持力度，加强储备物资市场调控，实施政策性粮油定向销售，扩大生活必需品、原材料进口。对鲜活农产品运输车辆免收车辆通行费，开展收费公路专项清理，降低运输成本。落实对城乡低收入群体的各项补助政策，对部分困难群众和公益性行业给予油价补贴。

积极扩大内需。落实完善相关财税政策措施，进一步提高城乡低收入群体的收入。健全家电下乡和以旧换新政策，支持发展商贸流通，改善消费环境。政府投资优先保证重点在建续建项目资金需求，有序启动了“十二五”规划重大项目建设。发行2000亿元地方政府债券，保障公益性建设项目的资金需要。实施结构性减税，一是提高个人所得税工薪所得减除费用标准并调整税率结构，降低中低收入者税负；二是对部分小型微利企业继续实行所得税优惠政策，出台提高增值税、营业税起征点等一系列税费减免政策；三是对600多种资源性、基础原材料和关键零部件实施较低的年度进口暂定税率；四是继续实施西部大开发税收优惠政策。

通过不断加强和改善财政宏观调控，进一步巩固和扩大应对国际金融危机冲击成果，促进了经济社会发展保持良好态势。

三、坚持增投入强机制，加快农村改革发展

促进农业发展。加快小型农田水利建设，全国新增400个小农水重点县，重点小型病险水库除险加固2010-2012年规划任务提前一年完成；完善产粮（油）大县奖励政策，对粮食稳产增产专门给予奖励；全额取消主产区粮食风险基金配套并增加资金解决粮食风险基金缺口；全面推进农业综合开发，中低产田改造、高标准农田建设步伐加快；大力促进现代农业生产技术体系建设和农业技术推广，加快地方优势特色产业发展和农业产业化；扎实做好农业保险保费补贴工作，实施鼓励金融机构增加涉农贷款的奖励政策。

提高农民收入水平。增加了对种粮农民的各项补贴规模，补贴标准和范围进一步扩大；落实生猪补贴政策，支持提高畜牧良种化水平；稳步提高小麦、稻谷最低收购价，实施油菜籽、大豆等临时收储政策；支持加强技能培训，促进农村劳动者转移就业；落实水库移民后期扶持政策，库区和移民安置区生产生活条件大幅改善；加大扶贫开发投入力度，构建财政综合扶贫政策体系。

加大农村综合改革力度。全国98%以上的乡镇开展了机构改革，92.2%的集体林权确权到户。清理化解农村义务教育债务基本完成，化解其他公益性乡村债务试点工作有序推进。全面实施公益事业建设一事一议财政奖补，村级组织运转经费保障机制不断完善。推动农村各项社会事业加快发展。

上述政策措施，不仅巩固了农业农村的好形势，也为稳定粮价提供了有力保障。2011年，全国财政用于“三农”的支出合计29342亿元，增长21.2%，其中中央财政用于“三农”支出10419亿元，增长21.6%。

四、坚持调结构转方式，推动经济增长质量进一步提高

大力支持科技创新，加快实施科技重大专项，加大对国家科技计划的支持力度。推动国家

重点实验室和科研机构能力建设，保障公益性行业科研工作顺利开展，全面支持重大科学仪器设备自主研制。完善财税政策措施，加快战略性新兴产业和服务业发展，鼓励并扩大关键零部件及先进设备进口，引进先进技术。继续增加中小企业发展专项资金规模，鼓励担保机构为中小企业特别是小型微型企业提供融资担保服务。2011年，全国财政科学技术支出3806.4亿元，增长17.1%，其中中央财政科学技术支出1942.1亿元，增长16.9%。

加强节能减排和环境保护。推进重点节能工程建设，支持淘汰落后产能、完善节能减排资金政策，促进关键领域和重点行业节能技术改造。大力推动可再生能源建筑应用示范，积极推进北方采暖区既有居住建筑节能改造。支持金太阳工程，加强生物质能源综合利用。强化重金属污染以及重点地区和流域生态综合治理。加快推进城镇污水处理设施配套管网建设。农村环境连片整治示范扩大到17个省份。在主要牧区省份全面建立草原生态保护补助奖励机制，支持实施天然林保护二期工程并提高补助标准，开展清洁基金有偿使用业务，推动国内碳市场建设。

认真落实区域发展战略。对革命老区、民族地区、边疆地区和贫困地区的扶持力度进一步加大，国家重点生态功能区和资源枯竭城市转移支付范围继续扩大，增加对地方均衡性转移支付规模。2011年，中央对地方税收返还和转移支付39900亿元，增长23.4%。

五、坚持保民生促和谐，支持社会事业发展

加大收入分配调节力度。推动收入分配制度改革，着力增加中低收入群体收入，减轻其支出负担。落实义务教育学校、公共卫生和基层医疗卫生事业单位绩效工资政策，对垄断行业实行工资总额和工资增长的双重调控政策。

加快教育改革发展。出台一系列政策，支持学前教育发展，提高农村义务教育经费保障水平，实施薄弱学校改造计划，从秋季学期起，在集中连片特殊困难地区开展农村义务教育学生营养改善计划试点，并提高中西部地区农村家庭经济困难寄宿生生活费补助标准，加强职业教育基础能力建设，对中等职业学校家庭经济困难学生、涉农专业学生免收学费。健全中央高校预算拨款制度和捐赠配比办法。支持引导各地提高地方高校生均拨款水平和减轻地方高校债务负担。2011年，全国财政用于教育支出16116.1亿元，增长28.4%，其中中央财政用于教育支出3248.6亿元，增长27.5%。

推进医疗卫生体制改革。新型农村合作医疗和城镇居民基本医疗保险的财政补助标准提高到年人均不低于200元，推动解决关闭破产集体企业退休人员和困难企业职工等人员的医保问题。国家基本药物制度在政府举办的基层医疗卫生机构全面实施，深入推进基层医疗卫生机构综合改革。人均基本公共服务经费标准提高到25元，重大公共卫生服务项目稳步实施，基层医疗卫生服务体系建设继续加强。积极推进公立医院体制机制改革创新。2011年，全国财政用于医疗卫生支出6367.5亿元，增长32.5%，其中中央财政用于医疗卫生支出1747.8亿元，增长17.7%。

完善社会保障体系。新型农村社会养老保险覆盖范围扩大到60%以上地区，城镇居民社会养老保险试点同步推进。连续7年提高企业退休人员基本养老金，月人均水平达到1500多元。进一步健全企业职工基本养老保险省级统筹制度，妥善解决未参保集体企业退休人员基本养老保险问题。各地普遍建立了社会救助和保障标准与物价上涨挂钩的联动机制。落实优抚对象等人员抚恤和生活补助政策，支持妥善安置军休干部和退役士兵，扩大鼓励创业的财税政策扶持范围，落实社会保险补贴、公益性岗位补贴等就业扶持政策。2011年，全国财政用于社会保障和就业支出11143.9亿元，增长22.0%，其中中央财政用于社会保障和就业支出4715.8亿元，增长23.9%。

加强住房保障工作。大幅度增加财政资金投入，认真落实各项税费优惠政策，鼓励引导社会资金参与公共租赁住房建设和运营。规范经济适用房的建设和管理，积极推进各类棚户区和农村

危房改造。全年保障性住房基本建成400万套以上，新开工1000万套的目标任务已完成。2011年，全国财政用于住房保障支出3822.5亿元，增长60.8%，其中中央财政用于住房保障支出1720.6亿元，增长52.8%。

推动文化事业发展。保障公益性文化设施免费开放，加快公共文化服务体系建设；支持实施各项重点文化惠民工程；加强文化遗产保护和文化精品创作；强化国有文化企业资产管理。2011年，全国财政用于文化体育与传媒支出1890.3亿元，增长22.5%，其中中央财政用于文化体育与传媒支出415.9亿元，增长31.6%。

加强公共服务能力建设。深化政法经费保障体制改革，建立健全资金管理制度，基层政法部门提供公共安全服务能力进一步增强；支持化解地方政法基础设施建设债务；加大食品安全监督经费投入，提升基层监管部门食品检验检测能力。

六、坚持推改革建制度，不断完善公共财政体系

深化财政体制改革。继续优化转移支付结构，进一步加大一般性转移支付力度，完善县级基本财力保障机制，推进省直管县财政管理方式改革；扩大国有资本经营预算实施范围和社会保险基金预算编制范围，健全相关政策措施；全面取消预算外资金，所有政府性收入都纳入预算管理；开展地方政府按规定规模自行发债试点；深入实施部门预算、国库集中收付、政府采购等预算管理制度改革，积极推进全过程预算绩效管理。完善税收制度。出台营业税改征增值税试点方案；研究健全消费税改革方案；改革完善个人所得税制度；在全国范围内实施原油、天然气资源税从价计征改革；统一了内外资企业的油气资源税制度；进一步提高中央财政补助标准，全面推进厂办大集体改革；支持国有金融机构改革，完善金融企业绩效评价等制度。

七、坚持强两基促两化，进一步提高财政管理绩效

着力加强财政管理基础工作和基层建设，全面推进财政科学化精细化管理，财政管理绩效进一步提高。

加强两基建设。基本支出实物费用定额试点扩大到全部中央行政单位，强化项目库建设和项目预算滚动管理；制定发布小企业会计准则，顺利实施企业内部控制规范体系和企业会计准则通用分类标准；行政事业单位内部控制规范建设取得阶段性成果，医疗卫生机构新旧会计制度平稳衔接；资产评估行业规范化建设不断强化；乡镇财政就地就近实施监管的优势得到较好发挥，财政部门内部基层单位建设不断加强。

完善财政法律法规体系。出台了车船税法，修订了个人所得税法和资源税暂行条例；修改预算法、注册会计师法以及资产评估立法取得积极进展；增值税法等立法工作稳步推进；国有资本经营预算条例、彩票管理条例实施细则等财政规章制定工作有序开展，严格财政规范性文件的制订管理；财政执法监督和法制宣传教育工作进一步加强。

强化预算编制和执行管理。进一步细化公共财政预算编制，预算年初到位率继续提高。加强预算编制与预算执行、结转结余资金管理、行政事业单位资产管理的有机结合；充分发挥财政投资评审、资产评估服务项目支出预算管理和资产管理的作用；很抓预算支出执行管理，2011年12月份全国财政支出占全年支出的比重继续下降。

加强财政监督。围绕财税政策有效落实，着眼财政资金安全规范，覆盖所有政府性资金和财政运行全过程的监督机制不断健全；开展对加快转变经济发展方式等方面重大财税政策实施情况的专项检查，强化“三农”、医改等重点民生资金的监督，加大财政金融监管和会计监督检查力度；中央基层预算单位综合监管试点工作达到预期目标，专员办就地监管作用进一步显现；强化内部监督检查，内部控制体系不断健全；全面清

理整顿财政专户，严格财政资金管理；深入推进“小金库”专项治理工作，防治“小金库”长效机制初步建立。

增强预算透明度。中央财政预决算公开内容更加细化，向社会公开的财政支出决算表细化到项级科目；首次向社会公开中央财政2010年度行政经费支出总额、“三公经费”财政拨款支出以及2011年度“三公经费”财政拨款预算情况；报请全国人大审议部门预算的98个中央部门中，有90个部门向社会公开了部门预算收支预算总表和财政拨款支出预算表，首次组织中央部门和全国人大报送部门决算并向社会公开；省级公共财政预算全部公开，各地部门预算、“三公经费”、基层财政专项支出等公开工作明显加快。

严格债务管理。规范地方政府融资平台公司债务管理，清理核实地方政府融资平台公司债务底数；深化国债管理制度改革，国债管理风险防控机制进一步完善；成功在香港发行人民币国债200亿元，积极筹措和有效使用外国政府、国际金融组织贷款。

提高信息化管理水平。应用支撑平台在地市财政部门全面推广实施，在20个省份实现了省市县平台的三级贯通，深入开展基于平台的业务应用；预算管理、国库集中支付等业务系统的技术支撑能力进一步提升。

综上所述，一年来各级财政部门扎实落实积极的财政政策，狠抓财政管理，为促进经济平稳较快发展、实现全年预算目标，做了大量卓有成效的工作，成绩来之不易。在看到成绩的同时，也要看到财政运行和财政工作面临的困难和存在的问题，主要是：国内外经济形势更加复杂多变，财政宏观调控面临的两难问题增多；各方面事业发展对加大财政投入的要求越来越高，调整财政支出结构难度较大；税制结构不尽合理，财税政策促进经济发展方式转变的作用有待进一步发挥；政府性债务举措和偿还机制不够健全，财政潜在风险不容忽视；预算决算公开力度还需要进一步加大；财政管理仍比较薄弱，资金使用效益仍比较低下，等等。

（执笔：施发启　国家统计局国民经济核算司）

2011 年金融市场运行报告

2011 年，我国金融市场总体运行平稳，充分发挥了保证国家宏观经济政策实施、优化资源配置、推动金融体制深化改革、加大金融支持经济发展力度的积极作用。2011 年前三季度，面对通胀压力持续加大的形势，中国人民银行按照国务院统一部署，围绕保持物价总水平基本稳定这一宏观调控的首要任务，综合运用多种货币政策工具，加强宏观审慎管理，先后 6 次上调存款准备金率，3 次上调存贷款基准利率，灵活开展公开市场操作，实施差别准备金动态调整，引导货币信贷增长平稳回调，保持合理的社会融资规模。进入 10 月份以后，针对欧洲主权债务危机继续蔓延、国内经济增速放缓、价格涨幅逐步回落等形势变化，着力提高政策的针对性、灵活性和有效性，适时适度进行预调微调，暂停发行三年期央票，下调存款准备金率 0.5 个百分点，调整优化差别准备金动态调整机制有关参数，引导金融机构加大对小型微型企业、“三农”和国家重点在建续建项目的信贷支持。总体看，稳健货币政策实施成效逐步显现，这主要表现在：货币信贷增速平稳回调，社会融资规模保持合理水平，金融机构贷款利率总体稳步上行，人民币汇率弹性增强。

一、货币供应量增长总体回落

2011 年年末，广义货币供应量 M_2 余额为 85.2 万亿元，同比增长 13.6%，增速比上年末回落 6.1 个百分点。狭义货币供应量 M_1 余额为 29.0 万亿元，同比增长 7.9%，增速比上年末低 13.3 个百分点。流通中货币 M_0 余额为 5.1 万亿元，同比增长 13.8%，增速比上年末低 2.9 个百分点。2011 年现金净投放 6161 亿元，同比少投放 214 亿元。总体看，2011 年前 11 个月 M_2 和 M_1 增长呈放缓态势，12 月货币总量增速有所回升，其中，M_1 增速比上月提高 0.1 个百分点，主要受节前现金需求增加影响；M_2 增速比上月提高 0.9 个百分点，与部分表外理财产品于年末回归表内存款以满足考核要求、财政支出较多、信贷投放增加等因素有关。2011 年年末，基础货币余额为 22.5 万亿元，同比增长 23.2%，比年初增加 4.2 万亿元。货币乘数为 3.79，比上年末低 0.13。金融机构超额准备金率为 2.3%。其中，农村信用社为 7.3%。

二、金融机构存款增长放缓

2011 年年末，全部金融机构（含外资金融机构，下同）本外币各项存款余额为 82.7 万亿元，同比增长 13.5%，增速比上年末低 6.32 个百分点，比年初增加 9.9 万亿元，同比少增 2.1 万亿元。人民币各项存款余额为 80.9 万亿元，同比增长 13.5%，增速比上年末低 6.7 个百分点，比年初增加 9.6 万亿元，同比少增 2.3 万亿元。外币存款余额为 2751 亿美元，同比增长 19.0%，比年初增加 494 亿美元，同比多增 295 亿美元。从人民币存款的部门分布看，住户存款增速相对走稳，非金融企业存款增速总体放缓。2011 年年末，金融机构住户存款余额为 34.8 万亿元，同比增长 15.7%，增速比上年末低 0.8 个百分点，比年初增加 4.7 万亿元，同比多增 4297 亿元。非金融企业人民币存款余额为 30.4 万亿元，同比增长 9.2%，增速比上年末低 12.3 个百分点，比年初增加 2.6 万亿元，同比少增 2.7 万亿元。2011 年年末，财政性存款余额为 2.6 万亿元，同比增长 2.6%，比年初减少 300 亿元。

三、金融机构贷款增长向常态回归

2011 年年末，全部金融机构本外币贷款余额为 58.2 万亿元，同比增长 15.7%，增速比上年末低4.0个百分点，比年初增加7.9万亿元，同比少增3779亿元。人民币贷款增速总体回落。2011年年末，人民币贷款余额为54.8万亿元，同比增长15.8%，增速比上年末低4.1个百分点，比年初增加7.47万亿元，同比少增3901亿元。第四季度以来，贷款投放增多，当季贷款增加1.8万亿元，同比多增2077亿元，信贷扩张压力依然存在。从人民币贷款的部门分布看，住户贷款增速有所放缓，非金融企业贷款增速相对趋稳。2011年年末，住户贷款同比增长20.9%，比上年末低16.7个百分点，比年初增加2.4万亿元，同比少增4546亿元。主要是，个人住房贷款增长放缓，比年初增加8321亿元，同比少增4618亿元。非住房消费贷款增势较好，比年初增加6485亿元，同比多增558亿元。非金融企业及其他部门贷款同比增长13.9%，比上年末低1.4个百分点，比9月末高0.4个百分点，比年初增加5.0万亿元，同比多增493亿元。其中，中长期贷款比年初增加2.1万亿元，同比少增2.1万亿元，增长继续放缓。票据融资比年初增加112亿元，同比多增9164亿元。分机构看，中资全国性大型银行贷款同比少增较多，区域性中小型银行贷款同比多增较多，大型银行和中小型银行的贷款格局有所改善。外币贷款增速回落。2011年年末，金融机构外币贷款余额为5387亿美元，同比增长19.6%，比上年末略高0.1个百分点，比年初增加882亿美元，同比多增163亿美元。从投向看，贸易融资增加274亿美元，同比多增96亿美元，保持了对进出口贸易的支持力度；境外贷款与中长期贷款增加406亿美元。

四、社会融资规模保持合理水平

初步统计，2011年社会融资规模为12.83万亿元，按可比口径计算，比上年少1.11万亿元。其中，人民币贷款增加7.47万亿元，同比少增3901亿元；外币贷款折合人民币增加5712亿元，同比多增857亿元；委托贷款增加1.30万亿元，同比多增4205亿元；信托贷款增加2013亿元，同比少增1852亿元；未贴现的银行承兑汇票增加1.03万亿元，同比少增1.31万亿元；企业债券净融资1.37万亿元，同比多2595亿元；非金融企业境内股票融资4377亿元，同比少1409亿元。从结构看，债券融资等在配置资金中的作用明显增强。一是债券融资在社会融资总量中的占比显著提升。企业债券净融资占同期社会融资规模的10.6%，为历史最高水平，同比上升2.7个百分点。二是非银行金融机构对实体经济支持力度明显加大。全年保险公司赔偿和小额贷款公司与贷款公司新增贷款合计4392亿元，明显高于上年。三是实体经济通过金融机构表外融资总体明显少于上年。全年金融机构通过委托贷款、信托贷款及未贴现的银行承兑汇票方式新增表外融资合计2.52万亿元，同比少增1.07万亿元；占同期社会融资规模的19.7%，同比下降6.0个百分点。其中，新增委托贷款、未贴现的银行承兑汇票和信托贷款分别占同期社会融资规模的10.1%、8.0%和1.6%，同比分别高3.9个、低8.7个和低1.2个百分点。

五、金融机构贷款利率总体稳步上行

2011年前三季度受央行连续上调存贷款基准利率等因素影响，金融机构对非金融企业及其他部门贷款利率呈上行走势。第四季度以来，受经济增长趋稳和下调存款准备金率等因素影响，利率有所回落。12月份，贷款加权平均利率为8.01%，比年初上升1.82个百分点。其中，一般贷款加权平均利率为7.80%，比年初上升1.47个百分点；票据融资加权平均利率为9.06%，比年初上升3.57个百分点。个人住房贷款利率稳步上升，12月份加权平均利率为7.62%，比年初上升2.27个百分点。从利率浮动情况看，执行上浮利率的贷款占比上升，执行基准和下浮利率的贷款占比下降。12月份，执行下浮、基准和上浮利率的贷款占比分别为7.02%、26.96%和66.02%，比年初分别下降20.78个、2.20个和上升22.98个百分点，体现了宏观调控价格机制作用的传导。受境内资金供求关系变动以及国际金融市场利率走势的影响，外币存贷款利率总体呈现波动上行走势。12 月份，活期、3 个月以内大额美元存款加权平均利率分别为 0.31% 和 3.29%，比年初分别下降 0.02 个和上升 1.45 个百分点；3 个月以内、3（含 3 个月）-6 个月美元贷款加权平均利率分别为 3.85% 和 4.31%，比年初分别上升 1.28 个和 1.46 个百分点。

六、人民币汇率弹性明显增强

2011 年，人民币小幅升值，双向浮动特征明显，汇率弹性明显增强，人民币汇率预期总体平稳。2011 年年末，人民币对美元汇率中间价为 6.3009 元，比上年末升值 3218 个基点，升值幅度为 5.11%。2005 年人民币汇率形成机制改革以来至 2011 年年末，人民币对美元汇率累计升值 31.35%。根据国际清算银行的计算，2011 年，人民币名义有效汇率升值 4.95%，实际有效汇率升值 6.12%；2005 年人民币汇率形成机制改革以来至 2011 年 12 月，人民币名义有效汇率升值 21.16%，实际有效汇率升值 30.34%。

七、货币政策稳健、灵活、有效

2011 年，中国人民银行按照国务院统一部署，围绕保持物价总水平基本稳定这一宏观调控的首要任务，实施稳健的货币政策，着力提高政策的针对性、灵活性和有效性，根据形势变化适时适度进行预调微调。加强宏观审慎管理，综合运用多种货币政策工具，优化银行体系流动性管理，引导货币信贷增长平稳回调，保持合理的社会融资规模，引导金融机构优化信贷结构，促进经济金融平稳健康发展。

1. *灵活开展公开市场操作*。2011 年以来，中国人民银行加强对银行体系流动性供求情况的分析监测，视银行体系流动性变化情况，合理把握公开市场操作力度和节奏，与存款准备金政策相配合，促进银行体系流动性供求的适度均衡。全年累计发行中央银行票据约 1.4 万亿元，开展正回购操作约 2.5 万亿元；截至 2011 年年末，中央银行票据余额约为 1.9 万亿元。通过优化公开市场操作工具组合，公开市场操作预调微调的功能得到充分发挥。中国人民银行根据内外部环境变化不断优化公开市场操作期限结构，灵活搭配 1 年期以内央行票据发行和短期正回购操作加强银行体系流动性管理，同时合理安排 3 年期央行票据的发行时机和频率，提高了复杂环境下银行体系应对短期流动性波动的能力。公开市场操作利率有效引导市场预期。前三季度，与存贷款基准利率调整相配合，顺应市场利率波动上行的趋势，公开市场操作利率逐步上行；第四季度以来，1 年期央行票据发行利率小幅下行并适时企稳，对稳定市场预期具有积极意义。截至 2011 年年末，3 个月期 10 和 1 年期央行票据的发行利率分别为 3.1618% 和 3.4875%，较上年末分别上升 114.6 个和 97.6 个基点。此外，继续适时开展国库现金管理商业银行定期存款业务。全年共开展 11 期中央国库现金管理商业银行定期存款业务，操作规模共计 4500 亿元，年末余额为 2900 亿元。

2. *适时适度运用存款准备金率工具，实施差别准备金动态调整机制*。在运用公开市场操作进行日常流动性管理的同时，中国人民银行充分发挥存款准备金工具主动性较强、能够深度冻结流动性的特点，通过灵活调整存款准备金率加强流动性管理。在国际收支总体上继续保持较大顺差的背景下，2011 年上半年，分别于 1 月 20 日、2 月 24 日、3 月 25 日、4 月 21 日、5 月 18 日和 6 月 20 日 6 次上调存款类金融机构人民币存款准备金率各 0.5 个百分点，累计上调 3 个百分点。从 2011 年 9 月起，将保证金存款纳入存款准备金交存范围，并根据金融机构流动性状况在 3-6 个月内逐步实施到位。此举有利于维护准备金交存基数的完整性，健全存款准备金制度的调控功能。2011 年第四季度，受欧洲主权债务危机加剧、市场避险情绪上升等因素影响，外汇占款出现波动。在充分发挥公开市场操作的预调微调作用的基础上，12 月 5 日下调存款准备金率 0.5 个百分点，保持银行体系流动性处于适度水平。2011 年初，基于对国际金融危机教训的总结，中国人民银行引入差别准备金动态调整机制。该机制将信贷投放与宏观审慎所要求的资本水平相联系，并考虑了各金融机构的系统重要性和稳健性状况，以及所处经济周期的景气程度，具有引导和激励金融机构自我保持稳健和逆周期调节信贷投放的功能。第四季度以后，根据形势变化对有关调控参数进行了调整优化，支持资本充足率较高、资产质量较好、法人治理结构完善、信贷政策执行有力的金融机构加大对符合产业政策的小型微型企业、“三农”等薄弱环节的信贷投放，在政策预调微调中发挥了积极作用。

3. 发挥利率杠杆的调控作用。2011 年前三季度，中国人民银行分别于 2 月 9 日、4 月 6 日和 7 月 7 日三次上调金融机构人民币存贷款基准利率。其中，1 年期存款基准利率由 2.75% 提高到 3.50%，累计上调 0.75 个百分点；1 年期贷款基准利率由 5.81% 提高到 6.56%，累计上调 0.75 个百分点。适时上调存贷款基准利率，对于稳定通胀预期、引导货币信贷合理增长发挥了积极作用，对于巩固房地产调控效果、优化资金配置、居民财富保值等也具有积极意义。第四季度以来，随着国内外形势变化，特别是国内价格涨幅逐步回落，存贷款基准利率保持稳定。

4. 加强窗口指导和信贷政策引导。中国人民银行继续加强和改善窗口指导，坚持“有扶有控”的信贷政策，引导金融机构合理把握信贷投放节奏，优化信贷结构，防范信贷风险，进一步完善对实体经济、民生领域的金融服务。全面推进信贷政策导向效果评估工作，重点开展涉农和中小企业信贷政策导向效果评估，促进涉农信贷政策和中小企业信贷政策有效传导。加大对农田水利建设等水利改革发展的金融支持，全面推进农村金融产品和服务方式创新。引导金融机构根据中小企业的最新划分标准，多措并举做好小型微型企业金融服务工作。积极支持产业结构升级和经济结构调整，支持战略性新兴产业企业等高新技术企业发展，指导和督促金融机构全面落实关于金融支持文化产业、服务外包、物流业、旅游业等行业发展的政策要求，进一步加大对环保产业、循环经济发展、节能减排、技术改造等方面的信贷支持。积极完善扶持农民工、妇女、大学生村官、残疾人、少数民族等特殊群体创业促就业的小额担保贷款政策。总体看，对“三农”和中小企业的信贷支持力度较强。截至 2011 年年末，金融机构本外币涉农贷款余额为 14.6 万亿元，占各项贷款比重为 25.1%，当年新增额为 2.7 万亿元，占各项贷款新增额比重为 34.1%；金融机构小企业贷款余额（含票据贴现）为 10.8 万亿元，同比增长 25.8%，增速分别高于大型和中型企业贷款 14.2 个和 12.5 个百分点。

5. 促进跨境人民币业务发展。2011 年 8 月，中国人民银行会同五部委发布《关于扩大跨境贸易人民币结算地区的通知》，将跨境贸易人民币结算境内地域范围扩大至全国。此外，全面开展对外直接投资和外商直接投资人民币结算，跨境人民币业务从经常项目扩展至部分资本项目。1 月，中国人民银行发布《境外直接投资人民币结算试点管理办法》，允许境内企业以人民币进行对外直接投资，银行可以按照有关规定向境内机构在境外投资的企业或项目发放人民币贷款。10 月，发布《外商直接投资人民币结算业务管理办法》，允许境外投资者以人民币到境内开展直接投资。同月，发布《关于境内银行业金融机构境外项目人民币贷款的指导意见》，明确了商业银行开展境外项目人民币贷款的有关要求。12 月，中国证券监督管理委员会、中国人民银行、国家外汇管理局联合发布《基金管理公司、证券公司人民币合格境外机构投资者境内证券投资试点办法》，允许符合一定资格条件的境内基金管理公司、证券公司的香港子公司作为试点机构，运用其在港募集的人民币资金在经批准的人民币投资额度内开展境内证券投资业务。跨境贸易和投资人民币结算业务量明显增加。2011 年，银行累计办理跨境贸易人民币结算业务 2.08 万亿元，同比增长 3.1 倍。跨境贸易人民币结算收付平衡状况显著改善。全年收付比从 2010 年的 1：5.5 上升至 1：1.7。2011 年，银行累计办理对外直接投资人民币结算业务 201.5 亿元，外商直接投资人民币结算业务 907.2 亿元。

6. 完善人民币汇率形成机制。继续按主动性、可控性和渐进性原则，进一步完善人民币汇率形成机制，重在坚持以市场供求为基础，参考一篮子货币进行调节，增强人民币汇率弹性，保持人民币汇率在合理均衡水平上的基本稳定。2011 年，人民币对美元汇率中间价最高为 6.6349 元，最低为 6.3009 元，244 个交易日中 143 个交易日升值、101 个交易日贬值。2011 年最大单日升值幅度为 0.30%（187 点），最大单日贬值幅度为 0.22%（139 点）。人民币对欧元、日元等其他国际主要货币汇率双向波动。2011 年末，人民币对欧元、日元汇率中间价分别为 1 欧元兑 8.1625 元人民币、100 日元兑 8.1103 元人民币，分别较上年末升值 7.89% 和 0.19%。2005 年人民币汇率形成机制改革以来至 2011 年年末，人民币对欧元汇率累计升值 22.68%，对日元汇率累计贬值 9.92%。2011 年，中国人民银行积极采取措施推动银行间外汇市场人民币对新兴市场货币挂牌交易业务的开展，鼓励新兴市场货币做市商积极开展柜台业务和参与银行间市场交易，人民币对泰铢在区域银行间市场开始交易。2011 年，银行间外汇即期市场人民币对美元、欧元、港币、日元、英镑、林吉特、卢布和泰铢分别成交 35.5 万亿元、904 亿元、1081 亿元、306 亿元、27 亿元、50 亿元、2 亿元和 2.5 亿元人民币。银行间外汇市场人民币对俄罗斯卢布、马来西亚林吉特和泰铢等新兴市场货币报价成交日趋活跃，为微观经济主体提供了双边直接汇率，支持了双边经贸发展。

7. *深入推进金融机构改革*。稳步推进大型商业银行和政策性金融机构改革。积极支持和指导中国农业银行“三农金融事业部”改革工作。协调有关部门先后出台营业税减免、监管费减免和差别化存款准备金率等支持政策，有力地发挥了政策导向作用。稳步扩大改革试点范围，明确将中国农业银行黑龙江、河南、河北、安徽 4 个省、371 个县的县支行纳入“三农金融事业部”的改革试点范围。中国出口信用保险公司改革实施总体方案获得国务院批准，200 亿元注资已经到位，改革方案正在进一步落实。成立中国农业发展银行改革工作小组，建立相关工作协调机制，明确了推进改革的重点工作和任务分工。积极推进中信集团整体改制，中信集团有限公司和中信股份有限公司已于 2011 年 12 月召开创立大会。落实农村信用社分类激励措施。2011 年，中国人民银行对全国已兑付专项票据的 2311 个县（市）农村信用社的改革成效进行了考核，并分类实施了激励约束措施。3 月 31 日，对同时达到新增存款一定比例用于当地贷款、政策考核标准和专项票据兑付后续监测考核标准的 425 个县（市）农村信用社安排增加支农再贷款额度 195.4 亿元，期限一年；对达到专项票据兑付后续监测考核标准的农村信用社，在支农再贷款、再贴现等方面适当加大政策支持力度；对考核不达标的农村信用社，采取一定的约束措施。上述政策的实施，对激励农村信用社进一步深化改革，引导扩大涉农信贷投放发挥了重要作用。农村信用社改革取得明显成效，资产质量和经营财务状况显著改善，资金实力和支农信贷投放大幅增长。按照贷款五级分类口径统计，2011 年年末，全国农村信用社不良贷款比例为 5.5%，比上年末下降 1.9 个百分点；资本充足率为 10.7%，比上年末提高 2 个百分点；资产利润率为 1%，比上年末提高 0.28 个百分点。2011 年全国农村信用社新增涉农贷款和农户贷款分别为 7374 亿元和 3093 亿元，期末余额同比增长 19% 和 15%。2011 年末涉农贷款余额占各项贷款的比例为 68.9%，比上年末提高 0.5 个百分点。农村信用社产权制度改革稳步推进。截至 2011 年年末，全国共组建以县（市）为单位的统一法人农村信用社 1882 家，农村商业银行 212 家，农村合作银行 190 家。

8. *深化外汇管理体制改革*。采取措施有效减缓银行结售汇顺差和外汇储备过快增长。加强银行结售汇头寸、出口收结汇、资本金结汇等外汇业务管理。进一步下调 2011 年度境内金融机构短期外债指标总规模，上调银行间外汇市场交易费率，引导银行通过完善挂牌汇率定价调节结售汇差额。加强贸易投资外汇流入真实性审核，鼓励有真实贸易投资需求的购付汇，鼓励企业出口收入存放境外，试行个人结售汇“关注名单”管理等。这些措施对于抑制各种投机套利资金流入、平抑市场可能产生的波动发挥了积极作用。稳步推进进出口核销改革。2011 年 12 月 1 日起在江苏、山东、福建等七省（市）进行进出口核销改革试点。合规企业正常的进出口业务均无需逐笔办理核销手续，通过对企业贸易项下货物流与资金流进行总量筛选匹配、动态监测、分类监管，健全风险防范机制，实现贸易便利化和监管有效性的有机统一。从试点情况看，货物贸易外汇管理改革大大简化了银行、企业业务办理手续，降低了运营成本，逐步形成了贸易便利化和风险管理相结合的新型管理模式。进一步便利市场主体外汇收支和交易。2011 年 1 月 1 日起，将出口收入存放境外政策推广至全国。简化部分资本项目外汇管理政策，下放五项业务的审批权限。规范电子银行个人结售汇业务管理，便利个人办理结售汇业务。

展望 2012 年，中国经济与社会发展仍处于重要战略机遇期，经济保持平稳较快发展具备不少有利条件。但也要看到，国际国内经济形势仍然极为复杂和严峻。欧洲主权债务危机短期内难以有效解决，世界经济的不稳定性、不确定性增大。中国经济发展中不平衡、不协调、不可持续的矛盾和问题仍很突出，经济增长下行压力和物价上涨压力并存。中国人民银行将按照中央经济工作会议和全国金融工作会议部署，牢牢把握科学发展的主题和加快转变经济发展方式的主线，处理好保持经济平稳较快发展、调整经济结构和管理通胀预期的关系，继续实施稳健的货币政策，保持政策的连续性和稳定性，密切监测国内外经济金融形势发展变化，增强调控的针对性、灵活性和前瞻性，适时适度进行预调微调，保持物价总水平基本稳定，促进经济平稳较快发展。综合运用多种货币政策工具组合，健全宏观审慎政策框架，协同发挥好逆周期调节功能，在总量适度的基础上进一步优化信贷结构，调节好货币信贷供给，保持合理的社会融资规模，更好地服务实体经济发展。稳步推进利率市场化改革，进一步完善人民币汇率形成机制。推动金融市场规范发展，深化金融机构改革。有效防范系统性金融风险，保持金融体系稳定。

（执笔：施发启　国家统计局国民经济核算司）

2011年证券市场运行报告

2011年，世界经济金融形势动荡不安，欧洲债务危机进一步蔓延，发达经济体经济增长内生动力不足。我国国内经济继续朝着宏观调控的预期方向发展，但经济发展中的不平衡、不协调、不可持续问题仍然突出。国内外诸多因素对我国证券市场稳定运行造成了较大影响。

一、2011年证券市场发展概况

（一）股票指数整体下跌，交易规模逐季萎缩

1. 股市成交金额逐季萎缩，沪、深股指全线下跌。2011年，沪、深股市累计成交42.2万亿元，同比下降22.7%。股市成交量逐季萎缩，2011年1到4季度，股票总成交金额分别为13.6万亿元、11.1万亿元、10.2万亿元、7.3万亿元。年末上证综合指数收于2199点，较上年末下跌21.7%；深证综合指数收于867点，较上年末下跌32.9%。创业板指数收于730点，较上年末下跌35.9%。

2. 首发融资金额大幅下降。随着新股发行制度改革不断推进，发行定价与发行节奏越来越多地由市场主导。发行市盈率由1月份的80倍下降到12月份的37倍，个别企业因询价对象达不到规定家数而中止发行。2011年，沪、深两市A股平均市盈率分别从上年末的22倍和45倍回落到本年末的13倍和23倍。首发融资2825亿元，同比减少42.2%。

3. 上市公司数量有所增加，市值规模有所下跌。截至2011年底，沪深两市上市公司为2342家，比2010年末增加279家；上市公司总市值为2105万亿元，其中已流通市值为16.5万亿元，分别比2010年末下降19.1%和14.6%。

4. 股票市场筹资额大幅减少，筹资功能相对减弱。2011年各类企业在境内外股票市场上通过首次发行和再融资方式累计筹资5073亿元，同比减少3882亿元，降幅达43.4%。其中，主板市场（含中小板）新股发行154家，筹资2034亿元；创业板市场新股发行128家，筹资791亿元。

5. 股票有效账户数有所增加，机构投资者持股市值进一步提高。截至12月31日，投资者股票有效账户数达14050万户，比上年末增加659万户，增长4.9%。机构投资者持有已上市A股流通市值占比为73.4%，比2010年底提高2.5个百分点；相应地，自然人投资者持有已上市A股流通市值占比从2010年底的29.1%下降为2011年底的26.6%。

股票市场主要运行指标

	2007	2008	2009	2010	2011
上市公司数量（家）	1550	1625	1718	2063	2342
上市公司总市值（万亿元）	32.7	12.1	24.4	26.5	21.5
成交额（万亿元）	46.1	26.7	53.6	54.6	42.2
股票市场筹资额（亿元）	8680	3852	6125	8955	5073
股票有效账户数（万户）	9281	10450	12038	13391	14050
机构投资者持有流通市值占比（%）	48.7	54.6	68.7	70.9	73.4

（二）银行间债券市场规模有所缩小，市场交易活跃

1. 银行间市场债券发行量较上年有所减少，债券价格总体上行。2011年，受欧债危机影响，全球经济增速普遍放缓。中国经济保持温和增长，GDP增速逐季回落，物价上涨呈现前高后低态势。受经济环境影响，债券市场也经历了冰火两重天，整体呈现先抑后扬走势。全年来看，银行间市场

债券指数由年初的132.93点升至年末的139.75点，上升6.82点，升幅为5.1%；交易所市场国债指数由年初的126.3点升至年末的131.4点，上升5.1点，升幅为4.0%。

2011年，银行间债券市场发行规模较上年有一定规模的减少，全年发行总量达到7.1万亿元，同比减少25.8%，累计发行债券1354次，同比增长16.0%。从发行券种结构来看，央行票据、国债和政策性金融债三个券种仍在发行规模中占据主要地位，三者发行量合计约占发行总量的66.0%，较2010年的80%减少14.0个百分点。

2. 债券兑付和付息金额小幅减少，次数明显增多。2011年，银行间债券市场债券到期兑付和付息金额为6.47万亿元，同比减少11.73%。到期兑付和付息11854次，同比增加49.16%。

3. 债券存量继续扩大，增速逐渐放缓。截至2011年底 ，银行间债券市场托管的债券只数达到2941只，较去年同期增加601只，增幅达25.7%。债券托管面额达到21.36万亿元，较去年同期增长了1.18万亿元，涨幅为5.9%。其中，信用债的存量占到总托管量的24%。

4. 公司信用类债券发行规模在债券市场中的比重逐渐提高。2011年以来，信用类债券（含企业债、短期融资券和中期票据）仍然占据了发行券种的主导地位，2011年发行的1354只债券中，信用债达到1048只，占总只数的77.4%，较上年提高了5个百分点。扣除央票后，政府和企业2011年通过银行间债券市场共实现融资规模56435.13亿元；其中，企业类机构融资规模20411.82亿元，占比36.17%，较去年的35.91%提高约0.3个百分点。

5. 市场交易活跃，市场成交量同比增加。2011年，银行间市场累计成交196.5万亿元，同比增加9.5%。其中同业拆借累计成交33.4万亿元，同比增加20.0%；债券回购累计成交99.5万亿元，同比增加13.6%；现券交易累计成交63.6万亿元，同比减少0.6%。

（三）基金资产净值下滑，份额有所上升

2011年证券投资基金成交金额为6365.8亿元，同比下降29.2%。基金成交金额和基金净值规模均大幅缩水。

1. 基金资产净值和开放式基金净值继续下滑，开放式基金比重与去年基本持平。2011年底各类证券投资基金资产净值规模为2.2万亿元，同比下降13.0%。其中开放式基金资产净值为2.1万亿元，同比减少13.5%，占全部资金资产净值的比重由上年的94.5%下降为94.4%。

2. 新基金发行市场迅速扩容，基金份额有所上升。2011年是国内证券基金业迅猛发展的一年，截至年末，市场上交易的证券投资基金共有915只，其中以中国大陆境内市场为投资对象的基金有856只，以中国大陆境外市场为主要投资对象的QDII基金有59只。2011年，从基金业各类型看，仅货币型基金获取正的绝对收益，其余类型基金全线折戟，股票型基金深陷泥潭，跌幅最大。2011年底各类基金总份额为2.7万亿份，比2010年底增加了2282亿份，同比上升9.4%。

（四）期货市场稳步发展，运行总体平稳

1. 交易情况。2011年全年，国内期货市场成交量和成交金额分别为10.5亿手[①]（单边，同下）和137.5万亿元，较去年分别下降32.7%和11.0%。其中，金融期货成交5041.2万手，成交金额43.8万亿元，分别占全部期货市场的4.8%和31.8%。国内期货市场全年运行基本平稳，未出现大的风险事件。

2. 主要品种价格变动及分析。国内商品期货方面，大宗商品及股指期货价格上半年总体呈现冲高回落的走势，下半年在国内经济增速出现放缓迹象、欧美债务危机继续发酵等因素影响下，国内商品期货价格出现较大幅度的持续下跌。走势基本与国际市场保持联动，但总体波动幅度小于国际市场。主要有以下几个主要原因：一是中

注：①自2011年1月份起，成交量和成交金额数据按照单边统计。

央采取一系列措施稳定物价，国务院年初提出将稳定物价摆在更加重要的位置，诸多调控政策效应叠加遏制了国内商品期货价格的冲高趋势；二是央行多次提高存款准备金率和存贷款利率，资金面收紧，大宗商品价格有下行压力；三是我国经济增长速度有所放缓，对大宗商品的需求减弱，价格出现明显的向下调整；四是国内出现干旱、洪水等不利天气，现货市场供应相对紧张，加之年初国内商品期货价格涨幅较国际市场要小，国内价格调整幅度总体上比国际市场缓和。

2011 年，多数品种都出现不同程度的下跌，仅黄金、原油等少数品种上涨。农产品方面，截止 2011 年末，天胶期货跌幅最大，收报 24160 元，同比跌幅达 35.0%；棉花期货收报 20690 元，同比下跌 27.1%；白糖期货收报 5930 元，同比下跌 16.1%；早籼稻涨幅最大，收报 2526 元，涨幅为 7.7%；金属方面，黄金期货收报 319 元／克，同比上涨 3.3%；铜期货收报 55360 元，同比下跌 23.5%；能源化工方面，燃料油期货收报 5054 元，同比上涨 6.7%；金融期货方面，沪深 300 股指期货主力合约跟随现货市场呈现出逐级下跌的走势，2011 年末收报 2357 点，同比下跌 25.3%。

二、证券市场改革取得重大进展

经过二十多年的发展，中国证券业取得了巨大的成绩。近年来，随着股权分制改革的逐步完成、中小企业板的开设、创业板市场的探索、融资融券和股指期货的推进等一系列市场化改革，使中国资本市场的各项制度不断完善，运行机制不断提高。2011 年，地方政府自行发行债券试点的启动、创业板退市制度的起步、融资融券业务的扩容、期货市场的创新发展，这些使得我国资本市场的深度和广度又得到了扩展。

（一）证券业加快改革和创新

1. *地方政府自行发行债券试点启动。*2011 年 10 月 20 日，财政部宣布，批准上海市、浙江省、广东省、深圳市开展地方政府自行发债试点。自行发债是指试点省（市）在国务院批准的发债规模限额内，自行组织发行本省（市）政府债券的发债机制。2011 年试点省 （市）政府债券由财政部代办还本付息。试点省（市）发行政府债券实行年度发行额管理，2011 年度发债规模限额当年有效，不得结转下年。10 月 25 日，上海市政府债券率先招标发行，随后，粤浙深三地自行发债试点也迅速完成。为了更好地解决地方政府融资平台的融资困局，推出自行发债试点，是地方政府融资阳光化、市场化的路径选择。此举不仅开启了我国地方政府自行发行债券的新途径，对于我国快速发展的债券市场来说，也有着里程碑式的积极意义。

2. *创业板退市制度起步，深交所就退市方案公开征求意见。*2011 年 11 月 28 日，深交所公布《关于完善创业板退市制度的方案（征求意见稿）》，向社会公开征求意见。该方案包括新增“连续受到交易所公开谴责”和“股票成交价格连续低于面值”两个退市条件；并且不支持通过“借壳”恢复上市；连续两年净资产为负退市，120 个交易日累计成交量低于 100 万股退市 ；设立 30 个交易日的“退市整理期”； 取消“退市风险警示处理”方式。探索建立符合我国资本市场实际的退市制度，将有利于创业板市场的长远健康发展，同时也将对主板退市制度的改革完善发挥探索及示范作用。

3. *融资融券业务扩容即将迎来新的发展契机。*2011 年 7 月，证监会发布了《转融通业务监督管理试行办法》，转融通业务将为证券公司开展融资融券提供资金和证券来源，打破证券公司券源不足的限制，能够大大活跃融资融券市场。11 月，沪深两个交易所分别发布《融资融券交易实施细则》，预示着融资融券业务将由试点转为常规。12 月 5 日，融资融券标的股扩容正式实施，沪深交易所分别调整融资融券标的证券范围，将交易所交易型开放式指数基金（ETF）纳入其中，首批新标的品种包括 7 只交易所交易基金（ETF），融资融券标的股票也由此前的 90 只扩容至 285 只。两融的扩大对于上市型基金很可能产生非常重大的影响，这对形成多元化的市场投资策略具有积极意义，有助于缓解国内市场资金压力，并为市场注入更多流动性。

4. 期货市场大力推行行业创新发展和对外开放。实现了铅、焦炭和甲醇三个期货品种的平稳上市工作，并组织开展原油期货、国债期货等新品种的研究工作，研究推动商品期货保税交割扩大试点工作。核准期货公司的期货投资咨询业务资格，改变期货公司单一的期货经纪业务模式。启动期货公司境外期货经纪业务试点筹备工作，以满足国内现货企业参与境外商品期货风险管理的实际需要。同时，继续稳步推动期货公司客户资产管理业务试点研究工作。改革创新焕发出勃勃生机。

（二）资本市场制度建设和监管工作成效显著

1. 股票市场继续得到发展完善。全面落实新股发行体制改革措施。2011 年，证监会全面落实新股发行体制改革措施，新股发行的市场约束有所增强，新股发行市盈率逐渐下降，一二级市场较大的差价逐步缩小。实施保荐项目问核制度，加强对保荐机构执业行为监管。完善定价机制，抑制“三高”、恶炒新股等现象。加强信息披露，提升财务报告质量，抑制包装和粉饰业绩。2011 年共有 282 家企业在 A 股市场首发上市，220 家企业实施股权再融资，全年融资总额 5073 亿元。

2. 加强中介机构监管，不断提升行业合规运行水平。加强证券公司风险监控，组织开展全行业统一压力测试。支持符合条件的证券公司上市和并购重组。鼓励开展债券质押式报价回购和现金管理等产品创新试点。有序推进融资融券业务由试点转向常规，成立了证券金融公司。截至 2011 年 11 月底，109 家证券公司表内总资产 1.65 万亿元，净资本 4633 亿元，净利润 343 亿元。实行基金产品分类审核，探索实施创新基金绿色通道审核机制。修订基金公司特定客户资产管理业务相关规定，扩大专户理财等私募业务试点。全年新设基金公司 6 家。截至 2011 年底，69 家基金公司共管理基金 915 只，基金持股市值约 1.29 万亿元。完善期货公司分类监管指标体系，推出了期货投资咨询业务并核准 47 家期货公司业务资格。

3. 进一步加强市场法治和诚信建设。全年调查内幕交易、市场操纵、“老鼠仓”等违法违规案件 209 起，作出行政处罚与市场禁入决定 68 项，对内幕交易等违法犯罪行为始终保持高压态势。在上市公司和证券期货监管系统，全面实施内幕信息知情人登记管理制度。严厉查处市场操纵、“老鼠仓”、虚假披露等违法违规行为。按照国务院 2011 年 11 月下发《国务院关于清理整顿各类交易场所切实防范金融风险的决定》，稳步有序推进交易场所清理整顿工作。推动最高法院出台关于内幕交易等刑事案件、期货纠纷、证券行政处罚证据等的司法解释。证监会参与建设金融业统一征信平台，不断完善证券期货市场的诚信档案系统，进一步健全诚信监管与约束机制，推动完善诚信准则，充实诚信法律规范，加强诚信宣传教育，全面提高证券期货市场的诚信水平。

（执笔：刘立青　国家统计局国民经济核算司）

2011 年保险市场运行报告

2011 年是保险市场面临困难和挑战较多的一年。国际金融市场剧烈动荡，各类风险明显增多。国内经济增速有所回落，资本市场持续走低，金融产品间的竞争日趋激烈，保险业务发展和风险防范面临多重压力。在十分困难的情况下，保险市场保持了平稳发展的态势，保险业务发展基本稳健，保险风险得到有效防范，治理市场秩序工作取得成效，保险服务能力有所提升。

一、保险业发展势头良好

2011 年保险业发展势头良好，全年累计实现保费收入 14339 亿元。其中，财产险保费收入 4618 亿元，人身险保费收入 9721 亿元（其中寿险 8696 亿元，健康险 692 亿元，人身意外伤害险 334 亿元）。财产险保费收入占保费总收入的比重达到 32.2%，人身险保费收入占保费总收入的比重为 67.8%。

二、保险市场竞争不断加剧

2011 年，我国保险市场主体不断增加，市场竞争不断加剧。保险公司（不含筹建）已经发展到了 152 家，比上年增加 10 家。其中，外资保险公司 51 家，比上年减少 2 家。外资保险公司资产达到 3007 亿元，占保险业资产总额的 5.0%，比上年降低了 0.2 个百分点。保险系统职工人数达到 77.6 万人，比上年增加了 13.1%，其中外资保险公司职工人数为 3 万人，占职工总人数的 3.9%。

2011 年，我国财产险市场保费收入超过百亿的保险公司达到 8 家，比上年增加 1 家，排名前三位的保险公司保费收入占比为 66.6%，比上年提高 0.2 个百分点；人身险市场保费收入超过百亿的保险公司达到 9 家，比上年减少 1 家，排名前三位的保险公司保费收入占比为 55.7%，比上年下降 0.1 百分点。

三、保险市场开发程度有所下降

由于资本市场的低迷和金融产品之间的竞争，我国保险市场开发程度有所下降。2011 年，我国保险密度（人均保费收入）为 1065 元 / 人，比上年同期降低 1.8%；保险深度（保费收入占 GDP 的比重）为 3.0%，比上年同期下降 0.7 个百分点（见表 1）。

表 1　2006-2010 年我国保险深度和保险密度

	2007 年	2008 年	2009 年	2010 年	2011 年
保险深度（%）	2.6	3.1	3.3	3.6	3.0
保险密度（元/人）	533	737	837	1083	1064

四、保险服务能力有所提升

2011 年保险业赔款与给付达 3929 亿元。其中财产险支出 2187 亿元，人身险支出 1742 亿元。农业保险、养老健康保险、责任保险和出口信用保险等领域的覆盖面不断扩大。

五、保险风险得到有效防范

由于 2011 年经济形势复杂，金融市场剧烈动荡，保险机构采取了适当措施，适时调整经营

注：在保险业执行《关于印发 <保险合同相关会计处理规定> 的通知》（财会 [2009]15 号）后，各保险公司按照相关口径要求报送的数据与往年不具有完全可比性。

策略，优化资产配置，减少持有风险较大的投资类资产，增加持有风险较小、收益相对稳定的银行存款，有效地控制了投资风险。2011年末，保险资金运用余额5.5万亿元，同比增长19.9%。其中，风险较小的银行存款为17693亿元，同比增长27.2%，占总资产的比重为32.1%，比上年提高1.9个百分点。投资类资产为37500亿元，同比增长16.7%，占资金运用余额的比重为67.9%，比上年同期回落1.9个百分点，其中股票3789亿元，同比下降26.0%，占资金运用余额的比重为6.9%；证券投资基金2910亿元，同比增长11.0%，占资金运用余额的比重为5.3%；债券类资产为25917亿元，同比增长13.7%，占总资产的比重为47.0%（见表2）。

2011年保险公司全年实现利润总额665亿元，年末资产总额为59829亿元，同比增长18.4%。

表2 保险公司资金运用情况

	绝对额（亿元）		结构比重（%）		同比增速（%）
	2011年	2010年	2011年	2010年	
总资产	59829	50482			18.4
资金运用余额	55193	46047	100	100	19.9
其中：银行存款	17693	13910	32.1	30.2	27.2
投资类资产	37500	32137	67.9	69.8	16.7
国债	4742	4816	8.6	10.5	−1.5
金融债券	12419	10039	22.5	21.8	23.7
企业债券	8756	7936	15.9	17.2	10.3
证券投资基金	2910	2621	5.3	5.7	11.0
股票	3789	6726	6.9	14.6	−26.0

六、加强和改进保险监管，确保保险市场平稳发展

2011年保险监管工作紧紧围绕转方式、促规范、防风险、稳增长，不断加强和改进。一年来，主要抓了五个方面的工作。一是加强非现场监管，提高风险防范能力。建立了国际国内经济金融形势跟踪研究制度，密切关注利率变化和资本市场波动等外部因素可能对保险经营产生的影响，及时防范非正常退保、资金运用和偿付能力等方面的风险。对风险较大的C类和D类公司，研究确定针对性的监管措施，督促公司加强风险管理。探索上下联动的分类监管机制，将法人机构分类监管和分支机构分类监管结合起来。督促保险公司加强资本管理，通过多种渠道提高偿付能力水平，批准66家公司增资900亿元、15家公司发行次级债600.5亿元。对偿付能力不达标和资本金不足的公司，通过限制规模、停批分支机构等措施督促公司进行整改。修订《保险公司次级定期债务管理办法》，完善资本补充机制。启用偿付能力监管信息系统，开发保险资产管理监管信息系统，增加现有监管信息系统的功能。针对新会计准则2号解释全面实施后的变化，重建统计监测指标体系和监测标准，实现统计系统的顺利过渡。二是突出现场检查重点，严厉打击保险市场违法违规行为。继续推进保险业治理商业贿赂专项工作和反保险欺诈、反洗钱工作。全年共派出2126个检查组7883人次，对2162家次保险机构和中介机构进行了现场检查，共对926家次机构和1056人次实施了2768项次行政处罚。三是加强法人机构监管，增强市场主体规范发展的自觉性。推进公司治理监管，强化保险集团监管，强化法人机构责任，加强保险公司透明度监管。四是大力推进改革创新，促进行业转变发展方式。继续推动保险公司改革，推进产品服务创新，加强对行业科学发展的引导，制定发布行业“十二五”规划。五是完善监管制度机制，着力解决保险消费者反映的突出问题。针对车险经营中的弄虚作假问题，加快推进全国车险联合信息平台建设，除西藏外，涵盖交强险和商业车险的全国车险联合信息平台基本建成。推动完善承保理赔信息客户自主查询制度，将查询范围扩大到非车险领域，并将销售渠道、手续费等相关信息纳入查询内容。针对银行保险和销售误导问题，联合银监会下发《商业银行代理保险业务监管指

引》，制定人身险业务经营规则、保险销售从业人员监管规定，规范保险业务经营活动。针对车险的产品服务问题，研究制定车险条款和费率管理办法，从产品设计、流程控制、理赔服务等方面提出规范性要求。指导部分地区商业车险定价机制改革试点。针对理赔难问题，加大对保险理赔的监管力度，加强对理赔服务质量的监测曝光。车险结案率逐步提升，结案周期明显缩短。

（执笔：陈希　国家统计局国民经济核算司）

（闫涵摄）

2011年人口发展报告

2011年全国人口变动调查共抽取了31个省（自治区、直辖市）的2133个县（市、区），4420个乡（镇、街道），4800个村（居）委会，调查登记了146.1万人，其中常住人口114.5万人。

调查推算结果显示，2011年我国人口呈现出以下特点：人口总量保持低速增长；劳动年龄人口比重出现下降趋势，老龄化进程加快；出生人口性别比和总人口性别比均呈下降态势；城镇人口比重超过50%；流动人口总量增加；人口婚姻、家庭状况保持稳定。

一、人口总量保持低速增长

2011年末，我国大陆总人口为134735万人，比2010年增加了644万人。全年出生人口1604万人，人口出生率为11.93‰，比2010年增加了0.03个千分点；死亡人口960万人，人口死亡率为7.14‰，比2010年增加了0.03个千分点。

分地区看，东中西仍然保持“东多西少”的人口格局，2011年末，东部人口为55445万人，占各省（自治区、直辖市）人口合计的41.4%；中部人口为42374万人，占31.6%，西部人口为36222万人，占27.0%，西部地区人口增长略快于中部地区，东部地区人口增长明显快于中西部地区。

从各省人口规模来看，2011年末，常住人口（居住时间半年及以上）位居前三位的省依次是广东、山东和河南，常住人口分别为10505万人、9637万人和9388万人，河南作为人口外出大省，常住人口的增长速度小于山东，从2010年开始，山东常住人口超过河南成为第二人口大省（2011年分地区人口变动情况见附表1）。

人口出生率比2010年上升的省份有11个，出生率的变化主要受育龄妇女年龄结构和生育旺盛期妇女总量的影响。人口死亡率上升的省份有18个，死亡率的变化主要受人口年龄结构，特别是高龄人口数量变化的影响。

二、劳动年龄人口比重出现下降趋势，老龄化进程加快

2011年全国0-14岁人口为22164万人，占总人口比重16.5%，比2010年降低了0.15个百分点；60岁及以上人口达到18499万人，占总人口的13.7%，比2010年增加了0.47个百分点；65岁及以上人口达到12288万人，占总人口的9.1%，增加了0.25个百分点；15-64岁人口达到100283万人，比2010年增加了345万人，但15-64岁劳动年龄人口的比重自2002年以来首次出现下降，2011年为74.4%，比2010年微降了0.10个百分点。尽管劳动年龄人口比重未来几年会有小幅波动，但对劳动力供给问题需要给予更多关注。

表1　2010年和2011年全国人口年龄结构

单位：万人，%

年龄段	2010年		2011年	
	人口数	比重	人口数	比重
0–14岁	22259	16.6	22164	16.5
15–59岁	94051	70.1	94072	69.8
60岁及以上	17781	13.3	18499	13.7
15–64岁	99938	74.5	100283	74.4
65岁及以上	11894	8.9	12288	9.1

由于生育持续保持较低水平和老龄化进程加快，近些年来，少儿抚养比（指少儿人口与劳动年龄人口数之比，表明每100名15-64岁年龄人口要负担的少儿人数）不断降低，老年抚养比（指老年人口与劳动年龄人口数之比，表明每100名15-64岁年龄人口要负担的老年人数）不断上

升，从几次普查年份的数据来看，少儿抚养比下降幅度逐渐缩小，而老年抚养比上升幅度增大，总抚养比出现上升趋势。2011 年总抚养系数为 34.35%，比 2010 年增加了 0.18 个百分点，少儿抚养系数为 22.10%，降低了 0.17 个百分点，老年抚养系数为 12.25%，增加了 0.35 个百分点。老年抚养比的大幅上升，说明当前老龄化问题也是需要重点关注的问题。

表 2　四次人口普查与 2011 年人口抚养比

单位：%

指　标	1982	1990	2000	2010	2011
总抚养比	62.60	49.83	42.55	34.17	34.35
少儿抚养比	54.62	41.49	32.63	22.27	22.10
老年抚养比	7.98	8.35	9.92	11.90	12.25

三、出生人口性别比和总人口性别比均呈下降态势

2011 年我国出生人口性别比为 117.78（以女性为 100），比 2010 年下降了 0.16，出生人口性别比自 2008 年以来连续三年出现下降，但仍明显高于正常的出生人口性别比（103-107），比其上限高出 10.78。

出生人口性别比受传统生育观念和社会保障不健全等因素影响，从 1982 年的 108.47 开始，一直高于正常范围，并且逐年提高，到 2007 年、2008 年更是达到 120 以上。出生人口性别比严重偏离正常范围会直接影响人口再生产和社会经济的稳定和发展。近三年来，出生人口性别比连续下降，表明出生人口性别比治理显现成效，但仍偏离正常水平，说明当前出生人口性别比治理任务任重道远，需要进一步加大治理力度。

2011 年，我国男性人口 69068 万人，占全国总人口的 51.26%，女性人口 65667 万人，占 48.74%，总人口性别比为 105.18，受出生人口和死亡人口的影响，总人口性别比自 2005 年来一直呈现下降态势。

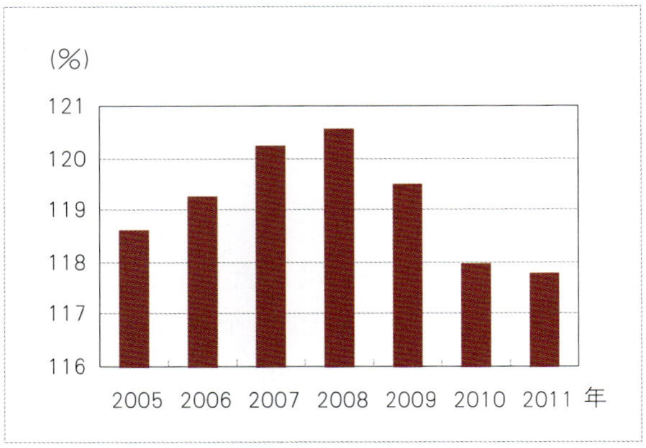

2005-2011 年出生人口性别比（女 =100）

四、城镇人口比重超过 50%

2011 年，城镇人口比重达到 51.27%，与 2010 年相比，上升了 1.32 个百分点，城镇人口为 69079 万人，增加了 2100 万人；乡村人口 65656 万人，减少了 1456 万人。城镇人口比乡村人口多 3423 万人。

近年来，我国城镇化发展迅速，2005 年至 2011 年，我国城镇化率以平均每年 1.38 个百分点的速度发展，城镇人口平均每年增长 2144 万人。

分地区看，西部城镇化发展速度快于东部，中部又快于西部。2011 年，东部地区城镇人口比重 61.00%，中部和西部城镇人口比重分别为 46.99% 和 42.99%，与 2010 年普查时点相比，东中西分别增长 1.11、1.69 和 1.56 个百分点。可见中西部地区近年来城镇化发展速度较快，但与

表 3　2005-2011 年男性与女性人口和总人口性别比

单位：万人，女性 =100

指 标	2005	2006	2007	2008	2009	2010	2011
男性人口	67375	67728	68048	68357	68647	68748	69068
女性人口	63381	63720	64081	64445	64803	65343	65667
总人口性别比	106.30	106.29	106.19	106.07	105.93	105.21	105.18

东部地区的差距仍然较大。

表 4　2005-2011 年全国城镇人口比重

年份	总人口（万人）	城镇人口数（万人）	城镇人口比重（%）	增长幅度（%）
2005	130756	56212	42.99	–
2006	131448	58288	44.34	1.35
2007	132129	60633	45.89	1.55
2008	132802	62403	46.99	1.10
2009	133450	64512	48.34	1.35
2010	134091	66978	49.95	1.61
2011	134735	69079	51.27	1.32

分地区看，城镇人口比重超过 50% 的省份已达 15 个，比 2010 年多 3 个，湖北、山东、海南三省首次超过 50%。继上海市、北京市之后，天津市城镇人口比重首次超过 80%，达到发达国家水平。

五、流动人口总量增加

2011 年，全国人户分离的人口（居住地和户口登记地所在乡镇街道不一致且离开户口登记地半年以上的人口）为 2.71 亿，比 2010 年增加 977 万人；其中，流动人口（人户分离人口中不包括市辖区内人户分离的人口）为 2.30 亿，比 2010 年增加 828 万人。

表 5　2000、2005、2010 和 2011 年流动人口数据

单位：亿人

指 标	2000 年	2005 年	2010 年	2011 年
人户分离人口	1.17	1.47	2.61	2.71
流动人口	–	–	2.21	2.30

六、我国人口婚姻、家庭状况保持稳定

2011 年全国人口变动情况抽样调查显示，我国人口婚姻状况相对稳定，未婚比例低、有配偶比例高、离婚比例低等基本特征未变，在 15 岁及以上人口中，初婚有配偶比例为 71.91%，未婚比例为 19.30%，离婚比例仅为 1.36%，丧偶比例为 5.82%，与 2009 年相比，未婚比例和离婚比例分别提高 0.54 和 0.13 个百分点，初婚有配偶比例降低 0.58 个百分点，再婚有配偶和丧偶比例保持稳定。

表 6　2011 年我国城乡 15 岁及以上人口婚姻构成状况

单位：%

地 区	未婚	初婚有配偶	再婚有配偶	离婚	丧偶
全 国	19.30	71.91	1.61	1.36	5.82
城 镇	20.89	71.39	1.47	1.69	4.55
乡 村	17.60	72.45	1.76	1.00	7.18

分城乡看，我国城镇和乡村人口婚姻构成状况存在差别，城镇中未婚比例和离婚比例高于乡村，初婚有配偶、再婚有配偶比例和丧偶比例低于乡村。

家庭户规模继续保持平稳下降的趋势，2011 年，我国平均家庭户规模为 3.03 人，1990 年我国平均家庭户规模开始不足 4 人，二十年来，从接近 4 人逐渐下降到接近 3 人。分城乡看，城镇平均家庭户规模不足 3 人，小于乡村平均家庭户规模。

随着家庭户规模的缩小，以父母与未婚子女组成的核心家庭为主的“二代户”是目前最典型的家庭户类型，其占家庭户比重接近 50%，其次是一代户和三代户，分别为 33.24% 和 17.62%，四代及以上户占家庭户的 0.67%。

（执笔：武洁　李桂芝　国家统计局人口司）

2011 年城镇居民生活状况报告

2011 年是“十二五”规划的开局之年，各级政府继续坚持民生优先，实施更加积极的就业政策，加大收入分配调整力度，加强社会保障体系建设，进一步改善了人民生活，使发展成果惠及全体人民。2011 年全国城镇居民收入保持稳定增长，生活质量进一步提高。

一、城镇居民收入

2011 年城镇居民人均可支配收入 21810 元，比上年增长 14.1%，剔除物价因素，实际增长 8.4%；城镇居民人均可支配收入中位数为 19118 元，比上年增加 2279 元，增长 13.5%。

（一）工资性收入和转移性收入稳步增长

城镇居民人均工资性收入 15412 元，增长[①] 12.4%，增速高于上年 1.7 个百分点，拉动总收入增长 8.1 个百分点。工资性收入增长的主要原因：一是绝大多数地区提高最低工资标准；二是部分地区继续规范落实津补贴制度；三是部分企业提高了职工工资及奖金。

城镇居民人均转移性收入 5709 元，增长 12.1%，拉动总收入增长 2.9 个百分点。其中，2011 年国家继续提高企业退休人员基本养老金水平，使得占转移性收入 82.1% 的养老金或离退休金收入增长 10.4%；多数地区上调了最低生活保障标准，带动人均最低生活保障收入增长 15.3%。

（二）经营净收入和财产性收入增幅较大

城镇居民人均经营净收入 2210 元，增长 29.0%，城镇居民人均财产性收入 649 元，增长 24.7%，两项收入共计拉动总收入增长 3.0 个百分点。经营净收入增长的主要原因有：全年经济运行总体良好，个体经营者人数增加；个体工商户增值税和营业税起征点提高，税赋降低。财产性收入的增长主要是受出租房屋收入和利息收入的增加所致，其中，人均出租房屋收入 333 元，增长 20.8%；人均利息收入 85 元，增长 29.8%。

（三）收入来源进一步趋向多元化

在收入稳定增长的同时，城镇居民的收入来源趋向多元化，收入构成继续优化。2011 年城镇居民总收入的四项构成中，工资性收入和转移性收入的比重有所降低；而经营净收入和财产性收入的比重则继续提高，成为城镇居民收入增长的亮点。其中，工资性收入和转移性收入占总收入的比重分别为 64.3% 和 23.8%，分别比上年下降 0.9 和 0.4 个百分点；经营净收入和财产性收入占总收入的比重分别为 9.2% 和 2.7%，分别比上年上升 1.1 和 0.2 个百分点。

（四）调高个税起征点使人均可支配收入增加

城镇居民可支配收入是总收入（包括工资性收入、经营净收入、财产性收入和转移性收入）扣除个人所得税和社会保障支出等项后的收入，2011 年个税起征点的调高使得居民可支配收入有所增加。调查数据显示，2008 年—2010 年城镇居民个人所得税支出增速分别为 14.2%、17.8% 和 32.0%，涨幅呈逐年快速上升趋势。但是 2011 年城镇居民个人所得税支出仅上升 5.2%，特别是第四季度城镇居民个人所得税支出下降 22.4%。城镇居民从调高个税起征点中受益增加。

注：①以下如无特殊说明，增长速度均以上年为基期比较，未剔除物价因素。

（五）低收入组居民收入增速超过平均水平

从收入五等份组看，2011 年城镇低收入组居民人均可支配收入为 8789 元，增长 15.6%；中低收入组居民人均可支配收入为 14498 元，增长 14.1%；中等收入组居民人均可支配收入为 19545 元，增长 13.5%；中高收入组居民人均可支配收入为 26420 元，增长 13.9%；高收入组居民人均可支配收入为 47021 元，增长 14.2%。在五等份组中，低收入组居民人均可支配收入增速最快；高收入组与低收入组人均可支配收入之比为 5.35，比上年的 5.41 有所缩小。

（六）东、西部地区居民收入差距有所缩小

2011 年东部、中部、西部和东北地区城镇居民人均可支配收入分别为 26406 元、18323 元、18159 元和 18301 元，分别增长 13.5%、14.8%、14.9% 和 14.8%。中部、西部和东北地区收入增速快于东部地区，其中，西部地区增速最快，快于东部地区 1.4 个百分点。东部与西部地区城镇居民人均可支配收入之比为 1.45，比上年的 1.47 有所缩小。

二、城镇居民消费

2011 年城镇居民人均现金消费支出 15161 元，比上年增长 12.5%，扣除物价因素，实际增长 6.8%。在收入稳定增长的带动下，城镇居民各项现金消费支出全面增长，生活质量得到进一步改善。

（一）食品支出快速增长，恩格尔系数略有上升

2011 年城镇居民人均食品支出 5506 元，增长 14.6%，增速高于上年 7.3 个百分点。受价格上涨因素的影响，粮食、肉、水产品、干鲜瓜果、奶及奶制品、酒类等的主要食品的消费数量有所减少，但购买支出增长迅速。致使食品支出占消费支出的比重（即恩格尔系数）升为 36.3%，比上年略高 0.6 个百分点。

食品消费中支出比重最大的仍是肉禽蛋水产品类，人均支出 1577 元，增长 17.7%，占食品支出的比重为 28.6%。其中，人均猪肉消费支出 556 元，增长 27.2%，在各项食品消费中增速最高。人均粮食消费支出 438 元，增长 13.5%，其中大米消费支出 196 元，增长 15.1%。人均干鲜瓜果类、奶及奶制品、酒类等食品的消费支出也都有较大幅的增长，分别为 449 元、234 元和 154 元，分别增长 18.6%、17.9% 和 15.8%。此外，城镇居民在外饮食支出也有大幅增长，人均支出 1183 元，比上年增长 16.1%，增速高于上年 11.7 个百分点，占食品消费比重为 21.5%，比上年提高 0.3 个百分点。

（二）交通通信支出继续增长，沟通更加便捷顺畅

随着人民生活水平的不断提高，交通和通信成为消费热点，城镇居民的出行和通讯更加便捷和顺畅。2011 年城镇居民人均交通通信支出 2150 元，增长 8.4%，占消费支出的比重为 14.2%。

家用汽车进一步普及，汽车及相关消费支出相应大幅增长，带动了人均交通支出的快速增加。2011 年城镇居民人均交通支出 1397 元，增长 11.3%。至 2011 年底，每百户城镇居民家庭拥有家用汽车 18.6 辆，比上年增加 5.5 辆。家用汽车拥有量的大幅增加带动燃料和车辆使用税费支出迅猛增长。2011 年人均购买燃料支出 349 元，增长 48.9%，占人均交通支出的比重为 25.0%，高于上年 7.0 个百分点。人均车辆使用税费支出 87 元，增长 24.0%。

电脑、手机和互联网更加普及，带动城镇居民通信支出继续增长。2011 年城镇居民人均通信支出 753 元，增长 3.3%。至 2011 年底，每百户城镇居民家庭拥有移动电话 205.3 部，比上年增加 16.4 部，其中有 33.6 部移动电话接入互联网，比上年增加 17.6 部；每百户城镇居民家庭

接入互联网的计算机 66.8 台，比上年增加 11.7 台。通信工具拥有量的增加带动了人均移动电话支出和上网费支出的增长，分别为 121 元和 125 元，分别增长 34.3% 和 7.4%。

（三）教育投入持续增长，文娱生活日趋丰富

随着收入水平的提高和物质生活质量的改善，城镇居民越来越重视文教娱乐消费需求，精神生活质量不断提高。2011 年城镇居民人均文教娱乐支出 1852 元，增长 13.8%，占消费支出的比重为 12.2%。

文化娱乐服务消费支出继续保持强劲增长，其中外出旅游已发展成为居民享受生活的重要体现。2011 年城镇居民人均文化娱乐服务支出 652 元，增长 16.6%。其中人均团体旅游支出 385 元，增长 21.6%。

城镇居民对教育投入不断增加，培训费、托幼费和成人教育费等增幅较大。2011 年人均教育支出 750 元，增长 13.4%。其中，人均参加培训班支出 189 元，增长 27.9%；人均托幼费支出 85 元，增长 22.0%；人均成人教育费支出 61 元，增长 18.3%。

（四）居住支出小幅增加，居住条件不断改善

2011 年城镇居民人均居住支出[②] 1405 元，增长 5.5%，增速为五年来最低，占消费支出的比重为 9.3%，比上年下降 0.6 个百分点。受购建房数量减少的影响，人均住房装潢支出 276 元，减少 2.4%。人均水电燃料及其他支出 842 元，仅增长 4.2%。但是，受房租上涨较多和租房户比重有所提高的影响，人均租赁房房租支出 99 元，增长 57.6%。同时，居民仍然比较注重居住服务消费，人均居住服务费 112 元，增长 8.7%，增长较为稳定。

城镇居民住房条件不断改善，自有住房率达到较高水平，住宅建筑式样更加人性化，住宅配套设施进一步改善。至 2011 年底，有 88.9% 的城镇居民家庭拥有自有住房，其中 43.9% 的家庭拥有商品房，比上年提高 5.9 个百分点；有 84.8% 的城镇居民拥有二居室或更好的住房，比上年提高 1.1 个百分点；有 67.8% 的住房有装修，比上年提高 2.3 个百分点；有 99.1% 的住房有独用自来水，比上年提高 0.4 个百分点；有 85.9% 的住房有厕所和浴室，比上年提高 3.7 个百分点；有 68.0% 的住房有空调或暖气，比上年提高 3.0 个百分点。

（五）家庭电器化程度提高，家庭服务消费意愿增强

2011 年城镇居民人均家庭设备及用品支出 1023 元，增长 12.7%，占消费支出的比重为 6.7%。其中，人均购买耐用消费品支出 424 元，增长 7.4%。同时，城镇居民家庭的电器化程度也在进一步提高，空调、洗衣机、电冰箱等家用电器普及率继续提高，至 2011 年底，每百户城镇居民拥有空调 122.0 台，洗衣机 97.1 台，电冰箱 97.2 台，均比上年有所提高。此外，城镇居民家庭人均家庭日用杂品支出也有大幅增长，达到 402 元，增长 18.4%。

在家庭设备用品支出不断增加的同时，城镇居民的家庭服务消费意愿也在不断增强。2011 年人均家庭服务支出 73 元，增长 20.8%。其中人均家政服务支出 49 元，增长 22.9%。

（六）居民更加重视身体健康，保健意识逐渐增强

随着生活水平的提高，人们的消费观念发生变化，更加重视身体健康，保健意识逐渐增强。2011 年城镇居民人均医疗保健支出 969 元，增长 11.2%，占消费支出的比重为 6.4%。其中，人均医疗费支出 341 元，增长 17.6%；人均药品费 453 元，增长 8.9%；人均购买滋补保健品支出 137 元，增长 6.6%，人均购买保健器具支出 19 元，增长 10.6%。

注：②居住支出中未包括购建房支出和自有住房虚拟租金。

（七）衣着、其他商品和服务支出大幅增长

随着收入的增加，城镇居民更加注重衣着和装饰，生活品质不断提高。2011 年城镇居民人均衣着支出 1675 元，增长 15.9%，增速高于上年 3.4 个百分点，占消费支出比重为 11.0%，比上年提高 0.3 个百分点；其中人均服装消费支出 1237 元，增长 17.0%。2011 年城镇居民人均购买金银珠宝饰品支出 123 元，增长 45.2%；人均购买化妆品支出 150 元，增长 15.7%；人均美容费消费支出 54 元，增长 18.0%；人均旅馆住宿费支出 29 元，增长 21.2%。这几项商品和服务支出的增加带动人均其他杂项商品和服务支出大幅增长。2011 年城镇居民人均其他杂项商品和服务支出 581 元，增长 16.4%。

三、需要关注的问题

（一）中等收入居民收入增长放缓，消费意愿下降明显

2011 年收入五等份组中，中等收入组居民的人均可支配收入增速最低，低于平均水平 0.6 个百分点。其中，占中等收入组居民总收入 65.6% 的工资性收入增长 11.9%，比平均水平低 0.5 个百分点；占中等收入组居民总收入 25.1% 的转移性收入增长 11.0%，比平均水平低 1.1 个百分点。这两项收入增速相对偏低是导致中等收入组居民人均可支配收入增速较低的主要原因。同时，较低的收入增长速度也使得中等收入组居民的消费意愿明显下降。2011 年中等收入组居民的平均消费倾向为 71.8%，比上年降低 1.4 个百分点，降幅在五等份组中最大。如何实现中等收入居民收入的较快增长，特别是工资性收入和转移性收入的稳定增长，进而提高中等收入居民的消费意愿，需要着重关注。

（二）物价上涨致低收入居民生活压力增大

尽管 2011 年低收入居民收入增长速度超过平均水平，与高收入居民的收入差距有所缩小，但受物价上涨的影响，低收入居民消费支出的增长更快，生活压力增大。2011 年收入五等份组中，低收入组居民人均可支配收入和消费支出的增长速度分别为 15.6% 和 16.7%，收支增速差为 -1.1%。同时，低收入组居民的平均消费倾向为 85.1%，比平均水平高 15.6 个百分点，比上年提高 0.8 个百分点；其中最低 10% 收入组居民的平均消费倾向更是高达 93.5%，基本处于“收支相抵”的状态，难有节余，生活压力较大。

（执笔：丁胜　国家统计局住户办）

2011 年农村居民生活状况报告

据对全国 31 个省（自治区、直辖市）7.4 万个农村住户抽样调查，2011 年，全国农村居民收入继续快速增长，消费相应提高，生活质量进一步改善。

一、农村居民收入

（一）人均纯收入实际增长 11.4%

2011 年全国农村居民人均纯收入 6977 元，比上年增加 1058 元，增长 17.9%①。剔除价格因素影响，实际增长 11.4%；农村居民人均纯收入中位数为 6194 元，比上年增加 995 元，增长 19.1%。

1. 工资性收入快速增长。2011 年农村居民工资性收入人均 2963 元，同比增加 532 元，增长 21.9%。工资性收入对全年农村居民增收的贡献率达 50.3%。工资性收入占农村居民纯收入的比重达 42.5%，同比提高 1.4 个百分点。工资性收入快速增长主要是由于农民工工资水平上涨较多。

2. 家庭经营纯收入稳定提高。2011 年农村居民家庭经营纯收入人均 3222 元，增加 389 元，增长 13.7%，增速同比提高 1.6 个百分点。其中，家庭经营第一产业纯收入人均 2520 元，增加 289 元，增长 12.9%。家庭经营第一产业纯收入中，农业纯收入人均 1897 元，增加 173 元，增长 10.0%。收成好、价格高是农业收入保持较快增长的主要原因。据测算，2011 年农村居民出售农产品增加的收入中，六成来自于价格上涨因素，四成来自于出售数量增加因素。牧业纯收入人均 463 元，增加 107 元，牧业收入在 2009 年和 2010 年出现连续下降后，增速大幅度回升至 30.1%。这主要是牧业产品价格上涨，尤其是生猪价格大幅上涨所致。

家庭经营二三产业纯收入人均 702 元，增加 101 元，增长 16.7%。其中，第二产业纯收入人均 193 元，增加 11 元，增长 5.8%；第三产业纯收入人均 509 元，增加 90 元，增长 21.4%。

3. 财产性收入保持增长。2011 年农村居民财产性收入人均 229 元，增加 26 元，增长 13.0%。其中租金收入 67 元，占财产性收入比重的 29.3%。

4. 转移性收入增速较快。2011 年农村居民转移性收入人均 563 元，增加 110 元，增长 24.4%，增速同比提高 10.6 个百分点。2011 年农村居民转移性收入增长速度较快，主要是受农村养老保险等政策全面推进的影响。其中，人均离退休金和养老金收入 190 元，增加 77 元，增长 68.6%。

5. 现金纯收入增加较多。2011 年农村居民现金纯收入增加较多，全年现金纯收入人均 6093 元，比 2010 年增加 949 元，增长 18.4%，增幅比 2010 年提高 5.2 个百分点。

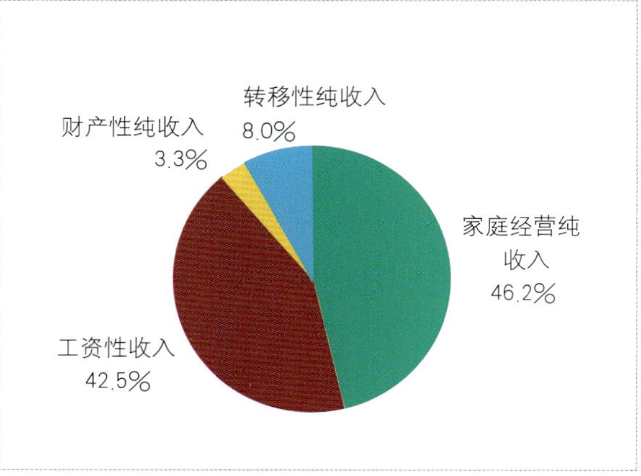

图 1　2011 年农村居民人均纯收入构成

注：①若非特别说明，本文收支增长速度均未剔出价格因素影响。部分数据因四舍五入的原因，存在与增长率有一定误差的情况。

6. 家庭经营纯收入占比最高。2011年农村居民家庭经营纯收入占纯收入比重的46.2%，比2010年下降1.7个百分点；工资性收入比重为42.5%，比2010年提高1.4个百分点；转移性收入比重为8.0%，比2010年提高0.4个百分点；财产性收入比重为3.3%，比2010年下降0.1个百分点（见图1）。

（二）收入差距有所扩大

1. 基尼系数有所回升。2011年农村居民人均纯收入基尼系数为0.3897，比2010年的0.3783扩大0.0114。

2. 高、低收入组农户收入差距有所扩大。按人均纯收入高低对农户进行5等份分组，2011年低收入户、次低收入户、中等收入户、次高收入户和高收入户人均纯收入增速分别为7.0%、17.5%、18.9%、19.5%和19.5%（见表1）。高收入组农户和低收入组农户人均纯收入的比值从2010年的7.5∶1提高到2011年的8.4∶1。高、低收入组农户收入差距扩大的主要原因是，棉花、土豆等部分农产品价格急跌造成部分农户减收，甚至亏损，拉大了高、低收入组农户的差距。

表1　按农户收入5等份分组的农村居民纯收入比较

单位：元/人，%

类　别	低收入户	次低收入户	中等收入户	次高收入户	高收入户
2010年	1870	3621	5222	7441	14050
2011年	2001	4256	6208	8894	16783
2011年比2010年增加	131	635	986	1453	2733
2011年比2010年增长	7.0	17.5	18.9	19.5	19.5

3. 东北和中西部省份农村居民收入增速较快。2011年东、中、西、东北地区农村居民人均纯收入分别为9585元、6530元、5247元和7791元，人均纯收入增长速度分别为17.7%、18.5%、18.8%和21.1%。西部地区增速比东部地区高1.1个百分点。收入最高省份与最低省份的收入比在2009年为4.19∶1，2010年为4.08∶1，2011年为4.11∶1。

二、农村居民消费

（一）人均消费支出实际增长12.6%

2011年农村居民消费支出人均5221元，比上年增加839元，增长19.2%，剔除价格因素影响，实际增长12.6%。

1. 各项消费支出普遍较快增长。2011年农村居民消费支出中，食品消费支出人均2107元，增加306元，增长17.0%；衣着消费支出人均341元，增加77元，增长29.3%；居住支出人均962元，增加126元，增长15.1%；家庭设备及用品支出人均309元，增加75元，增长32.0%；交通通信支出人均547元，增加86元，增长18.6%；文教娱乐支出人均396元，增加30元，增长8.1%；医疗保健支出人均437元，增加111元，增长34.0%；其他商品和服务支出人均122元，增加28元，增长29.7%。

2. 恩格尔系数有所下降。2011年农村居民食品消费支出占消费支出的比重，即恩格尔系数为40.4%，比2010年下降0.7个百分点。在食品消费支出中，粮食支出人均397元，增长6.2%；食用油支出人均96元，增长36.2%；蔬菜支出人均195元，增长7.1%；肉禽蛋奶支出人均573元，增长27.6%；水产品支出人均80元，增长16.3%；烟、酒支出人均224元，增长20.8%；在外饮食支出人均248元，增长3.4%。

3. 服务性支出比重有所下降。2011年农村居民服务性支出比重有所下降，在全部消费支出中，商品性支出人均3813元，增加693元，增长22.2%；服务性支出人均1408元，增加146元，增长11.6%。服务性支出占全部消费支出的比重为27.0%，比上年下降1.8个百分点。

4. 消费结构有所变动。与2010年比较，2011年农村居民消费结构变动为3降1平4升态势。在农村居民消费支出中：食品支出占40.4%，比2010年下降0.7个百分点；居住支出占18.4%，比2010年下降0.6个百分点；文教娱乐支出占7.6%，比2010年下降0.8个百分点；交通通讯支出占10.5%，与2010年持平；医疗保健支出占8.4%，比2010年提高1个百分点；

衣着支出占 6.5%，比 2010 年提高 0.5 个百分点；家庭设备及用品支出占 5.9%，比 2010 年提高 0.6 个百分点；其他商品支出占 2.3%，比 2010 年提高 0.2 个百分点（见图 2）。

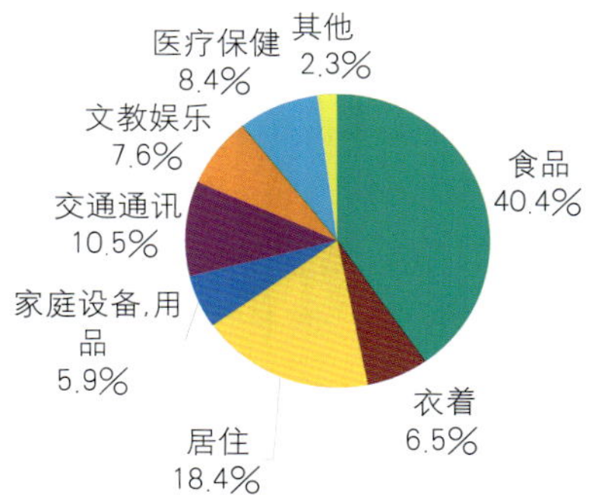

图 2　2011 年农村居民消费支出构成

5. 现金消费支出占九成。2011 年农村居民消费现金支出 4733 元，占消费总支出比重的 90.7%，比 2010 年提高了 2.6 个百分点。其中，购买食品的现金消费支出占食品总支出比重的 78.4%，比 2010 年提高 5.4 个百分点。

表 2　按农户收入 5 等份分组的农村居民消费水平比较

单位：元／人，%

类　别	低收入户	次低收入户	中等收入户	次高收入户	高收入户
2010 年	2535	3219	3964	5026	8190
2011 年	3313	3962	4818	6003	9150
2011 年比 2010 年增加	778	743	854	977	959
2011 年比 2010 年增长	30.7	23.1	21.5	19.4	11.7

6. 低收入组农户消费水平增速较高。按农户收入 5 等份分组，2011 年低收入组农户消费支出增速较高，为 30.7%；次低收入组农户、中等收入组农户、次高收入组农户和高收入组农户人均消费支出比上年分别增长 23.1%、21.5%、19.4% 和 11.7%（见表 2）。低收入组农户的消费支出增长速度较高，一方面是多数低收入组农户消费水平比上年增加；另方面是部分农产品价格下跌导致 2011 年亏损农户增多，落入低收入组，其较高的消费水平拉动了整体低收入组农户的消费水平提高。

7. 收入增加和物价上涨是推动消费支出增长的主要原因。农村居民消费支出增速较快是多方因素共同作用的结果：一是收入快速增加为消费增长奠定了基础。2011 年农村居民人均纯收入同比增加 1058 元，消费支出同比增加 839 元，占纯收入增加额的 79%；二是食品价格上涨拉动农村居民消费支出增加。2011 年农村居民由于价格上涨因素影响，购买肉禽蛋奶多支出 76 元，占全部肉禽蛋奶消费支出增加额的 61%；三是随着新农保大病报销比例提高及家电下乡等惠民政策的实施，带动了农村居民在相关领域的消费增加。2011 年农村居民医疗费支出人均增加 80 元，增长 38.6%；购买药品支出人均增加 29 元，增长 26.4%。2011 年农村居民购买机电设备产品热情不减，在 2010 年增长 22.5% 的基础上，人均支出又增长 31.1%。

（二）生活质量得到较大改善

1. 食品消费更加营养丰富。2011 年随着农村居民收入的快速增长，农村居民食品消费更加趋于营养丰富。农村居民消费粮食人均 172 公斤，比 2010 年下降 5.9%；消费蔬菜人均 89 公斤，比 2010 年下降 4.2%；消费植物油人均 6.6 公斤，比 2010 年增长 19.5%；消费禽蛋人均 5.4 公斤，比 2010 年增长 5.4%；消费肉类人均 23.3 公斤，比 2010 年增长 5.2%；消费水产品人均 5.4 公斤，比 2010 年增长 4.0%；消费瓜果人均 21.3 公斤，比 2010 年增长 8.5%。

2. 居住条件和居住环境进一步改善。2011 年农村居民人均居住面积 36.2 平方米，比 2010 年增长 6.3%。其中 69.7% 的农户人均居住面积大于 25 平方米，比 2010 年提高 4.6 个百分点。

从居住条件来看，一是住房卫生条件提高。2011 年有 94.1% 的农户的住房拥有卫生设备，比 2010 年提高 0.3 个百分点；其中，有水冲式卫生厕所的农户占 22.9%，提高 1.9 个百分点，无厕所的农户占5.9%，减少0.3个百分点。二是供暖条件改善。2011年有43.5%的农户住房拥有取暖设备，其中，使用空调和暖气的农户占20.9%，比2010年提高2.1个百分点。三是使用清洁能源的农户增加。2011年使用清洁燃料如沼气、燃气、燃油、电、太阳能的农户合计占38.2%，比2010年提高7.1个百分点。四是饮用安全卫生水的农户增多。2011年有79%农户饮用安全卫生水，比2010年提高1.1个百分点；其中，饮用自来水的农户占55.1%，提高6.3个百分点。五是住房外部环境有较大改善，2011年有52.9%的农户住房外有水泥或柏油状路面，比2010年提高2.9个百分点；住房外有石头或石板等硬质路面的农户占22.4%，比2010年提高1.1个百分点；住房外为土路等非硬质路面的农户占24.7%，比2010年下降4个百分点。

3. *主要耐用消费品拥有量不断增加*。2011年，农村居民家庭年末主要耐用消费品拥有量不断增加，尤其是手机拥有量增加较多，生活用家电设备增长较快。2011年平均每百户农村居民家庭拥有彩色电视机115.5台，比2010年增长3.3%；洗衣机62.6台，增长9.2%；电冰箱61.5台，增长36.2%；摩托车60.9辆，增长3.1%；电动自行车32.7辆，增长41.2%；移动电话179.7部，增加43.2部，增长31.6%；空调22.6台，增长41.1%；抽油烟机13.2台，增长19.1%；微波炉11.8台，增长28.2%；热水器36.7台，增长29.9%，其中具有节能功能的太阳能热水器23.5台，占热水器比重的64.1%，比重提高8.1个百分点；此外，2011年平均每百户农村居民家庭拥有生活用汽车5.5辆，比2010年增长1倍；电脑18台，比2010年增长73.2%，其中有近四分之三的电脑接入了互联网。

（执笔：唐平　国家统计局住户办）

新农村建设示范村三星南新村（双流县统计局提供）

2011 年农民工监测报告

当前，农民工队伍不断壮大，已成为支撑我国工业化、城镇化发展的重要力量，为我国经济社会发展做出了重大贡献。与农民工有关的一系列问题也已成为社会各界关注的重点，各地各部门高度重视。本文利用 2011 年国家统计局对全国 31 个省（自治区、直辖市）7500 多个村和近 20 万农村劳动力的监测调查资料，对农民工总体规模、分布状况、就业、收入、居住、权益保障等基本情况做简要分析。

一、农民工总体规模

（一）农民工数量继续增长，总量达 25278 万人

据调查结果推算，2011 年全国农民工总量①达到 25278 万人，比上年增加 1055 万人，增长 4.4%。其中，外出农民工 15863 万人，增加 528 万人，增长 3.4%，住户中外出农民工 12584 万人，比上年增加 320 万人，增长 2.6%；举家外出农民工 3279 万人，增加 208 万人，增长 6.8%。本地农民工 9415 万人，增加 527 万人，增长 5.9%。

表 1　农民工数量

单位：万人

	2008 年	2009 年	2010 年	2011 年
农民工总量	22542	22978	24223	25278
1. 外出农民工	14041	14533	15335	15863
（1）住户中外出农民工	11182	11567	12264	12584
（2）举家外出农民工	2859	2966	3071	3279
2. 本地农民工	8501	8445	8888	9415

（二）中西部地区农民工人数增长快于东部地区

从输出地看，东部地区农民工 10790 万人，比上年增加 323 万人，增长 3.1%，东部地区农民工占农民工总量的 42.7%；中部地区农民工 7942 万人，比上年增加 323 万人，增长 4.2%，中部地区农民工占农民工总量的 31.4%；西部地区农民工 6546 万人，比上年增加 409 万人，增长 6.7%，西部地区农民工占农民工总量的 25.9%。

表 2　按输出地分的农民工地区构成

单位：%

	2011 年			2010 年		
	东部	中部	西部	东部	中部	西部
农民工	42.7	31.4	25.9	43.2	31.5	25.3
1.外出农民工	31.6	36.6	31.8	31.8	36.6	31.6
2.本地农民工	61.4	22.7	15.9	62.9	22.5	14.6

二、农民工流向及就业地域分布

（一）在中西部地区务工的农民工增长较快，中西部地区对农民工的吸纳能力进一步增强

从农民工的就业地区②来看，2011 年在东部地区务工的农民工 16537 万人，比上年增加 324 万人，增长 2%，占农民工总量的 65.4%，比上年降低 1.5 个百分点；在中部地区务工的农民工 4438 万人，比上年增加 334 万人，增长 8.1%，占农民工总量的 17.6%，比上年提高 0.7 个百分点；在西部地区务工的农民工 4215 万人，比上年增加 370 万人，增长 9.6%，占农民工总量的 16.7%，比上年提高 0.8 个百分点。分省看，就业地区主要分布在广东、浙江、江苏、山东等省，这 4 个省吸纳的农民工占到全国农民工总数的近一半。

注：①农民工数量包括年内外出从业 6 个月以上的外出农民工和本地非农从业 6 个月以上的本地农民工两部分。
②农民工的就业地区分布，除东部、中部和西部地区外，另有 0.3% 的外出农民工在港澳台地区及国外从业。

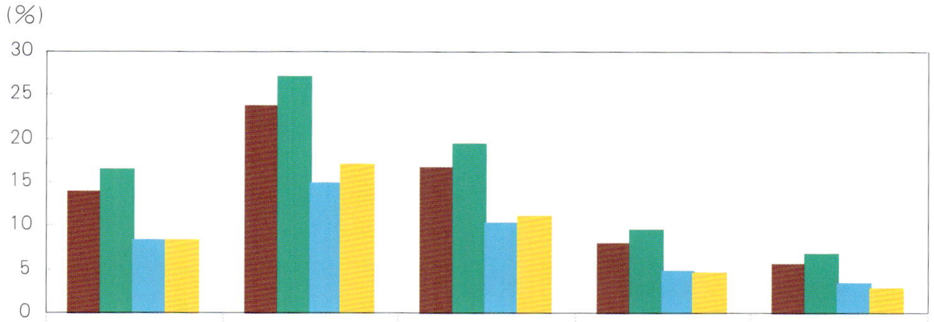

	养老保险	工伤保险	医疗保险	失业保险	生育保险
全国	13.90034409	23.63478763	16.67148223	7.977200494	5.57904967
东部	16.43012062	27.03473993	19.31813858	9.489745443	6.7044633
中部	8.277153558	14.7752809	10.2247191	4.794007491	3.426966292
西部	8.289326292	16.96271403	11.08977436	4.496719475	2.832453193

图 1　2011 年农民工在输入地与输出地的分布

（二）在长三角和珠三角地区务工的农民工比重继续下降

在长三角地区务工的农民工为 5828 万人，比上年增加 18 万人，增长 0.3%，在珠三角地区务工的农民工为 5072 万人，比上年增加 7.4 万人，增长 0.1%，在长三角和珠三角地区务工的农民工增加数量和增幅均明显低于上年水平。在长三角和珠三角地区务工的农民工分别占全国农民工的 23.1% 和 20.1%，分别比上年下降 0.9 和 0.8 个百分点。随着中西部地区的快速发展，东中西部地区农民工工资水平趋同，长三角和珠三角地区对农民工的就业吸引力在逐步下降。

（三）跨省外出的农民工数量减少，农民工以跨省外出为主的格局改变

在外出农民工中，在省内务工的农民工 8390 万人，比上年增加 772 万人，增长 10.1%，占外出农民工总量的 52.9%；在省外务工的农民工 7473 万人，比上年减少 244 万人，下降 3.2%，占外出农民工总量的 47.1%。在省内务工的比重比上年上升 3.2 个百分点。2011 年，去省外务工人数减少，改变了多年来跨省外出农民工比重大于省内务工比重的格局。

（四）外出农民工仍主要流向地级以上大中城市

从外出农民工就业的地点看，在直辖市务工的占 10.3%，在省会城市务工的占 20.5%，在地级市务工的占 33.9%，在地级以上大中城市务工的农民工比上年提高 1.7 个百分点。

三、农民工性别、年龄和受教育状况

（一）农民工以男性为主，年长农民工比重逐年增加

分性别看，男性农民工占 65.9%，女性占 34.1%；分年龄段看，农民工以青壮年为主，16-20 岁占 6.3%，21-30 岁占 32.7%，31-40 岁占 22.7%，41-50 岁占 24%，50 岁以上的农民工占 14.3%。调查资料显示，40 岁以上农民工所占比重逐年上升，由 2008 年的 30% 上升到 2011 年

表 3　不同地区外出农民工在省内外务工的分布

单位：%

地　区	2011 年		2010 年	
	省内	省外	省内	省外
全　　国	52.9	47.1	49.7	50.3
东部地区	83.4	16.6	80.3	19.7
中部地区	32.8	67.2	30.9	69.1
西部地区	43.0	57.0	43.1	56.9

的 38.3%，三年中农民工平均年龄也由 34 岁上升到 36 岁。尽管每年农村新增劳动力主要会加入到农民工的行列中，但农民工年龄结构的变化，也说明农民工的“无限供给”状况在改变。

（二）年龄和家庭对农民工的空间流动有很大的影响

农民工中已婚者占 73.4%，其中，本地农民工已婚者占 90.2%，远高于外出农民工已婚者 58.2% 的比例，这主要是由于本地农民工平均年龄高出外出农民工 12 岁，本地农民工中 40 岁以上的占 60.4%，而外出农民工 40 岁以上仅占 18.2%。这反映了已婚、年纪较大的农民工更倾向于就近就地转移，大龄农民工不仅外出缺少竞争力，而且需要照顾家庭，这使得他们的外出积极性减弱。

（三）农民工以初中文化程度为主，青年农民工和外出农民工文化程度相对较高

表 4　2011 年农民工的文化程度构成

单位：%

	全部农民工	本地农民工	外出农民工	30 岁以下青年农民工
不识字或识字很少	1.5	2.1	0.9	0.3
小学	14.4	18.4	10.7	5.9
初中	61.1	59.0	62.9	59.8
高中	13.2	13.9	12.7	14.5
中专	4.5	3.2	5.8	8.6
大专及以上	5.3	3.4	7.0	10.9

在农民工中，文盲占 1.5%，小学文化程度占 14.4%，初中文化程度占 61.1%，高中文化程度占 13.2%，中专及以上文化程度占 9.8%。外出农民工和年轻农民工中初中及以上文化程度分别占 88.4% 和 93.8%。外出农民工的受教育水平明显高于本地农民工，青年农民工的受教育水平最高，也是最具潜力的农民工群体。

（四）没有参加过任何技能培训的农民工占多数，青年农民工更倾向参加非农职业技能培训

在农民工中，接受过农业技术培训的占 10.5%，接受过非农职业技能培训的占 26.2%，既没有参加农业技术培训也没有参加非农职业技能培训的农民工占 68.8%。青年农民工接受非农职业技能培训的比例要高于年长的农民工；与此相反，年长的农民工接受农业技术培训的比例要高于青年农民工，年龄层次越低，接受农业技术培训的比例也越低，这说明青年农民工正逐渐丧失从事农业生产的技能。

四、农民工就业情况

（一）农民工从业仍以制造业、建筑业和服务业为主，从事建筑业的比重明显提高

在农民工中，从事制造业的比重最大，占 36%，其次是建筑业占 17.7%，服务业占 12.2%，批发零售业占 10.1%，交通运输仓储和邮政业占 6.6%，住宿餐饮业占 5.3%。从近几年调查数据看，变化较明显的是建筑业，农民工从事建筑业的比重在逐年递增，从 2008 年的 13.8% 上升到 17.7%，从事制造业的比重则趋于下降。

（二）在东部地区务工的农民工以制造业为主，但比重下降

从农民工的从业地区看，在东部地区务工的农民工以从事制造业为主，占 44.8%，比上年下降 1.4 个百分点，中、西部地区制造业比重分别为 23% 和 15.4%，比上年上升 0.6 和 0.4 个百分点。随着我国产业结构升级、劳动密集产业从东部向中西部转移，农民工在不同地区就业结构将继续

表 5　农民工从事的主要行业分布

单位：%

	2008 年	2009 年	2010 年	2011 年
制造业	37.2	36.1	36.7	36.0
建筑业	13.8	15.2	16.1	17.7
交通运输、仓储和邮政业	6.4	6.8	6.9	6.6
批发零售业	9.0	10.0	10.0	10.1
住宿餐饮业	5.5	6.0	6.0	5.3
居民服务和其他服务业	12.2	12.7	12.7	12.2

发生变化。

表 6　2011 年农民工在不同地区从事的主要行业分布

单位：%

	全国	东部地区	中部地区	西部地区
制造业	36.0	44.8	23.0	15.4
建筑业	17.7	13.4	24.7	27.4
交通运输、仓储和邮政业	6.6	5.5	8.1	9.3
批发零售业	10.1	8.7	13.1	12.5
住宿餐饮业	5.3	4.5	5.9	7.3
居民服务和其他服务业	12.2	12.3	11.4	12.2

（三）受雇人员的增长快于自营人员的增长，自营比重下降

在外出农民工中，受雇人员占 94.8%，自营人员占 5.2%；在本地农民工中，受雇人员占 71.9%，自营人员占 28.1%。自营人员主要从事批发零售业，占 39.2%；其次是从事交通运输业仓储和邮政业，占 17.8%。近几年，外出农民工和本地农民工中自营人员所占比重均呈下降趋势，2011 年，本地受雇人员和外出受雇人员分别比上年增长 9.4% 和 4.4%，本地自营和外出自营分别比上年减少 2.1% 和 11.8%。

（四）农民工就业稳定性随年龄增长逐步显现

在外出农民工中，初次外出的平均年龄为 26.7 岁。从事现职的平均时间为 2.7 年，从事现职累计不满 1 年的占 22.7%，1-2 年的占 43.1%，3-5 年的占 20.9%，5 年以上的占 13.3%。从不同年龄组来看，16-20 岁年龄组中从事现职 5 年以上的占 1.3%，21-30 岁的占 7.6%，31-40 岁的占 22.3%，41-50 岁的占 24.5%，50 岁以上的占 21.9%，说明随着年龄的增长，就业的稳定性也提高。从从事的工作种类看，企业管理人员、个体经营人员、专业技术人员现职累计时间在 5 年以上的比重要明显高于服务业人员和生产、运输设备操作人员。

五、农民工收入情况

（一）农民工收入增长较快，东部地区和中、西部地区农民工收入差距缩小

2011 年，外出农民工月均收入 2049 元，比上年增加 359 元，增长 21.2%。分地区看，在东部地区务工的农民工月均收入 2053 元，比上年增加 357 元，增长 21%；在中部地区务工的农民工月均收入 2006 元，比上年增加 374 元，增长 22.9%；在西部地区务工的农民工月均收入 1990 元，比上年增加 347 元，增长 21.1%。近两年外出农民工的收入增速加快，中、西部地区的增幅高于东部地区，东部和中、西部地区的收入差距缩小。

（二）本地农民工与外出农民工之间、受雇人员和自营人员之间的收入差异明显

在外出农民工中，受雇人员月均收入 2015 元，比上年增加 360 元，增长 21.8%；自营人员月均收入 2684 元，比上年增加 458 元，增长 20.6%，受雇人员比自营人员收入低 669 元。对比本地务工与外出务工的收入情况，在本地受雇的农民工月均收入比外出受雇的低 261 元。调查数据显示，外出农民工收入高于本地农民工的收入，自营人员的收入高于受雇人员的收入。

（三）在大中城市务工的农民工收入水平相对较高

从外出农民工的从业地点看，在直辖市务工的农民工月均收入 2302 元，在省会城市务工的农民工月均收入 2041 元，在地级市、县级市和建制镇务工的农民工月均收入分别为 2011 元、

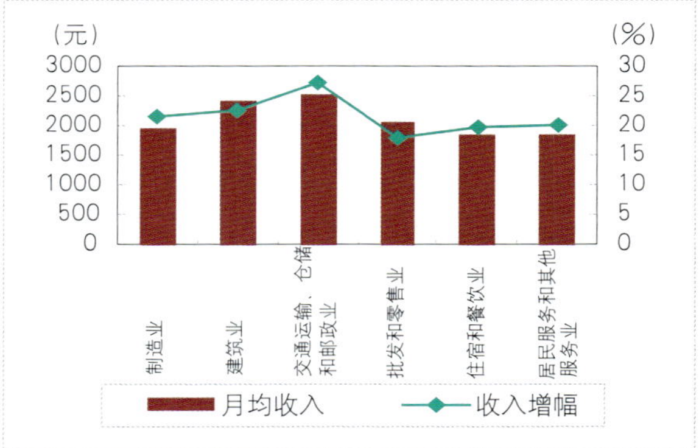

图 2　2011 年外出农民工在不同务工地区月均收入水平及增幅

1982 元和 1961 元。从不同地区务工收入的增幅来看，在直辖市务工的收入增幅要快于平均水平。

（四）不同行业收入水平差别较大，交通运输仓储和邮政业、建筑业和制造业收入增幅高于平均水平

从外出农民工从事的主要行业看，收入水平较高的是交通运输仓储邮政业和建筑业的农民工，月均收入分别为 2485 元和 2382 元；收入较低的分别是住宿餐饮业、服务业和制造业的农民工，月均收入分别为 1807 元、1826 元和 1920 元。从收入增幅看，增幅高于各行业平均水平的是交通运输仓储邮政业、建筑业和制造业，住宿餐饮业、服务业和批发零售业收入增幅低于平均水平。

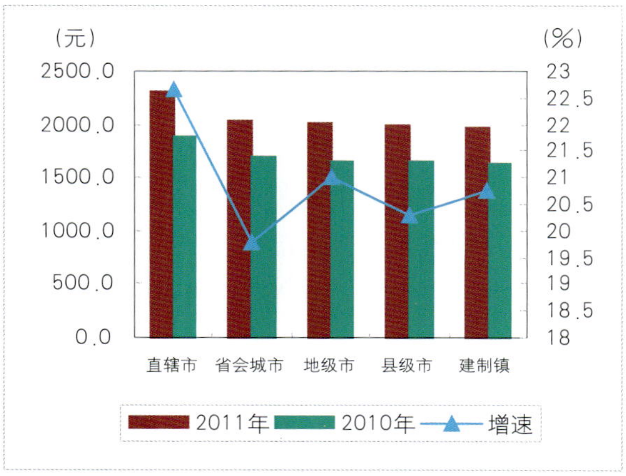

图 3　2011 年不同行业外出农民工月均收入水平及增幅

六、外出农民工居住情况

（一）外出农民工是以雇主或单位提供住宿为主

以受雇形式从业的农民工，由雇主或单位提供宿舍的占 32.4%，在工地或工棚居住的占 10.2%，在生产经营场所居住的占 5.9%，与他人合租住房的占 19.3%，独立租赁住房的占 14.3%，有 13.2%的外出农民工在乡镇以外从业但每天回家居住，仅有 0.7%的外出农民工在务工地自购房。分地区看，在东部地区务工的农民工居住条件要好于中西部地区，在工地、工棚及生产经营场所居住的比例要明显低于中西部地区。从近几年农民工居住情况的变化看，在单位宿舍和生产经营场所居住的比例呈下降趋势，而与他人合租住房、乡外从业回家居住的比例呈上升态势。

表 7　2011 年外出农民工在不同地区务工的住宿情况

单位：%

	全国	东部地区	中部地区	西部地区
单位宿舍	32.4	35.2	28.9	24.0
工地工棚	10.2	7.4	15.6	16.8
生产经营场所	5.9	5.2	7.3	7.5
与他人合租住房	19.3	20.9	14.5	16.8
独立租赁住房	14.3	14.2	12.4	16.3
务工地自购房	0.7	0.6	0.8	1.0
乡外从业回家居住	13.2	13.2	15.2	11.5
其他	4.0	3.3	5.3	6.1

（二）四成外出农民工的雇主或单位不提供住宿也没有住房补贴

从外出受雇农民工的居住负担看，49.9% 的农民工由雇主或单位提供免费住宿；8.8%的农民工雇主或单位不提供住宿，但有住房补贴；41.3%的农民工雇主或单位不提供住宿也没有住房补贴。雇主或单位不提供住宿的农民工每人月均居住支出 335 元，占其月均收入的 16%。

七、外出农民工权益保障情况

（一）拖欠工资状况继续改善

外出受雇农民工，被雇主或单位拖欠工资的占 0.8%，比上年下降了 0.6 个百分点。被拖欠工资的外出农民工主要还是集中在建筑业和制造业，建筑业农民工被拖欠工资的占 1.9%。从近几年调查数据看，被雇主或单位拖欠工资的农民工比例逐年下降，2008 年 -2011 年分别为 4.1%、1.8%、1.4% 和 0.8%，解决和遏制农民工工资拖欠的一系列政策措施，取得明显成效。

（二）外出农民工劳动时间偏长的情况有所改善

2011年外出农民工平均在外从业时间是9.8个月，平均每个月工作25.4天，每天工作8.8小时。每周工作超过5天的占83.5%，每天工作超过8小时的占42.4%，32.2%的农民工每天工作10小时以上，与上年相比，尽管外出农民工劳动时间偏长的情况略有改善，但是每周工作时间超过劳动法规定的44小时的农民工仍高达84.5%。

表8 外出农民工劳动时间

	2011年	2010年
全年外出从业时间（月）	9.8	9.8
平均每月工作时间(天)	25.4	26.2
平均每天工作时间(小时)	8.8	9.0
每周工作时间超过5天比重（%）	83.5	86.4
每天工作时间超过8小时的比重（%）	42.4	49.3
每周工作时间超过44小时的比重（%）	84.5	90.7

（三）农民工签订劳动合同的比例略有提高，仍有一半以上农民工没有签订劳动合同

外出受雇农民工与雇主或单位签订劳动合同的占43.8%，比上年提高1.8个百分点。分行业看，从事建筑业的农民工没有签订劳动合同的比例最高，占73.6%，从事制造业的占49.6%，从事服务业的占61.4%，从事住宿餐饮业和批发零售业的分别占64.6%和60.9%。总体看，外出农民工与雇主或单位签订劳动合同的比例与上年相比略有提高，但是建筑业农民工没有签订劳动合同的比例仍居高不下。

（四）外出农民工参加社会保险的水平有所提高，但总体仍然较低，中西部地区农民工参保比例明显低于东部地区

雇主或单位为农民工缴纳养老保险、工伤保险、医疗保险、失业保险和生育保险的比例分别为13.9%、23.6%、16.7%、8%和5.6%，除工伤保险比上年略减外，养老保险、医疗保险、失业保险和生育保险的比例分别比上年提高4.4、2.4、3.1和2.7个百分点。从输入地看，不同地区的农民工社会保障状况差异仍较大，中西部地区的农民工参保比例比较接近，落后于在东部地区务工的农民工，2011年东部地区各项保险参保率进展明显，与中西部地区差距扩大。东部地区养老保险、医疗保险、失业保险和生育保险的比例分别比上年提高5.5、3.2、3.8和3.2个百分点。

（五）不同行业外出农民工的社会保障水平差异较大，建筑业、住宿餐饮业农民工

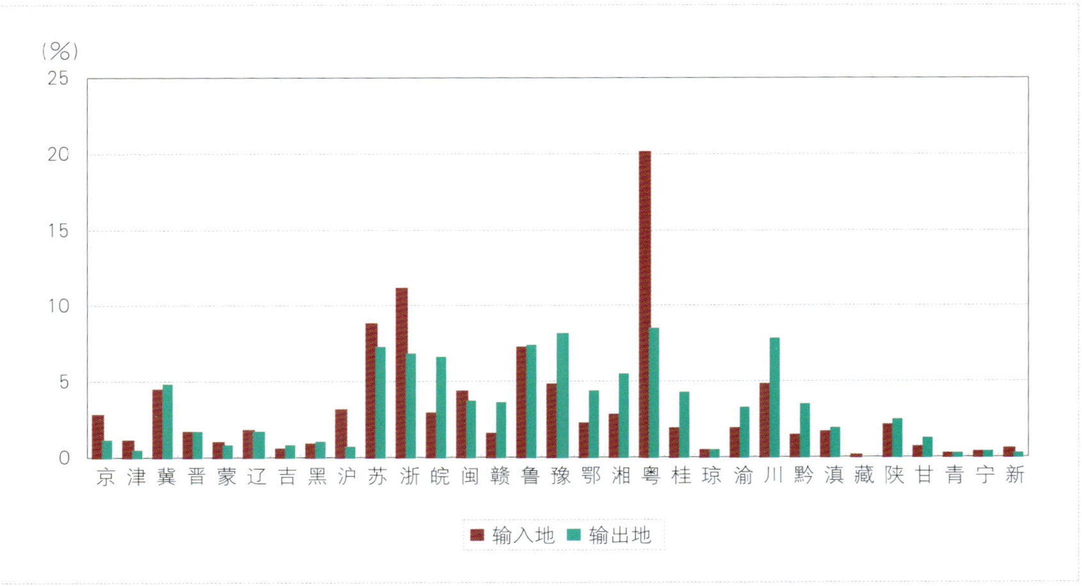

图4 2011年外出农民工在不同地区务工参加社会保障的比例

的社会保障状况仍需重点关注

从主要行业看，制造业、批发零售业、交通运输仓储和邮政业的参保情况相对较好，交通运输仓储和邮政业、批发零售业、服务业参保率进展明显。需重点关注的仍是建筑行业、住宿餐饮业的农民工，雇主或单位为其缴纳各项保险的比例显著低于其他行业。

表 9　不同行业农民工参加社会保障的比例

单位：%

行业	养老保险	工伤保险	医疗保险	失业保险	生育保险
制造业	14.1	28.0	17.8	7.5	4.8
建筑业	4.3	14.1	6.4	2.2	1.6
交通运输、仓储和邮政业	24.4	32.6	27.7	15.1	10.4
批发和零售业	15.1	17.7	16.3	9.6	7.7
住宿和餐饮业	7.3	11.8	9.0	3.8	2.5
居民服务和其他服务业	12.4	16.4	13.7	6.4	4.5

八、小结

综上所述，对 2011 年农民工总体规模、基本特征、流向分布、就业情况、收入和居住情况、权益及社会保障等方面的调查分析结果小结如下：

1. 农民工总量继续扩大，中西部地区农村劳动力将是今后劳动力转移的主体。中西部地区农民工数量增长快于东部地区，这是近两年农民工增长变化的一个特点。从调查数据看，东部地区农村劳动力中农民工已占 52.8%，中部和西部地区分别为 35.6% 和 27.3%，这说明中西部地区农村劳动力转移的潜力要大于东部地区。应针对不同区域的转移潜力，确定农村劳动力转移就业的工作重点，做出相应的政策调整。

2. 在中西部地区务工的农民工增长快于东部地区，农民工的流动格局发生了显著变化。近几年，由于中西部地区的经济快速发展，劳动密集型产业从东部向中西部转移，为劳动力提供了越来越多的就业机会，中西部地区的农民工在本乡和省内务工的人数均增加较快，农民工流动呈现出就近就地转移加快的趋势。2011 年跨省外出的农民工数量减少，改变了多年来跨省外出农民工比重大于省内务工比重的格局。

3. 农民工的平均年龄逐年上升，农民工年龄结构向“高龄化”转变，说明农民工“无限供给”的情况已在改变。本地农民工平均年龄高出外出农民工 12 岁，这反映了年龄和家庭对农民工的空间流动有很大的影响，年纪较大的已婚农民工更倾向于就近就地转移，大龄农民工外出缺少竞争力，而且需要照顾家庭，他们的外出积极性减弱。

4. 没有参加过任何技能培训的农民工仍占多数，青年农民工更倾向参加非农职业技能培训。年长的农民工接受过农业技术培训的比例要高于青年农民工，年龄层次越低，接受农业技术培训的比例也越低，这说明青年农民工正逐渐丧失从事农业生产的技能。

5. 农民工仍以从事制造业、建筑业和服务业为主。从近几年看，农民工从事建筑业的比重在逐年递增，而从事制造业的比重则趋于下降。分地区看，在东部地区务工的农民工以从事制造业为主，中、西部地区务工的农民工以从事建筑业为主。但东部地区的制造业比重下降，中、西部地区制造业比重上升。随着我国产业结构升级、劳动密集产业从东部向中西部转移，农民工在不同地域的就业结构将继续发生变化。

6. 农民工收入显著增长，东部地区和中、西部地区农民工收入差距缩小。外出农民工的收入高于本地农民工的收入，自营人员的收入高于受雇人员的收入。在大中城市务工的农民工收入水平相对较高，直辖市收入增幅较快。不同行业收入水平差别较大，交通运输仓储邮政业、建筑业和制造业收入增幅高于平均水平，而住宿餐饮业和服务业和批发零售业收入增幅低于平均水平。

7. 外出农民工的住宿是以雇主或单位提供住宿为主。从近几年农民工居住情况的变化看，在单位宿舍和生产经营场所居住的比例呈下降趋势，而与他人合租住房、乡外从业回家居住的比例呈上升态势。

8. 农民工的权益保障正逐渐改进。维护农民工劳动报酬权益已取得明显成效，拖欠工资状况有所改善。农民工劳动时间偏长的问题有所改观，但每周工作时间超过劳动法规定的 44 小时的外出农民工仍高达 84.5%。农民工签订劳动合同的比例略有提高，但仍有一半以上农民工没有签订劳动合同，建筑业农民工没有签订劳动合同的比例仍居高不下。

9. **外出农民工参加社会保险的水平有所提高，但总体仍然较低。**中西部地区农民工参保比例明显低于东部地区，差距继续扩大。不同行业农民工的社会保障水平差异较大，制造业、批发零售业、交通运输仓储和邮政业的参保情况相对较好，交通运输仓储和邮政业、批发零售业、服务业参保率进展明显。建筑业、住宿餐饮业农民工的社会保障状况仍需重点关注。

10. **东部地区用工紧张将成常态化。**首先，东部地区缺少劳动力供给，东部地区农村劳动力中农民工已超过半数，而没有非农转移的劳动力中70%年龄在40岁以上，继续转移的潜力已不大；其次，随着农民工在不同区域务工收入的趋同，东部地区对中西部地区农民工的吸引力正在逐渐丧失，在中西部就业机会增加的情况下，农民工更倾向选择就地就近就业。

（执笔：彭丽荃　国家统计局住户办）

哈密市恒顺设施农业（哈密地区统计局提供）

2011 年全面建设小康社会统计监测报告

全面建设小康社会是党的十六大提出的本世纪头二十年的奋斗目标。根据《全面建设小康社会统计监测方案》①，国家统计局统计科学研究所和各地统计研究部门对 2000 年—2010 年全国及各地全面建设小康社会进程进行了统计监测。结果表明，过去的十年中，在党中央、国务院的正确领导下，我国努力克服了严重国际金融危机冲击、生产成本上涨、“非典”疫情、罕见的冰雪灾害与大地震、泥石流，以及欧洲主权债务危机等众多不利因素的影响，经济建设取得了巨大成就，各项社会事业加快发展，人民生活水平不断提高，生态建设与自然环境保护态势良好。全国及各地区在全面建设小康社会的道路上取得了长足的进步。

一、中国全面建设小康社会进展顺利，实现程度由 2000 年的 59.6% 提高到 2010 年的 80.1%

据监测，2010 年中国全面建设小康社会的实现程度②达到 80.1%，比 2000 年提高 20.5 个百分点，平均每年提高 2.05 个百分点。全面建设小康社会的六大方面：经济发展、社会和谐、生活质量、民主法制、文化教育、资源环境的实现程度都有较大的提高（见表 1）。

（一）经济发展取得重大成就，实现程度由 2000 年的 50.3% 提高到 2010 年的 76.1%

“经济发展”包括人均 GDP、R&D 经费支出占 GDP 比重、第三产业增加值占 GDP 比重、城镇人口比重和失业率（城镇）五项监测指标，主要反映经济方面的发展情况。据监测，2010 年中国在经济发展方面的实现程度为 76.1%，比 2000 年提高 25.8 个百分点，平均每年提高 2.58 个百分点。从五项监测指标来看，2010 年人均 GDP 达到 29992 元（当年价），按可比价格计算，是 2000 年的 2.56 倍，十年间年均增长 9.8%，实现程度首次超过 60%，达到 64.0%；R&D 经费支出占 GDP 比重达到 1.76%，比 2000 年的 0.90% 几乎翻了一番，实现程度为 70.4%；第三产业增加值占 GDP 比重达到 43.1%，比 2000 年的 39.0% 上升了 4.1 个百分点，实现程度为 86.2%；城镇人口比重达到 49.95%，比 2000 年的 36.22% 上升了 13.73 个百分点，实现程度为 83.3%；失业率一直保持在目标范围内，实现程度为 100%。

（二）社会和谐程度逐步改善，实现程度由 2000 年的 57.5% 提高到 2010 年的 82.5%

“社会和谐”包括基尼系数、城乡居民收

注：① 2003 年初，国家统计局统计科学研究所开始研究制定全面建设小康社会统计监测指标体系；2007 年又根据党的十七大提出的新要求对指标体系做了重要修订。为了便于各地开展监测工作，2008 年 6 月由国家统计局正式印发了《全面建设小康社会统计监测方案》（国统字 [2008] 77 号），方案中的指标体系由经济发展、社会和谐、生活质量、民主法制、文化教育、资源环境等 6 个方面 23 项指标组成。

②全面建设小康社会实现程度是一种综合指数，是各监测指标实际值除以标准值，然后再经加权综合而得的。实现程度 60% 为总体小康，100% 为全面小康，也就是说，全国建设小康社会进程是以 60% 为起点，100% 为终点。从 2000 年到 2020 年，这 20 年间，前 10 年走完了约一半的路程，其计算方法是：（80.1% - 59.6%）÷（100% - 59.6%）× 100% = 50.7%。这一方面表明全面建设小康社会进程总体顺利，另一方面也表明任务仍很艰巨，后 10 年要走完另一半路程，实现全面小康，难度更大。

表 1 2000-2010 年中国全面建设小康社会及在六大方面的实现程度

单位：%

	2000年	2001年	2002年	2003年	2004年	2005年	2006年	2007年	2008年	2009年	2010年
全面建设小康社会	59.6	60.7	61.8	63.0	64.8	67.2	69.9	72.8	74.7	77.5	80.1
经济发展	50.3	52.2	54.4	56.3	58.2	60.6	63.4	66.6	69.1	73.1	76.1
社会和谐	57.5	59.6	57.1	56.3	59.9	62.8	67.6	72.1	76.0	77.7	82.5
生活质量	58.3	60.7	62.9	65.5	67.7	71.5	75.0	78.4	80.0	83.7	86.4
民主法制	84.8	82.6	82.5	82.4	83.7	85.6	88.4	89.9	91.1	93.1	93.6
文化教育	58.3	59.1	60.9	61.8	62.2	63.0	64.1	65.3	64.6	66.1	68.0
资源环境	65.4	64.6	66.3	67.2	67.7	69.5	70.6	72.6	75.2	76.8	78.2

入比、地区经济发展差异系数、基本社会保险覆盖率和高中阶段毕业生性别差异系数五项监测指标，主要反映社会发展的协调程度。据监测，2010 年中国在社会和谐方面的实现程度为 82.5%，比 2000 年提高 25.0 个百分点，平均每年提高 2.50 个百分点。从五项监测指标来看，2010 年基尼系数[③]略高于 2000 年的 0.412，实现程度为 79.8%；城乡居民收入比（以农村居民收入为 1）为 3.45，比 2000 年的 2.85 上升了 0.60，实现程度为 70.3%；地区经济发展差异系数[④]为 50.95%，比 2000 年的 68.74% 缩小了近 18 个百分点，已达到预定目标；基本社会保险覆盖率[⑤]达到 65.6%，比 2000 年的 13.3% 上升了 52.3 个百分点，实现程度为 72.8%；高中阶段毕业生性别差异系数为 99.25%，比 2000 年的 110.64% 缩小了 11.4 个百分点，实现程度接近 100%。

（三）人民生活质量显著提高，实现程度由 2000 年的 58.3% 提高到 2010 年的 86.4%

“生活质量”包括居民人均可支配收入、恩格尔系数、人均住房使用面积、5 岁以下儿童死亡率和平均预期寿命五项监测指标，主要反映居民生活的发展变化情况。据监测，2010 年中国在生活质量方面的实现程度为 86.4%，比 2000 年提高 28.1 个百分点，平均每年提高 2.81 个百分点，在六大方面中实现程度提升的幅度最大。从五项监测指标来看，2010 年居民人均可支配收入[⑥]估计为 10046 元（2000 年不变价），是 2000 年的 2.73 倍，实现程度为 67.0%，但城乡居民收入差距依然较大；恩格尔系数[⑦]为 38.4%，比 2000 年的 45.6% 下降了 7.2 个百分点，已达到

注：③基尼系数是反映居民收入分配差异程度的一项重要指标。其经济含义是：在全部居民收入中，用于进行不平均分配的那部分收入占总收入的比重，因此其最大为“1”，最小等于“0”。前者表示居民之间的收入分配绝对不平均，即 100% 的收入被一个人占有了；而后者则表示居民之间的收入分配绝对平均，即每个人的收入完全相同。一般情况下，基尼系数处于 0 和 1 之间。联合国有关组织规定：若低于 0.2 表示收入绝对平均；0.2—0.3 表示比较平均；0.3—0.4 表示相对合理；0.4—0.5 表示收入差距较大；0.6 以上表示收入差距悬殊。目前，我国城镇和农村基尼系数可分别通过城乡居民住户收支调查的原始资料计算得出，但由于我国城乡居民的住户调查尚未一体化，所以，还不能直接通过住户调查资料计算全国的基尼系数，只能根据城乡居民住户调查收支分组资料估算得出。

④地区经济发展差异系数是通过计算全国 31 个省（区、市）人均 GDP 的变异系数得出的。它反映的是各地区之间经济发展差异情况，其值越大，各地区之间经济发展差异程度越大，反之亦然。

⑤基本社会保险覆盖率是指已参加基本养老保险和基本医疗保险人口占政策规定应参加人口的比重。基本社会保险主要包括基本养老保险、基本医疗保险、失业保险、工伤保险和生育保险等五项，其中基本养老保险、基本医疗保险最为重要，所以在计算基本社会保险覆盖率时只计算基本养老保险和基本医疗保险的覆盖率。

⑥居民人均可支配收入是根据城镇、农村居民人均可支配收入以及城、乡常住人口比重加权平均计算得到的。目前，统计部门只公布城镇居民人均可支配收入和农村居民人均纯收入，而农村居民可支配收入可通过计算农村居民总收入减去家庭经营费用支出、税费支出、生产性固定资产折旧、财产性支出、转移性支出得到。

⑦恩格尔系数是根据城镇居民家庭恩格尔系数、农村居民家庭恩格尔系数以及城、乡常住人口比重加权平均计算得到的。

预定目标；人均住房使用面积[⑧]达到27.0平方米，比2000年的19.0平方米增加了8.0平方米，达到预定目标；5岁以下儿童死亡率为16.4‰，比2000年的39.7‰降低了23.7个千分点，实现程度为73.2%；平均预期寿命估计达到73.5岁，比2000年的71.4岁增加了2.1岁，实现程度为98.0%。

（四）民主法制得到逐步健全，实现程度由2000年的84.8%提高到2010年的93.6%

“民主法制”包括公民自身民主权利满意度和社会安全指数两项监测指标。据监测，2010年中国在民主法制方面的实现程度为93.6%，比2000年提高8.7个百分点，平均每年提高0.87个百分点。调查结果显示，2010年公民自身民主权利满意度[⑨]达到82%，比2000年的60%增加了22个百分点，实现程度为91.1%；以2000年为基期，从社会治安、交通安全、生活安全和生产安全四个方面综合来计算的社会安全指数[⑩]，2010年实现程度达95.6%。

（五）文化教育事业稳步发展，实现程度由2000年的58.3%提高到2010年的68.0%

“文化教育”包括文化产业增加值占GDP比重、居民文教娱乐服务支出占家庭消费支出比重和平均受教育年限三项监测指标，主要反映文化教育方面的发展情况。据监测，2010年中国在文化教育方面的实现程度为68.0%，比2000年提高9.7个百分点，平均每年提高0.97个百分点。从三项监测指标来看，我国文化产业保持高速增长，尤其是2008年以来，文化产业逆势上扬，其消耗少、污染低、附加值高等优势进一步凸显，2010年文化产业增加值占GDP比重约为2.75%，比2000年提高了将近1个百分点，实现程度为55.0%；受义务教育免收学杂费因素的影响，居民文教娱乐服务支出占家庭消费支出比重为10.22%，比2000年的11.68%下降了1.46个百分点，实现程度为63.9%；15岁以上人口平均受教育年限预计为8.64年，比2000年的7.79年提高0.85年，实现程度为82.3%。

（六）资源环境恢复态势良好，实现程度由2000年的65.4%提高到2010年的78.2%

“资源环境”包括单位GDP能耗、耕地面积指数和环境质量指数三项监测指标，主要反映资源利用状况和环境保护成果。据监测，2010年中国资源环境方面的实现程度为78.2%，比2000年提高12.8个百分点，平均每年提高1.28个百分点。从三项监测指标来看，由于国家“节能减排”政策的大力实施，2010年单位GDP能耗已下降至1.21吨标准煤/万元（2000年不变价，下同），比2000年的1.47吨标准煤/万元下降了17.6%，实现程度为69.5%；以2000年为基期计算的耕地面积指数[⑪]2010年为94.5%，仍在控制目标之内；从空气、水、绿化等方面综合计算的环境质量指数[⑫]达到76.7%，比2000年的59.2%增加了17.5个百分点，实现程度为76.7%。

注：⑧人均住房使用面积指城镇人均住房使用面积和农村人均钢筋砖木结构住房面积的加权平均。
⑨公民自身民主权利满意度指公民对自身的政治、经济和文化权益得到切实尊重和保障的满意程度。此指标是一项主观性指标，其数据通过抽样调查取得。
⑩社会安全指数是一个合成指数，表示社会安全的状态。指一定时期内，社会安全的几个主要方面（社会治安、交通安全、生活安全、生产安全等）的总体变化情况。其中，社会治安采用万人刑事犯罪率指标；交通安全采用万人交通事故（含道路交通、水上交通、铁路、民航等）死亡率指标；生活安全采用万人火灾事故死亡率指标；生产安全采用万人工伤事故死亡率指标。
⑪ 耕地面积指数是指报告期耕地面积与基期耕地面积的比率。当耕地面积增加时，比率大于100%；当耕地面积减少时，比率小于100%。
⑫环境质量是包括水环境、大气环境、土壤环境、生态环境、地质环境、噪声等环境要素优劣的一个综合概念。由于环境统计数据的限制，环境质量指数的计算目前暂由水环境、大气环境、绿化等环境要素构成，待条件成熟时，再加其他。环境质量指数包括：城市空气质量达标率、地表水达标率和国土绿化达标率。

二、四大区域全面建设小康社会的实现程度均有上升，但区域间差距仍然较大

从东部、中部、西部和东北地区[13]全面建设小康社会的实现程度看（见表2），十年间中国四大区域全面建设小康社会的实现程度均有明显提升。2010年，东部地区全面建设小康社会的实现程度为88.0%，比2000年提高23.7个百分点；中部地区为77.7%，提高22.1个百分点；西部地区为71.4%，提高18.2个百分点；东北地区为82.3%，提高22.0个百分点。从十年来的年均增长速度来看，东部地区增幅最高，中部地区次之，西部地区最低。

表2 2000—2010年中国四大区域全面建设小康社会实现程度

单位：%

	2000年	2001年	2002年	2003年	2004年	2005年	2006年	2007年	2008年	2009年	2010年
东部地区	64.3	66.5	69.0	70.5	72.4	75.1	78.1	81.4	83.5	86.0	88.0
中部地区	55.6	57.9	58.8	60.3	62.1	64.1	67.0	70.6	72.7	75.6	77.7
西部地区	53.2	54.2	55.1	56.1	56.9	59.2	61.0	64.4	66.2	68.9	71.4
东北地区	60.3	62.0	63.9	66.0	67.6	69.2	72.2	74.9	77.5	80.5	82.3

（一）东部地区实现程度最高，发展速度最快

2000年，东部地区全面建设小康社会实现程度达到64.3%，比全国平均水平高4.7个百分点。到2010年，东部地区全面建设小康社会的实现程度达到了88.0%，比全国平均水平高出了7.9个百分点。无论是每年的实现程度还是实现程度的提升幅度，东部地区都居全国四大区域之首。到2010年，东部地区已有北京、天津、上海、江苏、浙江、福建和广东等7省（市）的全面建设小康社会实现程度超过了90%。

（二）中部地区实现程度较低，但发展速度较快

2000年，中部地区全面建设小康社会的实现程度为55.6%，比全国的平均水平低4.0个百分点。到2010年，中部地区全面建设小康社会的实现程度达到了77.7%，比全国的平均水平低2.4个百分点。从六大方面来看，中部地区主要在经济发展和生活质量方面落后于全国平均水平。2010年，中部地区经济发展的实现程度为64.2%，比全国低11.9个百分点；生活质量的实现程度为83.4%，比全国低3.0个百分点。中部地区的六个省份发展比较均衡，2010年全面建设小康社会实现程度均在80%左右。

（三）西部地区实现程度和提升幅度均低于东部和中部，但已现加快势头

2000年，西部地区全面建设小康社会的实现程度为53.2%，低于全国平均水平6.4个百分点。到2010年，西部地区全面建设小康社会实现程度为71.4%，低于全国平均水平8.7个百分点。从六大方面来看，西部地区均落后于全国平均水平，尤其是在经济发展、生活质量和社会和谐这三大方面，2010年的实现程度分别比全国平均水平低了13.7、11.2和8.4个百分点。然而可喜的是，与2009年相比，西部地区2010年的增速在四大区域中排在首位，显示出了其快速发展的巨大潜力。从西部地区12省（区、市）来看，虽然其发展水平都相对较低，2010年全面建设小康社会的实现程度均低于全国平均水平，但都

注：⑬东部地区包括北京、天津、河北、上海、江苏、浙江、福建、山东、广东和海南10省（市）；中部地区包括山西、安徽、江西、河南、湖北和湖南6省；西部地区包括内蒙古、广西、重庆、四川、贵州、云南、西藏、陕西、甘肃、青海、宁夏和新疆12省（区、市）；东北地区包括辽宁、吉林和黑龙江3省。

达到了 60% 以上，全部实现了整体小康。其中近年来内蒙古发展较快，2010 年的实现程度已接近 80%；广西、重庆、四川和陕西等 4 省（区、市）的实现程度位于 70%-80%；其余贵州、云南等 7 省（区）的实现程度位于 60%-70%。

（四）东北地区实现程度较高，发展速度较快

东北地区全面建设小康社会实现程度低于东部地区，但高于中部和西部地区。2000 年，东北地区全面建设小康社会的实现程度为 60.3%，比全国平均水平高了 0.7 个百分点；到 2010 年其实现程度达到 82.3%，比全国平均水平高出了 2.2 个百分点。从六大方面来看，东北地区主要在生活质量方面的实现程度低于全国平均水平：2010 年东北地区生活质量的实现程度为 82.3%，比全国低了 4.1 个百分点。2010 年，辽宁全面建设小康社会的实现程度首次超过 85%，吉林首次超过 80%，黑龙江已接近 80%。

三、全面建设小康社会的实现程度均有所加大，“十一五”时期增速快于“十五”时期

2000-2010 年历经了中国的“十五”时期和“十一五”时期。从两个时期考察，中国全面建设小康社会进程在“十五”时期年均提高 1.51 个百分点，在“十一五”时期年均提高 2.59 个百分点，高于“十五”时期 1.08 个百分点，增速有所加快。

（一）从六大方面来看，增速均有所加快

全面建设小康社会的六大方面在“十一五”时期的增速均高于“十五”时期（见图 1）。由此可见，“十一五”时期构建和谐社会和法制社会效果明显，经济保持平稳较快发展，生活质量持续改善，文化教育和资源环境也得到进一步加强。

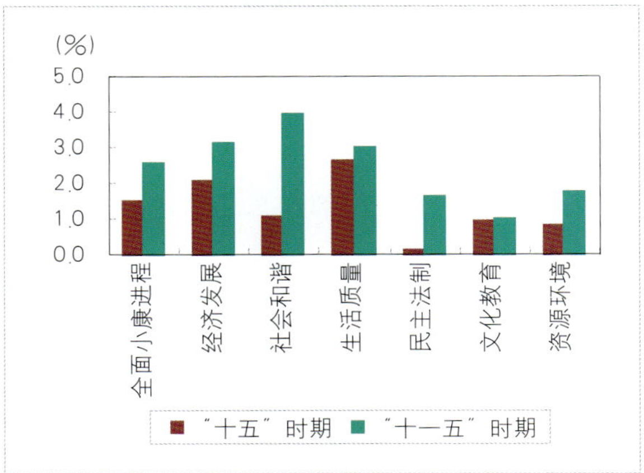

图 1 “十五”与“十一五”时期全面建设小康社会及六大方面的实现程度年均提高百分点比较

（二）从四大区域来看，中、西部地区的阶段性变化较大

东、中、西部和东北地区在“十一五”时期全面建设小康社会实现程度的年均增速均高于“十五”时期（见图 2）。“十五”时期，实现程度的年均增速从高到低依次为东部地区、东北地区、中部地区和西部地区，且各地区年均增速之间的差距较大，最高的东部地区的年均增速比最低的西部地区高了近 1 个百分点；到了“十一五”时期，年均增速从高到低依次分别为中部地区、东北地区、东部地区和西部地区，四大区域之间的年均增速差异明显缩小，最高的中部地区的年均增速比最低的西部地区仅高了 0.3 个百分点。

从两个时期的年均增速对比来看，东部地区保持平稳较快发展，但是随着东部地区多个省份的全面建设小康社会进程突破 90%，今后的提升速度可能会逐渐放缓；中部地区在“十一五”时期的年均增速比“十五”时期高了 1.02 个百分点；西部地区发展水平较低，但其在“十一五”时期的年均增速比“十五”时期翻了一番，显示出了巨大的发展潜力；东北地区呈现出良好的发展态势。

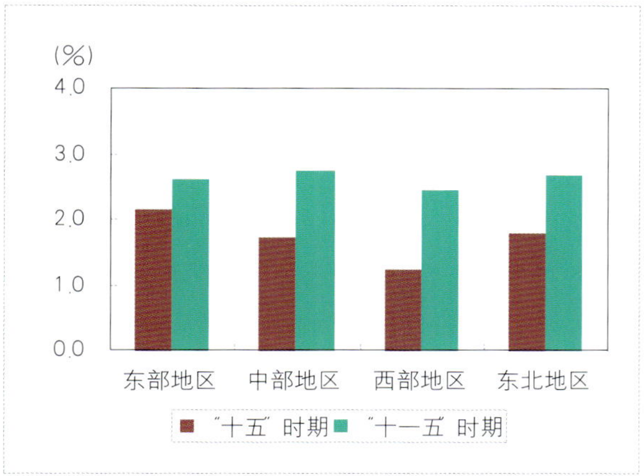

图 2 “十五”与“十一五”时期四大区域全面建设小康社会实现程度年均提高百分点对比

四、实现全面建设小康社会目标的政策建议

2010 年是“十一五”规划的收官之年，站在全面建设小康社会前后十年的交汇点上，回顾前十年成绩卓著，展望后十年仍任重道远。要如期实现 2020 年全面建成小康社会的目标，今后十年要继续以科学发展为主题，以转变经济发展方式为主线，抓住和利用好中国发展的重要战略机遇期，推进以下几方面工作：

（一）着力推动发展方式转变，调整优化产业结构

要着力构建以现代农业为基础、高新技术产业为先导、基础产业和制造业为支撑、服务业全面发展的现代产业体系，走能源消耗低、环境污染少、经济效益好的新型工业化道路，形成第二产业优化发展、第三产业加快发展，产业结构进一步趋向合理化的良好局面，为下一轮经济的又好又快发展奠定坚实的基础。

（二）加大科技投入，增强自我创新能力

要在加大科技投入的同时，完善以政府为引导、企业为主体、社会投入为补充的科技投入体系；完善以市场为导向、企业为主体、产学研联动的技术创新体系；完善以机制创新和环境建设为重点的创新服务体系。同时加强对高新技术产业的人才培养，集中科研力量，突破一批产业发展急需的关键技术、核心技术；重视科技成果的引进与消化吸收，做好引进技术与产业发展的对接；提高科技成果的转化和应用，全面提升自主创新能力和水平。

（三）促进社会和谐，加快完善社保体系

要深化分配制度改革，维护和实现社会公平；统筹城乡协调发展，加快社会主义新农村建设。要加快完善社会保障体系，提高社会保障覆盖率。特别要重点关注农村人口、外来务工人员、城镇未就业居民等弱势边缘群体的保障问题，加快实现社会保障的城乡一体化和全国一体化，使尽可能多的人口可以真正享受到社会保障带来的好处。

（四）注重环境保护，坚持节能减排

要继续坚持经济与环境协调发展原则，坚定不移地把保护环境和节约资源始终放在突出位置，积极转变经济发展方式，大力发展高附加值、低消耗、低污染的绿色新兴产业，逐步淘汰落后工艺技术和生产能力，减少污染物排放总量，为经济发展腾出更多的环境容量，走环境与经济良性循环的可持续发展道路。

（执笔：施凤丹　国家统计局统计科学研究所）

2011 年环境与生态保护状况报告

一、环境保护事业

2011 年是“十二五”开局之年，也是加快转变经济发展方式进入攻坚时期的关键年。通过深入贯彻落实科学发展观，认真贯彻党的十七大、十七届三中、四中、五中全会和中央经济工作会议精神，紧紧围绕科学发展的主题、加快转变经济发展方式的主线和提高生态文明水平的新要求，把加强环境保护与转方式调结构、惠民生促和谐有机结合起来，以解决影响可持续发展和损害群众健康的突出环境问题为重点，扎实推进污染减排，加大重点流域区域污染防治力度，严格环境执法监督，全面加强农村环境保护和生态保护，抓好核与辐射安全监管，积极探索环保新道路，各级环保部门较好完成了 2011 年各项任务，为“十二五”环保事业良好开局奠定了基础。

（一）第七次全国环境保护大会在京召开

2011 年 12 月，国务院召开了第七次全国环境保护大会。李克强副总理出席会议并发表重要讲话，充分肯定“十一五”环境保护工作取得的显著成绩，从加快转变经济发展方式、推进生态文明建设、满足人民群众的迫切愿望、参与国际竞争与合作四个方面深刻阐述了加强环境保护的重要性紧迫性，强调要坚持在发展中保护，在保护中发展，积极探索代价小、效益好、排放低、可持续的环境保护新道路，切实解决影响科学发展和损害群众健康的突出环境问题，努力开创环保工作新局面。会前，国务院印发《关于加强环境保护重点工作的意见》和国家环境保护“十二五”规划，明确了“十二五”时期环境保护工作的重点任务和保障措施。李克强副总理的重要讲话、《意见》和《规划》，进一步表明了环境保护的战略地位更加强化，环境保护的指导思想更加明晰，环境保护的重点任务更加突出，环境保护的保障措施更加有力，为全面推进环保事业大发展指明了努力方向。

（二）环境保护促进经济发展方式转变的作用进一步强化

通过督促落实环境保护和污染减排政策措施，有力推动地方转方式调结构。重点加强流域、水利水电等领域的规划环评，推广应用五大区域战略环评成果，促进区域重点产业与资源环境协调发展。认真兑现强化验收等七项承诺，坚持“疏”、“堵”结合，对民生工程、基础设施、生态建设以及有利于结构调整的项目，按程序和要求加快环评审批进度。从严控制“两高一资”、低水平重复建设和产能过剩项目。在“十一五”全面清理历史遗留验收管理欠账的基础上，进一步提高了建设项目环评全过程监管能力。加严污染物排放限值，有力推进了相关行业污染防治水平升级及产业结构调整。

（三）主要污染物减排扎实推进

组织完成 2010 年污染源普查动态更新调查，形成污染源排放数据库，为确定“十二五”减排基数奠定了基础。制定“十二五”各地区主要污染物总量控制计划，确定了各地总量控制指标，将减排任务细化分解并落实到具体项目上。在第七次环保大会上，受国务院委托，环保部与各省（区、市）、新疆生产建设兵团和有关中央企业签订了总量减排目标责任书。继续推进工程减排、结构减排和管理减排三大措施。启动污染减排绩效管理试点工作。2011 年化学需氧量、氨氮和二氧化硫排放总量分别比 2010 年下降 2.04%、1.52% 和 2.21%，均完成了下降 1.5% 的年度目标。由于增量大、措施少、进度慢，氮氧化物排放总量比 2010 年上升 5.73%，没有完成年度目标。

（四）重金属污染等严重损害群众健康的突出环境问题有所遏制

国务院批复《重金属污染综合防治“十二五”规划》，提出了控制目标，明确了重点防控地区、行业和企业。各省（区、市）已编制完成重金属污染综合防治规划。下发《关于加强铅蓄电池及再生铅行业污染防治工作的通知》，全面开展涉铅行业排查整治，首次将该行业所有企业的环境信息向社会公开，接受监督。召开化学品等重点领域环境隐患排查视频工作会议，部署全国化学品环境管理专项检查工作，组织增塑剂生产企业专项检查等五次专项执法检查。正在制定《危险化学品环境管理登记办法》，开展全国汞污染排放源现状调查评估。开展沿海地区陆源溢油污染风险防范大检查，深化尾矿库环境管理，切实保障环境安全。

（五）重点流域区域污染防治不断深化

国务院批复《全国地下水污染防治规划》，组织评估了县级以上城市800多个集中式饮用水水源地环境状况，抽样调查了13个省（区、市）近2800个农村饮用水源地，逐一评估水环境质量及管理状况。考核重点流域“十一五”水污染防治规划实施情况，并将考核结果作为水污染防治资金分配的重要因素。全国地表水水质继续好转。积极指导珠三角区域健全大气污染联防联控机制，确保大运会期间环境质量优良。深入开展机动车环保检验专项整治，共委托4015条检测线进行机动车尾气检测工作。

（六）农村环境整治和生态保护切实加强

继续深化农村“以奖促治”政策措施，加大农村环境保护投入。在2010年8个示范省（区、市）的基础上，新增9个示范省（区），安排40亿元农村环保专项资金，其中36亿元用于支持连片整治工作。成立中国生物多样性保护国家委员会。认真落实《国务院办公厅关于做好自然保护区有关管理的通知》。出台《国家生态建设示范区管理规程》等文件，进一步规范生态建设示范区管理生态文明建设目标指标体系和考核办法的研究制定取得积极进展。

（七）“十二五”环保规划正式发布

2011年12月，国务院正式印发《国家环境保护“十二五”规划》。国家环境保护规划是落实“十二五”经济社会发展规划纲要的重点专项规划，在完成“十一五”环保规划实施情况评估的基础上，确立了紧扣主题主线和提高生态文明水平新要求，更加注重保障和改善民生，统筹排污总量削减、环境质量改善、环境风险防范和城乡环境保护公共服务均等化的基本思路，进一步明确了环境保护工作的主要任务和重点工程，并通过完善政策措施、加强组织领导和评估考核推进规划实施。出台了《青藏高原区域生态建设与环境保护规划（2011—2030年）》。重点流域水污染防治“十二五”规划和核安全与放射性污染防治规划等编制工作进展顺利。

（八）核与辐射环境安全可控

日本福岛核电站泄漏事故后，第一时间启动应急预案，密切跟踪研判事故进展，采取有效措施加以应对。组织开展全国运行核设施和在建核设施安全大检查，要求各民用核设施单位落实整改要求，全面修订单位场内应急计划及修订说明。开展核技术应用、铀（钍）矿和放射性物品运输安全检查，有效防范重特大事故发生。全国辐射环境质量保持良好。

（九）政策法制、科技监测和宣传教育等工作继续推进

起草完成《环境保护法》修改草案建议稿并报全国人大环资委，制定发布《太湖流域管理条例》，出台《固体废物进口管理办法》等3件部门规章。修订更新环保综合名录。印发《关于开展环境污染损害鉴定评估工作的若干意见》，组建环境风险与损害鉴定评估研究中心和环境污染损害鉴定技术中心。水专项科技攻关取得阶段性成果，首次在全国开展大规模的环境污染与人群

健康综合调查，环境基准和风险评估国家重点实验室批准立项。圆满完成环境监测质量管理三年行动计划各项任务，发布《2011年及“十二五”国家环境监测方案》，组织全国31个省（区、市）统一开展环境应急监测演练活动。印发《全国环境宣传教育行动纲要》，成功举办“十一五”环保成就展暨第十二届中国国际环保展览会。

（执笔：环境保护部污染物排放总量控制司）

专栏：国家环境保护“十二五”规划

2011年12月15日，国务院印发了《国家环境保护“十二五”规划》（以下简称《规划》），对推进“十二五”期间环境保护事业发展做出了战略部署，是在全面建设小康社会和构建和谐社会历史进程中促进环保工作取得更大成效的一份重要文件。

《规划》根据目标、任务，综合考虑经济技术可行性、指标稳定性等因素，按照可监测、可统计、可分解、可评估、可考核的原则，确定了7项主要指标，即化学需氧量、氨氮、二氧化硫、氮氧化物等4个主要污染物排放总量控制指标和2项地表水环境质量指标、1项大气环境质量指标。

《规划》主要有六方面的特点：一是紧紧围绕科学发展主题，转变经济发展方式主线，提高生态文明水平的新要求，积极探索代价小、效益好、排放低、可持续的环境保护新道路。二是环保领域不断拓展，进一步加强环保能力建设。首次提出加强重点领域环境风险防控的战略任务和完善环境保护基本公共服务体系的战略任务。三是把进一步深化总量减排，作为撬动经济发展方式转变的着力点。四是下大力气解决关系民生的突出环境问题，把改善环境质量放在更加突出位置。《规划》大幅度减少地表水劣V类水质的水体，提高七大水系好于Ⅲ类水质水体和好于二级空气质量标准的城市比例。同时，从“十二五”开始，将城市大气细颗粒物（$PM_{2.5}$）防治工作逐步提到议事日程。五是突出有差别的环境管理政策，完善环境保护战略体系。六是强化政策支撑，推进并建立环境保护长效机制。

《规划》提出“十二五”期间将着力实施四项战略任务：一是推进主要污染物减排。约束性指标由化学需氧量和二氧化硫两项增加到四项，减排领域从工业和生活两个领域扩展为工业、生活、交通、农村四个领域。机动车氮氧化物、农业源水污染物首次被纳入总量控制范围。二是从水环境保护、大气污染防治、土壤环保和生态保护和监管等方面切实解决突出环境问题。三是通过完善环境风险管理措施，加强核与辐射、重金属、危险废物、持久性有机污染物、危险化学品等领域的环境风险防控等手段加强重点领域环境风险防控。四是通过推进环境保护基本公共服务均等化，提高农村环境保护工作水平，加强环境监管体系建设推进环境保护基本公共服务均等化。

二、海洋事业

2011年，是海洋系统落实六项重点任务、提升六种能力、增强六个方面意识的起步之年，一年来，在党中央国务院的正确领导下，国家海洋局深入贯彻落实科学发展观，积极推进各项工作，取得显著成效。

（一）海洋经济工作

2011年，国家海洋局进一步密切了同沿海地区党委政府的沟通协调，共同落实“十二五”规划对发展海洋经济的总体部署，采取积极措施大力推动沿海地区区域开发开放，使海洋经济继续保持了平稳较快发展的良好势头。据初步核算，2011年全国海洋生产总值45570亿元，比上年增长10.4%。海洋生产总值占国内生产总值的9.7%。其中，海洋产业增加值26508亿元，海洋相关产业增加值19062亿元。海洋第一、第二、第三产业增加值占海洋生产总值的比重分别为5.1%、47.9%和47.0%。据测算，2011年全国涉海就业人员3420万人，比上年增加70万人。随着东部率先发展战略的深入实施和一系列政策规划的出台，新兴产业、高端人才、海内外资金正在快速向沿海地区聚集，海洋开发的广度和深度都得到前所未有的拓展，海洋经济在国民经济中的地位显著提升。2011年，国家海洋局又配合国家发改委等综合部门，在已有沿海区域开发开放规划的基础上，积极推动国务院先后批准了《山东半岛蓝色经济区发展规划》、《浙江海洋经济发展示范区规划》、《广东海洋经济综合试验区发展规划》、《河北沿海地区发展规划》、舟山群岛新区、平潭综合试验区等区域规划。为助推沿海经济发展，国家海洋局采取了一系列重要举措，启动25个海域海岸带综合整治项目，公布了176个可开发利用的无居民海岛，选划了7个国家级海洋公园，新批了7个临时海洋倾倒区，减免了34个公益用海项目的海域使用金。圆满完成了山东、浙江、广东三个省的全国海洋经济试点调查工作，成功举办了山东半岛蓝色经济国际高峰论坛、浙江首届中国海洋经济投资洽谈会，为区域海洋经济的发展搭建了良好平台。顺利启动了省级海洋经济运行监测与评估系统建设。

（二）海洋规划与法制工作

海洋规划的编制取得显著进展。《国家"十二五"海洋科学和技术发展规划纲要》、《国家极地考察"十二五"规划》已开始实施，《国际海域资源调查与开发"十二五"规划》即将印发。《国家海洋事业发展规划（2011-2015年）》、《全国海洋主体功能区规划》、《全国海洋功能区划（2011-2020）》均已进入国务院审批程序。《全国海洋经济发展规划（2011-2015）》已基本成熟，正与国家发改委联合征求各部门意见。《全国海岛保护规划》已列入国务院常务会议审议计划，即将颁布。海洋法律法规体系建设进一步加强，《海洋观测预报条例》正待国务院常务会议审议。《南极活动管理条例》也已纳入国务院立法计划。

（三）海域使用管理工作

11个沿海省级海洋功能区划的修编工作已进入征求部门意见阶段。与国家发改委联合下发了《围填海计划管理办法》，明确了全国围填海总量和分省计划指标。加强海域使用论证资质单位的审查与评估，通过计划管理、科学论证和严格审批，对围填海的规模和节奏进行了有效调控。海域海岸带综合整治修复完成年度任务。海域动态监视监测不断加强。基本完成省际间和县际间的海域勘界。进一步规范了行业用海秩序，加大了对军事用海、海上风电开发建设、渤海油气开采的管理力度。上报国务院批准项目用海17个，批准用海面积4151公顷，其中批准填海1888公顷；批准区域用海规划10个。据不完全统计，全国全年共发放海域使用权证书4100本，确权面积17万公顷。

（四）海岛管理工作

全国海域海岛地名普查的外业调查基本完成，实现了除港澳台及西沙、南沙岛礁以外全部海岛的现场调查，普查整体登岛率达到80%。完成了所有海岛的命名、更名、注销等名称标准化处理和1660块海岛名称标志的设置工作。海岛整治修复稳步开展，支持海岛整治修复项目20个。全面推进了国家海岛监视监测系统建设，完成了所有海岛航空遥感历史数据的处理和入库，实现了3000个海岛基于航空遥感数据的三维可视化管理。

（五）海洋环境保护工作

进一步加强海洋生态环境监管，依法严格进行项目环评审批。加大海洋生态系统保护与修复工作力度，积极推进海洋生态文明示范区和滨海湿地固碳示范区建设。推进创新型海洋环境监测与评价体系建设，截至目前，全国已建有海洋环境监测机构232个。针对海洋环境状况、主要的污染源及环境风险，组织开展了内容丰富的海洋环境监测与评价工作。强化海洋环境监测与评价资质管理，成功举办了"第一届全国海洋环境监测专业技术竞技大奖赛”。以卫星微波遥感监视为主体的全天候、全天时、全覆盖的监控体系已进入业务化运行。依法科学稳妥地组织开展蓬莱19-3油田溢油事故处置工作。国家海洋局党组高度重视，多次组织赴事故现场检查，研究部署工作。国家海洋局认真落实监管职责，组织开展溢油风险隐患排查与整改，定期公布海上监视监测信息。及时妥善处理了绥中36-1油田溢油、珠海终端天然气管线泄漏、锦州9-3油田溢油等其他突发溢油事件。积极稳妥应对日本核泄漏事故，在做好管辖海域放射性监测的基础上，将监测海域拓展至西太平洋水域。在此过程中，及时向有关部门、地方政府、社会公众通报信息，科学引导舆论，消除社会恐慌情绪，树立了海洋部门的良好形象。认真做好赤潮、绿潮灾害的监视监测及预警。在破解渤海入海污染物总量、渤海海峡水交换和物质交换通量、重点海域环境容量和纳污能力等技术难题方面取得新突破。广东加强海上项目赛场的海洋环境监测，保障了深圳世界大学生运动会水上赛事成功举行。

（六）海洋行政执法工作

海洋行政监察执法工作不断加强。重点强化了对区域用海规划项目实施情况的监督检查，提高了日常巡查频率，深化了对用海项目的全程监管。“海盾2011”行动立案72起，“碧海”专项执法行动立案138起。全面启动全海域油气勘探开发定期巡航执法检查工作。海洋执法监察能力进一步增强，船舶飞机二期项目7艘千吨级海监船、3架海监飞机建造完成，中央分成海域使用金支持的36艘省级维权执法船、54艘海岛保护和管理执法快艇建造工作进展顺利。29个中国海监执法基地维修改造项目正在抓紧前期准备，2个已全面实施。

（七）海洋预报减灾工作

编制完成了《中国海洋观测网总体规划》，在西北太平洋布放了4套Argo浮标和表面漂流浮标，将我国的海洋观测领域由近海向深海大洋进行了拓展。制定了《海洋观测仪器设备应用标准化方案》，进一步完善了海洋观测的技术支撑体系。海洋环境与地理信息服务平台初步完成原型系统建设。圆满完成了风暴潮、海浪、海冰、海啸等海洋灾害应对，开展了边缘海模式和汛期气候形势影响评估研究，建立了业务化的海洋气候预测影响评估体系。成功举办了泛太平洋海啸演习，圆满完成了南海部际联合搜救演习任务，同时组织开展了海洋渔业生产安全环境、海上搜救、大洋航路等专题保障服务系统建设，完成了精细化预报方案的设计。大力提升海洋灾害防御能力，推进全国沿海大型工程风险排查和海洋灾害风险评估与区划工作，编制完成了《海洋灾害风险排查和区划工作方案》、《海平面上升影响评价专题报告》。

（八）极地和大洋工作

圆满完成国际极地年中国行动计划，首次召开了极地考察工作会议。第27次南极考察队顺利完成考察任务，第28次队各项考察按计划开展，北极黄河站年度考察任务按计划实施。“大洋一号”船完成时间最长、航程最远、考察区域最广的第22航次任务，新发现16处海底热液区。经国际海底管理局批准，我国在西南印度洋国际海底区域获得了1万平方公里具有专属勘探权和优先开采权的多金属硫化物资源矿区。

（执笔：国家海洋局政策法规与规划司）

三、林业事业

2011年，在党中央、国务院的正确领导下，在国家林业局党组的统一部署下，林业行业和林业战线广大干部职工紧紧围绕林业中心工作和林业“双增”目标，克服各类自然灾害对林业生产建设造成的不利影响，狠抓各项林业政策落实，全面完成了2011年各项林业建设任务。

（一）林业改革取得重大进展

一是明晰产权任务基本完成。全国确权集体林地26亿亩，占集体林地总面积的95%；发证面积22.65亿亩，占确权林地总面积的87%，发放林权证9785万本，8379万农户拿到林权证。

二是配套改革逐步深入。26个省区市林权抵押贷款456亿元，21个省区市森林保险投保面积3.9亿亩、保费4.3亿元。确定了200个农民林业专业合作社示范县，合作经济组织达10万多个。全国县级以上林权管理服务机构达980多家，林权纠纷仲裁和农民权益保护工作得到加强。三是林下经济快速发展。召开了全国林下经济现场会，总结推广了100多个典型县的做法和经验。四是国有林场和国有林区改革试点稳步推进。制定出台了《国有林场管理办法》，初步明确了国有林场改革的中央支持政策，在江西、湖南等七省开展了国有林场改革试点。国有林区改革试点与实施天然林资源保护工程二期同步展开。

（二）生态建设成效明显

一是造林绿化稳步推进。颁发了《全国造林绿化规划纲要（2011—2020年）》，全年完成造林9207万亩，义务植树25.14亿株。启动了《国务院关于开展全民义务植树运动的实施办法》修订工作，开展了绿化长江重庆行动、国际森林年中国行动等大型植树造林活动。加强了森林抚育经营统一管理、技术指导和检查验收。二是重点工程深入实施。国务院召开了全国天然林资源保护工程工作会议，启动了天然林资源保护工程二期，总投资达2440亿多元。对工程建设情况进行了督导检查，开展了林区民生问题大调研。调整了巩固退耕还林成果专项规划，与工程省区市政府签订了责任书，编制上报了《重点生态地区退耕还林总体方案》，完成了2300多万亩国家级和4700多万亩省级阶段验收任务。开展了三北防护林体系建设工程发展战略研究和四期工程总结评估，编制了《三北防护林体系建设五期工程规划》，启动了3个百万亩人工林基地建设试点。三是防沙治沙取得重要进展。京津风沙源治理工程完成治理任务1140万亩，工程二期规划思路已获部际联席会议批准。石漠化治理工程正式启动，建设范围扩大到200个县。启动了第二次石漠化监测工作，开展了省级政府防沙治沙目标责任期末综合考核。四是林木种苗管理明显加强。制定了《国家重点林木良种基地管理办法》，确定了第二批国家重点林木良种基地。全年生产种子2500万公斤、苗木300多亿株，合格率分别达88.4%、93.0%。

（三）资源保护管理全面加强

一是森林资源保护力度明显加大。基本完成省级林地保护利用规划编制。下发了《占用征收林地定额管理办法》，修订了《林木和林地权属登记管理办法》，规范了外资使用林地管理。出台了《商品林采伐限额结转管理办法》，开展了木材运输检查执法监督年活动，制定了《森林增长指标考核评价实施方案》。二是湿地保护扎实推进。编制完成了全国湿地保护“十二五”实施规划。全国湿地资源调查任务完成80%以上。实施全国湿地保护工程项目42个，新增湿地保护面积495万亩，恢复湿地34.5万亩，新增4处国际重要湿地和68处国家湿地公园试点。发布了《中国国际重要湿地生态状况公报》，制定了湿地生态系统健康价值功能评价指标体系。三是生物多样性保护得到加强。新增林业自然保护区18处、面积163万亩，自然保护区总数达2053处，下发了《关于进一步加强林业系统自然保护区建设管理工作的通知》。编制了《全国极小种群野生植物拯救保护工程规划（2011—2015年）》。完成了四川大熊猫保护区震后重建任务，开展了第二次全国陆生野生动物、重点保护野生植物资源调查和第四次全国大熊猫调查工作，强化了深圳大运会周边、三江源、鄱阳湖等重点区域野生动物保护。

（四）林业产业蓬勃发展

一是产业规模持续壮大。主要林产品产量稳步提升，供给能力有所增强。全国人造板产量达1.65亿立方米，木竹地板产量达4.9亿平方米，同比分别增长7.7%和2.2%。干鲜果品、木本油料、木本药材等特色经济林产品产量达1.26亿吨。全年实现林业总产值2.83万亿元，同比增长24.1%。全国林产品进出口贸易额达到1160亿美元，同比增长23.6%。二是产业结构不断优化。林业一二三产业比重由2010年的39：52：

9 调整为 36:54:10。木材加工及竹藤棕草制品业、家具制造业、造纸及纸制品业规模以上工业企业增加值同比分别增长 21.7%、15.3% 和 15%。三是产业竞争力逐步增强。举办了第二届中国国际林业产业博览会，现场签约项目 1745 个。首次开展了林业龙头企业认定、生态原产地产品保护管理工作。四是新兴产业快速发展。全年新造油茶林 320 万亩，改造低产林 300 多万亩。全国花卉种植面积 1376 万亩，花卉销售额达 826 亿元。新增国家级森林公园 13 处，总数达到 759 处。全国森林公园旅游人数超过 4.2 亿人次，实现社会总产值 2400 多亿元，同比增长 10% 以上。

（五）生态文化引领作用日益显现

一是林业宣传工作成效明显。中央和地方主要媒体刊播林业新闻报道 1 万多条（次），全年组织开展重大主题宣传活动 20 多场，为林业改革发展营造了良好氛围。电视专题片《大漠长河》在中央电视台播出，并荣获第 11 届金熊猫国际电视节特别大奖。二是生态文化主题创建活动扎实有效。国家森林城市、国家生态文明教育基地创建活动深入开展，大连等 9 个城市荣获国家森林城市称号，复旦大学、善洲林场等 11 个单位荣获国家生态文明教育基地称号。三是生态文化传播形式更加多样。举办了西安世界园艺博览会、中国城市森林论坛、爱鸟周 30 周年等活动，启动了“丝绸之路生态文化万里行”活动，开展了首届全国生态作品大赛、全国绿色生态动漫作品展、“林改改变生活”摄影展等活动。四是生态文化基础设施逐步完善。中国林业网开通了国家森林公园、国有林场、种苗基地、自然保护区网站群。全国新建了一批森林博物馆、标本馆、科普长廊、生态文化馆。

（六）应急处置能力明显提升

一是森林火灾得到有效防控。2011 年，全国共发生火灾 5547 起，受害森林面积 40 万亩，伤亡 92 人，同比分别下降 28%、41% 和 16%。快速扑灭了河北抚宁“4.12”、山东济南“4.18”等 9 起重大森林火灾，避免了发生特大火灾。二是沙尘暴应急处置机制逐步健全。完善了沙尘暴灾害应急处置部际协调机制，加强了应急值守和 39 个地面监测站管理。三是林业有害生物防控全面加强。与 31 个省区市政府签订了重大林业有害生物防控目标责任书，将美国白蛾防治等纳入考核范围。开展了松材线虫病防治目标责任检查，实现了发生面积、病株数和县级疫点三下降。出台了《全国林业有害生物防治建设规划（2011—2020 年）》。四是野生动物疫源疫病监测防控稳步推进。突出了主动预警，强化了监测防控体系建设，加强了驯养繁殖场所监测防控，启用了监测网络直报系统，成立了 2 个野生动物疫病研究中心。

（七）林业国际合作深入开展

一是圆满完成多项重大外事活动。成功召开了首届亚太经合组织林业部长级会议，举办了联合国粮农组织第 2 届亚太林业周和第 24 届亚太林委会会议，亚太森林恢复与可持续管理组织注册为国际性组织。二是深入开展履约与国际合作。签署了 5 个双边政府和部门间协议。制定了《濒危野生动植物种国际贸易公约履约规划（2011—2015 年）》，成立了国内部门间公约执法工作协调小组。召开了全国林业利用国际金融组织贷款工作会议，印发了贷款项目“十二五”规划。欧洲投资银行设立了 2.5 亿欧元林业专项贷款。就打击非法采伐及相关贸易、老虎保护及大熊猫合作、濒危物种国际贸易等热点问题，与相关国家及组织进行积极对话。成立了国际森林问题领导委员会和国际森林问题研究中心，启动了《国际森林文书》履约工作。三是积极应对气候变化。加强了林业应对气候变化组织管理，制定了《林业应对气候变化“十二五”行动要点》，参与了国家应对气候变化规划编制工作。启动了林业低碳经济综合试点示范、碳汇林业试验区建设试点，组建了 3 个林业碳汇计量监测中心。参与了联合国气候变化会议、巴拿马气候谈判、南非德班气候大会等重要国际会议。

（八）支撑保障能力继续增强

一是林业政策和投入取得新突破。森林覆盖率和蓄积量2个约束性指标、12项重点工程及林业三大改革列入国家“十二五”规划纲要，出台了《林业发展“十二五”规划》。林木良种、造林补贴、湿地保护补助试点范围扩大。天然林资源保护工程二期取消了20%的地方配套资金，设立了改革奖励资金，森林管护、社会保险等补助标准提高3倍多。林业棚户区改造投资60.4亿元，新增供热等基础设施投资4亿元。林区广播电视、道路、供水、供电纳入国家相关规划。全年中央林业直接投资近900亿元，比2010年增加126亿元。涉林贷款余额达1216亿元，同比增长20.7%。二是林业信息化成效显著。印发了《全国林业信息化发展“十二五”规划》，签署了国家林业局与中国电信集团战略合作框架协议，发布了《中国林业信息化发展报告2011》，整合了省级林业系统门户网站，开展了年度信息化发展水平评测和政府网站绩效评估。三是科技支撑能力逐步提升。现代林业专题列入“十二五”农村科技规划，一批重点科技项目立项启动。林木遗传育种国家重点实验室获得批复并开始筹建。开展了林业科技特派员、全国林业科技活动周活动。启动了林产品质量安全监测工作。编制了《中国林木遗传资源国家报告》。下发了《贯彻实施〈国家知识产权战略纲要〉指导意见》。四是法制建设明显加强。《森林法》修改和《湿地保护条例》立法等工作稳步推进。出台了《国家级森林公园管理办法》和《大熊猫国内借展管理规定》。审查行政许可4800多件，办理林业行政复议21件。开展了农村土地承包执法检查和“亮剑”、“清网”行动，清查征占用林地项目7384个。成功侦破一批历史积案，86%的网上逃犯被抓。

2012年林业工作的总体要求是：高举中国特色社会主义伟大旗帜，以邓小平理论和“三个代表”重要思想为指导，深入贯彻落实科学发展观，全面实施以生态建设为主的林业发展战略，正确处理兴林与富民、改革与发展、生态与产业、保护与利用的关系，加快转变林业发展方式，着力维护生态安全，着力发展绿色产业，着力保障木材供给，着力创新体制机制，着力强化科技支撑，进一步提升林业多种功能和生态产品、林产品供给能力，为建设生态文明、推动科学发展、扩大国内需求、促进绿色增长作出新的更大贡献。力争全年完成营造林任务9000万亩，林业产业总产值达到3.2万亿元。

（执笔：国家林业局发展规划与资金管理司）

（闫涵摄）

2011 年教育事业发展报告

2011 年，在党中央、国务院的正确领导下，教育优先发展战略地位进一步落实，教育系统全面贯彻落实教育规划纲要，全面启动教育体制改革试点，努力推进教育事业健康持续发展，教育公平取得明显成效，在培养优秀人才、服务经济社会发展等方面取得了新成绩。

一、教育事业总体进展

2011 年，全国各级各类教育蓬勃发展，教育公平进一步推进，入学机会继续扩大，资源配置更趋合理，教育质量逐步提高。学前教育快速发展；义务教育普及与巩固水平进一步提高；高中阶段教育进一步普及，职业教育取得突破性进展；高等教育大众化水平进一步提高。

（一）教育总规模

2011 年，全国共有各级各类学校①52.7 万所，比上年减少 3.5 万所。全国各级各类学历教育在校生为 2.65 亿人，比上年增加 245.7 万人；非学历教育在学人数 5838.2 万人，比上年增加 213.4 万人。随着教育普及程度的提高，非义务教育阶段在校生规模持续扩大。受学龄人口下降影响，义务教育阶段在校生继续减少。

学前教育规模有较大幅度增长。2011 年，全国共有幼儿园 16.7 万所，比上年增加 1.6 万所；在园幼儿人数达 3424.4 万人，比上年增加 447.8 万人，增长 15.0%。

义务教育规模继续减少。2011 年，全国共有普通小学 24.1 万所，比上年减少 1.6 万所；在校生为 9926.4 万人，比上年减少 14.3 万人，下降 0.1%；全国共有初中阶段②学校为 5.4 万所，比上年减少 773 所；初中阶段在校生 5066.8 万人，比上年减少 212.5 万人，下降 4.0%。

高中阶段教育规模略有扩大。2011 年，全国高中阶段学校为 2.8 万所，比上年减少 862 所；在校生 4678.2 万人，比上年略增 0.9 万人；其中，普通高中在校生 2454.8 万人，比上年增加 27.5 万人，增长 1.1%；中等职业教育在校生达 2197.0 万人，比上年减少 41.5 万人，下降 1.9%。

高等教育规模稳步发展。2011 年，全国共有高等学校 2762 所，比上年增加 39 所。其中，普通高校 2409 所，比上年增加 51 所，成人高校 353 所，比上年减少 12 所；全国各种形式的高等教育在学总规模达 3167 万人，比上年增加 62 万人，增长 0.9%。

特殊教育规模略有下降。2011 年，全国共有特殊教育学校 1767 所，比上年增加 61 所。特殊教育在校生 39.9 万人，比上年减少 2.7 万人，下降 6.3%。

（二）各级各类教育普及水平进一步提高

各级教育普及水平不断提高，国民受教育机会进一步扩大。2011 年，学前教育毛入园率达 62.3%，比上年提高 5.7 个百分点；义务教育普及水平处于高位，小学学龄儿童净入学率达 99.79%，比上年略增 0.09 个百分点；初中阶段毛入学率达 100.1%，与上年持平；高中阶段毛入学率达 84.0%，比上年提高 1.5 个百分点；高等教育毛入学率达 26.9%，比上年提高 0.4 个百分点。

随着普及水平的提高，每十万人口中高等教育和学前教育在校生人数明显增加。2011 年，

注：①学校数未含教育机构。
②初中阶段含普通初中和职业初中，下同。

每十万人口中高等教育在校生人数为2253人，比上年增加64人；每十万人口中学前教育人数为2554人，比上年增加324人。因学龄人口的下降，每十万人口中义务教育阶段在校生人数继续减少。2011年，每十万人口中初中阶段在校生人数为3779人，比上年减少176人；每十万人口中小学在校生人数为7403人，比上年减少45人。每十万人口中高中阶段教育在校生人数为3489人，比上年减少15人。

（三）教师队伍规模继续扩大

2011年，全国各级各类学校专任教师数为1440.5万人，比上年增加26.6万人。其中，幼儿园专任教师人数增长较快，由上年的114.4万人增加到131.6万人，增长15.0%。

高等教育专任教师略有增加，为143.4万人，比上年增加4.5万人，增长3.2%。

高中阶段专任教师人数比上年有所增长。其中，普通高中专任教师为155.7万人，比上年增加3.9万人，增长2.5%；中等职业学校专任教师为88.0万人，比上年增加0.8万人，增长1.0%。

义务教育阶段专任教师人数比上年略有减少。小学专任教师为560.5万人，比上年减少1.2万人，下降0.2%；初中阶段专任教师为352.5万人，比上年减少824人。

2011年，各级各类学校共录用33.5万名各类应届毕业生充实到教师队伍中，比上年增加2.9万人。其中，义务教育阶段学校吸纳毕业生20.6万人，占录用毕业生总数的61.5%。普通高校吸纳毕业生5.8万人，其中研究生学历占85.0%。

（四）办学条件进一步得到改善

2011年，随着教育经费投入与资源配置水平的提高，各级各类学校办学条件进一步改善，中等职业学校办学条件下降态势得到扭转。

2011年，全国各级各类学校拥有校舍建筑面积③总量达26.3亿平方米，比上年增加7396万平方米，增长2.9%。其中，普通高校、中等职业学校、初中、幼儿园校舍建筑面积增长较快，增幅均在4.0%以上，幼儿园增幅最高，达12.1%。各级各类学校生均校舍建筑面积比上年有所增加，初中和中等职业学校均增加0.8平方米。

2011年，全国各级各类学校教学、科研仪器设备资产总值为4518.3亿元，比上年增加647亿元，增长16.7%。其中，小学、初中和高中教学、科研仪器设备资产值增长较快，分别增长40.1%、28.6%和23.3%。随着仪器设备投入总量的增加，各级各类学校生均教学、科研仪器设备值均比上年有所提高，小学和初中分别为539元和808元，比上年分别增长40.3%和34.0%。

（五）办学效益有所提高

2011年，各级各类学校办学效益逐步提高，教师配置状况也有所改善。

2011年，普通小学校均规模为411人，比上年增加25人；初中校均规模为936人，比上年减少26人；普通高中校均规模为1793人，比上年增加67人；中等职业学校校均规模为1745人，比上年增加73人；全国普通高校校均规模为9446人，比上年增加148人。其中，普通本科院校为13564人，比上年增加464人；普通专科院校为5813人，比上年减少91人。

基础教育学校平均班额相对稳定。2011年，全国普通小学平均班额为38人，与上年持平；普通初中平均班额为52人，比上年减少1人；普通高中平均班额为56人，比上年减少1人。小学56人及以上大班额比例有所上升，2011年为15.0%，比上年增加0.4个百分点；普通初中、普通高中大班额比例有所下降，分别为33.1%和50.0%，分别下降3.5个百分点和1.2个百分点。

从专任教师配置状况看，普通高校生师比为17.4:1，比上年增大0.1。高中阶段生师比有所改善，普通高中生师比由上年的16.0:1下降为15.8:1，中等职业学校生师比由上年的25.7:1下降到25.0:1；初中生师比由上年的15.0:1降

注：③高校和中等职业学校含独立产权和非产权独立使用两部分，仪器设备值等条件指标同，下同。

至14.4:1；小学生师比为17.7:1，与上年持平。幼儿教育规模大幅增长，生师比由20.6:1上升为21.0:1，教师配置明显紧张。

二、义务教育

2011年，义务教育普及与巩固水平保持高位，办学条件进一步改善，城乡差距逐步缩小，均衡化程度有所提高。

（一）小学招生人数连续两年回升，义务教育在校生人数继续下降

2011年，全国小学招生持续增加，为1736.8万人，比上年增加45.1万人，增长2.7%。其中，城市小学招生469.1万人，农村小学招生1267.7万人；初中阶段招生继续减少，为1634.7万人，比上年减少81.9万人，下降4.8%。其中，城市初中招生469.3万人，农村初中招生1165.4万人。

受学龄人口下降因素影响，义务教育在校生总规模继续减少。2011年，小学在校生规模为9926.4万人，比上年减少14.3万人，略降0.1%。其中，城市小学在校生为2607.0万人，农村小学在校生为7319.4万人；初中在校生5066.8万人，比上年减少212.5万人，下降4.0%。其中，城市初中在校生为1436.4万人，农村初中在校生为3630.4万人。

（二）义务教育普及和巩固水平继续提高

2011年，全国小学普及程度继续保持高位，小学学龄儿童净入学率达99.79%，其中，男童小学净入学率为99.78%，女童小学净入学率为99.80%。绝大多数省份男女童入学率性别差异基本消除。

2011年，全国初中普及程度继续提高，全国初中阶段毛入学率为100.1%，与上年持平。

2011年，全国小学五年巩固率为99%，与上年持平。全国初中三年巩固率为94.37%，比上年提高0.55个百分点。全国小学毕业生升学率略有下降，为98.3%，比上年略降0.4个百分点。初中毕业生升学率为88.6%，比上年提高1.1个百分点。

（三）小学寄宿生规模持续增长，所占比例有所提高

近年来，中央和各地实施的“农村寄宿制学校建设工程”成效显著。2011年，全国小学寄宿生规模达1080.8万人，比上年增加42.7万人，增长4.1%；全国初中寄宿生规模达2195.7万人，比上年减少109.7万人，下降4.8%。

（四）进城务工人员子女人数继续增长，主要集中在东部地区

2011年，全国义务教育阶段进城务工人员随迁子女达1261.0万人，比上年增加93.8万人，增长8%，其中59.0%集中在东部地区。

在小学就读的进城务工人员随迁子女达932.7万人，比上年增加68.4万人，增长7.9%；在初中就读的进城务工人员随迁子女达328.2万人，比上年增加25.4万人，增长8.4%。

从来源看，全国义务教育阶段就读的进城务工人员随迁子女中，外省迁入的占45.8%，省内流动的占54.2%。小学就读的进城务工人员随迁子女中，外省迁入所占比例为49.0%；初中阶段该比例为36.7%。

（五）全国义务教育阶段在校生中农村留守儿童规模有所减少，中部地区占比近半

2011年，全国义务教育阶段在校生中，农村留守儿童有2200.3万人，比上年减少71.2万人，下降3.1%，占农村义务教育阶段在校生总人数的比例为14.7%。半数农村留守儿童集中在中部地区，小学有50.1%，初中有46.1%。

2011年，在小学就读的农村留守儿童为1436.8万人，比上年减少25.0万人，下降1.7%；在初中就读的农村留守儿童有763.5万人，比上年减少46.2万人，下降5.7%。

（六）义务教育阶段学校办学条件继续得到改善，城乡差距有所缩小

农村义务教育学校高学历教师比例大幅提升。2011年，全国农村小学大专及以上学历教师比例达到78.6%，比上年提高3.2个百分点，城乡差距缩小2.8个百分点；全国农村初中本科及以上学历教师比例达到62.8%，比上年提高3.5个百分点，城乡差距缩小4.1个百分点。

义务教育学校中、高级职称教师比例提升。2011年，全国小学中级及以上职称教师比例为54.3%，比上年提高1.2个百分点。全国初中中级及以上职称教师比例为56.6%，比上年提高1.8个百分点。

全国义务教育基本办学条件不断改善，教学仪器设备配置水平继续提高。2011年，全国小学生均仪器设备值为539元，比上年增加155元。其中，农村小学生均仪器设备值434元，比上年增加129元。初中生均仪器设备值808元，比上年增加205元。其中，农村初中为680元，比上年增加152元。

义务教育阶段学校技术装备水平，尤其是信息化水平明显提高。2011年，全国普通小学每百名学生拥有教学用计算机台数为4.2台，比上年增加0.1台。全国初中每百名学生拥有教学用计算机台数为7.0台，比上年增加0.6台。全国普通小学建网学校比例为17.1%，初中为46.7%，分别比上年提高1.2个百分点和0.3个百分点。

三、学前教育与特殊教育

（一）学前教育规模大幅增长，普及水平提升较快

2011年，全国独立设置的幼儿园数达16.7万所，全国新入园（班）幼儿为1827.3万人，比上年增加126.9万人，增长7.5%。全国在园（班）幼儿为3424.4万人，比上年增加447.8万人，增长15.0%，其中，农村在园（班）幼儿为2277.3万人，比上年增加53.2万人。

2011年，全国学前三年毛入园率为62.3%，比上年提高5.7个百分点。小学招生中接受过学前教育的比例为92.8%，比上年提高0.9个百分点。

2011年，全国学前教育专任教师中大专及以上学历的比例为62.5%，比上年提高2.2个百分点。其中，城市学前教育专任教师中大专及以上学历的比例为70.9%，比农村高16.9个百分点；学前教育专任教师中幼儿教育专业毕业的比例为63.7%，比上年下降7.9个百分点。

（二）特殊教育规模增长有所下降，教师素质仍有待提高

2011年，全国特殊教育学校达1767所，比上年增加61所。招生6.4万人，比上年减少783人，降幅为1.2%。在校生为39.9万人，比上年减少2.7万人，降幅为6.3%。

2011年，小学阶段特殊教育在校生有27.7万人，比上年减少2.4万人。其中，随班就读和附设特教班在校生15.5万人，比上年减少2.9万人，占在校生总数的比例为55.9%。

初中阶段特殊教育在校生总数11.2万人，比上年减少0.3万人，降幅2.6%。其中，随班就读和附设特教班在校生7.0万人，比上年减少0.5万人，占在校生总数的比例为62.8%。

高中阶段特殊教育（独立设置的特殊教育学校）在校生总数为1万人，与上年基本持平。

2011年，全国特殊教育专任教师数为4.1万人，比上年增加1666人。其中，受过特殊教育专业培训的比例为55.4%，与上年基本持平。

四、高中阶段教育

按照国家“加快普及高中阶段教育”的任务要求，2011年，高中阶段教育规模总体发展平稳。招生人数略有减少，招生普职结构较为合理，在校生规模与上年基本持平，高中阶段普及水平继续提高，办学条件有所改善。

（一）高中阶段教育规模发展平稳，普通高中与中职的比例结构较为合理

2011年，全国高中阶段学校为2.8万所，比上年减少862所；招生数为1659.8万人，比

上年减少46.9万人，下降2.8%；高中阶段教育在校生规模达4678.2万人，比上年增加0.9万人；高中阶段教育毛入学率由上年的82.5%上升到84%，提高1.5个百分点。

2011年，普通高中学校13688所，比上年减少370所。招生850.8万人，比上年增加14.5万人；在校生2454.8万人，比上年增加27.5万人；毕业生为787.7万人，比上年减少6.7万人，下降0.8%。

2011年，全国中等职业教育共有学校13177所，比上年减少695所；招生809.0万人，比上年减少61.4万人；在校生为2197万人，比上年减少41.5万人，下降1.9%；毕业生达到662.8万人，比上年减少2.5万人，降幅为0.4%。

2011年，全国成人高中共有学校857所，比上年增加203所。在校生26.5万人，比上年增加15万人。

随着中等职业教育的持续快速发展，普通高中与中等职业教育招生比例大体相当。2011年，高中阶段教育招生普职比[④]为51.3:48.7。

（二）普通高中办学条件进一步改善

普通高中专任教师学历合格率（本科及以上学历教师比例）进一步提高。2011年，我国普通高中专任教师学历合格率达到95.7%，比上年提高0.9个百分点。随着各级政府加大投入力度，普通高中办学条件继续得到改善。2011年，全国普通高中生均校舍建筑面积为16.6平方米，比上年增加0.2平方米；生均仪器设备值达到1955元，比上年增长21.9%；每百名学生拥有教学用计算机台数为11台，比上年增加0.1台；每百名学生拥有多媒体教室座位数为36.9个，比上年增加6.6个；全国普通高中建网学校比例为77.6%，比上年提高0.8个百分点。

（三）中等职业学校办学条件有所改善

2011年，全国中等职业学校专任教师中本科及以上学历教师比例为85.4%，比上年提高2.1个百分点。中等职业学校双师型教师[⑤]比例为23.7%，比上年提高2.4个百分点。

中等职业学校生均校舍建筑面积有所增加。2011年达到12.7平方米，比上年增加0.7平方米；生均仪器设备值为2596元，比上年增加265元，增长11.4%；每百名学生拥有教学用计算机台数为13.9台，比上年增长0.7台；每百名学生拥有多媒体座位数为20.5个，比上年增加1.5个。

五、高等教育

按照“相对稳定招生规模，继续加大支援中西部地区招生协作计划实施力度”的工作部署，2011年，我国高等教育规模稳步发展，结构进一步优化，办学条件保障水平有所提高，为推动经济社会快速发展和提高国民素质发挥了重要的支撑和推动作用。

（一）高等教育招生规模适度增长，普通本专科招生结构有所调整

2011年，全国共有普通、成人高等学校2762所。普通高校2409所（含独立学院309所），比上年增加51所；其中普通本科院校1129所，比上年增加17所；高职（专科）院校1280所，比上年增加34所；成人高校353所，比上年减少12所。

2011年，研究生招生56.0万人（其中：博士生6.6万人，硕士生49.5万人），比上年增加2.2万人，增长4.1%。

普通本科、高职（专科）招生681.5万人，比上年增加19.8万人，增长3.0%。其中，普通本科招生356.6万人，比上年增长1.5%；高职（专科）招生324.9万人，比上年增长4.6%。本专科招生比由上年的53.1:46.9调整为52.3:47.7，专科生所占比例提高0.8个百分点。

成人本专科招生218.5万人，比上年增加

注：④普职比例为普通高中与中职招生人数之比。
⑤指既有教师资格职称又有非教师系列专业技术职称的专业课、实习指导课教师。

10.1 万人，增长 4.8%。

（二）高等教育在校生规模稳步发展，普及水平进一步提高

2011 年，各种形式高等教育在学总规模达到 3167 万人，比上年增加 62 万人，增长 2%。高等教育普及水平进一步提升，毛入学率达到 26.9%，比上年提高 0.4 个百分点。

2011 年，全国在学研究生 164.6 万人（其中：博士生 27.1 万人，硕士生 137.5 万人），比上年增加 10.7 万人，增长 7.0%。

普通本科、高职（专科）在校生达 2308.5 万人，比上年增加 76.7 万人，增长 3.4%。

成人本专科在校生为 547.5 万人，比上年增加 11.5 万人，增长 2.1%。

（三）普通本专科毕业生增长总体趋于平稳

2011 年，全国研究生毕业生为 43 万人（其中：博士毕业生 5.0 万人，硕士毕业生 38.0 万人），比上年增加 4.6 万人，增长 12.1%。

普通本专科毕业生 608.2 万人，比上年增加 32.7 万人，增长 5.7%；普通本专科预计毕业生 636.1 万人，比 2011 年增加 17.1 万人，增长 2.8%。

（四）研究生学位结构逐步调整，硕士专业学位教育取得新进展

为适应创新型国家战略建设需求，自 2009 年起国家大力发展专业学位研究生教育，研究生招生结构得到调整优化，专业学位研究生招生比例大幅增长，专业学位类型逐步增加。

2011 年，全国普通高校专业学位硕士研究生招生 15.9 万人，占硕士研究生招生总人数的比例达到 32.1%，比上年提高 7 个百分点；专业学位博士研究生招生 1443 人，占博士研究生招生总人数的比例超过 2.5%，比上年降低 0.1 个百分点。

2011 年，全国专业学位博士在校生 5005 人，占博士研究生在校生总数的 1.8%，比上年提高 0.2 个百分点；全国专业学位硕士在校生 33.3 万人，占硕士研究生在校生总数的 24.2%，比上年提高 7.2 个百分点。

（五）普通高校办学条件继续改善，生均水平普遍提高

普通高校教师学历层次继续提高。2011 年，普通高校研究生学位教师比例为 60.0%，比上年提高 2.9 个百分点；普通本科院校为 70.3%，比上年提高 2.5 个百分点；高职（专科）院校为 35.4%，比上年提高 3.1 个百分点。

教师配置总体趋紧，生师比上升。2011 年，全国普通高校专任教师 139.3 万人，比上年增加 5.0 万人，增长 3.7%，普通高校生师比为 17.4:1，比上年增大 0.1。其中本科院校⑥为 17.5:1，比上年增大 0.1；高职（专科）院校为 17.3:1，比上年增大 0.1。

高级专业技术职务教师比例略有提高。2011 年，普通高校高级专业技术职务教师比例为 39.8%，比上年提高 0.6 个百分点；普通本科院校为 44.5%，比上年提高 0.8 个百分点；高职（专科）院校为 28.9%，比上年提高 0.2 个百分点；地方普通高校为 37.1%，比上年提高 0.6 个百分点。

普通高校生均教学行政用房面积与上年基本持平。2011 年，全国普通高校生均教学辅助及行政用房面积为 14.5 平方米，与上年基本持平。其中，本科院校为 13.4 平方米，比上年增加 0.1 平方米；专科院校为 15.9 平方米，比上年增加 0.5 平方米。

教学科研仪器设备配置水平普遍提高。2011 年，全国普通高校生均教学科研仪器设备值为 9293 元，比上年增长 7.1%。其中，普通本科院校为 10459 元，比上年增长 6.5%；高职（专科）院校为 6634 元，比上年增长 8.5%。

信息化水平有所提高。2011 年，全国普通高校每百名学生拥有教学用计算机 22.7 台，比上年

注：⑥本科院校数据含独立学院，下同。

增加 1.0 台。普通高校校均上网课程达到 96.5 门，比上年增加 28 门。其中，本科院校校均上网课程达到 161.2 门，比上年增加 49.8 门；专科院校校均上网课程为 39.4 门，比上年增加 10.1 门。

六、成人教育及培训

2011 年，全国接受各种非学历高等教育⑦的学生 405.1 万人次，当年已毕（结）业 677.2 万人次；其中，高等教育培训注册学生 348.2 万人次，比上年增加 84.5 万人次，增长 32.0%；高等教育培训结业学生 648.1 万人次，比上年减少 40.2 万人次，下降 5.8%。

2011 年，全国接受各种非学历中等教育培训的学生达 5433.1 万人次，当年已毕（结）业 5842.5 万人次。其中，中等教育培训注册学生 5433.1 万人次，比上年增加 141.2 万人次，增长 2.7%；结业学生 5842.5 万人次，比上年减少 143.9 万人次，下降 2.4%。

2011 年，高等、中等教育培训注册学生中，全国资格证书培训注册学生 735.5 万人次，比上年增加 241.9 万人次；结业学生 963.1 万人次，比上年增加 252.3 万人次；全国岗位证书培训注册学生 941.8 万人次，比上年增加 380.4 万人次；结业学生 1158.4 万人次，比上年增加 372.2 万人次。

2011 年，全国有成人初等学校 3.1 万所，在校生 167.9 万人，教职工 6.6 万人，其中专任教师 3.4 万人。

扫盲教育进一步推进。2011 年，全国共扫除文盲 81.8 万人。

七、民办教育

各级政府进一步贯彻落实《中华人民共和国民办教育促进法》及其实施条例，引导民办教育健康发展。各级民办教育规模均比上年有较大幅度增长，所占比例也进一步提高。

2011 年，全国共有各级各类民办学校 13.1 万所，比上年增加 1.3 万所；在校学生 3713.9 万人，比上年增加 320.9 万人，增长 9.5%。

非义务教育阶段民办教育规模快速增长，占同级教育的比例继续提高。2011 年，全国共有民办高校 698 所，其中民办普通高校 696 所（含独立学院 309 所），民办高等教育在校生为 505.1 万人，比上年增加 28.4 万人，增长 6%；其中，民办普通本专科在校生 494.6 万人，比上年增长 6%，占全国普通本专科在校生总数的比例为 21.4%，比上年提高 0.5 个百分点。

2011 年，全国高中阶段共有民办学校 5250 所，比上年减少 372 所；民办高中阶段教育在校生规模达到 504.2 万人，比上年减少 32.8 万人；占全国高中阶段教育在校生⑧的比例为 11.9%，比上年略降 0.7 个百分点。

全国民办普通高中为 2394 所，比上年减少 105 所；在校生 235.0 万人，比上年增加 4.9 万人，占普通高中在校生总数的比例为 9.6%，比上年提高 0.1 个百分点。

民办中等职业学校为 2856 所，比上年减少 267 所；在校生 269.3 万人，比上年减少 37.7 万人，占全国中等职业学校在校生总数的比例达到 15.2%，比上年降低 1.7 个百分点。

2011 年，民办幼儿园发展较为迅速，全国有民办幼儿园 11.5 万所，比上年增加 1.3 万所；在园幼儿为 1694.2 万人，比上年增加 294.7 万人，增长 21.1%，占全国学前教育在园（班）幼儿的比例达 49.5%，比上年提高 2.5 个百分点。

2011 年，全国有民办普通小学 5186 所，在校生为 567.8 万人，比上年增加 30.2 万人，占全国小学在校生总数的比例为 5.7%，比上年提高 0.3 个百分点；全国有民办初中 4282 所，在校生 442.6 万人，与上年持平，占全国初中在校生总数的比例为 8.7%，比上年提高 0.4 个百分点。

（执笔：李燕丽 张振助 教育部）

注：⑦包括研究生课程进修班、自考助学班、普通预科生、进修及培训。
⑧高中阶段教育在校生未含成人高中和技工学校数据。

2011 年科技事业发展报告

2011 年是国家“十二五”科学和技术发展规划的开局之年，也是我国深入实施《国家中长期科学和技术发展规划纲要（2006-2020 年）》（以下简称《纲要》）的一年。在这一年里，我国科技政策环境进一步优化，科技投入稳步增加，基础研究得到加强，高技术产业较快发展，科技产出成果丰硕，专业技术服务日趋完善，国家创新体系建设加快推进，“十二五”科技规划实现良好开局。

一、政策环境进一步优化，企业创新能力持续提升

2011 年我国完成了《科学和技术进步法》立法后评估工作，《科学和技术进步法》的贯彻执行得以有效推进；国办下发《关于进一步支持企业技术创新的通知》，在企业创新能力建设等方面提出相关扶持措施，各项政策法规实施取得积极成效。2011 年全国有 1.8 万家企业享受了研发费用加计扣除政策，减免税收超过 200 亿元。

以《纲要》提出的前沿技术任务和部分重点领域中的重大任务为落实对象的国家高技术研究发展（863）计划，和以《纲要》提出的重点领域及优先主题为落实对象的国家科技支撑计划顺利实施。据初步统计，2011 年国家安排“863”计划课题 524 项，安排科技支撑计划课题 952 项，分别比上年增加 216 项和 626 项。

科技创新基地和平台建设取得新进展，企业作为创新活动主体其创新能力持续提升。据统计，2011 年新建国家工程实验室 28 个，总数达到 119 个；累计建设国家工程研究中心 130 家。至 2011 年，我国累计认定的国家级企业（集团）技术中心 793 家，比上年增加 64 家；省级企业技术中心达 6824 家，增加 1292 家。

二、科技投入稳步增加，科技队伍不断扩大

国家对科技创新的扶持力度进一步加大，政府资金的科技投入逐年增加。2011 年中央财政支出中科学技术支出 2034.1 亿元，比上年增长 17.7%，增幅有所上升，体现出国家财政对科技事业的扶持力度进一步加大。

全社会创新环境进一步优化，我国研发经费投入大幅增加。据初步统计，2011 年全国研究与试验发展（R&D，简称研发）经费支出 8610 亿元，比上年增长 21.9%；研发经费支出占国内生产总值（GDP）的比重由上年的 1.76% 提高到 1.83%，再创历史新高。

我国科技人力投入不断增加，科技队伍进一步扩大。据初步统计，2011 年全国研发人员折合全时当量为 291.6 万人年，比上年增长 14.2%。

三、基础研究得到加强，原始创新能力不断提高

基础研究是保障国家科学技术长期发展的重要基础，近年来我国基础研究的的战略意义和重要作用受到高度重视，中央财政对基础研究的投入大幅增长。据初步统计，2011 年全国基础研究经费 396 亿元，比上年增长 22%；基础研究占研发经费总支出的比重为 4.6%，与上年持平。

以基础研究作为重点资助对象的国家自然科学基金对基础研究的扶持力度加大，2011 年共资助各类项目 34836 项，资助金额 182.8 亿元。其中资助面上项目 15329 项，比上年增加 2299 项；资助经费 89.9 亿元，是上年的 2 倍；单项平均资助金额由上年的 34.7 万元增加到 58.6 万元。面上项目资助金额的大幅提升有助于从事基础研究的科学技术人员进行原始创新性研究工作。

国家对基础研究扶持力度的不断加大，为我国基础研究重要成果的取得和我国原始创新能力的提升奠定了基础。利用强激光对太阳耀斑的环顶X射线源和重联喷流的成功模拟，将小鼠成纤维细胞向功能性肝细胞样细胞的成功转化，兼具低场高灵敏和高场大磁电阻的硅基磁电阻器件的设计等一系列在前沿领域取得重大突破的基础研究成果，显示出我国基础研究水平的提升。

四、高技术产业较快发展，高新区建设快速推进

我国高技术产业保持了较好的发展势头。初步统计结果显示，我国以医药制造业、航空航天器制造业、电子及通信设备制造业、电子计算机及办公设备制造业、医疗设备及仪器仪表制造业为代表的高技术产业在2011年实现工业总产值91910亿元，比上年增长23.1%；高技术产业主营业务收入89328.9亿元，比上年增长20.7%；高技术产业增加值比上年增长16.5%。

在成功扭转了国际金融危机导致的进出口贸易下滑趋势后，我国高技术产品出口贸易不断扩大，国际竞争力日益增强。据统计，2011年我国高技术产品出口额达5490亿美元，比上年增长11.5%；高技术产品出口占商品出口总额的份额达28.9%；在商品出口增加额中，高技术产品的贡献为566亿美元，贡献率达17.7%。

在国家相关政策引导下，我国高新技术产业开发区建设快速推进。2011年又有5家省级高新技术产业开发区升级为国家级高新技术产业开发区，至2011年底国家高新区总数已达88家。据统计，2011年全国高新区总收入达13.2万亿元，比上年增长24.5%，工业增加值2.74万亿元，占全国第二产业增加值的比重达12.4%。区内企业数达6万家，比上年增加了0.5万家，总收入和净利润分别达到13.2万亿元和7672亿元，分别比上年增长了24.5%和11.9%。高新区的快速发展在支撑经济发展方式转变进程中发挥了重要作用。

五、技术市场健康发展，技术交易日趋活跃

2011年，我国技术市场继续保持平稳健康发展。据统计，全年全国共签订技术合同25.6万项，技术合同成交金额4763.6亿元，分别比上年增长11.7%和21.9%；平均每项技术合同成交金额由上年的170万元增加到186万元，增长9.4%。成交金额占国内生产总值的比例由上年的0.97%提高到1%。

分合同类型看，技术开发和技术服务仍然成为技术交易的主要形式，2011年技术开发成交金额2169.8亿元，比上年增长32.8%，占全国成交总额的45.5%，保持首位；技术服务合同成交金额1904.1亿元，增长23.2%，占全国成交总额的40%。分领域看，电子信息技术、先进制造技术和新能源和高效节能技术成交金额居前三位，成交额分别为1222.3亿元、716.5亿元和611.9亿元，分别比上年增长4.3%、26.1%和12.3%，占全国成交总额的比重分别为25.7%、15%和12.9%。技术市场的日趋活跃，推动科技成果转化和产业化进一步加快，在促进产业优化升级和经济结构调整中发挥了重要作用。

六、科技产出成果丰硕，专利事业进展顺利

2011年，全国共登记省部级以上重大科技成果4.4万项，其中应用技术成果3.9万项。国家对一批贡献卓越的科技专家和优秀科技项目进行了科学技术奖励：授予中国科学院院士谢家麟和中国科学院院士、中国工程院院士吴良镛国家最高科学技术奖；颁发国家自然科学奖二等奖36项；颁发国家技术发明奖55项，其中一等奖2项，二等奖53项；颁发国家科学技术进步奖283项，其中特等奖1项、一等奖20项、二等奖262项；此外还授予8名外籍专家中华人民共和国国际科学技术合作奖。

2011年在我国还涌现出了一批具有重大影响的科技成果。天宫一号与神舟八号在太空成功

实现交会对接，使我国成为世界上第三个掌握完整太空对接技术的国家；“蛟龙”号载人潜水器成功突破5000米水深大关，标志着我国具备了在全球70%以上海洋深处作业的能力；袁隆平院士指导的百亩超级杂交稻试验田亩产突破900公斤，是世界杂交水稻史上迄今尚无人登临的一个高峰；世家最大激光快速制造装备的问世，大脑神经网络形成新机制的发现……一系列重大科技成果进一步提升了我国科技的国际影响力，为创新型国家建设的顺利推进奠定了基础。

专利是国际通用的反映一国科技产出能力和水平的重要指标。2011年，我国受理境内专利申请147.9万件，其中受理境内发明专利申请40.4万件，分别比上年增长36.4%和43.4%；发明专利申请所占比重为27.3%，比上年提高了1.3个百分点。全年共授予专利权96.1万件，其中境内授权86.4万件，增长20.1%，占总量的89.9%；授予境内发明专利10.6万件，比上年增长43.4%。

有效专利是指截至报告期末专利权处于维持状态的专利，可反映一国拥有自主知识产权的总量情况。至2011年底，全国共有有效专利274万件，其中境内有效专利220.2万件，境内有效发明专利31.8万件，分别比上年增加了52.4万件、47万件和8.8万件。

七、质量监督工作力度加大，专业技术服务进一步完善

2011年，全国共有产品检测实验室25669个，其中国家检测中心476个，比上年增加33个。质检部门全年抽查产品156种、2.1万批。全国现有产品质量、体系认证机构174个，已累计完成对8.4万个企业的产品认证。全国共有法定计量技术机构3740个，全年强制检定计量器具6179万台(件)。全年制定、修订国家标准1993项，其中新制定1559项。

气象预报、地震预报、海洋监测和测绘等专业技术服务工作继续完善。截至2011年底，全国气象观测站点合计41440个，比上年增加3448个；气象部门利用网络向社会提供气象科学数据共享服务数据量达398134GB；全年中央气象台和省级气象台共发布气象预警信号4034次，警报4337次。全国共有地震台站1480个，地震监测台网32个。全国共有海洋观测站74个。测绘部门公开出版地图2103种，测绘图书2235种。

（执笔：赵利婧　国家统计局社科文司）

牧华路锦江斜接桥（双流县统计局）

专栏：2011 年世界十大科技进展新闻

1. 英国发明超薄“纳米片”制备方法。英国研究人员发明出能够将多种材料制成只有一层原子的超薄纳米片的纳米片制备方法。此方法简单快捷、成本低廉且产量高，有望在工业中大规模制备纳米片材料；此项研究将可能为半导体、下一代电子器件等工业领域的生产带来革命性进步。

2. 最大太阳能飞机首次跨国飞行成功。瑞士制造的世界最大的太阳能飞机“太阳驱动”号在飞行 12 小时 59 分、途径法国和卢森堡后，在比利时首都布鲁塞尔降落，成功完成首次跨国飞行。太阳能飞机可充当空中观测和通信平台，其独特之处在于当气象条件允许时，飞机可源源不断地获取太阳能，长时间在某一空域盘旋工作。

3. 科学家成功“抓住”反物质原子长达一千秒。欧洲核子研究中心的科研人员在英国《自然—物理》杂志称其利用磁场陷阱成功将反氢原子“抓住”长达一千秒。这可能是人类迄今首次制造出的基态反物质原子，将有利于对反物质性质进行精确研究。

4. 美国研制出世界上第一束生物激光。美国哈佛医学院的物理学家研制出世界上第一束生物激光，其关键是含有绿色荧光蛋白（GFP）的细胞被另一束激光脉冲生成激光后依然存活。科学家推测这种生物激光能够在新型传感器或光基治疗中找到应用，例如，这种激光的使用通过使已有药物产生反应从而杀死癌细胞。

5. 美国研制成功反激光器。美国耶鲁大学的科研人员在《科学》杂志称其研制成功一种反激光器，反激光器可以利用硅作为“损耗介质”来捕获吸收激光光束并最终释放热能。该装置在未来的量子计算机等领域具有潜在用途。

6. 美国“好奇”号火星探测器发射升空。“好奇”号火星探测器于 11 月 26 日从佛罗里达州卡纳维拉尔角空军基地发射升空，“好奇”号以核燃料钚提供动力，可携带更多、更先进的探测设备，在火星表面的连续行驶能力也更强。该探测器主要用于探索火星过去或现在是否存在适宜生命生存的环境。

7. 晶体中量子纠缠态信息存储成功。加拿大和德国科学家首次合作成功在一种掺入稀土粒子的晶体中存入光量子纠缠态的编码信息。该项研究成果是量子网络发展的一个里程碑，有望在不久的将来让量子网络成为现实。

8. 中外科学家完成马铃薯基因组测序。英国《自然》杂志刊登了由中国在内的 14 个国家的 29 个机构组成的“国际马铃薯基因组测序协作组”的研究成果，协作组在历时 6 年后发现马铃薯基因组包含约 3.9 万个基因。有了全基因组序列图，马铃薯新品种的培育过程将由 10 年至 12 年缩短至至 5 年左右，并有助于培育抗病、高营养、高产等优良特性的马铃薯新品种。

9. 日本研制出世界最快计算机。日本富士通公司和理化研究所共同宣布合作开发出一款运算速度可达每秒 1.051 万万亿次的超级计算机，并取名为“京”。这是全球首款运算速度越过 1 万万亿次大关的“超级运算机器”。

10. 荷兰制造出世界最小分子“电动车”。荷兰研究人员合成的世界最小的“电动车”出现在英国《自然》杂志封面，这辆“电动车”是一个有四个“轮子”的结构特殊的分子，在接收电流时以纳米的距离向前“行驶”。这种分子“电动车”将来可用于许多微观领域。

（执笔：赵利婧 国家统计局社科文司）

专栏：2011 年中国十大科技进展新闻

1. 天宫一号与神舟八号成功实现交会对接。天宫一号和神舟八号在太空成功实现两次交会对接，并建立起组合体飞行模式进行一系列相关科学实验。对接任务的圆满完成是我国载人航天事业发展史上的重要里程碑，标志着我国在空间交会对接技术上取得了重大突破，使我国成为世界上继俄美后第三个掌握完整的太空对接技术的国家。

2. “蛟龙”号载人潜水器成功突破 5000 米。作为国家“863”计划海洋技术领域的重点任务，“蛟龙”号在第二次下潜试验中成功突破 5000 米水深大关，在海底完成多次坐底试验并在中国大洋协会多金属结核勘探合同区完成多项作业试验与应用任务。这次海试成功是我国海洋科技发展的一个里程碑，标志着我国具备了到达全球 70% 以上海洋深处进行作业的能力。

3. 百亩超级杂交稻试验田亩产突破 900 公斤。国内杂交稻专家于 9 月 18 日对袁隆平院士研制的“Y 两优 2 号”超级杂交稻进行收割验收作业，测得隆回县羊古坳乡雷峰村百亩片亩产达到 926. 6 公斤。这是世界杂交水稻史上迄今尚无人登临的一个高峰，也是袁隆平带领中国专家迎战世界粮食问题的新课题。

4. 首座超导变电站建成。中国科学院电工研究所承担研制的中国首座超导变电站于 4 月 19 日在甘肃白银市正式投入电网运行，这座超导变电站集成超导储能系统、超导限流器、超导变压器和三相交流高温超导电缆等四项世界领先的超导技术。其建成标志着我国在国际上率先实现完整超导变电站系统的运行。

5. 发现大脑神经网络形成新机制。复旦大学研究团队历时 3 年研究发现，一种在体内广泛存在的蛋白激酶 GRK5，在神经发育和可塑性中有关键作用。这一发现揭示了 GRK5 在神经系统中的功能，以及调节神经元形态和可塑性的新机制，也给神经元发育异常引起的孤独症和唐氏综合征等疾病的治疗和药物研发提供了新的思路。

6. 世界最大激光快速制造装备问世。华中科技大学科研团队研制成功工业级的 1.2 米 ×1.2 米、基于粉末床的激光烧结快速制造装备。此装备是世界上最大成行空间的此类装备，这一装备与工艺的开发表明我国在先进制造领域取得新突破并达到世界领先水平。

7. 发现人肝癌预后判断和治疗新靶标。中国工程院院士曹雪涛课题组及其合作者的研究论文称 microRNA-199 表达高低与肝癌患者预后密切相关，证明 microRNA-199 能靶向抑制促肝癌激酶分子 PAK4 而显著抑制肝癌生长。有关专家认为，该工作揭示的正常与疾病肝脏 microRNA 组数据为后期进一步研究 microRNA 在肝脏生理和肝脏疾病中的作用奠定了基础。

8. 首座快堆成功实现并网发电。由中国核工业集团公司组织、中国原子能科学研究院具体实施的我国第一个由快中子引起核裂变反应的中国实验快堆于 7 月 21 日 10 时成功实现并网发电。这标志着我国在占领核能技术制高点，建立可持续发展的先进核能系统上跨出了重要的一步。

9. 首座超深水钻井平台在上海交付。中国船舶工业集团公司上海外高桥造船有限公司为中国海洋石油总公司建造的“海洋石油 981”3000 米超深水半潜式钻井平台于 5 月 23 日在上海命名交付。此深水钻井平台的成功设计建造，填补了中国在深水钻井特大型装备项目上的空白，对于增强中国深水作业能力，实现国家能源战略规划，维护国家海洋权益等具有重要战略意义。

10. 深部探测专项开启地学新时代。集中了国内 118 个机构、1000 多位科学家和技术专家联合攻关的深部探测技术与实验研究专项取得了一系列重大发现，这些发现为下一步地壳探测工程的实施奠定了基础。同时我国首台自主研发和生产的 1 万米超深钻探装备竣工出厂，这标志着国家深部探测技术与实验研究专项取得了又一个里程碑式的进展。

（执笔：赵利婧 国家统计局社科文司）

专栏：第四届中国“文化企业 30 强”综述

光明日报社、经济日报社在第八届中国（深圳）国际文化产业博览交易会期间联合发布了第四届中国“文化企业 30 强”。这些企业涵盖文化艺术、广播影视、新闻出版和新兴业态四大类别，其中：文化艺术类 6 家、广播影视类 7 家、新闻出版类 10 家、新兴业态类 7 家。具体的企业名单如下：

第四届中国“文化企业 30 强”企业名单	
保利文化集团股份有限公司	浙江出版联合集团有限公司
杭州宋城旅游发展股份有限公司	中国教育出版传媒集团有限公司
北京演艺集团有限责任公司	安徽出版集团有限责任公司
本山传媒有限公司	中南出版传媒集团股份有限公司
中国对外文化集团公司	山东出版集团有限公司
江苏演艺集团有限公司	安徽新华发行（集团）控股有限公司
上海东方传媒集团有限公司	中国出版集团公司
江苏广播电视集团有限公司	四川新华发行集团有限公司
中国国际电视总公司	西安曲江文化产业投资（集团）有限公司
中国电影集团公司	上海盛大网络发展有限公司
江苏广电有限信息网络股份有限公司	完美世界（北京）网络技术有限公司
湖南电广传媒股份有限公司	深圳华侨城股份有限公司
广东省广播电视网络股份有限公司	上海东方明珠（集团）股份有限公司
江苏凤凰出版传媒集团有限公司	上海征途信息技术有限公司
江西省出版集团公司	深圳华强文化科技集团股份有限公司

第四届中国“文化企业 30 强”既有文化艺术、广播影视、出版发行等传统文化企业，也有动漫游戏、网络文化、主题公园等新兴业态的文化企业；既有中国出版集团公司、中国电影集团公司等国有或国有控股企业，也有杭州宋城旅游发展股份有限公司、上海盛大网络发展有限公司等民营企业，反映了当前我国文化产业多种门类、多种所有制竞相发展的良好格局。

第四届中国“文化企业 30 强”的企业规模、总体实力和发展水平明显提高。“文化企业 30 强”企业总的主营收入、税前利润和净资产分别为 1595 亿元、225 亿元和 1693 亿元。与上届相比，分别增长 29.3%、64.2% 和 44.1%，均呈大幅增长趋势，企业总体实力不断增强。新增加的“纳税总额”指标达 154 亿元。

第四届中国“文化企业 30 强”中，2003 年以来转企改制的企业共 19 家，占总数的 63.3%。国有或国有控股有 24 家，占总数的 80%。反映出转制国有文化企业的优势更加凸显，文化体制改革对培育市场主体、解放和发展文化生产力发挥了重要作用。

第四届中国“文化企业 30 强”中，有 23 家上届“文化企业 30 强企业再次入选、占总数的 76.7%；新增 7 家企业，其中 4 家为新兴业态企业。从名单中可以明显看出：文化与科技融合已经成为我国近年来文化产业发展的一个突出特色和未来发展的新趋势。

第四届中国“文化企业 30 强”的企业是中国文化产业各门类的“领头羊”，代表着中国文化企业的最高水准。它们集中展示了我国文化体制改革与发展的重大成就，为培育骨干文化企业、打造具有自主知识产权与核心竞争力的大型文化企业提供范本，为促进文化与科技融合提供借鉴，将在推动文化产业成为国民经济支柱性产业过程中发挥着重要的作用。

（执笔：殷国俊 国家统计局社科文司）

专栏：首批国家级文化和科技融合示范基地公布

第八届中国（深圳）国际文化产业博览交易会期间，在中宣部、科技部召开的文化和科技融合座谈会上，科技部、中宣部、文化部、广电总局、新闻出版总署等五部门联合发布了首批16家国家级文化和科技融合示范基地，具体名单如下：

首批国家级文化和科技融合示范基地 （排名不分先后）	
北京中关村国家级文化和科技融合示范基地	合肥国家级文化和科技融合示范基地
上海张江国家级文化和科技融合示范基地	西安国家级文化和科技融合示范基地
武汉东湖国家级文化和科技融合示范基地	天津滨海新区国家级文化和科技融合示范基地
沈阳国家级文化和科技融合示范基地	重庆北部新区国家级文化和科技融合示范基地
杭州国家级文化和科技融合示范基地	青岛国家级文化和科技融合示范基地
深圳国家级文化和科技融合示范基地	哈尔滨国家级文化和科技融合示范基地
成都国家级文化和科技融合示范基地	兰州国家级文化和科技融合示范基地
长沙国家级文化和科技融合示范基地	常州国家级文化和科技融合示范基地

开展文化和科技融合示范基地认定，依托国家高新技术园区、国家可持续发展实验区等建立国家级文化和科技融合示范基地，是贯彻落实党的十七届六中全会精神的一项重要举措，旨在进一步发挥文化和科技相互促进作用，更好地引导和推动各地文化和科技融合，增强文化产业领域科技实力和自主创新能力，促进我国文化产业持续健康快速发展。

要成为国家级文化和科技融合示范基地必须具备四个条件：一是基地必须依托于国家高新技术产业开发区、国家可持续发展实验区或国家现代服务业产业化基地，具有较好的科技基础。二是基地编制有科学可行的发展规划，发展思路清晰、目标任务明确，在推动文化和科技融合方面具有切实可行的组织保障、政策措施和条件支撑；三是基地内文化产业集中度较高、产业规模较大，具有若干家创新能力较强、文化和科技融合特征鲜明的骨干企业，聚集一批文化科技型企业，具备完善的文化产业价值链或在产业链某一领域特色显著、成绩突出；四是基地内应有较为完善的文化科技创新服务体系，具备专业的配套服务体系、公共技术服务平台以及专业化创业服务中心等，能为文化产业相关企业提供共性技术服务及创新创业服务。

首批16个基地普遍具有明确的发展规划和目标任务，文化产业规模大、经济指标高，文化科技型企业数量多、创新能力强，公共技术平台和服务体系完备，在全国具有代表性和示范性。

科技部、中宣部等部门要求，各地要加强对文化和科技融合示范基地发展的指导和支持，建立健全文化科技创新工程工作机制，形成推动文化科技创新合力，保障示范基地健康快速发展；加速技术、人才、资金、政策等要素聚集，促进文化科技成果产业化；加快推动文化科技产业新兴业态的形成和发展，促进区域产业结构调整和优化升级；加强文化科技产业集群建设，探索集群式创新发展的新模式，切实发挥示范基地的示范、辐射、带动作用。

（执笔：殷国俊　国家统计局社科文司）

2011年社会保障发展报告

2011年是“十二五”开局之年，也是实施社会保险法的第一年。按照党中央、国务院的决策部署，以“十二五”规划为引领，以贯彻社会保险法为主线，以扩大新型农村社会养老保险试点和启动城镇居民社会养老保险试点工作为重点，扎实推进重大制度建设和政策落实，社会保障体系不断健全，向制度全覆盖迈出重大步伐，实现了“十二五”社会保险工作的良好开局。

一、2011年社会保险基本情况

（一）各项社会保险参保人数大幅增长，重大历史遗留问题基本得到解决

1. 养老保险。三项养老保险参保人员共计6.48亿人，其中领取待遇人员1.71亿人。（1）年末全国参加城镇职工基本养老保险人员为28391万人，比上年末增加2684万人。其中，参保职工21565万人，参保离退休人员6826万人。年末参加企业基本养老保险人员为26284万人，比上年末增加2650万人。（2）城镇居民社会养老保险试点（城居保）正式启动，并与新型农村社会养老保险试点（新农保）同步推进。年末，全国27个省、自治区的1914个县（市、区、旗）和4个直辖市纳入国家新农保试点，全国27个省、自治区的1902个县（市、区、旗）和4个直辖市、新疆生产建设兵团纳入国家城居保试点，覆盖面达到60%以上。国家新农保和城居保试点县参保人员3.3亿人，其中领取待遇人员9185万人。还有339个县自行开展新农保试点，155个县自行开展城居保试点。国家试点与地方自行试点参保人员合计3.64亿人，其中领取待遇人员1.03亿人。

2. 城镇基本医疗保险。年末全国参加城镇基本医疗保险人员为47343万人，比上年末增加4080万人。其中，参加职工基本医疗保险人员为25227万人，参加城镇居民基本医疗保险人员为22116万人。在参加职工基本医疗保险的人员中，参保职工18948万人，参保退休人员6279万人。

3. 失业保险。年末全国参加失业保险人员为14317万人，比上年末增加941万人。其中参加失业保险的农民工为2391万人，比上年末增加401万人。2011年，全国共向394万失业人员提供了不同期限的失业保险待遇，比上年减少38万人。年末全国领取失业保险金人员为197万人，比上年末减少12万人。

4. 工伤保险。年末全国参加工伤保险人员为17696万人，比上年末增加1535万人。其中，参加工伤保险的农民工为6828万人，比上年末增加528万人。全年享受工伤保险待遇人员为163万人，比上年增加16万人。

5. 生育保险。年末全国参加生育保险人员为13892万人，比上年末增加1556万人。

6. 全面完成中央确定的解决重大历史遗留问题的任务。500多万集体企业职工和退休人员纳入了城镇职工基本养老保险。2008年至2011年期间，近600万关闭破产国有企业退休人员和200多万其他企业退休人员纳入了职工基本医疗保险。312万名企业“老工伤”人员和工亡职工供养亲属纳入工伤保险统筹管理。

（二）社会保险基金收支规模持续扩大

2011年，各项社会保险的基金总收入达到25153亿元，基金总支出18652亿元。

1. 养老保险。2011年，三项社会养老保险的基金总收入达到18005亿元，基金总支出13363亿元。（1）全年城镇职工基本养老保险基金总收入16895亿元，比上年增长25.9%，其中征缴收入13956亿元，增长25.6%；全年基金支出12765亿元，比上年增长20.9%。年末基金累计结存19497亿元。（2）全年新农保和城居

保基金收入 1110 亿元，其中个人缴费 421 亿元；基金支出 598 亿元。年末基金累计结存 1231 亿元。

2. 医疗保险。全年基本医疗保险基金总收入 5539 亿元，比上年增长 28.6%；全年基金支出 4431 亿元，比上年增长 25.2%。年末累计统筹基金结存 4015 亿元（含城镇居民基本医疗保险基金累计结存 497 亿元），个人账户积累 2165 亿元。

3. 失业保险。全年失业保险基金收入 923 亿元，比上年增长 42.1% ；全年基金支出 433 亿元，比上年增长 2.2%。年末基金累计结存 2240 亿元。

4. 工伤保险。全年工伤保险基金收入 466 亿元，比上年增长 63.7%；全年基金支出 286 亿元，比上年增长 48.8%。年末基金（不含储备金）累计结存 642 亿元，储备金结存 101 亿元。

5. 生育保险。全年生育保险基金收入 220 亿元，比上年增长 37.8%；全年基金支出 139 亿元，比上年增长 26.7%。年末基金累计结存 343 亿元。

（三）社会保险待遇水平稳步提高

在继续确保各项社保待遇按时足额发放和支付的基础上，2011 年继续提高企业退休人员养老金水平，使全国人均达到每月 1555 元。同时进一步做好补发养老金历史拖欠工作，存在历史拖欠的省份降至 2 个。城镇居民基本医疗保险财政补贴标准从每人每年 120 元增加到 200 元。职工和居民基本医疗保险基金最高支付限额分别达到当地职工年平均工资和当地居民年可支配收入的 6 倍，且不少于 5 万元。住院医疗费用支付比例进一步提高，普遍开展居民医保门诊统筹，明显提高了参保人员的医保待遇。建立失业保险金标准与物价上涨挂钩联动制度，20 个省份上调了失业保险标准。大幅提高了工伤保险的一次性工亡补助金标准，并相应提高了一次性伤残补助金标准。生育保险待遇大幅度提高。

（四）社会保险法顺利实施，社会保险制度建设加快推进

2011 年 7 月 1 日，《中华人民共和国社会保险法》正式实施，这是我国社会保障发展史上具有里程碑意义的一件大事。为顺利贯彻实施社会保险法，加快推进了各项社会保险制度的建设，取得了重大成果。

1. 养老保险。（1）城镇职工基本养老保险进一步完善。研究制订缴费不足十五年者缴费至十五年的政策；制订在中国境内就业的外国人参加养老保险的政策。落实未参保集体企业退休人员等纳入养老保险的政策。平稳实施养老保险关系转移接续办法。研究完善企业退休人员基本养老金正常调整机制。巩固实现省级统筹的成果，规范做实个人账户试点工作，进一步完善做实的有关政策，并积极探索做实资金投资运营、保值增值的途径。配套推进事业单位养老保险改革试点。（2）新型农村社会养老保险试点继续扩大。2011 年新农保试点覆盖地区范围达到 60% 以上。开展了新农保试点督导工作，督促各项政策和经办管理服务制度落实。落实新农保经办规程和信息系统建设要求，推动了建立健全新农保基层经办服务平台。研究制定了新农保与五保供养、农村低保等相关制度的衔接办法。制定实施新农保基金财务会计制度，制定新农保金融服务规范。完善被征地农民社会保障政策，开展政策实施情况督查。（3）城镇居民养老保险试点正式启动。国务院印发了《关于开展城镇居民社会养老保险试点的指导意见》，城镇居民社会养老保险试点工作正式启动。城镇居民社会养老保险制度的建立，弥补了养老保险体系最后一块制度空白，鼓励与新农保合并实施，形成城乡统筹的居民养老保险制度。（4）企业年金、职业年金取得新发展。推动企业年金税收优惠政策早日出台，在对《企业年金基金管理试行办法》进行修改后，颁布了《企业年金基金管理办法》，进一步完善了企业年金治理、投资比例及监管等内容；下发了《关于企业年金集合计划试点有关问题的通知》、《关于企业年金计划证券账户有关问题的通知》，开展集合年金计划试点，进一步推动了企业年金制度的发展，在建立多层次养老保险体系上向前迈进一步。发布《事业单位职业年金试行办法》。截至 2011 年底，建立企业年金的企业达 4.49 万家，参加职工 1577 万人，企业年金基金积累结存 3570 亿元。

2. 城镇基本医疗保险和生育保险。贯彻落实社会保险法规定，将领取失业保险金的人员纳入职工基本医疗保险，从制度上解决了这个特殊群体的参保问题。关闭破产企业退休人员纳入职工基本医疗保险制度，基本解决了经济体制转轨和国有企业改革的历史遗留问题。普遍开展了居民医保门诊统筹。医疗、生育保险基本实现市级统筹，其中北京、天津、上海和西藏实现了省级统筹，基金监管和调控得到加强。全面推进定点医疗机构分级管理等制度，完善医疗保险定点服务协议，开展医疗、生育保险反欺诈工作。以总额预付、按病种付费、按人头付费为主体的三种付费方式改革全面启动，完善了生育医疗费用支付方式。基本实现统筹地区内医疗、生育费用即时结算，27 个省（自治区、直辖市）启动了省内异地就医结算，25 个省、市级经办机构开展跨省直接结算探索。各地积极扩大生育保险覆盖范围，一些地方将生育保险扩大到机关事业单位等所有用人单位，同时从城镇职工向城乡居民延伸，将居民医保参保人员住院分娩发生的符合规定的医疗费用纳入居民医保支付范围。

3. 失业保险。落实社会保险法的规定，制定实施了领取失业保险金人员参加职工基本医疗保险的政策，并启动了《失业保险条例》修订工作。北京、上海、江苏、浙江、山东、福建、广东等东部 7 省、市继续实施扩大失业保险基金支出范围试点政策，从预防失业、促进就业实际需要出发，加大资金投入，受益人数不断增加，促进了就业局势稳定。指导其他地区研究探索发挥失业保险预防失业、促进就业作用。进一步提高失业保险统筹层次，基本实现失业保险市级统筹，完善了省级调剂金制度，增强基金互济能力。将全国 31 个省（自治区、直辖市）和新疆生产建设兵团的 100 多个城市纳入部失业动态监测范围，增加了监测样本，积累了数据信息，为研究建立失业预警制度和失业调控工作体系奠定了基础。印发了《关于做好淘汰落后产能和兼并重组企业职工安置工作的意见》，促进了国家淘汰落后产能、兼并重组战略的顺利实施。

4. 工伤保险。贯彻实施社会保险法和新修订的《工伤保险条例》，修订颁布了《工伤认定办法》、《非法用工单位伤亡人员一次性赔偿办法》，制定颁布了《部分行业企业工伤保险费缴纳办法》和《社会保险基金先行支付办法》等重要配套规章。同时，印发了《关于工伤保险有关问题处理意见的函》和《关于进一步做好工伤保险费率浮动工作的通知》等配套文件。以事业单位等为重点，全面推进各类单位依法参保。同时，大力推进了建筑、煤炭等高风险企业依法参加工伤保险的专项工作，取得了明显成效。全面将国有企业、集体企业有伤残等级的“老工伤”职工和工亡职工供养亲属纳入工伤保险统筹管理。为进一步防范和分散风险，增强保障能力，全国已有 98% 的地（市）实现了工伤保险基金市级统筹。积极有序推进工伤预防和工伤康复试点工作，预防、补偿、康复“三位一体”工伤保险制度体系初见雏形。工伤认定和劳动能力鉴定工作进一步规范化。

（五）加强社会保险基金预算管理和监督检查

社会保险基金预算管理进一步规范，预算约束力增强。人力资源社会保障部、公安部签署社会保险反欺诈合作备忘录，普遍加强了社保、公安、药监等相关职能部门的合作，加大打击欺诈、冒领行为的力度。开展了医疗保险及失业保险基金专项检查，规范基金管理行为，纠正违纪违规问题。社会保险内控工作进一步加强，各地全面开展了社会保险基金安全的检查，进一步规范了基金收支结算方式，县级以上经办机构基本取消了现金结算。研究基本养老保险基金保值增值办法。企业年金基金监管进一步加强。贯彻社会保险基金监督检查证管理规程，推进持证上岗和依法监督。加强了基金监管能力建设，继续推进社会保险基金监管软件联网应用，研究社会监督机制和方式，确保了基金安全有效运行。社会保险信息系统建设进一步加强，社会保障卡发放全面提速，全国持卡人员达到 1.99 亿人，并通过加载金融功能实现用途扩展和便民服务。

二、2012年社会保险工作展望

2012年社会保险工作的重点是：继续以贯彻实施社会保险法为统领，积极推进社会保障制度建设，加快社会保险法配套规章制定和实施，进一步扩大覆盖面、加强基金征缴、确保待遇落实，加强基金监管、保障基金安全，加强经办基础建设，进一步提高经办管理水平和服务能力。

（一）做好社会保险扩面、征缴和支付工作

1. *继续扩大社会保险覆盖面*。探索建立覆盖城乡居民的社会保险登记制度。以非公有制经济组织从业人员、灵活就业人员、农民工和被征地农民为重点，扩大各项社会保险覆盖面。积极稳妥做好外国人参保工作。预计到2012年底，城镇基本养老保险参保人员将达3.05亿人（其中城镇居民1400万人）、新农保3.6亿人、城镇基本医疗保险4.75亿人、失业保险1.45亿人、工伤保险1.82亿人（其中农民工7000万人）、生育保险1.42亿人。

2. *依法加强社会保险基金征缴*。依据社会保险法，强化社会保险基金征缴，指导和督促用人单位和个人如实准确申报基数，按时足额缴费。继续做好稽核清欠工作，推进稽核工作制度化、规范化，完善工作流程和工作机制。

3. *继续提高社会保险待遇水平*。继续提高企业退休人员基本养老金水平，完善基本养老金正常调整机制。居民医保政策范围内住院医疗费用支付比例达到70%以上。探索建立重特大疾病保障机制。推进医疗、生育保险医疗费用直接结算和异地就医结算服务，推动付费方式改革，加强对医疗服务监管，引导在基层就医，合理控制医疗费用上涨。落实失业、工伤和生育保险待遇，确保按时足额支付。

（二）进一步完善养老保险制度

加强养老保险顶层设计。建立遗属待遇和病残津贴制度，规范和完善参保人员因病非因工伤残津贴和遗属待遇政策，形成完整的老遗残制度体系。做好企业退休人员基本养老金调整工作，妥善处理各类群体之间保障水平关系。研究制定城镇职工与城乡居民养老保险制度衔接政策。巩固省级统筹成果，研究基础养老金全国统筹思路和方案。积极推进事业单位养老保险制度改革试点。巩固规范做实个人账户试点。推动企业年金和职业年金发展。

在全国实现新型农村社会养老保险和城镇居民社会养老保险制度全覆盖，有条件的地区统筹实施城乡居民社会养老保险制度。强化“多缴多得、长缴多得”的机制建设和宣传工作。完善被征地农民社会保障政策，加强征地社会保障审核，推动建立预存款制度。

（三）进一步做好基本医疗保险和生育保险工作

医疗保险重点由扩大范围转向提升质量。完善居民医疗保险筹资机制，政府对城乡居民基本医疗保险的补助提高到240元，相应调整个人缴费水平。巩固居民医保门诊统筹。积极推进医疗保险城乡统筹。巩固医疗保险市（地）级统筹，有条件的地区探索省级统筹。加强基金预算管理和调控，推进付费方式改革，完善总额预付、按病种付费和按人头付费的政策和标准，细化协议管理，加强对医疗费用的控制。建立和完善医疗保险服务监控管理办法。完善补充医疗保险和大额医疗费用补助政策，进一步发挥商业保险的补充作用。制定基本医疗保险条例和生育保险办法。继续推动生育保障试点工作和生育保障与医疗保险相关政策衔接。

（四）加强失业保险制度建设

进一步完善失业保险制度，加快修订《失业保险条例》。继续推动失业人员参加职工基本医疗保险工作。进一步提高失业保险统筹层次，完善省级调剂金制度，鼓励有条件的地区实行省级统筹。实施失业动态监测和失业预警项目，开展失业预警工作试点。继续做好淘汰落后产能和兼并重组企业职工安置工作。

（五）完善工伤保险制度

全面贯彻实施《工伤保险条例》，制定劳动能力鉴定管理办法、工伤预防费使用管理办法、工伤保险辅助器具配置管理办法，修订劳动能力鉴定国家标准。大力推进事业单位和各类高风险企业、服务业企业参加工伤保险，研究制定公务员和参公事业单位职工参加工伤保险的政策。进一步落实“老工伤”人员纳入工伤保险统筹的待遇。完善工伤保险费率制度。规范工伤保险市级统筹，开展工伤保险省级统筹试点。完善工伤保险配套政策，加快工伤预防、补偿、康复的制度体系建设，稳步推进工伤预防工作，完善工伤康复试点。

（六）加强社会保险基金监管

进一步完善社会保险基金预算制度，明确和强化各级政府的责任，加强预算执行情况的检查和评估，提升基础数据质量，不断提高预算编制水平和执行水平。制定社保基金监管条例、规定和工作规程，修订社保稽核办法，推进非现场监督及网络即时监控。深入研究社会保险基金投资运营、保值增值问题。指导实施企业年金基金管理合同指引，加强企业年金市场监管。加强社会保险基金反欺诈工作和对问题多发领域的监督，开展工伤保险基金专项检查，积极探索社会监督方式，确保基金安全。

（七）加强社会保险经办管理服务

进一步理顺社会保险经办管理体制，推进各项社会保险统一经办，优化经办流程，加强基层平台建设，增加便民服务项目和措施，提高经办能力和服务水平。以基层为重点，加强社会保险信息管理系统的统一、规范建设，大力推广“电子社保”，增发社会保障卡 1.5 亿张并做好卡的应用和管理工作。做好养老保险、医疗保险关系跨地区转移接续工作。推进医疗、生育保险即时结算，完善医疗保险医疗服务协议管理。加快建立统筹城乡的基本医保管理体制，探索整合职工医保、城镇居民医保和新农合等制度的管理职能和经办资源。推进社会保险经办标准化建设。

注：由于四舍五入的原因，本报告存在分量之和与总量不等、基期数与增加数之和与报告期数不等的现象。

（执笔：饶志刚　人力资源和社会保障部规划财务司）

2011年社会事业发展报告

一、卫生事业

2011年，各级卫生部门按照党中央、国务院的决策和部署，以健全国家基本药物制度和加快公立医院改革试点工作为重点，努力完成各项医改任务，做好重大疾病防控和医疗卫生服务工作，有效缓解群众“看病难、看病贵”问题，卫生事业保持平稳较快发展，实现了“十二五”时期良好开局。

（一）卫生资源

1. 医疗卫生机构总数。2011年末，全国医疗卫生机构总数达954389个，比上年增加17462个。其中：医院21979个，基层医疗卫生机构918003个，专业公共卫生机构11926个。与上年比较，医院增加1061个，基层医疗卫生机构增加16294个，专业公共卫生机构增加91个。

医院中，公立医院13542个，民营医院8437个。医院按等级分：三级医院1399个（其中：三级甲等医院881个），二级医院6468个，一级医院5636个，未定级医院8476个。医院按床位数分：100张床位以下医院13136个，100-199张医院3426个，200-499张医院3402个，500-799张医院1158个，800张及以上医院857个。

基层医疗卫生机构中，社区卫生服务中心（站）32860个，乡镇卫生院37295个，诊所和医务室175069个，村卫生室662894个。政府办基层医疗卫生机构56671个，比上年增加1064个。

专业公共卫生机构中，疾病预防控制中心3484个，其中：省级31个、市（地）级399个、县（区、县级市）级2796个。已设立卫生监督机构3022个，其中：省级31个、市（地）级384个、县（区、县级市）级2538个。

2. 床位数。2011年末，全国医疗卫生机构床位516.0万张，其中：医院370.5万张（占71.8%），基层医疗卫生机构123.4万张（占23.9%）。与上年比较，床位增加37.3万张，其中：医院床位增加31.8万张，基层医疗卫生机构床位增加4.1万张。每千人口医疗卫生机构床位数由2010年3.56张增加到2011年3.81张。

3. 卫生人员总数。2011年末，全国卫生人员总数达861.6万人，比上年增加40.8万人，增长5.0%。

卫生人员[1]总数中，卫生技术人员620.3万人，乡村医生和卫生员112.6万人，其他技术人员30.6万人，管理人员37.5万人，工勤技能人员60.6万人。卫生技术人员中，执业（助理）医师246.6万人，注册护士224.4万人。与上年比较，卫生技术人员增加32.7万人，增长5.6%。

卫生人员机构分布：医院452.7万人（占52.5%），基层医疗卫生机构337.5万人（占39.2%），专业公共卫生机构64.1万人（占7.4%）。与上年比较，3类机构卫生人员均有所增加。

2011年，每千人口执业（助理）医师1.82人，每千人口注册护士1.66人；每万人口专业公共卫生机构人员4.73人。

4. 卫生总费用。2010年全国卫生总费用达19980.4亿元，其中：政府卫生支出5732.5亿元（占28.7%），社会卫生支出7196.6亿元（占36.0%），个人卫生支出7051.3亿元（占35.3%）。卫生总费用城乡构成：城市15508.6亿元，占77.6%；农村4471.8亿元，占22.4%。人均卫生费用1490.1元，其中：城市2315.5元，农村666.3元。卫生总费用占GDP百分比为4.98%。

2011年全国卫生总费用预计达22496亿元，人均卫生费用1643.2元。

注：①卫生人员和卫生技术人员包括公务员中取得“卫生监督员证书”的人数，下同。

（二）医疗服务

1. 门诊和住院工作量。2011 年，全国医疗卫生机构总诊疗人次达 62.7 亿人次，比上年增加 4.3 亿人次，增长 7.4%。2011 年居民到医疗卫生机构平均就诊 4.63 次。

2011 年总诊疗人次中，医院 22.6 亿人次（占 36.0%），基层医疗卫生机构 38.1 亿人次（占 60.8%），其他医疗机构 2.0 亿人次（占 3.2%）。与上年比较，医院诊疗人次增加 2.2 亿人次，基层医疗卫生机构诊疗人次增加 2.0 亿人次。

2011 年公立医院诊疗人次 20.5 亿人次，占医院诊疗人次总数的 90.7%；民营医院 2.1 亿人次，占医院诊疗人次总数的 9.3%。

2011 年乡镇卫生院和社区卫生服务中心（站）门诊量达 14.1 亿人次，比上年增加 0.5 亿人次。乡镇卫生院和社区卫生服务中心（站）门诊量占门诊总量的 22.5%，所占比重比上年下降 0.8 个百分点。

2011 年，全国医疗卫生机构入院人数 15298 万人，比上年增加 1124 万人，增长 7.9%。2011 年每百居民住院 11.3 人。

2011 年入院人数中，医院 10755 万人（占 70.3%），基层医疗卫生机构 3775 万人（占 24.7%），其他医疗机构 768 万人（占 5.0%）。与上年比较，医院入院增加 1231 万人，基层医疗卫生机构入院减少 175 万人，其他医疗机构入院增加 68 万人。

医院中，公立医院入院人数 9708 万人，占医院入院总人数的 90.3%；民营医院 1047 万人，占医院入院总人数的 9.7%。

2. 医院医师工作负荷。2011 年，医院医师日均担负诊疗 6.9 人次和住院 2.4 床日，其中：公立医院医师日均担负诊疗 7.1 人次和住院 2.5 床日。与上年比较，医院医师日均担负工作量增加。

3. 病床使用。2011 年，全国医院病床使用率 88.5%，其中：公立医院 92.0%。与上年比较，医院病床使用率提高 1.8 个百分点，其中：公立医院提高 2.0 个百分点。医院出院者平均住院日为 10.3 日，其中：公立医院 10.5 日。与上年比较，医院平均住院日缩短 0.2 日。

（三）农村卫生

1. 新型农村合作医疗。截至 2011 年底，全国有 2637 个县（区、市）开展了新型农村合作医疗，参合人口数达 8.32 亿人，参合率为 97.5%。

2011 年度新农合筹资总额达 2047.6 亿元，人均筹资 246.2 元。全国新农合基金支出 1710.2 亿元；补偿支出受益 13.2 亿人次，其中：住院补偿 0.7 亿人次，普通门诊补偿 11.7 亿人次。

2. 农村三级医疗服务体系建设。2011 年底，全国 2003 个县（县级市）共设县级医院 10337 所、县级妇幼保健机构 1994 所、县级疾病预防控制中心 2212 所、县级卫生监督所 1957 所，四类县级卫生机构共有卫生人员 198.4 万人。

2011 年底，全国 3.3 万个乡镇共设 3.7 万个乡镇卫生院，床位 102.6 万张，卫生人员 116.6 万人，其中：卫生技术人员 98.1 万人。

与上年比较，乡镇卫生院减少 541 个，床位增加 3.2 万张，人员增加 1.5 万人，其中执业（助理）医师减少 1.4 万人。每千农业人口乡镇卫生院床位由 2010 年 1.12 张增加到 2011 年 1.16 张，每千农业人口乡镇卫生院人员由 2010 年 1.30 人增加到 2011 年 1.32 人。

2011 年底，全国 59.0 万个行政村共设 66.3 万个村卫生室。村卫生室[②]中，执业（助理）医师 19.3 万人；注册护士 3.1 万人；乡村医生和卫生员 112.6 万人，其中：乡村医生 106.1 万人。每千农业人口村卫生室人员 1.53 人。与上年比较，村卫生室数增加 1.5 万个，人员总数增加 5.8 万人。

3. 农村医疗服务。2011 年，全国县级（含县级市）医院诊疗人次达 7.6 亿人次，比上年增加 0.7 亿人次；入院人数 4995.3 万人，比上年增加 598.9 万人；病床使用率 85.0%，比上年提

注：②村卫生室执业（助理）医师和注册护士数包括乡镇卫生院设点的数字。

高2.1个百分点。

2011年，乡镇卫生院诊疗人次为8.7亿人次，比上年减少800万人次；入院人数3449万人，比上年减少181万人。2011年，医师日均担负诊疗8.5人次和住院1.4床日。病床使用率58.1%，出院者平均住院日5.6日。与上年相比，乡镇卫生院医师工作负荷有所增加，病床使用率下降0.9个百分点，平均住院日延长0.4日。

2011年村卫生室诊疗量达17.9亿人次，比上年增加1.3亿人次，平均每个村卫生室年诊疗量达2700人次。

（四）社区卫生

1. *社区卫生服务体系建设*。2011年底，全国已设立社区卫生服务中心（站）32860个，其中：社区卫生服务中心7861个，社区卫生服务站24999个。与上年相比，社区卫生服务中心增加958个，社区卫生服务站减少837个。社区卫生服务中心人员32.9万人，平均每个中心42人；社区卫生服务站人员10.4万人，平均每站4人。社区卫生服务中心（站）人员数比上年增加4.3万人，增长11.1%。

2. *社区医疗服务*。2011年，全国社区卫生服务中心提供诊疗人次为4.1亿人次，入院人数247.3万人。与上年相比，诊疗人次及入院人数增加。2011年，平均每个中心年诊疗量5.2万人次，年入院量315人；医师日均担负诊疗14.0人次和住院0.7床日。

2011年，全国社区卫生服务站提供诊疗人次1.4亿人次，平均每站年诊疗量5600人次，医师日均担负诊疗13.8人次。

（五）病人医药费用

1. *基层医疗卫生机构病人医药费用*。2011年，社区卫生服务中心门诊病人次均医药费用81.5元，按当年价格比上年降低1.6%，按可比价格比上年下降6.6%；住院病人人均医药费用2315.1元，按当年价格比上年降低1.8%，按可比价格比上年下降6.8%。

2011年，乡镇卫生院门诊病人次均医药费用47.5元，按当年价格与上年持平，按可比价格下降5.1%；住院病人人均医药费用1051.3元，按当年价格比上年上涨4.6%，按可比价格下降0.7%。住院病人日均医药费用188.3元，按当年价格比上年下降3.2%，按可比价格下降8.1%。

2. *医院病人医药费用*。2011年，医院门诊病人次均医药费用179.8元，按当年价格比上年上涨7.8%，按可比价格上涨2.3%；住院病人人均医药费用6632.2元，按当年价格比上年上涨7.1%，按可比价格上涨1.6%。住院病人日均医药费用643.6元，上涨幅度高于住院病人人均医药费用。

不同等级公立医院门诊和住院病人人均医药费用涨幅不一，三级医院涨幅较低。2011年公立医院中，三级医院门诊费用上涨5.3%（当年价格，下同），低于二级医院0.7个百分点；三级医院住院费用上涨4.7%，低于二级医院0.5个百分点。

（六）疾病控制与公共卫生

1. *传染病报告发病和死亡*。2011年，全国甲乙类传染病共报告发病323.76万例，死亡15264人。报告发病数居前5位的病种依次为病毒性肝炎、肺结核、梅毒、细菌性阿米巴性痢疾、淋病，占甲乙类传染病报告发病总数的94.4%；报告死亡数居前5位的病种依次为艾滋病、肺结核、狂犬病、病毒性肝炎、流行性出血热，占甲乙类传染病报告死亡总数的97.6%。

2011年，全国甲乙类传染病报告发病率为241.44/10万，死亡率为1.14/10万。

2011年，全国丙类传染病共报告发病308.25万例，死亡538人。报告发病数居前5位的病种依次为手足口病、其它感染性腹泻病、流行性腮腺炎、流行性感冒和风疹，占丙类传染病报告发病总数的98.7%。报告死亡数居前3位的病种依次为手足口病、其它感染性腹泻病和流行性感冒，占丙类传染病报告死亡总数的99.6%。

2011年，全国丙类传染病报告发病率为229.88/10万，死亡率为0.04/10万。

2. *血吸虫病防治*。截至2011年底，全国血吸虫病流行县（市、区）454个；累计达到血吸虫病传播控制标准的县（市、区）103个，累计达到传播阻断标准的县（市、区）274个；年底实有病人29.0万人，比上年减少3.6万人；年内治疗病人44.3万人次，扩大化疗267.6万人次。

3．*地方病防治*。2011年底，全国克山病病区县数326个，累计控制（消除）县257个，现症病人3.97万人；大骨节病病区县377个，累计控制（消除）县216个，现症病人64.21万人；碘缺乏病防治工作县（区）2815个，现症病人33.78万人。地方性氟中毒（饮水型）病区县数1136个，控制县数196个，氟斑牙病人2033.13万人，氟骨症病人133.65万人；地方性氟中毒（燃煤污染型）病区县数173个，控制县数24个，氟斑牙病人1480.23万人，氟骨症病人194.58万人。

4．*农村改水改厕*。截至2011年底，全国农村改水受益人口累计达8.99亿人，改水受益人口占农村总人口的94.2%。农村自来水普及率为72.1%，比上年增加了1.0个百分点。农村累计使用卫生厕所18108.5万户，其中：当年新增卫生厕所1028.9万户。农村卫生厕所普及率69.2%，比上年增加1.8个百分点。

（七）妇幼卫生

1．*妇幼保健*。2011年，孕产妇产前检查率93.7%，产后访视率91.0%。与上年比较，产前检查率有所下降，产后访视率略有提高。住院分娩率为98.7%，比上年增加0.9个百分点。2011年，3岁以下儿童系统管理率达84.6%，比上年增加3.1个百分点；孕产妇系统管理率达85.2%，比上年增加1.2个百分点。

2．*5岁以下儿童死亡率*。据妇幼卫生监测，2011年，5岁以下儿童死亡率15.6‰，其中：城市7.1‰，农村19.1‰；婴儿死亡率12.1‰，其中：城市5.8‰，农村14.7‰；新生儿死亡率7.8‰，其中：城市4.0‰，农村9.4‰。与上年相比，5岁以下儿童死亡率、婴儿死亡率、新生儿死亡率均有不同程度的下降。

3．*孕产妇死亡率*。据妇幼卫生监测，2011年，孕产妇死亡率为26.1/10万，其中：城市25.2/10万，农村26.5/10万。与上年相比有所下降。

2011年，城市孕产妇主要死因构成：产科出血占19.7%、羊水栓塞占14.5%、妊娠期高血压疾病占7.9%、合并心脏病占7.9%；农村孕产妇主要死因构成：产科出血占31.3%、羊水栓塞占10.5%、妊娠期高血压疾病占12.1%、合并心脏病占10.9%。

（八）卫生监督

1．*公共场所卫生监督*。2011年，全国公共场所卫生被监督单位105.7万个，从业人员553.8万人，持健康证人数占92.9%。对公共场所进行经常性卫生监督135.7万户次，合格率为99.4%。依法查处案件1.1万件，结案1.0万件，依法作出卫生行政处罚案件1.1万件。

2．*生活饮用水卫生监督*。2011年，全国生活饮用水卫生（供水）被监督单位4.0万个，从业人员26.5万人，持健康证人数占79.3%。生活饮用水经常性卫生监督7.3万户次，合格率为98.8%。对涉水产品进行抽样监测153件，合格率98.7%。

3．*消毒产品卫生监督*。2011年，全国消毒产品被监督单位3862个，从业人员5.8万人，有效卫生许可证3865份。消毒产品经常性卫生监督1.8万户次，合格率为98.4%。对7.9万件消毒产品进行监测，合格率为96.3%。

4．*学校卫生监督*。2011年，全国被监督学校21.6万所，78.0%的学校已建立学生健康档案，95.1%的学校开设健康教育课，96.1%的学校建立突发公共卫生事件应急预案。依法查处案件150件，结案163件，其中依法作出卫生行政处罚案件131件。

5．*职业卫生监督*。2011年，全国职业卫生被监督单位14.0万个，职工总数2224.6万人，职业病危害因素接触人数占27.0%。依法查处案件1586件，结案1050件，其中依法作出卫生行政处罚案件1562件。

6．*放射卫生监督*。2011年，全国放射卫生被监督单位5.8万个，放射工作人员22.2万人，放射工作人员持证上岗率 88.0%。依法查处案件 751 件，结案 667 件，其中依法作出卫生行政处罚案件 738 件。

7. 医疗服务、采供血和传染病防治监督。2011 年，依法对医疗服务作出卫生行政处罚并结案 10.3 万件，其中未取得执业许可证擅自执业 4.1 万余户次。依法对采供血作出卫生行政处罚并结案 61 件。依法查处传染病防治案件 6547 件，结案 6329 件，其中依法作出卫生行政处罚案件 6490 件。

二、广播电影电视事业

2011 年，全国各级广播影视部门以邓小平理论和“三个代表”重要思想为指导，继续深入贯彻落实科学发展观，面向基层、服务群众，牢牢把握正确的舆论导向，确保安全播出，依法加强行业管理，加快广播影视事业产业发展，广播影视各项工作在改革创新中重点突破，继续保持健康向上的良好势头，实现了“十二五”时期良好开局。截至 2011 年底，全国广播电视综合人口覆盖率分别达到 97.06%、97.82%，有线电视入户率达 49.43%。广播电视行业从业人员超过了 78.6 万人。

（一）抓好重大宣传，为服务党和国家工作大局作出新贡献

2011 年，全国各级广播影视部门坚持以宣传为中心，紧紧围绕科学发展这一主题和加快转变经济发展方式这一主线，紧密结合国际国内形势，深入宣传中央重大决策部署和政策措施，重点做好党的十七届六中全会精神、中央经济工作会议精神的宣传，为推动社会主义文化大发展大繁荣、推动经济社会又好又快发展提供了有力舆论支持。精心组织、圆满完成了庆祝中国共产党成立 90 周年、纪念辛亥革命 100 周年、纪念西藏和平解放 60 周年、天宫一号和神舟八号发射、深圳大运会等宣传报道任务。深入开展“走转改”活动，把话筒和镜头对准基层、对准群众，制作播出了一大批生动鲜活、感人至深的节目，新闻报道亲和力、吸引力、感染力切实增强。积极加强国际新闻报道，现场采访报道日本海啸、利比亚战争、泰国水灾等重大事件，及时有力发出中国的声音。在强化新闻节目的同时，进一步办好经济、文艺、体育、生活以及少儿、农村等其他各类节目，较好满足了人民群众多样化多方面的文化需求。

截至 2011 年底，全国共有广播电台 197 座，电视台 213 座，广播电视台 2153 座。各级电台、电视台共播出广播节目 1306 万小时，电视节目 1675 万小时，其中新闻资讯类广播节目 265 万小时、新闻资讯类电视节目 226 万小时。

（二）加强创作引导，影视精品创作生产再上新台阶

2011 年，全国各级广播影视部门围绕庆祝中国共产党成立 90 周年、纪念辛亥革命 100 周年，积极筹备，精心组织策划，强化创作引导，强化重点扶持，强化跟踪管理，推出了一大批优秀电影电视剧和重大理论文献片，其中为庆祝建党 90 周年推出了 28 部献礼影片、推荐了 50 部优秀献礼电视剧，受到了广泛好评。同时，充分利用政府评奖和政府专项扶持资金，积极引导和鼓励支持精品创作生产。2011 年全年生产电影故事片 558 部、电视电影 102 部、电影动画片 24 部、电影纪录片 26 部、电影科教片 76 部，电视剧 1.5 万集，重大理论文献影视片 42 部 335 集，电视动画片 4000 多小时，保持了创作繁荣、质量提升的良好势头。

截至 2011 年底，全国共有《电视剧制作许可证（甲种）》机构 129 家，广播电视节目制作经营机构 4678 家。民营广播影视企业在影视制作、发行方面表现活跃，影视制作规模化、集约化进一步扩大发展，影视制作投资额也迅速增长。2011 年，全国电视剧制作投资额 71 亿元，动画电视制作投资额 18 亿元。其中，社会影视制作机构电视剧制作投资 57 亿元，动画电视制作投资 15 亿元，成为影视制作的主力军。

广播电视节目生产的繁荣发展带动了节目交

易的日趋活跃。2011 年，电视节目国内销售额超过 87 亿元，其中电视剧销售额 52 亿元，动画电视销售额 11 亿元。广播电视节目进出口总额近 8 亿元，进出口总量 4 万多小时。

（三）实施重点工程，广播影视公共服务水平有了新提高

一是巩固成果，继续实施村村通、农村电影放映工程等广播影视公共服务重点工程。2011 年，“十二五”村村通工作任务全面启动，完成了 354 万套直播卫星接收设备的招标工作，总金额达 11.33 亿元。二是在有线电视网络未通达的农村地区大力实施直播卫星公共服务工程。组织宁夏、内蒙古、河北的部分乡村牧区开展试点，并与中宣部在宁夏联合召开现场会部署全国推广工作。广电总局已成立卫星直播管理中心，全国 21 个省（区、市）的 1.1 万个乡镇建立了企业销售服务网点，覆盖用户超过 2500 万。三是大力实施县级城市数字影院建设工程，着力解决县级城市群众看电影难的问题。与中宣部在河北联合召开现场会，推动县级城市数字影院建设全面展开。

（四）加大创新力度，广播影视数字化网络化和新媒体发展取得新进展

一是大力推进有线电视网络数字化双向化改造和业务开发。截至 2011 年底，全国共有 2 亿多有线电视用户，已有 1.1 亿多户实现数字化，其中双向覆盖用户超过 5700 万、实际用户超过 1300 万。二是积极筹备开办 3D 电视。为顺应世界电视业发展最新趋势、满足人民群众精神文化新需求新期待、推动战略性新兴产业和民族工业发展，抓紧推进发展 3D 电视。及时组织研发相关技术标准，制定具体实施方案，中央电视台等 6 家播出机构联合开办的 3D 试验频道于 2012 年元旦顺利试播，社会反响热烈。三是加快发展网络广播电视，全国共批准开办 17 家网络广播电视台、615 家互联网视听节目服务单位，同时推动成立了中国网络视听节目服务协会。四是加快发展移动多媒体广播电视，目前已基本覆盖全国 336 个地级以上城市、855 个县级城市，终端用户超过 3500 万，付费用户达到 1600 万。五是认真落实三网融合工作要求，规范发展 IPTV、手机电视、互联网电视等新业务。中央电视台已完成 IPTV、手机电视集成播控平台建设，三网融合试点地区的广电播出机构完成了 IPTV 集成播控分平台建设。六是继农村胶片放映全部转化为数字放映后，城市数字电影放映也基本普及，目前已拥有 8200 块 2K 数字银幕、1000 块左右的 1.3K 数字银幕，我国电影数字放映已达世界领先地位。

（五）加强节目和广告治理，广播影视管理工作呈现新气象

一是坚决遏制广播电视节目过度娱乐化倾向，专门制定出台《关于进一步加强电视上星综合频道节目管理的意见》，并于 2012 年 1 月 1 日起正式实施，取得了良好效果。据初步统计，上星综合频道新闻类节目增加了三分之一，黄金时间娱乐性较强的节目减少了三分之二，同时开办了一批思想道德建设栏目，推出了 50 多档新创节目，荧屏更加丰富多彩、健康向上。二是加强广告治理，在继续清理整治违规广告和违规电视购物短片广告的同时，重点出台了取消电视剧插播广告的管理措施。三是继续深入开展抵制低俗之风专项行动，全年共清理整改 400 余个广播电视节目，同时查处 136 家违规视听节目网站。四是改进影视剧管理，调整充实电影电视剧审查委员会，做到既有影视艺术家，也有党史、国史、军史方面的专家以及熟悉党的文艺方针政策的实际工作者，切实增强了委员的广泛性、代表性、权威性。五是完善监管体系，广电总局整合机构组建统一的监管中心，各地加强监管机构建设，监看监测监管和安全播出保障能力进一步提升。六是加强法制建设。最高人民法院出台《刑法》第 124 条的司法解释，为维护广播电视播出安全提供了有力的法律保障。《电影产业促进法》立法工作取得实质性突破，目前草案已向社会公开征求意见。七是坚持依法管理。坚决整治个别地方出现的私人非法设立台（站）现象，坚决打击非法“网络共享”设备产品及卫星地面接收设施，

并取得积极效果。

（六）着力攻坚克难，广播影视改革积极稳妥推进

一是紧密结合有线电视网络数字化双向化改造，加快有线电视网络整合，已有25个省（区、市）完成或基本完成一省一网整合，国家级网络公司筹建工作扎实推进，为全国网络整合、实现互联互通打下良好基础。二是产业改革成效明显。国有电影电视剧制作机构转企改制全面完成，推进重点企业上市融资工作取得进展。电影院线制改革深化，数字影院建设加快，全国城市新增影院803家、新增银幕3030块，银幕数累计达9200多块，全年电影票房超过125亿元，比2010年增长25%。三是规范推进电台电视台合并，新批准6个省级和17个市（地）级两台合并，目前全国县（市）级已全部实现两台合并，市（地）级已有227个实现两台合并，省级已有14个实现两台合并。

（七）加快“走出去”步伐，广播影视国际传播能力建设取得新突破

2011年，我国国际一流媒体建设规模、制播量进一步扩大。中央电视台新建成20个海外记者站、2个海外分台，海外站点总数达70个，超过CNN和BBC，同时6个语种7个国际频道在171个国家和地区落地，整频道用户达2.49亿，其中2011年新增整频道用户5090万。中国国际广播电台完成5个地区总站、18个境外制作室建设，新增境外整频率电台13座、整频率电台总数达70座，全年累计播出3000多小时，收到海外受众来信323万封。中国电视长城平台已建成8个系列平台，全球付费用户突破10万。中央人民广播电台进一步加强了全球华语广播协作网建设。地方外宣频道建设加强。继西藏藏语卫视、青海藏语卫视之后，四川康巴卫视也实现覆盖亚太地区。

对外交流合作程度不断加深，全年共有49部次影片在17个电影节上获得74个奖项，52部国产影片销往22个国家和地区，海外票房和销售收入达20.24亿元。

三、体育事业

2011年，全国体育战线认真学习贯彻党的十七届六中全会精神，围绕《体育事业发展“十二五”规划》，创新思维、更新理念，把握重点、突破难点，奋力开创体育工作的新局面，推动体育事业取得新成绩。

（一）贯彻落实《全民健身条例》和《全民健身计划》，群众体育工作取得重要进展

1. 认真贯彻国务院电视电话会议精神，精心组织、统筹推进，贯彻实施《全民健身计划》开局良好。2011年，国务院正式印发了《全民健身计划（2011-2015年）》，并召开贯彻实施《全民健身计划》的全国电视电话会议。体育总局及时向全国体育系统转发《全民健身计划》。拟定并印发了《落实〈全民健身计划〉部委职责分工》。积极推动全国各省（区、市）公布《全民健身实施计划》。制定下发了《〈全民健身计划〉实施情况评估标准》，启动了“全民健身示范城市（区）”试点工作。

2. 深化落实“三纳入”（全民健身工作纳入政府工作报告、纳入国民经济发展计划、纳入财政预算），推动各级政府履行公共体育服务职能效果进一步显现。继续对《全民健身条例》贯彻落实情况开展检查调研，各级政府的“三纳入”工作水平较上年有了较大幅度的提升。27个省（区、市）实现了“三纳入”，3个省实现了部分“纳入”。有12个省（区、市）实现了市和县两级政府的“三纳入”全覆盖，17个省（区、市）已做到“三纳入”覆盖大部分地市和县。

3. 继续加强体育健身设施建设，公共体育服务均等化有了新进展。2011年，体育总局彩票公益金用于体育健身设施建设的比例进一步提高，达到88.2%。其中，资助中西部地区建设“农

民体育健身工程”4550个、“雪炭工程”[③]96个、乡镇体育健身工程399个。体育总局彩票公益金的示范引导发挥了积极作用，地方各级财政对体育健身设施的投入力度进一步加大，体育健身设施的建设、运营和管理更加规范。

4. 创新方式、科学发展，推进青少年体育工作。大力推进青少年体育组织网络的建设；以全国青少年“未来之星”阳光体育节为龙头，打造青少年体育活动特色品牌；以“走向操场、走到阳光下，积极参加体育锻炼”为主题，在全国开展阳光体育科学健身校园行系列活动；培训体育传统项目学校体育教师和青少年体育管理人员6800余名。

5. 全民健身组织指导工作进一步加强。制定了《社会体育指导员管理办法》、《社会体育指导员发展规划》，印发了《社会体育指导员技术等级培训大纲》，全面加强社会体育指导员的管理和培训工作。根据《建立全民健身志愿服务长效化机制工作方案》，推动建立全国范围内层级化的全民健身志愿服务组织网络体系。启动了“体质测定与运动健身指导站”建站工作。圆满完成第三次国民体质监测工作。

6. 以经常化、生活化为目标，全民健身活动广泛开展。2011年是广播体操颁布60周年，体育总局组织创编了第九套广播体操，并联合教育部等10个部门在全国推广。继续举办丰富多彩的全民健身活动，2011年“全民健身日”活动以“每天锻炼一小时”为主题广泛开展。

（二）以备战伦敦奥运会为核心，推动竞技体育发展

1. 以备战工作为重中之重，扎实推进备战伦敦奥运会的各项工作。一是加强管理，深入调研，搞好“盘点”。研究制定《伦敦奥运会备战工作组织管理办法》，体育总局备战领导小组采取“集中与分散相结合”的方式，对各项目中心备战工作进行了两轮拉网式“盘点”。二是加强复合型训练管理团队建设，推进训练创新。制定了《国家队训练管理质量评估实施办法》，并开展了评估试点工作。翻译出版了12本《21世纪运动训练前沿和创新丛书》，组织汇编《训练理论与实践创新》文集，引导广大教练员更新观念、探索创新。组建了针对不同专题的奥运会科技专家组和36支国家队科研团队。三是大力加强运动队思想政治工作。修订完善《关于进一步加强和改进运动队思想政治工作的意见》，编印《运动队思想政治工作信息交流》，修订出版了《励志与使命》、《运动队思想文化建设实务》教材，组织宣讲团，深入各运动队进行宣讲。四是精心做好倒计时阶段的各项准备工作。各运动项目中心全面分析伦敦奥运会形势，有针对性地制定了倒计时阶段的备战计划。编发了《各项目2012年伦敦奥运会参赛资格分配办法》和《伦敦奥运会各项目选拔办法》。五是按照“眼睛向下看，围着项目转”的要求，在人、财、物等各个方面全力保障备战工作。

2. 参加国际大赛取得优异成绩。2011年，我国运动员在24个大项上获得138个世界冠军，共有4人1队8次创8项世界纪录。在奥运会项目2011年度世界大赛上，中国运动员发挥良好，整体表现稳定，金牌和奖牌数都暂时处于国际领先地位。截止到2011年底，中国共有18个大项159个小项277人获得伦敦奥运会参赛资格。

3. 成功举办了第七届全国城市运动会，全运会等其他综合性运动会筹备工作进展顺利。第七届全国城市运动会组织严密，运行平稳，竞争有序，涌现出一批后备人才，取得了圆满成功。继续推进第十二届全运会和冬运会、海阳第三届亚洲沙滩运动会、天津第六届东亚运动会、南京第二届亚洲青年运动会、南京第二届青少年奥林匹克运动会的竞赛组织工作。国务院已正式批准福建省为第八届城运会承办单位、新疆为第十三届全国冬运会承办单位。

（三）总结经验，完善制度，推动体育产业的发展

注：③雪炭工程指国家体育总局利用本级体育彩票公益金，在老、少、边、穷等地区实施援建经济实用的公共体育场地设施的工程。

1. 体育产业各项基础性工作扎实推进。各地认真贯彻《关于加快发展体育产业的指导意见》，10个省（区、市）政府出台了贯彻落实《指导意见》实施文件。大部分省（区、市）将体育产业纳入了本地经济社会发展规划。加强体育产业统计工作，完成了《“十一五”体育产业核心数据报告》。为规范体育产业基地建设，出台了《体育产业基地管理办法（试行）》。

2. 高危险性体育项目监管制度建设稳步推进。《高危险性体育项目经营活动管理办法》研制工作即将完成，第一批项目目录拟于近期报国务院审批。以高危险性体育项目监管为重点，加大体育行业职业技能鉴定工作力度，加强经营性健身场所的健身指导与服务，截止到2011年底，全国28个省（区、市）共培养职业社会体育指导员、救助人员65450人。

3. 深入贯彻落实《彩票管理条例》，坚持安全运营，开拓体育彩票市场。2011年，全国体育彩票发行销售额达937.8亿元，为国家筹集公益金252.8亿元。

（四）扎实开展赛风赛纪和反兴奋剂专项治理工作，深入推进反腐倡廉和行业作风建设

1. 继续在全国体育系统扎实开展赛风赛纪和反兴奋剂专项治理。把赛风赛纪和反兴奋剂工作作为第一要务抓实抓好，层层签订《赛风赛纪和反兴奋剂责任书》，全面实施反兴奋剂参赛资格准入制度。严格运动员参赛资格审查，取消年龄、身份违规运动员参赛资格。加大工作力度，指导足球中心、篮球中心等直属单位加强对职业联赛赛风赛纪的监管，指导督促各省（区、市）体育局落实专项治理工作要求，形成上下联动、齐抓共管、纠建并举、综合治理的工作格局。

2. 狠抓教育整顿，切实加强作风建设。汲取足球腐败案件教训，结合以“反腐倡廉、奋发敬业”为主题的创先争优活动，在体育总局系统开展了“四查四纠”教育整顿工作，集中解决领导班子和党员干部在思想、斗志、作风、纪律等方面存在的突出问题。严肃处理国家短道速滑队事件及有关责任人，并以此为鉴，在体育系统集中开展有针对性的专项教育整顿工作。出台针对干部队伍的“六个严禁”规定，维护中国体育的形象。

（五）以改革创新精神着力解决突出问题

1. 足球工作取得积极进展。一是以科学规划、完善政策为重点，继续在全国大中小学校广泛开展校园足球活动。目前已经在全国48个布局城市、3个试点县全面开展，共有2700多所中小学校参加校园足球活动。二是加强了对职业足球的规范化管理。制定发布了《中国足球协会职业联赛俱乐部准入条件和审查办法》，会同有关部门下发了《关于做好职业足球俱乐部准入和审查工作的通知》；按坚决稳妥、循序渐进、分步实施的原则，启动了职业足球联赛管办分离的改革。三是着眼于制定中国足球中长期发展规划的准备工作，组成联合调研组，全面开展了对足球的调研。四是动员利用社会力量发展足球取得积极成效，采取了选送年轻球员出国留学、聘请国家队外教、扶持青少年联赛、建立奖励机制以及支持教练员培训、国家队运动员保险等一系列政策措施。

2. 盘活大型体育场馆资源工作初见成效。为破解大型体育场馆闲置率高、运营管理难的困局，组织各级体育部门、相关科研单位和大型体育场馆，对305个体育中心、752个大型体育场馆的运营情况进行调研，提出了改进大型体育场馆运营管理工作的若干建议，召开了大型体育场馆运营管理经验交流会。启动了《全国学校体育场馆向公众开放实施办法》研制工作。

3. 大力推进运动员文化教育和保障工作，探索建立长效机制。一是完善配套制度，为落实《关于进一步加强运动员文化教育和保障工作的指导意见》充实了政策框架。联合教育部研究制订了《中等体育运动学校管理办法》、《中等体育运动学校设置标准》、《少年儿童体育学校管理办法》。按照财政部修订下发的《运动员保障专项资金财务管理办法》，制定了相应的实施办

法。二是采取措施加强运动员文化教育。积极推广有益经验，推动各地通过机制创新破解运动员文化教育难题；提高青少年运动员科学训练水平，合理安排赛事，保证必要的文化学习时间；建立国家队运动员文化教育中心；推动运动员基础教育课程研制工作。三是扎实推动运动员职业辅导、就业安置、伤残保险、教育资助等保障工作。开展了运动员职业转换过渡期管理、创业扶持、平时训练奖分配等方面的运动员保障试点工作，取得新的成效和进展。

4. 积极推进大型综合性运动会调整改革。按照中办、国办 24 号文件精神，协调国家民委、农业部、中国残联和教育部，对全国民族运动会、农民运动会、残疾人运动会、大中学生运动会等综合性运动会进行了研究，向国务院提出了调整完善的具体意见和措施，以进一步节俭办赛、淡化形式、突出实效。

四、残疾人事业

2011 年是“十二五”残疾人事业的开局之年，也是残疾人事业取得重要进展的一年。党中央、国务院高度重视残疾人工作，残疾人事业迈出了新步伐、取得了新成就。

（一）康复

2011 年，通过实施一批重点康复工程，使 631.8 万残疾人得到不同程度的康复。

在 874 个市辖区和 1823 个县（市）开展了社区康复工作，累计建立社区康复站 18.6 万个，配备 31.4 万名社区康复协调员。

开展视力残疾康复机构总数达到 991 个，完成白内障复明手术 75.8 万例；为 31.0 万名贫困白内障患者免费施行复明手术；为 3.6 万名低视力患者配用助视器，培训低视力儿童家长 6997 名。对 2.5 万名盲人进行定向行走训练。

已建设省级听力语言康复机构 31 个，基层听力语言康复机构 1028 个。全国共对 2.7 万名聋儿进行了听力语言康复训练，培训聋儿家长 3.0 万名；培养各类专业人员 5312 人；实施贫困聋儿人工耳蜗项目资助聋儿 700 名、助听器项目资助聋儿 3000 名。

在 2423 个市县开展精神病防治康复工作，对 522.9 万名重性精神病患者进行综合防治康复，监护率达到 80.5%，显好率达到 55.1%，社会参与率达到 43.4%，肇事率 0.2%；解除关锁 4836 人；对 35.6 万贫困精神病患者进行医疗救助。

建立了 30 个省级孤独症儿童康复训练机构，6910 名孤独症儿童在各级机构进行了康复训练。

开展肢体残疾康复训练服务的机构达到 1106 个，对 1311 名贫困肢体残疾儿童实施矫治手术，为 2.9 万名肢体残疾儿童进行了康复训练，对 13.7 万名肢体残疾人开展社区康复训练。为麻风畸残者实施矫治手术 159 例。

开展智力残疾康复训练服务的机构达到 798 个；培训各级各类智力残疾康复人员 1.9 万名，对 2.8 万名智力残疾儿童进行了康复训练，同时对家长开展培训。

为残疾人减免费用装配普及型假肢 3.1 万例，供应辅助器具 74.3 万件，装配矫形器 1.5 万例。

（二）教育

残疾人事业专项彩票公益金助学项目为全国 1.0 万人次家庭经济困难的残疾儿童享受普惠性学前教育提供资助。各地对 6627 名残疾儿童给予学前教育资助。

已开办特殊教育普通高中班（部）179 个，在校生 7207 人；其中聋高中 145 个，在校生 6198 人；盲高中 19 个，在校生 1009 人。残疾人中等职业学校（班）131 个，在校生 11572 人，毕业生 6449 人，其中 4781 人获得职业资格证书。全国有 7150 名残疾人被普通高等院校录取，877 名残疾人进入特殊教育学院学习。

（三）就业

2011 年，城镇新安排 31.8 万残疾人就业。其中，集中就业残疾人 9.7 万，按比例安排残疾人就业7.5万，公益性岗位就业2.1万，个体就业及其他形式灵活就业12.5万，全国城镇实际在业人数440.5万；1748.8万农村残疾人实现稳定就业，其中1367.7万人从事农业生产劳动。

全国残疾人职业培训基地达到5254个，其中残联兴办2368个，依托社会机构兴办2886个，29.9万人次城镇残疾人接受了职业培训。

培训盲人保健按摩人员14067名，盲人医疗按摩人员3736名；保健按摩机构达到12170个，医疗按摩机构达到1031个；分别有965人和2376人通过医疗按摩人员中级和初级职称评审。

（四）社会保障

残疾人参加新型农村和城镇居民社会养老保险试点工作全力推进。试点地区有1232.5万残疾人参加了新型农村社会养老保险，参保率68.4%。在参保的残疾人中有重度残疾人294.9万，其中289.6万人得到了政府的参保扶助（全额代缴247.7万人，部分代缴41.9万人）；有229.2万非重度残疾人也享受了全额或部分代缴的优惠政策。享受养老金待遇的人数达到290.7万人。在2011年7月推行的城镇居民社会养老保险试点工作中，已有260.0万残疾人参保，参保率59.2%。在参保的残疾人中有70.5万重度残疾人，其中67.5万人得到了政府的参保扶助；有55.5万非重度残疾人也享受了全额或部分代缴的优惠政策。享受养老金待遇的人数达到69.3万人。

299.3万城镇残疾职工参加社会保险，433.1万城镇残疾居民参加基本医疗保险，1474.3万残疾人参加了新型农村合作医疗；1031.4万城乡残疾人纳入最低生活保障范围；城镇集中供养残疾人和农村五保供养残疾人分别达到12.0万和68.5万；232.2万城乡残疾人获得其他救助救济，136.2万和14.0万符合条件的城乡残疾人分别享受了稳定的生活补贴和护理补贴。

残疾人寄宿制托养服务机构达到3921个，托养残疾人11.9万人。残疾人日间照料机构达到2368个，为4.6万名残疾人提供托养服务。接受居家托养服务的残疾人达到44.2万人。

（五）扶贫开发

211.8万贫困残疾人得到扶持，其中122.2万人通过扶贫开发实际脱贫；接受实用技术培训的残疾人达到92.3万人次。

康复扶贫贴息贷款扶持7.1万农村残疾人，5.2万个单位和32.8万个人对贫困残疾人开展结对帮扶。残疾人扶持基地建设达到3985个，安置8.7万残疾人就业，扶持带动15.6万残疾人。

截止到2011年底，全国县级残疾人服务社853个，乡（镇）残疾人服务分社6511个。

完成9.4万户农村贫困残疾人危房改造，各地投入危房资金9.5亿元，11.5万残疾人受益。

（六）宣传文化

圆满组织以“改善残疾人民生 保障残疾人权益”为主题的第二十一次全国助残日活动，完成第四次全国残疾人职业技能竞赛、第八届全国残疾人运动会的宣传报道工作。全国共开辟报刊专版1325个，残疾人专题广播节目463个，电视手语新闻栏目196个，建立各级残疾人事业新闻宣传促进会128个。

残疾人文化周活动深入开展，全国400多万残疾人参与其中；继续推进“残疾人文化进社区”项目，对全国1000个试点社区进行检查评估；举办第六届全国特殊教育学校学生艺术汇演，149件作品获奖；与新闻出版总署联合发起“百家出版社文化助残公益行动”，全国200多家出版社捐赠1400多万码洋书籍；与澳门签署共同促进残疾人特殊艺术发展项目合作协议，完成“特殊艺术师资培训班”、“残疾青少年特殊艺术人才夏令营”等四个合作项目。

（七）体育

成功举办第八届全国残疾人运动会，共有35个代表团3041名运动员参赛，产生723枚金牌、703枚银牌、628枚铜牌，超65项世界纪录、平2项世界纪录，破347项全国纪录、平6项全国纪录。

2011年，派出残疾人运动员630人次参加了25项国际赛事，取得268枚金牌，积极争取伦敦残奥会参赛资格。举办了2011年中国残疾人乒乓球公开赛及亚洲坐式排球锦标公开赛两项残疾人体育国际赛事。参加雅典第十三届世界夏季特奥运动会，97名特奥运动员参加了田径等11个项目的比赛及相关交流活动。成功举办第六届全国特奥日活动及特奥田径、羽毛球、篮球等比赛和健康检查活动。开展特奥足球周活动。

各地深入开展残疾人体育工作。组织省、市级残疾人群众体育健身活动4093次，52.0万人次参加；建设省、市残疾人群众体育活动示范点799个，培训省、市级残疾人体育健身指导员4150人，组织省级残疾人体育比赛100次，参赛运动员达1.2万人次。

（八）维权

2011年，8个省（区、市）修订《残疾人保障法》实施办法；制定或修改了关于残疾人的专门法规、规章省级5件、地市级35件；制定或修改保障残疾人权益的规范性文件省级36件、地市级169件。全国县级以上人大进行《残疾人保障法》执法检查824次；政协进行视察和专题调研845次。全国开展普法宣传教育活动6030次，77.3万人参加；举办法律工作者培训班1572个，6.8万人参加。

全国成立残疾人法律救助工作协调机构761个，建立残疾人法律救助工作站545个，办理案件4153件。建立残疾人法律援助中心（工作站）2933个，办理案件2.1万件。

各级残联协助人大代表、政协委员提出议案、建议、提案1873件，办理议案、建议、提案1370件。

无障碍建设法规、标准进一步完善。全国有6个省、92个地市、328个县（市、区）出台了无障碍建设与管理法规、规章；18个省、194个地市、857个县（市、区）成立了无障碍建设领导协调组织；845个市、县、区系统开展无障碍建设；全国开展无障碍建设检查2.8万次，无障碍培训3.1万人次；为10.2万个贫困残疾人家庭实施了无障碍改造；为41.9万残疾人发放了残疾人机动轮椅车燃油补贴。

全国各级残联共处理残疾人群众来信6万余件，接待残疾人群众来访34.9万人次，其中集体访1730批次、2.1万人次。

（九）组织建设

2011年，33个省级残联在领导班子中基本上配备了残疾人理事长或副理事长，13个省级残联配备了驻会盲人理事，9个省级残联配备了驻会聋人理事；222个地市级残联在领导班子中配备了残疾人理事长或副理事长；1599个县级残联机关配备了残疾人干部；已建乡镇（街道）残联3.7万个，建设率达到91.3%，选聘残疾人专职委员4.9万名；已建社区（村）残协61.1万个，建设率达到95.4%，选聘残疾人专职委员46.2万名。

全国省市县乡残联实有人员已达10.9万人，干部培训工作取得新进展。各级残联共举办培训班3.3万期，培训机关干部、协会干部及残疾人专职委员90.3万人次，对提高残联系统干部队伍素质起到了重要作用。

全国共建立省级以下各类残疾人专门协会15335个，全国市级专门协会已建比例为97.6%，市辖区专门协会已建比例93.0%；县（含县级市）级专门协会已建比例为89.6%。

（十）信息化建设

2011年，中国残疾人联合会网站进行了全新改版，网站年度页面总浏览量超过3100万次。“中国残疾人服务网”正式开通，网站点击量达到750万次。

全国33个省级残联、264个地市级残联和1114个县级残联开通网站，比2010年增加170个。

截至2011年底，全国残疾人人口基础信息数据库累计采集、收录持证残疾人实名信息2231万条。结合全国残疾人康复需求调查，采集残疾人康复需求信息2104万条，其中持证残疾人信息1338万条，非持证残疾人信息766万条。

五、人民检察工作

2011年，全国检察机关以科学发展为主题，认真履行宪法和法律赋予的职责，深入推进社会矛盾化解、社会管理创新、公正廉洁执法三项重点工作，不断强化法律监督、强化自身监督、强化队伍建设，各项检察工作取得新进展。

（一）立足职能、服务大局，保障和促进经济平稳较快发展

1. 加大打击严重经济犯罪力度。依法批准逮捕走私、金融诈骗、非法集资、操纵股市、非法传销等严重经济犯罪嫌疑人 40604 人，提起公诉 54891 人，分别比上年增加 8.2% 和 8.1%。针对部分领域存在的有案不移、以罚代刑问题，会同国务院有关部门制定《关于加强行政执法与刑事司法衔接工作的意见》；部署专项监督活动，督促行政执法机关依法移送涉嫌犯罪案件 6414 件，立案侦查涉嫌徇私舞弊不移交刑事案件的行政执法人员 121 人。

2. 深化重点领域突出问题专项治理。加大查办工程建设领域职务犯罪力度，抓住规划调整、招标投标、资金使用、质量监管等重点环节，立案侦查贪污贿赂、渎职等职务犯罪案件 8056 件。在重大工程建设项目中开展专项预防，协助有关单位完善管理制度，保障投资安全。推进治理商业贿赂工作，在资源开发、产权交易、政府采购等领域，立案侦查涉及国家工作人员的商业贿赂犯罪案件 10542 件。

3. 强化知识产权、能源资源和生态环境司法保护。会同有关部门制定《关于办理侵犯知识产权刑事案件适用法律若干问题的意见》，深入开展打击侵犯知识产权和制售假冒伪劣商品专项行动，起诉侵犯知识产权犯罪嫌疑人 6870 人。围绕促进可持续发展，起诉造成重大环境污染和严重破坏能源资源保护的犯罪嫌疑人 17725 人，立案侦查涉嫌环境监管失职、违法发放林木采伐许可证等渎职犯罪的国家机关工作人员 873 人。

4. 端正执法理念，改进执法方式。加强执法理念教育，引导检察人员在严格公正执法的同时，坚持理性、平和、文明、规范执法。依法慎重对待改革发展中的新情况新问题，认真听取各方诉求，客观分析案件性质，正确把握法律政策界限。注重保障涉案人员合法权益，注重维护发案单位正常工作秩序，注重改进执法方式、规范执法行为，努力使执法办案活动有利于促进经济社会发展，实现法律效果和社会效果的有机统一。

（二）全力维护社会和谐稳定，加强和创新社会管理

1. 依法打击各类刑事犯罪。全面贯彻宽严相济刑事政策，共依法批准逮捕各类刑事犯罪嫌疑人 908756 人，同比减少 0.8%；提起公诉 1201032 人，同比增加 4.6%；依法决定不批准逮捕 151095 人、不起诉 39754 人，同比分别增加 5% 和 6.1%。突出打击危害国家安全犯罪、严重暴力犯罪和抢劫、抢夺、盗窃等多发性侵财犯罪。积极参与打黑除恶专项斗争和扫黄打非、打击电信诈骗、禁毒等专项行动，配合有关部门集中整治城乡接合部等重点地区，保障人民群众生命财产安全。

2. 积极预防和化解社会矛盾。推广检察调解对接工作机制，对民事申诉等案件本着自愿、合法、公正原则，配合人民调解组织先行调解。建立执法办案风险评估预警机制，在拟作出不立案、不批捕、不起诉等决定时，评估是否可能引发或激化矛盾，及时制定依法稳妥处理和化解预案。完善法律文书说理机制，就检察机关所作决定充分阐明事实和法律依据，促使当事人消除疑惑、及时息诉。建立上下级检察院共同处理重大涉检信访案件制度，办理群众信访 804873 件次。对近年来办理的 31347 件涉检信访案件进行评查，纠正存在错误或瑕疵的案件 2333 件。

3. 加强和创新社会管理。加强社区矫正法律监督，推进对社区服刑人员的教育，促进社区矫正工作依法规范开展。加强对未成年犯罪嫌疑人的教育挽救，推行亲情会见、分案起诉、诉前引导、案后帮教等制度，对涉嫌犯罪的未成年人依法决定不批准逮捕 13738 人、不起诉 3437 人，同比分别增加 5% 和 10.4%。积极参与整治网络赌博违法犯罪专项行动，依法打击利用网络传播淫秽物品等犯罪。针对办案中发现的突出问题，

及时向有关部门提出改进管理、堵塞漏洞的检察建议。

（三）以人为本、执法为民，切实维护人民群众合法权益

1. 坚决惩治损害群众切身利益的犯罪。协同公安机关和行政执法机关开展食品药品安全专项整治和严厉打击“地沟油”违法犯罪专项活动，依法批准逮捕生产销售假药劣药、有毒有害食品等犯罪嫌疑人 2012 人，提起公诉 1562 人，立案侦查“瘦肉精”、“假牛肉”等食品安全事件中涉嫌渎职犯罪的国家机关工作人员 202 人。部署开展严肃查办危害民生民利渎职侵权犯罪专项工作，在征地拆迁、扶贫开发、社会保障、惠农资金管理使用、保障性安居工程等领域查办案件 4779 件。依法同步介入矿难、火灾、爆炸等重特大事故调查，立案侦查严重失职渎职造成人民群众生命财产重大损失的国家机关工作人员 770 人。

2. 加强对困难群众和特殊群体的司法保护。重视打击侵害残疾人、老年人、未成年人权益的犯罪。积极参与打击拐卖儿童妇女犯罪专项行动，起诉拐卖、收买儿童妇女的犯罪嫌疑人 3492 人。会同有关部门加强拒不支付劳动报酬案件查处工作，维护劳动者特别是进城务工人员合法权益。推进刑事被害人救助工作，明确救助范围、标准和程序，对 5368 名生活确有困难的被害人或其近亲属提供救助。探索建立军事检察机关与地方检察机关协作机制，切实维护国防利益和军人军属合法权益。高度重视涉港、涉澳、涉台、涉侨案件，依法平等保护香港同胞、澳门同胞、台湾同胞、归侨侨眷合法权益。

3. 健全联系群众、服务群众长效机制。加强控告申诉接待窗口规范化建设，建立综合性受理接待中心和查询服务窗口，完善 12309 举报电话和民生服务热线。探索建立视频接访系统，方便群众向上级检察机关反映诉求。深入开展检察官进社区、进农村、进企业、进学校活动，健全落实下访巡访、联合接访等制度。推进检察工作重心下移，在人口集中的乡镇街道新设立派出检察室 1118 个，就地受理控告申诉，化解矛盾纠纷，加强法律监督。

（四）严肃查办和积极预防职务犯罪，促进反腐倡廉建设

1. 严肃查办贪污贿赂等职务犯罪。全年共立案侦查各类职务犯罪案件 32567 件 44506 人，人数同比增加 1%；其中贪污贿赂大案 18464 件，涉嫌犯罪的县处级以上国家工作人员 2524 人（其中：厅局级 198 人、省部级 7 人）。严肃查办利用执法权、司法权谋取私利、贪赃枉法案件，立案侦查涉嫌职务犯罪的行政执法人员 7366 人、司法工作人员 2395 人。加大惩治行贿犯罪力度，对 4217 名行贿人依法追究刑事责任，同比增加 6.2%。加强反腐败国际司法合作，完善境内外追赃追逃机制，会同有关部门追缴赃款赃物计 77.9 亿元，抓获在逃职务犯罪嫌疑人 1631 人。

2. 着力加强反渎职侵权工作。深入贯彻中央关于加大惩治和预防渎职侵权违法犯罪工作力度的要求，认真落实全国人大常委会两次审议渎职侵权检察工作专项报告的意见，与有关部门建立联席会议制度，共同推进惩治和预防渎职侵权违法犯罪工作。立案侦查渎职侵权犯罪案件 7355 件 10585 人，人数同比增加 3.5%；其中重特大案件 3667 件，同比增加 4.5%。加强反渎职侵权公共宣传，开展以“加强渎职侵权检察工作 促进依法行政与公正司法”为主题的宣传活动；举办惩治和预防渎职侵权犯罪大型展览全国巡展，216 万名国家工作人员参观了展览。

3. 深入开展职务犯罪预防。坚持惩防并举、注重预防，结合办案剖析职务犯罪发案原因，向有关单位提出预防建议 41864 件。开展服务和保障换届选举专题预防工作，促进形成依法有序、风清气正的选举氛围。广泛开展预防职务犯罪宣传，推动预防教育进党校和行政学院。加强警示教育基地建设，对国家工作人员进行反腐倡廉教育 3800 万人次。实现行贿犯罪档案查询系统全国联网，向社会提供查询 68 万余次。建立预防职务犯罪年度报告制度，1872 个各级检察院向同级党委、人大、政府及有关部门提交了本地区职

务犯罪发案态势和预防对策的综合报告。

（五）强化对诉讼活动的法律监督，维护社会公平正义

1. *加强立案监督和侦查监督*。重点监督纠正有案不立、有罪不究、刑讯逼供、暴力取证、动用刑事手段违法介入民事经济纠纷等问题。对应当立案而不立案的，督促侦查机关立案19786件；对不应当立案而立案的，督促撤案11867件。对应当逮捕而未提请逮捕、应当起诉而未移送起诉的，决定追加逮捕36976人、追加起诉31868人。落实审查逮捕阶段讯问犯罪嫌疑人、听取律师意见制度，对侦查中的违法情况提出纠正意见39432件次。

2. *加强审判监督*。推进量刑建议改革，落实检察长列席审判委员会等制度，重点监督纠正适用法律错误、量刑畸轻畸重等问题，对认为确有错误的刑事裁判提出抗诉5346件，对刑事审判中的违法情况提出纠正意见8655件次。加强民事行政检察工作，坚持依法监督、居中监督等原则，对认为确有错误的民事行政裁判提出抗诉10332件。坚持抗诉与息诉并重，对认为裁判正确的30592件申诉，耐心做好申诉人的服判息诉工作。与最高人民法院共同出台文件，完善对民事审判活动与行政诉讼的法律监督工作机制，开展民事执行活动法律监督试点工作。

3. *加强刑罚执行和监管活动监督*。规范和加强派驻监管场所检察室建设，推进与监管场所的执法信息联网和监控联网，对刑罚执行和监管活动中的违法情况提出纠正意见24075件次。开展保外就医专项检察，纠正减刑、假释、暂予监外执行不当11872人。会同公安机关、人民法院集中清理久押不决案件463件，依法纠正超期羁押242人次。开展看守所械具和禁闭使用情况专项检察，促进依法文明监管，维护在押人员合法权益。

（六）加强对自身执法活动的监督制约，维护司法公信力

1. *深化检务公开*。严格执行诉讼参与人权利义务告知制度，对不起诉、申诉、重信重访案件必要时实行公开审查和听证。完善新闻发布制度，及时公布司法解释、通报重大案件办理情况。推进检察门户网站建设，加强检察信息网上发布，组织“大检察官系列访谈”、“检察官在线”、“走近国家公诉人”等活动。一些地方检察院建立网上查询、电话查询平台，方便案件当事人和律师了解进展、参与诉讼。普遍建立检察开放日制度，最高人民检察院首次邀请港澳人士参加检察开放日活动。

2. *规范执法行为*。细化执法标准，单独或与最高人民法院等部门联合制定司法解释性质的文件12件。发展和完善案例指导制度，统一执法尺度。严格执行办理死刑案件证据规定和非法证据排除规定，落实和规范讯问职务犯罪嫌疑人全程同步录音录像制度，对侦查活动明确提出“十个依法、十个严禁”。依法保障律师执业权利，规定不得无故拖延、推诿或者刁难律师提出的合法要求。全面实施《检察机关执法工作基本规范》，分级分类轮训，全国检察人员分两批全部参加了执法规范统一考试。

3. *加强案件管理*。改革检察机关所办案件主要由各业务部门分别管理的模式，建立执法办案集中管理新机制，统一受理、登记、分流案件，统一接收、保管、移送涉案款物，统一开具、管理法律文书。全面推行执法信息网上录入、执法流程网上管理、执法活动网上监督、执法质量网上考核，特别是对是否遵守法定程序和办案期限及时跟踪监督，保证上一个环节的执法活动必须符合规范才能进入下一个环节，提高办案质量和效率。

4. *强化内部监督*。进一步明确加强检察机关内部监督工作的要求，突出加强对侦查、审查逮捕、公诉等重要岗位和不批捕、不起诉、撤案、变更强制措施等关键环节的监督，防止检察权的滥用。加强上级检察院对下级检察院执法办案的监督，建立健全专项检查、同步监督、责任追究等机制。严格执行逮捕职务犯罪嫌疑人报上一级检察院审查决定制度，完善措施，切实保证侦查权依法正确行使。2011年，群众对检察人员的举报数量同比减少14%，涉检信访案件减少17.9%。

（七）狠抓检察队伍建设和基层基础建设，提高整体素质能力

1. 把思想政治建设放在首位。扎实开展“发扬传统、坚定信念、执法为民”主题教育实践活动，注重解决理想信念、宗旨意识、执法办案等方面存在的突出问题。开展纪念中国共产党成立90周年和人民检察制度创立80周年活动，深化中国特色社会主义理论体系专题学习和社会主义法治理念教育，推进检察文化建设，表彰宣传先进典型，夯实检察人员公正廉洁执法思想基础。

2. 大力加强队伍专业化建设。依法推进检察人员分类管理，会同有关部门制定《检察官职务序列设置暂行规定》。完善和推行公开选拔、逐级遴选制度，最高人民检察院首次面向社会公开选拔检察官。以领导干部和执法办案一线检察官为重点，共培训检察人员11.9万人次。最高人民检察院完成省级检察院领导班子成员和市分州院检察长轮训，对全国基层检察长进行领导素能专题培训。开展侦查监督、公诉等部门网络培训、岗位练兵和论辩赛。加大对西部地区检察教育培训和人才培养支持力度，最高人民检察院直接培训西部检察人员946名。

3. 坚持抓好自身反腐倡廉和纪律作风建设。加强廉洁自律工作，对检察机关领导干部廉洁从检情况进行专项检查。认真落实领导干部述职述廉、巡视等制度，最高人民检察院听取和评议10位省级检察长述职述廉报告，对5个省级检察院领导班子进行巡视。规范检察人员对外交往行为，加大对执法行为、检风检纪、警车使用的督察力度。集中开展“维护人民群众合法权益、解决反映强烈突出问题”专项检查活动，不断排查和解决自身执法不公正、不规范、不廉洁等问题。176名检察人员因违法违纪被查处，其中追究刑事责任20名，同比分别减少34.1%和47.4%。

4. 扎实推进基层基础建设。全面部署人民检察院基层建设工作，广泛开展“创先争优在基层”活动，深入推进执法规范化、队伍专业化、管理科学化、保障现代化建设。坚持新增政法专项编制重点用于充实基层，改进基层检察人员招录方式，实施基层检察院人才工程，深化东中部地区与西部地区人才对口支援工作。落实经费保障体制和投资保障机制改革，争取中央财政增加转移支付资金和补助投资，加大对中西部和贫困地区基层检察院支持力度。加强检察援藏援疆工作，组织对口支援单位签订协议217个，促进西藏、新疆和四省藏区检察工作取得新进展。

5. 自觉接受人大监督、民主监督和社会监督。按照全国人大要求，进一步做好司法解释集中清理工作。坚持主动向人大常委会报告重要工作，积极配合开展专题调研和执法检查。最高人民检察院向全国人大常委会专题报告了加强人民检察院基层建设的情况。对各省、自治区、直辖市人大常委会关于加强检察机关法律监督工作的决议或决定，检察机关认真贯彻落实。全国人大代表提出的86件议案、建议和全国政协委员提出的25件提案，全部办结并及时答复。落实与各民主党派、工商联和无党派人士联系机制，适时通报检察工作情况，诚恳听取意见。注重发挥人民监督员、特约检察员、专家咨询委员监督执法办案、参与检察决策等作用，人民监督员共监督职务犯罪七类案件3192件。

六、人民法院审判工作

2011年，人民法院深入贯彻落实科学发展观，坚持“三个至上”工作指导思想，践行“为大局服务，为人民司法”工作主题，抓好执法办案第一要务，严格执法，能动司法，审判执行工作态势平稳，案件质量进一步提升，切实维护了人民合法权益，保障了社会和谐稳定，促进了经济社会又好又快发展。

2011年，最高人民法院共受理各类案件11867件④，审结10515件⑤，审限内结案率为

注：④受理案件是指当年新收案件与上年结转案件的总和，下同。
⑤审结案件含上年结转的案件，下同。

95%。

地方各级人民法院共受理各类案件12203703件，审结11478505件，审限内结案率为99.01%；案件标的金额16559.22亿元。

从案件构成看，在2011年审结的各类案件中，民商事案件占62.46%；刑事案件占8.21%；行政案件占1.49%；审查申诉和申请再审案件占0.9%；国家赔偿案件占0.02%；执行案件占20.85%；减刑、假释案件占5.36%。其中新收各类一审案件7596116件，同比上升8.53%，审结7534955件，同比上升7.3%；新收各类二审案件707498件，同比下降1.87%，审结704121件，同比下降3.67%；新收各类再审案件42359件，同比下降7.33%，审结43208件，同比下降6.5%。

从案件来源看，在2011年审结的各类案件中，当事人直接向人民法院起诉、申请执行的案件占87.3%；检察机关向人民法院提起的公诉、抗诉案件占7.34%；刑罚执行机关向人民法院提起的减刑、假释案件占5.36%。

从案件质量看，人民法院案件质量不断提升。自开展人民法院案件质量评估工作以来，反映人民法院案件审理质量的关键性指标进一步向好，评估综合指数逐年提高，2011年达到88.79，比2010年提高1.53。反映审判质量的立案变更率、申诉率、信访投诉率分别下降0.11、0.18和0.6个百分点；98.58%的一审案件服判息诉或被二审维持，上升了0.23个百分点，生效案件中仅有0.14%的案件经再审改判、发回重审，下降了0.03个百分点。反映审判效率的正常审限内结案率、一审简易程序适用率、当庭裁判率分别上升0.5、3.29和8.16个百分点，案件的平均审理时间缩短。反映司法公开的一审陪审率、二审开庭审理率、再审审查询问（听证）率分别上升10.04、12.87和7.4个百分点。反映审判效果的调撤率、实际执行率分别上升1.73和5.34个百分点。

（一）加强刑事审判工作，全力维护国家安全和社会稳定

刑事审判担负着惩罚犯罪、保障人权、维护稳定的重要职能。2011年，各级法院共审结一审刑事案件84万件，判处罪犯105.1万人，同比分别上升7.7%和4.4%。最高人民法院会同有关部门制定关于审理走私、诈骗、非法吸收公众存款等案件的司法解释，就相关犯罪的法律适用问题作出明确规定。认真贯彻宽严相济刑事政策，坚持实事求是、区别对待，宽严依法、宽严适度。加强对重大案件审判工作的监督指导，确保定性准确、量刑适当。依法行使死刑核准权，确保死刑只适用于极少数罪行极其严重的犯罪分子。各级法院依法惩处危害国家安全、公共安全和人民群众生命财产安全的严重刑事犯罪，审结杀人、抢劫、绑架、爆炸、黑社会性质组织、拐卖妇女儿童犯罪案件6.9万件，判处罪犯10.5万人；加大对危害食品药品安全犯罪行为的打击力度，审结涉及“瘦肉精”、“地沟油”等生产销售有毒有害食品犯罪案件278件，判处罪犯320人；加强危害生产安全刑事案件审判工作，审结重大责任事故犯罪案件1400件，判处罪犯1876人。审结贪污贿赂、渎职犯罪案件2.7万件，判处罪犯2.9万人，促进反腐败斗争深入开展。积极参与社会管理综合治理，大力推进未成年人犯罪案件审判工作，加强刑事附带民事诉讼调解、自诉案件和解以及刑事被害人救助工作，严格减刑、假释条件及办理程序，完善审判工作与社区矫正衔接机制，及时向有关部门提出加强和改进工作的司法建议，促进社会和谐稳定。

（二）加强民事审判工作，切实保障人民群众合法权益

民事审判在明辨是非、化解矛盾、保障民生等方面具有重要作用。2011年，各级法院共审结一审民事案件488.7万件，同比上升10%。最高人民法院通过制定司法解释和指导性意见，全面加强对地方法院民事审判工作的监督指导，重点就依法妥善审理民间借贷、拖欠农民工工资等案件提出要求。各级法院审结婚姻家庭、损害赔偿、房屋买卖、医疗纠纷、劳动争议、土地承包、消费者权益保护等与群众利益密切相关的案件313.9万件，依法保护各方当事人特别是妇女、儿童、老年人、残疾人、农民工的合法权益。依

法审理涉军案件，切实维护国防利益和军人军属合法权益。着眼于妥善化解矛盾，坚持“调解优先、调判结合”原则，规范调解行为，提高调解质量，一审民事案件调解与撤诉结案率为 67.3%。健全诉讼与非诉讼相衔接的矛盾纠纷解决机制，推动完善人民调解、行政调解、司法调解相结合的大调解工作体系，加强人民调解协议司法确认工作，支持调解组织、仲裁机构、行业协会充分发挥作用，共同化解社会矛盾。

（三）加强商事审判工作，依法促进经济平稳较快发展

商事审判对于调节经济关系、促进经济发展具有重要意义。2011 年，各级法院共审结一审商事案件 167.2 万件，与上年基本持平。最高人民法院出台为防范化解金融风险、推进金融改革发展提供司法保障的意见，各级法院审结金融纠纷案件 59.3 万件，切实维护国家金融安全和金融秩序。制定适用公司法、企业破产法等司法解释，及时解决公司资本维持、股东资格认定等疑难问题，各级法院审结企业破产案件 2531 件，促进企业优胜劣汰，保护债权人和破产企业职工合法权益。注重维护市场交易秩序，保护诚实守信，制裁违约欺诈，各级法院审结买卖合同纠纷案件 52.6 万件。高度重视小型微型企业因资金链断裂引发的涉诉案件，尽可能采取调解方式化解纠纷，在切实保障当事人合法权益的同时，帮助困难企业渡过难关、发展生产。加强涉外商事和海事海商审判，制定审理船舶油污损害赔偿、海上货运代理纠纷等案件的司法解释，各级法院审结涉外商事和海事海商案件 2.2 万件，妥善化解涉外经贸纠纷，平等保护中外当事人合法权益，促进对外开放和海洋经济健康发展。高度重视做好涉港澳、涉台案件审判工作，各级法院审结相关案件 1.5 万件；加强司法互助，相互委托送达司法文书、协助调查取证 6325 件。创新交流合作机制，举办“首届海峡两岸暨香港澳门司法高层论坛”，各级法院共有 391 人次赴港澳台开展司法交流，接待港澳台法律界人士 538 人次。

（四）加强知识产权审判工作，依法促进创新型国家建设

知识产权审判对于保障文化发展和科技进步具有重要作用。2011 年，各级法院共审结一审

菏泽市区（菏泽市统计局提供）

知识产权案件6.6万件，同比上升37.7%。最高人民法院制定为推动文化大发展大繁荣服务的意见，出台加强文化创造者权益保护和科技成果保护等30项措施，指导各级法院加大知识产权司法保护力度。积极参与打击侵犯知识产权和制售假冒伪劣商品专项活动，最高人民法院对44件情节严重、影响恶劣的侵犯著作权案件进行重点督办。完善专利授权确权案件审判标准，加大驰名商标保护力度，遏制恶意抢注商标、“傍名牌”等行为。依法审理涉及工业设计、网络作品、民间文学艺术、非物质文化遗产等新类型著作权案件，促进文化产业和文化事业健康发展。依法审理不正当竞争案件，制裁垄断行为，营造公平竞争的市场环境。加强知识产权司法宣传，开展“4•26”世界知识产权日宣传周活动，发布中国法院知识产权司法保护状况白皮书、年度报告和典型案例，树立我国保护知识产权的良好形象。

（五）加强行政审判和国家赔偿工作，依法维护社会管理秩序

妥善化解行政争议，是促进依法行政、保护行政相对人合法权益的必然要求。2011年，各级法院共审结一审行政案件13.6万件，同比上升5.1%。最高人民法院制定审理政府信息公开、农村集体土地等行政案件司法解释，就案件受理范围、举证责任及合法性审查标准等问题作出明确规定。积极探索行政争议实质性解决新途径，健全当事人诉权保护、非诉案件审查等长效机制，提高行政案件当事人服判息诉率。加强行政案件协调和解工作，统筹兼顾保障当事人合法权益与监督支持行政机关依法行政，对涉及土地征收、企业改制、社会保障等案件，努力通过协调和解方式化解矛盾。各级法院一审行政案件和解撤诉达6.5万件，占48%。认真研究国家赔偿法修改实施后遇到的新问题，及时出台司法解释，健全国家赔偿案件审判机制。各级法院共审结国家赔偿案件2035件，决定赔偿金额5019万元。

（六）加强执行工作，努力实现当事人合法权益

执行工作担负着实现当事人胜诉权益的重要职责。各级法院注重督促当事人主动履行义务，同时加强强制执行工作，共受理执行案件255.7万件，执结239.4万件，同比分别下降5.5%和4.6%。加强执行工作规范化建设，最高人民法院制定关于执行权合理配置和科学运行、委托执行以及委托评估、拍卖等工作的规定，强化对执行权的监督。深入开展反规避执行活动，推行财产申报调查、防止恶意诉讼、限制高消费等24项具体措施，构筑多层次惩戒机制，进一步破解执行难题。继续开展争创“无执行积案先进法院”活动和清理委托执行积案活动，完善执行联动威慑机制，探索建立执行财产调查网络系统，推动社会征信体系建设。2011年，各级法院执行标的到位率为76.6%，同比上升2.4个百分点。认真做好《国有土地上房屋征收与补偿条例》实施后的司法应对工作，指导各级法院依法审查征收补偿行为合法性，加大执行力度，努力保障公共利益和公民、法人及其他组织合法权益。

（七）加强立案信访和审判监督工作，切实解决人民群众合法诉求

立案工作是保护当事人诉权的重要环节。最高人民法院高度重视立案信访窗口建设，全面推行诉讼引导、立案审查、咨询解答、诉前调解等“一站式”便民服务，全国有90%以上的法院建成立案信访大厅；加大司法救助力度，为确有困难的当事人减免诉讼费9940万元。涉诉信访是听取当事人意见建议、解决群众反映问题的重要渠道。最高人民法院监督指导各级法院强化群众观念、加强源头治理、建立长效机制、坚持重心下移，大力推行涉诉信访评估预防、约期接谈、责任通报、多元化解、案件终结“五项制度”；推进“诉访分离”工作，畅通权利救济渠道；深入开展涉诉信访积案清理工作，派出由院领导带队的检查组到17个省（自治区、直辖市）带案下访、督导检查。各级法院共接待群众信访79万人（件）次，同比下降25.9%。审判监督工作是人民法院加强内部监督的重要途径。最高人民法院建立发回重审、指令再审案件信息反馈机制，规范民事

再审审查工作，完善审判监督工作评价体系，指导各级法院提升一审、二审案件审判质量。各级法院审结申诉和申请再审案件 10.4 万件，同比下降 14.4%；依法提起再审 4.2 万件，同比下降 7.3%；对原判确有错误的案件或因其他法定事由改判 1.1 万件，占当年生效裁判的 0.14%。

（八）加强司法改革，努力实现司法公正

2011 年，人民法院继续贯彻落实中央关于深化司法体制和工作机制改革的决策部署，其中由最高人民法院牵头的 12 项重点任务已基本完成，“三五”改革纲要确定的优化职权配置、落实宽严相济刑事政策、加强队伍建设、加强经费保障、健全司法为民工作机制等五个方面改革都取得实质性进展。各级法院着力深化司法公开，完善裁判文书上网、案件信息查询等制度，充分发挥“司法公开示范法院”的作用，继续开展“公众开放日”等活动，拓展司法公开的广度和深度。推进司法民主，增加选任人民陪审员，总数达到 8.3 万人；扩大陪审员参审范围，全年参审案件 111.6 万件，占一审普通程序案件的 46.5%。深化审判方式改革，开展小额速裁试点工作；全面推进量刑规范化改革，规范量刑程序，完善量刑方法，促进量刑公正。积极参与刑事诉讼法、民事诉讼法修订工作，及时向立法机关提出建议。深化审判管理改革，加强案件质量评查，完善司法过错责任追究机制，推动各级法院建立健全科学有效的审判管理体系，促进审判质量稳步提升；发布第一批指导性案例，指导各级法院妥善审理类似案件，统一裁判标准。2011 年，各类案件一审后当事人服判息诉率为 90.61%，二审后达到 98.99%。

（九）加强队伍建设，不断提高法院队伍整体素质

建设高素质法院队伍，是做好人民法院工作的关键。2011 年，最高人民法院指导各级法院大力加强社会主义核心价值体系和社会主义法治理念教育，深入开展创先争优和“发扬传统、坚定信念、执法为民”以及“人民法官为人民”主题教育实践活动，确保法院队伍始终坚持正确的政治方向和执法为民的根本宗旨。以提高司法能力为重点，完善人才培养机制，制定长期教育培训规划，各级法院共培训法官和其他工作人员 14.2 万人次；开展全国法院司法警察岗位大练兵，提高司法警务保障能力。确定第二批 50 个全国法院文化建设示范单位，深入开展多种形式的法院文化创建活动，大力弘扬社会主义法治精神。改进司法作风，深入开展“群众观点大讨论”活动，强化审务督察，规范司法行为；大力学习宣传法院系统先进典型，各级法院共有 425 个集体、560 名个人受到中央有关部门表彰奖励。坚持不懈地抓好司法廉洁教育，加强廉政风险防控机制建设，完善司法廉洁制度体系；对 10 个高级法院进行了司法巡查，各级法院共有 995 名配偶子女从事律师职业的法院领导干部、审判执行岗位法官实行了任职回避；严格执行“四个一律”和“五个严禁”规定，各级法院查处违纪违法人员 519 人，其中因贪污、贿赂、徇私枉法受到刑事追究的 77 人，同比分别下降 33.7% 和 30.6%。

（十）加强基层基础建设，夯实人民法院工作根基

基层基础建设事关人民法院工作全局。最高人民法院根据形势任务发展要求，制定关于加强基层基础建设的意见。规范上下级法院审判业务关系，明确上级法院监督指导的范围与程序，促进提高基层司法水平。启动法官单独职务序列、法院人员分类管理改革，推进法官招录体制改革等工作，切实解决法官提前离岗、离职等问题，着力加强基层职业保障。配合有关部门逐步建立经费分类保障和正常增长机制，基层法院办案经费基本得到解决。认真做好援藏援疆工作，积极培养双语法官，加大对西部边远、民族地区法院建设的支持力度。推进信息技术在审判业务和司法行政工作等方面的应用，提高基层法院管理水平。2011 年 10 月份以来，最高人民法院根据全国人大常委会对人民法院基层建设专项报告的审议意见，进一步强化了加强基层建设的各项措施。

自觉接受监督是人民法院正确履行职责、实现司法公正的重要保障。最高人民法院制定全面加强接受监督工作的意见，大力推进监督机制建设。自觉接受全国人大及其常委会监督，认真负责地做好年度工作报告和专项报告，坚决贯彻人大决议及常委会审议意见；积极配合做好法官任免工作；协助人大开展专项调研和执法检查，做好司法解释备案工作；加强代表联络，邀请 8 个省的部分全国人大代表赴西部基层法院视察，走访、接待或以其他形式听取代表意见 989 人次，办理全国人大代表建议及其他事项 730 件。认真接受全国政协民主监督，及时通报法院工作情况，走访、接待全国政协委员 332 人，办理全国政协委员提案及其他事项 136 件；加强与各民主党派、工商联、无党派人士的沟通联络，充分听取意见。依法接受检察机关诉讼监督，会同最高人民检察院制定对民事审判、行政诉讼实行监督的意见，在部分地方开展民事执行活动监督试点；依法审理检察机关对生效裁判提出的抗诉案件，认真办理检察机关的工作建议。注重加强与社会各界的联系，及时听取特邀咨询员和特约监督员的意见，邀请专家学者、律师、基层群众等召开座谈会 68 次；正确处理依法独立行使审判权与接受舆论监督的关系，积极回应社会关切，维护社会公平正义。

（执笔：卫生部统计信息中心
国家广播电影电视总局规财司统计处
国家体育总局体育经济司综合处
中国残疾人联合会信息中心
最高人民检察院案件管理办公室
最高人民法院研究室）

（闫涵摄）

2011 年世界经济形势报告

2011 年，世界经济复苏不断遭遇新的挫折。欧债危机持续深化，美国主权评级首遭下调，国际金融市场剧烈动荡，货币政策对抗加剧。发达国家消费者和投资者信心受挫，全球贸易萎缩，经济增长放缓，协同治理难度加大。预计 2012 年世界经济将继续低速增长，增速较上年可能略有放缓。

一、2011 年世界经济运行的主要特征

（一）经济低速运行，发达国家复苏疲弱

据英国共识公司 2012 年 3 月份预计，按汇率法 GDP 加权，2011 年，世界国内生产总值（GDP）增长 2.9%，增速比上年回落 1.4 个百分点。2011 年美国 GDP 增长 1.7%，回落 1.3 个百分点；欧元区 GDP 增长 1.4%，回落 0.5 个百分点；日本 GDP 下降 0.9%，上年为增长 4.4%。分季度看，一至四季度美国 GDP 环比折年率增长率从 0.4% 逐渐恢复至 3.0%；欧元区前三季度 GDP 环比分别增长 0.8%、0.1% 和 0.1%，第四季度下降 0.3%；日本 GDP 第一、二季度环比分别下降 1.8% 和 0.4%，第三季度增长 1.7%，第四季度下降 0.6%。

（二）工业生产持续回落，实体经济缺乏活力

2011 年，全球、发达国家和发展中国家工业生产分别比上年增长 4.5%、2.6% 和 7.4%，增速分别比上年回落 4.4、5.6 和 3.6 个百分点。世界和发达国家同比增速年初连续 4 个月回落，此后在波动中回落，12 月份世界和发展中国家工业生产分别增长 1.7% 和 5.8%，比 1 月份大幅回落了 6.6 和 3.6 个百分点；发达国家工业生产增速由正转负，12 月份同比下降 0.6%。

2011 年，美国工业生产增长 4.1%，增速比上年回落 1.2 个百分点；欧元区工业生产增长 3.5%，回落 3.9 个百分点；日本工业生产下降 3.5%，上年为增长 16.4%。

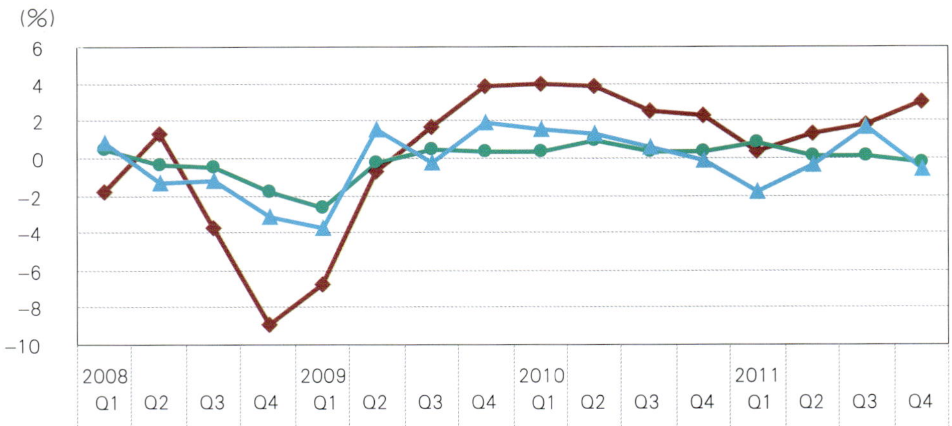

	2008 Q1	Q2	Q3	Q4	2009 Q1	Q2	Q3	Q4	2010 Q1	Q2	Q3	Q4	2011 Q1	Q2	Q3	Q4
美国	-1.8	1.3	-3.7	-8.9	-6.7	-0.7	1.7	3.8	3.9	3.8	2.5	2.3	0.4	1.3	1.8	3.0
欧元区	0.5	-0.4	-0.5	-1.8	-2.7	-0.2	0.5	0.4	0.4	0.9	0.4	0.3	0.8	0.1	0.1	-0.3
日本	0.8	-1.3	-1.2	-3.2	-3.8	1.6	-0.2	1.9	1.5	1.3	0.6	-0.1	-1.8	-0.4	1.7	-0.6

注 美国为环比折年率。

图 1　三大经济体 GDP 环比增长率

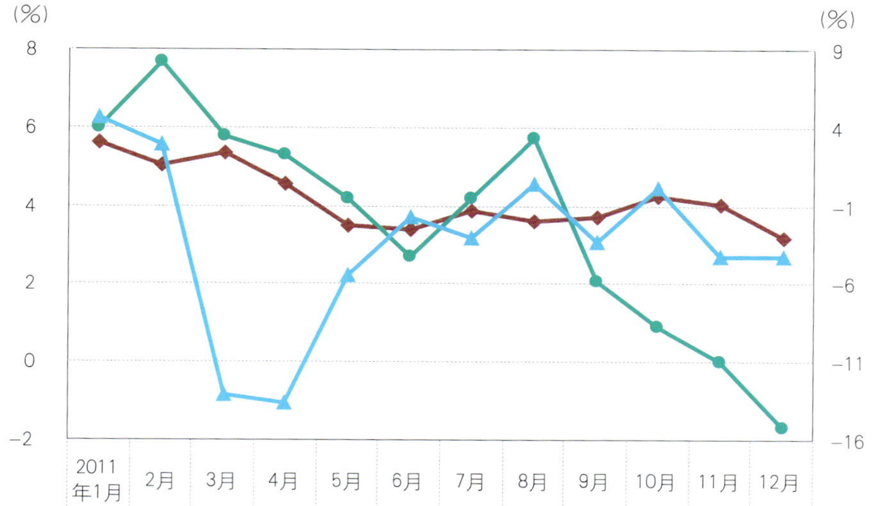

	2011年1月	2月	3月	4月	5月	6月	7月	8月	9月	10月	11月	12月
美国（左轴）	5.6	5.0	5.4	4.6	3.5	3.4	3.9	3.6	3.7	4.2	4.0	3.2
欧元区（左轴）	6.0	7.7	5.8	5.3	4.2	2.7	4.2	5.7	2.1	0.9	0.0	−1.7
日本（右轴）	4.6	2.9	−13.1	−13.6	−5.5	−1.7	−3.0	0.4	−3.3	0.1	−4.2	−4.3

图 2　三大经济体工业生产同比增长率

（三）金融市场波动剧烈，银行体系仍然脆弱

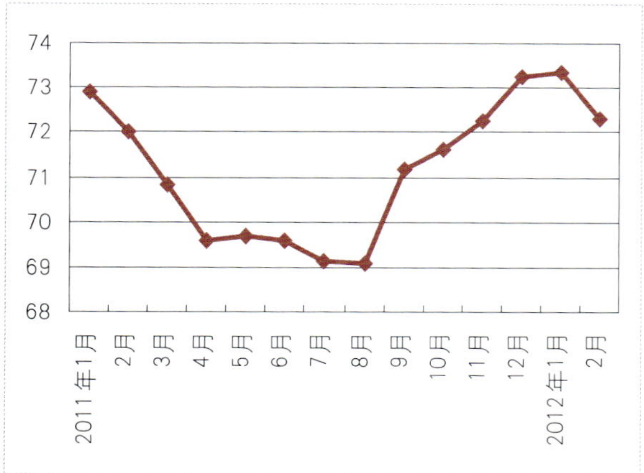

图 3　美元实际汇率指数走势
（1973 年 3 月 =100）

国际汇市剧烈波动。2011 年，美元兑主要货币实际汇率指数（1973 年 3 月 =100）从 1 月份的 72.93 升至 12 月份的 73.23，升值 0.4%；日元持续升值，兑美元从 1 月份的 82.63 日元 / 美元升值至 12 月份的 77.8 日元 / 美元，年内累计升值 5.8%；瑞士法郎先升后贬，兑美元从 1 月份的 0.96 瑞士法郎 / 美元升值至 8 月份的 0.78 瑞士法郎 / 美元，但在 12 月份又贬值至 0.93 瑞士法郎 / 美元。

黄金价格震荡上行。2011 年，国际市场黄金全年平均价格为 1568.31 美元 / 盎司，比 2010 年平均价格 1224.66 美元 / 盎司上涨了 28.1%。

全球银行体系仍然脆弱。受欧债危机影响，欧洲银行深陷融资困境，短期借贷市场明显受到抑制；随着欧债危机的蔓延，美国的银行业也开始感受到日益加大的压力和风险。

（四）国际市场大宗商品价格高位波动，全球物价先升后抑

2011 年，受地震、洪水等自然灾害及地区政治动荡影响，国际市场大宗商品价格始终在高位波动。原油和食品价格大体先扬后抑，原油价格在头 4 个月连续上扬后在波动中略有回落，食品价格在上涨两个月后波动回落。据世界银行统计，2011 年国际市场能源价格上涨 29.9%，涨幅比上年扩大 3.5 个百分点；非能源初级产品价格上涨 20.7%，涨幅小幅回落 1.7 个百分点。

2011 年，世界、发达国家和发展中国家 CPI 分别上涨 4.7%、3.3% 和 5.8%，涨幅分别比 2010

年扩大 1.4、1.2 和 1.4 个百分点。其中，美国上涨 3.2%，涨幅扩大 1.6 个百分点；欧元区上涨 2.7%，扩大 1.1 个百分点；日本下降 0.3%，跌幅缩小 0.4 个百分点。加拿大、英国、南非、巴西、韩国、中国香港和马来西亚 CPI 同比分别上涨 2.9%、4.5%、5%、6.7%、4.4%、5.3% 和 3.2%，涨幅分别比上年扩大 1.1、1.2、0.7、0.8、1.6、0.9 和 1.5 个百分点；印度、俄罗斯、墨西哥、中国台湾和印度尼西亚 CPI 同比分别上涨 8.9%、8.5%、3.4%、1.4% 和 5.4%，涨幅分别回落 3.1、0.3、1.1、0.5 和 1.6 个百分点。

分月看，美国 CPI 同比涨幅前 9 个月连续扩大，10-12 月份有所回落，12 月同比上涨 3%，仍比 1 月份扩大 1.4 个百分点；欧元区 CPI 经历了“上升—回落—再上升—再回落”的过程，9-11 月份均为同比上升 3%的年内高点，也是 2008 年 11 月以来最高值。12 月涨幅回落至 2.7%，仍比 1 月份高出 0.4 个百分点；日本 CPI 前 8 个月连续回升，7 月份由负转正，10 月份再次转为负增长，12 月同比下降 0.2%。

（五）全球贸易低速增长，贸易环境继续恶化

2011 年，全球货物贸易量增长 5.6%，增幅比上年大幅回落 9.3 个百分点；同比增速从 1 月份的 11.6% 回落至 12 月份的 2.2%。波罗的海干散货运指数持续低迷，12 月 23 日，波罗的海干散货运指数为 1738 点，比 2011 年高点（10 月 14 日）2173 点下降了 435 点，累计降幅达 20%。

贸易摩擦增多。2010 年 7 月 1 日至 2011 年 6 月 30 日，WTO 成员国共发起反倾销调查案件 169 起。2011 年全年中美贸易摩擦不断。前 11 个月，中国共遭遇了 60 项贸易调查，特别是下半年频频爆发贸易争端，中国整个新能源领域乃至战略性新兴产业成为贸易保护主义的新目标。11 月份，美国商务部决定对中国输美太阳能电池（板）发起反倾销和反补贴调查，启动了对华清洁能源领域的首个“双反”调查。12 月 20 日，欧委会发布终裁决定，对原产于中国的不锈钢无缝钢管征收 48.3% 至 71.9% 的最终反倾销税。

贸易保护加剧。随着全球经济疲弱，贸易环境持续恶化，各国把关注点集中在外部市场，一些国家对本国货币汇率实施干预，试图通过本币

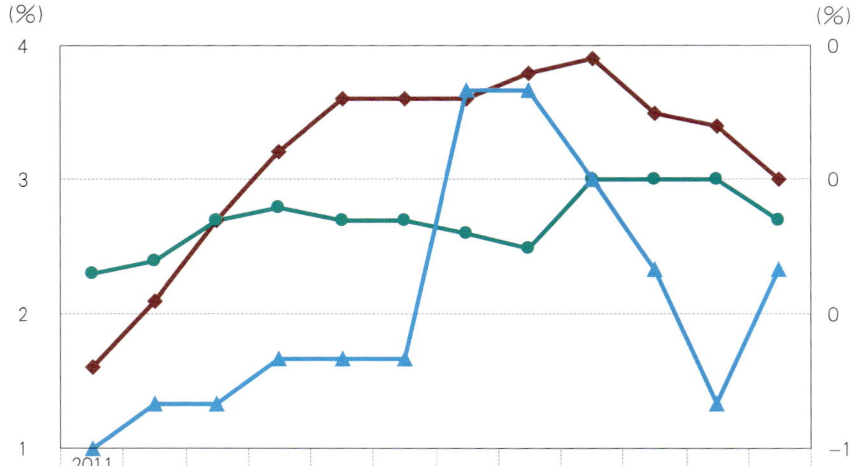

	2011年1月	2月	3月	4月	5月	6月	7月	8月	9月	10月	11月	12月
美国（左轴）	1.6	2.1	2.7	3.2	3.6	3.6	3.6	3.8	3.9	3.5	3.4	3.0
欧元区（左轴）	2.3	2.4	2.7	2.8	2.7	2.7	2.6	2.5	3.0	3.0	3.0	2.7
日本（右轴）	-0.6	-0.5	-0.5	-0.4	-0.4	-0.4	0.2	0.2	0.0	-0.2	-0.5	-0.2

图 4　三大经济体 CPI 同比上涨率

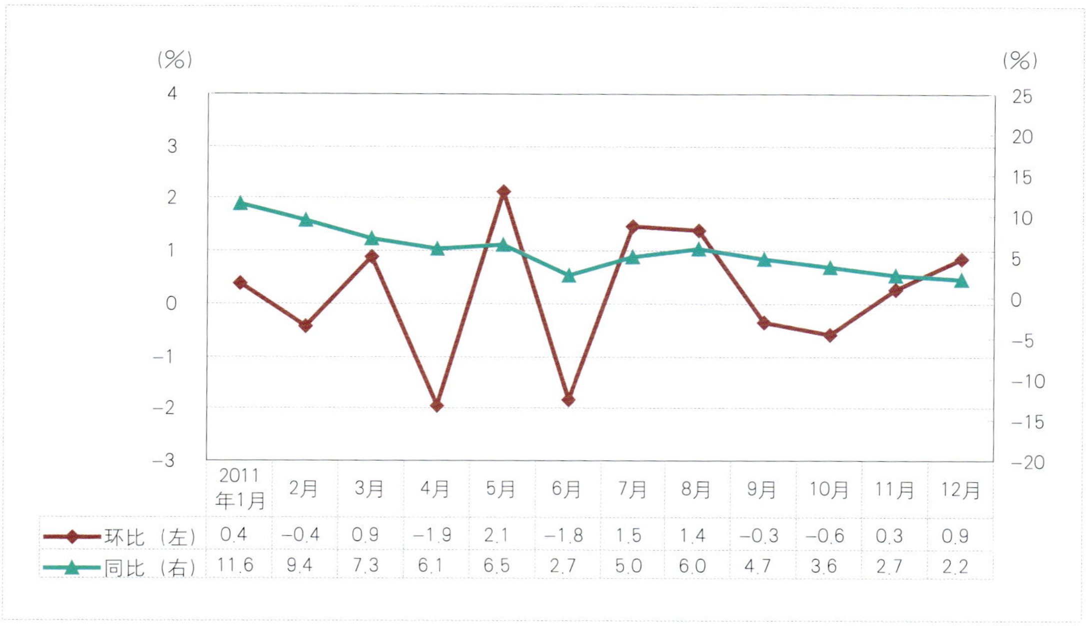

图 5　全球贸易贸易量增长率

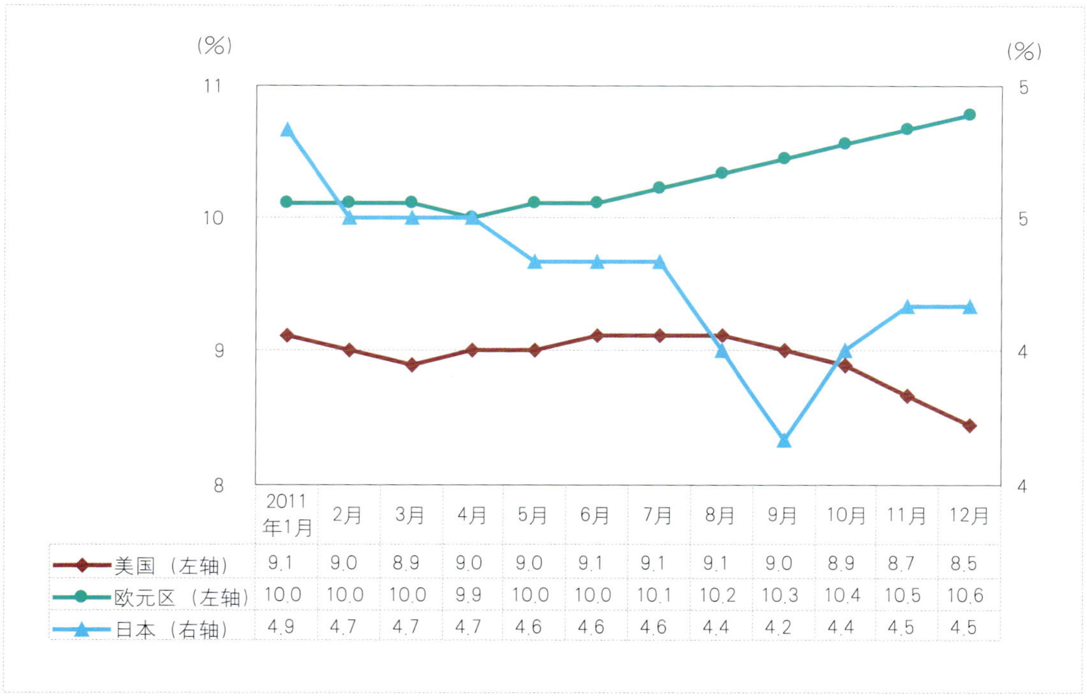

图 6　三大经济体失业率

贬值以拉动出口、提振经济。日本和瑞士央行在年中都采取了遏制本币升值的措施，致使 8 月份以来日元和瑞士法郎持续贬值。

（六）失业率仍居高位，就业市场无明显好转

2011 年，三大经济体失业率在高位徘徊。美国失业率为 8.9%，比上年回落了 0.7 个百分点；欧元区失业率为 10.1%，与上年持平；日本失业

率为 4.5%，回落 0.6 个百分点。分月看，1-8 月份，美国失业率在 9% 的水平上下浮动，9 月份开始持续回落，12 月份回落至 8.5%，但仍居高位；欧元区失业率总体持续攀升，仅 4 月微幅回落至 9.9%，12 月份失业率升至 10.6%，为 1998 年以来最高位；日本失业率波动中略有回落，9 月份为年内最低值 4.2%，但从 10 月再次回升，12 月份升至 4.5%。除英国外，2011 年其他主要经济体的失业率均有小幅回落，但仍属于较高水平。

二、制约世界经济复苏的主要因素

（一）欧债危机持续深化，救援措施未见实效

为解决欧债危机，欧元区成员国于 2010 年 5 月创立欧洲金融稳定基金（EFSF），初始规模为 4400 亿欧元。2011 年 10 月份又试图通过借贷杠杆化将规模扩充至 1 万亿欧元。2011 年欧盟和 IMF 继续对希腊和爱尔兰提供经济救援，并于 2011 年 5 月开始救助葡萄牙；意大利、希腊和爱尔兰等国不断推出财政紧缩方案，英国推行政府养老金改革计划等等。虽然救援措施较多，但并未奏效。希腊和意大利国债收益率仍然继续攀升，10 年期国债收益率屡创历史新高，主权信用违约互换（CDS）利差扩大。PIIGS 五国（葡萄牙、爱尔兰、意大利、希腊和西班牙）主权信用频遭下调，欧债危机向核心成员国扩散。

（二）发达国家融资条件趋紧，削弱对实体经济的支持

三大经济体反映借贷意愿的 3 个月伦敦同业借贷利率（Libor）与隔夜指数掉期（OIS）利差 8 月份以来明显升高，衡量信贷风险的 3 个月 Libor 与 3 个月美国国债收益率的 TED 利差持续上行，金融市场风险不断扩大。发达国家融资条件趋紧，抑制企业投资，进而削弱实体经济发展。

（三）货币政策明显对抗，全球协调难度大

发达国家与发展中国家货币政策明显对抗。一方面，发达国家货币政策放松，美国、日本和英国均继续扩大量化宽松政策规模，欧洲央行和澳大利亚多次降息。另一方面，在 2011 年的大部分时间里，发展中国家通过升息来抑制通胀，截至 2011 年末，巴西、俄罗斯和印度的基准利率分别维持在 11%、8% 和 8.5% 的较高水平。同

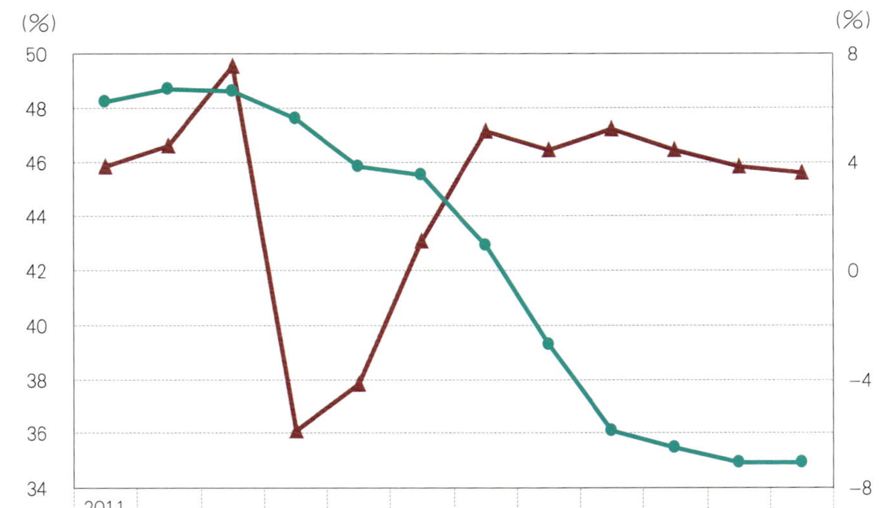

	2011年1月	2月	3月	4月	5月	6月	7月	8月	9月	10月	11月	12月
日本（左轴）	45.8	46.6	49.5	36.1	37.8	43.1	47.1	46.4	47.2	46.4	45.8	45.6
欧元区（右轴）	6.2	6.7	6.6	5.6	3.8	3.5	0.9	−2.7	−5.9	−6.5	−7.1	−7.1

图 7 欧元区和日本企业家信心指数低迷

时，发达国家中期财政整顿与短期经济扩张存在矛盾。欧美债务危机要求有效降低财政赤字，但经济疲弱又需要采取刺激措施，二者整体取向相悖。全球经济治理协调难度加大。

（四）财政货币政策空间有限，市场质疑发达国家政府治理经济能力

从财政政策看，由于发达国家主权债务负担过重和财政赤字高企，使其财政资金缺乏持续和有效的来源，各国被迫实施财政紧缩方案，但均遭到工会和民众的抵制。发达国家的超低利率政策也使其货币政策无继续放松的空间。主权债务危机的发生和深化，无情地打破了发达国家国债无风险的神话，再加上美国国会两党围绕提高国债上限的长期争执不下，引发了全球市场对发达国家政府治理经济能力的质疑。

（五）消费者、投资者信心下挫抑制实体经济增长

受全球经济复苏艰难和就业市场疲软等因素影响，全球消费者信心指数不断下降，消费者支出意愿降低。欧债危机深化和金融市场动荡使投资者信心下挫，抑制了企业家和投资者的投资意愿，伤及实体经济增长，拖累世界经济复苏。

（六）地缘政治和自然灾害破坏经济正常运行

西亚、北非地缘政治因素影响石油市场正常运行，油价高企在一定程度上加大了全球经济复苏难度。日本东北部海域发生的地震系列灾害和泰国洪灾，通过供应链对全球经济造成了负面冲击，破坏了全球经济的正常运行。

三、2012 年世界经济走势预测

（一）世界经济增速将可能比上年略有放缓

据国际货币基金组织（IMF）1 月份预测，按照购买力平价法 GDP 加权，2012 年世界经济增长 3.3%，增速比 2011 年回落 0.5 个百分点；据联合国 1 月份预测，按照汇率法 GDP 加权，2012 年世界经济将增长 2.6%，比 2011 年回落 0.2 个百分点；据英国共识公司 3 月份预测，按照汇率法 GDP 加权，2012 年世界经济增长 2.6%，比 2011 年回落 0.3 个百分点。

表 1　主要国际组织对世界经济增长率预测

单位：%

机构	2009 年	2010 年	2011 年	2012 年
IMF（1 月）	-0.7	5.2	3.8	3.3
联合国（1 月）	-2.4	4.0	2.8	2.6
英国共识公司（3 月）	-1.8	4.3	2.9	2.6

注：1.IMF 为按购买力平价法 GDP 加权汇总，联合国和英国共识公司按汇率法 GDP 加权汇总。

2.2011 年为预计数，2012 年为预测数。

（二）全球贸易增长将进一步放缓

据 IMF1 月份预测，2012 年全球货物和服务贸易量将增长 3.8%，比 2011 年放缓 3.1 个百分点。据联合国 1 月份预测，2012 年全球贸易量将增长 4.4%，比 2011 年放缓 2.2 个百分点。

表 2　主要国际组织对世界主要国家和地区贸易量增长率预测

单位：%

	2009 年	2010 年	2011 年	2012 年
国际货币基金组织（1 月）				
世　界	-10.7	12.7	6.9	3.8
发达国家				
出　口	-11.9	12.2	5.5	2.4
进　口	-12.4	11.5	4.8	2.0
发展中国家				
出　口	-7.7	13.8	9.0	6.1
进　口	-8.0	15.0	11.3	7.1
联合国（1 月）				
世界	-9.9	12.8	6.6	4.4

注：2011 年为预计数，2012 年为预测数。

（三）全球通货膨胀将有所缓解

据 IMF1 月份预测，2012 年发达国家和发展中国家 CPI 将分别上涨 1.6% 和 6.2%，比 2011 年

放缓 1.1 和 1 个百分点。据 OECD201 年 12 月份预测，2012 年，美国和欧元区 CPI 将分别上涨 2.4% 和 1.6%，涨幅比 2011 年回落 0.8 和 1.1 个百分点；日本 CPI 下降 0.6%，降幅比 2011 年扩大 0.3 个百分点。据英国共识公司 3 月份预测，2012 年，美国和欧元区 CPI 分别上涨 2.3% 和 2.2%，涨幅分别比 2011 年回落 0.9 和 0.5 个百分点；日本 CPI 下降 0.2%，降幅比 2011 年缩小 0.1 个百分点。

表 3　主要国际组织对世界主要国家和地区 CPI 的预测

单位：%

	2009 年	2010 年	2011 年	2012 年
联合国(2012 年 1 月)				
发达国家	0.1	1.4	2.6	1.8
美国	-0.4	1.6	3.2	2.1
欧元区	0.3	1.6	2.7	1.8
日本	-1.4	-0.7	-0.3	0.5
发展中国家	4.3	5.5	6.6	5.5
国际货币基金组织（2012 年 1 月）				
发达国家	0.1	1.6	2.7	1.6
发展中国家	5.2	6.1	7.2	6.2
OECD（2011 年 12 月）				
美国	-0.4	1.6	3.2	2.4
欧元区	0.3	1.6	2.7	1.6
日本	-1.4	-0.7	-0.3	-0.6
英国共识公司（2012 年 3 月）				
美国	-0.4	1.6	3.2	2.3
欧元区	0.3	1.6	2.7	2.2
日本	-1.4	-0.7	-0.3	-0.2

注：2011 年为预计数，2012 年为预测数。

（四）失业问题难以解决

据 OECD2011 年 12 月份预测，2012 年，美国和日本失业率分别为 8.9% 和 4.5%，均与 2011 年持平；欧元区失业率为 10.3%，比 2011 年上升 0.2 个百分点。据英国共识公司 3 月份预测，2012 年，美国失业率为 8.2%，比 2011 年回落 0.7 个百分点；日本失业率为 4.5%，与 2011 年持平；欧元区失业率为 10.8%，比 2011 年上升 0.7 个百分点。

表 4　主要国际组织对三大体失业率预测

单位：%

	2009 年	2010 年	2011 年	2012 年
联合国（2012 年 1 月）				
美国	9.3	9.6	8.9	9.2
欧元区	9.6	10.1	10.1	10.0
日本	5.1	5.1	4.5	4.1
OECD(2011 年 12 月)				
美国	9.3	9.6	8.9	8.9
欧元区	9.6	10.1	10.1	10.3
日本	5.1	5.1	4.5	4.5
英国共识公司（2012 年 3 月）				
美国	9.3	9.6	8.9	8.2
欧元区	9.6	10.1	10.1	10.8
日本	5.1	5.1	4.5	4.5

注：2011 年为预计数，2012 年为预测数。

四、我国外部经济环境严峻

（一）外需下降将进一步影响我国经济增长

欧债危机是当前世界经济的主要风险，2012 年将进一步威胁着全球经济增长。欧日经济将持续低迷，美国经济虽然有所增长，但增长势头不强。发展中国家经济增长将会进一步放缓。外部需求增长乏力，加上贸易保护主义的抬头，将使我国 2012 年对外贸易面临严峻挑战，制约我国经济平稳较快增长。

（二）国际金融环境将影响我国经济运行环境

欧洲主权债务危机有可能导致其中某些国家主权债务违约，全球信贷将紧缩或停滞。另外，如果美国国会两党未能就减少财政赤字达成一致，可能会影响美国债务评级，导致美元走软，使得我国外汇储备缩水。2012 年，尽管国际市场初级产品需求增长减弱，但全球货币政策进一步宽松将会导致全球流动性进一步泛滥，国际市场初级产品价格很可能继续维持在高位，我国价格上涨的输入型因素将继续存在。

（三）贸易环境恶化可能引发贸易战

2011 年，我国出口额同比增长明显放缓，下半年欧债危机的影响继续释放，对欧盟出口同比增速从 8 月份的 18.5% 逐步回落到 12 月份的 14.4%。2012 年，贸易环境将进一步恶化：一是世界经济增长乏力和主要国家进口需求萎缩将导致全球贸易量增速进一步回落。二是某些地缘政治因素，如伊朗和叙利亚等国存在的不确定性将使得石油价格的变化和运输渠道变得十分敏感，不利于贸易环境的改善。三是欧洲债务危机导致欧洲进出口总量收缩，如果持续进一步恶化将抑制欧洲与世界其他国家间的贸易。四是世界经济低迷，各国将会优先选择保持本国经济增长，不少国家将会采取各种手段扩大出口和限制进口，发生贸易战的潜在危险不断扩大。

（四）国际资本异常流动将威胁我国经济平稳运行

2012 年，在欧债危机继续发展以及国际金融市场存在巨大不确定性的情况下，资本大量流入和流出我国的可能性均将存在。为了套取息差和获取人民币升值收益，国外资本可能会大量流入我国并推高我国各种资产价格。为了冲减损失和提高银行核心资本充足率，前期进入我国的外国资本可能大量撤资，会加剧国内短期资金紧张局面。国际资本大量进出我国，将冲击我国经济运行环境，对我国宏观经济稳定运行产生重大负面影响。

（执笔：郑泽香 马岩 邹丽婷 陈璇璇 郭瑾
国家统计局国际统计信息中心）

（闫涵摄）

Important Documents

2012中国发展报告 China Development Report

一、主题报告篇

二、地区发展篇

三、重要文献篇

四、宏观政策篇

五、统计图表篇

2010 年地区综合发展指数报告①

为客观、全面反映各地区综合发展水平，中国统计学会根据《综合发展指数编制方案》（见附件），对 2000 － 2010 年各地区综合发展指数（CDI）进行了测算。测算结果表明，2000 － 2010 年各地区综合发展指数稳步提升，东部地区明显高于其他地区，西部地区增速最快，2010 年各地区综合发展指数比上年均有所提高。

一、四大区域综合发展指数稳步提升，西部地区增速最快

2000 － 2010 年期间，中国四大区域②的综合发展指数稳步提升，其中东部地区由 2000 年的 44.88% 提升到 2010 年的 65.32%，中部地区由 2000 年的 35.93% 提升到 2010 年的 54.13%，西部地区由 2000 年的 33.72% 提升到 2010 年的 52.23%，东北地区由 2000 年的 38.96% 提升到 2010 年的 56.35%（见图 1）。

综合发展指数由“经济发展”、“民生改善”、“社会发展”、“生态建设”和“科技创新”五大类分项指数组成。2010 年，东部、东北、中部和西部地区“经济发展”类指数分别为 73.29%、67.49%、57.91% 和 58.72%；“民生改善”类指数分别为 73.21%、63.04%、61.33% 和 55.54%；“社会发展”类指数分别为 67.32%、68.28%、66.93% 和 66.12%；“生态建设”类指数分别为 65.90%、54.52%、57.73% 和 55.31%；“科技创新”类指数分别为 38.37%、15.16%、

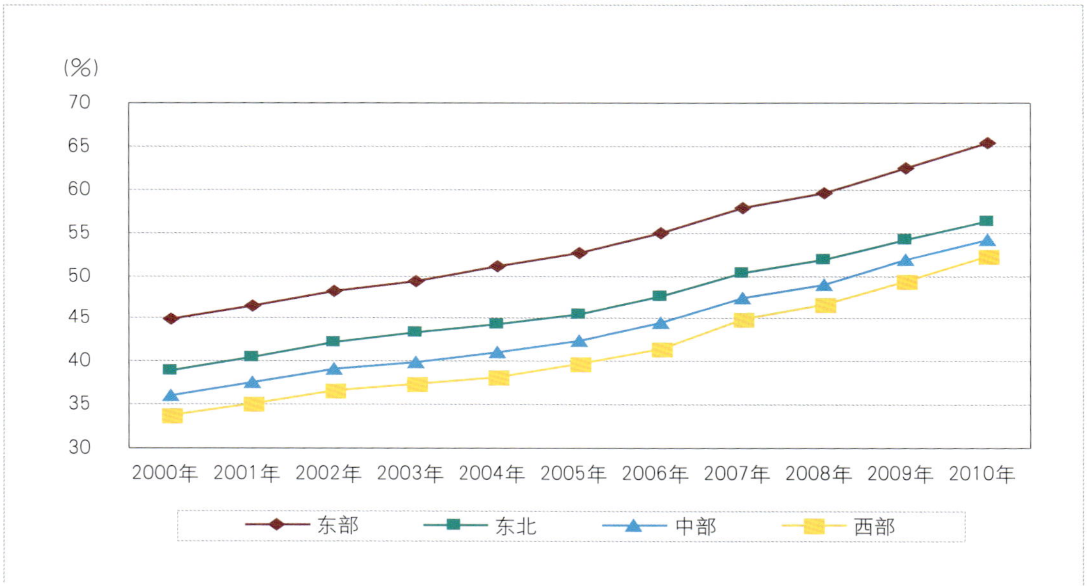

图 1　2000 － 2010 年中国四大区域综合发展指数

注：①“综合发展指数研究”课题组。组长：鲜祖德；执笔人：吕庆喆、施凤丹、谷彬。

②东部地区包括北京、天津、河北、上海、江苏、浙江、福建、山东、广东和海南 10 省（市）；中部地区包括山西、安徽、江西、河南、湖北和湖南 6 省；西部地区包括内蒙古、广西、重庆、四川、贵州、云南、西藏、陕西、甘肃、青海、宁夏和新疆 12 省（区、市）；东北地区包括辽宁、吉林和黑龙江 3 省。

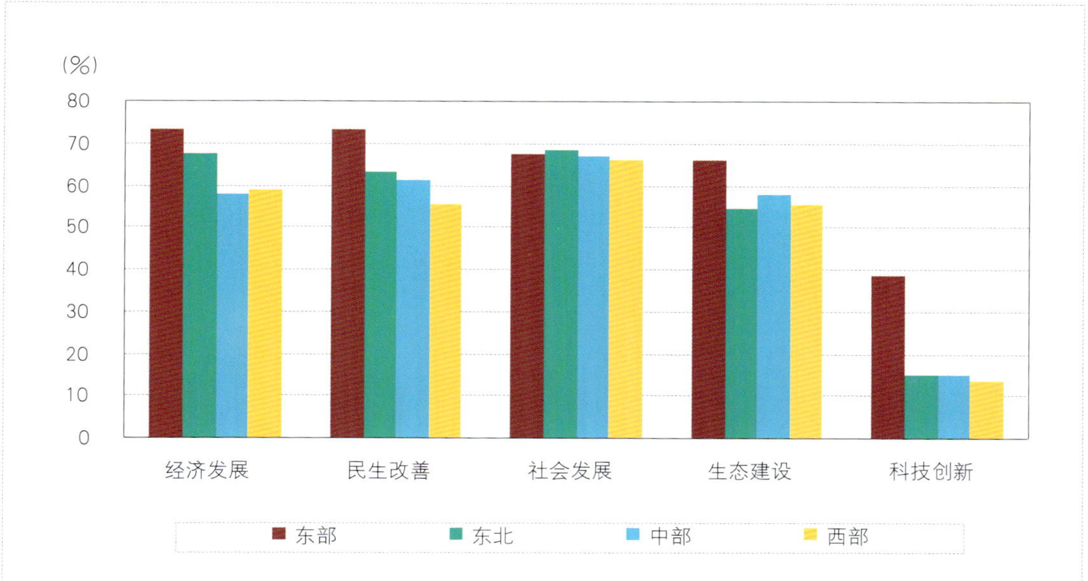

图 2 2010 年四大区域综合发展分项指数

14.72% 和 13.54%（见图 2）。

2001 — 2010 年，东部、东北、中部和西部地区综合发展指数年均增速分别为 3.82%、3.76%、4.18% 和 4.47%，在四大区域中西部地区增速最快，中部地区次之（见图 3）。

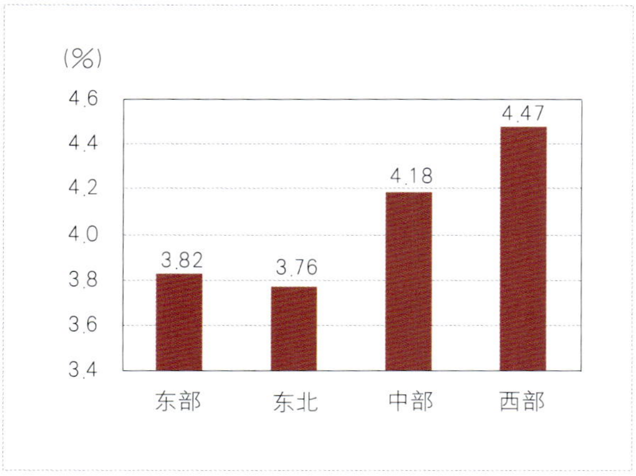

图 3 2001 - 2010 年四大区域综合发展指数年均增长

二、31 个省（区、市）综合发展指数普遍提高，差距有所缩小

2000 — 2010 年，31 个省（区、市）的综合发展指数普遍呈现向好的趋势（见附表 1 和图 4）。

2010 年综合发展指数排在前十名的地区分别为北京、上海、天津、浙江、江苏、广东、福建、辽宁、山东和重庆（见附表 2）。2000 — 2010 年，综合发展指数年均增速排在前十名的地区分别为贵州、新疆、重庆、山西、四川、江西、西藏、安徽、宁夏和甘肃（见附表 3）。

需要关注的是，全国 31 个省（区、市）综合发展指数的变异系数③，自 2004 年后呈现逐年缩小的趋势（见图 5）。

三、综合发展指数与人均 GDP 有一定的相关性，但个别地区差异较大

若将 2010 年全国 31 个省（区、市）综合发展指数排序结果，与按人均 GDP 的排序结果进行对比可以发现，两者之间有一定的相关性，但个别地区人均 GDP 排位与综合发展指数排位有较大的差异。

注：③标准差与平均数的比值称为变异系数，记为 C.V。变异系数是衡量资料中各观测值变异程度的一个统计量，它可以消除单位和（或）平均数不同对两个或多个地区变异程度比较的影响。甘肃、青海、宁夏和新疆 12 省（区、市）；东北地区包括辽宁、吉林和黑龙江 3 省。

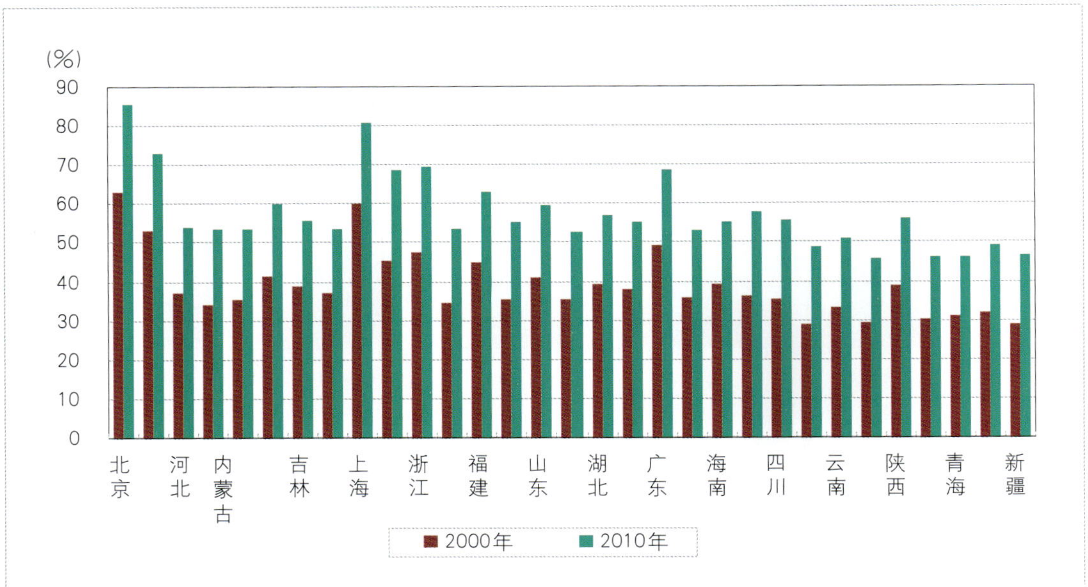

图 4　2000 － 2010 年各地区综合发展指数比较

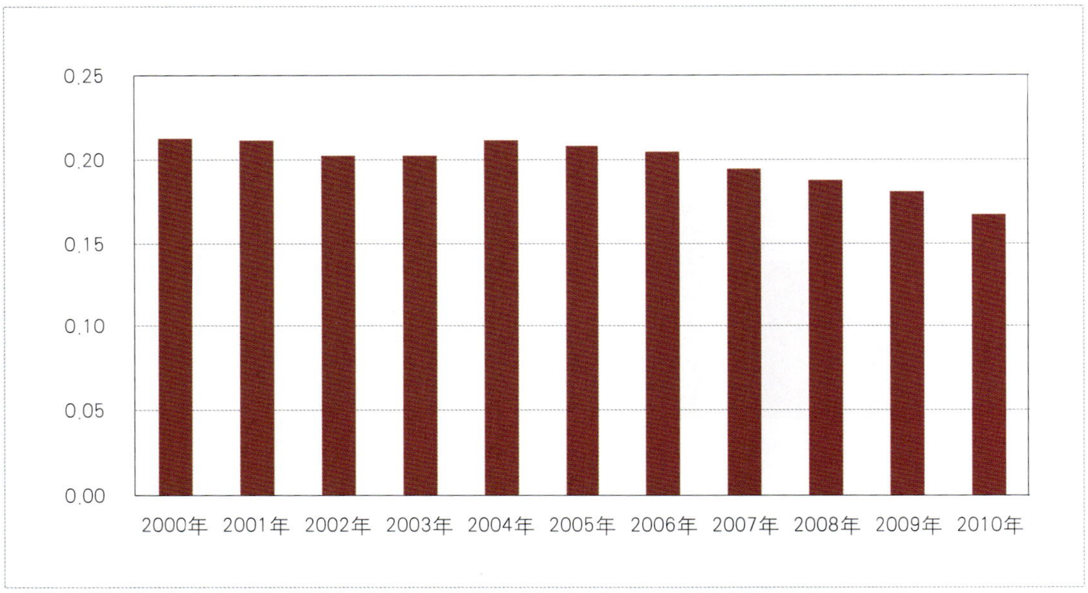

图 5　2000 － 2010 年各地区综合发展指数变异系数

四、与2009年相比，2010年各地区综合发展指数均有所提高

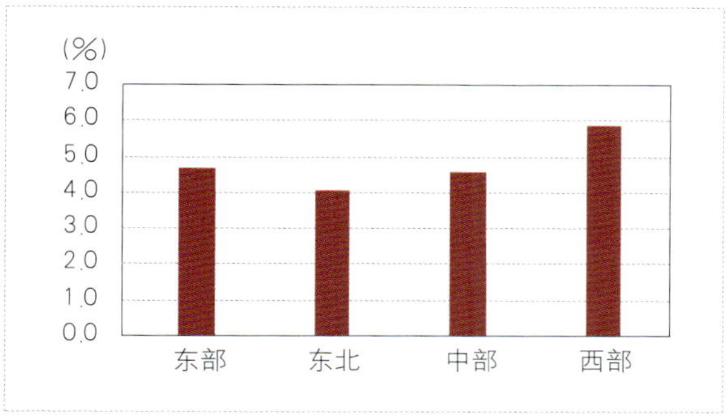

图6　2010年四大区域综合发展指数比上年提高

2010年，东部、东北、中部和西部地区综合发展指数比2009年分别提高4.65%、4.03%、4.55%和5.85%，在四大区域中西部地区增长仍然最快（见图6）。

2010年，31个省（区、市）综合发展指数比上年都有所提高，近一半省份增幅达到5%以上，其中，贵州、青海、西藏、宁夏、海南、甘肃、陕西、云南、新疆和重庆增幅位列前10名（见图7）。

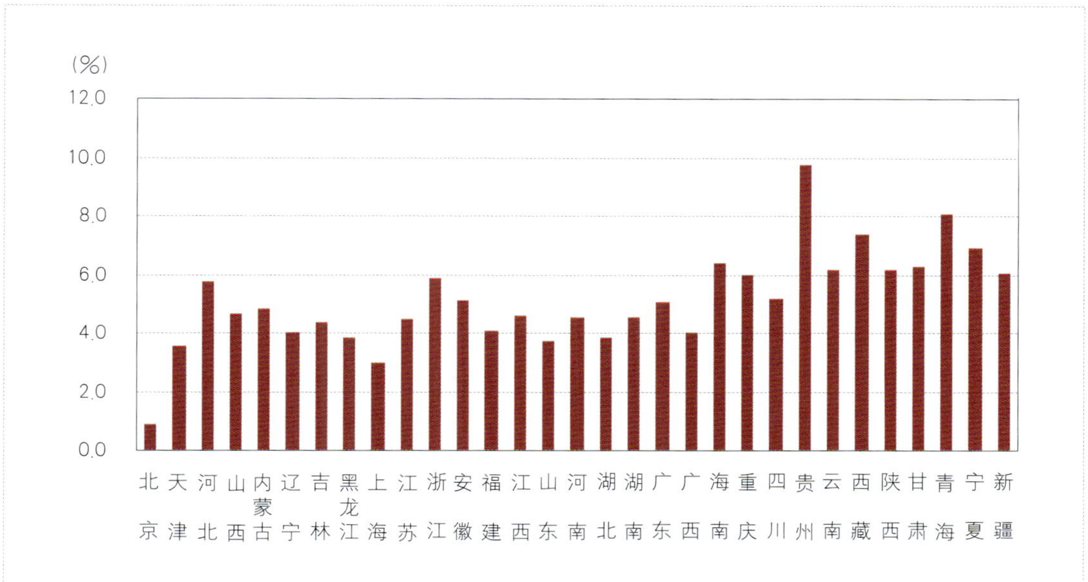

图7　2010年各地区综合发展指数比上年提高

（执笔人：吕庆喆　施凤丹　谷彬
国家统计局统计科学研究所）

附表 1

2000 – 2010 年各地区综合发展指数

单位：%

地 区	2000 年	2001 年	2002 年	2003 年	2004 年	2005 年	2006 年	2007 年	2008 年	2009 年	2010 年
北 京	62.88	65.32	67.37	68.30	72.53	74.95	77.54	81.01	82.13	84.33	85.05
天 津	52.88	55.03	57.53	58.27	60.27	61.38	64.17	66.67	68.04	70.18	72.65
河 北	36.71	37.93	39.36	40.43	41.06	42.92	44.56	47.07	48.66	50.79	53.71
山 西	33.73	35.17	38.00	38.57	39.31	40.79	43.70	46.79	47.45	51.05	53.41
内蒙古	34.86	35.49	36.69	37.48	39.11	42.02	44.13	46.45	48.29	50.97	53.42
辽 宁	41.15	42.90	44.28	45.94	46.89	48.79	51.05	53.74	55.17	57.42	59.71
吉 林	38.61	40.30	42.15	43.15	44.46	44.96	46.46	49.49	51.28	53.11	55.41
黑龙江	36.79	37.78	39.72	40.70	41.51	42.35	44.43	46.80	48.55	51.30	53.26
上 海	59.53	61.05	61.73	64.67	66.81	68.32	70.99	74.85	75.42	78.25	80.57
江 苏	44.85	46.34	48.17	50.05	52.54	53.79	55.79	59.19	61.42	65.51	68.45
浙 江	47.05	48.80	49.77	51.55	52.94	56.09	58.69	61.12	62.79	65.42	69.26
安 徽	34.26	36.01	37.14	37.45	39.23	39.88	42.21	45.52	47.91	50.62	53.21
福 建	44.37	45.98	47.23	48.63	50.00	51.17	52.90	55.86	57.81	60.15	62.58
江 西	35.06	36.70	38.80	40.02	40.96	43.39	44.90	48.17	50.15	52.57	54.99
山 东	40.65	41.66	43.50	45.01	45.98	47.46	49.87	52.99	54.60	57.21	59.32
河 南	35.15	37.04	38.43	39.57	40.42	41.75	43.57	46.40	47.50	50.14	52.42
湖 北	38.73	39.88	41.73	42.55	43.49	45.15	47.48	50.26	51.64	54.59	56.68
湖 南	37.85	39.84	40.33	41.18	42.19	43.62	45.33	48.04	50.03	52.64	55.03
广 东	48.71	50.82	52.64	52.96	54.65	55.47	57.85	60.65	62.39	64.98	68.28
广 西	35.48	36.81	38.03	38.83	39.22	41.18	42.56	45.64	47.07	50.71	52.75
海 南	38.92	40.56	41.96	41.73	42.34	43.54	45.54	47.27	48.59	51.48	54.75
重 庆	35.94	36.48	37.81	39.39	41.38	43.28	45.87	49.58	51.53	54.26	57.51
四 川	35.06	37.50	39.43	39.74	40.05	41.67	44.03	47.96	49.67	52.46	55.18
贵 州	28.69	29.93	31.43	32.56	33.69	35.58	36.55	40.01	41.09	43.97	48.25
云 南	32.79	33.10	34.44	35.70	36.68	37.92	39.42	43.18	45.21	47.52	50.45
西 藏	29.20	31.50	33.64	33.96	35.66	34.91	37.84	39.81	40.87	42.47	45.60
陕 西	38.56	39.48	40.96	41.06	41.09	41.88	43.81	47.34	49.97	52.69	55.94
甘 肃	29.81	30.14	32.02	33.15	33.76	35.40	36.09	38.96	41.05	43.32	46.04
青 海	30.65	31.78	32.87	34.52	35.06	36.52	38.32	40.16	40.94	42.52	45.95
宁 夏	31.37	33.76	36.43	35.29	35.87	37.18	39.50	42.81	44.02	45.56	48.71
新 疆	28.54	29.94	32.00	33.86	33.94	34.66	36.18	39.69	41.22	43.80	46.46

附表 2

2001 – 2010 年各地区综合发展指数排序

地 区	2000 年	2001 年	2002 年	2003 年	2004 年	2005 年	2006 年	2007 年	2008 年	2009 年	2010 年
北 京	1	1	1	1	1	1	1	1	1	1	1
天 津	3	3	3	3	3	3	3	3	3	3	3
河 北	16	15	17	16	17	16	16	18	17	21	18
山 西	24	24	21	22	21	23	21	20	23	19	20
内蒙古	22	23	24	23	24	18	18	21	20	20	19
辽 宁	8	8	8	8	8	8	8	8	8	8	8
吉 林	12	11	10	10	10	11	11	12	12	12	13
黑龙江	15	16	15	15	14	17	17	19	19	18	21
上 海	2	2	2	2	2	2	2	2	2	2	2
江 苏	6	6	6	6	6	6	6	6	6	4	5
浙 江	5	5	5	5	5	4	4	4	4	5	4
安 徽	23	22	23	24	22	24	24	24	21	23	22
福 建	7	7	7	7	7	7	7	7	7	7	7
江 西	21	20	18	17	18	14	15	13	13	15	16
山 东	9	9	9	9	9	9	9	9	9	9	9
河 南	19	18	19	19	19	20	22	22	22	24	24
湖 北	11	12	12	11	11	10	10	10	10	10	11
湖 南	14	13	14	13	13	12	14	14	14	14	15
广 东	4	4	4	4	4	5	5	5	5	6	6
广 西	18	19	20	21	23	22	23	23	24	22	23
海 南	10	10	11	12	12	13	13	17	18	17	17
重 庆	17	21	22	20	15	15	12	11	11	11	10
四 川	20	17	16	18	20	21	19	15	16	16	14
贵 州	30	31	31	31	31	28	29	28	28	27	27
云 南	25	26	26	25	25	25	26	25	25	25	25
西 藏	29	28	27	28	27	30	28	29	31	31	31
陕 西	13	14	13	14	16	19	20	16	15	13	12
甘 肃	28	29	29	30	30	29	31	31	29	29	29
青 海	27	27	28	27	28	27	27	27	30	30	30
宁 夏	26	25	25	26	26	26	25	26	26	26	26
新 疆	31	30	30	29	29	31	30	30	27	28	28

附表 3

各地区综合发展指数增长情况

单位：%

地　区	2001—2010 年累计增长速度	2001—2010 年累计增长速度排序	“十五”期间年均增长速度	“十一五”期间年均增长速度
北　京	35.26	31	3.57	2.56
天　津	37.37	29	3.03	3.43
河　北	46.33	19	3.18	4.59
山　西	58.36	4	3.88	5.54
内蒙古	53.24	12	3.81	4.92
辽　宁	45.08	22	3.46	4.12
吉　林	43.52	25	3.09	4.27
黑龙江	44.76	24	2.85	4.69
上　海	35.35	30	2.79	3.35
江　苏	52.60	13	3.70	4.94
浙　江	47.22	17	3.58	4.31
安　徽	55.29	8	3.08	5.94
福　建	41.05	26	2.89	4.11
江西	56.86	6	4.36	4.85
山　东	45.91	20	3.15	4.56
河　南	49.16	15	3.51	4.66
湖　北	46.33	18	3.11	4.65
湖　南	45.39	21	2.88	4.76
广　东	40.18	28	2.63	4.24
广　西	48.67	16	3.02	5.08
海　南	40.68	27	2.27	4.69
重　庆	60.02	3	3.79	5.85
四　川	57.35	5	3.51	5.78
贵　州	68.20	1	4.40	6.28
云　南	53.83	11	2.95	5.88
西　藏	56.17	7	3.64	5.49
陕　西	45.06	23	1.66	5.96
甘　肃	54.42	10	3.50	5.40
青　海	49.94	14	3.57	4.70
宁　夏	55.27	9	3.46	5.55
新　疆	62.78	2	3.96	6.04

附表 4

2010 年各省（区、市）综合发展指数与人均 GDP、HDI、全面小康指数的比较

	综合发展指数	人均 GDP	HDI*	全面小康指数
北　京	1	2	2	2
天　津	3	3	3	4
河　北	21	12	10	21
山　西	19	18	14	23
内蒙古	20	6	13	13
辽　宁	8	8	7	8
吉　林	12	11	9	11
黑龙江	18	16	11	14
上　海	2	1	1	1
江　苏	4	4	6	5
浙　江	5	5	5	6
安　徽	23	26	26	17
福　建	7	10	12	7
江　西	15	24	25	19
山　东	9	9	8	9
河　南	24	21	15	20
湖　北	10	13	16	12
湖　南	14	20	19	10
广　东	6	7	4	3
广　西	22	27	20	24
海　南	17	23	17	16
重　庆	11	14	18	15
四　川	16	25	24	18
贵　州	27	31	30	29
云　南	25	30	28	25
西　藏	31	28	31	28
陕　西	13	15	22	22
甘　肃	29	29	29	27
青　海	30	22	27	31
宁　夏	26	17	23	26
新　疆	28	19	21	30

* 注：HDI（人类发展指数）为 2008 年排名。

附表 5

2010 年各地区综合发展指数及分类指数

单位：%

地 区	综合发展	经济发展	民生改善	社会发展	生态建设	科技创新
北 京	85.05	96.13	90.63	82.17	74.38	78.38
天 津	72.65	87.56	80.49	70.16	70.02	46.24
河 北	53.71	58.00	62.35	66.11	56.34	13.22
山 西	53.41	60.80	58.39	70.41	51.53	12.71
内蒙古	53.42	67.80	58.54	66.71	51.39	7.89
辽 宁	59.71	72.69	65.92	68.47	58.13	20.70
吉 林	55.41	63.62	61.82	72.08	53.70	11.67
黑龙江	53.26	64.34	60.61	65.35	51.00	11.34
上 海	80.57	99.02	87.41	71.29	71.96	67.99
江 苏	68.45	74.94	74.62	66.11	65.62	56.88
浙 江	69.26	73.48	84.17	66.97	69.05	44.83
安 徽	53.21	57.92	62.13	61.98	58.92	13.11
福 建	62.58	71.93	70.03	67.66	68.84	22.57
江 西	54.99	58.19	63.60	65.32	60.79	15.17
山 东	59.32	64.85	68.12	65.35	62.81	25.03
河 南	52.42	53.16	60.00	67.14	58.38	11.10
湖 北	56.68	61.63	61.97	68.69	56.05	24.82
湖 南	55.03	59.70	62.04	68.79	58.46	13.35
广 东	68.28	79.51	73.46	67.02	70.00	43.83
广 西	52.75	56.33	59.15	66.07	61.14	7.92
海 南	54.75	66.98	60.60	66.09	58.87	6.42
重 庆	57.51	66.93	60.83	65.76	64.67	17.68
四 川	55.18	59.65	59.05	65.80	59.34	22.08
贵 州	48.25	55.24	50.92	65.22	50.49	6.37
云 南	50.45	55.57	48.96	71.22	57.47	5.77
西 藏	45.60	52.92	51.25	64.56	42.29	2.98
陕 西	55.94	61.03	54.72	69.23	57.16	29.26
甘 肃	46.04	52.17	48.92	62.84	44.95	9.55
青 海	45.95	57.26	49.02	64.38	39.66	5.80
宁 夏	48.71	59.67	54.76	62.36	44.64	8.89
新 疆	46.46	56.12	57.56	58.26	41.23	5.30

附件：

综合发展指数编制方案

一、研究背景

2005年10月，党的十六届五中全会审议通过的《中共中央关于制定国民经济和社会发展第十一个五年规划的建议》指出："要深化对科学发展观基本内涵和精神实质的认识，建立符合科学发展观要求的经济社会发展综合评价体系。" 2011年3月第十一届全国人民代表大会第四次会议通过的《中华人民共和国国民经济和社会发展第十二个五年规划纲要》提出："以科学发展为主题，是时代的要求，关系改革开放和现代化建设全局"，"加快制定并完善有利于推动科学发展、加快转变经济发展方式的绩效评价考核体系和具体考核办法，弱化对经济增长速度的评价考核，强化对结构优化、民生改善、资源节约、环境保护、基本公共服务和社会管理等目标任务完成情况的综合评价考核，考核结果作为各级政府领导班子调整和领导干部选拔任用、奖励惩戒的重要依据。"

为引导和转变发展观念，激励发展思路创新，本课题根据科学发展观的内涵与要求构建了一套综合发展评价指标体系，并据此对各地区综合发展指数（Comprehensive Development Index，简称CDI）进行测算。

长期以来，由于人们在认识上常常将"地区发展"简单地等同于"地区生产总值的增长"，从而造成诸多问题，例如经济增长方式粗放，经济增长与居民福利改善不一致，经济与社会之间、人与自然之间发展不协调和收入分配差距不断扩大，等等。虽然上述问题都有各自背后的深刻原因和具体环境，但对地区发展的认识及评价体系的不合理、不全面、不科学，也是其中重要的原因之一。

有关对发展测评的研究，国际上比较有代表性的有：联合国于1996年建立的一套包括社会、环境、经济、制度四个方面的可持续发展指标体系，旨在帮助各国制定可持续发展政策；英国于1996年发布了国家可持续发展战略，成为全球首家公布全套可持续发展指标的国家；2000年联合国提出了8项"千年发展目标"及相关的18项具体目标和48项指标，内容涉及社会公平（反贫困、教育平等、性别平等）、生命健康、环境保护及全球合作等方面，成为衡量社会发展进程的重要标准。国内有关研究机构和部门对地区发展也提出了诸多评价指标体系和测评办法。

从研究现状来看，国外研究主要从发达国家的经验和需求出发，确定具有自身特点的指标体系；国内研究则较多地侧重于理论方面，指标选取存在一定局限性和不可操作性。本课题研究主要以科学发展观为指导思想，突出"十二五"规划纲要中主要指标的重要性，制定综合发展评价指标体系，采用有关部门发布的权威数据，对各地综合发展情况进行测评。

需要指出的是，本课题报告是初步的、阶段性研究成果，从统计角度反映了我国各区域及各省、自治区、直辖市在综合发展方面的进程情况。课题研究在指标选取、测算方法等方面还需要进一步完善，例如城镇登记失业率等指标的选取，课题整体的指标分类和权重等等，仍存在一些不尽完善的方面及问题，课题组将持续开展进一步深入的研究。

二、指导原则和指标体系设计

综合发展评价的主要目的是看一个地区的发展是否符合科学发展观的要求。科学发展观的第一要义是发展，核心是以人为本，基本要求是全面协调可持续，根本方法是统筹兼顾。因此，综合发展评价体系的构建应该遵循以下指导原则：

——导向性原则。指标体系要充分发挥导向、引领作用，激励各地区进一步增强科学发展意识和发展能力，创新体制机制，切实有效地加快科学发展进程。

——前瞻性原则。建立综合发展评价体系，视野要开阔，着眼要长远，不仅要考虑本世纪头二十年全面建设小康社会的目标，而且要考虑本世纪中叶基本实现现代化的目标，力争与"十二五"规划相衔接，重点应放在本世纪第二个十年。

——开放性原则。综合发展指标体系的建立过程，应保持指标体系的动态性和开放性，根据地区发展的新情况、新特征及中国发展阶段的变化，及时对指标体系进行补充、完善和修订。

——可操作性原则。指标选择具有代表性，同时兼顾统计数据的可获得性，使指标可采集、可量化、可对比。指标设置要与中央"十二五"规划建议等相关国民经济和社会发展规划指标衔接一致，以增强指标体系的政策导向与实践意义。

——公认性原则。评价指标不仅要以客观指标反映地区发展的数量特征，更要把群众认可、满意作为一项重要的衡量标准，做到量化考评和定性考评相结合。因此，综合发展评价体系引入公众评价指标，以充分考察人民群众的切身感受，提高公众对于发展的参与度和认可度，主观性指标的引入强化了“既看数字又不唯数字”的理念。

按照以上指导原则，综合发展评价指标体系具体包含经济发展、民生改善、社会进步、生态文明、科技创新、公众评价六个方面45项指标，涵盖经济、民生、社会、生态、科技、民意等领域，体现“以人为本”的核心理念和“全面协调可持续”的基本要求，突出资源节约和环境友好，强调科技创新对于转变发展方式、推动科学发展的重要作用。

经济发展类。“十二五”规划建议指出，以加快转变经济发展方式为主线，是推动科学发展的必由之路。按照坚持把经济结构战略性调整作为加快转变经济发展方式的主攻方向，力争经济结构战略性调整取得重大进展。因此，经济发展模块设置了经济增长、结构优化、发展质量3项二级指标及8项三级指标（见表1）。

民生改善类。“十二五”规划建议指出，完善保障和改善民生的制度安排，把促进就业放在经济社会发展优先位置，加大收入分配调节力度，坚定不移走共同富裕道路，使发展成果惠及全体人民。因此，民生改善模块设置了收入分配、生活质量、劳动就业3项二级指标及12项三级指标（见表2）。

社会发展类。“十二五”规划建议指出，加快发展各项社会事业，完善基本公共服务体系，统筹城乡发展，加快推进社会主义新农村建设，促进区域良性互动、协调发展。因此，社会发展模块设置了公共服务支出、区域协调、文化教育、卫生健康、社会保障、社会安全6项二级指标及10项三级指标（见表3）。

生态建设类。“十二五”规划建议指出，把建设资源节约型、环境友好型社会作为加快转变经济发展方式的重要着力点。按照深入贯彻节约资源和保护环境基本国策，节约能源，降低温室气体排放强度，促进经济社会发展与人口资源环境相协调，走可持续发展之路。因此，生态建设模块设置了资源消耗、CO2排放、环境治理3项二级指标及10项三级指标（见表4）。

科技创新类。“十二五”规划建议指出，把科技进步和创新作为加快转变经济发展方式的重要支撑，充分发挥科技第一生产力和人才第一资源作用，推动发展向主要依靠科技进步、劳动者素质提高、管理创新转变，加快建设创新型国家的要求。因此，科技创新模块设置了科技投入、科技产出2项二级指标及4项三级指标（见表5）。

公众评价类。对综合发展的评价，必须坚持群众满意的原则。因此，评价体系引入公众满意度指标，作为重要的辅助参考指标，其不参与定量评价（见表6）。

三、测评方法

综合发展指数是从经济发展、民生改善、社会发

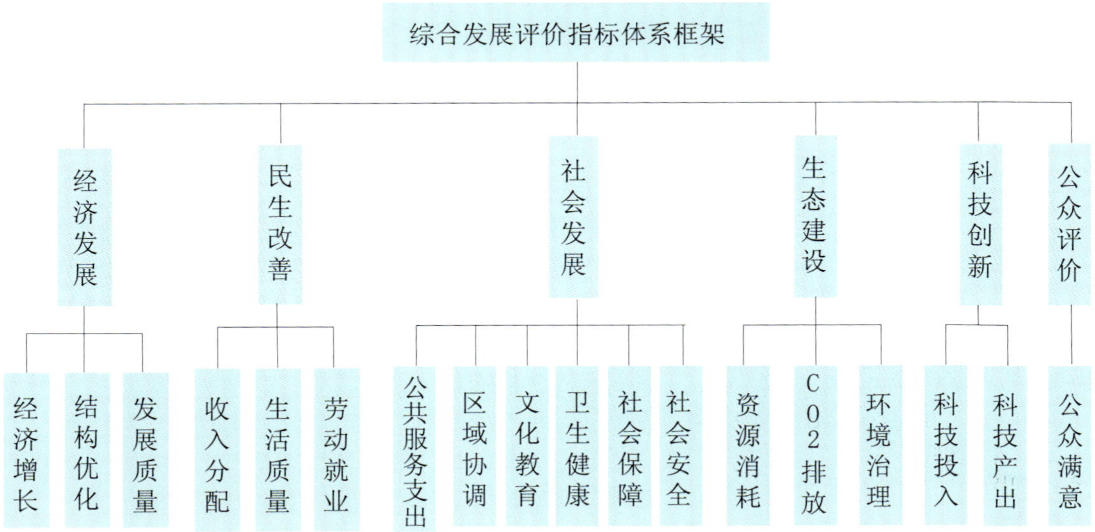

综合发展评价指标体系框架图

表 1　经济发展类指标

二级指标	三级指标	备注
经济增长	人均 GDP、GDP 指数	这是反映经济发展水平的指标，没有选用总量，而是选用人均，既体现发展第一要义，又体现以人为本，同时选用增长速度，充分考虑了区域经济的动态变化，以衡量经济发展绩效。
结构优化	服务业增加值占 GDP 比重	这是反映产业结构优化升级的指标。服务业是产业结构升级的未来方向，对于发展方式转变及国家整体竞争力具有重要意义，其产出比重已成为衡量产业结构层次高低的重要标准。
	居民消费占 GDP 比重	这是反映优化经济增长需求结构的指标，提高消费需求贡献率，可以促进三大需求拉动的平衡发展，增强经济发展的内生动力。
	高技术产品产值占工业总产值比重	这是反映产业结构优化升级的指标，体现工业结构调整的重要方向，是提高产业竞争力、走新型工业化道路的重要途径。
	城镇化率	该指标反映一个地区城镇化水平高低，衡量城乡二元结构的改善状况，也是反映科学发展观城乡统筹发展的重要指标。
发展质量	财政收入占 GDP 比重、全社会劳动生产率	这是反映经济发展综合效益的指标，是政府提供公共产品和服务的基础。

表 2　民生改善类指标

二级指标	三级指标	备注
收入分配	城乡居民收入占 GDP 比重	这是反映居民在居民、企业、政府三者之间收入分配关系的指标。
	基尼系数	这是较客观、直观地反映和监测居民之间的贫富差距，预报、预警和防止居民之间出现贫富两极分化的指标。
	城乡居民收入比	这是反映提高城乡居民收入水平及调整收入分配结构的重要指标。
生活质量	城镇居民人均可支配收入、农村居民人均纯收入	这是反映城乡居民收入水平的重要指标，包括城镇居民人均可支配收入和农村居民人均纯收入，体现了切实的民生改善。
	城乡居民家庭恩格尔系数	这是反映居民生活质量的重要指标。
	人均住房使用面积	这是综合反映一个地区居民居住状况的重要指标，是衡量住房供求差距的重要依据。
	城镇保障性住房新开工面积占住宅开发面积比重	城镇廉租房、经济适用房以及限价房开发面积占住宅开发面积的比重是衡量城镇低收入居民等社会弱势群体是否“居者有其屋”的重要指标。由于目前各地还缺少城镇廉租房以及限价房的统计，因此暂用经济适用房代替。
	互联网普及率	这是反映信息化程度的指标。
	每万人拥有公共汽（电）车辆	这是衡量公共交通便利程度和城市公共服务发展水平的重要指标。
	平均预期寿命	这是衡量一个社会的生活质量、医疗卫生服务水平的指标。人的发展是科学发展的出发点和落脚点，提高人均寿命是以人为本的重要体现。
劳动就业	城镇登记失业率	这是反映就业水平的指标，体现了就业是民生之本。

表 3　社会发展类指标

二级指标	三级指标	备注
公共服务支出	人均基本公共服务支出、基本公共服务支出占财政总支出比例	这是反映政府提供公共服务的指标，既反映城市又反映农村，体现公共财政的发展方向、政府职能的转变和城乡统筹的思想。
区域协调	地区经济发展差异系数	这是反映区域之间差别的指标。
文化教育	文化产业增加值占 GDP 比重	该指标反映文化产业在整个国民经济中的发展状况。“十二五”规划建议中提出推动文化产业成为国民经济支柱性产业，该指标可以衡量文化产业的发展状况。
	平均受教育年限	这是反映人口受教育状况的总体指标，旨在体现科教兴国战略和人才强国战略的实施成果。
卫生健康	5 岁以下儿童死亡率	这是反映社会公共医疗发展水平的重要指标。
社会保障	基本社会保险覆盖率	这是反映城乡社会保障水平的指标，包括现行的城镇基本社会保险，同时增加了农村有关保险的内容，体现了城乡统筹的思想。
	农村、城镇居民享受最低生活保障人口比例	这是反映贫困人口得到社会救助的一项重要指标。
社会安全	社会安全指数	这是反映社会治安及安全生产状况的综合指标。

表 4　生态建设类指标

二级指标	三级指标	备注
资源消耗	单位 GDP 能耗	这是“十一五”规划纲要中提出的一个约束性目标，在“十二五”规划建议中仍是一个约束性指标，反映节约能源情况和资源的利用效率。该指标的设立体现建设资源节约型、环境友好型社会的要求。
	单位 GDP 水耗	这是反映水资源节约和利用效率的指标，反映建设节水型社会的情况。
	单位 GDP 建设用地占用	这是反映土地资源集约、高效利用的指标，符合资源节约的要求。
CO_2 排放	人均二氧化碳排放量、单位 GDP 二氧化碳排放量	二氧化碳排放量是温室气体的主要组成部分。这是“十二五”规划建议提出的一个约束性指标，以有效控制温室气体排放。
环境治理	环境污染治理投资占 GDP 比重	这是反映环境治理保护投入力度和水平的重要指标。
	工业“三废”处理达标率	这是反映工业“三废”（废水、废气、固体废物）治理情况的指标。
	城市生活垃圾无害化处理率	城市生活垃圾已经成为城市环境的主要污染源之一，而垃圾被称为“放错地方的资源”，要加强资源循环利用和生态环境保护，增强可持续发展能力，使人民在良好的环境下生活，需要监控城市生活垃圾的无害化处理情况。
	城镇生活污水处理率	城镇生活污水已成为城市环境的主要污染源之一，由于城镇化步伐的加快，为使人民在良好的环境下生活，需要监控城镇生活污水处理情况。
	环境质量指数	这是反映环境问题治理和改善状况的重要指标，包括空气、水和绿化，是人民群众直接感受到环境改善的指标。

表 5 科技创新类指标

二级指标	三级指标	备注
科技投入	万人 R&D 人员全时当量、R&D 经费支出占 GDP 比重	这是国际上通用的衡量一个国家或地区科技活动规模、科技投入强度以及科技创新能力的重要指标，在很大程度上反映了一个国家或地区经济增长潜力和可持续发展能力。
科技产出	高技术产品出口占总出口比例	这是反映出口商品中高技术含量、高附加值产品所占比重的一个重要指标，这一比重的提高既可以直接反映出中国外贸出口产品结构不断升级，也可以间接反映出中国的自主创新能力不断增强。
	万人专利授权数	这是反映自主知识产权和自主创新的指标，专利特别是发明专利体现了一个地区的科技创新能力，具有很强的导向性。

表 6 公众评价类指标

二级指标	三级指标	备注
公众满意	公众对综合发展成果的满意度	采用民意调查，用于衡量公众对于综合发展的主观感受和认可程度。

展、生态建设和科技创新五个维度测量的综合性指数，每一维度都是构成具体方面的分指数，每个分指数又由若干个指标合成。其测评方法主要借鉴了联合国人类发展指数（HDI）的测量方法，基本思路是根据每个评价指标的上、下限阈值来计算单个指标指数（即无量纲化），指数一般分布在 0 和 100 之间，再根据每个指标的权重最终合成综合发展指数。此种方法测算的指数不仅横向可比，而且纵向可比；不仅可以比较各省（区、市）综合发展相对位次，而且也可以考察每个省（区、市）综合发展的历史进程。

（一）指标上、下限阈值的确定

在计算单个指标指数时，首先必须对每个指标进行无量纲化处理，而进行无量纲化处理的关键是确定各指标的上、下限阈值。指标的上、下限阈值主要是参考 2000 - 2009 年全国 31 个省（区、市）中相应指标最大值和最小值，以及全面建设小康社会标准值，对有些比例指标还参考了世界中等收入国家的平均值。将第 i 个指标的实际值记为 Xi，权重为 wi，下限阈值和上限阈值分别为 Ximin 和 Ximax，无量纲化后的值为 Zi。

（二）指标无量纲化

无量纲化，也叫数据的标准化，是通过数学变换来消除原始变量（指标）量纲影响的方法。

正指标无量纲化计算公式：

$$Z_i=\frac{X_i-X^i_{\min}}{X^i_{\max}-X^i_{\min}} \text{ 或 } Z_i=\frac{Ln(X_i)-Ln(X^i_{\min})}{\ln(X^i_{\max})-Ln(X^i_{\min})} \quad (1)$$

逆指标无量纲化计算公式：

$$Z_i=\frac{X^i_{\max}-X_i}{X^i_{\max}-X^i_{\min}} \text{ 或 } Z_i=\frac{Ln(X^i_{\max})-Ln(X_i)}{Ln(X^i_{\max})-Ln(X^i_{\min})} \quad (2)$$

（三）指标权重的确定

权重值的确定直接影响综合评估的结果，权重值的变动可能引起被评估对象优劣顺序的改变。所以，合理地确定综合评估发展各主要因素指标的权重，是进行综合评估能否成功的关键问题。本体系采取常用的专家打分法（即 Delphi 法）确定各级指标的权重。

（四）分类指数和总指数的合成

1. 分类指数的合成方法

本体系由经济发展、民生改善、社会发展、生态建设、科技创新五个分类组成。将某一类的所有指标无量纲化后的数值与其权重按公式（3）计算就得到类指数。

$$I_i=\frac{\sum Z_jW_j}{\sum W_j} \quad (3)$$

2. 综合发展指数的合成方法

将综合发展评价指标体系中的 44 个指标无量纲化后的数值与其权重按公式（4）计算就得到综合发展指数。

$$I=\frac{\sum_{i=1}^{44} Z_iW_i}{\sum_{i=1}^{44} W_i} \quad (4)$$

附：

综合发展评价指标体系

一级指标	二级指标	三级指标	单位	权重
经济发展（22.0）	经济增长	人均 GDP	元	5.0
		GDP 指数	上年=100	2.0
	结构优化	服务业增加值占 GDP 比重	%	3.0
		居民消费占 GDP 比重	%	3.0
		高技术产品产值占工业总产值比重	%	2.0
		城镇化率	%	3.0
	发展质量	财政收入占 GDP 比重	%	2.0
		全社会劳动生产率	元/人	2.0
民生改善（22.0）	收入分配	城乡居民收入占 GDP 比重	%	2.0
		基尼系数	–	2.0
		城乡居民收入比	农村＝1	2.0
	生活质量	城镇居民人均可支配收入	元	2.5
		农村居民人均纯收入	元	2.5
		城乡居民家庭恩格尔系数	%	1.5
		人均住房使用面积	平方米	1.5
		城镇保障性住房新开工面积占住宅开发面积比重	%	0.5
		互联网普及率	%	1.5
		每万人拥有公共汽（电）车辆	标台	1.5
		平均预期寿命	岁	2.0
	劳动就业	城镇登记失业率	%	2.5
社会进步（22.0）	公共服务支出	人均基本公共服务支出	元	2.5
		基本公共服务支出占财政总支出比例	%	2.5
	区域协调	地区经济发展差异系数	–	2.5
	文化教育	文化产业增加值占 GDP 比重	%	2.5
		平均受教育年限	年	2.5
	卫生健康	5 岁以下儿童死亡率	‰	2.5
	社会保障	基本社会保险覆盖率	%	2.5
		农村居民享受最低生活保障人口比例	%	1.0
		城镇居民享受最低生活保障人口比例	%	1.0
	社会安全	社会安全指数	%	2.5
生态建设（19.0）	资源消耗	单位 GDP 能耗	吨标准煤/万元	2.5
		单位 GDP 水耗	吨/万元	2.5
		单位 GDP 建设用地占用	亩/万元	2.5
	CO2排放	人均二氧化碳排放量	吨/人	1.5
		单位 GDP 二氧化碳排放	吨/万元	1.5
	环境治理	环境污染治理投资占 GDP 比重	%	1.5
		工业“三废”处理达标率	%	1.5
		城市生活垃圾无害化处理率	%	1.5
		城镇生活污水处理率	%	1.5
		环境质量指数	%	2.5
科技创新（15.0）	科技投入	万人研究与试验发展（R&D）人员全时当量	人年	4.0
		R&D 经费支出占 GDP 比重	%	4.0
	科技产出	高技术产品出口占总出口比例	%	3.5
		万人专利授权数	件	3.5
公众评价	公众满意	人民群众对科学发展成果的满意度		

北京市经济社会发展报告

2011 年是“十二五”开局之年，在复杂多变的内外部环境中，我市坚决贯彻落实中央宏观调控政策，加快转变经济发展方式，总体经济运行基本稳定，全年经济增长 8.1%，完成年度计划目标；与此同时，调结构转方式取得积极进展。展望 2012 年，外部环境依然十分复杂，国内政策取向没有明显变化，全市经济仍将面临较大压力，经济增长将在调整中趋稳，转方式继续大力推进，体现出“稳中求进”的主基调。

一、对经济运行的基本评价

（一）经济增势趋稳

2011 年，全市经济呈现回调趋稳态势。初步核算，地区生产总值按可比价格计算，一季度同比增长 8.6%、上半年增长 8%、1-3 季度增长 8%、全年增长 8.1%。增势趋于稳定。

表 1　2011 年地区生产总值

指　标	绝对量（亿元）	增速（%）
地区生产总值	16011.4	8.1
第一产业	136.2	0.9
第二产业	3744.4	6.6
工业	3039.0	7.4
建筑业	705.4	3.0
第三产业	12130.9	8.6

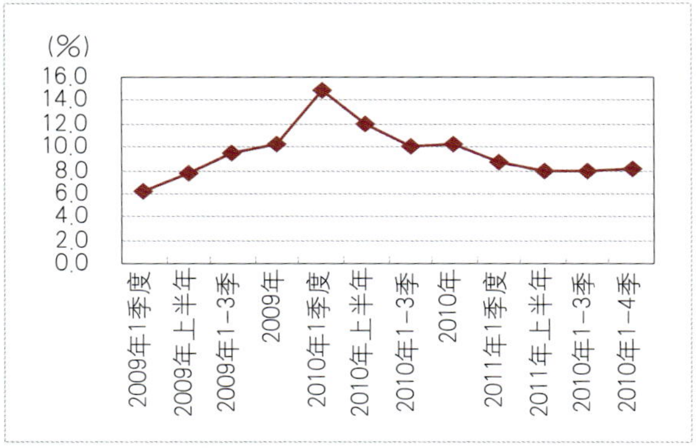

图 1　2009 年以来地区生产总值季度累计增速

1. 农业生产小幅增长。全市农业增加值按可比价格计算，比上年增长 0.9%。全年粮食产量 121.8 万吨，比上年增长 5.3%。主要农副产品中，生猪出栏数增长 0.1%，禽蛋产量与去年基本持平，蔬菜、牛奶产量分别下降 2% 和 0.2%。

2. 工业生产增长趋稳。全市规模以上工业增加值按可比价计算，比上年增长 7.3%，增幅比 1-3 季度提高 0.1 个百分点。分季度看，一季度增长 8.6%、二季度增长 7%、三季度增长 5%、四季度增长 7.2%，四季度增速有所回升，走势趋稳。

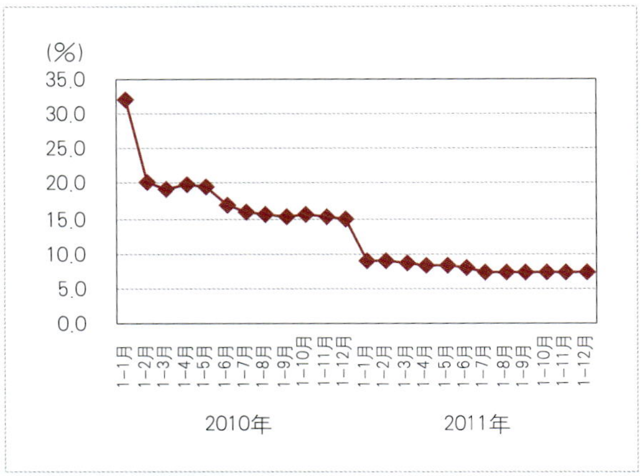

图 2　2010 年以来全市规模以上工业增加值累计增速

3. 第三产业稳中趋好。全市第三产业增加值按可比价格计算，比上年增长 8.6%，增幅比 1-3 季度提高 0.1 个百分点。其中，信息传输、计算机服务和软件业，租赁与商务服务业分别增长 22.9% 和 18.2%；科学研究、技术服务和地质勘查业，批发与零售业分别增长 10.4% 和 8.9%；金融业增长 4.4%，房地产业下降 3.2%。

4. 内外贸易形势较为稳定。全市批发零售业商品购销总额 89253.6 亿元，比上年增长 21.2%，比 1-3 季度提高 0.5 个百分点。其中，购进总额 44617.4 亿元，增长 24.6%；销售总额 44636.2 亿元，增长 17.9%。

北京地区进出口总值3894.9亿美元，比上年增长29.1%，增幅比1-3季度提高0.5个百分点。其中，进口总值3304.7亿美元，增长34.2%；出口总值590.3亿美元，增长6.5%。

图3　2010年以来海关出口

全市实际利用外商直接投资70.5亿美元，比上年增长10.9%。从主要行业看，租赁和商务服务业、批发和零售业、信息传输计算机服务和软件业分别增长8.4%、74.8%和14.5%，房地产业下降20.6%。

5. 金融机构存贷款增长略有加快。12月末，全市金融机构（含外资）人民币存贷款余额10.6万亿元，比上年末增长13.4%，增幅比1-3季度提高0.4个百分点；其中贷款余额3.3万亿元，增长14.2%，存款余额7.3万亿元，增长13.1%。

（二）价格涨幅高位逐步回落

全年居民消费价格比上年上涨5.6%，涨幅比1-11月回落0.1个百分点。其中，12月份全市居民消费价格同比上涨4.4%，较上月回落0.2个百分点，已连续四个月回落。当月食品价格受季节因素影响涨幅回升，同比上涨10.1%，涨幅比上月提高1个百分点，拉动总指数上升2.7个百分点；其中鲜菜价格出现反弹，同比上涨5.8%（上月为下降26%）。

从环比看，12月份消费价格上涨0.3%。其中食品类价格环比上涨3.1%，居住类价格环比下降1.9%。

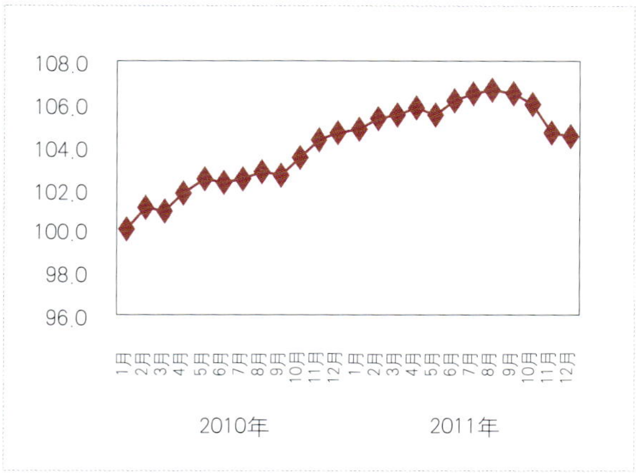

图4　2010年以来居民消费价格月度同比指数图

全年工业生产者出厂价格比上年上涨2.3%，涨幅比1-11月回落0.1个百分点。购进价格比上年上涨8.4%，涨幅比1-11月回落0.3个百分点。

（三）调结构转方式取得积极进展

1. 受小客车限购政策影响，机动车销量降幅超四成。全年共销售机动车79.7万辆，比上年下降44.3%。其中新车40万辆，下降56.3%；旧车39.8万辆，下降23%。

2. 商品房销售降温，保障房建设大力度推进，房价涨幅持续回落。全年销售商品房1440万平方米，比上年下降12.2%；其中销售住宅1035万平方米，下降13.9%。住宅中，销售纯商品住宅613万平方米，下降33.5%。

全年政策性住房完成投资746.1亿元，比上年增长94.9%。新开工面积为1726.8万平方米，增长59.7%。销售政策性住房422万平方米，增长51.2%。

12月份，全市新建住宅价格同比上涨1%，涨幅比11月份回落0.3个百分点，同比回落8.9个百分点；从环比看，新建住宅价格下降0.1%，已连续两个月环比下降。二手住宅价格同比下降2%，连续两个月同比下降。

3. 投资结构优化，消费品市场多点带动。全年完成全社会固定资产投资5578.9亿元，比上年增长13.3%。其中，完成建安投资2585.3亿元，比上年增长22.4%，占全社会固定资产投资的比重为43.7%，比上年提高3.2个百分点；

受汽车、电子、医药等项目带动，完成工业投资751.9亿元，增长46.7%，占全社会固定资产投资的比重为12.7%，比上年提高2.9个百分点。全市实现社会消费品零售额6900.3亿元，比上年增长10.8%，若扣除汽车类商品影响，零售额增长22.4%。从限额以上批零企业销售看，石油及制品类、金银珠宝类和文化办公用品类零售额分别增长30.3%、54.8%和43.2%。

图5　2010年以来全社会固定资产投资

4. 工业高耗能行业大幅收缩，重点发展领域增势较好。都市型农业发展势头良好。设施农业和种业分别实现收入45.6亿元和18.1亿元，分别比上年增长11.9%和24.3%。农业观光园和民俗旅游接待户分别实现收入21.7亿元和8.7亿元，分别增长22%和18.2%。

工业高耗能行业大幅收缩，医药、装备、汽车制造业较快增长。受首钢涉钢产业全面停产影响，黑色金属冶炼及压延加工业增加值下降73.3%。医药制造业、通用设备制造业、交通运输设备制造业成为带动工业增长的主要力量，分别增长27.2%、13.6%和13%。

新兴产业增势较好。文化创意产业实现增加值1938.6亿元，比上年增长14.2%，占地区生产总值的比重为12.1%，比上年提高0.1个百分点；高技术产业实现增加值1003.1亿元，增长12.9%，占地区生产总值的比重为6.3%，与上年持平；生产性服务业实现增加值7795.3亿元，增长16.3%；占地区生产总值的比重为48.7%，比上年提高1.2个百分点。

旅游市场较为活跃。全年接待旅游总人数达到2.1亿人次，比上年增长16.4%；实现旅游总收入3216.2亿元，增长16.2%。其中，接待国内游客2.1亿人次，增长16.7%；接待入境游客520.4万人次，增长6.2%。星级饭店平均出租率为59.9%，比上年提高3.5个百分点，带动了住宿餐饮业的发展。

（四）经济运行质量较好

1. 财政收入较快增长。全市完成地方公共财政预算收入3006.3亿元，比上年增长27.7%。从主要税种看，增值税、营业税分别增长13.2%和25.3%，企业所得税和个人所得税分别增长33.3%和26.7%。

2. 居民收入增长加快。全年城镇居民人均可支配收入32903元，比上年增长13.2%，增幅比1-3季度提高2.5个百分点；扣除价格因素后，实际增长7.2%。分季度看，一季度增长10%、二季度增长10.2%、三季度增长11.8%、四季度增长20.8%，呈现逐季攀升态势，其中提高社保标准、发放生活补贴、个税起征点提高、机关企事业单位发放考核奖金、公交系统调资等因素合计拉动全年收入增长4.7个百分点。

农村居民人均纯收入14736元，比上年增长13.6%；扣除价格因素后，实际增长7.6%。其中，受农民外出从业人员增加、工资上涨带动，工资性收入增长19.6%；受社会保障水平提高及惠农政策带动，转移性收入增长30.8%，是拉动纯收入增长的主要因素。

3. 企业利润保持增长。1-11月，全市规模以上工业企业实现利润931.5亿元，同比增长4.8%，增幅比1-10月回落2.1个百分点。其中，通用设备制造业、交通运输设备制造业、专用设备制造业利润分别增长10.8%、23.3%和36.5%。全市限额以上第三产业企业实现利润9339.4亿元，增长22.5%，增幅比1-8月下降8.9个百分点。其中，金融业利润增长29.5%，占比达54%；租赁商务服务业、科学研究技术服务和地质勘查业、批发零售业利润分别增长30.2%、29.5%和23.9%。

4. 电耗低速增长。受工业结构调整大力度推进的带动，2011 年全社会用电量 821.7 亿千瓦时，比上年仅增长 1.5%。其中，第二产业用电量 310.9 亿千瓦时，下降 5.2%（其中工业用电量下降 6.1%）；第三产业用电量 349 亿千瓦时，增长 7.1%。

综上所述，2011 年，在复杂多变的外部环境和调结构转方式的大背景下，北京经济增速出现回调，但总体运行基本稳定，符合调控预期，主要指标基本完成预定目标。同时调结构转方式取得积极进展，经济运行质量较好。但在近二十年结构调整以及当前经济进入深度转型的过程中，也出现了一些新情况、新变化，需要我们给予深入思考和客观认识，才能继续扎实、科学地推进转方式。

二、对未来一段时期两个主要关注点的思考

（一）经济增速

1. 国内经济增长格局由“东高西低”变为“西高东低”。改革开放以来的近 30 年（1978—2006 年）中，区域经济增速一直呈现“东高西低”的格局，东部地区经济增速始终领先中西部地区，但领先幅度逐步缩小。2007 年以来，这种经济增长格局出现变化，西部、中部地区增速先后超过东部地区，并且超越幅度呈扩大趋势，变为“西高东低”。2011 年，经济增速在后十位的省市中，除宁夏、河南和新疆外，全部为东部省市，其中浙江、上海、北京排在最后。

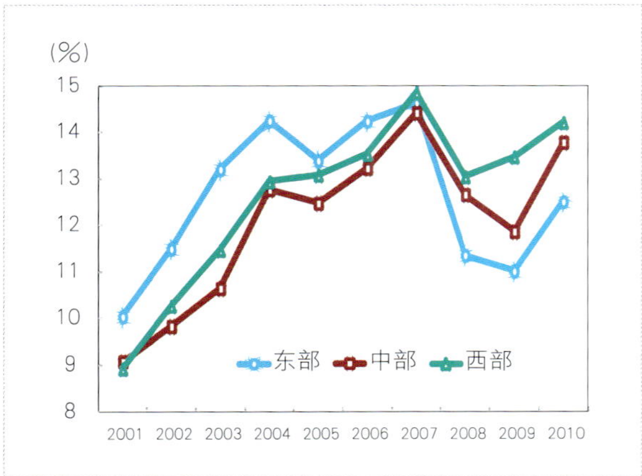

图 6 2001-2010 年东中西部地区 GDP 增速变动趋势①

2. 经济增长格局的变化与不同地区所处经济发展阶段的差异密切相关，北京经济增速与质量表现出现反差。在东部地区保持了较长时间的发展优势过程中，1999 年开始实施的“西部大开发”战略和 2004 年开始实施的“中部崛起”战略，有力地推动了西部、中部地区的经济发展，地区增长格局慢慢出现变化。2008 年以后，上海、北京先后迈进人均地区生产总值万美元的新时代，经济由较快增长向平稳增长过渡；同期，中部地区绝大多数省区人均地区生产总值超过 3000 美元，西部地区多数省区还未达到 3000 美元，经济处于成长或加速成长时期，成为拉动全国经济增长的主要力量。

在经济较长时间保持较快增长后，伴随着经济发展进入新阶段，东部地区的经济发展重心逐步转向调结构、提质量。中国统计学会发布的地区综合发展指数显示，2000 — 2009 年东部地区发展指数由 44.82 提升到 62.35，东北地区由 39.01 提升到的 54.07，中部地区由 35.93 提升到 51.72，西部地区由 33.66 提升到 49.36，均逐步提高；区域排序的依次顺序为东部、东北、中部和西部地区，东部地区要远高于其他地区，表明近十年间，东部地区的经济发展模式发生明显变化。2010 年，发展指数排在前十名的地区中，除第 10 名重庆属西部地区外，前 9 名均为东部省市，其中北京仍名列前茅，可以说这是北京“九五”以来加大结构调整力度的成果，与上面提到的经济增速排名形成反差。

综上，经济增长格局的变化是经济发展阶段所决定的，是规律使然；北京经济增速与质量表现的反差一方面反映出近年来我市经济发展理念与模式的积极转变，另一方面也暴露出长期积累下来的一些深层次的结构性问题对经济的平稳增长形成制约，如 2011 年楼市、车市调控，首钢

注：①本图数据来自上海统计局统计报告《我国东中西部地区经济发展格局比较分析》。

涉钢产业停产影响经济增速达 2 个百分点左右，说明北京经济对车、房、高耗能行业依赖较大。可见，调结构转方式是当务之急、大势所趋，决不可松懈。

3. *未来北京经济将转入中速增长，需着力于培育新的经济增长点确保经济平稳发展。*“十二五”时期是中国经济的深度转型期，经济以科学发展为主题、以转方式为主线，多方机构预测，中国经济将由高速增长转入次高速增长，北京经济也将由快速增长进入中速增长区间。2012 年是“十二五”第二年，是转方式的攻坚期，北京应在 2011 年“调降”取得明显成效后，将着力点放在“调升”领域，即重点发展领域，通过培育新的经济增长点，使之成为保持经济平稳、可持续增长的重要支撑。

（二）经济增长动力

1. *原有增长动力已经或将要发生变化。*工业化、高投资、全球化、人口红利是改革开放以来北京经济快速发展的四个主要动力；但随着经济发展阶段的演进、城市定位的调整、国内外环境的变化，这些因素已经或将要发生变化，经济增长动力转换问题十分迫切。

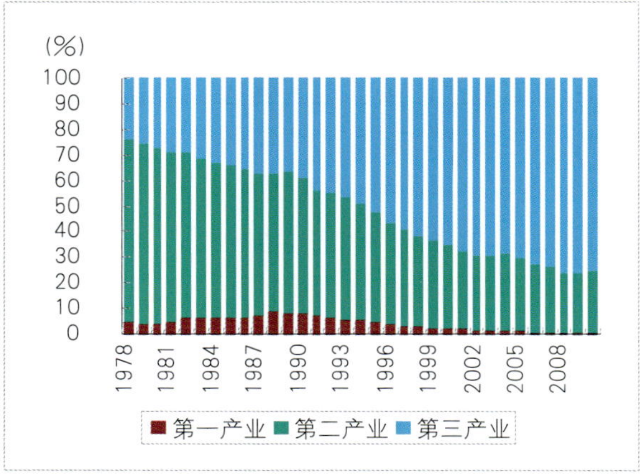

图 7 改革开放以来三次产业比重

——工业化。改革开放初期，工业一直是北京经济的重要支撑，1985 年以前占比保持在 50% 以上；进入 90 年代，随着对北京城市定位的逐步明确和产业发展方向的调整，工业比重持续下降，1991 年开始低于三产；1994 年以来逐渐形成了“三、二、一”的产业结构；2009 年北京人均 GDP 超过万美元，逐步进入后工业化时代。

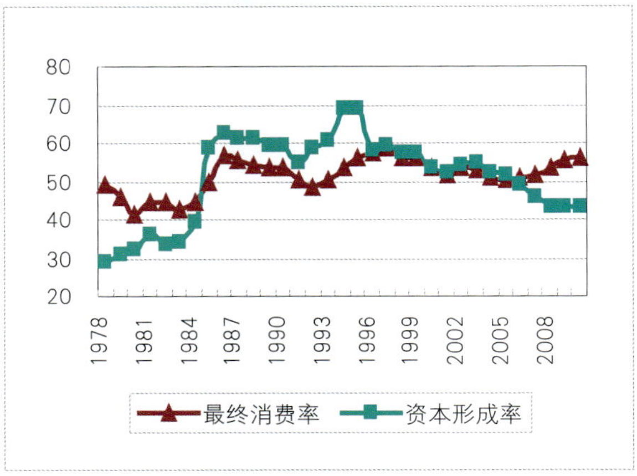

图 8 改革开放以来投资率和消费率情况

——高投资。上世纪 80 年代中期到 90 年代中期，北京的投资率一直高于消费率；此后随着经济结构的变化，投资率开始下降，消费率逐步提升，从“十一五”开始，消费率超过投资率，高投资的模式向投资—消费双轮驱动乃至消费主导转变。

——全球化。全球化带来资本和贸易自由化，北京作为中国的首都、国际大都市，深度参与全球产业分工。2011 年地区进出口总额比 1983 年增长 11.7 倍，实际利用外资比 1987 年增长 72.4 倍。加入 WTO 以后，对外贸易快速发展，外贸依存度（出口占 GDP 比重）逐步上升，由 2002 年的 24.2% 升至 2007 年的高点 37.8%。金融危机以来，世界经济增长放缓，外需对经济的带动作用减弱，2011 年外贸依存度回落到 24% 左右。

——人口红利。“人口红利”指一个国家或地区的劳动年龄人口占总人口比重较大，抚养比较低，为经济发展创造了有利的人口条件。北京经济的较快增长、较好的社会保障以及全国城市化进程的推进，使大量外来人口涌入北京，提供了丰富的劳动力资源。从 1990 年到 2010 年，劳动年龄人口占总人口比重呈上升趋势，2010 年高达 82.7%，同时总抚养比逐步走低（见表 2）。预计“十二五”时期，人口仍将持续扩张，人口红利依然存在。但另一方面，人口的快速增长使得“大城市病”凸显，人口调控迫在眉睫，在几年或更长时间后，人口特别是外来人口增势将逐渐有所变化，人口对经济增长的作用将趋弱。

表 2　北京市常住人口年龄分组和年龄构成指数

年份	占总人口比重（%）			年龄构成指数		
	0-14	15-64	65+	总抚养比	少儿抚养比	老年抚养比
1990年	20.2	73.5	6.3	36.1	27.5	8.6
2000年	13.6	78.0	8.4	28.2	17.4	10.8
2010年	8.6	82.7	8.7	20.9	10.4	10.5

2. 培育新的增长点带动未来经济增长。大力推动产业升级。“后工业化”虽是以服务经济的加速强大为特征，但更重要的是经济发展方式的逐步转变，主要表现为供给以知识和技术为动力，需求由追求数量向追求质量转变。发达国家由工业经济向后工业经济转变时，高技术领域在世界上均达到了领先水平，处在产业链分工的高端。北京产业结构升级已取得一定成效，但产业特别是高技术产业层次不高、竞争力不强的问题依然突出；服务业比重虽在全国领先，但与世界城市相比尚有差距，因此产业继续优化升级的任务仍然艰巨。

着力促进居民消费。扩内需是转方式的重要内容，对于北京，消费将成为扩内需的重要力量，其中更具稳定性和可持续性的居民消费更应成为着力点。北京居民消费占最终消费比重较低，2010 年为 58.8%，比全国平均水平低 12.5 个百分点，在各省区中排在倒数第四位（仅高于西藏、青海和新疆）。收入增长趋缓是造成消费动力不足的主要原因。“十一五”期间，北京城镇居民人均可支配收入增速分别低于上海、天津和重庆 0.1 个、2.7 个和 2.1 个百分点（见图 9）。大致在同一时间，北京城镇居民平均消费倾向开始低于其他直辖市（见图 10）。因此，尽早破解居民消费启而难动的困局对于促进经济增长意义重大。

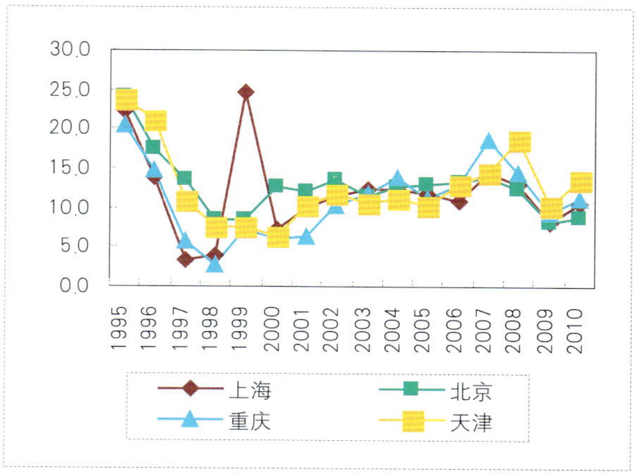

图 9　1995-2011 年各直辖市城镇居民可支配收入名义增速

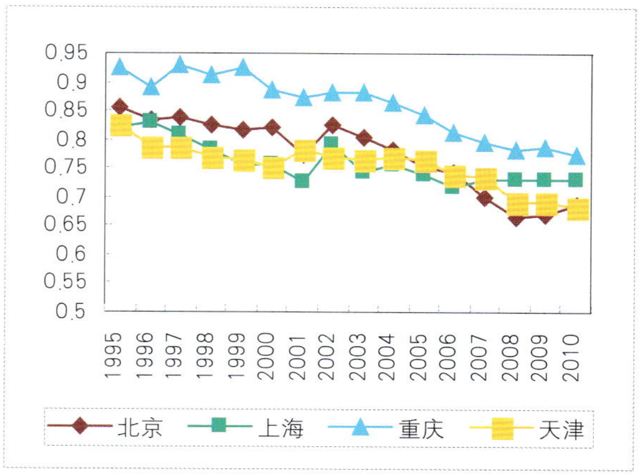

图 10　1995-2011 年各直辖市城镇居民平均消费倾向

以创新作为新的驱动力量。随着经济发展阶段的演进，劳动力、资本对经济的带动作用趋于减弱，因此要根据经济发展规律、城市自身特点以及全球生产力、竞争力演变特点，以创新作为新的要素驱动力。北京科技、文化资源优势明显，2010 年技术合同成交额占全国的 40.4%，其中 78.5% 流向外地（包括外省市和出口），比 2005 年提高 14.4 个百分点，科技辐射力逐步提升；作为全国的文化中心，文化创意产业增加值占 GDP 的 12.1%，电影产量和票房收入、文艺演出、报刊音像制品种类、网游出口、文物拍卖等在全国名列前茅。因此，在深度转型期，应充分发挥科技、文化创新驱动的巨大作用。

三、2012年走势展望及对策建议

2012年，北京面对的内外环境依然错综复杂，与2011年相比，经济增势将保持基本平稳，通胀趋于缓和；转型进入攻坚期，调结构转方式将继续大力推进，总体体现为“稳中有进”。

（一）走势展望

1. 国内外环境。国际：延续缓慢复苏态势，不稳定性、不确定性上升。欧洲国家主权债务问题、国际金融市场持续动荡、新兴市场国家通胀压力加大、各种形式的保护主义明显增多都给世界经济的复苏带来了不确定性。世界银行1月18日报告将2012年全球经济增长率预期从去年6月的3.6%调低至2.5%，并认为全球经济已进入非常困难的阶段。同时，通胀压力依然较大。2011年，在世界各国数次的量化宽松政策之后，全球深受通胀困扰。2011年年底，美联储、加拿大银行等全球六大央行联手救市，继续向市场提供流动性，将使得2012年价格走势维持高位的可能性较大。

国内：继续深度调整。2011年，在国内外多重因素共同作用下，全国经济增速延续了2010年2季度以来的持续小幅下行态势。2012年，世界经济仍将缓慢前行，外需低迷；国内进入调结构转方式的关键期，政策取向没有明显变化，各方均预测中国经济增速将继续放缓。世界银行在最新一期《全球经济展望》报告中，下调2012年中国经济增长预测至8.4%，低于2011年6月预计的8.7%。中科院预测2012年全国GDP增速为8.5%，比2011年数据低0.7个百分点。虽然经济增势放缓会减弱对物价水平的助推作用，但由于输入型通胀压力仍较大、高成本时代已经到来、因此2012年的物价涨势虽然会比2011年有所缓和，但仍不可掉以轻心。国家发改委预测，价格涨幅还会达到4.5%左右。

2. 北京。相对于2011年，经济增势较为平稳，着力点是转方式，体现“稳中求进”。2011年北京经济增速出现回调，是国外环境、国内调整等因素共同影响的结果。2012年内外环境依然复杂，需求形势不容乐观；同时车、房等调降领域不会再呈现明显波动，预期经济将在调整中增势趋于平稳。北京经济走势监测预警系统运行结果也显示，先行指数自2010年12月份开始连续13个月回落，但回落幅度较小。按照先行指数领先经济10-14个月的规律判断，2012年北京经济可能仍呈调整态势，但调整幅度有限。另一方面，经济发展的着力点仍在加快推进转方式上，这既是经济实现平稳发展的重要保障，也是提升经济质量、促进可持续发展的重要途径，体现出“稳中有进”。价格走势与全国类似，也将呈现涨势有所放缓，但仍会维持温和上涨的态势。

（二）对策建议

结合2011年经济运行情况、2012年发展环境及对未来一段时期北京经济增速和增长动力的思考，我们认为2012年实现“稳中求进”的关键在于深度推进转方式，开展攻坚克难。为此，提出如下对策建议：

1. 产业再升级，做强高端，做大三产。高技术产业是产业升级的重要带动力量。近些年，北京高技术产业发展较快，占经济的比重一度达到7%以上；但金融危机后，电子行业受到重创，高技术产业比重下降，2011年为6.3%。我局队相关研究显示，我市高技术制造业起步早、黄金期短、目前陷入发展“瓶颈期”，内部因素制约是主因，如投入特别是科技投入增长放缓、创新水平不高、产业结构单一且支柱产业实力不强等。因此，应借大力发展战略性新兴产业的有利时机，尽快落实并做实现有的一批产业项目，监测评估项目的推进和实施，确保发展水平，形成多点带动、多头提升，促进高端产业由外延式向内涵式发展转变。北京向世界城市迈进的目标、自身资源禀赋约束以及成本较高的特点，决定了北京产业的发展方向应是大力发展生产性服务业、文化创意产业，并通过区域合作延伸发展空间。

2. 增收、挖潜，促进居民消费。一要继续提高居民收入水平，建立增收长效机制，有计划、渐进地向居民收入增长与经济发展同步目标努力；二要继续完善社保制度，消除消费的后顾之忧；三要挖掘服务性消费这一符合北京国际大都市消费特点的领域，拓宽消费空间；四要培育高端消费，提升质量，满足来自全国乃至全球的高端群体需求，发挥带动消费的重要作用。

3. 将资源优势转化为生产力，培育双轮驱动。在科技创新、文化创新双轮驱动思路的指引下，充分利用北京科技与文化方面的资源与政策优势，一方面通过科学规划、统筹安排、渐进发展、重点监测，将资源优势切实转化为生产力，形成新的经济增长点；另一方面在全国乃至国际竞争中抢占制高点，培育和发展辐射力、影响力，拓展发展空间，增强对经济的带动作用。

4. 政府以“引导者”、“服务者”、“协调者”的身份，为保护和增强转型期中的经济增长活力营造良好环境。政府参与经济的程度和方式，对经济发展特别是经济增长活力有着至关重要的作用。若政府通过制定政策和财政支出、扶持新兴力量成长，则有利于提升经济增长活力；若强力参与经济管理，则会对其他经济主体产生“挤出”效应，抑制经济增长活力。随着经济发展阶段的演进、市场经济的逐步发展和成熟，政府的作用应集中在产业引导、制度设计和创新等方面；尤其在深度转型期，政府更应减弱自身的“经济”功能，从“管理者”向“引导者”、“服务者”、“协调者”转变，通过制度创新，创造有利于“居民”、“企业”等微观经济主体活力迸发的环境。

（撰稿人：苏辉　北京市统计局局长）

（闫涵摄）

天津市经济社会发展报告

2011年是实施“十二五”规划第一年，面对复杂多变的国内外经济形势，天津深入贯彻落实科学发展观，认真落实国家宏观调控政策措施，牢牢把握主题主线主攻方向，统筹做好转方式、调结构、惠民生、促和谐等各项工作，推动经济社会取得新发展、新变化和新突破，实现了“十二五”发展的良好开局。

一、经济社会发展的主要特点

（一）经济总量突破万亿元，经济增长后劲不断增强

2011年全市生产总值完成11190.99亿元，按可比价格计算，比上年增长16.4%，增幅继续在全国保持前列。分三次产业看，第一产业增加值159.09亿元，增长3.8%；第二产业增加值5878.02亿元，增长18.3%，其中工业增加值5380.53亿元，增长19.3%，拉动全市经济增长9.2个百分点，贡献率达到56.3%；第三产业增加值5153.88亿元，增长14.6%。

实施大项目好项目拉动战略，经济增长后劲不断增强。近年来，全市先后实施工业、服务业、区县等重大项目1440项，总投资达2.27万亿元。空客A320总装线、新一代运载火箭、直升飞机、百万吨乙烯、千万吨炼油、长城汽车、光伏电池等项目开工建设或竣工投产，新投产项目对工业增长贡献率达到60%。大项目好项目对于做大经济总量，增强经济发展后劲起到了关键的作用。

经济运行质量继续提高。在经济较快增长的同时，宏观层面的财政收入和微观层面的企业利税也保持了较快增长。全年地方财政收入1454.87亿元，增长36.1%，增幅比上年提高6个百分点。税收拉动财政增收作用明显。全市地方税收收入1004.25亿元，增长29.3%。其中，企业所得税增长45.1%，营业税增长24.3%，增值税增长18.6%，个人所得税增长21.1%。

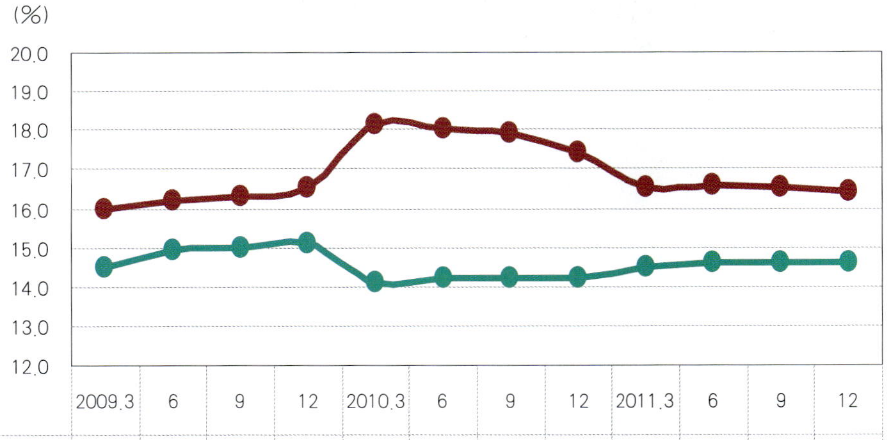

	2009.3	6	9	12	2010.3	6	9	12	2011.3	6	9	12
全市生产总值	16.0	16.2	16.3	16.5	18.1	18.0	17.9	17.4	16.5	16.6	16.5	16.4
第三产业增加值	14.5	14.9	15.0	15.1	14.1	14.2	14.2	14.2	14.5	14.6	14.6	14.6

全市生产总值和第三产业增加值累计增长速度

规模以上独立核算工业企业完成主营业务收入20711.91亿元，增长26.5%；实现利税总额2777.58亿元，增长42.0%，其中利润1669.26亿元，增长39.5%。

（二）优势产业不断集聚，产业结构进一步升级

大力推进高端制造业和生产性服务业的发展，逐步建立起高端、高质、高新化的现代产业体系。三次产业优化升级，经济发展的质量和水平不断提高。

都市农业稳步发展。粮食生产再获丰收，总产量达到161.83万吨，比上年增长1.3%，实现连续8年增产。高标准设施农业累计达到60万亩，建成20个现代农业示范园区、155个养殖示范园区。主要农副产品产量保持稳定。全年棉花总产量7.06万吨，增长12.6%；肉类总产量42.92万吨，增长0.1%；蔬菜产量431.30万吨，增长2.9%；水产品产量35.21万吨，增长2.1%。

优势产业引领工业较快增长。全年规模以上工业增加值增长21.3%，完成工业总产值20857.72亿元，增长29.2%。主要特点：一是优势产业支撑作用明显。航空航天、石油化工、装备制造、电子信息、生物医药、新能源新材料、轻纺和国防等八大优势产业完成工业总产值18881.52亿元，增长29.0%，占全市规模以上工业的比重为90.5%。二是高耗能行业增速放缓。黑色冶金、电力热力、化学原料及制品、石油加工、石油和天然气开采、非金属矿物制品等六大高耗能行业增加值分别增长17.6%、9.3%、17.5%、20.9%、9.4%和15.0%，均低于全市平均水平。三是民营企业生产快速增长。全年民营工业企业增加值增长25.9%，高于全市平均增幅4.6个百分点。四是产品升级换代取得积极成效。规模以上工业新产品产值增长38.2%，高于全市平均增速9个百分点；新产品产值率为30.8%，同比提高0.7个百分点。主要产品产量实现较快增长。全年乙烯产量134.26万吨，增长22.9%；成品钢材5163.77万吨，增长15.9%；移动电话机9061.68万部，增长7.9%；锂离子电池4.57亿只，增长29.3%。五是产销衔接状况良好。规模以上工业企业产销率达到98.84%。全年完成出口交货值2424.72亿元，增长22.2%，占销售产值比重为11.8%。

2011年工业八大优势产业总产值完成情况

项目	工业总产值（亿元）	占全市比重（%）
合计	18881.52	90.5
航空航天产业	227.73	1.1
石油化工产业	3894.80	18.7
装备制造业	8256.27	39.6
电子信息产业	2612.50	12.5
生物医药产业	552.37	2.6
新能源新材料产业	814.84	3.9
轻纺工业	2523.01	12.1

服务业加快发展多点支撑。服务业增加值占全市经济比重达到46.1%。一是传统服务业稳定向好。全年港口货物吞吐量4.53亿吨，增长9.7%；集装箱吞吐量1159万标准箱，增长14.9%；邮电业务总量180.78亿元，增长13.2%；批发零售业销售额20831.44亿元，增长33.2%；住宿餐饮业营业额494.81亿元，增长27.1%；接待入境旅游者200.40万人次，增长20.7%，接待来津旅游观光的国际豪华邮轮39艘；举办津洽会、融洽会、国际矿业大会等大型展会165个。二是新兴服务业发展步伐加快。融资租赁企业达到51家，业务总量占全国的四分之一，创新型交易市场达到11家；国家动漫产业综合示范园投入使用，动漫产业公共技术服务平台达到世界领先水平；服务外包执行金额（离岸）3.94亿美元，增长91.4%；税收超亿元楼宇增加到67个，商务楼宇提升了载体功能，拓展了发展空间，带动现代服务业加快发展。

（三）三大需求同向拉动，经济增长格局更加协调。投资实现快速增长

全年全社会固定资产投资7067.5亿元，增长31.1%。其中，城镇投资7057.20亿元，增长31.2%；农村投资453.47亿元，增长29.8%。在城镇投资中，第一产业投资57.64亿元，

增长41.8%；第二产业投资3104.13亿元，增长31.7%，其中工业投资3076.03亿元，增长31.6%；第三产业投资3895.43亿元，增长30.6%。城市基础设施投资1567.78亿元，增长8.8%。主要特点：一是高耗能行业投资得到控制。六大高耗能行业中，除电力热力和非金属矿物制品业投资增长外，黑色冶金、化学原料及制品、石油加工、石油和天然气开采等4个行业投资分别下降12.8%、36.9%、67.7%和17.0%。二是房地产市场稳中回落。全年房地产开发投资1080.04亿元，增长24.6%，增速比前三季度回落2.6个百分点；商品房销售面积1643.11万平方米，销售额1473.11亿元，分别增长8.5%和14.9%，增速比前三季度分别回落7.5个和13.8个百分点。三是民间投资支撑有力。全年民间投资3308.15亿元，增长47.5%，占全社会投资的44%。

消费市场持续活跃。全年社会消费品零售总额3395.06亿元，增长18.7%。其中，城镇消费品零售额3227.09亿元，增长19.3%；乡村消费品零售额167.97亿元，增长8.3%。主要特点：一是商品性消费增长快于服务性消费。城市居民人均消费性支出18424元，增长11.2%，其中商品性消费支出增长12.1%，快于服务性消费支出3.2个百分点。二是大型商业设施拉动作用明显。大悦城、水游城、佛罗伦萨小镇、红星国际广场等建成开业，促进了商品市场繁荣。

进出口保持平稳增长。全年外贸进出口总额达到1033.91亿美元，增长25.9%。其中，出口444.98亿美元，增长18.7%；进口588.93亿美元，增长32.0%。主要特点：一是贸易结构进一步改善。一般贸易出口增长25.9%，领先于加工贸易12.3个百分点，占全市出口的比重为39.9%，同比提高2.3个百分点；机电产品出口307.8亿美元，高新技术产品出口173.5亿美元，分别占全市出口的69.2%和39.0%。二是对美国、欧盟、韩国、日本四大传统市场出口保持稳定，分别增长1.7%、22.3%、10.9%和20.5%，合计出口占全市的53.8%；对东盟、俄罗斯、澳大利亚等新兴市场出口增势强劲，分别增长44.7%、38.5%和33.3%。三是民营企业出口快速增长。全年民营企业出口71.63亿美元，增长32.6%，高于全市平均增速13.9个百分点。

（四）三个层面联动发展，多点支撑格局初步形成

滨海新区龙头带动，是全市经济最为活跃的地区，强力支撑了全市经济的快速发展。全年滨海新区生产总值增长23.8%，规模以上工业总产值增长29.4%，地方财政收入增长47.2%，实际直接利用外资增长20.8%。滨海新区综合配套改革第二个三年计划启动实施，“十大战役”全面推进，功能区开发与招商引资同步进行。东疆保税港区二期具备封关条件，北方国际航运中心核心功能区建设方案获国务院批复，国际船舶登记、国际航运税收、航运金融和租赁业务等试点启动实施。中新天津生态城起步区基础设施基本建成。中心商务区加快建设，铁狮门和罗斯洛克金融中心等项目启动，五矿大厦投入运营。南港工业区、临港经济区建港造陆23平方公里，北方重装基地、中石油原油储备库、中粮油生物化工等项目建成投产，中船重工造修船基地建设加快推进。空港经济区、开发区西区、滨海高新区、滨海旅游区开发建设取得新进展，中航直升机、长城汽车一期、软件及服务外包产业基地一期建成，新一代运载火箭等项目顺利实施。

中心城区重点发展现代服务业，坚定不移的抓楼宇经济、总部经济、创意动漫、科技软件和结算中心，中心城区服务业比重上升到81.4%。文化中心、西站城市副中心建设按时间节点有序推进，梅江会展中心二期工程主体完工，泰安道综合开发项目1、2、3号院投入使用，意式风情区被评为中国特色商业街区。

郊区县大力推进“示范工业园、农业产业园区和居住社区”的“三区”联动发展。31个示范工业园区建设全面提速，投资强度和产出效益明显提高。区县800个重大项目全部开工，成为区县经济发展的重要支撑。建成20个现代农业示范园区、155个养殖示范园区，全市设施农业面积60万亩，促进了农业增效、农民增收。以

宅基地换房建设示范小城镇试点工作在41个乡镇展开，新开工农民住房1000万平方米，累计竣工1800万平方米，40万农民迁入新居，实现安居乐业有保障。

（五）科技型中小企业铺天盖地，战略性新兴产业开始起步

大力推动科技型中小企业发展。在全社会营造创新创业氛围，不断加大财政、金融等支持力度，新增科技型中小企业8500家，累计达到2.1万家，小巨人企业超过1000家，成为新的经济增长点。自主创新能力不断增强。新增国家重点实验室2个，建成一批企业技术中心、工程技术研究中心，新建高水平创新创业载体15个，风电主控系统、冠脉载药支架等一批重大创新成果填补国内空白。全年专利申请3.6万件，授权1.4万件，分别比上年增长44.2%和30%。全社会研发经费支出占生产总值比重提高到2.6%，综合科技进步水平位居全国第三位，标志着我市经济发展由生产要素投入拉动为主，逐步走上创新驱动、内生增长的发展道路。

我市航空航天、新能源、新材料、新一代信息技术、生物医药、高端装备制造业、节能环保等七个战略性新兴产业实现工业总产值增长接近30%。航空航天产业逐步形成了以空客A320、直升机、无人驾驶飞机、新型运载火箭、卫星有效载荷为代表的“三机一箭一星”产业格局，新能源产业重点发展光伏太阳能电池、风力发电装备等，已经成为全国重要的绿色能源生产基地和国内最大的风力发电设备生产基地，装备制造业重点发展轨道交通、造修船、工程机械、风电设备等十大成套装备。

（六）节能减排效果显著，生态市建设明显加快

在保持经济快速发展的同时，更加注重经济发展方式的转变，采取了一系列有效的节能措施，克服了工业大项目陆续投达产的压力，呈现出经济效益好、资源消耗低、环境污染少的良好态势。2011年，全市万元GDP能耗0.708吨标准煤，比上年下降4.28%，超额完成当年的节能降耗目标任务，实现了“十二五”节能降耗工作的良好开局。

生态城市建设步伐明显加快。启动第二个三年行动计划。高标准实施清水工程，综合治理卫津河、复兴河等38条河道，新建污水处理厂14座，完成张贵庄污水处理厂一期工程，中心城区、滨海新区河道实现水清岸绿。深入推进绿色天津建设，造林27万亩。第一热电厂关停，供热转换顺利完成。建成区绿化覆盖率提高到31.6%，全市环境空气质量二级以上良好天数达到320天。

（七）资金供应总体稳定，市场物价同比上涨

招商引资效果明显。全年新批外商投资企业634家，合同外资额168.37亿美元，增长10.1%；实际直接利用外资130.56亿美元，增长20.4%。制造业实际利用外资57.01亿美元，增长14.9%。服务业实际利用外资72.26亿美元，增长25.9%，占全市的55.3%。累计在津投资世界500强企业150家。全年实际利用内资2085.87亿元，增长27.7%。

存贷款稳定增长。从贷款看，截至年末，全市金融机构（含外资）本外币各项贷款余额15924.71亿元，同比增长15.7%，比上年末回落7.8个百分点；新增贷款2162.97亿元，同比少增451.30亿元。其中，新增短期贷款979.99亿元，新增中长期贷款732.87亿元，新增融资租赁428.02亿元，新增票据融资68.23亿元。从存款看，年末全市各项存款余额17586.91亿元，同比增长6.7%，增幅比上年末回落12.1个百分点。本年新增存款1094.37亿元，同比少增1508.21亿元，为2007年以来最少。其中，新增单位存款361.15亿元，新增个人存款688.34亿元。

市场物价同比上涨。从消费价格看，呈现高位趋稳态势。落实国家物价调控政策措施，进入四季度以来当月同比涨幅连续回落，物价上涨势头有所减弱。全年居民消费价格总水平同比上涨4.9%，低于全国平均水平0.5个百分点。八大类商品和服务价格呈“六升二降”格局。主要特点：一是食品价格涨幅最大，同比上涨11.4%，拉动

消费价格总水平上涨3.2个百分点。二是服务项目价格涨幅扩大，同比上涨3.0%，涨幅比上年扩大1.7个百分点。三是工业消费品价格呈现不断上涨态势，同比上涨1.8%，涨幅较大的主要集中在对劳动力需求量大、对原材料成本依赖较强的种类上。从生产价格看，呈现涨幅回落态势。全年工业生产者出厂价格同比上涨3.8%，比上年回落1.3个百分点；在37个行业大类中，有29个行业价格上涨，上涨面为78.4%。全年工业生产者购进价格同比上涨9.8%，比上年回落0.2个百分点。

（八）PMI出现回落迹象，企业景气指数处于较为景气区间

2011年，除6、7两个月份外，我市制造业采购经理指数PMI均低于去年同期水平，其中10月份和12月份分别回落为48%和47.1%，落入收缩区间，表明制造业总体发展趋势有所回落。从市场需求看，产品订货数平均值为51.5%，同比回落3.5个百分点，出口订货指数只有2月份和4月份指数在扩张区间，其余10个月指数均在临界点下方，显示出国内外市场需求呈下降趋势。从采购活动看，采购量指数已经连续第4个月运行于收缩区，显示出制造业采购活动趋于低迷。

从两大企业景气指数看，均处于较为景气区间。企业家信心指数一季度为129.6点，二季度为129.4点，三季度为122.2点，四季度为121.7点；企业景气指数一季度为126.6点，二季度为128.7点，三季度为121.6点，四季度为123.3点。

（九）积极发展社会事业，城乡人民生活显著改善

积极发展各项社会事业。教育事业协调发展。在全国率先实施学前教育三年行动计划，新建、扩建和改造提升幼儿园485所，入园难得到缓解。实施普通高中特色建设工程，推出首批实验学校。扎实推进国家职业教育改革创新示范区建设，完成海河教育园区一期工程，7所职业院校6.5万名师生进入新校园。卫生资源进一步优化，医大总医院、肿瘤医院、人民医院等改扩建项目投入运营，中医一附院、胸科医院等建设进展顺利。18项基本公共卫生服务政府补助标准由人均20元提高到30元，实施妇女儿童健康行动计划，270万人次受益。文化体育事业繁荣发展。文化惠民工程扎实推进，农家书屋、村文化室、农村电影放映工程完成。文化产业快速发展，建成国家动漫产业综合示范园、国家数字出版基地，成功举办2011中国天津演艺产业博览会。体育事业成果丰硕，举办了第二届全民健身运动会、第七届农民运动会，新建改造一批市民健身园和体育公园，女子排球九年八次取得联赛冠军，男子足球问鼎足协杯。

实施20项民心工程，围绕扩大就业、增加收入、提高社会保障能力、改善群众就医条件、健全住房保障制度、提升市容环境、统筹城乡发展等方面，使广大市民充分享受到改革发展的成果。民生投入快速增长。地方财政一般预算用于教育、社会保障和就业、城乡社区事务等方面支出分别增长35.6%、28.9%和31.1%。实施更加积极的就业政策，统筹推进高校毕业生、失业人员、农村富余劳动力就业，全年新增就业47.12万人，城镇登记失业率稳定在3.6%。最低工资标准提高到1160元，优抚对象抚恤、城乡低保、特困救助、农村五保供养、老年人生活补贴标准有新的提高。2011年城镇单位从业人员人均劳动报酬58635元，增长13.9%；城市居民人均可支配收入为26921元，增长10.8%；农村居民人均可支配收入11891元，增长15.5%。推动社会保险由制度全覆盖向人员全覆盖延伸，医疗保险参保率达到90%以上。完善价格补助联动机制，受益群众由18.4万人增加到33.7万人。开工建设保障性住房1600万平方米、23.9万套，发放租房补贴8.5万户，超额完成国家下达任务。

二、经济运行中需要关注的问题

2011年，我市经济总体保持平稳较快增长，但同时也要看到，影响经济发展的不稳定、不确

定因素依然存在，经济发展中出现的一些问题值得关注。

（一）宏观调控效应进一步显现

货币政策和楼市调控政策同步发力，对我市信贷投放和房地产销售产生一定的制约影响。从货币政策调控效应看，信贷规模有所收缩。2011年国家货币政策从适度宽松转向稳健，逐步收紧货币供应，先后3次提高利率、6次提高存款准备金率，存款准备金率曾一度达到21.5%的历史高位。截至年末，广义货币（M2）余额同比增长13.6%，狭义货币（M1）余额同比增长7.9%，分别比上年末低6.1个和13.3个百分点。受调控政策影响，我市信贷投放增速有所回落，在一定程度上制约了企业的资金筹措，城镇投资中本年国内贷款仅增长5.9%，同比回落23.6个百分点。从楼市调控政策效应看，房地产市场进入观望期。2011年国家实施新一轮楼市调控政策“国八条”，并加大保障性住房建设力度，我市也出台了相应的落实措施，使房价过快上涨势头初步得到平抑。全年商品房销售面积仅增长8.5%，二手住宅成交量同比下降34.0%。

（二）化解通胀压力难度较大

2011年，我市居民消费价格同比上涨4.9%，涨幅比上年扩大1.4个百分点，通胀压力进一步加大；各月同比价格均呈上涨态势，到12月份已经连续25个月上涨。本轮物价上涨范围由食品向工业消费品及服务项目领域延伸的趋势较为明显。食品价格攀升仍是消费价格高位运行的主因，全年食品类价格同比上涨11.4%，拉动价格总水平上涨3.2个百分点，影响程度达66.0%。工业消费品、服务项目等非食品价格涨势趋高，对整体物价水平的影响逐步加大。物价上涨的中长期压力依然存在，国内要素成本上升局面短期内难以改变，输入性通胀压力仍然较大，宏观经济政策对物价上涨仍需要保持足够的警惕。

（三）市场需求后劲仍显不足

国际国内两个市场需求回落，对我市经济平稳较快增长产生一定的不利影响。从外需看，国际经济形势依然复杂严峻，欧债危机继续深化蔓延，主要发达经济体复苏缓慢，新兴经济体经济增长放缓，造成外部需求不足，出口难度加大。全市外贸出口增长18.7%，同比回落6.8个百分点，低于全国平均水平1.6个百分点，已连续6年低于全国出口增速。工业出口交货值增长22.2%，低于工业总产值增幅7个百分点，占销售产值比重为11.8%，同比回落0.5个百分点，比金融危机前低13.2个百分点。作为全市出口主体的外商及港澳台商投资企业受国际市场影响较大，全年工业增加值增长17.3%，低于全市平均增速4.0个百分点。从内需看，国内市场需求有所减弱，房地产市场逐步降温，汽车销售大幅回落，由此导致钢材、化工市场需求不旺价格走低，建材、机电等行业订单减少，一些主要产品产量下降或增长缓慢。全年我市汽车产量仅增长4.9%，同比回落17.6个百分点，天然原油、照相机、空调器等十几种产品产量出现不同程度下降。

（四）节能降耗压力有所加大

受两大因素影响，全市节能降耗压力依然较大。一是煤炭消费增幅较高。全年煤炭消费量达到5300万吨，同比增长10%，增幅比“十一五”平均水平高出5.2个百分点，其中规模以上工业煤炭消费量4664.61万吨，同比增长10.8%，煤炭净增量453万吨。二是大项目拉动工业能耗较快增长。2011年，天津碱厂、天钢联合公司、玖龙纸业、渤化永利和军电热电均有新投产项目，且能耗较高，这五家企业能耗总量达到349万吨标准煤，同比增长1.1倍，拉动全市工业能耗增长4.6个百分点。

2012年是实施“十二五”规划承上启下的重要一年，应努力做到稳中求进、稳中求好、稳中求快，更加有针对性地推进各项工作，在认真落实和完善已出台政策的同时，进一步转变经济发展方式，加大结构调整力度，实现稳增长与调结构共赢。一是瞄准产业发展动向，培育新的经济增长点。加快发展战略性新兴产业，鼓励相关产业利用全球创新资源，提升产业能力，打造产业链条，建设一批新兴产业聚集区。大力发展现代服务业，加大楼宇经济推动力度，更多地引入总部机构、文化创意、服务外包、研发设计等高端服务业态。二是推进大项目建设，增强经济增长内生动力。大项目好项目是发展实体经济的重要抓手，继续谋划一批符合国家产业政策的大项目、好项目，发挥新增投资对改善民生和结构调整的引导作用。认真落实扩大消费的各项政策措施，逐步提高消费对经济增长的贡献率。三是顺应世界贸易发展趋势，推进对外贸易转型升级。提高产品质量、打造自主品牌、培育核心竞争力，发挥比较优势，拓展发展空间，实现对外贸易数量和质量的双重扩张。四是多措并举稳定物价，增强居民消费信心。密切关注国内外经济环境变化对价格走势的影响，组织好重要商品的产销衔接和调运储备，大力发展“农超对接”，加强价格监管，确保物价稳定，增强居民消费信心。五是统筹规划节能减排，确保完成目标任务。深挖节能潜力，将节能重点由工业向建筑业和第三产业推开，调整优化能源结构，推动能源利用可持续发展。

（撰稿人：杜西平　天津市统计局局长）

（闫涵摄）

河北省经济社会发展报告

2011年，在省委、省政府的正确领导下，各地各部门认真贯彻落实科学发展观，坚持科学发展主题和加快转变经济发展方式主线，着力“稳增长、调结构、控物价、惠民生”，积极有效应对国内外错综复杂的形势，国民经济平稳较快发展，总体运行态势良好，实现了“十二五”良好开局。2012年，河北踏上建设经济强省和和谐河北的新征程。展望经济发展面临的形势，机遇与挑战并存，尽管环境依然十分严峻，经济增长存在下行压力，但经济发展的内在动力仍然较强，应认真贯彻落实全国两会和省第八次党代会、省两会精神，紧紧把握稳中求进工作总基调，促进全省经济更好更快更大发展。

一、2011年国民经济实现“十二五”良好开局

（一）经济平稳较快增长，由政策刺激向自主增长有序转变

在欧债危机进一步蔓延，世界经济复苏进程减缓，我国经济存在下行风险的复杂环境下，河北经济保持平稳较快增长。全省生产总值实现24228.2亿元，比上年增长11.3%。其中第一产业增加值2905.7亿元，增长4.2%；第二产业增加值13098.1亿元，增长13.4%；第三产业增加值8224.3亿元，增长10.5%。从季度观察，上半年全省经济增速有所回落，下半年回升趋稳，一季度增长11.2%，上半年增长11.1%，前三季度和全年均增长11.3%；从金融危机以来各年度观察，2008年、2009年受国际金融危机影响，全省经济分别增长10.1%和10.0%，2010年在国家宏观调控政策作用下，增速回升到12.2%，这也是在上年低基数基础上的恢复性增长，2011年河北认真落实国家积极的财政政策和稳健的货币政策，加强宏观调控，全年各季保持了11%以上的平稳较快增长，接近十年来11.5%的年均增长速度，基本恢复到国际金融危机以前正常水平，表明经济发展正在由政策刺激向自主增长有序转变。这一方面是省委、省政府正确领导的结果，另一方面也体现了河北贯彻落实国家宏观调控政策措施取得的成效，成绩来之不易。

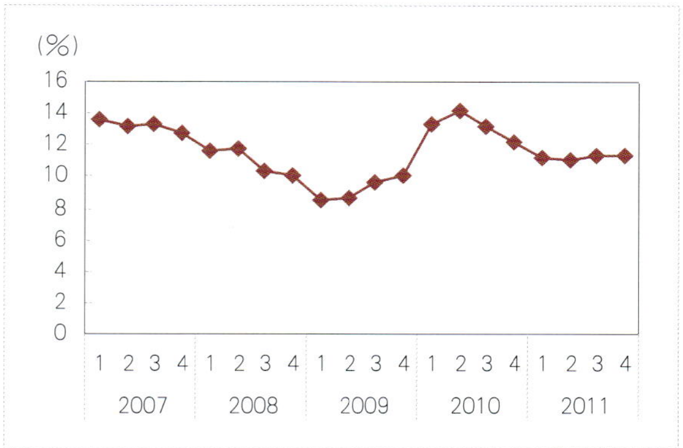

图1　2007年以来GDP季度累计增长率

（二）控制物价取得明显成效，运行环境逐步改善

在经济平稳较快发展的同时，物价过快上涨势头得到有效遏制。2011年前7个月，全省居民消费价格同比涨幅总体呈现走高的态势，7月份居民消费价格同比上涨7.4%，工业生产者出厂价格上涨10.6%，工业生产者购进价格上涨13.8%，均为年初以来的最高点，为遏制物价过快上涨的严峻形势，河北认真落实国家调控政策，采取多项控制物价的措施，随着国家和省各项宏观调控政策措施的落实和翘尾因素减弱，物价总水平自8月份开始出现回落，12月份居民消费价格同比上涨4.7%，比7月份回落2.7个百分点，为近11个月以来最低涨幅；工业生产者出厂价格和购进价格同比分别上涨0.1%和3.3%，比7月份均回落10.5个百分点。全年居民消费价格

同比上涨5.7%，工业生产者出厂价格同比上涨7.7%，工业生产者购进价格同比上涨10.9%，控制物价取得明显成效。

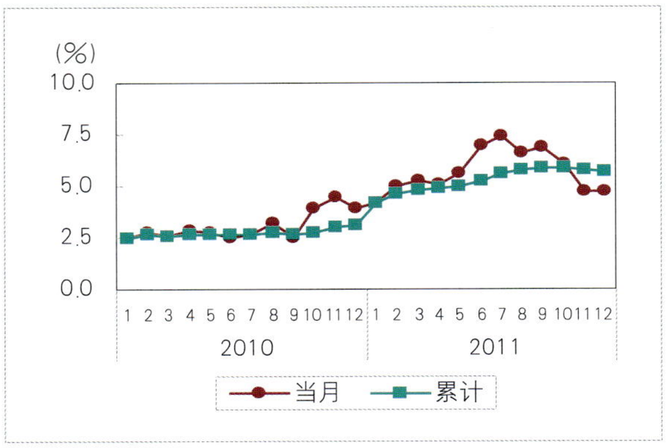

图2 2010年以来居民消费价格涨幅

金融运行平稳。12月末，全省金融机构存款余额29563.8亿元，比年初增加3488.9亿元，同比少增201.1亿元。各项贷款余额18144.0亿元，比年初增加2423.0亿元，同比少增190.0亿元。

（三）供给支撑有力，三次产业全面发展

农业生产形势良好。加快粮食生产核心区、蔬菜产业示范县建设，积极应对严重干旱等因素影响，有效实施田间技术服务和抗旱促春管措施，粮食生产迈上600亿斤新台阶，实现连续八年丰收。全年粮食总产量634.5亿斤（3172.6万吨），比上年增长6.6%。蔬菜总产量7384.3万吨，增长4.4%。畜牧业生产恢复性增长。全省肉类总

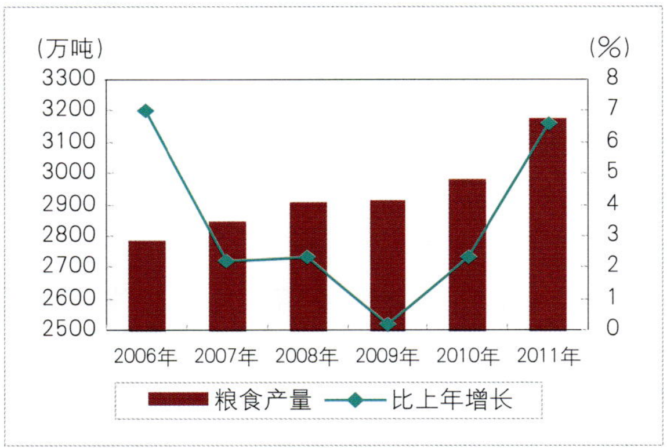

图3 2006—2011年粮食总产量及增速

产量418.2万吨，比上年增长0.3%，其中猪肉产量246.6万吨，增长0.6%；生猪存栏1885.2万头，增长2.1%；生猪出栏3235.8万头，增长0.4%；牛奶产量458.9万吨，增长4.4%。畜牧、蔬菜、果品三大优势产业产值占农林牧渔业总产值的68.4%，同比提高0.3个百分点，其中畜牧业产值占34.2%，提高0.7个百分点。农产品供应充足，为促进经济平稳较快发展、平抑物价起到了重要作用。

工业保持平稳较快增长。2011年，规模以上工业增加值完成10509.4亿元，比上年增长16.1%，月度累计增速在14.1%-16.2%之间，呈现平稳较快运行态势。在38个行业大类中，有20个行业增加值增速高于全省平均水平，17个行业在20%以上，17个行业增速比上年加快。主要支撑因素：一是钢铁和装备制造业是工业增长的主动力，增加值分别完成3523.4和1906.3亿元，增长13.4%和24.9%，对规模以上工业增长的贡献率分别为28%和26.8%。二是工业品内、外需市场保持较快增长。规模以上工业内销产值同比增长30.7%；完成出口交货值1446.2亿元，增长24.8%。三是产销衔接较好。工业产品产销率为97.9%，同比提高0.1个百分点。

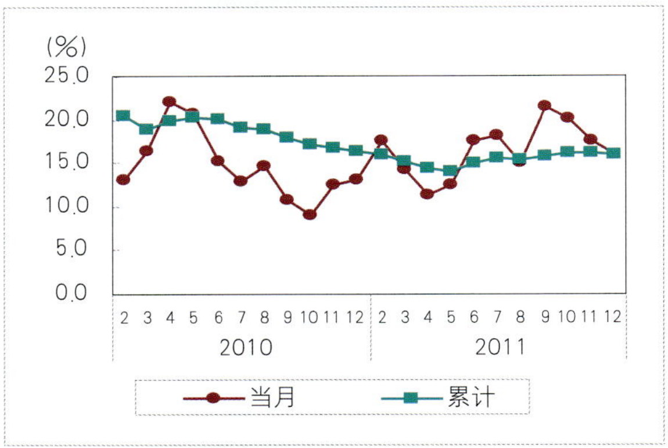

图4 2010年以来规模以上工业增加值增长率

服务业平稳发展。全年服务业增加值增长10.5%，其中交通运输仓储和邮政业增加值增长14.6%，对全省经济增长贡献率为11.1%，为服务业各行业之首；住宿和餐饮业、房地产业发展加快，住宿和餐饮业增加值增长8.2%，同比提高6.6个百分点；房地产业增加值增长9.1%，提高2.4

个百分点。在传统服务业平稳增长的同时，金融、物流、旅游和文化服务业都实现了较快增长。全年接待海外旅游者人数 114.1 万人次，创汇 4.5 亿美元，增长 27.6%；国内旅游者人数 1.9 亿人次，创收 1192.2 亿元，增长 33.8%。

（四）需求拉动协调性增强，对外经贸快速增长

固定资产投资平稳较快增长。全社会固定资产投资 16404.3 亿元，比上年增长 24.3%，增速同比加快 2.2 个百分点。其中固定资产投资（不含农户）完成 15795.2 亿元，增长 24.1%，加快 1.8 个百分点。在建项目增加，在建项目 23975 个，增长 11.4%。其中亿元以上在建项目 4523 个，增长 20.6%；完成投资 7718.2 亿元，增长 7.8%。工业特别是装备制造业投资对全省投资支撑较强，工业投资完成 7408.9 亿元，增长 29.2%，占全省固定资产投资的 46.9%，同比提高 1.8 个百分点。其中装备制造业投资完成 2459.4 亿元，增长 41.1%，对全省工业投资增长的贡献率达 42.8%。房地产开发投资快中有落，完成投资 3069.6 亿元，增长 35.5%，增速比前三季度回落 8.2 个百分点，同比回落 13.5 个百分点。民间投资增长较快，增长 35.2%，占全省投资的 73.2%，同比提高 6 个百分点。

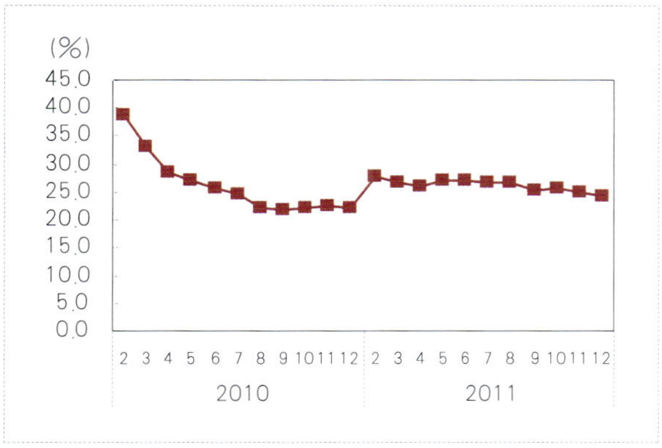

图 5 2010 年以来固定资产投资各月累计增长率

消费品市场保持较快增长。随着全省城镇面貌的改善、商业结构的调整优化以及“万村千乡”市场建设工程的推动，城乡居民的消费环境不断改善，消费市场繁荣活跃。2011 年，社会消费品零售总额实现 8035.5 亿元，比上年增长 17.8%，增速比上半年、前三季度分别加快 0.8 和 0.3 个百分点。热点商品销售快速增长。在限额以上企业（单位）批发和零售业商品零售额中，粮油食品饮料烟酒类增长 30.8%，服装鞋帽针纺织品类增长 25.1%，家用电器和音像器材类增长 33.6%，金银珠宝类增长 46.7%，家具类增长 42.4%，石油及制品类增长 34.1%，建筑及装饰材料类增长 41.9%，汽车类增长 18.3%。

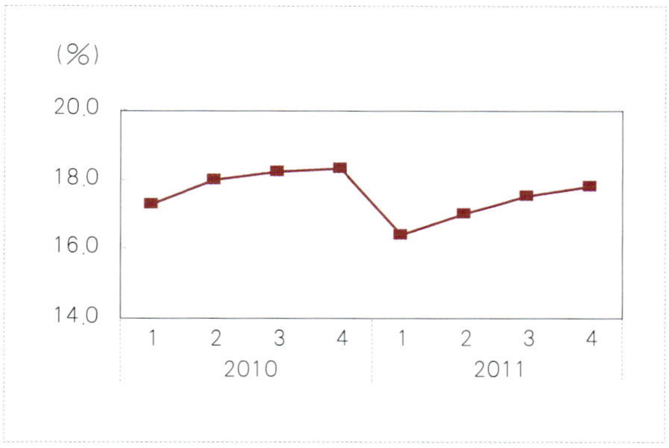

图 6 2010 年以来社会消费品零售总额季度累计增长率

进出口和利用外资快速增长。2011 年，进出口总值突破 500 亿美元，达到 536.0 亿美元，比上年增长 27.4%。其中，出口总值 285.8 亿美元，增长 26.7%；进口总值 250.2 亿美元，增长 28.3 %。主要出口商品增长较快。机电产品出口 99.8 亿美元，增长 19.7%；钢材出口 50.8 亿美元，增长 48.6%；服装及衣着附件出口 34.2 亿美元，增长 19.3%。实际利用外资 52.6 亿美元，比上

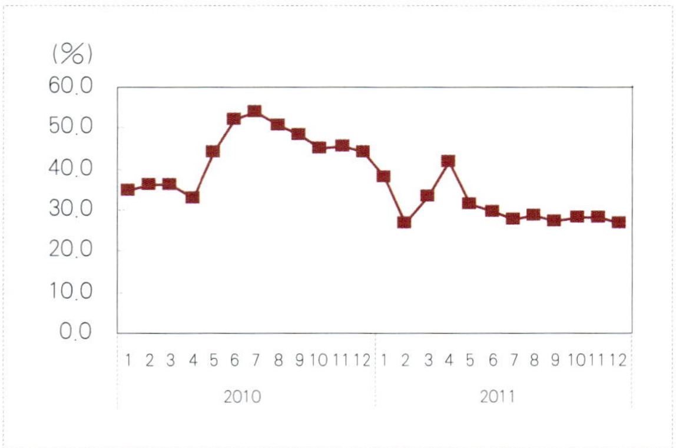

图 7 2010 年以来出口总值各月累计增长率

年增长 20.5%，增速同比加快 2.3 个百分点。其中外商直接投资 46.8 亿美元，增长 22.2%，加快 15.7 个百分点。第二产业到位外资 35.2 亿美元，增长 23.9%，是支撑外资增长的主要动力。全省新批合同外资 42.2 亿美元，增长 28.3%，同比加快 2.0 个百分点。

（五）调结构转方式扎实推进，节能降耗取得积极进展

工业结构调整步伐加快。装备制造业加快发展。2011 年，装备制造业增加值 1906.3 亿元，增长 24.9%，增速比上半年、前三季度分别提高 1.0 和 0.3 个百分点，居七个主要行业之首；占规模以上工业的比重为 18.1%，同比提高 0.9 个百分点。高新技术产业比重提高，增加值占规模以上工业的 10.5%，同比提高 0.7 个百分点。高耗能行业比重明显回落。六大高耗能行业增加值 4958.1 亿元，增长 12.1%，增速低于全省规模以上工业 4.0 个百分点；占规模以上工业的比重为 47.2%，同比回落 2.0 个百分点。

投资结构继续调整优化。工业技术改造投资比重提高，传统产业改造升级力度加大。全省工业技术改造项目 8789 个，完成固定资产投资 4358.1 亿元，增长 42.9%；占工业投资的 58.8%，同比提高 5.6 个百分点。高新技术产业投资快速增长。完成投资 1531.8 亿元，增长 35.2%，高于全省固定资产投资 11.1 个百分点。省级工业聚集区投资步伐加快。全省 71 个省级工业聚集区在建项目 2074 个，占全省建设项目的 8.7%；完成投资 1662 亿元，占全省投资的 13.1%，比前三季度提高 1.3 个百分点。

重点区域加快发展。环首都、沿海、冀中南地区经济均呈现较快增长势头。无论是总量、还是效益，以及投资和消费等主要指标都保持了较快增长。

节能降耗取得成效。深入落实省政府节能减排“八项措施”， 2011 年，单位地区生产总值能耗同比下降 3.69%，降幅比上半年和前三季度分别扩大 0.43 和 0.3 个百分点；单位地区生产总值电耗同比下降 0.36%，降幅比上年扩大 1.52 个百分点；单位工业增加值能耗下降 6.68%，其中六大高耗能行业增加值能耗下降 3.43%，降幅比前三季度扩大 1.68 个百分点。主要耗能产品单耗同比降低，每重量箱平板玻璃综合能耗降低 3.4%，吨钢综合能耗降低 2.4%，吨水泥综合能耗降低 3.8%。

（六）经济运行质量继续改善，财政收入占 GDP 比重提高

财政收入较快增长。2011 年，全部财政收入突破 3000 亿元，达 3020.1 亿元，比上年增长 25.4%，其中地方一般预算收入完成 1737.4 亿元，增长 30.4%，增速同比分别加快 6.2 和 5.6 个百分点。全部财政收入占 GDP 的比重为 12.5%，比上年提高 0.7 个百分点。地方一般预算支出完成 3509.6 亿元，增长 24.4%。其中教育支出增长 21.9%，社会保障和就业支出增长 19.9%。

图 8　2010 年以来全部财政收入增长率

工业经济效益继续提高。2011 年，全省规模以上工业实现利润 2255.5 亿元，增长 34.8%，增速比前三季度加快 6.0 个百分点，这是在上年基数较高基础上的较快增长。在统计的 38 个行业大类中，有 32 个行业利润总额同比增长，占 84.2%。其中黑色金属矿采选、黑色金属冶炼及压延加工、交通运输设备制造、通用设备制造、石油和天然气开采、非金属矿物制品、化学原料及化学制品制造等 7 个行业实现利润均超过 100 亿元，合计占全省的 57.7%，对全省利润增长的贡献率为 73.7%。

（七）保障改善民生取得新成效，农民收入实现新突破

城乡居民收入较快增长。2011 年，城镇居民家庭人均总收入 19591.9 元，比上年增长 13.0%。其中，城镇居民人均可支配收入 18292.2 元，增长 12.5%，增速同比加快 2.0 个百分点。在城镇居民家庭人均总收入中，工资性收入增长 10.6%，转移性收入增长 6.5%。农民人均纯收入突破 7000 元，增速快于城镇。农民人均纯收入 7120 元，比上年增加额超过千元，为 1162 元，增长 19.5%，增速同比加快 3.8 个百分点，比城镇居民人均可支配收入快 7.0 个百分点。其中，工资性收入增长 29.0%，家庭经营纯收入增长 10.1%，财产性收入增长 13.1%，转移性收入增长 23.2%。

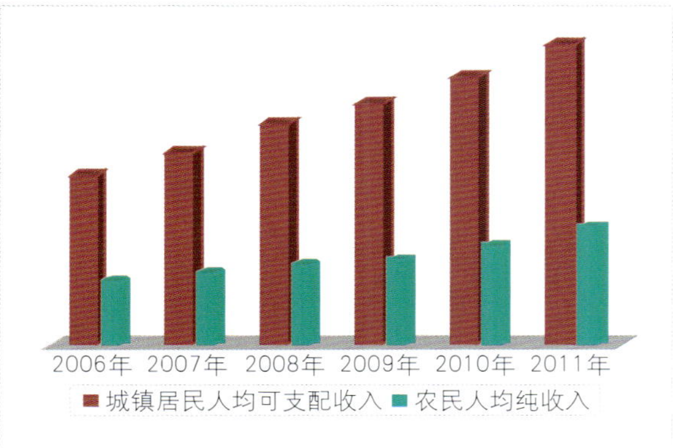

图 9　2006—2011 年城乡居民收入

就业基本稳定。截止 12 月底，全省城镇新增就业 71.1 万人，下岗失业人员再就业 27.8 万人，就业困难对象再就业 10.0 万人，均超额完成全年目标任务。全省城镇登记失业率为 3.75%，同比回落 0.11 个百分点，控制在 4.6% 的年度目标之内。

（八）社会事业全面发展，经济社会发展的协调性增强

教育和科学技术突飞猛进。2011 年，在学研究生 34085 人，比上年增长 8.4%；普通高等学校在校学生 114.9 万人，增长 4.0%。全年研究与发展（R&D）经费支出 187.0 亿元，增长 20.0%，占全省生产总值的 0.77%，同比提高 0.01 个百分点。年末从事科技活动人员 20 万人，增长 7.5%。建设省级以上企业技术中心 304 家、工程技术研究中心 133 家、重点实验室 84 家。全年共登记省级以上科技成果 3131 项，其中国际领先的 60 项，国际先进的 516 项，国内领先的 2145 项，国内先进的 410 项。全年专利申请量 17595 件，授权量 11073 件，分别比上年增长 43% 和 10%。全年共签订技术合同 4403 份，成交金额 26.7 亿元，增长 38.4%。

文化、卫生和体育事业蓬勃发展。年末全省共有艺术表演团体 123 个，文化馆 178 个，公共图书馆 166 个，博物馆 68 个。广播电台 12 座，有线电视用户 717.2 万户，有线数字电视用户 456.6 万户。出版各类报纸 20.5 亿份，各类期刊 5222.8 万册，图书 1683.7 万册。年末全省共有卫生机构 83916 个，卫生技术人员 29.5 万人，其中执业医师及执业助理医师 14.1 万人，注册护士 9.3 万人。卫生机构床位 26.9 万张。全年我省运动健儿在国际比赛中共获金牌 8 枚，银牌 10 枚，铜牌 5 枚。

二、制约经济发展的突出矛盾和问题

2011 年，经济运行中出现了一些新情况和新问题，同时面临的深层次矛盾依然突出，需要采取有效措施加以解决。

（一）部分工业企业生产经营困难

受原材料价格上涨、成本上升、节能减排力度加大和国际市场需求减弱等因素影响，部分工业企业生产经营困难。主要表现在亏损企业亏损额增加，企业生产成本明显上升，企业盈利空间缩小。2011 年，全省规模以上工业亏损企业亏损额 229.5 亿元，同比增亏 66.5%，而上年减亏 16.5%。其中黑色金属冶炼及压延加工，石油加工炼焦及核燃料加工，电力、蒸汽、热水的生产和供应，电气机械及器材制造，非金属矿物制品等五个行业亏损企业亏损额在 10 亿元以上，合计占全省的 78.6%。工业主营业务成本同比增长 31.9%，比上年提高 1.8 个百分点，超出主营业

务收入增幅0.5个百分点。影响企业效益的主要因素：一是部分原材料价格居高不下、“进出价格”倒挂明显。全省工业生产者出厂价格比购进价格低3.2个百分点，比上年扩大1.3个百分点，压缩了企业盈利空间。二是银根紧缩，企业融资难度加大、成本上升。规模以上工业利息支出比上年增长37.9%，比一季度、上半年分别提高5.0和4.1个百分点。三是随着居民消费价格的不断上涨，企业劳动力成本持续提高，抬升了工业生产成本。

（二）物价涨幅仍然较高

2011年，全省居民消费价格同比上涨5.7%，涨幅比上年扩大2.6个百分点，超出调控目标1.7个百分点。其中12月份环比上涨1.1%，涨幅比上月扩大1.0个百分点。八大类商品及服务价格由上年的“五升三降”扩大为“全面上涨”。居民消费价格上涨主要是食品类价格高位运行和翘尾因素影响。食品类价格同比上涨12.2%，涨幅比上年扩大4.4个百分点，是拉动CPI上扬的首要因素。翘尾因素助推比重大。据测算，在全年居民消费价格上涨5.7%中，来自上年翘尾因素2.9个百分点，影响程度占50.9%。

（三）对外经贸受欧洲债务危机影响进一步加深

对欧盟出口增速持续回落。全省对欧盟出口增速从5月份开始连续8个月回落，全年增长16.4%，比前4个月回落30.7个百分点，同比回落28.6个百分点。对欧盟出口比重持续下降，对欧盟出口66.4亿美元，占全省出口的23.2%，比前2个月降低5.2个百分点，同比降低2.1个百分点。来自欧盟的合同外资持续下降。从9月份开始，合同外资已连续4个月下降，全年来自欧洲的合同外资1.2亿美元，下降30.4%，其中欧盟0.9亿美元，下降39.7%。欧盟合同外资持续下降对今年利用外资将产生不利影响。

同时，一些深层次矛盾日益凸显。产业结构层次低，服务业、装备制造业和高新技术产业发展不快，比重偏低，优化升级的任务艰巨；能耗水平依然偏高，单位生产总值能耗高于全国平均水平，节能降耗压力较大；自主创新能力不足，R&D经费支出占GDP比重和有研发机构的企业比重低于全国，科技对调结构转方式支撑不强。这些问题和矛盾，根源在于结构制约，河北产业发展外延粗放，在扩大规模的同时为集约发展带来压力；产业体系属于资源加工混合型，要素配置资源依赖偏重，在发挥资源优势的同时也成为产业转型的桎梏；需求拉动属于投资主导型，增长动力投资驱动，在推进工业化的同时也为产业转型升级带来困难。上述矛盾和问题既影响经济增长速度，又制约发展方式转变进程，需要采取有针对性地措施加以破解。

三、促进经济更好更快更大发展的建议

2012年是贯彻省第八次党代会精神的第一年，也是实施“十二五”规划承上启下的重要一年，应认真贯彻落实全国两会和省第八次党代会、省两会精神，以建设经济强省、和谐河北为目标，大力实施“一产抓特色、二产抓提升、三产抓拓展”经济发展战略，坚持稳中求进，促进全省经济更好更快更大发展。

（一）加强和改善宏观调控，保持经济平稳较快发展

落实各项强农惠农政策，发挥粮食核心区建设和蔬菜示范县的带动作用，加大农业基础设施投入力度，培育大型农产品流通企业，加大质量安全监管和重大动物疫病防控，提高农业综合生产能力。加强工业经济运行调节和跟踪监测，完善煤电油运气保障工作机制，加大对重点大中型企业的调度和分类指导，鼓励有市场、效率好的企业开足马力生产；加大对中小型企业帮扶力度，解决好资金、用工等问题，促其恢复生产、扭亏增盈，确保工业生产较快发展。加强服务业基础设施建设，优化发展环境，放宽领域市场准入条件，积极发展连锁经营、物流配送、电子商务等新型业态。

（二）扩大投资消费需求，增强经济发展后劲

落实国家扩大内需政策措施，鼓励和引导民间投资健康发展，保持合理投资规模。优化投资结构，加大重点项目谋划和建设力度，瞄准国家产业政策和投资方向，积极谋划一批辐射带动作用大、产业链条长、科技含量高的大项目，加强和金融部门的协调工作，积极争取项目资金。落实好与百家央企签署的一批投资合作协议，优化投资环境，精简中间环节，提高办事效率，力促协议早落实，项目早开工。挖掘潜在消费需求，提升居民消费能力，优化城市商业环境和服务，完善消费信贷环境，培育新的消费热点，促进消费市场较快发展，增强消费需求对经济增长的拉动作用。

（三）加快结构调整优化步伐，构筑区域发展新格局

加快产业结构优化升级，提高产业核心竞争力。大力发展特色农业，加快发展畜牧、蔬菜、果品三大优势产业，提高农业现代化和产业化水平。大力提升工业，加快工业结构优化升级步伐和工业聚集区建设，加大传统产业改造提升力度，促进钢铁工业转型升级，继续发展装备制造业，培育壮大新能源、新材料、电子信息、生物医药等战略性新兴产业。大力拓展服务业，加强服务业基础设施建设，优化发展环境，放宽领域市场准入条件，加快现代物流、文化、金融保险和信息服务等现代服务业发展，提高服务业在国民经济中的比重。推动区域经济协调发展，发挥环京津、沿渤海区位优势，大力实施沿海地区发展规划，强力打造曹妃甸新区和渤海新区新的增长极。

（四）深化改革开放，提升自主创新能力

抓住沿海地区发展上升为国家战略机遇，强力抓好招商引资，扩大宣传力度，搭建对外开放平台。加强与世界500强企业和央企战略合作，精心谋划一批重点项目，实现全方位、深层次招商，引导外资投向高端服务业、高新技术产业、环保节能产业等领域。实施“走出去”战略，不断扩大对外贸易规模，提高对外开放水平，加快出口结构转型升级。加大对非公有制经济发展支持力度，建立市场主导、政府引导的技术创新机制，实施“中小企业技术创新工程”，支持企业加大技术创新投入，培育创新人才，实施品牌战略，培育和发展一批大企业、大集团，提升竞争力。

（五）加强节能减排工作，转变经济发展方式

严把“两高”项目审批，防止盲目扩张和重复建设，控制能耗增量。加大淘汰落后产能力度，调整优化能耗存量。强化节能目标责任考核，抓好 “双三十”等重点区域、重点行业和重点企业节能降耗。加强节能减排技术研发、产业化示范和推广，鼓励支持企业采取改造落后工艺、增加节能设备等措施，减少能源消耗。大力发展低耗能、高效益产业和循环经济，提高资源、能源利用率。

（六）加强保障体系建设，着力改善民生

组织好重要商品的产销衔接和调运储备，确保物价稳定。完善社会保障体系，扩大养老、医疗等社会保障覆盖面，加大保障性住房建设力度，解决低收入群体困难。坚持市场需求和政策引导相结合，开展就业政策落实情况专项督查，做好农村劳动力转移就业工作，解决好高校毕业生、就业困难群体的就业问题。推进收入分配制度改革，提高居民收入在国民收入分配中的比重，建立居民收入与经济增长联动机制。规范收入分配秩序，缩小城乡、行业、区域收入差距。

注：部分数据为快报数。

（撰稿人：郭洪波　河北省统计局局长）

山西省经济社会发展报告

2011年是“十二五”的开局之年，一年来全省上下认真贯彻落实国家各项宏观调控政策，积极应对经济环境复杂变化，坚持以科学发展为主题，以加快转变经济发展方式为主线，着力推动转型跨越，全年全省经济总体保持平稳较快发展，各项经济社会事业均取得新的进步。展望2012年，宏观运行环境依然十分复杂，不确定性因素依然较多，保持全省经济平稳较快发展仍需付出艰辛努力。

一、经济总体运行情况

2011年，全省经济总体保持平稳较快增长态势，经济实力实现新突破，协调发展取得新成绩，结构调整收获新成效，发展质量实现新提升，运行环境得到新改善，民生保障再上新水平。经济发展呈现出：“总量、质量、均量”三量齐升的新特点。

（一）经济实力实现新突破

1. 地区生产总值11100.18亿元，经济总量破万亿。初步核算，全年全省地区生产总值完成11100.18亿元，突破万亿大关，同比增长13.0%，快于全国平均水平3.8个百分点；其中，第一产业增加值641.41亿元，增长5.9%，第二产业增加值6577.84亿元，增长16.5%，第三产业增加值3880.93亿元，增长8.6%。

2. 粮食总产量达119.3亿公斤，创历史新高。全年全省粮食总产量首次突破110亿公斤，达到119.3亿公斤，比上年增加10.8亿公斤，增长9.9%，创历史最高水平。其中，夏粮总产为24.2亿公斤，比上年增长3.4%；秋粮总产为95.1亿公斤，增长11.7%。全年粮食播种面积4931.9万亩，比上年增加73万亩；其中，高产作物玉米播种面积2470万亩，占粮食总播种面积比重超过50%。

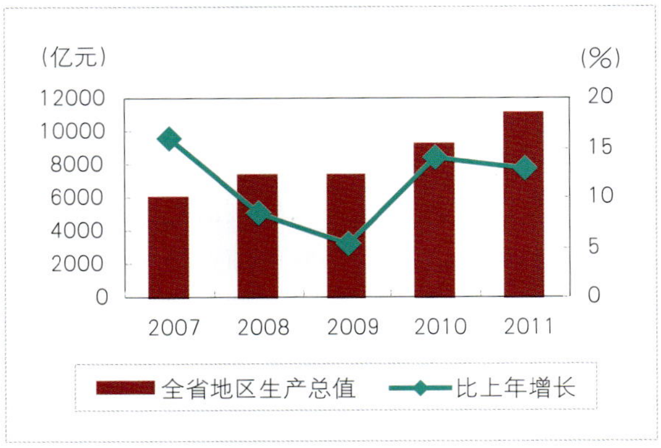

图1 2007-2011年全省地区生产总值及其增长速度

3. 原煤产量过8亿吨，达到历史最高水平。全年全省原煤产量达到8.7亿吨，达到历史最高水平，同比增长17.7%。煤炭工业对工业经济贡献率为63.2%，拉动工业经济增长11.3个百分点。钢材3369万吨，首次突破3000万吨，增长18.1%；水泥、发电量、焦炭等主要工业产品产量均保持较快增长，其中，水泥3936万吨，增长25.9%；发电量2300亿千瓦时，增长8.4%；焦炭9048万吨，增长8.0%。在煤炭、冶金、装备制造等产业有力带动下，全年全省规模以上工业实现增加值5944.7亿元，逼近6000亿元大关，增长17.9%，快于全国平均水平4.0个百分点。全年全省全社会用电量1650.4亿千瓦时，增长13.0%；其中，工业用电量1345.1亿千瓦时，增长13.0%。太原铁路局铁路货运量5.4亿吨，公路货运量达6.5亿吨，分别增长8.0%和7.2%。

4. 财政总收入突破2千亿，一般预算收入过千亿。全年全省财政总收入完成2260.6亿元，首次突破2000亿元大关，同比增长24.9%；一般预算收入完成1213.2亿元，跨越1000亿元大关，同比增长25.1%。

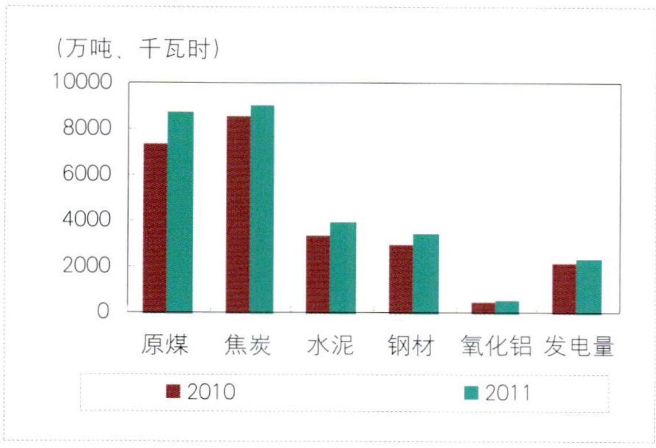

图 2 2010、2011 年主要工业产品产量

（二）协调发展取得新成绩

2011 年拉动经济增长的投资、消费、进出口“三驾马车”间最大增速差由上年的 20.4 个百分点下降为 10.4 个百分点，三大需求增长逐步回归正常区间，三者之间协调性进一步增强。

1. 固定资产投资快速增长。全年全社会固定资产投资完成 7073 亿元，比上年增长 27.3%；其中，固定资产投资 6837.4 亿元，增长 28.1%，快于全国平均水平 4.3 个百分点。在全省固定资产投资中，第一、二、三产业投资分别完成 225.0 亿元、3347.2 亿元、3565.5 亿元，同比分别增长 25.4%、37.6%、20.4%。全年全省房地产开发完成投资 789.9 亿元，同比增长 33.4%。

图 3 2007-2011 年全社会固定资产投资及其增长速度

2. 消费继续保持较快增长。全年全省社会消费品零售总额 3903.4 亿元，增长 17.6%，快于全国平均水平 0.5 个百分点。其中，限额以上企业零售额完成 1560.0 亿元，增长 29.6%。分行业看，批发业 205.8 亿元，同比增长 13.2%；零售业 3202 亿元，增长 18.5%；住宿业 52.5 亿元，增长 20.5%；餐饮业 313.4 亿元，增长 11.9%。

全年全省实现旅游总收入 1342.6 亿元，同比增长 23.9%。其中，国内旅游收入 1305.1 亿元，增长 24%；旅游外汇收入 5.7 亿美元，增长 22.1%。

3. 对外贸易创历史最好水平。全年全省进出口总额 147.6 亿美元，创历史最好水平，同比增长 17.4%。其中，进口 93.3 亿美元，增长 18.5%；出口 54.3 亿美元，增长 15.4%。一般贸易进出口 109.4 亿美元，增长 8.4%；加工贸易进出口 29.1 亿美元，增长 50.4%。

（三）结构调整收获新成效

1. 工业新型化进一步加快。2011 年以来，全省工业新型化步伐进一步加快，装备制造、建材、食品等新兴产业均保持较快增长，新兴产业正在成为拉动工业经济增长的重要力量。全年全省装备制造业完成增加值 321.2 亿元，增长 22.2%，高出全省规模以上工业增速 4.3 个百分点，对工业经济增长贡献率达到 6.9%，成为仅次于煤炭、冶金行业拉动全省工业经济增长的第三大动力；建材、食品工业完成增加值 108.8 亿元、176.1 亿元，分别增长 20.1%、23.6%，两行业合计对工业经济贡献率为 5.9%，超过了焦炭（3.3%）、电力（3.7%）两大传统行业对工业增长的贡献。

2. 投资结构进一步优化。今年以来，全省在转型跨越发展中加快推进工业新型化进程，投资内部结构发生明显转变。在全省固定资产投资中，工业投资完成 3338.2 亿元，同比增长 37.9%，增幅比上年加快 16 个百分点。其中，新兴产业投资占比率提高，全省新兴产业完成投资 914.0 亿元，增长 49.9%，增幅同比提高 30.9 个百分点，占全省工业投资比重 27.4%，同比提高 2.2 个百分点；高耗能行业投资比重下降，全省高耗能工业完成投资 1159.6 亿元，增长 20.0%，占全省工业投资比重 34.7%，同比下降 5.2 个百分点；非煤产业投资贡献率提高，全省工业非煤产业投资完成2097.3亿元，同比增长35.2%，增幅比上年同期提高25.5个百分点，对全省工业投资增长的贡献率59.5%，同比提高28.5个百分点，拉动工业投资增长22.5个百分点，同比提高15.7个百分点。

3. 需求结构升级步伐逐步加快。随着城市化进程的加快，城乡消费结构开始发生变化，乡村居民城镇消费趋势明显，直接带动了城镇消费市场。2011年，全省城镇市场消费品零售额完成3058.7亿元，同比增长19.0%，分别快于乡村和全省平均水平7.0个、1.8个百分点。在限额以上企业商品零售类值中，与日常生活相关的生活必需品销售保持平稳，其中，粮油、食品、饮料、烟酒类增长27.1%，服装、鞋帽、针纺织品类增长30.0%；与消费升级相关的商品保持旺销，其中，建筑及装潢材料类增长62.3%，金银珠宝类增长51.9%，家具类增长41.7%，石油及制品类增长37.8%。

（四）发展质量实现新提升

1. 运行质量稳步提高。1-11月，反映全省工业经济盈利能力的总资产贡献率为12.8%，同比提高1.3个百分点；反映资金利用效率的流动资产周转率为1.8次/年，同比加快0.09次/年；反映经营风险的资产负债率（逆指标）为66.5%，同比下降0.4个百分点；反映投入产出效果的成本费用利润率为7.9%，同比提高0.4个百分点；反映产销衔接水平的产品销售率为96.1%，同比提高0.2个百分点。

2. 工业效益大幅提升。1-11月，全省规模以上工业实现主营业务收入15024.2亿元，增长36.0%，快于全国平均水平7.8个百分点；实现利润总额1092.6亿元，增长42.7%，快于全国平均水平18.1个百分点；实现利税总额2054.0亿元，增长35.2%。

3. 节能减排成效显著。2011年，全省不断加大淘汰落后产能工作力度，持续加强重点领域、区域、行业污染综合整治。预计全省万元GDP综合能耗下降3.5%，化学需氧量、二氧化硫、氮氧化物等主要污染物减排完成全年目标任务。

（五）运行环境得到新改善

1. 价格水平出现回落。在“稳物价、保民生”等一系列价格调控措施积极作用下，加之翘尾因素的弱化，全省居民消费价格出现回落。全年全省居民消费价格累计上涨5.2%，较前三季度回落0.2个百分点，低于全国平均水平0.2个百分点。其中，12月份当月同比上涨4.2 %，与11月份持平。八大类消费品价格均保持上涨，其中，食品类价格上涨12%，依然是价格上涨的主要推手，其他7类价格上涨幅度较小。

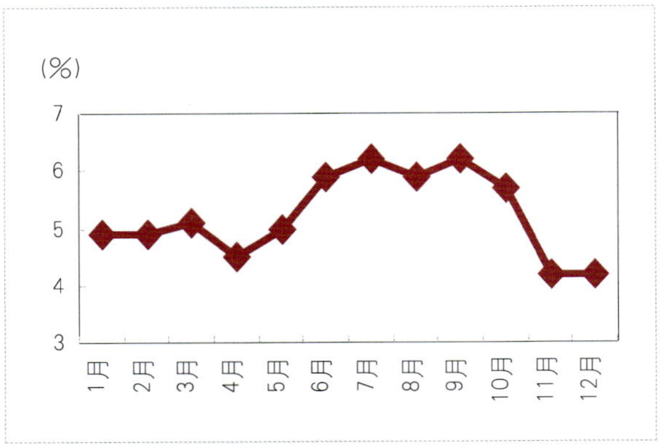

图4　2011年全省当月居民消费价格指数同比涨幅

从生产价格看，工业生产者出厂价格和工业生产者购进价格月度同比涨幅继续出现回落，12月当月同比分别上涨2.3%和2.9%，分别较上月回落1.6和1.2个百分点，全年累计分别上涨7.5%和8.1%。其中，出厂价格高于全国平均水平1.5个百分点，购进价格低于全国平均水平1个百分点。

2. 金融贷款过万亿，存款突破2万亿。截至2011年末，全省金融机构本外币贷款余额11265.6亿元，比年初增长16.5%。其中，反映资金灵活度的短期贷款比年初新增516.0亿元，对未来经济发展环境判断的中长期贷款比年初新增953.3亿元。全省金融机构本外币存款余额21003.2亿元，比年初增长13.0%；其中，人民币存款余额20920.4亿元。

3. 实际利用外资增长较快。今年以来，随着全省转型跨越发展战略部署的推进，投资环境进一步优化，对外资的吸引力进一步增强。全年全省新批外资企业62个，投资总额29.2亿美元，是上年的2.2倍；实际利用外资20.7亿美元，增长37.3%。

（六）民生保障再上新水平

1. *财政支出进一步向民生倾斜*。2011年全年全省财政一般预算支出完成2368.9亿元，同比增长22.8%。全省保民生促和谐，财政支出进一步向民生倾斜，用于教育、医疗卫生、社会保障和就业、保障性住房、文化体育和传媒、城乡社区事务等直接与民生相关的支出1183亿元，增支274亿元，分别占全省一般预算支出总量的50%和增量的62%。

2. *农民增收成效喜人*。全年全省农村居民人均纯收入5601.4元，突破5000元大关，增长18.3%，比上年加快6.7个百分点，快于全国0.4百分点；城镇居民家庭人均可支配收入达到18123.9元，增长15.8%，比上年加快4个百分点，快于全国1.7个百分点；农村快于城镇2.5个百分点。

3. *就业形势基本稳定*。全省劳动力需求稳步扩大，就业形势积极向好。全年实现城镇新增就业岗位50万个，新增农村劳动力转移就业40万人，高校毕业生、农民工和城镇就业困难人员的就业问题得到较好解决。

总体分析，2011年山西经济平稳较快增长的基础不断稳固，发展态势总体符合国家宏观调控预期，年初预定目标任务顺利完成。这表明省委、省政府积极贯彻落实中央宏观调控政策，紧扣科学发展主题，紧紧围绕加快转变经济发展方式主线，以解放思想为先导，以转型跨越为目标，以推进资源型经济转型综合配套改革试验区建设为重要抓手，以安全生产为重要保障，大力推进工业新型化、农业现代化、市域城镇化、城乡生态化等一系列政策措施是积极的、是极为有效的。

二、2012年全省经济走势展望

展望2012年，宏观经济环境复杂多变，有利因素与潜在风险同时存在，短期矛盾和长期问题相互交织，下行和上拉两股力量相互角逐，保持山西经济稳中求进仍将面临较大压力。

（一）宏观环境总体缓慢改善，机遇与挑战并存

国际环境更趋复杂。世界经济格局总体将呈现出三个显著特点：一是政治周期与商业周期叠加。美国、德国等多个主要经济体将面临政府选举，面对经济下滑、债务高企、失业增加等问题，为政治目的所做的经济承诺与调整，可能使经济形势更趋复杂。二是国际协调与合作更加困难。发达经济体与新兴经济体面临的短期挑战不同，政策取向差异明显，政策协调与国际合作变得更加困难，发达国家转嫁危机，可能加深与新兴经济体之间的矛盾，增加贸易摩擦。三是结构调整与短期目标冲突。国际金融危机是发达国家几十年积累的结构性问题的总爆发，需要重大结构调整才能出现转机。但当前的政治氛围和面临的短期风险，使其无法实施真正有利于经济长期增长的结构调整。联合国2011年12月1日发布的《2012年世界经济形势与展望》报告指出，全球经济增长势头正逐步放缓，一些主要发达经济体经济再次衰退的风险正在加大，并将拖累其他国家的经济增长；2012年初世界银行和国际货币基金组织也分别下调世界经济增长预期。2012年将是世界经济继续低速增长或是重新陷入衰退的关键一年。

国内环境。受环球经济不景气、贸易保护主义盛行等因素影响，2011年前三季度，全国外贸出口对GDP的贡献为负值，2012年整体出口形势依然严峻；受多重因素影响，实体经济下滑，2011年11月中国制造业采购经理指数在近三年来首次降至50%的荣枯分界线下；此外，随着刺激性政策的逐步退出和房地产市场的降温，投资开始出现减速；推动国内价格总水平上涨的因素并未根本性消除，要素价格上涨呈长期化趋势，全球流动性仍然宽裕，输入性通胀压力不容低估，彻底驯服物价“猛虎”仍需时日。

虽然经济发展面临诸多困难，但是，从当前和今后一个时期看，我国经济发展的基本面没有发生根本变化，保持经济平稳较快发展仍有较多

有利条件。从短期看，我国内需增长仍然稳健，消费和投资形势总体良好，居民消费将呈现稳定增长的态势，投资虽出现回落但仍保持20%以上较快增速；财政收入的快速增长同样为政府调控经济提供了有力资金保障，随着物价调控成效日益显现，稳健货币政策操作的空间也有所增加。从长期看，中国正处在城镇化、信息化、国际化、工业化、市场化“五化”的发展阶段，城镇化将为经济增长提供强大的需求，信息化、工业化、国际化、市场化将为经济增长提供源源不断的创新动力；经过30多年的快速发展，中国经济增长方式正在逐步发生转变，2011年中央经济工作会议明确了2012年经济工作“稳中求进”的总基调，经济增长动力正逐步由政策刺激向自主增长转变。

（二）在复杂形势下，只要应对到位，山西经济仍将继续保持平稳较快增长

尽管国际国内宏观经济运行环境异常复杂，不确定因素仍然较多。但综合分析，2012年山西经济持续平稳较快增长潜力大、机遇多、后劲强的特征没有改变，仍处于难得的重要战略机遇期。

1. *发展政策支持*。在省委、省政府综合改革配套试验区“先行先试”的战略构想中，“一市两县”、“一市两园”、“一县一企”等一系列新举措，将使山西经济社会发展在新的历史时期谋求新优势、争取新发展，进一步拓展山西经济社会发展的战略空间。2012年山西发展环境预期将呈现出“外部经济运行环境趋紧，内部政策环境趋于宽松”的状态。

2. *发展惯性助推*。一是经济总量过万亿。2011年全省地区生产总值11100.18亿元，突破万亿大关，按照经济学理论，山西经济发展进入了国际公认的经济较快发展阶段，实现了“后起飞跃”。新的起点、新的平台，经济发展的“惯性”将进一步表现，多年集聚势能将进一步释放。二是投资大项目签约落地。2011年9月，第六届中部博览会全省共签约1198个投资合作类项目，总投资额2.7万亿元，50亿元以上项目总投资达2万亿。三是城镇化进程加快。2010年，全省城镇化率为48.1%，根据城镇化发展规律来看，一般城市人口比重在30%～70%之间为城市化发展的加速阶段，在此阶段，人口、资金等生产要素将迅速向城镇集聚，城镇化水平也将迅速提高，进而推动工业化加快发展。

3. *发展内在动力*。一是传统行业转型升级步伐强劲。2011年，全省煤炭资源整合重组效果开始显现，原煤产量和煤炭外销量分别达到8.7亿吨、5.8亿吨，创历史最好水平；同时非煤矿山、焦化、钢铁和水泥等行业的整合重组、转型升级工作正有序推进，传统产业的可持续发展能力进一步增强。二是新兴产业增长后劲十足。2011年，装备制造、建材、食品三大产业合计对工业经济增长贡献率达到12.7%，成为仅次于煤炭产业之后的最大支柱行业，在推动经济增长的同时，为全省经济转型跨越发展注入了信心和活力。随着转型步伐加快，大运二期重卡、焦炉煤气制烯烃、100万千瓦风电装机、煤基多联产、新能源汽车、光伏产业、云计算中心等项等一批重大项目开始布局推进，2012年新兴产业发展后劲十足。三是龙头企业的集聚效应。在世界激烈竞争的今天，打造行业旗舰，不仅可以确立企业竞争优势，更有利于发挥企业资金、技术、人才等方面规模优势，在做好做强主业的同时，不断延伸产业链条，拓宽发展空间。2011年全省煤销、太钢、焦煤、潞安、阳煤、晋煤、同煤7家企业投资和主营业务收入双过“千亿的企业”。龙头企业的确立必将在引领全省转型跨越发展中发挥重要的作用。

4. *发展基础保障*。一是基础设施保障。高速公路建设再上一个新台阶，全年全省新增高速公路1003公里，通车里程超过4000公里；铁路营运总里程达到3750公里；运城、大同机场改扩建和吕梁、临汾、五台山机场新建工程进展顺利。一个四通八达、便捷高效的现代交通体系已经初步形成。二是转型跨越“水支撑”。35项应急水源工程、引黄北干工程等重点工程全部建成，规划投资1000亿元的“两纵十横、六河连通”的大水网工程已全面启动；长期制约山西发展的“煤长水短”困境将逐步改变。三是电力保

障。2011 年，全省新增电力装机 554 万千瓦时，总装机达到 4983 万千瓦时，经济增长的电力支撑进一步稳固。

5. 和谐社会环境。2011 年，全省各类安全生产形势持续明显好转，全年无特别重大安全事故，煤炭百万吨死亡率下降到 0.087，居国内领先水平；全年新增城镇就业岗位 50 万个，转移农村劳动力 40 万人，高校毕业生就业率达到 89%；被农村群众誉为“幸福全覆盖”的新的“五个全覆盖工程” 已全面启动，农村面貌正发生巨大变化。和谐社会环境给全省经济发展奠定了坚实的基础。

但我们应同时看到，2012 年制约山西经济发展的结构性问题与深层次矛盾仍然突出，环境、能耗等约束因素日趋明显，国家宏观调控政策对山西经济增长的拉动力仍然较弱，保持全省经济平稳较快发展，在区域竞争中仍面临较大压力。

1. 工业新型化步伐需进一步加快。纵观全年规模以上工业增长曲线可以发现，工业增长波动曲线与传统行业特别是煤炭等行业增速波动曲线走势大致相同。2011 年，煤炭行业对全省工业增长的贡献率为 63.2%，虽较上半年 65.1% 有所走低，但比重依然偏高。食品、纺织等新兴产业比重虽有所提升，但发展提升空间依然巨大。

2. 服务业品牌需着力培育。2011 年全省服务业虽然整体保持较快发展，但由于受资源型产业比重大、工业产业链条短、城镇化水平偏低等因素影响，代表服务业未来发展趋势的现代服务业和新兴服务业尚没有形成集聚发展的态势，缺乏在国内外具有较强影响力的本土服务业品牌、“明星服务企业”和“亮点服务行业”。

3. 消费需求需着力拓宽。2012 年乃至整个“十二五”时期，国家将实施一系列持续扩大内需的政策，不断提高国内消费对经济增长的贡献水平。与其他地区相比，山西多为煤炭、焦炭等资源类产品，消费品工业产品种类偏少，在全国排名前几位的工业产品除去汾酒外，多为钢材、铝镁合金等工业原材料产品，国家刺激消费的一系列政策措施短期内对我省的拉动作用较小。

4. 节能减排仍需高度关注。2012 年，国家将进一步加快调结构、促转型工作力度，节能减排不仅在行业、地区、企业等方面更加强调针对性，在时空安排上更强调均衡性，在力度上更追求有效性。山西焦炭、铝冶炼、建材等行业能耗水平依然偏高，新的一年节能减排工作依然需引起关注。

5. 投资与投产需引起重视。2009 年金融危机以来，全省投资超常增长。2009 年至 2011 年全省固定资产投资累计投资额接近 2 万亿，一般而言大项目从投资到投产周期约为 3 年。因此，当前应该像重视投资那样重视投产情况。

综合各方因素，虽然我们还面临不少困难，宏观环境不确定、不稳定的因素依然很大，但总体上机遇大于挑战的格局没有改变。困难与希望同在，机遇与挑战并存，2012 年山西经济将呈现在调整中稳步推进，经济增长的稳定性将有所增强。

三、促进全省经济保持稳定健康发展的对策建议

2012 年，是全面贯彻落实省十次党代会部署的第一年，是实施“十二五”规划承上启下的关键之年，同时也是加快建设转型综改试验区的重要一年。新的一年，全省经济发展仍将坚持科学发展主题、加快转变经济发展方式主线和稳中求进工作总基调，着力做好四个坚持。

第一，坚持稳增长与转方式并举。当前，我省经济已经转入平稳较快增长区间，省委、省政府明确将转变发展方式作为经济工作的主线，在转方式的进程中寻求新的经济增长点，为经济持续稳定发展提供持久动力。通过稳增长与转方式的有机统一，坚持走新型工业化道路，坚持“以煤为基，多元发展”，加快发展具有比较优势带动能力强的新兴产业，不断提高资源就地转化率、原材料深加工率和产业循环率。真正做到在稳增长中转方式，在转方式中谋求新的增长。

第二，坚持调结构与增效益并进。调整优化经济结构，是提高经济增长质量和效益的根本性措施，是经济长期、健康发展的后劲源泉和基础。

这既是一项长期的战略任务，也是当前的一项紧迫工作。要将协调结构关系与提高效益水平有机结合，尤其要把优化投资结构与调整产业结构结合起来，牢牢把握投资方向，在源头夯实经济结构转型调整的基础。推动全省经济走上内生增长、创新驱动的轨道，进一步增强经济整体实力与核心竞争力，不断提升经济发展的质量和效益。

第三，坚持稳物价与保民生并重。物价问题涉及民生、关系全局、影响稳定。目前物价虽回落，但全年居民消费价格水平仍在5%以上高位运行，保持物价总水平基本稳定，仍是2012年全省经济民生工作的重中之重。努力消除输入性、结构性通胀因素的不利影响，正确引导市场预期，全面加强价格调控和监管，努力消化要素成本上涨压力。继续完善社会救助和保障标准与物价上涨挂钩的联动机制，更为有效地保障低收入群众的生活。

第四，坚持做好当前工作与未来形势预判同步。从以往经验看，在经济增长周期性波动过程中，资源、原材料大省容易“大落大起”，即在周期性的调整期大落，发展速度低于全国平均水平，在繁荣期大起，发展速度高于全国平均水平。山西经济结构特点决定了经济波动对山西的影响来得慢、走得迟、影响深。要深入剖析经济现象、要素之间的各种关系，准确及时做好经济形势预判，科学把握经济走势，努力实现全省经济平稳较快发展目标。

（撰稿人：杨文章　山西省统计局局长）

概算投资8.9亿元、全长12.9公里的孝河生态环境综合治理重点工程之胜溪湖森林公园一角

（中共孝义市委提供）

内蒙古自治区经济社会发展报告

2011年，面对复杂多变的国内外环境，全区各族人民在自治区党委、政府的正确领导下，深入贯彻落实科学发展观，积极推进经济发展方式转变和经济结构调整，经济社会总体保持了良好的发展态势。全年经济增速继续在较高位上运行，物价过快上涨势头开始得以遏制，发展方式继续朝着预期方向转变，富民进程加速推进。经济的稳定性、自主增长性、市场化程度都有明显提高，实现了“十二五”的良好开局。

一、2011年全区经济发展基本情况

初步核算，2011年，全区生产总值达14246.11亿元，比上年增长14.3%，增速高于全国平均水平5.1个百分点，较2010年15%的增速回落0.7个百分点。分三次产业看，第一产业增加值1304.91亿元，增长5.8%；第二产业增加值8092.07亿元，增长17.8%；其中工业增加值7158.94亿元，增长18.2%；第三产业增加值4849.13亿元，增长11%。三次产业对经济增长的贡献率分别为3.8%，68.3%和27.9%。

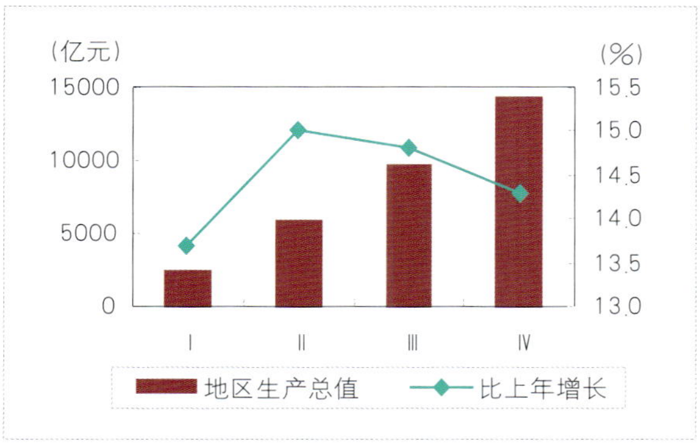

图1　2011年地区生产总值及增速

（一）农业生产取得新成绩，牧业生产保持平稳

由于2011年天气的风调雨顺，加之政策等因素的引导和刺激，使农民的种粮积极性高涨，全年粮食获得了大丰收，刷新了全区粮食产量的新记录。全年农作物总播种面积712.95万公顷，比上年增长1.8%。其中，粮食作物播种面积556.15万公顷，比上年增长1.1%。全年粮食总产量2387.51万吨，比上年增长10.6%；油料产量140.53万吨，增长9.7%；蔬菜产量1440.17万吨，增长6.6%；水果（含果用瓜）产量301.45万吨，增长8.4%。

牧业年度全区牲畜存栏头数达10762万头（只），比上年同期下降0.3%；牲畜总增6474.7万头（只），牲畜总增率达60.2%。牧业年度良种及改良种大牲畜和羊总头数9025.2万头（只），比重为94.8%。全年肉类总产量237.5万吨，比上年下降0.5%。其中，猪牛羊肉产量分别达到71.34万吨、49.73万吨和87.24万吨，分别比上年下降0.7%、持平和下降2.2%。牛奶产量908.2万吨，增长0.3%。

表1　2011年主要农畜产品产量和牲畜存栏数

	总量	速度（%）
粮食（万吨）	2387.51	10.6
小麦（万吨）	170.94	3.5
玉米（万吨）	1632.13	11.4
油料（万吨）	140.53	9.7
牛奶（万吨）	908.20	0.3
绵羊毛（万吨）	10.66	−0.8
山羊绒（吨）	7644.00	−5.7
肉类总产量（万吨）	237.50	−0.5
牧业年度牲畜存栏（万头、只）	10762	−0.3

（二）工业生产增长平稳、结构优化、效益提高

2011年，全区规模以上工业增加值比上年增长19%，比全国平均增速高5.1个百分点，与

2010年增速持平。结构调整迈出新步伐，表现为高端制造业十分抢眼，增长普遍较快。2011年，专用设备制造业（同比增长50.9%）、电气机械及器材制造业（同比增长47.5%）、仪器仪表及文化、办公用机械制造业（同比增长39%）等高端制造业增加值增长均保持在35%以上，处于所有行业增加值增速的前三位。部分产品产量再获新突破。煤、电分别逼近10亿吨和3000亿千瓦时，原煤、发电量分别达9.79亿吨和2970.52亿千瓦小时，精甲醇增长超过了1倍，为1.05倍。经济效益较好，企业利润增长较快。从销售看，2011年，全区工业产销率为97.91%，比上年提高0.3个百分点。2011年，全区规模以上工业企业主营业务收入17632.84亿元，比上年增长34.4%；实现利润1835.16亿元，比上年增长50.8%，其中，国有及国有控股企业实现利润590.54亿元，比上年增长47.1%；规模以上工业亏损企业亏损额45.61亿元，比上年下降18.3 %。

表2　2011年工业主要产品产量

	总量	速度（%）
原煤(万吨)	97925.55	25.1
天然原油(万吨)	202.97	11.0
发电量(亿千瓦小时)	2970.52	16.8
粗钢(万吨)	1669.75	4.0
钢材(万吨)	1417.32	10.9
电解铝(万吨)	165.70	12.7
水泥(万吨)	6396.47	21.2
乳制品(万吨)	383.21	11.8
液体乳(万吨)	309.71	13.7
冷冻饮品(万吨)	34.10	−12.7
载货汽车(万辆)	3.09	−17.3
彩色电视机(万部)	261.09	27.8
十种有色金属（万吨）	238.51	12.7

（三）固定资产投资实现新突破

固定资产投资实现了新的突破，总额超越了万亿元。2011年，全区全社会固定资产投资额完成10403.9亿元，比上年增长21.5%。其中，全区50万元以上项目固定资产投资额完成10787.9亿元，比上年增长21.5%。分产业看，第三产业投资额首次超过了工业。第三产业完成投资5193.22亿元，增长27.2%；工业完成投资5035.2亿元，增长16.2%。从行业看，制造业、房地产业、电力燃气及水的生产和供应业、采矿业、交通运输仓储和邮政业等5个行业完成投资均超过了千亿元。从项目个数看，本年施工、新开工、投产项目均超万个，施工项目数15345个，比上年增长19.8%；新开工项目数12410个，增长22.7%；投产项目数11535个，增长23.4%。

2011年，全区房地产开发投资额1650.02亿元，比上年增长47.3%，高于全国平均增速19.4个百分点。受国家调控影响，商品房销售有所回落。2011年，全区商品房销售面积3620.12万平方米，增长18.4%；商品房销售额达1360.82亿元，增长27.8%。

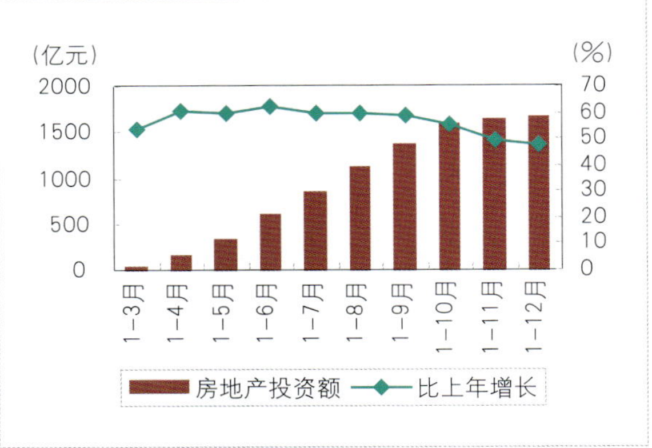

图2　2011年房地产投资额及增速图

（四）内需市场增长稳定

全年全区消费需求始终旺盛而稳定，居民的消费结构和方式更趋多样化。全年社会消费品零售总额3991.7亿元，比上年增长18%。从经营单位所在地看，城镇实现社会消费品零售额3439.92亿元，占社会消费品零售总额的87.4%，增长17.9%；乡村消费品零售额496.69亿元，增长18.3%。从限额以上批发零售贸易企业情况看，限额以上粮食、食品、饮料、烟酒类完成零售额136.3亿元，比上年增长22.3%；汽车类完成零售额346.4亿元，增长18.8%。

消费品市场与去年相比出现新情况：一是乡

村市场消费增长在“提速”，快于城市，高于城镇增速0.4个百分点。二是从商品类别看，往年的消费热点——汽车类，虽零售总额突破了300亿元，但增速较平缓，低于近些年增速，而石油及制品零售额增长较快，达到566.1亿元，增长45.1%。

（五）对外贸易取得历史性突破

对外贸易取得了历史性突破，首次超过百亿美元关口。2011年，全区海关进出口总值达119.39亿美元，比上年增长39.1%，高于全国平均增速16.6个百分点。其中，出口总值46.87亿美元，增长40.6%；进口总值72.52亿美元，增长38.2%；贸易逆差25.65亿美元。从主要贸易方式看，一般贸易进出口额达57.85亿美元，占进出口总额的48.5%，比上年增长42.3%；加工贸易进出口额达9.5亿美元，占进出口总额的8%，比上年增长5.6%。在主要贸易伙伴中，全区与蒙古的贸易增势较猛，总额直逼第一大贸易伙伴俄罗斯，贸易总值为28.45亿美元，略低于与俄罗斯的贸易总值0.48亿美元，比上年增长68.3%。从进口商品类别看，全年进口值超过10亿美元的商品有煤、原木和铁矿砂，分别达14.68、11.2、10.62亿美元。全年实际使用外商直接投资额38.38亿美元，比上年增长13.4%。

（六）物价涨幅高位运行

全年居民消费价格总水平比上年上涨5.6%，高于全国平均涨幅0.2个百分点。分城乡看，城市上涨5.5%，农村牧区上涨5.7%。从全年走势看，呈“两头缓中间高”的特点，四季度以后涨幅逐步放缓，开始趋稳。分类别看，八大类全部呈现上涨局面，其中食品类价格上涨13.7%，烟酒及用品类价格上涨2.9%，医疗保健及个人用品类价格上涨2.3%，居住类价格上涨4.7%。从生产者角度看，工业生产者购进价格指数和工业生产者出厂价格指数分别比上年上涨6.1%和7.8%。固定资产投资价格上涨6.3%，农产品生产价格上涨12.8%。

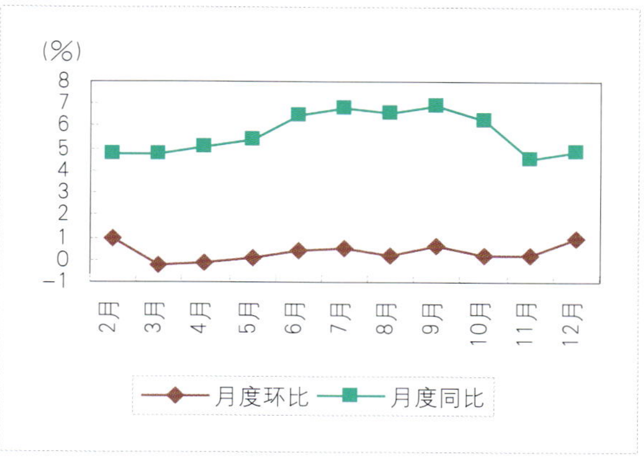

图3 2011年居民消费价格月度涨跌幅度图

（七）财政收入总量实现了新突破，支出重点向民生领域倾斜

财政收入总量实现了新突破，且超额完成了年度预算任务。全年完成地方财政总收入2261.81亿元，其中地方财政一般预算收入1356.67亿元，分别比上年增长30.1%和26.8%。全年地方财政支出2989.21亿元，比上年增长31.5%。2011年，公共与民生领域仍然是支出的重点。其中，一般公共服务支出304.53亿元，比上年增长19.6%；社会保障和就业支出363.97亿元，增长24.5%；医疗卫生支出164.59亿元，增长36.3%；教育支出390.69亿元，增长21.3%。

（八）金融形势平稳

全区金融形势平稳，货币政策对实体经济的服务作用更为明显。年末全区金融机构人民币存款余额12063.72亿元，全年新增存款1768.81亿元，比上年末增长17.4%。其中，单位存款余额5797.88亿元，比上年末增加774.14亿元；个人存款余额5431.1亿元，比上年末增加825.39亿元。年末全区金融机构人民币贷款余额9727.7亿元，全年新增贷款1866.18亿元，比上年末增长23.6%。其中，短期贷款余额3567.3亿元，比上年末增加916.38亿元，增长33.8%；中长期贷款余额6070.41亿元，比上年末增加933.49亿元，增长18.2%；个人消费贷款余额1152.81亿元，比上年末增加318.7亿元，增长

38.2%。

二、2011 年全区经济社会发展的亮点

2011 年内蒙古经济社会发展各领域都取得了众多新成就，经济实现平稳较快发展，发展方式趋优，社会事业发展大步向前，民生福祉再获提升的特点鲜明而突出。

（一）经济延续着平稳较快的发展势头，增长潜能不断得以释放

2011 年，面对世界经济形势的复杂多变，内蒙古给出的成绩是经济保持了平稳较快发展势头，物价涨幅开始趋稳，发展方式转变有新突破三者兼顾的有效平衡，经济增长潜能不断得以释放。全区生产总值中一、二、三次产业比例为 9.2∶56.8∶34。人均生产总值达到 57515 元，增长 13.8%，按年平均汇率计算折合为 8905 美元，居全国各省区市第 6 位。然而，发展不足仍然是当前内蒙古经济社会面临的最大矛盾，我们要紧抓战略机遇期，逐步缩小与发达地区的差距，发展是第一要务。2011 年地区生产总值 14246.11 亿元，比 2010 年净增近 2600 亿元，增量比 2003 年全区的经济总量还要多。从位次上讲，内蒙古在全国 31 个省区市中，经济总量已处于中列的位置（第 15 位），已比本世纪初的 2000 年前移 9 位。增速上，14.3% 的增速不仅远高于全国 9.2% 的平均增速，也超出了年初政府预期的 13% 目标任务 1.3 个百分点，增速在全国各省区市中处于前列（第 5 位），由此可见，去年，内蒙古经济发展是较快的。2008 年，受全球金融危机的冲击，也受自身产业结构调整及发展方式转变的影响，有意识地放松对经济增速的单纯追求，经济增长总体逐年回落，从 2005 年最高位的 23.8% 到 2011 年的 14.3%，回落过程是平缓的，是主动调控的，实现了“软着陆”，保持了平稳性。

（二）经济发展方式的转变取得明显进展，经济的内生增长机制逐步完善

2011 年，自治区党委、政府紧扣转变经济发展方式的主线，以优化调整产业结构，在延长资源型产业链的同时，大力发展非资源型产业，积极扩大内需特别是消费需求等为抓手，不断增强经济发展的创新驱动能力，经济发展方式的转变取得明显进展。

基础性产业实现稳步增长，粮食生产实现历史性“八连丰”。第一产业的基础地位进一步巩固，为第二产业及第三产业的持续平稳发展奠定了坚实基础。第二产业方面，自治区传统的资源性产业得以不断巩固提升，同时大力发展非资源型产业和战略性新兴产业，构建多元发展的现代产业体系。能源工业投资占规模以上工业投资的比重由 2010 年的 49% 下降到 2011 年的 38%，非资源型和战略性新兴产业投资比重由 47.5% 上升到 59.2%。60 个非资源型产业集群实现销售收入 5800 亿元，增长 41%，占规模以上工业的 1/3。

内蒙古经济发展方式的转变还体现为经济增长不再单纯依靠资源能源的消耗来实现，而是逐步转变为以科技创新驱动和劳动生产率的提高，各种生产要素的不断优化组合，传统体制机制的不断改革完善来实现。经济增长不再是建立在以牺牲环境、破坏生态为代价的基础之上，真正实现了“美丽与发展双赢”。全区确定的自然保护区 185 个。其中，国家级自然保护区 25 个，自治区级自然保护区 59 个。自然保护区面积 1381.42 万公顷，其中国家级自然保护区面积 408.14 万公顷，比上年增长 6.2%。全区监测的 15 个城市空气质量达到二级标准的 13 个，达到三级标准的 2 个。

（三）社会事业全面发展，与经济发展互为促进、更趋协调

社会事业发展相对滞后一直是内蒙古发展的“短板”之一。近年来，自治区政府加大了社会事业发展建设和基本公共服务投入力度，成效明显。2011 年，全区科技、教育、文化、卫生、体育等事业全面发展，其中，医疗卫生体制改革稳步推进，部分改革已走在全国前列；财政对教育事业投入近 400 亿元，占地方财政支出 13%；对医疗卫生投入占地方财政支出 5.5%；对科学技

术、文化体育与传媒投入也近100亿元，占地方财政支出3.2%；对科教文卫体等5项社会事业合计投入占地方财政支出的五分之一多。

2011年末全区共有普通高等学校47所，比上年增加3所。全区有研究生培养单位9个，在校研究生比上年末增长9.7%。取得重大科技成果536项。专利申请3841项，授权专利2262项，分别比上年增长31.9%和7.9%。2011年末全区拥有产品质量检验机构806个，比上年增加77个。其中国家检测中心5个，比上年增加1个。拥有产品质量认证机构3个，比上年增加2个。

深化文化体制改革，内蒙古文化事业发展驶入快车道。2011年末全区有艺术事业机构155个，从业人员6461人，比上年增长4.3%；艺术表演团体123个，其中乌兰牧骑75个。电台、电视台覆盖率分别是97.4%、96.2%；有线电视用户比上年增长1.1%。全区共有卫生机构22845个，医疗卫生单位拥有病床10.57万张，比上年增长8.1%。全区拥有卫生技术人员13.17万人，比上年末增长4.7%。嘎查村卫生室1.43万个，拥有乡村医生和卫生员2万人。体育领域，全区体育健儿在国内外重大竞赛中获奖牌199枚。

（四）富民与强区并重推进，民生福祉获得大提升

2011年，对内蒙古而言，既是发展年，更是民生年。这一年，全区城乡居民收入加快增长，人民生活水平不断提高，就业人员稳步增加，社会保障的覆盖面几乎惠及所有人群，保障标准与水平进一步提高。值得一提的是，一向被视作“民生难题”的农牧民增收成效不菲。全年农牧民人均纯收入6642元，比上年增加1112元，增长20.1%，是新世纪以来增速最快的一年。

作为民生之本的就业工作也有不俗表现。2011年末全区就业人员1243.71万人，比上年末增长5%。城镇登记失业率为3.8%，比上年末下降0.1个百分点。社会保障水平也在积极稳妥地提高，社保体系框架基本建成。2011年末全区参加基本养老保险人数452.4万人，比上年增长5%；参加失业保险职工人数232.5万人，领取失业保险金人数为4.6万人；全年参加基本养老保险的离退休人员132.75万人，比上年增长11.4%；养老金社会化发放率达到100%。全年参加基本医疗保险人数907.2万人，比上年增长2.4%；有310.24万职工和127.85万退休人员参加了基本医疗保险，分别比上年增长0.4%和2.7%。

三、对2012年内蒙古经济走势的分析判断

2012年，内蒙古与全国一样经济增长虽然面临一些不容乐观的因素，增长速度仍有回落的风险，但是基本上没有大幅下滑的可能，平稳较快增长的格局不会改变。今年中央科学研判国内外形势，突出强调稳增长并调低了经济增长预期。从内蒙古看，虽然面临着严峻复杂的形势，但支撑发展的有利条件和积极因素很多。内蒙古自治区主席巴特尔在今年全区“两会”政府工作报告中指出：我们要从欠发达的基本区情出发，充分认识加快发展的极端重要性，把保持经济平稳较快发展作为经济工作的首要任务，以坚定信心和进取的精神，确保经济增长目标的实现，力争完成得更好一些。

内蒙古经济是以国内市场需求为主体的经济。2011年，国内需求保持较快增长，对经济的拉动力较强。国内需求指数始终处在绿灯区域运行，景气水平表现的相当稳定。消费需求较旺。2011年各季，内蒙古社会消费品零售额增速也相当稳定，城乡居民收支增长较快，以上指标均显示出消费市场需求较旺。民间投资力度增强。2011年，内蒙古固定资产投资的增长动力发生了很大变化。政府投资力度明显降低，国有经济投资仅增长9.8%，增速比上年降低5.5个百分点；中央项目投资下降12.6%；来自政府预算和国家银行贷款的投资仅增长17.8%；而来自民间投资增长强劲，增速高达25.3%，比上年加快4个百分点，在全部固定资产投资资金来源中的占比提高到了83.6%。2011年，政府针对房地产市场的调控措施不断加大，与总量调控政策持续收缩形成叠加效应，再加上其本身也有调整的需要，

从而导致房地产市场呈明显下滑走势，全区房地产投资增速由 2011 年 1 至 6 月份的 62.5% 回落至年底的 47.3%。房地产市场下滑发生在 2011 年的四季度，其对经济的冲击才刚刚显现。2012 年，房地产市场的下滑势头将会进一步加剧，对经济冲击将逐渐增强，不仅投资需求会深受影响，消费需求也会受到较大拖累。随着房地产市场下滑的加剧，调控政策将面临控房价与保持房地产市场稳定的两难抉择。

综上所述，通过各方面因素综合分析判断，2012 年内蒙古经济总体走势虽然面临一些不利因素，但仍可保持平稳较快增长，硬着陆的风险可以排除，通货膨胀预期将会降至较低水平；宏观调控应以解决结构性问题和保持经济稳定为重点。

四、对做好 2012 年经济工作的政策建议

（一）要坚持宏观调控的基调和取向不动摇

2012 年全区经济发展形势将更趋复杂，要认真研判，科学测定，统筹考虑，综合分析，根据全区“十二五”规划的目标任务，制定出符合我区发展实际的2012年经济发展预期目标任务，要体现出中央“稳中求进”的主基调，经济既要继续保持平稳较快增长，又要给转方式、调结构、控物价、惠民生留出余地，做到四者的协调统一。

（二）要坚持调结构和稳增长并重的发展思路不动摇

大量事实证明，调结构和稳发展并不一定是矛盾的、零和的。我们完全可以使调结构和稳增长互为促进、同步推进，在发展中实现转变，通过转变来推动更高质量地发展。经过新世纪以来十年的较快发展，我们取得了明显成绩，发展水平跃上了大台阶，但作为西部、边疆和少数民族地区，我区的经济总量、规模、层次和发达省市比，还存在较大差距。发展依然是我区经济的长期任务。同时，在发展中我们也暴露出种种问题，这就需要通过加快调整结构、改变方式，改革的办法来解决，调结构也应是需要重点抓的任务，耽误不得。

（三）要坚持民生优先，努力改善民生的方向不动摇

科学发展观的核心是以人为本，发展归根到底是为了人民的，发展成果应由人民共享的。针对当前我区民生领域存在的一些薄弱现状，要坚持好改善和提高的工作决心和工作举措。就业工作要常抓不懈，社会保障工作要加快推进，要坚持加快推进社会事业的发展进步。包括加快推进文化建设、教育发展、医疗卫生改革、科技创新普及、体育健身的普及发展等社会事业的发展，将会为广大人民群众提供极大的实惠和便利，促进人的全面发展，提高群众的幸福感、认同感和归属感，是民生之要。

（四）要加强对重点工业企业及工业投资项目的支持力度

要加强跟踪工业生产态势的变化，狠抓重点行业和大中型企业生产和调度，及时解决企业生产经营中的困难。加大产业结构调整力度，加快传统优势产业改造升级，大力发展优势特色产业和战略性新兴产业，努力形成高端产业聚集区，培育新的增长点。切实加大对民营中小企业扶持力度，当前，尤其要关注中小企业的融资难题，要积极争取国有银行在内蒙古地区扩大信贷规模。

（五）要加强节能减排任务的贯彻落实，工作思路和举措要尽早谋划、实施

2012 年的节能减排工作要早谋划、早部署、早动手，勤监测、勤督促、勤管理。相关部门要加强跟踪监测，研究出台更有力可行的措施，争取早日把节能任务逐层分解下去，严格责任追究制度。当前，要继续把工业领域的节能减排作为重点，统筹推进建筑、交通、社会公共等领域的节能减排工作，要应用先进技术手段，强化工程性治理措施，切实抓好节能减排重点工程建设，通过节能减排促进产业结构的优化升级，使我区

的产业发展逐步走上资源节约、环境友好的绿色之路。要综合运用法律、经济、行政等手段统筹推进，特别是要借助市场机制，有效运用价格、财政、税收等经济杠杆，推动节能减排的深入开展。要切实抓好重点地区、重点领域、重点行业、重点企业节能减排情况的监督检查和动态监测，对节能减排实施全过程监督管理。

（六）要加强全区经济运行中的薄弱环节和“短板”

2012 年，要针对全区经济运行中的一些薄弱环节和“短板”有重点地进行改进和提高。首先，第三产业中的传统产业如交通运输业、批发零售业、住宿餐饮业、房地产业等要使其保持稳定的发展，破除一些制约这些产业稳步发展的体制和机制性障碍，确保其对第三产业发展起到稳定和支撑的作用。其次，第三产业中的新型产业或朝阳产业如文化产业、旅游业、信息产业、金融业、社会服务业等要实现加快发展，要尽快制定出台支持这些产业发展的优惠政策和措施，加大对这些产业土地、资金、人才的支持力度，争取能尽快形成新的经济增长点，以带动全区产业的转型升级步伐。最后，对第一产业的扶持力度要不断加大。由于第一产业在经济中处于最基础的地位，且其本身具有弱质性，因此，对第一产业的扶持要不断加强。要持续提高全区农牧民的基础设施建设水平，政府投资要向农牧业倾斜，提高全区农牧业的水利设施建设及种植养殖的机械化、现代化、规模化水平，增强农牧业的防灾减灾、自我发展能力，保障全区粮食产量的稳定供给和基本农田不减少，激发农牧民的生产积极性，确保农牧民收入的持续增加和社会保障水平的不断提高。

（撰稿人：胡敏谦　内蒙古自治区统计局局长）

内蒙古博物院和乌兰恰特大剧院（呼和浩特市统计局提供）

辽宁省经济社会发展报告

2011 年是“十二五”开局之年。在省委、省政府的正确领导下，各地区、各部门深入贯彻落实科学发展观，积极应对复杂多变的国内外经济环境，着力推进促增长、调结构、稳物价、惠民生的各项工作，全省经济继续保持平稳较快增长，各项社会事业取得新进步，城乡人民生活持续改善，实现了“十二五”经济社会发展的良好开局。初步核算，全年生产总值突破 2 万亿元，达 22025.9 亿元，按可比价格计算，比上年增长 12.1%，增速高于全国平均水平 2.9 个百分点，经济总量稳居全国第 7 位。分产业看，第一产业增加值 1915.6 亿元，增长 6.5%；第二产业增加值 12150.7 亿元，增长 14.1%；第三产业增加值 7959.6 亿元，增长 10.5%。

一、2011 年全省经济运行态势

1. 农业生产形势较好，粮食生产获得大丰收。全年种植业、林业、牧业、渔业和农林牧渔服务业增加值分别比上年增长 10.5%、9%、1.2%、6% 和 7%。一是全年粮食产量 2035.5 万吨，比上年增加 270.1 万吨，增长 15.3%，创历史最高纪录。二是畜牧业生产回升向好。全年猪、牛、羊、禽肉产量 401 万吨，比上年增长 0.3%，扭转了前三季度下降的局面。全年禽蛋产量 277.4 万吨，比上年增长 0.6%；牛奶 124.5 万吨，增长 2.7%。三是渔业生产比较稳定。全年水产品产量（不含远洋渔业产量）435.4 万吨，比上年增长 5.5%。其中，淡水产品产量 85.7 万吨，增长 6.3%；海洋捕捞 106.2 万吨，增长 5.4%；海水养殖 243.5 万吨，增长 5.2%。

2. 工业生产平稳增长，企业效益提高。全年规模以上工业增加值按可比价格计算比上年增长 14.9%。在 39 个大类行业中，38 个行业的增加值保持不同程度的增长，21 个行业增加值增速超过全省平均水平。一是装备制造业和农产品加工业继续较快增长。全年装备制造业增加值增长 18.9%，增速高于全省平均水平 4 个百分点，占规模以上工业增加值的 31.8%；农产品加工业增加值增长 17.3%，高于全省平均水平 2.4 个百分点，占规模以上工业增加值的 19.3%。冶金工业增加值增长 10.8%。石化工业增加值增长 8.1%。装备制造业、冶金、石化和农产品加工业等支柱产业增加值占规模以上工业增加值的比重达 86.8%。二是高耗能行业增速放缓。全年六大高耗能行业工业增加值增长 8.8%，低于全省平均水平 6.1 个百分点。其中，非金属矿物制品业增长 19.5%，化学原料及化学制品制造业增长 13.8%，有色金属冶炼及压延加工业增长 11.9%，电力、热力的生产和供应业增长 6.4%，黑色金属冶炼及压延加工业增长 5%，石油加工、炼焦及核燃料加工业增长 2.2%。三是重点工业产品产量实现不同程度增长。全年原煤产量比上年增长 7.2%，生铁产量增长 0.2%，粗钢产量增长 1%，钢材产量增长 1.2%，水泥产量增长 22.9%，乙烯产量增长 16.3%，塑料制品产量增长 9.1%，金属切削机床产量增长 22.7%，汽车产量增长 7.1%，民用钢质船舶产量增长 22.4%，变压器产量增长 11.2%，数字激光音、视盘机产量增长 21.8%，服装产量增长 26.3%。四是产销衔接基本保持上年水平，出口交货值增长。全年规模以上工业企业产品产销率为 98.2%，与上年持平；完成出口交货值 3110.8 亿元，增长 14.4%。五是企业效益提高。全年规模以上工业企业实现主营业务收入 44065.9 亿元，比上年增长 28.8%；实现利税 3496.8 亿元，增长 22.4%；盈亏相抵后实现利润 1862 亿元，增长 28.7%。39 个大类工业行业主营业务收入均保持增长，其中 33 个行业实现利润增长。

3. 固定资产投资规模扩大，亿元以上大

项目带动作用增强。全年全社会固定资产投资17726.3亿元，比上年增长30%。其中，固定资产投资17431.46亿元，比上年增长30.2%。一是三次产业投资全面增长。在固定资产投资中，第一产业投资466.79亿元，增长22.1%；第二产业投资7457.34亿元，增长24.7%，其中工业投资7221.97亿元，增长23.4%；第三产业投资9507.33亿元，增长35.3%。二是大项目带动作用增强。亿元以上施工项目个数由上年的2480个增加到3704个，比上年增加49.4%；完成投资8215.2亿元，增长55.3%。新开工的计划总投资超亿元的建设项目由上年的1389个增加到2094个，增加50.8%；完成投资4401.6亿元，增长87.3%。三是基础设施建设稳步推进。全年固定资产投资中基础设施建设完成投资3621.2亿元，比上年增长20.6%。其中，教育与水利、环境和公共设施建设加快，分别达177.8亿元和1482.1亿元，增长55.2%和42.7%。四是房地产开发投资继续增长。全年房地产开发完成投资4487.6亿元，比上年增长29.5%。其中，住宅投资完成3413.4亿元，增长37.6%；商业营业用房投资完成675.6亿元，增长14.8%。五是资金到位情况较好，自筹资金所占比重较高。全年固定资产投资资金累计到位20871.8亿元，比上年增长23%。其中，国家预算内资金622.6亿元，增长9%，占本年资金来源的3%；国内贷款3146.2亿元，增长29.2%，占15.1%；自筹资金14419.6亿元，增长22.1%，占69.1%。

4. 消费品市场销售持续活跃。全年社会消费品零售总额达8003.6亿元，比上年增长17.5%。其中，城镇消费市场实现零售额7445.96亿元，增长17.6%；乡村消费市场实现零售额557.66亿元，增长16.1%。从规模看，限额以上零售额3310.2亿元，增长24.7%；限额以下零售额4693.4亿元，增长13%。从商品类别看，限额以上批发零售企业统计的25类消费品中，除金属材料类商品零售额下降外，均保持不同程度增长。一是基本生活类商品仍是消费持续增长的稳定动力。粮油、食品、饮料和烟酒类零售额300.4亿元，增长19.6%；服装、鞋帽、针纺织品类零售额453.6亿元，增长29.1%；日用品类零售额112.6亿元，增长31.1%。二是居住类及其相关商品增长较快。建筑及装潢材料类零售额42.3亿元，增长43.7%；五金、电料类零售额50.3亿元，增长22.5%；家具类零售额34.9亿元，增长39.4%；家用电器和音像器材类零售额207.3亿元，增长21.3%。三是奢侈品类商品零售红火。金银珠宝类零售额104.2亿元，增长46.7%。四是文化消费活跃。电子出版物及音像制品类零售额2.4亿元，增长40.3%；体育、娱乐用品类零售额13.4亿元，增长25.3%。五是药品、保健品零售明显增加。中西药品类零售额166亿元，增长26.7%。六是燃料类商品销售旺盛。石油及制品类零售额456.3亿元，增长30.4%。七是汽车类零售额仍保持两位数增长。汽车类零售额818亿元，增长19.1%。

5. 外贸出口和利用外资继续增长。全年进出口总额959.6亿美元，比上年增长19%。其中，出口总额510.4亿美元，增长18.4%；进口总额449.2亿美元，增长19.6%。出口呈现以下特点：一是一般贸易出口快于加工贸易。一般贸易出口222.8亿美元，加工贸易出口240.3亿美元，分别增长23.8%和16.6%。二是机电产品出口增长较快，高新技术产品出口保持增长。机电产品出口225.5亿美元，高新技术产品出口57.7亿美元，分别增长20.4%和8.9%。三是国有企业出口增幅较高。国有企业出口143.9亿美元，增长28%；外商投资企业出口232.2亿美元，增长12.5%；集体私营企业出口134.3亿美元，增长19.6%。四是对日本、韩国、香港地区出口保持增长，对部分新兴市场出口增速较高。对日本出口增长12.8%；对韩国出口增长22.5%；对香港地区出口增长31.5%；对伊朗、墨西哥、非洲等市场出口增幅均超过50%，其中，对墨西哥的出口达13.7亿美元，增长了2.9倍。五是部分大宗商品出口较快增长。成品油出口39.8亿美元，增长14.9%；钢材出口49.8亿美元，增长24.2%；船舶出口51.5亿美元，增长21.3%。

全年实际使用外商直接投资242.7亿美元，比上年增长17%。其中，第一产业实际使用外商直接投资 3.4 亿美元，增长 81.3%，占全省实际使用外资的 1.4%；第二产业实际使用外商直接投资 123 亿美元，增长 47%，占 50.7%；第三产业实际使用外商直接投资 116.3 亿美元，下降 4.7%，占 47.9%。香港地区继续居我省引资来源地之首。香港地区实际直接投资 161.1 亿美元，比上年增长 40.3%，占全省的 66.4%。日本实际直接投资 14.4 亿美元，增长 14.3%，占全省的 5.9%。韩国实际直接投资 14 亿美元，增长 3.2%，占全省的 5.8%。此外，全年引进国内资金实际到位额 5950.5 亿元，比上年增长 45%。

6. 财政收入较快增长，金融运行平稳。全年公共财政预算收入 2640.5 亿元，比上年增长 31.7%。其中，各项税收 1974.5 亿元，增长 30.2%。在各项税收中，营业税 556.2 亿元，增长 22.6%；增值税 218.3 亿元，增长 15.6%；个人所得税 76.9 亿元，增长 19.8%。全年公共财政预算支出 3902.1 亿元，比上年增长 22.1%。其中，社会保障和就业支出 660.2 亿元，增长 13.9%；教育支出 524.4 亿元，增长 29.4%；农林水事务支出 330.6 亿元，增长 14.4%；医疗卫生支出 181.8 亿元，增长 20.1%；科学技术支出 86.6 亿元，增长 25.6%。

年末，全省金融机构（含外资）本外币贷款余额 22831.7 亿元，比年初增加 3358.7 亿元，同比少增 2.3 亿元。其中，人民币贷款余额 21621 亿元，比年初增加 3080.3 亿元，同比少增 21.1 亿元。从贷款类型看，短期贷款投放增加较多，达 8122.4 亿元，比年初增加 1594.6 亿元，同比多增 862.5 亿元；中长期贷款 13757 亿元，比年初增加 1879.6 亿元，同比少增 1061.7 亿元。金融机构（含外资）本外币存款余额 30832.4 亿元，比年初增加 2842.9 亿元，同比少增 1821.6 亿元。其中，人民币存款余额 30216.4 亿元，比年初增加 2915.3 亿元，同比少增 1658.5 亿元。从存款类别看，单位存款余额 13861.8 亿元，比年初增加 973.3 亿元，同比少增 1751.4 亿元；个人储蓄存款余额 15530 亿元，比年初增加 1706.8 亿元，同比多增 108.5 亿元。

7. 居民消费价格和生产价格上涨，下半年涨幅逐渐回落。从月度看，居民消费价格同比涨幅由 6 月份的 6.8% 回落到 12 月份的 3.6%。全年居民消费价格总水平比上年上涨 5.2%。其中，城市上涨 5.1%，农村上涨 5.5%；食品价格上涨 11%，非食品价格上涨 2.6%；消费品价格上涨 6%，服务项目价格上涨 3.3%。八大类价格指数“七升一平”，其中，食品、烟酒及用品、衣着、家庭设备用品及维修服务、医疗保健和个人用品、交通和通信、居住类价格分别比上年上涨 11%、1.8%、1.9%、3%、3.4%、0.1% 和 5.9%，娱乐教育文化用品及服务价格指数与上年持平。

从月度看，工业生产者出厂价格和工业生产者购进价格连续 5 个月涨幅回落，12 月份同比分别上涨 3.2% 和 2.9%，均为年内最低。全年工业生产者出厂价格比上年上涨 6.5%，工业生产者购进价格上涨 8.3%。

8. 用电量保持增长，货运量增长较快。全年全社会用电量 1861.5 亿千瓦时，比上年增长 8.5%。其中，工业用电量 1421.8 亿千瓦时，增长 8.3%。全年货物运输量 182130.1 万吨，比上年增长 16.8%。其中，铁路货运量 18716.2 万吨，增长 3.3%；公路货运量 151773 万吨，增长 19.2%。港口货物吞吐量 78374 万吨，增长 15.3%。其中，集装箱吞吐量 1200.3 万标准箱，增长 23.9%。

9. 城乡居民收入稳步增加，农村居民收入增速高于城镇居民。全年城镇居民人均可支配收入突破 2 万元，达 20467 元，比上年增长 15.5%，扣除价格因素，实际增长 9.9%。其中，工资性收入 13094 元，增长 11.8%；经营性收入 2285 元，增长 27.1%；财产性收入 334 元，增长 33.6%；转移性收入 7167 元，增长 14.6%。农村居民人均纯收入 8297 元，比上年增长 20.1%，扣除价格因素，实际增长 13.8%。其中，工资性收入 3180 元，增长 20%；家庭经营收入 4271 元，增长 22.5%；财产性收入 245 元，增长 4.5%；转移性收入 601 元，增长 11.8%。

二、2012年全省经济形势判断与展望

2011年是国际国内经济形势错综复杂的一年;2012年面临的国内外经济环境可能愈加严峻,各种不确定因素明显增加,经济发展中不平衡、不协调的矛盾和问题将更加突出。

从国际环境看,自去年二季度开始,大多数发展中国家和转型期经济体的经济增长速度明显放慢,发达经济体经济持续低迷,欧债危机日趋恶化,世界经济下行风险明显加大,复苏的长期性、复杂性更加凸显。

从国内环境看,去年以来,我国经济增长由政策刺激向自主增长转变,基本保持了平稳较快发展的局面。从总体看,经济增速的放缓既受到持续恶化的国际经济环境的影响,也有主动调控的因素。预计2012年出口增长要保持上年水平难度较大;受制造业需求下滑和房地产调控政策延续影响,两大产业的投资有可能出现低增长,投资回落的风险加大;而相对于出口和投资,消费增长比较稳定,这一趋势在2012年仍将持续。从物价看,大幅上涨的势头有所缓解,但国际大宗商品价格高位震荡以及我国经济正进入生产要素成本上升阶段,决定了控物价的长期性。此外,制造业PMI、规模以上工业增加值增速、发电量增速等一些经济指标在经过一段时间调整后出现了企稳回升的迹象。可以预期2012年在经济增长速度小幅回落的过程中,内外需求平衡将有所改善,消费对经济增长的贡献会有所提高,结构调整和发展方式转变上有可能取得实质性进展,下一个阶段我国宏观经济仍将继续保持平稳较快增长。

从省内环境看,尽管经济运行的复杂性和不确定因素增多,但保持经济社会平稳较快增长的基本面未变。面对当前国内外经济形势的深刻变化和省内经济运行中出现的新情况、新问题,我们既要积极应对、有效化解各种压力,更要坚定信心、巩固和扩大当前经济社会发展的良好态势,努力实现“稳中求进、稳中求快”的目标任务要求。

针对当前的经济形势,我省要有效化解来自四方面的压力:

*1. 工业运行趋紧、增速趋缓的压力。*进入2011年四季度,全省规模以上工业增加值增速有所减缓,从月度看,10月份、11月份增速分别为13.8%和12.7%,比9月回落0.2个和1.3个百分点。虽然12月份增速回升到16.1%,但全年增长14.9%,分别比上半年、前三季度回落0.7个和0.2个百分点。从总体看,2012年工业经济运行的外部环境仍然趋紧,石化、冶金行业运行困难,部分行业新订单减少,工业生产下行风险加大。

*2. 房地产调控延续、影响加深的压力。*限购令和对商业住房贷款的差别化利率政策等新一轮房地产调控措施的推行已近一年,对我省房地产业的影响逐步显现,主要表现在房地产成交量萎缩、新开工面积减少及房地产业外商直接投资下降。2012年,房地产市场发展的政策环境将继续从紧,调控政策的延续或将再度抑制市场需求,供求双方对于市场的观望心态加重,开发企业资金压力越来越大,计划开发量和新增供应量或会明显降低,我省房地产业将可能进入量跌价平的格局。

*3. 出口环境严峻、外需不振的压力。*去年以来,我省出口增速基本稳定在20%左右,但始终低于全国平均水平,全年出口增长18.4%,低于全国1.9个百分点。预计2012年,世界经济增长放缓导致外需萎缩的态势仍将持续,我省工业企业出口交货值增速将继续回落,对美国、欧盟等出口面临下滑风险。人民币升值压力加大,原料、能源、人力、土地成本上升,减弱了我省出口商品的价格竞争力。同时,外部竞争激烈,贸易保护加剧。我省的对外贸易形势将更加严峻。

*4. 物价持续上涨、抑制消费的压力。*去年以来,全省居民消费价格累计涨幅一直在4.5-5.5%之间。虽然近三个月物价有所回落,但总体看物价仍处于较高水平,特别是生活必需品的食品类价格增幅较高,全年累计增长11%,对城乡居民生活尤其是低收入群体生活带来不同程度的影响,一定程度上抑制了消费需求。2012年,翘尾因素的影响较小,但新涨价因素较多。此外,输入性通胀压力依然较大,国际市场流动性过剩仍然突出,部

分地区政治社会局势动荡将推动国际初级产品上涨，物价上行压力不容忽视。

针对当前的经济形势，我省要巩固来自四方面的良好发展态势：

1. 巩固装备制造业和农产品加工业较快增长的态势，支撑实体经济发展。去年以来，装备制造业始终引领工业增长，支撑作用凸现；农产品加工业生产高于全省平均水平，增加值规模超过冶金、石化工业，支柱地位进一步提升。全年装备制造业对规模以上工业增加值增长的贡献率为 40.4%，拉动增长 6 个百分点；利润总额增长 39.9%，占全省的比重为 41.8%，贡献率达 53.5%。农产品加工业对规模以上工业增加值增长的贡献率为 23.3%，拉动增长 3.5 个百分点；利润总额增长 53.4%，占全省的比重为 20.7%，贡献率达 32.4%。2012 年，要继续保持装备制造业和农产品加工业持续较快增长的势头，进一步提升对工业增长的支撑能力，巩固工业在实体经济中的主体地位。

2. 巩固消费平稳增长的态势，夯实经济发展稳中求进的基础。去年以来，消费稳定增长，各季社会消费品零售额增速均保持在 17% 左右，促进了经济平稳较快增长。2012 年，国家把着力扩大内需特别是消费需求作为实现经济稳中求进的基点。同时，我省深入推进三大区域战略、稳步提高城乡居民收入、实施提高企业退休人员基本养老金标准等一系列民生工程将为消费增长提供有力保障

3. 巩固投资持续较快增长的态势，推动经济发展稳中求快。2010 年 7 月以来，我省投资增速一直维持在 30% 以上的较高水平，并且投资结构进一步优化。去年三次产业固定资产投资比重由上年的 2.8 ∶ 44.7 ∶ 52.5 调整为 2.7 ∶ 42.8 ∶ 54.5，第三产业投资所占比重提高了 2 个百分点。2012 年，随着老工业基地振兴和三大区域等重大战略的深入实施以及 2013 年辽宁承办全运会所带来的契机，我省将继续扩大投资，增强经济发展后劲，为谋求经济的更快发展提供强劲动力。

4. 巩固三大区域竞相发展的态势，引领老工业基地的全面振兴。初步核算，全年沿海经济带六市生产总值突破万亿元，达到 11182.6 亿元；实现公共财政预算收入 1180.9 亿元。沈阳经济区八市实现生产总值 13948.3 亿元，公共财政预算收入 1431.7 亿元。辽西北三市生产总值突破 2000 亿元，达 2155 亿元；实现公共财政预算收入 242.1 亿元。2012 年，随着三大区域战略的全面推进，区域发展的潜能、活力和协调性进一步增强，将推动全省经济实现平稳较快发展。

三、关于促进全省经济平稳较快发展的建议

2012 年是实施“十二五”规划承上启下的重要一年。当前，各地区、各部门要深入贯彻中央经济工作会议精神，按照省第十一届党代会和全省经济工作会议的部署，认真研究国内外经济形势的新变化新趋势，加强和改进宏观调控，增强调控的针对性、灵活性、前瞻性，把握好省委、省政府提出的“稳中求进、稳中求快”的工作总基调，充分利用经济发展的重要战略机遇期，在转变经济发展方式上取得新进展，在深化改革开放上取得新突破，在改善民生上取得新成效。对此，提出以下建议：

1. 促进工业经济较快发展，夯实实体经济基础。工业是实体经济的重要组成部分，实体经济的较快发展离不开工业的强劲支撑。在当前工业下行风险不断加大的形势下，努力保持工业经济平稳较快发展，要从最具优势的行业着手，努力保持住装备制造业和农产品加工业发展的良好势头，进一步提升其对工业的贡献；要从最困难的方面入手，努力化解冶金、石化工业下滑风险；要从最具潜力的产业着力，积极培育发展战略性新兴产业；要从最薄弱的环节抓起，进一步改善中小企业发展环境；要从最关键的问题突破，下更大力气抓好节能减排。一是促进支柱产业平稳较快发展。着力发展基础制造装备、重大成套装备和交通运输装备，大力发展农产品加工业，大力建设新型石化产业基地，延伸和完善产业链。不断调整产品结构，发展高端冶金产品，扩大经

济效益好的产品品种产量。二是加快产业集群和产业聚集区的发展，提高工业规模集中度，把优势产品生产企业做大做强，努力打造具有较强国际竞争力的核心产业和有重要影响力的特色产业集群。三是立足我省资源与产业基础，大力发展新兴产业，促进现有产业集群与新兴产业的融合，尽快形成一批创新型产业集聚区、一批创业孵化基地。四是大力扶持中小企业发展。重点支持科技含量高、产品附加值高和有市场潜力的中小企业发展，鼓励中小企业的技术改造和技术创新。五是构建节能型产业结构，进一步完善节能降耗的长效机制。继续实施工业“五项工程”，用高新技术、低碳技术对传统和优势产业进行改造升级，加快高新技术产业和装备制造业的发展，降低高耗能工业行业的比重。

2. 促进服务业大发展，促进产业结构加快调整。一是促进房地产业稳定健康可持续发展。要保持房地产开发投资增长与全社会固定资产投资增长基本协调。要继续落实好房地产调控政策，力争房价增长速度不高于城镇居民可支配收入增长速度。坚持保障性安居工程、商品住宅地产、商业地产和工业地产共同发展，强化城市、郊区、县城空间联动，突出沿海经济带、沈阳经济区和辽西北地区区域整合，促进房地产业在各类发展模式和区域上的均衡发展。二是促进文化产业繁荣发展。要重点推进文化产业园区、产业基地和工程项目建设。要做强文化产业的核心层，提升整体实力和竞争力。要做大外围层，促进文化创意产业、动漫产业，会展业发展。要做优相关层，着力推进文化产品的生产和销售。三是旅游业应加快与文化产业的融合，推动自身加快发展。从旅游目的地建设到旅游产业相关的旅宿业、饮食业、运输业、娱乐业、游览业和购物业等各个方面，提升旅游产品的文化价值，形成大旅游、大市场、大产业。

3. 狠抓大项目建设，在投资结构和效益上实现突破。一是加快重大项目投资建设。要加快基础设施、服务业、社会事业、生态环境等方面的投资，着力引进一批投资大、技术含量高、经济效益好、产业关联度大、带动力强、符合新型工业化要求的大项目，形成新的投资热点。二是注重投资的结构和效率。紧紧围绕产业结构调整的目标，积极引导投资方向，重点投向现代农业、新兴产业、现代服务业和绿色经济产业，以投资结构的优化促进产业结构的合理化、高级化。要进一步提高体现技术进步的设备工器具购置在投资中所占比重，提高改建和技术改造投资等内涵效益型投资所占比重，提高项目的投产率和固定资产交付使用率。三是拓宽融资渠道。创造条件争取中央政府更多的资金支持。进一步扩大民间投资的领域和范围，引导民间投资进入铁路、市政、金融、能源、社会事业等领域。

4. 促进消费稳中有升，积极扩大内需。一是努力提高城乡居民收入水平，多途径保障城乡居民收入较快增长。要继续加大对扩大就业和鼓励创业的政策支持力度。要建立合理的企业工资形成与增长机制。加大财政收入转移支付比例。继续加大财政对“三农”的支持力度。二是加快城镇化步伐。我省城镇化率由 2000 年的 54.91% 上升到 2010 年的 62.15%，提高了 7.24 个百分点。目前城镇居民消费水平是农村的 3 倍，城镇化率提高必然会促进消费需求的释放与升级。三是积极培育新的消费热点，大力发展生活服务业。在推动传统服务业升级同时，加快新型服务业发展，大力开拓享受发展型的消费市场。四是多举措刺激和鼓励消费。要继续扩大各项社会保险覆盖范围，完善城乡最低生活保障制度和全社会救助体系。加大公共事业的投入力度，提高公共服务与社会救助水平，增强消费能力与抵御风险灾害的能力。

5. 努力扩大出口规模，推动经济较快发展。一是加大开拓市场力度。支持企业巩固传统市场，积极开拓新兴市场，培育周边市场。二是加快产品出口结构优化进程。引导外向型企业以加工贸易转型升级带动一般贸易发展，不断优化出口产品结构。同时，加快发展服务贸易，大力培育一批具有自主知识产权和知识品牌的服务贸易龙头企业，提高服务贸易在国际贸易中的比重。三是加快自主创新步伐。要加大市场的净化力度，做好保护知识产权工作，同时要加大对创新型企业的支持力度，在国际竞争中抢得先机。

6. 切实保障和改善民生，统筹做好农业生产、控制物价、收入分配、扩大就业等各项工作。一是加快发展现代农业，为经济稳步发展奠定基础。重点推进现代化示范区建设，改善农产品流通和市场调控。二是不放松价格调控，努力稳定物价。完善重要商品储备制度和主要农产品临时收储制度，及时监控粮价、肉价等生活必需品价格。规范流通秩序，建立健全补贴标准与物价上涨挂钩的联动机制。三是创新思路，调整分配结构。在国民收入初次分配中，应加大劳动者报酬比重，提高劳动者收入水平。在再分配中，应保证对离、退休人员的转移支付资金的增长速度和养老金缴纳金额的增长速度与经济增长、物价上涨同步。同时，应突出解决收入的两极分化，提高低收入群体的收入水平。四是拓宽就业渠道，完善就业援助的帮扶机制。坚持创业带动就业的思路，出台创业优惠政策，加快培育就业持续增加的内在动力。要继续完善援助工作机制。要积极开发公益性岗位，全方位提供就业援助服务。

（撰稿人：张晶　辽宁省统计局局长）

大连英特尔芯片工厂（辽宁省统计局提供）

吉林省经济社会发展报告

2011年，面对复杂多变的国际国内经济形势，全省人民在省委、省政府的正确领导下，坚持以科学发展观为统领，以“三动、三化”战略为主线，凝心聚力，攻坚克难，开拓创新，大力推动经济发展方式转变和结构调整，保持了经济平稳较快的发展，取得了众多突破性、历史性的成绩，实现了“十二五”规划的良好开局。

一、 经济总量跃上新台阶

2011年全省经济总量首次跃上万亿元台阶，实现地区生产总值10530.71亿元，按可比价格计算，比上年增长13.7%，比当期全国平均增长水平高出4.5个百分点，比辽宁和黑龙江分别高出1.6个和1.5个百分点，增速居全国第8位。其中，实现第一产业增加值1277.40亿元，同比增长5.1%；实现第二产业增加值5601.20亿元，增长17.5%；实现第三产业增加值3652.11亿元，增长10.9%。

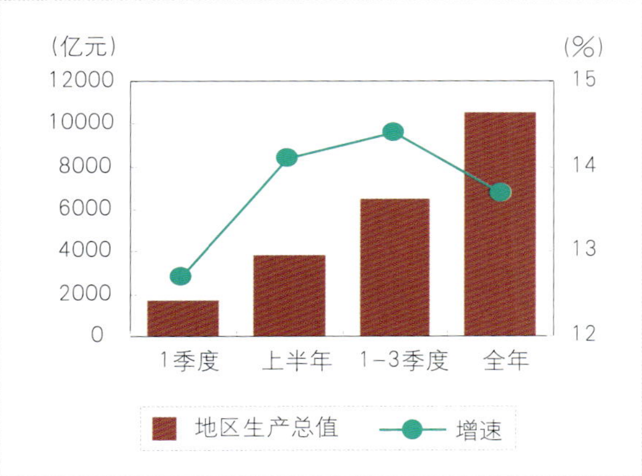

图1 2011年分季度地区生产总值及增速情况

从总量看，2011年全省GDP总量突破1万亿元，标志着吉林省进入万亿元GDP“俱乐部”，同时也标志着吉林省经济发展进入一个新的阶段。

从人均看，初步测算，全省人均GDP达到38321元，按可比价计算增长13.4%，按2011年平均汇率折算，约折合5933美元，比2010年增加1308美元，2011年全省人均GDP已经接近7000美元的新台阶。

从结构看，全省三次产业的结构比例由2010年的12.1：52.0：35.9，调整为12.1：53.2：34.7。第一产业保持了与上年相同的比例；第二产业比例提高1.2个百分点；第三产业比例回落1.2个百分点。第二产业的高速增长和在经济总量中占有绝对优势是由全省工业化的阶段性特征决定的，但同时也说明老工业基地振兴战略在吉林省的成效显著。

二、农业生产稳步增长，粮食产量再创新高

吉林省全年粮食生产喜获特大丰收，粮食总产量创历史最高水平，达到634.2亿斤，比2010年增产65.7亿斤，产量占全国的5.55%，增量占全国的比重继续保持两位数，达到13.33%，在确保国家粮食安全中发挥了重要作用。畜牧业生产相对稳定，在全国猪肉产量下降0.4%的情况下，吉林省的猪肉产量增长了1.8%，产量达到122.0万吨。

三、工业引领全省经济加快发展，效益水平跨上新台阶

2011年全省累计实现规模以上工业增加值4531.64亿元，按可比价格计算，同比增长18.8%，增速比当期全国平均增长水平高出4.9个百分点，居全国第14位。

从各月当月的情况看，2011年全省工业生

产呈现出低开高走，到下半年又逐渐回稳的增长态势。受到汽车产业的影响和 2010 年同期基数较高的双重影响，2011 年开局之时全省工业经济低速增长，1 月份规模以上工业增加值同比增速为 11.9%，此后逐渐回升，到 7 月份时最高，增速达到 26.8%。此后，随着国内和国际经济形势的不利影响，规模以上工业增加值的增速逐渐回落。

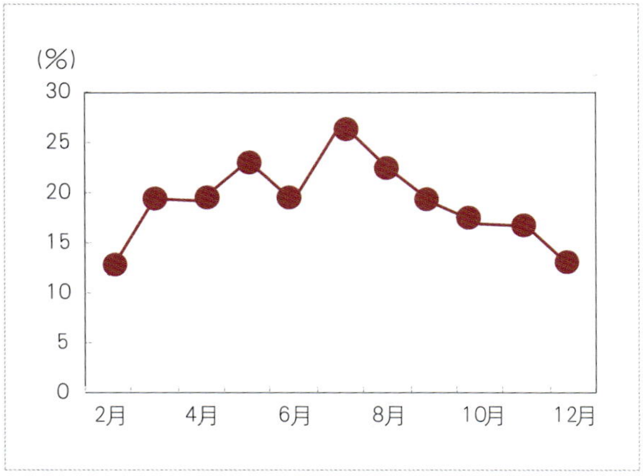

图 2　2011 年各月规模以上工业增加值增长速度情况

全年工业经济运行的特点：

一是工业销售始终保持高水平。自 5 月份以来，全省规模以上工业的产销率始终保持在 98% 以上的较高水平，并呈现出稳步上升的态势，在全国的位次也保持在前列。全年规模以上工业产销率达到 98.4%，高于同期全国平均水平 0.4 个百分点。在列入工业产品产量定期统计的 279 种主要工业产品中，有 74% 的产品产量实现增长或较大增长。

二是优先发展产业占到绝大比重，重点产业实现共同发展。在老工业基地振兴政策的促动下，全省工业经济的优化程度得到稳步提高，全省确立的优先发展的八大重点产业比重不断上升，2011 年其实现增加值占全部规模以上工业的比重已经达到 82.6%，已占有绝对的优势地位。全年八大重点产业增加值对全省工业经济增长的贡献率达到 78.7%，拉动全省工业经济增长 14.8 个百分点。其中，汽车产业对规模以上工业增加值增长的贡献率达到 17.7%；石油化工产业的贡献率达到 9.8%；食品产业的贡献率高达 18.7%；冶金建材产业的贡献率也达到 14.3%。八大重点产业无论从总量上还是从贡献上，都已经发展成为全省工业经济的绝对主体。同时，八大产业的同步发展壮大，也有效抵御了单个产业生产波动对全省工业经济的影响。

三是小型企业生产呈快速增长势头。2011 年全省规模以上工业企业中，大型企业实现增加值的增速仅为 9.7%，中型企业增速也仅为 10.1%，而小型企业的增速则达到 31.7%，并且小型企业实现增加值占全部规模以上工业的比重已达到 47.0%，比上年提高 2.0 个百分点，已接近规模以上工业的半壁江山。民营经济是小型企业的主体，以其灵活性为工业经济注入了更多的活力。全年规模以上工业中的民营工业实现增加值达到 2690.59 亿元，同比增长 28.9%，高于全部规模以上工业增速 10.1 个百分点，占规模以上工业的比重已达到 59.4%。

四是工业效益实现新突破。全年规模以上工业企业盈亏相抵实现利润总额达到 1121.25 亿元，同比增长 44.6%，首次跃上超千亿元的新台阶。从综合效益指数看，2011 年 2 月份全省工业经济综合效益指数首次突破了 300%，并且在 2011 年保持了上升的态势，全年工业经济综合效益指数达到 320.13%。

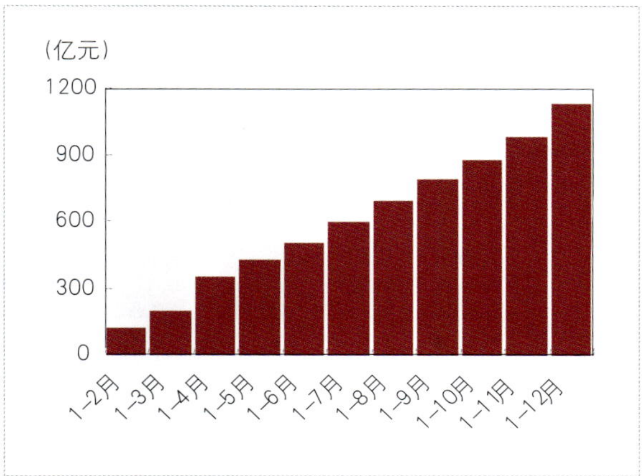

图 3　2011 年各月全省累计实现工业利润额

四、固定资产投资保持旺盛增长

2011 年，全省实现全社会固定资产投资

7441.71 亿元，同比增长 30.3%。其中不含农村农户的固定资产投资额为 7221.64 亿元，同比增长 30.4%，增速比当期全国平均增长水平高出 6.7 个百分点，在全国居第 10 位。投资额占全国的比重为 2.4%，比上年提高了 0.1 个百分点。

从各月的累计投资情况看，2011 年全省的固定资产投资保持了平稳的增长，各月的增长速度基本都保持在 30% 左右。

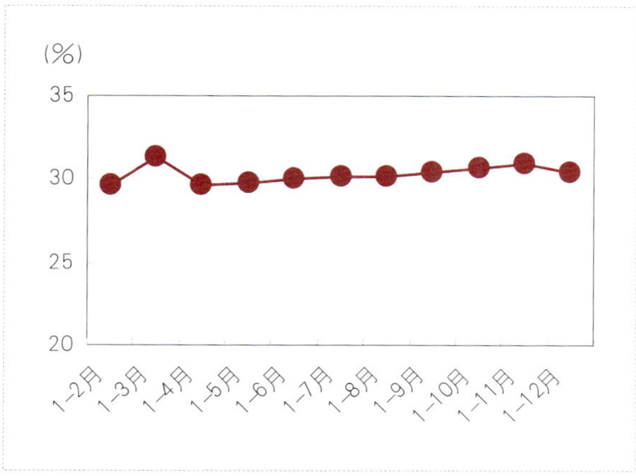

图 4　2011 年各月累计固定资产投资（不包括农户）增速

从产业构成看，全年完成第一产业投资 197.07 亿元，增长 106.2%；完成第二产业投资 4041.63 亿元，增长 27.2%；完成第三产业投资 2982.94 亿元，增长 31.7%。第三产业投资额的快速增长为全省加快服务业发展提供了有力的支持。

从项目建设性质看，全年新建项目完成投资 2515.89 亿元，同比增长 31.4%；扩建项目完成投资 1420.50 亿元，增长 22.5%；改建和技术改造项目完成投资 1773.09 亿元，增长 41.8%。改建和技术改造项目投资的高速增长，标志着其已经成为拉动全省投资快速增长的主要动力，也表明吉林省投资的扩张正在有效地带动全省产业结构升级的步伐。

从投资主体看，全年民间投资达到 5194.25 亿元，民间投资的比重达到 71.9%，比上年提高 4.9 个百分点。民间投资牢牢占据七成以上的较大比重，有效地带动了全省民营经济的快速发展。

五、社会消费需求稳定增长

2011 年，全省实现社会消费品零售总额 4116.12 亿元，比上年增长 17.5%，增速高于当期全国平均增长水平 0.4 个百分点。其中，限额以上企业实现消费品零售额 1515.18 亿元，增长 28.9%，限额以上企业的零售额全年都保持了高速的增长，增速基本高于全社会零售额的增速 10 个百分点左右，限上企业零售额的比重也达到 36.8%，比 2010 年提高 3.2 个百分点。

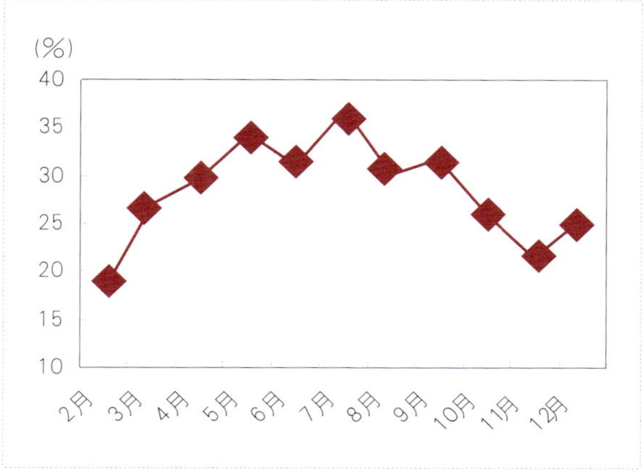

图 5　2011 年各月限额以上企业消费品零售额增速情况

从销售区域看，全年实现城镇社会消费品零售总额 3728.22 亿元，同比增长 17.1%；实现乡村社会消费品零售总额 387.90 亿元，增长 21.7%。各项惠农政策的落实，有力地推动了乡村消费品市场的快速增长。

从零售类值看，限额以上企业的商品零售类值中，增长比较快的是粮油和食品类、金银珠宝类、家具类、石油及制品类、建筑及装潢材料类，同比分别增长 33.9%、54.6%、34.5%、38.3% 和 37.3%，增长水平都在 30% 以上，有力地推动了消费需求的平稳增长。

六、对外贸易高速发展，进出口总额跨上新台阶

2011 年，在全省经济的持续稳定健康发展中，外贸经济实现了高速增长，跨过了 200 亿美元的新台阶。全省累计完成外贸进出口总值 220.47

亿美元，比上年增长30.9%，高于当期全国平均增长水平8.4个百分点。其中，全年累计完成出口总值49.98亿美元，增长11.7%；累计完成进口总值170.49亿美元，增长37.8%，增速高于当期全国平均增长水平12.9个百分点。

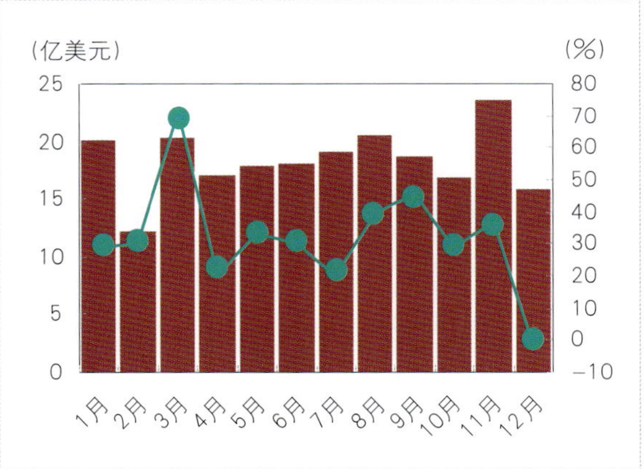

图6 2011年各月进出口总值及增速情况

七、实际利用域外资金规模继续扩大

2011年，全省各级经济组织始终把加大域外资金利用力度作为促进自身加快发展的重要手段，努力扩大利用域外资金规模，取得了明显的成果。全年实际利用外资达到49.47亿美元，同比增长18.8%。其中，全年外商直接投资14.81亿美元，增长15.7%。全年全省实际利用外省资金达到2921.09亿元，比上年增加711.5亿元，增长32.2%。实际利用外资和实际利用外省资金的双双快速增长，为加快吉林经济发展提供了强有力的项目和资金支持。

八、财政收入大幅增长，民生投入力度进一步加大

2011年，全省完成一般预算全口径财政收入1620.1亿元，同比增收414.1亿元，增长34.3%。完成一般预算地方级财政收入850.1亿元，同比增收247.7亿元，增长41.1%，其中税收收入624.2亿元，同比增收184.9亿元，增长42.1%。

2011年，全省财政支出2201.7亿元，同比增长23.2%。其中，民生支出达到1715.2亿元，占全部财政支出总量的比重达到77.9%，比上年提高了25个百分点，有力地保障了重点民生支出的需要。

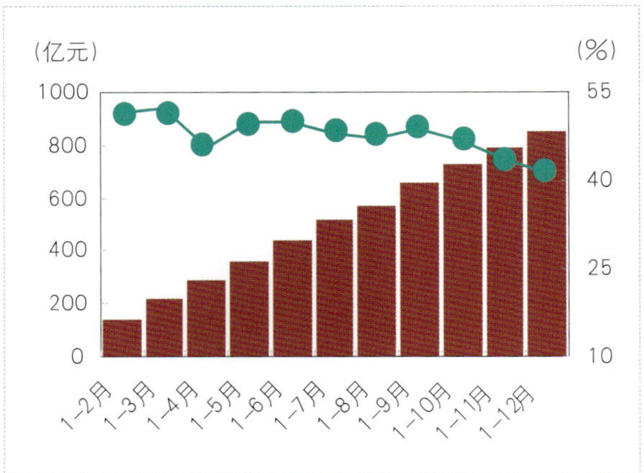

图7 2011年各月累计地方财政收入及增速情况

九、金融业平稳运行

2011年末，全省境内金融机构本外币存款余额10961.95亿元，比年初净增加1259.53亿元；其中，居民储蓄存款余额5884.33亿元，比年初净增加687.20亿元。金融机构本外币贷款余额8240.92亿元，比年初净增加1129.32亿元；其中，中长期贷款余额5060.98亿元，比年初净增加741.52亿元，中长期贷款余额的大幅增长为全省项目建设提供了有力的资金保障。

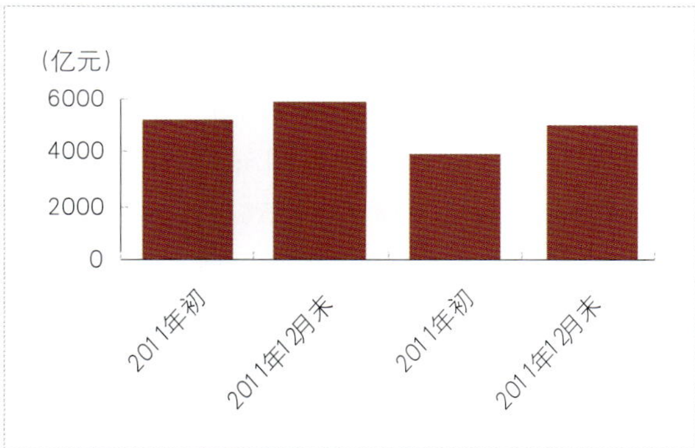

图8 2011年城乡居民储蓄存款余额和中长期贷款余额年初和年末比较

十、消费价格涨幅相对稳定

2011年全省居民消费价格总水平累计上涨

5.2%，是“十一五”以来涨幅最高的年份，但比当年全国平均涨幅低0.2个百分点。

从各月当月的情况看，2011年全省物价水平呈现前高后低的态势，年初物价涨幅在4%左右，此后逐渐升高，七月份最高达到6.6%，此后一直到10月份维持在6%以上的较高水平上。年底随着国家和全省稳定物价政策的不断落实到位，涨幅逐渐回落到4.5%左右，略高于年初水平。

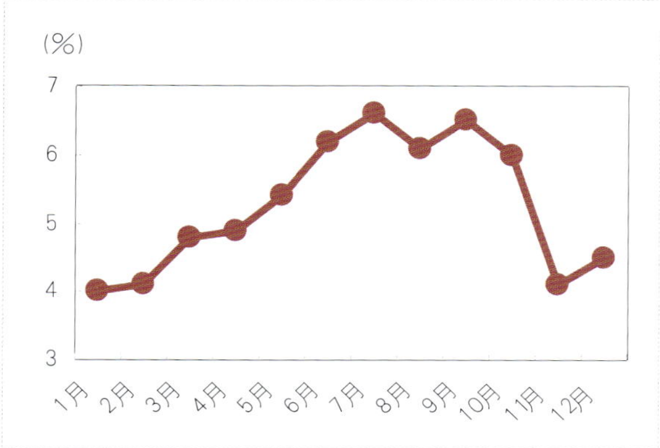

图9 2011年各月同比价格水平涨幅变动情况

从区域看，城市、农村居民消费价格分别上涨5.2%和5.4%，分别比全国平均涨幅低0.1和0.4个百分点。

从结构看，食品类价格全年累计上涨10.9%，影响居民消费价格总水平上涨3.3个百分点，是推动全省物价持续高位运行的最直接因素。其中，肉禽及其制品上涨23.1%，影响CPI上涨1.4个百分点。

全年工业生产者出厂价格上涨5.4%，比全国平均涨幅低0.6个百分点；工业生产者购进价格上涨6.1%，比全国平均涨幅低3.0个百分点。

十一、城乡居民收入稳定增长

2011年在全省经济实现持续较快发展的同时，城乡居民收入水平也得到了稳定提高，民生继续得到显著改善。全年全省城镇居民人均可支配收入达到17797元，同比增长15.5%，其增幅高于上年增长水平5.5个百分点，高于当期全国平均增长水平1.4个百分点；农业的丰产有效提高了农民的收入水平，全年全省农村居民人均纯收入达到7510元，同比增长20.4%，其增幅高于上年增长水平2.0个百分点，高于当期全国平均增长水平2.5个百分点。

十二、民生实事稳步推进

2011年，全省经济的强劲增长带动了就业规模的进一步扩大，全年城镇新增就业55.27万人，完成年计划的110.5%；城镇登记失业率为3.7%，低于年计划0.9个百分点。全年小额担保贷款新发放11.5亿元，完成年计划的262.2%；援助零就业家庭1017户，保持该类家庭动态为零；公益性岗位在岗人数达到11.7万人。

保障性安居工程超额完成，按照国家下达的31.51万套任务，累计开工33.1万套，开工率为105%。“暖房子”工程全面推进，全年新增热源能力9055万平方米，小锅炉撤并改造1598座，供热管网改造2766公里，完成既有居住建筑供热计量及节能改造3515万平方米，老旧小区环境综合整治1533万平方米，分别超出年计划的52%、7%、63%、76%和52%。

（撰稿人：冯巍　吉林省统计局局长）

黑龙江省经济社会发展报告

2011年，是“十二五”的开局之年，国内外经济运行环境趋紧，不确定因素错综复杂，改革、调整、稳定任务繁重，黑龙江省上下深入实施“八大经济区”和“十大工程”战略，加快发展“十大重点产业”，加快调结构、转方式、促发展、惠民生的政策落实步伐，不断增强产业发展动能，全省宏观经济保持了平稳较快增长态势，列入国家统计制度监测的10项主要经济指标，有7项高于全国平均水平。

一、宏观经济运行十大特点

1. 整体经济平稳较快发展，仍处在较高增长平台。2011年，我省实现地区生产总值（GDP）突破12000亿元关口，达到12503.8亿元，按可比价格计算比上年增长12.2%，增速高于年初预期0.2个百分点，增幅连续十年保持在10%以上，完成了提速保位的发展目标。其中，第一产业增加值1705.6亿元，增长6.2%；第二产业增加值6317.3亿元，增长13%；第三产业增加值4481亿元，增长13.1%。

2011年，我省第三产业呈现发展进一步加快的势头，其增加值增幅同比提升1.5个百分点，对经济增长贡献率为40.0%，拉动GDP增长4.9个百分点。分行业看，除房地产业、金融业、交通运输仓储和邮政业等行业增速个位数增长外，其他行业均为两位数增长，其中批发和零售业增加值增长20.7%，营利性服务业增长15.6%，住宿和餐饮业增长14.4%，非营利性服务业增长10.8%。

2. 粮食产量八连增，实现四个全国第一。2011年，我省粮食总产量达到1114.1亿斤，比上年增加111.5亿斤，增长11.1%，连续八年获得大丰收，产量跃居全国第一位，占全国总产量的9.8%；粮食增产量占全国总增量的22.5%；粮食商品量893.2亿斤，商品率80.2%，达到了粮食总产、增幅、商品量、调出量四项全国第一，实现了重大的历史性突破。粮食增产丰收主要得益于三方面：一是粮食作物种植结构继续调整，高产作物水稻、玉米播种面积分别增长6.4%和5%。二是我省多数地区风调雨顺，为作物生长、成熟提供了有利气象条件。三是国家和省持续加大惠农政策的实施力度、加大农业投入。

畜牧业稳定发展。2011年，据国家统计局黑龙江调查总队畜禽监测，我省生猪存栏比上年增长0.5%，生猪出栏增长2.1%；禽肉和禽蛋产量分别为31万吨和105.4万吨，分别增长3%和0.1%；猪、牛、羊、禽肉总产量198.9万吨，增长1.7%。

3. 工业生产稳定增长，发挥重要支撑作用。2011年，我省规模以上工业（下同）实现增加值4808.6亿元，比上年增长13.5%，高于13%的年度目标，自3月份之后累计增幅稳定在13.2%—13.6%之间。若扣除天然原油和天然气开采业，增长23.5%，排在全国前列。工业生产的主要特点：一是集体企业增长快于国有及国有控股企业。国有及国有控股企业增加值3443亿元，增长12.9%；集体企业增加值153.9亿元，增长14%。二是小型企业增长较快。大中型企业增加值4024.8亿元，增长13.2%；小型企业增加值783.8亿元，增长15.1%。三是四大主导产业“两快两缓”。装备、石化、能源、食品等四大主导产业增加值4253.2亿元，占全省规模以上工业的88.4%，其中石化工业和食品工业分别增长15.9%和19.6%；装备工业和能源工业分别增长9.8%和7.7%。四是高用能行业生产增长较快。六大行业（非金属矿物制品业，有色金属冶炼及压延加工业，化学原料及化学制品制造业，电力、热力的生产和供应业，石油加工、炼焦及核燃料加工业，黑色金属冶炼及压延加工业）完成增加值960.7亿元，增长14.8%，增速高于全省规模以上工业1.3个百分点。

4. 投资高幅增长，大项目形成强势拉动。2011年，我省完成全社会固定资产投资7523.8亿元，比上年增长31.8%，其中固定资产投资（不含农户）7206.3亿元，增长33.7%，高于全国9.9个百分点，居全国第6位。投资快速增长的主要支撑因素：一是项目个数增加明显，施工项目8844个，增长25.6%，其中新开工项目7191个，增长24.6%。亿元以上施工项目1673个，比上年增加577个；完成投资3523.8亿元，增长36.2%，拉动全省投资增长17.4个百分点。二是民间投资贡献大，民间投资完成3694.4亿元，增长43.2%，快于国有控股投资18.7个百分点。三是第一、二产业投资增长快。三次产业投资分别增长97.6%、38.5%和24.7%。四是多数市地增长较快。13个市地中有12个投资增速超过了30%。

房地产市场快速增长。2011年，我省房地产开发投资1219.4亿元，比上年增长44.6%。商品房施工面积12065.3万平方米，增长59.9%，新开工面积7195.3万平方米，增长43.4%。商品房销售面积3395.4万平方米，增长24.9%。商品房平均销售价格3998元/平方米，增长7.6%。

5. 消费品市场繁荣活跃，内需动力增强。2011年，我省实现社会消费品零售总额4750.1亿元，比上年增长17.6%，增幅高于年初目标2.6个百分点。消费市场主要特点：一是限额以上企业所占比重提高，实现零售额1536.4亿元，增长31%，高于全省消费品零售额增幅13.4个百分点，占全部零售额的32.7%，比上年提高6.3个百分点。二是物价上涨和生活水平的提高促使几类商品零售额增长较快。生活必需品中，饮食类、服装类商品零售额分别增长33.8%、34.6%。石油制品类、金银珠宝类、家用电器类和化妆品类商品零售额分别增长45.8%、45.7%、26.4%和23.9%。三是受汽车购置税优惠政策取消的影响，加上石油及制品价格不断上涨，汽车零售额增速放缓，增长23.2%，增速同比回落5.6个百分点。

6. 进出口规模继续扩大，市场加快多元化。2011年，我省实现进出口总值385.1亿美元，比上年增长50.9%，超过15%的年度目标，增幅快于全国28.4个百分点。主要特点：一是出口高位回落，进口增长快。出口176.7亿美元，增长8.5%；进口208.4亿美元，增长1.3倍（主要得益于原油、铁矿砂的量价同长）。二是一般贸易高速增长，边境小额贸易平稳增长。我省一般贸易进出口总额295.9亿美元，增长66.2%；边境小额贸易进出口总额64.5亿美元，增长28.5%。三是对新兴市场开拓力度加大。我省对主要贸易伙伴俄罗斯、美国、印度、德国和沙特进出口分别为189.9亿美元、34.3亿美元、10.6亿美元、9.3亿美元和8.6亿美元，分别增长1.5倍、52.8%、33%、48.5%和1.8倍。

7. 结构调整喜结硕果，发展方式有新变化。一是重大比例关系出现积极变化。2011年，我省地方财政收入与GDP比例为13%，同比提高2.5个百分点；税收占一般预算收入比重为74.4%，比“十一五”时期提高1.7个百分点。工业投资占固定资产投资比重为41%，比前三季度上升2.4个百分点。二是六大新兴产业发展势头好。我省新能源、新材料、新型环保、生物、信息、现代装备制造等六个战略性新兴产业实现增加值526.1亿元，比上年增长17.2%，高于全省规模以上工业增速3.7个百分点，占全省规模以上工业企业的10.9%。三是投资、出口结构有所优化。民间投资完成3694.4亿元，增长43.2%，增幅分别高于国有控股和外商及港澳台投资18.7和4.7个百分点，占全部投资的51.3%，比上年提高3.1个百分点，占全部投资的半壁江山。私营企业成为出口主力，实现出口145.2亿美元，增长9.2%，高于国有企业增幅5.1个百分点，占全省出口总值的82.2%，比上年提高0.6个百分点。

8. 经济效益提升，工业利税达到历史最好水平。一是企业利税增幅处于高位。2011年，我省规模以上工业企业实现利税2564.6亿元，比上年增长28.9%，其中利润1270.5亿元，增长23.4%。全省规模以上地方工业企业实现利税652.9亿元，增长30.4%，其中利润368.9亿元，增长37.4%。二是财税收入增长较快。我省完成地方财政收入1620.3亿元，增长32.5%，增速高于年度目标17.5个百分点；一般预算收入997.4亿元，增长32%，增幅快于上年14.2个百分点，其中税收收入741.7亿元，增长33.2%；非税收收入255.7亿元，增长28.7%。

9. 基础设施建设和资金筹集力度大，为经济发展创造宽松环境。一是基础设施建设取得重大成就。2011年，我省公路三年决战胜利告捷，全年新建高速公路1818公里，总里程近4000公里，居全国前列；建成一、二级公路671公里，通村公路4000公里，形成了高速公路网、普通国省干线公路网、农村公路网“三大路网”。铁路在建正线延展里程928公里，哈齐客运专线、哈西客站等项目进展顺利，前抚铁路建成通车，加格达奇机场建成。二是金融支持经济发展力度增强。年末，我省金融机构本外币各项贷款余额8761.1亿元，同比增长20.1%，增幅高于全国4.4个百分点，连续三年高于全国。全省金融机构实现重点产业项目银企对接198项，对接金额1205.7亿元；重点产业项目贷款余额705.5亿元，同比增长22%；涉农贷款余额3301.6亿元，增长21.1%；中小企业贷款余额2470.4亿元，增长30.6%。三是利用外资增长迅速。我省实际利用外资34.6亿美元，增长25.3%，增幅快于上年15.4个百分点，其中，外商直接投资32.5亿美元，增长22%。世界500强企业有36家在我省投资52个项目。全年新批1000万美元以上项目49个，合同外资额12.9亿美元，比上年增长19.9%。

10. 发展归宿形成共识，民生工程扎实推进。一是地方财政支出进一步向民生领域倾斜。2011年，我省地方财政支出3398亿元，比上年增长26.3%，其中一般预算支出2794.1亿元，增长24%，社会保障和就业、医疗卫生、教育等重点支出增长较快，分别增长28.1%、26.3%、25%。拨付资金33.3亿元促进就业再就业；拨付资金106.5亿元提高新农合和城镇居民医保补助标准；将城乡最低社会保障补助标准分别提高15元和12元；向特定群体及时发放物价补贴；省级财政拨付资金154.3亿元，推进保障性安居工程建设。二是城乡居民收入增长加快。我省城镇居民人均可支配收入15696元，比上年增长13.3%，增幅高于上年3个百分点，高于年初目标3.3个百分点。工资性收入是城镇居民收入的主要来源，城镇居民工资性收入增长12.6%，所占比重达59.8%；转移性收入增长12.4%，所占比重为30.5%；经营性收入增长20.7%；财产性收入增长38.4%。农村居民收入大幅增加。我省农村居民人均纯收入7591元，比上年增长22.2%，增幅高于上年2.9个百分点，高于全国平均水平4.3个百分点。其中，家庭经营性收入和工资性收入分别为4784元和1497元，分别增长21.4%和20.5%。三是保障房建设力度空前。我省把建设保障性安居工程作为惠民行动的重中之重，通过拆一还一、货币补偿和保障优抚对象等措施，结合棚户区改造强力推进保障房建设，全年开工86.9万套，居全国第一位。

二、经济运行中存在的主要问题

总的看，我省经济发展的基本面良好，经济发展的基础不断巩固，经济发展的活力不断增强，经济发展的有利因素比较多，但出现的一些新情况、新问题也应引起关注。

1. 市场物价虽有所回落，但仍在高位。2011年9月开始，我省月度居民消费价格指数（CPI）在连续上涨39个月后，涨幅连续4个月回落。全年CPI比上年上涨5.8%，涨幅高于全国平均水平0.4个百分点。我省物价上涨主要是由食品、居住涨价引起的。从八个类别看，食品类、居住类价格涨幅居前，分别上涨12.4%和6.1%。医疗保健和个人用品上涨4.5%，烟酒及用品上涨3.6%，衣着上涨2.1%，家庭用品及服务上涨2%；文教娱乐用品及服务下降0.2%，交通和通信价格下降0.2%。

2. 企业景气度下降，经济发展面临下行压力。主要体现在：一是2011年四季度，我省企业景气指数和企业家信心指数继三季度下降之后，继续走低，企业景气指数128.9，比上季度下降2.6点，企业家信心指数129.9，比上季度下降2.2

点。二是工业企业亏损额增加。2011年，受原油、煤炭等原材料、燃料价格上涨，以及国家信贷规模收紧等因素的影响，工业企业尤其是下游企业生产成本大幅攀升，我省规模以上工业企业亏损企业亏损额130.6亿元，同比增亏2倍；地方亏损企业亏损额37.6亿元，增亏26.3%。

3. *出口放缓，外需对经济发展的作用有待加强。*2011年，虽然全省进出口总额比上年增长50.9%，高于全国平均水平，但出口仅增长8.5%，低于全国11.8个百分点，增幅同比回落53个百分点。出口减缓主要是受国际需求减少，贸易摩擦增多，人民币升值，国内产品成本上升影响。

三、2012年展望及对策建议

2012年是实施“十二五”规划承上启下的重要一年，我省经济发展面临的形势仍然十分复杂，机遇与挑战并存。

（一）有利因素

1. *从国际看。*一是发达国家将更加重视实体经济发展，为我省发挥资源和产业优势，承接产业转移和要素重组，加快经济结构调整提供了新的机遇；二是发展中国家之间的互补性在逐步增强，贸易往来和直接投资快速增长，我省贸易多元化发展趋势良好；三是区域经济一体化进程加快，为我省发挥区位和地缘优势，加快对俄及东北亚合作提供了新的机遇。

2. *国家宏观调控政策对我省加快发展总体有利。*主要表现：一是国家继续实施积极的财政政策和稳健的货币政策。加大对“三农”、水利、欠发达地区、科技创新、节能环保的财政支持力度，提高边远地区津贴标准，完善结构性减税政策，实施支持小微企业发展的税收优惠政策，在部分生产性服务业领域开展增值税改革试点，相应调减营业税。加快大型农机合作社和高效节水设施建设，促进与农业相关制造业发展。对国家重点在建项目、续建项目、保障性住房建设、符合产业政策和有市场需求的企业，特别是为中小企业提供信贷支持。这些政策取向对我省加快发展十分有利。二是国家继续对东北地区等老工业基地实行政策支持。国家实施振兴东北战略以来，我省发展潜力有序释放，尤其是《东北振兴“十二五”规划》出台实施，将为我省产业发展、基础设施建设、民生改善等方面提供了重大机遇。

3. *我省经济社会发展具备了蓄势待发的坚实基础。*近年来，我省聚精会神搞建设，一心一意谋发展，固定资产投资加快，经济发展势头良好，综合实力明显提升，为加快发展积攒了后劲。2006年以来全省生产总值先后迈上6000亿元、7000亿元和8000亿元、10000亿元和12000亿元五个台阶。

与此同时，我省投资规模不断跃上新的台阶。全社会固定资产投资先后突破2000亿元、3000亿元、5000亿元、6000亿元和7000亿元五个阶梯。一批重大项目的建成投产不仅对我省长远发展和产业结构调整发挥重要作用，更增强了经济社会发展后劲。

4. *我省经济增长内在动力在增强。*主要表现在：一是非公有制经济持续、快速发展。我省《关于促进非公经济加快发展的实施意见》（36条）出台，推动了非公有制经济的更快发展。2011年，我省非公有制经济实现增加值6261.4亿元，占全省地区生产总值的比重为50.1%，比上年提高2.1个百分点。二是产业项目建设有新突破。2011年，我省共建设产业项目4335个，完成投资3149.1亿元，占固定资产投资的43.7%，其中445个省级重点产业项目完成投资937.3亿元。产业项目建设促进了工业提速增效，经济总量进一步扩大，可持续发展能力不断提高。三是非油工业成为拉动规模以上工业增长的主导力量。2011年，我省非油工业（扣除天然原油和天然气开采业）增加值增速超过规模以上工业平均水平10个百分点，其部分骨干行业增长较快，如非金属矿物制品业增加值增长31.9%、化学原料及化学制品制造业增长24.3%、农副食品加工业增长23.7%、煤炭开采业增长22.9%，等等。四是区域经济发展壮大，“八大经济区”将成为工作力量的“凝聚地”，大项目的“摆放地”，引资重点和投资“倾斜地”，有利于提升我省整体经济的竞争力。如，2011年牡丹江、佳木斯、鸡西、鹤岗、双鸭山等东部煤电化基地GDP增幅快于全省1.8—3.6个百分点；规模以上工业增加值增幅快于全省平均水平11.7—16.8个百分点。

与此同时，新能源、新材料、节能环保、生物、信息、先进制造等六大战略性新兴产业，成为我省新的经济增长点，2011年其增加值增幅高于高于全省规模以上工业增加值增速3.7个百分点。

（二）不利因素

1. 世界经济不容乐观，存在重大的不确定性。据联合国经济与社会事务部《2012年世界经济形势与展望》预测，按照基准方案，预计2012年世界经济增长为2.6%，低于2011年的2.8%，和2010年的4%。主要经济体增长乏力，美国经济增长率将维持在2011年水平1.3%左右；欧洲的经济预计增长0.5%左右；日本灾后重建有望在2012年增长2%左右，但是灾后重建所需的资金仍然有很大的不确定性；发展中国家将由2011年增长6.1%放缓到5.6%。

同时欧洲主权债务危机的影响将继续存在，发达国家贸易保护主义抬头，以及世界原油等资源产品价格的波动，增加了经济发展的波动性。

2. 全国经济面临下行的压力。2011年，我国经济增速逐季回落，一季度GDP增幅为9.7%，二季度为9.5%，三季度为9.1%，四季度为8.9%。国家2012年首次经济发展目标由8%调减为7.5%，同时国内需求在放缓，房地产市场、投融资平台、民间借贷等领域潜在风险增大。

3. 节能减排形势严峻。我省重工业比重大，按照我省“十二五”规划，单位地区生产总值能源消耗将降低16%，单位地区生产总值二氧化碳排放降低17%，单位工业增加值用水量降低30%，这些节能减排目标对“两高一资”（高耗能、高污染、资源性）产业的增长形成一定制约，从而对经济发展带来一定的压力。

综合分析上述我省经济发展的利弊因素，机遇大于挑战。只要认真贯彻落实中央和省委经济工作会议精神，深入实施“八大经济区”和“十大工程”发展战略，加快构建以“十大重点产业”为主体的现代产业体系，在提高质量、增强效益上有新突破；在调整结构、转变方式上有新举措；在深化改革、扩大开放上有新作为；在备足后劲、打牢基础上有新进展；在改善民生、促进和谐上有新成效，2012年我省经济发展面临的有利因素多于不利因素，经济仍将保持平稳较快发展态势。

为了实现2012年的经济社会发展预期目标，建议做好以下几项工作：

1. 把握好应对当前和谋划长远的关系，着重在打牢发展基础上下功夫。我们要千方百计保持当前平稳较快的经济运行走势，突出发展这一主题，紧紧抓住关系发展全局、发展未来的产业项目、基础设施项目、公益项目，扩大固定资产投资，提高大项目、牵动力强项目、质效明显项目、新兴产业项目在总投资中的比重，培植行业龙头、知名品牌、特色企业、现代服务业等和国家产业政策相衔接的项目群，形成潜力大，后发优势明显的可持续能量。

2. 把握好调整经济结构和管理通胀预期的关系，着重在壮大实体经济上下功夫。转方式、调结构不仅有经济法则的自律性，也有宏观调控的导向性，同时也是一个长期累积、不断完善的过程。通货膨胀，物价上涨不仅是经济挤压泡沫，调节市场失衡的信号，同时也是经济转型期、社会变革期对社会总供需，内外产业政策和货币政策的集中反映。两者的结合点还是要壮大实体经济，扩大有效供给的规模。应充分利用资源优势、产业基础优势、空间地域优势，有效承接国际、国内产业转移，加快技术创新步伐，培植十大重点产业，延长本区域产品链，提高附加值，扩大市场份额和宏观经济效益。

3. 把握好生产发展和民生改善的关系，着重在增加居民收入上下功夫。我省经济发展水平居全国中游，而城乡居民收入比较靠后，形成两者的较大反差。矛盾的主要方面还是城乡居民收入的增长远低于GDP的增长，“十一五”期间，全省地区生产总值年均增长12%，而城镇居民人均可支配收入实际增长7.5%，农民人均纯收入实际增长9.5%，处于明显的失衡状态。当前，面对消费品市场的高物价水平，城乡居民的生活受到很大冲击。要认真研究国富民不强的比例关系，建立GDP与居民收入增长的联动导向机制，解决钱从哪里来，收入增何处的现实问题，加快全省车改进程，扩大车改试点范围，压缩行政运转和社会管理成本支出，壮大地方机动财力，落实国家扶贫助困政策，真正通过国家政策争取一块，增收节支挤出一块，削峰填谷调剂一块；使“两个同步”(居民收入的增长和经济发展同步，劳动报酬的增长和劳动生产率提高同步）与“两个提高”（努力提高居民收入在国民收入中的比重，努力提高劳动报酬在初次分配中的比重）落到实处。

4. 把握好进出口和对外开放的关系，着重在提升对外开放水平上下功夫。一应利用与俄罗斯接壤、贸易口岸多的优势，推进对俄经贸合作战略升级；二应利用发达国家为了扩大外部需求，对技术封锁有所减弱的机遇，加强装备制造业、节能环保技术、高新技术以及传统制造业高端产品和技术的引进，淘汰落后产能，实现相关设备的更新换代，提高我省产业核心竞争力；三应加强与新兴市场经济体的合作和交流，进一步推动贸易的多元化；四应优化进出口商品结构，在国际需求不振的情况下，积极寻找新的需求；五应继续积极招商引资，解决发展资金短缺问题，促进产业结构升级。

（撰稿人：李玉涛　黑龙江省统计局局长）

（闫涵摄）

上海市经济社会发展报告

2011 年是“十二五”规划的开局年，也是改革创新的突破年。上海经济紧紧围绕创新驱动、转型发展，按照“六个着力”的要求，在困难超出预期的不利形势下，经过努力和争取，实现了年初制定的各项目标任务。经济持续增长，但增速逐季减缓。推进科学发展和转变经济发展方式取得积极成效并逐步显现。展望 2012 年，上海经济将呈现波动增长走势，困难依然较多。世界经济复苏缓慢，政治、经济和自然环境趋紧，外部需求继续减少；国内经济加速转型的倒逼压力进一步加大，加强和改善宏观调控的要求进一步提高；上海经济转型需要突破的瓶颈问题和深层次矛盾依然较多，转变发展方式逐渐步入关键时期。因此，需要继续深入贯彻落实科学发展观，推进“四个率先”，加快建设“四个中心”，进一步加快转变经济发展方式，为实现“十二五”规划各项目标任务打下坚实基础。

一、2011 年上海经济发展的基本判断：经济保持稳定增长，转型效果开始显现，宏观调控取得成效

总体来看，2011 年全市经济运行呈现为前高后低、总体平稳的基本态势，实现了 8% 以上的增长。上海经济增长稳中放缓，体现了主动调整的结果，同时也对经济结构调整、经济发展方式转变、控制物价过快上涨形成了积极的推动作用。初步核算，2011 年全市实现生产总值 19195.69 亿元，按可比价格计算，比上年增长 8.2%。其中，第一产业增加值 124.94 亿元，下降 0.7%；第二产业增加值 7959.69 亿元，增长 6.5%；第三产业增加值 11111.06 亿元，增长 9.5%。

2011 年上海经济运行的基本格局为：

1. 经济总体运行平稳，经济增速逐季减缓。从全年运行走势看，经济总体呈现稳中放缓的态势，一季度增长 8.5%，上半年增长 8.4%，前三季度增长 8.3%，全年增长 8.2%。上海经济增长速度在目前的经济转型期放缓有其客观性（见图 1）。

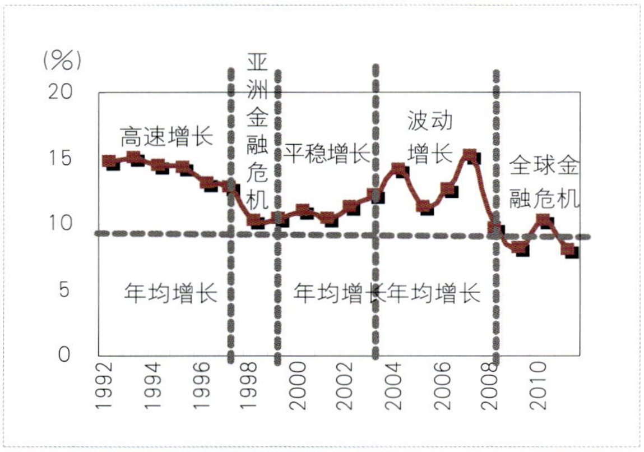

图 1　20 世纪 90 年代以来上海经济增长趋势

2. 坚持科学发展，经济转型成效开始显现。从三大需求看，消费需求引领经济增长，投资结构不断优化，对外开放质量提高，经济增长逐步出现由主要依靠投资和出口拉动向消费、投资和出口共同拉动转变。从消费看，在 2010 年社会消费品零售总额首次超过固定资产投资总额的基础上，2011 年这一趋势继续扩大。从投资看，固定资产投资规模虽然基本持平，但民生保障、新兴产业及民间投资较快增长，全年保障性住房投资比上年增长 42.9%，战略性新兴产业投资增长 9.5%，民间投资增长 36.9%。从外贸看，呈现“四个快于”的特点，一是服务贸易增长快于商品贸易，全年服务贸易突破 1200 亿美元，占全国服务贸易总额的比重超过 30%。二是在商品贸易中，进口增长快于出口增长，全年进口增长快于出口 5 个百分点，这符合国家扩大进口、促进贸易平衡的方针政策。三是外贸商品出口中，一般贸易出口增长远快于加工贸易，全年一般贸易出口增速快于加工贸易 13.3 个百分点。加工贸易出口

增长放缓的主要原因是以外资企业为主的加工贸易产业出现转移，体现了经济结构调整。四是外贸市场不断扩转，对新兴市场出口增长快于传统市场。近年来，以美国、欧洲和日本为主的传统市场出口增长逐渐放缓，而以东盟和拉美为主的新兴市场则成为上海外贸出口新的增长点。2011年，上海对新兴市场出口增长 16.8%，高出传统市场增速 3.5 个百分点。

从产业发展看，产业结构转型效应初步显现，第三产业逆势上扬，增长逐季加快（见图 2），第二产业结构不断优化。从三产看，全年第三产业增加值增速快于第二产业增加值 3 个百分点，第

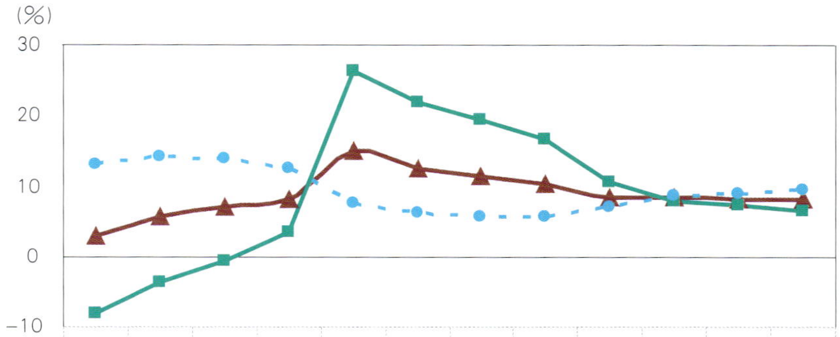

	2009 Q1	Q2	Q3	Q4	2010 Q1	Q2	Q3	Q4	2011 Q1	Q2	Q3	Q4
GDP	3.1	5.6	7.1	8.2	15	12.7	11.5	10.3	8.5	8.4	8.3	8.2
第二产业	-8.1	-3.6	-0.6	3.5	26.3	21.9	19.5	16.8	10.7	8	7.4	6.5
第三产业	13.1	14.2	14.1	12.6	7.7	6.2	5.7	5.7	7	8.8	8.9	9.5

图 2 上海 GDP 及二、三产业增加值增长趋势（季度累计同比）

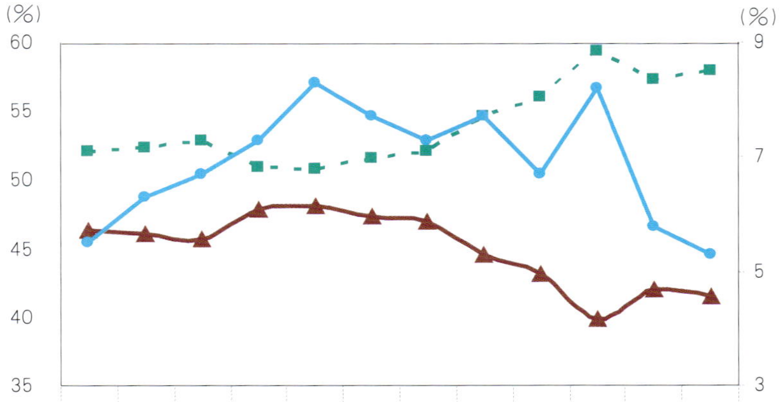

	2000	2001	2002	2003	2004	2005	2006	2007	2008	2009	2010	2011
第二产业	46.3	46.1	45.7	47.9	48.2	47.4	47	44.6	43.2	39.9	42	41.5
第三产业	52.1	52.4	52.9	50.9	50.8	51.6	52.1	54.6	56	59.4	57.3	57.9
房地产业（右坐标）	5.5	6.3	6.7	7.3	8.3	7.7	7.3	7.7	6.7	8.2	5.8	5.3

图 3 20 世纪 90 年代以来上海二、三产业和房地产业占 GDP 的比重变化

三产业占 GDP 的比重达到 57.9%，比上年提高 0.6 个百分点。经济增长对房地产业的依赖度降低，全年房地产业增加值占 GDP 的比重从 2010 年的 5.8% 下降到 2011 年的 5.3%（见图 3）。服务产业融合发展与新型服务业态成为重要增长点，高技术服务业、生产性服务业和电子商务等快速发展，全年信息传输、计算机服务和软件业增加值增长 17.7%。从二产看，第二产业保持持续增长，制造业加快升级，核心竞争力提高。战略性新型产业发展较快，全年战略性新兴产业产值现价增长 11.5%，高出全市工业现价增幅 2.3 个百分点；对加工型劳动密集型产业的依赖逐步减弱，全年电子信息产业制造业产值仅增长 3.2%，增幅比上年下降 31.5 个百分点；对重化工业发展依赖减弱，五大高载能行业发展明显放缓，全年产值仅增长 1.1%。

从收入分配看，居民收入呈现“两个快于、一个同步”的特点：一是剔除物价上涨因素的城乡居民收入增长快于 GDP 增长，这也是 2000 年以来（除 2009 年因国际金融危机影响物价下跌外）首次出现的格局。二是低收入居民收入增长快于平均增长，抽样调查显示，20% 最低收入家庭的人均可支配收入增长 14.7%，高于全市城市居民平均增幅 0.9 个百分点。三是城乡居民收入实现同步增长。三是农村居民收入增幅与城市居民保持同步，均增长 13.8%。此外，从整个国民收入分配格局看，近年来，全市劳动者收入和个人所得比重稳步提高，劳动者报酬占 GDP 的比重持续提高到 40% 左右。

从能耗形势看，节能降耗成效显著，能耗目标超额完成，单位 GDP 能耗下降水平明显好于预期。

3. 物价水平得到控制，房价调控目标顺利完成。“四位一体”的住房保障体系加快建设。全年新建商品住宅全市平均销售价格 13448 元 / 平方米，比上年下降 5.4%，剔除经济适用住房和动迁安置住房等保障性住房后的市场化新建商品住宅平均销售价格 21584 元 / 平方米，上涨 2.8%。居民消费价格涨幅早于全国见顶回落，6 月份以来总体呈现回落态势。

二、2011 年经济运行的主要特点：经济总体平稳运行，逐季放缓，主要目标任务全面实现

1. 第二产业呈现“前高后低”走势，科技和新型行业加快增长。全年第二产业增加值比上年增长 6.5%，一季度增长 10.7%，上半年增长 8%，前三季度增长 7.4%。其中全年工业增加值增长 7.5%，工业经济运行主要特点为：

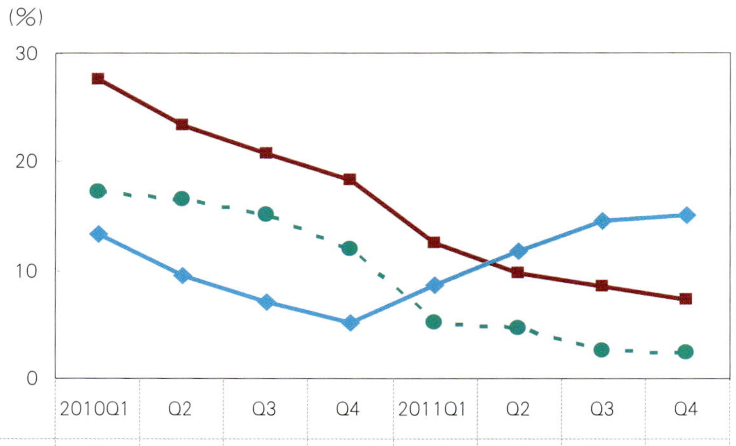

	2010Q1	Q2	Q3	Q4	2011Q1	Q2	Q3	Q4
规模以上工业增加值	27.6	23.3	20.8	18.4	12.6	9.7	8.6	7.4
工业用电量	17.3	16.5	15.2	12.1	5.2	4.7	2.6	2.4
货物运输总量	13.5	9.6	7.2	5.3	8.7	11.9	14.6	15.2

图 4 规模以上工业总产值及其主要业务量指标增长走势（季度累计同比）

工业经济增速逐步放缓。2011年，全市完成工业（规模以上口径，下同）总产值31987.44亿元，比上年增长6.4%；实现工业增加值6798.28亿元，增长7.4%。全市完成工业出口交货值8372.03亿元，增长3.1%。其中，六个重点工业行业完成总产值21332.66亿元，增长6.5%，占全部工业产值的比重为66.7%。全市工业用电量805.76亿千瓦小时，增长2.4%。

工业生产增长呈现逐步放缓的趋势，工业总产值同比增幅从1月份的14%波动回落至12月份的0.5%，工业增加值增幅从14.9%回落至4.4%（见图4）。

工业转型、结构升级加快。战略性新兴产业发展取得积极成效。根据初步测算，2011年，全市战略性新兴产业（制造业部分）完成工业总产值7850.35亿元，按现价计算，比上年增长11.5%，高出全市工业现价增幅2.3个百分点，占全市工业总产值的比重为24.5%。高新技术产业（制造业部分）完成产值7326.32亿元，现价增长12%，高出全市工业现价增幅2.8个百分点。对重化工业发展依赖减弱，全年五大高载能行业工业产值仅增长1.1%，精品钢材制造业产值下降3.9%，石油化工及精细化工制造业产值仅增长1.9%。主动实施产业转移，以劳动密集型为特征的电子信息产品代工企业出现转移。全年电子信息产业制造业产值增长3.2%，增幅比上年下降31.5个百分点。

工业企业效益有所下滑。全年企业实现利润总额2176.13亿元，比上年下降1.3%；企业亏损面为18%，比上年扩大4个百分点；产成品存货1334.74亿元，增长20.9%，增幅比上年扩大18.6个百分点。

2. 第三产业逆势上扬，新型服务业成为重要增长点。第三产业呈现“前低后高”走势。2011年，全市第三产业实现增加值从一季度的增长7%逐季提高到全年的9.5%，增幅比上年加快3.8个百分点。第三产业对全市GDP增长的贡献率达到66.7%，成为拉动经济增长的主动力。从主要行业看，交通运输、仓储和邮政业增加值增长7.1%，批发和零售行业增加值增长12.6%，信息传输、计算机服务和软件业增加值增长17.7%，金融业增加值增长8.2%，房地产业增加值下降2.4%（见表1）。

表1　2011年上海第三产业主要行业发展情况

行　业	增加值（亿元）	比上年增长（%）	占第三产业比重（%）
第三产业	11111.06	9.5	——
#交通运输、仓储和邮政业	913.60	7.1	8.2
信息传输、计算机服务和软件业	763.86	17.7	6.9
批发和零售业	3040.99	12.6	27.4
金融业	2240.47	8.2	20.2
房地产业	1019.68	−2.4	9.2
住宿和餐饮业	259.30	−3.6	2.3

服务产业融合发展与新型服务业态正成为第三产业的重要增长点。以研发服务、信息服务、商务服务和金融服务为代表的知识密集型服务业加快发展，新兴业态涌现，电子商务等行业加快发展。知识密集型服务业占第三产业的比重达到50%左右，生产性服务业占第三产业的比重达到30%以上。

3. 消费市场增长稳定，固定资产投资略有增长。市场销售增长稳定。2011年，全市商品销售额46075.87亿元，比上年增长23.3%。社会消费品零售总额6814.8亿元，增长12.3%，剔除物价因素，社会消费品零售总额增长7.9%。其中，批发零售贸易业增长13.8%，由于2010年世博高基数因素影响，住宿餐饮业增长2%。此外，消费刺激政策减弱，汽车和家电等商品消费增速放缓，全年汽车类商品和家电类商品实现零售额分别增长14.7%和9.3%，增幅比上年回落10.2个和12.3个百分点。电子商务快速发展，全年无店铺零售业态实现零售额233.02亿元，增长57.3%（见图5）。

固定资产投资略有增长。全年全社会固定资产投资总额4879.2亿元，比上年增长0.3%。从三大投资领域看，城市基础设施投资1157.34亿元，下降16.9%；工业投资1282.91亿元，增长0.2%；房地产开发投资2170.31亿元，增长9.6%。

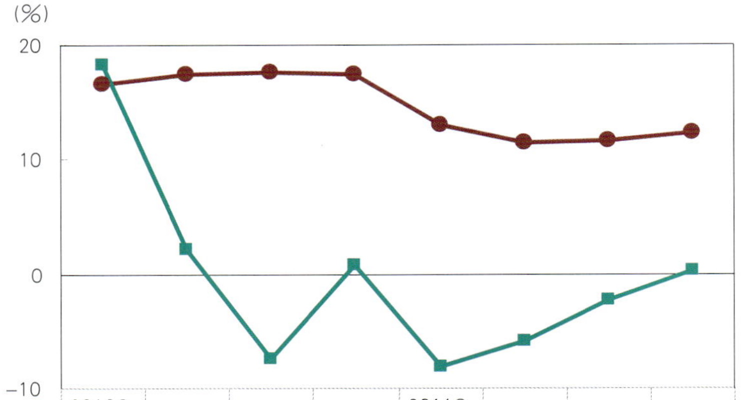

	2010Q1	Q2	Q3	Q4	2011Q1	Q2	Q3	Q4
社会消费品零售总额	16.6	17.5	17.6	17.5	12.9	11.5	11.6	12.3
全社会固定资产投资	18.3	2.2	−7.4	0.8	−8.1	−5.8	−2.2	0.3

图 5 社会消费品零售总额和全社会固定资产投资总额增长走势（季度累计同比）

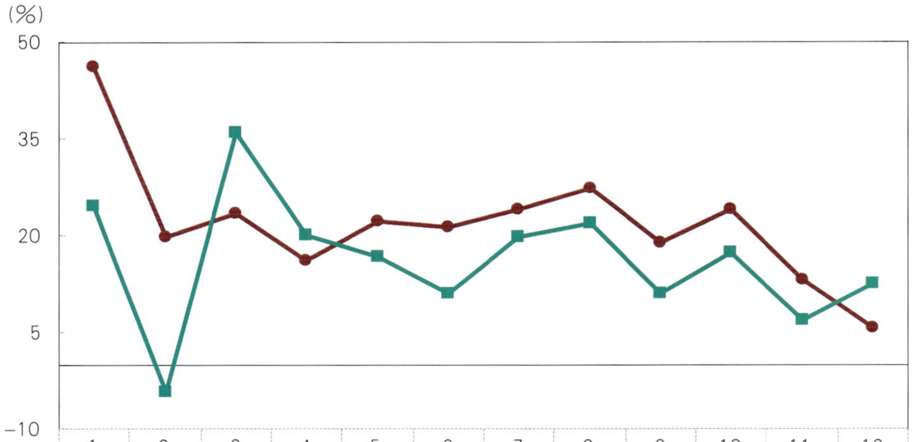

	1	2	3	4	5	6	7	8	9	10	11	12
进口	46	19.7	23.2	16.1	22.2	21.2	24	27.1	18.7	24	13.1	5.7
出口	24.4	−4.2	35.9	20.1	16.7	11.1	19.8	21.7	11.1	17.4	6.7	12.4

图 6 2011 年外贸进出口总额当月同比增幅走势

从三次产业看，第二产业投资 1295.83 亿元，增长 0.3%；第三产业投资 3752.64 亿元，增长 0.2%。固定资产投资由总量增长转向结构优化阶段，全年全市战略性新兴产业投资 507.19 亿元，增长 9.5%，占全市投资总额的比重为 10%；五大高载能行业投资 245.28 亿元，下降 16.2%。

4. 对外贸易保持较快增长，利用外资形势良好。外贸进出口增长较快。2011 年，全市外贸进出口商品总额 4374.36 亿美元，比上年增长 18.6%。其中，出口总额 2097.89 亿美元，增长 16%；进口总额 2276.47 亿美元，增长 21%。全年进出口增幅均呈现波动回落走势（见图 6）。

对外贸易结构不断优化。一是外贸进口增长快于出口。全年全市进口增速快于出口 5 个百分点，符合国家扩大进口、促进贸易平衡的方针政策。二是一般贸易出口增长远快于加工贸易。全年一般贸易出口增长21.9%，加工贸易增长8.6%。今年以来，加工贸易进出口增长放缓的主要原因是电子信息产品制造等代加工产业出现转移，体现了经济结构的调整。三是服务贸易出口增长快于货物贸易出口增长。四是对新兴市场进出口增长快于传统市场。全年对东盟、南非、澳大利亚分别增长23.9%、34.2%和31.6%；对欧盟、美国和日本三大传统市场进出口总额分别增长18.4%、13.7%和16.1%。

利用外资形势良好。2011年，全市外商直接投资合同金额201.03亿美元，比上年增长31.3%；实际到位金额126.01亿美元，增长13.3%。其中，第二产业实到外资21.33亿美元，下降3.1%；第三产业实到外资104.3亿美元，增长18.1%，占实到外资总额的82.8%。

5. 政策调控取得积极成效，房价实现稳中有降。住房市场供给稳步增加。一是房地产开发投资保持增长。全年全市房地产开发投资2170.31亿元，比上年增长9.6%。其中，住宅投资增长13.7%，办公楼投资增长3%，商业营业用房投资下降3.5%。保障性住房投资479.22亿元，占整个住宅投资的比重为34.3%。二是商品房建设规模扩大。商品房新开工面积3644.06万平方米，增长20.2%，其中商品住宅新开工面积2473.6万平方米，增长17.2%；商品房竣工面积2240.62万平方米，增长15.4%，其中商品住宅竣工面积1549.66万平方米，增长11%。三是保障性住房建设加快推进。据市住房保障和房屋管理局统计，全年保障性住房新开工和筹措面积1700万平方米，供应面积1240万平方米。

房地产市场需求低迷。房地产市场交易持续低迷。全年新建商品房销售面积1771.3万平方米，比上年下降13.8%；其中新建商品住宅销售面积1473.72万平方米，下降12.6%。存量房交易面积1398.67万平方米，下降28.9%。

住房销售价格稳中有降。新建商品住宅销售价格环比涨幅从1月份的1.1%回落至6月份的0.1%，7月、8月和9月连续3个月环比持平，10月、11月和12月环比连续3个月下降，分别下降0.3%、0.4%和0.4%；二手住宅销售价格10月、11月和12月环比下降0.2%、0.5%和0.4%。

6. 地方财政收入增长较快，货币信贷运行总体平稳。地方财政收入增长较快。全年全市地方财政收入3429.83亿元，比上年增长19.4%。从主体税种看，增值税增长7.2%，营业税增长11.5%，企业所得税增长20.6%，个人所得税增长20.6%。全年地方财政支出3914.88亿元，增长18.5%。

货币信贷运行平稳。2011年末，全市金融机构各项存款余额5.82万亿元，同比增长11.5%，比年初增加6369.61亿元，同比少增1238.07亿元。各项贷款余额3.72万亿元，增长8.9%，比年初增加3654.34亿元，同比少增838.65亿元。其中，短期贷款余额1.13万亿元，增长21.4%，比年初增加1434.68亿元，同比多增639.5亿元；中长期贷款余额2.28万亿元，增长5.1%，比年初增加1813.63亿元，同比少增1950.52亿元。

7. 居民消费价格涨幅见顶回落，工业生产者价格涨幅快速回落。居民消费价格涨幅见顶回落。2011年，本市居民消费价格比上年上涨5.2%。从走势看，居民消费价格同比涨幅在6月份后出现拐点，当月涨幅从5.9%回落至12月份的4.5%（见图7）。从环比看，居民消费价格自去年7月份以来连续15个月环比上涨后，10月和11月连续2个月环比持平，12份略有上涨。分类别看，全年食品类价格同比上涨10.8%，衣着类价格上

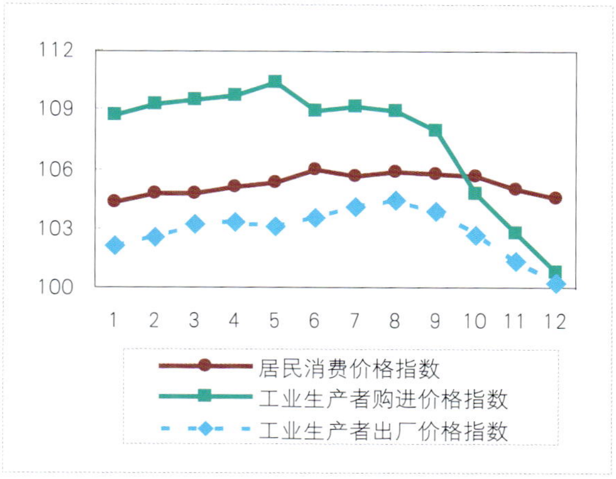

图7 居民消费价格和工业生产者价格当月同比指数走势

涨 4.3%，家庭设备用品及维修服务类价格上涨 7.1%，医疗保健和个人用品类价格上涨 4.1%，居住类价格上涨 5.4%。此外，2011 年低收入居民消费价格涨幅高位运行，全年同比上涨 6.5%，高于全市居民消费价格涨幅 1.3 个百分点。

工业生产者价格涨幅快速回落。全年本市工业生产者出厂价格比上年上涨 2.9%，从月度趋势看，自 8 月份开始涨幅持续回落，到 12 月份同比涨幅回落到 0.2%；工业生产者购进价格上涨 7.5%，自 5 月份开始涨幅加速下滑，12 月份同比涨幅回落到 0.8%（见图 7）。

8. 居民收入与经济同步增长，就业形势总体平稳。居民收入与经济同步增长。2011 年，本市城市和农村居民家庭人均可支配收入分别为 36231 元和 15644 元，均比上年增长 13.8%（见表 2），扣除物价因素后，增长 8.2%，为 2000 年以来（除 2009 年金融危机影响物价下跌外）首次高于全市生产总值增幅。

表 2 2011 年城市和农村居民家庭人均可支配收入情况

指　标	农村居民		城市居民	
	绝对值（元）	比去年同期增长（%）	绝对值（元）	比去年同期增长（%）
人均可支配收入	15644	13.8	36230	13.8
工资性收入	10493	9.2	24454	12.5
经营净收入	877	22.0	1994	22.5
财产性收入	1243	28.1	633	23.8
转移性收入	3031	17.4	9149	15.0

就业形势总体平稳。全年全市新增就业岗位 64.16 万个，其中农村富余劳动力实现非农就业 13.03 万个。12 月末，城镇登记失业人数为 27.33 万人，比年初减少 0.4 万人，城镇登记失业率为 4.2%，连续 7 年控制在 4.5% 以内。

三、2012 年上海经济形势预测：经济运行前低后高，发展转型逐步深入，任重道远

2012 年，上海经济运行在逐步走出 2008 年全球金融危机影响的中周期后，总体发展环境仍继续处于世界经济复苏和我国经济转型的“两个长周期”背景下，保持经济平稳增长的难度加大。随着创新驱动、转型发展的持续推进，上海经济转型将进一步深化，转型特征更趋明显。深化转型的任务也仍十分艰巨，特别是产业结构、需求结构和收入分配结构调整等。由于国际政治经济环境趋紧，国内经济平稳运行仍面临不少突出矛盾和问题，上海经济面临的环境和条件变数增加。从经济走势看，预计 2012 年上海经济总体上将呈现“波动增长、前低后高、难度加大、转型深化”的态势，一季度将是低谷，但总体应略好于 2009 年同期水平，全年经济努力争取增长 8% 左右。在中央的正确领导下，上海将继续坚定信心，率先转型，为加快建设“四个中心”，全面完成“十二五”规划而努力。

（撰稿人：王志雄　上海市统计局局长）

江苏省经济社会发展报告

2011年，面对复杂严峻的国内外经济形势，在省委、省政府正确领导下，全省上下坚决贯彻中央决策部署，紧扣主题主线，落实“六个注重”，推进“八项工程”，积极应对挑战，创新发展思路，主动破解难题，全力以赴稳增长、转方式、抓创新、控物价、惠民生、促和谐，呈现出“运行平稳、质量提升、效益较好、民生改善、转型加快”的态势，科学发展取得重大成效，实现了“十二五”发展良好开局。初步核算并经国家统计局核定，全省实现生产总值48604.3亿元，按可比价格计算，比上年增长11%。

一、基本情况和主要特点

2011年，全省经济继续保持平稳较快增长，主要经济指标迈上新台阶，人均地区生产总值突破6万元，地方财政一般预算收入突破5000亿元，全社会研发投入突破1000亿元，发明专利授权量突破1万件，粮食总产量突破3300万吨，规模以上工业利税突破1万亿元，社会消费品零售总额突破1.5万亿元，进出口总额突破5000亿美元，城乡居民人均收入分别突破2.6万元和1万元。

（一）产业基础不断巩固

农业生产提质增效。全面落实各项强农惠农富农政策，大力实施农业现代化工程，农业综合生产能力稳步提高。全年粮食总产量达3307.8万吨，比上年增加72.7万吨，增长2.2%，实现建国以来首次连续八年增产。其中夏粮1117.2万吨，增长1.1%；秋粮2190.6万吨，增长2.9%。全年棉花产量24.7万吨，比上年下降5.4%。新增高效农业面积21万公顷，新增高效渔业面积7.5万公顷，新增设施农业面积9.3万公顷，新增设施渔业面积2.5万公顷。全年猪牛羊禽肉产量365.6万吨，比上年增长2.5%，其中猪肉产量215.9万吨，增长1.3%，生猪出栏2878.2万头，增长1.1%。全年禽蛋总产量194.9万吨，增长2.3%；牛奶总产量59.2万吨，增长3.3%；水产品总产量475.9万吨，增长3.4%。

工业生产总体稳定。全年规模以上工业增加值25034.8亿元，比上年增长13.8%，其中轻、重工业增加值分别增长11.1%和14.8%。国有工业增加值增长10.3%，集体工业增加值增长5.3%，股份制工业增加值增长13.9%，外商港澳台投资工业增加值增长13.8%。在规模以上工业中，国有控股工业增加值增长9.5%，私营工业增加值增长16.7%。主要工业行业和产品产量稳步增长。在规模以上工业中，交通运输设备制造业产值7762.7亿元，比上年增长25.1%；医药制造业产值1793.8亿元，增长29.7%；专用设备制造业产值3943.1亿元，增长29.3%；电气机械及器材制造业产值11054.4亿元，增长32.4%；通用设备制造业产值6842.4亿元，增长22.6%；通信设备、计算机及其他电子设备制造业产值15549.5亿元，增长21.9%。分行业看，38个工业大类行业产值均实现比上年增长。产品结构继续优化，实现工业新产品产值9593.3亿元，比上年增长23.5%。在列入统计的75种主要工业产品中，保持增长的有55种，下降的有20种。其中，化学纤维增长10.5%、家用电冰箱增长48%、发电量增长10.8%、钢材增长9.4%、纯碱增长19.4%、乙烯增长26.7%、轿车增长22.2%、发电设备增长23.8%、程控交换机增长66.1%、微型电子计算机增长8.1%、移动通讯基站设备增长145.1%。企业效益平稳增长。规模以上工业企业实现主营业务收入106816.1亿元，比上年增长24.1%；利税10622.4亿元，增长24.8%；利润6850.4亿元，增长24.3%。工业经济效益综合指数为268.6，提高21个百分点。在38个大类行业中，36个行业利润同比增长，2个行业利润同比下降。

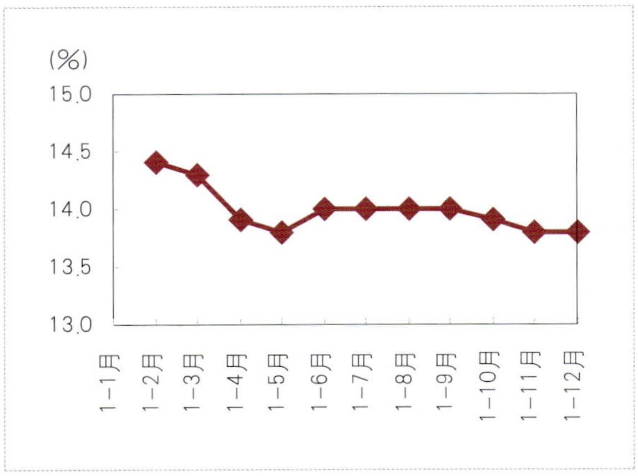

图1 2011年江苏规模以上工业增加值累计增速

（二）内需规模稳定增长

投资结构日趋优化。全年完成固定资产投资（不含农户）26299.4亿元，比上年增长21.5%。投资结构继续优化。第一产业投资155.2亿元，比上年增长17.8%；第二产业投资13929.2亿元，增长20.9%；第三产业投资12215亿元，增长22.2%。民间投资占全社会投资的比重达65.4%，比上年提高2.2个百分点。高新技术产业投资3759.4亿元，增长34.4%，占工业投资的比重达27.3%。服务业投资平稳增长，全省服务业投资12250.1亿元，增长22.2%，增速比全部投资高0.7个百分点，占全部投资的比重达46.6%。全年新开工项目计划总投资22160.2亿元，比上年增长23%；新开工项目26388个，比上年下降1.5%。其中全年新开工项目中亿元项目3457个，完成投资5800.6亿元，比上年分别增长33.5%和69.2%。突出抓好省级200个重点项目建设，一批重大产业、民生、环保项目顺利建成或加快推进。房地产开发呈回落态势。全年房地产开发投资5552.7亿元，比上年增长29.2%，增速比前三季度回落4.4个百分点。房屋新开工面积14721.1万平方米，比上年增长7.1%，增速比前三季度回落10.6个百分点，比上年回落42个百分点；其中住宅新开工面积增长5.4%，分别回落11.5个和44.2个百分点。商品房销售面积下降。全年商品房销售面积为7982.7万平方米，比上年下降15.8%，增速比前三季度、上半年分别回落13.6个和17.2个百分点；其中住宅销售面积下降16.3%，分别回落13.1个和17.2个百分点。

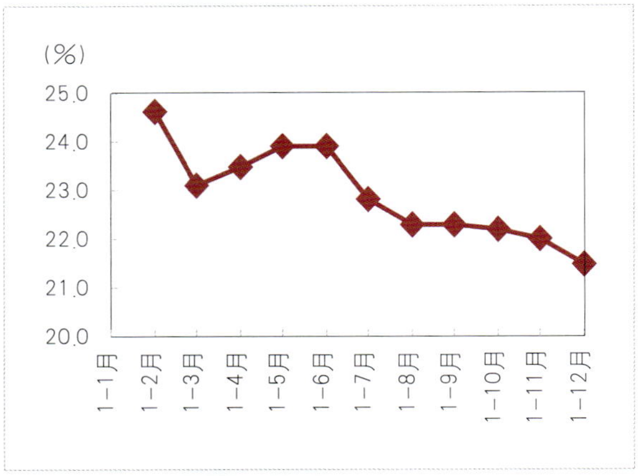

图2 2011年江苏固定资产投资累计增速

市场销售增势良好。全年实现社会消费品零售总额15988.4亿元，比上年增长17.5%，增速比一季度、上半年、前三季度提高0.6个、0.3个和0.1个百分点。按经营单位所在地分，城镇消费品市场实现零售额14196.5亿元，增长17.8%；乡村消费品市场实现零售额1645.6亿元，增长14.8%。按消费形态分，批发和零售业零售额14320.9亿元，增长17.4%；住宿和餐饮业零售额1521.2亿元，增长18.1%。部分消费热点持续活跃。在限额以上批发和零售企业的消费品中，金银珠宝零售额比上年增长39.8%，通讯器材增长32.3%，服装、鞋帽、针纺织品增长26.4%，中西药品增长28.9%，家用电器和音像器材增长17.7%，食品、饮料、烟酒零售额增长23.9%。汽车类商品销售继续放缓。汽车和石油及制品类零售额分别增长21.3%和28%，增幅比上年回落16.5个和7个百分点。

（三）外需总量有所扩大

进出口规模继续扩大。全年进出口总额5397.6亿美元，比上年增长15.9%。其中，出口3126.2亿美元，增长15.6%；进口2271.4亿美元，增长16.3%。出口商品结构进一步优化。一般贸易出口1262.4亿美元，增长27.6%，加工贸易出口1721.8亿美元，增长7.7%，一般贸易增幅高于加工贸易19.9个百分点。计算机与通信技术产品出口808.1亿美元，占高新技术产品出口额的62.4%。外商投资企业出口2152.1亿美元，增长11.9%，占出口总额的68.8%。私营企业出口额为645.4亿美元，增长33.5%，占出口总额的20.6%。传统市场和新兴市场增长稳定。对欧盟、美国、日本、香港特别行政区出口额比上年分别增长2.9%、6.3% 、20.3%和31.2%，对东盟、韩国、台湾省分别增长23.9%、21.4%和14.8%，对拉丁美洲、非洲、俄罗斯分别增长33% 、28%和31.8%。

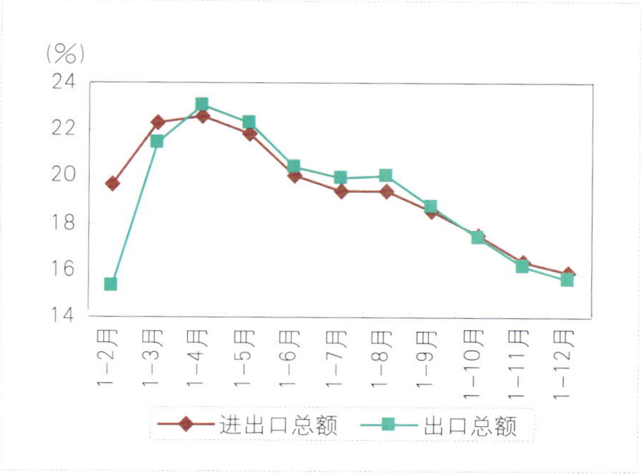

图3 2011年江苏进出口及出口总额累计增速

吸引外资规模继续保持全国领先。全年新批外商投资企业4496家，实际到帐外资321.3亿美元，比上年增长12.8%。新批及净增资3000万美元以上的大项目762个。利用外资结构优化，全年服务业新批外商直接投资企业1439家，实际到帐外资117.3亿美元，增长44.1%。开发区外向型经济平稳发展。全省开发区完成进出口总额4087.5亿美元，其中出口总额2322.2亿美元，分别增长14%和14.5%，占全省总量的75.7%和74.3%；实际到帐外资243.6亿美元，增长9.6%，占全省总量的75.8%。境外投资增势迅猛。全年新批境外投资项目505个，比上年增长23.8%，中方协议投资36亿美元，增长65.5%。

（四）转型升级步伐加快

新兴产业加快发展。战略性新兴产业蓬勃发展，新能源、新材料、生物技术和新医药、节能环保、软件和服务外包、物联网等新兴产业全年销售收入达26090.3亿元，比上年增长26.4%。高新技术产业快速发展，全年实现高新技术产业产值38377.8亿元，增长26.4%，占规模以上工业产值比重达35.3%，比上年提高2.3个百分点。服务业发展水平提升。全年实现服务业增加值20686.6亿元，比上年增长11%，占GDP比重为42.6%，比上年提高1个百分点。服务业税收总额3455.7亿元，增长22.5%，占国地税收入的比重达43.3%。主要服务行业收入保持较快增长，软件业、研发和科技交流及推广服务业、航空运输业、银行业、商务服务业、物流业实现总收入同比分别增长35.6%、35.9%、25%、29.4%、15.2%和18.3%。

科技研发投入比重稳步提升。全社会研究与发展（R&D）活动经费1070亿元，占地区生产总值的2.2%，比上年提高0.1个百分点。全省从事科技活动人员84.2万人，其中研究与发展（R&D）人员44.6万人。全省拥有中国科学院和中国工程院院士90人。区域创新能力继续位居全国前列。全省科技进步贡献率达55.2%。全年授权专利20万件，比上年增长44.4%，其中发明专利1.1万件，增长53.2%。企业专利产出大幅提高，全省企业共申请专利19.6万件，授权专利11.9万件，分别增长56.8%和65.7%。

（五）财政金融运行稳定

财政收入较快增长。全年地方财政一般预算收入5147.9亿元，比上年增长26.2%，增收1068亿元。税收收入4123.5亿元，增长24.5%，占一般预算收入的比重达80.1%。在主要税种中，增值税650.8亿元，增长15.7%；营业税1260.6亿元，增长23.1%；企业所得税730.1亿元，增长31.7%；个人所得税237.7亿元，增长31.4%。

信贷投放平稳回落。年末全省金融机构人民币存款余额比年初增加6730.8亿元，比上年少增3345.6亿元。年末金融机构人民币贷款余额比年初增加5791.6亿元，比上年少增1031.8

亿元。其中，短期贷款增加 3708.9 亿元，多增 710.7 亿元。

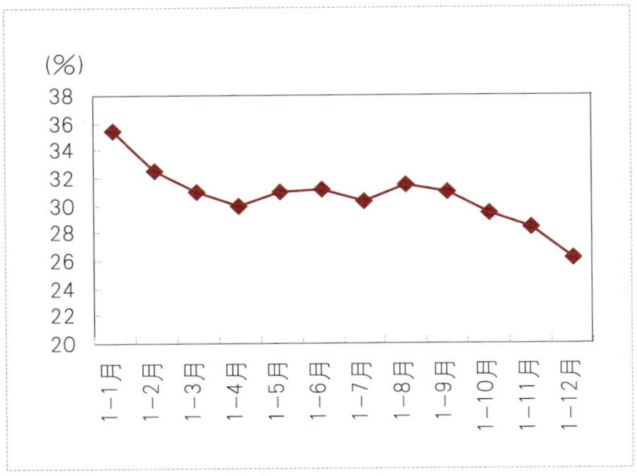

图 4　2011 年江苏财政一般预算收入累计增速

（六）民生幸福得到加强

居民收入继续增加。大力实施居民收入七年倍增计划，城乡居民收入稳步增长。全年城镇居民人均可支配收入达 26341 元，比上年增长 14.8%；扣除物价上涨因素，实际增长 9.2%。在城镇居民人均家庭总收入中，工薪收入 17317 元，增长 16.9%；经营净收入 3027 元，增长 20.1%；财产性收入 667 元，增长 41.6%；转移性收入 7962 元，增长 8.9%。全年农村居民人均纯收入达 10805 元，比上年增长 18.5%；扣除物价上涨因素，实际增长 11.9%。在农民人均纯收入中，工资性收入 5747 元，增长 17.4%；家庭经营收入 3781 元，增长 17.6%；财产性收入 476 元，增长 19.4%；转移性收入 801 元，增长 31.8%。农村年人均纯收入 2500 元以下的贫困人口提前一年全面脱贫。不同地区最低工资标准提高 18% 以上，企业退休人员养老金月人均增加 156 元，城乡低保平均标准分别提高到每人每月 382 元和 303 元。城乡收入差距进一步缩小。农民收入增幅连续两年超过城镇居民，城乡居民收入比为 2.44 ∶ 1，收入差距是全国较小的省份之一。

民生工程扎实推进。坚持以人为本、民生优先，扎实推进民生幸福工程。着力解决重点群体就业问题，新增城镇就业 134.6 万人，城镇登记失业率为 3.22%，促进下岗失业人员再就业 66.1 万人，其中就业困难人员再就业 20.1 万人。稳步提高社会保障水平，实现城乡低保、新农合、新农保、城镇居民基本医疗保险和社会养老保险五个“全覆盖”，年末企业职工基本养老保险、城镇职工基本医疗保险、新型农村社会养老保险覆盖面稳定在 95% 以上。大力推进保障性安居工程建设，完成保障性安居工程目标任务 45.3 万套（户），超额完成国家和省定的年度目标任务，城镇低保和低收入住房困难家庭保障实现应保尽保。

（七）区域经济协调发展

区域发展协调性进一步增强。苏南转型升级加快，创新发展能力和国际竞争力提升；苏中、苏北大部分经济指标增幅快于全省平均水平，对全省经济增长的贡献率达 41.2%，比上年提高 2.2 个百分点。苏北主要经济指标增幅继续高于全省。全年苏南、苏中、苏北规模以上工业增加值分别比上年增长 12.4%、13.7%、17.7%，苏北增幅比全省平均水平高 3.9 个百分点。固定资产投资分别增长 20.4%、22.8%、23%，苏北增幅比全省高 1.5 个百分点。社会消费品零售总额分别增长 17.5%、17.2%、17.7%，苏北增幅比全省高 0.2 个百分点。进出口总额分别增长 14.1%、24%、41.2%，苏北增幅比全省高 25.3 个百分点；其中出口额分别增长 13.1%、26.1%、44.8%，苏北增速比全省高 29.2 个百分点。地方财政一般预算收入分别增长 22.4%、28.5%、39.1%，苏北增幅比全省平均水平高 12.9 个百分点。

二、值得关注的情况和问题

总体上看，当前全省整体经济运行状况良好，但仍存在一些值得关注的情况和问题，主要体现以下三个方面：

（一）主要经济指标增速回落

2011 年，全省部分主要经济指标增幅出现回落，经济增长显露减缓态势。全年地区生产总值增长 11%，增速比一季度、上半年、前三季度分别回落 0.6 个、0.4 个和 0.2 个百分点。全年规模以上工业增加值、固定资产投资、进出口总额、出口总额、地方财政一般预算收入、规模以上工业利润总额增速分别比上半年回落 0.2 个、2.4 个、4.1 个、4.8 个、4.9 个和 9.3 个百分点。经济增速放缓是多种因素综合作用的结果，部分是受世界经济复苏缓慢、外部需求不足的影响，同时也是国家为缓解通胀压力实行相对紧缩的货币政策、各地主动进行产业结构调整制约效应的显现。

（二）外贸出口形势严峻

当前，全球经济复苏乏力，欧债危机使世界经济增长的不确定性、不稳定性明显增加。西方发达经济体受高失业率和高负债率影响，居民消费总体低迷；房地产市场需求不振，房价持续下降抑制了建筑业及其他与房地产相关产业的恢复，进而影响就业恢复。综合来看，世界经济的深层次矛盾和问题正在显露之中，发展的不确定性明显增多，对出口将形成较大不利影响。加之各国为提振本国经济，很可能增加针对我国的贸易保护措施，也将给外贸产生不利影响。美国、日本和欧洲是江苏的传统出口市场，其经济增长的乏力将对全省外贸出口产生持续的影响。

（三）部分企业生产困难

目前，要素资源价格仍然维持高位，企业的成本压力未能得到有效缓解；国内外市场需求结构出现重大变化，市场竞争日趋激烈，企业取得可持续的订单越来越不容易；银根的收紧加剧了企业特别是中小企业的融资困难，企业尤其是部分中小企业面对的种种发展困难，一定程度上体现了经济发展面临的困难和挑战。2011 年，规模以上工业企业出口逐季回落，从 1—2 月份的 26.3% 回落到全年的 18.7%，而 12 月仅增长 11.6%。同时，企业劳动用工、资金等生产要素成本呈现明显上升态势。2011 年，全省规模以上工业企业人均工资水平同比提高 15.9%；利息支出增幅同比提高 15.1 个百分点；规模以上工业亏损企业亏损额同比增长 78.6%。

三、走势研判和对策建议

2012 年是全面落实我省第十二次党代会战略部署的第一年，也是经济发展面临很多挑战的一年。世界经济形势总体上仍十分严峻复杂，我国经济下行压力与物价上涨压力并存，在加快转型升级中保持我省经济平稳较快发展面临许多新挑战。从国际看：世界经济复苏的不确定因素增多，众多国际机构预测数据表明，2012 年全球经济复苏仍然存在困难，大多数发达经济体增长较为乏力，新兴经济体国家经济增速也出现放缓态势。从国内看，经济增长出现回调态势，2011 年，全国 GDP 增长 9.2%，其中，一季度增长 9.7%，二季度增长 9.5%，三季度增长 9.1%，四季度增长 8.9%。经济发展面临需求动力减弱、经济增速缓慢回落、物价水平仍处高位的不利局面，特别是受多重因素挤压的影响，部分中小企业出现经营困难。

当然，在认清形势的同时，还应当认识到全省经济发展长期向好的基本态势并未改变，经济发展长期向好的基本态势没有改变，综合竞争力和抗风险能力明显增强，我们仍处于可以大有作为的重要战略机遇期。一是全省主要经济指标仍保持较快增长，产业基础较好，内需仍保持较快增长，自主创新能力继续增强，经济运行的基本面仍然良好。二是以基本现代化指标体系为引领，明确了江苏科学发展的新导向。从今年起，我省将开启基本实现现代化的新征程，苏南地区将作为现代化建设示范区，探索基本实现现代化建设的先行经验。三是江苏实体经济竞争力较强，三次产业趋于协调的产业格局和国资、民资、外资三足鼎立的所有制格局，使得江苏的经济结构具备较强的抗风险能力。

综合判断，2012 年全省经济经济仍将保持平稳较快增长，转型升级步伐进一步加快。为保持全省经济平稳较快增长，要从以下几个方面着手。

（一）进一步稳定外部需求

落实好稳定外贸增长促进外经贸转型升级的意见，强化对外贸发展的政策支持，落实好国家出口退税、出口信贷、信用保险、出口免验等政策，采取更多的贸易便利化措施，为稳定外贸发展营造良好环境。把巩固和拓展国际市场作为稳外需的首要任务，努力巩固传统市场，大力开拓新兴市场，千方百计保持外贸出口稳定增长。调整优化出口结构，积极扩大高技术、高附加值、自主品牌商品和服务出口，引导加工贸易向产业链高端攀升。继续推进开发园区建设，进一步增强集聚、创新和服务功能，充分发挥其在经济转型升级中的示范效应。

（二）进一步增强企业竞争力

企业是经济发展的微观基础。要加大对实体经济特别是先进制造业的支持力度，进一步改善实体经济发展环境。进一步落实支持中小企业发展的政策措施，完善服务体系，帮助中小企业解决融资难、招工难等问题，增强中小企业的竞争力。继续实施“百项千亿”技术改造工程，发挥好专项资金的引导作用。积极拓展市场，提高江苏产品的市场覆盖率。加强煤电油气运调度，保障要素供给。强化金融支持，优化融资结构，增加有效信贷投放，扩大直接融资规模，为企业发展提供良好的市场环境。

（三）进一步增强内需拉动力

认真落实扩大消费的各项政策措施，通过扩大热点消费、农村消费、服务消费、循环消费、信用消费规模，力促国内消费再上新台阶，逐步提高消费对经济增长的贡献率。完善消费政策，大力发展文化、旅游、健身等消费，积极扩大消费信贷。扩大有效投入，抓好项目带动，加快建设一批事关发展全局的重大基础设施、一批带动作用强的重大产业项目、一批成效明显的重大民生工程。降低民间投资准入门槛，扩大民间投资领域，释放社会投资活力。

（四）进一步保障和改善民生

大力实施居民收入七年倍增计划，进一步拓宽增收渠道，适时适度提高职工最低工资标准，缩小收入差距。多渠道开发就业岗位，突出抓好高校毕业生、农村转移劳动力、城镇就业困难人员和城乡退役士兵等重点群体的就业工作，确保城镇新增就业 100 万人以上。围绕人人享有基本社会保障的目标，加大社会保障力度，加快完善社会保障体系。继续把控制食品价格作为稳定物价的重点，确保居民生活水平稳步提高。大力推进保障性住房建设，严格全过程管理，确保保障性住房合理分配。

（撰稿人：徐　劼　江苏省统计局局长）

历史上曾主管全国漕运的惟一机构——总督漕运部院，位于楚州城区中心，占地约三万平方米（淮安市统计局提供）

浙江省经济社会发展报告

2011年，浙江深入贯彻落实科学发展观，认真实施“八八战略”和“创业富民、创新强省”总战略，大力推进“全面小康六大行动计划”，在国际经济增长减速，国内实施积极的财政政策和稳健的货币政策的宏观环境下，着力稳增长、抓转型、控物价、惠民生、促和谐，加快启动实施海洋经济发展示范区、舟山群岛新区建设和义乌国际贸易综合改革试点“三大国家战略”，积极帮助中小企业脱困解难，全省经济保持平稳较快增长，社会建设全面推进，民生进一步改善，实现了“十二五”发展的良好开局。

一、经济运行总体平稳

（一）经济平稳增长

2011年，全省生产总值（GDP）为32000亿元，比上年增长9%，其中，一、二、三产增加值分别为1581、16404和14015亿元，比上年分别增长3.6%、9.1%和9.4%。人均GDP为58665元，按年平均汇率折合为9083美元，比上年增长7.1%。三次产业比例为4.9∶51.3∶43.8，与上年相比，三产比重上升0.3个百分点，二产比重下降0.3个百分点。

1. 工业生产增速回落，服务业发展较快，农业发展平稳。2011年，规模以上工业增加值10878亿元，比上年增长10.9%，实现利润3080亿元，增长9.9%，增速分别比上年回落5.3和37.4个百分点。10月以来采取的化解中小微企业困境的措施取得初步成效。企业资金紧张状况已有所缓解。年末规模以上工业企业银行贷款余额12915亿元，比9月末增加365.5亿元，比上年增长18.1%。12月规模以上工业增加值增长9%，比上月回升1.7个百分点。全年小型企业增加值增长11.4%，高于规模以上工业0.5个百分点，工业生产形势正在逐步趋于稳定。

服务业发展较快。2011年，服务业增加值比上年增长9.4%，高于GDP增速0.4个百分点，对GDP的增长贡献率达45.7%，比上年提高1.8个百分点。服务业从业人员比重为34.6%，比上年提高0.4个百分点。在服务业中，批发和零售业、住宿和餐饮业、其他服务业增长较快，增加值分别增长13.1%、12.0%和12.5%，交通运输仓储和邮政业、金融业增加值分别增长9.9%和8.1%，房地产业增加值下降3.5%。全社会铁、公、水路客、货运周转量分别比上年增长3.6%和21.3%；邮电业务总量增长18.4%；保费收入增长17.9%；旅游外汇收入和国内旅游收入分别增长15.6%和24.3%。限额以上交通、信息、商务、科技、文化、居民服务及其他服务业等企业营业收入和营业利润分别增长18.3%和23.7%。

农业生产稳定增长。粮食播种面积与上年基本持平，粮食总产量781.6万吨（156.3亿斤），增长1.4%。油料产量39.9万吨，增长1.0%。农作物种植结构进一步调整，蔬菜、棉花、药材、花卉苗木播种面积分别比上年增长0.9%、4.5%、3.2%、10.4%；果用瓜、甘蔗播种面积分别减少1.7%和5.9%。畜牧业和渔业生产稳定增长。全省肉类总产量176万吨，比上年增长0.4%；水产品产量519.8万吨（含远洋），增长8.7%，其中，海水产量415万吨，淡水产量104.8万吨。

2. 投资、消费增速基本稳定，出口增速回落。2011年，全社会固定资产投资14185.1亿元，比上年增长24.8%，按投资价格指数缩减，实际增速为16.1%，其中，房地产开发投资4494亿元，增长48.5%。社会消费品零售总额12028亿元，比上年增长17.4%，扣除价格因素实际增长11.3%。全省有商品交易市场4212家，全年有形市场成交额1.45万亿元，比上年增长14.1%，成交额超亿元的市场705个，超十亿元的市场210个，超百亿元的市场25个。进出口总额3094亿美元，比上年增长22%，其中，出口2164亿美元，增长19.9%，增速分别比上半年和前三季度回落2.4和1.9个百分点；进口930亿美元，增长27.3%。新批外商投资企业1691家，合同利用外资205.8亿美元，实际利用外资116.7亿美元，比上年分别增长2.7%和6%；全省对外投资中方投资额34.1亿美元，增长1.5%。

3. 财政收入增速基本稳定，存贷款增速走低。2011年，财政一般预算总收入5925亿元，比上年增长21.0%，增速比上年提高2.2百分点，地方一般预算收入3151亿元，增长20.8%。在地方一般预算收入中，企业所得税和个人所得税增长较快，分别比上年增长33%和22.8%，增值税和营业税分别增长15.8%和12.1%。地方财政一般预算支出3843亿元，增长19.8%。2011年末，金融机构本外币存款余额60893亿元，比上年末增长12%，新增存款6507亿元，同比少增2766亿元。本外币贷款余额53239亿元，增长13.8%，新增贷款6482亿元，同比少增1175.5亿元，其中12月新增600亿元，同比多增314亿元。从境内贷款投向看，短期贷款增长19.7%，中长期贷款增长5.1%，票据融资增长5.4%。

（二）民生进一步改善

1. 城乡居民收入差距缩小，低收入农户收入快速增长。2011年，城镇居民人均可支配收入突破3万元，达30971元，比上年增长13.2%，扣除价格因素，实际增长7.5%，实际增速比上年加快0.6个百分点；农村居民人均纯收入13071元，增长15.6%，扣除价格因素，实际增长9.5%，实际增速比上年加快0.9个百分点。城镇居民人均可支配收入中位数为27283元，比上年增长16.6%；农村居民人均纯收入中位数为11553元，增长15.6%。城镇居民人均可支配收入水平自2001年开始已连续11年列上海、北京后，居全国31个省（市、自治区）第3位，省（区）第1位；农村居民人均纯收入水平自1985年开始已连续27年位居各省区首位。农村居民人均纯收入增速比城镇居民人均可支配收入增速快2个百分点，城乡收入差距从上年的2.42倍缩小到2.37倍。全社会单位在岗职工年平均工资为35731元，比上年增长16.6%，其中，不含私营经济的单位在岗职工年平均工资为46660元，增长12.4%，日平均工资分别为137和180元。企业退休人员基本养老金达到月人均1755元，居全国省区前列。据全省低收入农户奔小康工程统计监测调查资料，2011年，低收入农户人均纯收入为5298元，比上年增长25%，扣除价格因素实际增长18.4%，增幅均高出全省农村居民人均纯收入9个百分点左右。

2. 民生不断改善。加快实施富民惠民十大工程。财政用于改善民生等方面的支出力度进一步加大。2011年，地方财政对住房保障、国土资源气象等事务、社会保障和就业、农林水事务、城乡社区事务、医疗卫生、教育、交通运输等支出比上年分别增长96.1%、45.2%、41.4%、28.6%、24.3%、24.3%、23.9%和17.4%。居民消费水平继续提高。城镇居民人均消费支出20437元，比上年实际增长8.6%；农村居民人均生活消费支出9644元，实际增长8.9%。城乡居民家庭衣着、设备用品及服务、医疗保健支出增长较快，主要耐用消费品拥有量继续增加，网络消费快速增长，信息化程度不断提高，消费领域从物质消费为主逐步向文教娱乐、休闲旅游、医疗保健等精神消费拓展。

3. 加快推进保障性住房建设，城乡居民居住条件继续改善。2011年，全省新开工建设各类保障性住房20.9万套，新增廉租住房货币补贴7753户。城镇居民人均住房建筑面积36.9平方米，农村居民人均居住面积60.8平方米，分别比上年扩大1.5和2.3个百分点。

（三）物价和房地产市场调控取得明显成效

1. 市场价格过快上涨的势头得到遏制。随着中央宏观调控措施的落实到位，国际市场大宗商品价格回落，翘尾因素逐月减小，居民消费价格过快上涨的势头得到了初步遏制。2011年，居民消费价格（CPI）同比上涨5.4%，月度涨幅从6月的6.4%回落到12月的3.9%；10月份开始环比转升为降。2011年，工业生产者出厂价格（PPI）和购进价格分别上涨5.0%和8.3%，月度涨幅从7月的6.4%和10.3%快速回落到12月的0.6%和1.6%；环比连续4-5个月下降。

2. 商品房销售清淡，房价涨幅回落或下降。2011年，全省房地产开发企业的商品房销售面积3827万平方米，比上年下降20.5%，销售额3728亿元，下降16.4%。从国家统计局公布的12月70个大中城市新建商品住宅（不含保障性住房）销售价格变动情况看，与上年同月相比，温州和宁波分别下降7.4%和1.3%，杭州、金华分别上涨1%和1.3%，分别居涨幅48、50、68和70位；与上月相比，温州、杭州、宁波、金华环比分别下降2%、0.7%、1.5和0.3%，均居51位以后。

二、发展方式转变积极推进

1. 创新驱动持续增强。2011年，预计全社会科技活动经费支出960亿元，比上年增长15.3%，相当于GDP的3%；研究和发展（R&D）经费支出相当于GDP的1.92%，比上年提高0.14个百分点。财政科技投入144亿元，比上年增长18.7%；财政科技拨款占财政支出的比重为3.75%。规模以上工业企业科技活动经费支出增长21%。产品升级换代取得积极成效，规模以上工业新产品总产值比上年增长28.8%，新产品产值率达22%，比重比上年提高1.3个百分点。全省专利申请量、授权量分别达17.7和13.0万件，比上年增长46.7%和13.6%；发明专利申请量、授权量分别为22500和8600件，增长25%和35%，发明专利授权量占专利授权总量的比重由2010年的5.6%提高到6.7%。

2. 大平台大产业大项目大企业建设积极推进。预计2011年全省海洋经济生产总值4500亿元，比上年增长19%（未扣除价格因素），约占GDP的14%，2010年比全国平均水平高3.9个百分点。2011年，规模以上工业装备制造业和高新技术产业增加值比上年分别增长12.1%和13.4%，增速分别比规模以上工业高1.2和2.5个百分点，所占比重为33.1%和24.1%，高新技术产业比重比上年提高0.3个百分点，装备制造业拉动规模以上工业增长4.1个百分点，增长贡献率为37.4%。投资更多地投向装备制造业、重点服务业和战略性新兴产业。制造业投资比上年增长14%，其中装备制造业投资增长18%，比制造业投资增速快4个百分点。服务业投资增长32.6%，其中，教育、批发零售、科研、水利环境、居民服务、卫生社会保障和社会福利、文化体育和娱乐业投资分别增长22%、13.9%、30.5%、16.4%、104.7%、18.1%、60.2%。14个产业集聚区建设有序实施，编制完成第二批21个升级产业集群示范区实施方案，推动42个块状经济向现代产业集群转型升级，积极培育战略性新兴产业。14个产业集聚区重点规划面积991平方公里，2011年已开发建设面积323.3平方公里，投产企业2877家，其中大型企业和世界500强企业 93家；产业增加值1095亿元，其中战略性新兴产业总产值1030亿元，分别比上年增长31.2%和34.1%；固定资产投资1325亿元，增长44.5%；实际引进内资和到位外资分别为534.8亿元和14.3亿美元，分别增长36%和13.1%。重点实施146家龙头骨干企业663项重大项目，做强做大龙头骨干企业，新组建企业集团 100余个，重点推进6个国际区域品牌试点。2011年，大型企业工业增加值比上年增长11.7%，增速比规模以上工业高0.8个百分点。

3. 节能减排和环境保护取得新进展。2011年，单位GDP能耗降低率为3.1%，其中，规模以上工业单位增加值能耗降低率为3.8%。高耗能行业工业增加值占规模以上工业比重为39.8%，比上年下降0.1个百分点。初步核定，化学需氧量、二氧化硫排放量分别下降2.81%和3.15%，均完成年度减排目标。八大水系、运河和湖库地表水171个省控断面Ⅰ～Ⅲ类水质比例达到71.3%，地表水环境功能区水质达标率为76%，分别比上年提高2.9和2.3个百分点。11个设区市城市空气质量达到二级标准天数比例平均为93.1%，69个县级以上城市空气质量达到二级标准占92.8%。全年新增治理水土流失面积760平方公里。全年近岸海域共发生赤潮 20 次，累计面积约 1502 平方千米，与上年相比，海域赤潮发生次数下降 2 次，累计面积减少 59% 。

4. *城乡区域统筹发展*。新型城市化扎实推进。杭州、宁波、温州都市圈和金华—义乌浙中城市群快速发展，区域中心城市发展水平和服务功能得到提升，中心镇培育及小城市试点加快推进。2011 年，全省城市化率达到 62.3%，比上年提高 0.7 个百分点，比全国平均水平高出 11 个百分点。城市建成区绿地率达 35.2%，人均公园绿地面积 11.17 平方米。县以上城市污水处理厂处理能力 842 万吨 / 日。县以上城市污水处理率达到 94%，比上年提高 16 个百分点。生活垃圾无害化处理率 97%。新农村建设成效明显。全省完成环境整治村 3100 个，培育建设中心村 403 个，受益农户 127.6 万户。90% 以上的村实现生活垃圾集中收集处理，75% 以上农户家庭实现卫生改厕，55% 以上村庄开展了生活污水治理，80% 以上行政村完成村庄整治建设。农家乐休闲旅游业发展较快，累计发展农家乐休闲旅游特色村（点）2765 个，从业人员 10.2 万人，营业收入 70.5 亿元。

舟山群岛新区和欠发达地区加快发展。2011 年，舟山、丽水和衢州三市主要指标增速快于全省平均水平，GDP 分别比上年增长 11.3%、11.5% 和 11%，均高于全省同期平均增幅（9%）2 个百分点以上；三市农村居民人均纯收入比上年分别增长 16.4%、19.5% 和 16.5%，均高于 15.6% 的全省农村居民收入增速；舟山市城镇居民人均可支配收入增长 16.2%，高于全省平均 3 个百分点（均为名义增速）。

5. *多层次资本市场建设稳步推动*。2011 年，全省新增境内上市公司 40 家，累计共有境内上市公司 226 家，居全国第 2 位，累计融资 2448 亿元，其中，中小板上市公司 113 家，占全国中小板上市公司总数的 17.5%，居全国第 2 位；创业板上市公司 26 家，占全国创业板上市公司总数的 9.25%。

三、社会建设全面加强

1. *教育水平不断提高*。2011 年，十五年教育普及率 97.6%，九年义务教育完成率达 99.24%，分别比上年提高 0.6 和 0.1 个百分点；初中入学率为 99.92%，巩固率为 99.99%；初中毕业升高中段的比例为 98.16%，提高 0.19 个百分点；普通高考录取率 85.3%，高等教育毛入学率为 47%，分别提高 1.5 和 2 个百分点。成人教育形式丰富。教师素质继续提高。

2. *文化体育事业繁荣发展*。2011 年，预计文化产业增加值超过 1200 亿元，占 GDP3.8% 以上。年末有省市级广播电台、电视台各 12 座，县级广播电视台 67 家。有线电视用户数 1322.5 万户，比上年增长 11.1%；广播、电视综合覆盖率分别达到 99.2% 和 99.4%。农村有线电视入户用户数 721.6 万户。艺术表演团体 70 个，群艺（文化）馆、文化站 1612 个，公共图书馆 97 个，博物馆 100 个。2011 年，广播影视业经营收入 197 亿元，比上年增长 12.9%。全年观影 2600 万人次，票房收入 9.75 亿元，比上年增长 36.5%。完成 29.95 万场农村电影放映任务。14 家图书出版社，出版图书 9958 种，总印数 3.2 亿册；公开发行报纸 71 种，发行量 34.2 亿份；出版期刊 220 种，发行量 0.75 亿册。加强公共文化服务体系建设，启动文化产业发展“122”工程，“文化下乡”和“千镇万村种文化”活动持续开展，杭州西湖文化景观被列入世界文化遗产名录。竞技体育水平不断提高。2011 年，浙江运动健儿共取得世界冠军 16 个、亚洲冠军 7 个、全国冠军 128 个。举办国际性体育竞赛 38 项次、全国性竞赛 116 项次。全民健身活动蓬勃开展。

3. *卫生综合服务工作取得明显成效*。2011 年，有卫生机构 1.67 万个（不包括村卫生室），其中医院、卫生院 1934 个。医院和卫生院床位 17.69 万张，卫生技术人员 29.99 万人，其中执业医师和执业助理医师 11.81 万人，注册护士 10.87 万人。已设置城乡社区卫生服务中心 508 个、服务站 6032 个。公共卫生体系建设工作和重大传染病防控工作进一步加强。“五苗”接种率保持在95%以上。全省孕产妇和5岁以下儿童死亡率分别为6.35/10万和7.37‰。

4. 就业和社会保障进一步加强。2011年，新增城镇就业94.6万人，帮助39.5万名城镇失业人员实现再就业，城镇登记失业率为3.12%，比上年末下降0.08个百分点。社会保险参保人数持续增加。企业养老保险参保人数1822万人，新增215.6万人；城镇职工基本医疗保险参保人数1514万人，农民工445.3万人，分别新增170和17.2万人，城镇居民基本医疗保险参保人数605.9万人，新增63.4万人；工伤、失业、生育保险参保人数分别为1611、981和980万人，新增136、106和116万人，农民工参加工伤保险731万人，新增90.8万人。378万被征地农民参加基本生活保障。全省新型农村合作医疗参合人数2871万人，参合率为97.5%，筹资标准每人379元，比上年增加133元，其中，各级财政补助268元，农民个人缴费111元。医保"一卡通"全面推行，政策范围内住院报销比例继续提高。社会救助体系建设更趋完备。全省在册低保对象70.2万人，其中城镇8.8万人，农村（未含五保）58万人，健全城乡低保标准与物价上涨联动机制，共支出低保金15.5亿元，比上年增长20%，平均保障标准为城镇441.2元/月人、农村307.1元/月人，分别增长17.1%和25.2%。五保、"三无"对象集中供养率分别为97.3%和99.6%。

5. 深化"平安浙江"建设，推进社会管理创新综合试点。社会公共安全得到有效维护。2011年，破获各类刑事案件20.07万起，比上年增长1.98%；侦破各类命案717起，命案破案率达97.8%，比上年提高1.5个百分点。协助做好"7·23"甬温线特别重大铁路交通事故处置工作。各类事故总量持续下降，连续8年实现"零增长"的目标。2011年，各类事故起数、死亡人数、受伤人数、直接经济损失分别比上年下降7.0%、5.1%、8.6%和5.7%。群众安全感满意率从上年的95.82%上升到 96.08%，连续8年超过九成，成为全国最具安全感的省份之一。加强食品药品安全监管，开展滥用食品添加剂、"地沟油"等专项整治，"十小"整治和规范工作取得新成效。健全防灾减灾体系，抓好"强塘固房"工程，有效应对历史罕见的流域性大洪水等自然灾害。加强人口和计划生育工作，2011年人口自然增长率为4.07‰。妇女、儿童、老龄、民族、宗教、外事、对台和侨务等工作取得新成绩。

四、社会经济发展中存在的问题

1. 经济增速处于下行态势，部分企业生产经营困难。一至四季度，GDP累计增速分别为10.4%、9.9%、9.5%、9.0%，同比分别回落4.6、1.8、3.0、2.9个百分点，下行趋势比较明显，也比全国严峻。GDP增速与全国相比，从2010年一季度高于3.1个百分点回落到2011年全年低于0.2个百分点。企业景气持续回落。据企业景气调查，四季度企业家信心指数为113，是2009年二季度以来的新低；企业景气指数为126，是2009年四季度以来的新低，信心指数和景气指数均低于全国。特别是工业经济下行过快，持续时间过长，对经济增长影响较大。10月份以来，省委省政府采取了一揽子政策措施全力帮助中小微企业脱困解难，取得了初步成效。但在内外需减弱、货币政策较紧和原材料成本、人民币升值、用工成本和利率成本等大幅上升的情况下，工业企业的生产经营压力依然较大，尤其是市场需求不足的影响在加大。下半年各月规模以上工业增加值进入个位数增长区间；出口交货值增速已下滑到12月的3.7%，全年出口拉动销售产值增长仅2.7个百分点。生产经营成本上升导致企业利润下滑过快。规模以上工业实现利润累计增速从一季度的40%下滑到全年的9.9%，与全国增速的差距由上半年高出3.7个百分点转为全年低15.5个百分点。外需和内需的拉动力均在减弱。2011年，出口增速低于全国同期（20.3%）0.4个百分点，也低于山东（20.7%）、福建（29.9%）。贸易保护主义对国际贸易摩擦"重灾区"浙江所产生的不利影响不容忽视。投资主要靠房地产投资拉动，2011年房地产开发投资占固定资产投资的31.5%，比重比上年提高5.1个百分点，比上年增长48.5%，拉动固定资产投资总额增长12.8

个百分点，增长贡献率达 51.8%；土地购置费占房地产投资的 37.7%，其增长难有持续性。

2. 市场价格涨幅仍然较高，居民持续增收难度加大。 2011 年，受流动性过剩、需求拉动、成本推动和外部输入等因素共同影响，居民消费价格同比上涨 5.4%，涨幅比上年上升 1.6 个百分点，创 1997 年以来的新高。八大类价格同比全面上涨，食品类涨幅最高，上涨 12.1%，居住、医疗保健和个人用品、家庭设备用品及维修服务、衣着、烟酒、交通和通信、娱乐教育文化用品及服务等类价格同比分别上涨 5.3%、3.7%、3.7%、2.9%、1.7%、0.7%、0.1%。食品类价格大幅攀升是影响居民消费价格总水平上升的首要因素。城镇居民人均可支配收入的三分之二和农村居民人均纯收入的一半以上均来自于工资性收入，经济增速下行、企业生产经营困难直接影响工资性收入特别是城镇居民可支配收入的增长，涨幅较高的居民消费价格严重缩减居民收入的实际增速，影响中低收入居民的生活水平，低收入群众持续增收难度增大。

3. 社会经济领域存在一些不稳定因素和潜在风险。 一是商品房销售清淡影响房地产开发企业的资金回笼和房地产税收的增加。2010 年 6 月以来，商品房销售面积开始步入下降通道，除 2011 年 1-2 月外，销售额也基本处于微增和下降之中，全年销售额下降 16.4%，为近一年半来最大降幅。2011 年，房地产投资资金来源仅增长 10.6%，比同期房地产投资增速低 37.9 个百分点。二是小微企业融资困难。据企业景气调查，四季度，企业流动资金和融资景气指数分别为 103.5 和 94.5，比三季度分别回落 4.9 和 2.5 点，其中，中小企业融资景气指数为 95.4，已连续 3 个季度处于“不景气”区间。三是企业利润加速下滑，一定程度影响企业家信心和今后生产和投资的增长。四是政府减税让利和企业利润下滑与财政民生支出持续增加的矛盾显现，财政收支平衡压力加大。五是食品药品安全、环境保护、社会管理等方面仍存在不少群众反映强烈的问题。

2012 年是实施“十二五”规划承上启下的重要一年，是经济社会转型的关键时期，发展的机遇与挑战并存。浙江将深入贯彻落实科学发展观，大力实施“八八战略”和“创业富民、创新强省”总战略，突出把握“稳中求进、转中求好”的工作基调，调结构、抓转型，重投入、兴实体，强改革、优环境，惠民生、促和谐，着力推进“四大国家战略”、“四大建设”、“五大统筹”，切实增强发展的稳定性、协调性、普惠性和可持续性，更加注重发展经济与改善民生相促进，更加注重制度创新与科技创新相驱动，更加注重扩大内需，发挥投资、消费对经济的拉动作用，发展和壮大实体经济，坚定不移推进转型升级，加快地方金融改革发展，努力优化民营经济发展环境，实施浙商回归工程，加强招商引资和境外拓展，加强以改善民生为重点的社会建设 ，推进文化大省向文化强省转变，促进浙江经济平稳较快发展、社会和谐稳定。

（撰稿人：金汝斌　浙江省统计局局长）

安徽省经济社会发展报告

2011年，是实施“十二五”规划的第一年，面对复杂严峻的国内外发展环境，全省人民在省委、省政府的坚强领导下，认真贯彻落实国家各项宏观调控政策，紧紧围绕科学发展主题和全面转型、加速崛起、兴皖富民主线，攻坚克难，锐意进取，加快推进经济发展方式转变，保持了经济社会又好又快发展，实现了“十二五”良好开局。

一、基本情况及主要特点

（一）经济保持较快增长，运行态势总体趋稳

2011年，全省生产总值15110.3亿元，按可比价格计算，比上年增长13.5%，增幅连续8年保持两位数增长，为近4年次高水平（上年为14.6%），高于全国4.3个百分点。分季度看，一季度增长13.8%，上半年增长13.4%，前三季度增长13.8%。分产业看，第一产业增加值2020.3亿元，增长4%；第二产业增加值8226.4亿元，增长17.9%；第三产业增加值4863.6亿元，增长10.5%。

1. 农业生产形势良好。粮食生产再获丰收，全年总产为627.1亿斤，比上年增加11亿斤，增长1.8%，实现连续6年增产。油料产量213.8万吨，下降6.1%；棉花产量37.8万吨，增长19.9%。养殖业生产基本平稳。全省生猪存栏1467.3万头，增长1.7%；出栏2721.1万头，下降2.2%；主要肉类产量371.8万吨，下降0.9%，其中猪肉233.1万吨，下降2.4%；禽蛋产量119.7万吨，增长0.5%；奶产量22.5万吨，增长9.9%；水产品产量199.5万吨，增长3.2%。

2. 工业生产保持较强增势。全年规模以上工业增加值7061.7亿元，增长21.1%，增幅比全国高7.2个百分点，居全国第4位、中部第1位。其中，轻工业增加值2176.2亿元，增长27.2%；重工业增加值4885.5亿元，增长18.6%。分行业看，37个工业大行业增加值同比全部增长，增幅超过20%的有20个。分产品看，发电量和原煤产量分别增长13.5%和8.6%，钢材增长12%，十种有色金属增长5.6%，汽车下降5.9%；四大家电产品，洗衣机1629.6万台、电冰箱3114万台、空调2821.9万台、彩色电视机550.5万部，分别增长28.6%、49.8%、72.8%和38.6%。

3. 服务业加快发展。全年服务业增加值增长10.5%，增幅同比提高0.4个百分点，对经济增长的贡献率为26.5%，同比提高0.9个百分点。其中，房地产业、营业性服务业、非营业性服务业分别增长7.4%、13.9%和10.7%，同比提高6.1个、0.2个和2.2个百分点；交通运输仓储和邮政业、批发和零售业、住宿和餐饮业、金融业分别增长10%、12.3%、10.7%、5.5%，同比回落1个、1.3个、5.9个和2.9个百分点。

（二）三大需求增长平稳，支撑动力较为强劲

1. 投资持续较快增长。全年固定资产投资12126.3亿元，增长27.6%，增幅连续9年保持在25%以上。其中，房地产投资2590.1亿元，增长27.9%。分产业看，第一产业投资176.1亿元，下降0.9%；第二产业投资6086.7亿元，增长30.5%；第三产业投资5863.5亿元，增长25.7%。从行业看，工业投资增长33%，其中制造业增长36.4%，制造业中的装备制造业增长48.4%。六大高耗能行业投资增长28.3%。三产中的金融业投资增长1.6倍，租赁和商务服务业增长1倍，文化、体育和娱乐业增长10.4%。

2. 消费市场平稳运行。全年社会消费品零售总额4900.6亿元，增长18%，增幅比全国高0.9个百分点。分城乡看，城镇消费品零售额4061.2

亿元，增长18.2%；农村消费品零售额839.5亿元，增长17.5%。分消费形态看，商品零售额4321.4亿元，增长18%；餐饮收入579.2亿元，增长18.2%。分产品看，限额以上批发零售业中，石油及制品、金银珠宝零售额分别增长48.4%和47.5%，建筑及装潢材料增长59.4%，家用电器和音像器材增长34.6%，汽车增长21.1%。

3. 外贸增速有所回落。全年进出口总额313.4亿美元，增长29.1%，增幅比上年回落25.7个百分点。其中，出口170.8亿美元，增长37.6%；进口142.5亿美元，增长20.2%。从出口经营主体看，生产型、贸易型企业出口分别增长46.1%和11.1%。从出口商品看，机电产品、高新技术产品出口分别增长53.5%和41.6%。利用外资增长加快。全年实际利用外商直接投资66.3亿美元，增长32.2%，增幅比上年提高3.1个百分点。

（三）三大收入稳定增长，运行质量持续改善

1. 财政收入较快增长。全年财政收入2632.8亿元，增长27.6%。其中，地方财政收入1463.4亿元，增长27.3%。地方收入中，增值税、营业税、企业所得税分别增长27.2%、29.9%和43.6%。支出重点保障民生。全年财政支出3305.7亿元，增长27.7%。其中，教育、医疗卫生、城乡社区事务、农林水事务、住房保障等民生支出累计达1639亿元，增长37.4%，所占比重由上年的46.1%提高到49.6%。

2. 企业效益大幅度提升。全年规模以上工业企业主营业务收入23895.5亿元，比上年增长42.8%；利税2254.8亿元，增长43.8%，其中利润1306.9亿元，增长52.5%。煤炭开采和洗选业、电气机械及器材制造业、交通运输设备制造业、非金属矿物制品业、化学原料及化学制品制造业、农副食品加工业等18个行业利润均超20亿元，累计实现利润1146.3亿元，占全部规模以上工业的87.7%。

3. 居民收入增加较多。全年城镇居民人均可支配收入18606元，增长17.8%，扣除价格因素，实际增长11.8%。人均消费性支出13181元，增长14.5%。城镇居民家庭恩格尔系数为39.8%，比上年高1.8个百分点。农民人均纯收入6232元，增长17.9%，扣除价格因素，实际增长11.3%。人均生活消费支出4957元，增长23.5%。农村居民家庭恩格尔系数为41.5%，比上年高0.8个百分点。

（四）自主创新能力提升，转型发展成效显著

1. 创新能力进一步增强。全年申请专利48556件，居全国第8位；增长28.5%，居全国第24位；授权专利32681件，居全国第7位；增长104.1%，居全国第1位。共签订各类技术合同5795项；成交金额65亿元，比上年增长40.9%。全年研究与试验发展（R&D）经费214亿元，增长30.7%，相当于全省生产总值的1.42%。全年共取得省部级以上科技成果860项。主要科技成果有：有机废弃物的厌氧生物定向转化机制、露天转地下开采平衡过渡关键技术、多功能液压破拆装备及应用等。

2. 节能降耗取得新进展。全年万元GDP能耗为0.754吨标准煤，同比下降4.06%，超额完成国家下达我省3.5%的节能考核目标，降幅居全国前列，其中规模以上工业万元增加值能耗1吨标准煤，同比下降9.3%，为全面完成我省“十二五”节能目标任务打下了良好基础。

3. 产业结构调整优化。全年规模以上工业中，装备制造业和高新技术产业增加值分别为2179.3亿元和2102.9亿元，增长28.3%和24.6%，增幅比全部规模以上工业高7.2个和3.5个百分点；战略性新兴产业实现产值4132.1亿元，增长62.1%。固定资产投资中，工业及信息化产业技术改造投资2947亿元，增长41.8%，增幅比全部投资高14.2个百分点；高新技术投资增长23.7%。

（五）物价调控成效明显，价格涨幅逐步趋缓

上半年，我省居民消费价格呈逐月上升态

势，6 月份涨幅最高达 7.2%；进入三季度以来，物价涨势逐步趋缓，7、8、9、10、11、12 各月分别上涨 7%、6.2%、6%、5.6%、4% 和 3.9%，呈逐月回落态势，全年居民消费价格上涨 5.6%，高于上年 2.5 个百分点，涨幅比上半年、前三季度分别回落 0.1 个和 0.3 个百分点。工业生产者出厂价格、购进价格的涨幅在 7 月份见顶（分别为 10.7% 和 13.3%）后，连续 5 个月回落，全年分别上涨 8.3% 和 10.8%。

（六）社会事业全面进步，民生保障水平提高

1. 教育事业稳步发展。年末全省共有研究生培养单位 18 个，在学研究生 41773 人。普通高校 104 所，普通本专科在校生 99.1 万人，高等教育毛入学率 26.4%，比上年提高 2.1 个百分点。普通高中在校生 127.9 万人，高中阶段毛入学率 83.5%，比上年上升 3.5 个百分点。初中在校生 249.9 万人，初中阶段适龄人口入学率 99.1%。小学在校生 443.6 万人，小学学龄儿童入学率为 99.8%。

2. 文化事业健康发展。年末全省共有文化馆 120 个，公共图书馆 97 个，博物馆 120 个，乡镇综合文化站 1261 个。广播综合人口覆盖率为 97.62%。电视综合人口覆盖率为 97.92%。全年出版报纸 98 种，总印数 12.4 亿份；期刊（杂志）178 种，总印数 0.6 亿册；图书 6798 种，总印数 2.5 亿册；电子、音像出版物 257 种，出版数量 134.3 万盒（张）。

3. 医疗卫生继续加强。年末全省共有卫生机构 7357 个，其中医院 758 个，卫生院 1397 个，社区卫生服务中心（站）1848 个，妇幼保健院（所、站）118 个，疾病预防控制中心 124 个。卫生技术人员 20.8 万人，医院、卫生院床位 18.3 万张。参加新型农村合作医疗的农业人口 4917 万人，参合率为 98.9%。

4. 就业工作扎实推进。年末全省从业人员 4120.9 万人，比上年增加 70.9 万人。在岗职工 365.7 万人，增加 26.7 万人；城乡私营企业从业人员和个体劳动者 598.5 万人，增加 27.7 万人。全年城镇新增就业 62.3 万人，下岗失业人员再就业 24.1 万人。年末城镇登记失业率为 3.72%。

5. 民生保障水平提高。年末全省参加城镇基本养老、医疗保险人数分别为 729 万人和 1611.9 万人。参加失业保险人数为 397.7 万人，全年为 12.2 万名失业人员发放了不同期限失业保险金。全省参加工伤、生育保险人数分别为 422.1 万人和 400.1 万人。被征地农民养老保险制度全面推进，年末参保人数 200.8 万人。城乡居民养老保险参保人数 2178 万人，其中新型农村养老保险试点参保人数 2108.6 万人。农村低保提标扩面全面完成，年末保障人数 216.3 万人，全年发放低保金 25.8 亿元；城市低保应保尽保，年末保障人数 84.2 万人。

二、存在主要问题

1. 发展速度趋于减缓。全年与前三季度、上半年和一季度相比，财政收入增幅分别回落 6.7 个、8.3 个和 12.2 个百分点，进出口增幅分别回落 4.3 个、3.1 个和 5.3 个百分点，实际利用外商直接投资增幅分别回落 12.9 个、23.5 个和 0.4 个百分点，固定资产投资增幅分别回落 3 个、7.9 个和 7.5 个百分点。10 月、11 月、12 月规模以上工业增加值分别增长 22.4%、22% 和 21.5%，增幅比 9 月分别低 0.6 个、1 个和 1.5 个百分点，连续 3 个月回落。

2. 企业经营面临不少困难。一是亏损企业亏损额增长大幅度上升。全年规模以上工业企业亏损企业亏损额增幅由一季度的 44.8%、上半年的 47.9% 上升到全年的 78.6%。二是两项资金占用迅速提高。年末，规模以上工业企业应收帐款和产成品存货增长 31.3%，比上年提高 4.5 个百分点；占流动资产的 31.6%，比一季度、上半年、前三季度分别上升 2.7 个、2.3 个和 2.1 个百分点。三是贷款难度明显增大。全年我省小企业新增贷款 737 亿元，同比少增 27 亿元，新增贷款占全部贷款增量的 31.7%，同比回落 3.9 个百分点。

3. 投资增长制约较多。一是受资金来源制约。全年固定资产投资本年资金来源 13447.6 亿元，

增长30.9%，增幅比上半年回落12.1个百分点，其中国内贷款、自筹资金增幅分别回落14.6个和15.3个百分点。二是新开工项目减少。全年我省固定资产投资施工项目25247个，比上年下降22.8%，降幅比上半年扩大14.2个百分点。其中，本年新开工项目18812个，下降27.1%，降幅比上半年扩大13.5个百分点。三是企业投资能力减弱。一方面企业盈利能力下降；另一方面融资成本明显上升，全年规模以上工业企业利息支出增长43.9%，增幅比上年提高22.9个百分点。

4. *房地产稳定发展面临较大压力*。一是投资增长明显放慢。全年我省房地产投资增幅比前三季度、上半年分别回落9.8个和7.7个百分点。二是待售商品房销售压力增加。全年商品房待售面积605万平方米，处于历史高位，增长16%，比竣工面积增幅高14.6个百分点。三是购置土地面积增幅加速回落。全省房地产本年购置土地面积由上半年、前三季度分别增长66.6%和26.9%转变为下降0.4%，预示着后续房地产开发后劲乏力。四是调控房地产的影响显现。全年与房地产相关的建材及装潢材料零售额增幅同比回落28.6个百分点，家电零售额增幅同比回落8.1个百分点。

三、经济走势展望

总体看，2012年我省经济运行仍有望延续平稳较快发展势头，但全年增速有所放慢的可能性较大。主要判断依据：

1. *工业稳定增长面临较多制约因素*。一是外需降低，将加剧部分行业产能过剩，继而可能出现减产、停产现象。去年8-12月，全国外贸出口分别增长24.5%、17.1%、15.9%、13.8%和13.4%，已现逐月回落态势；去年12月，我省工业品出口交货值增幅（33.2%）为全年各月最低水平。二是产能过剩，不仅会导致产品积压，而且会对资源、能源提出更苛刻的要求，从而引发对资源的严重破坏和掠夺，有的还需要靠进口来维系，对国际市场的依赖程度越来越大，容易受制于人。据2010年统计，全国汽车产能过剩180.8万辆，电冰箱产能过剩3057.3万台，空调产能过剩4636.4万台，彩色电视机产能过剩7295.7万台，钢材产能过剩29832.8万吨。三是先行指标增势减缓，反映出未来工业生产存在持续下滑的可能。去年12月，我省工业用电量增长12.9%，增幅比10月、11月分别回落15.2个和8.6个百分点。四是房地产、汽车等需求增势持续放缓，生产成本上升，导致相关工业企业盈利下降，增加经营困难。据此判断，工业生产延续去年年末两个月持续下滑的可能性较大，由此影响GDP的增长。

2. *投资和消费稳定增长压力较大*。从投资看，目前我省投资增长后劲不足，除了资金来源制约、新开工项目减少和企业投资能力下降外，还有投资者信心问题。目前，主权债务危机的负面影响仍然较大，美国再次施压人民币升值等，都使我国扩大外需压力进一步增大，由此必然加剧国内市场竞争；同时，能源原材料价格仍处于高位等，都在一定程度上影响了投资者的信心。从消费看，保持平稳较快增长的难度加大。一是房地产和汽车两大消费热点退潮后，短期内很难形成其它消费热点。二是鼓励消费政策与效应递减，特别是一些政策退出的影响短期内难以弥补。三是证券市场深度调整导致部分居民资产收入缩水，社会消费能力将因此受到影响。四是相对较高的价格水平，一定程度上也对即期消费产生了影响。

此外，从发达地区产业转移的趋势看，内部转移、西部转移的特征正在显现；中部崛起也出现了新一轮“同频共振”式的竞争，从过去的产品竞争、产业竞争，转变为战略竞争、发展环境竞争，各省都以开放和创新作为新一轮发展的战略主轴，都以承接国外和东部产业资本转移为战略重点，并且都有国家级战略平台为支撑，由此加剧了各地对产业转移资金的争夺。在今年货币政策只是局部结构性调整的情况下，发展资金制约的矛盾很难化解等。

（撰稿人：钱晓康　安徽省统计局局长）

福建省经济社会发展报告

福建，是科学发展的福建；福建，是跨越发展的福建。

2011年，福建各级党委、政府深入贯彻落实科学发展观，克服诸多不利因素，不仅取得了工具性的发展成就，也取得了价值性的发展成就。在科学发展观的旗帜下，中共福建省委、省政府因应福建发展的客观现实，提出的“跨越发展”的战略也凝炼成熟，战略价值凸显。全省工农业生产保持平稳增长，投资、消费、出口三大需求较快提升，经济效益持续向好，发展方式转变取得积极进展，各项经济社会发展年度预期目标如期完成，顺利实现了“十二五”规划的良好开局。

一、科学发展观在福建结出“因地制宜性”的战略成果

跨越发展成为福建践行科学发展观的重大价值成就。科学发展观是中央提出的强国、兴国的总战略和总方法，是指导经济社会发展的根本指导思想。跨越发展是福建针对自身的具体实际提出的落实科学发展观的具体战略选择。在科学发展中提出跨越发展符合福建的实际，是福建自身发展寻求突破、寻求突围的一种自我超越，是基于省情，充分发挥比较优势和后发优势，以东部沿海地区和先进发达地区为目标的一种奋力赶超。目前福建的经济总量，人均收入，科技与研发能力等与发达地区相比还有差距，要追赶先进和发达地区，必须在跨越发展中才能实现科学发展，发展福建。也可以说，福建没有跨越发展，也就难以实现科学发展的目标，跨越发展是福建科学发展的必然战略选择。2011年，福建的发展很好地实现了科学发展与跨越发展的辨证统一。全省GDP实现17410.21亿元，增长12.2%，连续10年保持两位数增长；人均GDP 46972元，超过7000美元，比上年增长11.4%；全社会固定资产投资突破万亿元，增长27.1%；外贸出口增长29.9%；社会消费品零售总额增长18.2%。

图1　2007-2011年地区生产总值(GDP)及其增长速度

经济运行显现可持续性。五年来，福建经济运行始终处于较高的增长区间，每年增速均保持在12.0%以上。分年份看，经济增长受宏观环境影响有时虽有所波动，但始终保持发展势头。2007年全省地区生产总值增幅达到15.2%，是1995年以来的新高。2008年下半年，由次贷危机引发的金融危机对全球经济造成重创，我省经济也不可避免受到冲击，在2008年和2009年连续两年经济增速呈现回落后（分别为13.0%和12.3%），2010年再次呈现回升，GDP增速达到13.9%。2011年经济延续了上年的发展势头，全省地区生产总值比上年增长12.2%。

产业结构向优化转变。三次产业结构由2006年的11.4∶48.7∶39.9调整为2011年的9.2∶52.7∶38.1，符合经济发展规律所呈现的阶段性特征。第一产业和第三产业占比分别下降2.2个和1.8个百分点，第二产业占比提高4.0个百分点，超过50%。农业生产上，粮食与经济作物种植面积比由2006年的57.3∶42.7调整为2011年的53.7∶46.3。重点产业调整振兴方案有效实施，工业主导作用日益突出，对经济

增长的贡献率从2006年的46.1%提高到2011年的60.6%；高新技术产业快速增长，产业规模扩大了1倍以上，2007-2011年年均增长23.2%，占地区生产总值的比重从2006年的10.5%提高到2011年的13.0%。服务业发展水平不断提高，旅游、物流、金融等现代服务业发展加快。海洋经济综合竞争力增强。

内外需市场双重避险。进入本世纪后，贸易保护主义抬头，国际贸易摩擦加剧，提振国内消费需求成为经济发展调整的方向。近五年来，福建对外贸易总额占地区生产总值的比重呈下降趋势，对国际市场的依赖性逐步降低，这既是国际贸易环境恶化产生的影响，也是我们主动调整的结果。福建外贸依存度和出口外向度分别从2006年65.1%和42.9%，下降为2010年的50.0%和32.8%，2011年回升至53.3%和34.4%。另一方面，国内需求得到有效激发，工业内销产值占比从2006年的69.1%上升到2011年的79.2%，提高了10.1个百分点。内外需市场的双重调节，使福建在金融危机的爆发和影响的年份，经济仍然保持了较高增长，2008年、2009年GDP增速仍达到13.0%和12.3%。

外商投资企业成为经济发展的主力。外资对福建经济发展的作用强大。外商投资企业对促进全省国民经济持续、快速、健康发展起到了主力作用。2011年全省规模以上外商投资企业工业增加值3527.55亿元，占全省规模以上工业增加值的比重达46.7%；2011年外商投资企业进出口686.85亿美元，占全省进出口总额的47.8%。

民营经济日益彰显活力。福建是民营经济最为活跃的地区之一，民营经济对福建经济具有不可替代的作用。五年来，民营经济增加值从2006年的不到5000亿元，发展到2011年的11600亿元，年均增速14.1%，比全省GDP增速快0.8个百分点。2006年，我省民营经济占全省地区生产总值的63.9%，2011年提高到66.5%，平均每年提高0.52个百分点。从构成上看，民营经济多分布在第二、第三产业，其中二产占半壁江山，三产占30%左右；从比例上看，第一产业的民营经济比重最高，在98%以上（这与产业特点有关），第二产业的比重约占70%；从发展速度上看，第二产业的民营经济发展最快，五年平均增速在17%左右。民间投资也日趋活跃，城镇民间投资占城镇投资的比重由2006年的40.4%提高至2011年的54.3%，年均提高2.8个百分点。

二、“跨越发展”措施见成效

2011年福建积极拓展项目来源渠道，优化投资环境，提出了积极引进央企、民企、外企的思路，福建称之为“三维”项目。同时，还提出了把重点项目、新增长区域、城市建设、小城镇改革发展、民生工程等作为重点建设目标，福建称之为“五大战役”。这些措施、思路都取得了明显的成效。

直接推动了经济的加速发展。重点项目建设战役共完成投资2589亿元，对全社会固定资产投资增长的直接贡献率达30.2%，对全省经济增长的拉动率为17.6%。

强化了区域间发展的平衡与互补。合理规划了十个增长区域的特色布局，初步实现了产业结构的优化调整与转型升级。

改善了城市生活环境。一批城市新区、功能组团、商务营运中心建成投用，宜居城市建设效果明显，福州市和厦门市荣获全国文明城市称号。

缩小了城乡之间的差距。42个试点小城镇总体规划编制的完成，为发展农业现代化、美化农村环境、增加农民收入提供了良好的条件。

提高了居民的生活质量。省委、省政府确定的49件为民办实事项目的全面兑现，以及一批重大社会事业项目的加快建设，丰富了群众的业余生活，让老百姓更加安居乐业，促进了社会的和谐发展。

三、福建“功能性”作用凸显

福建地理位置特殊，与台湾人文相接，地缘相近，港口条件优良，又是重要的侨乡之地，福建人具有“福建不仅是福建人的福建，也是全国的福建”的胸襟。

港口通道作用更加开始显现。全省继续着力构建以福州港、湄洲湾港、厦门港三大港口为枢纽，以铁路、高速公路为主骨架的现代化综合交通体系，推动外贸经济快速发展。2011 年全省出口额同比增长 29.9%。但我省出口额中规模以上工业企业出口交货值增速为 20.9%，低于出口总额增速 9.0 个百分点，说明出口总值中外省货源占有很大的比重，由此彰显出福建作为对外通道的功能型作用。

福建已成为台湾农产品的中转集散地。福建简化台湾农产品输入通关手续，实施零关税进口台湾农产品，福州、厦门、泉州、宁德和漳州等地的海峡两岸水产品、水果集散（物流）中心建设加快，海峡两岸农博会、林博会、茶博会等大型展会的功能进一步得到发挥，福建已成台湾农产品输入大陆的物流集散地。福建已建成 6 个台湾农民创业园，由此彰显出福建作为台湾商品集散中心的功能。

海峡两岸金融交流中心的作用有望发挥。厦门两岸区域性金融服务中心核心区建设规划已启动，两岸金融交流与合作日益深化。继厦门银行与台湾富邦银行成功合作后，福建海峡银行与台湾华南商业银行合作协议又已签署。其他金融合作项目也呼之欲出。

四、产业结构调整呈优化趋势

初步核算，2011 年，福建实现地区生产总值 17410.21 亿元，三次产业结构调整为 9.2 ∶ 52.7 ∶ 38.1。

从第一产业看，农业（种植业）所占比重最高，2011 年农、林、牧、渔业增加值占第一产业增加值的比重分别为 41.6%、8.7%、17.5% 和 28.7%。现代农业、特色农业发展态势显现。闽东南高优农业、闽西北绿色农业、沿海蓝色农业三大特色产业带初具规模；以畜牧业、水产业、林产业、园艺产业四大产业为主导产业，畜禽、笋竹、水产品、蔬菜、水果、食用菌、茶叶、花卉、烤烟、中药材等十大特色农产品得到较快发展，十大特色农产品产值占农林牧渔总产值的 80% 以上。

从第二产业看，工业已成为国民经济的重要支撑。2011 年工业增加值占 GDP 的比重达 44.7%，对经济增长的贡献率 60.6%。规模最大的 5 个行业分别是通信设备、计算机及其他电子设备制造业，皮革、毛皮、羽毛（绒）及其制品业，非金属矿物制品业，纺织业，纺织服装、鞋、帽制造业，2011 年占规模以上工业增加值的比重分别为 8.3%、7.5%、7.1%、6.3% 和 5.5%。电子信息、机械装备和石油化工三大主导产业 2011 年完成工业增加值 2715.22 亿元，占规模以上工业增加值的 36.0%，其中电子信息业、机械装备业和石油化工业占比分别为 8.3%、16.0% 和 11.7%。高技术产业快速增长，2011 年高技术产业实现增加值 773.48 亿元，占规模以上工业增加值比重 10.2%。2011 年建筑业增加值 1392.42 亿元，占 GDP 比重 8.0%。

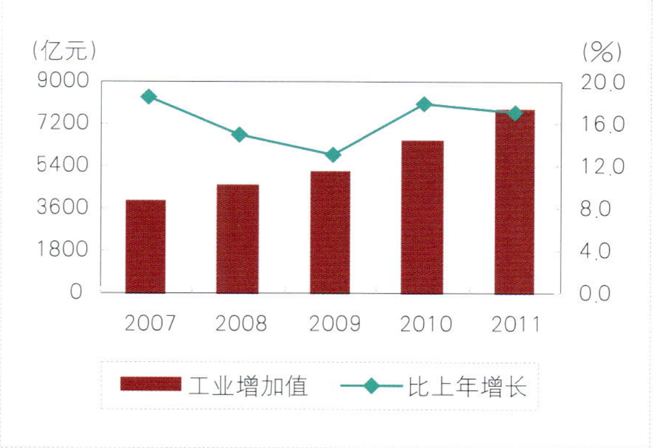

图 2　2007-2011 年全部工业增加值及其增长速度

从第三产业看，由于福建还处于工业化进程之中，服务业发展相对慢于工业，但趋势日益向好，发展潜力和提升空间日益显露。前五年间服务业年均增长速度 11.7%。从行业上看，2011 年，批发和零售业规模最大，占服务业增加值比重为 22.8%；其次是营利性服务业占 17.0%；总量居第三位的是非营利性服务业占 16.9%，这三个行业合计占比超过一半。从性质上看，传统的支柱产业比重仍然较高，知识密集型、科技密集型的现代服务业还处于发展阶段，占比相对较小。交通运输仓储及邮政业、批发零售业、住宿餐饮业、教育、卫生、社会保障和社会福利业等传统服务业仍占主导地位，占第三产业增加值的比重达60%以上；具有现代服务业特征的金融业、信息和科研服务业等占服务业增加值的比重不足40%，其中信息传输、计算机服务和软件业占5.9%。

五、经济发展的健康性获得体现

财政收入加速增长，支出结构优化。2011年全省财政总收入2596.12亿元，比上年增长26.3%，增幅比上年提高5.0个百分点。其中地方财政收入1501.16亿元，增长30.4%，增幅同比提高6.9个百分点。税收收入与非税收入均保持较快增长，全年税收收入1253.95亿元，增长29.8%，增幅同比提高5.6个百分点；非税收入247.20亿元，增长33.3%，增幅同比提高13.1个百分点。全省财政支出2196.61亿元，比上年增长29.6%，从结构看，突出保障“调结构、促发展、惠民生”，保障重点支出，其中增长较多的有：教育支出394.45亿元，增长20.3%；交通运输支出239.65亿元，增长91.4%；农林水事务支出206.25亿元，增长28.6%；公共安全支出144.35亿元，增长19.7%；住房保障支出57.66亿元，增长104.7%。

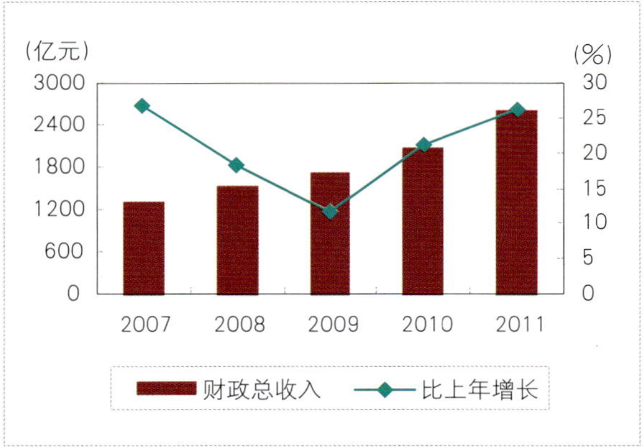

图3 2007-2011年财政总收入及其增长速度

企业效益持续提高。2011年，全省规模以上工业经济效益指数呈持续提升的态势，一季度、上半年、前三季度分别为228.23、238.83和241.24，全年达250.60，比2010年提高21.63点，创历史新高。盈利、纳税和提供就业能力进一步增强，规模以上工业企业实现利润总额1578.85亿元，同比增长24.6%；上缴税金816.26亿元，增长25.5%；从业人员平均人数361.85万人，增长7.7%；企业亏损面为7.2%，同比降低1.2个百分点。

城乡居民收入持续增加。2011年，全省城镇居民人均可支配收入24907.40元，增长14.4%，增幅比上年提高3.1个百分点，扣除物价因素实际增长8.7%，比上年提高0.7个百分点，其中工资性收入、经营净收入、财产性收入和转移性收入分别增长11.2%、40.1%、23.4%和5.8%；城镇居民人均消费支出16661.05元，增长13.0%，增幅比上年提高3.3个百分点，扣除物价因素实际增长7.4%，比上年提高1.0个百分点。全省农民人均纯收入8778.60元，增长18.2%，增幅同比提高7.0个百分点，扣除价格因素实际增长12.3%，增幅同比提高4.8个百分点，其中工资性收入、家庭经营收入和财产性收入分别增长25.7%、15.1%和18.9%；农民人均生活消费支出6540.90元，增长19.0%，增幅同比提高9.4个百分点，扣除价格因素实际增长13.0%，增幅比上年提高7.0个百分点。

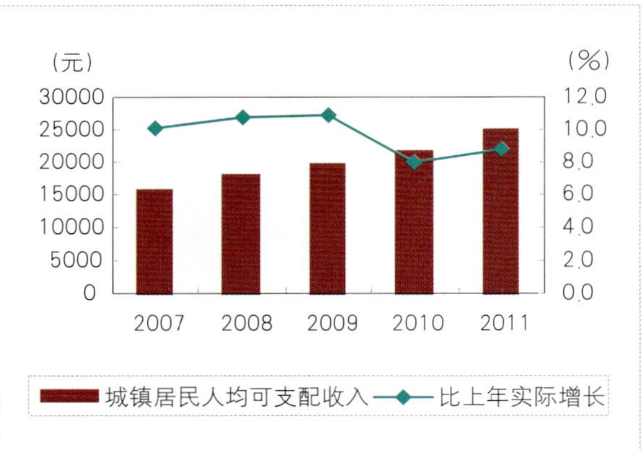

图4 2007-2011年城镇居民人均可支配收入及其实际增长速度

物价涨幅得到控制。2011年下半年以来福建物价涨幅提升较快，其中8月份居民消费价格上涨6.6%，涨幅达到2011年顶点，位居全国第4。三季度以来政府部门采取多项稳定措施，物价涨幅明显回落，全年居民消费价格上涨5.3%，低于全国平均水平，与江苏、广东、重庆和四川并列居全国第17位（从高往低排），其中城市价格上涨5.2%，农村价格上涨5.3%。从类别看，八大商品中除了娱乐教育文化用品及服务以外，其他七类商品价格均呈上涨态势，其中食品类价格上涨11.2%，居住类价格上涨5.6%，两者共拉动价格水平上涨4.55个百分点。工业生产者出厂价格上涨3.9%，同比提高0.7个百分点，购进价格上涨8.0%，同比上涨0.3个百分点，两价涨幅剪刀差为4.1个百分点，比2010年缩小0.4个百分点。农业生产资料价格上涨较快，全年增长11.8%，比上年提高9.4个百分点。福州、厦门、泉州三市新建商品住宅销售价格分别比上年上涨3.8%、5.9%、0.9%，涨幅分别比2010年回落2.5、0.8、2.6个百分点。福州、泉州二手住宅销售价格比2010年下降0.8%和0.1%，厦门虽上涨2.2%，但增幅同比回落5.6个百分点。

图5 2007-2011年农村居民人均纯收入及其实际增长速度

六、展现新活力的社会事业

就业和社会保障工作进一步加强。2011年末，全省城镇新增就业人数62.25万人，完成全年任务103.8%；下岗失业人员再就业13.16万人，完成全年任务175.5%；新增农村劳动力转移就业41.91万人，完成全年任务104.8%。城镇登记失业率3.69%，比2010年降低0.08个百分点，顺利完成4.2%以内的年度目标。全省城镇基本养老保险参保695.03万人，比上年底增长9.4%；城镇基本医疗保险参保1255.17万人，增长2.4%；失业保险参保430.9万人，增长15.2%；工伤保险参保496.9万人，增长19.0%；生育保险参保451.87万人，增长20.7%。

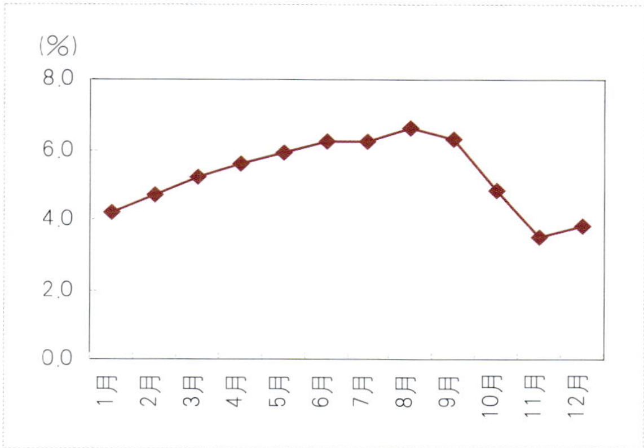

图6 2011年居民消费价格涨跌幅度（月度同比）

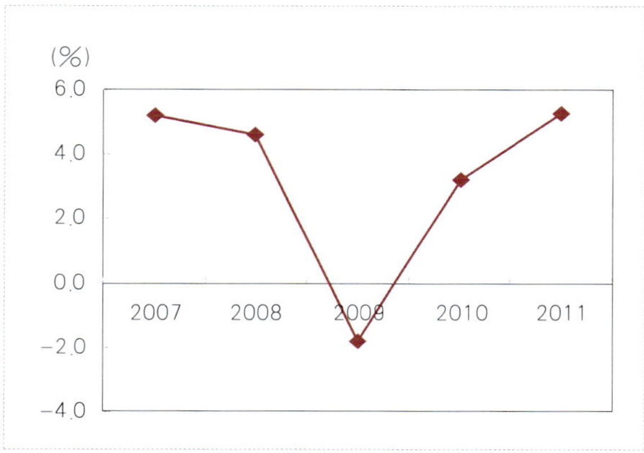

图7 2007-2011年居民消费价格涨跌幅度

社会事业发展步伐加快。一是教育事业优先发展。教育支出占全省财政支出的比重连续九年居全国第一。在教育事业全面发展的基础上，重点推进校舍建设、校企合作、高校联盟等方面的工作，全年重建中小学校舍403万平方米，改扩建中小学校舍46.14万平方米；新增创建国家示范专业点20个、国家改革创新重点专业点10个，新建省级技能型紧缺人才培养基地12个，委托培养、定向培养、订单培养的中等职业在校生达13.15万人；福州地区大学新校区8所高校组建联盟，建立优质资源共享、优势互补新机制。二是卫生事业不断完善。基层医疗卫生服务体系全面加强，2011年全省社区卫生服务街道覆盖率提升至100%；全省拥有全科医生6400名，平均一个基层医疗机构拥有5-6名。新型农村合作医疗制度不断完善，新型农村合作医疗参合率达99.3%，比上年提高1.1个百分点，参合农民住院补偿、门诊补偿、特殊门诊补偿分别比去年增长10.2%、80.8%、97.3%。基本公共卫生服务均等化逐步提升，全省人均基本公共卫生服务经费标准由2010年的15元提高至25元；全省累计建立居民健康档案2207万份，建档率60.9%。三是文化事业欣欣向荣。“十一五”期间，全省文化产业增加值年均增长29.8%，比地区生产总值的年均现价增速高12.2个百分点。文化产业增加值占地区生产总值的比重逐年增加，2010年比2005年提高1.7个百分点，2011年文化产业增加值占地区生产总值比重为4.6%。四是体育事业蓬勃发展。2011年举办的世界三大赛中，福建共获得12金8银2铜，在亚洲举办的三大赛中获得17金6铜，在全国最高级别比赛中获18金15银17铜。在第七届全国城市运动会上，福州、厦门两个代表团共获得14金14银19铜，金牌数位居全国第八，创最好成绩。全年承办了蹦床、田径、射击、射箭、飞碟、沙排、帆船帆板和国际马拉松等18项国内外赛事。

七、支持经济社会发展的要素不断叠加

和平发展的两岸关系为福建发展提供了良好的氛围。这几年来，由于海峡两岸本着“先易后难，先经后政”的基本思路，务实推动两岸关系，取得了许多重大成果。两岸关系的改善和发展，为福建经济社会发展提供了难得的历史机遇。

“先行先试”为福建发展提供了创新思想、创新思路的空间。过去的五年是海峡西岸经济区建设全面推进的五年。国务院出台《关于支持福建省加快建设海峡西岸经济区的若干意见》（简称《意见》）和批准《海峡西岸经济区发展规划》，无疑为福建的发展赢得了重大优势，给足了福建发展的空间。国家各部位和央属企业从规划、政策、项目、资金等方面都给予积极的支持，并不断推出新的支持内容，为福建实现科学发展、跨越发展创造了有利的政策环境。国家在《意见》中赋予福建的先行先试政策，不仅仅是国家给予税收、财政、金融等政策方面的优惠和倾斜，先行先试的最大优势是给了我们无限创新思想、创新思路的操作空间。特别是在对台方面，福建在经贸、投资、航运、旅游、邮政、文化、教育等方面交流合作中先行先试，有望率先突破，取得经验，也将成为吸引投资的魅力点。可以说，先行先试是福建最大的优势。

注重民生为福建发展提供了凝聚力。提高人民生活水平，并促进人的全面发展是经济发展的最终落脚点，反过来，民生工程搞好了，对经济建设也会起到积极的促进作用。民生工程成为福建科学发展、跨越发展的新动力、新要素。五年来，多项惠民利民政策得到有效落实，城乡就业规模不断扩大，五年累计新增城镇就业330万人。城乡居民收入增速加快，全省三次上调最低工资标准，城镇居民人均可支配收入从2006年的13753元提高到2011年的24907元，年均增长12.6%；农民人均纯收入从2006年的4835元提高到2011年的8779元，年均增长12.7%。公共服务能力持续增强，区域差异进一步缩小，财力均等化进程加快，一般预算收入的基尼系数从2006年的0.3575下降到2010年的0.3404，一般预算支出的基尼系数从2006年的0.1906下降到2010年的0.1819。

基础设施改善为福建发展提供了良好的投资环境。近年来，福建加快了基础设施建设，逐步完善了现代化基础设施体系、综合交通网络建设、沿海重要能源基地建设、城乡公共设施保障能力等，服务周边地区发展的对外开放综合通道初步形成。全社会基础设施建设投资从2006年的1022.68亿元提高到2011年的2863.24亿元，年均增长22.9%。2011年，铁路运营里程达2132公里，比2006年增加519公里，其中高速铁路运营里程达455.52公里，福建进入了双线快速运输的动车时代。高速公路总里程达2704公里，比2006年增加1475公里。港口群加快形成，港口吞吐量从2006年的2.37亿吨增加到2011年的3.72亿吨，福州港和湄洲湾港步入亿吨港行列，厦门港吞吐量为1.56亿吨。沿海重要能源

基地加快建设，宁德、福清核电站建设全面铺开，一批火电、气电、风电等项目建成投产，电力装机容量达到3825万千瓦。通信综合服务能力显著增强。基础设施从对经济发展的瓶颈制约到基本适应，将为实现跨越发展提供良好的基础保障。

科技创新能力提高为福建发展提供了有力的技术支撑。在科技促进经济社会发展的指数上福建居全国前列，这得益于政府鼓励企业创新政策的有效落实，一批产业化关键技术取得重大突破。全社会研究与试验发展经费支出从2006年的67.43亿元增加到2011年的210亿元，年均增长25.5%，相当于地区生产总值比重从0.88%提高到1.21%。专利授权量从2006年的6412件增加到2011年的21857件，年均增长27.8%。

特有的文化精神为福建发展提供了源源不绝的精神动力。福建人包容开放、敢拼会赢的性格成就了福建精神的诞生，也成为了福建发展的要素。今天的福建人已经不需要像过去那样冒着生命危险出海捕鱼、贸易来换取生存，但这种闽人固有的精神、文化传承了下来，对于当前福建发展更是起到鼓舞、推动作用。在中共福建省第九次党代会报告中，孙春兰书记就用“爱国爱乡、海纳百川、乐善好施、敢拼会赢”16个字总结了福建精神。福建精神凝聚人心，为福建的发展建设注入了强大的精神动力，以致成为福建发展的元素。

人才建设为福建发展提供了强大的智力支持。根据第六次全国人口普查（2010年），福建每十万人拥有大专以上文化程度人口为8361人，比上一次人口普查（2000年）增加了5161人。科技活动人员从2006年的10.11万人增加到2010年的17.93万人，年均增长15.4%。高等教育毛入学率超过全国平均水平。出台人才引进培养政策，实施重大人才工程。财政预算内教育经费占财政支出的比例连续9年居全国首位。

福建，必然是科学发展的福建；福建，必然是跨越发展的福建。福建过去发展的实践已经证明了它，福建现在发展的实践正在证明它，福建未来发展的实践将继续证明它！

（撰稿人：孙希有　福建省统计局局长）

（长乐市统计局提供）

江西省经济社会发展报告

2011年，是"十二五"时期开局之年，也是江西在新的历史起点上进一步推进科学发展、进位赶超、绿色崛起的关键之年。面对极为复杂的国内外发展环境和春夏连旱、旱涝急转等自然灾害的严峻考验，在省委、省政府的坚强领导下，全省上下以科学发展观为统领，以加快转变经济发展方式为主线，以鄱阳湖生态经济区建设为龙头，坚定信心，顽强拼搏，经济社会保持了平稳较快发展，各项社会事业取得新的进步，实现了"十二五"时期良好开局。

一、综合实力进一步增强

初步核算，2011年，地区生产总值首次突破万亿元大关，达11583.8亿元，比上年增长12.5%。其中，第一产业增加值1391.1亿元，增长4.2%；第二产业增加值6592.2 亿元，增长15.5%；第三产业增加值3600.5亿元，增长10.7%。三次产业对经济增长的贡献率分别为4.3%、67.4%和28.3%。三次产业结构调整为12.0：56.9：31.1。人均生产总值25884元，增长11.8%。

图1 2006-2011年地区生产总值及其增长速度

财政总收入1645.0亿元，比上年增长34.2%。其中，地方财政收入1053.4亿元，增长35.4%。财政总收入占生产总值的比重达到14.2%，同比提高1.2个百分点；税收总收入1368.7亿元，增长32.5%，占财政总收入的比重达到83.2%。县域财力进一步增强，全年财政总收入超10亿元的县（市、区）达到40个，其中南昌县超45亿元。

二、经济结构调整取得进展

1. 农业基础地位稳固。2011年，粮食种植面积3650.1千公顷，比上年增长0.3%；油料种植面积732.4千公顷，增长0.1%；棉花种植面积82.0千公顷，增长2.8%；蔬菜种植面积535.5千公顷，增长2.8%。粮食总产量2052.8万吨，创历史新高。其中，早稻785.6万吨，增长11.4%。肉类总产量320.1万吨，比上年增长3.9%。年末生猪存栏1827.5万头，增长4.0%；生猪出栏3000.1万头，增长3.5%。全年水产品产量222.8万吨，增长3.5%。牛奶产量12.7万吨，增长3.5%。禽蛋产量53.5万吨，增长4.5%。农业产业化步伐加快。2011年，472家省级以上龙头企业实现销售收入1500.5亿元，比上年增长15.1%；实现利润89亿元，增长51.8%；直接带动370万农户户均增收2200元。全省规模以上加工型龙头企业达2800家，增长12.0%；实现销售收入2000亿元，增长19.1%。农民专业合作组织 15302个，增长27.8%；合作组织成员12.8万户，增长27.3%。农业机械化水平提高。2011年末农业机械总动力4200.0万千瓦，比上年末增长10.4%；联合收割机达5.3万台，增长16.0%。实际机耕面积达2890.0千公顷；机械收获面积2298.0千公顷，占农作物总播种面积的比重达41.9%，同比提高1.2个百分点。

2. 工业主导作用增强。2011年，全部工业完成增加值5611.9亿元，比上年增长17.6%，占生产总值比重达48.4%，比上年提高3.0个百分点。其中，规模以上工业增加值3910.9亿元，增长19.1%。在规模以上工业中，轻工业增加值1241.7亿元，增长20.2%；重工业增加值2669.2亿元，增长18.6%。分企业类型看，国有企业增加值382.0亿元，增长10.2%；集体企业增加值24.3亿元，增长4.3%；股份合作企业增加值42.7亿元，增长18.9%；股份制企业增加值1277.6亿元，增长17.2%；私营企业增加值1439.9亿元，增长22.4%；外商港澳台投资企业增加值741.4亿元，增长21.9%。工业内部结构进一步优化。规模以上工业中，装备制造业实现增加值792.8亿元，比上年增长21.9%，高于全省平均增长速度2.8个百分点，其中电气机械及器材制造业增长18.9%，通信设备、计算机及其他电子设备制造业增长35.6%，通用设备制造业增长27.5%，金属制品业增长19.6%。企业效益大幅提升。全年规模以上工业实现主营业务收入18466.8亿元，比上年增长41.7%。主营业务收入超千亿元的产业增加到5个，其中有色行业突破4000亿元；主营业务收入超百亿元工业企业总数达12 家，其中江铜集团突破1000亿元。园区经济发展态势良好。2011年，全省工业园区投产企业达7951家；安置从业人数174.0万人，比上年增长10.5%。全年园区完成工业增加值3003.4亿元，增长19.6%；主营业务收入、利润、利税分别完成13241.5亿元、837.6亿元和1327.9亿元，分别增长40.4%、47.5%和42.5%。年主营业务收入超百亿元的园区新增12家，总数达46家，其中南昌高新技术产业开发区达804.1亿元。

图2　2006-2011年工业增加值及其增长速度

3. 服务业发展势头良好。交通运输业发展提速。2011年，铁路、公路、水运完成旅客运输量78930万人，比上年增长3.2%；完成货物运输量111574万吨，增长11.2%。机场旅客吞吐量660.7万人，增长21.6%。其中，昌北机场旅客吞吐量534.8万人，增长12.6%。邮电通信业服务水平提升。全年完成邮电业务总量282.3亿元。其中，邮政业务量28.2亿元，电信业务量254.1亿元。年末固定电话用户673.9万户。全年新增移动电话用户551.4万户，年末达到2362.7万户。年末互联网用户数达313万户，比上年增长23.5%。旅游产业建设扎实推进。全年接待国内旅游人数15854万人次，比上年增长48.1%；国内旅游收入1079.2亿元，增长35.8%。接待入境旅游人数135.8万人次，增长19.1%；旅游外汇收入4.15亿美元，增长20.0%。

三、需求拉动作用更加协调

1. 投资结构不断优化。2011年，全社会固定资产投资9089.8亿元，比上年增长25.6%。固定资产投资8756.1亿元，增长27.7%。分产业看，第一产业投资182.2亿元，增长5.5%；第二产业投资5210.0亿元，增长27.7%，其中工业投资5155.0亿元，增长27.3%；第三产业投资3363.9亿元，增长29.0%。分投资主体看，国有经济投资1995.5亿元，增长11.1%；非国有投资6760.6亿元，增长33.5%，其中民间投资6320.6亿元，增长35.8%。重点项目建设进展顺利。德兴至南昌、永修至武宁、瑞金至南昌、上饶至武夷山、南昌至奉新、隘岭至瑞金6条高速公路建成通车，新增通车里程554公里，总里程3642公里。在建铁路里程1200公里。南昌昌北国际机场扩建工程竣工通航。景德镇500千伏洪源变电、贵溪电厂三期等一批电力项目建成投运。环鄱阳湖天然气管网建设基本完成。鄱阳湖水利枢纽工程立项工作有序推进，峡江水利枢纽、浯溪口水利枢纽等工程建设进展顺利，山口岩水利枢纽工程基本完成。省奥林匹克体育中心等一批公共基础设施项目建成使用。

图 3　2006-2011 年全社会固定资产投资及其增长速度

2. 消费市场繁荣活跃。2011 年，社会消费品零售总额 3485.1 亿元，比上年增长 17.9%。分城乡看，城镇消费品零售额 2859.4 亿元，增长 18.0%；乡村消费品零售额 598.3 亿元，增长 17.4%。分商品看，限额以上批发零售业零售额 1021.8 亿元，增长 35.3%。其中，汽车类零售额 241.0 亿元，增长 25.9%；家具类零售额 11.6 亿元，增长 52.1%；金银珠宝类零售额 14.9 亿元，增长 49.1%；建筑及装潢材料类零售额 10.5 亿元，增长 59.5%。

图 4　2006-2011 年社会消费品零售总额及其增长速度

3. 对外开放水平提升。2011 年，进出口总额 315.6 亿美元，比上年增长 46.1%。其中，出口 218.8 亿美元，增长 63.1%；进口 96.8 亿美元，增长 18.1%。在出口中，外商投资企业出口额 59.7 亿美元，增长 19.6%；私营及其他企业出口额 143.5 亿美元，增长 1 倍；国有企业出口额 15.6 亿美元，增长 11.4%。出口质量进一步提高。机电产品出口 81.5 亿美元，比上年增长 79.6%；高新技术产业出口 38.5 亿美元，增长 42.1%；机电产品、高新技术产品出口占全省出口的比重分别达到 37.3% 和 17.6%。对日本、美国、香港、欧盟等国家或地区出口快速增长，分别增长 130%、83.2%、83.2% 和 68.6%。招商引资成效显著。全年新批外商投资企业 812 个，其中新批合同外资 1000 万美元以上项目 146 个。实际使用外商直接投资 60.59 亿美元，增长 18.8%。外商投资企业平均合同投资规模 1040.1 万美元，增长 51.5%。截止 2011 年底，全省具有世界 500 强投资背景的企业达 43 家。实际引进省外单项投资 5000 万元以上项目资金 2579.2 亿元，增长 33.8%。

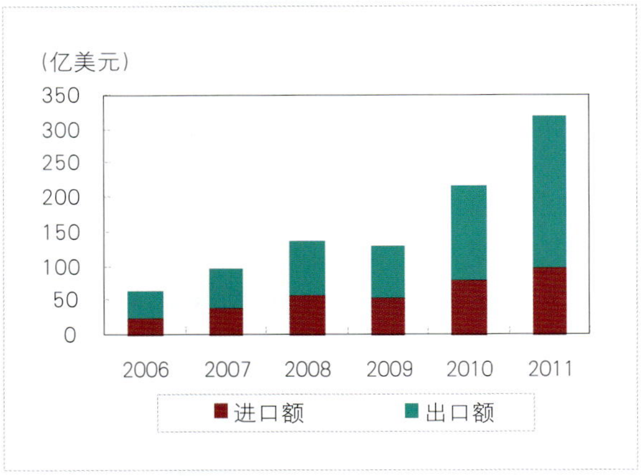

图 5　2006-2011 年进出口总额

四、社会民生得到改善

1. 居民收入稳定增长。2011 年，农民人均纯收入 6892 元，比上年增长 19.1%；城镇居民人均可支配收入 17495 元，增长 13.0%。农村居民恩格尔系数 45.2%，城镇居民恩格尔系数 39.8%。年末农村居民人均住房使用面积 46.8 平方米，城镇居民人均住房建筑面积 39.4 平方米，比上年末分别增加 6.6 平方米和 0.5 平方米。

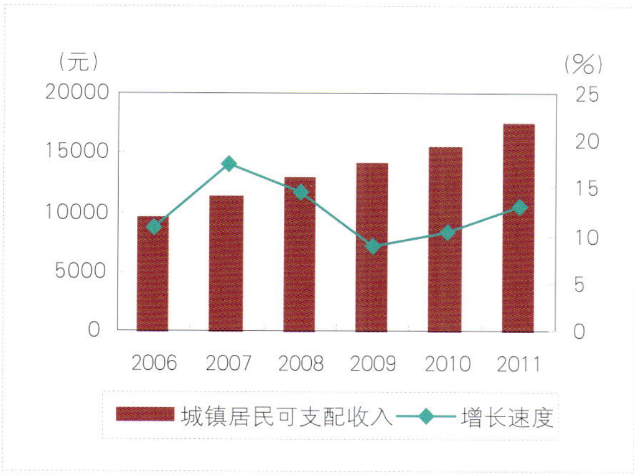

图 6 2006-2011 年城镇居民人均可支配收入及其增长速度

2. 民生工程 66 件实事全面完成。2011 年，新增转移农村劳动力 55 万人，高校毕业生就业率达 85.8%，“4050”人员实现再就业 7.05 万人。新增发放小额担保贷款 62.6 亿元，直接扶持个人创业 8.5 万人次，带动就业 27.6 万人次。覆盖城乡所有居民的基本养老保险制度初步建成，保障了城乡低保对象和困难群众基本生活，在全国率先实现了城镇医保政策标准全省统一。年末参加城镇基本养老保险人数 653.0 万人，比上年末增长 7.5%。其中，参保职工 484.3 万人，参保离退休人员 168.7 万人。参加城镇职工医疗保险人数 535.9 万人，其中，职工 365.0 万人，退休人员 170.9 万人。参加失业保险人数 263.5 万人。向城市低保户发放低保金月人均补差 200 元；向农村低保户发放低保金月人均补差 90 元。为全省城乡 618 万名义务教育阶段公办学校学生全面免除学杂费和免费提供教课书。全年新开工建设保障性安居工程 32.6 万套，发放廉租住房租赁补贴 16 万户，完成农村危房改造 8 万户，启动了新一轮贫困村整村推进扶贫，完成深山区、库区、地质灾害频发区贫困群众移民搬迁 50829 人，8 个民族乡群众收入和公共服务水平进一步提高。解决了 220 万农村居民和 30 万农村学校师生饮水安全问题。

五、公共事业加快发展

1. 教育事业蓬勃发展。2011 年，研究生教育在校研究生 2.4 万人；普通高校在校生 82.9 万人；普通高中、初中、小学在校生分别达 78.3 万人、200.9 万人和 434.0 万人；特殊教育在校生 2.3 万人。幼儿园 9431 所，在园幼儿 145.5 万人。高等教育毛入学率 27.5%，比上年提高 2.0 个百分点；高中阶段毛入学率 77.5%，提高 1.5 个百分点；初中适龄人口入学率 98.3%；小学适龄儿童入学率 99.8%。

2. 科技创新能力增强。2011 年，研究与试验发展（R&D）经费支出 110.1 亿元。年末拥有国家重点实验室 1 家，省重点实验室 66 家；国家工程技术研究中心 6 家，省工程技术研究中心 97 家。全年通过省级科技主管部门鉴定的科技成果 173 项，获得国家级科学技术奖的科技成果 6 项。全年受理专利申请 9674 件，比上年增长 53.4%；授权专利 5550 件，增长 27.6%。全年技术市场合同成交金额 34.3 亿元，增长 48.8%。高新技术产业增加值 994.3 亿元，增长 29.9%，占 GDP 的 8.6%。区域创新能力由全国第 22 位上升到 18 位。

3. 文体卫全面进步。2011 年末，有艺术表演团体 85 个，文化馆 114 个，公共图书馆 113 个，博物馆 108 个。广播电台 12 座，电视台 12 座。有线广播电视用户 486.8 万户，数字电视用户 222.2 万户。广播节目综合人口覆盖率 97.1%；电视节目综合人口覆盖率 98.2%。全年出版各类报纸 72081 万份，各类期刊 7200 万册，图书 16884 万册（张）。年末有各类医疗卫生机构 7121 个（未含村卫生室）。其中，医院、卫生院 2131 个，妇幼保健院（所、站）110 个，专科疾病防治院（所、站）110 个，疾病预防控制中心 115 个，卫生监督所（中心）109 个。卫生技术人员 16.6 万人。其中，执业医师和执业助理医师 6.3 万人，注册护士 6.4 万人。医院和卫生院床位 12.2 万张。年末有青少年俱乐部 121 个，晨晚炼健身活动点 9332 个。老区和贫困地区“雪炭工程”设施建设项目 3 个。全年在国际和国内的重大比赛中共获得 61 枚金牌、45 枚银牌和 62 枚铜牌。

六、生态环境质量明显改善

1. 生态环境有效保护。2011 年，造林绿化“一大四小”工程新增造林面积 389 万亩。森林覆盖率达 63.1%。年末已建有自然保护区 201 个，其中国家级自然保护区 9 个；自然保护区总面积 1141.4 千公顷，占全省土地面积的 6.8%。全省 81 个县（市）新建配套污水处理管网 1240 公里，第二批 30 个工业园区污水处理设施启动建设。在 3 万个自然村实施农村清洁工程，建成乡镇垃圾填埋场 2350 个。创建国家级生态镇 40 个、生态村 9 个。20 个工业园区成为首批省级生态工业园区。国家园林城市达到 7 个，11 个设区市和 28 个县（市）被评为省级园林城市。全年主要河流监测断面水质达标率 80.6%。对环境空气质量进行监测的 11 个设区市城区环境空气质量全部达到二级（达标）以上。城镇地表水集中式饮用水源地水质达标率 100%。

2. 节能减排目标圆满完成。启动实施了“千万吨标煤工业节能工程”和“百千万企业节能行动”，拆除了 112 家企业落后设备。完成 13 台 12.5 万千瓦机组关闭工作。在南昌、新余、萍乡等市开展了低碳城市、国家城市矿产示范基地、资源枯竭型城市转型、节能减排财政政策综合示范等一系列改革试点。初步核算，全年能源消费总量 6928.2 万吨标准煤，比上年增长 9.0%。万元生产总值综合能耗 0.652 吨标准煤，下降 3.1%。全年化学需氧量下降 1.18%，二氧化硫排放量下降 1.72%。

3. 社会保持安全稳定。2011 年，生产安全事故死亡 1797 人，比上年下降 4.8%。其中，道路交通事故死亡 1507 人，下降 3.8%；工矿商贸事故死亡 200 人，下降 14.2%；铁路交通事故死亡 44 人，下降 24.1%；水上交通事故死亡 8 人，下降 11.1%；火灾事故死亡 38 人，上升 81.0%。亿元生产总值生产安全事故死亡人数 0.155 人，下降 22.5%。

（撰稿人：王建农　江西省统计局局长）

（江西省统计局提供）

山东省经济社会发展报告

2011年，面对复杂的国内外经济环境，山东深入贯彻落实科学发展观，认真执行中央宏观经济政策，紧紧围绕主题主线，正确处理保持经济平稳较快发展、调整经济结构、管理通胀预期的关系，积极作为、科学务实，全省经济运行继续朝着宏观调控的预期方向发展，总体保持了平稳健康发展态势，实现了“十二五”时期良好开局。展望2012年，经济运行的外部环境依然复杂严峻，经济发展仍存在不少困难和挑战，需要全省上下认真贯彻落实中央和省经济工作会议精神，紧扣主题主线，突出稳中求进的工作总基调，全力做好稳增长、控物价、调结构、惠民生、抓改革、促和谐各项工作，加快促进经济发展方式转变，不断增强经济发展内生动力，确保山东经济社会继续保持稳定健康发展。

一、2011年山东经济社会发展的主要特点

（一）经济实现平稳较快发展，生产、需求发挥积极作用

经济运行仍处于平稳较快增长区间。2011年，全省经济保持了平稳较快的良好发展态势，一季度、上半年、前三季度生产总值分别增长11.0%、11.1%和11.1%，全年实现生产总值45429.2亿元，增长10.9%，高于我省“十二五”规划确定的9%的年均增速，也高于年初制定的10%的全年发展目标。从全年增速走势看，稳中略有回调，仍处于平稳较快增长区间，这是在国际金融危机深度影响继续、国内外经济增速减缓的情况下取得的，实属不易。同时也应看到，这主要是宏观政策自主调整的结果，是适度回落、正常回落，符合宏观调控的目标，为有效调控通胀预期、实现转方式调结构奠定了良好基础。

三次产业保持平稳增长。2011年，全省第一产业增加值3973.8亿元，增长4.0%。粮食连续九年增产，全年总产量达到4426.3万吨，比上年增长2.1%。其中，夏粮产量2104.7万吨，增长2.2%；秋粮产量2321.6万吨，增长2.0%。畜牧、渔业产品供给稳定。猪牛羊禽肉产量700.2万吨，增长1.0%；禽蛋产量401.6万吨，增长4.4%；奶类产量279.0万吨，增长2.7%。水产品产量813.5万吨，增长3.8%。工业仍是拉动经济增长的主要力量。第二产业增加值24037.4亿元，增长11.7%，其中工业对经济增长的贡献率超过50%。规模以上工业增加值增长14.0%，继续保持平稳较快增长。分轻重工业看，轻工业增长11.9%，重工业增长15.0%。分行业看，39个大类行业中有38个行业增加值实现比上年增长。其中，装备制造业增长16.2%，六大高耗能行业增长16.7%。在国家重点调度的120种工业产品中，有96种产品产量实现增长，占80.0%。第三产业增加值17418.0亿元，增长11.3%。其中，批发和零售业增长16.1%，住宿和餐饮业增长14.1%，金融业增长13.7%，营利性服务业增长17.3%。

三大需求拉动作用稳定。投资保持较快增长。2011年是“十二五”规划开局之年，全省一批重点项目相继开工建设，加之保障房建设的积极推进，全年完成固定资产投资25928.4亿元，增长21.8%，为经济保持平稳较快增长提供了重要支撑。其中，民间投资力量加强，完成投资20852.2亿元，增长24.3%，对投资增长的贡献率达87.8%。房地产调控效果较为明显，全年房地产开发投资4108.1亿元，增长26.4%，增速比上年回落7.5个百分点。消费市场运行平稳。2011年全省消费需求较为旺盛，月度增速始终保持在17%以上。全年实现社会消费品零售总额16675.9亿元，增长17.3%。其中，城镇零售额13175.3亿元，增长17.9%；乡村零售额3500.6

亿元，增长15.2%。金银珠宝类、家装类、汽车类等消费升级类产品销售旺盛。对外贸易保持较快增长。全年实现进出口总额2359.9亿美元，增长24.8%。其中，出口1257.9亿美元，增长20.7%；进口1102.0亿美元，增长29.8%。贸易方式结构发生明显改变，一般贸易强势回归。全年一般贸易进出口1303.1亿美元，增长33.4%，占全省进出口总额的55.2%，比重较上年提升3.6个百分点。招商引资情况良好。全年新签合同外资157.9亿美元，比上年增长15.8%；实际到账外资111.6亿美元，增长21.7%。

（二）物价总水平得到有效调控，价格涨势逐步趋于回落

2011年，全省始终把保持物价总水平基本稳定作为宏观调控的首要任务，居民消费价格月度同比涨幅呈“倒V型”走势。1月份同比上涨3.7%，后连续6个月逐月攀升，7月份达到全年最高值6.5%，之后转为波动下行，12月份同比上涨4.1%，物价总水平得到有效调控。全年全省居民消费价格比上年上涨5.0%，比全国平均涨幅低0.4个百分点。其中，城市上涨4.7%，农村上涨5.9%。分类别看，八大类商品和服务项目价格全部上涨，食品类上涨11.3%，烟酒及用品类上涨3.9%，衣着类上涨1.5%，家庭设备用品及维修服务类上涨1.0%，医疗保健及个人用品类上涨2.5%，交通及通信类上涨0.6%，娱乐教育文化用品及服务类上涨0.4%，居住类上涨5.8%。

全年工业生产者价格呈“前高后落”走势。从出厂价格看，前7个月月度同比涨幅在6.6%-8.0%的区间内波动运行，自8月份开始连续5个月迅速回落，涨幅由7月份的7.1%回落至12月份的1.0%。从购进价格看，前7个月月度同比涨幅在10%以上的高位波动上行，8月份出现拐点，涨幅由7月份的10.9%逐月回落至10.5%、9.9%、8.2%、5.4%，12月份同比上涨4.4%。全年工业生产者出厂价格累计上涨6.0%，工业生产者购进价格累计上涨9.2%，与全国平均涨幅基本持平。

（三）结构优化调整步伐加快，经济发展方式积极转变

服务业比重持续提高。2011年，三次产业增加值结构由上年的9.2:54.2:36.6调整为8.8:52.9:38.3，服务业比重已连续7年提高，服务业对经济增长的贡献率比上年提高2.3个百分点。

投资结构调整优化。2011年，全省服务业投资12969.7亿元，增长23.8%，服务业投资比重达到50%。三次产业投资结构由上年的2.4:49.1:48.5调整为2.1:47.9:50.0。内涵效益型投资不断加大。改建和技术改造投资6417.8亿元，增长27.2%；高新技术产业投资3450.6亿元，增长31.5%。文化强省建设加强，完成文化产业投资1434.4亿元，增长22.8%。

创新研发带动战略性新兴产业加快发展。2011年，全省规模以上工业企业投入研发资金271.6亿元，增长17.6%。高新技术产业实现产值28125.8亿元，增长27.1%，占规模以上工业产值的27.3%，比年初提高1.2个百分点。战略性新兴产业发展加快，规模以上电子信息产业、生物技术及制药和新材料三大高新技术领域实现主营业务收入13134.0亿元，增长30.0%；实现利润942.1亿元，增长35.2%。

（四）经济发展质量稳步提高，收入水平显著提升

工业企业效益保持较高水平。2011年，在生产经营环境趋紧的情况下，工业效益仍保持了较高水平。全省规模以上工业企业实现主营业务收入102470.2亿元，增长26.4%；实现利润6998.3亿元，增长27.2%；实现利税11136.2亿元，增长25.3%。

地方财政收入增速较快。2011年，全省财政收入始终稳定在25%以上的较快增速。全年实现地方财政收入3455.7亿元，增长25.7%，增速比上年提高0.6个百分点。税收收入2602.4亿元，增长21.1%，占地方财政收入的75.3%。其中，企业所得税和营业税增速较快，分别增长35.6%和21.3%。

城乡居民增收幅度加大。2011年，全省城镇居民人均可支配收入22792元，增长14.3%，

增速比上年加快2.3个百分点。扣除物价因素，实际增长9.2%，与上年增速持平。在城镇居民人均总收入中，人均工资性收入17629元，增长12.1%，占全部收入的70.8%，为城镇居民收入的主要来源。全省农民人均纯收入8342元，增长19.3%，增速比上年加快5.1个百分点，高于城镇居民人均可支配收入增速5.0个百分点。扣除物价因素，实际增长12.7%，比上年增速提高2.4个百分点。其中，人均家庭经营纯收入3935元，增长13.8%，占全部纯收入的47.2%；人均工资性纯收入3715元，增长25.6%，占全部纯收入的44.5%。

（五）“蓝黄”两区双擎驱动，五大区域建设加快推进

山东半岛蓝色经济区建设力度不断加大。2011年伊始，山东半岛蓝色经济区发展规划获国务院正式批复，成为“十二五”时期第一个上升为国家层面的区域发展战略。全年该区域完成投资13090.3亿元，增长22.6%，增幅高于全省平均水平0.8个百分点；实现财政收入1480.0亿元，增长25.0%，为培育新的经济增长极奠定了坚实基础。全年实现生产总值21395.1亿元，比上年增长11.7%。

黄河三角洲高效生态经济区进入快速发展轨道。2011年，该区域规模以上工业增长14.7%；完成投资3910.0亿元，增长26.2%；出口119.3亿美元，增长20.7%；实现财政收入390.7亿元，增长27.0%，主要经济指标增速均高于或持平全省平均水平。全年实现生产总值6522.7亿元，比上年增长12.3%。

重点区域建设齐头共进。2011年，胶东半岛高端产业聚集区、省会城市群经济圈和鲁南临港产业带建设统筹推进，沂蒙革命老区参照执行中部地区有关政策和山东钢铁产业结构调整试点方案先后获得国家批复并进入实施阶段，重点区域带动战略成为山东经济发展的强大助推器。全年胶东半岛高端产业聚集区实现生产总值17175.2亿元，比上年增长11.5%；省会城市群经济圈实现生产总值16276.2亿元，增长11.5%；鲁南经济带实现生产总值9918.6亿元，增长11.7%。

（六）财政金融重点支持有力，经济发展环境保持稳定

民生支出水平不断提升。2011年，全省地方财政支出5001.2亿元，增长20.7%。民生领域支出2738.9亿元，增长29.6%，高于全省财政支出平均水平8.9个百分点；占全省财政支出的54.8%，高于上年比重3.8个百分点。其中，教育支出增长35.2%，文化体育与传媒支出增长24.0%，社会保障和就业支出增长20.3%，医疗卫生支出增长43.5%，农林水事务支出增长21.4%。

信贷向重点和薄弱领域倾斜。2011年末，金融机构本外币贷款余额37521.9亿元，比年初增加5029.0亿元，新增额比上年下降3.4%。对小企业贷款支持力度加大。小型企业新增贷款1124.6亿元，比上年增长18.7%，增速分别高于大、中型企业9.3和2.7个百分点。对重点区域和县域经济信贷投放增加。山东半岛蓝色经济区新增贷款2466.2亿元，占全省新增贷款的54.8%，比重比上年提高3.8个百分点；黄河三角洲高效生态经济区新增贷款597.4亿元，占全省新增贷款的13.3%，比重提高1.5个百分点；县域新增贷款1725.4亿元，占全省新增贷款的38.3%，比重提高1.6个百分点。

就业形势积极向好。2011年，全省城镇新增就业118.7万人，新增农村劳动力转移就业135.9万人，连续8年实现城镇新增就业和农村劳动力转移就业“双过百万”。年末城镇登记失业率3.35%，低于4%的全年控制目标。

二、2012年山东经济社会发展形势展望

2012年是实施“十二五”规划承上启下的重要一年，也是巩固和扩大宏观调控成果、保持经济平稳健康发展、加快转变经济发展方式的关键一年。展望山东经济发展形势，不利因素和有利因素并存，挑战与机遇同在。

（一）从不利因素看，全省经济运行面临的外部环境仍比较复杂，发展中依然存在诸多不确定和不稳定因素，应对经济下行的难度加大

首先，国际经济形势的复杂性和经济复苏的艰巨性不断加大。当前，世界经济形势复杂多变，部分主要经济体增速下滑，欧美主权债务问题突出，国际金融市场动荡不已，新兴市场国家通胀压力依然较大，各种形式的保护主义明显增多，世界经济复苏的不稳定性不确定性上升。此外，国际和地区热点此起彼伏，粮食安全、能源安全、气候变化、重大自然灾害等全球性挑战日益突出，世界经济发展面临严峻挑战。尤其是 2011 年下半年以来，欧债危机从边缘国家向核心国家扩散，从公共财政领域向银行体系扩散，引发全球金融市场大幅动荡，进而冲击实体经济，成为决定 2012 年国际经济形势的关键因素。联合国发布的《2012 年世界经济形势与展望》预测，2012 年世界生产总值将增长 2.6%，低于 2011 年 2.8% 的预计增长率，更低于 2010 年的 4.0%。世界银行、国际货币基金组织（IMF）等多家机构也纷纷下调了全球经济增长预期。国际贸易增长也将相应放缓，据世行预测，2012 年全球贸易量增长将回落至 4.7%，低于 2011 年 6.6% 的增幅，也低于 1991-2011 年以来 5.5% 的平均增幅。

其次，国内经济运行中的不稳定、不确定因素依然存在。在全球经济放缓的大背景下，我国经济发展的外部环境压力不断加大。一方面，发达国家的进口需求不振、国际服务贸易缩减以及贸易保护政策增加，将直接影响我国出口，进而从某种程度波及到我国经济的平稳运行。国际金融市场的震荡以及汇率对抗升温，也会迅速传导至我国，并进一步影响我国实体经济发展。2 月份，我国制造业采购经理指数（PMI）为 51.0%，略高于 50% 的临界点，低于历史同期均值 1.3 个百分点。其中，新订单指数为 51.0%，低于历史同期均值 4.2 个百分点。这反映出当前经济运行中的不确定性因素依然存在，国内外市场需求趋缓，企业生产动力不足，全国规模以上工业增加值、企业利润、外贸出口增速均有明显回落，实体经济面临着严峻挑战。另一方面，从价格走势看，尽管 2011 年下半年以来 CPI 已得到初步调控，但由于全球性宽松货币政策还在持续，大宗商品价格高位震荡，输入型通胀压力将长期存在。我国经济正处于成本上升阶段，劳动力价格、地价、能源和原材料价格、环境污染治理成本等也会继续走高，通胀预期仍将长期存在。

第三，我省经济增长面临的下行压力仍然不小。从先行指标看，企业景气调查预期基本与上年四季度相当。今年一季度企业家信心指数预计为 125.6，比上年四季度小幅提高 0.2 点，但仍比上年三季度低 7.3 点；企业景气指数预计为 130.7，比上年四季度提高 0.5 点，仍比上年三季度低 5.5 点。从统计指标看，自上年 9 月份开始，部分主要经济指标增速呈现逐月回落的走势，且这种回落走势已经延续到今年一季度，规模以上工业增速由 14.5% 回落至 11.3%，固定资产投资增速由 22.5% 回落至 20.6%，社会消费品零售总额增速由 17.3% 回落至 15.4%，出口增速由 26.1% 回落至 1.3%。这些新情况、新问题将成为我省经济保持平稳健康发展的制约因素，也是下一步宏观调控的重点。

（二）从有利因素看，国内经济正处于由政策刺激向自主增长转变的关键时期，经济发展长期向好的基本面没有改变，全省经济保持平稳较快发展仍具备许多积极因素

第一，经济稳定发展的基础较好。2012 年，我国将稳中求进作为经济工作总基调，继续实施积极的财政政策和稳健的货币政策，坚持扩大内需、稳定外需，努力克服国内外各种不稳定、不确定因素的影响，及时解决苗头性、倾向性问题，适时适度进行预调微调，进一步加大对“十二五”规划确定的重点项目、小微型企业、科技创新、节能环保、战略性新兴产业、“三农”和社会民生等重点领域和薄弱环节的支出力度。2011 年，我国经济运行主要指标尽管出现小幅回落，但始终保持在平稳较快增长区间，全年 GDP 季度增速稳定在 9% 以上，物价得到有效调控，就业形势稳定，经济发展长期向好的基本面没有改变。从

我省看，GDP 增速稳定在 11% 左右，固定资产投资增速稳定在 22% 左右，社会消费品零售总额增速保持在 17% 以上，进出口增速基本保持在 25% 以上，经济增长正逐步从政策刺激向自主增长有序转变。这都将为我省经济继续保持平稳发展创造了良好条件，奠定了经济持续稳固发展的基础。

第二，投资仍将保持较快增长。2011 年作为“十二五”开局之年，一批重点项目陆续投建，尤其是“蓝黄”两区建设吸引了大批高效生态产业和现代海洋产业的大项目入驻，这些在建大项目、重点项目的投资结转，为 2012 年我省投资的持续较快增长打下了良好基础。与此同时，投资结构的不断优化有利于形成新的投资需求。保障性住房建设投资力度将继续加大，“投资红利”效应将逐步显现；受既定项目开工和需求缺口推动，电力、水利、交通等基础设施投资增速有望回升。随着劳动力成本上升，倒逼企业加大设备更新改造的力度，对投资增长也会形成一定支撑。此外，从山东“六五”到“十一五”的经验看，五年规划中的第二年往往是建设项目集中投资开工的高峰期。从今年新开工项目看，前 2 个月全省新开工项目数增长 24.4%，计划总投资增长 86.0%。其中亿元以上新开工项目数增长 3.7 倍，计划总投资增长 1.6 倍。这不仅为投资继续保持较快增长提供了后续保证，更为经济保持平稳较快发展积蓄了充足后劲。

第三，经济增速放缓为结构调整创造空间。今年的政府工作报告中，全国将经济增长目标调低到 7.5%。应当说，这既考虑了外部需求不足的现状，又考虑到了内部需求趋紧的客观实际，还考虑到与“十二五”规划目标的相互衔接。经济增长速度的适度回落，为结构调整创造了机遇，有利于引导各方面把工作重点放到加快转变经济发展方式、切实提高经济发展质量和效益上来，有利于实现更长时期、更高水平、更好质量的发展。全省继续坚持发展才是硬道理，抓住难得的历史机遇期，顺势而为，开拓创新，加快产业结构调整，提高发展的质量和效益。深化体制机制改革，以“双轮驱动”为抓手推动工业由大变强，以跨越发展为目标提高服务业比重和水平，以自主创新为支撑增强核心竞争力，以落实政策为重点促进民营经济健康发展。坚持以改革促发展，以创新博空间，为我省经济的长期、健康、可持续发展积蓄力量。

第四，重点区域带动作用增强。自“蓝黄”两区规划纳入国家区域发展战略以来，两区建设已逐渐成为全省经济发展的强大引擎。2011 年，山东半岛蓝色经济区生产总值增长 11.7%，黄河三角洲高效生态经济区生产总值增长 12.3%，均明显快于全省平均增速。上年 10 月，沂蒙革命老区获批参照执行国家中部地区有关政策，全国唯一的钢铁产业结构调整试点落户山东，再度迎来了良好的发展机遇。一系列国家级发展战略的推进，必将进一步拓展我省发展空间，为区域经济实现高点定位、多点支撑、重点带动创造有利环境。

综合分析，当前我省经济发展面临的形势依然复杂严峻，但在国家宏观调控政策的正确引导下，在一系列积极因素的有力支撑下，全省上下坚定信心，振奋精神，紧紧围绕主题主线，按照稳中求进的工作总基调，以创新驱动、提质增效、统筹发展为着力点，积极作为、科学务实，在防控、化解风险中把握机遇，积极推动结构优化调整，加快经济发展方式转变，努力提高发展质量和效益，经济社会有望继续保持平稳健康发展，宏观调控成果将得到进一步巩固和扩大，朝着“十二五”规划预定目标稳步推进。

三、保持山东经济平稳较快发展的对策建议

第一，加强预调微调，巩固扩大宏观调控成果。面对复杂多变的国际经济环境和国内经济运行的新情况、新变化，要切实按照中央和全省经济工作会议的要求，把握好稳中求进的工作总基调，积极应对国际金融危机后续影响带来的困难和挑战，破解面临的复杂问题，巩固经济社会发展的良好势头。在保持宏观经济政策连续性和稳定性的同时，要更加注重增强针对性、灵活性和前瞻性，适时适度进行预调微调。要清醒认识到

物价上涨的中长期压力，继续采取综合措施，扩大供给、理顺流通、加强监管、完善保障，确保物价总水平保持基本稳定。抓好保障性住房建设，扩大有效供给，促进房地产市场健康发展。高度关注中小微企业的发展环境，加强对实体经济特别是中小企业的信贷支持，帮助特色优势中小企业做优做强，进一步激发民营经济的发展活力。

第二，着力扩大内需，培育提升内生增长动力。在外需持续低迷的情况下，扩大内需特别是消费需求是促进经济长期平稳较快增长的根本立足点。要抓紧落实增加居民收入和鼓励消费的各项政策，逐步改变消费率偏低的状况，促进消费和投资协调增长。一方面，进一步稳固提高消费增长基础。合理增加城乡居民特别是低收入群众收入，不断优化消费环境，健全完善城乡市场流通体系，积极培育和发展新的消费热点，拓宽和开发消费领域，大力支持文化、旅游、健身、养老、家政等服务消费，不断满足多样化、个性化的消费需求。另一方面，保持投资适度合理增长。充分发挥投资对经济增长的拉动作用，不断提高投资质量和效益。要全力抓好重点项目的建设与管理工作，确保"十二五"规划重大项目的及早开工和顺利实施。进一步拓宽投融资渠道，充分发挥财税金融的支撑保障作用，不断探索和加大对中小企业发展的金融扶持力度。

第三，加快经济结构调整，促进经济自主协调发展。围绕发展现代产业体系，坚持优化结构与开拓市场紧密结合，在提升产业竞争力和质量效益上狠下功夫。一是加快发展现代农业。深入实施千亿斤粮食产能建设规划，稳定面积，主攻单产，力争粮食总产实现十连增。继续强化农田水利设施建设，抓紧建设旱能浇、涝能排的高标准农田，加快实施南水北调、引黄济青等重点水利工程。二是加快推动工业结构优化升级。围绕实施"双轮驱动"战略，不断提升工业发展水平和竞争力。培植壮大战略型新兴产业，加大政策支持力度，集中力量打造产业链条。着力改造提升传统产业，抓住国家钢铁产业结构调整试点落户山东的机遇，加快推进企业重组步伐，推动传统产业上技术、上效益、上水平。三是继续推动服务业跨越发展。在加大投入的基础上，制定切实有效的配套政策和考核方案，确保所有扶持政策不折不扣的落到实处。要以重点行业为抓手，加快发展金融保险、现代物流、信息服务、商务服务、节能环保、服务外包等生产性服务业，大力推动旅游、批零住餐、房地产、社区家政等生活性服务业。

第四，发挥重点带动作用，统筹推进区域经济发展。深入推进重点区域带动战略，努力拓展全省发展空间，推动城乡区域协调发展。一方面，以山东半岛蓝色经济区和黄河三角洲高效生态经济区两大战略为重要引擎，围绕现代海洋产业和高效生态产业重点项目建设，着力打造特色产业集群，加快推动两区融合发展。另一方面，统筹推进其他重点区域发展。充分发挥胶东半岛的区位优势，放大青岛的龙头带动效应，努力建成国内一流、国际先进的高端产业聚集区。加快济南都市圈城际轨道建设，扩大省会城市对山东中西部经济增长的辐射效用。以开展山东钢铁结构调整试点为契机，充分发挥港口资源、自然资源、区位等优势，加快日照钢铁精品基地建设，做大做强现代临港经济，将鲁南经济带打造成为山东新的增长极。

（撰稿人：刘俭朴　山东省统计局局长）

河南省经济社会发展报告

2011年，河南上下坚持“四个重在”实践要领，抢抓中原经济区建设重大战略机遇，全面推进“一个载体、三个体系建设”，着力保持经济平稳较快增长，着力转型升级，着力改善民生，在复杂困难的形势下实现了“十二五”经济社会发展良好开局。展望2012年，随着中原经济区国家战略的全面实施，产业集聚区综合效应的不断彰显，承接产业转移步伐持续加快，全省经济仍有望保持平稳较快发展势头。但国际金融危机深层次影响仍将持续显现，制约经济平稳运行的“两难”问题依然较多，宏观形势仍然错综复杂，保持河南经济持续平稳较快发展仍面临许多困难和挑战。

一、在复杂形势下实现“十二五”规划良好开局

2011年，面对复杂多变的国际形势和国内经济运行放缓的大环境，河南省委省政府狠抓事关全局的“八项关键举措”，以重点提升带动全局，以改革创新破解难题，在全国多数地区增速放缓的情况下，全省经济保持了稳中有快、结构优化、效益改善的向好势头。初步统计，2011年，全省地区生产总值比上年同期增长11.7%，连续9个季度保持在10%以上。

（一）生产形势持续向好

粮食生产再上新台阶。2011年，在遭遇冬春连旱、秋季连阴等自然灾害的情况下，河南省粮食生产仍然实现了八连增，首次迈上1100亿斤的新台阶，全省粮食生产总产量1108.5亿斤，增产1.9%，连续6年超千亿斤。畜牧业经受住了瘦肉精事件、饲养成本上涨和价格波动的考验，总体保持平稳增长态势。

工业生产稳中加快。2011年，河南工业生产低开高走，呈稳步回升态势。规模以上工业增加值增长19.6%，分别比一季度、上半年和前三季度加快2.8个、1.7个和0.2个百分点。除2月外，当月增速连续10个月保持在18%以上，6月份以来连续7个月处于20%以上的快速运行区间，继续高于全国平均水平，在全国的位次由上半年的第16位上升至第10位。在中部六省的位次从上半年的倒数第1位上升至第4位，与中部其它省份增速的差距不断缩小。

服务业稳定发展。河南服务业增加值比2010年增长9%。物流、文化、旅游等现代服务业加快发展。房地产业在一系列促进房地产市场健康发展的政策措施作用下出现调整迹象。2011年，全省商品房销售面积比上年同期增长15.6%，增速比上年同期回落10.2个百分点；销售额增长32.7%，增速比前三季度回落13.7个百分点。

（二）需求增长持续平稳

投资保持较快增长。2011年，河南固定资产投资比上年同期增长26.9%。其中房地产开发投资增长23.9%，仍在较高平台上运行。民间投资增长29.1%，对投资增长的贡献率为83.8%，比前三季度提高3.5个百分点。民间投资对投资增长的贡献率不断提高，投资增长的内生动力不断增强。

消费市场稳中有升。2011年，河南社会消费品零售总额比上年同期增长18.1%，比上半年提高0.4个百分点。其中，限额以上企业（单位）增长29.4%，较年初加快1.0个百分点。从限额以上批发零售业商品销售情况看，生活必须品类消费贡献大。2011年，食品、服装、日用品等生活必需品对限额以上批发零售业零售额增长的贡献率达28.5%，比上年同期提高3.2个百分点。居住类商品保持较高增速。2011年，家用电器和音像器材类、家具类、建筑及装潢材料类零售

额分别增长32.5%、35.8%和35.1%，增长速度位居25大类商品前列，和上年相比有小幅提升。消费升级品销售额增长加速。2011年，全省金银珠宝类和文化、办公用品类零售额分别增长43.2%和38.1%，同比分别提高17.3和27.0个百分点。

进出口快速增长。2011年，河南进出口总额突破300亿美元，达到326.42亿美元，比上年同期增长83.1%。

（三）产业结构持续优化

工业生产呈现“两升一降一回升”态势。2011年，河南六大高成长性产业增加值占全省规模以上工业的比重达55.3%，同比提高1.4个百分点。高技术制造业比重达5.3%，同比提高1.4个百分点，改变了自2003年以来持续多年在3-4%区间徘徊的局面。六大高载能行业增加值占全省规模以上工业的40.7%，同比下降1.3个百分点。四大传统优势产业增长14.5%，比上半年提高2.3个百分点。拉动经济增长的新动力正在转向新增产能的释放，经济的增长点正在向产业集聚区集中，长期以来依赖资源性产业的增长方式正在向高成长性产业转换。一是近年来招商引资形成的新增产能对工业的支撑作用增强。2011年，全省新增工业企业拉动全省工业增长3.2个百分点。新投产企业主要集中在电子、服装鞋帽、建材陶瓷、机械制造等承接产业转移比较集中的行业，反映出大招商的成效正在持续显现。二是产业集聚区对工业增长的支撑作用增强。2011年，全省产业集聚区工业增加值增长28.4%，比上半年加快3.0个百分点，对全省工业增长的贡献率达53.1%。三是高成长性产业对工业增长的作用增强。2011年，全省六大高成长性产业增加值增长25.3%，比上半年加快1个百分点，对全省工业增长的贡献率达69.6%。

投资继续向有利于推进产业结构调整的方向倾斜，制造业投资、六大高成长性行业投资、高技术产业投资增速快、比重上升。2011年，河南制造业投资占工业投资的比重为86.7%，同比提高2.6个百分点。六大高成长性行业投资增长35.6%，高于工业投资1.6个百分点。其中，汽车制造业投资增长78.1%，电子信息业投资增长147.3%，装备制造业增长32.4%。全省高技术产业投资增长105.4%。其中，信息化学品制造业投资增长121.8%，医药制造业投资增长65.4%。

（四）发展质量稳步提升

财政收入快速增长。2011年，河南地方财政总收入增长比上年同期增长24.3%，增幅同比提高5.0个百分点。其中，地方财政一般预算收入增长24.6%，同比提高2.0个百分点。

企业效益继续改善。2011年，河南规模以上工业主营业务收入比上年同期增长35.9%；利润总额增长32.8%，38个工业行业大类中，利润总额超百亿元的行业达14个，比上年增加2个，实现利润3168.74亿元，对全省工业利润增长的贡献率达77.3%。

居民收入增长加快。2011年，河南城镇居民人均可支配收入实际增长8.4%，比上年提高1.2个百分点；农民人均纯收入实际增长12.7%，与上年基本持平。

物价过快上涨的势头得到遏制。2011年，河南CPI比上年同期增长5.6%，比1～9月的年度高点回落0.5个百分点。

总体分析，2011年，面对国际金融危机不断发酵蔓延的复杂严峻形势，面对全国经济增长开始回落的困难局面，河南抢抓中原经济区建设重大机遇，更加注重有效应对各类经济、非经济因素对经济运行的冲击，积极处理好保持经济平稳较快发展、调整经济结构和管理通胀预期三者之间的关系，河南经济延续了2010年11月以来回升向好的态势，巩固和扩大了应对国际金融危机冲击成果。当前河南经济发展的基本面依然良好，经济发展的基础不断巩固，经济发展的活力不断增强，经济发展的有利因素仍然较多。但必须同时看到，河南仍处于工业化、城镇化的过程之中，仍处于发展方式转变的过程之中，仍处于中原崛起蓄势积累的过程之中，人口多、底子薄、基础弱、人均水平低、发展不平衡的基本省情还没有根本改变，“钱从哪里来、人往哪里去、粮食怎么保、民生怎么办”四道难题还没有根本破解，经济增长方式粗放、产业结构不合理、城乡差距大等长期积累的深层次矛盾尚未根本解决。尤其是目前受刺激政策退出、宏观趋紧、成本上升等综合因素影响，需求动力减弱、企业效益下滑、经济下行压力加大等问题表现愈加突出，保持河南经济平稳较快发展仍面临诸多困难与挑战。

二、2012 年河南经济面临的机遇与挑战

展望 2012 年，宏观环境依然十分复杂，国内因素与国外因素叠加并行，有利因素和潜在风险同时存在，上行动能与向下压力相互交织。纵观大势，河南经济既面临严峻挑战，更面临难得机遇。

（一）外部因素动荡起伏，需求减弱仍将持续

从国际经济走势看，主权债务危机不断升级使得世界经济不确定、不稳定性上升，加大了世界经济复苏的艰巨性和复杂性，对我国经济的不利影响正逐步加深。联合国 2011 年 12 月 1 日发布的《2012 年世界经济形势与展望》报告分析，全球经济增长势头在 2011 年明显放缓，一些主要发达经济体经济再次衰退的风险正在加大，并将拖累其他国家的经济增长。报告预测，2012 年世界生产总值将增长 2.6%，低于 2011 年 2.8% 的增长率，更低于 2010 年的 4%。国际经济金融形势的复杂严峻状况对我国经济的不利影响正逐步加深，我国外贸出口回落态势明显。2011 年的秋季广交会上，欧美客商订单下滑，短单占比较高，预示着未来出口形势不容乐观。

从国内经济走势看，需求不足上升为经济运行主要矛盾。一是房地产调控将向深度推进。2011 年，尽管国家房地产的调控取得了积极的成效，房地产的市场运行向着宏观调控的预期方向发展，但成果仍不理想，反弹压力仍大。目前我国一线城市和部分二线城市的房价仍明显高于普通居民的实际支付能力，部分城市房价仍需向合理水平进一步回归。同时，目前国内各项人民币存款已经接近 80 万亿元，其中城乡居民储蓄存款接近 34 万亿元。在通胀的背景下，房价再度强烈反弹，资产泡沫再度集聚加剧的风险仍然存在。因此，国家 2012 年坚持房地产调控的决心依然十分坚定。二是消费需求后劲不足。2009 年以来，中国消费增长的高水平是一系列短期政策推动的结果，但保持消费需求长期稳定增长有赖于城乡二元体制、收入分配体制、社保体系确立等一系列深层次矛盾与问题的有效突破与解决，但这是一个渐进的过程。因此即使 2012 年消费激励政策维持不变，所带来的效应也将有所下降。三是货币信贷政策“紧”的总基调不会改变。2012 年，国家货币信贷政策将更紧密地配合国家调结构、促转型的调控导向，在某些方面、某些领域执行定向宽松政策。但必须看到，虽然需求拉动的压力虽有所缓解，但国际大宗商品价格仍然高位运行、劳动力成本的持续上涨、电价水价燃气价格的调整等，都会在一定程度上推动价格的上涨，如果大幅度放松银根，需求拉动和成本推动力量就会叠加，物价就有可能出现更大幅度的反弹。加上房地产调控效果尚待深化，货币政策从紧的总基调短期内不会改变。四是保持投资高速增长难度加大。随着四万亿投资陆续进入收尾阶段，此轮投资高潮行将过去。2012 年，宏观经济前景不明朗、持续一年有余的货币政策将发挥收缩效应、地方政府性债务约束等将形成对投资资金的制约。同时，房地产将是构成固定资产投资下行的主要因素。一方面，商品房的待售房面积处于历史高位，在长达一年之久的紧缩货币政策下，资金链不断绷紧，将造成房地产投资的放缓；另一方面， 目前保障性住房占投资总额比重较小，拉动投资效果还很有限。2011 年 12 月份，构成 PMI 的 5 大指标中的新订单指数、主要原材料库存指数、从业人员指数均处于 50% 以下的收缩区间，表明制造业国内外市场需求趋缓，企业生产动力不足。全国 GDP 增幅已由一季度的 9.7% 下滑至四季度的 8.9%。分地区看，前三季度，全国有 18 个省市区 GDP 增速较上半年

下行。据《路透社》2011年10月20日公布的一项民意调查结果显示，由于全球需求有所下降，中国经济增长率可能降至近10年以来的最低点。

（二）宏观环境在波动中将持续改善

虽然欧债、美债危机仍将在相当长时间内拖累世界经济增长势头，但世界经济在波动中温和复苏的势头仍将持续。

发达国家实体经济保持相对较快增长动能尚在。一是国际金融危机后各国更加注重实体经济发展；二是国际金融危机和主权债务危机直接冲击的是居民、金融机构和国家财政，对企业影响是间接的，发达国家企业的现金流仍然充足，技术水平仍然领先；三是新兴市场国家的发展特别是产业转型升级对发达国家的投资品依然具有较大的需求。近期经济运行数据表明，美国经济复苏的势头在强化，这是避免世界经济短期内“二次衰退”的希望所在。这不仅因为美国是全球最大最具创新能力的经济体，还因为美国政府与产业界此次应对危机的方式与效果具有较强的可持续性。2011年四季度以来，包括就业在内的各主要经济指标全面强劲反弹，意味着其调结构先行、促增长与就业跟进的效率型应对危机方式对经济复苏的促进作用在强化。2011年四季度新开工住宅建设量激增，创“后危机”以来的纪录。2011年最后一个月美国消费者信心指数猛升了10个百分点，达64.5。日本第三季度民间消费季度增长1%，住宅投资增长5%，设备投资增长1.1%，第三季度GDP折合成年率增长6.0%，主要宏观数据的全面复苏显示日本经济开始走出衰退的泥潭。尽管受欧洲债务危机持续发酵影响，欧元区经济前景趋于暗淡，但其经济基本面目前保持完好，一旦全球经济转缓、欧债危机得到控制，其核心国家将依托雄厚的经济基础、高质量产品出口和强劲的竞争实力继续领跑欧洲经济。以德国为例，当前德国经济增长保持总体平稳，消费、投资和进出口继续增加。德国政府预计，2011年德国经济仍可实现2.9%的增长，为欧盟经济实现微增长奠定了基础。同时，物价指数涨幅趋缓、通胀水平回落也将为欧洲央行制定货币政策提供更多空间。

新兴市场和发展中经济体将继续成为世界经济增长的动力和源泉。当前新兴市场和发展中国家仍处于资本积累快速增长的周期，在技术上又可发挥后发优势，人口众多且年轻，消费意愿和能力在不断增强，这也是新兴市场国家历经全球金融危机和发达国家债务危机仍然持续保持快速增长的原因。上述因素在短期内不会消失或减弱，并将继续推动发展中国家和发达国家的经济增长。一方面，发展中国家之间的互补性在逐步增强，将促进贸易往来和直接投资快速增长。另一方面，以中国和印度为代表的新兴市场经济国家都处于转型时期，大量先进技术和设备需求将拉动发达国家对外贸易保持稳定。在当前形势下，新兴市场和发展中经济体将继续成为世界经济增长的动力和源泉。多数新兴经济体和发展中国家经济增长速度逐渐回归常态，预计2011～2012年经济增长率将达到6.4%和6.1%。

我国经济不会出现大的起伏。虽然2012年宏观环境依然十分复杂，但出现“中国式的金融危机”的可能性也不大，我国经济在持续回落中将逐步趋稳。一是中央经济工作会议确定的“稳中求进”的经济政策定位，为治理2012年经济回落趋势打下了基础。未来积极的财政政策与稳健的货币政策将根据具体经济形势进行力度、节奏和重点的调整，以优先满足“稳增长”目标的实现。特别是积极的财政定位可以通过减税和增加支出来有效对冲各种下滑的力量。由于通货膨胀压力得到明显缓解，经济泡沫也将得到有效治理，将为货币政策提供松动的空间。二是2011年农业的丰收直接保证了2012年粮食供应的相对充裕和粮食价格的相对稳定，为宏观经济调控提供了相对稳定的社会基础。三是消费虽然有所回缓，但仍有望保持相对稳定。特别是中国目前的收入水平决定了中国消费正处于消费升级和消费加速的临界期，刚性消费需求仍然较大。如果国家再辅以必要的消费激励政策，2012年市场消费保持平稳增长仍然可期。在“稳出口、促进口、减顺差”的外贸政策作用下和世界经济温和持续复苏的大背景下，外需增长下滑也将趋缓。

四是巨大的城乡差异和东中西部差异决定了中国依然存在高速发展的纵深空间。随着城市化的加速和产业的进一步梯度转移，保障房与水利建设加快，战略性新兴产业快速发展等因素有利于保持投资稳定增长。同时随着换届工作的逐步结束，各地“十二五”规划提出的一些投资项目将陆续进入施工高潮，也将推动投资需求继续快速增长，从而弥补外需下滑带来的需求缺口。五是虽然目前民间融资、地方投融资平台、银行表外融资以及房地产金融面临风险上扬的问题，但中国各类资产负债表都十分健康，部分增量的恶化难以从根本上带来系统性的风险，出现“中国式次贷危机”或“中国式主权债务危机”的可能性不大，房地产也不会出现“硬着陆”。

（三）在复杂形势下，河南经济仍有望保持平稳较快增长态势

尽管宏观环境复杂难测，但河南经济发展正处于工业化、城镇化发展阶段，仍处于难得的战略机遇期。内需市场优势明显，投资领域广阔，民间投资潜力巨大。2012 年，尽管受制于国际国内需求减弱，一些产业的增长会受到一定的影响，但随着“一个载体、三个体系”建设的持续推进，特别是随着中原经济区建设正式上升为国家战略的综合带动效应显现，将形成对河南经济持续较快发展的有力支撑。

一是产业集聚区和城乡建设的综合效应将持续显现。180 个产业集聚区的建设和进一步规范，既为承接产业转移提供了优势平台，也使产业集群发展、产城互动发展的态势更加突出，综合带动作用更加明显。全省 180 个产业集聚区中，95% 的集聚区发展框架基本形成，半数左右的集聚区主导产业比较突出，40% 左右的集聚区集群发展态势初步形成。产业集聚区固定资产投资、规模以上工业企业主营业务收入占全省比重均超过 40%，利用省外资金占全省的比重接近 60%，从业人员超过 240 万人。以新型城镇化引领三化协调发展的实施，对城乡建设将形成进一步的推动。

二是大招商和承接产业转移的效应将持续显现。尽管世界经济动荡起伏，但经济全球化趋势不可逆转，国内外产业分工格局加速调整。与沿海省份相比，河南体制、政策差距在缩小，区位、资源、市场及要素成本优势在上升，特别是近年来随着各方面支撑保障能力不断增强，更加有利于河南顺势而为、抢抓产业转移机遇。2011 年全省实际利用外商直接投资 100.82 亿美元，增长 61.4%，比上年加快 31.2 个百分点；全年实际利用省外资金超 4016.3 亿元，增长 46.4%。2011 年，全省亿元及以上在建项目 5693 个，同比增加 3017 个，投资规模增长 81.7%，完成投资增长 96.4%，这些资金和项目，都将逐步形成新的产能。

三是中原经济区正式上升为国家战略的效应将逐步显现。《国务院关于支持河南省加快建设中原经济区的指导意见》的印发实施，省九次党代会对中原经济区建设全面部署，有利于促进全省布局优化、产业联动、质量提升和转型升级，形成经济发展的新的重要增长极，使中原经济区发展空间进一步打开，政策环境更加完善，发展动力更加强劲。

总体上看，伴随着新机遇不断涌现，全省经济发展的动能不断增强，支持河南经济保持平稳较快增长态势的积极因素依然很多。但更趋复杂的运行环境使得趋紧的基本面不可能迅速改观，结构性矛盾与深层次制约不可能有根本缓解，全省经济复苏进程中各层面、各领域不平衡、不均衡问题仍将交织并行，河南经济运行面临的下行压力、转型压力和竞争压力将持续加大。

第一、需求不足渐趋严峻，经济下行压力加大。国际、国内需求减弱的传导效应正逐渐在河南经济运行中显现。一些企业的出口订单比上半年明显减少，与一些沿海企业签订的订单出现了到期不提货的现象。12 月份，全省 9.8% 的大中企业“获得订单明显少于上月”。2011 年，全省规模以上工业产成品库存增幅比上年上升 12.4 个百分点，较上半年也上升 4.4 个百分点。反映出企业面临的需求不足问题加剧。12 月份，近 3 成产品产量环比下降。河南是能源原材料大省，位于产业链条的上游，全国和沿海地区经济下行

的传导影响已经显现。12 月份，全省规模以上工业增加值增长 20.3%，较 8 月份回落 3.2 个百分点。

第二、要素和资源环境约束强化，转型升级压力加大。在需求持续受到压缩的同时，要素约束也在强化。一是新增贷款量不足，企业融资成本明显增加。2011 年，在中部六省中河南新增贷款量和增速位次靠后，企业普遍反映资金紧张。同时金融机构上浮了对企业贷款利率及商业承兑汇票贴现利率，在一定程度上引发企业融资成本的加大并挤压了企业盈利。据南阳市调查队调查，与上年相比，接近 25% 的企业反映流动资金紧张，接近 20% 的企业认为向银行贷款难度较往年大。二是劳动力呈现结构性短缺。2011 年，随着工业产能的增长，特别是招商引资、承接产业转移带来的新增产能较快增长，工业企业对劳动力的需求明显增加，12 月份全省 39.5% 的企业存在明显的劳动力缺口。三是资源环境压力强化。四季度，随着河南重化工业用能增速加快和上年同期基数较低等因素影响，全省工业电力、能源消费增速将会持续回升，能耗反弹趋势较为明显。国家拟对各地能耗总量实行分级控制，资源环境的约束力也会进一步强化。

第三、区域和产业结构调整加快，外部竞争压力加大。面对产业转移的重大机遇，中西部各省市高度重视，纷纷采取强力措施承接产业转移，以更高的发展定位，更大的政策优惠来比环境、争客商、引项目，形成了一种赶超挤压的竞争态势。如安徽近两年实际利用省外资金是河南的 2 倍多；重庆 2011 年前 8 个月，外贸进出口总额已实现翻番，增幅跃居全国第一；四川招大引强成效明显，在川落户的世界 500 强企业已达 214 家，而河南只有 67 家。东部发达省份也在采取措施推动产业就近向本省欠发达地区转移。如广东省在“双转移”推动下，最近 3 年珠三角累计转出企业 5983 家，其中转到粤东粤西北地区达到 3100 多家。当前中西部地区资源能源优势在上升，部分省份临近长三角、珠三角的综合交通地利优势在强化，湖北、陕西等省科技优势、配套优势在显现，河南承接产业转移、强化新增长点面临的竞争形势比较严峻。

综合分析，2012 年，虽然宏观环境不确定、不稳定因素依然很多，但国内外形势变化并没有改变河南经济发展的基本面，没有改变机遇大于挑战的基本格局。2012 年，若不出现大的特殊情况，全省经济增速可能高位会有所回落，但不会出现大的震荡，全省经济仍有望持续平稳较快增长的势头。

三、保持 2012 年河南经济持续较快发展的对策建议

2012 年，要充分估计河南经济发展所面临的复杂形势，密切关注国内宏观调控的方向、力度和节奏变化，坚持稳中求进的政策取向，避免出现大的起伏。既要对今后一段时期经济增速可能回落做好充分的思想准备，未雨绸缪，又要采取切实有效措施，防止苗头性、局部性问题演变为趋势性问题。要抓住用好中原经济区正式上升为国家战略的重大历史机遇，以及国内外产业分工格局调整、沿海企业受外需疲软和成本持续上升影响向中西部加快产业转移的机遇，加大对外开放和承接产业转移力度，以提升区域竞争力为基本出发点，以破除瓶颈为突破口，不断培育发展新动力，把重大历史机遇和各种有利条件迅速转化为实实在在的经济社会发展成果。

1. 着力培育区域竞争力。继续做好中原经济区相关政策的研究、落实和对接工作，细化政策措施。特别是要做好与“三化”协调发展相关的一系列政策、法规等方面的系统研究。变革与发展不相适应的观念、环境和服务方式，形成与新形势、新阶段相适应的产业、服务和市场配套。积极承接产业转移，优化产业结构，实现承接产业转移与推进产业升级之间的紧密结合，提升产业竞争力；加强人才培养和引进以及劳动力技能培训，形成与产业迅速发展相适应的人力资源供给；加强制度建设和政府公务人员的培训，形成与大开放格局相适应的政府服务体系。

2. 着力开放招商扩大投资需求。坚持把扩大投资需求、调整优化投资结构作为“转方式、

调结构”最直接最有效的方式，着力推进开放招商、产业集聚区建设、城乡建设和社会事业发展，继续加快在建项目建设进度；要进一步做好后续项目尤其是亿元以上项目的储备和前期准备工作，强力推进重大项目尽快开工建设并尽快形成施工高潮；进一步激发民间投资热情，积极拓展民间投资领域，切实提高投资质量和效益，努力实现投资平稳较快增长。进一步加大政策引导力度，将招商引资与结构调整有机结合，持续推进河南产业结构优化升级。

3. *着力完善机制增强企业活力*。一是做好生产要素调度工作，切实保障好企业正常生产经营活动，尤其是要关注受需求不足影响的一些企业的困难。二是加强与各大金融机构和信贷组织的沟通协调力度，争取更多的信贷投放，拓展企业融资渠道，确保企业正常生产经营的贷款需求。三是引导企业把投资与调整结构更好地结合起来，鼓励企业发展技术含量高、符合国家产业政策的新兴投资项目。四是积极培育新的消费热点，优化农村消费环境，增强企业需求。五是继续加大农民工技能培训力度，帮助企业获得所需人才，努力解决企业用工的结构性矛盾。

4. *着力加快发展服务业*。一是建立完善服务业发展考核评价机制，明确相关部门责任，各司其责，共同推进。在财政、税收、信贷和土地等方面给予服务业更多的政策支持，加大推进力度；二是实施项目带动，大力发展金融服务、现代物流、信息咨询等相关新兴服务业，规划一批好项目、大项目，加大服务业招商引资力度，引导民间资金流向服务业；三是鼓励大中型工业企业附属服务业从工业中剥离，成立专门公司，单独进行工商注册，实行独立核算，对新剥离组建的公司实行优惠政策。

5. *着力夯实农业基础*。加大对农业和农村事业的投入，保持农业生产特别是粮食生产的稳定。积极推进农产品流动体系的建设，提高农业信息化服务水平。

6. *着力改善民生*。稳定扩大就业，加大收入分配制度改革力度，逐步提高最低工资标准和最低生活保障水平，促进居民收入稳定较快增长。加快建立覆盖城乡居民的社会保障体系。加大保障性安居工程建设，减轻物价上涨对低收入者生活的冲击，更加注意生产安全和食品安全。

（撰稿人：刘永奇　河南省统计局局长）

豫联产业集聚区（河南省巩义市统计局提供）

湖北省经济社会发展报告

2011年是“十二五”的开局之年，面对日趋复杂的经济社会发展的外部环境和多种自然灾害的严峻考验，湖北省各地在省委省政府的坚强领导下，认真贯彻落实中央及全省经济工作会议精神，紧扣科学发展这个主题和加快转变经济发展方式这条主线，着力推进科学发展、跨越式发展，全省经济在调结构、控通胀中实现了平稳较快增长，经济社会处于持续健康发展轨道内，实现了“十二五”规划的良好开局。

一、2011年湖北经济运行状况

（一）经济总量：国民经济实现新跨越

湖北经济总量实现新跨越。2011年，全省地区生产总值突破1.9万亿元，达到19594.19亿元，比上年净增3626.58亿元，比2006年净增11976.72亿元，翻了一番多。

湖北经济增速 “快于全国，好于预期”。2011年全省生产总值保持13.8%的较快增幅，增速快于全国平均水平4.6个百分点，居中部省区第1。

人均生产总值突破5000美元。2011年，全省人均生产总值达到34132元，折合美元突破5000美元大关，达到5285美元。根据钱纳里发展阶段理论，湖北经济正处于工业化阶段的中期加快推进阶段。

产业结构稳步升级。2011年，全省第一、二、三产业分别完成增加值2569.30亿元、9818.76亿元和7206.13亿元，分别增长4.4%、17.9%和12.0%。三次产业结构为13.1：50.1：36.8，第二产业比重比2010年提高1.4个百分点，比2009年提高3.5个百分点。

（二）增长速度：呈现平稳较快增长

受宏观调控的影响，湖北经济从年初的高开后增速有所回落，但进入四季度，全省经济呈现逐步趋稳的发展态势。2011年全年全省地区生产总值增幅比1—3季度回落0.2个百分点，比上半年回落0.3个百分点，比一季度回落0.6个百分点。这一走势与全国基本一致，同时经济增速回稳也符合宏观预期。从主要经济指标增速位次看，湖北省加速跨越式发展、努力缩小同发达省份发展差距的态势初步显现。

（三）实体经济：生产供给稳定增加

市场主体发展加快。2011年，湖北省新登记市场主体48.25万户，增长24.7%；其中：新登记私营企业6.26万户，增长21.8%；个体工商户39.96万户，增长26.7%。

农业生产再获丰收。湖北农业克服冬、春、夏三季连旱、旱涝急转等不利因素影响，大旱之年再夺丰收，农业生产形势好于上年、好于预期，保持了平稳较快增长态势。2011年，全省粮食总产2388.53万吨，比上年增产72.73万吨（14.55亿斤），增长3.1%，实现“八连增”。棉花总产达52.58万吨，增长11.5%。油料总产303.12万吨，减产8.68万吨，减幅2.8%。畜牧业生产持续稳定。全年生猪出栏3871.4万头，增长1.1%；牛出栏126.4万头，增长2.7%；羊出栏501.9万只，下降1.5%；家禽出笼45885.1万只，下降1.7%；禽蛋产量137万吨，增长3.3%。水产品总产达365万吨，增加12万吨，增长3.4%。全年全省蔬菜产量达 3358.6万吨，增长7.3%。茶叶产量18.5万吨，增长11.5%；水果产量855.18万吨，增长9.8%。

工业生产稳定增长。2011年，湖北省规模以上工业实现增加值8565.56亿元，比上年增长20.5%。

1. 轻工业增幅快于重工业。全年轻、重工业增加值分别增长25.5%和18.3%，增幅比前11

月分别提高0.4个和回落0.2个百分点，轻工业增幅快于重工业7.2个百分点。

2. 重点行业带动作用明显。2011年，全省农产品加工业实现增加值2143.51亿元，增长26.1%，对全省工业增长的贡献率达到25.0%，拉动全省工业增长5.1个百分点。全省装备制造业实现工业增加值2722.60亿元，增长19.9%，对全省工业增长的贡献率达到31.8%，拉动全省工业增长6.5个百分点。汽车行业在上半年回落的情况下，下半年持续回升，全年完成增加值1293.20亿元，增长14.5%，仍然实现了较快速度的增长。建材行业虽同比回落，但增长依然处于较高水平。全省非金属矿物制品业实现增加值474.11亿元，增长31.7%。

3. 重点工业产品产量增长较快。2011年，全省345种工业产品中，产量保持增长的有281种，占81.4%。汽车产量再创新高，全年汽车产量达到174.30万辆，增长1.6%。钢材产量实现较快增长，新型钢材增长强劲。全年钢材产量达到3593.90万吨，增长24.1%，其中，冷轧薄板366.63万吨，增长144.9%。陶瓷产品引领建材产品增长。全省瓷质砖产量达2.65亿平方米，增长88.4%；陶质砖0.45亿平方米，增长73.3%。全省28种建材产品中，有15种增长超过40%。

4. 工业总产值过千亿元的行业达到9个。2011年，全省工业39个大类行业中总产值过千亿元的行业达到9个，按产值从高到低排列分别为汽车、农副食品加工、化工、钢铁、电力、建材、纺织、通用设备制造、电子行业，比上年增加3个。企业总产值过百亿元的企业达到24家，比上年增加3家；总产值过十亿元的企业达到311家，比上年增加105家，增长51%。全省大中型企业户均产值达到13.49亿元，比上年增加2.24亿元，增长19.9%。

服务业较快增长。2011年12月末，全省金融机构（含外资）人民币各项存款余额为24148.26亿元，比年初增加3168.96亿元，增长15.0%；金融机构人民币各项贷款余额为16395.39亿元，比年初增加2541.87亿元，增长18.2%。2011年，全省实现旅游总收入1992.89亿元，增长36.5%；实现货物周转量4080.33亿吨公里，增长21.0%；实现邮电业务总收入379.33亿元，增长11.9%。

（四）内外需求：协同拉动作用增强

投资高位运行。2011年，湖北省固定资产投资累计完成12931.75亿元，增长28.7%。投资领域呈现以下特点：

1. 民间投资保持较快增长，有效支撑湖北省投资高位运行。全省民间累计完成投资7460.64亿元，增长42.1%，高于全省平均水平13.4个百分点，占全省固定资产投资的比重为59.4%，比上年提高5.5个百分点。其中：集体经济完成投资1143.94亿元，增长43.0%，高于全省平均水平14.1个百分点，占全省固定资产投资的比重为9.1%，提高0.9个百分点；私营个体完成投资6316.70亿元，增长42.0%，高于全省平均水平13.1个百分点，占全省固定资产投资的比重为50.3%，提高4.7个百分点，民间投资成为推进全省投资增长的重要力量。

2. 投资结构进一步优化，调整效果日渐明显。一是高新技术产业投资保持较高增速。2011年，湖北省高新技术产业完成投资371.29亿元，增长32.7%，高于全省平均水平3.8个百分点，占全省固定资产投资的3.0%。二是部分高能耗行业投资增长得到遏制。2011年，湖北省高能耗行业中铝业完成投资41.21亿元，增长17.3%，低于全省平均水平11.6个百分点，其他高能耗行业都有不同程度的下降。三是内涵效益型投资增速较快。2011年，湖北省改建及技术改造完成投资2067.52亿元，增长30.1%，高于全省平均水平1.2个百分点，占全省固定资产投资的16.5%，提高0.2个百分点。

3. 亿元以上新开工项目增加较多。2011年，湖北省累计新开工项目21242个，增长26.1%，比上年多4390个。其中，亿元以上新开工项目1596个，增长42.8%，占新开工项目比重的7.5%。亿元以上新开工项目完成投资2627.01亿元，增长56.7%，占新开工项目投资比重的40.5%，其中：一产业完成投资 43.01 亿元，二产业完成投资 1630.75 亿元，三产业完成投资 953.25 亿元，占比分别为 1.6%、62.1% 和 36.3%，亿元以上新开工项目主要靠二产业支撑，说明全省对工业的投入力度加大，为全省加快新兴工业化进程打下坚实基础。

4. 房地产开发投资增幅低于上年。2011 年，湖北省房地产开发累计完成投资 2063.21 亿元，增长 27.5%，比上年增幅下降 7.3 个百分点，其中：住宅完成投资 1327.21 亿元，增长 27.5%，增幅下降 1.9 个百分点；办公楼完成投资 56.84 亿元，增长 75.0%；商业营业用房完成投资 270.33 亿元，增长 44.4%；其他完成投资 408.84 亿元，增长 14.3%，增幅下降 40.3 个百分点。

消费市场繁荣活跃。2011 年，湖北省实现社会消费品零售额 7927.8 亿元，增长 18.0%，增幅比一季度提高 1.0 个百分点，比上半年提高 0.3 个百分点，比前三季度提高 0.2 个百分点。

1. 金银珠宝类商品备受消费青睐。2011 年，湖北省限上金银珠宝类商品实现零售额 81.1 亿元，增长 37.7%。

2. 汽车类消费继续回升。全年湖北省汽车消费突破 500 亿元，达到 581.7 亿元，增长 20.9%，增幅比前 11 个月回升 0.2 个百分点。

3. 住宿餐饮业表现红火。2011 年湖北省住宿业全年营业额 223.9 亿元，增长 25.6%。其中限额以上企业营业额增长 23.9%。餐饮业全年营业额突破 1000 亿元，达到 1025.0 亿元，增长 26.4%。其中限额以上企业营业额增长 27.9%。

外贸出口稳定增长。2011 年，湖北省累计进出口总额 335.19 亿美元，增长 29.1%，其中，出口 195.35 亿美元，增长 35.3%，进口 139.34 亿美元，增长 21.5%。

招商引资取得明显成效。2011 年，湖北省外商实际利用外资 46.55 亿美元，增长 14.9%，增幅比上年提高 4.2 个百分点。

（五）运行质量：三类收入增加明显

财政收入较快增长。2011 年，湖北省实现财政总收入 2582.82 亿元，增长 33.0%，比上年增收 663.88 亿元；其中地方公共财政预算收入 1470.12 亿元，增长 45.4%，比上年增收 458.89 亿元。收入结构较为合理。全年增值税、营业税、企业所得税和个人所得税四大主体税种占一般预算收入比重达到 48.9%，分别占比为 10.1%、25.0%、10.6% 和 3.3%，营业税继续保持全省一般预算收入中第一大税种的位置。

城乡居民收入稳定增长。2011 年，湖北省城镇居民收入继续呈现较快增长态势。城镇居民家庭实现人均可支配收入达到 18373.87 元，比上年增加 2315.50 元，增长 14.4%，增幅提高 2.6 个百分点。农村居民家庭人均纯收入达到 6897.92 元，比上年增加 1065.65 元，增长 18.3%，增幅提高 2.5 个百分点。

企业利润稳定增长。2011 年，湖北省规模以上工业完成主营业务收入 26934.77 亿元，增长 35.3%；实现利润 1497.41 亿元，增长 29.3%；完成税金 1152.89 亿元，增长 20.2%；上交增值税 619.26 亿元，增长 17.4%。受能源价格持续攀高影响，能源行业利润明显提升。全年全省非金属矿采选业实现利润 31.19 亿元，增长 107.0%；煤炭开采和洗选业实现利润 4.47 亿元，增长 73.3%。全省私营工业企业经济效益一枝独秀。全年全省 8059 家规模以上私营工业企业实现利润 672.57 亿元，增长 72.1%，大大超过全省工业平均盈利水平。私营工业企业的亏损企业为 585 家，亏损面 7.3%，比全省亏损面低 1.4 个百分点。私营企业利润增长对全省工业利润增长的贡献率达到 82.9%。

（六）市场物价：价格涨幅呈显回落

2011 年，湖北省累计居民消费价格总水平上涨 5.8%。物价快速上涨的势头得到一定程度的抑制。农村涨幅高于城市。全年全省农村和城市消费价格分别上涨 6.3% 和 5.5%，农村价格涨幅高于城市 0.8 个百分点。八大类商品价格全部上涨，其中食品和居住依然是影响居民消费价格上涨的主要因素，全年食品和居住价格分别上涨 11.6% 和 5.8%。

2011 年，湖北省工业生产者出厂价格累计上涨 6.6%，工业生产者购进价格累计上涨 11.5%。

（七）区域经济：协调发展

2011 年，“武汉城市圈”实现地区生产总值 11859.60 亿元，占全省的 60.5%，增长 13.6%；“鄂西生态文化旅游圈”实现地区生产总值 8060.58 亿元，增长 14.8%，“鄂西生态文化旅游圈”增幅快于“武汉城市圈”1.2 个百分点。“武汉城市圈”实现规模以上工业增加值 4824.70 亿元，占全省的 56.3%，增长 18.1%；“鄂西生态文化旅游圈”实现规模以上工业增加值 3693.39 亿元，增长 25.0%，“鄂西生态文化旅游圈”增幅快于“武汉城市圈”6.9 个百分点。全年“武汉城市圈”、“鄂西生态文化旅游圈”实现固定资产投资分别增长 26.3%、37.5%，“鄂西生态文化旅游圈”增幅快于“武汉城市圈”11.2 个百分点；社会消费品零售总额分别增长 18.0%、18.3%，“鄂西生态文化旅游圈”增幅快于“武汉城市圈”0.3 个百分点。

县域经济保持平稳较快发展势头。2011 年，湖北省上下认真贯彻落实省委、省政府决策部署和全省县域经济工作会议精神，采取切实有效措施，全力保增长、壮规模、调结构，保持了县域经济总体平稳较快增长的良好态势，全省县域多项指标增速超过全省平均水平，县域经济“半壁江山”已经形成。2011 年，全省 80 个县（市、区）实现规模工业增加值 4623.00 亿元，增长 29.8%，占全省工业的 54.0%。1-11 月，全省 80 个县（市、区）实现实现财政总收入 687.16 亿元，同比增长 36.8%，高出全省 5 个百分点；完成投资 6520.71 亿元，增长 41.5%，高出全省 10.6 个百分点；实现外贸出口 38.18 亿美元，增长 39.3%，高出全省 4 个百分点。

人口低速增长，城镇化进程进一步加快。2011 年末，湖北省常住人口 5758 万人，比上年末增加 34.23 万人，增长 0.6%。从城乡结构看，城镇人口 2984.40 万人，比上年末增加 138.27 万人；乡村人口 2773.60 万人，比上年末减少 104.04 万人。城镇化率达到 51.8%，比全国平均水平高 0.5 个百分点，比上年末提高 2.1 个百分点。

二、经济运行中存在的困难和挑战

2011 年，湖北省经济发展呈现了平稳较快增长。实现了“十二五”规划的良好开局。面对不进则退，慢进亦退的竞相发展局面，我们既要看到湖北经济社会正处在“跨越式”发展的关键时期，有利条件较多，同时也应客观冷静看到制约湖北经济发展的不利因素。

（一）经济增长动力不足，下行风险加大

随着宏观经济的运行环境发生明显变化，2011 年湖北经济增幅呈放缓的趋势，全省地区生产总值从 2010 年一季度到 2011 年四季度呈现逐季小幅下调之势。国家紧缩性货币政策制约金融机构贷款投放，2011 年 12 月末全省金融机构人民币贷款余额同比少增 49.13 亿元。紧缩措施使部分经济指标增幅有所回落。全年规模以上工业增加值、全社会工业用电量、出口总额的增速比前三季度分别回落 0.2 个、2.4 个和 1.1 个百分点。

当前湖北经济增速放缓的原因，从需求角度看有国家刺激政策退出的影响。在投资方面，国内贷款和国家预算内资金增速持续走低。从消费看，受刺激消费政策逐渐淡出和物价持续上涨影响，消费热点不足。从出口看，出口拉动力逐渐减弱，全年累计出口增幅比前三季度回落 1.1 个百分点。全球经济复苏的脆弱性和复杂性，成本上涨和人民币升值的“内外夹击”对湖北省外贸出口影响较大。

从供给角度看，工业生产经营压力增加，特别是中小型企业压力较大。全年工业品生产者出厂价格指数和工业品生产者购进价格指数“剪刀差”达 4.9 个百分点。2011 年，全省工业企业主营业务成本增幅高于主营业务收入增幅 1.0 个百分点；实现的利润总额增长 29.3%，增幅同比回落 45.2 个百分点。电力供应持续紧张，煤电保供压力依然较大。由于传统省份煤源严重不足，

重点电煤合同兑现率仅 40%，加之铁路运力限制，迎峰度冬煤电保供存在不确定性。

（二）需求放缓成为经济运行主要矛盾

一是股市、车市、楼市降温带动消费增长放缓。2011 年，股市持续低迷，股民赚钱效应减弱，限制了社会消费冲动。受小排量汽车购置税优惠政策取消、汽油价格上涨、2009 年以来汽车消费需求刚性释放、城市汽车消费软环境转差等因素的综合影响，湖北汽车消费增长明显放缓。2011 年，我省房地产调控取得了积极的成效，房地产的市场运行向着宏观调控的预期方向发展，但带来房地产交易增速放缓，楼市成交量减少，影响装修、家电等相关行业销售放缓。

二是消费需求后劲不足。2011 年湖北消费增长在一定程度上有短期政策推动的因素，要保持消费需求长期稳定增长，还有赖于城乡二元体制、收入分配体制、社保体系完善等一系列深层次矛盾与问题的解决，因此即使消费激励政策维持不变，所带来的效应也会有所下降，消费需求后劲明显不足。

三是保持投资高速增长难度加大。随着此轮投资高潮的过去以及房地产投资力度的减弱，房地产已构成固定资产投资下行的主要因素。一方面，商品房的待售房面积处于历史高位，在长达一年之久的紧缩货币政策下，资金链不断绷紧，造成房地产投资的放缓；另一方面， 目前保障性住房占投资总额比重较小，拉动投资效果还很有限。

（三）支柱行业需求收缩，资金占用上升

2011 年下半年以来，随着国内需求逐渐减弱，尤其是周期性产业调整、房地产市场调控、铁路工程项目停建缓建等的影响，汽车、钢铁、建材等产业需求持续下滑。受此影响，湖北省工业产成品销售难度加大、库存上升，工业品产销率从年初的 98.4% 降至年末的 97.4%。2011 年，湖北省工业两项资金达 2792.25 亿元，同比增长 20.9%。其中，应收账款 1809.27 亿元，增长 23.0%；产成品 982.98 亿元，增长 17.3%。

（四）收入分配不够合理，城乡居民持续增收难度加大

2011 年，从影响居民增收的因素看，湖北省城镇居民人均可支配收入和农村居民人均纯收入的主要部分均来自于工资性收入，经济增速下行、企业生产经营困难将直接影响工资性收入特别是城镇居民可支配收入的增长，涨幅较高的居民消费价格严重缩减居民收入的实际增速，影响中低收入居民的生活水平。同时，农业生产费用支出增长更快，直接影响农民纯收入增长。2011 年，农业生产资料价格同比上涨 13.5%，涨幅比上年同期提高 11.6 个百分点。土地流转费用、用工成本提高也较快。

这些长期积累的结构性、体制性等深层次矛盾和问题与当前经济运行中的新的矛盾和问题相互交织，影响全省经济的健康发展。

三、2012 年经济形势展望及调控建议

（一）2012 年形势展望

2012 年是实施“十二五”规划承上启下的关键之年，面临的国际国内形势将更加复杂多变，多种挑战与机遇并存。通过对 2011 年经济运行进行盘点，明年投资增幅趋于理性回归，使得经济持续快速增长的隐忧继续存在，节能降耗压力仍在；但经济总体向上的动力依然不减，消费力得到提升，三驾马车前进步伐趋于一致，经济增长内生力继续扩大，财政创收保持平稳增长，居民收入同步提高。整体仍将延续今年以来的平稳较快增长态势，经济形势继续向好发展格局未变。综合以上分析，我们可以得出如下结论：2012 年湖北经济总体将处于一个安全的增长区间范围，经济总量有望上一个新台阶。

（二）对策建议

从进一步巩固和扩大跨越式发展态势，努力实现以湖北的跨越式发展服务于全国“稳中求进”的发展大局出发，切实把当前来之不易的国民经

济平稳较快的发展势头保持下去，对2012年经济工作提出以下建议。

1. 协调三大发展关系，保证经济平稳较快发展。一是把握保增长和转方式的关系。在转变经济发展方式的过程中，不可避免地会使经济增长的速度有所放缓。只有实现“包容性增长”才能协调好转变经济发展方式和保增长的关系，才能实现经济持续健康快速发展。

二是把握传统产业和现代产业的关系。目前湖北战略性新兴产业成长迅速，2011年，全省实现高新技术产业增加值2325.96亿元，占规模以上工业增加值的27.2%，所占比重接近三成。从另一角度看，传统行业的比重仍超过70%。我们在加快形成新兴产业、高端产业的同时要高度重视传统产业的优势再造，引导和推进传统产业在自我调整中找到新的生存与发展之道。

三是把握制造业和服务业的发展关系。服务业和制造业表现为相互作用、相互依赖、共同发展的互补性关系。湖北制造业占全省经济总量的近60%，因此在加快推进服务业跨越发展的过程中，必须把服务业的发展和制造业结合起来，根据地区经济的资源禀赋条件和比较优势，寻求制造业和服务业经济之间的最佳平衡点。

2. 创新工业发展，促进规模、效益双提升。一是加强工业产业技术创新能力，推进产业结构升级，走新型工业化道路。实施“政府推动，企业自主，全民参与”的机制。鼓励各级企业增强自主研发能力，走集约型、创新型的工业化发展道路。加快引进高层次、创新型、专业型技术人员，促进企业提高人员素质，在大学、科研机构与企业之产牵线搭桥，共建产学研平台，实现优势互补、合作开发，增强创新能力。

二是强化对重点企业效益变化的定期跟踪机制。采取措施，对我省大型重点企业尤其是支柱工业的经济效益状态进行定期跟踪，提升重点企业的核心竞争力，发挥它们对经济增长的可持续支撑作用。加强对工业经济发展的科学评价，通过评价引导我省工业经济结构优化升级，促进速度、质量、结构和效益的协调发展。

三是制订产业发展导向政策。鼓励资本投入到电子信息、新材料、生物技术与现代医药等新兴产业，尤其是产品附加值高、发展潜力大，国家重点扶持的产业。以东湖国家自主创新示范区、武汉综合性国家高技术产业基地、国家级和省级经济技术开发区、保税区等园区为载体，推动建设完善电子信息、机械、生物医药、新材料等战略新兴产业的产业链条。

3. 推进大项目投资进程，保持投资水平稳定增长。一是加快推进今年以来大项目开工进程。要切实抓好项目建设，保证项目工程特别是重点项目、大项目建设的快速顺利实施，对于一些项目建设中出现的土地、拆迁、资金供应、政策处理等问题，要及时地给予解决，保障项目工期的顺利进行。

二是进一步改善投资结构，寻找投资新的增长点。继续加强农村基础设施与住房改造投资，为新农村建设打好基础。促进服务业投资发展，对于多数长期投资不足的行业，如信息传输、计算机服务业、科技服务业等新型现代服务业，采取措施，做好政策安排，引导资本往这些行业方向切入，给予适度的增长空间。

三是合理调控房地产投资。2012年房地产业仍将是政府强力介入调控的行业。房地产业带来的隐性风险甚于显性风险，应慎重研究，找好思路，积极应对。保证经济适用房的供应比例，以良好的信誉去拓宽融资渠道及获得政策的支持。合理解决拆迁问题，避免由于拆迁引起的刚性市场需求。

（撰稿人：毛凤藻　湖北省统计局局长）

湖南省经济社会发展报告

2011 年，湖南省委、省政府带领全省人民认真贯彻落实中央各项决策部署，加快“四化两型”建设，全省经济朝着宏观调控的预期方向发展，赢得了“十二五”时期的良好开局。展望 2012 年，国内外经济形势依然复杂，但机遇大于挑战，必须稳中求进，奋力推进“两个加快”。

一、回顾 2011 年：政策刺激减弱，但自主发展增强

1. 经济运行保持平稳较快。2011 年，全省完成地区生产总值 19635.19 亿元，同比增长 12.8%，虽然较 2009 年、2010 年分别增长 13.7% 和 14.6% 的增速有明显回落，但仍高于全年计划目标，高于改革开放以来 10% 的平均速度。在国家政策刺激减弱，湖南又遭遇严重干旱和能源短缺等诸多困难的情况下，能取得这样的成绩实属不易。一是农业平稳增产。全省粮食产量保持基本稳定。受价格上涨较快的拉动，生猪出栏有望止跌回升。蔬菜、油料、棉花、水果等大宗农产品增产势头大都好于往年。全省第一产业增加值同比增长 4.2%。二是工业止跌回稳。受市场需求增长趋缓和能源供给趋紧的制约，全省工业生产增速自 4 月份起逐月下滑，10 月份规模工业增加值同比增速已降至 16.8% 的较低水平。随着第四季度全省大规模的调煤保电大行动逐渐取得实效和一批新开工企业投入生产，11 月份工业生产开始回升。全年规模工业实现增加值 8122.76 亿元，增长 20.1%，增速仍高于全国平均水平 6.2 个百分点。从产品看，统计的 386 种主要工业产品中，74.1% 的产品产量增长。产销率达到 98.71%，同比提高 0.11 个百分点。三是服务业发展向好。尽管受政策调控的影响，房地产、金融、汽车和建材等零售业增长放缓，但文化旅游业、其他生产和生活服务业却较快发展，推动全省第三产业增长呈逐季加快之势。全省第三产业增加值同比增长 11%。其中，金融、房地产业、住宿和餐饮业仅增长 1.7%、6.0%、7.5%，各类营利性服务业增长 17.4%，非营利性服务业增长 14.6%。

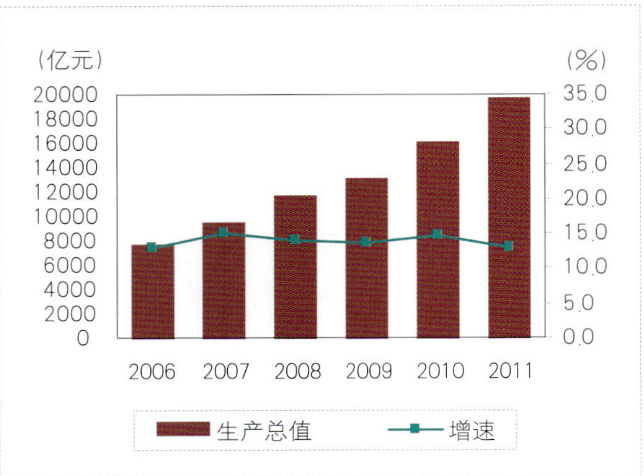

图 1　2006-2011 年地区生产总值及其增长速度

2. 自主发展动力逐步增强。在国家政策刺激逐步减弱的情况下，湖南省各地积极搞活各种生产要素，增强自主发展动力。一是地方投资力度加大。2011 年，全省完成全社会固定资产投资 11833.7 亿元，增长 27.9%。其中，地方项目投资 11077.81 亿元，增长 28.3%，占全省固定资产投资的比重已达 96.9%。在资金来源中，自筹资金增长了 37.7%，占全部资金来源的比重已达 63.3%，同比提高了 1.6 个百分点。二是民营经济活力增强。2011 年，全省规模工业中非公有制企业实现增加值 5434.67 亿元，增长 24.9%，占规模工业增加值的比重已达 66.9%。非国有投资 7868.35 亿元，增长 34.2%，占全省固定资产投资的比重升至 68.8%，同比提高 2.6 个百分点。三是居民消费保持旺势。2011 年，全省实现社会消费品零售总额 6884.7 亿元，增长 17.9%，虽比去年有所回调，但仍比全国平均水平高 0.8 个百分点。石油及制品、金银珠宝、电子出版物及音像制品等商品持续热销，零售额分别增长

42.9%、41.5%和43.8%。受政策调控影响的商品房销售面积依然增长了9.1%，其中，住宅增长7.3%；汽车类零售额增长22.8%。

3. 生产结构有了新的优化。一是科技支撑能力有增强。2011年，全省财政科技投入40.68亿元，增长16.1%。完成技改投资4135.59亿元，增长37.2%。全省授权发明专利申请量8774件，同比增长36.3%。国家超级计算长沙中心建成开通。全省实现高新技术产业增加值2888.21亿，增长30.9%。二是工业结构有改善。2011年，全省规模工业中的高加工度工业、高技术产业增加值分别增长28.8%和32.4%，占规模工业增加值的比重分别达到33.7%和5.3%，同比提高1.7和0.7个百分点。六大高耗能行业增加值仅增长16.9%，占规模工业增加值的比重降为35.0%，同比下降0.2个百分点。三是农业结构有升级。一批农业生产技术和新品种获得突破和转化，如超级杂交稻第三期高产目标攻关获得成功，实现百亩片亩产926公斤。农业产业化水平进一步提高。全省规模以上的农副食品加工业、食品制造业分别实现增加值522.31亿元和177.59亿元，增长20.9%和20.7%，实现利润则均增长60%以上。

4. 外引内联取得新的成效。一是外贸规模持续扩大。2011年，全省进出口190.00亿美元，增长29.6%，比全国平均水平高7.1个百分点。其中，出口98.97亿美元，增长24.4%；进口91.03亿美元，增长35.9%。二是招商引资继续增长。2011年，全省共引进省外境内资金2086.02亿元，增长20.4%。全省新批外商投资企业项目674个，实际利用外商直接投资61.50亿美元，增长18.6%。三是金融支持力度较大。2011年末，全省金融机构本外币各项贷款余额13462.50亿元，增长18.1%，比全国平均水平高2.2个百分点，比年初新增2080.84亿元。截止2011年末，全省共有10家企业在境内外首发上市融资，融资额共计124.34亿元。

5. 经济运行质量稳步提升。一是企业效益提高，能耗降低。2011年，全省规模工业企业实现利润1252.23亿元，增长43.9%，比全国平均水平高18.5个百分点。同期综合能源消费量为7162.93万吨标准煤，仅增长8.7%，比规模工业增加值增速低11.4个百分点。全年节能降耗目标圆满完成。二是财政收入增加，实力增强。2011年，全省财政总收入增长31.0%以上，其中，地方财政收入增长34.6%以上。三是城乡居民收入增加。据国家统计局湖南调查总队抽样调查显示，2011年，全省城镇居民人均可支配收入为18844元，增长13.8%，扣除价格影响实际增长7.9%；农民居民人均纯收入6567元，增长16.8%，扣除价格影响实际增长10.6%。

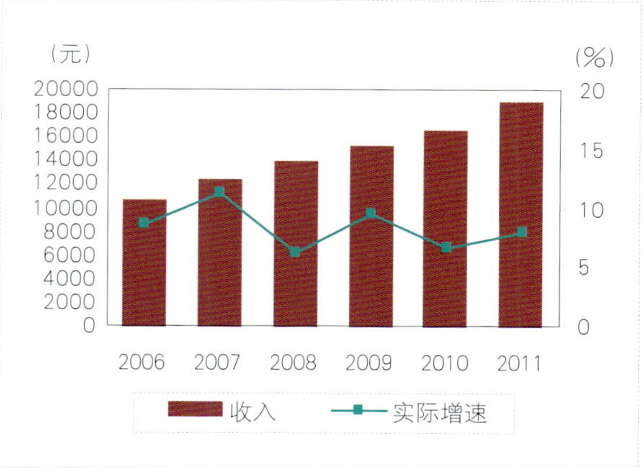

图2　2006-2011年城镇居民人均可支配收入及其实际增长速度

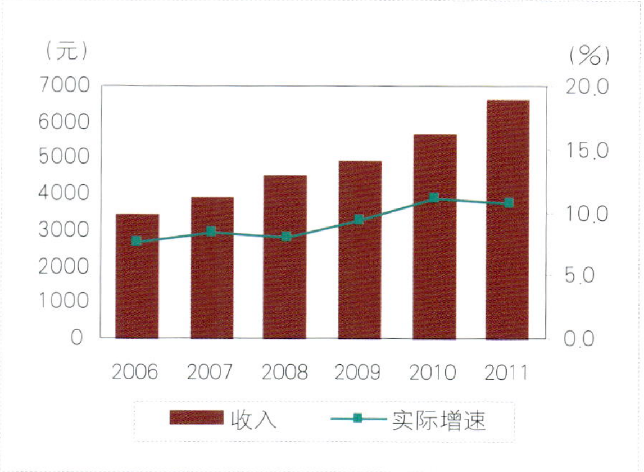

图3　2006-2011年农村居民人均纯收入及其实际增长速度

6. 社会事业较快发展。一是民生投入力度加大。全省为民办实事共投入各类资金543.18亿元。改造县乡公路3290公里，建成乡镇到村水泥(沥青)路11702公里，改造农村危房113423户，新增廉租房 115372 套。城市低保对象月人均补差 185 元，农村低保对象月人均补差 70 元，农村五保户分散供养标准达 1556 元。二是社会保障进一步完善。全省城镇新增就业 71.6 万人，城镇零就业家庭实现动态就业援助，农村新增劳动力转移就业 82.67 万人。新型农村养老保险参保人数达 1306.25 万人，居民医保门诊统筹的县市区达 115 个，统筹地区新农合政策范围内住院费用平均补偿率 73.2%。三是科研成果不断扩大。全省新增 3 个国家工程（技术）研究中心，2 个国家级企业重点实验室。取得省部级以上科技成果 836 项。获得国家科技进步奖励成果 20 项、国家技术发明奖励 3 项、国家自然科学奖 1 项。专利申请量 29516 件，授权量 16064 件，分别比上年增长 31.9% 和 15.8%。国家超级计算长沙中心建成开通。四是教育事业得到巩固。全省建设义务教育合格学校 500 所。小学适龄儿童入学率达 99.88%。发放中职国家助学金 5.75 亿元，发放高校国家奖学金、助学金 8.03 亿元，资助中职学生 76.70 万人次、高校学生 24.55 万人次。

二、展望 2012 年：形势依然复杂，但机遇大于挑战

1. 世界经济面临问题不少，但复苏的大势没有改变。当前，随着欧洲主权债务危机的蔓延和美国经济陷入高失业、高负债的困境，全球通胀压力趋缓但将长期存在，世界经济前景依然不乐观，但是，缓慢复苏的大势没有改变。一是发达国家将更加重视实体经济发展。尤其是注重抢占战略性新兴产业制高点。欧盟计划从 2014 年至 2020 年投入约 800 亿欧元巨资，抢占世界科技制高点。美国也推出了 4470 亿美元的就业创造计划和五年使其出口额翻一番、重振制造业等计划。实际上，2011 年第四季度，美国工业生产按年率计算同比增长在 3.1% 之上，为连续第 10 个季度上升。2011 年，美国制造技术订单较 2010 年上升 66.4%，其中 12 月份同比增长 12.7%，远超过危机爆发前水平。欧元区工业生产价格指数较 2010 年增长 5.9%，比 2010 年提高 3.0 个百分点，显示欧元区实体经济基本面尚好。二是发达国家资金依然充裕。据美国商务部经济分析局统计，2011 年上半年，美国企业对外直接投资 2292.37 亿美元，同比增长 26.26%。2011 年 12 月 14 日，欧盟央行下调基准利率 25 个基点，至 1.00% 的纪录低位；2012 年 1 月 3 日，美国承诺将基准利率维持 0-0.25% 的超低水平至 2014 年底，以促进经济复苏。根据联合国发布数据， 2011 年全球外国直接投资达 1.5 万亿美元，超过危机前三年的平均水平。三是新兴经济体将继续成为世界经济增长的动力。当前新兴经济体仍处于资本积累快速增长的周期，经济将长期保持快速增长。国际货币基金组织于 2012 年 1 月 24 日预计，2012 年新兴经济体经济将增长 5.5%，成为世界经济增长的动力。并预计世界经济也将增长 3.3%。

2. 国内经济存在下行压力，但政策环境将好于 2011 年。2011 年，我国经济增速虽然逐季有所回落，但发展的基本面没有改变。一是我国仍处于快速发展阶段。工业化、信息化、城镇化深入发展，基础设施日益完善，社会大局保持稳定。国际货币基金组织最新预测，2011 年我国经济增速仍有望达到 8.2%，增速虽还有可能回调，但不会深度回落。二是宏观调控政策有可能转向中性偏松。中央经济工作会议已将 2012 年经济工作的总基调明确为稳中求进，要求把稳增长、控物价、调结构、惠民生、抓改革、促和谐更好地结合起来。其中，稳增长已列为 2012 年首要任务。为此，将继续实施积极的财政政策和稳健的货币政策。货币政策会根据经济运行情况，适时适度进行预调微调，保持货币信贷总量合理增长，优化信贷结构，向重点领域倾斜。财政政策将完善结构性减税政策，加大民生领域投入，促进经济结构调整。三是中央对湖南省实施了多项倾斜的政策。如：批准湘南三市为承接产业转移示范区、长株潭城市群为国家级“两化融合”试验区，启动武陵山片区区域发展与扶贫攻坚试点工作，批准实施《湘江流域重金属污染治理实施方案》等。这些政策的出台，将为湖南加快发展步伐提供重大的历史性机遇。

3. 湖南经济发展虽面临不少困难，但自主

增长的动力较强。从目前来看，虽然湖南在经济发展过程中面临生产结构不优、要素瓶颈制约加大、物价上涨压力犹存等困难，但从支撑经济发展的“三驾马车”来看：一是投资后劲依然较足。近10年来湖南城镇化率提高了14.3个百分点，2011年为45.1%，但与全国平均水平仍存在6.2个百分点的差距。加快推进新型工业化、城镇化仍是不可逾越的发展阶段，仍需要大量投资来实现。近年，一大批产业、基础设施、民生和社会发展的重大项目纷纷启动，未来几年将是建设的高峰期，将有效带动投资较快增长。招商引资和民间投资也都将保持活跃，为全省投资继续保持较快增长提供了保障。二是消费仍较活跃。虽然汽车、住房及相关消费受调控影响出现回调，但综合考虑汽车更新、部分保障房建成入住、居民收入快速增长等因素，汽车、家电类消费增速将有望回升。特别是中央和省委、省政府都明确了提高居民收入的政策取向，预期“十二五”时期，湖南城镇化进程加快、消费结构升级、居民收入增长等支撑消费增长的基本力量也都不会改变，湖南消费市场将延续稳定增长的态势。三是出口将继续增长。虽然2012年世界经济形势不确定性上升在一定程度上将制约全省出口和引进外资，但湖南与新兴经济体的贸易规模不断扩大，将有效抵消欧美市场需求减弱的影响。值得一提的是，省第十次党代会作出的推进“四化两型”、实现“两个加快”战略部署，必将进一步坚定全省人民的发展信心，对全省经济社会又好又快发展产生积极而深远的影响。

三、工作建议：稳中求进，奋力推进“两个加快”

根据中央经济工作会议和省第十次党代会精神，我们要紧紧围绕稳中求进的总基调，从湖南省仍属后发地区的实际出发，继续抓住目前难得的战略机遇，在继续保持经济平稳较快增长中，切实加快全面小康和两型社会建设。

1. 努力扩大内需，稳住经济增速。湖南发展不足和发展不优的矛盾仍十分突出，且人口总量较多，人均水平偏低，就业压力较大。必须坚定不移稳增长、谋发展。综合分析相关情况，我们认为，2012年全省经济增速有望稳定在10%以上，甚至接近2011年水平。针对湖南经济基本依靠内需驱动的现实，必须做到：一是有效扩大投资。2011年，湖南新开工项目计划投资仅增长6.8%，新开工项目个数还减少了7%。要特别注意增强投资的后劲。据测算，2012年湖南经济要增长10%以上，固定资产投资需增长22%以上。因此，要千方百计争取中央资金支持，推进项目建设；继续加大招商引资力度，积极引进战略投资者；进一步鼓励和引导民间投资，释放民间投资潜力。二是大力促进消费。按2011年计算，湖南省城镇居民家庭人均消费性支出13403元、农村居民家庭人均生活消费支出5179元，均低于全国平均水平。据测算，2012年湖南经济增长10%以上，要求社会消费品零售总额相应增长14%以上。要加强“农超对接”，努力构建城乡一体化流通网络，为居民扩大消费提供便利；加快发展电子商务等新型业态；加快发展服务业，拓宽消费领域。有序引导符合条件的农民工进城落户，加快推进新型城镇化，拓展消费增长空间。

2. 提升创新能力，推进结构调整。一是加快建设创新型湖南。加大科技财政投入，引导创新要素和资源向企业聚集，强化企业技术创新主体作用，整合科技资源，突破核心技术和关键技术，形成一批核心自主知识产权和技术标准。二是加快新型工业化步伐。推进信息化与工业化深度融合，利用信息技术改造传统产业；加快淘汰落后产能，推动产业结构向资源节约型、环境友好型转变。大力发展战略性新兴产业，选择具有相对优势的先进装备制造、新材料、文化创意等产业实行重点突破，加快发展生物、新能源、信息和节能环保产业，鼓励相关产业利用全球创新资源，提升产业竞争力。三是实现区域经济协调发展。加快长株潭两型社会试验区第二阶段改革，引领带动全省两型社会建设；加快环长株潭城市群城市提质和产业升级；加快洞庭湖生态经济圈建设；推动湘南加速崛起，加强与粤港澳、北部湾经济区和东盟对接合作；加大大湘西开发力度；

大力发展县域特色产业。

3. 加强农村建设，发展现代农业。作为农业大省，2012年做好"三农"工作的政策机遇很多。一是要毫不放松抓好粮食生产。湖南是居全国前9位的产粮大省。积极争取支持落实好各项政策措施，提高农民种粮积极性，确保粮食稳产增产。二是抓好水利基础设施建设。抢抓湖南作为全国水利综合改革试点省的机遇，新建一批高标准农田，提高农业综合生产能力。三是抓好扶贫工作。湖南农村贫困人口数列居全国前6位。要落实好2012年中央扶贫工作会议精神和新10年扶贫开发纲要，特别是组织实施好《武陵山片区区域发展与扶贫攻坚规划》，加快贫困地区经济社会发展步伐。四是坚持科教兴农战略。加大农业技术创新力度，积极推广先进农业技术，提高主要农作物生产综合机械化水平和农产品加工转化能力，提高农业劳动生产率和比较效益。五是健全农业服务体系。积极培育新型农业社会化服务组织。加大农业面源污染防治力度，构建"两型"农业生产体系。推动农村资源资本化改革，激活农村要素市场。目前，湖南猪肉等农产品价格有回落迹象。要建立市场预警信息机制，引导企业按照市场需求发展生产，防止今年价格大起大落，促进农业稳定发展。

4. 建设文化强省，培植新的集群。湖南文化产业在全国排名较为靠前，具备加快发展的基础。从国际经验来看，人均GDP超过3000美元后，居民精神文化消费会快速增长；接近或超过5000美元时，则会出现"井喷"。2011年，全省人均地区生产总值已超过4000美元，两、三年内即将达到5000美元的"井喷"临界点，文化消费需求即将得到更大释放。加快文化产业与教育、体育、旅游、餐饮、房地产、制造业、网络信息等众多产业的融合发展，有利于形成新的产业发展集群，有利于解决经济增长与资源、环境的矛盾，降低经济增长的代价，促进可持续发展。为此，建议加快文化体制改革，加大投入力度，加强招商引资，力争保持文化产业增加值近年来年均20%的强劲递增势头。

5. 做大外贸规模，承接产业转移。一是着力扩大出口。大力拓展新兴国家市场，提高产品市场占有率。利用2012年我国将对能源资源性产品、战略性新兴产业所需的关键设备和零部件等730多种商品实施较低的进口暂定税率的机遇，加大重点产品进口，以进口促出口，提升出口产品竞争力。二是完善承接转移平台。抓住国家设立湘南承接产业转移示范区的契机，加强基础承接平台建设，强化知识产权保护，规范政府服务行为，营造良好承接转移环境，提高承接产业转移能力。三是加强配套能力建设。完善产业园区建设规划，增强和拓展园区综合配套服务功能。吸引产业链条整体转移和关联产业协同转移，提高产业园区综合配套能力。

6. 抓好要素供应，提供发展保障。一是继续做好调煤保电工作。建好全省性电煤储备和调运中心，探索建立高效的电煤对接机制。同时，继续推进节能降耗。利用通货膨胀压力逐步释放的机会，进行资源性产品价格改革，提高发电企业积极性。二是切实加大融资力度。继续完善农村金融体制，稳步推进村镇银行试点。建立和完善多层次的金融服务体系，切实缓解小微企业融资难问题。支持企业境内外上市，发展私募股权基金，进一步推动资本市场发展。同时，推进社会信用体系建设，引导民间融资，规范政府融资平台，防范金融风险。

7. 继续改善民生，促进社会和谐。一是千方百计增加就业。加强职业培训，完善大中专毕业生就业指导、职业介绍等服务。优化创业环境，鼓励创业，以创业带动就业。支持劳动密集型产业和小微型企业发展，不断增加就业岗位。继续对特殊困难对象给予就业援助。二是努力提高居民收入。不断提高最低工资标准，缩小收入差距。特别要落实好针对低收入群体的物价上涨补偿政策，改善低收入居民生活。三是不断完善社会保障。尽快建立覆盖城乡居民的社会保障体系，逐步提高保障水平。认真落实国家促进房地产市场健康发展的政策措施，加快保障性住房建设。

（撰稿人：张世平　湖南省统计局局长）

广东省经济社会发展报告

2011 年，广东面对复杂多变的国内外经济形势，坚决贯彻落实中央各项宏观调控政策，全面转变经济发展方式，谋划建设幸福广东。经济运行从快速增长转入平稳增长区间，转型升级步伐加快，社会民生继续改善，“十二五”开局良好。展望 2012 年，世界形势趋于复杂、各种不确定因素明显增加，国内需求也存在放缓的压力。广东要进一步释放微观主体的活力和潜力、积极推进体制改革和转型升级，努力防范和化解各种风险，并在经济发展方式上取得实质性进展。

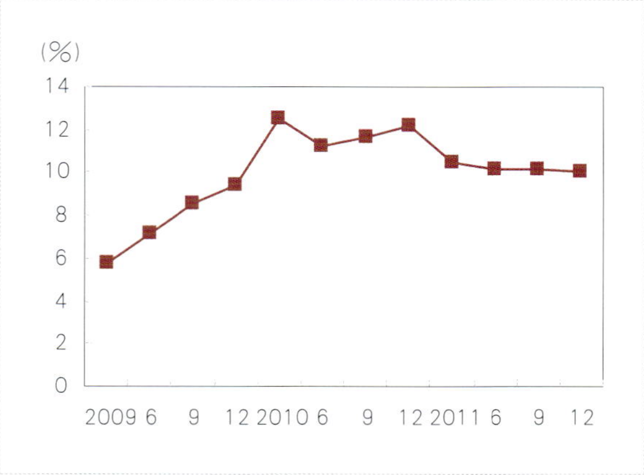

2009——2011 年广东季度 GDP 同比增长速度情况图

一、经济运行的主要特点

（一）经济运行在平稳增长区间

经国家统计局核定，2011 年全省实现地区生产总值 52673.59 亿元，同比增长 10%，增幅同比回落 2.4 个百分点。经济增速缓中趋稳，2011 年四个季度的当季增速分别为 10.5%、10.1%、9.9% 和 9.6%，全年虽然持续回落，但各季增幅波动在 0.6 个百分点以内，是 2005 年以来增长最平稳的一年。从全年经济增速看，基本上保持了 10% 左右的较快增长，经济发展的基本面仍然保持良好态势，经济运行从应对危机的特殊状态向正常增长轨道转变，这种增速的回落是宏观政策自主调整的结果，是适度、正常回落。

物价涨势减缓，资产泡沫化风险降低。2011 年广东居民消费价格指数在 8 月冲高至全年峰值 6.2%，进入第四季度后涨幅逐步收窄，全年累计同比上涨 5.3%。房地产市场调控措施效果初显，房价过价上涨的局面得到抑制，2011 年下半年以来全省商品房销售面积增幅连续五个月回落，全年商品房均价 7957 元 / 平方米，环比价格增幅连续三个月回落。货币信贷回归平稳增长区间，信贷投放节奏较为均匀。每月中外资金融机构本外币贷款增速波动在 1.7 个百分点以内，信贷弹性系数从上年的 1.0 下降到 0.85。

按照世界银行制定的国家与地区收入水平划

表 1　2011 年全国、粤鲁苏浙沪主要经济指标增长情况表

	全国	广东	江苏	山东	浙江	上海
GDP 增速	9.2	10.0	11.0	10.9	9.0	8.2
规模以上工业增加值	13.9	12.6	13.8	14.0	10.9	7.4
固定资产投资	23.8	16.4	21.5	21.8	19.2	0.5
社会消费品零售总额	17.1	16.3	17.5	17.3	17.4	12.3
出口总额	20.3	17.4	15.6	20.7	19.9	16.0
地方财政一般预算收入	24.8	22.1	26.2	25.7	20.8	19.4
居民消费价格指数	5.4	5.3	5.3	5.0	5.4	5.2

注：固定资产投资不含跨省项目

分的标准，广东迈进中上等收入国家或地区的新门槛。2011年人均地区生产总值50500元，增长8.0%。按年平均汇率折算达7819美元，处于经济转型升级的关键时期。这也是2006年广东人均GDO突破3000美元大关（3059美元），经济达到中等收入国家或地区的水平以来，短短5年间，广东以美元计算的人均GDP上4个千美元台阶。

2011年,广东GDP增速在全国继续居第28位。主要经济指标增速在粤鲁苏浙沪中低于江苏、山东，高于浙江、上海。

（二）三次产业协调发展

2011年，第一、二、三产业增加值为2659.83亿元、26205.30亿元和23808.5亿元，增长4.0%、11.3%和9.1%（见表2），对经济增长的贡献率为2.0%、56.6%和41.4%，第二产业下降5.4个百分点。

工业经济增速持续减缓。2011年四个季度规模以上工业增加值的累计增速分别为14.0%、13.1%、13.0%和12.6%。全年规模以上工业实现增加值21630.06亿元，增幅同比回落4.2个百分点。工业出口交货值累计增速从3月份开始连续9个月下滑，全年累计增长11.3%，同比回落13.2个百分点；工业品国内销售增长25.2%，对工业销售增长的贡献率为82.4%。规模以上工业企业盈利水平降低，各月的利润增幅基本维持在10%以内，全年实现利润4609.33亿元，同比增长2.4%；企业亏损额（369.85亿元）增长56.6%。全社会用电量和工业用电量分别增长8.4%和6.7%，同比增幅分别回落4.1个和8.1个百分点。

服务业对经济增长的贡献率提升。2011年全省第三产业增加值的增幅虽然同比回落1个百分点，但是第三产业对经济增长的贡献率同比提高5.1个百分点。其中：批发和零售业增加值增长11.1%，高于三产增速2个百分点；住宿和餐饮业增长5.4%。全省货物运输量和周转量逐季稳步走高，全年分别增长14.75和19.8%，交通运输仓储和邮政业增加值增长9.5%。金融业和房地产业增加值增长6.3%、6.0%。

表2 2011年广东地区生产总值情况表

指标	1-12月	增长%
地区生产总值	52673.59	10.0
第一产业	2659.83	4.0
第二产业	26205.30	11.3
工业	24408.13	11.6
第三产业	23808.46	9.1
交通运输、仓储和邮政业	2035.20	9.5
批发和零售业	5424.17	11.1
金融业	3122.89	6.3
房地产业	3213.50	6.0

农业农村经济保持平稳发展。全年粮食总产量1360.95万吨，增长3.4%，自1997年以来首次连续三年增产。园林水果较快增长，全年产量同比增长7.2%。全年全省水产品总量增速持平，水产品养殖所占比重提高1个百分点。全省生猪出栏数同比下降1.8%，肉类总产量下降1.6%。

（三）内外需结构协调性增强

内需增长从政策推动向市场驱动转变，全年固定资产投资、社会消费品零售总额增速保持平稳；第三季度后进出口增幅受外需减缓影响逐月放缓。

2011年，广东全社会固定资产投资17158.5亿元，同比增长17.6%，扣除固定资产投资价格指数，实际增长11.5%。房地产开发在二三线城市建设加快和经济保障房建设的拉动下，完成投资4899.19亿元，增长33.9%。投资增长动力实现从政府到市场的接替，市场驱动投资成为投资增长的主要动力。民间投资增长37.0%，比国有经济投资增幅高出45.7个百发点，带动整体投资增长18.8个百分点。投资行业侧重于高端性、先进性，先进制造业（27.6%）和高技术制造业投资（21.1%）增幅分别高于工业投资9.6个、3.1个百分点；文化产业投资增幅（33.4%）高于整体投资15.8个百分点。12月基础设施投资月度间降幅首次收窄，虽然同比下降11.1%，但降幅比前11个月收窄0.6个百分点。

消费品市场增势平稳。2011年除1月和3月外，各月零售额增幅均保持在16.0%以上。全年全省实现社会消费品零售总额突破2万亿，达20297.5亿元，同比增长16.3%；扣除价格因素后同比增长10.4%。受国际金价上涨以及资金避险需求等因素影响，黄金等保值类奢侈品零售额累计增长35.6%。受油价上涨以及汽车存量增大等因素影响，石油制品类累计增长31.6%。吃穿用等刚性需求较大的生活用品也增长较快，食品饮料烟酒类增长20.2%、服装鞋帽针纺织品、日用品类分别增长23.9%、21.1%。

进出口增速呈高开低走态势。全年实现进出口总额9134.8亿美元，同比增长16.4%。单月出口增速从1月份的51.8%回落到12月的5.4%，进口增速从1月份的51.6%回落到12月的1.4%。贸易结构转型升级加快，一般贸易出口比重将自1987年以来首次超过1/3，加工贸易项下机电、高新技术产品出口分别占77.2%和47.5%。市场多元化战略积极推进。与拉美（23.2%）、中东（28.2%）、非洲（64.9%）双边贸易进出口总额增幅均明显高于全省。生物技术产品和电子技术产品出口增长117.1%、23.0%。

利用外资增幅回升。2011年实际使用外商直接投资金额217.98亿美元，增长7.6%，增幅同比提高3.9个百分点。广东企业"走出去"的步伐加快，全年经核准境外投资中方协议投资额28.99亿美元，对外承包工程完成营业额同比增长38.2%。

（四）转型升级取得明显成效

2011年三次产业结构比重为5.0:49.8:45.2，第三产业比重比上年提高0.2个百分点。现代产业体系加快建设，2011年现代服务业完成增加值13392.59亿元，同比增长8.5%，增幅同比提高0.7个百分点；占GDP的比重为25.4%，比上年提高1个百分点。工业发展的高级化程度提高。全省高新技术产品产值3.4万亿元，增长16.8%；规模以上高技术产业增加值完成增加值5185.35亿元，同比增长14.7%，占规模以上工业增加值比重21.5%，同比提高0.3个百分点。战略性新兴产业发展加快。高端新型电子信息产品3G手机、液晶显示屏、发光二极管产量分别增长87.4%、17.4%和54.3%；新能源改装汽车增长197.4%；新能源核能发电量、风力发电量同比增长27.5%和46.2%；高端装备制造民用钢质船舶同比增长52.5%。

自主创新能力提升步伐加快。实施自主创新战略取得明显成效，全省科学研究与试验发展（R&D）人员38万人年（折合全时当量），比上年增长10.2%。全省R&D经费支出约974.46亿元，增长20.5%。发明专利授权量和有效专利拥有量继续位居全国第一。新增国家高技术产业化示范工程项目46项；新建战略性新兴产业基地23个。

绿色发展战略稳步推进。节能降耗成效明显，全年单位GDP能耗下降3.78%，超额完成年度预期目标。工业生产的能耗水平继续降低。六大高耗能行业生产速度放缓，六大高耗能行业实现增加值的比重从2010年底的23.0%降低至2011年底的22.8%。单位工业增加值能耗下降5.1%。

民营经济活力增强。2011年广东民营经济实现增加值23336.44亿元，同比增长11.9%，高于整体GDP增幅1.9个百分点，占整体经济

表3　2011年区域主要指标增速情况表

	全　省	珠三角	东　翼	西　翼	山　区
GDP	10.0	9.9	12.3	11.1	12.3
规模以上工业增加值	12.6	11.3	20.0	14.8	19.5
固定资产投资	17.6	14.5	29.7	35.6	20.3
社会消费品零售总额	16.3	15.7	18.7	17.7	16.0
出口总额	17.4	17.3	19.7	19.8	14.6
实际利用外商直接投资	7.6	6.0	8.7	−2.3	8.4
地方财政一般预算收入	22.1	21.8	25.6	30.2	24.4

的44.3%。民营工业增长17.6%，成为拉动内资经济增长的重要力量。私营企业个数突破百万，达110.83万个，增长16.9%。全省468.40万家民营企业上缴3718.96亿元的税收，同比增长26.8%。

区域经济趋于协调发展。全年粤东西北地区生产总值、规模以上工业增加值、固定资产投资、社会消费品零售总额、地方一般预算收入增幅等主要指标的增幅均高于全省（见表3）。“双转移”成效加快显现。全省35个省级产业转移园区规模以上工业企业实现产值3386.98亿元，增长34.3%，比同期全省工业产值增速快13.4个百分点。组织农村劳动力培训85.5万人，转移就业人数137.6万人。

（五）幸福广东建设扎实推进

广东财政对民生支出保障有力。2011年广东地方财政一般算收入突破5000亿大关，达到5513.70亿元，增长22.1%；其中税收收入4547.53亿元，增长19.6%。地方财力的增强为积极的财政政策打下坚实的基础，省委、省政府承诺的十件民生实事全部按计划完成，2011年全省财政共投入十件民生实事的资金为1195亿元，其中省级财政已拨付340亿元；全年财政用于保障和改善民生的支出占全省财政总支出的比重63.0%。医疗卫生、住房保障、城乡社区事务支出增幅高于一般预算支出17.7个、60.6个和6.1个百分点。全省2011年10月底已新开工建设保障性安居工程完成国家下达任务的106%，超额提前1个月完成国家任务。

就业和用工形势总体平稳，社会保障工作稳步推进。城镇登记失业率略有降低。全年就业困难人员实现再就业18.40万人，同比增长15.0%，城镇登记失业率2.46%，比上年末下降0.06个百分点。城乡居民养老保险、社会救助体系趋于完善，社会保险覆盖面进一步扩大。年末全省参加城镇职工基本养老保险（含离退休）比上年末增长18.2%；参加城乡（镇）居民基本医疗保险增长72.9%。新型农村合作医疗基金累积受益2806.3万人次，农村医疗救助人次增加78.5%。年末五种保险基金累计结余增长28.8%。

城乡居民收入差距缩小。近两年广东农村居民收入增幅提速且快过城镇居民收入增幅。2011年城镇居民人均可支配收入26897.48元，同比增长12.6%；扣除价格因素，实际增长6.9%。全年农村居民人均纯收入9371.73元，同比增长18.8%；扣除价格因素，实际增长11.9%。城乡居民收入比由上年的3.03：1缩小到2.87:1，2003年以来首次降到3以内。

二、对当前几个问题的看法

当前，世界经济复苏缓慢、国家宏观调控政策效应显现，广东经济运行中的长期问题和短期问题、总量问题和结构问题、全国共性问题和广东特性问题相互交织重叠，面临的主要困难有所增多。如经济增速缓慢回落与物价仍处高位相互交织，外贸进出口下行趋势明显，部分企业特别是小型微型企业经营困难等。

（一）今明两年经济增速可能保持在10%左右的适度区间

改革开放的前30年（1978-2007）广东GDP年平均增速为13.6%，处于高速增长阶段。从2008年开始，由于外受国际金融危机的冲击，内有调结构等压力，广东经济逐渐从高速增长阶段向次高速增长阶段转轨：2008年至2011年全省GDP增速依次为10.4%、9.7%、12.4%和10%，连续4年增速保持在10%左右（因为有恢复性增长的因素，2010年偏离幅度稍大）。展望今明两年：一方面世界经济复苏的不确定性大，外需下行压力较大；另一方面内需特别是消费需求的扩大有一个过程，预计广东经济增长的幅度也将在10%左右。这种平稳增长，是经济增长的客观规律使然，是经济增长因素发生变化、主动转型升级的结果，还有整体宏观经济环境不宽松的因素，在某种程度上也是主动调控的结果。这种平稳的增长可使紧绷的供需关系得以缓解，使日趋尖锐的人口、资源、环境矛盾得以缓和，总体上有利于经济结构调整和发展方式转变，符合“十二五”

规划确定的预期目标，也将为经济结构调整创造良好的宏观经 济环境，有利于化解各种风险，提高增长的质量和效益，增中长期发展的活力和动力，这是一个适度的增长速度。

（二）人均 GDP 跨越 7000 美元后低成本优势弱化

近年广东人均 GDP 连上新台阶的主要原因：一是从人均 GDP 的构成看，近 4 年来 GDP 增幅达到 49.8%，人口增长 8.8%，常住人口增幅比 GDP 增幅低 41 个百分点，因此近四年来人均 GDP 年均增幅达到8.1%。二是人民币对美元的持续升值。自 2007 年末至 2011 年末，人民币对美元的汇率升值 15.9%，使得以美元计算的人均 GDP 划出了一道更陡峭的上升曲线。但汇率变动造成的人均 GDP 提升，还是有着重要的实质性意义：一方面本币升值说明国家在世界经济格局中的实力和竞争力在提升，而以美元计算的人均 GDP 的快速上扬在一定程度上正是这种实力提升的标注。另一方面人民币的持续升值，也使以加工制造为主的广东制造业低成本优势逐渐削弱，拉动经济增长的因素发生改变，竞争模式要加快转换，经济发展模式到了加速变轨的关键时刻。

当前，广东正进入从中等收入地区向高等收入地区迈进的关键时刻，要吸取部分国家或地区的经验教训，防止陷入“中等收入陷阱”阶段。不少发展中国家在人均 GDP5000 美元至 1 万美元间，黄金发展期和矛盾多发期的特点更为明显，自身体制与机制的更新进入临界，经济增长回落或长期停滞。因此，“中等收入陷阱”也是“转型陷阱”，广东要进一步加快市场经济改革进程，加强社会管理和创新管理体制。

（三）生产成本上升为“倒逼”转型升级提供良好的机遇

当前经济发展的高成本特征越发明显，这为广东深化调整经济结构，加快转型升级步伐提供了良好的“倒逼”机遇。当前部分企业特别是小型微型企业经营出现困难的主要原因：一是全球经济复苏曲折，外需减弱。二是人民币汇率持续升值，预期不断增强，企业的利润空间不断受到压缩。三是上游原材料、燃料和动力的购进价格上升幅度较大，制约中下游生产企业的生产，2011 年广东工业产品的购销价格“剪刀差”为 3.6 个百分点。四是企业的资金、用电、用工等生产条件出现不同程度的困难。这也将可能是影响今后几年增长的主要制约因素。在这种情况下，迫使企业生产经营向管理、向创新、向转型求效益，主动调整产品结构、行业结构、市场结构；推动企业加快技术创新、提高经营管理水平并谋求发展转型。在市场经济竞争作用，有自主知识产权，能适时转型升级，适应能力较强的企业仍能保持较好的发展，适应能力差的企业则逐步被淘汰出局。

（四）出口下行压力加快外贸发展方式转变

当前欧美发达国家，特别是欧洲，经济普遍陷入严重低迷状态，债务危机不断发酵。在这样的情况下，即便出台鼓励出口的政策，也很难在短时间内取得明显成效。依靠劳动力红利和对资源、环境过度消耗的出口方式，已经严重不适应国际市场的需求和国内经济社会的发展要求，越来越不符合省情，不符合节能环保和资源有效利用的理念，出口的效益正在逐年下降。因此在出口增速下滑同时，广东要跳出目前的出口框架，从劳动力红利、资源环境红利模式转向技术红利、品牌红利、核心竞争力红利模式，从目前的加工制造基地转向创造创新基地，提高出口产品的科技含量和附加值。在世界经济低迷的时期，潜心技术的研究和开发、品牌的培育与宣传；从政策上引导和促进企业转变出口思路、调整出口目标、优化规划布局，在政策上作出较大的调整和优化，即用差别化代替目前的“一刀切”。对严重消耗资源、影响环境、不符合国家产业政策的企业和产品，不仅不能鼓励，还要加以限制。同时鼓励企业“走出去”，当前“走出去”战略实施进入了一个新阶段，既面临难得的发展机遇，也面临着安全、风险等方面的挑战。但无论企业还是政府都要以更加成熟的心态来看待“走出去”面临的风险和问题，冷静观察、理性应对。

（五）今明两年仍处于通货膨胀的上升通道

当前物价涨势得到初步遏制，通胀压力有所缓解，但物价稳定的基础仍不牢固。从中长期看，随着工业化和城镇化进程加快，劳动力、土地、资源、环境等成本上升具有长期性，货币对物价上涨的刺激因素有所减弱，劳动力等成本推动因素不受货币政策控制。国际上一些主要国家仍然维持宽松的货币政策、世界的流动性较为充足，大宗商品的价格仍在高位运行，输入性通胀压力仍比较大，国内的原材料价格、人工成本以及资源品价格的新涨价因素增加。当前食品价格周期性大幅波动的深层次矛盾并没有有效地解决，价格可能持续在高位震荡。这一轮物价总水平可能在 3%—6% 的区间运行数年。当前资源和要素价格扭曲，未能充分反映稀缺程度和市场供求关系，成为经济结构调整和发展方式转变的重大障碍；某些成本推动的价格上涨有其必然性和某种程度的必要性和合理性。另外，需求拉动型通货膨胀与成本推动型通货膨胀相比，前者往往会在短期内造成激烈波动，形成较大冲击，严重影响经济稳定；而后者的影响则在一般情况下相对较为温和，发展过程相对缓慢。对需求拉动型通货膨胀通过加强需求管理，宏观调控可以较快产生抑制作用；而对于成本推动型通货膨胀则较难通过紧缩解决，需要更科学地因地利导，综合应对，更加重点市场化改革。

三、对 2012 年广东经济走势看法与政策建议

（一）从国际环境看

当前，世界经济下行风险加大，从发展态势看，虽然欧洲主权债务危机仍有可能深化，甚至拖累欧洲乃至全球经济复苏。国际货币基金组织（IMF）2012 年 2 月 6 日发布的最新全球经济展望，预计 2012 年全球经济将增长 3.3%。从各大经济体看。美国经济复苏仍将保持缓慢态势，再次陷入衰退可能性不大。2011 年美国消费者信贷按年率一直保持正增长，房价连续保持上涨态势，工业生产保持扩张，银行体系状况逐步改善，刺激性财政政策获得新的空间，货币政策继续保持宽松态势。欧元区经济下行风险加大。2011 年二季度以来，欧元区经济信心指数持续下滑，预计受全球经济增速趋缓、南欧诸国财政状况持续恶化、欧债危机可能进一步升级以及大宗商品价格仍然高企等因素影响，2012 年欧元区经济增速较 2011 年将明显回落，甚至可能出现负增长。在灾后恢复重建的带动下，日本经济有望逐步缓慢复苏。 新兴经济体增速仍将继续放缓，发达国家经济形势恶化以及国际资本市场大幅震荡给新兴经济体经济增长带来下行压力。

（二）从国内环境看

当前国内经济环境十分复杂，出现不少新情况、新问题。主要有：经济增长动力趋缓，通胀压力仍不容乐观，房地产调控成效显现，土地交易市场量价齐跌。这些都加大了当前宏观调控的难度，适时适度进行微调预调的可能性增大。货币政策释放微调信号，存款准备金率三年来首次下调。信贷政策更加注重结构优化，与产业政策更好地结合，有保有压，保证国家重点在建、续建项目的资金需要，重点支持实体经济尤其是符合产业政策的中小企业，支持民生工程尤其是保障性安居工程；继续严格控制产能过剩和高耗能、高污染项目投资。房地产调控短期内将持续，在房价走势没有达到实质性的“拐点”前，为防止恶性反弹，预计限购政策短期内不会明显放松。

财税政策更加注重保障和改善民生。认真落实国务院支持小微企业发展的九大财金政策，对中小企业、“三农”等领域将采用“定向宽松”的政策，加大金融倾斜力度，缓解资金紧张问题，防范内外部风险交织对其造成冲击。积极推进结构性减税，集中解决保障和改善民生的紧迫问题。

（三）对广东 2012 年形势的展望

面对错综复杂的国内外经济环境，2012 年广东将以加快转型升级、建设幸福广东为核心，

加快转变经济发展方式，为党的十八大召开营造良好环境。产业转型升级为经济增长拓展新的空间，一些高成长行业如战略性新兴产业、装备制造业、高技术产业、现代服务业等将较快增长。处于工业化扩张阶段的粤东西北地区经济增长持续加快，珠三角区域经济一体化进程不断推进，为经济增长提供新的驱动力量。2012年广东经济总体有望实现平稳增长，预计增幅为8.5%左右。

从供给看：农业经济如果没有大的气候变化，将继续保持稳定。工业经济增幅可能略有回落，由于工业企业的生产经营成本上升、外需的减弱、人民币升值压力和融资难等约束因素在短期内不会有大的改变；而战略性新兴产业要成长为新的支柱产业仍需一定时日；另外2011年投产新增的大型工业企业项目不多，预计2012年规模以上工业完成增加值增长9.5%左右。服务业发展保持稳定，金融业随着货币政策微调，预计比2011年有所增长；房地产业在国家继续调控的情况下，商品房的交易预计比2011年进一步缩小。

从需求看：出口由于全球经济环境的持续恶化使得发达国家与其他新兴经济体需求同时收缩，国际需求疲软的影响将更加明显，外贸企业面临出口订单减少的局面，增速下行压力加大，预计2012年出口增长8%左右。固定资产投资由于2011年各地卖地收入的增幅放缓，分期计入2012年房地产开发投资中的土地购置费增幅将有所回落，房地产开发投资也将减速；在人民币升值、投资超额收益回落的情形下，制造业投资很可能有所放缓；基础设施投资可能会出现恢复性增长，最近政策层面上对铁路投资规模的管控有所松动，预计2012年铁路运输业投资会比2011年有所增加；另外由于上年较高基数导致2011年大幅下滑的城市建设投资2012年将实现恢复性的增长，预计2012年固定资产投资增长15%。消费则会承接2011年的趋势保持平稳，预计2012年社会商品零售总额增长15%。

物价压力将明显缓解。从物价的增长周期和影响物价的中长期因素看，2012年物价上涨仍将持续，但随着货币政策的累积效应与滞后效应在2011年底2012年初的加速显现，预计2012年物价涨幅将会比2011年回落，涨幅约在4.5%左右。

针对当前经济运行中出现的矛盾和问题，下一阶段要密切关注国内外经济运行环境的变化，着力缓解经济发展中的突出矛盾，努力实现稳增长、调结构、促转型、惠民生。

1. 大力扶持战略性新兴产业，形成新的经济增长点。一是抓紧研究确定省战略性新兴产业创业资金引导基金设立方案，推动现代产业体系500强项目特别是现代服务业100强项目建设，组织认定第一批省战略性新兴产业基地。二是有关部门协同推进，高效解决战略性新兴产业项目建设中的土地、资金、项目审批等各环节的问题，使项目尽快投产上马形成新的产能。

2. 提高政府为企业服务的水平，营造良好的营商环境。提高对劳动力、资金、用电等生产要素的保障能力。一是加强与各大金融机构和信贷组织的沟通协调力度，争取更多的信贷投放，拓展企业特别是中小型企业的融资渠道，确保企业正常生产经营的贷款需求。二是在推进产业转移园区建设时，在用地、基础建设资金投入、各项规费、水电价、人才引进、科技创新等方面给予支持和优惠。三是加强工业经济运行调节和跟踪监测，针对企业发展面临的用电难、用工难、用地难、收费杂多等共性问题，加强与相关部门协调联系，充分发挥商会和行业协会的作用，千方百计帮助企业克服困难。

3. 扩大投资和消费需求，增强内需的拉动作用。加强项目谋划和储备，抓好重点项目、大项目建设，保障项目要素需求，加大力度协调项目建设过程中涉及的资金、用地、环境容量和审批等突出问题。积极争取国家各有关部委支持，确保在建铁路项目的正常建设。着力增加居民收入，解决困扰消费市场的商品质量问题，提高消费意愿，扩大消费热点，促进消费产业转型升级。扎实推进广东国际采购中心建设，鼓励和帮助企业出口产品转内销，扩大国内市场份额，解决高端消费购买力外流的问题。

4. 加快外贸发展方式转变，提高利用外资规模和水平。大力支持企业开拓新兴市场及赴境外采购，重点利用好国内外知名展会平台，应用电子商务，进一步深挖潜力、扩大进口，稳定出口。制订“战略性新兴产业出口产品”目录，完善自主国际品牌培育机制，培育更多的国家级和省级示范基地。在创新管理模式、延长产业链条、提升自主创新能力上下功夫，加快建设全国加工贸易转型升级示范区。大力吸引跨国公司在广东设立总部、采购中心和研发中心等功能性机构，在金融、保险、医疗等领域吸引香港服务提供者投资方面取得新突破。加强与重点目标市场国家投资促进机构的合作，推动企业加快“走出去”。

5. 加快价格改革步伐，依靠市场机制调节物价。经济结构调整的过程中，价格释放是一个非常重要的手段。应择机推进利率、汇率、资源性产品价格改革，进一步理顺煤、电价格，完善天然气、成品油价格形成机制；稳步提高粮食最低收购价；规范流通秩序，降低流通成本，保持价格总水平基本稳定，防止价格走势出现反弹。

（撰稿人：辛晓维　广东省统计局局长）

石化区夜景（惠州大亚湾经济技术开发区提供）

广西壮族自治区经济社会发展报告

“十二五”开局之年，广西各族人民认真贯彻落实党中央、国务院的决策部署，坚持科学发展的主题和加快转变经济发展方式的主线，积极应对复杂严峻的经济形势，努力克服电力紧缺、物价高企、资金紧张等突出困难，开拓进取，团结拼搏，保持了经济社会平稳较快发展的良好势头。全年地区生产总值、工业总产值、规模以上工业总产值及主营业务收入、全社会固定资产投资、金融机构存款和贷款余额等主要经济指标突破万亿元，民生继续改善，就业形势趋好，城乡收入较快增长，控价取得积极成效，科技教育发展实现新突破，各项社会事业扎实推进，实现了“十二五”良好开局。

一、经济社会发展的主要情况

2011 年，全区经济在上年高位增长的基础上保持平稳较快发展。初步测算，全年全区生产总值（GDP）11714.35 亿元，按可比价格计算，比上年增长 12.3%，增速比全国高 3.1 个百分点，从 2005 年起连续 7 年保持 12% 以上的增长。其中，第一产业增加值 2047.30 亿元，比上年增长 4.8%；第二产业增加值 5736.78 亿元，增长 17.1%，其

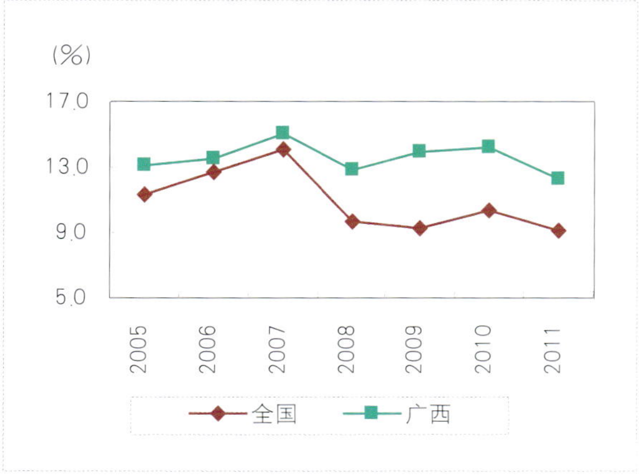

图 1　2011 年广西与全国 GDP 增速

中工业增加值 4914.37 亿元，增长 17.3%；第三产业增加值 3930.27 亿元，增长 9.4%。三次产业对经济增长的贡献率分别为 6.9%、65.9% 和 27.2%。三次产业结构由上年的 17.6:47.5:34.9 调整为 17.5:49.0:33.5，其中工业化率（工业增加值占 GDP 的比重）由上年的 40.6% 上升为 42.0%。

全年经济社会发展呈现实力增强、结构优化、效益提升、民生改善的良好局面，主要呈现以下特点：

（一）生产平稳较快增长，工业发展取得新成就

农业生产加快，甘蔗、桑茧等产量保持全国第一。全年种植业、林业、牧业、渔业增加值分别为 1091.76 亿元、164.28 亿元、542.38 亿元和 208.10 亿元，分别比上年增长 5.4%、9.7%、1.1% 和 5.7%。全年粮食总产量 1429.9 万吨，比上年增长 1.2%。甘蔗、木薯、桑茧产量分别为 7269.96 万吨、180.33 万吨和 29.63 万吨，继续保持全国第一。木材采伐量 2065.25 万立方米，增长 18.5%，列为全国木材战略储备基地试点省区之一。猪牛羊禽产量 386.1 万吨，增长 0.7%。生猪存栏 2412.0 万头，增长 2.9%；生猪出栏 3195.1 万头，下降 1.1%。水产品产量 288.8 万吨，增长 5%，其中海水、淡水产品产量分别增长 3.2% 和 7.3%。

工业发展取得新成就，千亿元产业培育实现新突破。全年工业总产值 14975.33 亿元，比上年增长 33.8%。其中，规模以上工业总产值 12720.02 亿元，增长 37.9%；主营业务收入 11973.45 亿元，增长 35.4%。工业增加值增长 17.3%，其中规模以上工业增加值同比增长 20.8%，增幅高于全国 6.9 个百分点。继食品、汽车和冶金产业之后，新增石化、机械两个千亿

元产业，千亿元产业达到5个。年产值超百亿元的工业园区由上年15个增加到23个，其中柳州汽车产业园区成为首个千亿元产业园区。广西交通投资集团成为广西首个总资产超千亿元企业。柳州市、桂林市成为国家级工业化和信息化融合试验区。轻重工业增长平衡。规模以上工业中，轻工业增加值增长19.4%，重工业增长21.4%。小型企业发展迅速。规模以上工业中，小型工业企业增加值增长32.5%，贡献率达73.8%。主要产品产量保持增长，产销基本衔接。原油加工、化学农药原药、机制纸及纸板、水泥、钢材产量同比分别增长1.91倍、23.8%、22.5%、19.9%和14.6%。规模以上工业产品销售率为95.1%。

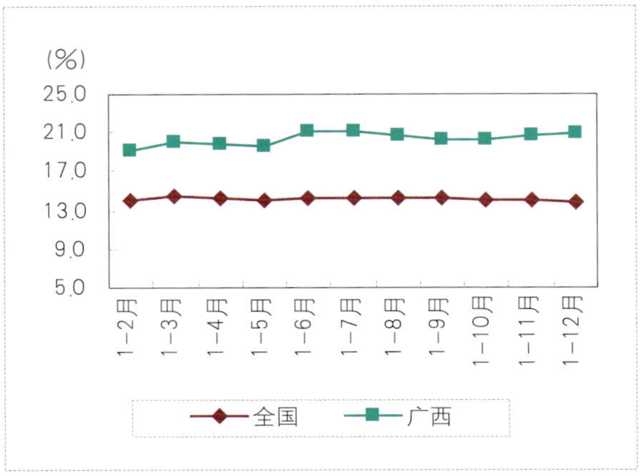

图2　2011年广西与全国规模以上工业增加值增速（累计）

第三产业平稳增长。全年交通运输仓储邮政业增加值比上年增长10.5%。批发零售业增长10.5%，住宿餐饮业增长7.0%。营利性服务业增加值增长16.8%，非营利性服务业增长9.1%。房地产业增加值增长5.1%，金融业增加值增长5.3%。

（二）需求保持较快增长，固定资产投资实现新跨越

固定资产投资跨越万亿元，投资结构继续优化。全年全社会固定资产投资10143.45亿元，比上年增长29.1%，其中固定资产投资（不含农户）9733.69亿元，增长29.4%。工业投资增长较快。第二产业投资3785.52亿元，增长35.3%，其中工业投资3742.54亿元，增长35.1%；第一、第三产业投资分别增长53.0%和24.6%，其中交通运输业投资增长1.6%。更新改造投资快速增长。更新改造投资3054.81亿元，比上年增长37.9%；基本建设投资4185.39亿元，增长20.3%；房地产开发投资1500.46亿元，比上年增长24.4%。民间投资活跃。民间投资5866.58亿元，增长43.6%，占固定资产投资的60.3%；国有投资3470.70亿元，增长13.2%。

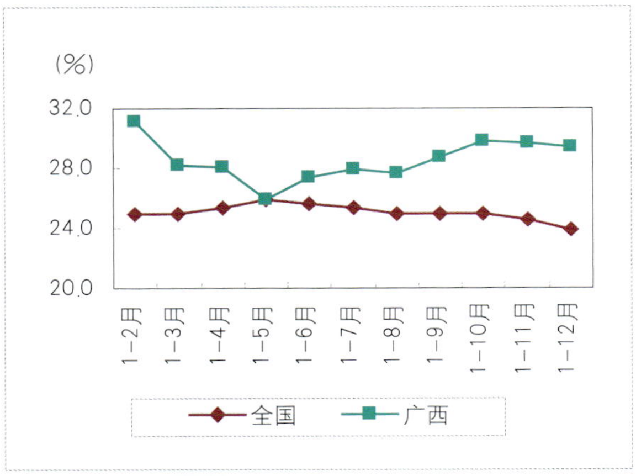

图3　2011年广西与全国固定资产投资（不含农户）增速（累计）

消费品市场较快增长，旅游市场活跃。全年社会消费品零售总额3860.73亿元，比上年增长18.0%。城乡消费市场同步增长。城镇、乡村消费品零售额分别增长18.0%和17.9%。重点商品增势良好。在限额以上企业商品零售额中，金银珠宝类零售额增长59.7%；石油及制品类增

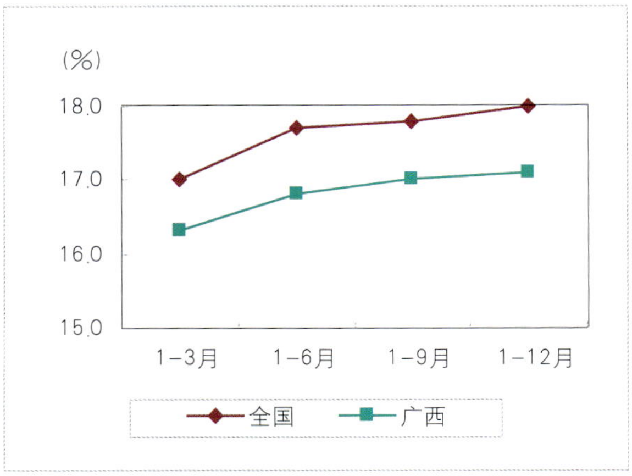

图4　2011年广西与全国社会消费品零售总额增速（累计）

长 38.0%；日用品类增长 31.8%；中西药品类增长 28.8%；服装鞋帽针纺织品类增长 28.4%；家用电器和音像器材类增长 21.0%；汽车类增长 18.4%。旅游市场活跃。全年入境旅游者 302.79 万人次，增长 21.0%；国际旅游外汇收入 10.52 亿美元，增长 30.3%。旅游总收入 1277.81 亿元，增长 34.1%。

外贸进口和出口总额双双突破百亿美元，对东盟出口大幅增长。全年货物进出口总额 233.31 亿美元，比上年增长 31.5%，增幅比全国高 9.0 个百分点。其中，出口 124.59 亿美元，增长 29.7%；进口 108.72 亿美元，增长 33.7%。东盟继续保持广西第一大贸易伙伴地位。与东盟双边贸易总额 95.58 亿美元，比上年增长 46.6%，其中对东盟出口 68.25 亿美元，增长 49.0%。高新技术、机电产品出口增长较快。高新技术产品出口增长 44.6%，机电产品出口增长 37.9%，农产品出口增长 21.1%。

2011 年广西货物进出口总额及其增速

指　标	总量（亿美元）	比上年增长（%）
货物进出口总额	233.31	31.5
其中：出　口	124.59	29.7
进　口	108.72	33.7
其中：对东盟进出口总额	95.58	46.6
其中：对东盟出口	68.25	49.0

（三）经济效益稳步提升，发展质量不断提高

财政收入较快增长。全年财政收入 1542.49 亿元，比上年增长 25.5%。其中一般预算收入 947.59 亿元，增长 22.7%。在一般预算收入中，税收收入 644.64 亿元，增长 20.7%；非税收入 302.95 亿元，增长 27.2%。

金融机构存款和贷款余额均突破万亿元，金融服务能力不断增强。年末金融机构本外币存款余额 13527.97 亿元，比上年末增长 14.5%，其中人民币各项存款余额 13453.20 亿元，增加 1717.72 亿元。金融机构本外币贷款余额 10646.43 亿元，增长 18.6%，其中人民币各项贷款余额 10408.54 亿元，增加 1537.51 亿元。新增本外币贷款 1663.06 亿元，增长 2.7%。

企业效益明显提升，利税总额突破千亿元。全年规模以上工业经济效益综合指数 292.09，比上年同期提高 24.9 点。企业实现利税总额 1276.12 亿元，比上年增长 32.7%，其中利润总额 717.34 亿元，增长 29.3%。在 36 个工业大类行业中，33 个行业利润同比增长。

城乡居民收入稳定增长。全年城镇居民人均可支配收入 18854 元，比上年增长 10.5%。其中，工资性收入增长 12.3%，经营净收入增长 15.3%，财产性收入增长 46.5%，转移性收入增长 2.7%。农村居民人均纯收入 5231 元，比上年增长 15.1%。其中，工资性收入增长 6.6%，家庭经营收入增长 19.8%，财产性收入增长 22.0%，转移性收入增长 23.8%。全年城乡居民收入比为 3.60:1（以农村居民人均纯收入为 1），比上年的 3.76:1 略有缩小。

（四）民生继续改善，保障能力进一步增强

民生支出快速增长。全年一般预算支出 2545.42 亿元，增长 26.8%，其中，医疗卫生支出增长 40.7 %，住房保障支出增长 80.7%，教育支出增长 24.0%，社会保障和就业支出增长 15.3%。

居民消费支出稳定增长。农民人均生活消费支出 4211 元，比上年增长 21.9%。其中，支出最大的前两位是食品类和居住类，分别支出 1845 元和 1019 元；增长较快的是居住类、医疗保健类和交通通信类，分别增长 47.1%、31.6% 和 24.0%。城镇居民人均消费性支出 12848 元，增长 11.8%。其中，支出较大的是食品类和交通通信类，分别支出 5074 元和 2001 元；增长较快的是医疗保健类、娱乐教育文化用品及服务类、食品类，分别增长 24.6%、20.8% 和 16.0%。农村居民家庭食品消费支出占消费总支出的比重（即恩格尔系数）为 43.8%，城镇为 39.5%。

就业形势基本稳定。全年城镇新增就业人数 53.2 万人，比上年增长 16.8%。城镇失业人员实

现再就业 10.74 万人，其中就业困难人员再就业 3.45 万人。新增农村劳动力转移就业 91.06 万人。城镇登记失业率为 3.5%。

控价取得积极成效。及时实施临时价格干预，建立社会救助和保障标准与物价上涨挂钩联动机制，居民消费价格涨幅从 6 月的 7.7% 逐月回落到 12 月的 1.9%。全年居民消费价格涨幅控制在 5.9%。其中，食品上涨 14.4%，烟酒及用品上涨 3.7%，衣着上涨 1.9%，家庭设备用品及维修服务上涨 1.7%，医疗保健和个人用品上涨 3.5%，交通和通信上涨 1.9%，娱乐教育文化用品及服务上涨 0.1%，居住上涨 2.2%。

社会保障体系进一步完善。年末参加城镇企业职工基本养老、城镇基本医疗、失业、工伤、生育等五项保险人数分别为 483.75 万人、981.32 万人、240.77 万人、272.52 万人和 243.77 万人，五项合计 2222.13 万人，比上年末多 145.12 万人。新型农村合作医疗基金支出总额为 65.39 亿元，受益人数 3086.39 万人；新型农村合作医疗参合率达 96.2%。列入国家新型农村社会养老保险试点地区参保人数 799.22 万人。年末得到政府最低生活保障的城镇居民为 57 万人、农村居民 323.5 万人，得到政府五保救济的农村居民 31.9 万人。保障性住房建设稳步推进。全年新开工建设城镇保障性安居工程住房 31.95 万套（户），基本建成城镇保障性安居工程住房 9.78 万套。

（五）科教文卫扎实推进，各项社会事业取得新进展

科技教育实现新突破。全年自治区安排科学研究与技术开发计划项目 1577 项，资助经费 31700 万元。取得省部级以上登记科技成果 508 项。获科技部批准建设“亚热带农业生物资源保护与利用国家重点实验室”，实现了广西依托高校建设国家重点实验室零的突破。新建自治区级工程研究中心 13 家。全年专利申请量 8106 件，其中发明专利申请量 2757 件。全年授权专利 4401 件，其中授权发明专利 634 件。教育发展十项重点工程和教育体制十项改革试点深入实施。研究生和普通高等教育共招生 19.62 万人，新增博士学位授权学科点 13 个，实现了博士学位授权一级学科零的突破。

文化体育事业蓬勃发展。年末文化系统共有艺术表演团体 141 个，县级以上公共图书馆 108 个，文化馆 122 个，博物馆 64 个。有线广播电视用户 438.77 万户，有线数字电视用户 282.54 万户。年末广播节目综合人口覆盖率为 95.2%；电视节目综合人口覆盖率为 97.2%。全年生产电视剧 114 集。出版各类报纸 6.98 亿份，各类杂志 0.42 亿册，图书 2.5 亿册（张）。全年运动员在世界三大赛中获金银铜牌 18 枚，其中金牌 7 枚，银牌 9 枚，铜牌 2 枚。有 1 人创 1 项全国纪录。自治区第十二届运动会在钦州成功举办。

医疗卫生机构不断充实。年末共有医疗卫生机构 10367 个，比上年增加 26 个；卫生技术人员 20.36 万人，比上年增加 1.79 万人；床位 14.12 万张。全年甲乙丙类法定报告传染病 37.25 万例，报告发病率 809.36/10 万，报告死亡率 5.6/10 万。

生态环境进一步改善。全年完成造林面积 29.48 万公顷，森林覆盖率达 60.5%。已获批准的国家级生态示范区达到 23 个。建成自然保护区达到 78 个，其中国家级自然保护区 16 个。新增水土流失治理面积 1952.08 平方公里。在监测的 14 个城市中，有 13 个城市空气质量达到二级以上（含二级）标准。137 个水质监测断面中，Ⅰ－Ⅲ类水质断面比例占 67.9%，比上年提高 5 个百分点。初步核算，全年能源消费总量 8591 万吨标准煤，比上年增长 8.5%。万元地区生产总值能源消耗比上年下降 3.36%。规模以上万元工业增加值综合能源消耗比上年下降 6.1%。

（六）广西北部湾经济区建设加快推进，经济发展龙头地位日益明显

广西北部湾经济区（南宁、北海、钦州、防城港四市）全年生产总值 3862.33 亿元，比上年增长 15.9%，高于全区 3.6 个百分点，增幅同比加快 0.3 个百分点，占全区生产总值的比重为 33.0%。规模以上工业增加值增长 36.4%，高于全

区 15.6 个百分点；全社会固定资产投资 3655.36 亿元，增长 32.7%，比全区高 3.6 个百分点；进出口总额 113.11 亿美元，增长 47.2%，比全区高 15.7 个百分点；财政收入 588.55 亿元，增长 33.3%，比全区高 7.8 个百分点。有 5 个园区总产值超过百亿元，百亿元园区数量占全区总数近 1/4。北部湾港吞吐量达到 1.53 亿吨，完成集装箱吞吐量 73.8 万标箱。钦州保税港区全面开港运营，成为我国第五个海港整车进口口岸。西江经济带生产总值 6175.36 亿元，比上年增长 11.2%；桂西资源富集区生产总值 1666.15 亿元，增长 6.5%。

二、经济社会发展中存在的主要问题

2011 年，面对严峻复杂的挑战和各种困难，广西经济建设和社会发展势头良好，但制约因素仍然较多。

一是工业生产困难增多。一是电力供应紧张。受严重干旱、电煤货缺价高等因素影响，全区电力供应持续紧张，电量缺口最高时达到 40%，成为全国缺电最严重的省区之一。二是生产成本提高。一方面工业生产者购销价格持续高进低出，劳动力成本上升和企业贷款利率上浮，挤压了企业盈利空间。三是政策调整导致部分行业增速回落较大。受国家取消汽车购置税优惠和补贴政策、房地产市场调控、节能减排和市场等因素影响，钢材、电解铝、氧化铝、发动机和汽车等产品产量增速分别比上年回落 14.4、31.4、16.1、18.6 和 11.1 个百分点。

二是扩内需困难较多。“增投”压力增大。受资金和用地指标紧缺、项目审批难度加大、中央扩内需项目带动作用减弱、征地拆迁难等因素影响，全年全社会固定资产投资增速比上年回落 8.6 个百分点，其中房地产投资回落 23.8 个百分点。消费需求减缓。受部分促销政策退出影响，全年社会消费品零售总额增速同比回落 1.0 个百分点，其中汽车零售额增速回落 15.4 个百分点。受银行收紧按揭贷款、提高按揭利率、实施限购令等多重紧缩政策叠加冲击影响，商品房销售面积、销售额增速分别比上年回落 12.2 和 16.4 个百分点。

三是物价水平高且上涨面大。一是物价涨幅偏高。全年居民消费价格同比上涨 5.9%，增幅比上年高 2.9 个百分点，高出全国 0.5 个百分点。二是消费价格全面上涨且涨幅较大。八大类商品及服务价格全面上涨，有七大类涨幅高于上年，其中有五类涨幅高出 2 个百分点以上，食品类、家庭设备用品及维修服务类、烟酒及用品类、衣着类、医疗保健和个人用品类涨幅分别比上年提高 7.3、2.9、2.1、2.1、2.0 个百分点。

四是居民收入实际增速低于全国平均水平。全年城镇居民人均可支配收入扣除价格因素，实际增长 4.3%，不但比全国实际增速低 4.1 个百分点，也低于全区 GDP 增速 8.0 个百分点；收入仅相当于全国平均水平的 86.4%，与上年的 89.3% 相比下降 2.8 个百分点。全年农村居民人均纯收入扣除价格因素，实际增长 8.2%，比全国平均水平低 3.2 个百分点，低于全区 GDP 增速 4.1 个百分点；仅相当于全国平均水平的 75.0%，与上年的 76.8% 相比下降 1.8 个百分点。城乡居民收入比为 3.60:1，差距大于全国的 3.13:1。

三、对策建议

2012 年，国际国内经济形势复杂严峻，广西经济社会发展面临的环境依然十分复杂，不稳定、不确定因素增多，影响全区经济稳定增长的积极因素和不利因素并存。

从国际环境看，世界经济前景低迷，经济复苏乏力。欧洲主权债务危机仍在发酵，德国和法国两个核心国家受影响日益显现。美国失业率居高不下，消费需求疲弱。通货膨胀预期较高，贸易保护主义倾向和贸易摩擦加剧。新兴国家受通胀影响经济活力减弱，政策平衡难度较大。一些地区政治冲突，以及不可预见的风险、自然灾害也将影响全球经济恢复。

从国内环境看，2012 年我国经济工作总基调“稳中求进”，宏观经济政策更加注重针对性、灵活性、前瞻性，将有利于促进经济平稳较快发展。但影响我国经济稳定增长的风险还是不少，保持较快增长的难度增大；物价调控取得成效，但物价上涨的压力仍然存在；小微企业资金紧张，生产经营仍然困难；节能减排形势依然严峻；外部需求增长压力较大。

从区内看，2012年全区发展仍处于重要战略机遇期，发展具备很多有利条件：自治区第十次党代会提出“翻两番、跨两步、三提高”的奋斗目标，将激发全区各地掀起新一轮建设高潮；广西已成为我国对东盟开放合作的前沿和窗口，成为连接多区域的国际大通道、交流大桥梁、合作大平台，这将带动全区全方位对外开放；综合经济实力增强，为持续较快发展打下了坚实基础；近年来国家和自治区相继出台促进广西加快发展的一系列政策措施，政策效应持续发挥；近几年一批重大项目相继竣工投产，为经济加快发展提供新动力。同时，电力供需矛盾仍然较为突出，国家实行能源消费总量控制等政策将对工业生产不利；价格上涨压力较大；经济结构调整任务艰巨；节能减排压力增大；融资难、用地矛盾等困难仍然存在。总体上看，广西发展面临的机遇大于挑战，全区经济有望继续保持平稳较快发展的良好态势。为此建议：

1. 坚持产业优先发展，全面推动工业企业转型升级。加快发展14个千亿元产业，加快15个产业基地建设。加快发展10个战略性新兴产业，增加生物医药、新一代信息技术、新能源汽车、生物农业、先进装备制造、健康产业等6个产业，使我区战略性新兴产业达到10个。建立战略性新兴产业100强项目的动态管理和配套支持机制。提升产业园区发展水平，重点建设南宁、桂林、柳州3个国家级高新区以及27个产业园区。大力实施“抓大壮小扶微”工程。加大工业投入，加快传统优势产业升级改造，提高自主创新能力。深入实施千亿元产业重大科技攻关工程，推动工业化和信息化深度融合。

2. 切实保障和改善民生，提高城乡居民收入水平。实施新一轮扶贫开发攻坚战，全面推进国家扶贫开发工作重点县、贫困县和贫困村的扶贫开发工作。深入推进新一轮兴边富民行动，扶持人口较少民族改善生产生活条件。加强田间管理，努力抓好传统农业生产，稳定农民增收来源；加大农业投入，加强农业基础设施建设，夯实农民增收基础；大力发展林下经济、田间套种等因地制宜的特色农业，扩充农民增收渠道；加速农业产业化进程，提高农产品附加值，提高农民增收水平。大力发展实体经济和第三产业发展，增强劳动力的吸纳能力；千方百计扩大就业规模，鼓励自主创业，解决好新增劳动力的就业问题；着实调整收入分配，制定工资增长的联动机制；加快国民收入再分配的改革，加大社会保障的工作力度扩大社会保险覆盖面；切实抓好物价调控，确保收入实际增长。

3. 全力做好投资工作，积极推进投资结构优化。完善重大项目联合审批制度，推行并联审批。保障项目建设用地，提高土地集约使用率，切实做到和谐征地、文明拆迁。进一步扩大融资，加大信贷投放力度，推进企业在境内外上市融资，规范管理投融资平台，开辟多元化筹资渠道，加快小额贷款公司发展。加大招商引资力度，鼓励区外资金投向我区先进制造业、战略性新兴产业、现代农业和现代服务业。进一步激活民间投资，建立健全向民间资本推介项目的长效机制。

4. 积极扩大消费需求，加快发展现代服务业。积极扩大消费需求，拓展新兴服务消费，积极发展新型流通业态，坚决打击商业欺诈、制假售假行为。大力推动物流业发展，推进制造业与物流业联动发展。加强现代市场体系建设，继续推进“万村千乡市场工程”、新网工程和农贸市场升级改造。加快发展旅游业，推进桂林国家旅游综合改革试验区、北海涠洲岛旅游区、茅尾海国家海洋公园、中越国际旅游合作区、桂台（贺州）客家文化旅游合作示范区建设。加快发展信息、会展、中介等服务业。大力发展公益性文化事业，推出一批文化精品。加快发展文化产业，加快文化产业园区和基地建设，建设现代文化市场体系。

5. 切实稳定物价水平，保障群众基本生活。一是稳定市场供应。大力发展农业生产，切实抓好粮食和生猪生产，加强蔬菜基地建设，确保蔬菜种植面积保有量，保障主要副食品生产和供应。

进一步完善重要商品储备制度，增加大宗商品储备。加强监管，清理流通环节不合理收费，降低流通成本，整顿市场价格秩序，预防价格哄抬等行为。二是强化物价调控。审慎出台政府调定价项目，把握好调整的时机、力度和节奏。明确责任，认真落实市长价格调控目标责任制。加强落实部门联合调控的工作措施，贯彻落实好社会救助和保障标准与物价上涨挂钩联动机制，切实保障低收入群众生活，促进社会和谐稳定。

6. 加快构建“两区一带”发展新格局，促进区域协调发展。坚持北部湾经济区优先发展，推进北部湾经济区城际铁路、高速公路网建设，重点推进一批工业项目，大力发展海洋产业，建成钦州石化千亿元产业园，加快建设内陆“无水港”项目，建成一批码头和航道。加快推进西江经济带建设，深入实施桂东承接产业转移示范区发展规划，建设新兴加工制造业基地、现代农业示范基地和区域性航运物流中心。加快资源富集区发展。加快建设生态型铝产业示范基地，建设有色金属深加工、水资源开发和生态旅游基地，重点建设特色农业、锰业和物流基地。

7. 加强节能减排和生态保护，推进生态文明示范区建设。大力推进节能减排工作，健全节能减排约束激励机制和工作机制，严格控制“两高”和产能过剩项目，落实淘汰落后产能计划。加强农村环境和重金属污染综合治理，扎实推进农村环境连片整治示范项目，推进重金属重点防控区和次防控区项目建设，继续开展环保专项整治行动，健全环境应急响应机制。深入实施“绿满八桂”造林绿化工程，完成植树造林350万亩。完善防灾减灾体系，加强地质灾害综合防治。大力发展循环经济。

（撰稿人：邱祖强　广西壮族自治区统计局局长）

（广西防城港市委宣传部提供）

海南省经济社会发展报告

2011 年，海南省坚持以发展为主题，以转变经济发展方式为主线，全力推进国际旅游岛建设发展。全省经济在上年快速增长的基础上继续保持平稳较快增长，投资增势强劲，消费需求旺盛，经济效益提高，三次产业全面协调发展，社会事业进步，生态环境保持优良，城乡居民收入快速增长，民生明显改善。经济社会发展实现了“十二五”的良好开局。

一、2011 年海南经济运行情况

（一）整体经济在上年高增长的基础上实现平稳较快增长

2011 年，全省实现地区生产总值 2515.29 亿元，在上年增长 16% 的基础上又增长 12.0%。三次产业发展比较协调，产业结构调整取得了新的进展。三次产业增加值占 GDP 的比重分别为 26.2%、28.4%、45.4%，第二产业所占比重继续提高，三次产业对经济增长的贡献率分别为 13.5%、35.2%、51.3%。

2011 年，全口径公共财政收入 689.84 亿元，增长 30.5%，占地区生产总值的 27.4%。其中，地方公共财政收入 340.09 亿元，增长 25.5%；税收收入达 295.65 亿元，增长 24.7%，占地方公共财政收入的 86.9%。

（二）三次产业协调发展

1. 农业生产稳定增长。2011 年，海南省继续加大农机购置、良种、农资综合直补等惠农补贴力度；进一步提升农业基础设施支撑能力，土地综合整治新增耕地 1.14 万亩，除险加固病险水库 32 座，瓜果菜预冷库新增库容 5.18 万吨；千方百计减少年初长时间阴雨寡照天气和秋季连续两个强台风袭击造成的损失，保持了农业持续较快增长。全年完成农业增加值 659.15 亿元，比上年增长 6.2%。大力发展海水深水网箱养殖业，扶持发展深海捕捞业，全省 80 吨位以上大中型渔船增加到 1300 多艘，淡水养殖规模继续扩大，新增 0.67 万公顷，渔业发展方式转变取得新突破，渔业完成增加值 152.22 亿元，增长 7.0%。林业生产在橡胶增产的推动下较快发展，完成增加值 111.75 亿元，增长 7.0%。橡胶产量 37.23 万吨，增长 7.5%。种植业继续扩大冬季瓜菜和热带特色水果生产规模，完成增加值 261.72 亿元，增长 5.7%。蔬菜产量 469.06 万吨，增长 6.0%；水果产量 402.85 万吨，增长 7.4%。畜牧业在市场价格的拉动下，猪和鸡的规模化生产较快发展，完成增加值 118.28 亿元，增长 5.0%。肉类总产量 71.75 万吨，增长 4.8%。

2. 工业生产较快增长。海南省继续坚持走“大企业进入、大项目带动、高科技支撑”和集约发展、集中布局的新型工业化发展道路。在新增的 80 万吨甲醇、90 万吨文化纸、中航特玻两条 600 吨 / 日特种玻璃生产线、200 兆瓦多晶硅太阳能电池等一批产能的推动下，工业生产有较快发展，全省工业完成增加值 475.04 亿元，增长 13.4%。其中，规模以上工业增加值 437.94 亿元，增长 14.0%。工业对全省地区生产总值增长的贡献率为 20.8%。重化工业是海南工业的主导力量，也是 2011 年海南工业增长的主要推动力量。2011 年海南重化工业占规模以上工业增加值的 77.1%，比上年增长 15.2%，对工业经济增长的贡献率为 79.8%。石油加工、汽车、电力、水泥、化工、农产品加工、浆纸、医药是海南工业的八大支柱产业，分别占规模以上工业总产值的 35.9%、8.7%、7.8%、6.3%、6.3%、6.2%、5.7%、4.6%。在 25 种列入重点监测的主要工业产品产量中有 6 种增幅超过 15%，分别是精甲醇增长 1.3 倍、机制纸及纸板增长 1.2 倍、钢材增长 31.6%、人造板增长 24.3%、水泥增长 21.2%、铁矿石（原矿）

增长 18.4%。啤酒、塑料制品由于面临激烈的市场竞争，产量分别下降 37% 和 37.8%。石油加工和汽车产量只分别增长 6.8% 和 11.8%。

3. 服务业在交通运输业、金融业、批发零售业和住宿餐饮业的推动下加快发展。全年服务业完成增加值 1141.64 亿元，比上年增长 13.3%，拉动全省经济增长 6.2 个百分点。

4. 交通运输业快速发展。2011 年新辟 29 条国际国内空中航线、10 条海上航线以及海口至成都铁路客运线，海口美兰机场和三亚凤凰机场旅客吞吐量均突破 1000 万人，海南泛洋航运集装箱运力跃居全国第三，全年交通运输业完成增加值 122.14 亿元，比上年增长 22.1%，对服务业增长的贡献率为 17.8%。

5. 金融业进入快速健康发展新阶段。2011 年新增 5 家村镇银行、9 家小额贷款公司，农垦集团财务公司开业，7 家证券公司营业部投入运营，太平人寿、泰康人寿和中国人寿财险分支机构落户海南，海口农商行挂牌成立。全省金融业增加值 106.32 亿元，比上年增长 20.5%，对服务业增长的贡献率为 12.6%。

6. 房地产业在宏观调控和市场观望气氛较浓的情况下，仍有较好表现。2011 年，国家加大对房地产市场和金融市场的调控，购房者观望情绪较浓，在上年同期全省房屋销售面积较大的基础上，上半年房地产销售量明显不如预期。为确保房地产持续健康发展，各级政府继续加快保障性住房建设进度，各地房地产开发商继续加大商品房促销力度，下半年全省房屋销售量逐步回升，全年房屋销售面积 888.19 万平方米，比上年增长 3.9%，房屋销售额 790.44 亿元，比上年增长 5.9%；全年房地产业增加值 219.53 亿元，增长 5.0%。

7. 其他服务行业快速增长。全年住宿餐饮业完成增加值 84.59 亿元，比上年增长 16.4%；批发零售业完成增加值 254.46 亿元，比上年增长 10.4%。

（三）投资与消费需求强劲

1. 投资保持强劲增长。国际旅游岛上升为国家战略继续发挥后续效应、房地产开发投资继续加大，海南国际会展中心、80 万吨甲醇、90 万吨文化纸、中航特玻一期、200 兆瓦多晶硅太阳能电池、6 家按五星级标准建设的高档酒店等一批项目竣工投产或开业运营，昌江核电、海口至屯昌高速公路、汉能 250 兆瓦薄膜太阳能电池、中海油精细化工等一批项目加快建设，红岭水利枢纽、中石化成品油保税库、陵水海洋主题公园等一批项目开工建设，全省固定资产投资实现快速增长。2011 年，全省固定资产投资总额（不含农户）1611.41 亿元，比上年增长 36.2%；城镇固定资产投资额 1581.71 亿元，增长 35.8%，其中房地产开发投资 663.05 亿元，增长 41.7%；全年在建项目 2070 个，增长 6.1%，其中新开工项目 801 个。从行业看，制造业投资增长 54.9%、住宿餐饮业增长 54.1%、批发零售业增长 38.0%、信息传输、计算机服务和软件业增长 78.3%。

2. 消费需求持续高速增长。2011 年，消费品市场保持高增长势头，全年社会消费品零售总额 759.5 亿元，比上年增长 18.8%；其中餐饮收入 110.45 亿元，增长 23.2%，商品零售 630.68 亿元，增长 18.1%。外国游客离境退税、国人离岛免税政策实施，海南省免税品有限公司获批免税品特许经营权，促成海南省免税品形成新的消费亮点，限额以上批发零售企业化妆品、日用品、金银珠宝等系列商品销售额分别增长 1.9 倍、1.1 倍、74.1%；家电下乡、摩托车下乡、家电以旧换新和各类特色美食文化节等惠民惠商活动带动岛内消费；通过改造农贸市场、深化海南农产品现代流通建设，保障了消费品流通渠道的畅通；26 国团队游客免签政策、开辟邮轮旅游航线以及观澜湖高尔夫世界杯赛和森林旅游博览会、体育旅游博览会、欢乐节等节庆会展活动共同带旺海南省旅游市场发展，全年接待旅游过夜人数 3001.34 万人次，比上年增长 16.0%，旅游收入 324.04 亿元，增长 25.8%。

（四）城乡居民收入大幅度增加，保障和改善民生取得明显成效

1. 城镇居民收入快速增长。2011 年，海南

省部分市县提高了教师绩效工资标准，在政策性增资因素推动下，城镇居民工资性收入快速增长；城镇个体和私营经济的较快发展使城镇家庭经营净收入明显增加；提高养老金和离退休金标准、向困难群体发放物价联动补贴带动了转移性收入较快增长。在各方面增收因素的共同影响下，海南省城镇居民全年人均可支配收入达18369元，比上年增长17.9%，创1996年以来的增速新高，扣除价格上涨因素，实际增长11.8%。

2. *农村居民收入大幅增长*。2011年，海南省继续推进中部农民三年增收计划，启动东西部农民养猪增收工作；落实了16.8亿元惠农补贴，新农合、义务教育、养老保险等保障制度全面覆盖并提高标准；农民务工人数稳步增加，务工收入持续快速增长；瓜菜、水果、生猪、橡胶和海水产品增产和价格较快上涨，使家庭经营收入大幅增长。全省农民收入持续快速增长，农村居民全年人均纯收入达6446元，比上年增长22.2%，创1995年以来的最高增速，扣除价格上涨因素，实际增长13.4%。其中工资性收入、转移性收入和财产性收入三项收入增长明显，分别增长58.8%、40.1%和25.9%。

3. *保障和改善民生取得明显成效*。2011年，全省公共财政用于民生的支出546.95亿元，比上年增长33.5%，占地方公共财政支出的70.2%，新增财力的60.5%投向了民生领域。保障性住房建设进展顺利。全省全年开工建设城镇保障性住房11.22万套，占年度计划的121.2%，其中竣工4.85万套；改造普通农村危房3.27万户，占年度计划的109.2%；改造水库移民危房0.87万户，改造国有林场危房0.19万户。全省城镇新增就业人数9.5万人，继续保持零就业家庭动态清零，城镇登记失业率1.73%。社会保障稳步推进。2011年，企业退休人员月人均养老金提高198元，增幅为历年之最。新农保、城镇居民养老保险实现全覆盖，分别比国家要求提前2年和1年。“老工伤”全面纳入工伤保险统筹管理。落实物价联动补贴政策，为各类困难群体和大中专学生发放物价补贴1.8亿元，惠及345.5万人次。免除6.4万人次涉农专业和家庭经济困难中职学生学费。建设公办乡镇中心幼儿园60所，占乡镇总数的29.4%，建成并交付使用的思源学校4所，新增优质学位6900个。加快省专科医院建设，解放军301医院海南分院建成试运营。慈善惠民医疗救助贫困住院病人近7000人次。新增农村敬老院床位2280张。为4528艘渔船安装了北斗卫星导航系统。

（五）县域经济发展呈现新的活力

西部地区工业布局优势显现，依靠工业经济的支撑力量，西部地区在全省经济增长中发挥了重要的带动作用。西部地区生产总值增长14.3%、规模以上工业增加值增长14.6%，分别高出全省平均水平2.3个和0.6个百分点，对全省的贡献率分别为37.1%和67.3%。全省经济增长速度最快的前三个市县均位于西部，分别是澄迈县生产总值增长22.6%、昌江县增长17.0%和东方市增长16.6%。东部地区服务业发展呈现新的亮点，购物免税、邮轮、游艇等新兴业态活力显现。东部地区服务业增加值增长12.4%、社会消费品零售总额增长19.5%，对全省的贡献率分别达到69.9%和82.0%。中部地区继续加快发展，延续发挥国际旅游岛建设政策落地所带来的投资高速增长效应，固定资产投资总额增长72.9%，分别高于西部地区和东部地区27.0个和42.2个百分点。

2011年海南省经济运行中存在的突出问题有三：

一是地区生产总值的增长没有实现预期目标。2011年，就国内外的经济运行环境来看，是极为复杂的一年。美国经济复苏缓慢，欧债危机不断扩散，国外需求明显减弱。国内为了防通胀和调控房地产价格，中央采取了一系列宏观调控政策。海南由于产业结构中房地产业的比重相对较大，在普通商品房销售明显减缓的情况下，对实现当年地区生产总值增长目标产生了较大影响。地区生产总值在上年增长16%的基础上增长12%，比年初确定的预期增长目标低1个百分点，没有实现年初确定的增长目标。

二是居民消费价格水平超过预期调控目标。

在全国物价持续上涨的大背景下，海南省居民消费价格自2010年下半年以来也跟随上涨，在这轮居民消费价格75%以上是受食品类价格上涨推动，以及海南省恩格尔系数较高的背景下，2011年上半年海南省居民消费价格上涨幅度一直处于高位，超过了年初确定的控制在4.5%以内的预期目标。为控制物价过快上涨，省委省政府果断决策，坚决落实“菜篮子”市县长负责制、扶持生猪生产、实施农超对接、建立平价商店、完善物价补贴联动机制等综合调控政策，8月份以后物价涨幅呈现明显回落，全年居民消费价格上涨6.1%，超出预期目标1.6个百分点，其中后5个月平均涨幅已回落到5.2%。

三是节能减排的压力较大。2011年，海南省万元地区生产总值能耗不降反升，主要受两个结构性因素的影响。一是能耗低的第三产业发展相对不足，特别是占GDP近10%的房地产业受宏观调控政策的影响发展低迷，对做大分母影响较大。二是经济发展受高耗能行业增长拉动影响较大，80万吨甲醇、90万吨造纸、水泥扩能等新增工业项目都属于高耗能行业，这些企业耗能量占全年工业新增耗能量的80%；第三产业中增长最快的是服务业中能耗最高的交通运输业，交通运输业对推动全年能耗上升的贡献率超过10%。

二、2012年经济发展展望

2012年是推进海南国际旅游岛建设发展和实施“十二五”规划承上启下的一年，总的来看，海南省经济发展在更加复杂的国内外环境下，既是机遇，也是挑战，机遇大于挑战。

从机遇看：即将召开的党的十八大将为全国和海南经济的发展提供良好的政治环境，中央经济工作会议把稳增长放到更加突出的位置，将扩大内需作为着力点，将为海南省经济发展提供更多机遇；海南国际旅游岛建设政策效应将进一步释放，购物免税店、即开型和竞猜型彩票、文化娱乐、会展、软件等新经济业态有助于服务业加快发展；省委、省政府把2012年确定为“项目建设年”将加快固定资产投资经济发展。从挑战看，国内外经济环境更趋复杂多变，国际市场需求持续低迷，世界政治经济发展中的不稳定因素依然存在；海南省自身发展中存在着产业结构单一、物价上涨压力较大、节能减排任务较重等问题。尽管2012年不确定因素较多，但只要全面发挥好积极因素的作用，同时对不利因素和多种困难做好客观认识和充分准备，预期全年经济能够实现平稳较快增长。

分行业看：农业方面，水库蓄水量充足，农产品订单明显增加，去冬今春气候相对较好，加上200万头生猪肉联加工等重点项目投产的带动，预期2012年农业会保持平稳增长。工业方面，新增210万吨PTA、100万吨PET、400万吨水泥、250兆瓦薄膜太阳能、中航特玻三、四号线等一批大型工业项目加上现有工业企业的正常增长，预期全年工业可实现较快增长。建筑业方面。省政府提出2012年为“项目建设年”，预期固定资产投资仍将持续强劲增长势头，带动建筑业快速增长。服务业方面，海口农商行已挂牌成立，阳光保险、招商、中信等一批金融机构有望2012年进驻，可为金融业注入新的增长点，预期金融业增加值将保持快速增长；海口免税店新开业，新经济业态的发展壮大将成为新亮点，批发零售业预期保持平稳较快增长。综合考虑各行业发展前景，服务业全年预期实现平稳较快增长。

三、做好全年经济工作的对策建议

1. 继续推进产业结构调整，加快转变经济发展方式。在产业结构调整中逐步解决工业增产能力不足、服务业过于依赖房地产等产业结构较为单一的问题，通过转变经济发展方式加快海南省经济发展。

一是重点抓好工业生产。工业生产仍然是2012年海南省经济增长的重要支撑力量，加快培育高新技术工业产业，提高工业对经济增长的贡献程度。推动210万吨精对苯二甲酸、100万吨多功能片材、中海油精细化工一期、250兆瓦薄膜太阳能电池等一批大型现代工业项目尽早投产，形成新的工业产能；进一步发展壮大现有工业产能，保证大型骨干工业企业的稳定生产。发挥政府职能部门的市场引导功能，积极引导效益好的企业加大生产、扩大市场，帮助有困难的企业拓宽销售渠道、合理安排生产。二是大力推动房地产业转型升级，继续加大保障性住房建设力度。房地产业仍然是海南省当前经济中的重要部分，要抓住房地产市场调控契机，加快房地产业的转型和升级，扩大海南房地产品牌效应，促进海南省房地产业健康发展。同时继续加大保障性住房的建设力度，多渠道增加保障性住房资金投入，加快保障性住房的开工、建设、完工与销售进度，确保各类保障性住房按时、按量交付、分配与入住。三是加快国际旅游岛建设各项政策的落地，进一步壮大服务业。服务业是海南省的支柱产业，要进一步壮大服务业，通过加快国际旅游岛建设各项政策的落地，巩固并扩大服务业对海南省经济增长的推动作用。加快全省各地旅游开发建设，改善旅游环境，提升海南旅游品牌价值；加快发展森林旅游、邮轮旅游、医疗健身旅游、民俗风情等特色旅游产品，扩大游客人次、带动旅游消费，进一步繁荣旅游市场。完善免税购物环境和服务功能，全面宣传、充分利用免税政策，形成强劲消费动力，拉动全省商业增长。科学规划并加快发展会展业、现代物流、金融保险和证券业、文化产业等现代服务业，提升海南省现代服务业水平，促进服务业整体快速发展。

2. 加大并加快投资的力度和进度。全面落实、抓好“项目建设年”工作，切实发挥有效投资拉动经济增长的主导力量。职能部门和各级政府要继续按照建成投产一批、加快建设一批、争取开工一批、前期准备一批的要求，加大对重点建设项目的督察力度，进一步做好跟踪服务。跟踪督促竣工项目按时完工投产，形成新的生产能力，发挥经济效益；跟踪督促在建项目及时排除影响工程进度的各种因素，抢工期、赶进度；跟踪督促获批项目尽早开工；跟踪督促前期项目的谋划，争取国家支持、尽早获批。

3. 坚决做好2012年的节能降耗工作。加大重点领域节能力度；强化节能减排保障机制，严格实施考核；继续加大各行业落后产能的淘汰力度；加快推进老城、洋浦、昌江、东方等工业开发区的循环经济发展进程；完善财政、价格、税收、金融等政策，发挥经济杠杆的引导作用；加大全社会的节能宣传，引导群众树立低碳生活理念。

4. 继续强化调控，进一步稳定物价。2011年下半年以来，海南省各项物价调控政策和措施取得较好效果，2012年仍要继续强化调控，进一步稳定物价。继续加大农业投入力度，严格落实“菜篮子”工程市县长负责制，扶持基本农作物、畜牧业和水产业的生产；发挥政府部门市场调节功能，扩大平价商店建设和农超对接，保障肉、禽、蛋、蔬菜等重要商品价格稳定；加强部门监管力度，确保市场稳定；继续完善和适时实施物价补贴联动机制。

（撰稿人：符国瑄　海南省统计局局长）

重庆市经济社会发展报告

2011年，面对复杂多变的国际形势和国内经济运行出现的新情况、新问题，市委、市政府审时度势、科学决策，坚持走民生导向、共同富裕发展之路，以改革开放为动力，民生幸福为追求，大力推进“五个重庆”、内陆开放高地和两江新区建设，全面实施“民生十条”、“共富十二条”，推城乡统筹，促缩差共富，加快城镇化、工业化和城乡统筹一体化进程，经济发展活力不断增强，各项经济指标全面向好，继续保持快速增长势头，实现了“十二五”良好开局。

一、民生动力助经济快速增长，跻身“万亿俱乐部”

数据显示，2011年重庆实现地区生产总值10011.13亿元，比上年增长16.4%，增速较全国平均水平高7.2个百分点，排位跃升至全国第1。从历史发展进程看，2011年重庆经济增长远超直辖以来12.2%的年均增幅和发展态势较好的“十一五”时期14.9%的平均增速，继续保持在15%以上高位区间运行，快增向好态势显著。

“十二五”开局之年，国内外经济形势复杂严峻，新情况、新问题、新矛盾层出不穷，经济发展的不确定和不稳定因素不断增加，物价上涨、流动性紧张、电油等生产要素趋紧、支柱产业市场前景微妙、中小企业经营困难加剧等对重庆经济保持较快增长形成巨大压力。面对错综复杂的形势，市委、市政府的审时度势、科学决策，“调结构”促发展、“保要素”促增长、“惠民生”促实效，增强各项政策举措的灵活性、前瞻性和有效性，加强资金调度和煤电油运等要素保障，打造“五低”商务环境，重庆经济增长的内生动力不断加强、发展态势持续向好。分季度看，第一季度增长16.3%，上半年增长16.5%，前三季度增长16.5%；分产业看，全年规模以上工业增加值增长22.7%，高出全国平均水平8.8个百分点，始终保持在平稳较快增长区间，排名稳居全国第一，成绩来之不易。值得一提的是，“五个重庆”、“民生十条”等重大民生工程支撑下的投资、消费双双保持高位运行，成为支撑经济快速增长的核心动力。一方面，2011年重庆全社会固定资产投资总额达7472.6亿元，比上年增长30.0%，其中，涉及民生的政府主导类项目投资额达1450.00亿元。另一方面，随着商圈建设提档升级和改善民生措施得力，重庆消费品市场平稳快速发展，2011年全年实现社会消费品零售总额3487.80亿元，比上年增长18.7%，民生导向，投资、消费“双轮驱动”，持续为经济发展提供强有力支撑，成为重庆跻身GDP“万亿俱乐部”的关键所在。

二、注重经济发展质量的进一步提升，取得显著实效

数据显示，2011年重庆城市居民消费价格比上年上涨5.3%，比全国平均涨幅低0.1个百分点；城镇新增就业人员55.00万人，比上年增长74.5%；全年各类市场主体113万户，比上年增长23.1%；城镇居民家庭人均可支配收入20249.70元，增长15.5%，农村居民人均纯收入6480.41元，比上年增长22.8%。与经济发展质量紧密相关的各项指标全面向好。

一年来，市委、市府始终将经济发展数量、质量同步提升放到重要位置，以民生为本，在经济保持较快增长的同时，就业岗位、城乡居民收入等同步较快提高。一是竭力控制物价攀升。面对全国范围的物价上涨，市委市府切实采取了一系列发展生产、增加供应、搞活流通、强化监管、保障民生的政策措施，居民消费价格总水平过快上涨势头得到初步遏制，价格总水平由3月的

105.5 逐步回落至 12 月的 104.9。经济增长名列全国前茅的同时，物价则长期处于中下游水平。二是以“3+1”模式助推微型企业发展为标志，壮大各类市场经济主体，创造就业岗位，为经济增长切实提供最重要、最本质的支撑动力。2011 年重庆各类市场主体增幅列全国第一位。三是出台进一步促进就业的政策举措，全年新增就业人员增幅超 70%，其中新发展微型企业 4.05 万户，解决就业 31.65 万人，成为经济发展质量大幅提升的又一标志。四是改善民生，切实提高城乡居民收入，让民众充分分享经济发展的成果。2011 年城乡居民收入增幅分别超 15% 和 20%，城镇居民人均可支配收入迈入“2 万元俱乐部”。重视经济发展质量提升的各项举措，取得明显实效。

三、农业生产继续保持平稳发展态势，市场供给充足

数据显示，全年粮食总产量 1126.90 万吨；油料总产量 46.51 万吨，增长 4.6%；蔬菜总产量 1407.97 万吨，增长 7.5%；肉类总产量 196.28 万吨（初步统计数），增长 2.0%。农业生产总体呈现平稳发展态势。

2011 年农业生产呈现以下三个特点：一是果断采取抗旱措施，力保粮食总产量维持在 1100 万吨的生产水平，粮食生产结构进一步改善；二是大力推动蔬菜基地建设，保证生产，全年蔬菜总产量增幅超 7%，为确保市民“菜篮子”供应奠定坚实基础；三是肉类总产量增长达 2.0%，高出全国平均水平 1.6 个百分点，为保供给、稳物价提供了坚强后盾。市委、市府高度重视农业生产和改善民生，一系列行之有效的措施对农业平稳发展形成有利支撑。

四、产业结构调整成效突出，经济效益稳步攀升

数据显示，2011 年工业增加值占全市地区生产总值的 46.9%，占比继续提升，金融业增加值 704.66 亿元，占全市生产总值的 7.0%。工业继续快速发展壮大，金融业成为名符其实的支柱产业，一系列调结构、保增长举措取得成效。

一方面，近两年重庆完成了以惠普、宏碁、华硕、思科等品牌商为龙头的“5+6+400”产业集群构建。2011 年，通信设备、计算机及其他电子设备制造业实现产值 827.92 亿元，同比增长 2.7 倍，增速远超历年水平，拉动规上工业总产值增长 6.9 个百分点。全年生产笔记本电脑 2407.39 万台，增长 25.4 倍，全球最大的笔记本电脑生产基地加速成型。专用设备、黑色及有色金属冶炼压延加工、电气机械等行业增势强劲，增幅远高于全国同行业。重庆工业结构已从传统的汽摩产业一枝独秀，转型为电子信息、汽车装备制造和传统优势工业三大板块齐头并进的格局。与此同时，工业经济效益随之稳步攀升，2011 年全市规模以上企业实现利润总额 558.42 亿元，同比增长 28.1%，高于全国 2.7 个百分点，亏损面仅为 8.2%，全市工业经效指数再创新高达到 257.7，比上年提高 27.3 个百分点。

另一方面，随着银行、证券、保险类金融机构加速集聚，离岸金融结算取得新进展，惠普亚太结算中心运行顺利，宏碁、华硕第二营运总部和贝宝、阿里巴巴结算平台落户重庆。截止 12 月末，全市新增银行 12 家，银行总数西部第一，跨境人民币结算增长 6.9 倍，金融业增加值占全市生产总值的 7.0%，长江上游金融中心初具雏形。

五、开放进程持续加快，“走出去、引进来”双向发力

数据显示，2011 年重庆货物进出口总额 292.18 亿美元，比上年增长 1.4 倍。其中，出口 198.38 亿美元，增长 1.6 倍；进口 93.80 亿美元，增长 89.9%。外商投资实际到位 105.29 亿美元，增长 66.0%，全市实际对外投资额为 5.46 亿美元。重庆对外开放度持续提升，实现“走出去、引进来”的双向发力。

2011 年，重庆大力推进国际贸易大通道建设，实现了渝新欧国际货运班列常态化开行和多国海关“一卡通”，开通了渝沪江海航运、深渝铁海

航运，新增了 9 条国际航空货运航线，标志着重庆内陆开放高地基本形成。投资环境、贸易通道的完善，一方面促动了“引进来”步伐的加快，2011 年全市实际利用外资突破百亿美元，同比增长超 66%，利用外资规模占到全国的 1/15，中西部总和的 1/4。截至 2011 年底，入驻重庆的世界 500 强企业已突破 200 家，总量居中西部第一，全方位、宽领域、多渠道利用外资格局已经形成。另一方面，进一步促动开放型经济延续高增长良好势头，2011 年重庆进出口、出口增速均居全国第 1 位，分别高出全国水平 112.6、144.6 个百分点。全年进出口增速始终保持在 70% 以上高位，8 月起实现翻番，创下了连续 6 个月全国第一的佳绩。加工贸易迅猛发展、笔电出口强力带动是全市对外贸易高速发展的有力支撑。在大力发展“内陆型加工贸易”的推动下，加工贸易方式实现出口 61.67 亿美元，增长 4.1 倍，占比超过 3 成，比上年提高 15.1 个百分点。笔记本电脑成为重庆出口新名片，改变了重庆出口仅以汽摩产品知名的形象。

六、民生得以进一步改善，各项社会事业快速发展

数据显示，2011 年重庆主城区完成危旧房改造拆迁面积 106.04 万平方米，农村危旧房改造 12 万户，巴渝新居建设 5.2 万户。主城区公租房竣工面积 484 万平方米。城镇居民人均住房建筑面积 31.77 平方米，比上年增加 0.08 平方米。医院、卫生院床位 10.71 万张，卫生技术人员 12.02 万人。学龄儿童入学率达 99.96%，普通初中入学率 99.2%。全市文化馆 41 个，艺术表演团体 282 个。参加城镇企业职工基本养老保险人数上年增长 11.1%；参加城镇职工基本医疗保险人数增长 12.9%。民生改善为导向、改善民生为重点，重庆各项社会事业得以快速发展。

2011 年，市委、市府始终将“民生导向、缩差共富”作为经济社会发展的首要目标和落脚点，以民众参与、民众受益、民众满意为宗旨，促动改善民生。一是统筹城乡取得明显实效，“圈翼”人均 GDP 之比由上年 2.21：1 缩小到 2.16：1。城乡居民收入比由上年 3.32 ：1 缩小到 3.12：1。二是以市委三届第七至第十次全委会相关决议为核心，构筑民众受益的战略基石。相继开展的户籍制度改革、公租房建设、房产税改革、微型企业发展、农村产权改革、关爱留守儿童行动等创新举措，为改善民生奠定坚实基础。三是继续加大民生投入，2011 年全市财政民生支出提高到 1418 亿元，占一般预算支出比重为 55.1%，全市一般预算 50% 以上用于民生的财政投入机制得以稳固，多渠道的民生投入格局逐步形成，基于此，教育、社保、就业、医疗、住房、环保、公共安全等事关群众切身利益的惠民政策更趋完善。

总之，面对复杂多变的国内外经济形势，2011 年，重庆经济和社会发展取得了举世瞩目的成就，“十二五”规划实现了良好开局，是开拓、创新、奋进的一年。2012 年，重庆将紧紧围绕“314”总体部署和国务院 3 号文件精神，坚决贯彻落实中央各项方针政策，以科学发展为主题，继续推动民生导向、创新发展、缩差共富的重庆实践，进一步加快改革开放步伐，实现地区经济平稳较快增长及民生、各项社会事业的稳步推进。

（撰稿人：蓝庆华　重庆市统计局局长）

四川省经济社会发展报告

2011年，面对复杂严峻的国内外经济形势，四川省委、省政府带领全省人民，坚持科学发展主题和加快转变经济发展方式主线，牢牢把握“高位求进、加快发展”的工作基调，加快推进灾后恢复重建和灾区发展振兴，着力增强“投资拉动、产业支撑”，四川经济保持平稳持续较快增长，实现了“十二五”良好开局。

一、2011年四川经济运行的基本态势

2011年，四川农业和农村经济稳定发展，工业保持较快增长，投资和消费需求继续扩大，财政增收步伐加快，城乡居民收入水平明显提高，经济运行呈现出“总量翻番、增速较快、结构调整、质量提高”的良好态势。全年地区生产总值（GDP）突破2万亿元，达到21026.7亿元，比上年增长15.0%，经济总量实现了四年翻番。其中，第一产业增加值2983.5亿元，增长4.5%；第二产业增加值11027.9亿元，增长20.7%；第三产业增加值7015.3亿元，增长10.9%。

表1　2011年四川主要经济指标

指　标	绝对值	增速（%）
地区生产总值（亿元）	21026.7	15.0
规模以上工业增加值（亿元）	—	22.3
全社会固定资产投资（亿元）	14239.8	17.7
社会消费品零售总额（亿元）	8044.6	18.1
地方公共财政收入（亿元）	2044.4	30.9
城镇居民人均可支配收入（元）	17899	15.8
农民人均纯收入（元）	6128.6	20.5
居民消费价格指数（%）	105.3	5.3
工业生产者出厂价格指数（%）	107.3	7.3
城乡居民储蓄存款余额（亿元）	16147.3	18.8
进出口总额（亿美元）	477.8	46.2

（一）经济总量四年翻番，增长速度持续较快，经济结构调整优化，经济实力跃上新台阶

从总量看，全省GDP总量超过2万亿，达到21026.7亿元，继2007年突破万亿元大关以后，仅用4年时间实现了总量翻番，经济规模跃上一个新的台阶，在西部地区的优势地位进一步巩固。

从增速看，在坚持推进“两个加快”的过程中，四川经济已进入加快发展通道，2011年经济增长15.0%，比全国平均水平高5.8个百分点，增速在全国前10位万亿元经济大省中位居第1位，经济增长速度领跑经济大省。

从结构看，三次产业结构由2010年的14.4:50.5:35.1调整为2011年的14.2:52.4:33.4，第一产业比重下降0.2个百分点，第二产业比重提高1.9个百分点。大力实施工业强省战略，2011年工业化率达到45.1%，比2010年提升了1.9个百分点。

（二）一、三产业稳定增长，工业增长较快，产业支撑作用不断增强

农业方面：初步统计，全年实现农林牧渔业总产值4932.7亿元，增长4.5%；农林牧渔业增

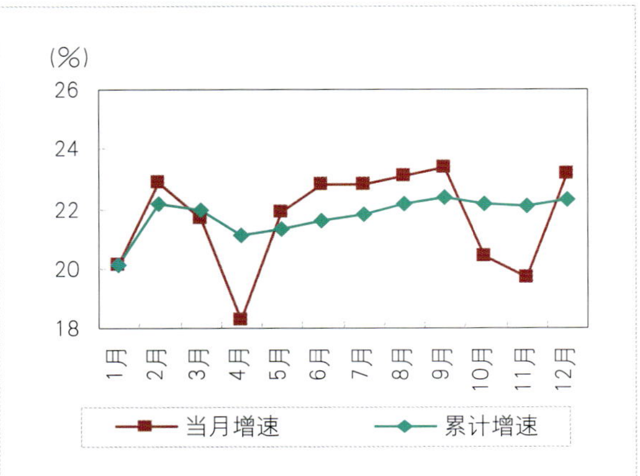

图1　2011年月度规模以上工业增加值增长速度

加值增速比上年提高0.1个百分点。粮、油产量实现五连增，粮食总产量比上年增产2.1%；油料产量278.0万吨，增长3.5%。畜牧业生产总体保持平稳增长。

工业方面：受新增企业拉动和支柱产业支撑等因素的影响，规模以上工业保持持续较快增长。全年规模以上工业增加值比上年增长22.3%，增速比全国平均水平高8.4个百分点，居31个省（市、区）第2位。

一是新建企业拉动作用明显。全年新建投产规上工业企业855户，实现产值1786.6亿元，拉动全省规模以上工业总产值增长8.2个百分点。新建企业户均工业总产值2.1亿元，比上年提高1.2亿元。

二是重点支柱产业支撑有力。全省规模以上工业39个大类行业均实现增长，其中8个行业增幅超过30%。饮料制造业、非金属矿物制品业、农副食品加工业等全省十大重点支柱产业增加值比重达到60.6%。其中，受富士康等龙头企业投产带动，通信设备、计算机及其他电子设备制造业快速增长，增加值增长65.3%，增速比上年提高22.9个百分点；占全省规模以上工业增加值的比重为6.4%，比上年提高2.6个百分点。

三是主要产品产量增势良好。全省重点监测的130种主要工业产品有100种增长，增长面为76.9%。在主要产品中，洗煤产量增长27.2%、汽油增长48.2%、发电量增长15.4%、磷矿石增长100.2%、化学农药增长34.0%、白酒增长37.9%、汽车增长36.1%。产品销售情况较好，产销率达到97.7%。

四是出口交货值高速增长。规模以上工业企业实现出口交货值突破千亿元，达到1484.9亿元，比上年增长79.1%，增幅比上年提高18.5个百分点。其中，通信设备、计算机及其他电子设备制造业实现出口交货值939.5亿元，位居榜首。出口交货值超10亿元的企业达17户，其中鸿富锦和英特尔公司出口交货值超过300亿元。

第三产业：在服务业发展相关政策措施的推动下，全省服务业保持平稳较快发展态势，全年实现服务业增加值7015.3亿元，比上年增长10.9%，增速比上年提升0.7个百分点。其中，实现旅游总收入2449.1亿元，增长29.9%；营利性服务业增加值增长16.7%、住宿和餐饮业增加值增长12.4%，批发和零售业增加值增长11.6%。

（三）投资、消费需求稳步增长，对外贸易增长较快，需求拉动作用较强

投资方面：三年灾后重建胜利完成，全省投资重点逐步转向以产业投资为主，投资总量再创新高。2011年全社会固定资产投资14239.8亿元，实现了三年翻番；比上年增长17.7%，增速比上年高4.7个百分点。主要特征：

一是产业投资拉动作用明显。第三产业投资明显扩大，实现投资8460.9亿元，增长21.1%，对全省投资增长的贡献率达到70%，拉动投资增长11.9个百分点。“7+3”优势产业投资4456.5亿元，增长15.5%，比全年工业投资增速快1.1个百分点。其中，电子信息业投资增长38.3%；装备制造业投资增长27%；饮料食品业投资增长22.6%。

二是民营企业投资有效扩大。全年民营企业投资7809.7亿元，增长26.4%，比全社会固定资产投资增速快8.7个百分点，比国有经济控股企业固定资产投资增速快19个百分点。民营企业投资占固定资产投资比重比上年提高4个百分点。

三是新开工项目数量与规模均有所扩大。各地加大项目开工推进力度，新开工项目数量从年初的大幅下降逐步恢复到全年正增长。全年全省累计新开工项目15482个（不含房地产），比上年增长6.2%，新开工项目投资总规模达10018.3亿元，比上年增长3.6%。

市场方面：受城乡居民增收步伐加快和促进消费政策持续作用等诸多有利因素影响，消费品市场保持稳定较快增长，全年实现社会消费品零售总额8044.6亿元，比上年增长18.1%，增速比全国平均水平高1个百分点。

一是城乡市场全面发展。城镇实现零售额6288.4亿元，增长18.2%；乡村实现零售额

1549.0 亿元，增长 17.6%，城镇快于乡村 0.6 个百分点。

二是商品零售支撑作用增强。全省实现商品零售额 6658.8 亿元，比上年增长 17.9%，拉动消费品市场增长 15.3 个百分点，对社会消费品零售总额增长的贡献率达到 84.2%，比上年提高 2.1 个百分点。

三是餐饮收入增速加快。旅游业发展和商务会展活动增多，带动了住宿餐饮行业的快速发展。全省实现餐饮收入 1178.6 亿元，增长 19.3%，比社会消费品零售总额增速快 1.2 个百分点。

对外贸易：全年外贸进出口总额 477.8 亿美元，增长 46.2%，增速比上年提高 10.6 个百分点。其中，出口 290.4 亿美元，增长 54.2%，增速比上年提高 21.2 个百分点；进口 189.4 亿美元，增长 35.3%。

（四）财政收入和工业利润增长较快，居民增收步伐加快，经济运行质量稳步提高

财政收入跃上新台阶。全省地方公共财政收入突破 2000 亿元，达到 2044.4 亿元，比上年增长 30.9%。工业利润保持较快增长。规模以上工业企业盈亏相抵后实现净利润 1961.3 亿元，增长 42.6%，饮料制造业、化学原料及化学制品制造业、非金属矿物制品业等 7 个行业利润均超过百亿元。

受就业形势趋好、劳动力价格上涨等因素的影响，城乡居民增收步伐加快。2011 年，全省城镇居民人均可支配收入 17899 元，比上年增长 15.8%，增速比上年提高 4.1 个百分点，比全国平均水平高 1.7 个百分点；农民人均纯收入 6128.6 元，比上年增长 20.5%，增速比上年提高 5.4 个百分点，比全国平均水平高 2.6 个百分点。

（五）就业形势趋好，物价涨幅高位运行，金融存贷增速放缓，经济运行环境稳定

2011 年，省委、省政府继续坚持把改善民生摆到更加突出的地位，各项促进就业的政策措施得到认真落实。年末全省城乡就业人员达 4785.5 万人，比上年末增加 13 万人；就业结构不断优化，城乡就业结构由上年的 29:71 调整为 29.6:70.4，三次产业就业比重由上年的 43.7:24.9:31.4 调整为 42.7:25.3:32.0；城镇登记失业人员 36.9 万人，城镇登记失业率 4.2%；全省大学毕业生就业签约率达 86.2%，比上年提高 0.5 个百分点。

随着翘尾因素明显减弱、食品价格涨幅回落以及宏观调控政策作用等因素影响，居民消费价格涨幅从年初最高点的 6.2% 逐步回落，呈现出前高、中稳、后低的运行态势，全年居民消费价格总水平同比上涨 5.3%，比全国平均水平低 0.1 个百分点。其中，八大类商品及服务项目“七涨一平”，涨幅最大的食品类 12.0%，对 CPI 的影响约占 70%。在 262 个基本调查分类中，上涨的有 192 个，涨价面超过 70%。

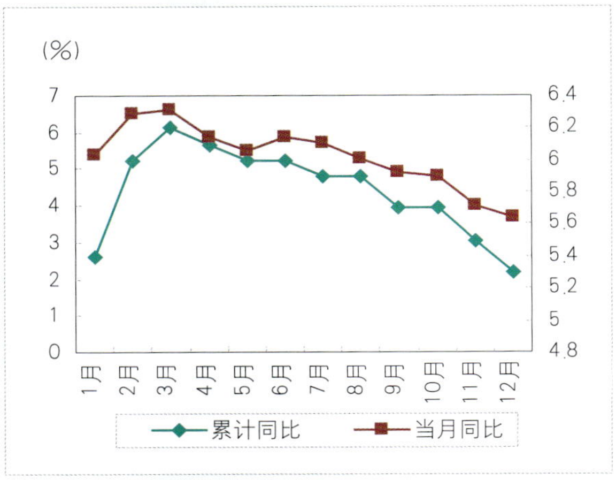

图 2　2011 年月度居民消费价格上涨情况

表 2　居民消费价格指数

类别及品名	12 月	2011 年
居民消费价格总指数（上年同期=100）	103.7	105.3
一、食品	107.8	112.0
二、烟酒及用品	104.4	103.2
三、衣着	109.3	100.0
四、家庭设备用品及维修服务	98.8	101.1
五、医疗保健和个人用品	101.3	102.5
六、交通和通讯	99.5	101.0
七、娱乐教育文化用品及服务	99.4	100.3
八、居住	101.6	106.0

全年工业生产者出厂价格（PPI）比上年上

涨 7.3%，涨幅比上年扩大 2.3 个百分点，比全国平均水平高 1.3 个百分点；工业生产者购进价格（IPI）上涨 12.6%，涨幅比上年扩大 6.5 个百分点，比全国平均水平高 3.5 个百分点。

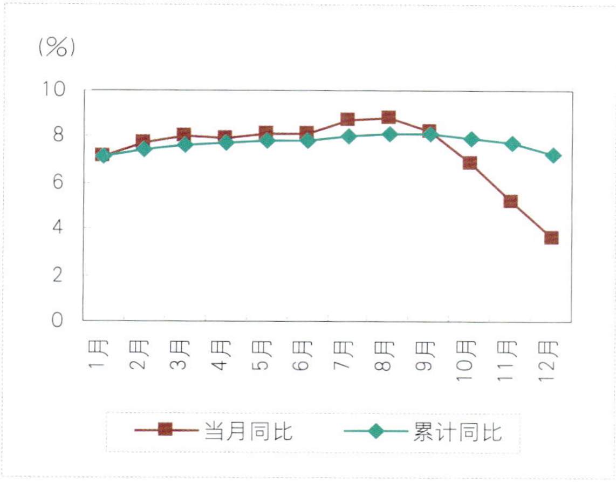

图 3　工业品出厂价格上涨情况

12 月末，全社会金融机构人民币各项存款余额 34734.7 亿元，比上年末增长 15.0%，增速比上年回落 6.3 个百分点；其中，城乡居民储蓄存款余额 16147.3 亿元，增长 18.8%；人民币各项贷款余额 22033.2 亿元，比上年末增长 16.3%，增速比上年回落 6.1 个百分点。

二、经济运行中存在的主要问题

2011 年，四川经济发展形势总体良好，但在经济运行中依然存在一些值得关注的困难和问题。主要表现为：

一是通胀压力依然较大。尽管 2011 年全省物价经过了涨幅提高到逐步回落的过程，但总体上涨幅仍在高位运行，全年 CPI 上涨 5.3%，比 4% 的年度目标任务高 1.3 个百分点。从运行环境看，流动性过剩、输入性通胀等因素没有太大变化，而且受资源性产品价格改革、人力资本和环境成本上升等因素影响，成本推动型上涨压力增大，中长期通胀压力依然较大。

二是要素保障难度加大。一方面，融资难度和成本加大。从投资资金来源看，国内贷款 2264.2 亿元，下降 8.7%，降幅比前三季度扩大 8.6 个百分点；从企业生产经营看，规上工业利息支出 379.0 亿元，比上年增长 50.6%，增速比上年提高 29.8 个百分点，应收账款 2260.7 亿元，增长 36.3%。另一方面，天然气、煤炭、电力供需矛盾较为突出，工业用地紧缺、企业用工短缺等现象日益明显。

三是投资持续增长难度较大。灾后恢复重建任务完成后，灾区投资继续保持较快增长难度大，投资重点转向以项目投资为主。但受国家清理规范地方政府融资平台等多项政策影响，项目建设资金普遍偏紧，2011 年全省固定资产投资到位资金 15281.9 亿元，增长 7.8%，增幅比上年回落 11.3 百分点。同时，受房地产调控政策影响，房地产销售面积持续回落、土地购置面积下降，预计占固定资产投资比重约 20% 的房地产开发投资增幅将继续回落。

三、2012 年四川经济走势分析

2012 年，尽管国际宏观经济环境复杂多变，影响四川经济发展的不确定、不稳定因素依然存在，但有利因素不断增多，全省经济保持平稳持续较快增长的趋势依然较强。

（一）从发展趋势来看

一是自 2008 年起四川进入人均 GDP 2000—10000 美元的加速发展阶段，在未来一段时期仍将保持较快发展。

二是从时间序列模型看，全省经济发展继续处于上升通道，预测今年 GDP 仍将保持较快增长。

三是从经济增长周期来看，四川经济增长周期“时间延长、增幅提高、波幅趋缓”的规律性特征明显，目前尚处于改革开放以来第六个经济增长周期的上升阶段，今年经济增长趋势稳定。

（二）从经济增长的有利因素来看

一是以“‘两化’互动、统筹城乡、投资拉动、产业支撑”为着力重点，将为经济增长构建更为强劲、更为持久的支撑力量。

二是成渝经济区、天府新区、贫困地区、藏

区和彝区规划全面落实，“十二五”项目建设集中推进必将增强经济发展动力。

三是重灾地区经济加快发展趋势明显，灾区发展振兴步伐加快。

四是加快建设西部综合交通枢纽取得阶段性明显成果，为区域经济加快发展创造了良好条件。

五是一批经济总量超过1000亿元的市（州）将进一步为全省经济加快增长发挥重要作用。

（三）从影响经济发展的不利因素来看

一是世界经济增长趋缓，宏观经济不确定性因素增多，全球贸易减缓趋势明显。

二是人民币升值压力增大，外向型企业出口成本上升。

三是资金、土地等要素依然趋紧，对企业发展特别是中小企业经营制约明显。

综合以上因素分析，总体上2012年四川经济仍将呈现平稳较快的发展趋势。

四、几点建议

一是保持投资稳定增长。继续把保持投资较快增长作为拉动全省省经济增长的重要举措。全力保障在建重大项目建设，积极争取国家政策支持的重大项目开工建设，通过招商引进重大产业项目投资，完善民间投资体制机制开拓市场投资。加强项目筛选论证前期工作，扩大项目储备，增强重大项目对全省投资的辐射带动作用。统筹土地、资金、能源等要素供给，加强重大投资项目监测，抓好已签约招商项目落地，加大对在建项目检查、指导和督促力度，确保项目建设顺利推进。

二是促进工业较快发展。鼓励企业兼并重组，促进大企业大集团加快发展，大力发展工业设计、研发、销售服务等生产性服务业，降低企业物流成本，努力减轻中小企业负担，加大成长型中小企业扶持力度。大力发展优势产业，积极扶持战略性新兴产业，积极培育具有自主知识产权的产品。构建开放合作发展环境，加快产业承接转移步伐。

三是推进服务业加快发展。推动服务业聚集区和服务业基地建设，加快现代服务业发展，坚持把旅游、文化产业作为支柱产业。统筹服务业发展，成立服务业领导小组，建立部门服务业协调机制，分解部门服务业发展目标任务，推进《四川省服务业统计规范化实施方案》贯彻实施，促进服务业加快发展。

四是强化要素保障。加强煤电油气运监测预警，超前谋划、统筹规划，提高要素综合保障能力。加大与国家有关部委、有关企业、相关省份的协调力度，扩大要素供应量。加大水电、天然气等能源开发力度。加强要素市场监管，调整要素使用结构，优先保证重点项目和重点地区要素保障。

五是确保物价基本稳定。重点抓好农业生产，增强粮食、蔬菜、肉类等农产品供给保障能力，积极建设现代农业产业基地，稳定农产品供给，稳定物价预期。继续做好市场物价监测预警工作，加强物价监督检查，规范市场价格秩序。

（撰稿人：刘晓华　四川省统计局局长）

贵州省经济社会发展报告

2011 年，在中共贵州省委、贵州省人民政府的坚强领导下，全省深入贯彻落实科学发展观，紧紧围绕“两加一推”主基调，重点实施工业强省和城镇化带动战略，奋力克服特大干旱等不利因素影响，经济社会发展成绩显著，呈现出发展提速、转型加快、效益较好、民生改善、后劲增强的良好态势，顺利实现了开好局、起好步，为“十二五”发展奠定了坚实基础。

一、经济社会发展基本情况

（一）经济发展亮点纷呈

初步核算，2011 年，全省生产总值 5701.84 亿元，比上年增长 15.0%。其中，第一产业增加值 726.22 亿元，增长 1.2%；第二产业增加值 2334.02 亿元，增长 20.7%；第三产业增加值 2641.60 亿元，增长 14.2%。全省经济在规模、速度、结构、效益等诸多领域全面向好，呈现出多重亮点。

一是规模明显增大。全省生产总值比上年增加 1099.68 亿元，全社会固定资产投资比上年增加 1915.27 亿元；金融机构人民币各项存、贷款余额均比年初增加 1100 亿元以上。

二是速度明显加快。全省生产总值增速 15.0%，为 1985 年以来最高水平，全社会固定资产投资和一般预算收入均创改革开放以来最快增速，工业、进出口和居民收入等加快增长的势头也比较明显。

三是结构明显优化。全省三次产业增加值占生产总值的比重分别为 12.7%、40.9% 和 46.4%，与上年比，第一产业比重下降 0.9 个百分点，第二产业比重提高 1.8 个百分点，其中工业增加值比重提高 1.5 个百分点；民营经济增加值占生产总值的比重为较上年提高 1.9 个百分点。节能减排工作力度进一步加大，实施了一批节能减排项目，全年单位生产总值能耗比上年下降 3.5%。

四是效益明显提高。全年财政总收入 1330.08 亿元，比上年增长 37.2%，其中一般预算收入 773.18 亿元，增长 44.9%；规模以上工业企业实现利润总额 330.84 亿元，增长 26.2%。

（二）发展动力显著增强

在宏观经济环境总体趋紧的背景下，贵州经济实现又好又快发展，是多方力量共同推动的结果。

一是外部支持力增强。中央对贵州的支持力度进一步加大，国务院研究制定全面支持贵州加快发展的政策性文件，《贵州省水利建设生态建设石漠化治理综合规划》获国家批准实施，《黔中经济区发展规划》上升到国家层面，国家把贵州列为新一轮扶贫开发重点省份，批准贵州举办了中国（贵州）国际酒类博览会暨 2011 中国·贵阳投资贸易洽谈会等一系列重大会议。省外、境外资本对贵州的投资力度明显加大，全年实际利用外资 6.73 亿美元，比上年增长 1.3 倍，引进省外到位资金 2580.32 亿元，增长 1.6 倍。

二是内部活力增强。“加速发展、加快转型、推动跨越”主基调和工业强省战略、城镇化带动战略等一系列重大决策部署极大地调动了各方面加快发展的积极性，形成了创先争优、增比进位的干事氛围。同时，国有企业公司制、股份制改革和企业重组步伐加快，民营企业在民营经济“三年倍增计划”实施带动下加快发展，事业单位人事制度和收入分配制度改革不断深入，水利、医药卫生体制等改革取得新进展，进一步激发了经济社会发展的活力。

三是产业推动力增强。工业对经济增长的推动作用凸显。在工业强省战略带动下，工业投入力度明显大于往年，特别是工业园区建设的加快推进及一批工业项目的建成投产，促进了工业持续快速增长。全年完成工业增加值 1969.73 亿元，增长 21.1%，工业对经济增长的贡献率达 46.5%。服务业加快发展。旅游总人数、旅游总收入分别增长 31.8% 和 34.7%，交通运输、物流、金融、会展、商贸等发展较快，在这些因素的共同促进下，服务业增加值增长 14.2%，增速比上年提高 2.1 个百分点。农业发展基本保持稳定。在受特大干旱影响下，通过积极调整种养结构，推进农业产业化，加快畜牧业和特色经济作物等发展，有效弥补了灾害损失。

四是需求拉动力增强。在“项目建设年”活动实施带动下，全省投资力度明显加大，全年全社会固定资产投资 3943.5 亿元，比上年增长 60.1%，投资拉动经济增长 10.5 个百分点，充分发挥了对经济增长的第一拉动作用。在旅游业较快发展和“家电下乡”、“以旧换新”、“节能产品补贴”等政策引导和假日经济的带动下，全省消费品市场继续呈现良好态势，全年社会消费品零售总额 1751.62 亿元，比上年增长 18.1%。同时，对外贸易迅速扩大，全年进出口总额 48.84 亿美元，比上年增长 55.2%，增速加快 19.2 个百分点。

（三）基础条件继续夯实

2011 年，贵州继续加大对交通、水利等基础设施建设投入力度，经济社会发展的基础条件得到进一步改善。

一是交通基础设施建设取得新进展。新增 10 个县通高速公路，建成通车高速公路 516 公里，通车里程突破 2000 公里，达 2023 公里。黄织铁路建成投运，贵广快速铁路贵州段、沪昆客运专线贵州段等项目进展顺利，铁路通车里程达 2066 公里。龙洞堡机场扩建工程和新舟、毕节、六盘水机场建设进展顺利，新增通航城市 8 个，新开和加密航线 34 条。西南水运出海中线通道航运扩建工程竣工，乌江水运工程加快实施，建成一批农村渡口。

二是水利建设大力推进。《贵州省水利建设生态建设石漠化治理综合规划》获国家批准实施，开工建设 20 个中型骨干水源工程，“滋黔”一期工程进展顺利，病险水库除险加固步伐加快，农村饮水安全、“烟水配套”等农村水利工程扎实推进。

三是城镇基础设施建设成效明显。城镇化带动战略强势起步，《贵州省“十二五”城镇化发展专项规划》批准实施，新增城市（县城）建成区面积 75 平方公里、城市路桥 67.87 公里，建成一批城镇污水处理和垃圾处理项目，城镇产业承载能力、就业吸纳能力和人口容纳能力明显提升。

（四）民生进一步改善

随着经济较快增长，特别是“十大民生工程”和城乡居民收入倍增计划等政策措施的实施带动，人民生活继续得到改善。

一是城乡就业继续增加。全年城镇新增就业 28.37 万人，比上年多增 6.47 万人。同时，全省各地新开工项目较多，工业发展加快，有力促进了农民工的就地就近转移就业。

二是扶贫开发取得积极成效。3 个县、66 个乡脱贫摘帽，完成 575 个乡和 1591 个村整乡、整村推进，农村贫困人口减少 60 万人。

三是居民收入进一步增加。全年城镇居民人均可支配收入 16495.01 元，农民人均纯收入 4145.35 元，分别比上年名义增长 16.6% 和 19.4%。

四是社会保障力度进一步加大。新农保试点县增加到 77 个，新型农村养老保险参保人数 827.98 万人，比上年增长 2.7 倍。城镇社会保险覆盖面进一步扩大，城镇职工各项保险参保人数均有明显增加。建立了农村低保季节性缺粮户粮食救助制度。完成农村危房改造 40.3 万户，新开工建设城镇保障性住房、改造各类棚户区（危旧房）23.96 万套（含货币安置），新增廉租住房租赁补贴 4.61 万户。

（五）社会事业全面进步

在加快经济发展的同时，通过切实加强社会建设和管理，加大投入力度，各项社会事业取得了长足进步。

一是各级各类教育继续发展。《省人民政府关于加快发展学前教育的实施意见》出台实施，新建、改扩建乡镇和街道办事处公办幼儿园300所。启动了一批农村寄宿制学校建设，发放农村家庭生活困难寄宿生生活费补助7.58亿元。加大了普通高中和职业学校建设力度。花溪高校聚集区建设全面推进。

二是科技发展步伐加快。新增了一批重点实验室、工程技术研究中心和生产力促进中心。国家铝镁电解装备工程技术研究中心通过科技部综合评审，成立"贵州省林泉航天电机有限公司电机与电气院士工作站"等首批23个院士工作站。一批国家科技支撑计划项目通过科技部验收，新材料、生物医药等领域关键共性技术攻关取得突破，专利授权量增长11.6%。

三是文化事业繁荣发展。积极构建城乡公共文化服务体系，省博物馆新馆建设进度加快，一批县级文化馆、图书馆维修改造项目启动实施，乡镇综合文化站、社区文化活动室等文化基础设施建设加快推进，公共博物馆、图书馆、纪念馆、文化馆等逐步免费开放。文化体制改革稳步推进，组建了贵州文化演艺集团等一批文化产业公司，公益性文化事业单位内部机制改革继续深化。文化遗产保护利用力度加大，湄潭浙江大学遗址等文物单位实施维修，"茶马古道"（贵州段）等一批文物单位进行国家文物保护单位申报。特别是在省委十届十二次全会审议通过《中共贵州省委关于贯彻党的十七届六中全会精神推动多民族文化大发展大繁荣的意见》后，文化事业繁荣发展的势头更加明显。

四是卫生事业取得新的成绩。卫生基础设施建设力度加大，一批县级医院、中心乡镇卫生院和标准化村卫生室建设项目启动实施。国家基本药物制度深入实施，提前实现国家基本药物制度在全省政府办基层医疗卫生机构的全覆盖。新型农村合作医疗制度不断完善，农民参合率达97.1%，比上年提高0.9个百分点。基本公共卫生服务均等化水平进一步提高，人均基本公共卫生服务经费标准提高到25元，地氟病防治任务提前一年完成，传染病发病率大幅下降。

总体上看，2011年是贵州经济提速发展的一年，是效益明显较好的一年，是民生显著改善的一年。贵州多项经济发展指标增速快于上年，高于全国，经济社会发展取得了显著成绩。

二、存在的主要问题和困难

2011年，贵州经济社会发展取得显著成绩的同时，长期积累的深层次矛盾仍然存在，加速发展的瓶颈性制约仍然突出，转变发展方式的任务仍然艰巨。比较突出的问题和困难主要有以下方面。

（一）工业经济规模小、实力弱，发展速度仍需进一步加快

工业增加值占生产总值比重低，全年工业增加值占生产总值比重34.5%，比全国低5.5个百分点。企业竞争力弱，缺乏竞争力强的大企业，全省年主营业务收入2000万以上工业企业2310个，占全国比重约0.5%，其中，工业总产值在10亿元以上的企业仅58家，利税10亿元以上的工业企业仅6家；全年工业产销率为94.5%，比全国低3.5个百分点。此外，工业增加值增速有待进一步提高，全年规模以上工业增加值比上年增长21.0%，居全国第5位，但与周边省份相比，分别落后重庆市和四川省1.7和1.3个百分点。

（二）农业基础设施投入低，抗灾能力弱

农村基础设施薄弱，建设投入低，在计划总投资50万元及以上城镇、农村非农户和房地产开发投资中，第一产业完成投资129.18亿元，仅占2.7%。农业经济受自然灾害影响较大，受旱灾影响，全年粮食总产量比上年减产21.2%。

（三）结构调整难度仍然较大

全年规模以上轻、重工业增加值之比约为1:2，轻工业比重有待提高。民营经济占生产总值比重较低，仅为36.9%。全年畜牧业增加值仅占农业增加值30.5%，比上年提高0.7个百分点，

低于“十二五”规划每年提高1个百分点以上的预期目标。产业结构不合理制约贵州经济结构优化升级和经济发展方式的转变，也影响贵州经济总量的发展壮大。

（四）要素保障压力仍然较大

全年固定资产投资到位资金中，国内贷款943.98亿元，增速低于固定资产投资49.4个百分点，信贷资金对产业的保障支撑作用有待进一步加强。煤、电等生产要素供应偏紧。全年发电量比上年降低0.2%，原煤产量增长5.4%，远低于工业增加值增速，在较大程度上影响工业发展。此外，土地、供水等方面还存在不少问题。科技人才资源匮乏，创新型、管理型人才缺乏，对产业智力支撑能力不强。

三、有关工作建议

（一）着力提升工业发展水平

以工业园区建设为抓手，加大基础设施、管理和服务平台建设投入力度，加快工业园区建设进度，积极引导企业和项目向园区聚集，加快培育一批百亿级、千亿级产业园区，提升产业园区整体竞争力。以建设国家重要能源基地和资源深加工基地为重点，加快推进桐梓电厂、福泉电厂和沙沱水电站等电源项目建设。以加快特色轻工产业发展为突破口，进一步提升“贵烟”品质，壮大其品牌；加大白酒技改和资产整合力度，加快组建“大茅台集团”，打造“贵州白酒”品牌，提升“贵州白酒”的综合实力和整体竞争力；加快发展民族医药、特色食品、旅游商品等产业。积极培育发展新材料、信息技术、高端装备制造、生物技术、节能环保、新能源等战略性新兴产业。

（二）进一步夯实农业发展基础

针对农业发展的薄弱环节，引导资源要素合理配置，力争在农田水利建设、病险水库除险加固、安全饮水和动植物疫病防控方面取得重大进展和明显成效。加快农业产业化步伐，按照《国务院关于支持农业产业化龙头企业发展的意见》（国发〔2012〕10号）的要求，着力培育和引进龙头企业，积极发展农产品精深加工。积极推进农业产业结构调整，突出山地农业特色，扩大蔬菜、烤烟、油菜、茶叶、核桃、中药材等特色优势经济作物种植，加快发展畜牧业和特色养殖业，进一步提高经济作物和畜牧业所占比重。

（三）加快发展县域经济和民营经济

进一步增加省级用于县域经济发展的各类专项资金规模，重点支持县域基础设施建设、特色优势产业发展及民生项目。建立健全金融机构协调机制，引导县域内金融机构新增存款主要用于当地发放贷款，积极争取和鼓励金融机构扩大县域分支机构的信贷审批权限。鼓励创新体系建设，力求在一些关键领域实现具有自主知识产权的核心技术，提高企业核心竞争力。进一步扩大县级政府投资项目审批权限，简化审批程序。

（四）切实加强要素保障

大力实施“引银入黔”工程，推动国有商业银行在县、镇设立金融服务网点，鼓励银行业金融机构在贵州设立村镇银行，积极争取各银行总部扩大对贵州的信贷规模。着力开展未利用低丘缓坡实施工业和城镇建设试点工作，加大土地整理力度，发展工业梯田，探索提高耕地质量等级折抵新增耕地占补平衡指标的途径。加强电源点项目和大容量变电站建设，积极推动煤电联营，加快实施产业园区和城镇规划区内的变电站异地搬迁改造工程。加强政府对人才流动的政策引导和宏观调控，创新人才配置机制，畅通人才流通渠道，引导创新性、创业型、管理型人才向产业园区流动和聚集。

（撰稿人：陶谋立　贵州省统计局局长）

云南省经济发展报告

2011年，在国内处复杂多变的严峻形势下，全省上下坚持以科学发展观为统领，认真贯彻落实国家各项宏观调控政策，积极推进“两强一堡”发展战略，以转变经济发展方式为主线，以保障和改善民生为落脚点，以提高自主创新能力为突破口，在强产业、快发展，调结构、上水平，转方式、增动力，惠民生、促和谐上狠下功夫，促进全省经济社会又好又快发展，实现了云南“十二五”科学发展和谐发展跨越发展的良好开局。

一、2011年云南国民经济运行亮点纷呈成效显著

2011年云南经济运行持续向好，全省农业积极应对干旱挑战，工业经济效益显著改善，投资快速增长，居民消费市场活跃，财政收支良好，金融信贷平稳运行，就业稳定增长，人民生活改善，国民经济运行呈现持续向好的发展态势，主要体现在“六快，四稳、二控”， 亮点纷呈，形势喜人。

——六个较快增长：生产总值较快增长。2011年，全省生产总值（GDP）实现8750.95亿元，比上年增长13.7%。工业生产较快增长，企业经济效益显著提高。全省规模以上工业累计完成增加值2753.64亿元，增长18%；实现利润523.55亿元，增长24.5%。固定资产投资较快增长，增速继续创今年新高。全社会固定资产投资完成6185.3亿元，增长27.4%。消费市场较快增长，扩内需成效明显。全省实现社会消费品零售总额3000.14亿元，增长20.0%。财政收支较快增长，财政运行总体良好。全省一般预算收入完成1110.83亿元，增长27.5%；一般预算支出完成2929.59亿元，增长28.2%。旅游业总收入较快增长。全省实现旅游业总收入1300.29亿元，增长29.1%。

——四个平稳增长：农业实现平稳增长。全年粮食总产1755.6万吨，增长6.4%，实现了自2003年以来的连续第9年增产。存贷款平稳增长。12月末，全省金融机构人民币各项存款余额同比增长14.5%，人民币各项贷款余额同比增长14.6%，比年初增加1547.72亿元。对外贸易平稳增长。全省外贸进出口总额完成160.5亿美元，增长19.6%。职工工资平稳增长。全省职工平均工资达3.53万元，增长17.0%。

——两个基本控制：居民消费价格涨幅得到基本控制。2011年，全省居民消费价格指数（CPI）累计上涨4.9%，低于全国0.5个百分点，在全国排最后一位。单位GDP能耗得到基本控制。2011年全省单位GDP能耗下降3.22%，较第三季度下降0.2个百分点，全省单位GDP能耗降幅逐季增大，反映出全省能源使用效率逐步提升，产业结构进一步改善，节能降耗成效明显。。

（一）国民经济增长再创新高

初步核算，2011年全省实现生产总值8750.95亿元，比上年增长13.7%，比全国高4.5个百分点，创近30年来云南GDP增长的最好水平。其中第一产业实现增加值1407.81亿元，增长6.0%，拉动全省GDP增长0.9个百分点，对GDP增长的贡献率为6.6%；第二产业实现增加值3990.97亿元，增长18.0%，拉动全省GDP增长8.1个百分点，对GDP增长的贡献率达59.1%，其中工业完成增加值3205.85亿元，增长17.6%，拉动GDP增长6.3个百分点，对GDP增长的贡献率为46.0%；第三产业实现增加值3352.17亿元，增长11.8%，拉动GDP增长4.7个百分点，对GDP增长的贡献率达34.3%。全省三次产业比重为16.1:45.6:38.3。人均GDP达到18957元，比上年增长13.0%。非公经济蓬勃发展，创造增

加值3680亿元，占全省GDP的比重达42.1%，比上年提高1.5个百分点。

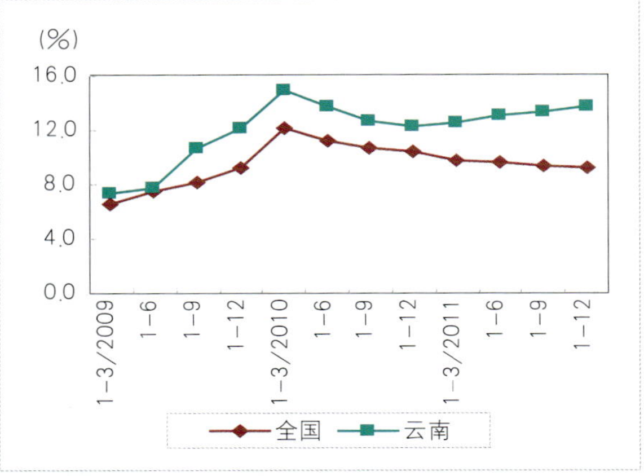

2009年以来云南与全国GDP增速对比图

（二） 粮食喜获丰收，农业增产农民增收

2011年，全省各级政府全面贯彻落实中央和省委、省政府各项强农惠农政策，继续加大粮食直补、综合直补、粮种、农机和农民购肥等政策性补贴力度，深入实施中低产田改造，加快农业产业化发展，农业综合生产能力进一步提高，粮食生产又获丰收。全年粮食面积、单产、总产可实现“三增长”。全年粮食总产1755.6万吨，比上年增加105.6万吨，增长6.4%，实现了自2003年以来的连续第9年增产。

（三）工业生产较快增长，企业经济效益显著提高

2011年，全省规模以上工业完成工业增加值2753.64亿元，比上年增长18.0%，比全国高4.1个百分点。全省工业生产呈现以下特点：

1. 轻工业增长继续加快，重工业增长继续放缓。2011年，全省轻工业累计完成增加值1245.65亿元，比上年增长17.9%。其中，全省卷烟累计产量729.98万箱，增长2.1%，一、二类烟产量分别增长41.4%和49.3%，一、二类烟比重同比分别上升6.2个和0.4个百分点，烟草制品业完成增加值938.05亿元，增长17.5%；烟草制品业成为拉动轻工业加快增长的主导力量。重工业累计完成增加值1507.99亿元，增长18.0%，其中，黑色金属冶炼及压延加工业、有色金属冶炼及压延加工业、化学原料及化学制品制造业、电力热力的生产和供应业、非金属矿物制品业分别增长12.6%、16.7%、22.1%、18.3%和20.1%。

2. 主要工业产品产量保持增长。2011年全省发电量1555.13亿千瓦时，比上年增长13.9%，其中：水电1007.41亿千瓦时，增长23.8%，受煤矿矿难多发、复产缓慢等因素影响，电煤供应紧张，火电生产536.06亿千瓦时，下降1.9%。原煤生产9957.41万吨，增长2.0%；钢材生产1351.85万吨，增长11.3%；十种有色金属生产270.79万吨，增长12.7%；水泥生产6788.88万吨，增长17.3%。

3. 产销衔接较好，经济效益显著提高。2011年，全省规模以上工业产品销售率为96.7%，比上年提高0.2个百分点。其中：轻工业产品销售率为96.3%，提高1个百分点；重工业产品销售率为96.8%，下降0.2个百分点。

2011年，全省规模以上工业经济效益综合指数达318.89，较上年提高30.2个百分点，从经济效益综合指数的构成结构看，总资产贡献率、资产保值增值率、流动资产周转率、全员劳动生产率、产品销售率等七项指标都实现了增长。全省规模以上工业实现主营业务收入7507.77亿元，比上年增长21.4%；实现利税1525.03亿元，增长22.3%；实现利润523.55亿元，增长24.5%。

（四）固定资产投资较快增长，总量跃上7000亿元新台阶

2011年，全省全社会固定资产投资6185.3亿元，比上年净增1581亿元，增长27.4%，比上年提高5.3个百分点，呈现出平稳较快增长的态势，对经济增长的拉动作用凸显。

1. 三次产业投资全面增长。第一产业投资282.16亿元，比上年增长24.9%；第二产业投资2222.24亿元，比上年增长25.3%；第三产业投资4605.3亿元，增长30.5%；全省固定资产增

长活力有所增强。

2. 重点行业投资支撑作用显著。2011年，全省非电工业投资1416.72亿元，比上年增长34.8%；电力投资796.8亿元，比上年增长11.4%；公路运输业投资620.03亿元，铁路运输业投资114.31亿元，航空运输业投资67.41亿元，水利业投资201.21亿元，教育投资157.26亿元。八大重点行业投资占全省固定资产投资比重达65.4%，为全省固定资产投资平稳较快增长发挥了重要支撑作用。

3. 房地产开发投资较快增长。2011年，全省房地产开发投资1272.72亿元，比上年增长41.3%；比全省固定资产投资增幅高13.9个百分点，占全省投资的比重由上年的16.3%上升至17.9%，对投资增长的贡献率为23.5%，拉动全省固定资产投资增长6.5个百分点。全省商品房屋施工面积10597.88万平方米，比上年增长20.6%；竣工面积1450.76万平方米，下降5.5%。全省商品房销售面积3107.12万平方米，比上年增长5.0%；商品房屋销售额1133.61亿元，增长21.3%。

（五）消费市场较快增长，扩内需成效明显

2011年，全省实现社会消费品零售总额3000.14亿元，比上年增长20.0%，比全国高2.9个百分点。

1. 城镇市场消费仍居主导地位。2011年，全省城镇实现消费品零售额2407.21亿元，比上年增长20.8%，占全省社会消费品零售总额的80.2%；农村实现消费品零售额592.93亿元，比上年增长16.9%。

2. 批发和住宿业增长快。2011年，全省批发业零售额241.74亿元，比上年增长35.9%，住宿业营业额32.67亿元，增长26.3%，批发和住宿业分别比全省社会消费品零售总额增幅高15.9个和6.3个百分点。

3. 消费热点商品持续旺销。在限额以上批发零售业大类商品零售中，粮油、食品类比上年增长35.9%，其中：粮油类增长36.5%，肉禽蛋类增长42.9%，反映出全省粮油、猪肉价格快速上涨拉动影响明显。金银珠宝类增长49.4%，家用电器和音像器材类增长16.7%，通讯器材类增长26.0%，建筑及装潢材料类增长61.3%，家具类增长32.5%，石油及制品类增长54.2%，汽车类增长12.7%。

4. 旅游产业蓬勃发展。2011年，全省共接待国内旅游者达16331.78万人次，海外旅游者达395.38万人次，全省实现旅游总收入1300.29亿元，分别比上年增长18.0％、20.1%和29.1％。

（六）财政收支较快增长，财政运行总体良好

2011年，全省财政总收入累计完成2258.2亿元，比上年增长24.8%。全省一般预算收入完成1110.83亿元，比上年增长27.5%，完成年初预算的110.9%。其中，增值税完成136.64亿元，增长21.2%；营业税完成277.71亿元，增长17.0%；企业所得税110.4亿元，增长34.2%。

全省一般预算支出2929.59亿元，比上年增支643.87亿元，增长28.2%，预算执行完成年初预算的113.4%。其中：农林水事务支出409.27亿元，增长25.1%；教育支出483.02亿元，增长28.9%；一般公共服务支出282.65亿元，增长14.7%；交通运输支出275.84亿元，增长97.2%，社会保障和就业支出386.2亿元，增长26.8%，医疗卫生支出236.86亿元，增长28.9%，住房保障支出151.61亿元，增长35.2%，社会民生进一步得到改善。

（七）金融运行平稳，各项贷款平稳增长

2011年12月末，全省金融机构人民币各项存款余额为15356.86亿元，比上年增长14.5%；比年初增加1948.06亿元。其中单位存款余额6679.65亿元，比年初增加959.32亿元；储蓄存款余额6654.87亿元，比年初增加951.4亿元。12月末，全省金融机构人民币各项贷款余额12114.59亿元，比上年增长14.6%；新增贷款

比年初增加1547.72亿元，比上年少增241.43亿元。中长期贷款余额8877.45亿元，比年初增加1153.63亿元，其中个人中长期消费贷款余额1459.88亿元，比年初增加237.79亿元；短期贷款余额3048.42亿元，比年初增加377.33亿元。在信贷政策不断收紧的大背景下，全省金融运行保持平稳发展的较好态势。

（八）对外贸易平稳增长，出口结构进一步改善

2011年，全省进出口总额为160.5亿美元，比上年增长19.6%，比全国低2.9个百分点；其中，出口完成94.7亿美元，增长24.6%，比全国高4.3个百分点；进口完成65.8亿美元，增长13.2%，比全国低16个百分点。

全省机电产品出口完成20.28亿美元，比上年增长17.6%；农产品出口完成17.57亿美元，增长34.9%；磷化工出口14.94亿美元，增长30.2%。全省金属矿砂进口26.52亿美元，增长3.7%；农产品进口10.82亿美元，增长24.8%；机电产品进口7.99亿美元，下降5.4%。

（九）就业稳定增长，民生不断改善

2011年全省城镇新增就业27.6万人，新增转移农村劳动力132万人，城镇登记失业率4.05%。2011年全省职工平均工资3.53万元，比上年增长17.0%，其中：国有单位平均工资4.01万元，增长16.8%。全省就业和职工收入保持平稳增长态势。

（十）加快淘汰落后产能，节能降耗取得实效

2011年，全省通过淘汰落后产能、推进节能技改等措施，能源加工转换效率小幅提升。按当量值计算，全省规模以上工业企业能源转换效率为71%，比上年提升了1个百分点，直接节能量达62.13万吨标准煤。全省规模以上工业能源消费量为5463.18万吨标准煤（等价热值），同比增长10.5%。全省单位工业增加值能耗为1.984吨标准煤/万元（现价），同比下降6.6%（按可比价计算）。在全省规模以上工业重点耗能企业列入考核的64种单位产品能耗中，下降的有42种，下降面达65.6%。全年单位生产总值（GDP）能耗下降3.22%，完成年初制定的节能减排约束目标。

二、当前云南经济亟需破解四大难题

2011年，云南经济运行呈现平稳较快发展态势，同时全省宏观调控难度也在加大。由于国内外经济形势日趋复杂多变，给2012年全省经济运行中不确定、不稳定因素增添了许多变数，尤其引人关注的有四个突出问题。

首先，抗通胀，稳物价形势依然严峻。目前全国发布的2011年12月份CPI同比涨幅为4.1%；云南当月CPI同比涨幅为5.3%，比全国高1.2个百分点，已连续3个月超越全国的涨幅，与全国涨幅的差距比上月扩大。2011年全省CPI累计涨幅为4.9%，比1-11月提高0.1个百分点，从各月的累计涨幅看，呈现逐月攀高的趋势，目前云南CPI上涨压力仍然较大，控制物价的形势不容乐观。

其次，资金短缺对实体经济影响明显。一是国家货币政策稳健从紧，先后6次上调存款准备率和3次加息，其中6次上调存款准备率累计冻结我省金融机构存款资金近500亿元，导致商业银行可用资金减少。2011年12月末，全省金融机构人民币各项贷款比年初增加1547.72亿元，只完成全年新增贷款1700亿元目标金额的91%；二是随着对地方政府融资平台债务清理，各商业银行总行对贷款投放规模实行严格计划控制，对云南建设领域资金制约瓶颈因素加剧。统计数据显示，2011年，全省建设领域投资项目到位资金6246.02亿元，比上年增长15.2%，其中，国内贷款1066.87亿元，下降11.0%；各项应付款857.2亿元，其中拖欠工程款400.73亿元，分别增长53.0%和41.3%，资金短缺导致建设领域拖欠款现象严重。三是企业特别是中小企业、微小企业“融资难”和“三农”发展资金短缺进一步加大建设资金供求矛盾，工业企业遇到电荒、

人工荒、资金荒、原材料荒困扰，中小企业生产经营困难。三是，煤电油运等能源供应保障难度大。一是电煤供应严重短缺矛盾显现。自 2011 年 4 月份全省高瓦斯煤矿全部停产整顿以来，煤矿复产达产的时间较长，煤矿生产总量不足，电煤供应大幅度下降，导致各主力火电厂无煤可购，全省电煤供应日趋紧张，再加上电煤价格不断上涨，火电企业生产日愈困难；二是气候变化异常对水电能源供给能力影响不容忽视，确保安全生产和能源供给安全任务艰巨；三是从 2011 年第四季度起柴油供应偏紧现象日趋显现，全省能源供给不足矛盾开始凸现出来。全省煤电油运能源供应紧张制约全省经济增长的因素不可小视。四是，全省面临节能降耗反弹压力的考验。2011 年，云南全年分月度能耗呈"前高中稳后快"的态势。2011 年 全省规模以上工业能源消费量 5463.18 万吨标准煤（等价热值，下同），比上年增长 10.5%。其中，规模以上六大高耗能工业行业能源消费量 4754.22 万吨标准煤，占全省规模以上工业能耗的比重高达 87.0%；而六大高耗能行业创造工业增加值 1014.32 亿元，占全省规模以上工业增加值的比重仅为 36.8%，不及其占能耗比重的一半。2011 年，全省全社会用电量 1204.07 亿千瓦时，比上年增长 19.9%。全省六大高耗能行业拉动规模以上工业能耗增长 8.9 个百分点，而同期仅拉动规模以上工业增加值增长 5.8 个百分点，呈现"高耗能、低产出"态势。尤其是在当前缺水少煤，电力供应紧张的情况下，全省节能降耗面临巨大反弹压力和考验。

三、对 2012 年云南经济形势的初步判断与展望

受欧洲主权债务危机进一步深化、欧美国家主权信用评级下调等因素的影响，2012 年世界经济复苏遭遇新的挑战。不稳定和不确定因素增多，全球贸易环境恶化，经济下行趋势延续。在对中国今明两年经济增长的判断中，世界银行预测中国经济今明两年的增速分别为 8.4% 和 8.3%，国际货币基金组织则预测今明两年分别增长 8.2% 和 8.8%，比上次预测值分别下调了 0.8 个和 0.7 个百分点。但也要看到有利的一面，由于国际金融危机催生新的科技革命，世界可能进入创新集聚爆发和新兴产业加速成长时期，绿色发展成为一大趋势。不少发达国家已出台"绿色新政"，制定未来发展战略，大幅增加研发投入，支持新能源、生物医药、信息网络等领域创新发展。全球范围内，绿色经济、低碳技术等正在兴起，抢占未来发展制高点的竞争日趋激烈。在这样的背景下，只要我们把握趋势、应对得当，就可能抢占先机、赢得优势，推动实现跨越式发展。

中央经济工作会议强调，2012 年全国经济工作要突出把握好"稳中求进"的工作总基调，"稳"就是要保持宏观经济政策基本稳定，保持经济平稳较快发展，保持物价总水平基本稳定，保持社会大局稳定。"进"就是要继续抓住和用好我国发展的重要战略机遇期，在转变经济发展方式上取得新进展，在深化改革开放上取得新突破，在改善民生上取得新成效。总的来看，当前我国经济正由政策刺激向自主增长有序转变，转方式，调结构已取得初步成效，经济与社会发展趋于协调，一些突出矛盾正在逐步缓解，继续朝着宏观调控的预期方向发展。虽然经济增速略为放缓，但在很大程度上是主动调控的结果，处在合理水平，没有超出预期，中国经济增长的动力仍然强劲；2012 年中央要召开十八大，各级政府相继换届，对经济发展的关注度增强，投资力度和刺激经济发展的举措会进一步加大，总体对经济发展的推动力会增强，有利于宏观经济政策的适度宽松。给我省经济社会发展提供了稳定的环境和潜在的空间。

云南省第九次党代会明确提出，今后 5 年要在新的起点上推动云南经济发展跃上新台阶，实现"四个翻番"；人民生活水平实现新提升，完成 "两个倍增"的目标，推动云南科学发展和谐发展跨越发展，加快建设我国面向西南开放重要桥头堡。云南发展已进入了一个崭新阶段，面临着难得的重大历史机遇，2012 年云南经济仍有望保持平稳较快发展态势，云南 GDP 总量将突破万亿元大关，加入"全国万亿 GDP 俱乐部"。一

是桥头堡建设必将掀起新一轮加快发展的热潮，有力地发展壮大云南特色优势产业，促进群众增收和财政增长，为全省经济社会又好又快发展增添新的动力；二是中央深入实施西部大开发战略为我省注入了新活力。中央深入实施西部大开发战略，明确提出要加快“培育滇中经济区”、“全力实施滇西边境山区集中连片特殊困难地区开发攻坚”、“积极建设瑞丽重点开发开放试验区”等，必将有力地促进我省边境民族地区经济社会实现跨越式发展；三是云南多年积蓄的发展潜力开始逐步释放。“十一五”以来，我省举全省之力建设了一大批重要基础设施项目、重点民生工程和产业发展等重大项目将在今明两年建成投产。如糯扎渡、阿海水电站与威信火电厂计划 2012 年首批机组投产发电，将改善全省能源保障能力。四是实施“产业强省战略”将加速壮大云南的综合经济实力。省第九次党代会提出必须把调整经济结构、推动产业大发展作为跨越发展的重要支撑，今后 5 年将实施工业跨越发展计划，确保工业增加值、销售收入、利税三年倍增；强化产业保障，实施特色产业发展及财源建设行动计划，鼓励和调动更多的资金投向产业，力争产业投资比重达到 50% 以上，民间投资比重达到 60% 以上，将为云南跨越发展奠定坚实的基础。

四、加快云南科学发展和谐发展跨越发展的建议

第一，树信心，转方式，以科学发展观统领云南科学发展和谐发展跨越发展。在进入“十二五”加快发展的新时期，首先要转变以“唯 GDP”增长论成败的传统发展观，牢固树立以创造就业增长和提高经济发展质量为首要发展目标，促进全省由数量粗放型经济增长模式向质量效益型经济发展模式转变；其次树立“以人为本”新理念，统筹好经济与社会、人与自然环境，资源与环境发展三大重大关系，把云南从落后的思想观念、生产方式和生活方式中解放出来，从更高层面和更高境界来坚定推进全省的科学发展、和谐发展、跨越发展的信心。

第二，抓机遇，促翻番，加快云南跨越发展。当前务必牢牢抓住国家实施新一轮西部大开发和把云南建设成为中国面向西南开放“桥头堡”国家战略布局的重大机遇。要以大胆改革的智慧和义无反顾的勇气，举全省之力，真抓实干，扎扎实实抓好各项发展战略目标任务的落实到位，努力实现省第九次党代会提出的“四翻番，两倍增”的未来发展蓝图，开创建设开放富裕和谐幸福的新云南！

第三，增投资，强产业，发展壮大云南综合经济实力。从宏观层面调整优化三次产业结构，一是调快调优第一产业，以推进农业产业化为主线，努力加快现代农业发展；以茶叶、蔗糖、花卉、橡胶、核桃、咖啡、木本油料等特色优势产业为重点，加快传统农业向加工型转变，农业发展方式向集约型转变。二是调快调强第二产业，打造新型工业化产业和现代建筑业两大支柱产业。加快工业结构调整，提高自主创新能力，促进烟草、矿业等传统优势产业的结构升级业；积极推进实施“央企入滇”战略，提升云南工业产业链和价值链，做大做强全省工业支柱产业，加快组建和培育一批全省建筑业企业集团，提升市场竞争力；三是着力培育壮大战略性新兴产业，积极培育具有我省优势和特色的战略性新兴产业，加大生物产业、光电子、新材料、新能源、节能环保、先进装备制造等产业的发展步伐，做好各类园区规划与建设，着力打造新兴产业基地。四是调快调特第三产业，加快发展现代服务业和文化产业，做强旅游业，打造云南绿色经济和民族文化强省的核心竞争力，全面提高云南经济社会发展质量。五是大力扶持非公经济发展，开放民间投资领域，为中小企业和小微企业，营造宽松有利的政策和市场空间环境，通过做强、做大实体经济，积极发展壮大实体经济力量，创造就业岗位和就业机会，提振全省经济发展的活力，不断壮大经济发展的综合实力。六是做大做强重点产业，重点产业投资占全省固定资产投资比重将达到 50% 以上，比“十一五”时期提高 15 个百分点。

第四，重民生，推进云南和谐发展。一是要加大政府公共财政对民生的支持力度，重点向教

育和医疗保健领域、社会保障和就业领域的投入。要继续实施好“兴边富民”计划，集中财力改善广大山区农村和贫困地区，以及少数民族边疆地方教育投入，优化教育资源，提高农村人口文化教育素质；二是要加快解决重大民生关切和利益诉求。切实缓解城乡居民“看病难、看病贵，住房难”的现实困难，加快建立健全全省城乡居民基本教育、医疗保障和住房保障三大体系建设；当前各级政府要重点做好全省60万套保障房的建设，既为解决中低收入家庭“住房难”提供现实手段，也为政府部门调控房地产楼市价格提供有效的干预手段，从而促进全省房地产市场持续稳定健康发展。

第五，调结构，上水平，构建多元发展的现代产业体系。按照“调优一产、调强二产、调快三产”的思路，走云南特色优势产业发展道路，着力提升产业综合竞争力，构建多元发展的现代产业体系，提高产业丰厚度，实现经济发展量的扩张和质的提升。加快形成一批新兴产业集群，提高产业核心竞争力，选择节能环保、新一代信息技术、生物、高端装备制造、新能源、新材料六个产业作为战略性新兴产业。在加快交通运输、邮政通信、商贸流通、餐饮住宿等传统服务业发展的同时，加快促进文化、房地产、金融保险、现代物流、商务服务、计算机服务和软件业、科技服务等现代服务业发展，积极推进桥头堡建设。

第六，加快县域经济发展，推进“城镇化、新型工业化和农业产业化”进程。积极推进县域经济大发展带动全省跨越发展；要打好扶贫攻坚战，加快少数民族地区经济社会发展。以统筹规划，加大投入，分类指导，分类施策，连片开发，硬化措施为支撑，以加快边远、少数民族、贫困地区深度贫困群体脱贫发展为突破口，深入实施新一轮兴边富民工程，建立健全生态保护和资源开发补偿机制，明显改善人民生活水平，促进民族团结进步、边疆繁荣稳定，让全省改革成果更多地惠及民生的发展，构建社会和谐文明发展环境，不断提升人民生活的幸福感。

（撰稿人：姚堂文 云南省统计局局长）

云南省（贾彩苹摄）

西藏自治区经济社会发展报告

2011年是“十二五”发展的开局之年，是中国共产党成立90周年及西藏和平解放60周年。面对复杂多变的经济形势和艰巨繁重的历史任务，西藏自治区党委、政府深入贯彻落实科学发展观，认真贯彻落实中央第五次西藏工作座谈会议精神，紧紧围绕推进跨越式发展和实现长治久安两大主题，大力实施“一产上水平、二产抓重点、三产大发展”的经济发展战略，全区经济总量迈上新台阶、人民生活达到新水平、社会发展呈现新局面，全面完成了年度各项目标任务。

一、2011年经济运行主要特点

（一）经济总量较快增长，产业结构日趋优化

1.GDP持续增长，三次产业结构日趋优化。2011年，实现全区生产总值（GDP）605.83亿元，按可比价格计算，比上年增长12.7%。其中：第一产业增加值74.35亿元，增长3.4%；第二产业增加值209.54亿元，增长18.3%；第三产业增加值321.94亿元，增长1.6%。人均地区生产总值20077元，增长11.3%。国民经济三次产业增加值占GDP的比重由2010年的13.5:32.3:54.2调整为2011年的12.3:34.6:53.1，第一产业下降1.2个百分点，第二产业增加2.3个百分点，第三产业下降1.1个百分点。第一产业增加值不断增加，但占GDP的比重逐步下降，第二产业增加值快速增长，占GDP的比重不断上升，第三产业增加值仍占据较大比重，但升中有降，产业结构更趋合理，经济发展自生能力显著提高。

2.财政实力显著增强，支出倾向民生领域。随着经济的快速发展，地方财政收入迅猛增长，财政实力大幅增强，政府提供公共服务、改善民生的能力明显提高。2011年，全年完成地方财政收入64.53亿元，按同比口径计算，比上年增长52.0%。其中：一般预算收入54.76亿元，增长49.4%。全年财政总支出773亿元，按同比口径计算，比上年增长37.4%。其中：一般预算支出758亿元，增长37.6%。在一般预算支出中，社会保障和就业支出52.09亿元，增长63.2%；教育支出77.43亿元，增长27.4%；医疗卫生支出34.75亿元，增长8.5%；环保支出15.89亿元，增长35.0%。

3.金融服务能力进一步增强，保险业持续发展。2011年，西藏金融部门认真贯彻落实中央赋予西藏的特殊优惠金融政策，着力提高金融服务水平。2011年年末，全部金融机构本外币各项存款余额1662.50亿元，比上年初增长28.2%。其中：单位存款1151.98亿元，增长30.1%，个人存款319.27亿元，增长19.3%。全部金融机构本外币各项贷款余额409.05亿元，比年初增长35.5%。保险业也继续保持较快发展势头。自2006年开始农牧业保险试点以来，目前全区政策性涉农保险已扩展遍布至7地市。随着“政策性三农保险”工作在西藏的不断开展，农牧区广大群众“抗风险、保稳定、保民生”的能力明显增强。2011年全年保险公司保费收入7.38亿元，比上年增长45.8%。其中：财产险保费收入0.67亿元，比上年增长23.0%；人寿险保费收入0.78亿元，增长81.9%；意外险保费收入0.42亿元，增长35.5%%；机动车辆险保费收入3.68亿元，增长16.0%；健康险保费收入0.65亿元，增长2.1倍。全年共支付各类赔款3.10亿元，比上年增长39.6%。西藏金融保险业服务水平不断提高，对第三产业稳定增长的贡献能力持续增强。

4.城乡居民收入不断增加，人民生活不断改善。一是城乡居民收入实现较快增长。2011年，全区城镇居民人均可支配收入达16196元，比上年增长8.1%；农牧民人均纯收入4904元，增长18.5%。二是城乡居民居住条件逐步改善。2011年，

全区大力推进新农村建设、实施安居工程，年末已有33.87万户、174.27万农牧民住上了宽敞明亮的新房。年末城镇居民人均居住面积36.61平方米，较上年的34.72平方米，增加了1.89平方米，增长5.4%；农牧民人均居住面积达到29.61平方米，较上年的24.03平方米，增加了5.58平方米，增长23.2%。三是人民生活水平不断改善。随着收入的持续增加，城乡居民生平的大幅提高，城乡居民的消费能力也不断增强，生活质量也不断提高。2011年，城镇居民人均消费支出10399元，较上年增长7.4%；农牧民人均生活消费支出2742元，较上年增长9.5%。

（二）行业发展态势良好，综合实力不断增强

2011年，自治区党委、政府采取多项措施，加大生产调度，充分挖掘增长潜力，有力地促进了各行各业的良好发展。

1. 农业生产平稳增长。2011年，全区上下始终紧紧围绕农牧民增收、改善农牧民生产生活条件这一首要任务，狠抓综合措施落实，扎实推进传统农牧业向现代农牧业转变，全区农牧业经济保持了持续稳定发展的势头。全年全区完成农林牧渔业总产值109.37亿元，同比增长3.7%。全年农作物种植面积240.61千公顷，比上年增加0.59千公顷。其中：青稞面积118.42千公顷，比上年增长0.5%；小麦面积37.60千公顷，增加0.54千公顷；油菜籽面积23.92千公顷，与上同期持平；蔬菜面积21.58千公顷，增加0.25千公顷。全年实现粮食总产量93.73万吨，比上年增长2.7%；油菜籽6.33万吨，增长9.1%；蔬菜60.07万吨，增长3.4%，种植业结构更趋合理。年末牲畜存栏总数2185万头只匹，比上年末减少136万头只匹。其中：牛645万头，减少9万头；羊1459万只，减少120万只。全年猪牛羊肉产量达27.67万吨，比上年增长5.2%；奶类产量31.35万吨，增长3.5%，牲畜出栏率进一步提高。

2. 工业、建筑业加快发展。2011年，西藏第二产业发展始终紧紧围绕自治区党委、政府“二产抓重点”的经济发展战略，坚持走有“中国特色、西藏特点”的新型工业化道路，紧密结合西藏经济社会发展的阶段性特点，坚持“统筹兼顾、协调发展、突出特色、带动优势”的原则，综合考虑工业现状、基础条件、产业特色、资源分布等因素，做大做强优势产业，提升改造传统产业，着力培育一批支撑作用强、带动面广、产业链长、产品有特色、市场竞争力强、能扩大就业的重点产业。2011年，实现工业增加值48.93亿元，比上年增长18.1%。规模以上工业企业增加值37.15亿元，同比增长19.0%。其中：年主营业务收入2000万元以上工业企业实现增加值35.38亿元，比上年增长20.1%。其中：轻工业实现增加值11.74亿元，增长16.2%；重工业实现增加值25.41亿元，增长20.4%。国有及国有控股企业全年实现增加值20.16亿元，比上年增长21.3%。按登记注册类型分，国有企业实现增加值13.45亿元，增长31.1%；集体企业实现增加值0.84亿元，增长21.9%；股份制企业实现增加值18.35亿元，增长11.4%；股份合作企业实现增加值0.07亿元，增长77.3%；外商及港澳台企业实现增加值2.15亿元，增长2.6%；其他经济类型企业实现增加值2.29亿元，增长48.5%。

全年规模以上工业企业实现利润总额12.97亿元，比上年增长24.6%。其中：国有及国有控股企业实现利润1.78亿元，下降35.2%；集体企业实现利润0.34亿元，增长40.0%；股份制企业实现利润10.86亿元，增长27.1倍。规模以上工业企业产品销售率97.4%。

全年规模以上工业企业完成水泥产量234.91万吨，比上年增长7.2%；发电量23.38亿千瓦时，增长11.2%；啤酒18.17万吨，增长36.3%；中成药（藏医药）1436吨，增长17.4%；自来水12804万吨，增长5.4%；瓶（罐）装饮用水9.04万吨，增长7.5%；铬矿石11.49万吨，增长6.7%；铜金属含量1.18万吨，增长1.1倍；铅金属含量2.66万吨；增长26.5%；锌金属含量2.14万吨，增长9.6%。

全年建筑业实现增加值160.61亿元，比上年增长18.4%。

3. 第三产业持续增长。据 2011 年第四季度快报数显示，全年交通运输、仓储和邮电业实现增加值 22.81 亿元，按可比价计算，增长 1.5%；批发和零售业实现增加值 34.34 亿元，增长 5.3%；住宿和餐饮业实现增加值 17.84 亿元，增长 5.2%；金融业实现增加值 32.41 亿元，增长 13.1%；房地产业实现增加值 1609 亿元，增长 2.3%；营利性服务业实现增加值 43.74 亿元，增长 18.0%；非营利性服务业实现增加值 154.71 亿元，增长 14.6%。

（三）投资消费对经济的拉动作用日益明显，对外贸易增势强劲

2011 年，自治区党委、政府加大投资落实力度，夯实经济发展基础，投资拉动经济增长的作用进一步增强。2011 年全社会完成固定资产投资总额 516.3 亿元，比上年增长 18.6%。其中：民间投资 126.79 亿元，增长 7.4%。在抓好投资拉动经济增长的同时，全区各级党委、政府全面落实各项扩大消费的政策措施，加快培育消费市场，大力刺激城乡消费。全年实现社会消费品零售总额 219 亿元，比上年增长 18.2%。其中，城镇消费品零售额 179 亿元，增长 19.1%；乡村消费品零售额 40 亿元，增长 14.3%。城市和农牧区消费市场呈现出齐头并进、同步增长的良好格局。

随着全球金融危机影响的逐渐减弱，经济呈现逐步复苏的态势，有力促进了我区进出口贸易总额的强势增长。据海关统计，全年进出口总额达到 135861 万美元，比上年增长 62.5%。其中：出口总额 118310 万美元，增长 53.4%；进口总额 17551 万美元，增长 1.7 倍。在进出口贸易中，边境小额贸易实现进出口总额 93033 万美元，比上年增长 86.0%，占进出口贸易总额的 68.5%。其中：出口 92420 万美元，增长 86.0%；进口 613 万美元，增长 1.1 倍。有效拉动了对外贸易的快速增长。

（四）社会事业进一步发展，民生得到有力保障和有效改善

2011 年，自治区党委、政府坚持群众利益无小事，广泛了解民情、体察民意，想民之所想，急民之所急，倾心倾力解决群众最关心、最直接、最现实的利益问题，西藏自治区大幅度增加保障和改善民生的投入。

1. 教育卫生。“两基”攻坚规划确定的各项任务全面完成，义务教育覆盖全区城乡，小学适龄儿童入学率达到 99.4%。基层医疗卫生服务体系进一步完善，2011 年年末全区共有卫生机构 1378 个，其中：医院、卫生院 783 个，疾病预防控制中心（卫生防治机构）81 个，妇幼保健院、所、站 57 个。实有病床床位 9462 张，其中：医院、卫生院 9192 张。卫生技术人员 10797 人，其中：执业医师 4175 人。每千人病床数和卫生技术人员数分别达到了 3.18 张和 3.56 人。

2. 文化体育。2011 年年末全区共有各类文化机构 394 个，其中，艺术事业 67 个，群众文化事业 323 个。公共图书馆 4 个，群众艺术馆 8 个，其他文化事业 2 个。共有电视台 5 座，广播电台 1 座。广播、电视人口综合覆盖率分别达 91.67% 和 92.8%。出版报纸 15411 万印张，各类杂志 1701 千册，图书 1563 万册。健身路径器材 5810 套、农民体育健身工程 48 个（每个工程包括：24 个篮球场和 24 个乒乓球台）。我区运动员在国际国内各种体育竞技比赛中共取得金牌 3 枚、银牌 8 枚、铜牌 3 枚，在登山及攀岩比赛中获得 2 个第一名、1 个第二名、3 个第三名；组织群众体育活动 502 次，参加活动总人数达 232 万人次。本年度认证社会体育指导员 443 人，其中：一级体育指导员 53 人；二级体育指导员 143 人；三级体育指导员 247 人。全年销售体育彩票 2.42 亿元，筹集体育彩票公益金 6029 万元。

3. 社会保障。社会保障事业全面发展，各项社会保险制度进一步完善，覆盖面进一步扩大，保障水平不断提高。基本养老金按时足额支付率和社会化发放率均达到 100%。年末全区参加基本养老保险的职工 11.24 万人，参加失业保险 11.03 万人，参加工伤保险 11.84 万人，参加生育保险 16.06 万人。城镇参加基本医疗保险（职工、居民）43.67 万人。全区城镇居民共有 42881 人享受政府最低生活保障，发放低保救助

金 11222.5 万元。农村居民有 23 万人享受政府最低生活保障，发放低保救助金 18067.66 万元。年末全区各类社会福利机构共有 80 个，公办儿童福利院 10 所，民办儿童福利院 5 所，集中收养 1043 人；供养五保户 15247 人，其中孤残儿童 3400 人。全年销售社会福利彩票 3.31 亿元，筹集社会福利公益金 1.03 亿元。

二、2011 年西藏经济社会发展中存在的主要问题

2011 年，西藏在经济社会发展诸多方面取得了显著成就，但一些固有问题仍然制约着西藏经济社会的良性发展，具体体现在以下几点：

（一）经济总量过小，城乡收入差距过大

从 1999 年至今，西藏的 GDP 占全国的比重始终在 0.2%以下，城镇居民人均可支配收入从 2004 年至今仅相当于全国平均水平的 80%左右，而农牧民人均纯收入一直处在全国平均水平的 70%左右，同全国平均水平相比，西藏的经济总量显然过小，城乡差距仍然过大，科学发展跨越式发展之路任重道远。

（二）二元结构明显，社会发展欠均衡

随着经济快速发展，西藏区域发展差距有扩大趋势，各地区经济社会发展不平衡的矛盾将尤为突出。由于各地市经济社会基础、地理条件、自然资源禀赋等存在较大差异，各地区发展差距较大。2011 年拉萨市 GDP 为 222.09 亿元，阿里地区仅有 21.30 亿元，相差 10.4 倍，经济实力差距太大。因此，西藏各地区同步实现小康社会的目标任务仍艰巨。

（三）具有西藏特色的工业化道路艰难曲折

加快经济结构调整，走新型工业化道路是西藏科学发展跨越式发展的必由之路。虽然近年来西藏在加快工业化进程、提高工业在第二产业中比重、积极向新型工业化道路转轨的道路上不断迈进，积极促进第二产业由主要依靠建筑业向由工业和建筑业协同发展转变，工业总量大幅提升，增长速度明显加快，在国民经济中的比重逐步提高，但工业发展依然存在很多制约因素：一是工业经济规模小，工业化程度低。2011 年，西藏第二产业占全区生产总值的比重为 34.6%，虽然占到了全区经济总量的三成以上，但仍远远低于全国的平均水平 46.8%。二是各类产品结构单一，产品科技含量不高，精深加工能力不足，附加值低。三是利用高新技术改造提升传统产业的任务繁重，工业生产技术整体水平不高。面对新型工业化道路的进展问题，亟需寻求解决方案和出路。

三、对策建议

随着中央第五次西藏工作座谈会的成功召开和相关文件的陆续出台，中央进一步加大了对西藏经济社会发展的支持力度，西藏站在了科学发展跨越式发展的新起点上。为继续保持经济社会的平稳较快发展态势，顺利完成 2012 年的各项发展目标，结合中央继续实施积极的财政政策和适度宽松的货币政策的形势，根据西藏自治区自身特点，建议：

（一）继续巩固投资和消费共同拉动经济发展的基础，大力发展边境贸易，推动经济总量的快速增长

认真贯彻落实中央第五次西藏工作座谈会精神，积极争取中央投资，充分发挥政府投资的带动作用，认真落实引导民间投资的各项优惠政策，不断提高经济自生能力。优化投资结构，合理安排资金去向，提高投资效益。

积极引导消费预期，创新消费模式，不断扩大城镇消费，努力挖掘农牧区消费潜力。进一步巩固和提升旅游、住房、汽车等消费热点，认真执行好家电、家具、汽车、摩托车等下乡政策和以旧换新政策，促进城乡消费同步增长。

以口岸、通道、边关重镇为支撑，提升边境地区软硬件建设水平。大力发展包括自产产品在

内的出口边境贸易，从西藏和南亚边境的实际出发，制定出台优惠政策及相应的实施办法，鼓励和引导边贸商家扩大边贸商品出口。以边境贸易的发展来有力改善西藏对外贸易结构，逐步改变对外贸易增长波动较大的现状。

（二）加快产业建设步伐，增强西藏经济发展自生能力

紧紧抓住国家产业振兴规划实施和促进中小企业发展相关政策落实的有利契机，积极拓宽产业发展的融资渠道，充分发挥政府投资的带动作用，鼓励和引导民间投资进入特色产业发展领域，形成推动产业发展的强大合力。

继续把培育特色优势产业放在战略地位，抓住优势矿产业、藏药业、民族手工业、特色旅游业、水能产业等几个关键产业，高起点、大力度推进。做大做强做精旅游业，加快建设重要的世界旅游目的地。合理有序开发优势矿产资源，推进重要战略资源储备基地形成。大力发展特色农牧业和绿色食（饮）品业，抓好青稞啤酒、5100等优质矿泉水各种优势项目。加快推进藏药产业化和民族手工业发展，建设藏医药产业园区，完善藏药标准体系和检验监测体系，推进集约化规模化发展。

（三）加快推进财政体制改革，改善经济发展环境

适当调整转移支付结构，加大对地市和县级均衡性转移支付力度，减少自治区级财政截留。积极贯彻落实中央第五次西藏工作座谈会精神，把有关事权让中央政府承担，调整地市和县级的财权与事权。适当调整税收体制改革，把有关税种留给地市或县级政府，促进西藏各地市均衡发展。

（四）保障就业、改善民生，全力维护社会稳定

高度重视高校毕业生的就业工作，认真落实促进高校毕业生就业的各项优惠政策，鼓励和扶持高校毕业生到基层就业，自谋职业，自主创业。完善失业人员登记和失业检测机制，实行动态管理。扎实开展职业技能培训，提高农牧民和城镇失业、转岗人员的就业能力。进一步健全就业援助制度，认真做好公益性岗位的后续跟踪服务和动态管理工作。

扩大城乡社保覆盖范围，提高保障水平，重点加强农牧区和困难群体社会保障服务及残疾人服务。进一步完善城镇“五险一金”制度，提高居民最低生活保障标准。加大财政支持力度，进一步提高企业退休人员养老金水平。完善和落实被征地农民和退牧牧民的社会保障政策。通过提高就业水平和改善社会保障制度，切实推动社会事业发展，提升公共服务能力，有力保障社会稳定和长治久安。

（撰稿人：刘柏呈　西藏自治区统计局局长）

陕西省经济社会发展报告

2011年，是"十二五"开局之年，面对世界主要经济体形势复杂多变、我国经济趋缓、通胀压力较大等严峻挑战，省委省政府带领全省人民，认真贯彻落实国家各项宏观调控政策，紧扣科学发展、富民强省的主题和转变发展方式的主线，坚持民生优先，以民生建设和产业结构调整为突破口，有效化解了各种风险和矛盾，全省经济经受住了严峻的考验，在上年总量过万亿元的新起点上，继续保持平稳较快增长，呈现"快中渐稳、稳中渐优、优中渐强、强中渐实"的发展态势。喜人数据见证了陕西经济发展成就，"十二五"起步之年稳健开局、首战报捷。

一、2011年经济运行特征

（一）快中渐稳：在较快区间健康运行，增速稳居第一方阵

经济保持较快增势，稳健运行特征明显。2011年，我省经济在国际经济环境复杂多变、国内宏观调控趋紧等艰难困境中，乘2010年跻身全国"万亿元俱乐部"的良好势头，高点起步、稳中加快、再续辉煌，全年实现生产总值12391.3亿元，较上年增长13.9%，增速在全国位次较上年前移2位，稳居全国"第一方阵"。人均GDP达到33142元，跨上5000美元台阶达5131美元。从2001年以来陕西经济发展速度看，持续快速发展。2002—2011年陕西经济连续10年保持两位数增长，年均增长13.8%，而2011年13.9%的增速仍高于10年的这一平均水平，表明陕西经济仍处在快速增长区间。从年内各季度速度看，稳健运行特征明显。2011年全年生产总值各季度增速稳定在13.6%-14%之间，一季度经济增长13.6%，上半年增长13.7%，前三季度增长13.7%，全年增长13.9%，在全国位次分别为第11、第9、第9和第6位，不断前移。与近年来发展鲜明对比的是，在经历国际金融危机的冲击和考验后，全省经济2009年震荡波动，2010年恢复性增长，增速快于全国4.2个百分点，但各季累计增速波动依然较大，2010年波幅达3.6个百分点，而2011年波幅为0.3个百分点，平稳的特征明显。

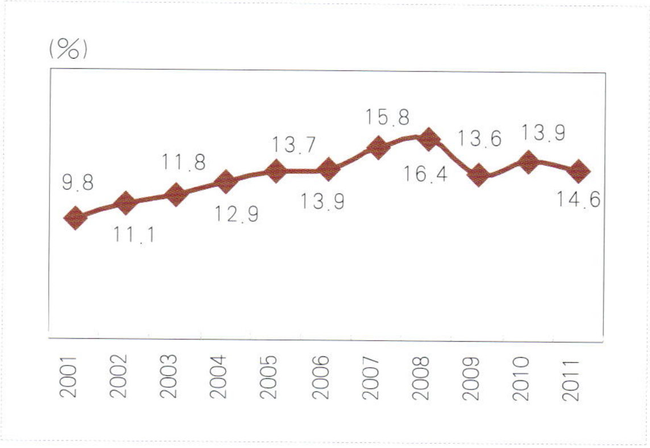

图1 生产总值增长速度

粮食总产连续八年超跃1000万吨，果业竞争力提升。2011年，全年农业生产虽受自然气候波动以及"秋淋"等异常天气影响，但全省各级党委政府高度重视三农问题，各项支农惠农政策积极推进，新技术广泛推广，夏粮秋粮均获丰收，粮食总产连续八年稳定在1000万吨以上，全年达到1194.7万吨，为1999年以来新高，其

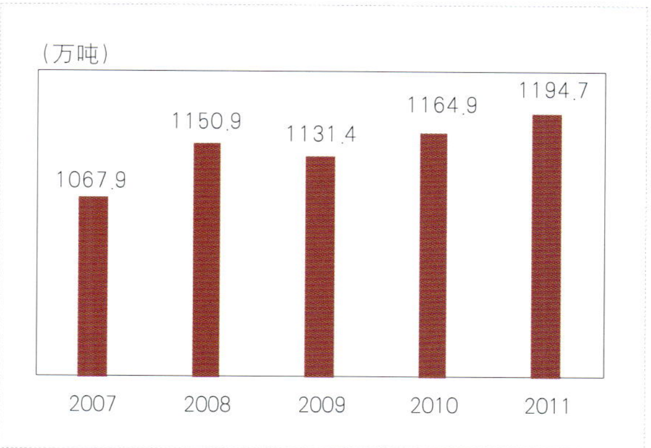

图2 粮食产量

中夏粮455.1万吨，秋粮739.6万吨。以苹果为龙头的果业产业化格局初步形成，竞争力整体提升。2011年，全省水果产量1332.7万吨，比上年增长7.6%，其中苹果902.9万吨，增长5.5%，继续保持全国第一大省。猕猴桃产量73.57万吨，位居全国前列，增长16.9%，成为继苹果之后陕西果业的又一亮点。核桃产量14.3万吨，增长1.4倍；板栗产量6.85万吨，增长31.7%。

工业趋稳向好，规上工业增加值突破5000亿元。2011年，我省工业克服资源环境约束加剧、产业结构调整力度加大、装备制造业市场下滑、宏观大环境复杂多变等不利因素，采取了一系列科学有效的应对措施，在加快转型升级的同时，积极培育战略性新兴产业，生产稳步上行，不断向好。全年规模以上工业增加值增速总体处在17%左右的稳定增长区间，一季度增长17.5%、上半年增长17%，前三季度增长17%，全年增加值突破5000亿元，达到5459.58亿元，年净增量连续2年过千亿元，增长17.9%。主要产品产量保持增长。2011年，在统计的64种主要产品中，有50种产品保持增长。其中，原煤产量41135.08万吨，比上年增长14.9%；天然原油3225.42万吨，增长6.9%；天然气272.21亿立方米，增长21.8%；发电量1209.26亿千瓦小时，增长10%。占据经济总量近半的工业的稳定增长，为全年经济增长提供了坚实的保障。

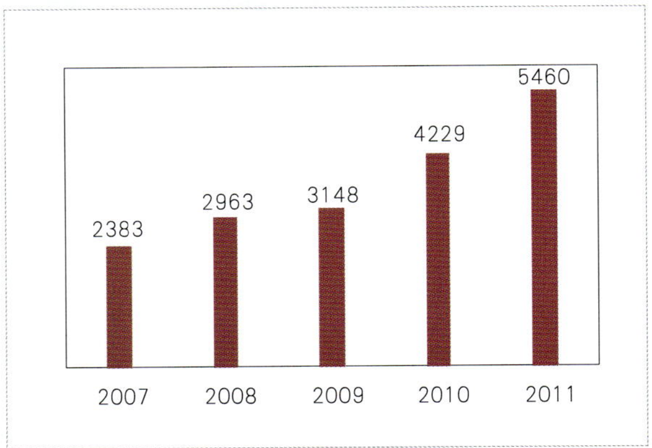

图3 规模以上工业增加值（亿元）

投资突破9000万亿元，房地产投资增速减缓。2011年全省全社会固定资产投资9445.8亿元，比上年增长30.2%。结构进一步趋好，民生投入加大，经济发展活力增强，实体经济基础更加牢固。分产业看，第一产业665.97亿元，增长51.7%；第二产业3758.42亿元，增长42.2%；第三产业5608.66亿元，增长21.3%。一是民生领域投资力度加大。2011年，全省城市公共交通业投资增长73.8%；卫生、社会保障和社会福利业增长84.5%，文化、体育和娱乐业增长74.2%，居民服务和其他服务业增长64.6%，分别比全社会固定资产投资增速高54.3、44和34.4个百分点。二是民间投资占据半壁江山。2011年，全省民间投资5016.97亿元，比上年增长42.5%，高于全社会固定资产投资增速12.3个百分点，占全省全社会固定资产投资的比重达到50%。三是工业特别是支柱工业领域投资力度加大。装备制造业增长74.6%，有色冶金工业增长51.9%，食品工业增长38.1%，医药制造业增长36.3%，分别比全社会固定资产投资增速高44.4、21.7、7.9和6.1个百分点。四是房地产投资增速减缓，调控政策效应显现。2011年，全省房地产开发投资完成1420.53亿元，比上年增长22.5%，增速比上年回落0.4个百分点；商品房屋施工面积12179.97万平方米，增长22.4%；商品房销售面积3068.63万平方米，增长18.5%，增速回落5.6个百分点。

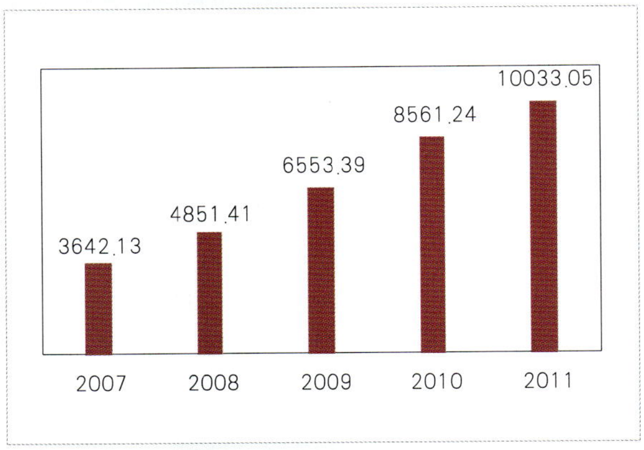

图4 全社会固定资产投资总额（亿元）

“世园”带动效应明显，消费增速逐季加快。2011年我省成功举办世界园艺博览会，期间累计接待入园游客突破1500万人次，创历届世园会之最，带动了旅游、餐饮等相关产业大幅增长，加之教育、医疗、住房、养老等关系百姓切身利益的社会保障措施不断完善，推动消费市场持续旺盛，社会消费品零售总额增速在国家刺激消费政策效应减弱的情况下，依然保持逐季加快的态势，消费对经济增长的贡献稳定增强。2011 年一季度、上半年、前三季度全省社会消费品零售总额同比分别增长 17.0%、17.7% 和 18.3%，全年实现社会消费品零售总额 3790.0 亿元，比上年增长 18.6%。其中，限额以上企业（单位）实现消费品零售额 2157.02 亿元，增长 30.8%。

（二）稳中渐优：调结构稳步推进，产业优化取得新进展

文化产业增加值首破 300 亿元，建设西部文化强省迈出坚实步伐。我省文化底蕴深厚，2011 年，以推进社会主义文化大发展大繁荣为契机，通过深化文化体制改革，文化发展活力进一步增强。全年实现文化产业增加值 374.86 亿元，首次突破 300 亿元关口，增长 30.2%，占 GDP 比重 3%，较上年提高 0.21 个百分点。文化产业将成为转变发展方式和调整产业结构的突破口，是推动经济结构调整的新生力量。

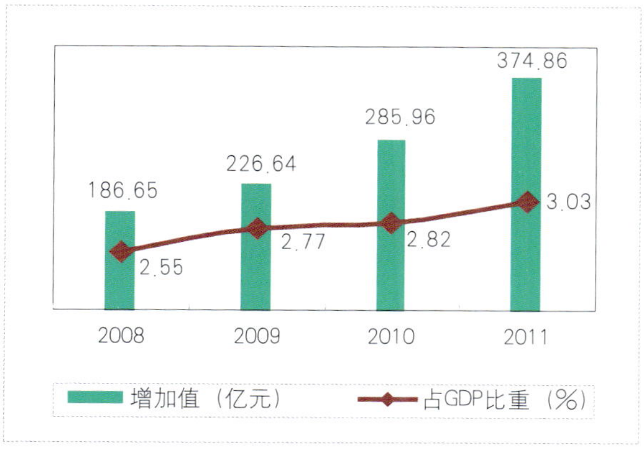

图 5　文化产业增加值及占 GDP 比重

非公经济占据半壁江山，新兴产业初具规模。非公经济是经济发展活力的体现。2011 年非公有经济占全省经济的比重首次突破 50%，达 50.5%，为全省经济持续健康发展打下坚实的基础。加快科技创新、积极培育战略性新兴产业，是我省实现发展方式转变的重大举措。2011 年全省太阳能光伏、风电设备、新能源汽车、LED 照明产品等新兴产业发展初具规模。新能源装机突破 300 万千瓦，是新兴产业发展的引擎，全年专利申请量达 3.1 万件，技术合同交易额首次突破 200 亿元。

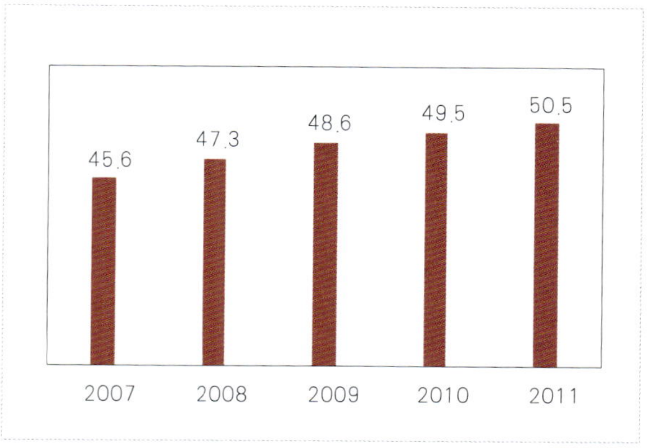

图 6　非公经济占 GDP 比重（%）

设施农业不断扩大，现代农业发展迅速。大棚设施蔬菜快速发展。2011 年全省设施蔬菜大棚数量达到 20 多万个，设施蔬菜占地面积近 22 万亩，设施蔬菜产量占全省蔬菜产量 20% 左右。良种覆盖率提高。全膜双垄沟播、测土配方施肥等现代农业技术得到推广，小麦、玉米和水稻良种覆盖率分别达到 90%、65% 和 85% 以上。农业机械化程度提高。随着农机补贴政策的不断落实，全省大型农机具持续增加，实施机械耕作的耕地面积占常用耕地面积比重达到 70% 以上。

优势产业趋向高端化，工业结构进一步优化。有色冶金产业步入世界先进水平。2011 年，全省规上有色冶金工业增加值增长 23%。宝钛集团、金钼集团和宝鸡锆业三户大企业集团的生产水平达到世界先进水平。能源化工迈向现代化。能源化工业增加值增长 17.3%。其中，化学原料及化学制品制造业、橡胶制品业和塑料制品业分别增长 24.7%、50.8% 和 44.7%，大大高于能源资源开采增速。装备制造业趋向高端化。装备制造业增加值增长 13.4%。其中，通用设备制造业增长 23.5%，专用设备制造业增长 22.1%，仪器仪表及文化办公用机械制造业增长 27.2%。

（三）优中渐强：基础设施建设和环境保护力度不断加大，可持续发展能力进一步增强

基础设施建设成绩喜人，城市交通步入新时代。截至2011年底，高速公路通车里程突破3800公里，位居西部第一。西安地铁二号线通车运营，陕西城市交通步入地铁新时代。西安咸阳国际机场作为西部首个、全国第4个可起降空客A380飞机的大型机场，全年旅客吞吐量突破2000万，正式跨入全国“二千万级”大型机场行列。水利设施建设取得重大成就。2011年，全省水利管理业投资增长90.5%，比全省投资增速高60.3个百分点，渭河全线综合治理工程累计投资42亿元，农业综合保障能力明显增强。

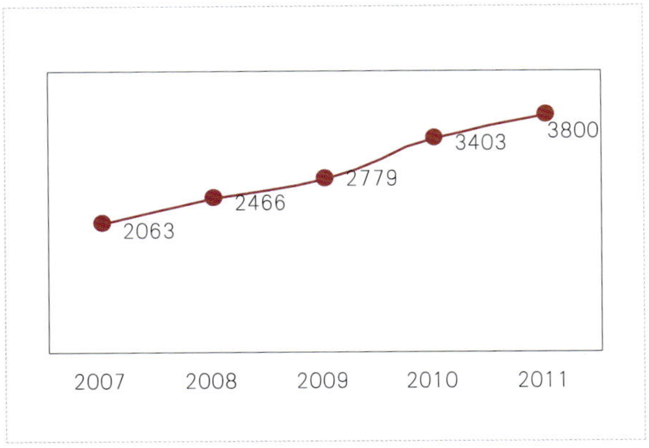

图7 高速公路里程（公里）

生态建设取得积极成效，物价涨幅得到有效控制。生态建设成效显著，绿色陕西深入人心。2011年建成渭河堤防178公里，抵御了30年来最大的洪水，淘汰工业落后产能295万吨标准煤，减排二氧化硫1.15万吨，单位GDP能耗同比下降3.5%。世园会的成功举办，山水秦岭，绿色陕西成为三秦大地新形象。市场物价高位运行，总体仍在可控区间。2011年，我省居民消费价格指数高开高走，高位震荡运行，呈现倒“V”字形走势。年初以5.3%的涨幅高位开局，6月份达到6.7%的最高峰。面对高位运行的物价，陕西坚决落实国家稳定物价总水平的要求，科学谋划，积极应对，确保市场供应，建立了物价涨幅与低收入群众生活补贴联动机制，有效抑制了价格过快上涨势头。进入三季度后，物价涨幅开始掉头下行，11月回落至4.5%，环比下降0.1%，年内首次下降，全年累计上涨5.7%，呈高位趋稳、总体可控态势。商品房价格拐点显现。在贯彻房地产调控政策的同时，全力推进保障性住房建设，以增加保障性住房来优化供应结构、缓解刚性需求压力，商品房价格稳中有降。

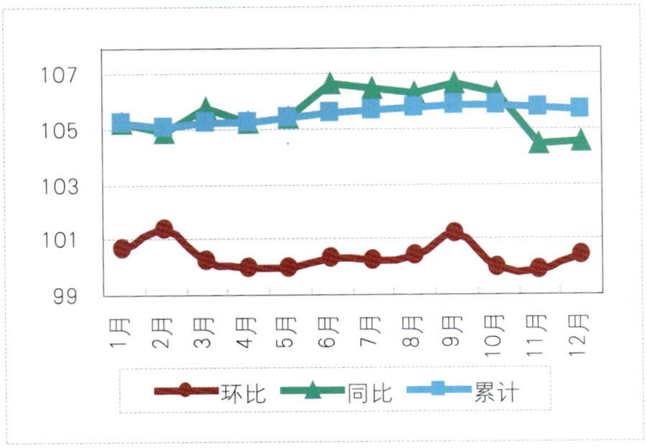

图8 居民消费价格总指数

（四）强中渐实：财政收入、企业效益、居民收入齐步并进，百姓得到更多实惠

财政收入突破2000亿元，工业效益持续提升。2011年前10个月，全省财政总收入突破2000亿元大关，全年达2578亿元，增长43.1%，净增777亿元，增量高于前两年增量总和，创历史最高水平。地方财政收入前7个月突破1000亿元，全年实现1499亿元，增长56.5%，比上年增加541亿元，比2008-2010年三年增量总和还多58亿元。经济稳步健康发展，企业经营效益同步提升。2011年1-11月，规模以上工业实现利税总额2668.5亿元，增长39.8%，盈亏相抵后实现利润总额为1590.05亿元，比上年同期净增444.15亿元，增长44.8%，185户企业盈利过亿元，13户企业盈利超过10亿元，同比

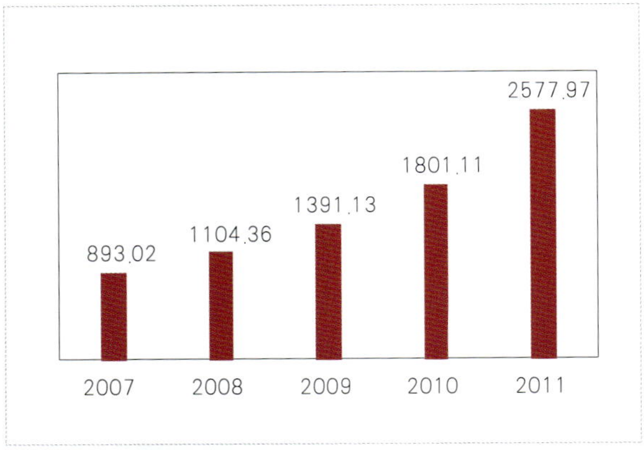

图9 财政总收入（亿元）

分别增加37户和4户；主营业务收入12009.57亿元，同比增长31.4%，147户企业突破10亿元，16户企业超过100亿元，同比分别增加35户和4户。

民生改善取得重大进展，百姓幸福感显著提升。政府兑现新增财力的80%用于民生的庄严承诺，全年财政投入2346亿元。2011年，实际新开工保障性安居工程51.23万套，位居全国前列。采用安排专项资金、发放小额担保贷款、减免就业税费、开发公益性岗位、组织就业培训等方式，千方百计增加就业。全省城镇新增就业41.1万人，失业再就业15.8万人，登记失业率3.6%。60万农村居民实现脱贫，陕南、陕北避灾扶贫搬迁工程已开工建设集中安置，以重点镇建设为抓手，加快城镇化建设步伐，城镇化率达47.3%。城乡居民社会养老保险制度实现全覆盖，参保人数已达到1537万人，推进速度和覆盖范围均居全国前列。新型农村合作医疗和城镇居民基本医疗保险人均财政补助标准提高到200元，住院费报销比例达到70%。

图10 城乡居民收入增速（%）

居民收入增量创历史新高，农村增速超越城镇。省委省政府多措并举，积极优化收入分配格局，确保发展成果惠及广大百姓。上调最低工资标准和企业离退休金标准，建立社会救助和保障标准与物价上涨挂钩联动机制，提高了个税起征点等各项惠民政策陆续出台，促进居民收入大幅增加。2011年，城镇居民人均可支配收入18245元，比上年增加2550元，增长16.2%，相当于全国平均水平的83.7%，比上年提高了1.6个百分点，农村居民人均纯收入5028元，比上年增加923元，增长22.5%，高于城镇6.3个百分点，相当于全国平均水平的72.1%，比上年提高了2.7个百分点，城乡居民收入年增量均创历史新高。

二、转型中亟待关注的问题

2011年我省经济取得了骄人成绩，经验弥足珍贵，经济发展中还存在一些问题和不足，特别是经历金融危机冲击后，世界经济进入了新的一轮调整期，中央要求，坚持把经济结构战略性调整作为加快转变经济发展方式的主攻方向。处理好经济增长与结构调整和管理通胀之间的关系，陕西面临的压力依然很大，仍存在一些问题和矛盾。主要表现为：

一是工业结构调整和产业升级难度较大。目前，我省经济增长主要依托工业，工业中主要依托能源重工业。在工业经济中，初级、高耗能行业增速快、比重高，代表工业化水平的制造业增速慢、比重低，结构调整和产业升级难度较大。2011年，全省有色冶金工业增加值增长23%，增速比规模以上工业快5.1个百分点，特别是黑色金属矿采选业增幅高达42.1%；能源化工业增加值占规模以上工业的比重高达63.4%，其中煤炭开采和洗选业、石油和天然气开采业增加值占43.6%。装备制造业增加值仅增长13.4%，增速比规模以上工业低4.5个百分点，增加值比重由上年的13.3%下降到12.8%，为近三年来较低水平；医药制造、纺织业分别增长12%和10.2%，仅占规上工业的1.6%和1%。

二是提升消费对经济贡献的难度较大。随着全省经济总量突破万亿元，人均GDP相继突破3000、4000和5000美元后，陕西开始了以汽车、住房和休闲娱乐为代表的新一轮消费热潮开始初露头角，成为推动经济持续增长的重要力量。但房地产快速发展积累下来的问题使楼市面临前所未有的调控压力，机动车激增也使交通拥堵弊端凸显，收入差距缩小缓慢导致新生消费源不足等矛盾也开始暴露，新一代消费升级仍均存在较大的不确定性，消费增长后劲令人担忧，提升消费对经济增长贡献难度较大。

三是短期内较快提高服务业比重难度较大。2011 年，全省服务业增加值比上年增长 11.7%，增幅比上年回落 0.4 个百分点，比全省经济增速低 2.2 个百分点，比第二产增速低 5.2 个百分点，服务业增加值占 GDP 的比重由上年的 36.4% 下降到 35%，下降 1.4 个百分点。在 GDP 总量过万亿、人均水平过 4000 和 5000 美元后，陕西进入经济学家定义的“中等收入”阶段，如何借鉴发达地区经验，跨越“中等收入陷阱”，提升服务业特别是新兴的现代服务业比重，加快经济发展方式转变，是实现“十二五”宏伟蓝图，阔步迈入全国发达地区的难解之题。

三、2012 年陕西经济展望及建议

从国际环境看，一些经济大国在 2012 年再次陷入衰退的风险正在加大，但复苏的步伐不会停滞，亚洲发展中国家的经济增长在中印的带领下仍然会高于其他地区。从国内政策环境看，2012 年，中央经济工作会议的总基调是“稳中求进”。国际社会一直认为经济的强劲增长是全球经济走出衰退的主要途径，中国作为全球主要的经济增长引擎将和国际社会一道，通过鼓励增长共同应对全球经济衰退。从我省发展看，近几年，我省以西部大开发战略为契机，不断加大基础设施力度，2002 年以来，经济始终保持两位数的增长，特别是 2007 年以来的高速发展，陕西已进入工业化、城镇化加速推进的新阶段，经济社会发展的自主性和内生动力不断增强，具备了继续保持较快发展的条件和基础。因此，2012 年，全省经济将会持续在快速发展的区间运行。在新的一年里，需要关注并做好以下几点。

从短期看，要坚持实体经济投资不放松，确保工业贡献不减。需求角度仍要以投资拉动为主，逐步提高消费贡献。就陕西而言，目前正处于工业化、城市化加快发展重要机遇期，必需紧抓国家第二轮西部大开发、支持陕甘宁革命老区振兴规划等区域发展战略正在积极推进的重大机遇，以转变发展方式和改善民生为主，争取上大项目、好项目来抓投资。生产角度要以优势支柱工业推动为主，逐步加快转型升级步伐。要加快能源工业产业升级，壮大制造业特别是先进制造业，增强工业持续较快增长后劲。

从长期看，要坚持科技创新不放松，加快发展方式转变。未来经济发展的核心竞争点在科技创新，在提升消费贡献率。工业化、城镇化发展的后期，经济发展必需依靠现代服务业和新兴产业为支撑点，满足人民群众不断上升的生活需求，这也是贯彻落实科学发展观，加快发展方式转变和建设西部强省必然要求。要以科技创新为出发点，大力发展新兴产业和现代服务业，积极培育新的经济增长点。同时要针对新增劳动力及庞大的农村富余劳动力转移带来的与就业岗位不足的矛盾，促进充分就业，同时力争居民收入增长和经济发展同步、劳动报酬增长和劳动生产率提高同步。

从区域看，要坚持分类指导不放松，实现区域统筹发展。陕西发展的核心推动力在以科技和现代服务业为主的关中，持续稳定的推动力在新能源工业和绿色工业为主的陕北，新的可持续发展的增长极在以循环经济发展为主的陕南。因此，陕西必需统筹城乡和区域发展，坚持一市一策，分类指导，推动三大区域共同健康可持续发展。

从所有制看，要坚持开放搞活不放松，增强经济发展活力。陕西发展的活力在民营经济。目前，陕西非公经济已占据半壁江山，2011 年，陕西的民间投资也已占投资总量的一半以上。随着社会主义市场经济的不断完善，要进一步扩大开放搞活，大力发展民营经济和县域经济，培育陕西经济发展的新亮点。

我们相信，全省人民在省委省政府的领导下，抢抓新一轮西部大开发、国家继续扩大内需和促进文化大发展大繁荣等重大略机遇，依托我省区位、资源和历史文化底蕴等优势，立足长远、扬长避短，坚持民生优先、科学发展，一定能够确保经济持续健康快速发展，跨入发达省份行列。

（撰稿人：丁云祥　陕西省统计局局长）

甘肃省经济社会发展报告

2011年，面对国内外环境的新变化，甘肃省上下认真贯彻落实科学发展观，紧紧围绕跨越式发展的总体目标，深入实施区域发展战略，加快转变经济发展方式，团结一致控物价、降能耗、减排放、保增长、惠民生，经济呈现出平稳较快的发展势头，全省生产总值比上年增长12.5%。

一、2011年全省经济运行的基本特点

（一）生产加快增长

2011年，甘肃省实现生产总值5000.5亿元，按不变价计算，比上年增长12.5%，增速比上年提高0.7个百分点。其中：第一产业完成增加值678亿元，增长5.9%；第二产业完成增加值2524亿元，增长15.2%；第三产业完成增加值1798亿元，增长11.5%。

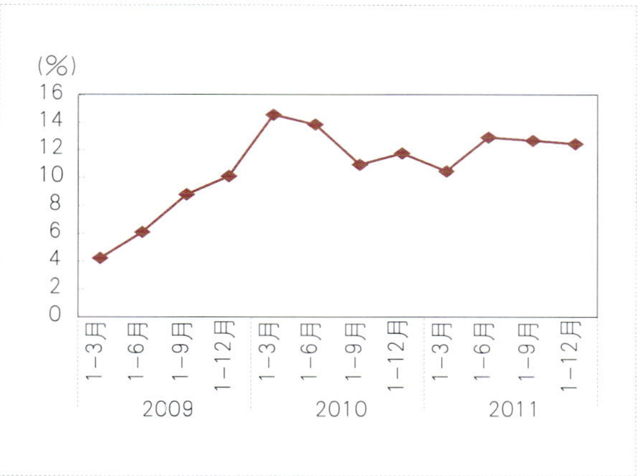

图1 2009-2011年甘肃省生产总值季度累计增长速度

跨越式发展见成效。2011年，全省生产总值突破5000亿元，达到5000.5亿元，比上年增长12.5%，是自1989年以来的最高增幅，比“十一五”时期年均增速提高1.3个百分点。2011年，三次产业对经济增长的贡献率分别为6.9%、58.8%和34.3%，分别拉动全省生产总值增长0.86、7.35和4.29个百分点。其中，工业和建筑业的贡献率为50.87%和7.90%，分别拉动全省生产总值增长6.36和0.99个百分点。

2011年，甘肃省工业经济延续了2010年较快增长的走势，同时全省工业生产者出厂价格总指数高位运行。受这两方面影响，全省工业比重继续上升，进而拉动第二产业比重持续提高，三次产业结构由2010年的14.54 ∶ 48.17 ∶ 37.29调整为2011年的13.51 ∶ 50.28 ∶ 36.21，其中，第一产业比重比上年下降1.03个百分点，第二产业比重上升2.11个百分点，第三产业比重下降1.08个百分点。

1. 农业生产稳定增长。2011年，甘肃省粮食产量突破1000万吨，达到1014.6万吨，比上年增长5.87%，连续8年实现粮食丰收。

草食畜牧业快速发展。多渠道整合草食畜牧业发展专项资金，用于巩固扩大草食畜牧业发展成果，全省草食畜牧业生产呈现出快速发展的良好态势。年末牛存栏498.38万头，比上年末增长2.75%；羊存栏1898.59万只，增长4.41%。全年牛出栏169.49万头，比上年增长5.52%；羊出栏1062.74万只，增长1.0%。

特色优势产业发展良好。全年蔬菜播种面积623.1万亩，比上年增长5.16%；蔬菜产量1320.6万吨，增长6.89%。全年中药材播种面积278.51万亩，增长12.25%；中药材产量61.94万吨，增长17.64%。

2. 工业生产较快增长。2011年，甘肃省全部工业企业完成工业增加值2071.31亿元，比上年增长16.3%，增幅比上年提高0.5个百分点。规模以上工业企业完成工业增加值1782.85亿元，增长16.2%。

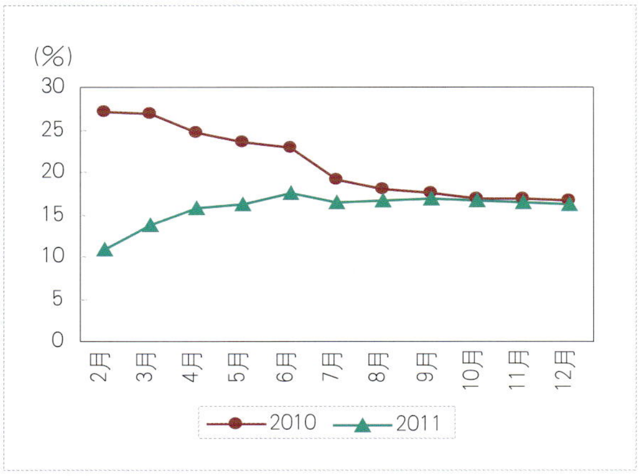

图 2 2010-2011 年甘肃省规模以上工业增加值累计增速对比图

冶金、食品、电力、机械及有色等重点支柱产业对全省工业增长拉动明显。2011 年，冶金、食品、电力、机械及有色工业共完成工业增加值 970.47 亿元，占全省规模以上工业总量的 54.43%，比上年增长 20.24%，高出全省规模以上工业平均增速 4.04 个百分点，拉动全省工业增长 11.15 个百分点，对全省工业增长的贡献率达到 68.76%。其中：冶金工业增长 22.42%，贡献率为 16.01%；食品工业增长 21.98%，贡献率为 13.31%；电力工业增长 20.2%，贡献率为 15.31%；机械工业增长 18.72%，贡献率为 7.59%；有色工业增长 18.11%，贡献率为 16.54%。

建材工业高速增长。2011 年，全省建材行业完成工业增加值 66.1 亿元，占全省规模以上工业总量的 3.71%，比上年增长 27.12%，高出全省规模以上工业平均增速 10.92 个百分点，拉动全省工业增长 1.02 个百分点，对全省工业增长的贡献率达到 6.26%。2011 年，全省生产水泥 2746.82 万吨，增长 13.78%，建材行业电力消费量增长 18.63%，其中非金属制品业增长 24.06%。

轻工业快速增长。全省轻工业完成工业增加值 224.10 亿元，占全省规模以上工业总量的 12.57%，比上年增长 21.9%，增速高于全省规模以上工业 5.7 个百分点。

企业效益平稳增长。2011 年，全省规模以上工业企业综合效益指数为 269.35，比上年提高 53.40 点。规模以上工业企业盈亏相抵后实现利润总额 241.23 亿元，比上年增长 10.52%。其中：石油和天然气开采业、有色金属冶炼及压延加工业、煤炭开采和洗选业、黑色金属冶炼及压延加工业分别实现利润 116.02 亿元、59.99 亿元、26.52 亿元、23.87 亿元，共实现利润 226.4 亿元，占全省利润总额的 93.85%，平均增长 55.1%，高出全省平均增速 44.6 个百分点。受成品油价格调整不到位的影响，全省石油加工、炼焦及核燃料加工业全行业亏损 64.29 亿元。

（二）需求增势较强

1. 固定资产投资增势强劲。2011 年，甘肃省 500 万元及以上项目共完成固定资产投资（不含农户）3865.99 亿元，比上年增长 40.16%。其中：城镇固定资产投资完成 3873.72 亿元，增长 40.25%；非农户项目投资完成 306.52 亿元，增长 39.03%。

城镇项目投资中，第一产业投资 135.39 亿元，比上年增长 75.64%；第二产业投资 1915.25 亿元，增长 33.27%；第三产业投资 1823.08 亿元，增长 46.10%。

新开工项目规模扩大。全省新开工项目 6142 个，平均投资规模为 6304 万元，比上年增加 1778 万元。

全年全省房地产开发投资完成362.88亿元，比上年增长 36.21%。从房地产开发投资实物量看，房屋竣工面积增长 9.58%，其中住宅增长 10.60%；商品房销售面积增长 7.85%，其中住宅增长 6.11%。

自筹资金占比不断提高。虽然信贷政策收缩，但是企业自主投资活跃，房地产开发投资不断向区县延伸等，全省自筹资金占比不断提高，保证了投资的顺利进展。2011 年，城镇投资到位资金 3764.80 亿元，增长 32.22%。其中：国家预算内资金增长 43.40%，占到位资金的 17.96%；国内贷款下降 2.04%，占到位资金的 12.72%；利用外资下降 4.11%，占到位资金的 0.46%；自筹资金增长 43.78%，占到位资金的 58.75%；其他资金增长 15.0%，占到位资金的 10.10%。自筹资金的占比与增速均为最高。

2. *消费品市场较快发展*。2011 年，甘肃省实现社会消费品零售总额 1648.0 亿元，比上年增长 18.2%。

城镇市场稳步发展，乡村市场快速增长。全年全省城镇实现社会消费品零售额1323.0亿元，比去年增长 17.8%。其中，城区实现社会消费品零售额 992.1 亿元，增长 18.9%。乡村实现社会消费品零售额 325.0 亿元，增长 19.8%。

主要热点商品销售稳定增长。全年全省粮油、食品类零售额比上年增长 28.4%；石油及其制品类零售额增长 40.4%；金银珠宝类零售额增长 38.3%；建筑及装潢材料类零售额增长 56.6%，家具类零售额增长 38.1%。

3. *进出口贸易较快增长*。2011 年，甘肃省完成进出口总值 87.64 亿美元，比上年增长 18.62%。其中：出口总值 21.85 亿美元，增长 33.42%；进口总值 65.79 亿美元，增长 14.41%。

一般贸易占比下降，加工贸易增势明显。2011 年，全省实现一般贸易进出口 68.6 亿美元，比上年增长 8.8%，占全省进出口总值的 78.3%，所占比重比上年下降 6.9 个百分点；实现加工贸易进出口 10.7 亿美元，比上年增长 1.04 倍，占全省进出口总值的 12.2%，所占比重比上年提高 5 个百分点，主要产品是镍锍、钴及其制品、集成电路芯片。

资源型产品出口较快增长。2011 年，全省资源型产品实现出口 6.77 亿美元，比上年增长 32%，占出口总额的 31%。其中：钢材出口 1.04 亿美元，增长 1.47 倍；稀土出口 1.87 亿美元，增长 2.79 倍；镍出口 1.04 亿美元，下降 7%；钴及其制品出口 0.62 亿美元，下降 30%；硅铁出口 0.42 亿美元，下降 46%；碳化硅出口 0.20 亿美元，增长 36%。

机电产品出口大幅增长，农产品出口创历史新高。2011 年，机电产品实现出口 5.23 亿美元，比上年增长 65%，占出口总额的 24%，比重较上年提高 5 个百分点。其中：碳素制品出口 13079 万美元，增长 23.54 倍；集成电路出口 9477 万美元，增长 36%；钻机及配件出口 5182 万美元，增长 13%；轴承出口 4328 万美元，下降 21%；液体泵出口 366 万美元，增长 16%；电机出口 342 万美元，增长 26%。

（三）价格涨幅回落

1. *居民消费价格涨幅高位回落*。

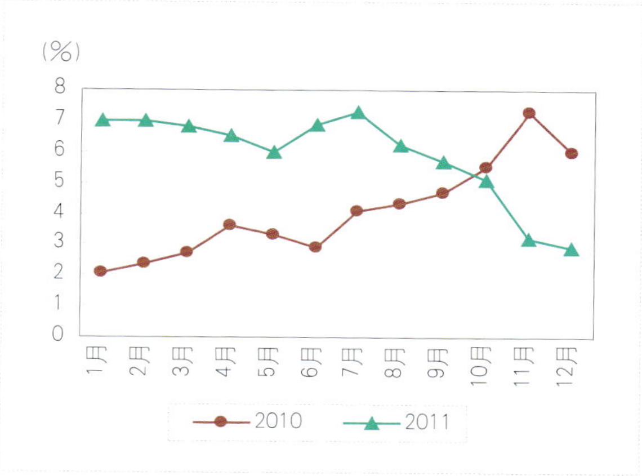

图 3 2010 年 -2011 年甘肃省居民消费价格指数当月涨幅对比图

全年全省居民消费价格总水平比上年上涨 5.9%。元月份和 2 月份居民消费价格总水平均上涨 7.0%，之后涨幅有所回落，5 月份同比上涨 6.0%，6 月份和 7 月份随着各种涨价因素的集中爆发，居民消费价格涨幅回升，7 月份上涨 7.3%，达到了年内最高水平。随后各级政府加大价格调控力度，加之翘尾因素影响逐步减弱，居民消费价格涨幅逐月回落。12 月份，全省居民消费价格同比上涨 2.9%，涨幅比最高的 7 月份回落 4.4 个百分点。

八大类商品和服务项目价格同比呈现全面上涨的态势。2011 年，全省食品、医疗保健及个人用品、居住、娱乐教育文化用品及服务、烟酒及用品、家庭设备用品及维修服务、衣着、交通和通信类价格分别比上年上涨 11.4%、5.8%、5.7%、2.9%、1.8%、1.6%、1.3%、1.1%。

食品价格高位运行是推动 CPI 上升的主要因素。2011 年，全省食品类价格上涨 11.4%。一是粮食价格大幅上扬。全省粮食价格上涨 10.5%。其中：大米、面粉、粮食制品类价格分别上涨 11.5%、8.4%、11.5%。国家提高粮食收购价格、运输成本增加和劳动力成本提高等带动粮食类价格大幅上扬。二是肉禽及其制品类、蛋类、水产品类价格大幅飙升。自 2010 年下半年起猪肉价格开始触底回升，饲料、人工费等养殖成本居高不下，使肉禽及其制品、蛋、水产品等价格大幅飙升。全省肉禽及其制品、蛋、水产品价格分别上涨 22.4%、16%、9.1%。三是干鲜瓜果价格居高不下。全省干鲜瓜果价格上涨 15.1%。主要原因是价格上涨导致农户的水果种植成本增加，推高水果市场价格走高。同时，受入春后持续的低温天气影响，产地水果产量减产，成熟期推后，市场出现供不应求的局面。加之运输等中间环节费用高使得水果价格居高不下。

居住类价格涨幅较高。装饰材料价格较快上涨，同时由于房价的上涨，一部分人转而寻求租房，致使房租价格上涨。在这些因素的共同作用下，居住类价格涨幅较高。2011 年，全省居住类价格上涨 5.7%。其中：受需求拉动和原材料涨价双重影响，建房及装饰材料上涨 2.4%，木材上涨 3.1%，砖瓦上涨 4.1%，厨卫设备上涨 4.0%；房屋租赁市场的活跃拉动租房费上涨 5.1%，其中公房房租价格上涨 2.7%，私房房租价格上涨 7.5%。

资源类商品价格明显上涨。资源价格改革的全面推进，推动了相关产品价格的上涨，从而也直接或间接地促使价格总水平上升。资源价格对服务价格有明显的传导性，服务价格的涨幅中有一半左右来自资源价格的传导，因此，资源价格的上调，必然会带动服务价格的整体上升。2011 年，全省汽油价格比上年上涨 12.2%，柴油价格上涨 12.6%，液化石油气价格上涨 11.7%，管道燃气价格上涨 11.9%。

2. 工业生产者出厂价格涨幅回落。2011 年全省工业生产者出厂价格总水平比上年上涨 11.0%，涨幅比上年回落 4.0 个百分点，涨幅比前三季度回落 2.1 个百分点；工业生产者购进价格总水平同比上涨 15.1%，涨幅比前三季度回落 2.1 个百分点。

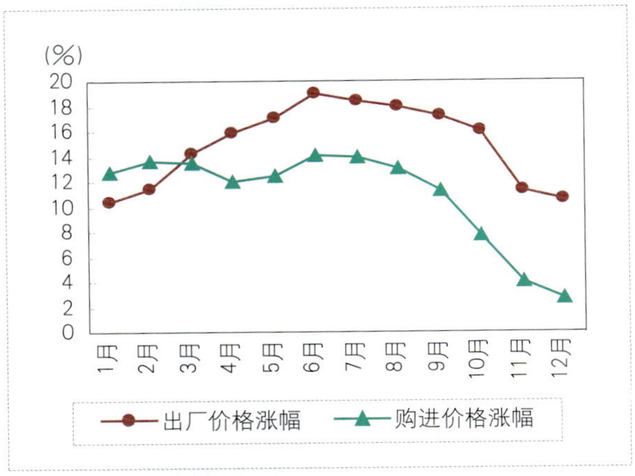

图 4 2011 年甘肃省工业生产者购进和出厂价格当月涨幅对比图

石油和天然气开采业等五大行业对工业生产者出厂价格影响较大。石油和天然气开采业、煤炭开采和洗选业、石油加工炼焦及核燃料加工业、黑色金属冶炼及压延加工业、有色金属冶炼及压延加工业其价格同比分别上涨 37.1%、20.8%、17.3%、7.4%、7.4%，共拉动工业生产者出厂价格上涨 8.9 个百分点，对工业生产者出厂价格总指数上涨的贡献率达到 80.9%。

（四）收入继续增加

全年全省城镇居民人均可支配收入为 14988.68 元，比上年增长 13.65%。其中：工资性收入 11195.26 元，增长 13.28%；经营净收入 914.30 元，增长 29.34%；财产性收入 161.66 元，增长 1.24 倍；转移性收入 3996.15 元，增长 9.05%。

全年全省农村居民人均纯收入为 3909.4 元，比上年增长 14.2%。其中：工资性收入 1562.0 元，增长 30.2%；家庭经营收入 1866.8 元，增长 0.6%；财产性收入 82.5 元，增长 1.1 倍；转移性收入 398.2 元，增长 20.9%。

（五）财政金融较快增长

1. 财政收入快速增长。全年全省完成大口径财政收入 933.62 亿元，比上年增长 25.28%，增速比上年提高 1.89 个百分点。完成一般预算收入 450.35 亿元，增长 27.37%，增速比上年提高 4.0 个百分点。在主体税种中，企业所得税、营业税、个人所得税和国内增值税分别增长42.76%、26.72%、26.34%和11.01%。

全年全省完成一般预算支出1790.25亿元，比上年增长21.90%。其中，交通运输、医疗卫生、社会保障和就业、一般公共服务支出分别增长1.39倍、42.58%、29.31%和21.90%。

2. 金融存贷款规模扩大。2011年末，甘肃省金融机构人民币各项存款余额为8394.04亿元，比上年增长17.97%，增幅比上年降低3个百分点。增幅下降的主要原因是各商业银行为了缓解资金压力，大力发展理财业务。受此影响，前11个月全省存款新增额低于上年同期。随着年末单位资金和理财产品的到期回流，12月份存款大幅增长，新增132.73亿元，比上年同期多增186.86亿元。全年新增存款1264.42亿元，比上年多增32.63亿元，实现了存款较为平稳的增长。

2011年末，甘肃省金融机构人民币各项贷款余额为5468.81亿元，比上年增长23.36%，其中，短期贷款1761.74亿元，增长8.97%；中长期贷款3470.68亿元，增长28.50%。制造业，电力、燃气及水的生产和供应业，交通运输、仓储和邮政业三个行业占各项贷款份额最大。2011年末，制造业、电力、燃气及水的生产和供应业以及交通运输、仓储和邮政业三个行业人民币贷款余额分别占全省金融机构人民币各项贷款余额的16.12%、15.46%和15.21%；批发、零售业和采矿业贷款余额分别占人民币各项贷款余额的6.79%和5.68%，这五个行业贷款占到全省金融机构人民币各项贷款余额的59.44%。从2011年贷款新增量看，增量最大的也是这五个行业，这五个行业的贷款新增量占到全年人民币各项贷款新增量的61.06%。

二、经济运行中存在的问题

（一）工业生产增速回落

全年全省规模以上工业增加值增速比前三季度回落0.8个百分点。全省23户重点企业完成工业增加值占规模以上工业总量的47.65%，比上年增长15.3%，增速比前三季度回落0.3个百分点，低于全省规模以上工业0.9个百分点。

电价调整影响企业生产经营。自2011年12月1日起，甘肃省适当提高省内统调燃煤发电企业上网电价，销售电价也相应调整，电炉铁合金、电石、电解烧碱、电解铝用电电价每度提高2.14分，这将给甘肃省的部分高耗能企业，特别是电解铝企业，带来较大困难。

（二）节能降耗形势严峻

一是重化工业增长较快带动能源需求上升。2011年，全省工业增加值比上年增长16.3%，高于生产总值增速3.8个百分点，占生产总值的比重较上年提高1.32个百分点。规模以上工业六大高耗能行业增加值增长17.15%，占规模以上工业增加值的比重较上年提高0.46个百分点。重化工业支撑的经济增长对节能降耗造成较大压力。二是新上高耗能企业及产能扩大带来的能源消费增量全省难以消化。2011年，全省精甲醇、水泥、电解铝、碳化硅等高耗能产品产能迅速扩张，导致能源消耗大幅上升，如华亭煤业集团有限责任公司、中材甘肃水泥有限责任公司、兰州蓝星有限公司、甘肃东兴铝业（集团）有限责任公司、成县祁连山有限公司、漳县祁连山水泥有限公司、天祝玉通石门河碳化硅有限公司等企业能源消费大幅上升，对全省影响较大。三是技术节能空间缩小。通过“十一五”淘汰落后产能、节能技术改造、设备更新等一系列节能措施的实施后，各行业、企业节能潜力和节能空间已逐步缩小，完成“十二五”节能任务的难度进一步加大。2011年全省主要耗能产品节能量31.13万吨标准煤，较上年减少60万吨标准煤。

（三）居民消费价格涨幅较高

全年全省居民消费价格总水平比上年上涨5.9%，12月份当月同比上涨2.9%，累计涨幅和当月涨幅均为年内最低水平。但物价总水平仍在高位运行，甘肃省居民消费价格涨幅高于全国0.5个百分点，居全国第4位（与广西和新疆并列）。同时，6月份以来全省居民消费价格环比呈现上涨态势。

（四）到位资金不能满足进度需要

全年全省城镇到位资金 3764.80 亿元，比上年增长 32.22%，绝对值低于城镇投资 108.92 亿元，增速低于城镇投资 7.94 个百分点。其中：国家预算内资金增长 4340%，国内贷款下降 2.04%，利用外资下降 4.11%，自筹资金增长 43.78%，其他资金增长 15.0%。

三、对策建议

（一）统筹处理经济发展和节能减排之间的关系

由于保增长和降能耗互相存在一定的制约，而目前高耗能行业又是支撑甘肃经济发展的主要力量，既要实现全省转型跨越发展，又要完成节能减排的目标任务，甘肃面临双重压力。要统筹处理经济发展和节能减排之间的关系，加快产业结构调整，促进产业结构升级，使工业增长和节能减排达到优化平衡，推动经济持续健康发展。要对新增污染物排放的建设项目依法暂缓审批，对擅自停用减排设施、违反环保法律法规的企业公开曝光，依法查处，确保减排设施正常运行。

（二）促进工业生产健康发展

关注企业生产经营状况，帮助企业加快技术改造，不断开拓市场，提高经济效益。积极引导金融机构与企业对接，争取商业银行加大对企业信贷支持力度，特别是对传统支柱产业改造升级、战略性新兴产业、先进高载能产业、装备制造业的信贷支持。积极做好煤电油运的协调工作，营造良好运行环境，确保工业经济平稳发展。

（三）严格控制物价水平

要认真贯彻落实省政府关于调控物价的相关政策，紧抓控制食品类价格上涨的主要因素，全面落实“绿色通道”政策，降低流通成本，保障市场供应。同时，加大价格监督检查力度，严肃查处恶意炒作、串通涨价、哄抬物价等不法行为，维护市场正常秩序，促使物价涨幅稳步回落。

（四）保持信贷总量合理增长

目前，由于甘肃省城镇投资到位资金中国内贷款呈现下降态势，不能满足投资进度需要。因此，一方面要合理安排信贷投放，保持信贷总量合理增长；另一方面要着力优化信贷结构，保证全省重点项目的信贷需求，引导地方金融机构和小额贷款公司拓展面向中小微型企业发展的服务业务，缓解企业融资困难问题。

（撰稿人：樊怀玉　甘肃省统计局局长）

青海省经济社会发展报告

2011年，面对复杂多变的国际形势和国内经济运行的新情况、新变化，全省牢牢把握科学发展主题和加快转变经济发展方式主线，以“四个发展”为主要路径，以“四个坚持”为重要方法，紧紧抓住西部大开发和国家扶持青海等省藏区发展有利时机，加强宏观调控、调整经济结构、管理通胀预期，全年全省经济呈现出增长较快、物价趋稳、效益提升、民生改善的良好态势，为“十二五”的发展奠定了基础。

一、2011年全省经济社会发展总体良好

2011年，全省实现地区生产总值1634.72亿元，比上年增长13.5%，其中：第一产业增加值155.44亿元，增长5.0%；第二产业增加值939.10亿元，增长17.3%；第三产业增加值540.18亿元，增长9.7%。

（一）社会总供给能力增强：农牧业丰收、工业生产较快增长、第三产业稳步发展

农牧业喜获丰收。2011年全省认真贯彻中央、省委一号文件精神，积极克服干旱、洪涝、冰雹和连阴雨等灾害气象的影响，扎实推进高原特色现代农业、生态畜牧业的建设，狠抓各项强农惠农政策的落实，加大农业投入，当年财政对农业支出比上年增长59.5%，对农业综合开发支出增长10.9%，大力提升机械化水平，落实中央和省级农机购置补贴10200万元，比上年增加1400万元，大投入带来大产出，2011年全省粮食产量103.36万吨，连续四年突破百万吨，是2000年以来产量最高的年份，蔬菜产量143.6万吨，是历史最高水平，比上年增长6.8%。年末全省各类草食畜存栏数达到1976.33万头（只），肉用畜出栏率35.02%，肉类总产量28.84万吨，为历史最高水平。

工业生产较快增长。按照“十二五”期间全省重点培育十大特色优势产业，重点打造新能源产业等发展思路，全面推进“双百”行动，在进一步巩固主导产业的基础上，加大对优势、新兴产业的财政、金融、人才、技术等方面的扶持力度，加快循环经济试验区和工业园区发展，实现了发展新兴产业与提升传统产业的新突破。大型多功能锻压机、金属镁一体化等项目加快推进，磷酸铁锂材料、风力发电设备制造、特钢200万吨改造升级项目全面竣工，建成1000兆瓦光伏电站并安全并网发电，创世界之最。全年全省工业投资633.52亿元，比上年增长42.4%，占全部投资额的44.2%，比重较上年提高2.6个百分点。虽然进入四季度，受国内外大环境变化的影响，省内部分企业生产遇到阶段性特殊困难、工业生产增速放缓的新情况、新问题，省委、省政府“见事早，谋事快”，把握主动，果断出手，统筹处理保增长与调结构、抓当前与谋长远、给帮扶与练内功的关系，及时出台并实施了解决当前工业运行突出问题的十项应对措施，极大地增强了企业克服困难的信心，巩固了全省工业经济持续较快发展的良好局面。全年全省规模以上工业增加值780.69亿元，比上年增长19.0%。其中国有控股工业企业增加值增长12.9%；非公有工业企业增加值增长29.8%，其占规模以上工业增加值的33.1%，比重较上年提高2.7个百分点。传统支柱、优势产业发展步伐加快，全年四大支柱产业增加值增长16.5%，其中，石油和天然气开采业增长15.8%，有色金属工业增长17.8%，电力工业增长14.3%，盐化工业增长16.9%；四大优势产业增加值增长13.7%，其中，冶金业增长8.1%，医药制造业增长24.4%，畜产品加工业增长5.8%，建材业增长26.7%。新兴工业逐步推进，2011年，新型材料产业实现增加值比上年增长11.0%，特色纺

织产业增长7.0%，生物产业增长14.1%。循环经济、园区工业经济发展势头强劲，随着柴达木循环经济试验区和国家循环经济试点产业园区——西宁（国家级）经济技术开发区的批复投产，围绕扩大辐射和带动能力、提升产业层次等进一步完善规划，认真谋划牵动性强、关联度高的重点项目和补链项目，形成全省重要的工业经济支撑和新的经济增长点。2011年，柴达木和西宁两个循环经济试验区分别完成工业增加值355.10亿元、197.77亿元，分别比上年增长21.2%和26.7%，两个试验区工业增加值占全省的68.1%。

第三产业稳步发展。制发了促进旅游、商贸物流、文化产业发展的相关规划和政策措施，大力推动以旅游业、文化产业为龙头的第三产业和金融、保险、物流、信息和法律服务等现代服务业的发展，加快现代服务业聚集区的建设，培育骨干服务企业和新兴企业，努力推进规模化、品牌化、网络化经营，西北地区规模最大的标准化农贸综合市场在西宁投入运营，朝阳物流园区建设初具规模，电子商务、物流配送等现代经营方式和新型业态开始向农村牧区延伸。全年第三产业增加值540.18亿元，比上年增长9.7%，其中营利性服务业实现增加值89.95亿元，增长15.6%。全年交通客运量和货运量分别增长8.5%和11.8%。邮电业务较快发展，业务总量同比增长26.7%，其中移动电话用户数近五年来以年均21.8%的速度增长。金融信贷增量高于上年，创造了直接融资、地方金融改革、保险直投、产业基金发展和金融招商五个新突破，2011年末全省金融机构人民币存、贷款年末余额分别增长21.8%、22.4%。在"旅游倍增计划"的推动下，旅游业收入快速增长，全年接待国内游客1407.2万人次，比上年增长15.2%，实现国内旅游收入90.57亿元，增长30.1%；入境游客和旅游外汇收入分别增长10.5%和30.0%；全年实现旅游总收入92.3亿元，增长30.0%。

（二）需求增势强劲：投资动力持续增强、消费市场活跃、出口快速增长

投资动力持续增强。2011年全省紧抓机遇、超前谋划、周密规划，继续发挥重点项目强劲引擎拉动作用，全年亿元以上固定资产投资项目438个，750KV电网建设项目、电石、聚氯乙烯一体化项目、年产60万吨电解铝及深加工生产线、金属镁一体化项目、年产8000吨多晶硅项目等重点项目建设稳步推进。在重点项目的推动下，全年全省完成全社会固定资产投资1434.31亿元，比上年增长34.2%，其中亿元以上项目完成投资830.1亿元，增长54.4%，占全部投资额的57.9%，带动全省固定资产投资增长27.3个百分点。2011年前9个月投资总额超过2010年投资总规模，月投资额保持了30%以上的速度增长。第二、三产业投资快速增长。2011年全省第一产业投资90.82亿元，增长17.0%；第二产业投资668.52亿元，增长43.8%，其中工业投资增长42.4%，在工业投资中支柱产业投资增长36.0%，优势产业投资增长82.3%；第三产业投资674.97亿元，增长28.3%。民间及港澳台投资比重提高。2011年，全省国有及国有控股企业投资821.49亿元，增长27.4%；民间投资559.19亿元，增长39.0%；港澳台及外商投资53.63亿元，增长1.49倍。民间和港澳台及外商投资占全部投资额的42.7%，比重较上年提高3个百分点。民生领域投资快速增长。2011年，全省基础设施投资完成373.73亿元，比上年增长31.4%；教育等社会事业完成投资48.26亿元，增长1.19倍；卫生、社会保障和社会福利业完成投资19.8亿元，增长1.59倍；文化、体育和娱乐业完成投资15.53亿元，增长48.6%；居民服务及其他服务业完成投资3.63亿元，增长1.36倍。房地产开发建销两旺。2011年，全省完成房地产投资144.77亿元，比上年增长33.8%；全年房屋施工面积1659.03万平方米，增长16.5%；房屋竣工面积505.91万平方米，增长89.0%；商品房销售面积348.20万平方米，增长23.9%；实现商品房销售额114.16亿元，增长35.3%。

消费市场活跃。为全力做好消费品市场的保供稳价工作，逐步加大市场调控力度，增加有效供给，支持大型连锁超市和蔬菜生产基地开展"农超对接"、"农校对接"，扩大农畜产品销售，

建设社区直销菜店、肉店，2011年省会西宁被列入全国标准化菜市场项目试点城市；争取国家和省级财政支持资金，新改建“万村千乡”标准化农家店，初步构建了以承办企业为龙头、乡镇级农家店为骨干、村级农家店为基础的农牧区商品经销网络，城乡消费品市场货源充足，扩内需政策效应明显。市场信心增强，重点商品热销。全年全省实现社会消费品零售总额404.85亿元，比上年增长17.0%。其中城镇实现零售额351.84亿元，增长17.4%；乡村实现零售额53.01亿元，增长14.2%。消费结构向高层次转化，在限额以上批发零售贸易企业主要商品中，粮油、食品、饮料、烟酒类实现零售额比上年增长21.1%，服装、鞋帽、针纺织品类增长29.8%，日用品类增长19.6%，家用电器和音像器材类增长12.8%，石油及制品类增长48.4%，金银珠宝类增长78.2%，汽车类增长3.7%。

出口总值快速增长。为加快全省对外开放，发展外向型经济，出台支持外贸发展意见，通过青洽会、藏毯国际展、清真食品节、唐卡艺术和文化遗产博览会等重大经贸活动打开新局面，国际交流和省际合作取得新进展。全年进出口总额9.24亿美元，比上年增长17.1%。其中，进口额2.62亿美元，下降18.8%；出口额6.62亿美元，增长41.9%，主要出口产品中，硅出口额增长45.3%，山羊绒出口增长1.01倍，纺织纱线、织物及制品出口增长65.1%，硅铁出口增长20.0%，地毯出口增长1.06倍，帽类增长33.0%。全年全省合同使用外商直接投资额3.17亿元，增长6.1%。

（三）经济运行质量不断提高：居民收入快速增加、企业利润突破两百亿、财政收入快速增长

居民收入快速增加。2011年，各级政府加大就业力度，全年财政用于社会保障和就业支出171.71亿元，通过发展生产，增加城镇就业和农牧区劳务输出，年末全省就业人员309.18万人，比上年末增加1.53万人，其中城镇就业人员127.3万人，比上年末增加8.16万人。城镇登记失业率为3.8%，与上年持平；农牧区劳动力转移就业105万人次，比上年增加1万人次。2011年全省逐步提高企业最低工资标准、离退休人员养老金、公益岗位人员的工资收入和农民工工资水平，加大城镇保障性住房建设力度，增加农村奖励性住房、危房改造、游牧民定居工程等各项政策性补贴，实行民生工程货币化改革，切实提高城乡居民收入。全年城镇居民人均可支配收入达15603.31元，比上年增长12.6%。在家庭人均总收入中，人均工资性收入11403.97元，增长13.3%；人均转移性收入5257.77元，增长19.5%。农牧民人均纯收入4608.47元，增长19.3%，增幅高于同期全国平均水平1.4个百分点。其中，人均工资性收入1775.39元，增长39.8%，拉动全年纯收入增长13.1个百分点；人均家庭经营纯收入2088.8元，增长5.9%；人均转移性收入650.59元，增长30.4%。

企业利润突破两百亿。2011年，全省规模以上工业企业实现利润203亿元，在全省28个赢利的行业中，利润超亿元的行业有11个，其中煤炭开采业、石油和天然气开采业、有色金属矿采选业、化学原料及化学制品制造业、有色金属冶炼业五个行业利润超十亿元。

财政收入快速增长。2011年，全省完成财政一般预算收入270.40亿元，比上年增长31.9%，其中地方一般预算收入151.79亿元，增长37.7%；中央一般预算收入118.61亿元，增长25.2%。在主要税种中，增值税比上年增长28.1%，营业税增长32.6%，企业所得税增长28.0%，个人所得税增长28.8%，消费税增长15.7%，资源税增长55.6%。

（四）社会民生进一步改善：调控物价成效显著，民生投入快速增长，社会保障水平进一步提高

调控物价成效显著。2011年省委、省政府把稳定价格总水平作为宏观调控的首要任务，应对居民消费价格涨幅较高局面，果断决策，从支持农业生产、促进产销衔接、保障市场供应、增加困难群众生活补贴、投放平价粮油、实施临时

价格干预政策、加强市场监管等方面采取了一系列措施。尤其是2011年4月份省政府《临时价格干预措施》出台后，有关部门加大生产、加强各个环节监管力度，全省居民消费价格月同比涨幅由3月最高的9.2%逐月回落至12月的1.5%。全年居民消费价格比上年上涨6.1%。

民生投入快速增长。坚持“小财政、大民生”的理念，把改善民生作为发展的目标，不断加大对民生领域的投入力度。2011年，全省财政对民生的支出比上年增长31.8%，其中：财政对社保基金补助支出增长18.2%，城市居民最低生活保障支出增长7.4%，教育支出增长24.9%，文化体育与传媒支出增长30.3%，医疗卫生支出增长29.9%，农林水事务支出增长50.8%，住房保障支出增长84.8%。在民生领域的投资中，基础设施投资373.73亿元，增长31.4%；教育等社会事业投资48.26亿元，增长1.19倍；卫生、社会保障和社会福利业投资19.8亿元，增长1.59倍；文化、体育和娱乐业完成投资15.53亿元，增长48.6%；居民服务及其他服务业完成投资3.63亿元，增长1.36倍。大规模实施了城镇保障性住房、农村困难群众危旧房改造、游牧民定居工程，以及农村奖励性住房建设，全年城镇保障性住房开工17.41万套，农村危房改造开工5.85万户，游牧民定居开工1.8万户，农村奖励性住房开工9.98万户。

社会保障水平进一步提高。健全了城乡低保、城镇居民养老保险、城镇居民基本医保、新农合、新农保五项制度，建立了社会救助和保障标准与物价上涨挂钩联动、孤儿保障、重度残疾人生活补贴和困难群众医疗救助等制度。年末参加城镇职工基本医疗保险人数82.44万人，比上年末增加3.71万人；参加城镇居民基本医疗保险人数69.18万人，增加7.61万人；参加农村新型合作医疗的农牧民347.87万人，增加7.12万人，新型农村合作医疗基金累计支出7.67亿元，累计受益280.18万人（次）；全省参加失业保险人数37.25万人，增加0.60万人，其中农民工0.34万人，增加0.09万人；参加工伤保险人数45.57万人，增加2.34万人，其中农民工4.9万人，增加0.21万人；全年享受城市最低生活保障的居民23.5万人，增加1.05万人；享受农村最低生活保障的农牧民40.1万人，增加2.1万人。

（五）灾后重建工作稳步推进，新玉树框架初步显现

自2010年6月玉树灾后重建正式启动以来，在党中央、国务院亲切关怀下，在国家有关部委的大力支持下，在援建队伍和灾区干部群众的共同努力下，全省上下牢牢把握科学、依法、高效、和谐的原则，全力以赴，顽强拼搏，在两年不足12个月的施工期内，开工项目843个（不包括城乡居民住房项目套数），重建累计完成投资208.9亿元。其中：农牧民住房完成投资33.06亿元（不包括加固维修0.46亿元），城镇居民住房完成投资34.32亿元（不包括加固维修0.54亿元），公共服务设施完成投资38.02亿元，基础设施完成投资80.96亿元，生态环境完成投资0.83亿元，特色产业和服务业完成投资1.79亿元，和谐家园完成投资5.97亿元，其他投资12.95亿元。2011年当年完成投资158.8亿元，城乡住房完工率达到85.9%。2011年底，大部分农牧民和部分城镇居民已搬入新居，医院全部在建，16所学校已经启用，其他公共服务设施、基础设施、生态修复等加速推进，新玉树的基本框架初步显现。

二、2011年全省经济运行中突出的问题

（一）通胀压力仍然较大

由于受经济发展水平、产业结构、工农业产品生产能力、生活必需品自给能力等因素影响，全省生产资料和生活消费品对省外市场的高度依赖，作为典型的输入型省份，本省自我调控物价的能力相对有限，一方面从省内输出资源性初级产品，另一方面从省外输入终端生产资料和社会消费品，造成全省经济发展长期依赖外部市场需求，省内市场长期依赖外部市场供给，因此，输入性是近年来全省物价高位运行的主要推手。

2011年以来全省居民消费价格涨幅较高，一季度达8.8%，进入四月份，在省委省政府一系列平抑物价措施的落实下，居民消费价格月同比涨幅呈逐月回落态势，但由于前期涨幅较高，全年累计涨幅仍高达6.1%。物价涨幅仍在全国靠前。另一方面农业生产资料价格持续走高。2011年全省农业生产资料价格持续上涨，月同比涨幅由1月的8.4%一路走高到7月的14.1%，后几个月有小幅回落，但12月涨幅仍达11.3%，全年累计涨幅达到12.4%，比去年同期涨幅高8.9个百分点，农业生产资料价格持续上涨，将导致农牧民家庭经营费用大幅度提高。

（二）结构调整任重道远

近年来，随着全省工业化步伐的加快，工业在全省经济总量中的比重逐年提高，目前已达47.4%，其中重工业增加值占全省工业增加值的比重达到93.9%，六大高耗能行业增加值又占到工业增加值比重的67.3%，对全省节能降耗工作带来巨大的挑战和压力。而能源消耗低的第三产业比重仅为33.0%，比上年下降1.9个百分点，比同期全国平均水平低10.1个百分点，在第三产业中新兴的金融业、信息传输计算机服务和软件业等服务业虽然发展速度快，但比重依然较低，对经济的拉动作用少。

（三）居民收入水平偏低

与全国各省市对比，2011年全省城镇居民人均可支配收入绝对量排全国29位（仅高于新疆、甘肃），增速排全国20位；农牧民人均纯收入绝对量排全国第29位（仅高于贵州、甘肃），增速排全国第14位，城镇居民人均可支配收入与全国平均水平之差由2010年的5254元扩大到2011年的6207元，农村居民人均纯收入与全国平均水平之差由2010年的2056元扩大到2011年的2369元。

三、对2012年经济形势的判断

2012年国际国内经济运行中不稳定、不确定的因素仍在上升，稳增长将是2012年全国经济工作的重心，目前全省正处于夯实经济基础，加快经济结构调整，加快工业化、城镇化、现代化发展的阶段，在国家坚持扩大内需的战略方针，并出台多项支持民生投入的政策措施的推动下，将有利于全省集中力量解决加大投资，扩大基础设施建设、生态环境保护等关键性重大问题；同时在支持青海等省藏区发展和《青海三江源国家生态保护试验区总体方案》的批准实施的政策支撑下，只要全省上下紧紧抓住机遇、抓好机遇，积极适应全国转变经济发展方式的大方向，立足现有产业，加大结构调整的力度，延长产业链，提高附加值，2012年全省宏观经济整体将继续向好，发展速度仍将快于全国平均水平。

四、对2012年经济工作的建议

（一）继续稳物价、保民生、促增长

各级政府和有关部门依然要把稳定物价放在宏观调控的突出位置，加大监管力度，加强生产，同时出台相应措施，真抓实干，进一步加强对物价调控政策措施落实情况的督促检查，强化通报工作，要采取多种措施，有效控制各类价格的过快上涨，充分发挥价格联动机制，加大对低收入群体的保障力度。全省各部门认真贯彻落实省上制定的各项保证措施，确保今后全省物价总水平保持基本稳定，保证市场有足够的物资流通，避免通货膨胀，大力保障和改善民生，保证有内需购买力的实现从而达到扩大内需，促进经济保持平稳较快增长的目的。

（二）继续加大资金投入力度

一是加大对重点项目、基础设施等投资力度。紧抓第二轮的西部大开发、国家扶持藏区发展和《青海三江源国家生态保护试验区总体方案》等政策和方案带动的重大机遇，坚持实施项目带动战略，以大项目带动大投资，以大投资带动大发展，依据国家投资政策和方向，加快实施重大基础设施、大型资源开发、重点工业等项目，继续加大对已开工项目投入力度，保证项目顺利实施。

并且在保持投资大幅增长的同时，不断优化投资结构，提高投资质量和效益，大幅提升投资对发展的支撑和拉动作用。

二是继续加大民生投入力度。坚持“小财政大民生”，加大民生投入力度，进一步加大农村、教育、医疗卫生、社会保障等领域的投入，增加政府支出用于改善民生和社会事业的比重；扩大社会保障覆盖面，努力提高保障标准，逐步完善基本公共服务体系，切实改善民生；努力扩大就业，稳步推进收入分配制度改革；拓展新型服务消费领域，促进消费带动经济，促进经济社会协调发展。

（三）继续加快发展方式转变步伐

大力推进新型工业化：抓住青海三江源国家生态保护试验区的建立的重要时期，牢牢把握低碳、循环、生态、绿色的发展方向，以建设百个项目、培育百家重点企业的“两百”工程为抓手，加快新型工业化进程，着力打造产业园区、构建地方特色鲜明，竞争优势突出的新能源、新材料等优势工业产业，加快战略性新兴产业布局和发展；大力发展循环经济，同时加快促进传统产业装备、技术和产品的升级换代，推进企业内部产品结构调整，全面提升现有工业产品的质量，延伸产业链，提高附加值，降低单位能耗，加大加强工业支撑全省经济发展的引擎作用。

加快现代服务业发展步伐：要大力推动以旅游业、文化产业为龙头的相关第三产业和金融、保险、物流、信息和法律服务等现代服务业的发展，加快现代服务业聚集区的建设，培育骨干服务企业和新兴企业，推进规模化、品牌化、网络化经营，提升专业化和社会化水平，同时运用现代经营方式和信息技术改造提升传统产业，促进第三产业转型升级，努力提高服务业在国民经济中的比重。第三产业的加速发展也将带动消费、就业等领域的大发展。

（撰稿人：侯碧波　青海省统计局局长）

鸟类的天堂（青海省统计局提供）

宁夏回族自治区经济社会发展报告

2011年，面对世界经济复苏步伐减缓、欧美主权债务危机进一步扩散和国内通胀压力增大等复杂多变的国内外经济环境，在自治区党委、政府的坚强领导下，全区各级组织认真贯彻落实中央和自治区的各项政策措施，牢牢把握科学发展主题和加快转变经济发展方式主线，顺势而谋，攻坚克难，正确处理保持经济平稳较快发展、调整经济结构与管理通胀预期的关系，正确处理加快经济发展与改善民生的关系，加强和改善宏观调控，国民经济不断朝着宏观调控的预期方向发展，各项社会事业持续进步，实现了“十二五”时期的良好开局。

一、2011年宁夏经济社会发展的基本特征

2011年，在国家积极财政政策和稳健货币政策的持续作用下，自治区党委政府针对复杂多变的国际形势和国内经济运行出现的新情况新问题，及时制定和实施了一系列转方式、调结构、促增长、防通胀、保民生的重要举措，在全区上下的共同努力下，经济增长的内生动力逐步增强，宏观经济运行稳步加快。

（一）经济运行稳步加快，经济总量实现新突破

总体上看，全区宏观经济呈现“增速较快、效益较好、价格波动运行、民生持续改善、运行较为稳定”的发展态势。初步核算，2011年全区实现生产总值突破两千亿元，达到2060.79亿元（现价），按可比价格计算，比上年增长12.0%，高于全国同期水平2.8个百分点。分产业看，第一产业实现增加值184.13亿元，增长5.0%；第二产业实现增加值1076.00亿元，增长17.5%。第三产业实现增加值800.66亿元，增长7.0%。2011年全区人均地区生产总值32392元。

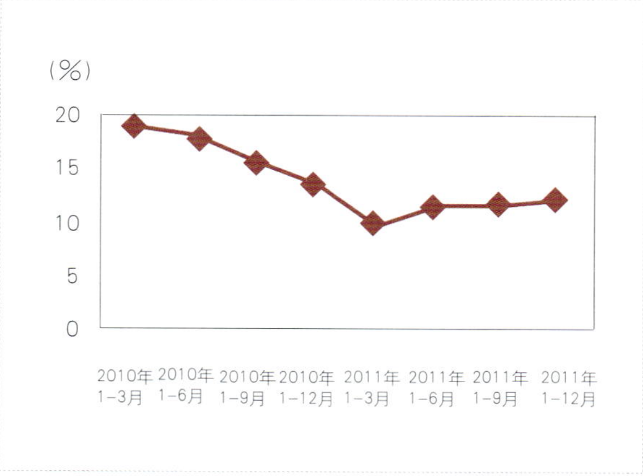

图1　全区生产总值各季度累计增速

（二）三次产业持续给力，协调发展取得新成效

农业经济平稳发展。2011年，全区以促进农民增收为主线，强化各项惠农政策落实，加快推进特色优势产业和现代农业发展，全区农业农村经济呈现平稳较快的发展态势。农业生产条件得到有效改善。2011年，全区新开发灌溉面积12.6万亩，全年新增节水灌溉面积104.5万亩，发展高效节水灌溉面积26.3万亩。粮食生产再创新高。2011年全区粮食总产达到358.9万吨，比上年增长0.7%，粮食总产再创历史新高，成为全国五个连续八年增产的省区之一。畜牧业生产持续稳定发展。全年肉类产量25.2万吨，比上年减少1.8%；禽蛋产量7.3万吨，增长2.0%；牛奶产量96.0万吨，增长13.5%。水产养殖规模继续扩大。水产品产量10.5万吨，增长17.1%。优势特色农业持续发展。全年全区新增设施农业面积15万亩，累计设施农业建设面积达到121万亩，比上年增长45.9%。科技保障能力进一步提高。2011年末全区农业机械总动力768.7万千瓦，比上年增长5.4%，农业科技进步贡献率达到52%。

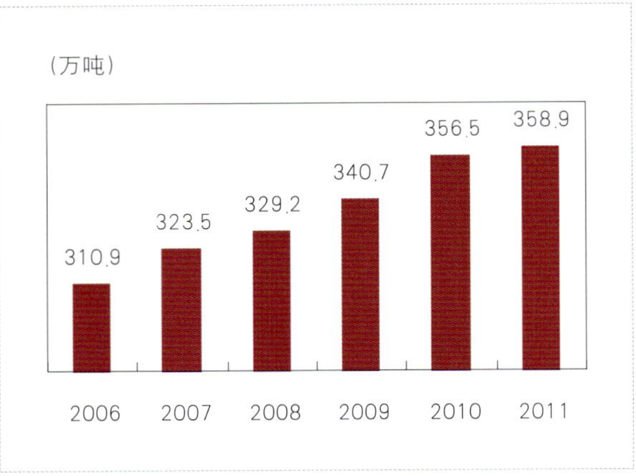

图 2　2006 年以来全区粮食产量

工业生产加快发展。工业经济在中央和自治区稳增长、转方式、调结构等调控政策措施的积极推动下，全区工业经济呈现持续加快的发展势头。2011 年全区规模以上工业实现增加值 724.41 亿元，比上年增长 18.1%，高于全国平均增速 4.2 个百分点。重工业增速高于轻工业 13.3 个百分点。重工业实现增加值 642.62 亿元，增长 19.8%，轻工业实现增加值 81.79 亿元，增长 6.5%。国有控股工业主导作用得到充分发挥。规模以上国有控股工业企业完成增加值 450.98 亿元，增长 23.0%，对工业增长的贡献率达到 75.6%；煤炭和电力两大支柱行业稳定器作用充分彰显。实现增加值 354.96 亿元，占规模以上工业增加值的 49.0%，对全区规模以上工业经济增长的贡献率达到 74.1%；大中型企业骨干作用充分凸显。2011 年，大中型工业完成增加值 536.29 亿元，增长 15.8%，占规模以上工业增加值的 74.0%，对规模以上工业经济增长的贡献率为 66.5%，拉动规模以上工业增长 12.1 个百分点。75% 的主要工业产品产量保持增长。其中，钢材增长 1.1 倍；乳制品增长 84.9%；铌增长 68.1%；发电量增长 67.3%，其中，火电增长 71.2%；铁合金增长 58.1%；原煤增长 26.6%；原铝增长 29.3%；数控机床增长 14.4%。

服务业发展势头良好。2011 年，受国家宏观调控政策影响，金融业、房地产业增幅都出现不同程度下降，全区第三产业增加值呈现增长缓慢的局面。全区第三产业实现增加值 800.66 亿元，按可比价格计算，比上年增长 7.0%，增幅比上年回落 4.6 个百分点。交通运输业发展提速。全年各种运输方式完成货物周转量 962 亿吨公里，增长 13.7%；完成旅客周转量 133.9 亿人公里，增长 15.3%；机场旅客吞吐量 337.7 万人，增长 14.9%。邮电通信业快速发展。全年完成邮电业务总量 57.2 亿元，比上年增长 17.2%全年接待国内外游客 1169.61 万人次，比上年增长 14.6%。实现旅游总收入 84.21 亿元，增长 24.2%。

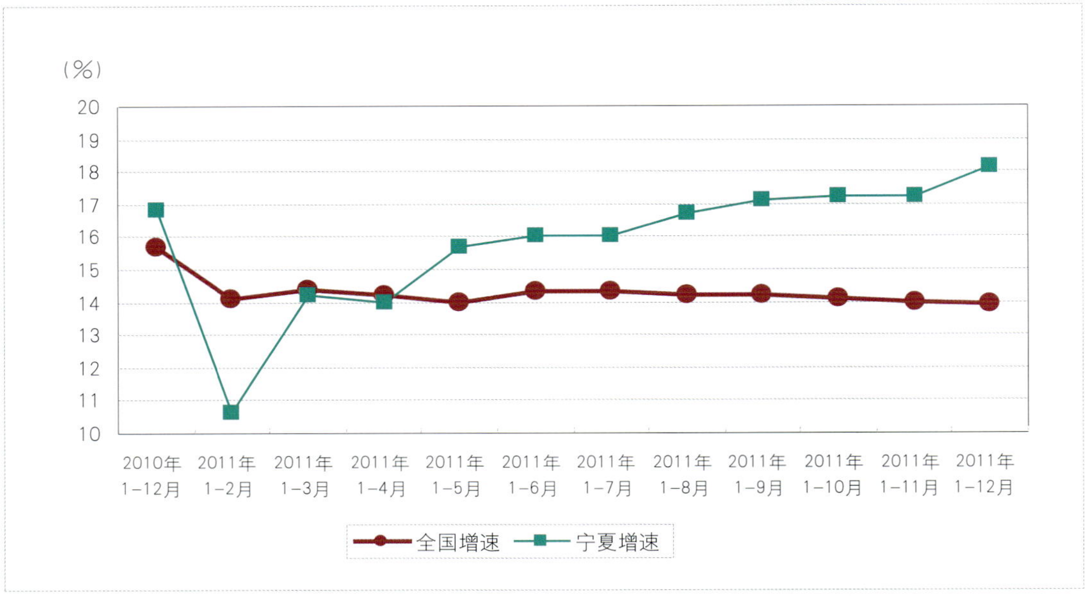

图 3　全区规模以上工业增加值增长速度

（三）扩大内需成效显著，发展引擎增添新动力

固定资产投资保持快速增长。2011 年，全区上下坚决贯彻执行中央各项宏观调控措施，积极鼓励和引导民间投资发展，全区固定资产投资保持了平稳较快的增长势头。2011 年全区全社会固定资产投资完成 1639.1 亿元，比上年增长 30.8%，连续四年保持在 30% 以上的高位运行。其中，基本建设投资完成 1057.3 亿元，增长 32.6%；更新改造投资完成 188.6 亿元，增长 29.2%；房地产开发投资完成 330.6 亿元，增长 29.9%。三次产业投资协调增长。一、二、三产业完成投资分别增长 37.1%、34.9%、26.3%。民间投资增速高于国有投资。民间投资 791.7 亿元，增长 31.7%，高于国有投资 1.8 个百分点。工业投资稳步增长，全年完成投资 799.0 亿元，增长 32%。2011 年地方项目完成投资占全区投资比重为 82.9%，拉动投资增长 24.6 个百分点。以新建和扩建为主的外延扩张型投资完成1071.5亿元，增长 24.5%，占全区固定资产投资的比重比上年下降 3.3 个百分点；以改建和技术改造为主的内涵效益型投资完成 173.8 亿元，增长 103.4%，占全区固定资产投资的比重比上年提高 3.7 个百分点。

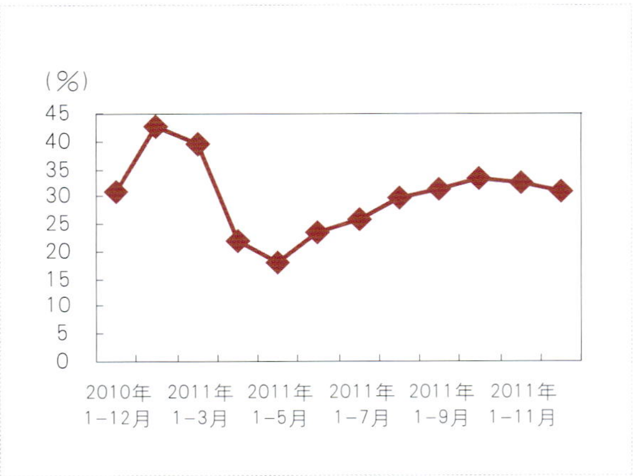

图 4　全区固定资产投资增速

在一系列宏观调控政策措施的持续作用下，全区房地产市场继续朝着宏观调控预期方向发展。2011 年全区房地产开发企业完成投资 330.6 亿元，增长 29.9%，增速比上年回落 26.4 个百分点。全年全区商品房销售面积为 842.89 万平方米，下降 9.9%。其中，住宅销售面积 701.86 万平方米，同比下降 14.1%；商品房销售额 314.53 亿元，增长 1.7%。其中，住宅销售额 237.74 亿元，同比下降 6.3%。

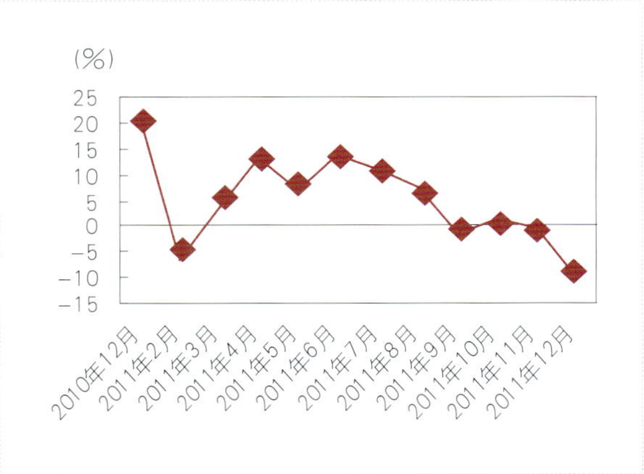

图 5　全区商品房销售面积累计增速变动情况

消费市场快速增长。2011 年，在扩大居民消费以及假日经济和会展经济的带动下，全区消费市场保持快速发展态势。2011 年，全区实现社会消费品零售总额 477.6 亿元，增长 18.3%，高于全国平均水平 1.2 个百分点。其中，城镇实现消费品零售额增长 19%，乡村增长 11.6%。批发和零售业企业拉动作用明显。2011 年全区批发和零售贸易业实现零售额 400.7 亿元，增长 19.2%，对全区社会消费品总额的贡献率达 87.1%，拉动全区社会消费品零售总额增长 15.9 个百分点。限额以上住宿和餐饮业零售额稳步提升。2011 年全区住宿和餐饮业企业实现零售额76.9亿元，

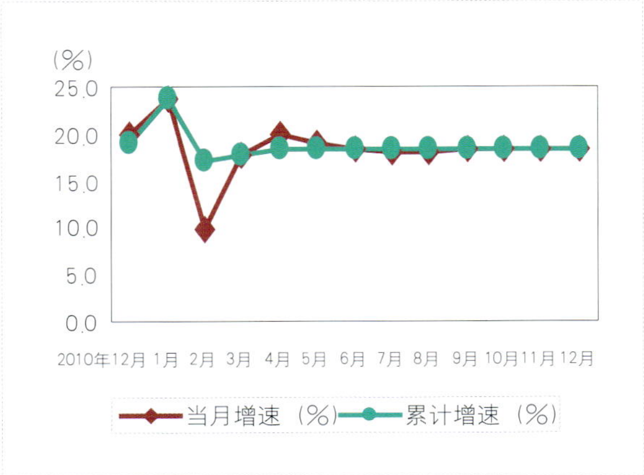

图 6　全区社会消费品零售额增长情况

增长 14.2%。吃、穿、用类等商品均保持快速增长的趋势。热点商品持续旺销，金银珠宝类、化妆品类、体育娱乐用品类和石油及制品类零售额分别增长 54.3%、21.5%、47.4% 和 42.5%。

（四）收入增加民生改善，发展质量达到新提升

企业经济效益稳步提高。在工业生产加快增长的基础上，工业经济运行质量不断改善。2011 年，全区规模以上工业企业实现主营业务收入 2408.53 亿元，比上年增长 31.5%。规模以上工业企业盈亏相抵后实现利润 141.98 亿元，增长 13.2%。大型企业盈亏相抵后实现利润 84.28 亿元，增长 26.9%，占规模以上工业的近六成。煤炭、冶金、有色、医药行业增长较快，盈亏相抵后实现利润占规模以上工业的六成以上。受国家各项促进中小企业发展政策优惠，税金总额实现 97.07 亿元，下降 2.3%。

地方财政收入首次突破 200 亿元。2011 年，全区完成财政一般预算总收入 371.4 亿元，增长 29.5%。其中，完成地方一般预算收入 219.96 亿元，增长 43.2%。在地方财政收入中，主体税种收入较快增加。2011 年完成税收收入 177.1 亿元，增长 39.6%，其中，增值税、营业税和企业所得税分别增长 20.0%、42.5% 和 71.6%。

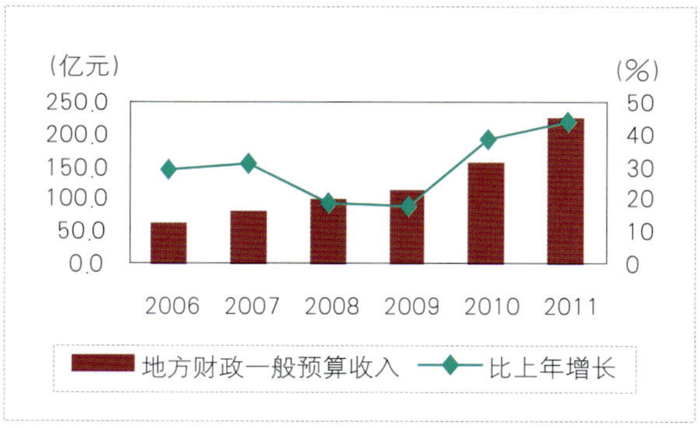

图 7　2006 年以来全区地方财政一般预算收入及增长速度

居民收入增速较快。2011 年全区城镇居民人均可支配收入 17578.9 元，比上年名义增长 14.6%，高于全国同期增速 0.5 个百分点。

2011 年全区农村居民人均纯收入 5410 元，比上年名义增长 15.7%，低于全国平均水平 2.2 个百分点，连续 6 年保持两位数增长。

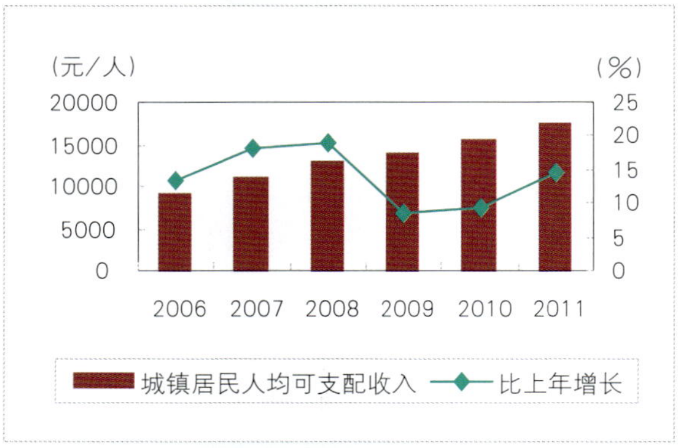

图 8　2006 年以来全区城镇居民人均可支配收入及增长速度

图 9　2006 年以来全区农民人均纯收入及增长速度

社会保障工作明显加强。实施中南部生态移民规划，投资 26.7 亿元，开发整治土地 8.9 万亩，建成移民新村 75 个、住房 2 万套，3 万移民入住新家。以创业带动就业，创造新岗位 4 万个，转移农村劳动力 72 万人，城镇登记失业率控制在 4.3%。到 2011 年底，全区享受低保救济的困难群众达 57.73 万人。其中，城镇 19.88 万人，农村 37.85 万人。

（五）发展要素保障有力，发展环境得到新改善

财政支出倾向民生。财政支出继续向民生领域倾斜，全年一般预算支出 711.07 亿元，比上年增长 27.9%，70% 以上用于改善民生。全年一般预算支出 711.07 亿元，比上年增长 27.9%。其中，教育支出增长 30.5%；社会保障和就业

支出增长1倍；医疗卫生支出增长21.7%；住房保障支出增长20.3%。

金融支持发展有力。在稳健货币政策背景下，金融存贷款继续增加。12月末，全区金融机构人民币各项存款余额2966.86亿元，同比增长15.3%。其中储蓄存款余额1351.30亿元，比年初增加181.09亿元。全区金融机构人民币各项贷款余额2860.58亿元，同比增长19.3%，比年初增加462.17亿元。

创新能力稳步增强。全年登记自治区级科技成果193项，比上年增长16%。全年申请专利量1079件。其中，发明专利442件，增长65%。年末全区拥有国家级工程研究中心3个，自治区级工程研究中心25个；国家重点实验室1个；国家级企业（集团）技术中心10个，自治区级企业（集团）技术中心45个。

市场物价高位回落。2011年，受食品价格、翘尾因素、成本上升和输入型通胀等大环境影响，全区居民消费价格总水平高位运行自治区党委政府采取一系列综合调控措施，价格上涨水平得到有效控制。居民消费价格上涨幅度从7月份上涨

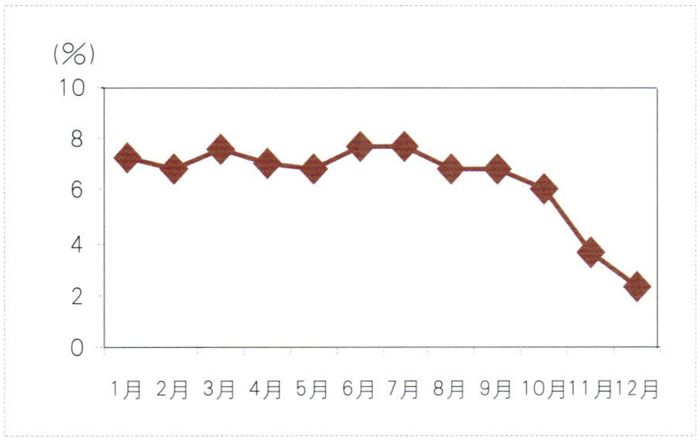

图10 2011年全区居民消费价格指数月度涨跌幅度

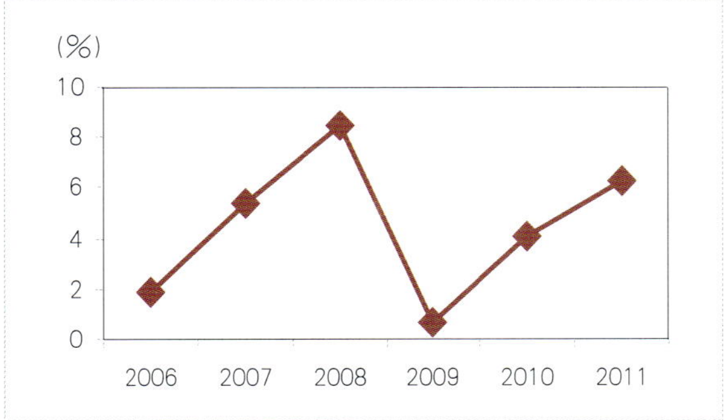

图11 2006年以来全区居民消费价格涨跌幅度

7.7%回落到12月的2.3%。全年居民消费价格上涨6.3%，工业生产者出厂价格上涨9.5%，工业生产者购进价格上涨12.8%。

基础设施全面改善。年末铁路通车里程1029公里。公路通车里程24506公里，增长8.8%。高速公路里程1306.4公里，比上年增长12.7%。全年各种运输方式完成货物周转量962亿吨公里，增长13.7%；完成旅客周转量133.9亿人公里，增长15.3%；机场旅客吞吐量337.7万人，增长14.9%。

（六）区域发展趋于协调，统筹发展开创新局面

第一产业投资增速领先。2011年，全区第一产业完成投资47.76亿元，比上年增长37.1%，占全区投资的比重为2.9%，比上年提高0.1个百分点。第一产业投资增速高于二、三产业2.2个、10.8个百分点。

城乡一体化发展进程不断加快。2011年全区14个县及县级市（含红寺堡区）生产总值占全区22个县（市、区）总额的比重为42.7%，比上年提高2.5个百分点。城乡居民收入差距进一步缩小。城乡居民收入比由2010年的3.28:1调整为2011年的3.25:1（以农村居民人均纯收入为1）。城镇化进程加快。2011年末，全区城镇化率达到49.8%，比上年提高1.84个百分点。

山区发展步伐加快。山川农民收入差距缩小。2011年山区农民人均纯收入3964元，比上年增长16.1%，增速高于川区1.2个百分点，川山农民收入比由2010年的1.76:1调整为2011年的1.74:1（以山区农民人均纯收入为1）。2011年山区9县（区）固定资产投资总额占全区22个县（市、区）总额的比重比上年提高1.2个百分点。

生态环境建设稳步推进。实施“六个百万亩”工程，加快构筑沿黄绿色景观、贺兰山东麓生态防护、中部干旱带防风固沙和六盘山水源涵养四大绿色屏障，完成造林150万亩，森林覆盖率提高到11.89%。

（七）改革开放显著扩大，发展活力得到新增强

体制改革取得新突破。深化行政管理改革，加快服务型政府建设，积极打造西部服务优、审批少、效率高的省区。在全国率先完成事业单位绩效工资改革，行政管理体制和区直管县改革扎实推进。城乡一元化户籍改革稳步进行。启动政府部门履职评估机制，实施行政许可"并联审批"，拓宽政务服务"绿色通道"。

整体开放得到新提升。中阿合作谱新篇章。举办了第二届中阿经贸论坛，76个国家和地区、2300多个企业机构、8500余名国内外嘉宾云集盛会，签约项目164个，合同投资840亿元。内引外联不断拓展。成功举办香港周、文博会、园博会、房车节等"六大节会"，凝聚了商气和人气。全年招商到位资金超过1000亿元，增长40%。

对外贸易较快增长。2011年，全区对外贸易在错综复杂的国际贸易环境中实现平稳较快增长。全年全区外贸实现进出口总额22.86亿美元，比上年增长16.6%。其中，出口16.0亿美元，增长36.7%；进口6.86亿美元，下降13.1%，实现贸易顺差9.14亿美元。

利用外资快速增长。随着全区进一步营造风清气正发展环境的持续推进，投资环境进一步优化，对外资的吸引力进一步增强。全年实际利用外资3.42亿美元，比上年增长47.7%。其中，实际利用外商直接投资2.02亿美元，增长1.5倍。2011年全区新批准外商直接投资项目15个，合同外资金额3.84亿美元。

（八）社会建设加快推进，社会事业取得新进步

教育事业稳步发展。义务教育注重普及与改革深化相结合，高等教育继续扩招。义务教育初步均衡发展提前实现。2011年末全区各级各类学校2771所，教职工86949人。其中，各类普通高校16所，在校生91383人，招生数29483人，毕业生数20491人；中等职业教育学校36所，普通中学329所，初中阶段毛入学率103.68%，普通小学1942所，小学学龄儿童入学率99.8%。

文化产业逐步成为国民经济发展新的增长点。农家书屋全覆盖，广播电视村村通，现代演艺、动漫创意等文化产业加快发展。年末全区共有各类艺术表演团体45个，公共图书馆20个，文化馆26个，博物馆6个。广播综合人口覆盖率93.5%，电视综合人口覆盖率98.6%，有线广播电视用户795630户。

医疗卫生事业发展加快。继续加快推进新型农村合作医疗制度建设步伐，不断健全城乡医疗救助制度，继续完善社区卫生和农村卫生投入政策，支持突发公共卫生事件医疗救治等体系建设。年末全区共有医疗卫生机构4143个，床位25882个；卫生技术人员32054人。其中，执业（助理）医师12289人，护师、护士11657人。全区有22个县（市）开展新型农村合作医疗工作，参加农民人数372.2万人，参合率96.7%，比上年提高0.9个百分点。

群众体育与竞技体育共发展。全民健身活动蓬勃开展，全年举办青少年单项比赛14项，举办县级以上全民健身活动130次。成功举办黄河金岸国际马拉松等重大赛事，田径项目实现全国赛事金牌"零"突破。全区运动员在世界比赛中取得金牌1枚、银牌1枚。在全国比赛取得金牌18枚、银牌22枚、铜牌28枚。

总之，面对复杂多变的国内外经济形势，2011年我区经济和社会发展取得了辉煌的成就。但也要认识到，我区经济社会实现新发展、新跨越仍然面临一些矛盾和问题：主要是经济增长对资源环境约束持续强化，保增长与调结构、转方式的矛盾突出，节能减排压力逐年加大；城乡居民收入实际增长与经济增长保持同步的压力较大；社会建设相对滞后于经济建设，缩小城乡、山川差距、同步与全国实现全面小康社会目标任重道远等。

二、2012年全区经济发展形势展望

展望2012年，有利因素和潜在风险同时存在，短期矛盾与长期问题相互交织，下行压力和

上拉因素相互角逐，运行环境依旧复杂多变，全区经济在实现平稳较快发展的过程中仍有出现局部调整动荡的可能。

从国际环境看，国际经济运行环境依然复杂严峻，欧洲主权债务问题短期内难以解决，各国博弈更加激烈，世界政治经济格局酝酿深刻变化，各国利益诉求分化明显，全球合作和政策协调难度明显加大，2012 年世界经济形势仍然面临诸多变数，复苏前景不容乐观。加上发达国家持续实行超宽松货币政策，埋下了通胀的种子，贸易摩擦政治化的倾向日益突出，全球贸易环境恶化，全球经济增长乏力，国际经济和国际市场的波动对我国乃至我区经济发展将带来不容忽视的负面影响。

从国内环境看：国家继续实施稳健的货币调控政策，坚持房地产调控政策不动摇，全国经济增长格局面临不同程度调整，对我区经济将会产生一定的影响。继续实施积极的财政政策，进一步扩大内需特别是消费需求，大力支持实体经济的发展，认真落实西部大开发新 10 年的政策措施和启动新一轮扶贫开发工作，加大集中连片特殊困难地区扶贫开发力度，中央扶贫开发工作会议把六盘山区列入国家新一轮扶贫攻坚主战场，进一步加大对革命老区、民族地区、边疆地区和贫困地区的扶持力度。宁夏沿黄经济区提升为国家重点开发区，列入国家“十二五”规划和主体功能区规划，《陕甘宁革命老区振兴规划》的出笼，这一系列战略举措的实施必将为全区经济保持平稳较快发展提供有力的政策条件和外部环境。

从区内看，经济发展长期形成的结构性矛盾尚未明显改变，经济加快发展与资源环境承载力之间的矛盾依然突出，宏观调控呈现更多“两难”选择。从三次产业看，农业发展形势持续向好，近年来投资建设的大批工业项目特别是宁东能源化工基地相继建成的一批项目投产，并逐步达产达效；消费政策的大力引导，文化旅游业的做大做强，金融服务、商贸物流业发展速度的加快和内陆开放型经济的发展，将对今年经济增长注入新的强大发展动力。

综合分析各种因素，虽然还面临不少的困难，宏观环境不确定、不稳定因素依然不少，但总体上机遇大于挑战，促进全区经济发展的有利因素仍占主导地位，全区经济处在上升期的基本面不变，将有望继续保持平稳较快发展局面。

三、促进宁夏经济社会平稳较快发展的对策建议

2012 年是实施“十二五”规划承上启下的重要一年。坚决贯彻落实中央和自治区党委政府确定的各项政策措施，坚持突出主题、贯穿主线、统筹兼顾、协调推进，把“用发展来解决发展中的问题”与“边发展边解决发展中的问题”有机结合起来，正视困难，未雨绸缪，强化经济运行调节，抓好政策措施落实，切实做好稳增长、控物价、调结构、惠民生、抓改革、保稳定的各项工作，确保全区经济保持平稳较快发展，实现稳中求进的预期目标，以优异的成绩迎接党的十八大和自治区第十一次党代会胜利召开。

1. *着力加强运行调节，保持经济平稳增长。*认真贯彻落实国家宏观调控政策的同时，密切关注国际国内经济环境的新变化和全区经济运行中出现的一些新情况，尤其是要关注全区经济运行中一些先行指标的变化，加强对经济运行的调节，着力解决突出问题，处理好稳增长、调结构、控物价、惠民生的关系，努力在宏观调控中实现经济又好又快地发展。

2. *着力扩大消费需求，增强内需拉动作用。*扩大需求特别是消费需求是我区经济长期平稳较快发展的根本立足点，要想法设法扩大内需，努力保持经济平稳较快发展。消费方面。要加快构建扩大消费的长效机制，着力提高城乡中低收入群众收入，完善鼓励居民消费政策，积极发展新型消费业态，改善消费环境，维护消费者合法权益，进一步释放消费潜能。投资方面。要把握投资重点，突出抓好 50 个重大项目建设，促进投资稳步增长。要加快推进投资结构调整，引导投资进一步向民生、文化旅游、技术改造、现代服务业、战略性新兴产业等重点行业、关键领域和薄弱环节倾斜，严格执行投资项目用地、节能、

环保、安全等准入标准，提高投资效益。完善促进民间投资体制，大力激活民间投资。

*3. 着力强化结构调整，推进发展方式转变。*坚持把经济结构战略性调整作为主攻方向，切实推动产业结构优化调整取得重大进展。推进农业提质增效。坚定不移以“三大示范区”为载体，以“一优三高”为引领，加快发展优势特色农业产业带，高标准建设现代农业示范基地，推进农产品精深加工，壮大现代农业。推进工业转型升级。坚定不移推进 “三大千亿”计划实施，要一手抓传统产业转型升级，一手抓战略性新兴产业培育。要加强规划引导，将发展战略性新兴产业放到优先位置，加快淘汰落后生产能力，促进绿色经济、低碳经济和循环经济发展，努力将产业链由低端向高端延伸，实现由资源型产品为主向终端型产品为主的转变。推进服务业加快发展。完善“三大口岸”功能，加快推进物流业发展速度，按照“做优做精特色旅游”和“做新做特现代金融”的标准，建立和完善促进其发展的政策保障机制。坚持把发展服务业作为拉动经济发展和优化产业结构的关键，扩大总量与优化结构并重，推动服务业实现跨越发展。

*4. 着力保障改善民生，提高居民生活水平。*保障和改善民生作为经济工作的着力点和落脚点，是党委政府工作的重要任务。一方面，坚持实施就业优先发展战略，千方百计促进就业稳定增长。继续实施更加积极的就业政策，最大限度增加就业容量，坚持以创业带动就业，大力开发各类就业岗位，健全促进就业扶持机制，强化就业创业培训和城乡就业服务，建立统一规范的人力资源市场，构建和谐稳定的劳动关系。另一方面，继续健全完善社会保障体系，以基本养老、基本医疗、最低生活保障制度为重点，逐步提高统筹层次和保障水平，同时加强社会公共服务体系建设，按照人人享有基本公共服务的目标要求，着力扩大公共产品和公共服务的供给。

*5. 着力统筹城乡发展，增强发展协调性。*要以加快沿黄经济区建设为抓手，切实推进城乡一体化进程，让农民享受到与城镇居民同样的文明和实惠，最终实现城乡经济社会协调发展。要突出重点领域和关键环节改革，彻底破除城乡一体化发展的制度障碍。要创造性地打好新一轮扶贫开发攻坚战，稳步推进生态移民攻坚工程。进一步推进城市化水平。以壮大县城和中心镇为重点，以农村新型社区建设为抓手，促进农民向县城、中心镇和农村新型社区集中，引导生产要素在城乡间合理流动，促进城乡协调发展。

（撰稿人：梅延彦　宁夏回族自治区统计局局长）

压砂西瓜（宁夏回族自治区统计局提供）

新疆维吾尔自治区经济社会发展报告

2011年，是自治区经济社会发展进程中令人难忘的一年，面对复杂多变的国际国内形势，自治区党委、人民政府带领全区各族人民，以科学发展为主题，以转变发展方式为主线，以民生建设为主旨，大力畅行新疆精神和新疆效率，在变化变革中求新创新，实现了经济发展和民生建设的重大突破，呈现出“六个新高”、“五个加快”、“四个增强”、“两个突破”、“一个回落”的喜人局面，实现了“十二五”良好开局。

一、国民经济运行的基本情况

（一）六个新高

1. 地方财政一般预算收入增速创新高。初步预计，全口径财政收入1646.18亿元，增长38.2%。地方财政收入1038.80亿元，增长49.8%。地方财政一般预算收入720.91亿元，增长44.0%，增速比“十一五”初提高22.3个百分点，创近30年来新高。其中，各项税收收入593.36亿元，增长42.6%。在税收收入中，国内增值税96.69亿元，增长28.4%；营业税209.84亿元，增长38.7%；企业所得税63.38亿元，增长58.4%；个人所得税38.34亿元，增长40.0%；资源税65.01亿元，增长1.0倍。

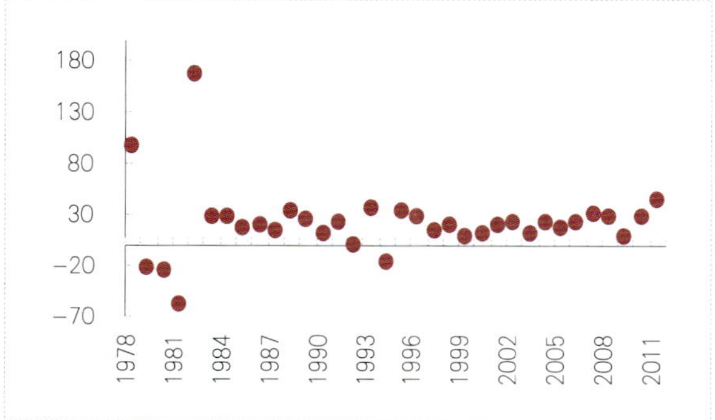

图1 地方财政一般预算收入增速创近30年来新高

2. 地方财政一般预算支出增速创新高。完成地方财政支出2598.34亿元，增长37.8%，其中，地方财政一般预算支出2282.68亿元，增长34.4%，增速比“十一五”初提高3.7个百分点，创近10年来新高。

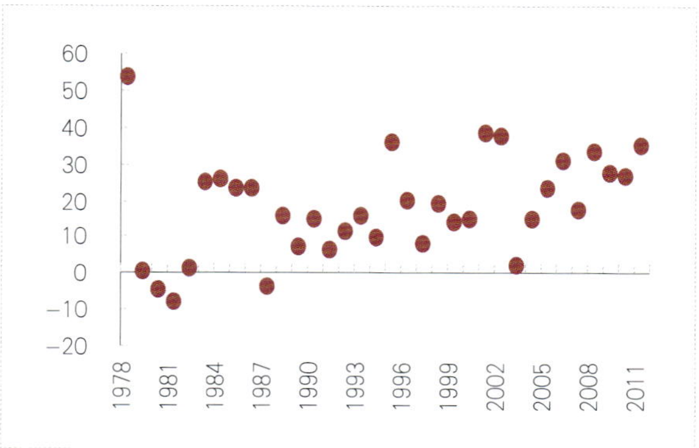

图2 地方财政一般预算支出增速创近10年来新高

3. 财政用于民生投入的比重创新高。围绕“民生建设年”的决策部署，财政支出继续向民生倾斜，用于民生的支出达到1670.50亿元，增长39.4%，占地方财政一般预算支出的73.2%，比重同比提高2.2个百分点，其中，交通运输支出206.96亿元，增长1.3倍；住房保障支出170.23亿元，增长89.1%；城乡社区事务支出139.61亿元，增长46.5%；教育支出397.15亿元，增长26.6%；医疗卫生支出132.54亿元，增长28.0%；社会保障和就业支出199.27亿元，增长19.8%。

4. 民生投资增速及比重均创改革开放以来新高。民生类工程累计完成投资1009.08亿元，增长53.9%，增速同比提高13.5个百分点，占第三产业投资的56.1%，比重同比提高12.4个百分点，其中，房地产业投资889.70亿元，增长60.7%，安居富民、定居兴牧和保障性住房建设取得明显成效。30万户120多万农牧民喜迁新居。35.6万套保障性住房和棚户区改造安置房建成。地方农场危房改造项目开工 26241 户，竣工 19131 户。

5. 全社会固定资产投资增速创新高。全社会固定资产投资 4632.1 亿元，增长 33.1%，增速同比加快 7.9 个百分点，比“十一五”初提高 17.2 个百分点，创 18 年来新高。

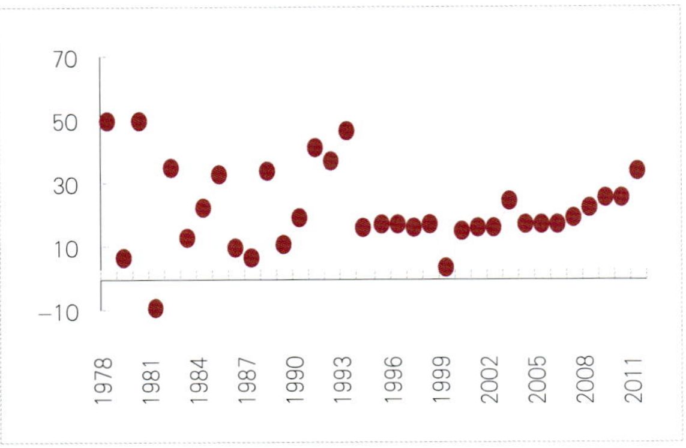

图 3　全社会固定资产投资增速创 1994 年以来新高

分城乡看，城镇投资 4204.36 亿元，增长 32.1%；农村投资 508.41 亿元，增长 42.0%。

分产业看，第一产业投资 238.06 亿元，增长 12.6%；第二产业投资 2454.14 亿元，增长 47.2%；第三产业投资 2020.57 亿元，增长 21.6%。

252 项重点在建项目进展顺利，新开工重点项目 45 项，重点项目完成投资 1650 亿元，超额完成年度投资和新开工计划目标。“哈密—郑州 ±800 千伏特高压直流送电工程”启动实施，疆电外送实现历史性突破。

全区房地产开发投资 518.26 亿元，增长 49.0%。房屋施工面积 5422.77 万平方米，增长 36.2%；竣工面积 1253.27 万平方米，增长

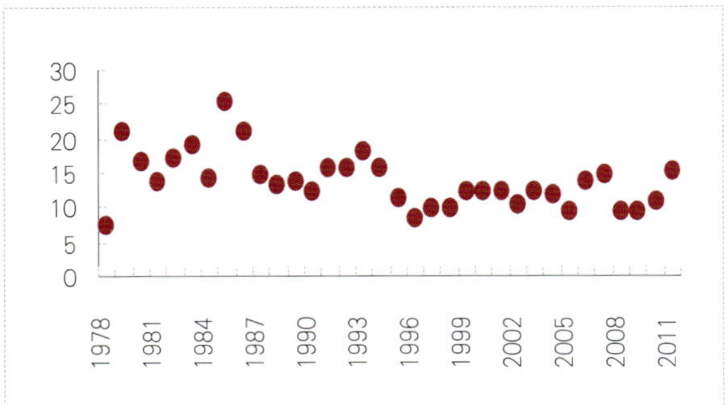

图 4　第三产业增加值增速创 1995 年以来新高

23.7%。商品房销售面积 1736.98 万平方米，增长 11.0%；销售额 608.38 亿元，增长 25.9%。

6. 第三产业增速创新高。第三产业增加值 2045.7 亿元，增长 15.2%，增速同比加快 4.4 个百分点，高于全国平均增速 6.3 个百分点，比“十一五”初加快 1.6 个百分点，创 16 年来新高。

交通建设快速推进。形成了以乌鲁木齐为中心，环绕两大盆地、沟通天山南北、辐射主要地州、内连我国各省区，外延中亚、西亚、南亚和欧洲的国际交通主骨架。年末铁路营业里程 4336 公里，比上年增长 12.5%；货运量 6903.70 万吨，增长 0.7%；客运量 2001.70 万人，增长 28.8%。民航通航里程 17.82 万公里，增长 0.6%；货邮吞吐量 11.60 万吨，增长 14.7%；旅客吞吐量 1423 万人，增长 21.6%；运输起降 14.9 万架次，增长 21.7 %。公路里程 15.49 万公里，增长 1.3%，其中，高速公路 1459 公里，增长 28.3%；公路货运量 55965 万吨，增长 10.9%；客运量 47927 万人，增长 8.1%。

电信事业迅猛发展。电信业务总量 212.70 亿元，增长 18.5%。移动电话用户 1670.90 万户，增长 22.9%，移动电话普及率每百人 77.4 部；互联网宽带用户 208.80 万户，增长 29.7%。本地光缆线路总长度 22.3 万公里。全区共建立政府网站 183 家，各地州（市、县、区）和自治区直辖县级市政府、70% 的厅局部门、64% 的中央驻疆政府机构建立了政府公众网站，自治区开通了“新疆文化网”和“官方微博”。基本实现了所有行政村通电话，自然村通电话率 93%。行政村通宽带率 71.8%。

全年接待国际旅游人数 132.50 万人次，增长 24.5%；国际旅游外汇收入 4.65 亿美元，增长 26.3%。接待国内旅游人数 3829 万人次，增长 26.0%；国内旅游收入 411 亿元，增长 46.0%。

（二）五个加快

1. 生产总值（GDP）增速加快。初步核算，全年实现生产总值（GDP）6474.5 亿元，按可比价格计算，比上年增长 12.0%，增速同比加快 1.4 个百分点，高于全国平均增速 2.8 个百分点。其

中，第一产业增加值1139.02亿元，增长6.5%；第二产业增加值3289.84亿元，增长12.0%；第三产业增加值2045.7亿元，增长15.2%。三次产业比例为17.3 ∶ 50.0 ∶ 32.7 。

人均生产总值29924元，按可比价格计算，增长10.7%，以当年平均汇率折算，人均4633美元。

2. 农业生产稳步加快。农林牧渔业总产值1955.39亿元，按可比价格计算，比上年增长6.9%，增速同比加快2.0个百分点，高于全国平均增速2.0个百分点。

主要农产品喜获丰收。全年粮食产量1224.70万吨，增长4.6%，增速同比提高3.0个百分点。棉花产量289.77万吨，增长16.9%，增速同比提高18.7个百分点。油料产量66.76万吨，增长0.2%。甜菜产量518.95万吨，增长6.6%。蔬菜产量1866.15万吨，增长7.6%。水果（含果用瓜）产量1035.96万吨，增长0.7%，其中，园林水果601.65万吨，增长1.3%。设施农产品产量339万吨。工业番茄347万吨。

全年农业化肥施用量（折纯）183.68万吨，增长9.6%。农村用电量71.65亿千瓦时，增长11.5%。年末农业机械装备总动力1795.94万千瓦，增长9.3%，超额完成"十一五"规划目标任务。拖拉机拥有量64.42万台，增长4.7%。其中大中型拖拉机29.52万台，增长16.3%；大中型拖拉机配套农具51.94万部，占农机具总量的45.0%，增长4.4%；联合收获机7278台，增长10.4%。畜牧机械拥有量10.56万台，增长6.6%。林果业机械1.68万台，增长17.2%。主要农作物综合机械化水平达到80.5%，比2010年提高1.3个百分点，居全国前列。

3. 城乡居民收入增长加快。城镇居民家庭人均可支配收入15514元，增长13.7%，同比加快2.4个百分点，特别是城镇低收入家庭人均收入大幅增长18.4%，高于全区平均增速4.7个百分点。农民人均纯收入5442元，在2010年19.6%的高增长基础上继续增长17.2%。其中，工资性收入805元，增长44.7%；家庭经营纯收入3887元，增长6.5%；转移性纯收入603元，增长94.6%；财产性纯收入147元，增长16.3%。

4. 消费市场持续活跃。社会消费品零售总额1616.3亿元，增长17.5 %，增速同比加快0.4个百分点，高于全国平均增速0.4个百分点。限额以上批发零售贸易企业食品类零售额增长24.5%，服装、鞋帽、针纺织品类增长30.9%，金银珠宝类增长68.3%，家用电器和音像制品类增长36.9 %，汽车类增长23.7%。

5. 对外开放步伐加快。进出口贸易总额228.22亿美元，增长33.2%，增速同比加快10.4个百分点，高于全国平均增速10.7个百分点，其中，出口总额168.29亿美元，增长29.8%，同比加快12.1个百分点，高于全国增速9.5个百分点；进口总额59.93亿美元，增长44.1%，高于全国增速19.2个百分点。出口商品结构有所改善，机电产品出口31.33亿美元，增长41.2%；高新技术产品1.98亿美元，增长82.0%；工业品出口交货值60.61亿元，增长11.9%。农产品出口9.35亿美元，增长9.7%。全区口岸过货量3468万吨，增长32.1%。

新批准设立外商直接投资企业50个，比上年下降2.0%。合同使用外商直接投资项目69个，增长17.0%；实际利用外商直接投资3.35亿美元，增长41.0%。

（三）四个增强

1. 自主性工业实力增强。规模以上工业增加值增长11.4%。比全国低2.5个百分点，但反映地方资源优势和发展活力的非石油、非公有制、地方工业、中小型企业、园区工业较快增长，成为拉动工业增长的主要力量。非石油工业增长17.9%；公有制经济增长10.1%，非公有制经济增长16.2%；地方工业增长16.3%；园区工业增长15.0%；中小型企业增长20.7 %。

在自治区重点监测的十大产业中，有色工业增长32.9%；电力工业增长31.2%；化学工业增长22.5%；煤炭工业增长17.7%；钢铁工业增长10.9%；农副食品加工工业增长2.1%；汽车工业增长1.8%。

2. 制造业投资动力增强。在城镇投资中，工业投资完成2253.03亿元，增长44.8%，其中，制造业投资完成1076.49亿元，增长84.8%，占据工业投资的半壁江山，高于城镇投资增速52.7个百分点。

3. 民间投资活力增强。民间投资1587.86亿元，在2010年增长68.1%的高增速基础上继续增长56.1%，高于城镇投资增速24.0个百分点，占城镇投资的比重由2010年的32.0%提高到37.8%。

4. 地方项目投资能力增强。地方项目投资3082.89亿元，增长44.7%，增速同比提高11.4个百分点，比中央项目投资增速高38.1个百分点，占城镇投资的73.3%，比重同比提高6.4个百分点。

（四）两个突破

1. 金融信贷规模及增速均实现新突破。全区金融机构各项存款余额10386.99亿元，增长17.1%；金融机构人民币各项贷款余额6270.21亿元，增长26.1%。存款规模首次突破万亿元大关，贷款规模首次跨越6000亿元关口，增速仅次于西藏位居全国第2位。

信贷投向趋于多元化，全年累计发放“两居”贷款近30亿元。发放国家助学贷款0.23亿元，增长68.0%。新增小额担保贷款人数6.18万人，增长近两倍，创历年最高水平。发放下岗失业人员小额担保贷款22.60亿元，增长4.4倍。发放农业贷款余额925亿元，农业保险保费规模14.76亿元，投保面积3618.85万亩。办理民贸民品优惠利率贷款贴息额2.4亿元，居全国首位。小微企业贷款余额1020.23亿元，增长39.4%。

截至年末，全区有上市公司股权、债权融资达239.34亿元；跨境贸易和投资人民币结算239.8亿元，增长3.3倍。全区共有小额贷款公司92家，村镇银行6家，农村资金互助社5个，融资性担保机构103家。金融集聚力和辐射力进一步增强。

2. 对口援疆工作向纵深发展。按照中央要求，把保障和改善民生放在首位，以产业援疆、增强自我发展能力为重点，主动加强与中央国家机关、国有企事业单位和19个对口援疆省市对接，实现资金、人才、技术、管理全方位援疆。新一轮援疆干部人才5500人。援助资金总额达到110亿元，实施援建项目1271个，完工820个。对口援疆省市培训各类人员11.6万人（次）。

（五）一个回落

物价涨幅总水平整体回落。居民消费价格（CPI）上涨5.9%，比前9个月回落0.2个百分点，与全国的差距由2010年的1.0个百分点收窄至0.5个百分点。12月当月上涨4.1%，为全年当月涨幅新低。

在实施物价补贴、建立农产品绿色通道、节日投放储备牛羊肉和乌鲁木齐设立432个便民蔬菜直销点的市场示范作用影响下，食品类价格涨幅连续3个月回落，尤其是蔬菜价格11-12月当月涨幅同比分别下降4.9和3.7个百分点；蛋类价格涨幅同比分别回落7.6、0.8个百分点。

工业生产者出厂价格（PPI）上涨14.8%，比前9个月回落1.9个百分点；工业生产者购进价格（IPI）上涨17.8%，比前9个月回落2.6个百分点。

二、民生建设取得显著成效

2011年是自治区党委和人民政府确定的“民生建设年”。自治区党委和人民政府向社会承诺的22类80项重点民生工程任务在规定时间全部兑现。

（一）农村生产条件和民生工程稳步推进

财政投入支农资金297.50亿元，增长34.9%，新增高效节水农田470万亩，创建全国绿色食品原料基地36个，总面积达到533万亩。创建农业标准化生产示范区140个。京沪穗三大农产品展会实现总交易额480亿元，特色农产品销售网基本覆盖国内六大区域和港澳地区及东南亚、东北亚市场。

80项重点民生工程中直接涉农涉牧民生项目35项，累计安排资金350多亿元，落实农业补贴和项目资金超过50亿元，其中，农业“四补贴”资金36.25亿元，增长8.0%。阳光工程7大类25个专业共培训农牧民6.09万人次。新增8万沼气用户，养殖小区沼气工程100处。9项定居兴牧水源工程、118项农村饮水安全工程完工。120万农村居民的安全饮水问题和8.95万无电人口用电问题得到解决。农村公路“畅通富民”工程累计完成投资57亿元，新建和改造农村公路9582公里，乡镇通公路率达到99.7%，建制村通公路率达到98.5%。“菜篮子”工程设施农业建设总投入16.5亿元。购置各类机具14.89万台，受益农户8.4万户，带动农民投入资金21.2亿元。

（二）城乡就业再就业工程超额完成年度计划

预计年末就业人员924万人，比上年净增29万人，增长2.2%。通过各种途径实现城镇就业再就业58.29万人，超额50%完成全年计划，是十年来实现就业人数最多的一年，其中，就业困难人员实现就业6.76万人。全区累计消除“零就业”家庭4.2万户，帮助实现就业4.8万人。零就业家庭24小时动态清零形成常态工作机制。10.36万名公益性岗位人员实际补贴标准提高到每人每月不低于1000元。城镇登记失业率3.2%。

全区95.30万人（次）享受了各项就业扶持政策。近两年毕业实名登记的未就业大中专毕业生中有99.8%实现了就业，其中，应届普通高校毕业生年底就业率达到87.5%。1.38万名未就业普通高校毕业生选派赴对口援疆省市培养。农村富余劳动力转移就业258.3万人（次），培训各类人员126万人（次），分别完成年度计划的1.4倍、1.3倍。

（三）社会保险制度提前一年实现全覆盖

截至年末，城镇参加失业保险196.72万人。建立了失业保险金标准与物价上涨的挂钩联动机制。

参加城镇基本养老保险292万人，增加32.33万人。22万名五七工、家属工纳入养老保险社会统筹。近100万名企业离退休人员、参保人员遗属收到了政府发放的生活补贴、采暖费补贴和抚恤金。

城镇职工参加基本医疗保险322.73万人，增加26.01万人。14.1万名关闭破产国有企业退休人员纳入城镇职工基本医疗保险，城镇居民基本医疗保险门诊统筹制度建立，统筹基金支付比例和城镇居民基本医疗保险政府补助标准有所提高。

参加工伤保险208.20万人，增加24.07万人。提高了工伤保险待遇标准，扩大了基金支付范围，1.83万名国有企业、集体企业有等级的“老工伤”人员及工亡遗属纳入工伤保险统筹管理。

参加生育保险206.10万人，增加17.81万人。职工生育保险支付水平人均提高1500元左右。

开展新型农村合作医疗工作的县（市）89个，参加新农合的人口1050.98万人，参合率99.7%，人均政府补助标准提高到210.64元，人均增加80元。新型农村养老保险试点扩大到92个县（市），参保人员490.58万人，已领取养老保险待遇84.67万人。

全区216万城乡低保对象实现了动态管理下的应保尽保，城乡低保标准分别提高40%和20%，全区累计发放低保费用35亿元。首次为255.8万城乡困难群众发放临时价格补贴4.36亿元。建立80岁以上老年人生活补贴和免费体检制度。发放2.32亿元，改善23.3万城镇无收入困难老年人生活条件。1.46万户残疾人纳入安居富民工程。1.33万智力、精神、重残人员实行居家托养。

（四）扶贫开发和移民工作取得重大进展

财政投入扶贫资金12.08亿元，引导扶贫龙头企业项目贴息贷款和小额到户贷款21.02亿元。重点用于南疆三地州、边境扶贫、299个山区特困村扶贫、扶贫培训和扶贫试点，上述五大扶贫重点民生工程支持的2272个项目覆盖441个贫困村，直接扶持扶贫对象18.32万户，取得贷款的扶贫龙头企业，带动1946个贫困村和67万扶贫对象增收。26万农村贫困人口越过当年低收入贫困线，扶贫开发工作重点县农牧民人均纯收入达到4066元，比上年增加523元。

全区投入移民基础设施建设资金15.31亿元，完成民生工程172项，发放移民直补资金1.24亿元，专项资金1.2亿元。移民人均增收1300元，库区和移民安置区转移就业11万人，安排移民子女就业1.7万人，开展移民技能培训13.3万人。

（五）科技事业和富民工程加快发展

全年安排自治区级科技计划项目1445项，承担国家级科技计划项目（课题）506项。获得省部级以上科技成果206项。组建了一批重点实验室和工程技术研究中心，截至年末，全区共有县以上部门属研究与技术开发机构118个。重点实验室28个，建立了首个国家重点实验室。批准成立的工程技术研究中心19个，其中，国家级4个。组建区内的工程技术中心54个。自治区级科技成果转化基地50个。高新技术企业153个，国家级高新技术产业开发区2个，自治区级高新技术工业园区4个，国家大学科技园1个。生产力促进中心48家，其中，国家级示范中心9家。国家级创新型企业5个，国家级创新型试点企业5个。新认定自治区级企业技术中心18家、产学研示范基地20个，企业技术中心144家，其中国家级10家。新产品产值率提高到4.75%。

一批企业成长为国家创新型企业和高新技术企业，与国家自然科学基金委设立了联合基金，同中科院启动了大科学工程建设，上海合作组织框架下重大科技合作项目实施进展顺利。一名科技人员当选中国工程院院士。受理专利申请4736项。获得专利授权2642项。签订技术合同1473项，技术合同成交金额4.38亿元。

投入1.22亿元资金用于实施科技富民工程。支持20个县市实施国家和自治区科技富民强县项目，其中，南疆县市占到80%以上，促进了特色支柱产业发展和农民增收；农村科技特派员创新创业行动辐射带动150余万户农民依靠科技增收致富。科技扶贫工作、科技兴新素质工程、农村科普行动和双语教学软件开发等取得成效。涉及人口健康、生物医药、公共安全、防灾减灾等领域的科技攻关积极推进，使更多的科技成果惠及民生。

（六）教育事业蓬勃发展

年末共有普通高等学校32所。全年研究生教育招生4972人，增长8.2%；在校研究生14099人，增长11.2%；毕业生3421人，增长1.8%。本专科招生7.44万人，下降0.3%；在校生25.87万人，增长3.0%；毕业生6.38万人，增长0.4%。

各类中等职业教育招生9.02万人，下降8.8%；在校生24.30万人，增长4.2%；毕业生6.45万人，下降2.8%。普通高中招生15.65万人，增长2.1%；在校生43.27万人，增长3.2%；毕业生12.95万人，下降4.6%。初中招生32.60万人，下降3.0%；在校生97.66万人，下降2.7%；毕业生32.85万人，下降2.7%。小学招生32.24万人，增长3.4%；在校生191.95万人，下降0.8%；毕业生32.77万人，下降2.0%；幼儿园在园幼儿65.11万人，增长12.5%。

小学学龄儿童入学率99.7%，初中阶段适龄少年入学率97.3%。初中毕业升入普通高中（含技工）升学率83.9%。

中央、自治区共投入6.28亿元，用于“双语”幼儿园建设和保障。全区学前和中小学双语班学生（含民考汉）达到140.84万人，占少数民族在校学生的55%。“内高班”办班城市增加到40个，办班学校增加到76所，完成7090人的招生任务，在校生规模达2.4万人。“内初班”办班城市增加到11个，办班学校增加到22所，完成6200人的招生任务，在校生规模达1.6万人。“内高班”、“内初班”农牧民子女录取比例分别达到75%、90%。内地高校新疆少数民族在校生规模达到3.6万人。

落实家庭经济困难大中专学生助学金补助政策，发放补助资金5.39亿元，补助41.4万人次。农村义务教育阶段全部学生及15%的城市义务教育阶段家庭经济困难学生享受免费教科书。免除城市义务教育阶段学生学杂费，落实资金1.06亿元，68.4万名学生得到资助。免费师范生教育落实专项经费1.25亿元，承担2.65万名免费师范生学费、教材费、住宿费等相关费用。大力推进学前两年双语教育。

（七）文化宣传的舆论引导能力大幅提升

初步形成广播影视、出版、报刊、文娱演艺、文博、动漫、网络、广告为主体的文化产业体系，文化产业初具规模。深入开展“走转改”活动，围绕新疆经济社会发展，采制播发了一系列有力度、有深度的报道。组织策划全国30多家省级电台、电视台开展的“大美新疆丝路行”和“天池之约—全国卫视新疆行”采风采访活动，展示了活力新疆、幸福新疆、魅力新疆。成功举办“第二届中国新疆国际民族舞蹈节”和“亚欧博览会·文化展示周”。建立地县两级国有文艺院团政府购买演出机制。中央和自治区投入1.2亿元实现全区110个文化馆、103个公共图书馆、73个博物馆、1097个乡镇（街道）文化站免费向社会开放。

全区共有广播电台6座，中、短波广播发射台和转播台53个，电视台8座，有线电视用户208.01万户，增长8.1%，其中，有线数字电视用户188.45万户，增长43.5%。广电网络双向化改造和数字化整转稳步推进。广播综合人口覆盖率94.9%。电视人口综合覆盖率95.3%。6844个20户以下自然村盲村实现广播电视覆盖。全年共拍摄故事片1部，译制少数民族语故事片134部，译制维、哈、蒙、柯4种语言影视剧6931集。

全区投入电影放映基础设施建设资金1.7亿元，新增影院20家。农村公益电影放映11.8万次。截至目前，全区共有影院49家，银幕206块，逐步形成以天山农村数字电影院线为龙头，全疆15个农村电影院线（中心）加盟的市场运营网络。全年影院票房收入1.2亿元，增长24%；电影放映产业综合效益10亿元。

（八）医疗卫生事业和体制改革深入推进

全区共有卫生机构（不含兵团）14349个，拥有床位10.72万张，卫生技术人员10.82万人。其中，医院、卫生院1540个，床位10.16万张；疾病预防控制中心122个；妇幼保健机构89个。乡镇卫生院913个，床位2.13万张，卫生技术人员1.72万人。基本药物制度覆盖全区所有政府办基层医疗卫生机构，基本药物价格水平总体下降35%。政府专项资金投入0.40亿元用于将乡村医生人均月津贴标准提高500-800元。中央和自治区财政投入6.06亿元，完成25万座无害化卫生厕所建设任务，农村卫生厕所普及率提高至58.6%。农牧区重大疾病医疗保障试点工作全面展开。筹资标准住院费补助比例提高到72.4%。“春苗工程”、“贫困白血病救助项目”、“百万贫困白内障患者复明工程”先后为全区1787名儿童先天性心脏病患儿、104位急性淋巴细胞和急性早幼粒细胞白血病患儿和5669例白内障患者实施了医疗救治。农牧区妇女“两癌”检筛查19.73万人。艾滋病防控和抗病毒治疗工作落实范围不断扩大。美沙酮药物维持治疗工作，收治5502人，在治4064人。

三、2012年我区经济工作思路及重点

围绕中央经济工作会议确定的政策目标和调整方向，综合国内、国际、区内宏观经济形势，自治区党委、人民政府确定了2012年经济发展的总基调是“稳中求进、进中求变”，促进经济又快又好发展。我们认为，以总基调为纲，2012年需要在以下几个方面付出努力。

（一）坚定不移抓项目，确保投资的持续拉动作用不减弱

一方面要确保项目资金及时到位，特别是重点项目的资金到位率，狠抓资金已到位工程的建设速度；另一方面要对已批准立项但尚未开工的项目促使其早开工、早建设。以项目建设带动经济发展，扩大招商引资力度，调整产业结构，力争早上、快上一批大中型项目。

（二）多管齐下促消费，确保消费的后续支撑不降低

在外部需求明显减弱的国际大环境下，增强

内需增长后劲、有效激活居民潜在的消费需求，提高消费对经济增长的贡献，应成为2012年宏观政策的主要着力点之一。要继续增加城乡居民收入，稳步提高消费能力。实施积极的就业政策，政策扶持劳动密集型产业加快发展，促进就业岗位增加。努力开拓农村市场，扩大农村消费，鼓励农产品直接进入大型批发市场和超市。

（三）多措并举稳金融，确保信贷投放的保障水平不下降

积极争取国家倾斜性、差别化产业支持政策，进一步提高信贷支持力度，逐步解决我区经济自我发展能力弱的问题，采取更加优惠的信贷政策，鼓励金融资本向我区优势产业、潜力产业、瓶颈产业及成长性较好、市场竞争能力强的中小型企业流动，进一步加大对中小企业发展的支持力度。积极培育新型金融要素市场，提供新型金融产品，支持企业扩大直接融资规模。加快推动跨境贸易和投资人民币结算，努力使人民币跨境结算成为全国重要的示范区。

（四）加快推进农业现代化进程，确保农业基础地位不动摇

加快推进农业现代化进程，做好市场信息的收集、整理、分析和发布，为农业生产、农产品销售和农业结构调整提供前瞻性建议；积极引导农民提高组织化程度，加强信息沟通，加大物流畅通建设，采取网上对接、农超对接、农批对接和农产品展销等多种方式拓宽农产品销路。积极争取国家对我区棉花、番茄等在国际、国内市场占有重要地位的农产品生产实施全方位支持，建立棉花、番茄等大宗农产品生产风险调节基金，确保全国棉花安全和番茄酱生产的国际和国内市场地位不动摇。

（五）加快推进新型工业化进程，确保工业主体地位不削弱

一是进一步加大对非公有、非石油、地方、中小企业和园区工业的扶持力度，从政策、财税和融资等多方面予以支持，尽快将这些企业培育成为拉动工业经济的重要增长极；二是继续争取中石油、中石化进一步加大援疆力度，关键是增加年度排产计划，加快发展我区石油工业，带动工业经济整体提速；三是加快优势资源转换，特别是加快煤电煤化工基地建设，帮助大企业、大集团加快落地开工步伐，稳步提高大型工业企业增速，逐步改善石油工业一业独大、工业经济一条腿走路的被动局面；四是进一步推进各类园区建设，促进产业集群化发展，形成一批上规模、有水平的优势产业群。

（撰稿人：王忠山 新疆维吾尔自治区统计局局长）

华能风电项目（哈密地区统计局提供）

新疆生产建设兵团经济社会发展报告

2011年是“十二五”开局之年，兵团各级致力于起好步、开好头，将加快发展、提质增效、民生改善作为深入贯彻落实中央新疆工作座谈会和兵团党委六届六次全委（扩大）会议精神，实现科学、跨越发展和加快转变经济发展方式的主要内容。一年来，兵团上下积极有效应对复杂多变的外部环境，紧紧抓住对口援疆和国家产业政策支持契机，加快推进“三化”建设、民生建设和基础设施建设，经济社会发展呈现出“发展加快、结构优化、活力增强、质量提高、民生改善”的喜人局面，实现了“十二五”良好开局。

一、经济运行的主要特点

2011年，兵团经济发展步伐持续加快，一年跨越两百亿，向千亿冲刺，跨越发展的态势已初步显现。“三化”建设全面推进，调结构、增活力、提质量、惠民生取得明显成效，转型发展势头正逐步形成。

（一）发展速度持续加快：兵团生产总值、固定资产投资和工业增速均创30余年新高

生产总值增速创1979年以来新高。2011年，兵团实现生产总值968.84亿元，按可比价计算，比上年增长16.0%，增速比上年加快2.1个百分点，高于全国平均增速6.8个百分点，在全国各省区市排名第二。分产业看，第一产业增加值327.62亿元，增长7.6%；第二产业增加值367.27亿元，增长30.5%；第三产业增加值273.95亿元，增长9.6%。人均生产总值达到37113元，增长14.4%。经济总量占新疆比重14.7%，比上年提高0.5个百分点。

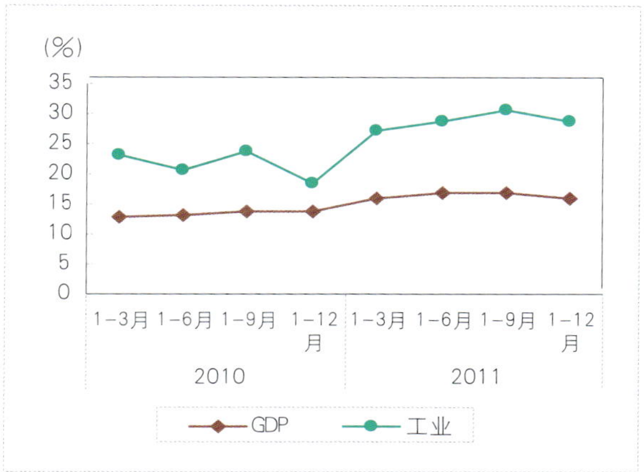

图1 兵团生产总值增长速度

固定资产投资增速创1980年以来新高。兵团抓住中央新疆工作座谈会一系列政策机遇，把投资作为拉动经济增长的关键点和重头戏，加大项目建设和招商引资力度，拓宽融资渠道，全力促进投资增长。2011年，完成全社会固定资产投资683.51亿元，比上年增长52.5%，增速较上年加快11.7个百分点，高于全国平均增速28.9个百分点，在全国各省区市中位列第一 。

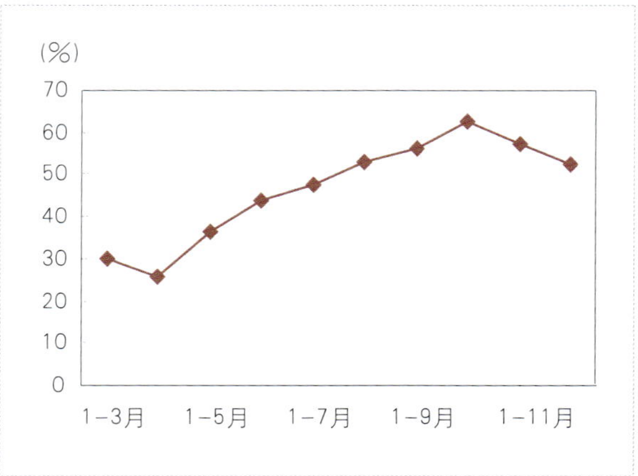

图2 2011年全社会固定资产投资增长速度

工业增速创1981年以来新高。2011年，实现全部工业增加值253.88亿元，比上年增长

28.6%，增速比上年加快10.1个百分点。高于全国平均增速17.9个百分点。

（二）“三化”建设全面推进：北屯市正式成立，工业快速发展，农业“三大基地”建设稳步推进

城镇化建设取得新成效。以规划为引导，强力推进城镇化建设。按照师建城市、团场建镇的模式，各师和团场积极在有条件的区域加快建市规划工作，师域城镇体系规划和垦区中心城镇总体规划基本完成。2011年，兵团52个边境团场城镇基础设施建设全面展开，完成投资4.73亿元。12月28日，中国最北的屯垦重镇、共和国最年轻的城市，北屯市正式挂牌成立，至此，兵团城市增至5个。城市聚集人口、产业发展作用进一步增强，2011年，石河子、五家渠、阿拉尔、图木舒克四个城市总人口77万人，占兵团总人口比重29%，实现生产总值340亿元，占兵团经济总量比重超过35%。

新型工业化进程加快。围绕农产品加工和矿产资源优势转换，对内扶优扶强、对外招商引资，积极争取国家政策支持、协调与地方关系，创造工业良好发展环境。2011年，兵团落实产业发展资金10亿元，重点支持石油天然气化工、新型建材及生物医药等行业发展。落实国家差别化产业政策，一批热电联产、光伏、水泥、钢铁等优势资源转换项目陆续开工建设。取得自治区支持，给兵团配置了木垒县梧桐窝子、伊吾县淖毛湖煤炭资源和铁、铜、金等6个金属矿资源。工业得到迅速发展，能源、食品加工制造、氯碱化工、煤化工、建材等支柱行业支撑带动作用进一步巩固。2011年，规模以上工业企业中，煤炭开采和洗选业增加值比上年增长45.5%，农副食品加工业增长16.3%，食品制造业增长14.0%，饮料制造业增长14.3%，化学原料及化学制品制造业增长46.4%，非金属矿物制品业增长11.1%，有色金属冶炼及压延加工业增长1.6倍，电力、热力的生产和供应业增长38.3%。

农业现代化建设稳步推进。按照使兵团成为引领全国农业现代化排头兵的要求，积极推动农业走规模化、集约化、市场化道路，稳步推进农业现代化示范、节水灌溉示范推广和农业机械化推广三大基地建设。六师共青团农场国家级现代农业示范区建设初具规模，阿拉尔现代农业示范区和一批现代示范团场启动实施。2011年，农作物精量半精量播种面积1165.95万亩，比上年增长9.6%。测土配方施肥面积1203万亩，增长29.6%。高新节水灌溉面积1091.61万亩，占农作物播种面积比重65%以上。农业机械总动力396.26万千瓦，增长7.3%，农业综合机械化率达到90.1%，棉花机械采收面积45.8%，比上年提高11.4个百分点。国家级和兵团级农业产业化重点龙头企业69家，龙头企业带动农户42万户，销售收入过10亿元的农业产业化龙头企业有12家。

（三）结构调整发生积极变化：二产比重稳超一产，投资结构继续优化，产业内部结构更趋合理

三次产业结构实现重大转变。三次产业结构由上年的36:34:30调整为34:38:28，二产比重提高4个百分点，经济转型成效显现，实现了以由农业为主向以二产为主跨越的重大转变。工业增加值占生产总值比重由上年的24.2%提高到26.2%，对经济增长的贡献率达43.1%。建筑业增加值113.39亿元，占生产总值比重由上年的9.9%提高到11.7%，对经济增长的贡献率达18.9%。

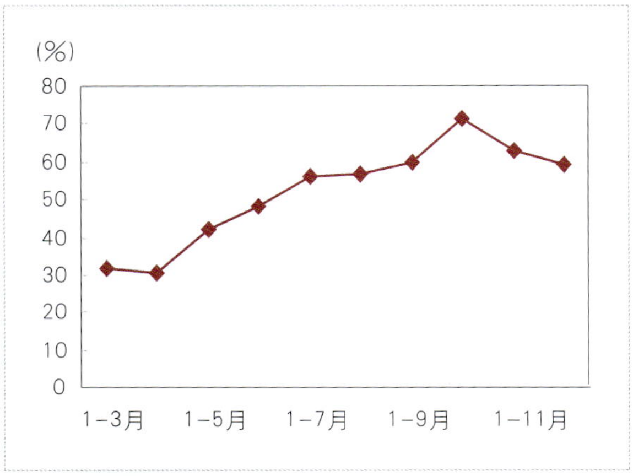

图3 2011年工业投资增长速度

投资结构不断优化。工业投资规模不断扩大，

全年工业投资完成363.67亿元，占投资比重由上年的51%提高到53%以上。工业投资中电力、燃气及水的生产和供应业完成投资112.45亿元，占投资比重由上年的14%提高到16%以上。民间投资表现活跃，全年民间投资完成257亿元，增长84.0%，占全社会固定资产投资比重达到38%。

产业内部结构更趋合理。设施农业、果蔬园艺业发展迅速。“少数人种多数田、多数人种设施园”，兵团传统粗放的农业发展方式正在向现代集约经营方式改变。 2011年，已建成温室大棚3.83万个，占地面积5.17万亩，其中投入使用的3.17万个，面积4.47万亩，生产各类设施农产品26.61万吨。“南枣、北葡”的水果发展格局基本形成，红枣、葡萄种植面积占果园面积的比重接近80%。重工业快速发展。原煤、水泥产量突破千万吨，分别达到1141万吨、1207万吨。规模以上工业中，重工业产值比重达到57%，增速47.7%，高于规模以上工业平均增速一倍。批发零售、旅游等重点服务行业快速发展。2011年，批发零售业商品销售总额836.09亿元，增长28.8%。社会消费品零售总额242.71亿元，增长19.6%。全年接待旅游者616万人次，比上年增长54.0%。旅游总收入23.8亿元，增长19.0%。

（四）发展活力不断增强：内生自主动力增强，借力发展优势显现，园区要素聚集作用提高

内生自主动力增强。一是大企业带动，兵团现有大中型工业企业93个，实现销售收入450亿元，占规模以上工业67%以上。销售收入上10亿元的工业企业9个。二是大项目支撑，2011年，总投资10亿元及以上在建项目比上年增加15个，完成投资占全部投资总量超过30%，比上年增长1倍。三是科技推动，2011年，兵团各类科技经费总额达到2.57亿元，增长15.2%。项目年投入强度每项15.97亿元。全年1项成果获国家科技进步二等奖，66个项目获兵团科技进步奖。

借力发展优势显现。一是招商引资力度加大。全年招商引资项目801个，当年引进兵团以外项目到位资金397.60亿元，比上年增长近一倍。其中，10个对口支援省市在兵团投资产业项目219个，投资规模624.60亿元，到位资金121.00亿元，占兵团以外项目到位资金的30%以上。二是对口援疆工作全面展开。全年10个对口援疆省市重点安排的163个保障性住房、设施农业、城镇基础设施建设等项目，当年开工158个，到位援助资金13.49亿元。三是信贷融资给力。年末驻疆20家金融机构对兵团贷款余额1170.34亿元，比年初增长33.7%。全年兵团企业注册发行短期融资券45亿元。截止2011年末兵团控股14家上市公司累计募集资金104.70亿元。

园区要素聚集作用提高。兵团共有国家级、自治区级和兵团级开发区、园区22个。其中，2011年新批准设立兵团级工业园区8个。全年，兵团城市、开发区、园区招商项目219个，到位资金266.30亿元，占全社会固定资产投资项目到位资金的36%。

（五）发展质量明显提高：农牧业生产水平、企业盈利能力不断提高，职工收入快速增长

农牧业生产水平明显提高。兵团主要大宗农作物中，棉花平均亩产161公斤， 比上年提高3公斤；油料亩产188公斤，提高5公斤；甜菜亩产5035公斤，提高579公斤。全年棉花产量129.31万吨，比上年增长12.4%；甜菜产量205.92万吨，增长13.4%；蔬菜产量625.67万吨，增长7.6%。畜牧业规模化养殖水平进一步提高，当年新增规模化养殖场89个，总体规模化养殖水平达68%。主要畜产品产量保持了较快增长，其中，肉类总产量38.23万吨，增长19.5%，牛奶产量49.66万吨，增长12.1%，禽蛋产量5.40万吨，增长18.1%。

企业盈利能力大幅提高。全年兵团国有及国有控股农工建交商企业实现利润57.11亿元，比上年增加16.85亿元，增长41.8%。规模以上工业企业实现利润总额69.14亿元，增长44.1%。规模以上工业企业综合效益指数208.3，比上年

增加12.6点。资质以上建筑业法人企业实现利润6.01 亿元，增长53.7%。

居民收入快速增长。2011年，国家强农惠农资金中直接用于对团场职工的补贴资金达8.7亿元，较上年增长19.2%。兵团粮食、油料、甜菜价格涨幅超过10%，水果因灾减产价格涨幅超过40%，猪、牛、羊等肉类价格上涨幅度均在15%以上。国家惠农补贴力度加大，农产品价格普遍上涨，促进了团场农牧工收入大幅增长。全年兵团城镇居民人均可支配收入16625元，比上年增长14.2 %，扣除价格因素，实际增长8.2%；团场农牧工家庭人均纯收入10233元，增长16.5%，扣除价格因素，实际增长9.1%。在岗职工平均工资31343元，增长17.2%，扣除价格因素，实际增长10.7%。

（六）民生得到切实保障和改善：实施“十件实事”，民生建设、就业、医疗等社会保障得到加强

较好地完成了“十件实事”目标任务。2011年，以保障性住房建设、边境团场城镇基础设施建设、中小学校舍改造、团场社区综合服务设施、游牧职工定居和无电地区电力设施建设等内容为主“十件实事”完成投资175.2亿元，建设保障性安居工程18.6万户，其中，建设保障性住房17.43万户、游牧职工定居工程1968户。全年完成保障性住房建设投资155亿元。

就业形势稳定。全年新增就业8.55万人，在新增就业人员中，就业困难人员实现就业1.88万人，实施职工职业技能与素质培训工程20.95万人次。城镇登记失业率控制在2.6%。

医疗等社会保障水平不断提高。职工、居民医保住院费用支付比例分别从69%和44%提高到75%和70%。全部团场、连队和社区服务机构实行国家基本药物零差率销售，药价下降15%。完成第七次企业退休人员基本养老金待遇调整工作，惠及企业退休人员51.45万人，人均增资225.8元，人均月养老金达到1726元。兵团养老保险制度实现全覆盖。医疗保险参保率稳定在90%以上。职工医保全面实现师级统筹。2011年基本养老、基本医疗、失业、工伤、生育保险参保人数分别达到84.45万人、219.78万人、63.51万人、66.34万人和62.02万人，均超额完成国家下达任务。

二、经济发展中存在的主要问题

2011年，兵团经济社会实现了总量提高、效益提升、民生改善的良好势头，奠定了跨越式发展的基础。在取得良好成绩的同时，我们也要清醒地看到发展的差距和存在问题，主要是转型发展任务繁重， 农业产业化发展任重道远， 企业生产经营面临困难较多， 投资质量和项目运作能力亟需提高等。

（一）经济发展转型任务繁重

一是产业层次不高。高耗能行业比重较高，附加值高、能耗少的行业比重低。2011年，规模以上工业中，石油加工炼焦及核燃料加工、化学原料及化学制品制造、非金属矿物制品、黑色金属冶炼及压延加工、有色金属冶炼及压延加工和电力热力的生产供应业六大高耗能行业增加值占规模以上工业增加值的比重达55.8%，高新技术含量较高的医药制造、通信设备、计算机及其他电子设备制造业所占比重仅为0.6%。高耗能行业快速发展导致能源消费大幅增长，节能降耗压力增大。以上六大高耗能行业综合能源消费量982.44万吨标准煤，比上年增长41.0%，占规模以上工业综合能源消费总量89.1%。二是需求结构不协调。发展对投资依赖较大，且短期内难以改变。2011年兵团投资率为70.5%，高于上年12.3个百分点。三是发展不平衡。依赖少数行业、师市、企业支持经济发展格局比较明显。

（二）农业产业化发展任重道远

兵团大农业优势，主要停留在种植和养殖上，在生产技术上现代化水平较高，但在市场化、产业化、专业化、商品化方面发展不足，农业发展、农工增收极易受市场供需变化和价格波动影响。2011年，兵团大宗农产品棉花、番茄、红

（宋广磊摄）

枣销售收购出现不同程度问题，表面看是销售问题，实际上农业产业化发展问题。一是农业市场体系建设滞后，拓展销售渠道难，农产品顺利地销售和实现价值成为农业发展，职工增收的重要问题。二是农产品加工业发展滞后，产业化经营组织整体竞争力弱。龙头企业规模小，产业链条短，产品质量和档次不高，核心竞争力及带动幅射能力不强，特色、优势主导产业没有形成产业优势。三是特色优势农产品生产基地基础设施建设薄弱，原料基地专业化、规模化、标准化、集约化生产整体水平不高。四是风险共担的利益协调机制尚未完善。龙头企业、基地（团场）、农工之间还未真正形成利益共享、风险共担、经营一体化的利益共同体。

（三）企业生产经营面临困难较多

部分工业行业亏损严重。食品制造、化学纤维制造和有色金属冶炼及压延加工业出现行业整体亏损。企业融资困难难以缓解，尤其是中小微企业资金实力不足，融资难上加难。企业用工短缺与用工成本上升并存。随着新疆及兵团大建设、大开放、大发展的到来，各行业用工需求大量增加，企业“招工难、留人难”矛盾日益突出。不仅缺普工，更缺少高技术和经营管理人才。同时，伴随居民消费价格不断上涨，企业用工成本持续提高，原材料价格逐步攀升，影响企业经营生产。

（四）投资质量和项目运作能力亟需提高

中央新疆工作座谈会后，国家在基础设施建设、民生工程和重点产业上加大对兵团投入和政策倾斜力度，在资金、项目、人才等方面给予了特殊的帮扶，实施了一大批援建项目和产业合作项目，兵团迎来了前所未有的投资机遇。各级抓住机遇，把潜在的投资需求，变成现实的投资项目，转化为推动经济社会发展和改善民生的生产力，但还存在着投资质量和项目运作能力不高的问题，主要表现在，一是不同程度存在着重复建设、盲目建设，投资结构雷同、投资效益不高等问题。二是项目谋划能力不足，面临好的政策和

（宋广磊摄）

资金支持，没有项目支撑，缺乏投资载体，或者项目运作能力不强，缺乏吸引力，投资意愿难以实现。三是项目建设效率不高，财力不足，融资困难，配套资金短缺，投资建设成本上升，建材供应不足以及部分项目申批迟缓，影响项目进度甚至投资效率。

三、经济发展对策建议

当前，兵团正处于经济社会发展的黄金期和跨越转型的关键期，要立足兵团实际、勇于正视发展中存在的困难和问题，积极应对，着眼未来，紧紧抓住跨越式发展的战略机遇，狠抓投资推动，全力推进“三化”建设，加快转变经济发展方式，进一步改善民生，实现经济社会发展稳中求进、进中求快、又好又快的发展要求。

（一）加强和改善宏观调控，实现经济又好又快发展

一是继续贯彻落实中央新疆工作座谈会以来中央和自治区支持兵团发展的一系列政策，深刻理解兵团 2012 年经济社会发展的总体思路，牢牢把握主题主线和稳中求进、进中求快、又好又快的发展要求。二是狠抓规划落实，2012 年仍是实施“十二五”规划打基础的关键年，基础是否打牢，关系“十二五”规划顺利完成，必须强化各项工作落实。三是密切关注国际、国内经济形势和市场变化趋势，加强对重点行业、企业经济预警监测分析，加大对关键行业和薄弱环节支持力度，全力做好煤、电、油、气、运等生产要素供给综合协调。四是做好大宗农作物种植计划和大宗农产品购销工作，保障农产品加工行业原料充足供给和团场增效、职工增收。做好应对极端气候和自然灾害的影响工作，制定应急预案，确保农业生产稳定。

（二）加大产业结构调整力度，促进发展方式转变

一是加大农业、水利基础设施建设，巩固农业基础地位。继续加大农业结构调整力度，推进种植业与养殖业相结合，提高畜牧业和果蔬园艺业效益，因地制宜建设设施农业，发展高产、优质、高效、生态、安全农业。二是大力提升工业，加快工业结构优化升级步伐和工业聚集区建设，加大传统产业改造提升力度，继续发展与兵团大农业相适应的农用装备制造业，培育壮大新能源、新材料、电子信息和生物医药等战略新兴产业。三是大力拓展服务业，加快农产品批发市场、冷链仓储、现代物流等基础设施建设，优化外贸发展环境，大力发展具有兵团特色的旅游业，促进旅游业转型升级。四是大力发展民营经济，促进大中小企业协调发展。

（三）坚持现代农业发展方向，推进农业产业化进程

一是按照优质化、专业化、区域化、规模化的要求抓好以棉花、果蔬园艺、畜牧养殖为重点的特色优势农产品基地建设。二是扶持农业产业化重点龙头企业做强做大，培育和引进一批科技含量高、市场前景好、辐射带动力强的龙头企业，大力推进特色果蔬、畜产品等农产品精深加工。三是加强市场建设，促进农产品流通。建设一批有影响力、有较强带动能力的专业批发和零售市场。发展各类专业协会、合作社、经纪人等各类流通组织，壮大市场主体，完善现代农产品流通机制和农产品营销网络。四是按照“风险共担，利益共享”的原则，完善利益协调机制，通过发展订单农业、股份合作和各类行业协会等多种方式，建立产业化各经营主体的利益共同体，加强

原料收购规范管理，健全服务体系，不断完善和纠正过去在基地建设及原料收购中存在的突出问题，兼顾农户和企业的利益。

（四）狠抓项目建设，发挥投资对经济增长拉动作用

当前，投资依然是拉动兵团经济发展的主要动力，兵团实现后发赶超，推动跨越发展，必须保持一定规模的投资持续增长。实现投资大幅增长，必须善于谋划项目，提高项目运作和管理能力。一是实施项目带动战略，抓住对口援疆和产业援疆机遇，积极谋划项目，切实建成一批支撑加快发展的大项目，开发一批壮大经济实力的好项目，储备一批增强发展后劲的新项目。二是认真研究政策，把握投资方向和重点，有针对性的策划包装一批项目，以项目吸引资金，招引企业，推进发展。信息时代，一个地方发展的快慢不取决于资源禀赋的多少，而在于资源整合能力的大小，而项目就是招商引资、整合资源的载体和抓手。三是加强服务指导，积极协调解决影响项目落地慢，建设速度不快的问题，加快项目建设进度。

（撰稿人：孙法臣　新疆生产建设兵团统计局局长）

（宋广磊摄）

Important Documents

一、主题报告篇

二、地区发展篇

三、重要文献篇

四、宏观政策篇

五、统计图表篇

政府工作报告

——2012 年 3 月 5 日在第十一届全国人民代表大会第五次会议上

国务院总理　温家宝

各位代表：

现在，我代表国务院，向大会报告政府工作，请各位代表审议，并请全国政协委员提出意见。

一、2011 年工作回顾

过去的一年，面对复杂多变的国际政治经济环境和艰巨繁重的国内改革发展任务，全国各族人民在中国共产党领导下，同心同德，团结奋进，改革开放和社会主义现代化建设取得新的重大成就。国内生产总值 47.2 万亿元，比上年增长 9.2%；公共财政收入 10.37 万亿元，增长 24.8%；粮食产量 57121 万吨，再创历史新高；城镇新增就业 1221 万人，城镇居民人均可支配收入和农村居民人均纯收入实际增长 8.4% 和 11.4%。我们巩固和扩大了应对国际金融危机冲击成果，实现了“十二五”时期良好开局。

一年来，我们主要做了以下工作：

（一）加强和改善宏观调控，遏制物价过快上涨，实现经济平稳较快发展。我们实施积极的财政政策和稳健的货币政策，坚持正确处理保持经济平稳较快发展、调整经济结构和管理通胀预期的关系，更加注重把握好政策实施的重点、力度和节奏，努力做到调控审慎灵活、适时适度，不断提高政策的针对性、灵活性和前瞻性。在全球通胀预期不断增强，国际市场大宗商品价格高位波动，国内要素成本明显上升，部分农产品供给偏紧的严峻形势下，我们把稳定物价总水平作为宏观调控的首要任务，坚持综合施策，合理运用货币政策工具，调节货币信贷增速，大力发展生产，保障供给，搞活流通，加强监管，居民消费价格指数、工业生产者出厂价格指数涨幅从 8 月份起逐月回落，扭转了一度过快上涨势头。下半年，世界经济不稳定性不确定性上升，国内经济运行出现一些新情况新问题，我们一方面坚持宏观调控的基本取向不变，保持宏观经济政策基本稳定，继续控制通货膨胀；一方面适时适度预调微调，加强信贷政策与产业政策的协调配合，加大结构性减税力度，重点支持实体经济特别是小型微型企业，重点支持民生工程特别是保障性安居工程，重点保证国家重大在建、续建项目的资金需要，有针对性地解决经济运行中的突出矛盾。我们坚定不移地加强房地产市场调控，确保调控政策落到实处、见到实效。投机、投资性需求得到明显抑制，多数城市房价环比下降，调控效果正在显现。我们高度重视防范和化解财政金融领域的潜在风险隐患，及时对地方政府性债务进行全面审计，摸清了多年形成的地方政府性债务的总规模、形成原因、偿还时限和区域分布。这些债务在经济社会发展中发挥了积极作用，形成了大量优质资产；也存在一些风险隐患，特别是部分偿债能力较弱地区存在局部性风险。我们认真开展债务清理整顿和规范工作，严格控制增量，积极稳妥解决债务偿还和在建项目后续融资问题。目前，我国政府性债务水平是可控的、安全的。总的看，我国国民经济继续朝着宏观调控预期方向发展，抗风险能力不断增强，呈现增长较快、价格趋稳、效益较好、民生改善的良好态势。

（二）加快转变经济发展方式，提高发展的协调性和产业的竞争力。我们坚持有扶有控，促进结构调整和优化升级，增强发展后劲。

巩固和加强农业基础。全面落实强农惠农富农政策，加大农业生产补贴力度，稳步提高粮食最低收购价，加强以农田水利为重点的农业农村基础设施建设，开展农村土地整治，加强农业科技服务和抗灾减灾，中央财政“三农”支出超过

1万亿元，比上年增加1839亿元。农业全面丰收，粮食总产量实现了历史罕见的“八连增”，连续5年超万亿斤，标志着我国粮食综合生产能力稳定跃上新台阶。继续推进农村危房改造，解决了6398万农村人口的饮水安全和60万无电地区人口的用电问题，农村生产生活条件进一步改善。

加快产业结构优化升级。大力培育战略性新兴产业，新能源、新材料、生物医药、高端装备制造、新能源汽车快速发展，三网融合、云计算、物联网试点示范工作步伐加快。企业兼并重组取得新进展。支持重点产业振兴和技术改造，中央预算投资安排150亿元，支持4000多个项目，带动总投资3000亿元。加快发展信息咨询、电子商务等现代服务业，新兴服务领域不断拓宽。交通运输产业快速发展，经济社会发展的基础进一步夯实。

推进节能减排和生态环境保护。发布实施“十二五”节能减排综合性工作方案、控制温室气体排放工作方案和加强环境保护重点工作的意见。清洁能源发电装机达到2.9亿千瓦，比上年增加3356万千瓦。加强重点节能环保工程建设，新增城镇污水日处理能力1100万吨，5000多万千瓦新增燃煤发电机组全部安装脱硫设施。加大对高耗能、高排放和产能过剩行业的调控力度，淘汰落后的水泥产能1.5亿吨、炼铁产能3122万吨、焦炭产能1925万吨。实施天然林保护二期工程并提高补助标准，实行草原生态保护奖补政策，开展湖泊生态环境保护试点。植树造林9200多万亩。

促进区域经济协调发展。深入实施区域发展总体战略和全国主体功能区规划。出台实施促进西藏、新疆等地区跨越式发展的一系列优惠政策。制定实施新10年农村扶贫开发纲要和兴边富民行动规划。区域发展协调性进一步增强，中西部和东北地区主要经济指标增速高于全国平均水平，东部地区产业转型升级步伐加快。城镇化率超过50%，这是中国社会结构的一个历史性变化。胜利完成四川汶川特大地震灾后恢复重建任务，积极推进青海玉树、甘肃舟曲、云南盈江抗灾救灾和恢复重建工作。

（三）大力发展社会事业，促进经济社会协调发展。各级政府加大对科技、教育、文化、卫生、体育事业的投入，全国财政支出2.82万亿元。

持续提升科技创新能力。加强基础研究和前沿技术研究。实施国家科技重大专项，突破一些关键核心技术，填补了多项重大产品和装备的空白。天宫一号目标飞行器与神舟八号飞船先后成功发射并顺利交会对接，成为我国载人航天发展史上新的里程碑。

扎实推进教育公平。深入贯彻落实教育改革和发展规划纲要。经过25年坚持不懈的努力，全面实现九年制义务教育。免除3000多万名农村寄宿制学生住宿费，其中1228万名中西部家庭经济困难学生享受生活补助。建立起完整的家庭经济困难学生资助体系。初步解决农民工随迁子女在城市接受义务教育的问题。推动实施“学前教育三年行动计划”，提高幼儿入园率。大力发展职业教育。加强中小学教师培训工作，扩大中小学教师职称制度改革试点，提高中小学教师队伍整体素质。首届免费师范生全部到中小学任教，90%以上在中西部。

大力加强文化建设。中央财政加大对文化惠民工程的支持，各地对公益性文化事业投入显著增加。扩大公共文化设施免费开放范围，服务面逐步拓展。文化体制改革继续推进，文化产业快速发展。文物保护、非物质文化遗产保护和传承取得重要进展。大力加强群众体育设施建设，全民健身活动蓬勃开展，体育事业取得新成绩。

积极稳妥推进医药卫生事业改革发展。基本医疗保险覆盖范围继续扩大，13亿城乡居民参保，全民医保体系初步形成。政策范围内住院费用报销比例提高，重大疾病医疗保障病种范围进一步扩大。各级财政对城镇居民医保和新农合的补助标准由每人每年120元提高到200元。国家基本药物制度在政府办基层医疗卫生机构实现全覆盖，基本药物安全性提高、价格下降。公立医院改革试点有序进行。基层医疗卫生服务体系基本建成。基本公共卫生服务均等化取得新进展。

（四）切实保障和改善民生，解决关系群众切身利益的问题。我们坚持民生优先，努力使发展成果惠及全体人民，促进社会公平正义。

实施更加积极的就业政策。多渠道开发就业岗位，全力推动以创业带动就业，加强职业技能培训和公共就业服务体系建设。加大财政、税收、金融等方面支持力度，着力促进高校毕业生、农民工等重点人群就业。高校毕业生初次就业率77.8%，同比提高1.2个百分点。农民工总量2.53亿人，比上年增长4.4%，其中，外出农民工1.59亿人，增长3.4%。

积极调整收入分配关系。着力提高低收入群众收入。农村居民人均纯收入实际增速为1985年以来最高，连续两年快于城镇居民；各地普遍较大幅度调高最低工资标准；连续第7年提高企业退休人员基本养老金，全年人均增加1680元，5700多万人受益；进一步提高城乡低保补助水平以及部分优抚对象抚恤和生活补助标准，对全国城乡低保对象、农村五保供养对象等8600多万名困难群众发放一次性生活补贴；建立社会救助和保障标准与物价上涨挂钩的联动机制。扩大中等收入者所占比重。个人所得税起征点从2000元提高到3500元。降低900多万个体工商户税负。中央决定将农民人均纯收入2300元（2010年不变价）作为新的国家扶贫标准，比2009年提高92%，把更多农村低收入人口纳入扶贫范围，这是社会的巨大进步。

加强社会保障体系建设。社会保障覆盖范围继续扩大，全国参加城镇基本养老保险、失业保险、工伤保险和生育保险人数大幅增加。2147个县（市、区）实施城镇居民社会养老保险试点，1334万人参保，641万人领取养老金。2343个县（市、区）开展新型农村社会养老保险试点，3.58亿人参保，9880万人领取养老金，覆盖面扩大到60%以上。解决了500多万名集体企业退休人员养老保障的历史遗留问题。将312万名企业"老工伤"人员和工亡职工供养亲属纳入工伤保险统筹管理。养老保险跨地区转移接续工作有序推进。社会保障体系不断健全，向制度全覆盖迈出重大步伐，这是推进基本公共服务均等化取得的重要成就。

大力推进保障性安居工程建设。出台关于保障性安居工程建设和管理的指导意见，完善财政投入、土地供应、信贷支持、税费减免等政策，着力提高规划建设和工程质量水平，制定保障性住房分配、管理、退出等制度和办法。中央财政安排资金1713亿元，是2010年的2.2倍，全年城镇保障性住房基本建成432万套，新开工建设1043万套。

努力维护社会公共安全。加强安全生产监管，做好重特大安全事故的处置、调查、问责工作。完善食品安全监管体制机制，集中打击、整治非法添加和违法生产加工行为。坚持以人为本、服务为先，加强和创新社会管理，着力排查化解各类社会矛盾，依法打击违法犯罪活动，保持社会和谐稳定。

（五）深入推进改革开放，为经济社会发展注入新的活力和动力。我们按照"十二五"规划提出的改革任务，加大攻坚力度，推动重点领域和关键环节的改革。

完善公共财政体系特别是预算管理制度，把预算外资金全部纳入预算管理，扩大国有资本经营预算实施范围，深化部门预算改革，推进政府预算、决算公开，98个中央部门和北京、上海、广东、陕西等省市公开"三公经费"。在全国范围实施原油、天然气资源税从价计征改革，出台营业税改征增值税试点方案。把跨境贸易人民币结算范围扩大到全国，启动境外直接投资人民币结算试点，开展外商直接投资人民币结算业务。深化集体林权制度改革，启动国有林场改革试点，依法开展草原承包经营登记。推进水利建设管理体制改革，创新水资源管理体制。深化国有企业改革。启动实施电网主辅分离改革重组以及上网电价和非居民用电价格调整方案。基本完成乡镇机构改革。事业单位分类改革有序开展。

我们坚持出口和进口并重，利用外资和对外投资并举，全面提升开放型经济水平。积极推进市场多元化战略，努力优化贸易结构。全年货物进出口总额3.64万亿美元，增长22.5%，其中，出口增长20.3%，进口增长24.9%，贸易顺差进一步下降。实际使用外商直接投资1160亿美元，服务业和中西部地区比重提高。企业"走出去"

步伐加快，非金融类对外直接投资601亿美元。积极参与国际和区域经济合作，多边双边经贸关系继续深化。

我们在民主法制建设、国防和军队建设、港澳台工作和外交工作等方面，都取得了卓有成效的进展。

过去一年的成绩来之不易，显示了中国特色社会主义的优越性和生命力，增强了中华民族的自豪感和凝聚力。这是以胡锦涛同志为总书记的党中央科学决策、正确领导的结果，是全党全军全国各族人民齐心协力、顽强拼搏的结果。我代表国务院，向全国各族人民，向各民主党派、各人民团体和各界人士，表示诚挚的感谢！向香港特别行政区同胞、澳门特别行政区同胞、台湾同胞和海外侨胞，表示诚挚的感谢！向关心和支持中国现代化建设的各国政府、国际组织和各国朋友，表示诚挚的感谢！

我们也清醒地看到，我国经济社会发展仍然面临不少困难和挑战。从国际看，世界经济复苏进程艰难曲折，国际金融危机还在发展，一些国家主权债务危机短期内难以缓解。主要发达经济体失业率居高难下，增长动力不足，新兴经济体面临通货膨胀和经济增速回落的双重压力。主要货币汇率剧烈波动，大宗商品价格大幅震荡。国际贸易投资保护主义强化。从国内看，解决体制性结构性矛盾，缓解发展不平衡、不协调、不可持续的问题更为迫切、难度更大，经济运行中又出现不少新情况新问题。主要是：经济增长存在下行压力，物价水平仍处高位，房地产市场调控处于关键阶段，农业稳定发展、农民持续增收难度加大，就业总量压力与结构性矛盾并存，一些企业特别是小型微型企业经营困难增多，部分行业产能过剩凸显，能源消费总量增长过快。一些长期矛盾与短期问题相互交织，结构性因素和周期性因素相互作用，国内问题和国际问题相互关联，宏观调控面临更加复杂的局面。政府工作仍存在一些缺点和不足，节能减排、物价调控目标没有完成；征地拆迁、安全生产、食品药品安全、收入分配等方面问题还很突出，群众反映强烈；政府管理和服务水平有待提高，廉政建设亟需加强。

我们一定要以对国家和人民高度负责的精神，采取更加有力的措施，切实解决存在的问题，努力把各项工作做得更好，决不辜负人民的重托。

二、2012年工作总体部署

今年是“十二五”时期承前启后的重要一年，也是本届政府任期的最后一年。我们要恪尽职守、锐意进取、攻坚克难，决不懈怠，交出一份人民满意的答卷。

我国发展仍处于重要战略机遇期，在较长时期内继续保持经济平稳较快发展具备不少有利条件。工业化、城镇化和农业现代化快速推进，消费结构和产业结构升级蕴藏着巨大的需求潜力；经过30多年改革开放，我国发展建立了良好的物质基础和体制条件，宏观调控经验不断丰富，企业竞争力和抗风险能力明显提高；东部地区创新发展能力增强，中西部地区和东北等老工业基地发展潜力不断释放；经济发展的传统优势依然存在，劳动力资源丰富、素质提高；财政收支状况良好，金融体系运行稳健，社会资金比较充裕。世界经济政治格局正在发生深刻变化，和平、发展、合作仍然是时代潮流，总体上有利于我国和平发展。我们要坚定信心，善于运用有利条件和积极因素，继续抓住和用好重要战略机遇期，推动经济平稳较快发展，不断增强我国的综合国力和国际影响力。

我们要高举中国特色社会主义伟大旗帜，以邓小平理论和“三个代表”重要思想为指导，深入贯彻落实科学发展观，坚持稳中求进，加强和改善宏观调控，继续处理好保持经济平稳较快发展、调整经济结构和管理通胀预期的关系，加快推进经济发展方式转变和经济结构调整，着力扩大国内需求特别是消费需求，着力加强自主创新和节能减排，着力深化改革开放，着力保障和改善民生，全面推进社会主义经济建设、政治建设、文化建设、社会建设以及生态文明建设，努力实现经济平稳较快发展和物价总水平基本稳定，保持社会和谐稳定，以经济社会发展的优异成绩迎接党的十八大胜利召开。

今年经济社会发展的主要预期目标是：国内生产总值增长7.5%；城镇新增就业900万人以上，城镇登记失业率控制在4.6%以内；居民消费价格涨幅控制在4%左右；进出口总额增长10%左右，国际收支状况继续改善。同时，要在产业结构调整、自主创新、节能减排等方面取得新进展，城乡居民收入实际增长和经济增长保持同步。这里要着重说明，国内生产总值增长目标略微调低，主要是要与“十二五”规划目标逐步衔接，引导各方面把工作着力点放到加快转变经济发展方式、切实提高经济发展质量和效益上来，以利于实现更长时期、更高水平、更好质量发展。提出居民消费价格涨幅控制在4%左右，综合考虑了输入性通胀因素、要素成本上升影响以及居民承受能力，也为价格改革预留一定空间。

综合考虑各方面情况，要继续实施积极的财政政策和稳健的货币政策，根据形势变化适时适度预调微调，进一步提高政策的针对性、灵活性和前瞻性。

继续实施积极的财政政策。保持适度的财政赤字和国债规模。今年拟安排财政赤字8000亿元，赤字率下降到1.5%左右，其中中央财政赤字5500亿元，代发地方债2500亿元。优化财政支出结构、突出重点，更加注重向民生领域倾斜，加大对教育、文化、医疗卫生、就业、社会保障、保障性安居工程等方面的投入。更加注重加强薄弱环节，加大对“三农”、欠发达地区、科技创新和节能环保、水利、地质找矿等的支持。更加注重勤俭节约，严格控制“三公经费”，大力精简会议和文件，深化公务用车制度改革，进一步降低行政成本。继续控制楼堂馆所建设规模和标准，压缩大型运动会场馆建设投入。全面加强对重点领域、重点部门和重点资金的审计。实施结构性减税。认真落实和完善支持小型微型企业和个体工商户发展的各项税收优惠政策，开展营业税改征增值税试点。继续对行政事业性收费和政府性基金进行清理、整合和规范。加强地方政府性债务管理和风险防范。按照分类管理、区别对待、逐步化解的原则，继续妥善处理存量债务。进一步清理规范地方政府融资平台公司。坚决禁止各级政府以各种形式违规担保、承诺。同时，把短期应对措施和长期制度建设结合起来，严格控制地方政府新增债务，将地方政府债务收支分类纳入预算管理。

继续实施稳健的货币政策。按照总量适度、审慎灵活的要求，兼顾促进经济平稳较快发展、保持物价稳定和防范金融风险。综合运用各种货币政策工具，调节好货币信贷供求，保持社会融资规模合理增长。广义货币预期增长14%。优化信贷结构，支持国家重点在建、续建项目和保障性安居工程建设，加强对符合产业政策、有市场需求的企业特别是小型微型企业的信贷支持，切实降低实体经济融资成本。继续严格控制对高耗能、高污染和产能过剩行业的贷款。完善人民币汇率形成机制，增强人民币汇率双向浮动弹性，保持人民币汇率在合理均衡水平上的基本稳定。大力发展外汇市场，丰富外汇产品，为市场主体提供更多的汇率避险工具，管好用好外汇储备。建立健全系统性金融风险防范和监管协调机制，增强抵御风险能力。加强跨境资本流动监控。规范各类借贷行为，引导民间融资健康发展。

全面做好今年的工作，必须坚持突出主题、贯穿主线、统筹兼顾、协调推进，把稳增长、控物价、调结构、惠民生、抓改革、促和谐更好地结合起来。稳增长，就是要坚持扩大内需、稳定外需，大力发展实体经济，努力克服国内外各种不稳定不确定因素的影响，及时解决苗头性、倾向性问题，保持经济平稳运行。控物价，就是要继续采取综合措施，保持物价总水平基本稳定，防止价格走势反弹。调结构，就是要有扶有控，提高经济增长质量和效益，增强发展的协调性和可持续性。惠民生，就是要坚持把保障改善民生作为工作的根本出发点和落脚点，把促进社会公平正义放在更加突出的位置，切实办成一些让人民群众得实惠的好事实事。抓改革，就是要以更大的决心和气力推进改革开放，着力解决影响经济社会长期健康发展的体制性、结构性矛盾，在一些重点领域和关键环节取得新突破。以开放促改革、促发展、促创新。促和谐，就是要正确处理改革、发展、稳定三者关系，积极有效化解各种矛盾和风险隐患，防止局部性问题演变成全局性问题，促进社会和谐稳定。

三、2012 年主要任务

（一）促进经济平稳较快发展

扩大内需特别是消费需求是我国经济长期平稳较快发展的根本立足点，是今年工作的重点。

着力扩大消费需求。加快构建扩大消费的长效机制。大力调整收入分配格局，增加中低收入者收入，提高居民消费能力。完善鼓励居民消费政策。大力发展社会化养老、家政、物业、医疗保健等服务业。鼓励文化、旅游、健身等消费，落实好带薪休假制度。积极发展网络购物等新型消费业态。支持引导环保建材、节水洁具、节能汽车等绿色消费。扩大消费信贷。加强城乡流通体系和道路、停车场等基础设施建设。加强产品质量安全监管。改善消费环境，维护消费者合法权益。

不断优化投资结构。保持投资稳定增长，促进投资和消费良性互动。认真落实《国务院关于鼓励和引导民间投资健康发展的若干意见》，出台具有可操作性的实施细则。加强政府投资对结构调整的引领作用，优先保证重点在建、续建项目，有序推进国家重大项目开工建设。把好土地、信贷、节能、环保、安全、质量等准入和审核关，加强对重大项目特别是政府和国有投资项目的监管、督查，提高投资质量和效益。

（二）保持物价总水平基本稳定

这是关系群众利益和经济社会发展全局的重点工作。要在有效实施宏观经济政策、管好货币信贷总量、促进社会总供求基本平衡的基础上，搞好价格调控，防止物价反弹。

增加生产、保障供给。继续把抑制食品价格过快上涨作为稳定物价的重点。落实好“米袋子”省长负责制和“菜篮子”市长负责制，保障主要农产品供给。大中城市要有合理的菜地保有量，稳定和提高本地应季蔬菜自给水平，同周边地区和优势产区协作建设“菜篮子”产品基地。加强重要商品产运销衔接，完善政府储备和商业储备体系，做好主要农产品收储和投放，增强市场调控能力。

搞活流通、降低成本。严格执行蔬菜等鲜活农产品运输绿色通道政策。认真落实对农产品批发市场、集贸市场、社区平价菜店等的扶持政策，鼓励城市连锁超市、高校、大型企业、社区与农产品流通企业、专业合作社、种养大户对接，减少流通环节，增加零售网点，充分发挥流通主渠道作用。深化流通体制改革。扩大物流企业营业税差额纳税试点范围，完善大宗商品仓储设施用地税收政策。调整完善部分农产品批发、零售增值税政策，推动流通标准化、信息化建设。要多管齐下，切实把流通效率提上去、中间成本降下来，真正让生产者和消费者都得到好处。

加强监管、规范秩序。重点加强对食品、药品价格和医疗、通信、教育等服务收费的监督检查，坚决治理交通运输领域乱收费乱罚款，纠正大型零售商业企业违规收费行为，严厉查处发布虚假信息、囤积居奇、操纵价格、恶意炒作等违法行为。把握好舆论导向，正确引导社会预期。

（三）促进农业稳定发展和农民持续增收

在工业化和城镇化发展进程中，要更加重视农业现代化。必须坚持把解决好“三农”问题作为各项工作的重中之重，进一步加大强农惠农富农政策力度，巩固和发展农业农村好形势。

稳定发展农业生产，多渠道增加农民收入。继续开展粮食稳定增产行动，稳定粮食种植面积，着力提高单产。引导农民调整结构，扩大紧缺、优质农产品生产，支持蔬菜、肉蛋奶、水产品等生产。农业补贴要继续增加总量，提高标准，扩大范围，完善机制，新增补贴重点向种养大户、农民专业合作社及各种生产服务组织倾斜。继续提高粮食最低收购价，今年小麦、稻谷最低收购价平均每 50 公斤分别提高 7.4 元和 16 元。健全主产区利益补偿机制，增加粮油、生猪等重要农产品生产大县奖励补助资金。实施新 10 年农村扶贫开发纲要，按照新的国家扶贫标准，全面做好扶贫开发工作，加大集中连片特殊困难地区扶贫开发力度，让扶贫对象更多地分享改革发展成果。

加快农业科技进步。农业的根本出路在科技。要大力推动农业科技创新，加大对良种繁育、疫病防控、农产品质量安全等关键技术研发和应用的支持力度。加快推进基层农技推广服务体系改革和建设，健全乡镇或区域性农业公共服务机构。完善农业技术补贴制度，促进先进适用农业技术到田到户。建好现代农业示范区，推进高产创建和标准化创建。加快农业机械化步伐。

加强农业农村基础设施建设。今年中央财政用于“三农”的投入拟安排12287亿元，比上年增加1868亿元。要搞好灌区配套改造和小型农田水利建设，大力发展节水农业，加大土地开发整理复垦力度，大规模建设旱涝保收高标准基本农田。加快中小河流治理、小型水库除险加固和山洪地质灾害综合防治。加强农村水电路气以及文化体育等基础设施建设，推进农村环境治理，加快农村危房改造，继续改善农村生产生活条件。

深化农村改革。坚持农村基本经营制度不动摇。要认真搞好土地确权登记颁证。土地承包经营权、宅基地使用权、集体收益分配权是法律赋予农民的财产权利，任何人都不能侵犯。加强土地承包经营权流转管理和服务，发展适度规模经营。严格保护耕地。制定出台农村集体土地征收补偿条例。扶持发展农民专业合作社、产业化龙头企业，开展多种形式的农业社会化服务，发展农业保险，提高农业产业化、组织化程度。深化农村综合改革。推进国有农场、林场体制改革，继续深化集体林权制度改革。

（四）加快转变经济发展方式

解决发展不平衡、不协调、不可持续的问题，关键在于加快转变经济发展方式，推进经济结构战略性调整，这既是一个长期过程，也是当前最紧迫的任务。

促进产业结构优化升级。推动战略性新兴产业健康发展。建立促进新能源利用的机制，加强统筹规划、项目配套、政策引导，扩大国内需求，防止太阳能、风电设备制造能力的盲目扩张。发展新一代信息技术，加强网络基础设施建设，推动三网融合取得实质性进展。大力发展高端装备制造、节能环保、生物医药、新能源汽车、新材料等产业。扩大技改专项资金规模，促进传统产业改造升级。以汽车、钢铁、造船、水泥等行业为重点，控制增量，优化存量，推动企业兼并重组，提高产业集中度和规模效益。落实并完善促进小型微型企业发展的政策，进一步减轻企业负担，激发科技型小型微型企业发展活力。实施有利于服务业发展的财税、金融政策，支持社会资本进入服务业，促进服务业发展提速、比重提高、水平提升。

推进节能减排和生态环境保护。节能减排的关键是节约能源，提高能效，减少污染。要抓紧制定出台合理控制能源消费总量工作方案，加快理顺能源价格体系。综合运用经济、法律和必要的行政手段，突出抓好工业、交通、建筑、公共机构、居民生活等重点领域和千家重点耗能企业节能减排，进一步淘汰落后产能。加强用能管理，发展智能电网和分布式能源，实施节能发电调度、合同能源管理、政府节能采购等行之有效的管理方式。优化能源结构，推动传统能源清洁高效利用，安全高效发展核电，积极发展水电，加快页岩气勘查、开发攻关，提高新能源和可再生能源比重。加强能源通道建设。深入贯彻节约资源和保护环境基本国策。开展节能认证和能效标识监督检查，鼓励节能、节水、节地、节材和资源综合利用，大力发展循环经济。加强环境保护，着力解决重金属、饮用水源、大气、土壤、海洋污染等关系民生的突出环境问题。努力减少农业面源污染。严格监管危险化学品。今年在京津冀、长三角、珠三角等重点区域以及直辖市和省会城市开展细颗粒物（PM2.5）等项目监测，2015年覆盖所有地级以上城市。推进生态建设，建立健全生态补偿机制，促进生态保护和修复，巩固天然林保护、退耕还林还草、退牧还草成果，加强草原生态建设，大力开展植树造林，推进荒漠化、石漠化、坡耕地治理，严格保护江河源、湿地、湖泊等重要生态功能区。加强适应气候变化特别是应对极端气候事件能力建设，提高防灾减灾能力。坚持共同但有区别的责任原则和公平原则，建设性推动应对气候变化国际谈判进程。我们要用行动昭告世界，中国绝不靠牺牲生态环境和人民健康来换取经济增长，我们一定能走出一条生产发展、生活富裕、生态良好的文明发展道路。

促进区域经济协调发展。实施区域发展总体战略和主体功能区规划，充分发挥各地特色和优势，进一步提高区域发展的协调性和基本公共服务均等化水平。认真落实西部大开发新10年的政策措施，加大实施中部地区崛起战略的力度，加快推进东北地区等老工业基地振兴，积极支持东部地区转型发展、在更高层次上参与国际竞争与合作。要加大对革命老区、民族地区、边疆地区和贫困地区的扶持力度。更好地发挥经济特区、上海浦东新区、天津滨海新区在改革开放中先行先试的重要作用。制定和实施海洋发展战略，促进海洋经济发展。加强和完善跨区域合作机制，消除市场壁垒，促进要素流动，引导产业有序转移，推动区域经济良性互动、协调发展。

积极稳妥推进城镇化。要遵循城市发展规律，从各地实际出发，促进大中小城市和小城镇协调发展。根据资源环境和人口承载能力，优化全国生产力布局，形成合理的城镇体系和与国土规模、资源分布、发展潜力相适应的人口布局。各类城市都要夯实经济基础，创造就业机会，完善基础设施，改善人居环境，加强管理服务，提升城镇化质量和水平。更加注重把在城镇稳定就业和居住的农民工有序转变为城镇居民；放宽中小城市落户条件，合理引导人口流向，让更多农村富余劳动力就近转移就业。加强对农民工的人文关怀和服务，着力解决农民工在就业服务、社会保障、子女入园上学、住房租购等方面的实际问题，逐步将城镇基本公共服务覆盖到农民工。关爱留守儿童、留守妇女和留守老人。让农民无论进城还是留乡，都能安居乐业、幸福生活。

（五）深入实施科教兴国战略和人才强国战略

大力发展科技、教育事业，培养高素质的人才队伍，是国家强盛、民族复兴的必由之路。

坚持优先发展教育。中央财政已按全国财政性教育经费支出占国内生产总值的4%编制预算，地方财政要相应安排，确保实现这一目标。教育经费要突出保障重点，加强薄弱环节，提高使用效益。深入推进教育体制改革，加强教师队伍建设，大力实施素质教育，逐步解决考试招生、教育教学等方面的突出问题。推进学校民主管理，逐步形成制度。促进义务教育均衡发展，资源配置要向中西部、农村、边远、民族地区和城市薄弱学校倾斜。继续花大气力推动解决择校、入园等人民群众关心的热点难点问题。农村中小学布局要因地制宜，处理好提高教育质量和方便孩子们就近上学的关系。办好农村寄宿学校，实施好农村义务教育学生营养改善计划。加强校车和校园安全管理，确保孩子们的人身安全。加强学前教育、继续教育和特殊教育，建设现代职业教育体系。办好民族教育。高等教育要与经济社会发展和国家战略需要紧密结合，提高教育质量和创新能力。完善国家助学制度，逐步将中等职业教育免学费政策覆盖到所有农村学生，扩大普通高中家庭经济困难学生资助范围。大力发展民办教育，鼓励和引导社会资本进入各级各类教育领域。教育寄托着人民的希望，关系国家的未来，我们一定要把这项事业办得更好！

大力推进科技创新。加强国家创新体系建设。深化科技体制改革，推动企业成为技术创新主体，促进科技与经济紧密结合。支持企业加强研发中心建设，承担国家和地区重大科技项目。引导科研机构、高等院校的科研力量为企业技术创新服务，更好地实现产学研有机结合，提高科技成果转化和产业化水平。推动基础研究和前沿技术研究，提高原始创新能力。完善科技评价和奖励制度。倡导学术诚信，鼓励独立思考，保障学术自由，弘扬科学精神。坚定不移地实施国家知识产权战略。

全面加强人才工作。深化人才体制改革，大力培养造就高水平创新创业人才、青年人才和急需紧缺人才，引进高层次人才。完善人才培养、任用、评价、激励机制。努力营造人才辈出、人尽其才、才尽其用的良好社会环境。

（六）切实保障和改善民生

实现好、维护好、发展好最广大人民的根本利益是以人为本理念的具体体现。要把保障和改善民生作为政府工作的重要任务。

千方百计扩大就业。就业是关系国家发展和人民福祉的大事。今年就业压力仍然很大，各级政府务必坚持就业优先战略，继续实施更加积极的就业政策。重点扶持就业容量大的服务业、创新型科技企业和小型微型企业，创造更多就业岗位。鼓励以创业带动就业。抓好高校毕业生、农民工和城镇就业困难人员就业，加强退役军人技能培训与就业安置工作。鼓励高校毕业生投身农村、基层、中西部地区建设。加强职业培训和公共就业服务工作。加快建立健全统一规范灵活的人力资源市场。积极构建和谐劳动关系，加强对劳务派遣的规范管理，开展劳动关系争议排查，加强劳动监察和调解仲裁，维护劳动者合法权益。

加快完善社会保障体系。今年年底前实现新型农村社会养老保险和城镇居民社会养老保险制度全覆盖。扩大各项社会保险覆盖面。增加企业退休人员基本养老金。加强城乡低保和社会救助工作，加快发展社会福利事业和慈善事业。加强各项社会保障制度衔接。多渠道增加社会保障基金，加强社会保险基金、社会保障基金投资监管，实现保值增值。加强社保服务能力建设，有条件的地方可对各类社保经办机构进行整合归并，有些服务可委托银行、商业保险机构代办。加快全国统一的社会保障卡发放。

大力推进医药卫生事业改革发展。加快健全全民医保体系，巩固扩大基本医保覆盖面，提高基本医疗保障水平和管理服务水平。城镇居民医保和新农合补助标准提高到每人每年 240 元。全面推开尿毒症等 8 类大病保障，将肺癌等 12 类大病纳入保障和救助试点范围。巩固完善基本药物制度，加强基层医疗卫生服务体系建设。推进公立医院改革，实行医药分开、管办分开，破除以药补医机制。鼓励引导社会资本办医，加快形成对外开放的多元办医格局。充分调动医务工作者积极性，建立和谐的医患关系。加强公共卫生服务，预防控制严重威胁群众健康的重大传染病、慢性病、职业病。加强药品安全工作。扶持和促进中医药和民族医药事业发展。

全面做好人口和计划生育工作。继续稳定低生育水平，综合治理出生人口性别比偏高问题，提高出生人口质量。加快实现计划生育优质服务全覆盖，将免费孕前优生健康检查试点范围扩大到 60% 的县（市、区）。提高农村部分计划生育家庭奖励扶助、特殊扶助标准。加强流动人口计划生育服务管理。做好妇女儿童工作，扩大农村妇女宫颈癌、乳腺癌免费检查覆盖面，提高妇女儿童发展和权益保障水平。进一步完善残疾人社会保障体系和服务体系。积极发展老龄事业，加快建设社会养老服务体系，努力让城乡老年人都老有所养，幸福安度晚年。

继续搞好房地产市场调控和保障性安居工程建设。严格执行并逐步完善抑制投机、投资性需求的政策措施，进一步巩固调控成果，促进房价合理回归。继续推进保障性安居工程建设，在确保质量的前提下，基本建成 500 万套，新开工 700 万套以上。抓紧完善保障性住房建设、分配、管理、退出等制度。采取有效措施，增加普通商品住房供给。加快建设城镇住房信息系统，改革房地产税收制度，促进房地产市场长期平稳健康发展。

加强和创新社会管理。加强社会矛盾化解、社会管理创新、公正廉洁执法。强化政府社会管理和公共服务职能。提高城乡基层群众性自治组织的自治能力。发挥社会组织在社会管理中的积极作用。积极稳妥推进户籍管理制度改革，推动实行居住证制度，为流动人口提供更好服务。以信息共享、互联互通为重点，加快建设国家电子政务网。大力推进政务诚信、商务诚信、社会诚信建设，构建覆盖全社会的征信系统。加强和改进互联网管理，营造健康的网络环境。健全重大决策社会稳定风险评估机制和突发事件应急管理机制。实施安全发展战略，加强安全生产监管，防止重特大事故发生。深入开展打击侵犯知识产权和制售假冒伪劣商品行动。增强食品安全监管能力，提高食品安全水平。加强和改进信访工作，健全群众利益诉求表达机制。加强法律服务和法律援助。严密防范和依法打击违法犯罪活动，保障人民群众生命财产安全。

（七）促进文化大发展大繁荣

文化是人类的精神家园，优秀文化传承是一个民族生生不息的血脉。要提供优质丰富的文化产品，不断满足人民群众的精神文化需求。深入推进社会主义核心价值体系建设。加强社会公德、职业道德、家庭美德和个人品德教育，做好青少年思想道德教育工作，努力形成知荣辱、讲正气、守诚信、作奉献、促和谐的良好风尚。大力发展公益性文化事业。以农村和中西部地区为重点，加强基层文化设施建设。推动哲学社会科学繁荣发展，积极发展新闻出版、广播影视、文学艺术和档案事业。加强文化遗产保护，繁荣发展少数民族文化事业。深化文化体制改革，继续推动经营性文化单位转企改制。提高文化产业规模化、集约化、专业化水平，推动文化产业成为国民经济支柱性产业。深入开展对外人文交流，促进中外文化相互借鉴。广泛开展全民健身活动，增强人民体质，促进体育事业和体育产业协调发展。中华文化具有强大的向心力和震撼力，当代中华儿女一定要肩负起弘扬中华文化的历史重任。

（八）深入推进重点领域改革

改革开放是决定中国前途命运的正确抉择。必须按照科学发展观要求，尊重群众首创精神，大胆探索，以更大决心和勇气继续全面推进经济体制、政治体制等各项改革，破解发展难题。当前和今后一段时期，改革的重点领域和关键环节是：进一步转变政府职能，完善宏观调控体系，理顺政府与市场的关系，更好地发挥市场配置资源的基础性作用；推进财税体制改革，理顺中央与地方及地方各级政府间财政分配关系，更好地调动中央和地方两个积极性；深化土地、户籍、公共服务改革，理顺城市与农村的关系，推动工业化、城镇化和农业现代化协调发展；推进社会事业、收入分配等改革，理顺经济与社会发展的关系，有效保障社会公平正义；推进依法行政和社会管理创新，理顺政府与公民和社会组织的关系，建设服务、责任、法治、廉洁政府。今年改革的重点任务是：

深化财税金融体制改革。完善分税制，健全转移支付制度，提高一般性转移支付规模和比例。完善县级基本财力保障机制。稳步推进地方财政预算、决算公开。深化国库集中收付、政府采购及国债管理制度改革。健全消费税制度。全面深化资源税改革，扩大从价计征范围。深入推进国有控股大型金融机构改革，规范发展小型金融机构，健全服务小型微型企业和“三农”的体制机制。推动实施银行业新监管标准。推进建立存款保险制度。深化政策性金融机构改革。健全完善新股发行制度和退市制度，强化投资者回报和权益保护。积极发展债券市场。推进保险业改革发展。深化利率市场化改革。稳步推进人民币资本项目可兑换，扩大人民币在跨境贸易和投资中的使用。

推动多种所有制经济共同发展。毫不动摇地巩固和发展公有制经济，毫不动摇地鼓励、支持、引导非公有制经济发展。深入推进国有经济战略性调整，完善国有资本有进有退、合理流动机制。研究推进铁路、电力等行业改革。完善和落实促进非公有制经济发展的各项政策措施，打破垄断，放宽准入，鼓励民间资本进入铁路、市政、金融、能源、电信、教育、医疗等领域，营造各类所有制经济公平竞争、共同发展的环境。

深化价格改革。稳妥推进电价改革，实施居民阶梯电价改革方案，完善水电、核电及可再生能源定价机制。逐步理顺煤电价格关系。完善成品油价格改革，推进天然气价格改革。实行最严格的水资源管理制度，合理制定和调整各地水资源费征收标准，推进农业水价综合改革。开展碳排放和排污权交易试点。

深化收入分配制度改革。抓紧制定收入分配体制改革总体方案。努力提高居民收入在国民收入分配中的比重，提高劳动报酬在初次分配中的比重。完善工资制度，建立工资正常增长机制，稳步提高最低工资标准。创造条件增加居民财产性收入。建立公共资源出让收益的全民共享机制。加大对高收入者的税收调节力度，严格规范国有企业、金融机构高管人员薪酬管理，扩大中等收入者比重，提高低收入者的收入，促进机会公平。规范收入分配秩序，有效保护合法收入，坚决取缔非法收入，尽快扭转收入差距扩大的趋势。

积极稳妥推进事业单位分类改革。科学划分事业单位类别，分类指导、分业推进、分级组织、分步实施，深化事业单位管理体制和人事、收入分配、社会保障制度改革。

加快推进政府改革。扩大社会主义民主，依法实行民主选举、民主决策、民主管理、民主监督，保障人民的知情权、参与权、表达权和监督权。全面贯彻依法治国基本方略，尊重和维护宪法和法律的权威，严格依法行政，坚决纠正有法不依、执法不严、违法不究、粗暴执法、渎职失职和执法腐败等行为。加强廉政建设，深入开展反腐败斗争，扎实推进惩治和预防腐败体系建设的各项长期性、基础性工作，着力解决人民群众反映强烈的突出问题。严格依法设定、实施、清理、规范行政审批事项。严禁领导干部插手政府采购、工程招标、土地矿业权拍卖等经济活动。严格执行领导干部廉洁从政各项规定。加强行政监督、民主监督、舆论监督。坚决查处各类违纪违法案件，严厉惩治腐败分子。

（九）努力提高对外开放的质量和水平

我国对外开放已进入新的阶段，进出口贸易、双向投资的地位和作用发生了深刻变化。必须适应新的形势，创新对外经济工作思路，转变对外经济发展方式，提升开放型经济水平，形成开放型经济新格局。

保持对外贸易稳定发展。我们强调扩大内需，但决不能忽视外需对我国经济发展的重要作用。要保持外贸政策基本稳定。稳定出口退税政策，扩大贸易融资和信用保险，改进海关、质检、外汇等方面的监管和服务，帮助企业克服订单不足、成本升高、摩擦增多等多重困难和压力。要加快转变外贸发展方式。深入实施科技兴贸、以质取胜和市场多元化战略，支持企业培育自主品牌、营销网络和研发中心，引导加工贸易向产业链高端延伸、向中西部转移。巩固美日欧传统市场，开拓新兴市场。稳定劳动密集型产品出口，扩大高技术、高附加值产品出口，控制高耗能、高污染产品出口。大力发展服务贸易，承接服务外包。制定加强进口、促进贸易平衡的指导意见，完善进口政策，搭建更多的进口促进平台，推动进出口平衡发展。

提高利用外资质量。坚持积极有效利用外资的方针，更加注重优化结构和提高质量。实施新修订的外商投资产业指导目录，引导外资更多投向先进制造业、高新技术产业、节能环保产业、现代服务业和中西部地区。

实施“走出去”战略。我国正处于对外投资加快发展的重要阶段，要加强宏观指导，强化政策支持，简化审批手续，健全服务保障。引导各类所有制企业有序开展境外能源、原材料、农业、制造业、服务业、基础设施等领域投资合作和跨国并购。创新境外经贸合作区发展模式，支持“走出去”的企业相互协同、集群发展。规范发展对外劳务合作。放宽居民境外投资限制。加强对外投资风险管理，维护我境外企业人员和资产安全。

参与全球经济治理和区域合作。努力保持与发达国家经贸关系稳定发展，全面深化与发展中国家的互利合作。继续推进自贸区建设和区域经济一体化进程。积极参与二十国集团等全球经济治理机制建设，加强与主要经济体宏观经济政策协调，反对各种形式的保护主义，继续在多哈回合谈判、国际金融体系改革中发挥建设性作用。

我国是统一的多民族国家，各民族共同团结奋斗、共同繁荣发展，国家才能兴旺发达。要坚持和完善民族区域自治制度，认真贯彻落实中央支持少数民族和民族地区发展的政策措施，大力实施扶持人口较少民族发展、推进兴边富民行动和发展少数民族事业规划。坚定不移地巩固和发展平等团结互助和谐的社会主义民族关系。

认真贯彻党的宗教工作基本方针。维护宗教团体、宗教界人士和信教群众的合法权益，充分发挥他们在促进经济发展、文化繁荣、社会和谐中的积极作用。

全面贯彻党的侨务政策。维护海外侨胞和归侨侨眷合法权益，支持他们积极参与祖国现代化建设与和平统一大业。

巩固的国防和强大的军队，是维护国家主权、安全和发展利益的坚强后盾。要着眼全面履行新世纪新阶段军队历史使命，全面加强军队革命化现代化正规化建设，不断提高以打赢信息化条件下局部战争能力为核心的完成多样化军事任务的能力。加强思想政治建设，坚持党对军队绝对领导的根本原则和人民军队的根本宗旨。积极开展信息化条件下军事训练。加快全面建设现代后勤步伐。大力提高国防科技和武器装备自主创新能力。着力培养高素质新型军事人才。积极稳妥地实施国防和军队改革。坚持依法治军、从严治军。全面建设现代化武装警察力量。加强国防动员和后备力量建设。坚决完成反恐维稳、处置突发事件、抢险救灾等任务。坚持军民结合、寓军于民，走中国特色军民融合式发展路子。巩固发展军政军民团结。

香港、澳门与祖国休戚相关、荣辱与共。我们将坚定不移地贯彻“一国两制”、“港人治港”、“澳人治澳”、高度自治的方针，全力支持香港、澳门发展经济，改善民生，推进民主。支持特区政府积极应对国际经济风险挑战，维护经济金融稳定和长期繁荣发展。衔接和落实好支持港澳经济社会发展的系列政策措施，大幅提升内地对港澳服务贸易开放水平，加快推进港珠澳大桥等基础设施建设和对接，深化合作，支持港澳参与国际和区域经济合作。支持香港巩固和提升国际金融、贸易、航运中心地位，建设离岸人民币业务中心。支持澳门建设世界旅游休闲中心，推进横琴新区建设，促进经济适度多元发展。我们相信，有伟大祖国作为坚强后盾，香港、澳门同胞一定能够把自己的家园建设得更加美好！

过去的一年，两岸关系经受了严峻考验，取得了积极进展。反对“台独”、认同“九二共识”，巩固交流合作成果，促进两岸关系和平发展，日益成为两岸同胞的共同意愿。新的一年，我们要继续坚持中央对台工作的大政方针，增强两岸关系发展的政治、经济、文化和民意基础，拓展两岸关系和平发展新局面。要全面深化经济金融合作，推动两岸经济合作框架协议后续商谈取得新进展。加快海峡西岸经济区建设。积极扩大各界往来，开展文化、教育等交流，使两岸同胞联系更紧密，感情更贴近，利益更融合。全体中华儿女要更加紧密地团结起来，为完成祖国统一大业、实现中华民族伟大复兴而努力奋斗！

新的一年，外交工作要更好地服务于改革开放和社会主义现代化建设大局，为促进世界经济增长、维护和平稳定作出更大贡献。我们将继续深化同周边国家的睦邻友好关系，积极参与周边各种合作机制，推动区域合作深入发展，共同营造和平稳定、平等互信、合作共赢的地区环境。我们将与广大发展中国家加强团结合作，深化传统友谊，扩大互利合作，推动实现联合国千年发展目标，维护发展中国家的正当权益和共同利益。我们将加强与各大国的战略对话，增进战略互信，拓展合作领域，推进相互关系长期稳定健康发展。我们将积极参与多边事务和全球治理，推动国际秩序朝着更加公正合理的方向发展。我们将坚定不移地走和平发展道路，坚持独立自主的和平外交政策，奉行互利共赢的开放战略，同世界各国一道，为促进人类文明进步，增进各国人民的福祉和建设一个持久和平、共同繁荣的和谐世界而不懈努力！

回顾过去，我们拼搏奋进，取得显著成就；展望未来，我们任重道远，仍须不懈努力。让我们紧密团结在以胡锦涛同志为总书记的党中央周围，解放思想，开拓创新，扎实工作，奋力开创社会主义现代化建设新局面

附注：

1、“三网”融合：是指电信网、广播电视网和互联网融合发展，实现三网互联互通、资源共享，为用户提供话音、数据和广播电视等多种服务。

2、云计算：是基于互联网的服务的增加、使用和交付模式，通常涉及通过互联网来提供动态易扩展且经常是虚拟化的资源。是传统计算机和网络技术发展融合的产物，它意味着计算能力

也可作为一种商品通过互联网进行流通。

3、物联网：是指通过信息传感设备，按照约定的协议，把任何物品与互联网连接起来，进行信息交换和通讯，以实现智能化识别、定位、跟踪、监控和管理的一种网络。它是在互联网基础上延伸和扩展的网络。

4、学前教育三年行动计划：2010年11月国务院下发《关于当前发展学前教育的若干意见》，要求各省（自治区、直辖市）深入调查，准确掌握当地学前教育基本状况和存在的突出问题，以县为单位编制学前教育三年行动计划。预计通过三年行动计划的实施，各地将新建改扩建幼儿园9万多所，可新增园位500多万个，有效缓解"入园难"问题。

5、城镇居民医保：全称城镇居民基本医疗保险。我国2007年启动城镇居民医疗保险试点，对象为不属于城镇职工基本医疗保险制度覆盖范围的中小学阶段学生、少年儿童和其他非从业城镇居民。筹资方式以家庭缴费为主，政府给予适当补助。重点解决参保居民住院和门诊大病医疗支出。2011年政府补助标准达到每人每年200元，参保人数达到2.2亿，政策范围内住院费用报销比例和开展门诊统筹地区比例分别达到70%和85%。

6、新农合：全称新型农村合作医疗，是由政府组织、引导、支持，农民自愿参加，个人、集体和政府多方筹资，以大病统筹为主的农村居民医疗互助共济制度。2003年，我国正式启动新农合试点，2008年基本实现制度全覆盖。2011年，新农合参保人数达到8.32亿，参合率超过96%。2011年政府补助标准达到每人每年200元，政策范围内的住院费用报销比例达到70%，超过85%的统筹地区开展了门诊统筹。

7、服务业营业税改征增值税：是指按照建立健全有利于科学发展的税收制度要求，对服务业由征收营业税改为征收增值税的一项重要改革。从2012年1月1日起，在上海市交通运输业和部分现代服务业开展营业税改征增值税试点，试点行业总体税负不增加或略有下降，基本消除重复征税，并逐步推广到其他行业，条件成熟时选择部分行业在全国范围内进行全行业试点。

8、尿毒症等8类大病：儿童白血病、儿童先天性心脏病、终末期肾病（尿毒症）、乳腺癌、宫颈癌、重性精神病、耐多药肺结核、艾滋病机会性感染。

9、肺癌等12类大病：肺癌、食道癌、胃癌、结肠癌、直肠癌、慢性粒细胞白血病、急性心肌梗塞、脑梗死、血友病、1型糖尿病、甲亢、唇腭裂。

我县文化产业大发展，文化活动丰富多彩（双流县统计局提供）

关于 2011 年国民经济和社会发展计划执行情况与 2012 年国民经济和社会发展计划草案的报告

——2012 年 3 月 5 日在第十一届全国人民代表大会第五次会议上

国家发展和改革委员会

各位代表：

受国务院委托，现将 2011 年国民经济和社会发展计划执行情况与 2012 年国民经济和社会发展计划草案提请十一届全国人大五次会议审议，并请全国政协各位委员提出意见。

一、2011 年国民经济和社会发展计划执行情况

2011 年，面对复杂多变的国际政治经济环境和国内经济运行的新情况新变化，各地区、各部门按照中央的决策部署，以科学发展为主题，以加快转变经济发展方式为主线，按照十一届全国人大四次会议审议批准的国民经济和社会发展计划，加强和改善宏观调控，正确处理保持经济平稳较快发展、调整经济结构和管理通胀预期的关系，巩固和扩大应对国际金融危机冲击成果，国民经济继续朝着宏观调控的预期方向发展，呈现增长较快、价格趋稳、效益较好、民生改善的良好态势。计划执行情况总体是好的，实现了“十二五”良好开局。

（一）经济平稳较快发展。

经济运行总体平稳，效益保持较高水平。初步核算，国内生产总值 471564 亿元，比上年增长 9.2%，超过预期目标 1.2 个百分点。经济增速较上年出现了适度回落，但符合年初确定的调控方向，仍处在较快区间。第一、二、三产业分别增长 4.5%、10.6% 和 8.9%，超过预期目标 0.2 个、2.4 个和 0.4 个百分点。全部工业增加值 18.86 万亿元，增长 10.7%。加强煤电油气运供需衔接，居民生活、重点时段、重要领域的需求得到较好保障。经济增长的质量和效益继续改善，规模以上工业企业实现利润 5.45 万亿元，比上年增长 25.4%；全国公共财政收入 10.37 万亿元，增长 24.8%，财政赤字比预算减少 500 亿元。

图 1　国内生产总值增长率

注：世界经济增长率数据来源于国际货币基金组织数据库

消费、投资稳定增长，内需动力明显增强。扩大消费的各项政策措施得到认真落实并不断完善。社会消费品零售总额 183919 亿元，增长 17.1%，超过预期目标 1.1 个百分点。投资结构得到调整和优化，民间投资的增速和比重继续提高。全社会固定资产投资 311022 亿元，增长 23.6%，超过预期目标 5.6 个百分点，其中，东部、中部、西部和东北地区投资分别增长 20.1%、27.5%、28.7% 和 30.4%；民间投资（不含农户）增长 34.3%，所占比重提高 4.5 个百分点。最终消费、资本形成总额分别拉动经济增长 4.7 个和 5 个百分点；最终消费的贡献率为 51.6%，提高 10.1 个百分点，资本形成总额的贡献率为 54.2%，提高 1.4 个百分点。

（二）物价涨势得到初步遏制。

市场供应保持稳定。大力发展农业特别是粮食生产，支持蔬菜生产基地建设，落实生猪生产扶持政策；启动实施棉花、油菜籽、大豆、玉米临时收储，建立北方大城市冬春蔬菜储备制度；适时组织玉米、大豆、食用油、棉花、食糖、猪肉等紧缺商品进口和投放，累计投放国家储备粮3986万吨、食糖127万吨。

货币条件明显改善。综合运用多种货币政策工具，6次上调存款准备金率，3次上调存贷款基准利率。全年新增人民币贷款7.47万亿元，比上年少增3901亿元；年末广义货币供应量M2余额同比增长13.6%，低于预期目标2.4个百分点。

流通成本得到控制。取消、降低和减免了一批涉农涉企收费。对农副产品生产用水、用电实行了价格优惠政策，对蔬菜批发、零售免征增值税。收费公路专项清理和取消政府还贷二级公路收费工作有序推进。农贸市场摊位和超市进场的收费行为得到进一步规范。

市场监管继续加强。严厉查处少数商贸企业的价格违法行为，深入开展反价格欺诈、打击恶意囤积、查处散布虚假涨价信息等专项行动，大力推进反价格垄断执法工作。全年共查处各类价格违法案件4.51万件，实施经济制裁20.91亿元。

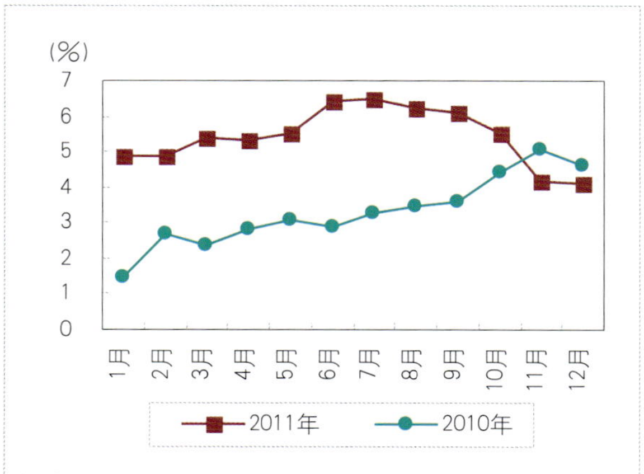

图2 居民消费价格同比涨幅月度变化情况

价格涨幅逐步收窄。居民消费价格同比涨幅由7月份的6.5%逐月回落到12月份的4.1%，全年上涨5.4%，没有实现预期目标。重点城市房价涨幅回落，12月份，70个大中城市中，新建商品住宅价格同比下降的有9个，环比价格下降的城市扩大到52个。

涨价影响得到缓解。社会救助和保障标准与物价上涨挂钩的联动机制全面建立，价格调节基金制度依法设立并不断完善，各地全年累计发放价格临时补贴近百亿元。

（三）农业和农村发展保持良好态势。

主要农产品全面增产。夏粮、早稻、秋粮季季丰收，分别比上年增产2.5%、4.5%和5.1%；全年粮食产量达到57121万吨，增长4.5%，实现连续8年增产，总产、单产都创历史新高。油料产量3279万吨，增长1.5%；糖料产量12520万吨，增长4.3%；棉花产量660万吨，增长10.7%；肉类总产量7957万吨，增长0.4%；水产品产量5600万吨，增长4.2%。

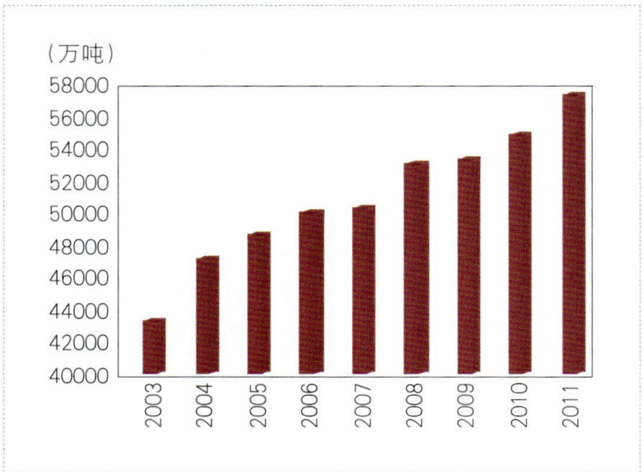

图3 粮食连续8年增产情况

强农惠农富农政策全面落实。全国财政用于“三农”的支出达29342亿元，增长21.2%；中央预算内投资用于农业和农村建设的比重超过50%。新增千亿斤粮食生产能力建设全面推进，江河治理、骨干水源、大型灌区建设与节水改造等重点工程的投入增加，农田水利建设和中小河流治理得到加强。全年补充耕地31.33万公顷，建成高标准基本农田400多万公顷。对农业生产的补贴力度加大，小麦、稻谷最低收购价平均每50公斤分别提高5.4元和14元。

农村生产生活条件进一步改善。解决了6398

万农村居民和农村学校师生的饮水安全问题，农村安全饮水普及率达到75%。新建和改造农村电网线路34万公里，新改建农村公路19万公里，启动了331个水电新农村电气化县建设，新增沼气用户280万户、小水电代燃料用户11万户。改造农村危房265万户，比上年增加145万户。支持建设了粮食收储仓容430万吨、农产品批发市场115个、农产品冷链物流项目186个。农村流通“万村千乡”市场工程和连锁经营网络建设向纵深发展。

（四）经济结构调整积极推进。

自主创新能力增强，战略性新兴产业发展势头良好。创新2020工程开始实施。新建国家（重点）实验室54家、国家工程实验室28家，认定国家科技基础条件平台23家、国家级企业技术中心88家，中央和地方联合共建实验室（工程中心）173家。天宫一号与神舟八号成功实现交会对接，北斗卫星导航系统投入试运行服务，百亩超级杂交稻试验田亩产突破900公斤。设立战略性新兴产业专项资金，新增新兴产业创业投资基金41只。具有自主知识产权的地面数字电视国家标准和第四代移动通信技术标准成为新的国际标准。平板显示、集成电路、智能制造装备、生物制药和育种、国家基因库等重大工程实现阶段性突破，21个电子商务示范城市、5个云计算示范城市启动建设，中关村国家自主创新示范区发展规划纲要颁布实施。高技术制造业增加值增长16.5%，比规模以上工业增加值增速高2.6个百分点。

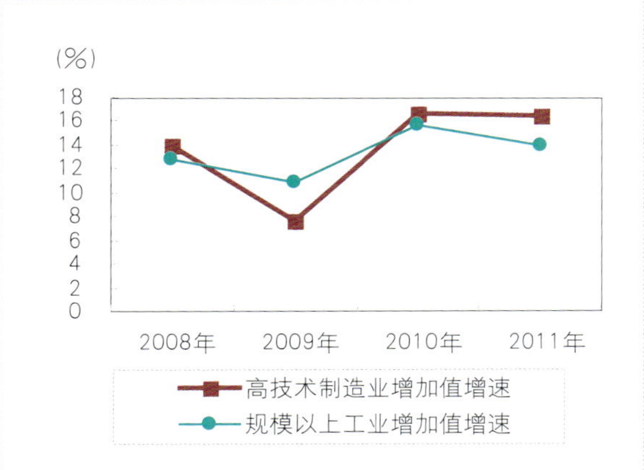

图4 高技术制造业增加值情况

产业转型升级加快，基础保障能力提升。新的产业结构调整指导目录颁布实施。中央预算内投资安排重点产业振兴和技术改造专项资金150亿元，支持了4000多个企业技术改造项目。装备制造业快速发展，重大技术装备自主化水平明显提高。淘汰落后产能工作积极开展，淘汰落后的水泥产能1.5亿吨、炼铁产能3122万吨、焦炭产能1925万吨、煤矿产能2463万吨，关闭小火电机组超过700万千瓦，均超额完成计划目标。交通基础设施建设加快推进，新建铁路投产里程2167公里，京沪高铁投入运营；新增公路通车里程7.14万公里，改扩建国省道完成2万公里；改善内河航道里程1091公里；新增运输机场5个。能源特别是可再生能源和清洁能源加快发展，新增非化石能源电力装机超过3400万千瓦，占全部新增装机的三分之一以上。全年原煤产量35.2亿吨，增长8.7%；原油产量2.04亿吨，增长0.3%；发电量47001亿千瓦小时，增长11.7%。

服务业发展环境不断改善，水平继续提高。颁布实施了支持现代物流业、高技术服务业、家庭服务业发展的政策措施，运用国家服务业发展引导资金支持了服务业集聚区和生产性服务平台建设。积极推进服务业综合改革试点和现代服务业创新发展示范城市建设。加强现代服务业新兴业态培育，推动服务业规模化、品牌化、网络化经营，信息、咨询、文化创意、电子商务等现代服务业发展加快。

区域发展总体战略深入推进，主体功能区战略实施开局良好。西部大开发新10年政策措施全面实施。新开工22项西部大开发重点工程，投资总规模2079亿元。促进西藏、新疆跨越式发展和长治久安以及加快青海等四省藏区发展的各项举措得到较好落实，新时期对口支援工作全面开展。东北地区等老工业基地振兴成果得到巩固和扩大，产业结构调整和改革开放取得新的进展，中央财政用于资源枯竭城市财力性转移支付资金达到135亿元，比上年增加60亿元。促进中部地区崛起规划全面实施，“三基地、一枢纽”建设稳步推进，中西部地区承接产业转移工作有序展开。东部地区经济转型升级迈出新步伐，全国海洋经济发展试点工作稳步开展。出台了成渝经济区、海峡西岸经济区、河北沿海等区域规划和云南桥头堡、中原经济区等区域性政策文件，深圳前海、珠海横琴、福建平潭、浙江舟山等试验功能区建设顺利推进。全国主体功能区规划颁布实施，对国家重点生态功能区实行了财政转移支付政策。汶川地震灾后恢复重建胜利完成，灾区基本生产生活条件和经济社会发展水平明显超过震前。玉树、舟曲、盈江灾后恢复重建进展顺利。

（五）节能减排和生态环境保护工作进一步加强。

节能工作积极推进。全年单位国内生产总值能耗下降2.01%，虽然没有完成计划目标，但工作力度继续加大，政策措施不断完善。“十二五”节能减排综合性工作方案颁布实施。支持重点节能项目924个，建成后可形成2200多万吨标准煤的年节能能力。节能产品惠民工程深入实施，推广高效节能空调1600多万台、电机500多万千瓦、节能灯1.6亿只。节能与新能源汽车示范推广试点工作进展顺利。半导体照明应用工程试点在37个城市开展。合同能源管理政策进一步落实。支持循环经济和资源节约重大项目415个，建成后可形成年节水9.2亿吨、废物循环利用量7240万吨的能力。国家“城市矿产”示范基地、产业园区循环化改造、餐厨废弃物资源化利用进展顺利，再制造产业化取得初步成效。

生态环境保护得到加强。长江黄河上中游水土保持、天然林资源保护二期、京津风沙源治理、岩溶地区石漠化综合治理、小流域治理、防护林体系建设等重点工程继续推进，坡耕地水土流失综合治理试点扩大，退耕还林成果进一步巩固，退牧还草政策进一步完善，开展湖泊生态环境保护试点。植树造林610多万公顷。塔里木河、石羊河近期治理任务基本完成，太湖等重点流域水环境综合治理积极推进。城镇污水垃圾处理设施建设力度加大，新增城镇污水日处理能力1100万吨、垃圾日处理能力11万吨。5000多万千瓦新增燃煤发电机组全部安装脱硫设施。80%以上的铅蓄电池企业已关闭或停产。全年二氧化硫排放量、化学需氧量排放量分别下降2.2%和2%，超额完成计划目标0.7个和0.5个百分点；氨氮排放量下降1.52%，完成计划目标；氮氧化物排放量上升5.73%，没有完成计划目标；万元工业增加值用水量82立方米，下降8.9%，完成计划目标；工业固体废物综合利用率66.74%，没有完成计划目标；城市污水处理率和生活垃圾无害化处理率分别达到82.6%和78%，超额完成计划目标。

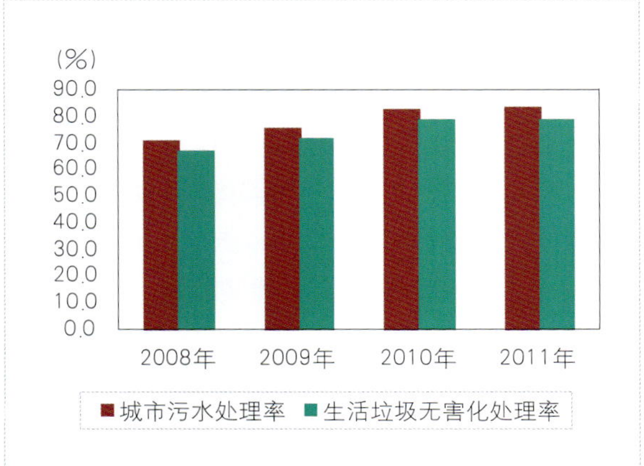

图5 城市污水处理率和生活垃圾无害化处理率情况

应对气候变化工作务实推进。“十二五”控制温室气体排放工作方案颁布实施，在七省市开展碳排放权交易试点，积极参加联合国气候大会德班会议等国际谈判，加强应对气候变化国际合作和人才培训。

（六）保障改善民生力度加大。

就业形势保持稳定。就业政策得到较好落实，城镇新增就业人数1221万人，超过预期目标321万人，年末城镇登记失业率4.1%，实现了预期目标。高校毕业生初次就业率达到77.8%，比上年提高1.2个百分点。下岗失业人员和就业困难人员实现再就业分别达到553万人和180万人。外出农民工15863万人，增长3.4%。

居民收入继续提高。城镇居民人均可支配收入和农村居民人均纯收入分别达到21810元和6977元，剔除价格因素，实际增长8.4%和11.4%，农民收入是1985年以来实际增速最快的一年。外出农民工月均收入达到2049元，比上年增长21.2%。颁布了新10年农村扶贫开发纲要，集中连片特殊困难地区扶贫攻坚启动实施，易地搬迁农村贫困人口90万人，超额完成计划目标3万人。

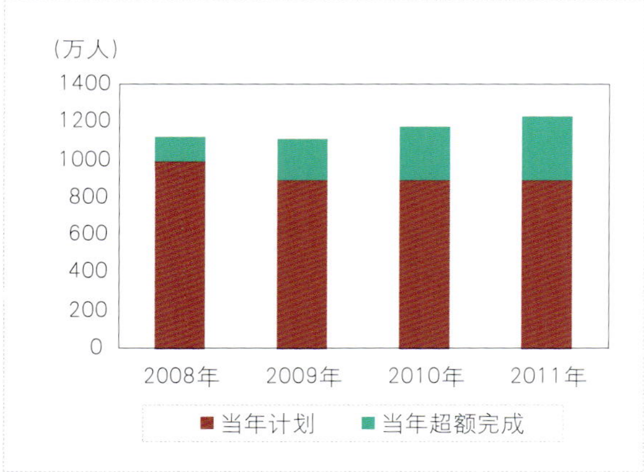

图6 城镇新增就业情况

城乡居民收入增长情况

	城镇居民人均可支配收入		农村居民人均纯收入	
	收入（元）	实际增长率（%）	收入（元）	实际增长率（%）
2008年	15780.8	8.4	4760.6	8.0
2009年	17174.7	9.8	5153.2	8.5
2010年	19109.4	7.8	5919.0	10.9
2011年	21809.8	8.4	6977.3	11.4

覆盖城乡居民的社会保障制度基本建立。2147个县（市、区）开展了城镇居民社会养老保险试点，2343个县（市、区）开展了新型农村社会养老保险试点，覆盖面达60%以上。连续第7年提高企业退休人员基本养老金，新型农村合作医疗和城镇居民基本医疗保险的财政补助标准提高到每人每年200元，将312万名企业“老工伤”人员和工亡职工供养亲属纳入工伤保险统筹管理。年末参加城镇基本养老、城镇基本医疗、失业、工伤、生育保险人数分别达2.89亿人、4.73亿人、1.43亿人、1.77亿人和1.39亿人，国家新农保试点地区参保人数达3.26亿人。城乡最低生活保障制度惠及农村5300多万人、城市2200多万人。

大规模推进保障性安居工程建设。落实并完善优惠政策，运用多种融资渠道，支持廉租住房建设，国有工矿、林区林场、垦区和中央下放煤矿棚户区改造，以及农村危房改造、游牧民定居工程，其中中央安排财政性资金1713亿元，是上年的2.2倍。增加保障性安居工程用地供应，做到了应保尽保。截至年末，基本建成城镇保障性安居工程住房432万套；新开工1043万套（户），超额完成计划目标。

（七）教育、卫生、文化等社会事业全面发展。

教育事业改革发展积极推进。农村义务教育经费保障水平继续提高，公用经费年生均基准定额又提高了100元，中西部地区小学年生均达到500元、初中700元。在集中连片特殊困难地区启动实施了农村义务教育学生营养改善计划，惠及2600万农村在校学生。九年义务教育巩固率91.5%，比上年提高1.8个百分点；高中阶段教育毛入学率84%，比上年提高1.5个百分点；普通高等学校招生681.5万人，研究生56万人，均完成计划目标。基层医疗卫生服务体系进一步健全，全科医生临床培养基地、基层医疗卫生信息化建设启动，每千人口医院和卫生院病床数达到3.51张，比上年增长7.3%。中央对深化文化体制改革、推动社会主义文化大发展大繁荣进行了全面部署，公共文化服务体系建设成效显著，文化产业加快发展，广播电视村村通工程、文化信息资源共享工程、新闻出版东风工程取得重要进展，国家文化和自然遗产地保护性基础设施建设力度加大，国家博物馆改扩建工程、国家话剧院剧场工程竣工。哲学社会科学、新闻出版、文学艺术等事业繁荣发展。全国重点景区和旅游线路的配套设施进一步改善，旅游产业规模持续扩大，旅游接待总人数达到27.8亿人次，增长12.7%。人口自然增长率4.79‰，完成计划目标。社会养老服务体系建设步伐加快，每千名老人拥有养老床位数达到20.1张，比上年增长11.7%。全民健身计划深入推进，体育事业加快发展。残疾人康复和托养工程启动实施。

（八）改革开放继续深化。

重点领域和关键环节改革迈出新步伐。25个省份基本完成集体林权制度改革任务，国有林场改革试点正式启动，水利建设管理体制改革顺利推进。国有企业改革继续深化，电网企业主辅分离改革取得实质性进展，三网融合试点扩大到各直辖市和各省（区）的省会城市及其他符合条件的城市。制定出台了促进小型微型企业发展的扶持政策，非公有制经济发展的体制环境进一步改善。资源性产品价格改革稳步推进，煤炭电力价格综合调控方案和试行居民阶梯电价指导意见出台，天然气价格形成机制改革在部分地区试点，排污权有偿使用和交易试点以及水价改革有序推进。全民基本医保体系初步形成，基本药物制度在城乡政府办基层医疗卫生机构基本实现全覆盖，公立医院改革试点稳步推进。修订后的资源税暂行条例颁布施行，个人所得税改革方案出台实施。逐步建立金融宏观审慎政策框架，实施差别准备金动态调整机制，符合现代银行特点的公司治理体制机制不断健全，跨境贸易和投资人民币结算范围扩大到全国。国有文艺院团转企改制取得实质性进展，非时政类报刊出版单位改革正式启动，教育体制改革试点工作顺利推进。综合配套改革试验取得积极进展。

开放型经济水平继续提升。进出口贸易趋向平衡。外贸进出口总额36421亿美元，增长22.5%，其中，出口18986亿美元，增长20.3%；

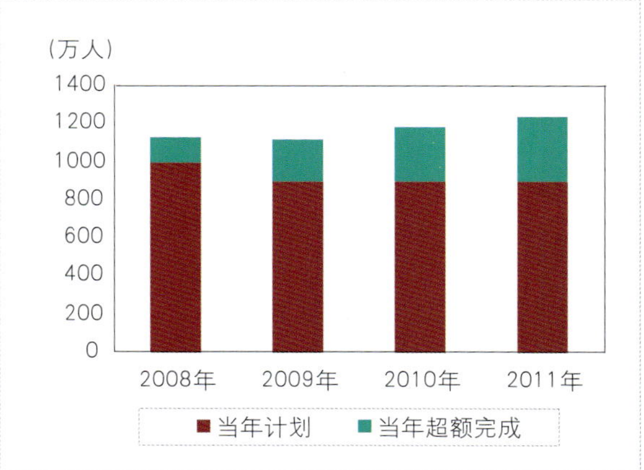

图7　非金融类境外直接投资情况

进口17435亿美元，增长24.9%；贸易顺差1551亿美元，比上年减少264亿美元。利用外资结构继续优化。全年非金融领域实际使用外商直接投资1160亿美元，增长9.7%，其中服务业使用外资增长20.5%。借用国外贷款252亿美元，增长23%。企业“走出去”稳步推进。全年非金融类境外直接投资601亿美元，与上年基本持平；对外承包工程业务完成营业额1034亿美元，增长12.2%。

“十二五”规划实施总体上进展顺利。（1）进行年度分解的7个约束性指标中的11个分项指标，单位工业增加值用水量、化学需氧量排放量、二氧化硫排放量、氨氮排放量、城镇参加基本养老保险人数、城乡三项基本医疗保险参保率、城镇保障性安居工程建设、全国总人口8个分项指标，完成或超额完成年度任务；但是，单位国内生产总值能源消耗和二氧化碳排放量、氮氧化物排放量3个分项指标，没有完成年度计划目标。（2）进行年度分解的9个预期性指标中，国内生产总值、城镇化率、高中阶段教育毛入学率、城镇居民人均可支配收入、农村居民人均纯收入、城镇登记失业率、城镇新增就业人数等7个指标，实现或超额完成年度预期目标；但是，服务业增加值比重、研究与试验发展经费支出占国内生产总值比例2个指标没有实现年度预期目标。（3）一些指标未能完成年度计划任务或实现年度预期目标，主要原因是：经济发展方式还没有根本转变，经济结构调整仍然滞后，重化工业比重偏大，产业技术水平总体偏低；有的约束性指标是“十二五”规划新确定的，工作基础比较薄弱，尚未形成完整有效的政策措施，已有措施的作用还没有得到充分发挥，实际工作也需要进一步提高和改进。

在严峻复杂的国内外环境下，我国经济社会发展保持良好态势，成绩来之不易。这是党中央国务院科学决策、正确领导的结果，是各地区各部门不懈努力、扎实工作的结果，是全国各族人民同心同德、团结奋斗的结果，也充分体现了中国特色社会主义制度的优越性。

在充分肯定成绩的同时，我们清醒地认识

到，2012 年宏观调控面临的形势仍然严峻复杂。从国际看，世界经济复苏的不确定性不稳定性上升，下行压力明显增加，欧洲主权债务危机继续恶化，国际金融市场剧烈动荡，贸易和投资保护主义加剧。国际和地区热点问题此起彼伏，全球能源资源稳定供应面临重大挑战。从国内看，发展中不平衡、不协调、不可持续的矛盾和问题仍很突出。一是经济增长存在下行压力。外需持续疲弱和内需增长放缓可能同时显现。2011 年 9 月份以来我国出口增速持续回落，2012 年面临的困难进一步加大。内需增长的制约因素继续增多，消费增速可能稳中趋缓，企业投资能力和意愿有所减弱。二是物价上涨压力仍然较大。劳动力、土地、能源资源等要素价格上涨呈长期化趋势，面临的输入性通胀因素不容低估，部分农产品紧平衡格局难以改变，理顺资源性产品价格关系也会在一定程度上推升价格总水平。三是农业稳定增产的难度较大。农业基础尚不巩固，科技水平不高，资源约束加剧，务农比较收益较低。同时，粮食在实现“八连增”后，面临产量基数高、生产成本高等新的情况。四是节能减排形势严峻。结构不合理问题突出，淘汰落后产能、促进服务业和战略性新兴产业发展的市场条件和政策环境有待完善，能源消费增长较快，节能减排长效机制尚不健全，污染物排放量仍然较大，环境污染事故呈多发态势。五是部分企业生产经营困难加重。一些行业产能过剩问题凸显，企业亏损面扩大，特别是一些小型微型企业经营困难突出。同时，财政金融领域存在潜在风险，房地产市场调控处于关键阶段，收入分配差距依然较大，教育、卫生事业改革发展任务艰巨，在安全生产、产品质量、征地拆迁等方面存在一些群众反映强烈的问题，影响社会的和谐稳定。对于上述问题，我们将高度重视，在工作中认真加以解决和应对。

二、2012 年经济社会发展的总体要求和主要目标

2012 年的经济社会发展工作，要全面贯彻党的十七大和十七届三中、四中、五中、六中全会精神，以邓小平理论和“三个代表”重要思想为指导，深入贯彻落实科学发展观，继续实施积极的财政政策和稳健的货币政策，保持宏观经济政策的连续性和稳定性，增强调控的针对性、灵活性、前瞻性，继续处理好保持经济平稳较快发展、调整经济结构、管理通胀预期的关系，加快推进经济发展方式转变和经济结构调整，着力扩大国内需求，着力加强自主创新和节能减排，着力深化改革开放，着力保障和改善民生，保持经济平稳较快发展和物价总水平基本稳定，保持社会和谐稳定，以经济社会发展的优异成绩迎接党的十八大胜利召开。

按照上述总体要求，综合考虑需要和可能，并与“十二五”规划《纲要》相衔接，提出 2012 年经济社会发展的主要预期目标：

——经济平稳较快增长。国内生产总值增长 7.5%，比上年的目标下调 0.5 个百分点。主要考虑：一是反映国内外经济走势和发展速度的趋势性变化，当前国际金融危机深层次影响持续显现，国内稳增长、控物价、转方式任务相当繁重，增长速度预期目标适当调低一些，可以更好地反映经济走势。同时，7.5% 仍是一个较快的增速，在我国经济总量较大、外部环境严峻的情况下，实现这一目标仍需付出艰苦的努力。二是与“十二五”规划目标逐步衔接，引导各地把工作着力点进一步放到调整经济结构、转变发展方式、提高经济增长的质量和效益上来。三是充分考虑资源环境的承受能力，增长目标适当调低一些，有利于减轻日益凸显的资源环境约束压力，也有利于缓解经济运行中的一些突出矛盾。

——经济结构优化升级。进一步增加科技投入，研究与试验发展经费支出占国内生产总值比例进一步提高；稳定发展农业，提高农产品供给能力；大力发展战略性新兴产业，推动信息化与工业化的深度融合，传统产业改造升级取得新进展；加快发展服务业，提高服务业增加值占国内生产总值的比重；切实加大节能减排工作力度，单位国内生产总值能耗下降 3.5% 左右，二氧化碳排放强度降幅更大一些，化学需氧量、二氧化硫排放量均下降 2%，氨氮排放量下降 1.5%，氮氧

化物排放量实现零增长。主要考虑是：国内外经济环境的发展变化，给我国经济发展带来不少困难和挑战，同时也对调整经济结构形成一种“倒逼机制”。要按照主题主线的要求，依靠科技和体制创新推动产业升级，促进三次产业在更高水平上协同发展，健全节能减排激励约束机制，推动经济结构调整向纵深发展，增强发展的平衡性、协调性和可持续性。

——物价总水平基本稳定。居民消费价格涨幅控制在4%左右，低于2011年实际涨幅。主要考虑是：一方面，当前我国总供给和总需求基本平衡，绝大多数产品供应充足，特别是粮食生产实现“八连增”，为保持物价总水平基本稳定奠定了物质基础；引发物价过快上涨的短期因素有所减弱，2012年的翘尾影响约为1.1个百分点，低于上年。另一方面，要素价格上涨呈长期化趋势，成本推动价格上涨的压力将持续存在；全球流动性仍比较充裕，输入性通胀因素不容低估；而且要为疏导价格矛盾、推进价格改革留出一定空间。

——人民生活水平进一步提高。城镇新增就业900万人以上，城镇登记失业率控制在4.6%以内，人口自然增长率控制在6.5‰以内，城乡居民收入实际增长与经济增长保持同步，新农保和城镇居民社会养老保险制度全覆盖，城镇保障性安居工程住房基本建成500万套，新开工700万套以上。主要考虑是:2012年，经济增长速度有可能回落，继续扩大就业规模、增加居民收入、健全保障体系等，将面临不少困难和挑战。在这种情况下，要处理好发展经济与改善民生的关系，把保障改善民生放在更加突出的位置，加大投入力度，完善制度安排，下更大力气解决好涉及人民群众切身利益的现实问题，顺利实现民生领域各项预期目标。

——国际收支状况继续改善。外贸进出口总额增长预期目标为10%左右，贸易顺差进一步缩小，服务贸易较快发展；利用外资结构继续优化，对外投资稳步扩大。主要考虑是:2012年，世界经济整体发展环境不会明显好转，贸易和投资保护主义加剧，外部需求疲弱，我国出口将面临十分严峻的形势。但是，我国劳动力素质持续提高，技术创新步伐加快，拓展国际市场的能力进一步增强，具有全方位、多层次、宽领域参与经济全球化的综合优势，只要我们实施好更加积极主动的开放战略，加快转变外贸发展方式，敏锐捕捉国际市场变化中蕴含的新机遇，努力巩固传统市场，深度开拓新兴市场，就能够稳定和扩大来之不易的国际市场份额，保持对外贸易稳定发展。

三、2012年经济社会发展的主要任务和措施

2012年是实施“十二五”规划承前启后的重要一年，做好经济社会发展各项工作，对于巩固和扩大应对国际金融危机冲击成果，促进科学发展，加快转变经济发展方式，具有十分重要的意义。为顺利完成经济社会发展目标任务，要突出把握好稳中求进的工作总基调，按照稳增长、控物价、调结构、惠民生、抓改革、促和谐的要求，重点做好以下十个方面工作：

（一）进一步提高针对性、灵活性、前瞻性，加强和改善宏观调控

坚持统筹兼顾，切实把握好各项目标、任务之间的平衡，正确处理速度、结构、物价三者关系，特别是要把解决经济社会发展中的突出矛盾和问题、有效防范经济运行中的潜在风险放在宏观调控的重要位置，准确把握调控的力度、节奏和重点。继续实施积极的财政政策和稳健的货币政策。在财政政策方面，要完善结构性减税政策，保持适度的财政赤字和国债规模，着力优化支出结构，更加注重向民生领域倾斜。2012年，全国公共财政收入预算拟安排113600亿元，比上年增长9.5%，公共财政支出124300亿元，比上年增长14.1%；拟安排财政赤字8000亿元，比上年减少500亿元，其中，中央财政赤字5500亿元，代地方发债2500亿元。在货币政策方面，综合考虑经济增长与物价走势，按照总量适度、审慎灵活的要求，调节好货币信贷供给，保持社会融资规模合理增长。着力优化信贷结构，加强对国

家重点在建续建项目和保障性安居工程建设的支持，加强对符合产业政策、有市场需求的企业特别是小型微型企业的支持。强化贷后管理，使信贷资金更好地服务实体经济。继续严格控制对高耗能、高污染行业和产能过剩行业的贷款。建立健全系统性金融风险防范和监管协调机制，加强跨境资本流动监控，促进民间借贷规范化发展。2012年广义货币供应量M2预期增长14%，比上年提高0.4个百分点。搞好财政、货币、投资、产业、价格、土地、环保等各项政策的协调配合，努力形成宏观调控的整体合力，提高调控的科学性，增强调控的有效性。

（二）着力扩大国内需求，保持经济平稳较快发展

1. 促进消费需求持续增长。2012年，社会消费品零售总额预期增长14%。着力增加低收入者收入，稳步提高最低工资标准和企业退休人员基本养老金水平，完善机关事业单位工资制度。加强农村和中小城市商贸流通、文化旅游、体育健身、宽带网络等基础设施建设。健全鼓励节能、节水、环保产品的消费政策，优先支持首套自住普通商品住房贷款需求。进一步研究制定促进消费持续增长的长期政策。积极发展旅游业，2012年，旅游业总收入预期达到24750亿元，增长10%。落实好带薪休假制度，鼓励文化、旅游、健身、家政、医疗保健和养老消费，积极发展网络购物等新兴消费业态。扩大消费信贷。强化产品质量安全监管，加大对食品药品生产经营中违法行为的惩处力度。

2. 进一步优化投资结构。2012年，全社会固定资产投资预期增长16%；拟安排中央预算内投资4026亿元，比去年增加200亿元，优先保障国家批准的在建续建项目，有序推进"十二五"规划确定的重大项目开工建设，加大对保障性安居工程、教育、卫生、文化、水利、新疆、西藏以及青海等四省藏区发展等方面的投入力度，重点支持"三农"、节能减排、环境保护和生态建设、自主创新和结构调整、社会事业和社会管理等领域的基础设施建设。加强对重大项目特别是政府和国有投资项目的监管、督查，提高投资质量和效益。完善鼓励引导民间投资的配套措施和实施细则，支持民间投资进入铁路、市政、金融、能源、电信、教育、医疗等领域。严格控制高耗能、高排放和产能过剩行业盲目扩张，从严控制党政机关楼堂馆所建设。

3. 加强煤电油气运的运行调节。做好煤炭产运需衔接，强化电力需求侧管理，稳定油气供应，搞好运输综合协调，确保重点时段、重点地区、重点单位和居民生产生活需求。加强经济运行特别是能源形势的分析研判，完善应急机制，强化应急保障。加强煤、电通道建设，尽快开工建设蒙西至华中地区煤运通道，扩大既有铁路运煤能力。2012年，预期原煤产量36.5亿吨左右，增长3.7%；原油2.04亿吨，产量与上年持平；发电量5.05万亿千瓦时，增长7.5%；铁路货运量41.6亿吨，增长5.8%。同时，通过国际市场调节，提高国内保障能力。

（三）标本兼治、综合施策，保持物价总水平基本稳定

1. 保障市场供应。把稳定农副产品价格作为稳物价的重点。落实好"米袋子"省长负责制和"菜篮子"市长负责制。加强重要商品特别是生活必需品的产运销衔接，完善政府储备与商业储备体系，做好主要农产品收储和投放工作，搞好进出口调节。继续严格控制玉米深加工。

2. 降低流通成本。制定实施降低流通费用综合性工作方案。继续执行鲜活农产品运输绿色通道政策，落实好对公益性农产品批发市场、农贸市场等的扶持措施，推动大中城市建设平价商店，支持粮油仓储设施建设，积极发展农产品冷链物流和粮食现代物流。加快推进西部地区取消政府还贷二级公路收费，规范农贸市场、大型零售商业企业的收费行为。扩大物流企业营业税差额纳税试点范围，落实好大宗商品仓储设施用地城镇土地使用税政策，调整完善部分农产品批发、零售增值税政策。加快发展农超对接、农校对接、农批对接等直供直销模式。

3. 增强调控能力。完善粮食、生猪、食用油、

化肥、电煤等重要商品价格调控预案。加快建立基本蔬菜品种政策性保险制度，健全冬春蔬菜储备制度。合理把握政府管理价格调整的时机、节奏和力度。建立健全价格调节基金制度，落实并完善社会救助和保障标准与物价上涨挂钩的联动机制，保障低收入群众基本生活。制定政府定价成本监审、经营者价格行为规范、经营服务性收费等法律法规。

4. *加强市场监管*。深入开展涉农涉企涉及广大群众生活的价格和收费检查，规范电信服务行为，强化资费监管，组织电煤合同执行情况检查，清理涉煤基金和收费，开展商业银行收费专项检查，整顿交通运输领域乱罚款乱收费，继续加大反价格垄断执法力度。严厉查处各类价格违法行为。

（四）坚持不懈抓好“三农”工作，促进农业稳定发展、农民持续增收

1. *增强农产品供给保障能力*。组织实施好全国新增千亿斤粮食生产能力规划，加强粮食综合生产能力建设，稳定粮食种植面积。落实好重要农畜禽产品生产扶持政策。加强渔政渔港建设与管理。2012 年，粮食播种面积预期 16 亿亩以上，粮食产量 5000 亿公斤以上，棉花、油料、糖料、肉类总产量分别达到 600 万吨、3280 万吨、12600 万吨、8100 万吨。

2. *加快推进农业科技创新*。继续实施种养业良种工程、植保工程、动物防疫体系和农产品质检体系建设项目。加快研究和推广农业优良品种、高效节水等先进技术，全面推进基层农技推广体系改革与建设，提高农业劳动生产率。

3. *加强农业基础设施建设*。继续推进黄河、淮河、太湖等大江大河大湖治理，加快实施南水北调东中线一期等重大水利工程，加大重点水源工程建设力度，加强中小河流治理、病险水库和病险水闸除险加固以及山洪地质灾害监测预报预警体系建设和综合防治。积极推进大型灌区建设与节水改造、节水灌溉增效示范、大型灌溉排水泵站更新改造工程以及田间工程建设。加大土地开发整理复垦力度，大规模建设旱涝保收高标准基本农田。2012 年，拟安排中央预算内投资 683 亿元用于水利建设，比上年计划增加 32 亿元。

4. *改善农村生产生活条件*。加快农村饮水安全工程建设步伐，大力发展农村可再生能源，加强农村电网改造和农村公路建设，积极推进农村危旧房改造，扎实推进游牧民定居工程。2012 年，再解决 6000 万农村人口的饮水安全问题，农村安全饮水普及率达到 81%，新改建农村公路 20 万公里。（5）落实并完善强农惠农富农政策。进一步提高小麦和稻谷最低收购价，平均每 50 公斤分别提高 7.4 元和 16 元。适时启动玉米、大豆、油菜籽、棉花、食糖、生猪临时收储，落实和完善糖料收购价格政策。增加农机购置补贴和农资综合补贴，完善农作物良种补贴政策，扩大化肥淡季储备规模。大力发展农村二三产业特别是农产品加工业，加大对农民专业合作组织发展的扶持力度。重视解决农民工特别是新生代农民工在就业、社保、劳动报酬、居住、子女入学等方面的困难，有序引导符合条件的农民工进城落户。

（五）加快推进经济结构调整，提高发展的质量和效益

1. *加快培育发展战略性新兴产业和高技术产业*。2012 年，拟安排中央预算内投资 75 亿元，支持自主创新和战略性新兴产业发展。建立健全以企业为主导的产业技术创新体制。实施战略性新兴产业规划和自主创新能力建设规划，编制发布战略性新兴产业重点产品和服务指导目录，组织实施一批重大产业创新工程和应用示范工程，加大新兴产业创投计划实施力度，深入开展国家创新型城市试点工作。加强信息资源开发和共享，提升信息安全保障能力。实施宽带中国战略，启动宽带上网提速工程和下一代互联网商用推广计划，推进物联网应用示范，开展医药卫生、安全生产等国家信息化试点示范。2012 年，研究与试验发展经费支出占国内生产总值比例达到 1.92%。

2. *促进传统产业转型升级*。2012 年，拟安排中央预算内投资 160 亿元支持重点产业振兴和技术改造，比上年计划增加 10 亿元。推进煤炭、

钢铁、水泥、有色、石化、装备、船舶、汽车等产业跨区域、跨行业、跨所有制兼并重组。鼓励和支持实体经济发展。发布实施重点产业生产力布局和调整规划。支持产业结构调整重点项目。继续依法淘汰落后产能。积极推动能源生产和利用方式变革，加快现代能源产业和综合交通运输体系建设。2012 年，预期新增铁路营业里程 6366 公里、公路通车里程 10 万公里、运输机场 4 个，新增水电发电量 560 亿千瓦时、核电 107 亿千瓦时。

3. *推动服务业加快发展*。2012 年，服务业增加值预期增长 7.9%，达到 22.81 万亿元。发布实施“十二五”服务业发展规划，研究进一步推进服务业综合改革试点的支持政策。制定鼓励服务业新兴产业、新型业态发展目录。开展国家服务业发展示范区建设。大力发展信息服务、研发设计、检验检测、节能环保、电子商务等高技术服务业，积极发展现代物流业和家政服务业。

4. *改善中小企业发展环境*。重点支持实体经济尤其是符合产业政策的小型微型企业发展。推动建立一批公共服务平台。认真落实和完善支持小型微型企业发展的各项税收优惠政策。健全对小型微型企业的信贷支持、信用担保、贷款贴息和风险补偿等机制，积极稳妥发展股权投资、小企业集合债券、创业投资等融资工具。

5. *促进区域协调发展*。全面实施西部大开发“十二五”规划，加快制定西部大开发政策实施细则，新开工一批西部大开发重点工程，积极推进基础设施建设，促进特色优势产业和社会事业发展。组织实施东北振兴“十二五”规划，统筹推进老工业基地调整改造和资源型城市可持续发展，研究制定新 10 年振兴政策措施。出台进一步实施促进中部地区崛起战略的若干意见，重点推进农业现代化、新型工业化和城镇化协调发展。积极支持东部地区转型发展，加快产业升级和体制创新，在更高层次上参与国际竞争与合作，积极推进海洋经济发展试点。按照“十二五”规划《纲要》要求，积极促进重点区域发展。发挥东中西部产业发展比较优势，引导中西部地区有序承接产业转移，建立区域产业合作的新机制和新平台。全面实施对口支援规划，认真做好民生、产业、教育卫生、科技文化以及干部人才等方面的对口支援工作。支持西藏、新疆以及青海等四省藏区跨越式发展和长治久安，加大对革命老区、民族地区、边疆地区、贫困地区、库区和移民安置区发展的支持力度。增加以工代赈、易地扶贫搬迁规模，重点支持直接关系贫困人群基本生产生活的工程项目建设和集中连片特殊困难地区发展。扎实做好玉树、舟曲、盈江等灾后恢复重建工作。全面落实全国主体功能区规划，加快制定并实施相关配套政策，抓紧出台分类管理的区域政策和绩效评价办法，完成省级主体功能区规划编制，推进主体功能区建设。积极稳妥推进城镇化，2012 年末，全国城镇化率预期达到 52.07%，提高 0.8 个百分点。

（六）下大力气推进节能减排和环境保护，加快建设资源节约型环境友好型社会

1. *严格落实目标责任*。抓紧制订出台合理控制能源消费总量工作方案。开展对省级政府节能减排目标责任评价考核。推进节能减排绩效管理，完善评价考核机制和奖惩制度。

2. *突出抓好重点领域*。实施万家企业节能低碳行动，开展重点用能单位能源消耗在线监测体系建设试点。推进能效标识和节能产品认证。实施绿色节能建筑行动方案，加快既有建筑节能改造，推进新型墙体材料发展。搞好新能源汽车示范推广。大力支持公共交通发展，鼓励老旧汽车报废更新。实行最严格水资源管理制度。继续深入开展节能减排全民行动。

3. *加快重点工程建设*。加大节能技术改造、节能技术产业化示范、节能产品惠民、合同能源管理推广和节能能力建设等重点工程实施力度。推进城镇生活污水和垃圾处理设施建设，加强脱硫脱硝设施建设和运行监管。2012 年，拟安排中央预算内投资 145 亿元，用于城镇污水垃圾处理设施及污水管网工程建设；城市污水处理率、生活垃圾无害化处理率分别达到 83% 和 79%，提高 0.4 个和 1 个百分点。

4. *大力发展循环经济*。扩大循环经济专项

资金规模，加快实施产业园区循环化改造，加强“城市矿产”示范基地建设，深化再制造示范试点，推进餐厨废弃物利用，实施资源综合利用“双百”工程。加大清洁生产技术产业化示范和推广力度，实施重点污染物产生量削减工程。推进海水淡化示范工程。2012 年，万元工业增加值用水量下降 7.2%，工业固体废物综合利用率提高 1.02 个百分点。

5. 强化政策引导。加大差别电价、惩罚性电价实施力度，试行电厂烟气脱硝电价，适当提高氮氧化物等污染物排放收费标准。严格执行固定资产投资项目节能评估和审查制度。开展节能量交易试点。积极支持非化石能源发展，在确保安全的基础上高效发展核电。

6. 加强生态环境保护。积极推进重金属污染、农村面源污染和重点流域特别是大江大河大湖水污染防治，搞好农作物秸秆综合利用，加强海洋污染治理。强化大气污染治理，推进重点区域联防联控。继续实施巩固退耕还林成果专项、天然林资源保护二期、防护林体系、青海三江源自然保护区、西藏生态安全屏障等重点生态保护工程，加强长江黄河上中游、京津风沙源、石漠化地区、黄土高原、南方崩岗地区、东北黑土区等重点区域生态治理。继续推进石羊河流域综合治理、敦煌水资源合理利用与生态保护工程。开展天然草原退牧还草工作。抓好生态补偿机制立法和生态文明示范工程试点。加大汛期和重点区域地质灾害防治力度。2012 年，综合治理水土流失面积 5 万平方公里，新增造林面积 600 万公顷以上。

7. 扎实做好应对气候变化工作。落实“十二五”控制温室气体排放工作方案，推进低碳发展试验试点，探索建立碳排放交易市场，加快建立温室气体排放统计核算体系，实施全社会低碳行动。积极参与应对气候变化的国际合作。认真做好联合国可持续发展大会参会筹备工作。

（七）深化重点领域和关键环节改革，健全科学发展的体制机制保障

1. 加强改革的总体指导和综合协调。落实 2012 年深化经济体制改革重点工作的意见，扎实推进各类综合配套改革试验。

2. 进一步转变政府职能，完善宏观调控体系，理顺政府与市场的关系，更好地发挥市场配置资源的基础性作用。

3. 坚持和完善公有制为主体、多种所有制经济共同发展的基本经济制度。深入推进国有经济战略性调整和国有企业公司制股份制改革，健全国有资本经营预算和收益分享制度。按照政企分开、政资分开的要求，研究制定铁路体制改革方案。稳步开展电力输配分开试点，促进形成分布式能源发电无歧视、无障碍上网新机制，制定出台农村电力体制改革指导意见。扩大三网融合试点。落实并完善促进非公有制经济发展的各项政策措施，增强非公有制经济和中小企业参与市场竞争、增加就业、发展经济的活力和竞争力。

4. 稳步推进资源性产品价格和环保收费改革。加快推进销售电价改革，试行居民用电阶梯价格制度，完善水电、核电及可再生能源电价形成机制。积极稳妥推进输配电价改革和电力市场竞价上网。择机推出成品油价格改革方案。逐步理顺煤电价格关系、天然气与可替代能源比价关系。继续开展排污权交易试点。

5. 深化收入分配制度改革。提高居民收入在国民收入分配中的比重，提高劳动报酬在初次分配中的比重，健全初次分配和再分配调节体系。稳步提高最低工资标准，逐步扩大工资集体协商覆盖范围。建立公共资源出让收益的全民共享机制。创造条件增加居民财产性收入。加大对高收入者的税收调节力度，扩大中等收入者的比重，提高低收入者的收入。规范收入分配秩序，有效保护合法收入，坚决取缔非法收入，尽快扭转收入分配差距扩大趋势。

6. 继续深化医药卫生体制改革。制定实施“十二五”深化医药卫生体制改革规划。完善全民基本医保制度，2012 年城镇职工和城镇居民基本医保参保率、新农合参合率稳定在 95%。继续提高城镇居民基本医保和新农合政府补助标准。探索建立重特大疾病保障机制，积极发展商业健康保险。推进以县级医院为重点的公立医院改革，深化基层医疗卫生机构综合改革。加快全科医生

制度建设。巩固完善基本药物制度，落实基本药物集中采购、多渠道补偿政策。

7. 加快财税、金融体制改革。提高一般性转移支付规模和比例，加强县级政府的财力保障。完善预算编制和执行管理制度。推进营业税改征增值税试点，适时扩大试点范围。合理调整消费税征收范围和税率结构。深化资源税制度改革，扩大从价计征范围。研究制定住房保有、交易环节税收改革方案。因地制宜培育面向小型微型企业和“三农”的金融机构，创新服务模式，引导大中型银行延伸服务网点，规范发展小额贷款公司和村镇银行。深化利率市场化改革和汇率形成机制改革。稳步推进人民币资本项目可兑换，扩大人民币在跨境贸易和投资中的使用。促进多层次资本市场健康发展，完善股份制企业特别是上市公司分红制度，稳定和提升市场信心。加强和改进金融监管，有效防范和及时化解潜在金融风险。

8. 深入推进农村领域改革。稳定和完善农村土地承包关系，稳步扩大农村土地承包经营权登记试点，按照依法自愿有偿原则引导土地规范有序流转，加强土地承包经营权流转管理和服务。健全水利工程建设和管理体制。继续推进农村综合改革，深化集体林权制度改革，稳定和完善草原承包经营制度，推进国有农场、林场和林区改革。（未完待续）

（八）实施更加积极主动的开放战略，进一步提高开放型经济水平

1. 保持对外贸易稳定发展。进一步落实出口退税、出口信贷、出口信用保险等政策措施，稳定出口增长，优化出口结构。继续严格控制高耗能、高污染产品出口。积极扩大进口，完善进口贴息、进口信贷、进口关税等政策措施，增加重要资源、先进技术设备、关键零部件和紧缺农产品进口。大力发展服务贸易和服务外包。深化国际交流合作，推进自由贸易区谈判，妥善处理贸易摩擦。

2. 提高利用外资质量和水平。不断扩大对外经济技术合作，引导外资重点投向高端制造、高技术产业、现代服务业、新能源、节能环保等领域，投向中西部地区和东北地区。深化沿海地区对外开放，扩大内陆开放，出台沿边地区开发开放指导意见，推动跨境经济合作区建设，支持与周边国家基础设施互联互通。健全外商投资项目管理制度，发挥好外资并购安全审查机制作用。完善全口径外债管理，提高国外贷款使用效率。2012年，预期非金融领域外商直接投资1200亿美元，增长3.5%。

3. 加快实施“走出去”战略。推进双边重要投资合作项目。完善境外投资管理制度，创新境外经贸合作区发展模式，建立健全境外投资风险评估和突发事件应急处理机制。继续做好对外援助工作。2012年，预期非金融类境外直接投资660亿美元，增长10%。

（九）大力保障和改善民生，进一步提高城乡居民生活水平

1. 落实就业优先战略。大力发展就业容量大的劳动密集型产业、中小企业、创新型科技企业和服务业。加强对高校毕业生、农民工、城镇就业困难人员等重点人群的就业创业服务和职业技能培训，培养和发展技能型人才，落实自主创业扶持政策。建立统一规范灵活的人力资源市场，推进基层劳动就业服务体系建设。健全劳动关系协调机制。

2. 完善社会保障体系。提升社会保险统筹层次和待遇水平，提高城乡低保和社会优抚对象补助标准。积极稳妥推进事业单位养老保险制度改革和重特大疾病医疗救助试点。加强社会保障公共服务能力建设。积极发展老龄事业，加快建设社会养老服务体系，支持残疾人康复托养设施和工伤康复中心建设。政府对城镇居民医保和新农合补助标准提高到每人每年240元。2012年，实现新型农村和城镇居民社会养老保险制度全覆盖；城镇基本养老保险、城镇基本医疗保险、失业保险、工伤保险、新型农村社会养老保险的参保人数分别增长5.4%、1.5%、2.5%、4.6%和10.3%；为残疾人服务设施数达到3410个，每千名老人拥有养老床位数达到22.1张，分别增长

5.6% 和 10%。

3. *扎实推进保障性安居工程建设*。加快保障房项目前期工作进度，切实保障土地供应，加大财政金融支持，鼓励社会力量参与保障房及配套设施建设，建立健全保障性安居工程投融资、建设、营运、分配和管理机制，确保质量安全和公平公正分配。加快棚户区改造、农村危房改造、国有垦区林区危房改造和游牧民定居工程建设。拟安排保障性安居工程中央预算内投资 690 亿元，比去年增加 100 亿元。

4. *巩固和扩大房地产市场调控成果*。继续严格执行并逐步完善抑制投机投资性需求的政策措施，改进房地产价格监管办法，鼓励支持中小户型、中低价位普通商品住房建设，促进房价合理回归。抓紧研究健全促进房地产市场健康发展的长效机制。

（十）全面加强社会建设，提升公共服务能力和水平

1. *加快教育事业改革发展*。进一步增加教育投入，2012 年，国家财政性教育经费支出占国内生产总值比例达到 4%，中央预算内投资用于教育的比重达到 7% 左右。促进义务教育资源向中西部、农村、边远、民族地区和城市薄弱学校倾斜，巩固义务教育普及成果，继续实施中小学校舍安全工程，推进义务教育学校标准化建设，合理布局建设寄宿制学校，加强边远艰苦地区农村学校教师周转宿舍建设。推动建立健全校车管理制度。建立健全保障农村义务教育学生在校膳食营养的长效机制。提升职业教育基础能力，改善民族地区教育基础薄弱县普通高中办学条件。推进农村学前教育发展。完善特殊教育体系。在集中连片特殊困难地区实施教育扶贫工程。支持中西部高校改善办学条件。推进教育信息化建设。2012 年，九年义务教育巩固率达到 91.8%，高中阶段教育毛入学率达到 85%，普通高等学校计划招生 685 万人，研究生 58.4 万人。

2. *完善医疗和公共卫生服务体系*。加强卫生应急和重大疾病防控。加快推进儿童医疗服务体系、重大疾病防控体系、基层医疗卫生服务体系建设，实施基本公共卫生和重大公共卫生服务项目。继续推进人口和计划生育服务体系建设，扩大农村妇女宫颈癌、乳腺癌免费检查覆盖面，将免费孕前优生健康检查试点范围扩大到 60% 的县（市、区）。2012 年，拟安排中央预算内投资 230 亿元，支持医疗卫生事业发展；每千人口医院和卫生院病床数达到 3.72 张，增长 6%，每万人口全科医生数达到 0.89 人。

3. *促进社会主义文化大发展大繁荣*。推进社会主义核心价值体系建设。深化文化体制改革。大力发展公益性文化事业，完善覆盖城乡的公共文化服务体系。继续实施文化信息资源共享工程、广播电视村村通工程等重点文化惠民工程。启动地市级图书馆、文化馆、博物馆建设。加强各类文化遗产和自然遗产保护。繁荣和发展哲学社会科学。积极发展新闻出版、广播电视、文学艺术等事业。2012 年，广播、电视人口覆盖率分别达到 97.26% 和 97.92%。推进文化产业结构调整和科技创新，大力弘扬中华优秀传统文化。实施一批重大文化产业项目，发展壮大传统文化产业，加快培育新的文化业态，促进文化产业与其他产业融合发展。完善公共体育服务体系，提高群众体育水平。

4. *加强和创新社会管理*。编制实施国家基本公共服务体系规划，加强以城乡社区为核心的基层社会管理服务平台建设，促进公共服务信息和社会管理信息共享。推进社会信用体系建设。引导规范社会组织发展。完善综合防灾减灾体系。加强对社会发展形势和潜在风险点的评估和动态监测，妥善解决群众合法合理诉求，做好社会治安、安全生产、食品药品安全监督和应急管理等工作，维护社会和谐稳定。

继续加强内地与香港、澳门两个特别行政区在经贸、科技、教育、文化、卫生、体育等领域的交流合作，落实更紧密经贸关系安排及其补充协议的各项优惠措施。支持香港进一步巩固和提升国际金融、贸易、航运中心地位，加强内地与香港基础设施领域合作；支持澳门建设世界旅游休闲中心，促进经济适度多元化发展。深化两岸经济文化合作与交流，不断提高两岸经贸和产业

合作水平，支持海峡西岸经济区在两岸交流合作中发挥先行先试作用。

做好2012年经济社会发展各项工作，任务艰巨，责任重大。我们将更加紧密地团结在以胡锦涛同志为总书记的党中央周围，高举中国特色社会主义伟大旗帜，坚持以邓小平理论和“三个代表”重要思想为指导，深入贯彻落实科学发展观，认真接受全国人大的指导和监督，虚心听取全国政协的意见和建议，坚定信心，开拓进取，扎实工作，努力实现经济社会发展目标任务，以优异成绩迎接党的十八大胜利召开！

正在崛起的空港双流（双流县统计局提供）

关于 2011 年中央和地方预算执行情况与 2012 年中央和地方预算草案的报告

——2012 年 3 月 5 日在第十一届全国人民代表大会第五次会议上

财政部

各位代表：

受国务院委托，现将 2011 年中央和地方预算执行情况与 2012 年中央和地方预算草案提请十一届全国人大五次会议审议，并请全国政协各位委员提出意见。

一、2011 年中央和地方预算执行情况

2011 年，在中国共产党的坚强领导下，全国各族人民同心同德、团结奋斗，各地区、各部门全面贯彻中央的决策部署，认真落实第十一届全国人民代表大会第四次会议的有关决议，牢牢把握科学发展主题和加快转变经济发展方式主线，加强和改善宏观调控，国民经济朝着宏观调控预期方向发展，人民生活不断改善，改革开放继续深化，实现了“十二五”良好开局。在此基础上，财政发展改革深入推进，预算完成情况较好。

（一）公共财政预算执行情况

全国财政收入 103740.01 亿元，比 2010 年（下同）增长 24.8%。加上预算安排从中央预算稳定调节基金调入 1500 亿元，使用的收入总量为 105240.01 亿元。全国财政支出 108929.67 亿元，增长 21.2%。加上补充中央预算稳定调节基金 2892 亿元和地方财政结转下年支出 1918.34 亿元，支出总量为 113740.01 亿元。全国财政收支总量相抵，差额 8500 亿元。

其中：中央财政收入 51306.15 亿元，完成预算的 111.9%，增长 20.8%。加上从中央预算稳定调节基金调入 1500 亿元，使用的收入总量为 52806.15 亿元。中央财政支出 56414.15 亿元，完成预算的 103.8%，增长 16.7%。其中：中

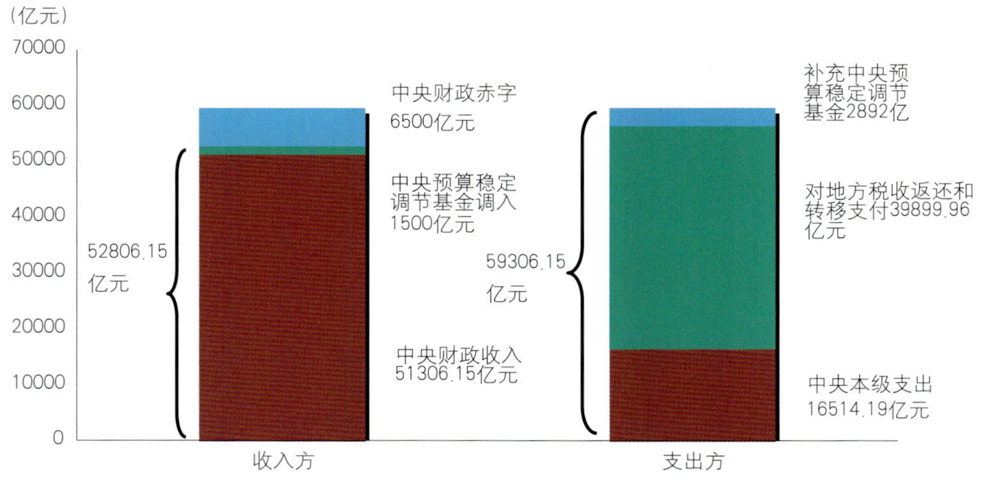

图 1　2011 年中央财政平衡关系

央本级支出16514.19亿元，增长3.3%；中央对地方税收返还和转移支付39899.96亿元，增长23.4%。加上补充中央预算稳定调节基金2892亿元，支出总量为59306.15亿元。收支总量相抵，赤字6500亿元，比预算减少500亿元。2011年末中央财政国债余额72044.51亿元，控制在年度预算限额77708.35亿元以内。

地方本级收入52433.86亿元，加上中央对地方税收返还和转移支付39899.96亿元，地方财政收入总量92333.82亿元，增长26.6%。地方财政支出92415.48亿元，增长25.1%，加上结转下年支出1918.34亿元，支出总量为94333.82亿元。收支总量相抵，差额2000亿元。

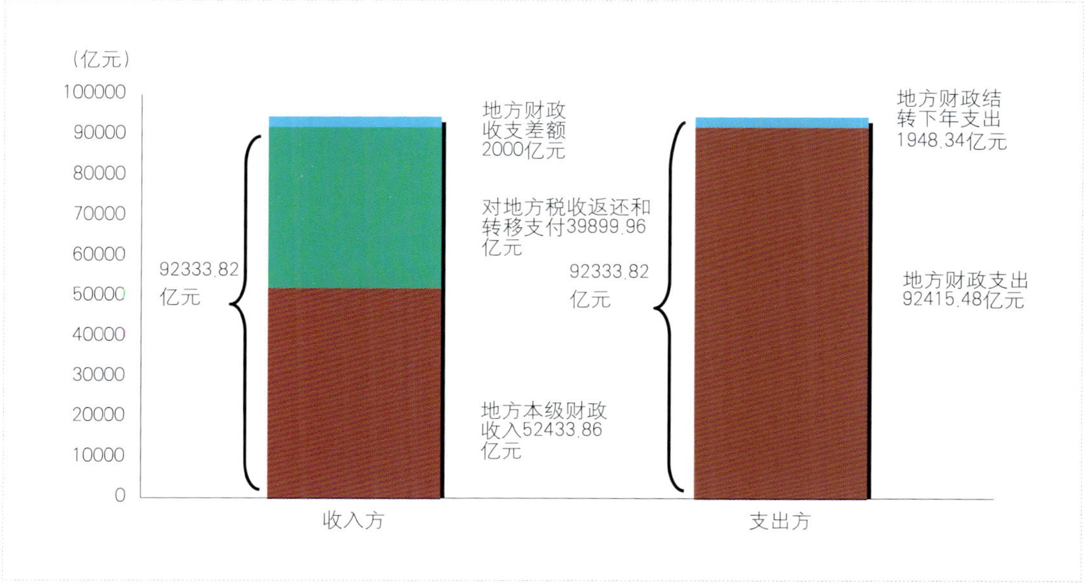

图2　2011年地方财政平衡关系

1. 中央预算主要收支项目执行情况

（1）主要收入项目执行及超收使用情况

财政收入总体情况较好，是经济平稳较快增长、企业效益较好、物价上涨、税收征管水平提高以及将原预算外资金纳入预算管理等因素的综合反映。中央财政收入超过预算5446亿元，主要是年初收入预算安排是根据2011年国民经济和社会发展相关预期指标测算的，执行中大部分经济指标超过预期，相应带动税收收入超过预算。具体看：外贸进口增长24.9%，超过年初预期较多，进口环节税收比预算超收2729亿元；规模以上工业增加值增长13.9%，全社会固定资产投资增长23.6%，社会消费品零售总额增长17.1%，居民消费价格上涨5.4%，工业生产者出厂价格上涨6%，工业生产者购进价格上涨9.1%，均高于年初预期，国内增值税和消费税比预算超收1143亿元；全国规模以上工业企业实现利润增长25.4%，好于年初预期，企业所得税比预算超收1642亿元。（出口退税比预算增加1200亿元，相应冲减财政收入。）

主要收入项目。国内增值税18277.39亿元，完成预算的104%；国内消费税6935.93亿元，完成预算的106.7%；进口货物增值税、消费税13560.26亿元，完成预算的120.9%；关税2559.1亿元，完成预算的117.9%；企业所得税10021.81亿元，完成预算的119.6%；个人所得税3633.06亿元，完成预算的116.4%；出口货物退增值税、消费税9204.74亿元，完成预算的115%；非税收入2676.95亿元，完成预算的128.7%。

超收收入使用。按照有关法律法规和第十一届全国人民代表大会第四次会议有关决议要求，在中央财政超收的5446亿元中，用于增加对地方税收返还和一般性转移支付944亿元，增加教育支出300亿元，增加科学技术支出76亿元，增加保障性安居工程支出160亿元，增加公路建设、对部分困难群众和公益性行业油价补贴支出621亿元，增加困难群众一次性生活补贴支出207亿元；用于削减中央财政赤字500亿元；用于补充中央预算稳定调节基金2638亿元，留待下年度经预算安排使用。2011年中央财政超收收入安排使用情况，国务院已向十一届全国人大常委会第二十四次会议报告。

（2）主要支出项目执行情况

按照中央决策部署，经全国人大审议批准，中央财政进一步加大了对农业、教育、医疗卫生、社会保障和就业、保障性安居工程、文化、科学技术等方面的投入，各项重点支出得到较好保障。

教育支出3248.6亿元，完成预算的109.6%，增长27.5%。其中，中央本级支出999.05亿元，对地方转移支付2249.55亿元。支持中西部地区和民族地区发展农村学前教育，支出101.3亿元。完善农村义务教育经费保障机制，支出859.1亿元，农村中小学公用经费年生均基准定额提高100元，全国所有农村义务教育学生全部享受免除学杂费和免费教科书政策，1228万名家庭经济困难寄宿生获得资助，2600万名学生得到营养膳食补助。实施农村义务教育薄弱学校改造计划，支出186.81亿元。免除2900万名城市义务教育学生学杂费，支持1167万名农民工随迁子女在城市接受义务教育，支出77亿元。加强职业教育基础能力建设，免除395万名中等职业学校家庭经济困难学生和涉农专业学生学费，支出133.98亿元。健全家庭经济困难学生资助政策体系，支出311.19亿元，约1867万名学生受益。支持高等教育发展，支出1090.54亿元。

科学技术支出2034.06亿元，完成预算的104.6%，增长17.7%。其中，中央本级支出1942.14亿元，对地方转移支付91.92亿元。实施国家科技重大专项，支出435亿元。支持“973计划”等基础研究，支出294.8亿元。加强应用技术研究，支出997.7亿元。全面启动重大科研装备自主研制工作，提高我国科研装备研发水平。加强地方科技基础条件建设，改善科研工作环境。

文化体育与传媒支出415.88亿元，完成预算的111.1%，增长31.6%。其中，中央本级支出188.72亿元，对地方转移支付227.16亿元。支持44751家博物馆、纪念馆等公益性文化设施免费开放，推进广播电视无线覆盖等重点文化惠民工程，强化重点文物、大遗址、红色文化资源和非物质文化遗产保护，提高重点媒体国际传播能力。深化文化体制改革，促进文化产业发展。

医疗卫生支出1747.78亿元，完成预算的101.2%，增长17.7%。其中，中央本级支出71.32亿元，对地方转移支付1676.46亿元。将新型农村合作医疗和城镇居民基本医疗保险的财政补助标准由每人每年120元提高到200元，补助766.55亿元。全面实施国家基本药物制度，深化基层医疗卫生机构综合改革，清理化解基层医疗卫生机构债务，将城乡居民年人均基本公共卫生服务经费标准由15元提高到25元，实施重大公共卫生服务项目，补助352.2亿元。推进公立医院体制机制改革，加强医疗卫生机构能力建设，支出149.99亿元。加大城乡医疗救助力度，支出114.83亿元。

社会保障和就业支出4715.77亿元，完成预算的106.8%，增长23.9%。其中，中央本级支出502.48亿元，对地方转移支付4213.29亿元。新型农村和城镇居民社会养老保险覆盖面扩大到60%以上地区，对60周岁及以上居民发放养老金，补助196亿元。对全国城乡低保对象、农村五保供养对象等8600多万名困难群众发放生活补贴，补助311亿元。提高企业退休人员基本养老金，月人均水平达到1500多元，健全企业职工基本养老保险省级统筹制度，妥善解决未参保集体企业退休人员基本养老保险问题，补助企业职工基本养老保险基金1846.9亿元。建立社会救助和保障标准与物价上涨挂钩的联动机制，将城乡最低生活保障标准分别由月人均251元和117元提高到278元和135元，提高孤儿基本生活补助标准，增加救助流浪乞讨人员的补助，支持残疾人社会保障和服务体系建设，补助797.4亿元。落实优抚对象等人员抚恤和生活补助待遇，适时调整抚恤补助标准，支出236.88亿元。保障受灾群众基本生活，支出86.4亿元。支持做好国有企业政策性关闭破产相关工作，妥善安置职工。扩大鼓励创业的财税政策扶持范围，落实各项就业扶持政策，增加小额担保贷款财政贴息，支出413.84亿元。

住房保障支出1720.63亿元，完成预算的133.1%，增长52.8%。其中，中央本级支出328.82亿元，对地方转移支付1391.81亿元。加快保障性安居工程建设，支出1432.57亿元，加上通过以前年度结转资金安排的280亿元，共支出1712.57亿元。

农林水事务支出4785.26亿元，完成预算的104.3%，增长23.3%。其中，中央本级支出416.57亿元，对地方转移支付4368.69亿元。加强农业农村基础设施建设，支出1398.78亿元，推进1250个小型农田水利重点县建设，支持1100个县开展山洪地质灾害防治，提前完成重点小型病险水库除险加固任务，治理1239条中小河流。完善农资综合补贴动态调整机制和农业保险保费补贴政策，稳定农作物良种补贴政策，进一步扩大农机购置补贴范围，支出1351.3亿元。加大农业技术推广力度，推动现代农业和农民专业合作组织发展，支出163亿元。改造中低产田、建设高标准农田2428.7万亩，支出230.12亿元。在主要牧区省份建立草原生态保护补助奖励机制，支出136亿元。构建财政综合扶贫政策体系，支持集中连片特殊困难地区扶贫攻坚，补助314.1亿元。建成村级公益事业一事一议财政奖补项目34万个，有序推进公益性乡村债务化解试点，支出183亿元。

节能环保支出1623.03亿元，完成预算的102%，增长12.5%。其中，中央本级支出74.19亿元，对地方转移支付1548.84亿元。强化重点节能工程建设，可形成2200多万吨标准煤的年节能能力；加大节能产品惠民工程实施力度，推广节能电机500多万千瓦、高效节能空调1600多万台、节能灯1.6亿只，淘汰1.5亿吨水泥、3122万吨炼铁、1925万吨焦炭的落后产能；实施三河三湖及松花江流域水污染防治等重大减排工程，建设城镇污水处理设施配套管网2万公里，在17个省份约1万个村庄开展农村环境连片整治示范，支出节能减排资金944亿元。实施天然林资源保护二期工程，巩固退耕还林、退牧还草成果，支出474.56亿元。推进新型能源建筑应用示范工程，强化生物质能源综合利用，开展可再生能源建筑应用示范，鼓励发展循环经济，支出139.43亿元。

交通运输支出3298.59亿元，完成预算的115.1%，增长26.9%。其中，中央本级支出331.11亿元，对地方转移支付2967.48亿元。强化公共交通基础设施，改扩建国省道完成2万公里，改善内河航道里程1091公里，新改建农村公路19万公里，支出2199.21亿元。对城市公交等公益性行业给予油价补贴，支出641.48亿元。支持取消政府还贷二级公路收费，补助地方260亿元。

资源勘探电力信息等事务支出826.96亿元，完成预算的111%。其中，中央本级支出464.12亿元，对地方转移支付362.84亿元。加强资源勘探电力信息等基础设施建设，支出429.75亿元。支持战略性新兴产业技术研发和产业化示范，实施重大产业创新发展等工程，对高端装备研发给予补贴，支出35亿元。促进中小企业发展，支出102.96亿元。

粮油物资储备事务支出890.62亿元，完成预算的78.8%，下降2.4%，与预算有差异主要是据实结算的储备粮食利息费用少于预计。其中，中央本级支出540.08亿元，对地方转移支付350.54亿元。全额取消粮食主产区粮食风险基金地方配套并解决粮食风险基金缺口，落实粮食直补政策，支出320.33亿元。稳步提高小麦、稻谷最低收购价，实施油菜籽、大豆等临时收储政策，增加石油、有色金属等重要物资储备，支出450.23亿元。

国防支出5835.97亿元，完成预算的100%，增长12.6%。其中，中央本级支出5829.62亿元，对地方转移支付6.35亿元。支持改善官兵生活待遇，加强军队信息化建设，更新装备及配套设施，提高军队抢险救灾应急能力。

公共安全支出1695.47亿元，完成预算的104.8%，增长14.9%。其中，中央本级支出1037.01亿元，对地方转移支付658.46亿元。推进政法经费保障体制改革，增强基层政法部门的服务能力。

需要说明的是，因据实结算的粮油物资储备事务等支出减少，2011年中央财政支出结余254亿元，转入中央预算稳定调节基金。

（3）中央对地方税收返还和转移支付执行情况

中央对地方税收返还和转移支付39899.96亿元，完成预算的106.9%，增长23.4%。其中：税收返还5078.38亿元，增长1.7%；一般性转移支付18299.93亿元，增长38.3%；专项转移支付16521.65亿元，增长17.1%。在一般性转移支付中，均衡性转移支付7486.81亿元，义务教育转移支付1065.01亿元，基本养老金和低保等转移支付2750.98亿元，新型农村合作医疗等转移支付779.81亿元，村级公益事业奖补等转移支付184.71亿元，资源枯竭城市转移支付135亿元，成品油税费改革转移支付581亿元。

2. 地方预算主要收支项目执行情况

主要收入项目。国内增值税5989.25亿元，增长15.3%；营业税13504.05亿元，增长22.7%；企业所得税6738.54亿元，增长33.5%；个人所得税2421.03亿元，增长25.2%；城市维护建设税2608.09亿元，增长50.2%；契税2763.61亿元，增长12.1%；非税收入11342.75亿元，增长43.4%。

主要支出项目。教育支出15117.06亿元，增长27.8%；科学技术支出1864.23亿元，增长17.3%；文化体育与传媒支出1701.58亿元，增长22.2%；医疗卫生支出6296.17亿元，增长33.1%；社会保障和就业支出10641.41亿元，增长22.6%；住房保障支出3493.67亿元，增长75.5%；农林水事务支出9473.49亿元，增长22.4%；城乡社区事务支出7641.01亿元，增长27.8%；交通运输支出7141.26亿元，增长78.6%。以上各项支出，包括地方用中央税收返还和转移支付资金安排的支出。

汇总各项支出，2011年全国财政用在与人民群众生活直接相关的教育、医疗卫生、社会保障和就业、住房保障、文化方面的民生支出合计38108亿元，增长30.3%；用在农业水利、公共交通运输、节能环保、城乡社区事务等方面与民生密切相关的支出合计35629亿元。全国财政用于“三农”的支出合计29342亿元，增长21.2%。其中：支持农业生产支出10393亿元，对农民的粮食直补、农资综合补贴、良种补贴、农机购置补贴支出1439亿元，促进农村教育、卫生等社会事业发展支出16240亿元，农产品储备费用和利息等支出1270亿元。需要说明的是，民生和“三农”支出不是单独的预算科目，为了便于审议，将与民生和“三农”相关的支出项目综合反映出来，因而存在一些交叉重复。

（二）政府性基金预算执行情况

2011年全国政府性基金收入41359.63亿元，增长12.4%；全国政府性基金支出39642.43亿元，增长16.8%。

1. 中央政府性基金预算执行情况

中央政府性基金收入3125.93亿元，完成预算的110.6%，下降1.6%。其中：铁路建设基金收入648亿元，港口建设费收入136.02亿元，彩票公益金收入317.45亿元，大中型水库移民后期扶持基金收入217.41亿元，中央农网还贷资金收入100亿元等。加上2010年结转收入794.87亿元，2011年使用的中央政府性基金收入总量为3920.8亿元。中央政府性基金支出3103.49亿元，完成预算的85.8%，增长2.9%。其中：中央本级支出2156.87亿元，下降5.6%，包括铁路建设支出682.92亿元，港口建设支出73.35亿元，彩票公益金用于社会福利、体育、教育等社会公益事业支出191.25亿元，中央农网还贷资金支出105.26亿元等；对地方转移支付946.62亿元，增长29.2%。中央政府性基金结转下年支出817.31亿元。

2. 地方政府性基金预算执行情况

地方政府性基金本级收入38233.7亿元，增长13.8%。其中：国有土地使用权出让收入33166.24亿元，城市基础设施配套费收入857.26亿元，彩票公益金收入311.6亿元，地方教育附加收入688.13亿元。加上中央政府性基金对地方转移支付946.62亿元，地方政府性基金收入为39180.32亿元。地方政府性基金支出37485.56亿元，增长18.4%。其中：国有土地使用权出让收入安排的支出32931.99亿元，包括征地拆迁补偿等成本性支出23629.97亿元、农业土地开发整理和农村基础设施建设以及补助农民等支出2351.06亿元、用于教育支出197.46亿元、用于农田水利建设支出120.35亿元、用于保障性安居工程支出668.58亿元、按城市房地产管理法规定用于城市建设支出5964.57亿元；彩票公益金用于社会福利、体育、教育等社会公益事业支出301.4亿元；城市基础设施配套支出741.04亿元；地方教育附加安排的教育支出386.51亿元。地方政府性基金收入大于支出部分结转下年使用。

（三）中央国有资本经营预算执行情况

2011年中央国有资本经营收入765.02亿元，完成预算的90.6%，增长36.9%，与预算有差异主要是国有股减持数量少于预期。加上2010年结转收入35.59亿元，使用的收入总量为800.61亿元。中央国有资本经营支出769.54亿元，完成预算的89.6%，增长42%，与预算有差异主要是国有股减持收入减少，支出相应减少。其中：国有经济和产业结构调整支出491.66亿元，中央企业改革脱困补助支出23.12亿元，重大科技创新支出35亿元，重大节能减排支出35亿元，境外投资支出23.18亿元，安全生产保障能力建设支出9.55亿元，兼并重组支出80亿元，新兴产业等发展支出26.09亿元，调入公共财政预算用于社会保障等支出40亿元。

以上有关预算执行的具体情况详见《中华人民共和国2011年全国预算执行情况2012年全国预算（草案）》。

（四）积极的财政政策实施情况

扎实落实积极的财政政策，进一步巩固和扩大应对国际金融危机冲击成果，促进经济平稳较快发展和物价总水平基本稳定。

充分发挥财税政策的作用，促进物价总水平保持基本稳定。大力支持增加农产品供给，稳定成品油、化肥等供应，加大对生猪生产的扶持力度，加强储备物资市场调控，实施政策性粮油定向销售，扩大生活必需商品、原材料进口，促进市场供求平衡。对鲜活农产品运输车辆免收车辆通行费，开展收费公路专项清理，降低流通成本。落实对城乡低收入群体的各项补助政策，对部分困难群众和公益性行业给予油价补贴，降低物价上涨对困难群体的影响。

增加城乡居民收入，提高居民消费能力。合理调整国民收入分配关系，扩大财政补助规模，增加对农民的补贴，加强农业基础设施建设，深入推进财政扶贫开发，促进农民增收；提高城乡居民最低生活保障标准，增加企业退休人员基本养老金，扩大新型农村和城镇居民社会养老保险试点范围，落实义务教育学校、公共卫生和基层医疗卫生事业单位绩效工资等政策，提高居民消费能力。完善家电下乡和家电以旧换新政策。支持商贸流通发展，改善消费环境。

优化投资结构，加强经济社会发展的薄弱环节。中央基建投资主要用于支持保障性安居工程、以水利为重点的农业基础设施、教育卫生基础设施建设，节能减排和生态环保，新疆、西藏及青海等四省藏区经济社会发展，自主创新和战略性新兴产业发展等方面，优先保证重点在建、续建项目的资金需求，有序启动“十二五”规划重大项目建设。

完善结构性减税政策，引导企业投资和居民消费。将个人所得税工薪所得减除费用标准由2000元/月提高到3500元/月并调整税率结构，降低中低收入者税负。对部分小型微利企业继续实行所得税优惠政策，出台提高增值税、营业税起征点等一系列税收减免政策，减轻中小企业负担。对600多种资源性产品、基础原材料和关键零部件实施较低的年度进口关税暂定税率。继续实施西部大开发等税收优惠政策。取消和减免77项收费和基金，减轻企业和居民负担。

（五）财税改革进展情况

继续优化转移支付结构，增加一般性转移支付。完善县级基本财力保障机制，提高基层政府公共服务保障水平。在27个省份的1080个县实行省直管县财政管理方式改革。健全公共财政预算，细化政府性基金预算，扩大国有资本经营预算实施范围和社会保险基金预算试编范围。全面取消预算外资金，将所有政府性收入纳入预算管理。完善部门预算、国库集中收付、政府采购等预算管理制度，积极推进全过程预算绩效管理。出台营业税改征增值税的试点方案，促进服务业发展。改革个人所得税制度。开展对个人住房征收房产税改革试点，调整个人住房转让营业税政策。在全国范围内实施原油、天然气资源税从价计征改革，统一内外资企业的油气资源税制度。提高中央财政补助标准，在全国推进厂办大集体改革。支持国有金融机构改革，完善金融企业绩效评价制度。

（六）落实全国人大预算决议有关情况

按照第十一届全国人民代表大会第四次会议有关决议，以及全国人大财政经济委员会的审查意见，实施有利于转变经济发展方式的财税政策，着力保障重点支出，严格预算执行，健全预算管理制度，完善县级基本财力保障机制。深入推进财政科学化精细化管理。加强财税立法工作，积极做好出台车船税法和修订个人所得税法、资源税暂行条例的相关工作，稳步推进修改预算法、注册会计师法以及资产评估立法等工作。细化公共财政预算编制，预算年初到位率继续提高。狠抓预算支出执行管理，预算执行进度进一步加快。开展重大财税政策实施情况的专项检查，强化对“三农”、医改等重点民生资金的监督，覆盖所有政府性资金和财政运行全过程的监督机制不断健全。深入推进“小金库”专项治理工作，防治“小金库”长效机制初步建立。深化中央财政预决算公开，向社会公开的财政决算细化到项级科目。92个中央部门向社会公开了部门预算表和财政拨款表，并公开了部门决算。省级公共财政预算全部公开，地方部门预算、基层财政专项支出等公开工作明显加快。中央和地方有关部门公开了“三公经费”支出情况。规范地方政府融资平台公司债务管理，清理核实地方政府融资平台公司债务金额。接受全国人大常委会的询问，向全国人大常委会报告预算执行情况，并根据审议意见落实改进措施。国务院已向全国人大常委会报告有关情况。

总的看，2011年预算完成情况较好，各项财政工作取得了新的进展。这是党中央、国务院科学决策、正确领导的结果，是全国人大、政协监督指导、大力支持的结果，是各地区、各部门密切配合、扎实工作的结果，是全国各族人民共同努力、艰苦奋斗的结果。同时，我们也清醒地认识到，财政运行和财政工作还面临一些困难和问题：税制结构不尽合理，财税政策在促进经济发展方式转变和调节收入分配等方面作用发挥不够充分；转移支付制度尚不完善，转移支付结构需进一步优化；财政支出结构调整难度增加，保障和改善民生的任务艰巨；地方政府性债务举借和偿还机制不够健全，风险不容忽视；损失浪费现象时有发生，财政管理仍需加强，资金使用效益需进一步提高等。我们将高度重视这些问题，继续采取有效措施，努力加以解决。

二、2012年中央和地方预算草案

（一）当前我国财政经济形势

2012年我国经济发展面临的形势更加复杂，财政收支矛盾比较突出。收入方面，经济保持稳定增长将为财政增收奠定坚实基础。但国内外经济形势存在较多不确定性，企业实现利润增幅下降，加上结构性减税力度加大，提高个人所得税工薪所得减除费用标准和调整税率结构翘尾，开展营业税改征增值税试点，提高石油特别收益金起征点，延长实施并扩大小型微利企业所得税优惠政策适用范围，提高增值税和营业税起征点等，都将减少收入，影响财政收入增长。支出方面，增加国家财政性教育经费投入，实现新型农村和城镇居民社会养老保险制度全覆盖，提高企业退休人员基本养老金水平以及新型农村合作医疗和城镇居民基本医疗保险财政补助标准，加大保障性安居工程投入力度等，都需要增加较多的财政投入，财政支出压力较大。

（二）财政预算编制和财政工作总体要求

根据中央决策部署，2012 年财政预算编制和财政工作，将全面贯彻党的十七大、十七届三中、四中、五中、六中全会和中央经济工作会议精神，以邓小平理论和“三个代表”重要思想为指导，深入贯彻落实科学发展观，紧紧围绕科学发展主题和加快转变经济发展方式主线，把握好稳中求进的工作总基调，实施积极的财政政策，深化财税制度改革，完善结构性减税政策，推动国民收入分配格局调整，进一步优化财政支出结构，加大对“三农”、教育、医疗卫生、社会保障和就业、文化、保障性安居工程、节能环保以及欠发达地区的支持力度，严格控制一般性支出，切实保障和改善民生，坚持依法理财、统筹兼顾和增收节支的方针，加强财政科学管理，提高财政资金使用绩效，推动经济结构调整和区域协调发展，促进经济平稳较快发展和物价总水平基本稳定，保持社会和谐稳定，以经济社会发展的优异成绩迎接党的十八大胜利召开。

实施积极的财政政策，主要体现在以下几个方面：

一是完善结构性减税政策，减轻企业和居民负担。落实新的个人所得税法。实施好提高增值税、营业税起征点等减轻小型微型企业税费负担的政策。对小型微利企业实施所得税减半征收优惠政策。开展好营业税改征增值税试点，并稳步扩大试点范围，促进服务业特别是现代服务业发展。降低部分进口商品关税，增加能源资源性产品、先进设备和关键零部件进口。扩大物流企业营业税差额纳税试点范围，完善大宗商品仓储设施用地城镇土地使用税政策，对蔬菜的批发、零售免征增值税，减轻物流企业和农产品生产流通环节的税收负担。依法落实好其他各项税收减免政策。清理取消部分涉及企业的行政事业性收费。

二是增加居民收入，提高消费能力。实施更加积极的就业政策，落实最低工资制度。扩大财政补助规模，提高城乡居民特别是中低收入者的收入，减轻群众在教育、医疗、住房等方面的负担，增强城乡居民消费能力。支持商贸流通体系建设，为城乡居民创造良好的消费环境。

三是进一步优化支出结构，着力保障和改善民生。保持较大的财政支出力度，加大民生投入，向基层、农村、边远地区和困难群体倾斜，推动教育、医疗卫生、社会保障和就业、保障性安居工程、公共文化等社会事业加快发展。优化投资结构，加强经济社会发展的薄弱环节。严格控制新上项目，防止重复建设。严格控制行政经费等一般性支出，切实降低行政成本。

四是促进经济结构调整和区域协调发展，推动经济发展方式加快转变。充分发挥财税政策在结构调整方面的重要作用，不断增加财政投入，完善有利于经济发展方式转变的财税体制机制。加大科技投入，优化科技支出结构，大力支持自主创新和提高产业核心竞争力。积极推动节能减排，加快发展新能源、可再生能源和清洁能源。建立健全排污权有偿使用和交易政策体系。将草原生态保护补助奖励政策覆盖到国家确定的全部牧业半牧业县。加大对中小企业的资金支持力度，实施税费减免政策，促进中小企业稳健经营和持续发展。大力支持战略性新兴产业和高技术产业发展，促进传统产业优化升级，推动现代服务业加快发展。实施重大文化产业项目带动战略。落实促进区域协调发展的各项财税政策，提高困难地区落实各项民生政策的保障能力。扩大绿色重点小城镇试点，积极稳妥推进城镇化。

2012 年，全国财政将在统筹兼顾的基础上集中财力办几件保障和改善民生的大事：一是加大教育投入力度，确保实现国家财政性教育经费支出占国内生产总值 4% 的目标；二是加快推进社会保障体系建设，实现新型农村和城镇居民社会养老保险制度全覆盖；三是深化医药卫生体制改革，提高新型农村合作医疗和城镇居民基本医疗保险的财政补助标准，加快公立医院改革试点，缓解看病贵、看病难的问题；四是扎实推进保障性安居工程建设，在做好未完工项目建设的同时，新开工建设700万套以上，缓解城镇低收入群众、新就业职工、农民工住房困难问题；五是大力促进文化发展繁荣，保证公共财政对文化建设投入的增长幅度高于财政经常性收入增长幅度，更好地满足人民群众精神文化需求；六是加大强农惠农富农政策力度，大力支持农田水利等农村生产生活基础设施建设，着力推动农业科技创新，促进农业增产、农民增收和农村繁荣。

（三）公共财政预算安排情况

根据中央经济工作会议确定的2012年经济社会发展预期指标、经济社会政策和预算编制的总体要求，2012年公共财政预算主要指标拟安排如下：中央财政收入55920亿元，比2011年执行数（下同）增长9%；从中央预算稳定调节基金调入2700亿元，合计可使用的收入总量为58620亿元。中央财政支出总量64120亿元，增长13.7%。其中，中央本级支出18519亿元，增长12.1%；中央对地方税收返还和转移支付45101亿元，增长13%；中央预备费500亿元，与2011年预算持平。收支总量相抵，中央财政赤字5500亿元，比2011年执行数减少1000亿元。中央财政国债余额限额82708.35亿元。

根据地方预算初步安排情况，中央财政代编的地方本级收入57680亿元，增长10%，加上中央对地方税收返还和转移支付45101亿元，地方财政收入合计102781亿元；中央代地方发债2500亿元。地方财政支出105281亿元，增长13.9%。发行地方债比上年增加500亿元，主要是考虑保障性安居工程需加大投入，规范地方政府融资平台公司债务管理后公益性在建项目需要安排一部分后续资金等。地方财政收支预算由地方各级人民政府编制，报同级人民代表大会批准。

汇总中央和地方预算安排，全国财政收入113600亿元，增长9.5%。加上从中央预算稳定调节基金调入2700亿元，可安排的收入总量为116300亿元。全国财政支出124300亿元，增长14.1%。收支差额8000亿元（其中，中央财政赤字5500亿元），比上年减少500亿元，占国内生产总值的比重下降到1.5%左右。

1. 中央预算主要收支项目安排情况

（1）主要收入项目安排情况

根据国民经济和社会发展计划相关预期指标，考虑财税政策调整的增减收因素，对各项收

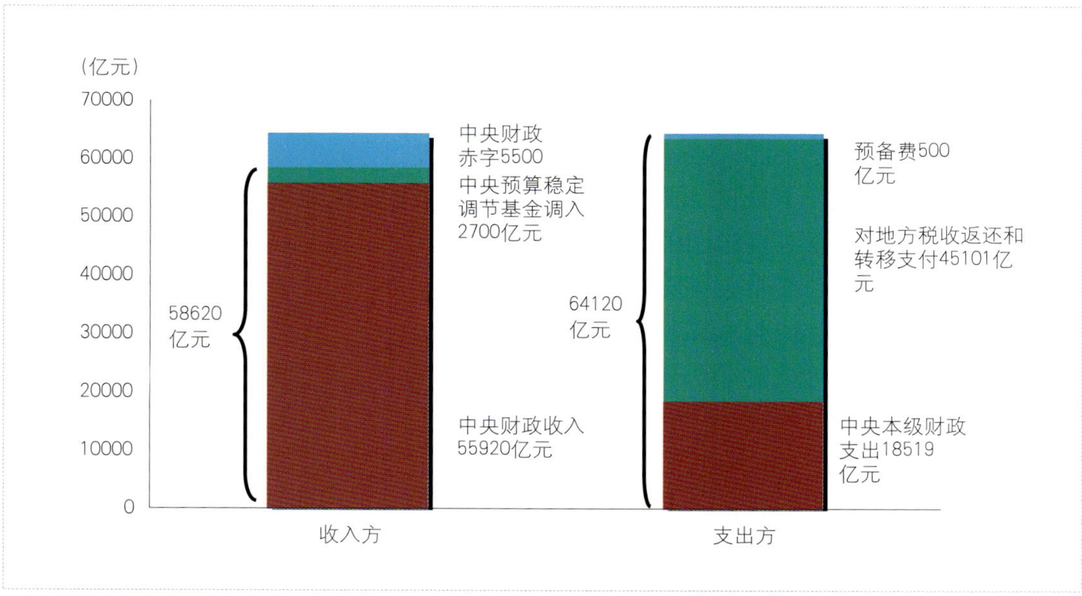

图3 2012年中央财政预算平衡关系

入进行具体分析测算，2012年中央财政主要收入项目指标拟安排如下：国内增值税20250亿元，增长10.8%；国内消费税7700亿元，增长11%；关税和进口货物增值税、消费税17528亿元，增长8.7%；企业所得税11120亿元，增长11%；个人所得税3400亿元，下降6.4%；出口货物退增值税、消费税9950亿元，增长8.1%；非税收入2826亿元，增长5.6%。

（2）主要支出项目安排情况

进一步优化财政支出结构，中央财政主要支出项目拟安排如下：

教育支出3781.32亿元，增长16.4%。其中，中央本级支出1028.87亿元，对地方转移支付2752.45亿元。落实促进学前教育发展的一系列政策措施，重点支持中西部地区和东部困难地区，补助150亿元，增长48.1%。完善农村义务教育经费保障机制，推进农村义务教育薄弱学校改造，实施农村义务教育教师特设岗位计划和中小学教师国家级培训计划，促进义务教育均衡发展，安排资金1057.54亿元。在集中连片特殊困难地区实施农村义务教育学生营养改善计划，安排奖补资金160亿元。免除城市义务教育学生学杂费，支持进城务工人员随迁子女公平接受义务教育，安排资金82亿元。继续加强职业教育基础能力建设，逐步实行中等职业教育免费制度，安排资金256.8亿元，增长91.7%。健全家庭经济困难学生国家资助政策体系，补助206.97亿元。推进“985工程”、“211工程”等，大力支持地方高校发展，安排资金1352.5亿元，增长24%。

科学技术支出2285.46亿元，增长12.4%。其中，中央本级支出2234.4亿元，对地方转移支付51.06亿元。进一步优化科学技术支出结构，突出支持重点。保障国家科技重大专项实施，安排资金456亿元。增加对国家自然科学基金投入，推动国家重点实验室和基础科研机构能力建设等，安排资金324.59亿元。支持前沿技术研究、社会公益研究和重大共性关键技术研究开发等，安排资金1193.9亿元，增长19.7%。加强产业关键技术研发、产业化和企业创新能力建设，安排资金41.2亿元。启动国家科技成果转化引导基金，推动科技成果转化。引导地方科技工作发展，促进形成各具特色的区域创新体系。加大知识产权保护力度，推动发展自主知识产权。

文化体育与传媒支出493.84亿元，增长18.7%。其中，中央本级支出207.33亿元，对地方转移支付286.51亿元。大力推动公共文化服务体系建设，支持博物馆、公共图书馆等公益性文化设施免费开放，继续实施重点文化惠民工程，安排资金145.46亿元。加大对国家重点文物、大遗址、红色文化资源和非物质文化遗产保护力度，安排资金61.24亿元，增长40%。加强重点媒体国际传播能力建设，促进中华文化“走出去”，安排资金27.5亿元，增长37.5%。支持文化产业发展，安排资金34亿元，增长70%。

医疗卫生支出2035.05亿元，增长16.4%。其中，中央本级支出83.31亿元，对地方转移支付1951.74亿元。将新型农村合作医疗和城镇居民基本医疗保险的财政补助标准增加到每人每年240元，并适当提高报销水平，补助1050亿元，增长37%。完善国家基本药物制度，深化基层医疗卫生机构综合改革。健全城乡基本公共卫生服务经费保障机制，继续实施基本公共卫生服务项目和艾滋病、结核病等重大传染病防治，安排资金358亿元。加快推进以县级医院为重点的公立医院改革试点。支持做好城乡医疗救助工作，安排资金114.83亿元。

社会保障和就业支出5750.73亿元，增长21.9%。其中，中央本级支出570.63亿元，对地方转移支付5180.1亿元。从7月1日起实现新型农村和城镇居民社会养老保险制度全覆盖，补助771亿元。继续提高企业退休人员基本养老金水平，健全企业职工基本养老保险省级统筹制度，补助2173.73亿元。适当提高城乡居民最低生活保障标准，中央财政分别按月人均15元和12元增加补助，进一步完善孤儿、残疾人、流浪乞讨人员等社会救助体系，安排资金928.88亿元。适时调整优抚对象等人员抚恤和生活补助标准，安排资金288.37亿元。保障受灾群众基本生活，安排资金130亿元。加大就业扶持政策力度，安排资金439.17亿元。

住房保障支出2117.55亿元，增长23.1%。其中，中央本级支出374.4亿元，对地方转移支付1743.15亿元。加强保障性安居工程建设，适当扩大农村危房改造范围并提高中央财政补助标准，扎实推进游牧民定居工程建设，安排资金1787.46亿元，增长24.8%。

农林水事务支出5491.45亿元，增长14.8%。其中，中央本级支出427.44亿元，对地方转移支付5064.01亿元。大力推进小型农田水利重点县建设，适当提高建设标准和补助标准，加强中小河流治理、小型病险水库除险加固和山洪地质灾害防治，安排农业农村基础设施建设支出1654.46亿元。完善农作物良种补贴政策，增加农资综合补贴、农机购置补贴规模，扩大农业保险保费补贴区域和品种，进一步加大造林补贴力度，安排资金1693.38亿元。加大农业科技投入，改善农业科技创新条件，支持现代种业发展和基层农技推广体系建设，促进农业科技成果转化与技术推广，安排资金101亿元，增长53%。以粮食主产区和产粮大县为重点，加强农业综合开发，安排资金290.12亿元。全面落实草原生态保护补助奖励政策，安排资金150.58亿元。大幅增加综合扶贫投入，其中财政专项扶贫资金安排372.86亿元，增长18.7%，提高农村贫困地区和贫困人口自我发展能力。深入推进村级公益事业建设一事一议财政奖补，完善村级公益事业民办公助机制等，补助248亿元。

节能环保支出1769.1亿元，增长9%。其中，中央本级支出63.44亿元，对地方转移支付1705.66亿元。推进重点节能工程建设，加强重点领域节能，加大节能产品惠民工程实施力度，淘汰落后产能，强化重金属污染防治和农村环境综合整治，推进城镇污水处理设施配套管网建设，安排节能减排资金1069.19亿元，增长13.3%。巩固天然林保护、退耕还林、退牧还草成果，安排资金474.56亿元，与上年持平。加快发展新能源、可再生能源和清洁能源，推进能源清洁化利用，大力支持循环经济发展，安排资金141亿元。积极应对全球气候变化，支持落实控制温室气体排放行动目标。

交通运输支出3565.93亿元，增长8.1%。其中，中央本级支出434.65亿元，对地方转移支付3131.28亿元。提高综合交通运输能力，推进国省干线、内河航运、综合客货运枢纽等公共交通基础设施建设，安排资金2367.44亿元。继续对城市公交、农村客运等公益性行业给予油价补贴，安排资金659.46亿元。支持地方取消政府还贷二级公路收费，补助260亿元。

资源勘探电力信息等事务支出877.26亿元，增长6.1%。其中，中央本级支出450.6亿元，对地方转移支付426.66亿元。促进中小企业特别是小型微型企业发展，安排资金146.59亿元，增长42.4%。推进资源勘探电力信息等基础设施建设，安排资金396.74亿元。继续支持战略性新兴产业技术研发和产业化示范，安排资金70亿元。

粮油物资储备事务支出974.19亿元，增长9.4%。其中，中央本级支出609.57亿元，对地方转移支付364.62亿元。继续实施粮食直补政策，安排粮食风险基金320.3亿元。健全粮、棉等主要农产品收储制度，稳步提高小麦、稻谷最低收购价，安排粮油等重要物资储备资金518.76亿元。

国防支出6503.11亿元，增长11.4%。其中，中央本级支出6479.2亿元，对地方转移支付23.91亿元。支持国防和军队现代化建设，改善部队训练生活条件，提高完成多样化军事任务的能力。

公共安全支出1826.64亿元，增长7.7%。其中，中央本级支出1142.89亿元，对地方转移支付683.75亿元。完善政法经费保障体制，稳步提高地方政法经费补助水平，支持地方特别是中西部地区化解政法机关基础设施建设债务，提高公共服务和社会管理能力。加强基层监管部门食品检验检测能力建设，促进保障食品安全。

（3）中央对地方税收返还和转移支付安排情况

中央对地方税收返还和转移支付45101亿元，增长13%。其中：税收返还5188.55亿元，增长 2.2%；一般性转移支付 22526.19 亿元，增长 23.1%；专项转移支付 17386.26 亿元，增长 5.2%。在一般性转移支付中，均衡性转移支付 8583.65 亿元（其中：县级基本财力保障机制奖补资金 1075 亿元，重点生态功能区转移支付 371 亿元，产粮大县奖励资金 277.65 亿元），义务教育等转移支付 1680.32 亿元，基本养老金和低保等转移支付 3774.38 亿元，新型农村合作医疗等转移支付 1063.48 亿元，村级公益事业奖补等转移支付 253.09 亿元，成品油税费改革转移支付 784 亿元。

汇总各项支出，2012 年中央财政用在与人民群众生活直接相关的教育、医疗卫生、社会保障和就业、住房保障、文化方面的民生支出安排合计 13848 亿元，增长 19.8%；用在农业水利、公共交通运输、节能环保、城乡社区事务等方面与民生密切相关的支出安排合计 15124 亿元；中央对地方税收返还和一般性转移支付大部分也将用于保障和改善民生。中央财政用于"三农"的支出安排合计 12286.6 亿元，增长 17.9%。其中：支持农业生产支出 4724.2 亿元，对农民的粮食直补、农资综合补贴、良种补贴、农机购置补贴支出 1628 亿元，促进农村教育、卫生等社会事业发展支出 5313.9 亿元，农产品储备费用和利息等支出 620.5 亿元。中央基建投资安排合计 4026 亿元。

中央预算稳定调节基金情况。2011 年初余额为 878 亿元，执行中用超收收入补充和支出结余转入，共增加 2892 亿元，年底余额为 3770 亿元。2012 年初预算调入使用 2700 亿元后，剩余 1070 亿元。

2. 地方预算主要收支项目安排情况

主要收入项目。国内增值税 6640 亿元，增长 10.9%；营业税 14820 亿元，增长 9.7%；企业所得税 7550 亿元，增长 12%；个人所得税 2267 亿元，下降 6.4%；城市维护建设税 2920 亿元，增长 12%；契税 3050 亿元，增长 10.4%；非税收入 12485 亿元，增长 10.1%。

主要支出项目。教育支出 17900.24 亿元，增长 18.4%；科学技术支出 2110.3 亿元，增长 13.2%；文化体育与传媒支出 1971.5 亿元，增长 15.9%；医疗卫生支出 7264.6 亿元，增长 15.4%；社会保障和就业支出 12367.29 亿元，增长 16.2%；住房保障支出 4024 亿元，增长 15.2%；农林水事务支出 10816.78 亿元，增长 14.2%；城乡社区事务支出 8586.05 亿元，增长 12.4%；交通运输支出 7790 亿元，增长 9.1%。以上各项支出，包括地方用中央税收返还和转移支付资金安排的支出。

地方财政收支预算由地方各级人民政府编制，报同级人民代表大会批准。

（四）政府性基金预算安排情况

1. 中央政府性基金预算安排情况

中央政府性基金收入 2990.35 亿元，下降 4.3%。其中：铁路建设基金收入 680.4 亿元，港口建设费收入 92 亿元，民航基础设施建设基金及机场管理建设费收入 218.35 亿元，彩票公益金收入 349.2 亿元，大中型水库移民后期扶持基金收入 234.8 亿元，中央农网还贷资金收入 105 亿元等。加上上年结转收入 817.31 亿元，可安排的中央政府性基金收入总量为 3807.66 亿元。中央政府性基金支出 3807.66 亿元，增长 22.7%。其中：中央本级支出 2497.33 亿元，增长 15.8%，包括铁路建设支出 680.4 亿元，港口建设支出 64.44 亿元，民航基础设施建设及机场管理建设支出 134.08 亿元，彩票公益金用于社会福利、体育、教育等社会公益事业支出 319.51 亿元，中央农网还贷资金支出 109.68 亿元等；对地方转移支付 1310.33 亿元，增长 38.4%。

2. 地方政府性基金预算安排情况

地方政府性基金本级收入 31806.41 亿元，下降 16.8%。其中：国有土地使用权出让收入 27010.66 亿元（下降 18.6%），城市基础设施配套费收入 722.49 亿元，彩票公益金收入 304.41 亿元，地方教育附加收入 770.04 亿元等。加上中央政府性基金对地方转移支付 1310.33 亿元，地方政府性基金收入为 33116.74 亿元。地方政府性基金支出 33116.74 亿元，下降 11.7%。其中：用国有土地使用权出让收入安排的支出 28241.05

亿元，包括征地拆迁补偿等成本性支出 19415.71 亿元、农业土地开发整理和农村基础设施建设以及补助农民等支出 1534.92 亿元、教育支出 305.94 亿元、农田水利建设支出 297.97 亿元、保障性安居工程支出 624.89 亿元、城市建设支出 6061.62 亿元；彩票公益金用于社会福利、体育、教育等社会公益事业支出 312.49 亿元；城市基础设施配套费安排的支出 637.44 亿元；地方教育附加安排的教育支出 665.99 亿元。

汇总中央和地方预算安排，全国政府性基金收入 34796.76 亿元，下降 15.9%，加上上年结转收入 817.31 亿元，可安排的全国政府性基金收入总量为 35614.07 亿元；全国政府性基金支出 35614.07 亿元，下降 10.2%。

（五）国有资本经营预算安排情况

1. 中央国有资本经营预算安排情况

2012 年，进一步扩大中央国有资本经营预算实施范围，将部分部委所属的一些企业纳入国有资本经营预算，增加用于保障和改善民生的支出。中央国有资本经营收入 844 亿元，增长 10.3%。其中：利润收入 823 亿元，产权转让收入 20 亿元等。加上上年结转收入 31.07 亿元，可安排的中央国有资本经营收入总量为 875.07 亿元。中央国有资本经营支出 875.07 亿元，增长 13.7%。主要用于：中央企业兼并重组支出 80 亿元，国有经济和产业结构调整支出 133 亿元，重大科技创新支出 110 亿元，节能减排支出 80 亿元，支持企业“走出去”支出 80 亿元，企业改革补助支出 225 亿元，新兴产业发展支出 45 亿元，国有股减持收入补充全国社会保障基金支出 20.1 亿元，其他用于国有企业改革发展的支出 51.97 亿元，调入公共财政预算用于社会保障等民生方面的支出 50 亿元（增长 25%）。

2. 地方国有资本经营预算安排情况

地方国有资本经营收入 402.49 亿元。其中：利润收入 208.98 亿元，股利、股息收入 76.2 亿元，产权转让收入 79.91 亿元，其他国有资本经营收入 36.02 亿元等。地方国有资本经营支出 402.49 亿元。主要用于：企业兼并重组支出 30.46 亿元，国有经济和产业结构调整支出 166.98 亿元，科技创新及产业化支出 28.11 亿元，节能减排支出 16.79 亿元，企业改革补助支出 70.2 亿元，其他项目支出 49.1 亿元等。

汇总中央和地方预算安排，全国国有资本经营收入 1246.49 亿元，加上上年结转收入 31.07 亿元，可安排的全国国有资本经营收入总量为 1277.56 亿元；全国国有资本经营支出 1277.56 亿元。

汇总上述公共财政预算、政府性基金预算中安排用于教育的支出，以及其他财政性教育经费，2012 年国家财政性教育经费支出 21984.63 亿元，占国内生产总值 4% 以上。

以上有关预算安排的具体情况详见《中华人民共和国 2011 年全国预算执行情况 2012 年全国预算（草案）》。

三、坚持依法理财，强化科学管理，确保完成 2012 年预算

（一）加强和改善财政宏观调控

密切跟踪经济发展变化，督促检查积极的财政政策实施情况，处理好保持经济平稳较快发展、调整经济结构、管理通胀预期的关系，保持财政政策的连续性和稳定性，增强财政宏观调控的针对性、灵活性和前瞻性，注重财政发展的可持续性。发挥财政政策的作用，推动经济结构调整，扩大居民消费，支持科技创新和节能环保，推进战略性新兴产业和现代服务业发展，促进区域协调和城乡统筹发展，切实提高经济发展的质量和效益。发挥财税政策稳定物价的作用。努力保障粮食稳产增产，增加主要农副产品供应。加强重要商品物资储备和投放，支持生活必需商品、重要原材料进口。推进现代农产品流通体系建设，减轻物流企业和农产品生产流通环节税收负担，完善公路收费政策，切实降低流通成本。健全社会救助和保障标准与物价上涨挂钩的联动机制，落实好城乡低保对象、农村五保供养对象以及大中专院校家庭经济困难学生的补助政策。

（二）深化财税体制改革

健全财政转移支付制度，继续提高一般性转移支付规模和比例，清理归并部分专项转移支付项目，提高转移支付资金使用效益。完善省以下财政体制，健全县级基本财力保障机制，进一步均衡省以下财力分配，增强县级政府基本公共服务能力。深化预算管理制度改革，完善公共财政预算，提高政府性基金预算的规范性和透明度，扩大国有资本经营预算实施范围及逐步增加其对社保等民生方面的支出安排，健全社会保险基金预算制度。将部门预算制度改革覆盖到县级，将国库集中收付制度改革覆盖到各级政府及所属预算单位。推进政府会计改革，逐步建立政府财务报告制度。加快建立健全预算绩效管理制度。完善增值税制度，推进营业税改征增值税试点。健全消费税制度，促进节能减排和引导合理消费。进一步推进资源税改革，促进资源节约和环境保护。研究制定房产保有、交易环节税收改革方案，稳步推进房产税改革试点。推进城市维护建设税改革。深化环境保护税费改革。按照正税清费的原则，继续清理整合行政事业性收费和政府性基金。

（三）强化财政科学化精细化管理

加强财政法制建设，做好修改预算法、注册会计师法的相关工作，推进环境保护税法、资产评估法等法律以及国有资本经营预算条例等行政法规的立法工作。细化预算编制，进一步减少代编预算规模，提高预算年初到位率。强化基本支出管理，推动项目滚动预算编制，完善重大项目预算事前评审机制。切实加强预算支出执行管理，提高预算支出的及时性、均衡性、有效性和安全性。严格规范超收收入的使用管理。扩大预算支出绩效评价试点范围，原则上所有中央部门和省、市、县都要开展预算支出绩效评价试点。强化财政管理基础工作和基层建设。

切实加强地方政府性债务管理和风险防范。按照分类管理、区别对待、逐步化解的原则，继续妥善处理存量债务，落实偿债责任。进一步清理规范地方政府融资平台公司，坚决禁止各级政府以各种形式违规担保承诺。同时，把短期应对措施和长期制度建设结合起来，建立健全地方政府性债务管理制度。严格控制地方政府新增债务，建立地方政府债务规模管理和风险预警机制，把地方政府债务收支逐步分类纳入预算管理。

积极推进财政预决算公开，增强预算透明度。扩大部门预决算公开范围，细化部门预决算公开内容。做好“三公经费”、行政经费公开工作，推进基层财政专项支出公开。严格财政监督，深入开展中央重大决策落实情况和民生、“三农”等政策资金使用的监督检查，保障政策有效落实。

（四）狠抓增收节支

在落实完善结构性减税政策的基础上，依法加强收入征管，坚决制止和纠正越权减免税收，严厉打击偷骗税违法活动，努力实现应收尽收。切实保障各项重点支出，严格控制一般性支出和“三公经费”，严格控制各种论坛、研讨会、庆典等活动和楼堂馆所建设，切实降低行政成本。积极推动节约型机关建设。坚持勤俭办一切事业，严肃财经纪律，厉行节约，坚决反对大手大脚花钱和铺张浪费行为。

完成2012年预算意义重大。我们将在以胡锦涛同志为总书记的党中央领导下，高举中国特色社会主义伟大旗帜，坚持以邓小平理论和“三个代表”重要思想为指导，深入贯彻落实科学发展观，自觉接受全国人大的监督，虚心听取全国政协的意见和建议，开拓进取，扎实工作，确保预算圆满完成，为全面实现2012年经济社会发展目标做出积极贡献，以优异成绩迎接党的十八大胜利召开！

中华人民共和国
2011 年国民经济和社会发展统计公报[1]

中华人民共和国国家统计局
2012 年 2 月 22 日

2011 年，面对复杂严峻的国内外环境，全国各族人民在党中央、国务院的正确领导下，坚持以邓小平理论和“三个代表”重要思想为指导，坚持以科学发展为主题、以加快转变经济发展方式为主线，全面贯彻落实加强和改善宏观调控的各项政策措施，国民经济保持平稳较快发展，各项社会事业取得新的进步，实现了“十二五”时期良好开局。

一、综合

初步核算，全年国内生产总值[2]471564亿元，比上年增长 9.2%。其中，第一产业增加值 47712 亿元，增长 4.5%；第二产业增加值 220592 亿元，增长 10.6%；第三产业增加值 203260 亿元，增长 8.9%。第一产业增加值占国内生产总值的比重为 10.1%，第二产业增加值比重为 46.8%，第三产业增加值比重为 43.1%。

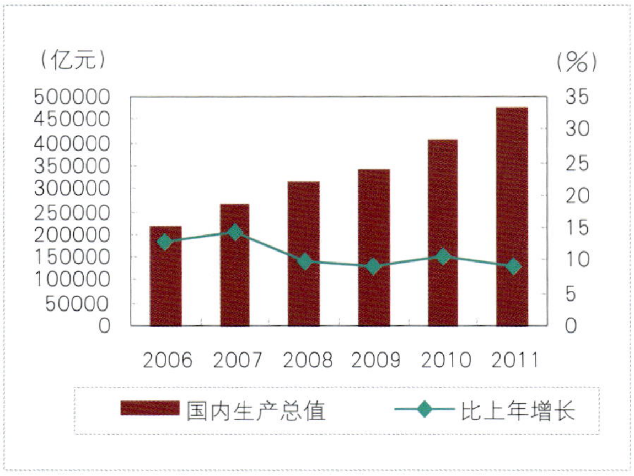

图 1　2006-2011 年国内生产总值及其增长速度

全年居民消费价格比上年上涨 5.4%，其中食品价格上涨 11.8%。固定资产投资价格上涨 6.6%。工业生产者出厂价格上涨 6.0%。工业生产者购进价格上涨 9.1%。农产品生产价格[3]上涨 16.5%。

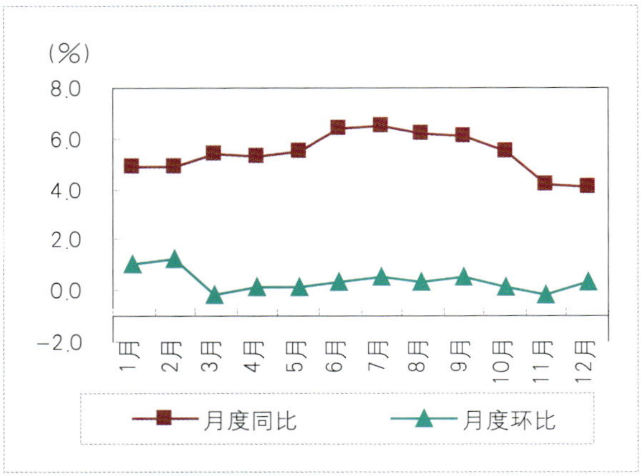

图 2　2011 年居民消费价格月度涨跌幅度

表 1　2011 年居民消费价格比上年涨跌幅度

单位：%

指　　标	全国	城市	农村
居民消费价格	5.4	5.3	5.8
其中：食　品	11.8	11.6	12.4
烟酒及用品	2.8	3.0	2.4
衣　着	2.1	2.2	1.9
家庭设备用品及维修服务	2.4	2.7	1.5
医疗保健和个人用品	3.4	3.4	3.3
交通和通信	0.5	0.2	1.3
娱乐教育文化用品及服务	0.4	0.3	0.8
居　住	5.3	5.1	5.7

70 个大中城市新建商品住宅销售价格月环比下降的城市个数逐步增加。12 月份，70 个大中城市中，环比价格下降的城市为 52 个，比 1 月份增加 49 个。

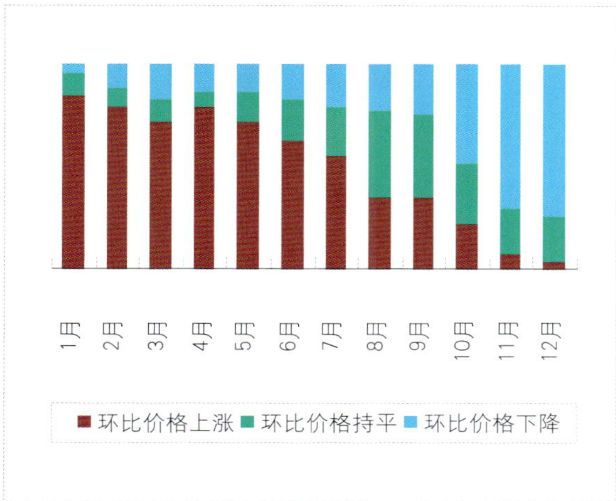

图 3　2011 年新建商品住宅月环比价格下降、持平、上涨城市个数变化情况

年末全国就业人员 76420 万人，其中城镇就业人员 35914 万人。全年城镇新增就业 1221 万人。年末城镇登记失业率为 4.1%，与上年末持平。全年农民工 [4] 总量为 25278 万人，比上年增长 4.4%。其中，外出农民工 15863 万人，增长 3.4%；本地农民工 9415 万人，增长 5.9%。

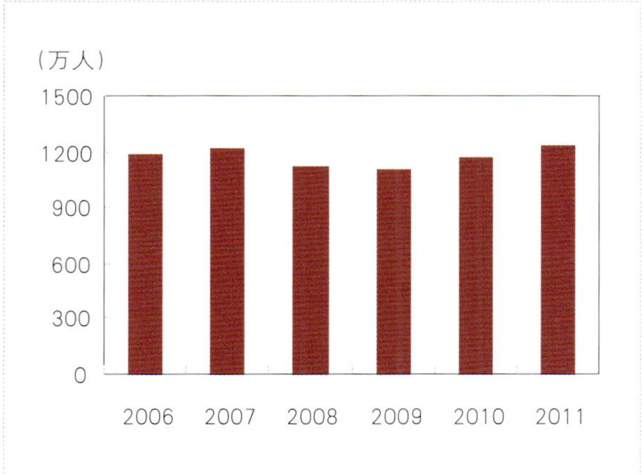

图 4　2006-2011 年城镇新增就业人数

年末国家外汇储备 31811 亿美元，比上年末增加 3338 亿美元。年末人民币汇率为 1 美元兑 6.3009 元人民币，比上年末升值 5.1%。

图 5　2006-2011 年年末国家外汇储备及其增长速度

全年公共财政收入 [5] 103740 亿元，比上年增加 20639 亿元，增长 24.8%；其中税收收入 89720 亿元，增加 16510 亿元，增长 22.6%。

图 6　2006-2011 年公共财政收入 [6] 及其增长速度

二、农业

全年粮食种植面积 11057 万公顷，比上年增加 70 万公顷；棉花种植面积 504 万公顷，增加 19 万公顷；油料种植面积 1379 万公顷，减少 10 万公顷；糖料种植面积 195 万公顷，增加 4 万公顷。

全年粮食产量 57121 万吨，比上年增加 2473 万吨，增产 4.5%。其中，夏粮产量 12627 万吨，增产 2.5%；早稻产量 3276 万吨，增产 4.5%；秋粮产量 41218 万吨，增产 5.1%。

图 7　2006-2011 年粮食产量及其增长速度

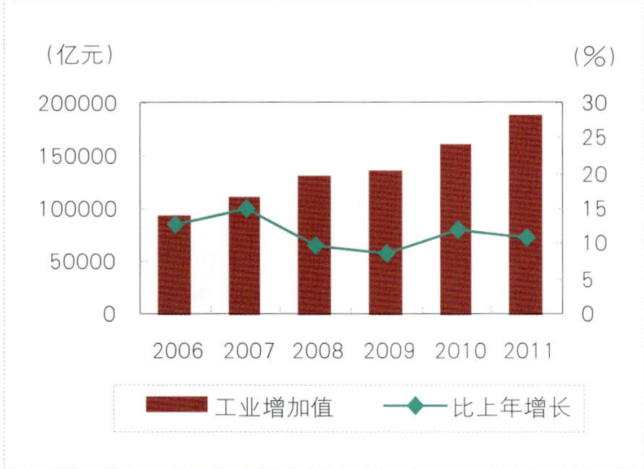

图 8　2006-2011 年全部工业增加值及其增长速度

全年棉花产量 660 万吨，比上年增产 10.7%。油料产量 3279 万吨，增产 1.5%。糖料产量 12520 万吨，增产 4.3%。烤烟产量 287 万吨，增产 5.1%。茶叶产量 162 万吨，增产 9.9%。

全年肉类总产量 7957 万吨，比上年增长 0.4%。其中，猪肉产量 5053 万吨，下降 0.4%；牛肉产量 648 万吨，下降 0.9%；羊肉产量 393 万吨，下降 1.4%。年末生猪存栏 46767 万头，增长 0.7%；生猪出栏 66170 万头，下降 0.8%。禽蛋产量 2811 万吨，增长 1.8%。牛奶产量 3656 万吨，增长 2.2%。

全年水产品产量 5600 万吨，比上年增长 4.2%。其中，养殖水产品产量 4026 万吨，增长 5.2%；捕捞水产品产量 1574 万吨，增长 1.9%。

全年木材产量 7272 万立方米，比上年下降 10.1%。

全年新增有效灌溉面积 181 万公顷，新增节水灌溉面积 221 万公顷。

三、工业和建筑业

全年全部工业增加值 188572 亿元，比上年增长 10.7%。规模以上工业增加值[7]增长 13.9%。在规模以上工业中，国有及国有控股企业增长 9.9%；集体企业增长 9.3%，股份制企业增长 15.8%，外商及港澳台商投资企业增长 10.4%；私营企业增长 19.5%。轻工业增长 13.0%，重工业增长 14.3%。

表 2　2011 年主要工业产品产量及其增长速度

产品名称	单　位	产　量	比上年增长(%)
纱	万吨	2900.0	6.7
布	亿米	837.0	4.6
化学纤维	万吨	3390.0	9.7
成品糖	万吨	1187.4	6.2
卷　烟	亿支	24474.0	3.0
彩色电视机	万台	12231.4	3.4
其中：液晶电视机	万台	10298.5	15.2
家用电冰箱	万台	8699.2	19.2
房间空气调节器	万台	13912.5	27.8
一次能源生产总量	亿吨标准煤	31.8	7.0
原　煤	亿吨	35.2	8.7
原　油	亿吨	2.04	0.3
天然气	亿立方米	1030.6	8.7
发电量	亿千瓦小时	47000.7	11.7
其中：火电	亿千瓦小时	38253.2	14.8
水电	亿千瓦小时	6940.4	-3.9
核电	亿千瓦小时	863.5	16.9
粗　钢	万吨	68388.3	7.3
钢　材[8]	万吨	88258.2	9.9
十种有色金属	万吨	3434.0	10.0
其中：精炼铜（电解铜）	万吨	517.9	12.9
原铝（电解铝）	万吨	1767.7	12.1
氧化铝	万吨	3417.2	18.1
水　泥	亿吨	20.9	10.8
硫　酸	万吨	7466.4	5.3
纯　碱	万吨	2308.2	13.4
烧　碱	万吨	2466.2	10.7
乙　烯	万吨	1527.5	7.5
化　肥（折 100%）	万吨	6217.2	-1.9
发电机组（发电设备）	万千瓦	14410.4	11.9
汽　车	万辆	1841.6	0.8
其中：基本型乘用车（轿车）	万辆	1012.7	5.8
大中型拖拉机	万台	40.2	19.3
集成电路	亿块	719.6	10.3
程控交换机	万线	3034.0	-3.3

全年规模以上工业中，农副食品加工业增加值比上年增长14.1%，纺织业增长8.3%，通用设备制造业增长17.4%，专用设备制造业增长19.8%，交通运输设备制造业增长12.0%，通信设备、计算机及其他电子设备制造业增长15.9%，电气机械及器材制造业增长14.5%。六大高耗能行业[8]增加值比上年增长12.3%，其中，非金属矿物制品业增长18.4%，化学原料及化学制品制造业增长14.7%，有色金属冶炼及压延加工业增长13.6%，黑色金属冶炼及压延加工业增长9.7%，电力、热力的生产和供应业增长10.1%，石油加工、炼焦及核燃料加工业增长7.6%。高技术制造业增加值比上年增长16.5%。

全年规模以上工业企业实现利润54544亿元，比上年增长25.4%。

表3 2011年规模以上工业企业实现利润及其增长速度

单位：亿元

指　　标	利润总额	比上年增长(%)
规模以上工业	54544	25.4
其中：国有及国有控股企业	14989	15.0
其中：集体企业	882	34.0
股份制企业	31651	31.2
外商及港澳台商投资企业	14038	10.6
其中：私营企业	16620	46.0

全年全社会建筑业增加值32020亿元，比上年增长10.0%。全国具有资质等级的总承包和专业承包建筑业企业实现利润4241亿元，增长24.4%，其中国有及国有控股企业1172亿元，增长36.0%。

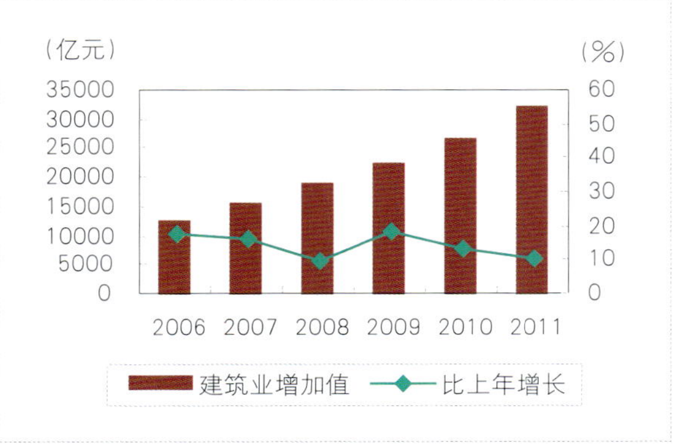

图9 2006-2011年建筑业增加值及其增长速度

四、固定资产投资

全年全社会固定资产投资[10]311022亿元，比上年增长23.6%，扣除价格因素，实际增长15.9%。其中，固定资产投资（不含农户）301933亿元，增长23.8%；农户投资9089亿元，增长15.3%。东部地区投资[11]130319亿元，比上年增长20.1%；中部地区投资70783亿元，

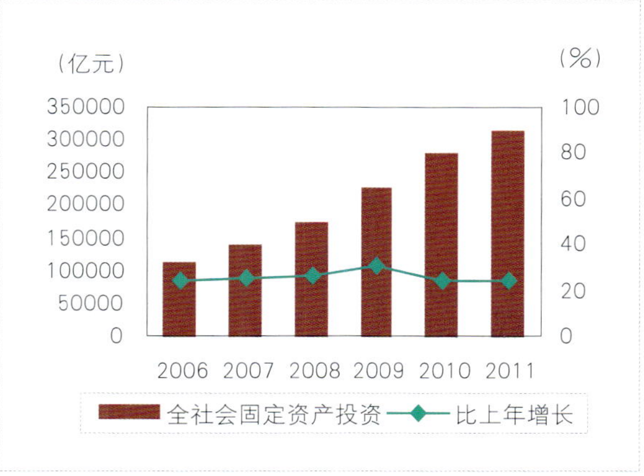

图10 2006-2011年全社会固定资产投资及其增长速度

表4 2011年分行业固定资产投资（不含农户）及其增长速度

单位：亿元

行　　业	投资额	比上年增长(%)
总　　计	301933	23.8
农、林、牧、渔业	6792	25.0
采矿业	11810	21.4
其中：煤炭开采及洗选业	4897	25.9
石油和天然气开采业	3057	12.5
制造业	102594	31.8
其中：农副食品加工业	5229	44.1
食品制造业	2386	23.1
纺织业	3669	30.9
纺织服装、鞋、帽制造业	2267	43.0
石油加工、炼焦及核燃料加工业	2234	10.1
化学原料及化学制品制造业	8899	26.4
非金属矿物制品业	10448	31.8
黑色金属冶炼及压延加工业	3860	14.6
有色金属冶炼及压延加工业	3861	36.4
金属制品业	5045	23.1
通用设备制造业	7702	30.6
专用设备制造业	5893	39.2
交通运输设备制造业	8406	27.2
电气机械及器材制造业	7851	44.6
通信设备、计算机及其他电子设备制造业	5266	34.2
电力、燃气及水的生产和供应业	14607	3.8
其中：电力、热力的生产与供应业	11557	1.8
建筑业	3253	42.9
交通运输、仓储和邮政业	27260	1.8
信息传输、计算机服务和软件业	2161	0.4
批发和零售业	7322	40.1
住宿和餐饮业	3916	34.3
金融业	628	42.0
房地产业[12]	75685	29.7
租赁和商务服务业	3374	40.3
科学研究、技术服务和地质勘查业	1650	39.4
水利、环境和公共设施管理业	24537	14.2
居民服务和其他服务业	1217	52.9
教育	3882	13.7
卫生、社会保障和社会福利业	2331	28.1
文化、体育和娱乐业	3148	21.3
公共管理和社会组织	5766	18.1

增长 27.5%；西部地区投资 71849 亿元，增长 28.7%；东北地区投资 32687 亿元，增长 30.4%。

在固定资产投资（不含农户）中，第一产业投资 6792 亿元，比上年增长 25.0%；第二产业投资 132263 亿元，增长 27.3%；第三产业投资 162877 亿元，增长 21.1%。

表 5　2011 年固定资产投资新增主要生产能力

指　　标	单　位	绝对数
新增发电机组容量	万千瓦	9041
新增 220 千伏及以上变电设备	万千伏安	20906
新建铁路投产里程	公里	2167
其中：高速铁路[13]	公里	1421
增建铁路复线投产里程	公里	1889
电气化铁路投产里程	公里	3398
新建公路	公里	55285
其中：高速公路	公里	9124
港口万吨级码头泊位新增吞吐能力	万吨	26639
新增光缆线路长度	万公里	209
新增数字蜂窝移动电话交换机容量	万户	20406

全年房地产开发投资 61740 亿元，比上年增长 27.9%。其中，住宅投资 44308 亿元，增长 30.2%；办公楼投资 2544 亿元，增长 40.7%；商业营业用房投资 7370 亿元，增长 30.5%。

表 6　2011 年房地产开发和销售主要指标完成情况及其增长速度

指　　标	单 位	绝对数	比上年增长(%)
投资额	亿元	61740	27.9
其中：住宅	亿元	44308	30.2
其中：90平方米及以下	亿元	13637	28.0
房屋施工面积	万平方米	507959	25.3
其中：住宅	万平方米	388439	23.4
房屋新开工面积	万平方米	190083	16.2
其中：住宅	万平方米	146035	12.9
房屋竣工面积	万平方米	89244	13.3
其中：住宅	万平方米	71692	13.0
商品房销售面积	万平方米	109946	4.9
其中：住宅	万平方米	97030	3.9
本年资金来源	亿元	83246	14.1
其中：国内贷款	亿元	12564	0.0
其中：个人按揭贷款	亿元	8360	-12.2
本年购置土地面积	万平方米	40973	2.6
土地成交价款	亿元	8049	-1.9

全年新开工建设城镇保障性安居工程住房 1043 万套（户），基本建成城镇保障性安居工程住房 432 万套。

图 11　2006-2011 年社会消费品零售总额及其增长速度

五、国内贸易

全年社会消费品零售总额 183919 亿元，比上年增长 17.1%，扣除价格因素，实际增长 11.6%。按经营地统计[14]，城镇消费品零售额 159552 亿元，增长 17.2%；乡村消费品零售额 24367 亿元，增长 16.7%。按消费形态统计，商品零售额 163284 亿元，增长 17.2%；餐饮收入额 20635 亿元，增长 16.9%。

在限额以上企业商品零售额中，汽车类零售额比上年增长 14.6%，粮油类增长 29.1%，肉禽蛋类增长 27.6%，服装类增长 25.1%，日用品类增长 24.1%，文化办公用品类增长 27.6%，通讯器材类增长 27.5%，化妆品类增长 18.7%，金银珠宝类增长 42.1%，中西药品类增长 21.5%，家用电器和音像器材类增长 21.6%，家具类增长 32.8%，建筑及装潢材料类增长 30.1%。

六、对外经济

全年货物进出口总额 36421 亿美元，比上年增长 22.5%。其中，出口 18986 亿美元，增长 20.3%；进口 17435 亿美元，增长 24.9%。进出口差额（出口减进口）1551 亿美元，比上年减少 264 亿美元。

表 7 2011 年货物进出口总额及其增长速度

单位：亿美元

指标	绝对数	比上年增长(%)
货物进出口总额	36421	22.5
货物出口额	18986	20.3
其中：一般贸易	9171	27.3
加工贸易	8354	12.9
其中：机电产品	10856	16.3
高新技术产品	5488	11.5
其中：国有企业	2672	14.1
外商投资企业	9953	15.4
其他企业	6360	32.2
货物进口额	17435	24.9
其中：一般贸易	10075	31.0
加工贸易	4698	12.5
其中：机电产品	7533	14.1
高新技术产品	4630	12.2
其中：国有企业	4934	27.1
外商投资企业	8648	17.1
其他企业	3852	42.9
进出口差额（出口减进口）	1551	—

表 8 2011 年主要商品出口数量、金额及其增长速度

商品名称	单位	数量	比上年增长(%)	金额（亿美元）	比上年增长(%)
煤	万吨	1466	−23.0	27	20.6
钢材	万吨	4888	14.9	513	39.2
纺织纱线、织物及制品	——	—	—	947	22.9
服装及衣着附件	——	—	—	1532	18.3
鞋类	——	—	—	417	17.1
家具及其零件	——	—	—	379	15.0
自动数据处理设备及其部件	万台	183427	10.1	1763	7.5
手持或车载无线电话	万台	87509	15.5	628	34.3
集装箱	万个	324	29.6	114	57.7
液晶显示板	万个	244141	8.5	295	11.5
汽车（包括整套散件）	万辆	82	52.2	99	60.5

表 9 2011 年主要商品进口数量、金额及其增长速度

商品名称	数量（万吨）	比上年增长(%)	金额（亿美元）	比上年增长(%)
谷物及谷物粉	545	− 4.6	20	33.8
大豆	5264	− 3.9	298	18.9
食用植物油	657	− 4.4	77	28.0
铁矿砂及其精矿	68608	10.9	1124	40.9
氧化铝	188	− 56.4	8	− 48.1
煤	18240	10.8	209	23.6
原油	25378	6.0	1967	45.3
成品油	4060	10.1	327	45.5
初级形状的塑料	2304	− 3.7	472	8.3
纸浆	1445	27.1	119	35.3
钢材	1558	− 5.2	216	7.3
未锻造的铜及铜材	407	− 5.1	368	12.0

表 10 2011 年对主要国家和地区货物进出口额及其增长速度

单位：亿美元

国家和地区	出口额	比上年增长(%)	进口额	比上年增长(%)
欧盟	3560	14.4	2112	25.4
美国	3245	14.5	1222	19.6
中国香港	2680	22.8	155	26.4
东盟	1701	23.1	1928	24.6
日本	1483	22.5	1946	10.1
韩国	829	20.6	1627	17.6
印度	505	23.5	234	12.1
俄罗斯	389	31.4	403	55.6
中国台湾	351	18.3	1249	7.9

全年非金融领域新批外商直接投资企业 27712 家，比上年增长 1.1%。实际使用外商直接投资金额 1160 亿美元，增长 9.7%。

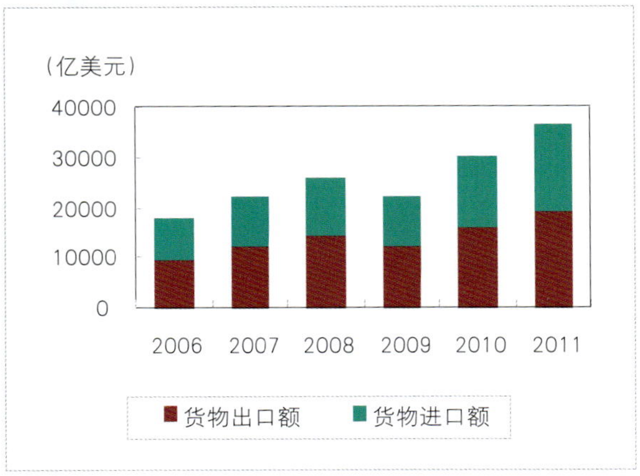

图 12　2006-2011 年货物进出口总额

表 11　2011 年非金融领域外商直接投资及其增长速度

行　业	企业数（家）	比上年增长(%)	实际使用金额（亿美元）	比上年增长(%)
总　计	27712	1.1	1160.1	9.7
其中：农、林、牧、渔业	865	-6.9	20.1	5.1
制造业	11114	0.6	521.0	5.1
电力、燃气及水的生产和供应业	214	1.9	21.2	-0.3
交通运输、仓储和邮政业	413	4.3	31.9	42.2
信息传输、计算机服务和软件业	993	-5.1	27.0	8.5
批发和零售业	7259	7.0	84.2	27.7
房地产业	466	-32.4	268.8	12.1
租赁和商务服务业	3518	2.9	83.8	17.6
居民服务和其他服务业	212	-2.3	18.8	-8.2

全年非金融类对外直接投资额 601 亿美元，比上年增长 1.8%。

全年对外承包工程业务完成营业额 1034 亿美元，比上年增长 12.2%；对外劳务合作派出各类劳务人员 45.2 万人，增加 4.1 万人。

七、交通、邮电和旅游

全年货物运输总量 369 亿吨，比上年增长 13.7%。货物运输周转量 159014 亿吨公里，增长 12.1%。

表 12　2011 年各种运输方式完成货物运输量及其增长速度

指　标	单　位	绝对数	比上年增长(%)
货物运输总量	亿　吨	368.5	13.7
铁路	亿　吨	39.3	8.0
公路	亿　吨	281.3	14.9
水运	亿　吨	42.3	11.7
民航	万　吨	552.8	-1.8
管道	亿　吨	5.4	9.0
货物运输周转量	亿吨公里	159014.1	12.1
铁路	亿吨公里	29465.8	6.6
公路	亿吨公里	51333.2	18.3
水运	亿吨公里	75196.2	9.9
民航	亿吨公里	171.7	-4.0
管道	亿吨公里	2847.2	29.6

表 13　2011 年各种运输方式完成旅客运输量及其增长速度

指　标	单　位	绝对数	比上年增长(%)
旅客运输总量	亿　人	351.8	7.6
铁路	亿　人	18.6	11.1
公路	亿　人	327.9	7.4
水运	亿　人	2.4	8.6
民航	亿　人	2.9	9.2
旅客运输周转量	亿人公里	30935.8	10.9
铁路	亿人公里	9612.3	9.7
公路	亿人公里	16732.6	11.4
水运	亿人公里	74.2	2.6
民航	亿人公里	4516.7	11.8

全年规模以上港口完成货物吞吐量 90.7 亿吨，比上年增长 11.9%，其中外贸货物吞吐量 27.5 亿吨，增长 10.8%。规模以上港口集装箱吞吐量 16231 万标准箱，增长 11.4%。

年末全国民用汽车保有量达到 10578 万辆（包括三轮汽车和低速货车 1228 万辆），比上年末增长16.4%，其中私人汽车保有量7872万辆，增长20.4%。民用轿车保有量4962万辆，增长23.2%，其中私人轿车4322万辆，增长25.5%。

全年完成邮电业务总量[15]13379亿元，比上年增长16.5%。其中，邮政业务总量1608亿元，增长25.0%；电信业务总量11772亿元，增长15.5%。全年局用交换机容量减少3070万门，总容量43467万门；新增移动电话交换机容量[16]20406万户，达到170691万户。年末固定电话用户28512万户。其中，城市电话用户19110万户，农村电话用户9402万户。新增移动电话用户12725万户，年末达到98625万户，其中3G移动电话用户[17]12842万户。年末全国固定及移动电话用户总数达到127137万户，比上年末增加11802万户。电话普及率达到94.9部/百人。互联网上网人数5.13亿人，互联网普及率达到38.3%。

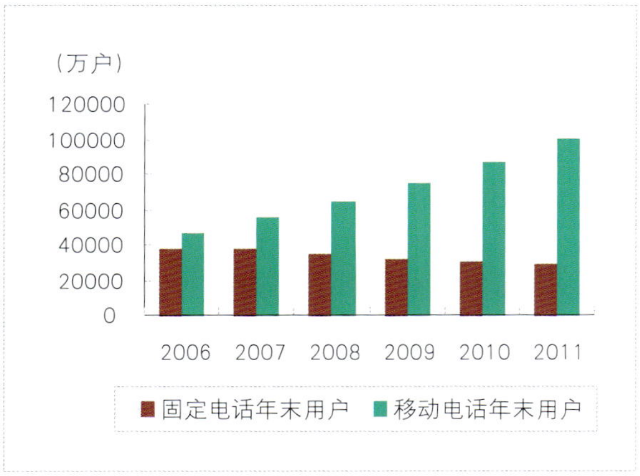

图13　2006－2011年年末电话用户数

全年国内出游人数26.4亿人次，比上年增长13.2%；国内旅游收入19306亿元，增长23.6%。入境旅游人数13542万人次，增长1.2%。其中，外国人2711万人次，增长3.8%；香港、澳门和台湾同胞10831万人次，增长0.6%。在入境旅游者中，过夜旅游者5758万人次，增长3.4%。国际旅游外汇收入485亿美元，增长5.8%。国内居民出境人数7025万人次，增长22.4%。其中因私出境6412万人次，增长24.5%，占出境人数的91.3%。

八、金融

年末广义货币供应量（M_2）余额为85.2万亿元，比上年末增长13.6%；狭义货币供应量（M_1）余额为29.0万亿元，增长7.9%；流通中现金（M_0）余额为5.1万亿元，增长13.8%。

年末全部金融机构本外币各项存款余额82.7万亿元，比年初增加9.9万亿元，其中人民币各项存款余额80.9万亿元，增加9.6万亿元。全部金融机构本外币各项贷款余额58.2万亿元，增加7.9万亿元，其中人民币各项贷款余额54.8万亿元，增加7.5万亿元。

表14　2011年年末全部金融机构本外币存贷款余额及其增长速度

单位：亿元

指　　标	年末数	比上年末增长(%)
各项存款余额	826701	13.5
其中：住户存款	351957	15.5
其中：人民币	348046	15.7
非金融企业存款	313981	9.5
各项贷款余额	581893	15.9
其中：境内短期贷款	217480	21.8
境内中长期贷款	333747	11.8

全年农村金融合作机构（农村信用社、农村合作银行、农村商业银行）人民币贷款余额66778亿元，比年初增加10012亿元。全部金融机构人民币消费贷款余额88717亿元，增加14803亿元。其中，个人短期消费贷款余额13555亿元，增加3965亿元；个人中长期消费贷款余额75162亿元，增加10838亿元。

全年上市公司通过境内市场累计筹资6780亿元，比上年减少3495亿元。其中，首次公开发行A股282只，筹资2825亿元，减少2058亿元；A股再筹资（包括配股、公开增发、非公开增发、认股权证）筹资2248亿元，减少1824亿元；上市公司通过发行可转债、可分离债、公司债筹资1707亿元，增加387亿元。全年公开发行创业板股票128只，筹资791亿元。

全年发行非上市公司企业（公司）债券3485

亿元，比上年减少142亿元。企业发行短期融资券8029亿元，增加1287亿元；中期票据7270亿元，增加2346亿元。

全年保险公司原保险保费收入[18]14339亿元，比上年增长[19]10.5%，其中寿险业务原保险保费收入8696亿元；健康险和意外伤害险业务原保险保费收入1025亿元；财产险业务原保险保费收入4618亿元。支付各类赔款及给付3929亿元，其中寿险业务给付1301亿元；健康险和意外伤害险赔款及给付441亿元；财产险业务赔款2187亿元。

九、教育、科学技术和文化

全年研究生教育招生56.0万人，在学研究生164.6万人，毕业生43.0万人。普通高等教育本专科招生681.5万人，在校生2308.5万人，毕业生608.2万人。各类中等职业教育招生808.9万人，在校生2196.6万人，毕业生662.7万人。全国普通高中招生850.8万人，在校生2454.8万人，毕业生787.7万人。全国初中招生1634.7万人，在校生5066.8万人，毕业生1736.7万人。普通小学招生1736.8万人，在校生9926.4万人，毕业生1662.8万人。特殊教育招生6.4万人，在校生39.9万人，毕业生4.4万人。幼儿园在园幼儿3424.4万人。

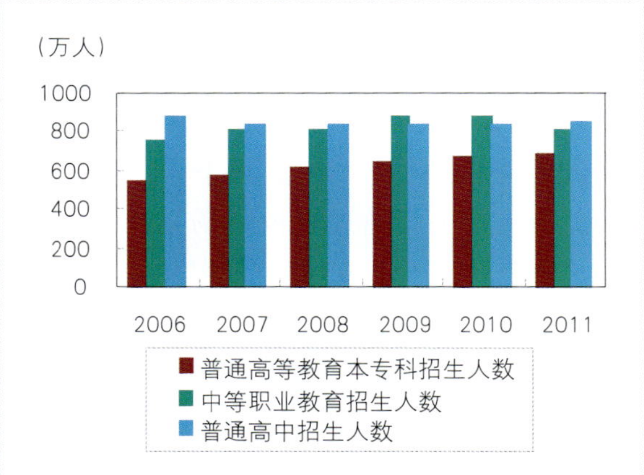

图14　2006－2011年普通高等教育、中等职业教育及普通高中招生人数

全年研究与试验发展（R&D）经费支出8610亿元，比上年增长21.9%，占国内生产总值的1.83%，其中基础研究经费396亿元。全年国家安排了952项科技支撑计划课题，524项“863”计划课题。累计建设国家工程研究中心130个，国家工程实验室119个。累计建设国家地方联合工程研究中心101个，国家地方联合工程实验室116个。国家认定企业技术中心达到793家。省级企业技术中心达到6824家。实施新兴产业创投计划，累计支持设立61家创业投资企业，投资创业企业108家。全年受理境内外专利申请163.3万件，其中境内申请147.9万件，占90.5%。受理境内外发明专利申请52.6万件，其中境内申请40.4万件，占76.7%。全年授予专利权96.1万件，其中境内授权86.4万件，占89.9%。授予发明专利权17.2万件，其中境内授权10.6万件，占61.5%。截至年底，有效专利274.0万件，其中境内有效专利220.2万件，占80.4%；有效发明专利69.7万件，其中境内有效发明专利31.8万件，占45.7%。全年共签订技术合同25.6万项，技术合同成交金额4763.6亿元，比上年增长21.9%。全年成功发射卫星19次。天宫一号目标飞行器和神舟八号飞船成功发射并实现空中交会对接。载人深潜器“蛟龙”号成功完成5000米海试。

年末全国共有产品检测实验室25669个，其中国家检测中心476个。全国现有产品质量、体系认证机构174个，已累计完成对83549个企业的产品认证。全国共有法定计量技术机构3740个，全年强制检定计量器具6179万台（件）。全年制定、修订国家标准1993项，其中新制定1559项。全年中央气象台和省级气象台共发布气象预警信号4034次，警报4337次。全国共有地震台站1480个，地震监测台网32个。全国共有海洋观测站74个。测绘地理信息部门公开出版地图2103种。

年末全国文化系统共有艺术表演团体2481个，博物馆2571个，全国共有公共图书馆2925个，文化馆3276个。广播电台197座，电视台213座，广播电视台2153座，教育电视台44个。有线电视用户 20152 万户，有线数字电视用户 11455 万户。年末广播节目综合人口覆盖率为 97.1%；电视节目综合人口覆盖率为 97.8%。全年生产电视剧 469 部 14939 集，动画电视 261444 分钟。全年生产故事影片 558 部，科教、纪录、动画和特种影片 [20]131 部。出版各类报纸 467 亿份，各类期刊 33 亿册，图书 77 亿册（张）。年末全国共有档案馆 4107 个，已开放各类档案 10376 万卷（件）。

全年运动员在 24 个大项中获得 138 个世界冠军，共有 4 人 1 队 8 次创 8 项世界纪录。

十、卫生和社会服务

年末全国共有医疗卫生机构 953432 个，其中医院 21638 个，乡镇卫生院 37374 个，社区卫生服务中心（站）32812 个，诊所（卫生所、医务室）177754 个，村卫生室 659596 个，疾病预防控制中心 3499 个，卫生监督所（中心）3005 个。卫生技术人员 620 万人，其中执业医师和执业助理医师 251 万人，注册护士 224 万人。医疗卫生机构床位 515 万张，其中医院 368 万张，乡镇卫生院 103 万张。全年甲、乙类法定报告传染病发病人数 323.8 万例，报告死亡 15264 人；报告传染病发病率 241.44/10 万，死亡率 1.14/10 万。

年末全国共有各类提供住宿的社会服务机构 [21]4.5 万个，床位 367.2 万张，收养救助各类人员 279.6 万人。其中，农村养老服务机构 3.2 万个，床位 232.6 万张，收养各类人员 182.8 万人。各类社区服务设施 14.8 万个，其中，社区服务中心 1.4 万个，社区服务站 4.9 万个。年末 2276.8 万城市居民得到政府最低生活保障，比上年末减少 33.7 万人；5313.5 万农村居民得到政府最低生活保障，增加 99.5 万人；552.0 万农村居民得到政府五保救济 [22]，减少 4.3 万人。全年救助城市医疗困难群众 711.4 万人次，救助农村医疗困难群众 1558.1 万人次；资助 1276.5 万城镇困难群众参加城镇医疗保险，资助 4544.3 万农村困难群众参加新型农村合作医疗。

十一、人口、人民生活和社会保障

年末全国大陆总人口为 134735 万人，比上年末增加 644 万人，其中城镇人口为 69079 万人，占总人口比重首次超过 50%，达到 51.3%。全年出生人口 1604 万人，出生率为 11.93‰；死亡人口 960 万人，死亡率为 7.14‰；自然增长率为 4.79‰。出生人口性别比为 117.78。全国人户分离的人口 [23] 为 2.71 亿人，其中流动人口 [24] 为 2.30 亿人。

表 15　2011 年年末人口数及其构成

指　标	年末数	比重 (%)
全国总人口	134735	100.0
其中：城镇	69079	51.3
乡村	65656	48.7
其中：男性	69068	51.3
女性	65667	48.7
其中：0–14 岁	22164	16.5
15–59 岁	94072	69.8
60 岁及以上	18499	13.7
其中：65 岁及以上	12288	9.1

全年农村居民人均纯收入 6977 元，比上年增长 17.9%，扣除价格因素，实际增长 11.4%；农村居民人均纯收入中位数 [25] 为 6194 元，增长 19.1%。城镇居民人均可支配收入 21810 元，比上年增长 14.1%，扣除价格因素，实际增长 8.4%；城镇居民人均可支配收入中位数为 19118 元，增长 13.5%。农村居民食品消费支出占消费总支出的比重为 40.4%，城镇为 36.3%。

图 15　2006-2011 年农村居民人均纯收入及其实际增长速度

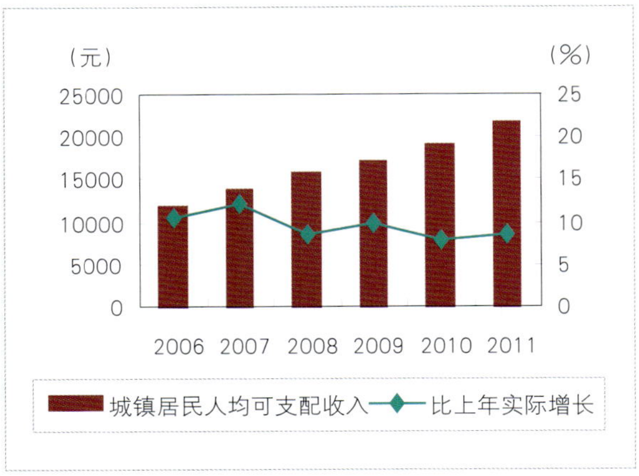

图 16　2006-2011 年城镇居民人均可支配收入及其实际增长速度

年末全国参加城镇职工基本养老保险人数 28392 万人，比上年末增加 2685 万人。其中，参保职工 21574 万人，参保离退休人员 6819 万人。参加城镇基本医疗保险的人数 47291 万人，增加 4028 万人。其中，参加城镇职工基本医疗保险[26]人数 25226 万人，参加城镇居民基本医疗保险人数 22066 万人。参加城镇基本医疗保险的农民工 4641 万人，增加 58 万人。参加失业保险的人数 14317 万人，增加 941 万人。参加工伤保险的人数 17689 万人，增加 1528 万人，其中参加工伤保险的农民工 6837 万人，增加 537 万人。参加生育保险的人数 13880 万人，增加 1544 万人。截至 9 月底，2646 个县（市、区）开展了新型农村合作医疗工作，新型农村合作医疗参合率 97.5%；新型农村合作医疗基金支出总额为 1114 亿元，受益 8.4 亿人次。全国列入国家新型农村社会养老保险试点地区参保人数 32643 万人。年末全国领取失业保险金人数为 197 万人。2011 年，国家将农村扶贫标准提高到年人均纯收入 2300 元（2010 年不变价），按照新标准，年末农村扶贫对象为 12238 万人。

十二、资源、环境和安全生产

全年全国国有建设用地供应总量[27]58.8 万公顷，比上年增长 37.2%。其中，工矿仓储用地 19.3 万公顷，增长 26.2%；房地产用地[28]16.7 万公顷，增长 9.2%；基础设施等其他用地 22.8 万公顷，增长 86.1%。

全年水资源总量 24022 亿立方米。全年平均降水量 567 毫米。年末全国 422 座大型水库蓄水总量 1956 亿立方米，比上年末少蓄水 69 亿立方米。全年总用水量 6080 亿立方米，比上年增长 1.0%。其中，生活用水增长 2.5%，工业用水增长 0.9%，农业用水增长 0.8%，生态补水下降 4.0%。万元国内生产总值用水量[29]139 立方米，比上年下降 7.3%。万元工业增加值用水量 82 立方米，下降 8.9%。人均用水量 452 立方米，增长 0.4%。

全年完成造林面积 614 万公顷，其中人工造林 414 万公顷。林业重点工程完成造林面积 311 万公顷，占全部造林面积的 50.7%。截至年底，自然保护区达到 2640 个，其中国家级自然保护区 335 个。新增水土流失治理面积 3.9 万平方公里，新增实施水土流失地区封育保护面积 2.8 万平方公里。截至年底，已确权集体林地面积为 17333 万公顷，其中发放林权证的面积为 15100 万公顷。

全年平均气温为 9.3℃，共有 7 个台风登陆。

初步核算，全年能源消费总量 34.8 亿吨标准煤，比上年增长 7.0%。煤炭消费量增长 9.7%；原油消费量增长 2.7%；天然气消费量增长 12.0%；电力消费量增长 11.7%。全国万元国内生产总值能耗下降 2.01%。主要原材料消费[30]中，钢材消费量 8.4 亿吨，增长 9.0%；精炼铜消费量 786 万吨，增长 5.2%；电解铝消费量 1724 万吨，增长 12.1%；乙烯消费量 1528 万吨，增长 7.5%；水泥消费量 20.7 亿吨，增长 11.2%。

七大水系的 398 个水质监测断面中，Ⅰ～Ⅲ类水质断面比例占 56.3%，比上年提高 0.3 个百分点；劣Ⅴ类水质断面比例占 15.3%，下降 2.0 个百分点。七大水系水质总体上保持稳定。

近岸海域 301 个海水水质监测点中，达到国家一、二类海水水质标准的监测点占 62.8%，三类海水占 12.0%，四类、劣四类海水占 25.2%。

在监测的 330 个城市中，有 293 个城市空气质量达到二级以上（含二级）标准，占监测城市数的 88.8%；有 33 个城市为三级，占 10.0%；有

4个城市为劣三级，占1.2%。在监测的316个城市中，城市区域声环境质量好的城市占5.1%，较好的占72.8%，轻度污染的占21.5%，中度污染的占0.6%。

年末城市污水处理厂日处理能力达11255万立方米，比上年末增长7.8%；城市污水处理率达到82.6%，提高0.3个百分点。集中供热面积45.6亿平方米，增长4.6%。建成区绿地率达到34.7%，提高0.2个百分点。

全年各类自然灾害造成直接经济损失3096亿元，比上年下降42.0%。全年农作物受灾面积3247万公顷，下降13.2%，其中绝收289万公顷，下降40.5%。全年因洪涝、滑坡和泥石流灾害造成直接经济损失1260亿元，下降64.0%。全年因旱灾造成直接经济损失928亿元，增长22.6%。全年因低温冷冻和雪灾造成直接经济损失290亿元，下降8.9%。全年因海洋灾害造成直接经济损失60.5亿元，下降54.4%。全年累计发生赤潮面积1145平方公里，下降89.5%。全年大陆地区共发生5级以上地震17次，成灾15次，造成直接经济损失60.1亿元。全年共发生森林火灾5550起，下降28.1%。

全年各类生产安全事故共死亡75572人，比上年下降5.0%。亿元国内生产总值生产安全事故死亡人数为0.173人，下降13.9%；工矿商贸企业就业人员10万人生产安全事故死亡人数为1.88人，下降11.7%；道路交通万车死亡人数为2.8人，下降12.5%；煤矿百万吨死亡人数为0.564人，下降24.7%。

注释：

[1] 本公报中数据均为初步统计数。各项统计数据均未包括香港特别行政区、澳门特别行政区和台湾省。部分数据因四舍五入的原因，存在着与分项合计不等的情况。

[2] 国内生产总值、各产业增加值绝对数按现价计算，增长速度按不变价格计算。

[3] 农产品生产价格是指农产品生产者直接出售其产品时的价格。

[4] 年度农民工数量包括年内在本乡镇以外从业6个月以上的外出农民工和在本乡镇内从事非农产业6个月以上的本地农民工两部分。

[5] 公共财政收入是指政府凭借国家政治权力，以社会管理者身份筹集以税收为主体的财政收入，与以往年份财政收入指标口径一致。

[6] 图中2006年至2010年数据为公共财政收入决算数，2011年为执行数。

[7] 从2011年开始，纳入规模以上工业统计范围的工业企业起点标准从年主营业务收入500万元提高到2000万元。

[8] 六大高耗能行业分别为：化学原料及化学制品制造业、非金属矿物制品业、黑色金属冶炼及压延加工业、有色金属冶炼及压延加工业、石油加工炼焦及核燃料加工业、电力热力的生产和供应业。

[9] 钢材产量及消费量数据中均含部分使用钢材加工成其他钢材的重复计算因素。

[10] 从2011年开始，固定资产投资统计的起点标准从计划总投资50万元提高到500万元，因此2011年全社会固定资产投资绝对数与2010年不可比，但比上年增速是按可比口径计算的。与此同时，月度投资统计制度将统计范围从城镇扩大到城镇和农村企事业组织，并定义为“固定资产投资（不含农户）”。

[11] 固定资产投资按东部、中部、西部和东北地区计算的合计数据小于全国数据，是因为有部分跨地区的投资未计算在地区数据中。其中，东部地区是指北京、天津、河北、上海、江苏、浙江、福建、山东、广东和海南10省市；中部地区是指山西、安徽、江西、河南、湖北和湖南6省；西部地区是指内蒙古、广西、重庆、四川、贵州、云南、西藏、陕西、甘肃、青海、宁夏和新疆12省（区、市）；东北地区是指辽宁、吉林和黑龙江3省。

[12] 房地产业投资除房地产开发投资外，还包括建设单位自建房屋以及物业管理、中介服务和其他房地产投资。

[13] 高速铁路是指最高营运速度达到200公

里/小时及以上的铁路。

[14] 从 2010 年起，社会消费品零售总额统计采用新的分组，即将经营单位所在地分组由“市”、“县”、“县以下”改为“城镇”、“乡村”；取消按行业分组，新设按“商品零售额”和“餐饮收入额”两种消费形态的分组。

[15] 邮电业务总量按 2010 年不变价格计算，2001 年至 2010 年按照 2000 年不变价格计算，因此 2011 年邮电业务总量绝对数与 2010 年不可比，但比上年增速是按可比口径计算的。

[16] 移动电话交换机容量是指移动电话交换机根据一定话务模型和交换机处理能力计算出来的最大同时服务用户的数量。

[17]3G 是指第三代蜂窝移动通信系统（3rd-generation，简称 3G），3G 移动电话用户是指报告期末在计费系统拥有使用信息、占用 3G 网络资源的在网用户。

[18] 原保险保费收入是指保险企业确认的原保险合同保费收入。

[19] 原保险保费收入同比增速是按照行业 2011 年全面实施《企业会计准则解释第 2 号》后的口径测算。

[20] 特种影片是指那些采用与常规影院放映在技术、设备、节目方面不同的电影展示方式，如巨幕电影、立体电影、立体特效（4D）电影、动感电影、球幕电影等。

[21] 提供住宿的社会服务机构除收养性机构外，还包括救助类机构、社区类机构以及军休所、军供站等机构。

[22] 农村五保救济是指老年、残疾和未满 16 周岁的村民，无劳动能力、无生活来源又无法定赡养、抚养、扶养义务人，或者其法定赡养、抚养、扶养义务人无赡养、抚养、扶养能力的村民，在吃、穿、住、医、葬方面得到的生活照顾和物质帮助。

[23] 人户分离的人口是指居住地与户口登记地所在的乡镇街道不一致且离开户口登记地半年以上的人口。

[24] 流动人口是指人户分离人口中不包括市辖区内人户分离的人口。市辖区内人户分离的人口是指一个直辖市或地级市所辖区内和区与区之间，居住地和户口登记地不在同一乡镇街道的人口。

[25] 人均收入中位数是指将所有调查户按人均收入水平从低到高顺序排列，处于最中间位置的调查户的人均收入。

[26] 城镇职工基本医疗保险人数包括参保职工和参保退休人员。城镇居民基本医疗保险的参保对象是不属于城镇职工基本医疗保险覆盖范围的城镇非从业人员。

[27] 国有建设用地供应总量是指报告期市、县人民政府根据年度土地供应计划依法以出让、划拨、租赁等方式将国有建设用地使用权提供给单位或个人使用的国有建设用地总量。

[28] 房地产用地是指商服用地和住宅用地的总和。

[29] 万元国内生产总值用水量、万元工业增加值用水量和万元国内生产总值能耗按 2010 年不变价格计算，2006 年至 2010 年按照 2005 年不变价格计算，因此 2011 年绝对数与 2010 年不可比，但比上年增速是按可比口径计算的。

[30] 主要原材料消费量是指表观消费量，即产品产量加上产品净进口量（进口 − 出口），没有包括库存变动。

资料来源：本公报中城镇新增就业、登记失业率、社会保障数据来自人力资源社会保障部；外汇储备和汇率数据来自外汇局；财政数据来自财政部；水产品产量数据来自农业部；木材产量、林业、森林火灾数据来自林业局；灌溉面积、水资源数据来自水利部；新增发电机组容量、新增 220 千伏及以上变电设备数据来自中电联；新建铁路投产里程、增建铁路复线投产里程、电气化铁路投产里程、铁路运输数据来自铁道部；新建公路、港口万吨级码头泊位新增吞吐能力、公路运输、水运、港口货物吞吐量数据来自交通运输部；新增光缆线路长度、新增数字蜂窝移动电话交换机容量、电话用户、上网人数等通信数据来自工业和信息化部；保障性住房、城市污水处理、集中供热面积、建成区绿地率来自住房城乡建设部；货物进出口数据来自海关总署；外商直接投

资、对外直接投资、对外承包工程、对外劳务合作等数据来自商务部；民航数据来自民航局；管道数据来自中石油、中石化；民用汽车数据来自公安部；邮政业务总量数据来自邮政局；旅游数据来自旅游局、公安部；货币金融数据来自人民银行；上市公司数据来自证监会；企业债券、国家工程研究中心、企业技术中心、新兴产业创投等数据来自发展改革委；保险业数据来自保监会；教育数据来自教育部；安排科技计划课题、技术合同等数据来自科技部；专利数据来自知识产权局；发射卫星数据来自国防科工局；质量检验、国家标准制定修订数据来自质检总局；气象预警、平均气温、登陆台风数据来自气象局；地震数据来自地震局；测绘数据来自测绘局；海洋观测站、海洋灾害造成直接经济损失、发生赤潮面积来自海洋局；艺术表演团体、博物馆、公共图书馆、文化馆数据来自文化部；广播、电视、电影数据来自广电总局；报纸、期刊、图书数据来自新闻出版总署；档案数据来自档案局；体育数据来自体育总局；卫生、新农合数据来自卫生部；社会服务、低保和五保救济数据、各类自然灾害造成直接经济损失、农作物受灾面积、洪涝滑坡和泥石流灾害造成直接经济损失、旱灾造成直接经济损失、低温冷冻和雪灾造成直接经济损失来自民政部；国有建设用地供应数据来自国土资源部；环境监测数据来自环境保护部；安全生产数据来自安全监管总局；其他数据均来自国家统计局。

活力南城（东莞市统计局提供）

Important Documents

一、主题报告篇

二、地区发展篇

三、重要文献篇

四、宏观政策篇

五、统计图表篇

2011 年宏观政策综述

2011 年宏观经济政策的基本取向是要积极稳健、审慎灵活，重点是更加积极稳妥地处理好保持经济平稳较快发展、调整经济结构、管理通胀预期的关系，加快推进经济结构战略性调整，把稳定价格总水平放在更加突出的位置，切实增强经济发展的协调性、可持续性和内生动力，着力改善民生。

一、把稳定价格总水平放在更加突出的位置

稳定物价总水平是 2011 年宏观调控的首要任务。维持价格总水平的稳定，一是要降低通货膨胀不断上升所带来的压力和危险，二是要有效控制通胀预期。为此，自 2010 年底以来，党中央、国务院采取了控制货币供应量、发展生产、保证供给、搞活流通、稳定市场、监管市场等多方面手段，从调控需求、增加供给和减少中间环节等多个角度，多管齐下，居民消费价格（CPI）涨幅就从 7 月 6.5% 的高峰回落到了年末的 4.1%，全年涨幅控制在 5.4%，有效遏制了物价总水平的过快上涨。

第一、实施稳健货币政策，控需求。2011 年，收紧货币流动性，调高存款准备金率、加息、对公开市场操作等一系列货币政策措施相继出台。主要是在前三季度，面对通货膨胀压力不断加大的形势，中国人民银行按照国务院统一部署，围绕保持物价总水平基本稳定这一宏观调控的首要任务，综合运用多种货币政策工具，加强宏观审慎管理，先后 6 次上调存款准备金率共 3 个百分点，3 次上调存贷款基准利率共 0.75 个百分点，灵活开展公开市场操作，实施差别准备金动态调整，引导货币信贷增长平稳回调，保持合理的社会融资规模。

第二、强化流通渠道管理，减环节。为了解决一些大中城市农产品流通环节和成本增加、“卖难买贵”等问题，国务院及有关部门出台了一系列文件，强化流通渠道管理，减少环节、降低流通成本。一是以加强产销衔接为重点，积极开展“农超对接”，畅通鲜活农产品运输“绿色通道”，促进产供销良性循环，避免对生产和供应形成抑制；二是运用价格调节基金支持蔬菜生产流通，加强市场收费管理、降低流通成本；三是加强农产品市场监管，维护正常市场秩序。强化价格执法，严肃查处恶意炒作、串通涨价、哄抬价格等不法行为。

第三，加强并改善供给管理，增供给。从2010年下半年以来，政府出台了一系列扶植生产、保障供应，强化行政首长负责制等各项政策措施，政府加大了对农业的投入和对农民的补贴，尤其是在“米袋子”、“菜篮子”工程上加大投入，支持蔬菜生产基地和蔬菜大棚、日光温室等设施蔬菜建设，研究确定促进生猪生产持续健康发展的政策措施。。通过积极财政政策，扩大生活必需商品、原材料进口，完善重要商品储备制度和主要农产品临时收储制度，增强市场调控能力。

二、切实增强经济发展的协调性、可持续性和内生动力

2011 年，国际金融危机的深度影响仍在继续，发达经济体复苏步履维艰，欧元区主权债务危机仍然不断发酵和扩散，新兴经济体增速回落和物价上涨交织在一起。在这样一种大环境中，中国经济实现了 9.2% 的增长，实属不易。尽管国内生产总值（GDP）增速逐季回落，但这既有上述大环境等客观因素，也有我们主动调控的因素，在很大程度上符合宏观调控的目标。总体上，国民经济运行保持了

平稳较快的发展。

首先，通过实施积极的财政政策，促消费。拉动内需稳定增长，包括稳定投资需求，同时把更大的注意力放在扩大居民消费方面。在稳定投资需求方面，继续保持适度的政府投资规模。中央基建投资重点用于支持保障性安居工程、以水利为重点的农业基础设施、教育卫生基础设施建设、节能减排和生态环保、新疆、西藏及四省藏区经济社会发展、自主创新和战略性新兴产业发展等方面，优先保障重点在建、续建项目的资金需求，有序启动“十二五”规划重大项目建设。大力支持保障性安居工程建设。在拉动消费需求方面，完善家电下乡和以旧换新等政策措施，完善消费税制度，积极引导消费需求。完善海南离岛旅客免税购物政策，4 月 20 日起将免税购物适用对象由离境旅客扩大为包括内地居民在内的离岛旅客。

其次，加快推进经济结构战略性调整，促转型。一是巩固和加强农业基础。全面落实强农惠农富农政策，继续加大农业生产补贴力度，稳步提高粮食最低收购价，加强以农田水利为重点的农业农村基础设施建设，开展农村土地整治、加强农村电网等基础设施建设。二是加快产业结构优化升级。支持重点产业振兴和技术改造，中央预算投资安排 150 亿元，支持 4000 多个项目，带动总投资 3000 亿元。出台了加快软件产业和集成电路产业和高技术产业发展指导意见；进一步加快发展信息咨询、电子商务、物流等现代服务业，新兴服务领域不断拓宽。进一步推动交通运输产业快速发展，促使经济社会发展的基础进一步夯实。三是推进节能减排和生态环境保护。发布实施“十二五”节能减排综合性工作方案、控制温室气体排放工作方案和加强环境保护重点工作的意见。加强重点节能环保工程建设，加大对高耗能、高排放和产能过剩行业的调控力度，实施天然林保护二期工程并提高补助标准，实行草原生态保护奖补政策。四是促进区域经济协调发展，培育新增长极。深入实施区域发展总体战略和全国主体功能区规划；出台并实施促进内蒙、云南、西藏、新疆等地区跨越式发展和促进牧区发展的一系列优惠政策；制定实施新 10 年农村扶贫开发纲要和兴边富民行动规划。

第三、着力规范房地产市场和地方政府债务，防风险。2011 年房地产市场调控为 2010 年调控的延续和深化。2011 年，为进一步巩固房地产调控成果，中央升级调控力度，综合运用行政、经济手段，仍以抑制投资投机需求、增加供给为总体思路。行政措施上，限购严厉程度继续加深、范围不断扩大，各地方政府还出台年度房价控制目标，实行考核问责制。经济手段上，住房转让营业税提高免征年限，差别化信贷更加严厉，房产税改革取得新突破。上海、重庆 1 月开始实施房产税改革试点。实施限购城市的投机性需求基本得到抑制，房价过快上涨势头得到遏制。

在过去数年宽松的政策环境影响下，在土地财政的刺激下，各地在获得了可观的经济增长速度的同时，也累积了大量的债务，在渐渐收紧的宏观调控政策下和在部分偿债能力较弱地区存在局部性风险。为此，中央政府高度重视，主动防范和化解财政金融领域的潜在风险隐患，及时对地方政府性债务进行全面审计，摸清了多年形成的地方政府性债务的总规模、形成原因、偿还时限和区域分布，开展了债务清理整顿和规范工作，严格控制增量，积极稳妥解决债务偿还和在建项目后续融资问题。稳步推进地方政府按核定规模发债试点，将地方政府债务收支纳入预算管理。积极探索建立规范的地方政府举债融资机制。

第四、适时适度进行货币政策预调微调，稳预期。进入 10 月份以后，针对欧洲主权债务危机继续蔓延、国内经济增速放缓、价格涨幅逐步回落等形势变化，着力提高政策的针对性、灵活性和有效性，适时适度进行预调微调，暂停发行三年期央票，下调存款准备金率 0.5 个百分点，调整优化差别准备金动态调整机制有关参数，加强信贷政策与产业政策的协调配合，加大结构性减税力度，重点支持实体经济特别是小型微型企业，重点支持民生工程特别是保障性安居工程，重点保证国家重大在建、续建项目的资金需要，有针对性地解决经济运行中的突出矛盾，促进了银行体系流动性平稳运行和市场预期稳定。

三、着力改善民生

保障和改善民生，是发展的根本目的，自然也是政策的基本取向。2011 年，各级财政部门根据党中央、国务院对保障改善民生的一系列重要指示和工作部署，通过预算安排、预算执行以及实施一系列重要的财政政策，保障和改善民生。

第一、实施更加积极的就业政策。多渠道开发就业岗位，全力推动以创业带动就业，加强职业技能培训和公共就业服务体系建设。加大财政、税收、金融等方面支持力度，着力促进高校毕业生、农民工等重点人群就业。大力鼓励和引导创业带动就业。

第二、着力提高低收入群众收入。各地普遍较大幅度调高最低工资标准；连续第 7 年提高企业退休人员基本养老金，进一步提高城乡低保补助水平以及部分优抚对象抚恤和生活补助标准，对全国城乡低保对象、农村五保供养对象等 8600 多万名困难群众发放一次性生活补贴；建立社会救助和保障标准与物价上涨挂钩的联动机制。调节收入税结构。个人所得税起征点从 2000 元提高到 3500 元。降低 900 多万个体工商户税负。中央决定将农民人均纯收入 2300 元（2010 年不变价）作为新的国家扶贫标准，比 2009 年提高 92%，扩大农村低收入人口扶贫范围。

第三、大力推进保障性安居工程建设。出台关于保障性安居工程建设和管理的指导意见，完善财政投入、土地供应、信贷支持、税费减免等政策，中央财政安排资金 1713 亿元，是 2010 年的 2.2 倍。

一年来，在国内物价上涨压力较大、国际经济持续动荡的背景下，党中央、国务院坚持既定宏观调控方针，提高前瞻性和针对性，在控物价、稳增长和调结构中寻求平衡，既有效遏制了物价过快上涨，又保持了经济平稳较快发展和民生持续改善。

（撰稿人：江明清　国家统计局综合司）

石化区（惠州大亚湾经济技术开发区）

2011 年主要政策索引

[财政政策]

1 月 4 日　财政部下发《关于印发 2011 年记账式国债招标发行规则的通知》，通知对 2011 年记账式国债的招标方式、投标限定、中标原则、追加投标、债权托管、分销、投标系统与应急流程等做出了具体和明确的规定。

1 月 10 日　财政部下发关于《水利建设基金筹集和使用管理办法》的通知（财综 [2011]2 号）。

1 月 10 日　财政部下发关于《中关村国家自主创新示范区企业股权和分红激励实施办法》的补充通知（财企 [2011]1 号）。

1 月 12 日　财政部和发展改革委联合下发《关于工业产品生产许可证审查费有关问题的通知》，通知要求国家质量监督检验检疫总局和各省、自治区、直辖市质量技术监督部门按照管理权限在对申领工业产品生产许可证的企业进行审查时，按照下列规定收取工业产品生产许可证审查费：企业申领一个类别工业产品生产许可证的，收取 2200 元；申领两个以上类别工业产品生产许可证的，对每类工业产品分别收取 2200 元。其中：对同一个类别工业产品，企业申领两个以上产品单元（每类工业产品包括的产品单元以国家质量监督检验检疫总局发布的工业产品生产许可实施细则为准）工业产品生产许可证的，每增加一个产品单元按规定收费标准的 20% 收取审查费。

1 月 21 日　财政部、国家发展改革委和工业和信息化部联合下发《关于规范电子政务平台收费管理的通知》（财综函 [2011]14 号），通知要求各级人民政府及其部门和单位不得利用电子政务平台从事任何商业经营活动，不得以技术维护费、服务费、电子介质成本费等名义向企事业单位和个人收取任何经营服务性费用。

1 月 24 日　国务院关税税则委员会发布《关于调整进境物品税税目税率的通知》（税委会【2011】3 号），通知将《中华人民共和国进境物品进口税率表》中原归入税号 2 的计算机，视频摄录一体机等信息技术产品和照相机归入税号 1 中，税率相应地从 20% 降低到 10%；将原归入税号 2 中的“摄像机”更名为“电视摄像机”，税率维持不变。

1 月 26 日　财政部和文化部联合下发《关于推进全国美术馆公共图书馆文化馆（站）免费开放工作的意见》（文财务发 [2011]5 号），意见对美术馆、公共图书馆、文化馆（站）免费开放的基本内容和实施步骤，推进美术馆、公共图书馆、文化馆（站）免费开放的具体举措，美术馆、公共图书馆、文化馆免费开放的保障机制做出了明确规定。

1 月 27 日　财政部和国家税务总局联合下发《关于继续实施小型微利企业所得税优惠政策的通知》（财税 [2011]4 号），通知要求自 2011 年 1 月 1 日至 2011 年 12 月 31 日

1 月 28 日　财政部下发《关于深入推进基层财政专项支出预算公开的意见》（财预 [2011]27 号），意见对基层财政专项支出预算公开的重点范围、基层财政专项支出预算公开的原则、主要内容和方式以及基层财政专项支出预算公开工作的要求做出明确规定。

1 月 30 日　财政部和国家发展改革委联合下发《关于取消部分涉企行政事业性收费的通知》（财综 [2011]9 号），通知要求自 2011 年 2 月 1 日起，在全国统一取消 13 个部门 31 项涉企行政事业性收费。

2 月 25 日　财政部和国家税务总局联合下发《关于对油（气）田企业生产自用成品油先征后返消

费税的通知》（财税［2011］7 号），通知要求自 2009 年 1 月 1 日起，对油（气）田企业在开采原油过程中耗用的内购成品油，暂按实际缴纳成品油消费税的税额，全额返还所含消费税。

3 月 28 日 财政部和交通运输部联合印发《车辆购置税用于交通运输重点项目专项资金管理暂行办法》的通知（财建［2011］93 号）。

3 月 30 日 财政部和水利部联合印发《中央分成水资源费使用管理暂行办法》的通知（财农［2011］24 号）。

4 月 2 日 财政部印发《财政支出绩效评价管理暂行办法》的通知（财预［2011］285 号）。

4 月 11 日 财政部下发《关于进一步完善制度规定切实加强财政资金管理的通知》（财办［2011］19 号），通知要求相关部门规范各类账户管理，完善资金收付制度，强化预算编制和执行管理，加强内控制度建设，大力推进基层财政建设，进一步推动预算公开。

4 月 11 日 财政部下发《关于进一步完善制度规定切实加强财政资金管理的通知》（财办［2011］19 号），通知要求相关部门规范各类账户管理，完善资金收付制度，强化预算编制和执行管理，加强内控制度建设，大力推进基层财政建设，进一步推动预算公开。

4 月 12 日 财政部、商务部与工业和信息化部联合印发《家电下乡政策执行监管及违规处理办法》的通知（财建［2011］151 号）。

4 月 19 日 财政部和国家税务总局联合下发《关于暂停部分玉米深加工企业购进玉米增值税抵扣政策的通知》（财税［2011］34 号），通知要求自 2011 年 4 月 20 日起至 6 月 30 日

4 月 25 日 财政部、交通运输部联合印发《港口建设费征收使用管理办法》的通知（财综［2011］29 号）。

4 月 25 日 财政部下发《关于推动地方开展国有资本经营预算工作的通知》（财企［2011］83 号），通知对推进和完善地方国有资本经营预算工作提出明确要求。

5 月 3 日 卫生部和财政部联合下发《关于做好 2011 年基本公共卫生服务项目工作的通知》，通知要求各地相关部门明确2011年基本公共卫生服务项目重点任务，加强基本公共卫生服务项目管理，加强对基本公共卫生服务项目的组织领导。

5 月 6 日 国土资源部、财政部和农业部联合下发《关于加快推进农村集体土地确权登记发证工作的通知》，通知要求各地相关部门充分认识加快农村集体土地确权登记发证的重要意义，切实加快农村集体土地确权登记发证工作和强化成果应用，加强组织领导和强化督促落实。

5 月 11 日 国家发展改革委、财政部联合印发《国家煤炭应急储备管理暂行办法》的通知（发改运行［2011］996 号）。

5 月 27 日 财政部、国家税务总局联合印发《反避税专项经费管理暂行办法》的通知（财行〔2011〕173 号），通知要求专项经费的使用应当坚持统一管理、专款专用、厉行节约、注重实效的原则，各级国税机关不得挤占、挪用专项经费，不得用专项经费弥补日常经费支出。

5 月 31 日 财政部和国家税务总局联合下发《关于高新技术企业境外所得适用税率及税收抵免问题的通知》（财税［2011］47 号），通知要求以境内、境外全部生产经营活动有关的研究开发费用总额、总收入、销售收入总额、高新技术产品（服务）收入等指标申请并经认定的高新技术企业，其来源于境外的所得可以享受高新技术企业所得税优惠政策，即对其来源于境外所得可以按照 15% 的优惠税率缴纳企业所得税，在计算境外抵免限额时，可按照 15% 的优惠税率计算境内外应纳税总额。

6 月 10 日 财政部和国家税务总局联合下发《关于跨境设备租赁合同继续实行过渡性营业税免税政策的通知》（财税［2011］48 号）。

6 月 10 日 财政部印发《2011 年中央对地方均衡性转移支付办法》的通知（财预［2011］392 号）。

6月10日 财政部印发《基本建设贷款中央财政贴息资金管理办法》的通知（财建[2011]356号）。

6月10日 交通运输部、国家发展改革委、财政部、监察部、国务院纠风办联合下发《关于开展收费公路专项清理工作的通知》（交公路发[2011]283号），通知对清理内容和实施步骤做出明确规定。

6月12日 国务院关税税则委员会下发《关于2011年下半年对内地与港澳更紧密经贸关系的安排（CEPA）项下部分货物实施零关税的通知》（税委员会[2011]10号），通知决定对新完成原产地标准磋商的10项香港原产商品和1项澳门原产商品，自2011年7月1日起实施零关税。

6月15日 财政部、国家税务总局联合下发《关于明确废弃动植物油生产纯生物柴油免征消费税适用范围的通知》（财税[2011]46号）。

6月16日 财政部下发《关于金融企业国有资产评估监督管理有关问题的通知》（财金[2011]59号）。

6月23日 财政部下发《关于清理整合中央财政票据的通知》（财综[2011]46号）。基本原则是按照“简并票种、统一式样”的原则，全面清理整合现有中央财政票据种类，压缩中央财政票据，规范中央财政票据规格、式样。在全面清理整合现有中央财政票据种类的基础上，确定“以通用票据为主，专用票据为辅；以机打票据为主，手工票据为辅”的管理思路，设置非税收入通用票据，替代和废止行政事业性收费通用票据及部分专用票据，优化中央财政票据种类结构，扩大通用票据和机打票据的使用范围，缩小专用票据和手工票据使用范围，为规范中央财政票据管理和推行财政票据电子化改革创造良好条件。

6月24日 国务院关税税则委员会下发《国务院关税税则委员会关于调整部分商品进口关税的通知》（税委员会[2011]12号）。

7月1日 财政部印发《民口科技重大专项项目（课题）财务验收办法》的通知（财教[2011]287号）。凡经批准列入重大专项管理的项目（课题）均应当进行财务验收。项目（课题）财务验收与项目（课题）验收要统一部署、同期实施，在任务合同规定完成时间到期后六个月内完成。不能按期完成任务的，需提出延期验收申请，说明延期理由和延期时间，报财政部备案。延期时间一般不超过一年。财务验收人员应当包括财务专家、技术专家等。财务验收专家组成员原则上不少于7人，其中财务专家不少于5人。专家组组长由财务专家担任。

7月5日 国务院办公厅转发发展改革委财政部卫生部《关于清理化解基层医疗卫生机构债务意见的通知》（国办发〔2011〕32号），通知要求各省（区、市）要按照“制止新债、锁定旧债、明确责任、分类处理、逐步化解”的总体要求，在严格制止发生新债的基础上，用2年左右时间全面完成基层医疗卫生机构长期债务的清理化解工作。债务计算时间原则上截止到2009年12月31日

7月19日 财政部、发改委联合下发《关于公安部门收取保安员资格考试费的通知》（财综[2011]60号）。

8月1日 财政部、海关总署和国税总局联合下发《关于对2011-2020年期间进口天然气及2010年底前“中亚气”项目进口天然气按比例返还进口环节增值税有关问题的通知》（财关税[2011]39号），通知要求在2011年1月1日至2020年12月31日期间，在经国家准许的进口天然气项目进口天然气价格高于国家天然气销售定价的情况下，将相关项目进口天然气（包括液化天然气）的进口环节增值税按该项目进口天然气价格和国家天然气销售定价的倒挂比例予以返还。

8月23日 财政部和国税总局联合下发《关于全国社会保障基金理事会回拨已转持国有股有关证券（股票）交易印花税问题的通知》（财税[2011]65号），通知要求对全国社会保障基金理事会按照《财政部国资委证监会社保基金会关于豁免国有创业投资机构和国有创业投资引导基金国有股转持义务有关问题的通知》（财企[2010]278号）的规定，回拨国有创业投资机构和国有创业投资引导基金已转

持的国有股，不征收过户环节的证券（股票）交易印花税。

8月26日 财政部和国税总局联合下发《关于地方政府债券利息所得免征所得税问题的通知》（财税[2011]76号），通知要求对企业和个人取得的2009年、2010年和2011年发行的地方政府债券利息所得，免征企业所得税和个人所得税；地方政府债券是指经国务院批准，以省、自治区、直辖市和计划单列市政府为发行和偿还主体的债券。

9月5日 财政部下发《关于开展政府采购信用担保试点工作的通知》（财库[2011]124号），通知要求政府采购信用担保试点工作的试点时间暂定2年，从2012年1月1日始至2013年12月31日止，在中央本级和北京、黑龙江、广东、江苏、湖南、河南、山东、陕西等省（市）开展政府采购信用担保试点工作。

9月7日 财政部和国税总局联合下发《关于专项用途财政性资金企业所得税处理问题的通知》（财税[2011]70号），通知要求企业从县级以上各级人民政府财政部门及其他部门取得的应计入收入总额的财政性资金，凡同时符合以下条件的，可以作为不征税收入，在计算应纳税所得额时从收入总额中减除：（一）企业能够提供规定资金专项用途的资金拨付文件；（二）财政部门或其他拨付资金的政府部门对该资金有专门的资金管理办法或具体管理要求；（三）企业对该资金以及以该资金发生的支出单独进行核算。

9月14日 财政部和科技部联合下发《关于调整国家科技计划和公益性行业科研专项经费管理办法若干规定的通知》（财教[2011]434号）。为适应科研活动规律的需要，落实财政科学化精细化管理要求，建立课题间接成本补偿机制，将课题经费分为直接费用和间接费用。间接费用使用分段超额累退比例法计算并实行总额控制，按照不超过课题经费中直接费用扣除设备购置费后的一定比例核定，具体比例如下：500万元及以下部分不超过20%；超过500万元至1000万元的部分不超过13%；超过1000万元的部分不超过10%。间接费用中绩效支出不超过直接费用扣除设备购置费后的5%。

9月15日 财政部和证监会联合下发《关于从事证券期货相关业务的资产评估机构参与母子公司试点有关管理问题的通知》（财企[2011]275号）。通知要求，经批准参加母子公司试点的证券评估机构，母公司向作为子公司的评估机构进行股权投资的，不受《财政部证监会关于加强证券评估机构后续管理有关问题的通知》（财企[2009]235号）第三条第（四）款“不得从事股权投资”规定的限制。经批准参加母子公司试点的非证券评估机构子公司，试点期间以及母子公司关系解除后3年内，不得申请证券、期货相关业务评估资格。

9月26日 财政部印发《外国政府贷款项目监督检查办法》的通知（财金[2011]117号），通知要求监督检查工作以统筹规划、依法监督、注重预防、规范管理为原则，督促有关机构遵守贷款规章制度，防范和纠正违规操作，提高贷款资金使用的合规性和有效性。

9月30日 温家宝总理签署《中华人民共和国国务院令（第605号）》。《国务院关于修改〈中华人民共和国资源税暂行条例〉的决定》已经2011年9月21日国务院第173次常务会议通过，现予公布，自2011年11月1日起施行。

10月17日财政部和国税总局联合下发《关于金融机构与小型微型企业签订借款合同免征印花税的通知》（财税[2011]105号），通知要求自2011年11月1日起至2014年10月31日止，对金融机构与小型、微型企业签订的借款合同免征印花税。

11月7日 财政部、发改委和国务院扶贫办联合印发《财政专项扶贫资金管理办法》的通知（财农[2011]412号）。中央财政预算安排的财政专项扶贫资金按使用方向分为发展资金、以工代赈资金、少数民族发展资金、“三西”农业建设专项补助资金、国有贫困农场扶贫资金、国有贫困林场扶贫资金、扶贫贷款贴息资金。财政专项扶贫资金中的以工代赈资金依照发展改革委制定的有关以工代赈管理办

法进行管理。“三西”农业建设专项补助资金依照财政部会同国务院扶贫办制定的有关“三西”农业建设专项补助资金使用管理办法

11月16日财政部和国税总局联合印发《营业税改征增值税试点方案》的通知(财税[2011]110号)。试点地区先在交通运输业、部分现代服务业等生产性服务业开展试点,逐步推广至其他行业。条件成熟时,可选择部分行业在全国范围内进行全行业试点,2012年1月1日开始试点。在现行增值税17%标准税率和13%低税率基础上,新增11%和6%两档低税率。租赁有形动产等适用17%税率,交通运输业、建筑业等适用11%税率,其他部分现代服务业适用6%税率。交通运输业、建筑业、邮电通信业、现代服务业、文化体育业、销售不动产和转让无形资产,原则上适用增值税一般计税方法。金融保险业和生活性服务业,原则上适用增值税简易计税方法。

11月25日财政部发布《关于实施中央预算单位公务卡强制结算目录的通知》(财库[2011]160号),通知要求所有实行公务卡制度改革的中央预算单位,都应严格执行中央预算单位公务卡强制结算目录。凡目录规定的公务支出项目,应按规定使用公务卡结算,原则上不再使用现金结算。原使用转账方式结算的,可继续使用转账方式。下列情况可暂不使用公务卡结算:1. 在县级以下(不包括县级)地区发生的公务支出;2. 在县级及县级以上地区不具备刷卡条件的场所发生的单笔消费在200元以下的公务支出;3. 按规定支付给个人的支出;4. 签证费、快递费、过桥过路费、出租车费用等目前只能使用现金结算的支出。

12月27日财政部下发《关于印发2012年记账式国债招标发行规则的通知》(财库[2011]179号)。

12月29日财政部和国税总局联合下发《关于应税服务适用增值税零税率和免税政策的通知》(财税[2011]131号)。通知规定,试点地区的单位和个人提供的国际运输服务、向境外单位提供的研发服务和设计服务适用增值税零税率。试点地区的单位和个人提供适用零税率的应税服务,如果属于适用增值税一般计税方法的,实行免抵退税办法,退税率为其按照《交通运输业和部分现代服务业营业税改征增值税试点实施办法》(财税[2011]111号)第十二条第(一)至(三)项规定适用的增值税税率;如果属于适用简易计税方法的,实行免征增值税办法。试点地区的单位和个人提供适用零税率的应税服务,按月向主管退税的税务机关申报办理增值税免抵退税或免税手续。

12月29日财政部和国资委联合下发《关于会计师事务所承担中央企业财务决算审计有关问题的通知》(财会[2011]24号)。

12月29日财政部下发《关于提高石油特别收益金起征点的通知》(财企[2011]480号),通知决定从2011年11月1日起,将石油特别收益金起征点提高至55美元。起征点提高后,石油特别收益金征收仍实行5级超额累进从价定率计征,按月计算、按季缴纳。

12月30日财政部和发改委联合下发《关于公布取消253项涉及企业行政事业性收费的通知》(财综[2011]127号),通知要求自2012年2月1日起,取消253项各省、自治区、直辖市设立的涉及企业的行政事业性收费。此前,按照《财政部国家发展改革委关于取消部分涉企行政事业性收费的通知》(财综[2011]9号)规定取消的运营车辆二级维护检测收费、运营车辆综合性能技术等级评定(检测)收费,有关地方仍作为经营服务性收费收取的,应一律取消。

12月30日财政部和国税总局联合下发《关于证券机构技术和制度准备完成后个人转让上市公司限售股有关个人所得税问题的通知》(财税[2011]108号)。通知要求,自2012年3月1日起,网上发行资金申购日在2012年3月1日(含)之后的首次公开发行上市公司(以下简称新上市公司)按照证券登记结算公司业务规定做好各项资料准备工作,在向证券登记结算公司申请办理股份初始登记时一并申报由个人限售股股东提供的有关限售股成本原值详细资料,以及会计师事务所或税务师事务所对该资料出具的鉴证报告。个人转让新上市公司限售股的,证券登记结算公司根据实际转让收入和植入证券结算

系统的标的限售股成本原值，以实际转让收入减去成本原值和合理税费后的余额，适用 20% 税率，直接计算需扣缴的个人所得税额。新上市公司在申请办理股份初始登记时，确实无法提供有关成本原值资料和鉴证报告的，证券登记结算公司在完成股份初始登记后，将不再接受新上市公司申报有关成本原值资料和鉴证报告，并按规定以实际转让收入的 15% 核定限售股成本原值和合理税费。

[货币政策]

1 月 6 日　经商国家发展和改革委员会、商务部，中国人民银行会同国家外汇管理局制定发布了《境外直接投资人民币结算试点管理办法》（中国人民银行公告 [2011] 第 1 号），跨境贸易人民币结算试点地区的银行和企业可开展境外直接投资人民币结算试点。

1 月 14 日　中国人民银行决定从 2011 年 1 月 20 日起上调存款类金融机构人民币存款准备金率 0.5 个百分点。

2 月 9 日　中国人民银行决定上调金融机构人民币存贷款基准利率，其中，一年期存款基准利率上调 0.25 个百分点，由 2.75% 提高到 3%；一年期贷款基准利率上调 0.25 个百分点，由 5.81% 提高到 6.06%；其他期限档次存贷款基准利率及个人住房公积金贷款利率作相应调整。

2 月 14 日　为进一步丰富外汇市场交易品种，为企业和银行提供更多的汇率避险保值工具，国家外汇管理局发布《关于人民币对外汇期权交易有关问题的通知》（汇发 [2011]8 号），批准中国外汇交易中心在银行间外汇市场组织开展人民币对外汇期权交易。

2 月 18 日　中国人民银行决定从 2011 年 2 月 24 日起上调存款类金融机构人民币存款准备金率 0.5 个百分点。

3 月 18 日　为合理引导跨境资金流动，防范违法违规资金流入，维护国家涉外经济金融安全，国家外汇管理局发布《关于进一步加强外汇业务管理有关问题的通知》（汇发 [2011]11 号）。

3 月 18 日　中国人民银行决定从 2011 年 3 月 25 日起上调存款类金融机构人民币存款准备金率 0.5 个百分点。

3 月 28 日　中国人民银行农村信用社改革试点专项中央银行票据发行兑付考核评审委员会第 20 次例会决定，对海南等 4 个省（区）辖内屯昌等 19 个县（市）农村信用社兑付专项票据，额度为 19.9 亿元。

3 月 31 日　中国人民银行办公厅印发《关于认真组织落实县域法人金融机构新增存款一定比例用于当地贷款激励政策及农村信用社专项票据兑付后续监测考核激励约束政策的通知》（银办发 [2011]82 号），自 2011 年 4 月 1 日至 2012 年 3 月 31 日

4 月 6 日　中国人民银行决定上调金融机构人民币存贷款基准利率，其中，一年期存款基准利率上调 0.25 个百分点，由 3% 提高到 3.25%；一年期贷款基准利率上调 0.25 个百分点，由 6.06% 提高到 6.31%；其他各档次存贷款基准利率及个人住房公积金贷款利率相应调整。

4 月 9 日　发布中国人民银行公告 [2011] 第 3 号，对全国银行间债券市场交易管理提出了具体要求，引入了重大异常交易披露制度、异常交易事前报备制度等，有利于进一步规范全国银行间债券市场债券交易行为。

4 月 15 日　中国人民银行、财政部联合发布中国人民银行、财政部公告 [2011] 第 6 号，就新发关键期限国债做市有关事宜提出具体要求，以进一步改善市场价格发现机制，有利于完善国债收益率曲线。

4 月 17 日　中国人民银行决定从 2011 年 4 月 21 日起，上调存款类金融机构人民币存款准备金率 0.5 个百分点。

4 月 18 日 中国人民银行与新西兰储备银行签署金额为 250 亿元人民币 /50 亿新西兰元的双边本币互换协议，有效期 3 年，经双方同意可以展期。

4 月 19 日 中国人民银行与乌兹别克斯坦共和国中央银行签署金额为 7 亿元人民币 /1670 亿乌兹别克斯坦苏姆的双边本币互换协议，有效期 3 年，经双方同意可以展期。

5 月 6 日 中国人民银行与蒙古国中央银行签署金额为 50 亿元人民币 /10 万亿图格里特的双边本币互换协议，有效期 3 年，经双方同意可以展期。

5 月 12 日 中国人民银行决定从 2011 年 5 月 18 日起，上调存款类金融机构人民币存款准备金率 0.5 个百分点。

6 月 13 日 中国人民银行与哈萨克斯坦共和国国家银行签署金额为 70 亿元人民币 /1500 亿坚戈的双边本币互换协议，有效期 3 年，经双方同意可以展期。

6 月 14 日 中国人民银行决定从 2011 年 6 月 20 日起，上调存款类金融机构人民币存款准备金率 0.5 个百分点。

6 月 23 日 中国人民银行与俄罗斯联邦中央银行签订新的双边本币结算协定。协定签订后，中俄本币结算从边境贸易扩大到一般贸易，并扩大地域范围。协定规定两国经济活动主体可自行决定用自由兑换货币、人民币和卢布进行商品和服务的结算与支付。协定将进一步加深中俄两国的金融合作，促进双边贸易和投资增长。

7 月 7 日 中国人民银行决定上调金融机构人民币存贷款基准利率。其中，一年期存款基准利率上调 0.25 个百分点，由 3.25% 提高到 3.50%；一年期贷款基准利率上调 0.25 个百分点，由 6.31% 提高到 6.56%；其他各档次存贷款基准利率及个人住房公积金贷款利率相应调整。

8 月 22 日 中国人民银行会同五部委发布《关于扩大跨境贸易人民币结算地区的通知》（银发 [2011]203 号），将跨境贸易人民币结算境内地域范围扩大至全国。

8 月，国务院批准境内机构赴港发行人民币债券共 500 亿元，其中境内金融机构发行人民币债券 250 亿元，境内非金融企业发行人民币债券 250 亿元。

9 月 14 日 为便利俄罗斯莫斯科银行间货币交易所人民币对卢布交易的开展，中国人民银行发布《关于俄罗斯莫斯科银行间货币交易所人民币对卢布交易人民币清算有关问题的通知》(银发 [2011]222 号），允许在莫斯科银行间货币交易所开展人民币对卢布交易的俄罗斯商业银行在中国境内商业银行开立人民币特殊账户，专门用于人民币对卢布交易产生的人民币资金清算。

10 月 12 日中国人民银行向全国人大财经委员会汇报 2011 年前三季度货币政策执行情况。

10 月 14 日中国人民银行发布《外商直接投资人民币结算业务管理办法》（中国人民银行公告 [2011] 第 23 号），明确银行可按照相关规定为境外投资者办理外商直接投资人民币结算业务。

10 月 26 日中国人民银行发布《关于境内银行业金融机构境外项目人民币贷款的指导意见》（银发 [2011]255 号），对境内银行开展境外项目人民币贷款业务进行了明确规定，有助于规范和促进相关业务发展。

10 月 26 日中国人民银行与韩国央行续签中韩双边本币互换协议，互换规模由原来的 1800 亿元人民币 /38 万亿韩元扩大至 3600 亿元人民币 /64 万亿韩元，有效期 3 年，经双方同意可以展期。

11 月 22 日中国人民银行与香港金融监管局续签货币互换协议，互换规模由原来的 2000 亿元人民币 /2270 亿港币扩大至 4000 亿元人民币 /4900 亿港币，有效期 3 年，经双方同意可以展期。

11 月 25 日中国人民银行农村信用社改革试点专项中央银行票据发行兑付考核评审委员会第 21 次例会决定，对辽宁省等 6 个省辖内辽阳县等 11 个县（市）农村信用社兑付专项票据，额度为 10.84 亿元。

11 月 30 日中国人民银行决定从 2011 年 12 月 5 日起下调存款类金融机构人民币存款准备金率 0.5 个百分点。

11 月，四省（市）开展地方政府自行发债试点。上海市、广东省、浙江省和深圳市政府分别在银行间市场发行债券 71 亿元、69 亿元、67 亿元和 22 亿元。

12 月 16 日中国证券监督管理委员会、中国人民银行、国家外汇管理局联合发布《基金管理公司、证券公司人民币合格境外机构投资者境内证券投资试点办法》（中国证券监督管理委员会中国人民银行国家外汇管理局第 76 号令），允许境内基金管理公司、证券公司的香港子公司作为试点机构，运用其在香港募集的人民币资金在经批准的人民币投资额度内开展境内证券投资业务。

12 月 19 日在云南省推出人民币对泰铢银行间市场区域交易。

12 月 22 日中国人民银行与泰国银行签署规模为 700 亿元人民币 /3200 亿泰铢的双边本币互换协议，有效期 3 年，经双方同意可以展期。

12 月 23 日中国人民银行与巴基斯坦国家银行签署规模为 100 亿元人民币 /1400 亿卢比的双边本币互换协议，有效期 3 年，经双方同意可以展期。

12 月 27 日中国人民银行等五部委联合发布了《关于加强黄金交易所或从事黄金业务交易平台管理的通知》（银发 [2011]301 号），明确除上海黄金交易所和上海期货交易所外，其他任何地方、机构或个人均不得设立黄金交易所（交易中心），也不得在其他交易场所（交易中心）内设立黄金交易平台。银行业金融机构应停止为非法黄金交易所或黄金交易平台提供开户、托管、资金划汇、代理买卖、投资咨询等中介服务。

12 月 31 日中国人民银行发布《关于实施〈基金管理公司、证券公司人民币合格境外机构投资者境内证券投资试点办法〉有关事项的通知》（银发 [2011]321 号），进一步规范试点机构的账户管理、资金汇出入、资产配置、银行间债券市场投资和信息报送等行为。

[产业政策]

1 月 11 日 财政部下发《关于进一步加强小型农田水利重点县建设管理工作确保如期实现重点县建设目标的意见》（财农 [2011]1 号），通知要求各地要提高思想认识，进一步明确重点县建设的目标任务；加大财政投入，确保重点县建设资金足额落实到位；加强资金整合，确保重点县建设资金整合取得实效；加大建设管理力度，确保建设进度和质量；加强管护机制改革，确保管护责任落到实处；强化奖惩措施，确保重点县建设目标如期实现。

1 月 28 日 国务院《关于印发进一步鼓励软件产业和集成电路产业发展若干政策的通知》，国发 [2011]4 号。

1 月 28 日 国务院《关于印发进一步鼓励软件产业和集成电路产业发展若干政策的通知》，国发〔2011〕4 号。

2 月 10 日 财政部下发《关于做好 2011 年财政支持抗旱保春耕和促进粮食生产有关工作的通知》（财农 [2011]11 号），通知要求各地财政部门充分认识做好财政支持抗旱保春耕和促进粮食生产有关工作的重要意义，及时拨付农业补贴资金支持各地开展春耕生产，积极支持生产服务体系建设以增强粮食生产保障能力，认真落实自然灾害生活救助政策以保障受灾和困难群众基本生活，切实强化财政资金管理和监督并抓好资金的跟踪问效。

2 月 22 日 中国人民银行办公厅印发《关于安排增加支农再贷款，支持重点地区做好春耕抗旱金融服务工作的通知》（银办发 [2011]45 号），对河南、山东、河北等受旱灾影响严重的 8 省安排增加支农再贷款额度 100 亿元，积极鼓励和引导金融机构全力做好抗旱救灾金融服务工作，支持粮食稳定增产。

2 月 23 日　财政部下发《关于切实加强农机购置补贴政策实施监管工作的通知》（财农 [2011]17 号），通知要求各地财政部门提高思想认识，切实落实好工作责任；履行监管职责，切实发挥基层财政部门监管作用；完善操作程序，切实做到公开、公正、公平；加强监督检查，切实将农机购置补贴政策落实到位；认真总结经验，切实提高监管工作水平。

2 月 23 日　财政部《关于切实加强农机购置补贴政策实施监管工作的通知》，财农〔2011〕17 号。

2 月 25 日　财政部下发《关于做好 2011 年财政支持现代农业生产发展工作的通知》（财农 [2011]19 号），通知要求各地财政部门切实做好现代农业生产发展资金项目组织实施工作，强化与有关支农政策的统筹和协调，加强各项基础管理工作。

3 月 8 日　财政部与住房和城乡建设部联合下发《关于进一步推进可再生能源建筑应用的通知》（财建 [2011]61 号），通知要求各地相关部门明确“十二五”可再生能源建筑应用推广目标，切实加大推广力度，加快可再生能源建筑领域大规模应用，积极推进可再生能源建筑应用技术进步与产业发展，以可再生能源建筑应用为抓手促进绿色建筑发展，切实加强组织实施与政策支持。

3 月 17 日　财政部和国家税务总局联合下发《关于“十二五”期间进口种子（苗）种畜（禽）鱼种（苗）和种用野生动植物种源税收问题的通知》（财关税 [2011]9 号），通知要求在“十二五”期间对进口种子（苗）、种畜（禽）、鱼种（苗）和种用野生动植物种源（以下简称种源）免征进口环节增值税。

3 月 23 日　国家发展改革委关于规范煤化工产业有序发展的通知，发改产业 [2011]635 号。

3 月 27 日　发展改革委员会第 9 号令，《产业结构调整指导目录（2011 年本）》。

3 月 28 日　国家发展改革委办公厅《关于组织实施 2011 年企业技术中心创新能力建设专项的通知》，发改办高技 [2011]662 号。

4 月 10 日　国务院《关于加快推进现代农作物种业发展的意见》，国发〔2011〕8 号。

4 月 14 日　财政部和国家税务总局联合下发《关于邮政企业代办邮政速递物流业务免征营业税的通知》（财税 [2011]24 号），通知要求对中国邮政集团公司及其所属邮政企业为中国邮政速递物流股份有限公司及其子公司（含各级分支机构）代办速递、物流、国际包裹、快递包裹以及礼仪业务等速递物流类业务取得的代理速递物流业务收入，自 2010 年 6 月 1 日至 2013 年 5 月 31 日免征营业税。对于本通知发布之日前已缴纳的应予免征的营业税，从以后应缴的营业税税款中抵减。

5 月 10 日　国务院《关于促进稀土行业持续健康发展的若干意见》，国发〔2011〕12 号。

5 月 12 日　财政部印发《金融企业绩效评价办法》的通知（财金 [2011]50 号）。

5 月 19 日　财政部、海关总署 、国家税务总局联合印发《动漫企业进口动漫开发生产用品免征进口税收的暂行规定》的通知（财关税 [2011]27 号）。

6 月 18 日　工信部、统计局、发改委和财政部联合印发《中小企业划型标准规定》的通知（工信部联企业 [2011]300 号），通知将中小企业划分为中型、小型、微型三种类型，具体标准根据企业从业人员、营业收入、资产总额等指标，结合行业特点制定。

6 月 20 日　财政部、教育部联合下发《中央专项彩票公益金支持示范性综合实践基地项目管理办法》(财综 [2011]45 号)，旨在规范和加强中央专项彩票公益金支持示范性综合实践基地项目管理工作。

6 月 20 日　为进一步完善国家农业综合开发县管理制度，财政部对 2006 年 2 月 8 日国家农业综合开发办公室印发的《国家农业综合开发县管理办法》（国农办 [2006]14 号）进行了修订，印发了《国家农业综合开发县管理办法》（财发 [2011]25 号）。开发县管理遵循总量控制、适度进出、奖优罚劣、分级管理原则。

6月23日 国家发展改革委、科学技术部、工业和信息化部、商务部、知识产权局公告2011年第10号，《当前优先发展的高技术产业化重点领域指南（2011年度）》

6月24日 财政部、海关总署、国家税务总局联合发布关于《种子（苗）种畜（禽）鱼种（苗）和种用野生动植物种源免征进口环节增值税政策及2011年进口计划》的通知（财关税[2011]36号）。享受上述免税政策的商品范围包括：（一）与农、林业生产密切相关的进口种子（苗）、种畜（禽）、鱼种（苗），以及具备研究和培育繁殖条件的动植物科研院所、动物园、专业动植物保护单位、养殖场和种植园进口的用于科研、育种、繁殖的野生动植物种源。（二）军队、武警、公安、安全部门（含缉私警察）进口的警用工作犬以及繁育用的工作犬精液及胚胎。

7月4日 财政部、科技部联合印发《国家科技成果转化引导基金管理暂行办法》的通知（财教[2011]289号），通知要求转化基金主要用于支持转化利用财政资金形成的科技成果，包括国家（行业、部门）科技计划（专项、项目）、地方科技计划（专项、项目）及其它由事业单位产生的新技术、新产品、新工艺、新材料、新装置及其系统等。转化基金的资金来源为中央财政拨款、投资收益和社会捐赠。

7月4日 财政部、水利部联合下发《关于从土地出让收益中计提农田水利建设资金有关事项的通知》（财综〔2011〕48号），通知要求从土地出让收益中提取10%用于农田水利建设。

7月5日 财政部、工业和信息化部、海关总署和国家税务总局联合下发《关于调整三代核电机组等重大技术装备进口税收政策的通知》（财关税[2011]45号），通知要求自2011年7月1日起，对符合规定条件的国内企业为生产国家支持发展的千万吨炼油设备及天然气管道运输设备、大型船舶装备、成套棉纺设备而确有必要进口部分关键零部件、原材料，免征关税和进口环节增值税。

7月15日 中国人民银行发布《关于开展涉农信贷政策导向效果评估的通知》（银发[2011]181号），明确从2011年开始，人民银行分支机构对县域金融机构开展涉农信贷政策导向效果评估，促进金融机构更好地服务“三农”，着力提高涉农信贷政策导向效果。

7月19日 财政部和发改委联合下发《关于消防行业特有工种职业技能鉴定考试考务费的通知》（财综[2011]59号）。收取考务费、考试费的单位应到指定的价格主管部门办理收费许可证，并按财务隶属关系分别使用财政部和省、自治区、直辖市财政部门统一印制的财政票据。考务考试所需支出，由财政部门按照消防部门履行考务考试工作职责的需要，通过消防部门的部门预算拨付。

7月22日 中国人民银行发布《关于开展中小企业信贷政策导向效果评估的通知》（银发[2011]185号），明确从2011年开始，人民银行分支机构对省级及省级以下金融机构开展中小企业信贷政策导向效果评估，促进金融机构进一步改进和提升对中小企业的综合金融服务水平，提高中小企业信贷政策导向效果。

7月29日 财政部下发《关于调整生猪屠宰环节病害猪无害化处理补贴标准的通知》（财建[2011]599号），通知要求从2011年8月1日起，将现有的屠宰环节病害猪损失财政补贴标准由每头500元提高到800元，中央财政和地方财政负担比例维持不变，中央财政按调整后的补贴标准继续对东、中、西部地区分别补贴40%、50%、60%。

8月2日 国务院办公厅《关于促进物流业健康发展政策措施的意见》，国办发〔2011〕38号。

8月5日 国家发展改革委、科技部、工业和信息化部、国 家 能 源局关于印发海洋工程装备产业创新发展战略（2011－2020）的通知，发改高技〔2011〕1675 号 。

8月8日 财政部和科技部联合印发《中欧中小企业节能减排科研合作资金管理暂行办法》的通知（财企[2011]226号）。

8月11日 财政部和国税总局联合下发《关于延长国家大学科技园和科技企业孵化器税收政策执

行期限的通知》（财税［2011］59 号），通知要求，《财政部国家税务总局关于国家大学科技园有关税收政策问题的通知》（财税［2007］120 号）、《财政部国家税务总局关于科技企业孵化器有关税收政策问题的通知》（财税［2007］121 号）规定的 2010 年 12 月 31 日到期的有关税收优惠政策继续执行至 2012 年 12 月 31 日。

8 月 17 日 财政部和发改委联合印发《新兴产业创投计划参股创业投资基金管理暂行办法》的通知（财建［2011］668 号），通知要求每支参股基金应集中投资于以下具体领域：节能环保、信息、生物与新医药、新能源、新材料、航空航天、海洋、先进装备制造、新能源汽车、高技术服务业（包括信息技术、生物技术、研发设计、检验检测、科技成果转化服务等）等战略性新兴产业和高新技术改造提升传统产业领域。参股基金重点投向具备原始创新、集成创新或消化吸收再创新属性、且处于初创期、早中期的创新型企业，投资此类企业的资金比例不低于基金注册资本或承诺出资额的 60%。

8 月 22 日 财政部下发《关于与中国农业银行合作扶持农业产业化经营推进现代农业发展的意见》（财发［2011］33 号）。财政部经商中国农业银行同意，决定从 2011 年起，采取中国农业银行贷款、财政贴息的方式，每年由双方合作扶持一批农业产业化经营项目。固定资产项目贷款期限一般为五年内，最长不超过八年；流动资金项目贷款期限最长不超过一年。在符合国家利率管理规定的范围内，贷款利率原则上执行中国人民银行同期同档次基准利率，并允许根据市场情况适当上下浮动，比例一般不超过 10%。

8 月 22 日 财政部下发《关于中央企业厂办大集体改革中央财政专项补助资金管理问题的通知》（财企［2011］231 号）。为切实做好厂办大集体改革工作，根据《国务院办公厅关于在全国范围内开展厂办大集体改革工作的指导意见》（国办发［2011］18 号，以下简称《指导意见》）的有关规定，中央企业兴办的厂办大集体，依据《指导意见》进行改革时，在按规定对有关资产和债权债务处理后，净资产仍不足以支付解除在职集体职工劳动关系经济补偿金的，差额部分所需资金由中央企业和中央财政给予专项补助。其中：对改革前一年度生产经营情况正常且有盈利的厂办大集体，中央财政补助 30%；对改革前一年度已停产或经营亏损的厂办大集体，中央财政补助 50%。

8 月 22 日 国家发展改革委、农业部、财政部关于印发完善退牧还草政策的意见的通知，发改西部［2011］1856 号。

8 月 31 日 财政部和国税总局联合下发《关于继续对邮政企业代办金融业务免征营业税的通知》（财税［2011］66 号），通知要求对中国邮政集团公司及其所属邮政企业为中国邮政储蓄银行及其所属分行、支行代办金融业务取得的代理金融业务收入，自 2011 年 1 月 1 日至 2012 年 12 月 31 日免征营业税。对于本通知到达之日前已缴纳的应予免征的营业税，允许从纳税人以后应缴的营业税税款中抵减或予以退税。

9 月 7 日 财政部、国家发展改革委、工业和信息化部《关于调整节能汽车推广补贴政策的通知》，财建［2011］754 号。

9 月 28 日 国家发展改革委办公厅关于开展平板玻璃建设项目专项清理的通知，发改办产业［2011］2375 号。

10 月 10 日财政部和国税总局联合下发《关于铁路建设债券利息收入企业所得税政策的通知》（财税［2011］99 号），通知要求对企业持有 2011—2013 年发行的中国铁路建设债券取得的利息收入，减半征收企业所得税。中国铁路建设债券是指经国家发展改革委核准，以铁道部为发行和偿还主体的债券。

10 月 13 日财政部和国税总局联合下发《关于软件产品增值税政策的通知》（财税［2011］100 号），通知规定，增值税一般纳税人销售其自行开发生产的软件产品，按 17% 税率征收增值税后，对其增值税实际税负超过 3% 的部分实行即征即退政策。

10 月 17 日国家发展改革委办公厅、 国家林业局办公室《关于开展全国国有林场改革试点工作的复函》，发改办经体 [2011]2498 号。

11 月 14 日财政部和发改委联合下发《关于免征小型微型企业部分行政事业性收费的通知》（财综 [2011]104 号），通知要求对依照工业和信息化部、国家统计局、国家发展改革委、财政部《关于印发中小企业划型标准规定的通知》（工信部联企业 [2011]300 号）认定的小型和微型企业，免征管理类、登记类和证照类等有关行政事业性收费。

11 月 26 日国家发展改革委关于印发煤层气（煤矿瓦斯）开发利用“十二五”规划的通知，发改能源 [2011]3041 号。

11 月 29 日财政部、发改委和国家能源局联合印发《可再生能源发展基金征收使用管理暂行办法》的通知（财综 [2011]115 号）。通知要求，可再生能源发展专项资金由中央财政从年度公共预算中予以安排（不含国务院投资主管部门安排的中央预算内基本建设专项资金）。可再生能源电价附加在除西藏自治区以外的全国范围内，对各省、自治区、直辖市扣除农业生产用电（含农业排灌用电）后的销售电量征收。可再生能源发展基金用于支持可再生能源发电和开发利用活动。

11 月 29 日财政部和国税总局联合下发《关于小型微利企业所得税优惠政策有关问题的通知》（财税 [2011]117 号），通知要求自 2012 年 1 月 1 日至 2015 年 12 月 31 日

12 月 7 日 财政部和国税总局联合下发《关于继续执行宣传文化增值税和营业税优惠政策的通知》（财税 [2011]92 号）。

12 月 12 日国务院办公厅《关于加快发展高技术服务业的指导意见》，国办发〔2011〕58 号

12 月 27 日财政部和国税总局联合下发《关于扶持动漫产业发展增值税营业税政策的通知》（财税 [2011]119 号）。通知要求，自 2011 年 1 月 1 日至 2012 年 12 月 31 日

[城乡及区域发展政策]

5 月 10 日 国务院办公厅转发发展改革委《关于实施新一轮农村电网改造升级工程意见的通知》，国办发（2011）23 号。

5 月 6 日 国务院《关于支持云南省加快建设面向西南开放重要桥头堡的意见》，国发〔2011〕11 号。

6 月 1 日 国务院《关于促进牧区又好又快发展的若干意见》，国发〔2011〕17 号。

6 月 5 日 国务院办公厅《关于印发兴边富民行动规划（2011-2015 年）的通知》，国办发〔2011〕28 号。

6 月 26 日 国务院《关于进一步促进内蒙古经济社会又好又快发展的若干意见》，国发〔2011〕21 号。

7 月 11 日 财政部和国务院扶贫办联合印发《中央专项彩票公益金支持贫困革命老区整村推进项目资金管理办法》的通知（财农 [2011]152 号）。

7 月 19 日 财政部印发《国家重点生态功能区转移支付办法》的通知（财预 [2011]428 号）。资金分配的范围有青海三江源自然保护区、南水北调中线水源地保护区、海南国际旅游岛中部山区生态保护核心区等国家重点生态功能区。国家重点生态功能区转移支付按县测算，下达到省，省级财政根据本地实际情况分配落实到相关市县。

7 月 27 日 财政部、海关总署和国税总局联合下发《关于深入实施西部大开发战略有关税收政策问题的通知》（财税 [2011]58 号），通知要求对西部地区内资鼓励类产业、外商投资鼓励类产业及

优势产业的项目在投资总额内进口的自用设备，在政策规定范围内免征关税。自 2011 年 1 月 1 日至 2020 年 12 月 31 日

8 月 20 日　发改委、财政部和国家林业局联合下发《关于开展西部地区生态文明示范工程试点意见通知》（发改西部 [2011]1726 号），通知要求生态文明示范工程试点优先在西部限制开发区域中人口资源环境条件较好，产业结构比较合理，转变经济发展方式和优化消费模式具备一定基础的市、县实施。试点期限为 2011 年至 2015 年。试点市、县总数控制在 50 个左右，取得试点经验后逐步扩大实施范围。

9 月 28 日　国务院《关于支持河南省加快建设中原经济区的指导意见》，国发〔2011〕32 号。

9 月 30 日　国务院《关于支持喀什霍尔果斯经济开发区建设的若干意见》，国发〔2011〕33 号。

10 月 17 日财政部和国税总局联合下发《关于延长农村金融机构营业税政策执行期限的通知》（财税 [2011]101 号）。为支持农村金融发展，经国务院同意，决定将《财政部国家税务总局关于农村金融有关税收政策的通知》（财税 [2010]4 号）第三条规定的“对农村信用社、村镇银行、农村资金互助社、由银行业机构全资发起设立的贷款公司、法人机构所在地在县（含县级市、区、旗）及县以下地区的农村合作银行和农村商业银行的金融保险业收入减按 3% 的税率征收营业税”政策的执行期限延长至 2015 年 12 月 31 日。

10 月 17 日财政部印发《2011 年地方政府自行发债试点办法》的通知（财库 [2011]141 号）。经国务院批准，2011 年上海市、浙江省、广东省、深圳市开展地方政府自行发债试点。2011 年试点省（市）政府债券由财政部代办还本付息。试点省（市）发行的政府债券为记账式固定利率附息债券。2011 年政府债券期限分为 3 年和 5 年，期限结构为 3 年债券发行额和 5 年债券发行额分别占国务院批准的发债规模的 50%。

11 月 27 日国家发展改革委《关于印发东北地区物流业发展规划的通知》，发改东北〔2011〕2590 号。

12 月 21 日财政部印发《村级公益事业建设一事一议财政奖补资金管理办法》的通知（财预 [2011]561 号），通知要求对农民通过一事一议筹资筹劳开展的村内道路、农田水利、村容村貌改造以及村民通过民主程序议定需要兴办且符合本省（含自治区、直辖市、计划单列市，新疆生产建设兵团及黑龙江省、广东省中央直属垦区，下同）有关规定的其他公益事业建设项目，国家按规定给予奖补；跨村以及村以上范围的公益事业建设项目继续通过现有专项资金渠道解决，不得列入一事一议财政奖补范围；农民房前屋后的修路、建厕、打井、植树等投资投劳由农民自己负责。一事一议财政奖补资金使用实行分级管理。省以下各级财政部门的管理职责，由省级财政部门研究确定。

[节能减排与环境保护政策]

1 月 21 日　国家发展改革委、国家电监会《关于 2010 年 1-9 月可再生能源电价补贴和配额交易方案的通知》，发改价格 [2011]122 号。

1 月 26 日　工业和信息化部《关于印发淘汰落后产能工作考核实施方案的通知》，工信部联产业〔2011〕46 号。

1 月 30 日　财政部、国家发展改革委《关于调整公布第九期节能产品政府采购清单的通知》，财库 [2011]20 号。

2 月 21 日　国家发展改革委、工业和信息化部、财政部公告 2011 年第 1 号《“节能产品惠民工程”节能汽车推广目录（第五批）》。

3 月 28 日　国家发展改革委关于做好 2011 年电力运行调节工作的通知，发改运行 [2011]662　号。

4 月 6 日　财政部、国家能源局和农业部联合印发《绿色能源示范县建设补助资金管理暂行办法》的通知（财建 [2011]113 号）。

4 月 12 日　财政部、工业和信息化部和国家能源局联合印发《淘汰落后产能中央财政奖励资金管理办法》的通知（财建 [2011]180 号）。

4 月 12 日　财政部、工业和信息化部和国家能源局联合印发《淘汰落后产能中央财政奖励资金管理办法》的通知（财建 [2011]180 号）。

5 月 4 日　财政部与住房和城乡建设部联合下发《关于进一步推进公共建筑节能工作的通知》（财建 [2011]207 号），通知要求各地区、各部门明确“十二五”期间公共建筑节能工作目标，加强新建公共建筑节能管理，深入开展公共建筑节能监管体系建设，积极推动公共建筑节能改造工作，大力推进能效交易、合同能源管理等节能机制创新，加强公共建筑节能组织管理。

5 月 17 日　国家发展改革委办公厅和财政部办公厅联合下发《关于印发循环经济发展专项资金支持餐厨废弃物资源化利用和无害化处理试点城市建设实施方案的通知》（发改办环资 [2011]1111 号）。

5 月 23 日　财政部与住房和城乡建设部联合印发《“十二五”期间城镇污水处理设施配套管网建设项目资金管理办法》的通知（财建 [2011]266 号）。

6 月 8 日　财政部、国家林业局联合发布《关于开展 2011 年林木良种补贴试点工作的意见》（财农 [2011]96 号）。

6 月 20 日　财政部、交通运输部联合印发《交通运输节能减排专项资金管理暂行办法》的通知（财建 [2011]374 号），通知要求专项资金重点用于支持公路水路交通运输行业推广应用节能减排新机制、新技术、新工艺、新产品的开发和应用，确保完成国家公路水路交通运输节能减排规划安排的重点任务和重点工程。专项资金的使用原则上采取以奖代补方式，由财政部、交通运输部根据项目性质、投资总额、实际节能减排量以及产生的社会效益等综合测算确定补助额度。

6 月 21 日　财政部、国家发展改革委联合印发《节能技术改造财政奖励资金管理办法》的通知（财建 [2011]367 号）。

6 月 22 日　财政部、国家发展改革委联合下发《关于开展节能减排财政政策综合示范工作的通知》（财建 [2011]383 号）。

6 月 22 日　财政部、国家林业局联合发布关于印发《天然林资源保护工程财政专项资金管理办法》的通知（财农 [2011]138 号）。本办法自 2011 年 7 月 1 日起实施，2006 年 10 月 25 日印发的《天然林保护工程财政专项资金管理规定》（财农 [2006]223 号）同时废止。

6 月 26 日　财政部、科技部、国家能源局联合下发《关于做好 2011 年金太阳示范工作的通知》（财建 [2011]380 号）。

6 月 29 日　国家发展改革委办公厅、教育部办公厅、财政部办公厅、国家旅游局办公室《关于组织开展循环经济教育示范基地建设的通知》，发改办环资 [2011]1552 号。

6 月 30 日　财政部、环境保护部联合发布关于印发《湖泊生态环境保护试点管理办法》的通知（财建 [2011]464 号）。

8 月 31 日　国务院《关于印发“十二五”节能减排综合性工作方案的通知》，国发〔2011〕26 号。

9 月 26 日　财政部、住建部和发改委联合下发《关于开展第一批绿色低碳重点小城镇试点示范工作的通知》（财建 [2011]867 号）。

9 月 26 日　财政部和国税总局联合下发《关于天然林保护工程（二期）实施企业和单位房产税、城镇土地使用税政策的通知》（财税 [2011]90 号），通知要求对长江上游、黄河中上游地区，东北、内蒙古等国有林区天然林二期工程实施企业和单位专门用于天然林保护工程的房产、土地，免征房产税、城镇土地使用税。对上述企业和单位用于其他生产经营活动的房产、土地按规定征收房产税、城镇土地使用税。对由于实施天然林二期工程造成森工企业房产、土地闲置一年以上不用的，暂免征收房产税和城镇土地使用税；闲置房产和土地用于出租或重新用于天然林二期工程之外其他生产经营的，按规定征收房产税、城镇土地使用税。用于天然林二期工程的免税房产、土地应单独划分，与其他应税房产、土地划分不清的，按规定征收房产税、城镇土地使用税。

10 月 1 日　财政部、国家发展改革委、工业和信息化部联合印发了《关于调整节能汽车推广补贴政策的通知》规定，在纳入补贴范围的节能汽车中，百公里平均油耗从 6.9L 降低到 6.3L；补贴标准不变，即对消费者购买节能汽车继续给予一次性 3000 元定额补助，由生产企业在销售时兑付给购买者。

10 月 9 日　国家发展改革委、财政部、住房城乡建设部、国家能源局，关于发展天然气分布式能源的指导意见，发改能源 [2011]2196 号。

11 月 21 日财政部和国税总局联合下发《关于调整完善资源综合利用产品及劳务增值税政策的通知》（财税 [2011]115 号），通知要求对销售自产的以建（构）筑废物、煤矸石为原料生产的建筑砂石骨料免征增值税。对垃圾处理、污泥处理处置劳务免征增值税。

12 月 1 日　国务院《关于印发“十二五”控制温室气体排放工作方案的通知》，国发〔2011〕41 号。

12 月 10 日国家发展改革委《关于印发“十二五”资源综合利用指导意见和大宗固体废物综合利用实施方案的通知》，发改环资 [2011]2919 号。

12 月 15 日国务院《关于印发国家环境保护“十二五”规划的通知》，国发〔2011〕42 号。

12 月 17 日国务院《关于加强环境保护重点工作的意见》，国发〔2011〕35 号。

[价格政策]

1 月 21 日　国家发展改革委、国家电监会《关于 2010 年 1-9 月可再生能源电价补贴和配额交易方案的通知》，发改价格 [2011]122 号。

1 月 30 日　国家发展改革委、农业部、商务部、交通运输部、工商总局《关于做好 2011 年春节期间蔬菜市场保供稳价工作的紧急通知》，发改电 [2011]53 号。

2 月 10 日　国家发展改革委、财政部、农业部、国家粮食局、中国农业发展银行《关于提高 2011 年稻谷最低收购价格的通知》，发改电 [2011]61 号。

3 月 14 日　国家发展改革委、监察部、国务院纠风办、卫生部、国家中医药管理局、解放军总后勤部《关于开展全国医药卫生服务价格大检查的通知》，发改价检 [2011]501 号。

3 月 16 日　国家发展改革委关于发布《商品房销售明码标价规定》的通知，发改价检 [2011]548 号。

3 月 28 日　国家发展改革委《关于切实保障电煤供应稳定电煤价格的紧急通知》，发改价格 [2011]659 号。

3 月 30 日　国家发展改革委、农业部《关于进一步加强种子价格和质量监管确保农业生产用种需要的紧急通知》，发改电 [2011]83 号。

4 月 18 日　国家发展改革委办公厅、中国消费者协会《关于积极推进明码实价工作的通知》，发改办价检 [2011]854 号。

5 月 10 日　国家发展改革委《关于完善价格政策促进蔬菜生产流通的通知》，发改价格 [2011]958 号。

5 月 20 日 发改委、财政部等联合印发《2011 年小麦最低收购价执行预案的通知》（发改经贸[2011]1066 号），通知明确最低收购价格水平、执行区域和时间。2011 年小麦最低收购价格水平，白小麦（国标三等，下同）每市斤 0.95 元，红小麦和混合小麦每市斤 0.93 元。执行区域为河北、江苏、安徽、山东、河南、湖北等 6 个主产省

5 月 20 日 国家发展改革委、财政部、农业部、国家粮食局、农业发展银行、中储粮总公司《关于印发 2011 年小麦最低收购价执行预案的通知》，发改经贸 [2011]1066 号。

5 月 20 日 国家发展改革委、财政部、农业发展银行和中储粮总公司联合下发《关于印发 2011 年小麦最低收购价执行预案的通知》（发改经贸 [2011]1066 号），通知要求各地相关部门明确最低收购价格水平、执行区域和时间，完善预案启动机，加强委托收储库点资格审查，落实政策执行责任主体的责任，加大监督检查和处罚力度，加强收购工作的组织领导。

6 月 20 日 国家发展改革委《关于整顿规范电价秩序的通知》，发改价检 [2011]1311 号。

7 月 1 日 国家发展改革委、财政部、农业部、国家粮食局、农业发展银行和中储粮总公司联合印发《2011 年早籼稻最低收购价执行预案》的通知（发改经贸 [2011]1381 号），通知规定：早籼稻最低收购价每市斤 1.02 元，以 2011 年生产的国标三等早籼稻为标准品，具体质量标准按稻谷国家标准。

7 月 7 日 国家发展改革委《关于推进航空煤油价格市场化改革有关问题的通知》，发改价格[2011]1419 号。

7 月 24 日 国家发展改革委《关于完善太阳能光伏发电上网电价政策的通知》，发改价格[2011]1594 号。

7 月 27 日 国务院办公厅《关于促进生猪生产平稳健康持续发展 防止市场供应和价格大幅波动的通知》，国办发明电〔2011〕26 号。

8 月 26 日 国家发展改革委《关于开展教育收费专项检查的通知》，发改价监 [2011]1892 号

9 月 5 日 国家发展改革委、财政部、农业部、国家粮食局、农业发展银行、中储粮总公司《关于印发 2011 年中晚稻最低收购价执行预案的通知》，发改经贸 [2011]1950 号

9 月 28 日 发改委、财政部等联合下发《关于提高 2012 年小麦最低收购价格的通知》（发改电[2011]250 号），通知决定从明年新粮上市起适当提高主产区 2012 年生产的小麦最低收购价水平。每 50 公斤白小麦（三等，下同）、红小麦、混合麦最低收购价格均提高到 102 元，比 2011 年分别提高 7 元、9 元、9 元。

9 月 28 日 国家发展改革委、财政部、农业部、国家粮食局、中国农业发展银行《关于提高 2012 年小麦最低收购价格的通知》，发改电 [2011]250 号。

11 月 29 日国家发展改革委《关于居民生活用电试行阶梯电价的指导意见的通知》，发改价格[2011]2617 号。

11 月 30 日国家发展改革委《关于加强发电用煤价格调控的通知》，发改电 [2011]299 号。

12 月 10 日国家发展改革委 铁道部《关于硫酸钾镁肥执行化肥铁路优惠运价政策的通知》，发改价格 [2011]2938 号。

12 月 31 日财政部和国税总局联合下发《关于免征蔬菜流通环节增值税有关问题的通知》（财税[2011]137 号），通知要求自 2012 年 1 月 1 日起，对从事蔬菜批发、零售的纳税人销售的蔬菜免征增值税。纳税人既销售蔬菜又销售其他增值税应税货物的，应分别核算蔬菜和其他增值税应税货物的销售额；未分别核算的，不得享受蔬菜增值税免税政策。

[住房及房地产政策]

1 月 26 日　国办发〔2011〕1 号，国务院办公厅《关于进一步做好房地产市场调控工作有关问题的通知》。

1 月 26 日　国务院办公厅《关于进一步做好房地产市场调控工作有关问题的通知》，国办发〔2011〕1 号。

1 月 27 日　财政部和国家税务总局联合下发《关于调整个人住房转让营业税政策的通知》（财税[2011]12 号），通知要求个人将购买不足 5 年的住房对外销售的，全额征收营业税；个人将购买超过 5 年（含 5 年）的非普通住房对外销售的，按照其销售收入减去购买房屋的价款后的差额征收营业税；个人将购买超过 5 年（含 5 年）的普通住房对外销售的，免征营业税。

2 月 5 日　国土资发〔2011〕2 号，《关于切实做好 2011 年城市住房用地管理和调控重点工作的通知》。

3 月 8 日　中国银监会办公厅《关于做好住房金融服务加强风险管理的通知》，银监办发〔2011〕55 号。

4 月 26 日　财政部和国家税务总局联合下发《关于购房人办理退房有关契税问题的通知》（财税[2011]32 号），通知要求对已缴纳契税的购房单位和个人，在未办理房屋权属变更登记前退房的，退还已纳契税；在办理房屋权属变更登记后退房的，不予退还已纳契税。

5 月 18 日　建保 [2011]69 号，住房和城乡建设部《关于加强保障性安居工程质量管理的通知》。

5 月 24 日　财政部与住房和城乡建设部联合下发《关于切实落实保障性安居工程资金加快预算执行进度的通知》（财综 [2011]41 号），通知要求各地相关部门切实加大地方公共预算用于保障性安

新农村示范建设南新村（双流县统计局提供）

居工程资金规模，确保住房公积金增值收益按规定用于保障性安居工程，进一步明确土地出让收益用于保障性安居工程的具体口径，全面落实保障性安居工程建设和运营涉及的各项税费优惠政策，创新财政支持公共租赁住房建设和运营方式，加快各类保障性安居工程资金预算执行进度，定期报送保障性安居工程工作进展情况。

6 月 9 日　国家发展改革委办公厅《关于利用债券融资支持保障性住房建设有关问题的通知》。

7 月 1 日　财政部、住房城乡建设部联合发布《关于多渠道筹措资金确保公共租赁住房项目资本金足额到位的通知》（财综〔2011〕47 号），通知要求尽快将公共租赁住房建设任务分解落实到具体项目，确定投资模式并测算项目资本金需求；按照公共租赁住房投资主体，分别由企业和政府解决项目资本金；加大政府筹资力度，确保公共租赁住房项目资本金及时足额到位；按照工程进度支付建设资金，保障建设资金专款专用。

7 月 1 日　财综〔2011〕47 号，财政部，住房城乡建设部，《关于多渠道筹措资金确保公共租赁住房项目资本金足额到位的通知》。

7 月 23 日　发改高技 [2011]1592 号，国家发展改革委《关于鼓励和引导民营企业发展战略性新兴产业的实施意见》。

8 月 4 日　银发〔2011〕193 号，中国人民银行，中国银行业监督管理委员会《关于认真做好公共租赁住房等保障性安居工程金融服务工作的通知》。

8 月 4 日　中国人民银行、中国银行业监督管理委员会联合印发《关于认真做好公共租赁住房等保障性安居工程金融服务工作的通知》（银发 [2011]193 号），明确和重申公共租赁住房等保障性安居工程信贷支持政策，要求银行业金融机构在加强管理、防范风险的基础上，加大对保障性安居工程建设的信贷支持。

9 月 28 日　国办发〔2011〕45 号，国务院办公厅《关于保障性安居工程建设和管理的指导意见》。

[民生及其他政策]

1 月 7 日　财政部和商务部联合发布《关于加强家电下乡、家电以旧换新监管防止骗补等有关问题的紧急通知》（财建明电 [2011]1 号），通知要求各地要高度重视家电下乡、家电以旧换新工作，各级财政、商务部门要在地方政府领导下会同有关部门严格落实有关政策规定，加强监督检查，加大责任追究和处罚力度，并进一步细化补贴审核兑付办法。

2 月 26 日　国务院办公厅《关于积极稳妥推进户籍管理制度改革的通知》，国办发〔2011〕9 号。

4 月 13 日　财政部和民政部联合下发《关于加强城乡最低生活保障资金预算执行管理工作的通知》（财社 [2011]37 号），通知要求各地相关部门加大城乡低保资金投入，及时下达城乡低保资金，积极推进城乡低保资金按月发放，实行城乡低保资金预算执行情况逐级通报制度，建立城乡低保资金绩效考核制度。

5 月 11 日　民政部、国家发展改革委、财政部和国家统计局联合下发《关于进一步规范城乡居民最低生活保障标准制定和调整工作的指导意见》（民发 [2011]80 号），通知要求各地相关部门深刻认识规范城乡低保标准制定和调整工作的重要意义，准确把握城乡低保标准制定和调整的指导思想和基本原则，科学确定城乡低保标准制定和调整的方法，认真做好城乡低保标准的制定和调整工作。

5 月 31 日　财政部和人力资源和社会保障部联合下发《关于进一步加强就业专项资金管理有关问题的通知》（财社 [2011]64 号），通知就资金安排和使用、预算执行、资金申请及支付管理、决算管理、

（防城港市委宣传部提供）

账户管理、监督管理做出明确规定。

5 月 31 日 国务院《关于进一步做好普通高等学校毕业生就业工作的通知》，国发〔2011〕16 号。

6 月 7 日 国务院《关于开展城镇居民社会养老保险试点的指导意见》，国发〔2011〕18 号。

6 月 24 日 财政部、教育部联合印发《国家公派出国教师生活待遇管理规定》的通知（财教[2011]194 号）。通知规定，出国教师在国外任教期间，根据出国教师国内职称，按以下标准计发国外工资：教授、研究员级别按 2100 美元 / 月发放工资，副教授、副研究员按 1900 美元 / 月，讲师、助理研究员按 1700 美元 / 月，助教、实习研究员 1500 美元 / 月。孔子学院中方院长享受岗位津贴，标准为每人每月 400 美元，用于开展工作必需的对外交往和通讯等支出。为体现对艰苦地区的倾斜，鼓励到艰苦地区任教，在艰苦地区任教的出国教师享受艰苦地区津贴。

6 月 29 日 国务院《关于进一步加大财政教育投入的意见》， 国发 (2011) 22 号 。

6 月 30 日 教育部办公厅、财政部办公厅联合下发《关于启动 2011 年度“国家示范性高等职业院校建设计划”骨干高职学校项目建设工作的通知》（教职成厅函 [2011]44 号）。

6 月 30 日 全国人大常委会表决通过了关于修改个人所得税法的决定，将工资薪金所得应缴个税的免征额从 2000 元上调至 3500 元。

7 月 19 日 温家宝总理签署《中华人民共和国国务院令（第 600 号）》。《国务院关于修改〈中华人民共和国个人所得税法实施条例〉的决定》，自 2011 年 9 月 1 日起施行。

7 月 21 日 财政部和教育部联合下发《关于从土地出让收益中计提教育资金有关事项的通知》（财综 [2011]62 号），通知要求从 2011 年 1 月 1 日起，各省、自治区、直辖市、计划单列市（以下简称各地区）所辖市、县（区），统一按照当年实际缴入地方国库的招标、拍卖、挂牌和协议出让国有土地使用权取得的土地出让收入，扣除当年从地方国库中实际支付的征地和拆迁补偿支出、土地开发支出、计提农业土地开发资金支出、补助被征地农民社会保障支出、保持被征地农民原有生活水平补贴支出、支付破产或改制企业职工安置费支出、支付土地出让业务费、缴纳新增建设用地土地有偿使用费等相关支出项目后，作为计提教育资金的土地出让收益口径，严格按照 10% 的比例计提教育资金。从土地出让收益中计提的教育资金，作为各地区计算财政性教育经费来源之一，各地区不得由此减少应当由公共财政预算安排的教育经费。

7 月 29 日 财政部和国税总局联合下发《关于调整个体工商户业主个人独资企业和合伙企业自然人投资者个人所得税费用扣除标准的通知》（财税 [2011]62 号），通知要求对个体工商户业主、个人独资企业和合伙企业自然人投资者的生产经营所得依法计征个人所得税时，个体工商户业主、个人独资企业和合伙企业自然人投资者本人的费用扣除标准统一确定为 42000 元 / 年（3500 元 / 月）。

8 月 31 日 财政部和国税总局联合下发《关于房屋、土地权属由夫妻一方所有变更为夫妻双方共有契税政策的通知》（财税 [2011]82 号），通知要求婚姻关系存续期间，房屋、土地权属原归夫妻一方所有，变更为夫妻双方共有的，免征契税。

9 月 5 日 财政部和教育部联合下发《关于加大财政投入支持学前教育发展的通知》（财教 [2011]405 号）。

9 月 6 日 财政部和国税总局联合下发《关于经营高校学生公寓和食堂有关税收政策的通知》（财税 [2011]78 号），通知要求自 2011 年 1 月 1 日至 2012 年 12 月 31 日对高校学生公寓免征房产税。对与高校学生签订的高校学生公寓租赁合同，免征印花税。对按照国家规定的收费标准向学生收取的高校学生公寓住宿费收入，免征营业税。对高校学生食堂为高校师生提供餐饮服务取得的收入，免征营业税。

9 月 14 日 财政部和民政部联合发布关于印发《中央财政流浪乞讨人员救助补助资金管理办法》的通知（财社 [2011]190 号），通知要求补助资金要专款专用，用于流浪乞讨人员生活救助、医疗救治、教育矫治、返乡救助和临时安置等救助保护支出。补助资金不得用于救助机构运转、设备购置和基础设施维修改造等支出。任何组织、机构、个人不得以任何形式平调、挤占、挪用、骗取补助资金。

9 月 28 日 财政部和国税总局联合下发《关于员工制家政服务免征营业税的通知》（财税 [2011]51 号），通知要求自 2011 年 10 月 1 日至 2014 年 9 月 30 日

10 月 20 日财政部、国税总局和民政部联合下发《关于生产和装配伤残人员专门用品企业免征企业所得税的通知》（财税 [2011]81 号），通知要求符合生产和装配伤残人员专门用品，且在民政部发布的《中国伤残人员专门用品目录》范围之内；以销售本企业生产或者装配的伤残人员专门用品为主，且所取得的年度伤残人员专门用品销售收入（不含出口取得的收入）占企业全部收入 60% 以上；等条件的，可以在 2015 年底以前免征企业所得税。

12 月 12 日财政部和全国妇联联合印发《2011 年至 2015 年中央专项彩票公益金支持农村贫困母亲两癌救助项目管理办法》的通知（财行 [2011]711 号）。通知要求，项目资金实行专账管理，独立核算，不得与其他资金混合管理使用。项目资助的地域包括 31 个省、自治区、直辖市和新疆生产建设兵团（以下统称省），救助对象为经过有检查资质的医疗机构确诊、患有宫颈癌 2

12 月 14 日财政部和人口计生委联合下发《关于调整全国农村部分计划生育家庭奖励扶助和计划生育家庭特别扶助标准的通知》（财教 [2011]623 号），通知要求自 2012 年 1 月 1 日起，奖扶标准从现在的每人每月不低于 60 元提高到每人每月不低于 80 元。特扶标准（独生子女死亡家庭）从现在的每人每月不低于 100 元提高到每人每月不低于 135 元，特扶标准（独生子女伤残家庭）由现在的每人每月不低于 80 元提高到每人每月不低于 110 元，特别扶助（计划生育手术并发症人员）标准暂不调整。

12 月 14 日财政部和人口计生委联合下发《关于建立全国农村部分计划生育家庭奖励扶助和计划生育家庭特别扶助标准动态调整机制的通知》（财教 [2011]622 号），通知要求当农村居民家庭年人

均生活消费支出累计增长幅度达到或超过 30% 时启动调整机制，首次调整自 2008 年算起。为做好与年度财政预算安排的有效衔接，调整后标准顺延至国家公布农村居民家庭年人均生活消费支出数据后的次年开始执行。以两个调整周期之间农村居民家庭年人均生活消费支出累计增长幅度作为计算依据。

（贾彩苹摄）

Important Documents

一、主题报告篇

二、地区发展篇

三、重要文献篇

四、宏观政策篇

五、统计图表篇

国内生产总值

年 份	季 度	国内生产总值	第一产业	第二产业	第三产业
		累计值(亿元)			
2009	I	69 816.9	4 627.0	32 658.5	32 531.4
	I–II	148 203.6	11 830.7	71 702.7	64 670.2
	I–III	231 303.3	22 142.2	109 101.2	100 059.9
	I–IV	340 902.8	35 226.0	157 638.8	148 038.0
2010	I	82 613.4	5 143.6	39 436.1	38 033.6
	I–II	174 878.8	13 379.1	86 261.0	75 238.8
	I–III	272 626.7	25 623.1	129 947.2	117 056.4
	I–IV	401 512.8	40 533.6	187 383.2	173 596.0
2011	I	97 101.2	5 980.0	46 978.2	44 143.0
	I–II	205 775.4	15 700.0	102 605.4	87 470.0
	I–III	321 219.1	30 340.0	154 675.3	136 203.8
	I–IV	471 563.7	47 712.0	220 591.6	203 260.1
		指数(上年同期=100)			
2009	I	106.6	103.5	105.8	107.9
	I–II	107.5	103.8	107.1	108.5
	I–III	108.2	104.0	108.1	109.3
	I–IV	109.2	104.2	109.9	109.6
2010	I	112.1	103.8	114.5	110.5
	I–II	111.2	103.6	113.3	109.9
	I–III	110.7	104.0	112.6	109.7
	I–IV	110.4	104.3	112.3	109.8
2011	I	109.7	103.5	111.1	109.1
	I–II	109.6	103.2	110.9	109.2
	I–III	109.4	103.8	110.8	109.0
	I–IV	109.2	104.5	110.6	108.9

工业增加值增速

比上年同期增长 (%)

年 份	月 度	工业增加值	轻工业	重工业	国有及国有控股企业
2009	2	11.0	14.4	9.6	3.6
	3	8.3	8.5	8.3	2.7
	4	7.3	8.2	6.9	2.3
	5	8.9	9.7	8.6	2.4
	6	10.7	10.2	10.9	5.7
	7	10.8	9.2	11.3	7.4
	8	12.3	9.8	13.2	8.6
	9	13.9	11.8	14.8	11.8
	10	16.1	11.3	18.1	13.7
	11	19.2	12.6	22.2	19.0
	12	18.5	12.1	21.4	21.7
2010	2	12.8	7.5	15.2	13.3
	3	18.1	13.4	20.0	18.2
	4	17.8	14.1	19.4	17.6
	5	16.5	13.6	17.8	16.8
	6	13.7	12.0	14.5	13.3
	7	13.4	13.5	13.3	11.4
	8	13.9	13.1	14.2	11.7
	9	13.3	13.0	13.4	11.0
	10	13.1	12.9	13.2	10.6
	11	13.3	12.7	13.6	10.9
	12	13.5	13.0	13.7	9.8
2011	2	14.9	13.1	15.6	10.5
	3	14.8	12.8	15.6	12.9
	4	13.4	11.9	14.0	10.4
	5	13.3	12.9	13.5	8.9
	6	15.1	13.9	15.6	10.7
	7	14.0	12.8	14.5	9.5
	8	13.5	13.4	13.5	9.4
	9	13.8	12.8	14.3	9.9
	10	13.2	12.1	13.7	8.9
	11	12.4	12.4	12.4	7.8
	12	12.8	12.6	13.0	9.2

货物运输及沿海主要港口货物吞吐量

年 度	月 份	货运量总计 (万吨)	铁路	公路	水运	民用航空	沿海主要港口货物吞吐量 (亿吨)	外贸货物吞吐量	货物周转量总计 (亿吨公里)
2009	1	19.0	2.5	14.5	2.0	26.4	3.3	1.4	
	2	18.2	2.3	13.9	1.9	25.6	3.0	1.2	7 182.6
	3	20.4	2.7	15.5	2.3	33.8	3.7	1.5	7 037.9
	4	20.9	2.6	15.8	2.5	34.8	3.8	1.5	8 448.5
	5	22.8	2.8	17.3	2.6	35.2	4.1	1.7	9 132.7
	6	23.3	2.7	18.0	2.5	33.7	4.1	1.7	9 705.9
	7	23.9	2.8	18.3	2.8	36.0	4.2	1.7	10 080.9
	8	24.7	2.9	19.0	2.8	39.1	4.2	1.8	10 218.4
	9	24.2	2.8	18.7	2.7	45.7	4.1	1.7	10 379.1
	10	24.6	2.9	18.9	2.8	41.8	4.0	1.7	10 769.4
	11	23.3	2.8	17.8	2.6	45.0	3.9	1.7	11 035.5
	12		2.9			45.6			10 239.0
2010	1	24.4	3.1	18.5	2.9	45.1	4.4	1.9	
	2	21.7	2.8	16.5	2.4	34.3	3.9	1.7	10 639.8
	3	25.2	3.2	19.1	2.9	48.0	4.4	1.9	9 393.1
	4	25.8	3.0	19.8	3.1	46.6	4.5	1.9	10 914.3
	5	26.6	3.1	20.3	3.1	46.7	4.7	1.9	10 893.0
	6	26.4	3.0	20.3	3.1	43.6	4.6	1.9	11 310.2
	7	27.4	3.1	21.3	3.1	44.5	4.5	1.9	11 384.1
	8	27.7	3.1	21.5	3.2	46.3	4.6	1.9	11 330.7
	9	27.8	3.0	21.6	3.2	51.6	4.5	1.8	11 833.7
	10	28.3	3.1	21.8	3.4	49.6	4.5	1.8	11 799.4
	11	27.8	3.0	21.4	3.3	49.8	4.7	2.0	12 166.2
	12		3.1			51.4			11 954.4
2011	1	27.2	3.3	20.8	3.1	49.7	5.1	2.2	11 457.8
	2	24.9	2.9	19.2	2.8	30.1	4.3	1.7	10 853.3
	3	28.8	3.3	22.0	3.5	48.9	5.0	2.0	12 536.0
	4	29.2	3.1	22.5	3.6	47.8	5.1	2.0	12 527.1
	5	30.3	3.3	23.3	3.6	44.7	5.3	2.1	13 148.8
	6	30.3	3.2	23.5	3.6	43.5	5.1	2.0	13 297.0
	7	31.3	3.3	24.3	3.7	45.0	5.2	2.2	13 054.2
	8	31.7	3.2	24.7	3.7	45.5	5.2	2.1	13 488.6
	9	32.1	3.2	25.1	3.8	50.6	5.2	2.1	14 015.4
	10	32.3	3.3	25.2	3.8	46.9	5.2	2.2	14 011.4
	11	31.8	3.2	24.8	3.7	48.6	5.1	2.2	13 518.8
	12		3.3			49.9			

固定资产投资完成额

年份	月度	投资完成额①（亿元）	比上年同期增长（%）	其中：房地产开发（亿元）	比上年同期增长（%）
2009	1-2	10 275.8	26.5	2 398.2	1.0
	1-3	23 562.0	28.6	4 880.3	4.1
	1-4	37 082.3	30.5	7 290.0	4.9
	1-5	53 520.3	32.9	10 165.2	6.8
	1-6	78 098.4	33.6	14 505.3	9.9
	1-7	95 932.0	32.9	17 720.4	11.6
	1-8	112 984.8	33.0	21 147.3	14.7
	1-9	133 176.6	33.3	25 050.4	17.7
	1-10	150 709.8	33.1	28 439.7	18.9
	1-11	168 634.2	32.1	31 270.9	17.8
	1-12	194 138.6	30.5	36 231.7	16.1
2010	1-2	13 014.0	26.6	3 143.6	31.1
	1-3	29 792.7	26.4	6 594.5	35.1
	1-4	46 742.7	26.1	9 932.1	36.2
	1-5	67 358.3	25.9	13 917.4	38.2
	1-6	98 047.4	25.5	19 747.1	38.1
	1-7	119 866.2	24.9	23 864.8	37.2
	1-8	140 997.7	24.8	28 355.0	36.7
	1-9	165 869.6	24.5	33 511.3	36.4
	1-10	187 556.1	24.4	38 069.5	36.5
	1-11	210 697.8	24.9	42 697.3	36.5
	1-12	241 414.9	24.5	48 267.1	33.2
2011	1-2	17 444.2	24.9	4 250.4	35.2
	1-3	39 464.9	25.0	8 846.4	34.1
	1-4	62 716.2	25.4	13 340.2	34.3
	1-5	90 254.5	25.8	18 737.2	34.6
	1-6	124 566.7	25.6	26 250.4	32.9
	1-7	152 419.9	25.4	31 873.0	33.6
	1-8	180 607.6	25.0	37 780.8	33.2
	1-9	212 274.0	24.9	44 224.8	32.0
	1-10	241 365.1	24.9	49 922.8	31.1
	1-11	269 452.1	24.5	55 483.0	29.9
	1-12	301 932.8	23.8	61 739.8	27.9

注：2011年固定资产投资完成额为不含农户投资，2010年及以前年度为城镇投资。

社会消费品零售总额

单位：亿元，%

年 份	月 度	社会消费品零售总额	比上年同期增长
2009	1	10 756.6	18.5
	2	9 323.8	11.6
	3	9 317.6	14.7
	4	9 343.2	14.8
	5	10 028.4	15.2
	6	9 941.6	15.0
	7	9 936.5	15.2
	8	10 115.6	15.4
	9	10 912.8	15.5
	10	11 717.6	16.2
	11	11 339.0	15.8
	12	12 610.0	17.5
2010	1	12 718.1	14.0
	2	12 334.2	22.1
	3	11 321.7	18.0
	4	11 510.4	18.5
	5	12 455.1	18.7
	6	12 329.9	18.3
	7	12 252.8	17.9
	8	12 569.8	18.4
	9	13 536.5	18.8
	10	14 284.8	18.6
	11	13 910.9	18.7
	12	15 329.5	19.1
2011	1	15 249.0	19.9
	2	13 769.1	11.6
	3	13 588.0	17.4
	4	13 649.0	17.1
	5	14 696.8	16.9
	6	14 565.1	17.7
	7	14 408.0	17.2
	8	14 705.0	17.0
	9	15 865.1	17.7
	10	16 546.4	17.2
	11	16 128.9	17.3
	12	17 739.7	18.1

进出口总值

单位：亿美元

年　份	月　度	进出口总值	出口总值	进口总值	进出口差额
2009	1	1 418.7	904.9	513.8	391.1
	2	1 249.9	648.7	601.2	47.5
	3	1 621.0	902.2	718.8	183.4
	4	1 709.1	919.2	789.9	129.4
	5	1 643.5	887.0	756.5	130.5
	6	1 829.2	954.6	874.6	80.1
	7	2 003.8	1 053.6	950.1	103.5
	8	1 918.0	1 036.8	881.2	155.6
	9	2 189.5	1 158.9	1 030.6	128.3
	10	1 975.3	1 107.4	867.9	239.5
	11	2 082.1	1 136.5	945.6	190.9
	12	2 430.9	1 307.4	1 123.5	183.9
2010	1	2 050.1	1 095.0	955.2	139.8
	2	1 815.9	944.8	871.1	73.6
	3	2 315.4	1 120.7	1 194.7	-74.0
	4	2 383.0	1 198.5	1 184.5	14.1
	5	2 438.7	1 316.7	1 122.0	194.7
	6	2 545.2	1 373.4	1 171.8	201.6
	7	2 622.9	1 454.4	1 168.5	285.9
	8	2 585.6	1 392.5	1 193.2	199.3
	9	2 731.6	1 449.4	1 282.1	167.3
	10	2 448.3	1 359.4	1 088.8	270.6
	11	2 838.8	1 533.1	1 305.7	227.4
	12	2 952.2	1 541.5	1 410.7	130.8
2011	1	2 955.7	1 507.0	1 448.7	58.3
	2	2 012.1	966.8	1 045.3	-78.5
	3	3 044.4	1 521.3	1 523.0	-1.7
	4	2 999.3	1 555.9	1 443.4	112.5
	5	3 011.6	1 570.5	1 441.1	129.4
	6	3 016.0	1 619.0	1 397.0	221.9
	7	3 199.4	1 751.5	1 447.9	303.6
	8	3 286.8	1 732.4	1 554.3	178.1
	9	3 246.3	1 695.9	1 550.5	145.4
	10	2 976.7	1 573.7	1 403.0	170.6
	11	3 342.6	1 744.3	1 598.3	146.0
	12	3 328.9	1 746.7	1 582.2	164.5

资料来源：中华人民共和国海关总署。

价格分类指数

(上年同月=100)

年 份	月 度	居民消费价格指数	商品零售价格指数	农业生产资料价格总指数	工业品出厂价格指数	工业生产者购进价格指数
2009	1	101.0	100.7	109.7	96.7	94.7
	2	98.4	98.4	106.8	95.5	92.9
	3	98.8	98.5	101.3	94.0	91.1
	4	98.5	98.1	98.3	93.4	90.4
	5	98.6	98.1	96.4	92.8	89.6
	6	98.3	97.7	94.2	92.2	88.8
	7	98.2	97.5	92.8	91.8	88.3
	8	98.8	98.0	92.5	92.1	88.6
	9	99.2	98.5	92.7	93.0	89.9
	10	99.5	98.7	93.9	94.2	91.6
	11	100.6	100.0	96.1	97.9	96.4
	12	101.9	101.4	98.1	101.7	103.0
2010	1	101.5	101.8	99.6	104.3	108.0
	2	102.7	102.5	100.3	105.4	110.3
	3	102.4	102.3	100.9	105.9	111.5
	4	102.8	102.8	101.2	106.8	112.0
	5	103.1	103.1	102.1	107.1	112.2
	6	102.9	102.7	102.5	106.4	110.8
	7	103.3	102.8	102.9	104.8	108.5
	8	103.5	103.0	103.5	104.3	107.5
	9	103.6	103.0	103.9	104.3	107.1
	10	104.4	103.9	105.2	105.0	108.1
	11	105.1	104.7	106.5	106.1	109.7
	12	104.6	104.1	106.0	105.9	109.5
2011	1	104.9	103.7	105.4	106.6	109.7
	2	104.9	104.3	106.5	107.2	110.4
	3	105.4	104.6	108.6	107.3	110.5
	4	105.3	104.7	110.2	106.8	110.4
	5	105.5	104.9	111.4	106.8	110.2
	6	106.4	105.8	113.5	107.1	110.5
	7	106.5	106.1	114.6	107.5	111.0
	8	106.2	106.0	114.7	107.3	110.6
	9	106.1	106.0	115.0	106.5	110.0
	10	105.5	105.3	113.7	105.0	108.0
	11	104.2	104.0	111.2	102.7	105.1
	12	104.1	103.8	110.4	101.7	103.5

国家财政预算收支

单位：亿元，%

年份	月度	收入合计	比上年同期增长	税收收入	比上年同期增长	支出合计	比上年同期增长
2009	1-2	10 239.8	-11.4	9 237.3	-13.0	7 803.5	37.0
	1-3	14 642.1	-8.3	13 023.6	-10.3	12 810.9	34.8
	1-4	20 539.2	-9.9	18 336.8	-11.1	17 889.0	31.7
	1-5	27 108.7	-6.7	24 046.5	-9.4	22 497.0	27.8
	1-6	33 976.1	-2.4	29 530.1	-6.0	28 902.6	26.3
	1-7	40 672.1	-0.5	35 465.0	-3.5	33 888.2	23.5
	1-8	45 909.5	2.6	40 124.6	-0.4	38 625.4	22.7
	1-9	51 518.9	5.3	45 057.6	2.2	45 202.8	24.1
	1-10	58 363.8	7.5	51 317.7	4.7	49 886.0	23.0
	1-11	63 393.1	9.2	55 687.3	7.1	56 236.0	22.7
2010	1-2	13 603.6	32.9	12 473.5	35.0	8 406.0	7.7
	1-3	19 627.1	34.0	17 702.6	35.9	14 330.0	11.9
	1-4	27 552.7	34.1	25 004.6	36.4	19 905.5	11.3
	1-5	35 470.4	30.8	32 029.9	33.2	25 692.2	14.2
	1-6	43 349.8	27.6	38 611.5	30.8	33 811.4	17.0
	1-7	51 133.0	25.7	45 534.2	28.4	39 622.2	16.9
	1-8	56 752.3	23.6	50 555.8	26.0	46 035.9	19.2
	1-9	63 039.5	22.4	55 957.4	24.2	54 505.0	20.6
	1-10	70 899.8	21.5	62 895.1	22.6	60 993.3	22.3
	1-11	76 740.5	21.1	68 332.4	22.7	71 592.9	27.3
2011	1-2	18 494.4	36.0	16 894.8	35.4	10 483.6	24.7
	1-3	26 125.7	33.1	23 438.9	32.4	18 053.6	26.0
	1-4	36 207.8	33.9	32 631.5	35.0	25 358.0	27.4
	1-5	46 820.1	40.3	41 896.2	34.8	33 626.0	30.9
	1-6	56 875.8	38.3	50 028.4	35.4	44 435.1	31.4
	1-7	66 739.9	37.5	58 708.0	35.5	51 385.1	29.7
	1-8	74 286.3	30.9	64 880.1	28.3	59 462.0	29.2
	1-9	81 663.3	29.5	71 292.2	27.4	69 480.6	27.5
	1-10	90 851.7	28.1	79 634.3	26.6	77 559.6	27.2
	1-11	97 309.0	26.8	85 216.4	24.7	88 955.8	24.3

货币供应量(期末余额)

单位：亿元

年份	月度	货币和准货币	货币	流通中现金	活期存款	准货币	定期存款	储蓄存款	其他存款
2009	1	496 135.3	165 214.3	41 082.4	124 132.0	330 921.0	63 563.1	233 225.0	34 132.9
	2	506 708.1	166 149.6	35 141.6	131 008.0	340 558.5	64 004.5	237 488.5	39 065.6
	3	530 626.7	176 541.1	33 746.4	142 794.7	354 085.6	68 478.4	243 069.9	42 537.2
	4	540 481.2	178 213.6	34 257.3	143 956.3	362 267.7	72 405.4	244 235.0	45 627.2
	5	548 263.5	182 025.6	33 559.5	148 466.1	366 237.9	73 058.1	246 146.8	47 032.6
	6	568 916.2	193 138.2	33 641.0	159 497.2	375 778.1	75 760.3	249 379.4	50 638.4
	7	573 102.9	195 889.3	34 239.3	161 650.0	377 213.6	75 496.4	248 942.7	52 774.5
	8	576 699.0	200 394.8	34 406.6	165 988.2	376 304.1	76 594.5	248 502.9	51 206.8
	9	585 405.3	201 708.1	36 787.9	164 920.3	383 697.2	83 668.2	255 720.1	44 308.9
	10	586 643.3	207 545.7	35 730.2	171 815.5	379 097.6	79 875.0	253 047.2	46 175.4
	11	594 604.7	212 493.2	36 343.9	176 149.3	382 111.5	79 901.3	253 868.8	48 341.4
	12	606 225.0	220 001.5	38 246.0	181 755.5	386 223.5	82 284.9	260 771.7	43 166.8
2010	1	625 609.3	229 589.0	40 758.6	188 830.4	396 020.3	86 605.0	263 241.9	46 173.4
	2	636 072.3	224 287.0	42 865.8	181 421.2	411 785.3	89 278.2	279 086.8	43 420.4
	3	649 947.5	229 397.9	39 080.6	190 317.4	420 549.5	91 564.0	281 047.2	47 938.3
	4	656 561.2	233 909.8	39 657.5	194 252.2	422 651.5	94 670.3	280 653.3	47 327.8
	5	663 351.4	236 497.9	38 653.0	197 844.9	426 853.5	96 234.6	281 171.3	49 447.7
	6	673 921.7	240 580.0	38 904.8	201 675.2	433 341.7	97 624.3	288 130.1	47 587.3
	7	674 051.5	240 664.1	39 543.2	201 120.9	433 387.4	97 736.6	287 150.4	48 500.5
	8	687 506.9	244 340.6	39 922.8	204 417.9	443 166.3	100 227.1	288 794.8	54 144.4
	9	696 471.5	243 821.9	41 854.4	201 967.5	452 649.6	107 460.7	299 282.9	45 906.0
	10	699 776.7	253 313.2	41 646.2	211 667.0	446 463.6	102 869.4	292 418.1	51 176.1
	11	710 339.0	259 420.3	42 252.2	217 168.2	450 918.7	103 652.3	293 966.0	53 300.4
	12	725 774.1	266 621.3	44 628.2	221 993.2	459 152.7	105 858.7	303 302.2	49 991.9
2011	1	733 884.8	261 765.0	58 063.9	203 701.1	472 119.8	143 049.5	318 424.5	10 645.8
	2	736 130.9	259 200.5	47 270.2	211 930.3	476 930.4	140 988.8	320 944.4	14 997.2
	3	758 130.9	266 255.5	44 845.2	221 410.3	491 875.4	148 781.1	331 308.9	11 785.4
	4	757 384.6	266 766.9	45 489.0	221 277.9	490 617.7	153 312.6	326 673.1	10 632.0
	5	763 409.2	269 289.6	44 602.8	224 686.8	494 119.6	156 370.6	327 473.1	10 275.8
	6	780 820.9	274 662.6	44 477.8	230 184.8	506 158.3	159 299.8	337 570.6	9 287.9
	7	772 923.7	270 545.7	45 183.1	225 362.6	502 378.0	160 322.3	331 071.2	10 984.5
	8	780 852.3	273 393.8	45 775.3	227 618.5	507 458.5	163 846.4	331 418.3	12 193.8
	9	787 406.2	267 193.2	47 145.3	220 047.9	520 213.0	171 105.4	341 792.3	7 315.3
	10	816 829.2	276 552.7	46 579.4	229 973.3	540 276.6	162 366.3	334 498.1	43 412.2
	11	*825 493.9*	*281 416.4*	*47 317.3*	*234 099.1*	*544 077.6*	*162 640.0*	*336 627.2*	*44 810.3*
	12	851 590.9	289 847.7	50 748.5	239 099.2	561 743.2	166 616.0	352 797.5	42 329.7

货币供应量（期末余额同比增速）

比上年同期增长（%）

年份	月度	货币和准货币	货币			准货币			
				流通中现金	活期存款		定期存款	储蓄存款	其他存款
2009	1	18.8	6.7	12.0	5.0	25.9	34.3	33.8	-17.0
	2	20.4	10.6	8.3	11.3	25.8	30.2	29.2	3.8
	3	25.5	17.0	10.9	18.6	30.2	29.9	29.7	34.1
	4	26.0	17.5	11.3	19.1	30.6	35.2	29.6	29.0
	5	25.7	18.7	11.2	20.5	29.6	34.4	29.1	25.0
	6	28.5	24.8	11.5	28.0	30.4	35.5	28.3	34.0
	7	28.4	26.4	11.6	30.0	29.5	35.2	26.4	37.3
	8	28.5	27.7	11.5	31.7	29.0	33.8	24.1	49.5
	9	29.3	29.5	16.0	33.0	29.2	37.1	24.9	41.8
	10	29.5	32.0	14.1	36.5	28.2	37.7	21.8	54.0
	11	29.7	36.6	15.0	39.6	27.2	36.1	20.1	59.0
	12	27.7	32.4	11.8	37.7	25.2	37.7	19.7	39.4
2010	1	26.1	39.0	-0.8	52.1	19.7	36.3	12.9	35.3
	2	25.5	35.0	22.0	38.5	20.9	39.5	17.5	11.2
	3	22.5	29.9	15.8	33.3	18.8	33.7	15.6	12.7
	4	21.5	31.3	15.8	34.9	16.7	30.8	14.9	3.7
	5	21.0	29.9	15.2	33.3	16.6	31.7	14.2	5.1
	6	18.5	24.6	15.7	26.4	15.3	28.9	15.5	-6.0
	7	17.6	22.9	15.5	24.4	14.9	29.5	15.4	-8.1
	8	19.2	21.9	16.0	23.2	17.8	30.9	16.2	5.7
	9	19.0	20.9	13.8	22.5	18.0	28.4	17.0	3.6
	10	19.3	22.1	16.6	23.2	17.8	28.8	15.6	10.8
	11	19.5	22.1	16.3	23.3	18.0	29.7	15.8	10.3
	12	19.7	21.2	16.7	22.1	18.9	28.7	16.3	15.8
2011	1	17.2	13.6	42.5	7.4	19.3	24.3	20.8	-31.3
	2	15.7	14.5	10.3	15.5	16.4	20.8	15.1	5.5
	3	16.6	15.0	14.8	15.1	17.5	23.5	18.0	-31.6
	4	15.3	12.9	14.7	12.5	16.7	22.6	16.5	-29.0
	5	15.1	12.7	15.4	12.2	16.4	22.7	16.5	-35.8
	6	15.9	13.1	14.4	12.8	17.4	23.6	17.2	-34.5
	7	14.7	11.6	14.3	11.0	16.4	24.5	15.2	-28.2
	8	13.6	11.2	14.7	10.5	14.9	23.2	14.6	-37.2
	9	13.0	8.9	12.7	8.1	15.3	21.6	14.1	-31.2
	10	12.9	8.4	11.9	7.7	15.3	19.3	14.3	9.1
	11	12.7	7.8	12.0	7.0	15.5	17.8	14.5	14.5
	12	13.6	7.9	13.8	6.7	16.8	18.1	16.2	17.7

资料来源：中国人民银行。

金融机构人民币信贷收支

单位：亿元

年份	月度	资金来源总计	各项存款	资金运用总计	各项贷款
2009	1	557 331.2	481 592.1	557 331.2	319 921.8
	2	569 657.7	498 100.3	569 657.7	330 637.7
	3	590 692.9	522 618.7	590 692.9	349 554.8
	4	601 298.6	532 941.1	601 298.6	355 472.8
	5	613 188.5	546 300.0	613 188.5	362 141.7
	6	632 463.3	566 288.1	632 463.3	377 446.1
	7	640 992.5	570 390.7	640 992.5	381 137.6
	8	648 036.9	573 939.5	648 036.9	385 241.2
	9	659 463.4	583 987.2	659 463.4	390 407.9
	10	665 851.2	586 884.0	665 851.2	392 937.6
	11	674 171.6	592 719.8	674 171.6	395 885.3
	12	681 874.8	597 741.1	681 874.8	399 684.8
2010	1	697 197.0	612 877.3	697 197.0	413 679.6
	2	705 516.1	622 436.8	705 516.1	420 678.4
	3	715 020.3	638 090.4	715 020.3	425 785.3
	4	727 276.1	649 915.5	727 276.1	433 524.9
	5	736 923.5	660 756.8	736 923.5	440 018.1
	6	745 762.4	674 098.0	745 762.4	446 045.6
	7	753 807.0	675 706.9	753 807.0	451 372.5
	8	764 507.1	686 463.5	764 507.1	456 818.6
	9	774 572.3	701 024.5	774 572.3	462 822.6
	10	786 498.9	702 793.7	786 498.9	468 699.9
	11	796 588.6	708 784.3	796 588.6	474 389.2
	12	805 879.9	718 233.2	805 879.9	479 196.4
2011	1	809 303.1	712 828.1	809 303.1	483 493.9
	2	817 321.1	726 017.6	817 321.1	488 871.0
	3	828 977.4	752 838.4	828 977.4	494 740.7
	4	840 401.6	756 262.4	840 401.6	502 170.8
	5	850 976.8	767 339.0	850 976.8	507 686.3
	6	862 194.2	786 432.6	862 194.2	514 025.5
	7	870 438.8	779 731.7	870 438.8	518 941.4
	8	881 851.2	786 797.6	881 851.2	524 425.8
	9	890 896.7	794 100.4	890 896.7	529 118.3
	10	898 639.9	791 885.0	898 639.9	534 986.8
	11	905 902.0	795 114.0	905 902.0	540 616.2
	12	913 226.3	809 368.3	913 226.3	547 946.7

人民币汇率与国家外汇储备

年份	月度	人民币/100美元（元）	人民币/100日元（元）	人民币/100港币（元）	人民币/100欧元（元）	人民币/100英镑（元）	期末国家外汇储备（亿美元）
2009	1	683.82	7.5414	88.16	910.43	996.88	19 134.56
	2	683.57	7.4097	88.16	874.32	984.47	19 120.66
	3	683.41	6.9873	88.14	891.50	970.64	19 537.41
	4	683.12	6.9072	88.14	899.57	1 002.64	20 088.80
	5	682.45	7.0681	88.05	929.22	1 048.06	20 894.91
	6	683.32	7.0765	88.16	957.89	1 117.82	21 316.06
	7	683.20	7.2311	88.15	961.45	1 118.16	21 746.18
	8	683.22	7.1994	88.15	974.67	1 131.01	22 108.27
	9	682.89	7.4638	88.11	993.54	1 114.15	22 725.95
	10	682.75	7.5275	88.09	1 015.61	1 110.19	23 282.72
	11	682.74	7.6512	88.09	1 018.60	1 134.08	23 887.88
	12	682.79	7.6101	88.07	997.08	1 108.36	23 991.52
2010	1	682.73	7.4812	87.95	975.84	1 104.26	24 152.21
	2	682.70	7.5662	87.90	936.56	1 068.96	24 245.91
	3	682.64	7.5429	87.95	927.00	1 027.97	24 470.84
	4	682.62	7.3100	87.94	916.96	1 046.77	24 905.12
	5	682.74	7.4245	87.68	856.04	999.80	24 395.06
	6	681.65	7.5087	87.53	832.20	1 004.62	24 542.75
	7	677.75	7.7306	87.14	864.38	1 034.32	25 388.94
	8	679.01	7.9418	87.39	876.24	1 063.51	25 478.38
	9	674.62	7.9954	86.86	876.92	1 048.24	26 483.03
	10	667.32	8.1884	86.00	929.09	1 057.42	27 608.99
	11	665.58	8.0725	85.83	910.78	1 063.17	27 678.09
	12	665.15	7.9809	85.56	878.37	1 037.37	28 473.38
2011	1	660.27	7.9868	84.87	881.27	1 041.22	29 316.74
	2	658.31	7.9494	84.50	898.38	1 061.41	29 913.86
	3	656.62	8.0326	84.26	919.21	1 061.56	30 446.74
	4	652.92	7.8460	83.99	944.44	1 069.44	31 458.43
	5	649.88	8.0084	83.59	931.00	1 061.44	31 659.97
	6	647.78	8.0432	83.20	931.61	1 050.83	31 974.91
	7	646.14	8.1321	82.96	923.85	1 042.58	32 452.83
	8	640.90	8.3075	82.19	918.76	1 048.72	32 624.99
	9	638.33	8.3100	81.89	880.10	1 007.88	32 016.83
	10	635.66	8.2999	81.74	878.09	1 006.09	32 737.96
	11	634.08	8.1736	81.48	860.18	1 002.39	32 209.07
	12	632.81	8.1261	81.36	833.47	986.83	31 811.48

资料来源：国家外汇管理局。

股票市场主要统计指标

年 份	月 度	境内上市公司数 (A、B股)(家)	市价总值 (亿元)	流通市值 (亿元)	总股本 (亿股)	股票成交额 (亿元)
2009	1	1 625	133 095.5	51 845.8	24 539.4	14916.77
	2	1 625	140 389.2	55 596.6	24 564.5	40390.01
	3	1 625	161 474.2	68 134.9	24 584.9	37554.75
	4	1 625	169 253.3	73 450.3	24 712.0	45740.12
	5	1 623	179 786.6	80 141.1	24 854.9	37075.8
	6	1 623	201 448.1	91 169.1	24 896.6	46178.83
	7	1 628	235 734.8	116 696.9	25 356.4	70896.15
	8	1 638	187 095.4	94 582.5	25 446.9	50537.53
	9	1 650	196 901.7	100 746.9	25 698.1	44198.21
	10	1 682	215 892.0	130 920.1	25 770.9	32372.19
	11	1 693	239 503.0	143 525.2	25 916.0	64011.36
	12	1 718	243 939.1	151 258.7	26 162.9	52115.02
2010	1	1 754	226 361.6	144 919.6	26 346.6	47901.28
	2	1 775	236 597.0	150 489.7	26 557.2	24318.61
	3	1 807	244 952.6	156 605.6	26 768.2	44114.92
	4	1 837	227 905.5	147 308.4	26 994.8	51929.37
	5	1 863	209 639.4	136 372.7	27 307.6	32847.26
	6	1 891	195 138.7	126 761.5	27 681.4	25307.96
	7	1 916	225 922.1	143 114.3	31 221.7	32673.46
	8	1 947	235 121.4	148 750.3	31 795.5	47370.87
	9	1 976	238 740.4	152 413.1	32 017.3	44180.05
	10	1 997	270 133.6	175 984.9	32 218.2	62837.86
	11	2 026	264 315.6	190 075.2	32 663.4	82570.13
	12	2 063	265 422.6	193 110.4	33 184.4	49581.77
2011	1	2 094	261 289.9	192 350.9	33 320.5	34699.3
	2	2 121	276 857.7	204 864.7	33 396.7	37574.41
	3	2 151	277 662.2	207 838.9	33 551.0	63298.89
	4	2 175	274 637.4	207 513.6	33 900.6	45925.31
	5	2 201	258 191.4	196 869.7	34 390.7	34072.92
	6	2 229	264 214.3	200 864.8	34 860.1	31386.25
	7	2 249	263 380.7	200 023.5	35 289.7	42172.59
	8	2 273	254 617.2	193 076.4	35 512.2	36973.02
	9	2 294	231 596.3	176 104.2	35 644.6	22316.34
	10	2 304	242 982.9	184 611.9	35 811.2	20683.26
	11	2 324	231 715.4	176 152.1	35 951.3	32556.65
	12	2 342	214 758.1	164 921.3	36 095.5	19990.8

全国行政区划

(年底数) 单位：个

年 份	省 级	地 级		县 级				乡镇级				街 道 办事处	区公所
			#地级市		市辖区	县级市	县及其它		镇数	乡数	#民族乡		
1978	30	310	98	2653	408	92	2153	6198	2176				4022
1979	30	315	104	2690	428	109	2153	10424	2361			4444	3619
1980	30	318	107	2775	511	113	2151						
1981	30	316	108	2780	514	122	2144	11434	2678			4965	3791
1982	30	322	112	2797	527	130	2140						
1983	30	322	144	2785	552	142	2091	49695	2968	35514		5304	5909
1984	30	322	147	2814	595	150	2069	106439	7186	85290		5844	8119
1985	30	327	162	2826	621	159	2046	104900	9140	82450	3144	5402	7908
1986	30	325	166	2830	629	184	2017	84018	10718	61417	2936	5718	6165
1987	30	326	170	2826	632	208	1986	81025	11103	58739	3020	5680	5503
1988	31	334	183	2831	647	248	1936	65345	11481	45195	1571	5099	3570
1989	31	336	185	2829	648	262	1919	65419	11873	44624	1755	5420	3502
1990	31	336	185	2833	651	279	1903	65188	12084	44397	1980	5269	3438
1991	31	338	187	2833	650	289	1894	63391	12455	42654	1403	5186	3096
1992	31	339	191	2833	662	323	1848	54830	14539	33827	1348	5233	1231
1993	31	335	196	2835	669	371	1795	54863	15805	32445	1351	5470	1143
1994	31	333	206	2845	697	413	1735	54605	16702	31463	1322	5372	1068
1995	31	334	210	2849	706	427	1716	53360	17532	29502	1330	5596	730
1996	31	335	218	2858	717	445	1696	51336	18171	27056	1383	5565	544
1997	33	332	222	2862	727	442	1693	50967	18925	25966	1545	5678	398
1998	33	331	227	2863	737	437	1689	50999	19216	25712	1517	5732	339
1999	34	331	236	2858	749	427	1682	50750	19756	24745	1222	5904	345
2000	34	333	259	2861	787	400	1674	49668	20312	23199	1356	5902	255
2001	34	332	265	2861	808	393	1660	45303	20374	19341	1188	5510	78
2002	34	332	275	2860	830	381	1649	44850	20601	18639	1167	5576	34
2003	34	333	282	2861	845	374	1642	44067	20226	18064	1149	5751	26
2004	34	333	283	2862	852	374	1636	43258	19883	17451	1124	5904	20
2005	34	333	283	2862	852	374	1636	41636	19522	15951	1093	6152	11
2006	34	333	283	2860	856	369	1635	41040	19369	15306	1089	6355	10
2007	34	333	283	2859	856	368	1635	40813	19249	15120	1093	6434	10
2008	34	333	283	2859	856	368	1635	40828	19234	15067	1097	6524	3
2009	34	333	283	2858	855	367	1636	40858	19322	14848	1099	6686	2
2010	34	333	283	2856	853	370	1633	40906	19410	14571	1096	6923	2
2011	34	332	284	2853	857	369	1627	40466	19683	13587	1086	7194	2

注：1.本表资料由民政部提供(以下相关表同)。
2.县及其它包括：县、自治县、旗、自治旗、特区和林区。

人口基本情况

指　　标	单位	1982年	1990年	2000年	2010年	2011年
年末总人口	**万人**	**101654**	**114333**	**126743**	**134091**	**134735**
按性别分						
男性人口	万人	52352	58904	65437	68748	69068
女性人口	万人	49302	55429	61306	65343	65667
按城乡分						
城镇人口	万人	21480	30195	45906	66978	69079
乡村人口	万人	80174	84138	80837	67113	65656
人口比重						
按性别分						
男性人口	%	51.5	51.5	51.6	51.3	51.3
女性人口	%	48.5	48.5	48.4	48.7	48.7
按城乡分						
城镇人口	%	21.1	26.4	36.2	49.9	51.3
乡村人口	%	78.9	73.6	63.8	50.1	48.7
出生率	‰	**22.28**	**21.06**	**14.03**	**11.90**	**11.93**
死亡率	‰	**6.60**	**6.67**	**6.45**	**7.11**	**7.14**
自然增长率	‰	**15.68**	**14.39**	**7.58**	**4.79**	**4.79**
各年龄段人口比重						
0-14岁人口	%	33.6	27.7	22.9	16.6	16.5
15-64岁人口	%	61.5	66.7	70.1	74.5	74.4
65岁以上人口	%	4.9	5.6	7.0	8.9	9.1
总抚养比		**62.6**	**49.8**	**42.6**	**34.2**	**34.4**
少儿抚养比	%	54.6	41.5	32.6	22.3	22.1
老年抚养比	%	8.0	8.3	9.9	11.9	12.3
平均预期寿命	**岁**	**67.77***	**68.55**	**71.40**		

注：1.总人口包括中国人民解放军现役军人,但不包括香港、澳门特别行政区和台湾地区人口(下表同)。
2.城镇人口中包括中国人民解放军现役军人(下表同)。
3.表中带“*”号的数字为1981年数据。

人 口 数

(年末数) 单位：万人

年 份	总人口	按性别分		按城乡分	
		男	女	城镇人口	乡村人口
1978	96259	49567	46692	17245	79014
1979	97542	50192	47350	18495	79047
1980	98705	50785	47920	19140	79565
1981	100072	51519	48553	20171	79901
1982	101654	52352	49302	21480	80174
1983	103008	53152	49856	22274	80734
1984	104357	53848	50509	24017	80340
1985	105851	54725	51126	25094	80757
1986	107507	55581	51926	26366	81141
1987	109300	56290	53010	27674	81626
1988	111026	57201	53825	28661	82365
1989	112704	58099	54605	29540	83164
1990	114333	58904	55429	30195	84138
1991	115823	59466	56357	31203	84620
1992	117171	59811	57360	32175	84996
1993	118517	60472	58045	33173	85344
1994	119850	61246	58604	34169	85681
1995	121121	61808	59313	35174	85947
1996	122389	62200	60189	37304	85085
1997	123626	63131	60495	39449	84177
1998	124761	63940	60821	41608	83153
1999	125786	64692	61094	43748	82038
2000	126743	65437	61306	45906	80837
2001	127627	65672	61955	48064	79563
2002	128453	66115	62338	50212	78241
2003	129227	66556	62671	52376	76851
2004	129988	66976	63012	54283	75705
2005	130756	67375	63381	56212	74544
2006	131448	67728	63720	58288	73160
2007	132129	68048	64081	60633	71496
2008	132802	68357	64445	62403	70399
2009	133450	68647	64803	64512	68938
2010	134091	68748	65343	66978	67113
2011	134735	69068	65667	69079	65656

注：1.本表1982年以前数据为户籍统计数；1982-1989年数据根据1990年人口普查数据有所调整;1990-2000年数据根据2000年人口普查数据进行了调整；2001-2004年、2006-2009年和2011年数据根据人口变动抽样调查资料推算；2005年数据根据全国1%人口抽样调查数据推算。2010年数据为第六次全国人口普查数据推算数，2006-2009年数据根据2010年人口普查数据进行了调整。

2.1982年以前的城镇人口是指辖区内全部人口；乡村人口是指县人口，但不包括镇人口。1982-1999年的城镇人口是指设区的市所辖区人口和不设区的市所辖街道人口以及不设区的市所辖镇的居民委员会人口和县辖镇的居民委员会人口；乡村人口是指除城镇人口以外的人口。2000-2005年城乡人口是按国家统计局1999年发布的《关于统计上划分城乡的规定（试行)》计算的。2006、2007年的城乡人口是按国家统计局2006年发布的《关于统计上划分城乡的暂行规定》计算的。2008-2011年的城乡人口是按2008年国家统计局《关于统计上划分城乡的规定》计算的。

就业和工资基本情况

项　　目	单位	1978年	1990年	1995年	2000年	2010年	2011年
就业人员(年底数)	**万人**	**40152**	**64749**	**68065**	**72085**	**76105**	**76420**
第一产业	万人	28318	38914	35530	36043	27931	26594
第二产业	万人	6945	13856	15655	16219	21842	22544
第三产业	万人	4890	11979	16880	19823	26332	27282
按城乡分就业人员(年底数)							
城镇就业人员	万人	9514	17041	19040	23151	34687	35914
#国有单位	万人	7451	10346	11261	8102	6516	6704
城镇集体单位	万人	2048	3549	3147	1499	597	603
其他单位	万人		164	894	2011	5938	7106
乡村就业人员	万人	30638	47708	49025	48934	41418	40506
城镇新增就业人员	**万人**					**1168**	**1221**
城镇登记失业人数(年底数)	**万人**	**530**	**383**	**520**	**595**	**908**	**922**
城镇登记失业率	%	**5.3**	**2.5**	**2.9**	**3.1**	**4.1**	**4.1**
城镇单位就业人员工资总额	**亿元**	**569**	**2951**	**8256**	**10955**	**47270**	**59955**
国有单位	亿元	469	2324	6173	7745	24886	28955
城镇集体单位	亿元	100	581	1211	951	1434	1737
其他单位	亿元		46	673	2259	20950	29262
城镇单位就业人员平均工资	**元**	**615**	**2140**	**5348**	**9333**	**36539**	**41799**
国有单位	元	644	2284	5553	9441	38359	43483
城镇集体单位	元	506	1681	3934	6241	24010	28791
其他单位	元		2987	7728	11238	35801	41323

注：城镇单位就业人数、工资总额、平均工资均不包括城镇私营单位。

按行业分法人单位数

单位：个

行业门类	2005年	2006年	2007年	2008年	2009年	2010年
全国总计	**5647823**	**6068912**	**6495064**	**7098765**	**8003868**	**8754588**
农、林、牧、渔业	68800	78205	98546	2023	184764	242429
采矿业	89430	93967	97678	97315	103403	104065
制造业	1451556	1579406	1702455	1818370	1959254	2098370
电力、燃气及水的生产和供应业	43148	45922	49052	57923	62038	64151
建筑业	149471	170180	190517	226768	261694	302232
交通运输、仓储和邮政业	91565	104635	117228	157589	175914	195829
信息传输、计算机服务和软件业	85499	100614	115101	153290	176326	191182
批发和零售业	994953	1122489	1246042	1403141	1670315	1965118
住宿和餐饮业	101853	109892	118173	145297	154895	164762
金融业	26828	29201	31815	28668	36907	45512
房地产业	148059	165865	187444	214391	244043	284726
租赁和商务服务业	291498	331904	368763	427001	511666	590478
科学研究、技术服务和地质勘查业	153076	166240	176677	201689	233221	256865
水利、环境和公共设施管理业	46847	48811	50953	57553	61740	64794
居民服务和其他服务业	93947	102228	110525	120467	141936	158152
教育	305446	308760	312339	335065	342003	342408
卫生、社会保障和社会福利业	183760	185014	187376	206480	209016	205778
文化、体育和娱乐业	69490	72873	76430	81878	90891	95633
公共管理和社会组织	1252597	1252706	1257950	1363857	1383842	1382104

注：1.2008年为经济普查年份，农、林、牧、渔业统计口径与其他年份不同，法人单位数为兼营第二、三产业的农、林、牧、渔业法人单位。

2.统计范围不包括国际组织(下表同)。

国民经济与社会发展总量指标（一）

指　标	单　位	1978年	1990年	2000年	2010年	2011年
人口						
年末总人口	万人	96259	114333	126743	134091	134735
城镇人口	万人	17245	30195	45906	66978	69079
乡村人口	万人	79014	84138	80837	67113	65656
就业和失业						
就业人员	万人	40152	64749	72085	76105	76420
#城镇就业人员	万人	9514	17041	23151	34687	35914
城镇登记失业人员	万人	530	383	595	908	922
国民经济核算						
国内生产总值	亿元	3645.2	18667.8	99214.6	401512.8	471563.7
第一产业	亿元	1027.5	5062.0	14944.7	40533.6	47712.0
第二产业	亿元	1745.2	7717.4	45555.9	187383.2	220591.6
第三产业	亿元	872.5	5888.4	38714.0	173596.0	203260.1
支出法国内生产总值	亿元	3605.6	19347.8	98749.0	402818.7	465998.7
最终消费支出	亿元	2239.1	12090.5	61516.0	194115.0	224740.8
资本形成总额	亿元	1377.9	6747.0	34842.8	193603.9	229102.4
货物和服务净出口	亿元	-11.4	510.3	2390.2	15099.8	12155.5
固定资产投资						
全社会固定资产投资总额	亿元		4517.0	32917.7	278121.9	311021.9
城　镇	亿元		3274.4	26221.8	241430.9	271655.3
#房地产开发	亿元		253.3	4984.1	48259.4	61739.8
农　村	亿元		1242.6	6695.9	36691.0	39366.6
对外贸易和实际利用外资						
货物进出口总额	亿美元	206.4	1154.4	4742.9	29740.0	36420.6
出口额	亿美元	97.5	620.9	2492.0	15777.5	18986.0
进口额	亿美元	108.9	533.5	2250.9	13962.4	17434.6
外商直接投资	亿美元		34.9	407.2	1057.3	1160.1
外商其他投资	亿美元		2.7	86.4	30.9	16.9
财政和金融						
国家财政收入	亿元	1132.3	2937.1	13395.2	83101.5	103740.0
国家财政支出	亿元	1122.1	3083.6	15886.5	89874.2	108929.7
金融机构人民币各项存款余额	亿元	1155	13943	123804	718238	809368
金融机构人民币各项贷款余额	亿元	1890	17511	99371	479196	547947
主要农业、工业产品产量						
粮食	万吨	30476.5	44624.3	46217.5	54647.7	57120.8
棉花	万吨	216.7	450.8	441.7	596.1	658.9
油料	万吨	521.8	1613.2	2954.8	3230.1	3306.8
肉类	万吨			6013.9	7925.8	7957.8
原煤	亿吨	6.18	10.80	13.84	32.35	35.20
原油	万吨	10405	13831	16300	20241	20288
水泥	万吨	6524	20971	59700	188191.17	208500
粗钢	万吨	3178	6635	12850	63723	68388
发电量	亿千瓦小时	2566	6212	13556	42072	47001

国民经济与社会发展总量指标（二）

指　标	单　位	1978年	1990年	2000年	2010年	2011年
建筑业						
建筑业企业从业人员	万人		1011	1994	4160	4311
建筑业总产值	亿元		1345	12498	96031	117734
交通和邮电						
客运量	万人	253993	772682	1478573	3269508	3526319
货运量	万吨	248946	970602	1358682	3241807	3696961
沿海主要港口货物吞吐量	万吨	19834	48321	125603	548358	616292
邮电业务总量	亿元	34.1	155.5	4792.7	31978.5	13379.2
年末移动电话用户	万户		1.8	8453.3	85900.3	98625.3
年末固定电话用户	万户	192.5	685.0	14482.9	29434.2	28511.5
国内贸易和旅游						
社会消费品零售总额	亿元	1559	8300	39106	156998	183919
入境过夜旅游者人数	万人次	71.6	1048.4	3122.9	5566.5	5758.1
国际旅游外汇收入	亿美元	2.6	22.2	162.2	458.1	484.6
教育、科技、卫生、文化						
在校学生数						
#普通本、专科	万人	85.6	206.3	556.1	2231.8	2308.5
普通中学	万人	6548.3	4586.0	7368.9	7703.2	7519.0
普通小学	万人	14624.0	12241.4	13013.3	9940.7	9926.4
研究与试验发展经费支出	亿元			895.7	7062.6	8610.0
技术市场成交额	亿元		75	651	3907	4764
医院数	个	9293	14377	16318	20918	21979
医院床位数	万张	110.0	186.9	216.7	338.7	370.5
执业(助理)医师	万人	97.8	176.3	207.6	241.3	246.6
图书总印数	亿册(张)	37.7	56.4	62.7	71.7	76.8
期刊总印数	亿册	7.6	17.9	29.4	32.2	32.7
报纸总印数	亿份	127.8	211.3	329.3	452.1	466.8

注：1.由于计算误差的影响，按支出法计算的国内生产总值不等于按生产法计算的国内生产总值。
2.本表价值量指标中,邮电业务总量2000年及以前按1990年不变价格计算，2001年起按2000年不变价格计算，其余指标按当年价格计算。

国民经济与社会发展速度指标（一）

指　　标	2011年为下列各年%				平均每年增长%		
	1978年	1990年	2000年	2010年	1979-2011年	1991-2011年	2001-2011年
人口							
年末总人口	140.0	117.8	106.3	100.5	1.0	0.8	0.6
城镇人口	400.6	228.8	150.5	103.1	4.3	4.0	3.8
乡村人口	83.1	78.0	81.2	97.8	-0.6	-1.2	-1.9
就业和失业							
就业人员	190.3	118.0	106.0	100.4	2.0	0.8	0.5
#城镇就业人员	377.5	210.8	155.1	103.5	4.1	3.6	4.1
城镇登记失业人员	174.0	240.7	155.0	101.5	1.7	4.3	4.1
国民经济核算							
国内生产总值	2249.2	798.4	296.0	109.2	9.9	10.4	10.4
第一产业	437.8	229.6	158.1	104.5	4.6	4.0	4.2
第二产业	3537.0	1163.1	327.0	110.6	11.4	12.4	11.4
第三产业	3013.5	832.2	315.2	108.9	10.9	10.6	11.0
固定资产投资							
全社会固定资产投资总额		6885.6	944.8	111.8		22.3	22.7
#城　镇		8296.3	1036.0	112.5		23.8	24.4
#房地产开发		24374.2	1238.7	127.9		29.9	25.7
对外贸易和实际利用外资							
货物进出口总额	17645.6	3154.9	767.9	122.5	17.0	17.9	20.4
出口额	19472.8	3057.8	761.9	120.3	17.3	17.7	20.3
进口额	16009.7	3268.0	774.6	124.9	16.6	18.1	20.5
外商直接投资		3327.0	284.9	109.7		18.2	10.0
外商其他投资		629.5	19.5	54.6		9.2	-13.8
财政收支							
国家财政收入	9162.2	3532.1	774.5	124.8	14.7	18.5	20.5
国家财政支出	9707.7	3532.6	685.7	121.2	14.9	18.5	19.1
主要农业、工业产品产量							
粮食	187.4	128.0	123.6	104.5	1.9	1.2	1.9
棉花	304.1	146.2	149.2	110.5	3.4	1.8	3.7
油料	633.7	205.0	111.9	102.4	5.8	3.5	1.0
肉类			132.3	100.4			2.6
原煤	569.6	325.9	254.3	108.8	5.4	5.8	8.9
原油	195.0	146.7	124.5	100.2	2.0	1.8	2.0
水泥	3195.9	994.2	349.2	110.8	11.1	11.6	12.0
粗钢	2151.9	1030.7	532.2	107.3	9.7	11.7	16.4
发电量	1831.7	756.6	346.7	111.7	9.2	10.1	12.0

国民经济与社会发展速度指标（二）

指　　标	2011年为下列各年%				平均每年增长%		
	1978年	1990年	2000年	2010年	1979-2011年	1991-2011年	2001-2011年
建筑业							
建筑业企业从业人员		426.5	216.2	103.6		7.2	7.3
建筑业总产值		8753.5	942.1	122.6		23.7	22.6
交通和邮电							
客运量	1388.4	456.4	238.5	107.9	8.3	7.5	8.2
货运量	1485.0	380.9	272.1	114.0	8.5	6.6	9.5
沿海主要港口货物吞吐量	3107.3	1275.4	490.7	112.4	11.0	12.9	15.6
邮电业务总量	146883.6	32191.0	1044.7	116.7	24.7	31.6	23.8
年末移动电话用户		5479183	1166.7	114.8		68.1	25.0
年末固定电话用户	14807.8	4162.1	196.9	96.9	16.4	19.4	6.4
国内贸易和旅游							
社会消费品零售总额	11800.2	2215.9	470.3	117.1	15.6	15.9	15.1
入境过夜旅游者人数	8042.0	549.2	184.4	103.4	14.2	8.4	5.7
国际旅游外汇收入	18425.9	2184.9	298.8	105.8	17.1	15.8	10.5
教育、科技、卫生、文化							
在校学生数							
#普通本、专科	2696.9	1119.0	415.1	103.4	10.5	12.2	13.8
普通中学	114.8	164.0	102.0	97.6	0.4	2.4	0.2
普通小学	67.9	81.1	76.3	99.9	-1.2	-1.0	-2.4
研究与试验发展经费支出			961.3	121.9			22.8
技术市场成交额		6343.0	732.0	121.9		21.8	19.8
医院数	236.5	152.9	134.7	105.1	2.6	2.0	2.7
医院床位数	336.8	198.2	171.0	109.4	3.7	3.3	5.0
执业(助理)医师	252.1	139.9	118.8	102.2	2.8	1.6	1.6
图书总印数	203.7	136.2	122.5	107.1	2.2	1.5	1.9
期刊总印数	430.3	182.7	111.2	101.6	4.5	2.9	1.0
报纸总印数	365.3	220.9	141.8	103.3	4.0	3.8	3.2

注：本表价值量指标中，国内生产总值和邮电业务总量按可比价格计算，其他按当年价格计算；
固定资产投资总额平均每年增长速度按累计法计算。

国民经济与社会发展结构指标

单位：%

指　　标	1978年	1990年	2000年	2010年	2011年
人口					
城镇	17.9	26.4	36.2	49.9	51.3
乡村	82.1	73.6	63.8	50.1	48.7
就业人员					
第一产业	70.5	60.1	50.0	36.7	34.8
第二产业	17.3	21.4	22.5	28.7	29.5
第三产业	12.2	18.5	27.5	34.6	35.7
国内生产总值					
第一产业	28.2	27.1	15.1	10.1	10.1
第二产业	47.9	41.3	45.9	46.7	46.8
第三产业	23.9	31.5	39.0	43.2	43.1
全社会固定资产投资总额					
#城镇		72.5	79.7	86.8	87.3
货物进出口总额					
出口总额	47.2	53.8	52.5	53.1	52.1
进口总额	52.8	46.2	47.5	46.9	47.9
财政收入					
中央	15.5	33.8	52.2	51.1	49.5
地方	84.5	66.2	47.8	48.9	50.5
财政支出					
中央	47.4	32.6	34.7	17.8	15.2
地方	52.6	67.4	65.3	82.2	84.8
农林牧渔业产值					
#农业	80.0	64.7	55.7	53.3	51.6
林业	3.4	4.3	3.8	3.7	3.8
牧业	15.0	25.7	29.7	30.0	31.7
渔业	1.6	5.4	10.9	9.3	9.3
规模以上工业企业总资产					
大型企业			56.3	39.8	39.5
中型企业			12.9	32.2	32.3
小型企业			30.8	27.9	28.2
在校学生数					
大学生	0.4	1.2	2.7	11.2	11.7
中学生	30.8	26.9	35.2	38.8	38.1
小学生	68.8	71.9	62.2	50.0	50.3
卫生技术人员数					
#执业(助理)医师	39.7	45.2	46.2	41.1	39.8
注册护士	16.4	25.0	28.2	34.9	36.2

注：2011年起，城镇固定资产投资数据发布口径改为固定资产投资(不含农户)。

人均主要农业产品产量

单位：公斤

年 份	粮食	棉花	油料	糖料	水果	水产品
1978	318.7	2.3	5.5	24.9	6.9	4.9
1980	326.7	2.8	7.8	29.7	6.9	4.6
1985	360.7	3.9	15.0	57.5	11.1	6.7
1990	393.1	4.0	14.2	63.6	16.5	10.9
1995	387.3	4.0	18.7	65.9	35.0	20.9
1996	414.4	3.5	18.2	68.7	38.2	27.0
1997	401.7	3.7	17.5	76.3	41.4	25.4
1998	412.5	3.6	18.6	78.8	43.9	27.2
1999	405.8	3.1	20.8	66.5	49.8	28.5
2000	366.0	3.5	23.4	60.5	49.3	29.4
2001	355.9	4.2	22.5	68.1	52.3	29.8
2002	357.0	3.8	22.6	80.4	54.3	30.9
2003	334.3	3.8	21.8	74.8	112.7	31.6
2004	362.2	4.9	23.7	73.8	118.4	32.8
2005	371.3	4.4	23.6	72.5	123.6	33.9
2006	379.9	5.7	20.1	76.4	130.4	35.0
2007	380.6	5.8	19.5	92.5	137.6	36.0
2008	399.1	5.7	22.3	101.3	145.1	37.0
2009	398.7	4.8	23.7	92.2	153.2	38.4
2010	408.7	4.5	24.2	89.8	160.0	40.2
2011	425.2	4.9	24.6	93.2	169.5	41.7

注：本表计算中所使用的人口数为年平均人口数(下表同)。2003年起水果产量含果用瓜。

人均主要工业产品产量

年 份	原煤(吨)	原油(公斤)	布(米)	水泥(公斤)	粗钢(公斤)	发电量(千瓦小时)
1978	0.6	108.8	11.5	68.2	33.2	268.4
1980	0.6	108.0	13.7	81.4	37.8	306.3
1985	0.8	118.8	14.0	138.9	44.5	390.8
1990	1.0	121.8	16.6	184.7	58.4	547.2
1995	1.1	124.5	21.6	394.7	79.1	835.8
1996	1.1	129.2	17.2	403.4	83.2	888.1
1997	1.1	130.7	20.2	416.0	88.6	923.2
1998	1.1	129.6	19.4	431.6	93.1	939.7
1999	1.1	127.7	20.0	457.4	99.2	989.3
2000	1.1	129.1	21.9	472.8	101.8	1073.6
2001	1.2	128.9	22.8	519.7	119.2	1164.3
2002	1.2	130.4	25.2	566.2	142.4	1291.8
2003	1.4	131.6	27.4	669.1	172.6	1482.9
2004	1.6	135.7	37.2	746.0	218.3	1700.0
2005	1.8	139.1	37.2	819.8	270.9	1917.8
2006	1.9	140.9	45.7	943.4	319.7	2185.9
2007	2.0	141.4	51.2	1032.8	371.3	2490.0
2008	2.1	143.8	54.6	1074.7	379.8	2639.0
2009	2.2	142.3	56.6	1234.9	429.8	2790.3
2010	2.4	151.3	59.8	1406.8	476.4	3145.1
2011	2.6	150.9	62.3	1551.2	508.8	3496.7

国民经济核算指标

指　　标	单位	1978年	1990年	2000年	2010年	2011年
绝对数						
国民总收入	亿元	3645.2	18718.3	98000.5	399759.5	470797.2
国内生产总值	亿元	3645.2	18667.8	99214.6	401512.8	471563.7
第一产业	亿元	1027.5	5062.0	14944.7	40533.6	47712.0
第二产业	亿元	1745.2	7717.4	45555.9	187383.2	220591.6
第三产业	亿元	872.5	5888.4	38714.0	173596.0	203260.1
人均国内生产总值	元	381	1644	7858	30015	35083
支出法国内生产总值	亿元	3605.6	19347.8	98749.0	402818.7	465998.7
最终消费支出	亿元	2239.1	12090.5	61516.0	194115.0	224740.8
居民消费支出	亿元	1759.1	9450.9	45854.6	140758.6	162813.0
政府消费支出	亿元	480.0	2639.6	15661.4	53356.4	61927.8
资本形成总额	亿元	1377.9	6747.0	34842.8	193603.9	229102.4
固定资本形成	亿元	1073.9	4827.8	33844.4	183615.2	215197.0
存货增加	亿元	304.0	1919.2	998.4	9988.7	13905.4
货物和服务净出口	亿元	-11.4	510.3	2390.2	15099.8	12155.5
指数(1978年=100)						
国民总收入指数		100.0	282.5	750.6	2050.0	2245.6
国内生产总值指数		100.0	281.7	759.9	2059.0	2249.2
第一产业		100.0	190.7	277.0	418.9	437.8
第二产业		100.0	304.1	1081.8	3198.4	3537.0
第三产业		100.0	362.1	956.1	2767.5	3013.5
人均国内生产总值指数		100.0	237.3	575.5	1471.7	1600.0
构成						
支出法国内生产总值=100						
最终消费支出	%	62.1	62.5	62.3	48.2	48.2
资本形成总额	%	38.2	34.9	35.3	48.1	49.2
最终消费支出=100						
居民消费支出	%	78.6	78.2	74.5	72.5	72.4
政府消费支出	%	21.4	21.8	25.5	27.5	27.6
资本形成总额=100						
固定资本形成总额	%	77.9	71.6	97.1	94.8	93.9
存货增加	%	22.1	28.4	2.9	5.2	6.1

注：1.绝对数和构成按当年价格计算，指数按不变价格计算。
　　2.由于统计误差的影响，按支出法计算的国内生产总值不等于按生产法计算的国内生产总值。

国民总收入和国内生产总值

年份	国民总收入(亿元)	国内生产总值(亿元)	第一产业	第二产业	第三产业	人均国内生产总值(元)
1978	3645.2	3645.2	1027.5	1745.2	872.5	381
1979	4062.6	4062.6	1270.2	1913.5	878.9	419
1980	4545.6	4545.6	1371.6	2192.0	982.0	463
"六五"时期	**32490.0**	**32401.7**	**10195.7**	**14257.0**	**7948.9**	**631**
1981	4889.5	4891.6	1559.5	2255.5	1076.6	492
1982	5330.5	5323.4	1777.4	2383.0	1163.0	528
1983	5985.6	5962.7	1978.4	2646.2	1338.1	583
1984	7243.8	7208.1	2316.1	3105.7	1786.3	695
1985	9040.7	9016.0	2564.4	3866.6	2585.0	858
"七五"时期	**73081.1**	**73036.8**	**19215.0**	**31326.9**	**22494.8**	**1321**
1986	10274.4	10275.2	2788.7	4492.7	2993.8	963
1987	12050.6	12058.6	3233.0	5251.6	3574.0	1112
1988	15036.8	15042.8	3865.4	6587.2	4590.3	1366
1989	17000.9	16992.3	4265.9	7278.0	5448.4	1519
1990	18718.3	18667.8	5062.0	7717.4	5888.4	1644
"八五"时期	**191942.5**	**193030.5**	**39881.1**	**88381.0**	**64768.4**	**3258**
1991	21826.2	21781.5	5342.2	9102.2	7337.1	1893
1992	26937.3	26923.5	5866.6	11699.5	9357.4	2311
1993	35260.0	35333.9	6963.8	16454.4	11915.7	2998
1994	48108.5	48197.9	9572.7	22445.4	16179.8	4044
1995	59810.5	60793.7	12135.8	28679.5	19978.5	5046
"九五"时期	**417707.3**	**423443.5**	**72989.7**	**196971.6**	**153482.3**	**6816**
1996	70142.5	71176.6	14015.4	33835.0	23326.2	5846
1997	78060.9	78973.0	14441.9	37543.0	26988.1	6420
1998	83024.3	84402.3	14817.6	39004.2	30580.5	6796
1999	88479.2	89677.1	14770.0	41033.6	33873.4	7159
2000	98000.5	99214.6	14944.7	45555.9	38714.0	7858
"十五"时期	**705543.1**	**710626.3**	**93532.7**	**327347.8**	**289745.8**	**11017**
2001	108068.2	109655.2	15781.3	49512.3	44361.6	8622
2002	119095.7	120332.7	16537.0	53896.8	49898.9	9398
2003	135174.0	135822.8	17381.7	62436.3	56004.7	10542
2004	159586.8	159878.3	21412.7	73904.3	64561.3	12336
2005	183618.5	184937.4	22420.0	87598.1	74919.3	14185
"十一五"时期	**1538730.7**	**1538585.8**	**162128.6**	**723576.3**	**652880.8**	**23200**
2006	215883.9	216314.4	24040.0	103719.5	88554.9	16500
2007	266411.0	265810.3	28627.0	125831.4	111351.9	20169
2008	315274.7	314045.4	33702.0	149003.4	131340.0	23708
2009	341401.5	340902.8	35226.0	157638.8	148038.0	25608
2010	399759.5	401512.8	40533.6	187383.2	173596.0	30015
"十二五"时期						
2011	470797.2	471563.7	47712.0	220591.6	203260.1	35083

注：本表按当年价格计算。

国内生产总值指数(一)

(上年=100)

年份	国民总收入	国内生产总值	第一产业	第二产业	第三产业	人均国内生产总值
1978	111.7	111.7	104.1	115.0	113.8	110.2
1979	107.6	107.6	106.1	108.2	107.9	106.1
1980	107.8	107.8	98.5	113.6	106.0	106.5
1981	105.2	105.2	107.0	101.9	110.4	103.9
1982	109.2	109.1	111.5	105.6	113.0	107.5
1983	111.1	110.9	108.3	110.4	115.2	109.3
1984	115.3	115.2	112.9	114.5	119.3	113.7
1985	113.2	113.5	101.8	118.6	118.2	111.9
1986	108.5	108.8	103.3	110.2	112.0	107.2
1987	111.5	111.6	104.7	113.7	114.4	109.8
1988	111.3	111.3	102.5	114.5	113.2	109.5
1989	104.2	104.1	103.1	103.8	105.4	102.5
1990	104.1	103.8	107.3	103.2	102.3	102.3
1991	109.1	109.2	102.4	113.9	108.9	107.7
1992	114.1	114.2	104.7	121.2	112.4	112.8
1993	113.7	114.0	104.7	119.9	112.2	112.7
1994	113.1	113.1	104.0	118.4	111.1	111.8
1995	109.3	110.9	105.0	113.9	109.8	109.7
1996	110.2	110.0	105.1	112.1	109.4	108.9
1997	109.6	109.3	103.5	110.5	110.7	108.2
1998	107.3	107.8	103.5	108.9	108.4	106.8
1999	107.9	107.6	102.8	108.1	109.3	106.7
2000	108.6	108.4	102.4	109.4	109.7	107.6
2001	108.1	108.3	102.8	108.4	110.3	107.5
2002	109.5	109.1	102.9	109.8	110.4	108.4
2003	110.6	110.0	102.5	112.7	109.5	109.3
2004	110.4	110.1	106.3	111.1	110.1	109.4
2005	110.7	111.3	105.2	112.1	112.2	110.7
2006	113.3	112.7	105.0	113.4	114.1	112.0
2007	114.6	114.2	103.7	115.1	116.0	113.6
2008	109.8	109.6	105.4	109.9	110.4	109.1
2009	108.9	109.2	104.2	109.9	109.6	108.7
2010	109.8	110.4	104.3	112.3	109.8	109.9
2011	109.5	109.2	104.5	110.6	108.9	108.7

注：本表按不变价格计算。

国内生产总值指数（二）

(1978年=100)

年　份	国民总收入	国内生产总值	第一产业	第二产业	工　业
1978	100.0	100.0	100.0	100.0	100.0
1979	107.6	107.6	106.1	108.2	108.7
1980	116.0	116.0	104.6	122.9	122.4
1981	122.0	122.1	111.9	125.2	124.5
1982	133.3	133.1	124.8	132.1	131.7
1983	148.2	147.6	135.1	145.8	144.5
1984	170.8	170.0	152.6	166.9	166.0
1985	193.4	192.9	155.4	197.9	196.2
1986	209.9	210.0	160.5	218.2	215.2
1987	234.1	234.3	168.1	248.1	243.6
1988	260.6	260.7	172.3	284.1	280.8
1989	271.4	271.3	177.6	294.8	295.0
1990	282.5	281.7	190.7	304.1	304.9
1991	308.2	307.6	195.2	346.3	348.8
1992	351.5	351.4	204.4	419.5	422.6
1993	399.6	400.4	214.0	502.8	507.5
1994	452.0	452.8	222.6	595.2	603.5
1995	494.2	502.3	233.7	677.7	688.2
1996	544.5	552.6	245.6	759.8	774.3
1997	596.9	603.9	254.2	839.4	861.9
1998	640.6	651.2	263.1	914.2	938.6
1999	691.5	700.9	270.5	988.6	1018.6
2000	750.6	759.9	277.0	1081.8	1118.3
2001	811.1	823.0	284.8	1173.1	1215.2
2002	888.5	897.8	293.0	1288.4	1336.4
2003	983.1	987.8	300.3	1451.7	1506.8
2004	1085.4	1087.4	319.3	1613.0	1680.2
2005	1201.7	1210.4	336.0	1807.9	1874.7
2006	1361.1	1363.8	352.8	2050.0	2116.1
2007	1560.5	1557.0	366.0	2358.8	2431.5
2008	1713.6	1707.0	385.6	2591.8	2673.0
2009	1867.0	1864.3	401.8	2849.4	2906.4
2010	2050.0	2059.0	418.9	3198.4	3257.0
2011	2245.6	2249.2	437.8	3537.0	3605.1
平均每年增长(%)					
1979-2011年	9.9	9.9	4.6	11.4	11.5
1991-2011年	10.4	10.4	4.0	12.4	12.5
2001-2011年	10.5	10.4	4.2	11.4	11.2

注：本表按不变价格计算。

支出法国内生产总值

单位：亿元

年份	支出法国内生产总值	最终消费支出	居民消费	资本形成总额	固定资本	货物和服务净出口
1978	3605.6	2239.1	1759.1	1377.9	1073.9	-11.4
1979	4092.6	2633.7	2011.5	1478.9	1153.1	-20.0
1980	4592.9	3007.9	2331.2	1599.7	1322.4	-14.7
"六五"时期	**33254.4**	**22035.3**	**17191.3**	**11426.0**	**9384.8**	**-206.9**
1981	5008.8	3361.5	2627.9	1630.2	1339.3	17.1
1982	5590.0	3714.8	2902.9	1784.2	1503.2	91.0
1983	6216.2	4126.4	3231.1	2039.0	1723.3	50.8
1984	7362.7	4846.3	3742.0	2515.1	2147.0	1.3
1985	9076.7	5986.3	4687.4	3457.5	2672.0	-367.1
"七五"时期	**74833.6**	**47720.6**	**37559.8**	**27183.8**	**20887.5**	**-70.8**
1986	10508.5	6821.8	5302.1	3941.9	3139.7	-255.2
1987	12277.4	7804.6	6126.1	4462.0	3798.7	10.8
1988	15388.6	9839.5	7868.1	5700.2	4701.9	-151.1
1989	17311.3	11164.2	8812.6	6332.7	4419.4	-185.6
1990	19347.8	12090.5	9450.9	6747.0	4827.8	510.3
"八五"时期	**200515.0**	**119185.5**	**90356.7**	**79483.2**	**66090.9**	**1846.3**
1991	22577.4	14091.9	10730.6	7868.0	6070.3	617.5
1992	27565.2	17203.3	13000.1	10086.3	8513.7	275.6
1993	36938.1	21899.9	16412.1	15717.7	13309.2	-679.5
1994	50217.4	29242.2	21844.2	20341.1	17312.7	634.1
1995	63216.9	36748.2	28369.7	25470.1	20885.0	998.6
"九五"时期	**432066.8**	**260801.2**	**197881.7**	**157861.4**	**142953.8**	**13404.2**
1996	74163.6	43919.5	33955.9	28784.9	24048.1	1459.2
1997	81658.5	48140.6	36921.5	29968.0	25965.0	3549.9
1998	86531.6	51588.2	39229.3	31314.2	28569.0	3629.2
1999	91125.0	55636.9	41920.4	32951.5	30527.3	2536.6
2000	98749.0	61516.0	45854.6	34842.8	33844.4	2390.2
"十五"时期	**714375.9**	**403346.0**	**298319.5**	**288322.6**	**274227.9**	**22707.3**
2001	109028.0	66933.9	49435.9	39769.4	37754.5	2324.7
2002	120475.6	71816.5	53056.6	45565.0	43632.1	3094.1
2003	136634.8	77685.5	57649.8	55963.0	53490.7	2986.3
2004	160800.1	87552.6	65218.5	69168.4	65117.7	4079.1
2005	187437.4	99357.5	72958.7	77856.8	74232.9	10223.1
"十一五"时期	**1556835.8**	**762149.0**	**554921.6**	**700289.7**	**660282.1**	**94397.1**
2006	222711.9	113103.8	82575.5	92954.1	87954.1	16654.0
2007	266556.7	132232.9	96332.5	110943.2	103948.6	23380.6
2008	315977.2	153422.5	111670.4	138325.3	128084.4	24229.4
2009	348771.3	169274.8	123584.6	164463.2	156679.8	15033.3
2010	402818.7	194115.0	140758.6	193603.9	183615.2	15099.8
"十二五"时期						
2011	465998.7	224740.8	162813.0	229102.4	215197.0	12155.5

注：1.本表按当年价格计算。
2.根据第六次全国人口普查修订的2006-2010年人口等数据相应修订了2005-2010年居民消费支出和支出法GDP数据。

固定资产投资概况

指　标	单位	1990年	1995年	2000年	2010年	2011年
全社会固定资产投资额	**亿元**	**4517.0**	**20019.3**	**32917.7**	**278121.9**	**311021.9**
按登记注册类型分						
内资	亿元		17790.3	30311.5	260914.4	292223.8
港、澳、台商投资	亿元		673.6	1293.0	8295.1	9361.6
外商投资	亿元		1555.3	1313.2	8912.4	9436.5
按资金来源分						
国家预算资金	亿元	393.0	621.1	2109.5	14677.8	14413.3
国内贷款	亿元	885.5	4198.7	6727.3	47258.0	45591.4
利用外资	亿元	284.6	2295.9	1696.2	4986.8	5087.3
自筹资金	亿元	2954.4	13409.2	22577.1	197099.2	228862.8
其他资金	亿元				46942.4	49353.7
按隶属关系分						
中央项目	亿元		4533.7	6433.8	23095.5	20208.7
地方项目	亿元		15485.6	26483.9	255026.4	290813.2
按构成分						
建筑安装工程	亿元	3008.7	13173.3	20536.3	171351.8	200264.1
设备工器具购置	亿元	1165.5	4262.5	7785.6	61681.5	65003.4
其他费用	亿元	342.7	2583.5	4595.9	45088.5	45754.4
新增固定资产	**亿元**	**3995.3**	**14521.7**	**26842.2**	**166016.7**	**188696.4**
房屋建筑面积						
施工面积	万平方米	137171	215085	263294	885173	1037245
#住宅	万平方米		140452	180634	492764	576141
竣工面积	万平方米	107952	145600	181974	304306	322020
#住宅	万平方米	86425	107433	134529	183172	194082
房地产开发						
房地产开发投资额	亿元	253.3	3149.0	4984.1	48259.4	61739.8
新增固定资产	亿元		1434.7	3698.6	22378.5	28081.7
开发房屋竣工住宅面积	万平方米	3527	12525	20603	63443	71692

全社会固定资产投资

年　份	全社会固定资产投资(亿元)	#城　镇	#房地产	比上年增长(%)
"六五"时期	**7997.6**	**5770.5**		**19.4**
1981	961.0	711.1		5.5
1982	1230.4	900.5		28.0
1983	1430.1	1014.4		16.2
1984	1832.9	1279.0		28.2
1985	2543.2	1865.5		38.8
"七五"时期	**20593.5**	**14871.3**	**1034.1**	**16.5**
1986	3120.6	2300.4	101.0	22.7
1987	3791.7	2730.6	149.9	21.5
1988	4753.8	3431.9	257.2	25.4
1989	4410.4	3134.0	272.7	-7.2
1990	4517.0	3274.4	253.3	2.4
"八五"时期	**63808.3**	**49619.0**	**8708.0**	**36.9**
1991	5594.5	4057.9	336.2	23.9
1992	8080.1	6079.7	731.2	44.4
1993	13072.3	10303.4	1937.5	61.8
1994	17042.1	13534.3	2554.1	30.4
1995	20019.3	15643.7	3149.0	17.5
"九五"时期	**139033.2**	**109206.6**	**19096.3**	**11.2**
1996	(22974.0)	(17627.7)	(3216.4)	14.8
	22913.5	17567.2	3216.4	
1997	24941.1	19194.2	3178.4	8.8
1998	28406.2	22491.4	3614.2	13.9
1999	29854.7	23732.0	4103.2	5.1
2000	32917.7	26221.8	4984.1	10.3
"十五"时期	**295531.0**	**245425.0**	**53356.4**	**20.2**
2001	37213.5	30001.2	6344.1	13.0
2002	43499.9	35488.8	7790.9	16.9
2003	55566.6	45811.7	10153.8	27.7
2004	70477.4	59028.2	13158.3	26.6
2005	88773.6	75095.1	15909.2	26.0
"十一五"时期	**922871.2**	**794922.8**	**160416.1**	**25.5**
2006	109998.2	93368.7	19422.9	23.9
2007	137323.9	117464.5	25288.8	24.8
2008	172828.4	148738.3	31203.2	25.9
2009	224598.8	193920.4	36241.8	30.0
2010	278121.9	241430.9	48259.4	23.8
"十二五"时期				
2011	311021.9	301932.8	61739.8	23.6
平均每年增长(%)				
1982-2011年	21.2	22.0		
1991-2011年	22.6	23.8	30.8	
2001-2011年	22.9	24.4	25.6	

注：1.1997年起，除房地产投资、农村集体投资、个人投资外，其他固定资产投资的统计起点由5万元提高到50万元。为便于比较，对1996年的相应数据作了全面调整，括号内为原口径数，未加括号的为调整后的新口径数(以下相关表同)，增长速度按可比口径计算。受经济普查影响，2004年投资额与上年有不可比因素，增长速度按可比口径计算。2011年，除房地产投资、农村个人投资外，固定资产投资统计起点由50万元提高到500万元，增长速度按可比口径计算。

2.本表增长速度均未扣除价格因素，平均每年增长速度按累计法计算(以下相关表同)。

3.2011年起，城镇固定资产投资数据发布口径改为固定资产投资(不含农户)。固定资产投资(不含农户)等于原口径的城镇固定资产投资加上农村企事业组织项目投资(以下相关表同)。

按行业分固定资产投资(一)

行业	投资额（亿元）		2011年比上年增长(%)	2011年比重(%)
	2010年	2011年		
全国总计	**243797.8**	**301932.8**	**23.8**	**100.0**
农林牧渔业	**5435.6**	**6792.4**	**25.0**	**2.2**
#林业	742.4	875.6	17.9	0.3
采矿业	**9728.0**	**11809.7**	**21.4**	**3.9**
煤炭开采及洗选业	3888.1	4896.9	25.9	1.6
石油和天然气开采业	2716.8	3056.9	12.5	1.0
黑色金属矿采选业	1056.4	1250.9	18.4	0.4
有色金属矿采选业	1026.5	1274.5	24.2	0.4
非金属矿采选业	997.1	1283.7	28.7	0.4
其他采矿业	43.1	46.8	8.5	
制造业	**77833.3**	**102594.1**	**31.8**	**34.0**
农副食品加工业	3629.4	5229.2	44.1	1.7
食品制造业	1939.0	2386.0	23.1	0.8
饮料制造业	1353.0	1903.5	40.7	0.6
烟草制造业	198.1	271.7	37.1	0.1
纺织业	2802.6	3668.8	30.9	1.2
纺织服装、鞋、帽制造业	1585.4	2266.6	43.0	0.8
皮革、毛皮、羽毛(绒)及其制品业	695.9	902.2	29.6	0.3
木材加工及木、竹、藤、棕、草制品业	1354.7	1894.1	39.8	0.6
家具制造业	925.6	1192.3	28.8	0.4
造纸及纸制品业	1463.5	1918.7	31.1	0.6
印刷业和记录媒介的复制	717.7	878.8	22.4	0.3
文教体育用品制造业	334.8	437.1	30.5	0.1
石油加工、炼焦及核燃料加工业	2029.6	2234.5	10.1	0.7
化学原料及化学制品制造业	7039.5	8898.9	26.4	2.9
医药制造业	1797.1	2615.4	45.5	0.9
化学纤维制造业	496.4	734.1	47.9	0.2
橡胶制品业	860.6	1152.4	33.9	0.4
塑料制品业	1928.4	2614.3	35.6	0.9
非金属矿物制品业	7929.3	10448.5	31.8	3.5
黑色金属冶炼及压延加工业	3369.3	3860.5	14.6	1.3
有色金属冶炼及压延加工业	2830.0	3861.3	36.4	1.3
金属制品业	4099.3	5045.2	23.1	1.7
通用设备制造业	5896.2	7701.7	30.6	2.6
专用设备制造业	4232.7	5892.6	39.2	2.0

注：本表为固定资产投资(不含农户)，2010年为同口径数据。

按行业分固定资产投资(二)

行　　业	投资额(亿元)		2011年比上年增长(%)	2011年比重(%)
	2010年	2011年		
交通运输设备制造业	6610.1	8406.0	27.2	2.8
电气机械及器材制造业	5429.0	7850.8	44.6	2.6
通信设备、计算机及其他电子设备制造业	3922.5	5265.9	34.2	1.7
仪器仪表及文化、办公用机械制造业	764.4	1064.0	39.2	0.4
工艺品及其他制造业	1240.9	1533.2	23.6	0.5
废弃资源和废旧材料回收加工业	357.8	466.0	30.2	0.2
电力、燃气及水的生产和供应业	**14068.1**	**14607.0**	**3.8**	**4.8**
电力、热力的生产与供应业	11356.4	11556.7	1.8	3.8
燃气生产与供应业	908.4	1244.3	37.0	0.4
水的生产与供应业	1803.2	1806.0	0.2	0.6
建筑业	**2276.1**	**3252.8**	**42.9**	**1.1**
交通运输、仓储和邮政业	**26769.7**	**27260.3**	**1.8**	**9.0**
#铁路运输业	7441.5	5766.9	-22.5	1.9
道路运输业	12276.6	13474.8	9.8	4.5
城市公共交通业	2036.7	2264.3	11.2	0.7
水上运输业	1942.5	1927.1	-0.8	0.6
航空运输业	829.6	832.3	0.3	0.3
信息传输、计算机服务和软件业	**2153.6**	**2161.3**	**0.4**	**0.7**
批发和零售业	**5226.4**	**7322.2**	**40.1**	**2.4**
住宿和餐饮业	**2915.7**	**3915.7**	**34.3**	**1.3**
金融业	**442.4**	**628.4**	**42.0**	**0.2**
房地产业	**58368.6**	**75684.8**	**29.7**	**25.1**
租赁和商务服务业	**2404.6**	**3373.9**	**40.3**	**1.1**
科学研究、技术服务和地质勘查业	**1183.7**	**1649.5**	**39.4**	**0.5**
水利、环境和公共设施管理业	**21485.9**	**24536.6**	**14.2**	**8.1**
水利管理业	2934.5	3412.2	16.3	1.1
环境管理业	1540.2	1595.7	3.6	0.5
公共设施管理业	17011.3	19528.8	14.8	6.5
居民服务和其他服务业	**796.1**	**1217.2**	**52.9**	**0.4**
教育	**3412.3**	**3881.5**	**13.7**	**1.3**
卫生、社会保障和社会福利业	**1820.5**	**2331.3**	**28.1**	**0.8**
#卫生	1553.1	1910.4	23.0	0.6
文化、体育和娱乐业	**2595.4**	**3148.2**	**21.3**	**1.0**
公共管理和社会组织	**4881.8**	**5766.0**	**18.1**	**1.9**
国际组织				

房地产开发企业概况

指　　标	单位	2006年	2007年	2008年	2009年	2010年	2011年
房地产开发投资额	**亿元**	**19422.9**	**25288.8**	**31203.2**	**36241.8**	**48259.4**	**61739.8**
按工程用途分							
住宅	亿元	13638.4	18005.4	22440.9	25613.7	34026.2	44308.4
办公楼	亿元	928.1	1035.0	1167.2	1377.2	1807.4	2543.5
商业营业用房	亿元	2353.9	2785.6	3354.5	4180.7	5648.4	7370.2
其它	亿元	2502.6	3462.7	4240.7	5070.2	6777.4	7517.6
按构成分							
建筑安装工程	亿元	13352.9	17205.5	21637.7	25839.3	33065.5	44494.4
设备工器具购置	亿元	270.0	340.5	454.1	454.1	558.1	818.9
其他费用	亿元	5800.1	7742.8	9111.4	9948.4	14635.8	16426.5
房屋建筑面积及价值							
施工面积	万平方米	194786	236318	283266	320368	405356	507959
#新开工面积	万平方米	79253	95402	102553	116422	163647	190083
竣工面积	万平方米	55831	60607	66545	72677	78744	89244
竣工价值	亿元	8729.3	10039.9	11947.6	14689.4	17542.7	21796.4
商品房销售情况							
商品房销售面积	万平方米	61857	77355	65970	94755	104765	109946
商品房销售额	亿元	20826.0	29889.1	25068.2	44355.2	52721.2	59119.1
资金来源合计	**亿元**	**32758.3**	**43565.6**	**48491.7**	**66545.5**	**88296.6**	**106768.9**
上年末结余资金	亿元	5622.7	6087.7	8872.3	8746.5	15352.6	23522.9
本年资金来源小计	亿元	27135.6	37478.0	39619.4	57799.0	72944.0	83245.9
国内贷款	亿元	5357.0	7015.6	7605.7	11364.5	12563.7	12563.8
利用外资	亿元	400.2	641.0	728.2	479.4	790.7	813.6
#外商直接投资	亿元	303.0	485.4	635.0	403.3	673.4	704.7
自筹资金	亿元	8597.1	11772.5	15312.1	17949.1	26637.2	34093.4
#自有资金	亿元	5068.2	6974.1	8849.1	9858.9	14212.8	17683.8
其他资金	亿元	12781.3	18048.8	15973.4	28006.0	32952.4	35775.1
#定金及预收款	亿元	8192.7	10663.2	9756.7	16217.5	19275.2	21610.1
各项应付款	**亿元**	**3054.8**	**4133.8**	**6048.0**	**6356.4**	**8307.0**	**11909.8**
#工程款	亿元	1750.4	2190.2	3219.8	3296.9	4052.8	5878.3

注：2011年数据为快报数据(下表同)。

社会消费品零售总额

年　份	社会消费品零售总额（亿元）	比上年增长（%）
1978	1558.6	8.8
1979	1800.0	15.5
1980	2140.0	18.9
“六五”时期	**15450.8**	**15.0**
1981	2350.0	9.8
1982	2570.0	9.4
1983	2849.4	10.9
1984	3376.4	18.5
1985	4305.0	27.5
“七五”时期	**34611.5**	**14.0**
1986	4950.0	15.0
1987	5820.0	17.6
1988	7440.0	27.8
1989	8101.4	8.9
1990	8300.1	2.5
“八五”时期	**76916.4**	**23.3**
1991	9415.6	13.4
1992	10993.7	16.8
1993	14270.4	29.8
1994	18622.9	30.5
1995	23613.8	26.8
“九五”时期	**167744.8**	**10.6**
1996	28360.2	20.1
1997	31252.9	10.2
1998	33378.1	6.8
1999	35647.9	6.8
2000	39105.7	9.7
“十五”时期	**271561.2**	**11.8**
2001	43055.4	10.1
2002	48135.9	11.8
2003	52516.3	9.1
2004	59501.0	13.3
2005	68352.6	14.9
“十一五”时期	**577223.7**	**18.1**
2006	79145.2	15.8
2007	93571.6	18.2
2008	114830.1	22.7
2009	132678.4	15.5
2010	156998.4	18.3
“十二五”时期		
2011	183918.6	17.1
平均每年增长(%)		
1979-2011年		15.6
1991-2011年		15.9
2001-2011年		15.1

注：1.本表按当年价格计算(下表同)。
　　2.1992年及以前为社会商品零售总额；1997年起社会消费品零售总额不含居民购买住房。

对外贸易和利用外资

指　　标	单　位	1990年	1995年	2000年	2005年	2010年	2011年
对外经济贸易							
货物进出口总额	**亿美元**	**1154.4**	**2808.6**	**4742.9**	**14219.1**	**29740.0**	**36420.6**
出口总额	亿美元	620.9	1487.8	2492.0	7619.5	15777.5	18986.0
初级产品	亿美元	158.9	214.9	254.6	490.4	816.9	1005.5
工业制成品	亿美元	462.0	1272.9	2237.4	7129.2	14960.7	17980.5
进口总额	亿美元	533.5	1320.8	2250.9	6599.5	13962.4	17434.6
初级产品	亿美元	98.5	244.2	467.4	1477.1	4338.5	6043.8
工业制成品	亿美元	434.9	1076.7	1783.5	5122.4	9623.9	11390.8
进出口差额	亿美元	87.4	167.0	241.1	1020.0	1815.1	1551.4
吸收外商投资							
合同项目	个	7371	37184	22347	44001	27406	27712
#外商直接投资	个	7273	37011	22347	44001	27406	27712
实际使用外资额	亿美元	102.9	481.3	593.6	638.1	1088.2	1177.0
#外商直接投资	亿美元	34.9	375.2	407.2	603.3	1057.3	1160.1
外商其他投资	亿美元	2.7	2.9	86.4	34.8	30.9	16.9
非金融类对外直接投资额	**亿美元**				**122.6**	**601.8**	**601.0**
对外经济合作							
合同金额	亿美元	26.0	96.7	149.4	342.2	1430.9	
#对外承包工程	亿美元	21.3	74.8	117.2	296.1	1343.7	1423.3
对外劳务合作	亿美元	4.8	20.1	29.9	42.5	87.2	
完成营业额	亿美元	18.7	65.9	113.3	267.8	1010.5	
#对外承包工程	亿美元	16.4	51.1	83.8	217.6	921.7	1034.2
对外劳务合作	亿美元	2.2	13.5	28.1	47.9	88.8	

注：1.本表进出口、对外经济数据分别由海关总署和商务部提供(以下相关表同)。
　　2.2000年起吸收外商投资数据不包括对外借款。
　　3.非金融类对外直接投资从2002年开始统计。
　　4.2011年起，商务部不再对外公布对外劳务合作合同数、合同金额以及完成营业额数据。

国家财政收支和国债余额

单位：亿元

指　　标	1990年	1995年	2000年	2010年	2011年
财政收入	**2937.1**	**6242.2**	**13395.2**	**83101.5**	**103740.0**
中央	992.4	3256.6	6989.2	42488.5	51306.2
地方	1944.7	2985.6	6406.1	40613.0	52433.9
财政收入指数（上年=100）	110.2	119.6	117.0	121.3	124.8
财政收入按项目分					
#各项税收	2821.9	6038.0	12581.5	73210.8	89720.3
#国内增值税	400.0	2602.3	4553.2	21093.5	24266.6
国内消费税		541.5	858.3	6071.6	6935.9
营业税	515.8	865.6	1868.8	11157.9	13678.6
企业所得税	716.0	878.4	999.6	12843.5	16760.4
个人所得税	21.1	131.3	659.6	4837.3	6054.1
关税	159.0	291.8	750.5	2027.8	2559.1
财政支出	**3083.6**	**6823.7**	**15886.5**	**89874.2**	**108929.7**
中央	1004.5	1995.4	5519.9	15989.7	16514.2
地方	2079.1	4828.3	10366.7	73884.4	92415.5
财政支出指数（上年=100）	109.2	117.8	120.5	117.8	121.2
财政支出按项目分					
一般公共服务				9337.2	11109.0
国防				5333.4	6026.7
教育				12550.0	16116.1
科学技术				3250.2	3806.4
社会保障和就业				9130.6	11143.9
医疗卫生				4804.2	6367.5
节能环保				2442.0	2617.6
城乡社区事务				5987.4	7652.6
农林水事务				8129.6	9890.1
交通运输				5488.5	7472.4
年末国债余额				**67548.1**	**72044.5**
内债余额				66988.0	71410.8
外债余额				560.1	633.7

注：1.本表及其他各表有关财政数据由财政部提供。2011年全国数据为预算执行数，以前各年数据为财政决算数。
2.财政收支不包括国内外债务收支，2000年起财政支出包括国内外债务付息支出(下表同)。
3.中央、地方财政收支均为本级收支。
4.1990年和1995年企业所得税数据仅包括国有和集体企业所得税。
5.本表财政支出项目按2007年《政府收支分类科目》设置。

中央和地方财政收支

单位：亿元

年份	国家财政收入	中央	地方	国家财政支出	中央	地方
1978	1132.26	175.77	956.49	1122.09	532.12	589.97
1979	1146.38	231.34	915.04	1281.79	655.08	626.71
1980	1159.93	284.45	875.48	1228.83	666.81	562.02
“六五”时期	**7402.75**	**2583.02**	**4819.73**	**7483.18**	**3725.64**	**3757.54**
1981	1175.79	311.07	864.72	1138.41	625.65	512.76
1982	1212.33	346.84	865.49	1229.98	651.81	578.17
1983	1366.95	490.01	876.94	1409.52	759.60	649.92
1984	1642.86	665.47	977.39	1701.02	893.33	807.69
1985	2004.82	769.63	1235.19	2004.25	795.25	1209.00
“七五”时期	**12280.60**	**4104.41**	**8176.19**	**12865.67**	**4420.27**	**8445.40**
1986	2122.01	778.42	1343.59	2204.91	836.36	1368.55
1987	2199.35	736.29	1463.06	2262.18	845.63	1416.55
1988	2357.24	774.76	1582.48	2491.21	845.04	1646.17
1989	2664.90	822.52	1842.38	2823.78	888.77	1935.01
1990	2937.10	992.42	1944.68	3083.59	1004.47	2079.12
“八五”时期	**22442.10**	**9038.39**	**13403.71**	**24387.46**	**7323.13**	**17064.33**
1991	3149.48	938.25	2211.23	3386.62	1090.81	2295.81
1992	3483.37	979.51	2503.86	3742.20	1170.44	2571.76
1993	4348.95	957.51	3391.44	4642.30	1312.06	3330.24
1994	5218.10	2906.50	2311.60	5792.62	1754.43	4038.19
1995	6242.20	3256.62	2985.58	6823.72	1995.39	4828.33
“九五”时期	**50774.39**	**25618.37**	**25156.02**	**57043.46**	**17481.55**	**39561.91**
1996	7407.99	3661.07	3746.92	7937.55	2151.27	5786.28
1997	8651.14	4226.92	4424.22	9233.56	2532.50	6701.06
1998	9875.95	4892.00	4983.95	10798.18	3125.60	7672.58
1999	11444.08	5849.21	5594.87	13187.67	4152.33	9035.34
2000	13395.23	6989.17	6406.06	15886.50	5519.85	10366.65
“十五”时期	**115050.69**	**61888.28**	**53162.41**	**128022.85**	**36629.87**	**91392.98**
2001	16386.04	8582.74	7803.30	18902.58	5768.02	13134.56
2002	18903.64	10388.64	8515.00	22053.15	6771.70	15281.45
2003	21715.25	11865.27	9849.98	24649.95	7420.10	17229.85
2004	26396.47	14503.10	11893.37	28486.89	7894.08	20592.81
2005	31649.29	16548.53	15100.76	33930.28	8775.97	25154.31
“十一五”时期	**303032.14**	**159290.52**	**143741.62**	**318970.83**	**66023.15**	**252947.68**
2006	38760.20	20456.62	18303.58	40422.73	9991.40	30431.33
2007	51321.78	27749.16	23572.62	49781.35	11442.06	38339.29
2008	61330.35	32680.56	28649.79	62592.66	13344.17	49248.49
2009	68518.30	35915.71	32602.59	76299.93	15255.79	61044.14
2010	83101.51	42488.47	40613.04	89874.16	15989.73	73884.43
“十二五”时期						
2011	103740.01	51306.15	52433.86	108929.67	16514.19	92415.48

注：中央、地方财政收支均为本级收支。

金融、证券、保险基本情况

(年底数)

项　　目	单位	2006年	2007年	2008年	2009年	2010年	2011年
金融							
金融机构人民币存款余额	亿元	335460	389371	466203	597741	718238	809368
金融机构人民币贷款余额	亿元	225347	261691	303468	399685	479196	547947
金融机构现金收入和支出							
现金收入	亿元	705733	824836	807613	866418		
现金支出	亿元	708774	828139	811456	870445		
投放(+) 回笼(-)	亿元	3041	3303	3844	4027	6381	6161
货币供应量							
货币和准货币(M2)	亿元	345604	403442	475167	606225	725774	851591
狭义货币(M1)	亿元	126035	152560	166217	220002	266622	289848
流通中现金(M0)	亿元	27073	30375	34219	38246	44628	50749
黄金储备	万盎司	1929	1929	1929	3389	3389	3389
外汇储备	亿美元	10663	15282	19460	23992	28473	31811
证券							
境内上市公司（A、B股）	家	1434	1550	1625	1718	2063	2342
境外上市公司（H股）	家	143	148	153	159	165	171
股票发行量	亿股	1287.8	637.2	180.3	416.0	928.4	167.2
股票筹资额	亿元	5594.3	8680.2	3852.2	6124.7	11971.9	5073.1
保险							
保险系统职工人数	万人	43.4	50.0	59.9	63.1	68.6	77.6
保险公司业务经济技术指标							
保费	亿元	5640	7036	9784	11137	14528	14339
赔款及给付	亿元	1438	2265	2971	3125	3200	3929

金融机构本外币存贷款余额

项　　目	存　款余　额	#非金融企　业存　款	#住　户存　款	#人民币	贷　款余　额	#境　内短　期贷　款	#境　内中长期贷　款
年底余额（亿元）							
2003	220364				169771	87398	67252
2004	254089				189411	90818	81007
2005	300209				206838	91157	92941
2006	169331				238519	101762	113173
2007	401051	195149	179526	175749	277747	118898	138581
2008	478444	224489	225641	222006	320049	128571	164160
2009	612006	305365	268650	264652	425597	151353	235579
2010	733382	314111	312302	308380	509226	171236	305127
2011	826701	313981	351957	348046	581893	217480	333747
比上年增长（%）							
2003	20.2				21.4	13.8	30.0
2004	15.3				14.3	7.4	22.1
2005	18.2				13.1	6.8	16.5
2006	13.5				14.7	10.9	21.3
2007	15.2	21.7	5.7	6.8	16.4	16.8	22.5
2008	19.3	15.1	25.7	26.3	17.9	12.3	20.2
2009	27.7	36.1	19.2	19.3	33.0	17.7	43.5
2010	19.8	21.5	16.3	16.5	19.7	13.1	29.5
2011	13.5	9.5	15.5	15.7	15.7	21.8	11.8

注：1.本表中外币存贷余额已折合人民币。
2.人民银行从2007年开始正式编制发布按部门分类《金融机构信贷收支表》，故2007年前各年存款无分类数据。
3.2010年前，“住户存款”称为“居民户存款”，主要为居民储蓄存款；“非金融企业存款”称为“非金融性公司存款”，主要包括企事业单位存款和机关团体存款。
4.2011年金融统计制度调整，“非金融企业存款”与2010年之前数据不可比，增长按可比口径计算。

货币供应量及同比增长率

年 份	货币供应量(亿元)			同比增长率(%)		
	货币和准货币 (M_2)	狭义货币 (M_1)	流通中现金 (M_0)	货币和准货币 (M_2)	狭义货币 (M_1)	流通中现金 (M_0)
1990	15293.4	6950.7	2644.4			9.8
1991	19349.9	8633.3	3177.8			12.8
1992	25402.2	11731.5	4336.0	26.5	24.2	20.2
1993	34879.8	16280.4	5864.7	31.3	35.9	36.4
1994	46923.5	20540.7	7288.6	34.5	26.2	24.3
1995	60750.5	23987.1	7885.3	29.5	16.8	8.2
1996	76094.9	28514.8	8802.0	25.3	18.9	11.6
1997	90995.3	34826.3	10177.6	17.3	16.5	15.6
1998	104498.5	38953.7	11204.2	14.8	11.9	10.1
1999	119897.9	45837.3	13455.5	14.7	17.7	20.1
2000	134610.3	53147.2	14652.7	12.3	16.0	8.9
2001	158301.9	59871.6	15688.8	17.6	12.7	7.1
2002	185007.0	70881.8	17278.0	16.8	16.8	10.1
2003	221222.8	84118.6	19745.9	19.6	18.7	14.3
2004	254107.0	95969.7	21467.3	14.7	13.6	8.7
2005	298755.7	107278.8	24031.7	17.6	11.8	11.9
2006	345603.6	126035.1	27072.6	17.0	17.5	12.7
2007	403442.2	152560.1	30375.2	16.7	21.1	12.2
2008	475166.6	166217.1	34219.0	17.8	9.1	12.7
2009	606225.0	220001.5	38246.0	27.7	32.4	11.8
2010	725774.1	266621.5	44628.2	19.7	21.2	16.7
2011	851590.9	289847.7	50748.5	13.6	7.9	13.8

注：2001年6月起货币供应量(M2)含证券公司客户保证金。

国家外债余额和外债风险指标

年份	外债余额(亿美元)	按偿还期限分		外债风险指标（%）		
		长期债务	短期债务	偿债率	负债率	债务率
1985	158.3	94.1	64.2	2.7	5.2	56.0
1986	214.8	167.1	47.7	15.4	7.3	72.1
1987	302.0	244.8	57.2	9.0	9.4	77.1
1988	400.0	326.9	73.1	6.5	10.0	87.1
1989	413.0	370.3	42.7	8.3	9.2	86.4
1990	525.5	457.8	67.7	8.7	13.6	91.6
1991	605.6	502.6	103.0	8.5	14.9	91.9
1992	693.2	584.7	108.5	7.1	14.4	87.9
1993	835.7	700.2	135.5	10.2	13.6	96.5
1994	928.1	823.9	104.2	9.1	16.6	78.0
1995	1065.9	946.7	119.2	7.6	14.6	72.4
1996	1162.8	1021.7	141.1	6.0	13.6	67.7
1997	1309.6	1128.2	181.4	7.3	13.7	63.2
1998	1460.4	1287.0	173.4	10.9	14.3	70.4
1999	1518.3	1366.5	151.8	11.2	14.0	68.7
2000	1457.3	1326.5	130.8	9.2	12.2	52.1
2001	2033.0	1195.3	837.7	7.5	15.3	67.9
2002	2026.3	1155.5	870.8	7.9	13.9	55.5
2003	2193.6	1165.9	1027.7	6.9	13.4	45.2
2004	2629.9	1242.9	1387.0	3.2	13.6	40.2
2005	2965.4	1249.0	1716.4	3.1	13.1	35.4
2006	3385.9	1393.6	1992.3	2.1	12.5	31.9
2007	3892.2	1535.3	2356.9	2.0	11.1	29.0
2008	3901.6	1638.8	2262.8	1.8	8.6	24.7
2009	4286.5	1693.9	2592.6	2.9	8.6	32.2
2010	5489.4	1732.4	3757.0	1.6	9.3	29.2
2011	6950.0	1941.0	5009.0	1.7	9.5	33.3

注：1.本表数据由国家外汇管理局提供。2001年起外债余额增加3个月以内贸易项下的对外融资余额。
2.偿债率指偿还外债本息与当年贸易和非贸易外汇收入(国际收支口径)之比；负债率指外债余额与当年国内生产总值之比；债务率指外债余额与当年贸易和非贸易外汇收入(国际收支口径)之比。
3.2009年,国家外汇管理局对贸易信贷抽样调查方法进行了调整，为保证数据的可比性，2001-2008年末外债余额也相应进行了调整。

各种价格指数

（上年=100）

年份	居民消费价格指数	商品零售价格指数	农业生产资料价格指数	农产品生产价格指数	工业生产者出厂价格指数	工业生产者购进价格指数	固定资产投资价格指数
1978	100.7	100.7	99.9	103.9	100.1		
1979	101.9	102.0	100.4	122.1	101.5		
1980	107.5	106.0	101.0	107.1	100.5		
1981	102.5	102.4	101.7	105.9	100.2		
1982	102.0	101.9	101.9	102.2	99.8		
1983	102.0	101.5	103.0	104.4	99.9		
1984	102.7	102.8	108.9	104.0	101.4		
1985	109.3	108.8	104.8	108.6	108.7		
1986	106.5	106.0	101.1	106.4	103.8		
1987	107.3	107.3	107.0	112.0	107.9		
1988	118.8	118.5	116.2	123.0	115.0		
1989	118.0	117.8	118.9	115.0	118.6	126.4	
1990	103.1	102.1	105.5	97.4	104.1	105.6	108.0
1991	103.4	102.9	102.9	98.0	106.2	109.1	109.5
1992	106.4	105.4	103.7	103.4	106.8	111.0	115.3
1993	114.7	113.2	114.1	113.4	124.0	135.1	126.6
1994	124.1	121.7	121.6	139.9	119.5	118.2	110.4
1995	117.1	114.8	127.4	119.9	114.9	115.3	105.9
1996	108.3	106.1	108.4	104.2	102.9	103.9	104.0
1997	102.8	100.8	99.5	95.5	99.7	101.3	101.7
1998	99.2	97.4	94.5	92.0	95.9	95.8	99.8
1999	98.6	97.0	95.8	87.8	97.6	96.7	99.6
2000	100.4	98.5	99.1	96.4	102.8	105.1	101.1
2001	100.7	99.2	99.1	103.1	98.7	99.8	100.4
2002	99.2	98.7	100.5	99.7	97.8	97.7	100.2
2003	101.2	99.9	101.4	104.4	102.3	104.8	102.2
2004	103.9	102.8	110.6	113.1	106.1	111.4	105.6
2005	101.8	100.8	108.3	101.4	104.9	108.3	101.6
2006	101.5	101.0	101.5	101.2	103.0	106.0	101.5
2007	104.8	103.8	107.7	118.5	103.1	104.4	103.9
2008	105.9	105.9	120.3	114.1	106.9	110.5	108.9
2009	99.3	98.8	97.5	97.6	94.6	92.1	97.6
2010	103.3	103.1	102.9	110.9	105.5	109.6	103.6
2011	105.4	104.9	111.3	116.5	106.0	109.1	106.6

注：1.居民消费价格指数1985年及以前为职工生活费用价格指数（下表同）。
2.从2011年起工业品出厂价格指数改为工业生产者出厂价格指数，原材料、燃料、动力购进价格指数改为工业生产者购进价格指数(下表同)。

居民消费价格指数

(上年=100)

项　　目	2009年	2010年	2011年	城　市	农　村
居民消费价格指数	**99.3**	**103.3**	**105.4**	**105.3**	**105.8**
食品	**100.7**	**107.2**	**111.8**	**111.6**	**112.4**
#粮食	105.6	111.8	112.2	112.2	112.2
油脂	81.7	103.8	113.4	113.4	113.5
肉禽及其制品	91.3	102.9	122.6	122.2	123.7
蛋	101.6	108.3	114.2	114.6	113.3
水产品	102.5	108.1	112.1	112.3	111.2
菜	113.6	118.5	101.1	100.7	102.2
糖	102.5	108.3	111.2	110.6	112.4
茶及饮料	101.8	101.3	104.0	104.3	102.9
干鲜瓜果	107.1	114.6	115.9	115.9	115.9
液体乳及乳制品	101.5	102.8	105.1	105.5	103.7
烟酒及用品	**101.5**	**101.6**	**102.8**	**103.0**	**102.4**
烟草	100.4	100.5	100.3	100.4	100.2
酒	103.4	103.6	106.7	107.3	105.7
衣着	**98.0**	**99.0**	**102.1**	**102.2**	**101.9**
#服装	97.8	99.1	102.4	102.5	102.0
鞋袜帽	97.8	98.2	100.7	100.7	100.7
家庭设备用品及维修服务	**100.2**	**100.0**	**102.4**	**102.7**	**101.5**
#耐用消费品	98.1	98.5	100.4	100.5	100.1
室内装饰品	99.7	99.9	101.0	100.7	102.2
家庭服务及加工维修服务	105.2	106.7	111.4	112.7	105.7
医疗保健和个人用品	**101.2**	**103.2**	**103.4**	**103.4**	**103.3**
医疗保健	101.4	103.3	102.9	102.9	102.9
个人用品及服务	100.8	103.0	104.4	104.4	104.2
交通和通信	**97.6**	**99.6**	**100.5**	**100.2**	**101.3**
交通	98.6	101.7	102.6	102.4	103.5
通信	96.3	97.3	97.5	97.3	98.1
娱乐教育文化用品及服务	**99.3**	**100.6**	**100.4**	**100.3**	**100.8**
文娱用耐用消费品及服务	90.6	94.3	93.7	93.0	96.0
教育	101.6	101.4	101.3	101.2	101.7
文化娱乐	102.5	101.0	101.1	101.1	100.8
旅游	97.5	104.9	103.8	103.8	103.9
居住	**96.4**	**104.5**	**105.3**	**105.1**	**105.7**
建房及装修材料	100.2	103.3	104.7	103.9	105.8
住房租金	101.6	104.9	105.3	105.4	105.2
自有住房	85.3	103.6	106.5	106.6	106.3
水电燃料	97.9	105.5	103.5	103.0	104.9

商品零售价格指数

(上年=100)

项目	2009年	2010年	2011年	城市	农村
商品零售价格指数	**98.8**	**103.1**	**104.9**	**104.7**	**105.5**
食品	**100.9**	**107.6**	**111.9**	**111.8**	**112.2**
#粮食	105.7	111.7	112.3	112.2	112.4
油脂	81.8	103.7	113.4	113.4	113.3
肉禽及其制品	91.7	103.0	122.4	122.4	122.6
蛋	101.6	108.3	114.3	114.9	113.0
水产品	102.3	108.3	112.1	112.4	110.9
菜	113.2	119.0	101.0	100.5	102.4
干鲜瓜果	106.7	114.3	115.9	116.0	115.3
液体乳及乳制品	101.4	102.9	105.0	105.4	103.0
饮料、烟酒	**101.7**	**101.7**	**103.3**	**103.5**	**102.7**
服装、鞋帽	**97.9**	**98.8**	**101.8**	**102.1**	**101.2**
纺织品	**99.6**	**101.2**	**105.7**	**105.9**	**105.4**
家用电器及音像器材	**94.2**	**96.1**	**96.9**	**96.5**	**97.9**
#家庭设备	97.3	97.5	99.5	99.5	99.3
文娱用耐用消费品	89.4	93.7	92.9	91.9	95.7
专业音像器材	97.0	97.8	98.5	98.4	98.8
文化办公用品	**96.2**	**97.8**	**97.6**	**97.1**	**99.4**
日用品	**102.0**	**100.3**	**102.3**	**102.4**	**101.8**
体育娱乐用品	**97.8**	**98.3**	**100.9**	**101.0**	**100.6**
#体育用品	101.0	99.9	101.3	101.7	100.3
娱乐用品	95.4	97.1	100.5	100.4	100.9
交通、通信用品	**93.7**	**95.6**	**96.1**	**95.8**	**97.2**
#交通运输机械	97.9	98.8	99.0	98.9	99.4
通信器材	85.4	89.0	89.7	88.3	93.5
家具	**99.7**	**100.1**	**102.3**	**102.6**	**101.2**
化妆品	**100.8**	**100.4**	**101.3**	**101.4**	**101.0**
金银珠宝	**95.6**	**114.5**	**114.3**	**113.6**	**117.5**
中西药品及医疗保健用品	**101.5**	**104.3**	**103.9**	**103.8**	**104.3**
#中药材及中成药	102.4	111.1	112.1	111.7	113.1
西药	101.1	101.0	99.6	99.5	99.8
书报杂志及电子出版物	**105.0**	**101.3**	**100.8**	**100.8**	**100.8**
#教材及参考书	102.9	102.3	101.1	101.1	101.0
书报杂志	109.5	101.1	101.1	101.2	101.0
电子音像制品	98.7	99.6	99.3	99.1	99.9
燃料	**92.7**	**112.3**	**111.1**	**110.9**	**111.8**
#煤炭及制品	106.8	107.0	110.4	109.9	111.1
石油及制品	89.1	113.9	111.3	111.0	112.1
建筑材料及五金电料	**98.4**	**103.5**	**105.1**	**104.7**	**105.7**
#建筑装潢材料	97.9	104.0	105.7	105.2	106.6
五金电料	100.2	101.9	103.1	103.3	102.8

人民生活基本情况

指标名称	单　位	1990年	2000年	2010年	2011年
就业					
城镇居民家庭每一就业者负担人数	人	1.77	1.86	1.93	1.94
农村居民家庭每一劳动力负担人数	人	1.64	1.52	1.39	1.40
城镇登记失业率	%	2.5	3.1	4.1	4.1
收入与支出					
城镇居民人均可支配收入	元	1510	6280	19109	21810
农村居民人均纯收入	元	686	2253	5919	6977
城镇居民人均可支配收入指数	1978年=100	198.1	383.7	965.0	1046.3
农村居民人均纯收入指数	1978年=100	311.2	483.4	954.4	1063.2
城镇居民人均消费性支出	元	1279	4998	13471	15161
农村居民人均生活消费支出	元	585	1670	4382	5221
人均储蓄存款余额	元	623	5076	22619	25832
城镇居民家庭恩格尔系数	%	54.2	39.4	35.7	36.3
农村居民家庭恩格尔系数	%	58.8	49.1	41.1	40.4
住房					
城镇居民人均住房建筑面积	平方米			31.6	32.7
农村居民人均住房面积	平方米	17.8	24.8	34.1	36.2
文化					
城镇每百户彩色电视机拥有量	台	59.0	116.6	137.4	135.2
农村每百户彩色电视机拥有量	台	4.7	48.7	111.8	115.5
城镇每百户家用电脑拥有量	台		9.7	71.2	81.9
农村每百户家用电脑拥有量	台		0.5	10.4	18.0
广播节目综合人口覆盖率	%	74.7	92.5	96.8	97.1
电视节目综合人口覆盖率	%	79.4	93.7	97.6	97.8
教育					
小学学龄儿童入学率	%	97.8	99.1	99.7	99.8
每十万人口高等学校在校生数	人	326	723	2189	2253
社会保障					
参加城镇基本养老保险人数	万人	6166	13617	25707	28391
参加城镇基本医疗保险人数	万人		3787	43263	47343
参加失业保险人数	万人		10408	13376	14317
参加工伤保险人数	万人		4350	16161	17696
参加生育保险人数	万人		3002	12336	13892
社会保险基金收入	亿元	187	2645	18823	24043

注：本表价值量指标按当年价格计算，指数按可比价格计算。

城乡居民家庭人均收入和指数

年 份	城镇居民家庭人均可支配收入			农村居民家庭人均纯收入		
	绝对数（元）	指 数（上年=100）	指 数（1978年=100）	绝对数（元）	指 数（上年=100）	指 数（1978年=100）
1978	343.4		100.0	133.6		100.0
1979	405.0	115.7	115.7	160.2	119.2	119.2
1980	477.6	109.7	127.0	191.3	116.6	139.0
1981	500.4	102.2	129.9	223.4	115.4	160.4
1982	535.3	104.9	136.3	270.1	119.9	192.3
1983	564.6	103.9	141.5	309.8	114.2	219.6
1984	652.1	112.2	158.7	355.3	113.6	249.5
1985	739.1	101.1	160.4	397.6	107.8	268.9
1986	900.9	113.9	182.7	423.8	103.2	277.6
1987	1002.1	102.2	186.8	462.6	105.2	292.0
1988	1180.2	97.6	182.3	544.9	106.4	310.7
1989	1373.9	100.1	182.5	601.5	98.4	305.7
1990	1510.2	108.5	198.1	686.3	101.8	311.2
1991	1700.6	107.1	212.4	708.6	102.0	317.4
1992	2026.6	109.7	232.9	784.0	105.9	336.2
1993	2577.4	109.5	255.1	921.6	103.2	346.9
1994	3496.2	108.5	276.8	1221.0	105.0	364.3
1995	4283.0	104.9	290.3	1577.7	105.3	383.6
1996	4838.9	103.8	301.6	1926.1	109.0	418.1
1997	5160.3	103.4	311.9	2090.1	104.6	437.3
1998	5425.1	105.8	329.9	2162.0	104.3	456.1
1999	5854.0	109.3	360.6	2210.3	103.8	473.5
2000	6280.0	106.4	383.7	2253.4	102.1	483.4
2001	6859.6	108.5	416.3	2366.4	104.2	503.7
2002	7702.8	113.4	472.1	2475.6	104.8	527.9
2003	8472.2	109.0	514.6	2622.2	104.3	550.6
2004	9421.6	107.7	554.2	2936.4	106.8	588.0
2005	10493.0	109.6	607.4	3254.9	106.2	624.5
2006	11759.5	110.4	670.7	3587.0	107.4	670.7
2007	13785.8	112.2	752.5	4140.4	109.5	734.4
2008	15780.8	108.4	815.7	4760.6	108.0	793.2
2009	17174.7	109.8	895.4	5153.2	108.5	860.6
2010	19109.4	107.8	965.2	5919.0	110.9	954.4
2011	21809.8	108.4	1046.3	6977.3	111.4	1063.2
平均每年增长(%)						
1979-2011年			7.4			7.4
1991-2011年			8.2			6.0
2001-2011年			9.5			7.4

注：本表绝对数按当年价格计算，指数和平均增长速度按可比价格计算。

城乡居民家庭人均消费支出和住房情况

年 份	城镇居民家庭		农村居民家庭		城镇居民人均住房建筑面积(平方米)	农村居民人均住房面积(平方米)
	人均消费性支出(元)	恩格尔系数(%)	人均生活消费支出(元)	恩格尔系数(%)		
1978	311.16	57.5	116.06	67.7		8.1
1979			134.51	64.0		8.4
1980	412.44	56.9	162.21	61.8		9.4
1981	456.84	56.7	190.81	59.9		10.2
1982	471.00	58.6	220.23	60.7		10.7
1983	505.92	59.2	248.29	59.4		11.6
1984	559.44	58.0	273.80	59.2		13.6
1985	673.20	53.3	317.42	57.8		14.7
1986	798.96	52.4	356.95	56.4		15.3
1987	884.40	53.5	398.29	55.8		16.0
1988	1103.98	51.4	476.66	54.0		16.6
1989	1210.95	54.5	535.37	54.8		17.2
1990	1278.89	54.2	584.63	58.8		17.8
1991	1453.81	53.8	619.79	57.6		18.5
1992	1671.73	53.0	659.01	57.6		18.9
1993	2110.81	50.3	769.65	58.1		20.7
1994	2851.34	50.0	1016.81	58.9		20.2
1995	3537.57	50.1	1310.36	58.6		21.0
1996	3919.47	48.8	1572.08	56.3		21.7
1997	4185.64	46.6	1617.15	55.1		22.5
1998	4331.61	44.7	1590.33	53.4		23.3
1999	4615.91	42.1	1577.42	52.6		24.2
2000	4998.00	39.4	1670.13	49.1		24.8
2001	5309.01	38.2	1741.09	47.7		25.7
2002	6029.88	37.7	1834.31	46.2	24.5	26.5
2003	6510.94	37.1	1943.30	45.6	25.3	27.2
2004	7182.10	37.7	2184.65	47.2	26.4	27.9
2005	7942.90	36.7	2555.40	45.5	27.8	29.7
2006	8696.55	35.8	2829.02	43.0	28.5	30.7
2007	9997.47	36.3	3223.85	43.1	30.1	31.6
2008	11242.85	37.9	3660.68	43.7	30.6	32.4
2009	12264.55	36.5	3993.45	41.0	31.3	33.6
2010	13471.45	35.7	4381.82	41.1	31.6	34.1
2011	15160.89	36.3	5221.13	40.4	32.7	36.2

注：城镇居民人均住房建筑面积为城镇住户抽样调查数据(不含集体户)。

城乡居民人民币储蓄存款

单位：亿元

年份	年底余额			年增加额		
	总计	定期	活期	总计	定期	活期
1978	210.6	128.9	81.7	29.0	17.2	11.8
1980	395.8	304.9	90.9	114.8	138.5	-23.7
1985	1622.6	1225.2	397.4	407.9	324.3	83.6
1990	7119.6	5909.4	1210.2	1935.1	1700.9	234.2
1991	9244.9	7634.9	1610.0	2125.3	1725.5	399.8
1992	11757.3	9445.0	2312.3	2512.4	1810.1	702.3
1993	15203.5	12108.3	3095.2	3446.2	2663.3	782.9
1994	21518.8	16838.7	4680.1	6315.3	4730.4	1584.9
1995	29662.3	23778.3	5884.1	8143.5	6939.6	1203.9
1996	38520.8	30873.2	7647.6	8858.6	7095.0	1763.6
1997	46279.8	36226.7	10053.1	7759.0	5353.5	2405.4
1998	53407.5	41791.6	11615.9	7127.7	5564.8	1562.8
1999	59621.8	44955.1	14666.7	6214.4	3163.5	3050.8
2000	64332.4	46141.7	18190.7	4710.6	1186.6	3524.0
2001	73762.4	51434.9	22327.6	9430.1	5293.2	4136.9
2002	86910.7	58788.9	28121.7	13148.2	7354.1	5794.1
2003	103617.7	68498.7	35119.0	16707.0	9709.7	6997.3
2004	119555.4	78138.9	41416.5	15937.7	9640.2	6297.6
2005	141051.0	92263.5	48787.5	21495.6	14124.7	7370.9
2006	161587.3	103011.4	58575.9	20544.0	10777.3	9766.7
2007	172534.2	104934.5	67599.7	10946.9	1923.1	9023.8
2008	217885.4	139300.2	78585.2	45351.2	34365.7	10985.5
2009	260771.7	160230.4	100541.3	42886.3	20930.2	21956.1
2010	303302.5	178413.9	124888.6	42530.8	18183.5	24347.3
2011	343635.9			40333.4		

注：2011年起，城乡居民人民币储蓄存款统计不再划分活期、定期存款。

农村居民贫困状况

年份	贫困线(元/人)	贫困人口(万人)	贫困发生率(%)	年份	贫困线(元/人)	贫困人口(万人)	贫困发生率(%)
1978	100	25000	30.7	1999	625	3412	3.7
1984	200	12800	15.1	2000	625	3209	3.5
1985	206	12500	14.8	2001	630	2927	3.2
1986	213	13100	15.5	2002	627	2820	3.0
1987	227	12200	14.3	2003	637	2900	3.1
1988	236	9600	11.1	2004	668	2610	2.8
1989	259	10200	11.6	2005	683	2365	2.5
1990	300	8500	9.4	2006	693	2148	2.3
1991	304	9400	10.4	2007	785	1479	1.6
1992	317	8000	8.8	2008	1196	4007	4.2
1994	440	7000	7.7	2009	1196	3597	3.8
1995	530	6540	7.1	2010	1274	2688	2.8
1997	640	4962	5.4	2011	2300	12238	
1998	635	4210	4.6				

注：1.2007年及以前农村贫困人口数据是按农村绝对贫困标准测算的农村绝对贫困状况。
2.2008-2010年，原农村低收入人口纳入贫困人口统计，数据与2008年前不可比。
3.2011年，国家将农村扶贫标准提高到年人均纯收入2300元(2010年不变价)，按照新标准，2011年末农村扶贫对象为12238万人。

城镇居民家庭基本情况

项目	单位	1990年	1995年	2000年	2005年	2010年	2011年
调查户数	户	**35660**	**35520**	**42220**	**54496**	**65607**	**65655**
平均每户家庭人口数	人	3.50	3.23	3.13	2.96	2.88	2.87
平均每户就业人口数	人	1.98	1.87	1.68	1.51	1.49	1.48
平均每户就业面	%	56.57	57.89	53.67	51.01	51.74	51.57
平均每一就业者负担人数(含本人)	人	1.77	1.73	1.86	1.96	1.93	1.94
平均每人全部年收入	元	**1516.2**	**4279.0**	**6295.9**	**11320.8**	**21033.4**	**23979.2**
工资性收入	元	1149.7	3390.2	4480.5	7797.5	13707.7	15411.9
经营净收入	元	22.5	72.6	246.2	679.6	1713.5	2209.7
财产性收入	元	15.6	90.4	128.4	192.9	520.3	649.0
转移性收入	元	328.4	725.8	1440.8	2650.7	5091.9	5708.6
#可支配收入	元	1510.2	4283.0	6280.0	10493.0	19109.4	21809.8
平均每人每年总支出	元	**1413.9**	**4102.9**	**6147.4**	**10579.5**	**18258.4**	**20365.7**
消费性支出	元	1278.9	3537.6	4998.0	7942.9	13471.5	15160.9
非消费性支出	元	37.2	561.1	1146.1	2636.6	4786.9	5204.8
恩格尔系数	%	**54.2**	**50.1**	**39.4**	**36.7**	**35.7**	**36.3**

注：本表为城镇居民家庭抽样调查资料。2002年起城镇住户调查对象由原来的非农业人口改为城市市区和县城关镇区常住人口。

农村居民家庭基本情况

项　　目	单位	1990年	1995年	2000年	2010年	2011年
调查户数	**户**	**66960**	**67340**	**68116**	**68190**	**73630**
平均每户常住人口	人	4.80	4.48	4.20	3.95	3.90
平均每户整、半劳动力	人	2.92	2.88	2.76	2.85	2.78
平均每个劳动力负担人口(含本人)	人	1.64	1.56	1.52	1.39	1.40
平均每户生产性固定资产原值	元	1258	2774	4673	10706	16088
平均每人经营耕地面积	亩	2.10	2.17	1.98	2.28	2.30
平均每人年收入						
总收入	**元**	**990.4**	**2337.9**	**3146.2**	**8119.5**	**9833.1**
工资性收入	元	138.8	353.7	702.3	2431.1	2963.4
家庭经营收入	元	815.8	1877.4	2251.3	4937.5	5939.8
财产性收入	元	35.8	41.0	45.0	202.2	228.6
转移性收入	元		65.8	147.6	548.7	701.4
纯收入	**元**	**686.3**	**1577.7**	**2253.4**	**5919.0**	**6977.3**
工资性收入	元	138.8	353.7	702.3	2431.1	2963.4
家庭经营收入	元	518.6	1125.8	1427.3	2832.8	3222.0
财产性收入	元	29.0	41.0	45.0	202.2	228.6
转移性收入	元		57.3	78.8	452.9	563.3
现金收入	**元**	**676.7**	**1595.6**	**2381.6**	**7088.8**	**8638.5**
工资性收入	元	136.4	352.9	700.4	2427.9	2959.7
家庭经营收入	元	481.2	1116.7	1498.8	3955.4	4810.4
财产性收入	元	59.1	38.2	38.9	168.3	185.8
转移性收入	元		87.8	143.5	537.2	682.6
平均每人年支出						
总支出	元	903.5	2138.3	2652.4	6991.8	8641.6
#生活消费支出	元	584.6	1310.4	1670.1	4381.8	5221.1
恩格尔系数	%	58.8	58.6	49.1	41.1	40.4
现金支出	元	639.1	1545.8	2140.4	6307.4	7984.9
房屋使用情况						
年内人均新建房屋面积	平方米	0.82	0.78	0.87	0.80	1.30
年末人均住房面积	平方米	17.83	21.01	24.82	34.08	36.24

农业基本情况

项　　目	单 位	1990年	1995年	2000年	2010年	2011年
农业机械拥有量						
农用机械总动力	万千瓦	28708	36118	52574	92786	97735
大中型拖拉机	万台	81.4	67.2	97.5	392.2	440.6
小型拖拉机	万台	698	865	1264	1786	1811
大中型拖拉机配套农具	万部	97	99	140	613	699
小型拖拉机配套农具	万部	649	958	1789	2993	3062
农用排灌柴油机	万台	411.1	491.2	688.1	946.3	968.4
农用排灌柴油机动力	万千瓦	3348.5	3839.0	5232.6	6959.2	7104.5
渔业机械	万台	32.1	37.7	46.0	247.6	301.6
灌溉、施肥、用电量						
有效灌溉面积	万公顷	4740.3	4928.2	5382.0	6037.8	
农用化肥施用量(折纯)	万吨	2590.3	3593.7	4146.4	5561.7	5704.2
乡村办水电站个数	个	52387	40699	29962	44815	
乡村办水电站装机容量	万千瓦	428.8	519.5	698.5	5924.0	
农村用电量	亿千瓦小时	844.5	1655.7	2421.3	6632.3	7353.7
农作物总播种面积	**万公顷**	**14836**	**14988**	**15630**	**16067**	**16228**
粮食	万公顷	11347	11006	10846	10988	11057
谷物	万公顷		8931	8526	8985	9102
豆类	万公顷		1123	1266	1128	1065
薯类	万公顷	912	952	1054	875	891
油料	万公顷	1090	1310	1540	1389	1386
棉花	万公顷	559	542	404	485	504
麻类	万公顷	50	38	26	13	12
糖料	万公顷	168	182	151	191	195
烟叶	万公顷	159	147	144	134	146
蔬菜	万公顷	634	952	1524	1900	1964
茶园面积	**万公顷**	**106**	**112**	**109**	**197**	**211**
果园面积	**万公顷**	**518**	**810**	**893**	**1154**	**1183**
受灾面积和成灾面积						
受灾面积	万公顷	3847	4582	5469	3743	3247
成灾面积	万公顷	1782	2227	3437	1854	1244
成灾占受灾面积的比重	%	46.3	48.6	62.9	49.5	38.3

农林牧渔业总产值及指数

年　份	农林牧渔业总产值	#农　业	#林　业	#牧　业	#渔　业
绝对数(亿元)					
1978	1397.0	1117.5	48.1	209.3	22.1
1980	1922.6	1454.1	81.4	354.2	32.9
1985	3619.5	2506.4	188.7	798.3	126.1
1990	7662.1	4954.3	330.3	1967.0	410.6
1995	20340.9	11884.6	709.9	6045.0	1701.3
1996	22353.7	13539.8	778.0	6015.5	2020.4
1997	23788.4	13852.5	817.8	6835.4	2282.7
1998	24541.9	14241.9	851.3	7025.8	2422.9
1999	24519.1	14106.2	886.3	6997.6	2529.0
2000	24915.8	13873.6	936.5	7393.1	2712.6
2001	26179.6	14462.8	938.8	7963.1	2815.0
2002	27390.8	14931.5	1033.5	8454.6	2971.1
2003	29691.8	14870.1	1239.9	9538.8	3137.6
2004	36239.0	18138.4	1327.1	12173.8	3605.6
2005	39450.9	19613.4	1425.5	13310.8	4016.1
2006	40810.8	21522.3	1610.8	12083.9	3970.5
2007	48893.0	24658.2	1861.6	16124.9	4457.5
2008	58002.2	28044.2	2152.9	20583.6	5203.4
2009	60361.0	30777.5	2193.0	19468.4	5626.4
2010	69319.8	36941.1	2595.5	20825.7	6422.4
2011	81303.9	41988.6	3120.7	25770.7	7568.0
指数(1978年=100)					
1978	100.0	100.0	100.0	100.0	100.0
1980	109.1	106.4	113.7	122.6	103.9
1985	161.6	152.2	176.2	203.4	185.1
1990	203.9	186.5	179.5	282.0	346.7
1995	291.9	230.1	257.7	495.4	730.3
1996	319.3	248.0	272.2	551.6	832.4
1997	340.8	259.1	281.2	607.3	928.2
1998	361.1	271.9	289.4	651.9	1009.9
1999	377.9	283.6	298.6	681.6	1082.5
2000	391.5	287.6	314.7	724.5	1152.9
2001	408.1	297.7	315.2	770.1	1197.8
2002	428.1	309.3	337.6	816.3	1270.9
2003	444.8	310.8	360.9	875.9	1338.3
2004	478.2	337.2	368.2	939.0	1418.6
2005	505.5	351.0	380.0	1012.2	1510.8
2006	532.8	370.0	401.3	1062.8	1601.4
2007	553.6	384.8	429.0	1087.3	1678.3
2008	585.3	403.1	463.6	1160.7	1778.4
2009	612.2	418.2	496.7	1228.2	1879.6
2010	639.3	435.2	529.1	1278.4	1983.9
2011	667.8	459.5	569.5	1300.5	2072.7

注：本表绝对数按当年价格计算，指数按可比价格计算。从2003年起执行新国民经济行业分类标准，总产值包括农林牧渔服务业产值。

主要农产品产量(一)

单位：万吨

年份	粮食	谷物	#稻谷	#小麦	#玉米	豆类	薯类
1978	30477		13693	5384	5595		3174
1980	32056		13991	5521	6260		2873
1985	37911		16857	8581	6383		2604
1990	44624		18933	9823	9682		2743
1995	46662	41612	18523	10221	11199	1788	3263
1996	50454	45127	19510	11057	12747	1790	3536
1997	49417	44349	20073	12329	10431	1876	3192
1998	51230	45625	19871	10973	13295	2001	3604
1999	50839	45304	19849	11388	12809	1894	3641
2000	46218	40522	18791	9964	10600	2010	3685
2001	45264	39648	17758	9387	11409	2053	3563
2002	45706	39799	17454	9029	12131	2241	3666
2003	43070	37429	16066	8649	11583	2128	3513
2004	46947	41157	17909	9195	13029	2232	3558
2005	48402	42776	18059	9745	13937	2158	3469
2006	49804	45099	18172	10847	15160	2004	2701
2007	50160	45632	18603	10930	15230	1720	2808
2008	52871	47847	19190	11246	16591	2043	2980
2009	53082	48156	19510	11512	16397	1930	2995
2010	54648	49637	19576	11518	17725	1897	3114
2011	57121	51939	20100	11740	19278	1908	3273

年份	油料	#花生	#油菜籽	#芝麻	棉花	麻类	#黄红麻
1978	521.8	237.7	186.8	32.2	216.7	135.1	108.8
1980	769.1	360.0	238.4	25.9	270.7	143.6	109.8
1985	1578.4	666.4	560.7	69.1	414.7	444.8	411.9
1990	1613.2	636.8	695.8	46.9	450.8	109.7	72.6
1995	2250.3	1023.5	977.7	58.3	476.8	89.7	37.1
1996	2210.6	1013.8	920.1	57.5	420.3	79.5	36.5
1997	2157.4	964.8	957.8	56.6	460.3	74.9	43.0
1998	2313.9	1188.6	830.1	65.6	450.1	49.5	24.8
1999	2601.2	1263.9	1013.2	74.3	382.9	47.2	16.4
2000	2954.8	1443.7	1138.1	81.1	441.7	52.9	12.6
2001	2864.9	1441.6	1133.1	80.4	532.4	68.1	10.6
2002	2897.2	1481.8	1055.2	89.5	491.6	96.4	15.9
2003	2811.0	1342.0	1142.0	59.3	486.0	85.3	10.0
2004	3065.9	1434.2	1318.2	70.4	632.4	107.4	8.7
2005	3077.1	1434.2	1305.2	62.5	571.4	110.5	8.3
2006	2640.3	1288.7	1096.6	66.2	753.3	89.1	8.7
2007	2568.7	1302.7	1057.3	55.7	762.4	72.8	9.9
2008	2952.8	1428.6	1210.2	58.6	749.2	62.5	8.4
2009	3154.3	1470.8	1365.7	62.2	637.7	38.8	7.5
2010	3230.1	1564.4	1308.2	58.7	596.1	31.7	6.9
2011	3306.8	1604.6	1342.6	60.5	658.9	29.6	7.5

主要农产品产量(二)

单位：万吨

年 份	糖 料	甘 蔗	甜 菜	茶 叶	烟 叶	#烤 烟
1978	2381.9	2111.6	270.2	26.8	124.2	105.2
1980	2911.3	2280.7	630.5	30.4	84.5	71.7
1985	6046.8	5154.9	891.9	43.2	242.5	207.5
1990	7214.5	5762.0	1452.5	54.0	262.7	225.9
1995	7940.1	6541.7	1398.4	58.9	231.4	207.2
1996	8360.2	6818.7	1541.5	59.3	323.4	294.6
1997	9386.5	7889.7	1496.8	61.3	425.1	390.8
1998	9790.4	8343.8	1446.6	66.5	236.4	208.8
1999	8334.1	7470.3	863.9	67.6	246.9	218.5
2000	7635.3	6828.0	807.3	68.3	255.2	223.8
2001	8655.1	7566.3	1088.9	70.2	235.0	204.5
2002	10292.7	9010.7	1282.0	74.5	244.7	213.5
2003	9641.6	9023.5	618.2	76.8	225.7	201.5
2004	9570.7	8984.9	585.7	83.5	240.6	216.3
2005	9451.9	8663.8	788.1	93.5	268.3	243.5
2006	10460.0	9709.2	750.8	102.8	245.6	225.5
2007	12188.2	11295.1	893.1	116.5	239.5	217.8
2008	13419.6	12415.2	1004.4	125.8	283.8	262.3
2009	12276.6	11558.7	717.9	135.9	306.6	281.4
2010	12008.5	11078.9	929.6	147.5	300.4	273.1
2011	12516.5	11443.4	1073.1	162.3	313.2	287.0

年 份	水 果	#苹 果	#柑 橘	#梨	#香 蕉	蔬 菜
1978	657.0	227.5	38.3	151.7	8.5	
1980	679.3	236.3	71.3	146.6	6.1	
1985	1163.9	361.4	180.8	213.7	63.1	
1990	1874.4	431.9	485.5	235.3	145.6	
1995	4214.6	1400.8	822.5	494.2	312.5	25726.7
1996	4652.8	1704.7	845.7	580.7	253.6	30123.1
1997	5089.3	1721.9	1010.2	641.5	289.2	35962.4
1998	5452.9	1948.1	859.0	727.5	351.8	38491.9
1999	6237.6	2080.2	1078.7	774.2	419.4	40513.5
2000	6225.1	2043.1	878.3	841.2	494.1	44467.9
2001	6658.0	2001.5	1160.7	879.6	527.2	48422.4
2002	6952.0	1924.1	1199.0	930.9	555.7	52860.6
2003	14517.4	2110.2	1345.4	979.8	590.3	54032.3
2004	15340.9	2367.5	1495.8	1064.2	605.6	55064.7
2005	16120.1	2401.1	1591.9	1132.4	651.8	56451.5
2006	17102.0	2605.9	1789.8	1198.6	690.1	53953.1
2007	18136.3	2786.0	2058.3	1289.5	779.7	56452.0
2008	19220.2	2984.7	2331.3	1353.8	783.5	59240.3
2009	20395.5	3168.1	2521.1	1426.3	883.4	61823.8
2010	21401.4	3326.3	2645.2	1505.7	956.1	65099.4
2011	22768.2	3598.5	2944.0	1579.5	1040.0	67929.7

注：2003年起水果产量含果用瓜。

主要林产品、水产品产量

单位：万吨

年份	木材（万立方米）	橡胶	松脂	生漆	油桐籽	油茶籽
1978	5162	10.2	33.8	0.2	39.1	47.9
1980	5359	11.3	42.1	0.3	30.3	49.0
1985	6323	18.8	34.4	0.2	37.9	61.9
1990	5571	26.4	43.5	0.3	35.1	52.3
1995	6767	42.4	54.8	0.3	40.5	62.3
1996	6710	40.2	58.1	0.4	40.8	69.7
1997	6395	45.2	70.1	0.4	45.4	85.7
1998	5966	46.2	54.3	0.5	43.9	72.3
1999	5237	49.0	57.1	0.5	44.8	79.3
2000	4724	48.0	55.1	0.5	45.3	82.3
2001	4552	47.7	56.4	0.5	40.7	82.5
2002	4436	52.7	56.4	0.6	38.9	85.5
2003	4759	56.5	62.6	0.9	37.3	78.0
2004	5197	57.5	67.3	1.0	38.1	87.5
2005	5560	51.4	76.7	1.4	36.9	87.5
2006	6612	53.8	90.9	2.1	38.3	92.0
2007	6977	58.8	96.6	1.3	36.1	93.9
2008	8108	54.8	84.9	1.6	37.1	99.0
2009	7068	61.9	104.7	2.0	36.5	116.9
2010	8090	69.1	111.6	2.0	43.4	109.2
2011	8146	75.1	115.7	1.9	43.8	148.0

年份	水产品总产量	海水产品			淡水产品	
			天然生产	人工养殖		天然生产
1978	465.4	359.5	314.5	45.0	105.9	29.6
1980	449.7	325.7	281.3	44.4	124.0	33.9
1985	705.2	419.7	348.5	71.2	285.4	47.6
1990	1237.0	713.3	550.9	162.4	523.7	78.3
1995	2517.2	1439.1	1026.8	412.3	1078.1	137.3
1996	3288.1	2012.9	1249.0	763.9	1275.2	176.3
1997	3118.6	1888.1	1196.4	691.7	1230.5	163.5
1998	3382.7	2044.5	1292.6	752.0	1338.1	197.5
1999	3570.1	2145.3	1293.4	851.9	1424.9	198.0
2000	3706.2	2203.9	1275.9	928.0	1502.3	193.4
2001	3795.9	2233.5	1244.1	989.4	1562.4	186.2
2002	3954.9	2298.5	1238.0	1060.5	1656.4	194.7
2003	4077.0	2332.8	1237.0	1095.9	1744.2	213.3
2004	4246.6	2404.5	1253.2	1151.3	1842.1	209.6
2005	4419.9	2465.9	1255.1	1210.8	1954.0	221.0
2006	4583.6	2509.6	1245.4	1264.2	2074.0	220.4
2007	4747.5	2550.9	1243.6	1307.3	2196.6	225.6
2008	4895.6	2598.3	1258.0	1340.3	2297.3	224.8
2009	5116.4	2681.5	1276.3	1405.2	2434.9	218.4
2010	5373.0	2797.5	1315.2	1482.3	2575.5	228.9
2011	5603.2	2908.1	1356.7	1551.3	2695.2	223.2

牲畜饲养情况

单位: 万头(只)

年 份	大牲畜年底头数	牛	马	驴	骡	骆 驼
1996	13360.2	11031.8	871.5	944.4	478.0	34.5
1997	14541.8	12182.2	891.2	952.8	480.6	35.0
1998	14803.2	12441.9	898.1	955.8	473.9	33.5
1999	15024.8	12698.3	891.4	934.8	467.3	33.0
2000	14638.1	12353.2	876.6	922.7	453.0	32.6
2001	13980.9	11809.2	826.0	881.5	436.2	27.9
2002	13672.3	11567.8	808.8	849.9	419.4	26.4
2003	13467.3	11434.4	790.0	820.7	395.7	26.5
2004	13191.4	11235.4	763.9	791.9	374.0	26.2
2005	12894.8	10990.8	740.0	777.2	360.4	26.6
2006	12287.1	10465.1	719.5	730.6	345.1	26.9
2007	12309.3	10594.8	702.8	689.1	298.5	24.2
2008	12250.7	10576.0	682.1	673.1	295.5	24.0
2009	12357.6	10726.5	678.5	648.4	279.3	24.8
2010	12238.5	10626.4	677.1	639.7	269.7	25.6
2011	11966.2	10360.5	670.9	647.8	259.8	27.3

年 份	肉猪出栏头数	猪年底头数	牛出栏头数	羊年底只数	山 羊	绵 羊
1996	41225.2	36283.6	2685.9	23728.3	12315.8	11412.5
1997	46483.7	40034.8	3283.9	25575.7	13480.1	12095.6
1998	50215.1	42256.3	3587.1	26903.5	14168.3	12735.2
1999	51977.2	43144.2	3766.2	27925.8	14816.3	13109.5
2000	51862.3	41633.6	3806.9	27948.2	14945.6	13002.6
2001	53281.1	41950.5	3794.8	27625.0	14562.3	13062.8
2002	54143.9	41776.2	3896.2	28240.9	14841.2	13399.7
2003	55701.8	41381.8	4000.1	29307.4	14967.9	14339.5
2004	57278.5	42123.4	4101.0	30426.0	15195.5	15230.5
2005	60367.4	43319.1	4148.7	29792.7	14659.0	15133.7
2006	61207.3	41850.4	4222.0	28369.8	13768.0	14601.8
2007	56508.3	43989.5	4359.5	28564.7	14336.5	14228.2
2008	61016.6	46291.3	4446.1	28084.9	15229.2	12855.7
2009	64538.6	46996.0	4602.2	28452.2	15050.1	13402.1
2010	66686.4	46460.0	4716.8	28087.9	14203.9	13884.0
2011	66170.3	46766.9	4670.7	28235.8	14274.2	13961.5

畜产品产量

年份	肉类产量(万吨)	#猪牛羊肉	猪肉	牛肉	羊肉	奶类(万吨)	#牛奶
1996	4584.0	3694.7	3158.0	355.7	181.0	735.8	629.4
1997	5268.8	4249.9	3596.3	440.9	212.8	681.1	601.1
1998	5723.8	4598.2	3883.7	479.9	234.6	745.4	662.9
1999	5949.0	4762.3	4005.6	505.4	251.3	806.9	717.6
2000	6013.9	4743.2	3966.0	513.1	264.1	919.1	827.4
2001	6105.8	4832.1	4051.7	508.6	271.8	1122.9	1025.5
2002	6234.3	4928.4	4123.1	521.9	283.5	1400.4	1299.8
2003	6443.3	5089.8	4238.6	542.5	308.7	1848.6	1746.3
2004	6608.7	5234.3	4341.0	560.4	332.9	2368.4	2260.6
2005	6938.9	5473.5	4555.3	568.1	350.1	2864.8	2753.4
2006	7089.0	5591.0	4650.5	576.7	363.8	3302.5	3193.4
2007	6865.7	5283.8	4287.8	613.4	382.6	3633.4	3525.2
2008	7278.7	5614.0	4620.5	613.2	380.3	3781.5	3555.8
2009	7649.7	5915.7	4890.8	635.5	389.4	3677.7	3518.8
2010	7925.8	6123.1	5071.2	653.1	398.9	3748.0	3575.6
2011	7957.8	6093.7	5053.1	647.5	393.1	3810.7	3657.8

年份	绵羊毛(吨)	#细羊毛	#半细羊毛	山羊毛(吨)	羊绒(吨)	禽蛋(万吨)	蜂蜜(万吨)
1996	298102	121020	74099	35284	9585	1965.2	18.3
1997	255059	116054	55683	25865	8626	1897.1	21.1
1998	277545	115752	68775	31417	9799	2021.3	20.7
1999	283152	114103	73700	31849	10180	2134.7	23.0
2000	292502	117386	84921	33266	11057	2182.0	24.6
2001	298254	114651	88075	34241	10968	2210.1	25.2
2002	307588	112193	102419	35459	11765	2265.7	26.5
2003	338058	120263	110249	36692	13528	2333.1	28.9
2004	373902	130413	119514	37727	14515	2370.6	29.3
2005	393172	127862	123068	36904	15435	2438.1	29.3
2006	388777	131808	116098	40512	16395	2424.0	33.3
2007	363470	123920	106760	38382	18483	2529.0	35.4
2008	367687	123838	104838	44406	17184	2702.2	40.0
2009	364002	127352	113018	49453	16964	2742.5	40.2
2010	386768	123173	114944	42714	18518	2762.7	40.1
2011	393072	132836	120119	44047	17989	2811.4	43.1

规模以上工业企业工业增加值增长速度

单位：%

分类	2005年	2006年	2007年	2008年	2009年	2010年	2011年
工业增加值	**16.4**	**16.6**	**18.5**	**12.9**	**11.0**	**15.7**	**13.9**
在总计中:							
#国有及国有控股企业	10.7	12.6	13.8	9.1	6.9	13.7	9.9
在总计中:							
#集体企业	12.4	11.6	11.5	8.1	10.2	9.4	9.3
股份合作企业	16.0	15.5	17.5	11.4	10.3	14.0	14.7
股份制企业	17.8	17.8	20.6	15.0	13.3	16.8	15.8
外商及港澳台投资企业	16.6	16.9	17.5	9.9	6.2	14.5	10.4
在总计中:							
#私营企业	25.3	24.4	26.7	20.4	18.7	20.0	19.5
在总计中:							
轻工业	15.2	13.8	16.3	12.3	9.7	13.6	13.0
重工业	17.0	17.9	19.6	13.2	11.5	16.5	14.3

注：1.本表按可比价格计算。
2.从2011年起,规模以上工业的统计范围为年主营业务收入2000万元以上的工业企业.之前为年主营业务收入500万元以上的工业企业。

规模以上工业企业出口交货值

分类	绝对数（亿元）					2011年比上年增长(%)
	2007年	2008年	2009年	2010年	2011年	
出口交货值	**73393.4**	**82498.4**	**72882.2**	**90764.3**	**101946.0**	**16.6**
在总计中:						
#国有及国有控股企业	7218.3	8683.6	5958.7	7444.9	8783.1	19.0
在总计中:						
#集体企业	617.8	476.7	477.1	555.5	577.8	13.2
股份合作企业	334.8	265.8	233.9	240.2	235.5	23.8
股份制企业	17915.6	21723.7	18491.7	23354.7	27473.6	22.1
外商及港澳台投资企业	51787.5	57217.3	51145.2	63449.4	70560.5	14.6
在总计中:						
#私营企业	8571.3	10507.9	9894.5	12870.9	14434.6	23.7
在总计中:						
轻工业	27375.9	29147.6	27492.9	33120.1	35868.6	15.3
重工业	46017.5	53350.8	45389.3	57644.2	66077.3	17.3

注：1.本表2011年为快报数据，增长速度按可比口径计算。
2.从2011年起，规模以上工业的统计范围为年主营业务收入2000万元以上的工业企业.之前为年主营业务收入500万元以上的工业企业。

规模以上工业企业主要经济指标

年份	企业单位数（万个）	工业增加值（亿元）	资产总计（亿元）	出口交货值（亿元）
1978	34.8		4525	
1980	37.7		4233	
1985	46.3		6972	
1990	50.4		15953	
1995	59.2	15446	79234	
1996	57.9	18209	90016	
1997	53.4	19835	103400	
1998	16.5	19422	108822	10842
1999	16.2	21565	116969	11545
2000	16.3	25395	126211	14575
2001	17.1	28329	135403	16245
2002	18.2	32995	146218	20055
2003	19.6	41990	168808	26942
2004	27.6	54805	215358	40484
2005	27.2	72187	244784	47741
2006	30.2	91076	291215	60560
2007	33.7		353037	73393
2008	42.6		431306	82498
2009	43.4		493693	72052
2010	45.3		592882	89910
2011	31.3		657988	101946

年份	主营业务收入（亿元）	利润总额（亿元）	税金总额（亿元）	全部从业人员年平均人数（万人）
1978				
1980	4459	692	367	5600
1985	7899	929	727	6605
1990	16793	560	1386	7663
1995	52936	1635	3415	8360
1996	57970	1490	3657	8187
1997	63451	1703	4037	7873
1998	64149	1458	4064	6196
1999	69852	2288	4414	5805
2000	84152	4393	5119	5559
2001	93733	4733	5572	5441
2002	109486	5784	6238	5521
2003	143172	8337	7537	5749
2004	198909	11929	9529	6622
2005	248544	14803	11518	6896
2006	313592	19504	14454	7358
2007	399717	27155	18422	7875
2008	500020	30562	23968	8838
2009	542522	34542	26486	8831
2010	697744	53049	33656	9545
2011	843315	54544	36817	8984

注：1.1997年及以前为乡及乡以上独立核算工业企业数据；1998–2006年为全部国有及年主营业务收入在500万元以上非国有工业企业数据；2007年–2010为年主营业务收入在500万元以上工业企业；2011年为主营业务收入在2000万元以上工业企业。
2.2010年以前为年报数据；2011年为快报数据。

主要工业产品产量(一)

年 份	原 煤 (亿吨)	原 油 (万吨)	天然气 (亿立方米)	原 盐 (万吨)	成品糖 (万吨)	卷 烟 (亿支)
1978	6.18	10405.0	137.3	1953.0	227.0	1182.0
1980	6.20	10595.0	142.7	1728.0	257.0	1520.0
1985	8.72	12490.0	129.3	1479.0	451.0	2370.0
1990	10.80	13831.0	153.0	2023.0	582.0	3298.0
1995	13.61	15005.0	179.5	2977.7	558.6	3485.0
1996	13.97	15733.4	201.1	2903.6	640.2	3401.9
1997	13.88	16074.1	227.0	3082.7	702.6	3377.4
1998	13.32	16100.0	232.8	2242.5	826.0	3374.0
1999	13.64	16000.0	252.0	2812.4	861.0	3340.0
2000	13.84	16300.0	272.0	3128.0	700.0	3397.0
2001	14.72	16395.9	303.3	3410.5	653.1	3402.1
2002	15.50	16700.0	326.6	3602.4	926.0	3467.1
2003	18.35	16960.0	350.2	3437.7	1083.9	3580.9
2004	21.23	17587.3	414.6	4043.4	1033.7	18736.4
2005	23.50	18135.3	493.2	4661.1	912.4	19389.1
2006	25.29	18476.6	585.5	5663.1	949.1	20218.1
2007	26.92	18631.8	692.4	6167.0	1271.4	21438.8
2008	28.02	19043.1	803.0	6664.4	1432.6	22199.2
2009	29.73	18949.0	852.7	6662.8	1338.4	22901.5
2010	32.35	20241.4	948.5	7037.8	1117.6	23752.6
2011	35.20	20287.6	1030.6	6429.4	1187.4	24474.0

年 份	纱 (万吨)	布 (亿米)	焦 炭 (万吨)	硫 酸 (万吨)	烧 碱 (万吨)	纯 碱 (万吨)
1978	238.2	110.3	4690.0	661.0	164.0	132.9
1980	292.6	134.7	4343.0	764.3	192.3	161.3
1985	353.5	146.7	4802.0	676.4	235.3	201.1
1990	462.6	188.8	7328.0	1196.9	335.4	379.5
1995	542.2	260.2	13510.0	1811.0	531.8	597.7
1996	512.2	209.1	13643.0	1883.6	573.8	669.3
1997	559.8	248.8	13731.0	2036.9	574.4	725.8
1998	542.0	241.0	12806.0	2171.0	539.4	744.0
1999	567.0	250.0	12073.7	2356.0	580.1	766.0
2000	657.0	277.0	12184.0	2427.0	667.9	834.0
2001	760.7	290.0	13130.7	2696.3	788.0	914.4
2002	850.0	322.4	14279.8	3050.4	878.0	1033.2
2003	983.6	353.5	17775.7	3371.2	945.3	1133.6
2004	1291.3	482.1	20619.0	3928.9	1041.1	1334.7
2005	1450.5	484.4	25411.7	4544.7	1240.0	1421.1
2006	1743.0	598.6	29768.3	5033.2	1511.8	1560.0
2007	2068.2	675.3	33553.4	5412.6	1759.3	1765.0
2008	2170.9	723.1	32031.5	5098.0	1926.0	1854.6
2009	2393.5	753.4	35510.1	5960.9	1832.4	1944.8
2010	2717.0	800.0	38864.0	7090.5	2228.4	2034.8
2011	2900.0	837.0	42778.9	7466.4	2466.2	2308.2

注：1.原煤包括无烟煤、褐煤、烟煤，不包括石煤。原煤1997-2007年产量为第二次全国经济普查后修订数据。
2.成品糖指标名称1997年及以前为糖，1998-2004年为机制糖，产量包括土糖。
3.卷烟2003年及以前计量单位为万箱。

主要工业产品产量(二)

年份	乙烯（万吨）	农用化肥（万吨）	化学纤维（万吨）	水泥（万吨）	平板玻璃（万重量箱）	生铁（万吨）
1978	38.0	869.3	28.5	6524.0	1784.0	3479.0
1980	49.0	1232.1	45.0	7986.0	2466.0	3802.0
1985	65.2	1322.2	94.8	14595.0	4942.0	4384.0
1990	157.2	1879.7	165.4	20971.0	8067.0	6238.0
1995	240.1	2548.1	341.2	47560.6	15731.7	10529.3
1996	304.0	2809.0	375.5	49118.9	16069.4	10722.5
1997	358.6	2821.0	471.6	51173.8	16630.7	11511.4
1998	377.3	3010.0	510.0	53600.0	17194.0	11863.7
1999	435.0	3251.0	600.0	57300.0	17419.8	12539.2
2000	470.0	3186.0	694.0	59700.0	18352.2	13101.5
2001	480.6	3383.0	841.4	66104.0	20964.1	15554.3
2002	543.0	3791.0	991.2	72500.0	23445.6	17084.6
2003	611.8	3881.3	1181.2	86208.1	27702.6	21366.7
2004	629.9	4804.8	1699.8	96682.0	37026.2	26831.0
2005	755.5	5177.9	1664.8	106884.8	40210.2	34375.2
2006	940.5	5345.1	2073.2	123676.5	46574.7	41245.2
2007	1027.8	5825.0	2413.8	136117.3	53918.1	47651.6
2008	987.6	6028.1	2453.3	142355.7	59890.4	47824.4
2009	1072.6	6385.0	2747.3	164397.8	58574.1	55283.5
2010	1421.3	6337.9	3090.0	188191.2	66330.8	59733.3
2011	1527.5	6217.2	3390.0	208500.0	73788.7	62969.3

年份	粗钢（万吨）	钢材（万吨）	原铝（万吨）	大中型拖拉机（万台）	汽车（万辆）	#轿车
1978	3178.0	2208.0	29.6	11.4	14.9	
1980	3712.0	2716.0	39.6	9.8	22.2	0.5
1985	4679.0	3693.0	52.3	4.5	43.7	0.9
1990	6635.0	5153.0	84.7	3.9	51.4	3.5
1995	9536.0	8979.8	167.6	6.3	145.3	33.7
1996	10124.1	9338.0	177.1	8.4	147.5	38.3
1997	10894.2	9978.9	203.5	8.2	158.3	48.6
1998	11559.0	10737.8	233.6	6.8	163.0	50.7
1999	12426.0	12109.8	259.9	6.5	183.2	57.1
2000	12850.0	13146.0	279.4	4.1	207.0	60.7
2001	15163.4	16067.6	337.1	3.8	234.2	70.4
2002	18236.6	19251.6	432.1	4.5	325.1	109.2
2003	22233.6	24108.0	554.7	4.9	444.4	207.1
2004	28291.1	31975.7	669.0	11.4	509.1	227.6
2005	35324.0	37771.1	778.7	16.3	570.5	277.0
2006	41914.9	46893.4	926.6	19.9	727.9	386.9
2007	48928.8	56560.9	1234.0	20.3	888.9	479.8
2008	50305.8	60460.3	1316.5	28.4	930.6	503.8
2009	57218.2	69405.4	1288.6	37.1	1379.5	748.5
2010	63723.0	80276.6	1577.1	33.7	1826.5	957.6
2011	68388.3	88258.2	1767.7	40.2	1841.6	1012.7

注:农用化肥按有效成分100%计算。

主要工业产品产量(三)

年 份	家 用 电冰箱 (万台)	房间空气 调节器 (万台)	程 控 交换机 (万线)	传真机 (万台)	移动通信 手持机 (万台)	微型计算机 设备 (万台)
1978	2.8	0.02				
1980	4.9	1.3				
1985	144.8	12.4				
1990	463.1	24.1				8.2
1995	918.5	682.6	2091.6	136.1		83.6
1996	979.7	786.2	2274.8	137.9		138.8
1997	1044.4	974.0	2787.3	162.5		206.6
1998	1060.0	1156.9	4219.9	128.7		291.4
1999	1210.0	1337.6	4726.0	160.0		405.0
2000	1279.0	1826.7	7136.0	196.3	5247.9	672.0
2001	1351.3	2333.6	7223.5	318.2	8031.7	877.7
2002	1598.9	3135.1	5860.7	297.3	12146.4	1463.5
2003	2242.6	4820.9	7379.9	746.6	18231.4	3216.7
2004	3007.6	6390.3	7625.2	851.2	23751.6	5974.9
2005	2987.1	6764.6	7720.9	1068.2	30354.2	8084.9
2006	3530.9	6849.4	7404.6	1188.6	48013.8	9336.4
2007	4397.1	8014.3	5387.1	888.5	54857.9	12073.4
2008	4800.0	8147.4	4584.0	749.4	55945.1	15853.7
2009	5930.5	8078.3	4152.5	683.5	68193.4	18215.1
2010	7295.7	10887.5	3138.0	181.1	99827.4	24584.5
2011	8699.2	13912.5	3034.0	184.0	113257.6	32036.7

年 份	集成电路 (亿块)	彩 色 电视机 (万台)	复印和胶版 印刷设备 (万台)	发 电 量 (亿千瓦小时)	#火 电	#水 电
1978	0.3	0.4		2566.0	2120.0	446.0
1980	0.2	3.2		3006.0	2424.0	582.0
1985	0.6	435.3		4107.0	3183.0	924.0
1990	1.1	1033.0	2.4	6212.0	4945.0	1267.0
1995	55.2	2057.7	21.8	10070.3	8024.0	1905.8
1996	38.9	2537.6	63.9	10813.1	8777.0	1879.7
1997	25.5	2711.3	107.8	11355.5	9241.0	1959.8
1998	26.3	3497.0	117.9	11670.0	9267.0	1988.9
1999	41.5	4262.0	210.3	12393.0	9868.0	1965.8
2000	58.8	3936.0	156.6	13556.0	10885.0	2224.1
2001	63.6	4093.7	144.1	14808.0	11768.0	2774.3
2002	96.3	5155.0	207.4	16540.0	13274.0	2879.7
2003	148.3	6541.4	264.2	19105.8	15804.0	2836.8
2004	235.5	7431.8	324.6	22033.1	17956.0	3535.4
2005	270.0	8283.2	403.6	25002.6	20473.4	3970.2
2006	335.7	8375.4	467.8	28657.3	23696.0	4357.9
2007	411.6	8478.0	452.4	32815.5	27229.3	4852.6
2008	438.8	9187.1	517.7	34957.6	27072.3	6369.6
2009	414.4	9898.8	421.0	37146.5	29827.8	6156.4
2010	652.5	11830.0	534.8	42071.6	33319.3	7221.7
2011	719.6	12231.4	654.8	47000.7	38253.2	6940.4

注：2009年起复印机械指标名称改为复印和胶版印刷设备，微型电子计算机指标名称改为微型计算机设备。

能源生产总量和构成

年　份	能源生产总　量(万吨标准煤)	构成(能源生产总量=100)			
		原　煤	原　油	天然气	水电、核电、风电
1978	62770	70.3	23.7	2.9	3.1
1980	63735	69.4	23.8	3.0	3.8
1985	85546	72.8	20.9	2.0	4.3
1990	103922	74.2	19.0	2.0	4.8
1995	129034	75.3	16.6	1.9	6.2
1996	133032	75.0	16.9	2.0	6.1
1997	133460	74.2	17.2	2.1	6.5
1998	129834	73.3	17.7	2.2	6.8
1999	131935	73.9	17.3	2.5	6.3
2000	135048	73.2	17.2	2.7	6.9
2001	143875	73.0	16.3	2.8	7.9
2002	150656	73.5	15.8	2.9	7.8
2003	171906	76.2	14.1	2.7	7.0
2004	196648	77.1	12.8	2.8	7.3
2005	216219	77.6	12.0	3.0	7.4
2006	232167	77.8	11.3	3.4	7.5
2007	247279	77.7	10.8	3.7	7.8
2008	260552	76.8	10.5	4.1	8.6
2009	274619	77.3	9.9	4.1	8.7
2010	296916	76.6	9.8	4.2	9.4
2011	317800	77.7	9.2	4.3	8.8

能源消费总量和构成

年份	能源消费总量(万吨标准煤)	构成(能源消费总量=100)			
		煤炭	石油	天然气	水电、核电、风电
1978	57144	70.7	22.7	3.2	3.4
1980	60275	72.2	20.7	3.1	4.0
1985	76682	75.8	17.1	2.2	4.9
1990	98703	76.2	16.6	2.1	5.1
1995	131176	74.6	17.5	1.8	6.1
1996	135192	73.5	18.7	1.8	6.0
1997	135909	71.4	20.4	1.8	6.4
1998	136184	70.9	20.8	1.8	6.5
1999	140569	70.6	21.5	2.0	5.9
2000	145531	69.2	22.2	2.2	6.4
2001	150406	68.3	21.8	2.4	7.5
2002	159431	68.0	22.3	2.4	7.3
2003	183792	69.8	21.2	2.5	6.5
2004	213456	69.5	21.3	2.5	6.7
2005	235997	70.8	19.8	2.6	6.8
2006	258676	71.1	19.3	2.9	6.7
2007	280508	71.1	18.8	3.3	6.8
2008	291448	70.3	18.3	3.7	7.7
2009	306647	70.4	17.9	3.9	7.8
2010	324939	68.0	19.0	4.4	8.6
2011	347800	68.8	18.6	4.6	8.0

建筑业企业概况

年份	企业单位数(个)	从业人员(万人)	总产值		增加值	
			绝对数(亿元)	指数(上年=100)	绝对数(亿元)	指数(上年=100)
1980	6604	648.0	286.9			
1985	11150	911.5	675.1	130.5		
1990	13327	1010.7	1345.0	104.8		
1995	24133	1497.9	5793.8	124.5	1668.6	126.2
1996	41364	2121.9	8282.2	142.9	2405.6	144.2
1997	44017	2101.5	9126.5	110.2	2540.5	105.6
1998	45634	2030.0	10062.0	110.3	2783.8	109.6
1999	47234	2020.1	11152.9	110.8	3022.3	108.6
2000	47518	1994.3	12497.6	112.1	3341.1	110.5
2001	45893	2110.7	15361.6	122.9	4023.6	120.4
2002	47820	2245.2	18527.2	120.6	3822.4	116.8
2003	48688	2414.3	23083.9	124.6	4654.7	121.8
2004	59018	2500.3	29021.5	125.7	5615.8	120.6
2005	58750	2699.9	34552.1	119.1	6899.7	122.9
2006	60166	2878.2	41557.2	120.3	8116.4	117.6
2007	62074	3133.7	51043.7	122.8	9944.4	122.5
2008	71095	3315.0	62036.8	121.5	12488.9	121.5
2009	70817	3672.6	76807.7	123.8	15619.8	125.1
2010	71863	4160.4	96031.1	125.0	18983.5	121.5
2011	70414	4311.1	117734.2	122.6	23273.8	122.6

注：1.本表1980-1992年为全民和集体所有制建筑业企业数据；1993-1995年为各种经济成分的建制镇以上企业数据；1996-2001年为资质等级（旧资质）四级及四级以上建筑业企业数据；2002年起为所有资质等级的施工总承包、专业承包建筑业企业（不含劳务分包建筑业企业）数据(下表同)。

2.2002、2008年建筑业增加值统计口径调整，绝对数与上年度不可比，指数按可比口径计算。

建筑业企业生产完成情况

项　　目	单　位	2006年	2007年	2008年	2009年	2010年	2011年
签订的合同额	亿元	67194	83412	104241	133529	172604	208532
上年结转合同额	亿元	24428	29918	37872	48281	62245	81609
本年新签合同额	亿元	42766	53495	66369	85248	110359	126922
竣工产值	亿元	28141	33604	39342	47266	57108	62024
房屋建筑施工面积	万平方米	410154	482006	530519	588594	708024	846244
#本年新开工面积	万平方米	230347	268401	271378	300824	381552	427066
#投标承包面积	万平方米	338919	401821	438752	492144	589076	704529
房屋建筑竣工面积	万平方米	179673	203993	223592	245402	277450	292244
#住宅	万平方米	102940	119325	133881	151881	172493	183055
房屋建筑竣工价值	亿元	15429	18433	21723	26054	31573	35440
#住宅	亿元	8467	10291	12521	15547	19015	21688

交通运输业基本情况

指　　标	单 位	1990年	1995年	2000年	2005年	2010年	2011年
运输线路长度							
铁路营业里程	万公里	5.8	6.2	6.9	7.5	9.1	9.3
公路里程	万公里	102.8	115.7	168.0	334.5	400.8	410.6
内河航道里程	万公里	10.9	11.1	11.9	12.3	12.4	12.5
民航航线里程	万公里	50.7	112.9	150.3	199.9	276.5	349.1
客运量	**万人**	**772682**	**1172596**	**1478573**	**1847018**	**3269508**	**3526319**
#铁路	万人	95712	102745	105073	115583	167609	186226
公路	万人	648085	1040810	1347392	1697381	3052738	3286220
旅客周转量	**亿人公里**	**5628**	**9002**	**12261**	**17467**	**27894**	**30984**
#铁路	亿人公里	2613	3546	4533	6062	8762	9612
公路	亿人公里	2620	4603	6657	9292	15021	16760
货运量	**万吨**	**970602**	**1234938**	**1358682**	**1862066**	**3241807**	**3696961**
#铁路	万吨	150681	165982	178581	269296	364271	393263
公路	万吨	724040	940387	1038813	1341778	2448052	2820100
水运	万吨	80094	113194	122391	219648	378949	425968
货物周转量	**亿吨公里**	**26208**	**35909**	**44321**	**80258**	**141837**	**159324**
#铁路	亿吨公里	10622	13049	13770	20726	27644	29466
公路	亿吨公里	3358	4695	6129	8693	43390	51375
水运	亿吨公里	11592	17552	23734	49672	68428	75424
铁路机车数量	**台**	**13981**	**15554**	**15253**	**17473**	**19431**	**20721**
国家铁路	台	13592	15146	14472	16547	18349	19590
地方铁路	台	389	408	327	348	279	295
合资铁路	台			454	578	803	836
铁路客车数量	**辆**	**27538**	**32663**	**37249**	**41974**	**52275**	**54731**
铁路货车数量	**辆**	**368561**	**436414**	**443902**	**548368**	**625110**	
民用汽车拥有量	**万辆**	**551.4**	**1040.0**	**1608.9**	**3159.7**	**7801.8**	**9356.3**
#载客汽车	万辆	162.2	417.9	853.7	2132.5	6124.1	7478.4
载货汽车	万辆	368.5	585.4	716.3	955.6	1597.6	1788.0
#私人汽车	万辆	81.6	250.0	625.3	1848.1	5938.7	7326.8
民用运输船舶拥有量	**艘**	**425934**	**364968**	**229676**	**207294**	**178407**	**179242**
#机动船	艘	325888	299717	185018	165900	155624	157950
驳船	艘	82482	57998	44658	41394	22783	21292
#私人运输船舶	艘	231168	196736	142117	95838	45786	45889
沿海规模以上港口货物吞吐量	**万吨**	**48321**	**80166**	**125603**	**292777**	**548358**	**616292**

注：1.1993年起铁路货物运输增加行包运量(以下相关表同)。
2.2005年起公路里程含村道(以下相关表同)。
3.2008年起全国公路水路运输统计口径有调整(以下相关表同)。
4.2009年起沿海规模以上港口统计范围有调整(以下相关表同)。

邮电业务基本情况

指　　标	单 位	1990年	1995年	2000年	2005年	2010年	2011年
邮电业务量							
邮电业务总量	亿元	155.5	988.9	4792.7	12028.5	31978.5	13379.2
邮政业务总量	亿元	46.0	113.3	232.8	625.5	1985.3	1607.7
电信业务总量	亿元	109.6	875.5	4559.9	11403.0	29993.2	11771.5
函件	亿件	54.9	79.6	77.7	73.5	74.0	73.8
快递	万件	343	5563	11031	22880	233892	367311
报刊期发数	万份	20078	21689	20090	14601	17158	15008
固定长途电话通话时长	亿分钟		309.9	671.5	894.2	734.9	604.7
移动电话年末用户	万户	1.8	362.9	8453.3	39340.6	85900.3	98625.3
移动短信业务量	亿条				3046.3	8277.5	8787.6
固定电话年末用户	万户	685.0	4070.6	14482.9	35044.5	29434.2	28511.5
城市电话	万户	538.4	3263.6	9311.6	23975.3	19658.1	19110.0
#住宅	万户	152.7	2358.4	7219.4	17201.2	11973.4	11409.5
农村电话	万户	146.6	807.0	5171.3	11069.2	9776.1	9401.5
#住宅	万户	30.7	551.4	4597.8	10023.9	8325.0	7877.5
#公用电话	万部	4.6	85.0	352.0	2681.2	2595.9	2468.3
邮政局所及邮电通信电路							
营业网点	处	53629	61898	58437	65917	75739	78667
邮路及农村投递路线总长度	万公里	498.3	523.2	643.8	697.1	832.6	877.3
长途光缆线路长度	公里	3334	106882	286642	723040	818133	856616
邮电通信设备拥有量							
长途自动交换机容量	万路端	16.1	351.9	563.5	1371.6	1641.5	1615.5
局用电话交换机容量	万门	1232	7204	17826	47196	46537	43467
移动电话交换机容量	万户	5	797	13986	48242	150285	170691
邮电通信服务水平							
电话普及率(含移动)	部/百人	1.11	4.66	19.10	57.22	86.41	94.90
移动电话普及率	部/百人	0.002	0.30	6.72	30.26	64.36	73.62

注：1.邮电业务总量2000年及以前按1990年不变价格计算，2001年起按2000年不变价格计算，2011年起按2010年不变价格计算。
2.1997年及以前城市电话用户为市内电话用户数。
3.1998年及以前邮政局所为邮电局所。
4.2006年及以前邮政业务总量、特快专递和邮政局所统计口径为中国邮政集团,2007年起包括规模以上(年业务收入200万元以上)邮政业法人企业数据(下表同)。

旅游人数和收入

指标	单位	2006年	2007年	2008年	2009年	2010年	2011年
旅游人数							
入境旅游人数	**万人次**	**12494.2**	**13187.3**	**13002.7**	**12647.6**	**13376.2**	**13542.4**
外国人	万人次	2221.0	2611.0	2432.5	2193.8	2612.7	2711.2
#日本	万人次	374.6	397.8	344.6	331.8	373.1	365.8
韩国	万人次	392.4	477.7	396.0	319.8	407.6	418.5
菲律宾	万人次	70.4	83.3	79.5	74.9	82.8	89.4
新加坡	万人次	82.8	92.2	87.6	89.0	100.4	106.3
英国	万人次	55.2	60.5	55.2	52.9	60.9	59.6
德国	万人次	50.1	55.7	52.9	51.9	57.5	63.7
俄罗斯	万人次	240.5	300.4	312.3	174.3	237.0	253.6
加拿大	万人次	50.0	57.7	53.5	55.0	68.5	74.8
美国	万人次	171.0	190.1	178.6	171.0	201.0	211.6
澳大利亚	万人次	53.8	60.7	57.2	56.2	66.1	72.6
港澳同胞	万人次	9831.8	10113.6	10131.7	10005.4	10249.5	10304.9
台湾同胞	万人次	441.4	462.8	438.6	448.4	514.1	526.3
#过夜旅游者	万人次	4991.3	5472.0	5304.9	5087.5	5566.5	5758.1
国内居民出境人数	**万人次**	**3452.4**	**4095.4**	**4584.4**	**4765.6**	**5738.6**	**7025.0**
#因私出境	万人次	2879.9	3492.4	4013.1	4221.0	5150.8	6412.0
国内旅游人数	**亿人次**	**13.9**	**16.1**	**17.1**	**19.0**	**21.0**	**26.4**
旅游收入							
国际国内旅游总收入	亿元	8935.0	10956.5	11585.8	12893.9	15681.1	22435.3
国际旅游外汇收入	亿美元	339.5	419.2	408.4	396.8	458.1	484.6
国内旅游收入	亿元	6229.7	7770.6	8749.3	10183.7	12579.8	19305.4

注：本表数据由国家旅游局提供(下三表同)。

教育事业基本情况

指　　标	单位	1990年	1995年	2000年	2005年	2010年	2011年
学校数							
普通高等学校	所	1075	1054	1041	1792	2358	2409
普通中学	所	87631	81020	77268	77977	68881	67751
职业中学	所	9164	10147	8849	6423	5273	4856
普通小学	所	766072	668685	553622	366213	257410	241249
特殊教育学校	所	746	1379	1539	1593	1706	1767
学前教育	所	172322	180438	175836	124402	150420	166750
专任教师							
普通高等学校	万人	39.5	40.1	46.3	96.6	134.3	139.3
普通中学	万人	303.3	333.4	400.5	477.1	504.2	508.0
职业中学	万人	22.4	29.2	32.0	30.3	30.9	31.7
普通小学	万人	558.2	566.4	586.0	559.2	561.7	560.5
特殊教育学校	万人	1.4	2.5	3.2	3.2	4.0	4.1
学前教育	万人	75.0	87.5	85.6	72.2	114.4	131.6
招生数							
普通高等学校	万人	60.9	92.6	220.6	504.5	661.8	681.5
普通中学	万人	1619.6	2025.9	2736.0	2854.3	2551.7	2484.8
职业中学	万人	123.2	190.1	182.7	259.3	279.8	247.1
普通小学	万人	2064.0	2531.8	1946.5	1671.7	1691.7	1736.8
特殊教育学校	万人	1.6	5.6	5.3	4.9	6.5	6.4
学前教育	万人			1531.1	1356.2	1700.4	1827.3
在校学生							
普通本专科	万人	206.3	290.6	556.1	1561.8	2231.8	2308.5
普通中学	万人	4586.0	5371.0	7368.9	8580.9	7703.2	7519.0
职业中学	万人	295.0	448.3	503.2	625.6	729.8	683.6
普通小学	万人	12241.4	13195.2	13013.3	10864.1	9940.7	9926.4
特殊教育学校	万人	7.2	29.6	37.8	36.4	42.6	39.9
学前教育	万人	1972.2	2711.2	2244.2	2179.0	2976.7	3424.4
毕业生数							
普通高等学校	万人	61.4	80.5	95.0	306.8	575.4	608.2
普通中学	万人	1342.1	1429.0	1908.6	2768.1	2543.0	2523.2
职业中学	万人	89.3	124.0	176.3	170.0	232.0	219.0
普通小学	万人	1863.1	1961.5	2419.2	2019.5	1739.6	1662.8
特殊教育学校	万人	0.5	1.9	4.3	4.3	5.9	4.4194
学前教育	万人				1025.4	1058	1185
研究生数							
招生数	人	29649	51053	128484	364831	538177	560168
在学人数	人	93018	145443	301239	978610	1538416	1645845
毕业生数	人	35440	31877	58767	189728	383600	429994
教育经费投入	**亿元**	**659.4**	**1878.0**	**3849.1**	**8418.8**	**19561.9**	
学龄儿童入学率	%	**97.8**	**98.5**	**99.1**	**99.2**	**99.7**	**99.8**
小学升学率	%	**74.6**	**90.8**	**94.9**	**98.4**	**98.7**	**98.3**
初中升学率	%	**40.6**	**50.3**	**51.2**	**69.7**	**87.5**	**88.6**
高中升学率	%	**27.3**	**49.9**	**73.2**	**76.3**	**83.3**	**86.5**

注：1、普通高等学校指大学本专科。普通中学指普通高中、普通初中。职业中学指职业高中、职业初中。
　　2、高中升学率为普通高校招生数(含电大普通班)与普通高中毕业生数之比，初中升高级中学包括升入技工学校。

科技事业发展情况

指标	单位	1991年	1995年	2000年	2010年	2011年
研究与试验发展(R&D)活动						
R&D人员全时当量	万人年	67.1	75.2	92.2	255.4	291.6
R&D经费支出	亿元		349	896	7063	8610
R&D经费支出占国内生产总值比重	%		0.57	0.90	1.76	1.83
技术成果和国家奖励						
科技成果登记数	项	32653	31099	32858	42108	44208
#应用技术成果	项	28258	27431	28843	37029	39218
国家奖励						
#国家自然科学奖	项	53	57	15	30	36
国家技术发明奖	项	209	131	23	46	55
国家科技进步奖	项	502	607	250	273	283
国际科学技术合作奖	项		6	2	5	8
技术市场成交额	亿元	95	268	651	3907	4764
成功发射卫星	次		2	6	15	19
科技服务						
出版地图	种		970	1150	2009	2103
气象观测站点	个	3903	4128	5117	37992	41440
气象科学数据共享服务数据量	GB				358220	398134
地震台站	个	1125	1183	1234	1477	1480
海洋观测站	个				71	74
质量监督						
产品检测实验室	个		5000	5500	25171	25669
#国家检测中心	个		235	230	443	476
抽查产品	种	138	185	235	132	156
抽查产品	批	3907	6713	9705	16357	20965
专利						
专利申请受理量	万件	5.00	8.30	17.07	122.23	163.33
境内	万件	4.40	6.39	12.82	108.40	147.88
境外	万件	0.60	1.91	4.25	13.83	15.46
专利申请授权量	万件	2.46	4.51	10.53	81.48	96.05
境内	万件	2.05	3.72	8.55	71.94	86.39
境外	万件	0.41	0.79	1.99	9.54	9.66

卫生、文化和体育基本情况

项　　目	单　位	1990年	1995年	2000年	2010年	2011年
卫生						
医疗卫生机构	万个	101.3	99.4	103.4	93.7	95.4
#医院	万个	1.4	1.6	1.6	2.1	2.2
医疗卫生机构床位	万张	292.5	314.1	317.7	478.7	516.0
卫生人员	万人	613.8	670.4	691.0	820.8	861.6
#卫生技术人员	万人	389.8	425.7	449.1	587.6	620.3
#执业(助理)医师	万人	176.3	191.8	207.6	241.3	246.6
注册护士	万人	97.5	112.6	126.7	204.8	224.4
开展新农合县(市、区)	个				2678	2637
参加新农合人数	亿人				8.36	8.32
新农合参合率	%				96.0	97.5
卫生总费用	亿元	747.4	2155.1	4586.6	19921.4	
文化						
公共图书馆	个	2527	2615	2675	2884	2952
省、地市级群众艺术馆	个	366	373	390	374	379
博物馆	个	1013	1194	1392	2435	2650
艺术表演团体	个	2805	2682	2619	6864	7069
艺术表演场馆	个	1955	1958	1900	2112	1959
广播节目综合人口覆盖率	%	74.7	78.8	92.5	96.8	97.1
电视节目综合人口覆盖率	%	79.4	84.5	93.7	97.6	97.8
有线广播电视用户	万户			7950	18872	20209
国有电影制片及加工单位	个				38	38
电影院线	条				37	39
图书总印数	亿册(张)	56.4	63.2	62.7	71.7	76.8
期刊总印数	亿册	17.9	23.4	29.4	32.2	32.7
报纸总印数	亿份	211.3	263.3	329.3	452.1	466.8
体育						
新发展等级运动员	万人	6.60	7.94	9.70	4.56	3.71
创造世界纪录	次	16	24	30	15	8
获得世界冠军	个	54	102	110	108	138

社会服务基本情况

指　　标	单位	2007年	2008年	2009年	2010年	2011年
社会服务						
提供住宿的社会服务机构	万个	4.5	4.1	4.4	4.4	4.6
为残疾人提供服务的福利企业						
单位	万个	2.5	2.4	2.3	2.2	2.2
残疾职工	万人	56.3	61.9	62.7	62.5	62.8
生活困难群众救助						
城市居民最低生活保障人数	万人	2272	2335	2346	2311	2277
农村居民最低生活保障人数	万人	3566	4306	4760	5214	5306
农村五保供养人数	万人	531	549	553	556	551
医疗救助						
城市医疗救助	万人次	442	444	410	460	672
民政部门资助参加医疗保险人数	万人		643	1096	1461	1550
农村医疗救助	万人次	377	760	730	1019	1472
民政部门资助参加新农合人数	万人	2517	3432	4059	4615	4825
优抚安置服务						
国家抚恤、补助各类优抚对象	万人	622.4	633.2	630.7	625.0	852.5
接收军休干部军队退伍士官	万人	2.8	2.1	1.9	1.3	1.5
社区服务						
社区服务中心(站)	万个	5.9	4.0	6.3	5.7	7.1
为弱势群体筹集资金的活动						
民政部门接收社会捐赠款	亿元	50.9	479.3	66.5	179.8	96.6
福利彩票销售	亿元	631.6	604.0	756.0	968.0	1278.0
自然灾害情况						
受灾人口	万人次	39778	47795	47934	42610	43290
因灾死亡人口	人	2325	88928	1299	6541	1014
直接经济损失	亿元	2363.0	11752.4	2523.7	5339.9	3096.4
社会组织						
社会团体	万个	21.2	23.0	23.9	24.5	25.5
民办非企业单位	万个	17.4	18.2	19.0	19.8	20.4
基金会	个	1340	1597	1843	2200	2614
自治组织						
村民委员会	万个	61.3	60.4	59.9	59.5	59.0
居民委员会	万个	8.2	8.3	8.5	8.7	8.9
婚姻服务						
结婚登记	万对	991.4	1098.3	1212.2	1241.0	1302.4
粗结婚率	‰	7.5	8.3	9.1	9.3	9.7
离婚登记	万对	209.8	226.9	246.8	267.8	287.4
粗离婚率	‰	1.6	1.7	1.9	2.0	2.1
殡葬服务						
火化率	%	48.4	48.5	48.2	49.0	48.8

注：粗结(离)婚率计算方法：结(离)婚对数除以当期人口平均数。

环境保护基本概况

项　　目	单　位	2007年	2008年	2009年	2010年	2011年
水环境						
水资源总量	亿立方米	25255	27434	24180	30906	24022
人均水资源量	立方米/人	1916	2071	1816	2310	1787
用水总量	亿立方米	5819	5910	5965	6022	6080
#农业	亿立方米	3600	3664	3723	3689	3720
工业	亿立方米	1403	1397	1391	1447	1460
生活	亿立方米	710	729	748	766	785
生态	亿立方米	106	120	103	120	115
化学需氧量排放量	万吨	1381.8	1320.7	1277.5	1238.1	
大气环境						
二氧化硫排放量	万吨	2468.1	2321.2	2214.4	2185.1	
固体废物						
工业固体废物排放量	万吨	1197	782	711	498	
工业固体废物综合利用量	万吨	110311	123482	138186	161772	
工业固体废物综合利用率	%	62.1	64.3	67.0	66.7	
生态环境						
森林面积	万公顷	19545	19545	19545	19545	19545
森林覆盖率	%	20.36	20.36	20.36	20.36	20.36
当年造林面积	万公顷	391	535	626	591	614
全国自然保护区数	个	2531	2538	2541	2588	2640
#国家级	个	303	303	319	319	335
全国自然保护区面积	万公顷	15188	14894	14775	14944	
全国保护区面积占辖区面积	%	15.2	15.1	14.7	14.9	
全国湿地面积	万公顷	3848.6	3848.6	3848.6	3848.6	3848.6
全国湿地面积占国土面积	%	4.0	4.0	4.0	4.0	4.0
自然灾害						
发生地质灾害次数	次	25364	26580	10580	30670	
发生地震灾害次数	次	3	17	8	10	15
发生赤潮次数	次	82	68	68	69	

注：森林面积和森林覆盖率为第七次全国森林资源清查(2004-2008)资料。

各地区年末常住人口

单位：万人

地　区	2005年	2006年	2007年	2008年	2009年	2010年	2011年
全　国	**130756**	**131448**	**132129**	**132802**	**133450**	**134091**	**134735**
北　京	1538	1581	1633	1695	1755	1962	2019
天　津	1043	1075	1115	1176	1228	1299	1355
河　北	6851	6898	6943	6989	7034	7194	7241
山　西	3355	3375	3393	3411	3427	3574	3593
内蒙古	2403	2415	2429	2444	2458	2472	2482
辽　宁	4221	4271	4298	4315	4341	4375	4383
吉　林	2716	2723	2730	2734	2740	2747	2749
黑龙江	3820	3823	3824	3825	3826	3833	3834
上　海	1890	1964	2064	2141	2210	2303	2347
江　苏	7588	7656	7723	7762	7810	7869	7899
浙　江	4991	5072	5155	5212	5276	5447	5463
安　徽	6120	6110	6118	6135	6131	5957	5968
福　建	3557	3585	3612	3639	3666	3693	3720
江　西	4311	4339	4368	4400	4432	4462	4488
山　东	9248	9309	9367	9417	9470	9588	9637
河　南	9380	9392	9360	9429	9487	9405	9388
湖　北	5710	5693	5699	5711	5720	5728	5758
湖　南	6326	6342	6355	6380	6406	6570	6596
广　东	9194	9442	9660	9893	10130	10441	10505
广　西	4660	4719	4768	4816	4856	4610	4645
海　南	828	836	845	854	864	869	877
重　庆	2798	2808	2816	2839	2859	2885	2919
四　川	8212	8169	8127	8138	8185	8045	8050
贵　州	3730	3690	3632	3596	3537	3479	3469
云　南	4450	4483	4514	4543	4571	4602	4631
西　藏	277	283	287	292	297	301	303
陕　西	3690	3699	3708	3718	3727	3735	3743
甘　肃	2545	2547	2548	2551	2555	2560	2564
青　海	543	548	552	554	557	563	568
宁　夏	596	604	610	618	625	633	639
新　疆	2010	2050	2095	2131	2159	2185	2209

注：1.全国数据包括中国人民解放军现役军人数，但不包括香港、澳门特别行政区和台湾地区数据；分省数据中未包括中国人民解放军现役军人数。
2.2010年数据为当年人口普查数据推算数；其余年份数据在年度人口抽样调查基础上，根据人口普查数据有所修订。

地区生产总值

单位：亿元

地　区	2005年	2006年	2007年	2008年	2009年	2010年	2011年
北　京	6969.5	8117.8	9846.8	11115.0	12153.0	14113.6	16011.4
天　津	3905.6	4462.7	5252.8	6719.0	7521.9	9224.5	11191.0
河　北	10012.1	11467.6	13607.3	16012.0	17235.5	20394.3	24228.2
山　西	4230.5	4878.6	6024.5	7315.4	7358.3	9200.9	11100.2
内蒙古	3905.0	4944.2	6423.2	8496.2	9740.3	11672.0	14246.1
辽　宁	8047.3	9304.5	11164.3	13668.6	15212.5	18457.3	22025.9
吉　林	3620.3	4275.1	5284.7	6426.1	7278.8	8667.6	10530.7
黑龙江	5513.7	6211.8	7104.0	8314.4	8587.0	10368.6	12503.8
上　海	9247.7	10572.2	12494.0	14069.9	15046.5	17166.0	19195.7
江　苏	18598.7	21742.1	26018.5	30982.0	34457.3	41425.5	48604.3
浙　江	13417.7	15718.5	18753.7	21462.7	22990.4	27722.3	32000.1
安　徽	5350.2	6112.5	7360.9	8851.7	10062.8	12359.3	15110.3
福　建	6554.7	7583.8	9248.5	10823.0	12236.5	14737.1	17410.2
江　西	4056.8	4820.5	5800.3	6971.1	7655.2	9451.3	11583.8
山　东	18366.9	21900.2	25776.9	30933.3	33896.7	39169.9	45429.2
河　南	10587.4	12362.8	15012.5	18018.5	19480.5	23092.4	27232.0
湖　北	6590.2	7617.5	9333.4	11328.9	12961.1	15967.6	19594.2
湖　南	6596.1	7688.7	9439.6	11555.0	13059.7	16038.0	19635.2
广　东	22557.4	26587.8	31777.0	36796.7	39482.6	46013.1	52673.6
广　西	3984.1	4746.2	5823.4	7021.0	7759.2	9569.9	11714.4
海　南	898.0	1044.9	1254.2	1503.1	1654.2	2064.5	2515.3
重　庆	3467.7	3907.2	4676.1	5793.7	6530.0	7925.6	10011.1
四　川	7385.1	8690.2	10562.4	12601.2	14151.3	17185.5	21026.7
贵　州	2005.4	2339.0	2884.1	3561.6	3912.7	4602.2	5701.8
云　南	3461.7	3988.1	4772.5	5692.1	6169.8	7224.2	8751.0
西　藏	248.8	290.8	341.4	394.9	441.4	507.5	605.8
陕　西	3933.7	4743.6	5757.3	7314.6	8169.8	10123.5	12391.3
甘　肃	1934.0	2276.7	2702.4	3166.8	3387.6	4120.8	5000.5
青　海	543.3	648.5	797.4	1018.6	1081.3	1350.4	1634.7
宁　夏	612.6	725.9	919.1	1203.9	1353.3	1689.7	2060.8
新　疆	2604.2	3045.3	3523.2	4183.2	4277.1	5437.5	6474.5

注：本表按当年价格计算。

各地区全社会固定资产投资

单位：亿元

地　区	2005年	2006年	2007年	2008年	2009年	2010年	2011年
全国总计	**88773.6**	**109998.2**	**137323.9**	**172828.4**	**224598.8**	**278121.9**	**311021.9**
北　京	2827.2	3296.4	3907.2	3814.7	4616.9	5403.0	5578.9
天　津	1495.1	1820.5	2353.1	3389.8	4738.2	6278.1	7067.5
河　北	4139.7	5470.2	6884.7	8866.6	12269.8	15083.4	16404.3
山　西	1826.6	2255.7	2861.5	3531.2	4943.2	6063.2	7072.8
内蒙古	2643.6	3363.2	4372.9	5475.4	7336.8	8926.5	10403.9
辽　宁	4200.4	5689.6	7435.2	10019.1	12292.5	16043.0	17726.3
吉　林	1741.1	2594.3	3651.4	5038.9	6411.6	7870.4	7436.7
黑龙江	1737.3	2236.0	2833.5	3656.0	5028.8	6812.6	7523.8
上　海	3509.7	3900.0	4420.4	4823.1	5043.8	5108.9	4879.2
江　苏	8165.4	10069.2	12268.1	15300.6	18949.9	23184.3	26678.6
浙　江	6520.1	7590.2	8420.4	9323.0	10742.3	12376.0	14185.1
安　徽	2525.1	3533.6	5087.5	6747.0	8990.7	11542.9	12433.8
福　建	2316.7	2981.8	4287.8	5207.7	6231.2	8199.1	9926.4
江　西	2176.6	2683.6	3301.9	4745.4	6643.1	8772.3	9089.8
山　东	9307.3	11111.4	12537.7	15435.9	19034.5	23280.5	26770.7
河　南	4311.6	5904.7	8010.1	10490.6	13704.5	16585.9	17766.8
湖　北	2676.6	3343.5	4330.4	5647.0	7866.9	10262.7	12585.7
湖　南	2629.1	3175.5	4154.8	5534.0	7703.4	9663.6	11833.7
广　东	6977.9	7973.4	9294.3	10868.7	12933.1	15623.7	17158.5
广　西	1661.2	2198.7	2939.7	3756.4	5237.2	7057.6	7973.6
海　南	367.2	423.9	502.4	705.4	988.3	1317.0	1669.5
重　庆	1933.2	2407.4	3127.7	3979.6	5214.3	6688.9	7472.6
四　川	3585.2	4412.9	5639.8	7127.8	11371.9	13116.7	14239.8
贵　州	998.3	1197.4	1488.8	1864.5	2412.0	3104.9	3943.5
云　南	1777.6	2208.6	2759.0	3435.9	4526.4	5528.7	6185.3
西　藏	181.4	231.1	270.3	309.9	378.3	462.7	516.3
陕　西	1882.2	2480.7	3415.0	4614.4	6246.9	7963.7	9445.8
甘　肃	870.4	1022.6	1304.2	1712.8	2363.0	3158.3	3961.7
青　海	329.8	408.5	482.8	583.2	798.2	1016.9	1435.7
宁　夏	443.3	498.7	599.8	828.9	1075.9	1444.2	1639.1
新　疆	1339.1	1567.1	1850.8	2260.0	2725.5	3423.2	4632.1
不分地区	1677.9	1947.6	2530.8	3734.9	5779.7	6759.1	5384.6

各地区社会消费品零售总额

单位：亿元

地　区	2007年	2008年	2009年	2010年	2011年
全国总计	**93571.6**	**114830.1**	**132678.4**	**156998.4**	**183918.6**
北　京	3835.2	4645.5	5309.9	6229.3	6900.3
天　津	1650.6	2078.7	2430.8	2860.2	3395.1
河　北	4053.8	4991.1	5764.9	6821.8	8035.5
山　西	1953.3	2421.1	2809.0	3318.2	3903.4
内蒙古	1964.0	2463.0	2855.3	3384.0	3991.7
辽　宁	4097.8	5032.4	5812.6	6887.6	8095.3
吉　林	2038.3	2549.2	2957.3	3504.9	4119.8
黑龙江	2386.2	2928.3	3401.8	4039.2	4750.1
上　海	3873.3	4577.2	5173.2	6070.5	6814.8
江　苏	7985.9	9905.1	11484.1	13606.8	15988.4
浙　江	6271.3	7533.3	8622.3	10245.4	12028.0
安　徽	2451.9	3045.2	3527.8	4197.7	4955.1
福　建	3212.3	3866.7	4481.0	5310.0	6276.2
江　西	1718.9	2142.0	2484.4	2956.2	3485.1
山　东	8607.5	10658.8	12363.0	14620.3	17155.5
河　南	4690.3	5815.4	6746.4	8004.2	9453.6
湖　北	4115.8	5109.7	5928.4	7013.9	8275.2
湖　南	3419.2	4222.6	4913.7	5839.5	6884.7
广　东	10731.3	12986.6	14891.8	17458.4	20297.5
广　西	1932.7	2395.8	2790.7	3312.0	3908.2
海　南	370.9	463.2	537.5	639.3	759.5
重　庆	1711.1	2147.1	2479.0	2938.6	3487.8
四　川	4105.6	4944.8	5758.7	6810.1	8044.6
贵　州	858.2	1075.2	1247.3	1482.7	1751.6
云　南	1422.5	1764.7	2051.1	2542.4	3000.1
西　藏	112.6	130.0	156.6	185.3	219.0
陕　西	1837.3	2317.1	2699.7	3195.7	3790.0
甘　肃	854.4	1023.6	1183.0	1394.5	1648.0
青　海	212.6	259.7	300.5	350.8	410.5
宁　夏	239.5	295.4	339.3	403.6	477.6
新　疆	857.5	1041.5	1177.5	1375.1	1616.3

各地区货物进出口总额

(按经营单位所在地分) 单位：亿美元

地　区	2005年	2006年	2007年	2008年	2009年	2010年	2011年
全国总计	**14219.1**	**17604.4**	**21765.7**	**25632.6**	**22075.4**	**29740.0**	**36420.6**
北　京	1255.1	1580.4	1930.0	2716.9	2147.3	3017.2	3894.9
天　津	532.8	644.6	714.5	804.0	638.3	821.0	1033.9
河　北	160.7	185.3	255.2	384.2	296.3	420.6	536.0
山　西	55.5	66.3	115.8	144.0	85.7	125.8	147.6
内蒙古	48.8	59.6	77.4	89.2	67.7	87.3	119.4
辽　宁	410.1	483.9	594.7	724.3	629.3	807.1	959.6
吉　林	65.3	79.1	103.0	133.3	117.4	168.5	220.5
黑龙江	95.7	128.6	173.0	231.3	162.3	255.2	385.1
上　海	1863.4	2275.2	2828.5	3220.6	2777.1	3689.5	4373.1
江　苏	2279.2	2839.8	3494.7	3922.7	3387.4	4658.0	5397.6
浙　江	1073.9	1391.4	1768.5	2111.3	1877.3	2535.3	3094.0
安　徽	91.2	122.5	159.3	201.8	156.8	242.7	313.4
福　建	544.1	626.6	744.5	848.2	796.5	1087.8	1435.6
江　西	40.6	61.9	94.5	136.2	127.8	216.2	315.6
山　东	767.4	952.1	1224.7	1584.1	1390.5	1891.6	2359.9
河　南	77.2	97.9	127.9	174.8	134.8	178.3	326.4
湖　北	90.5	117.6	148.7	207.1	172.5	259.3	335.2
湖　南	60.0	73.5	96.9	125.5	101.5	146.6	190.0
广　东	4279.6	5272.0	6341.9	6849.7	6110.9	7849.0	9134.8
广　西	51.8	66.7	92.6	132.4	142.5	177.4	233.5
海　南	25.4	28.5	35.1	45.3	48.8	86.5	127.6
重　庆	42.9	54.7	74.4	95.2	77.1	124.3	292.2
四　川	79.0	110.2	143.8	221.1	241.7	326.9	477.8
贵　州	14.0	16.2	22.7	33.7	23.0	31.5	48.8
云　南	47.4	62.2	87.9	96.0	80.5	134.3	160.5
西　藏	2.1	3.3	3.9	7.7	4.0	8.4	13.6
陕　西	45.8	53.6	68.9	83.3	84.1	121.0	146.2
甘　肃	26.3	38.2	55.2	61.0	38.7	74.0	87.4
青　海	4.1	6.5	6.1	6.9	5.9	7.9	9.2
宁　夏	9.7	14.4	15.8	18.8	12.0	19.6	22.9
新　疆	79.4	91.0	137.2	222.2	139.5	171.3	228.2

各地区城镇居民家庭人均可支配收入

单位：元

地 区	2005年	2006年	2007年	2008年	2009年	2010年	2011年
全国总计	**10493.0**	**11759.5**	**13785.8**	**15780.8**	**17174.7**	**19109.4**	**21809.8**
北 京	17653.0	19977.5	21988.7	24724.9	26738.5	29072.9	32903.0
天 津	12638.6	14283.1	16357.4	19422.5	21402.0	24292.6	26920.9
河 北	9107.1	10304.6	11690.5	13441.1	14718.3	16263.4	18292.2
山 西	8913.9	10027.7	11565.0	13119.1	13996.6	15647.7	18123.9
内蒙古	9136.8	10358.0	12377.8	14432.6	15849.2	17698.2	20407.6
辽 宁	9107.6	10369.6	12300.4	14392.7	15761.4	17712.6	20466.8
吉 林	8690.6	9775.1	11285.5	12829.5	14006.3	15411.5	17796.6
黑龙江	8272.5	9182.3	10245.3	11581.3	12566.0	13856.5	15696.2
上 海	18645.0	20667.9	23622.7	26674.9	28837.8	31838.1	36230.5
江 苏	12318.6	14084.3	16378.0	18679.5	20551.7	22944.3	26340.7
浙 江	16293.8	18265.1	20573.8	22726.7	24610.8	27359.0	30970.7
安 徽	8470.7	9771.1	11473.6	12990.4	14085.7	15788.2	18606.1
福 建	12321.3	13753.3	15506.1	17961.5	19576.8	21781.3	24907.4
江 西	8619.7	9551.1	11451.7	12866.4	14021.5	15481.1	17494.9
山 东	10744.8	12192.2	14264.7	16305.4	17811.0	19945.8	22791.8
河 南	8668.0	9810.3	11477.1	13231.1	14371.6	15930.3	18194.8
湖 北	8785.9	9802.7	11485.8	13152.9	14367.5	16058.4	18373.9
湖 南	9524.0	10504.7	12293.5	13821.2	15084.3	16565.7	18844.1
广 东	14770.0	16015.6	17699.3	19732.9	21574.7	23897.8	26897.5
广 西	9286.7	9898.8	12200.4	14146.0	15451.5	17063.9	18854.1
海 南	8123.9	9395.1	10996.9	12607.8	13750.9	15581.1	18369.0
重 庆	10243.5	11569.7	12590.8	14367.6	15748.7	17532.4	20249.7
四 川	8386.0	9350.1	11098.3	12633.4	13839.4	15461.2	17899.1
贵 州	8151.1	9116.6	10678.4	11758.8	12862.5	14142.7	16495.0
云 南	9265.9	10069.9	11496.1	13250.2	14423.9	16064.5	18575.6
西 藏	9431.2	8941.1	11130.9	12481.5	13544.4	14980.5	16195.6
陕 西	8272.0	9267.7	10763.3	12857.9	14128.8	15695.2	18245.2
甘 肃	8086.8	8920.6	10012.3	10969.4	11929.8	13188.6	14988.7
青 海	8057.9	9000.4	10276.1	11640.4	12691.9	13855.0	15603.3
宁 夏	8093.6	9177.3	10859.3	12931.5	14024.7	15344.5	17578.9
新 疆	7990.2	8871.3	10313.4	11432.1	12257.5	13643.8	15513.6

注：本表按当年价格计算。

各地区农村居民家庭人均纯收入

单位：元

地区	2005年	2006年	2007年	2008年	2009年	2010年	2011年
全国总计	**3254.9**	**3587.0**	**4140.4**	**4760.6**	**5153.2**	**5919.0**	**6977.3**
北京	7346.3	8275.5	9439.6	10661.9	11668.6	13262.3	14735.7
天津	5579.9	6227.9	7010.1	7910.8	8687.6	10074.9	12321.2
河北	3481.6	3801.8	4293.4	4795.5	5149.7	5958.0	7119.7
山西	2890.7	3180.9	3665.7	4097.2	4244.1	4736.3	5601.4
内蒙古	2988.9	3341.9	3953.1	4656.2	4937.8	5529.6	6641.6
辽宁	3690.2	4090.4	4773.4	5576.5	5958.0	6907.9	8296.5
吉林	3264.0	3641.1	4191.3	4932.7	5265.9	6237.4	7510.0
黑龙江	3221.3	3552.4	4132.3	4855.6	5206.8	6210.7	7590.7
上海	8247.8	9138.7	10144.6	11440.3	12482.9	13978.0	16053.8
江苏	5276.3	5813.2	6561.0	7356.5	8003.5	9118.2	10805.0
浙江	6660.0	7334.8	8265.2	9257.9	10007.3	11302.6	13070.7
安徽	2641.0	2969.1	3556.3	4202.5	4504.3	5285.2	6232.2
福建	4450.4	4834.8	5467.1	6196.1	6680.2	7426.9	8778.6
江西	3128.9	3459.5	4044.7	4697.2	5075.0	5788.6	6891.6
山东	3930.5	4368.3	4985.3	5641.4	6118.8	6990.3	8342.1
河南	2870.6	3261.0	3851.6	4454.2	4807.0	5523.7	6604.0
湖北	3099.2	3419.4	3997.5	4656.4	5035.3	5832.3	6897.9
湖南	3117.7	3389.6	3904.2	4512.5	4909.0	5622.0	6567.1
广东	4690.5	5079.8	5624.0	6399.8	6906.9	7890.3	9371.7
广西	2494.7	2770.5	3224.1	3690.3	3980.4	4543.4	5231.3
海南	3004.0	3255.5	3791.4	4390.0	4744.4	5275.4	6446.0
重庆	2809.3	2873.8	3509.3	4126.2	4478.4	5276.7	6480.4
四川	2802.8	3002.4	3546.7	4121.2	4462.1	5086.9	6128.6
贵州	1877.0	1984.6	2374.0	2796.9	3005.4	3471.9	4145.4
云南	2041.8	2250.5	2634.1	3102.6	3369.3	3952.0	4722.0
西藏	2077.9	2435.0	2788.2	3175.8	3531.7	4138.7	4904.3
陕西	2052.6	2260.2	2644.7	3136.5	3437.6	4105.0	5027.9
甘肃	1979.9	2134.1	2328.9	2723.8	2980.1	3424.7	3909.4
青海	2151.5	2358.4	2683.8	3061.2	3346.2	3862.7	4608.5
宁夏	2508.9	2760.1	3180.8	3681.4	4048.3	4674.9	5410.0
新疆	2482.2	2737.3	3183.0	3502.9	3883.1	4642.7	5442.2

注：本表按当年价格计算。

世界主要国家和地区国内生产总值增长率

比上年同期增长（%）

	美国	欧元区	日本	巴西	印度	俄罗斯	南非
2005年	3.1	1.7	1.9	3.2	9.5	6.4	5.3
2010年	3.0	1.9	4.4	7.5	8.5	4.0	2.9
2011年	1.7	1.5	-0.9	2.8	6.9	4.3	3.1
2005年							
第一季度	3.4	1.5	0.6	3.9	9.0	5.8	5.2
第二季度	3.1	1.7	2.1	4.4	9.4	5.9	5.6
第三季度	3.1	1.9	2.2	2.2	8.1	6.1	5.3
第四季度	2.7	2.1	2.9	2.1	9.4	7.5	4.9
2010年							
第一季度	2.2	1.0	4.8	9.4	9.4	2.9	2.2
第二季度	3.3	2.1	4.4	8.7	8.5	5.2	3.2
第三季度	3.5	2.1	5.5	6.9	7.6	2.7	3.1
第四季度	3.1	2.0	3.1	5.3	8.3	4.5	3.0
2011年							
第一季度	2.2	2.4	-0.3	4.3	7.8	4.1	3.4
第二季度	1.6	1.6	-1.7	3.3	7.7	3.4	3.3
第三季度	1.5	1.3	-0.5	2.1	6.9	4.8	3.0
第四季度	1.6	0.7	-1.0	1.4	6.1	4.6	2.9

资料来源：各经济体官方统计网站，国际货币基金组织全球主要指标(PGI)数据库。

世界主要国家和地区工业生产增长率

比上年同期增长（%）

	美国	欧元区	日本	巴西	印度	俄罗斯	南非
2005年	3.2	1.5	1.3	3.4	7.9	5.2	3.0
2010年	5.3	7.4	16.4	10.9	10.2	8.1	4.8
2011年	4.1	3.5	-3.5	0.4	4.7	4.8	2.6
1月	5.6	6.2	4.6	2.9	7.5	7.0	3.6
2月	5.0	7.8	2.9	7.5	6.7	6.1	6.4
3月	5.4	5.8	-13.1	-0.9	9.2	5.7	5.4
4月	4.6	5.4	-13.6	-1.9	5.1	4.3	0.2
5月	3.5	4.3	-5.5	2.4	6.3	4.3	1.0
6月	3.4	2.8	-1.7	0.9	9.4	5.6	1.0
7月	3.9	4.3	-3.0	-0.5	3.6	5.2	-6.3
8月	3.6	6.0	0.4	1.9	3.3	6.1	6.2
9月	3.7	2.2	-3.3	-1.9	2.2	3.8	8.1
10月	4.3	1.0	0.1	-1.9	-4.6	3.4	1.4
11月	4.0	0.1	-4.2	-2.8	6.1	3.8	2.9
12月	3.3	-2.0	-4.3	-1.4	1.8	2.5	2.2

资料来源：各经济体官方统计网站，国际货币基金组织全球主要指标(PGI)数据库。

世界主要国家和地区货物出口额

单位：亿美元

	美国	欧元区①	日本	巴西	印度	俄罗斯	南非
2005年	9010.8	15388.1	5949.4	1185.3	996.2	2438.0	516.3
2010年	12782.6	20309.9	7698.4	2019.2	2199.6	4001.3	818.2
2011年	14806.5	24140.5	8225.6	2560.4	2944.3	5219.7	969.2
1月	1101.5	1879.8	601.6	152.1	230.2	303.4	64.6
2月	1096.4	1930.4	677.5	167.3	236.1	392.5	72.8
3月	1313.1	2016.8	716.3	192.9	304.2	436.4	87.1
4月	1239.0	2086.7	618.7	201.7	220.7	458.8	76.7
5月	1240.0	2091.8	585.7	232.1	257.4	436.5	82.0
6月	1229.1	2004.3	717.2	236.9	249.2	441.8	89.1
7月	1203.8	2024.2	728.2	222.5	267.1	419.7	83.1
8月	1267.7	2116.2	693.6	261.6	245.7	445.5	86.3
9月	1272.2	2019.3	777.5	232.9	236.5	438.6	89.5
10月	1313.2	1976.7	717.3	221.4	224.0	463.0	76.8
11月	1261.9	2019.0	669.8	217.7	223.2	473.8	84.2
12月	1268.5	1980.2	722.3	221.3	250.2	509.8	77.0

注：①欧元区数据来自欧盟统计局，并用汇率折算。
资料来源：世界贸易组织数据库。

世界主要国家和地区货物进口额

单位：亿美元

	美国	欧元区①	日本	巴西	印度	俄罗斯	南非
2005年	17327.1	15306.0	5158.7	776.3	1428.7	1254.3	623.0
2010年	19691.8	20498.0	6940.5	1914.9	3272.3	2487.4	940.4
2011年	22654.2	24207.2	8550.0	2368.7	4515.3	3232.1	997.2
1月	1714.8	1921.2	661.8	156.1	333.5	163.3	71.8
2月	1607.3	1985.0	600.3	163.3	329.7	218.3	73.2
3月	1904.5	2043.4	695.4	186.0	342.7	269.3	85.7
4月	1829.6	2128.6	676.0	191.6	367.3	271.3	80.3
5月	1938.4	2113.3	691.6	206.2	452.0	281.5	83.5
6月	1968.9	2037.4	709.2	201.5	390.4	277.1	81.9
7月	1922.6	2074.1	719.4	200.1	409.5	274.2	88.9
8月	2013.6	2144.9	794.2	233.0	394.8	301.1	91.6
9月	1946.5	1997.2	739.9	211.5	350.4	273.6	86.2
10月	1965.8	1972.6	754.2	206.7	408.3	293.9	88.8
11月	1950.8	1945.8	758.9	221.4	359.2	303.3	94.1
12月	1891.5	1884.1	749.1	191.3	377.5	305.4	71.3

注：①欧元区数据来自欧盟统计局，并用汇率折算。
资料来源：世界贸易组织数据库。

世界主要国家和地区失业率

单位：%

	美国	欧元区	日本	巴西	韩国	俄罗斯	南非
2005年	5.1	9.0	4.4	9.8	3.7	7.6	23.9
2010年	9.6	10.1	5.1	6.7	3.7	7.5	24.7
2011年	8.9	10.1	4.5	6.0	3.4	6.6	24.9
1月	9.1	10.0	4.9	6.1	3.6	7.6	
2月	9.0	10.0	4.7	6.4	4.0	7.8	
3月	8.9	10.0	4.7	6.5	4.0	7.1	25.0①
4月	9.0	9.9	4.7	6.4	3.6	7.2	
5月	9.0	10.0	4.6	6.4	3.3	6.4	
6月	9.1	10.0	4.6	6.2	3.3	6.1	25.7①
7月	9.1	10.1	4.6	6.0	3.3	6.5	
8月	9.1	10.2	4.4	6.0	3.1	6.1	
9月	9.0	10.3	4.2	6.0	3.2	6.0	25.0①
10月	8.9	10.4	4.4	5.8	3.1	6.3	
11月	8.7	10.5	4.5	5.2	3.1	6.3	
12月	8.5	10.6	4.5	4.7	3.1	6.1	23.9①

注：①季度数据。

资料来源：各经济体官方统计网站，国际货币基金组织全球主要指标(PGI)数据库。

世界主要国家和地区消费者价格涨跌率

单位：%，比上年同期

	美国	欧元区	日本	巴西	印度	俄罗斯	南非
2005年	3.4	2.2	-0.3	6.9	4.2	12.7	3.4
2010年	1.6	1.6	-0.7	5.9	12.0	8.8	4.3
2011年	3.2	2.7	-0.3	6.7	8.9	8.5	5.0
1月	1.6	2.3	-0.6	6.0	9.3	9.6	3.7
2月	2.1	2.4	-0.5	6.0	8.8	9.5	3.7
3月	2.7	2.7	-0.5	6.3	8.8	9.5	4.1
4月	3.2	2.8	-0.4	6.5	9.4	9.6	4.2
5月	3.6	2.7	-0.4	6.6	8.7	9.6	4.6
6月	3.6	2.7	-0.4	6.7	8.6	9.4	5.0
7月	3.6	2.6	0.2	6.9	8.4	9.0	5.3
8月	3.8	2.5	0.2	7.2	9.0	8.2	5.3
9月	3.9	3.0		7.3	10.1	7.2	5.7
10月	3.5	3.0	-0.2	7.4	9.4	7.2	6.0
11月	3.4	3.0	-0.5	6.6	9.3	6.8	6.1
12月	3.0	2.7	-0.2	6.5	6.5	6.1	6.1

资料来源：各经济体官方统计网站，国际货币基金组织全球主要指标(PGI)数据库。